D1497515

KRÖNERS TASCHENAUSGABE BAND 300

ELISABETH FRENZEL

# STOFFE DER WELTLITERATUR

EIN LEXIKON
DICHTUNGSGESCHICHTLICHER
LÄNGSSCHNITTE

*9., überarbeitete und erweiterte Auflage*

ALFRED KRÖNER VERLAG STUTTGART

**Frenzel, Elisabeth:**
Stoffe der Weltliteratur : e. Lexikon dichtungs-
geschichtl. Längsschnitte / Elisabeth Frenzel. –
9. Aufl. – Stuttgart : Kröner, 1998
  (Kröners Taschenausgabe ; Bd. 300)
  ISBN 3-520-30009-5

# VORWORT ZUR 1. AUFLAGE

Der vorliegende erste Versuch eines Stofflexikons der Weltliteratur, dessen Artikel bei mancher Unterschiedlichkeit im einzelnen die Quellen, Gehalte und Wandlungen der Stoffe in den Vordergrund stellen, verwertet die von der Literaturwissenschaft seit längerem erarbeiteten Begriffe Stoff und Motiv sowie eigene methodische Erkenntnisse, die während der Untersuchung der hier gesammelten annähernd dreihundert Längsschnitte durch die Weltliteratur reiften. Unter Stoff ist nicht das Stoffliche schlechthin als Gegenpol zu dem formalen Strukturelement der Dichtung zu verstehen, also nicht alles, was die Natur der Dichtung als Rohstoff liefert, sondern eine durch Handlungskomponenten verknüpfte, schon außerhalb der Dichtung vorgeprägte Fabel, ein »Plot«, der als Erlebnis, Vision, Bericht, Ereignis, Überlieferung durch Mythos und Religion oder als historische Begebenheit an den Dichter herangetragen wird und ihm einen Anreiz zu künstlerischer Gestaltung bietet. Seine festeren Umrisse unterscheiden den Stoff sowohl von dem abstrakteren, gewissermaßen entstofflichten Problem oder Thema wie Treue, Liebe, Freundschaft, Tod als auch von der kleineren stofflichen Einheit des Motivs – »Der Mann zwischen zwei Frauen«, »Die verfeindeten Brüder«, »Der Doppelgänger« –, das zwar das Anschaulich-Bildhafte und Situationsmäßige mit dem Stoff gemeinsam hat, aber nur einen Akkord anschlägt, wo der Stoff die ganze Melodie bietet. Der für die Stoffanalyse ungemein wichtige Begriff des Motivs bezeichnet den elementaren, keim- und kombinationsfähigen Bestandteil eines Stoffes; eine Kette oder ein Komplex von Motiven ergibt einen Stoff. Man hat zwischen dem Kernmotiv eines Stoffes, seinen ergänzenden Rahmenmotiven und seinen charakterisierenden oder schmückenden Füll- oder Randmotiven unterschieden. Das elastische Motivgefüge der Stoffe macht ihre Variabilität aus und sicherte manchen von ihnen eine nun schon zweieinhalb Jahrtausende währende Geschichte. Der in solcher Weise umrissene deutsche Begriff des Stoffes wird in der französischen und englischsprachigen Forschung im allgemeinen mit den Worten »thème« und »theme« wiedergegeben, die, weit unpräziser, die stofflichen Einheiten Thema, Stoff, Motiv umgreifen. Baldensperger/Friederich führten in ihrer »Bibliography of Comparative Literature« unter der Rubrik »Literary Themes (Stoffgeschichte)« die untergeordneten Begriffe »Individual Motifs« und »Collective Motifs« ein, von denen der erste annähernd dem Begriff Stoff, der zweite den deutschen Bezeichnungen

Motiv, Thema entspricht; die Trennung ist jedoch nicht sauber durchgeführt, und unter »Individual Motifs« erscheinen vielfach Motive im deutschen Sinne.

Die im folgenden gebotene Zusammenstellung stoffgeschichtlicher Artikel hat den soeben skizzierten Begriff des Stoffes oder des »individual motif« zugrunde gelegt. Einige Grenzfälle, in denen Stoffgeschichte der Motivgeschichte sehr nahesteht, wie »Der träumende Bauer«, »Daphnis«, »Schlemihl«, sind aufgenommen worden, um zu zeigen, daß hier der Motivkomplex noch nicht präzis genug gefügt war, um Auflösungserscheinungen oder totale, das Kernmotiv zerstörende Veränderungen zu verhindern. In der Regel wurden nur Stoffe behandelt, die eine Geschichte oder doch Ansätze zu ihr entwickelt haben, und die vielen anderen Stoffe, deren Behandlungen Einzelerscheinungen waren, blieben ausgeschieden. Die Liste der Stoffe ist bei weitem nicht vollständig, aber die fruchtbarsten Stoffe der europäischen Literatur und darüber hinaus auch eine Anzahl außereuropäischer Stoffe dürften erfaßt worden sein. Es wurde nicht Vollständigkeit, sondern Einführung in das Wesentliche der stoffgeschichtlichen Forschung erstrebt.

Über das hinaus, was ich in meinem Aufsatz über Stoff- und Motivgeschichte in der »Deutschen Philologie im Aufriß« als Ergebnisse dieses Forschungszweiges anführte, möchte ich nach Durcharbeitung des Materials für vorliegendes Buch noch einige mir besonders auffällige Beobachtungen anmerken. Die Erkenntnisse über die Psychologie des Dichters und den dichterischen Schaffensvorgang, die aus stoffgeschichtlicher Betrachtung zu gewinnen sind, lassen sich an Hand des Vergleichs all dieser Stoffe und der an ihrer Entwicklung beteiligten dichterischen Persönlichkeiten dahingehend erweitern, daß wohl mit spezifischen Verhaltensweisen der Dichter dem Stoff gegenüber zu rechnen ist. Da sind die typischen »Allesfresser« wie Hans Sachs und mit gewisser Einschränkung auch Alfieri, die ohne sonderliche eigene Zutat das Überlieferte in eine zeitgemäße Form zu bringen wissen. Da gibt es die Stoff-Entdecker, die mit viel Spürsinn – Keller nennt sie Trüffelhunde – einen reizvollen Plot aufgreifen, aber seiner Gestaltung nicht immer Herr werden, so daß erst der nächste Bearbeiter die Früchte ihres Fundes erntet: zu ihnen gehören der Italiener L. Dolce, die Franzosen Hardy und Rotrou, in Deutschland Herder, Tieck, Fouqué; eigenartig ist der Fall Otto Ludwig, dessen Nachlaß Zeugnis davon ablegt, wie er eine Fülle namhafter Stoffe ergriff, zerdachte und ausprobierte, ohne über Entwürfe hinauszukommen. Man könnte auch eine Anzahl merkwürdiger Stoff-Verwirrer namhaft machen, die fast gewaltsam den Verlauf in ein neues Bett leiteten. Erstaunlich ist diese Eigenwilligkeit bei Achim von Arnim und fast erheiternd bei den meisten spanischen Dramatikern des Goldenen Zeitalters. Es gibt die klugen Wäger und Filtrierer von Stoffen wie Corneille und Racine, Schiller, Grillparzer und Hugo von Hofmannsthal und die genialen Motiv-Verknüpfer wie Shakespeare, Metastasio, Goethe, Kleist und Richard Wagner.

Über den Begriff des Nationalstils, mit dem die Stoffuntersuchungen – wenigstens die deutschen – zu Beginn des Jahrhunderts so kühn operierten und mit dem man heute sehr viel behutsamer umgeht, lassen sich einige Feststellungen machen, die durch die Masse des Materials immer wieder bestätigt werden. Bei den Italienern rückt in den Mittelpunkt jedes Stoffes die Liebesleidenschaft – man denke nur an die Umwertung des Kriegshelden Roland in der italienischen Literatur bis zu Ariost. Das typische französische Ingredienz ist die Eifersuchtsintrige, während die klassischen Spanier selbst die ernsthaftesten Fabeln unbekümmert zum Ausgangspunkt für Verwechslungs- und Verkleidungsaffären verliebter Paare machten. Die Engländer brachten häufig ein politisches Agens in die Fabel; schauerliche und blutrünstige Ausgänge finden sich hier öfter als in anderen Literaturen. Die Neigung zur Herausarbeitung einer tieferen Bedeutung oder einer Moral dagegen hat die deutschen Dichter manche prägnante Vorlage zerdenken und überfrachten lassen.

Die Ablesbarkeit geistes- und literaturgeschichtlicher Epochen ist wohl das sinnfälligste Ergebnis stoffgeschichtlicher Untersuchungen. Die romanhaft-fabulöse Verwässerung klassischer Handlungen im Verlauf der Spätantike ist ebenso nachweisbar wie die Assimilation an die höfischen Vorstellungen des Mittelalters, das gleichzeitig in der Dietrich-, Karls- und Artusepik riesige zyklische Gebilde um bestimmte zentrale Idealgestalten entwickelte, während es bei der Behandlung biblischer Stoffe an deren theologische Sinngebung oder präfigurative Funktion gebunden blieb. Die Erschließung zahlreicher antiker Stoffe und des internationalen Erzählgutes in der Renaissance, die auch die biblischen Geschichten etwas freier behandelte und in Exempla moralischen Verhaltens umwertete, wird in den meisten Stoffgeschichten als großer Einbruch spürbar. Die Renaissance stapelte nämlich das europäische Stoffgut in ihren polyhistorischen Werken, Novellen- und Schwankbüchern wie in großen Depots, aus denen die folgenden Jahrhunderte ständig Anregungen bezogen. Das Barock verleibte sich bewegte Stoffe jeder Herkunft ein – es griff vor allem auch nach orientalischen Stoffen – und wandelte sie im Zeichen des ihm eigenen Menschentyps, der von Leidenschaften bestimmt ist, manchmal bis zur Unkenntlichkeit um; Neben- und Füllpersonen weiteten die überlieferte Fabel in den nach ihr gestalteten Romanen und Dramen, so daß das Hauptmotiv oft nahezu überwuchert und verdrängt erscheint. Die Aufklärung ist eigentlich eine stoffarme Zeit: sie ließ eine ganze Reihe großer, schicksalhafter, leidenschaftlicher Stoffe unbeachtet und beschränkte ihren Gestaltenkreis im wesentlichen auf die antiken und biblischen Repräsentanten der Tugend. Wieland, Herder, der Sturm und Drang öffneten dann die Tür zu den verschütteten Quellen der Volksliteratur und der Dichtung aus nationaler Vorzeit, die danach von der Romantik voll

erschlossen wurden und dem 19. Jahrhundert eine erhebliche Stoff-
bereicherung brachten. Dieses eklektizistische Jahrhundert griff so
ziemlich nach allen Quellen, die ihm die aufblühende historische
Forschung darbot, aber die philologisch-historische Kritik hat die
Freiheit des Dichters gegenüber dem Stoff wieder eingeengt, so
daß der Bearbeiter nicht in der schöpferischen Neugestaltung,
sondern in der historischen »Richtigkeit« sein Heil suchte; Überarbeitungen und Übersetzungen sind für diese Epoche bezeichnender
als eigenmächtige Änderungen alten Stoffguts. Auf der anderen
Seite haben die seit dem Sturm und Drang herrschende Forderung
der Originalität und der in der zweiten Hälfte des 19. Jahrhunderts
bestimmende gegenwartsbezogene Realismus die Weitergabe der
großen Stoffe gemindert. Erst die Neuromantik suchte wieder
Anschluß an die von Hugo von Hofmannsthal festgestellte »gewisse zeitlose europäische Mythologie«, und die neueste Literatur
gefällt sich – nach endgültiger Überwindung des Naturalismus –
vielfach geradezu darin, die traditionellen Stoffe der Weltliteratur,
besonders der Antike, zu aktualisieren oder zu verfremden.

Das Auftauchen und Versinken der Stoffe in den verschiedenen
Epochen gewinnt an Lebendigkeit und Charakteristik noch dadurch, daß die Stoffe jedesmal in anderer Gestalt zutage treten. Sie
sind immer wieder Ergebnis und zugleich auch geistiges Movens
des politischen und sozialen Lebens ihrer Zeit. Der attische Geist,
aus dem heraus Euripides in seiner »Iphigenie bei den Taurern« sich
gegen die Blutrache erklärte, war für Goethe bedeutungslos geworden; der Stoff mußte im ausgehenden 18. Jahrhundert mit
neuem Geist gefüllt werden, der eine auf anderer Wahrheit und
Humanität beruhende Gottes- und Menschenvorstellung verkündete, eine Weltsicht, die wiederum von der düsteren, blutigen des
greisen Gerhart Hauptmann um 1940 sehr verschieden war. An
den Gestaltungen des Jungfrau-von-Orleans-Stoffes spiegelt sich
die wechselnde Haltung gegenüber dem Wunder und dem weiblichen Heldentum. Elektra wandelte sich aus einer pflichttreuen
Rächerin in eine maßlos Hassende und schließlich in eine neuroti-
sche, an verdrängten Erlebnissen krankende Frau. Der Rebell
Masaniello wurde je nach der politischen Haltung des Bearbeiters
zu einem Volkshelden oder zum vermessenen Verbrecher. Die
geänderte Bewertung des Problems der Tyrannis, der Gewalt und
des Rechtes politischer Genies ist an der Gestaltung des Cäsar- und
des Napoleon-Stoffes abzulesen. An den zahlreichen Stoffen um
das Motiv der ungleichen Heirat wird das Standesproblem in
seinen Wandlungen sichtbar. Bestimmte sozial-politische Situationen schufen wiederholt erst die Möglichkeit zur Entwicklung eines
Stoffes. Auf dem Hintergrund des nationalen Erwachens vor den
Befreiungskriegen wurde der Große Kurfürst aus einer Episodenfigur durch Kleist eine dramatische, ihre Menschen- und Staatsauf-
fassung korrigierende Gestalt. Die Romantik gab dem Ahasver-
Stoff Vertiefung und Ausweitung, indem sie Ahasver zum Symbol
des irrenden und suchenden Menschen umprägte. Das Schicksal

des Sonnenwirts harmonierte mit der sozialrevolutionären Stimmung des Sturm und Dranges. Der heroische, kühle Virginia-Stoff wurde in Lessings »Emilia Galotti« seiner römischen Stilisierung entkleidet, und seine soziale Problematik sprach die Zeitgenossen unmittelbar an. Die Verlegung in die Gegenwart war stets das äußerste und sicherste Mittel des Dichters, einen Stoff auf sein Kernmotiv zurückzuführen, von verhüllendem Beiwerk zu befreien und mit seinen aktuellen Bezügen wirken zu lassen, zudem hat aber auch mancher distanzierende, anerkannte Stoff zur Verschleierung brennender aktueller Fragen herhalten müssen.

Der vielleicht wichtigste Beitrag, den die Stoffgeschichte für die Literaturwissenschaft zu leisten vermag, scheint mir in literarästhetischen Erkenntnissen zu liegen. Trotz der chronologischen Anlage ging es mir bei den einzelnen Artikeln dieses Bandes weniger um historische Zwecke als um die innere Struktur der Stoffe, ihre Qualität und ihren Charakter, ihre Eigenbewegung, d. h. ihr Wachsen, die Ankristallisierung neuer stofflicher Elemente, die Ausbalanzierung des inneren Gleichgewichts bei Wachstum und Mutation der motivischen Stoffkerne. Die Zugehörigkeit von Stoffen zu bestimmten Literaturgattungen stellt sich meist schon zu einem frühen Zeitpunkt heraus. Man kann das an der Auswahl sehen, den die griechischen Tragiker aus dem troischen Epenzyklus trafen. Der Entwicklungsverlauf belehrt immer wieder darüber, daß Stoffe nur eine begrenzte Entfaltungsmöglichkeit haben und daß zeitlich und räumlich weit voneinander getrennte Bearbeiter zur gleichen Organisation des stofflichen Materials gelangten. Gewisse poetische Strukturelemente lassen sich am mythischen oder historischen Rohstoff geradezu ablesen und drängen sich jedem Bearbeiter auf. Der Maria-Stuart-Stoff erhielt schon lange vor Schiller die analytische dramatische Form, deren reife Ausprägung bei dem deutschen Klassiker bewundert wird. Erst die Verkürzung der Fabel auf den Schlußprozeß vermochte jedoch den episch vorgeprägten Jungfrau-von-Orleans-Stoff in dramatische Form zu überführen. Auffallend dramatische Einzelmotive in epischen Stoffen wie etwa dem Nibelungen-Stoff haben immer wieder – meist vergebliche – Versuche einer völligen Verpflanzung in die scheinbar bewegtere Gattung veranlaßt. Bedeutsam sind immerhin die zahllosen geglückten Umsetzungen novellistischer Stoffe in Dramen, und dies dürfte mit der verwandten motivischen Grundstruktur der beiden Gattungen, der Überordnung des Kernmotivs über die Rahmenmotive, zusammenhängen.

Das Wachstum des geistigen Organismens bleibt unerklärbar. Warum entwickelten sich manche historischen Fakten zum dichterischen Stoff und manche nicht? Von der »Größe« der Ereignisse scheint diese Eignung weitgehend unabhängig zu sein, große Gestalten sind nicht unbedingt poetische Gestalten, und manches scheinbar künstlerisch attraktive Schicksal stellt sich als literarisch unergiebig heraus, so etwa das des Staufers Konradin. Die Geburtsstunde eines Stoffes schlägt als Folge genialer Motivverknüpfung, wie sie an Werken bedeutender Dichter zu beobachten ist, sie spielt sich aber überraschenderweise auch sehr häufig in einer Art literarischen Niemandslandes ab: ein zeitgenössischer Bericht liefert nüchterne, manchmal auch unzusammenhängende Fakten eines Ereignisses, und nach hundert Jahren bringt eine nächste Chronik die entscheidende Verknüpfung dieser Fakten. So war es, um nur wenige Beispiele zu nennen, im Falle der Geschichte Belisars, des Don Carlos, der Fair Rosamond und Friedrichs des Streitbaren. Wer hat hier den entscheidenden »Einfall« gehabt? Da wir bei dem Chronisten im allgemeinen eine solche Erfindung nicht erwarten, sind wir fast versucht, an die alte romantische These von der »dichtenden Volksseele« zu denken.

Noch etwas anderes drängt sich bei der Vergleichung der verschiedenen Stoffgeschichten auf. Die Entfaltungsfähigkeit all der Stoffe, die eine wirklich breite Entwicklung nahmen, beruht auf dem Rätsel, das die Fabel stellt. Warum tötete Philipp seinen Sohn Don Carlos? Warum forderte Salome das Haupt Johannes des Täufers? Warum mußte Agnes Bernauer sterben, und warum versöhnte sich ihr Mann mit dem Mörder? Was trieb Rosamunde zum Mord an Alboin und ihrem zweiten Gatten Helmichis? Welche Spannung bestand zwischen Siegfried und Brunhild, und wie brachte es Kriemhild über sich, ihre nächsten Verwandten unmenschlich zu vernichten? Welche rätselhaften Gewalten verhängten über Ödipus den Mord an seinem Vater und die blutschänderische Ehe mit seiner Mutter? Warum haben die Germanen den Befreier ihres Volkes, Arminius, umgebracht? Wer waren Demetrius, der Falsche Waldemar, Kaspar Hauser? In diesen immer wieder angegangenen und ewig ungelösten Fragen liegt der Keim, aus dem manche Jahrhunderte hindurch kraftvolle Stoffentwicklung aufsproß. Bei anderen Stoffen dagegen beruhen die Wirkung und das Nachleben nicht auf der Frage, die sie aufwerfen, sondern auf der Vorbildhaftigkeit oder Zeitgemäßheit eines Menschentyps, eines Milieus, einer Stimmung. Ihre Fabel ist statisch und kaum entwicklungsfähig; sie reizen nicht zur Neugestaltung, sondern zur Nachahmung. Die in ihnen zu höchster Abrundung summierten Motive werden von den Nachahmern aus dem Stoff wieder ausgesondert und wie Versatzstücke in ähnliche Stoffe eingesetzt. Mit diesem Abbau der Motive geht eine gewisse Entleerung Hand in Hand, die Nachahmer beherrschen die leicht gewordenen Prägungen virtuos und sogar mechanisch. Der Charakter solcher Stoffe, bei denen die Nachahmung die Entwicklung überwiegt, wird an Beispielen wie Don Quichote, Robinson, Werther deutlich. Schließlich zeigt sich an den behandelten Stoffen auch, wie sich die verhältnismäßig wenigen immer wiederkehrenden Grundmotive durch die Bindungen, die sie eingehen, und die zunächst leichten Variierungen, die sie durchmachen, immer neue, spezifische Stoffe zeugen, so das Motiv des Mannes zwischen zwei Frauen im Graf-von-Gleichen-Stoff, im Ariadne-Stoff, im Joseph-Stoff, das Motiv vom Teufelsbündner im Theophilus-Stoff, im Päpstin-Johanna-

Stoff, im Faust-Stoff, das Motiv der verfeindeten Brüder im Prometheus-Stoff und im Kain-und-Abel-Stoff, den Vater-Sohn-Konflikt im Aleksej-Stoff und im Don-Carlos-Stoff, das Motiv des Rebellen und Vaterlandsbefreiers im Arminius-Stoff, im Wilhelm-Tell-Stoff, im Masaniello-Stoff und im Jürg-Jenatsch-Stoff, das Motiv der verleumdeten Gattin im Crescentia-Stoff, im Genovefa-Stoff, im Susanna-Stoff und im Königin-Sibylle-Stoff.

Ein Stofflexikon der Weltliteratur ist ein alter Plan der Literaturwissenschaft. Schon Karl Goedeke, der verdienstvolle Schürfer und Ordner bibliographischen Materials, hat ein solches Werk vorbereitet; ihm dürften dabei Umfang und Akribie seines »Grundrisses« vorgeschwebt haben, aber die mangelnden Vorarbeiten auf dem so international verzweigten Forschungsgebiet der Stoffgeschichte ließen damals eine Verwirklichung dieser Gedanken noch gar nicht zu. Das Material ist dann durch die gründlichen und grundlegenden Arbeiten der Scherer-Schule und durch die vergleichende Literaturwissenschaft, deren Domäne die Stoff- und Motivgeschichte seit Wilhelm Dilthey wurde, so weit aufgearbeitet worden, daß Artur L. Jellinek um die Jahrhundertwende abermals eine lexikonartige Zusammenfassung versprechen zu können glaubte, aber doch nur die listenartigen Ansätze dazu in seiner »Bibliographie der vergleichenden Literaturgeschichte« (1903) lieferte. Nach einer rund 25 Jahre währenden Abwertung der Stoffgeschichte durch die geisteswissenschaftliche Richtung der Literaturwissenschaft, die in allem Stofflichen etwas Zweitrangiges, Zufälliges und oft sogar Außerkünstlerisches erblickte, machte sich Ende der zwanziger Jahre eine methodische Rückbesinnung bemerkbar. Die von Paul Merker herausgegebene Reihe von Einzeluntersuchungen zur »Stoff- und Motivgeschichte der deutschen Literatur« (16 Bände 1929–37) stellte einen neuen Versuch zu thematischen Überblicken dar und richtete den in Mißkredit geratenen Forschungszweig geistesgeschichtlich aus, indem sie die schöpferische Einzelpersönlichkeit hinter der Profilierung stilgeschichtlicher Epochen zurücktreten ließ. Bezeichnend für diese Haltung, die auf die positivistischen Ergebnisse einer Quellen- und Abhängigkeitsfeststellung nicht verzichten, sie aber geistesgeschichtlichen Zielen unterordnen wollte, sind Julius Petersens 1928 formulierte Richtlinien für ein Stofflexikon, dessen Notwendigkeit sich auch ihm damals aufdrängte: »Wir brauchen es, nicht um aufs neue in einen Alexandrinismus der Stoffgeschichte zu versinken, sondern um das Stadium der bloßen Stoffgeschichte zu überwinden und sie dorthin zu verweisen, wohin sie gehört (ins Lexikon), von wo aus ihr Material höheren literarhistorischen Zwecken dienstbar gemacht werden kann ... Wir brauchen einen zusammenfassenden Überblick, der für jeden Stoff und jedes Motiv die dichterischen Bearbeitungen zusammenstellt und ihre zeitliche wie nationale Frequenz und Dynamik vergleichend und geistesgeschichtlich auswerten läßt. Durch Literaturangaben muß außerdem dafür gesorgt werden, daß die bisher geleistete Arbeit nicht verlorengeht. Die auf volkskundlichem Gebiet von Reinhold Köhler und Bolte wie von den Finnen Aarne und Krohn bereits geleistete Registrierung kann solchem Unternehmen vorbildlich und dienlich sein, das auch zwischen Volksliteratur und Kunstliteratur einen lebendigen Zusammenhang herzustellen hätte.«

Die Stoffgeschichte galt hier also als eine Art literarhistorischer Hilfswissenschaft, von der die »zeitliche wie nationale Frequenz und Dynamik« registriert, also im wesentlichen die Begriffe Personalstil, Nationalstil, Zeitstil erhellt werden sollten. Die eindrucksvolle Leistung der Volksliteraturforschung, repräsentiert durch die noch immer in wesentlich positivistischen Bahnen laufende finnische Schule der Märchenforschung mit ihren auf ganze Kompendien zusteuernden Motivlexika, diente als Vorbild. Solche, einen Überblick über die internationale Volksliteratur ermöglichenden Nachschlagewerke, die jedes Motiv und jeden Zug mit seinen Varianten nachweisen, tragen jedoch, wie Helmut de Boor ebenfalls schon 1928 einwendete, die Gefahr einer atomisierenden Betrachtung des Kunstwerkes und einer mechanistischen Vorstellung von seiner Entstehung in sich, die auf dem Gebiet der Volksliteratur-Forschung, wo man es nicht mit der Schöpferpersönlichkeit zu tun hat, leicht bedrohlich werden kann. Allerdings scheint sich bei eingehender Beschäftigung mit der Motivgeschichte die statistisch registrierende Verzettelung geradezu aufzudrängen, da die Erfassung dieser kleineren, keimkräftigeren und beweglicheren stofflichen Einheiten und ihres sehr verzweigten Bezugssystems mittels kurzgefaßter Darstellung problematisch ist. Die von Petersen geforderten zusammenfassenden Überblicke sind für das Gebiet der Motive kaum zu leisten, und ein nicht nur registrierendes, sondern beschreibendes Lexikon sollte sich daher schon aus methodischen Gründen auf die größere Einheit der Stoffe beschränken.

Innerhalb dieses Vorwortes kann kein ausführlicher Bericht über den Forschungsstand der Stoffgeschichte gegeben werden. Es sei nur kurz angedeutet, welchen Eindruck das Studium von über tausend stoffgeschichtlichen Untersuchungen hinterließ. Die noch von der Scherer-Schule geprägten Arbeiten, die im Zeichen der vergleichenden Literaturgeschichte stehenden, von Max Koch herausgegebenen »Breslauer Beiträge zur neueren Literaturgeschichte« (1904–19 und 1922) und »Studien zur vergleichenden Literaturgeschichte« (1901–09) sowie die einschlägigen Aufsätze in der gleichfalls von Koch gegründeten »Zeitschrift für vergleichende Literaturgeschichte« (1887–1910) und viele anglistische und romanistische Abhandlungen in den älteren »Archivs für das Studium der neueren Sprachen und Literaturen« gelangten mit ihren Feststellungen von Abhängigkeiten, Übernahmen und Einflüssen gewiß selten genug zu eigentlich geistigen oder ästhetischen Ergebnissen. Aber die Gründlichkeit und die sicher gehandhabte Technik des Vergleichens sowie die wirklich breite Kenntnis der Originale in mehreren Nationalliteraturen und schließlich das Wissen um literarische Zusammenhänge haben doch oft ein so gut gesichtetes Material erbracht, daß es dem Leser nicht allzu schwer fällt, die notwendigen geistesgeschichtlichen und literarästhetischen Schlüsse zu ziehen. Man kann jedenfalls häufig zweifeln, ob die geistesgeschichtliche Betrachtungsweise, die in der seit 1929 von Merker herausgegebenen Reihe vorherrscht, der Sache mehr gerecht wurde. Wenn Wolfgang Kayser vor noch nicht langer Zeit kritisierte, daß in stoffgeschichtlichen Untersuchungen die Schöpfung des Dichters nicht mehr als eigenes, in sich geschlossenes Kunstwerk vor das Auge trete, sondern nur ihre Bestandteile diskutiert würden, so trifft dieser Tadel oft gerade die geistesgeschichtlich orientierten Untersuchungen, deren Längs- und Querschnitte jene Methode der bewußten »Motivzerfaserung« zeitigte, in der Julius Wiegand bekanntlich eine ganze »Geschichte der deutschen Dichtung« (1922) schrieb. Sehr illustrativ für diese Atomisierung von Kunstwerken ist eine neuere amerikanische Dissertation über das Bild Peters des Großen im russischen historischen Roman, die mit viel Kenntnis und Fleiß die aus den zahlreichen Dichtungen um Peter den Großen gewonnenen Mosaiksteinchen zu querschnittartigen Porträts des Zaren in den verschiedenen Epochen Rußlands zusammensetzte, ohne ein einziges der dem westlichen Leser meist unbekannten Literaturwerke auch nur in seinen Umrissen sichtbar werden zu lassen. Die bereits erwähnte vorübergehende Abwertung der Stoffgeschichte hat außerdem dazu geführt, daß stoffgeschichtliche Untersuchungen als Fleiß- und Anfängerübungen aufgefaßt und Promovenden als Betätigungsfeld überlassen wurden, wenigstens in Deutschland. Diese Dissertationen bieten vielfach nicht mehr als fleißige Aneinanderreihungen von Inhaltsangaben, weil der Anfänger keine Querverbindungen zu ziehen und die Ergebnisse seiner Arbeit nicht im gehörigen Abstand zu sehen weiß. Während zur Zeit Max Kochs vor allem die Universität Breslau stoffgeschichtliche Themen vergab, wird nunmehr seit Jahrzehnten in Wien dieser Aufgabenkreis – mit unterschiedlichem Erfolg – abgeschritten. Abgesehen von den wenigen überraschenden Einzelfällen, wo in der Anfängerarbeit die Tatze eines späteren wissenschaftlichen Löwen spürbar wird, hat es der Leser stoffgeschichtlicher Untersuchungen mit »reifen« Arbeiten nur selten zu tun. Es handelt sich dann meist um kürzere Essays, in denen ein Forscher von souveräner Warte stoffgeschichtlich interessante Fälle anpackt, so Ernst Beutler in seinen Aufsätzen über die Kindsmörderin oder die Lorelei oder Herbert Singer in seinen Beiträgen zum Joseph-Stoff und zur Behandlung der Prinzessin von Ahlden. Die Literaturwissenschaft in Frankreich, Belgien, den USA, England und auch Italien hat sich dagegen der Stoffgeschichte mit umfangreichen und weitgespannten, das gesamte Material aufbereitenden Untersuchungen angenommen und abschließende Arbeiten über Stoffe wie Odysseus, Merlin, Phädra, Endymion, Fair Rosamond, Don Carlos, Titus und Gisippus geliefert, die Akribie der Vergleichung mit geistesgeschichtlicher und poetologischer Auswertung zu vereinen wissen.

Die einzelnen Artikel meines Lexikons stützen sich auf die zahlreichen Untersuchungen zur Stoffgeschichte, die im Laufe der letzten hundert Jahre in Gestalt von Büchern, Aufsätzen und vor allem von Dissertationen vorgelegt wurden und die bereits in Bibliographien, der deutschen von K. Bauerhorst (1932) und seinem Fortsetzer F. A. Schmitt (1959) sowie der internationalen von F. Baldensperger / W. P. Friederich (1950) und dem als Fortsetzung gedachten »Yearbook of Comparative and General Literature« (1952 ff.) verzeichnet sind; den von diesen Werken gelieferten Angaben ist mein Buch sehr verpflichtet, und in manchen Einzelheiten hat es sie ergänzen und berichtigen können. Eine große Stütze boten auch die bibliographischen und sachlichen Hinweise in H. Hungers »Lexikon der griechischen und römischen Mythologie« und in E. Heinzels »Lexikon historischer Ereignisse und Personen in Kunst, Literatur und Musik«, obwohl die literarhistorische Methode der Stoffbehandlung sich von der Betrachtungsweise des Historikers beim Vergleich von historischem Rohstoff und dichterischer Behandlung wesentlich durch poetologische Zielsetzung unterscheiden muß. Bei den meisten Artikeln wurden die in Untersuchungen und Bibliographien vorgefundenen Materialien aus eigener Kenntnis aufgefüllt und Verbindungen gezogen, die den auf zeitliche und regionale Teile der Literatur sich beschränkenden Verfassern entgangen waren; der Umfang der Arbeit verbot es freilich, mehr als nur einige wenige Artikel ausschließlich auf persönliche Untersuchungen zu gründen.

Die folgenden stoffgeschichtlichen Artikel setzen nach Möglichkeit jeweils an einem Punkt ein, wo durch eine wirklich existierende Fassung fester Boden gewonnen ist. Die in den Bereich der Mythologie gehörenden Vorgeschichten und Bedeutungen einzelner Gestalten werden nur gestreift, und auch die mehr oder weniger erschließbaren Ur- und Vorfassungen von Stoffen sind nur angedeutet, ohne daß zu den verschiedenen oft sehr kontrastierenden Hypothesen Stellung genommen wurde. Stoffe, die nur in der Volksliteratur, in Volkslied, Märchen und Sage, auftauchen, ohne je Aufnahme in die Kunstliteratur gefunden zu haben, wurden in die Darstellung nicht miteinbezogen, zumal Volkskunde und Volksliteraturforschung, wie bereits erwähnt, eigene Nachschlagewerke mit verwandten Zielen geschaffen haben. Die Jahreszahlen geben im allgemeinen das Erscheinungsdatum eines Werkes als Handschrift, Druck oder Theateraufführung an; nur in Ausnahmefällen der älteren Literatur oder bei postum erschienenen oder fragmentarischen Werken der neueren Literatur, wenn zwischen Entstehungszeit und Erscheinen eine zu große Zeitspanne liegt, steht an Stelle des Erscheinungsdatums das Entstehungsdatum. Ist der Titel eines Werkes nicht angeführt, so entspricht er dem Stichwort des Artikels; die geringen formalen Abweichungen bei Übertritt in fremde Sprachlandschaften sind dabei nicht berücksichtigt. Die Eigennamen literarischer Gestalten werden in ihrer im Deutschen üblichen Form gegeben, da sonst die Schreibung eines

Namens von Zeile zu Zeile gewechselt hätte; nur wenn der Name
in einer Bearbeitung so stark verändert wurde, daß der Leser die
Gestalt vielleicht nicht identifizieren könnte, ist seine Form und
Schreibung entsprechend dem Original angegeben. In Titeln werden Eigennamen vorwiegend in der Originalschreibung zitiert.

Außer den vielen, mir persönlich unbekannten Fachkollegen,
deren stoffgeschichtliche Untersuchungen und bibliographische
Hinweise die wichtigsten Bausteine für meine Arbeit abgaben, bin
ich einer Reihe von Wissenschaftlern verpflichtet, deren Auskünfte
aus ihrem speziellen Forschungsbereich einem so viele Nationalliteraturen berührenden Buch sehr dienlich waren. Ich danke den
Beamten der Bibliothek der Freien Universität Berlin für ihre
unermüdliche Hilfe bei der Bücherbeschaffung, insbesondere
Herrn Dr. Klaus Kanzog auch für Durchsicht des bibliographischen Teiles, ebenso den Herren Dr. Friedrich Röbbeling, Dr.
Erich Kalisch und Alfred Alisch für Unterstützung bei den Korrekturen, Frau Ruth Homann für gelegentliche Hilfe bei der Lektüre
italienisch publizierter Forschungen und meinem Mann, Dr. Herbert A. Frenzel, für eine erste kritische Lektüre meines Manuskrip-
tes und Hilfe bei der Drucklegung. Schließlich möchte ich dem
Verlag und seinem Lektor, Herrn Gero von Wilpert, für den
Unternehmungsgeist danken, den sie bewiesen, als sie mich mit
diesem ersten Versuch eines Stofflexikons beauftragten. Die Erwartungen, die mein einstiger Lehrer Julius Petersen auf ein solches
Unternehmen setzte, hoffe ich mindestens in der Intensität des
Vorgehens erfüllt und darüber hinaus vielleicht deutlich gemacht
zu haben, daß Stoffgeschichte nicht nur als eine Art Hilfswissenschaft »höheren literarhistorischen Zwecken« Material aufbereiten
kann, sondern selbst ein Beitrag zu dem hohen Ziel der Poetik ist.

*Dr. Elisabeth Frenzel, Herbst 1961*

## AUS DEM VORWORT ZUR 3. AUFLAGE

Die erste Auflage dieses Buches, dem meine methodologischen
Überlegungen zur Stoff- und Motivgeschichte für die *Deutsche
Philologie im Aufriß* (1952) voraufgegangen waren, erschien Anfang
1962. Als ich mich damals für ein Gebiet einsetzte, das Jahrzehnte
hindurch ein Winkeldasein geführt hatte, ließ sich nicht ahnen, daß
die sechziger Jahre einen Neuansatz der vergleichenden Literaturwissenschaft und mit ihm auch eine Aufwertung der Stoff- und
Motivgeschichte bringen würden. Die Neubelebung vollzog sich
vor allem in den USA, in Frankreich und in England, aber auch in
Deutschland wurde 1966 wieder eine Zeitschrift für vergleichende
Literaturwissenschaft begründet. Vor allem belebte sich die theo-
retische Diskussion. Durch sein *Plaidoyer pour la Stoffgeschichte*

(1963) und seine Abhandlung *Les Études de Thèmes* (1965) räumte Trousson Vorurteile aus dem Wege, die in Deutschland durch die geistesgeschichtliche Strömung des ersten Jahrhundertdrittels und in Frankreich durch die Pariser komparatistische Schule vertreten wurden. Ich selbst hatte Gelegenheit, meine theoretischen Überlegungen auszubauen, dem offensichtlichen Bedarf an Instruktionen über Wesen und Aufgaben der stoffgeschichtlichen Forschung durch einen gedrängten Abriß in den *Realienbüchern für Germanisten* (1963) sowie eine etwas breitere Darstellung in den *Grundlagen der Germanistik* (1966) nachzukommen und in der Diskussion mit Kunsthistorikern verwandte Arbeitsbegriffe abzustecken. Wie Trousson im französischen Sprachbereich, brach 1968 H. Levin im englisch-amerikanischen Sprachbereich eine Lanze für »Thematics« und wies diesem Arbeitsfeld einen Platz innerhalb des New Criticism an. Es steht mir nicht zu, zu entscheiden, ob lediglich das, was die Griechen den Kairos nannten, der glückliche Augenblick also, die Aufname des Buches begünstigte, oder inwieweit es anregend, fördernd, stützend die Entwicklung beeinflußt hat.

*Dr. Elisabeth Frenzel, 1970*

## ZUR 8. AUFLAGE

Die 4. Auflage kam heraus, als »Motive der Weltliteratur« erschienen und die im Vorstehenden auf S. XII geäußerte Skepsis gegenüber einem solchen Unternehmen zu widerlegen suchten. Die Zusammengehörigkeit beider Bände wurde durch Verweise ( ↑ ) auf die in dem neuen Band behandelten Motive sinnfällig gemacht und in der 6. Auflage durch Beifügung eines Registers vervollkommnet. Mit der 7. und 8. Auflage wurden zahlreiche angesammelte Einzelergänzungen eingebracht, wobei in der 8. ein erstmals aufgenommener Stoff, der sich um den Sturm-und-Drang-Dichter J. M. R. Lenz erst während der letzten Jahrzehnte herausgebildet hatte, einen schönen Beleg für die fortdauernde Entstehung poetischer Stoffe bot. *E. F.*

## ZUR 9. AUFLAGE

Die nun vorliegende 9. Auflage bietet eine sehr gründliche Überarbeitung, die sowohl kleinste bisher übersehene Details wie größere sachliche Zufügungen umfaßt. Ob es noch zur Abrundung in einer 10. Auflage kommen wird, erscheint in Anbetracht meines hohen Alters kaum vorstellbar. *E. F., Juli 1997*

**Abälard und Heloïse.** ABÄLARD (1079–1142), Kanonikus und damals bereits berühmter philosophischer Lehrer in Paris, verführte die im Ruf erstaunlicher Gelehrsamkeit stehende junge Heloïse (1100–1163), zu deren Erzieher ihn ihr Onkel, der Kanonikus Fulbert, bestellt hatte. Er entführte sie zu seiner Schwester in die Bretagne, wo sie einen Knaben gebar, und bot Fulbert als Buße die Heirat mit Heloïse an, die jedoch wegen Abälards theologischer Laufbahn geheim bleiben sollte. Nach der Eheschließung hielt sich Fulbert aber nicht an diese Abmachung, bis Heloïse, um den Gerüchten ein Ende zu machen, in das Kloster Argenteuil ging. Fulbert, der glaubte, daß Abälard sich so seiner Nichte entledigt habe, ließ Abälard überfallen und entmannen. Während Heloïse sieben Jahre in Argenteuil verbrachte, zog sich Abälard vor seinen persönlichen und philosophischen Gegnern zuerst in das Kloster Saint-Denis, dann an einen Zufluchtsort in der Nähe von Troyes zurück, den er Paraklet nannte und wo er Schüler um sich versammelte, bis er auch dort angefeindet wurde und die Berufung als Abt nach Saint-Gildas annahm. 1131 übergab er Paraklet an Heloïse und ihre aus Argenteuil vertriebenen Mitschwestern zur Gründung eines Klosters und lebte vorübergehend in ihrer Nähe, bis ihn üble Nachrede wieder nach Saint-Gildas trieb. Ein an einen Freund gerichteter Rechenschaftsbericht *Historia calamitatum mearum*, der Heloïse zu Gesicht kam, löste einen Briefwechsel aus, in dem Heloïse ihre andauernde Liebe und den Wunsch der Wiedervereinigung beschwörend aussprach, Abälard sie aber auf den Weg der Gottesliebe verwies. Abälards Lehre wurde auf dem Konzil zu Sens verurteilt, er erlangte jedoch die Verzeihung des Papstes und starb in der Einsamkeit des Klosters Saint-Marcel. Heloïse erwirkte die Umbettung nach Paraklet, als dessen Äbtissin sie später in Abälards Nähe beigesetzt wurde; seit 1817 sind beide gemeinsam auf dem Friedhof Père-Lachaise in Paris bestattet.

Das Schicksal des durch ein ↑ Keuschheitsgelübde getrennten Liebespaares ist ein erregender Stoff, der durch die Quellen genügend festgelegt ist, um deutliche Umrisse zu haben, und doch der künstlerischen Ausgestaltung gewissen Spielraum läßt. Freilich hat der Briefwechsel Rang und Funktion einer bedeutenden Dichtung angenommen, die als Kernstück des Stoffes unwiederholbar und unübertreffbar ist; das hat offensichtlich die Behandlung des Stoffes weitgehend unterbunden.

Interessant ist jedoch seine geradezu modische Verwendung in der barock-klassizistischen Gattung der Heroide, für die er durch die Briefform schon vorgeprägt war. Nach dem Erscheinen des lateinischen Originaltextes 1616 hat wohl als erster HOFMANN VON HOFMANNSWALDAU das Wechselgespräch der Liebenden in seinen *Heldenbriefen* (1673) verwendet. Zu Berühmtheit gelangte der Stoff erst mit POPES Epistel *Eloisa to Abelard* (1717), die auf J. HUGHES' Übersetzung (1713) einer freien französischen Übertragung beruht, in der die Umsetzung in den empfindsamen Zeitgeschmack bereits vollzogen worden war. Der große Monolog Heloïses, der die Heldin in der Erschütterung über Abälards Beichte und im Kampf zwischen Leidenschaft und Tugend zeigt, aus dem ihr der Tod der einzige Ausweg scheint, rief in der englischen Literatur eine Fülle von »Antworten Abälards« hervor (J. BECKINGHAM 1721; W. PATTISON 1728; J. DELACOUR 1729; J. CAWTHORN 1747; E. JERNINGHAM 1792; LANDOR 1795 u. a.), die seit 1787 zusammen mit Popes Epistel als Anhang der Übersetzung von Hughes gedruckt wurden. Die Verbreitung des Stoffes ist auch an Parodien ablesbar. In Frankreich sind gleichfalls Nachahmungen Popes (Ch.-P. COLARDEAU 1758) und »Antworten« (C.-J. DORAT 1759) verfaßt worden, BEAUCHAMPS und MERCIER haben das Paar unter die Briefschreiber ihrer Heroiden aufgenommen, und in Italien hat A. CONTI eine Heroide *Elisa e Abelardo* (Mitte 18. Jh.) geschrieben. So konnte Heloïse, als Inbegriff der schrankenlos Liebenden den Zeitgenossen lebendig, von ROUSSEAU als Urbild seiner *Nouvelle Héloïse* (1761), Julie d'Etanges, empfunden werden, die ihr Recht auf Leidenschaft aus der Reinheit ihres Gewissens herleitet. Das gesteigerte Interesse an dem Stoff und das Zunehmen der versifizierten Briefe in England und Frankreich am Ausgang des 18. Jahrhunderts dürfte auf die von Rousseau kommenden Impulse und die Hinwendung zum Mittelalter zurückgehen. Danach erlosch die Vorliebe für den Stoff nahezu völlig. Unter den *Gestalten* N. LENAUS findet sich allerdings auch *Heloise* (Gedicht 1832), die im Kloster Abälard nicht vergessen kann. Bei modernen romanhaften Nacherzählungen der historischen Vorgänge scheint noch immer das künstlerische Übergewicht des Briefwechsels den Stoff vor zu selbständigem Zugriff zu schützen, zumal diese Darstellungen häufig von wissenschaftlich geprägten Verfassern stammen: G. MOORES hauptsächlich auf die Entwicklung der Heldin gerichtete Darstellung (*Heloise and Abelard* 1921) führt ebenso wie die von H. WADDELL (*Peter Abelard* 1933) nur bis zur Gründung des Klosters Paraklet, also bis an die Rampe des Briefwechsels heran, und J. KLEIN (*Das Liebesopfer* 1941) gibt als Nachklang der bis zum Konzil von Sens behandelten Ereignisse zwei Briefe der Liebenden wieder. In jüngster Zeit erschienen auch Dramatisierungen des Stoffes (R. VAILLAND, *Héloïse et Abélard* 1947; J. FORSYTH, *Héloïse* 1958; R. DUNCAN, *Abelard and Heloise* 1961; R. MILLAR, *The Story of Abaelard and Héloïse,* 1970; St. SCHÜTZ, *Heloisa und Abälard,* 1979).

**Abel** → Kain und Abel

**Abisag** → David

**Accoromboni, Vittoria.** Vittoria Accoromboni (gest. 1585), eine italienische Adlige, von der einige Gedichte erhalten sind, lebte, obgleich sie die Ehe mit dem jungen Peretti aus Neigung eingegangen war, mit diesem in Unfrieden und ließ sich deshalb von ihrem Bruder Marcello an den mächtigen Paolo Orsini verkuppeln, der seine erste Frau Isabella Medici erdrosselt und sich in Vittoria verliebt hatte. Orsini ließ 1581 Peretti durch Marcello beseitigen, Vittoria zog kurz darauf mit ihrer Mutter in sein Haus und wurde heimlich mit ihm getraut. Auf den Protest der Medici hin wurde sie in Untersuchungshaft gesetzt, bis Orsini in eine Ungültigkeitserklärung der Ehe einwilligte. Schon 1584 sind beide erneut getraut worden, zogen sich aber aus Furcht vor dem Onkel des Ermordeten, dem inzwischen zum Papst gewählten Kardinal Montalto, nach Padua zurück, wo Orsini starb und Vittoria nach einem Erbstreit mit Lodovico Orsini auf dessen und der Medici Betreiben ermordet wurde.

Das Schicksal dieser für das Zeitalter der Renaissance typischen, des Gattenmordes verdächtigen, aber in ihrem Anteil an den Ereignissen und ihren Beweggründen nicht deutlich erkennbaren Gestalt wurde durch italienische Chronisten überliefert und war Ende des 16. Jahrhunderts in Europa bekannt. Bereits 1608 griff John WEBSTER den Stoff in seinem Drama *The White Divel or the Tragedy of Paulo Giordano Ursini Duke of Brachiano with the Life and Death of Vittoria Corombona, the Famous Venetian Curtizan* auf. Die Handlung, die mit der Ermordung Isabella Medicis einsetzt und mit der Rache des in sie verliebten Grafen Lodovico endet, der Orsini und Vittoria beseitigt, zeigt Vittoria als gemeine Buhlerin, die schon zu Lebzeiten Perettis ein sträfliches Verhältnis zu Orsini hat, sich vor ihren Richtern mit frechen Lügen zu verteidigen sucht, in ein Kloster für büßende Dirnen gesteckt und schließlich zusammen mit ihrem Bruder ermordet wird.

Die nächste Dramatisierung erfolgte erst zweihundert Jahre später durch den Italiener Luigi CAPRANICA (1821), doch blieb sie, ähnlich wie die von A. WEIMAR (Pseud. für Auguste GOETZE, 1890), bedeutungslos. Um die Mitte des 19. Jahrhunderts ist der Stoff mehrfach in einer zwischen historischem Bericht und Novelle schwankenden Form wiedergegeben worden (E. MÜNCH, *Biographisch-historische Studien* 1836; A. v. REUMONT, *Römische Briefe von einem Florentiner* 1840/44), am interessantesten wohl durch STENDHAL (*Chroniques italiennes* 1837), der die Fakten nach einem antiklerikalen italienischen Pamphlet vom Ende des 18. Jahrhunderts wiedergab, aber die Konturen und Gegensätze verschärfte: Vittoria heiratet Peretti nur aus Berechnung, verachtet ihn und seine Familie und läßt sich durch den Ehrgeiz ihrer Verwandten leicht dazu beeinflussen, sich ihres Mannes zu entledigen; ihr Unglück wird die sich in Haß wandelnde Zuneigung des Kardinals Montalto.

Die bedeutendste Bearbeitung wurde L. Tiecks schon 1792 skizzierter, aus der Kritik an Webster hervorgegangener Roman (*Vittoria Accorombona* 1840), der aus dem englischen Drama z. B. die Gerichtsszene und den Wahnsinn von Vittorias Mutter übernahm, im übrigen aber sowohl Paolo Orsini wie vor allem Vittoria veredelte. Sie wurde bei Tieck zu einer begabten, schöngeistigen und hochsinnig unbekümmerten, dem romantischen Frauenideal entsprechenden Gestalt, deren Schuld an Peretti durch dessen charakterliche Schwächen und durch den Einfluß des schurkischen Marcello gemildert wird; Lodovico Orsinis rachsüchtige Handlungen werden zum Teil durch seine unerwiderte Liebe zu Vittoria erklärt. Der Stoff bot Tieck Gelegenheit, ein romantisches Bild der römischen Zustände im Ausgang des 16. Jahrhunderts zu entwerfen. Von einem Roman des Italieners F. D. Guerazzi erschien nur der erste Teil, der den Ehebruch von Orsinis erster Frau Isabella behandelt (1844).

M. Landau, Vittoria Accorombona in der Dichtung im Verhältnis zu ihrer wahren Geschichte, (Euphorion 9) 1902; C. Dédéyan, Stendhal adapteur de Vittoria Accoromboni, (Symposium 6) Syracuse 1951.

**Achilleus.** Die älteste erhaltene Gestaltung des Achilleus-Stoffes, Homers *Ilias*, hat als Kernmotiv den Groll des Helden über die Wegnahme der ihm als Beute zugeteilten Briseïs durch Agamemnon. Achill zieht sich vom Krieg gegen Troja zurück und gestattet erst, als die Griechen in höchster Gefahr sind, seinem Freunde Patroklos, in seiner Rüstung und mit seinen Truppen am Kampf teilzunehmen. Den Tod des Patroklos rächt er an dem trojanischen Helden Hektor, dessen Leiche er an seinen Wagen bindet und ins griechische Lager schleift, dann aber auf Bitten des greisen Königs Priamos zur Bestattung herausgibt.

Daß die *Ilias* auf einem vorhomerischen Achilleus-Gedicht fußt – sei es, daß man sie als Erweiterung eines älteren Groll-Gedichtes oder als einen den Tod des Helden verzögernden Einschub und als Nachahmung eines Endkampfgedichtes ansehen will –, wird heute wohl allgemein angenommen, ebenso die Tatsache, daß die Achilleus-Gestalt erst sekundär mit der Geschichte vom Raub der → Helena und dem → Trojanischen Krieg verbunden wurde. Aus dem troischen Zyklus, aus rückgreifenden Erzählungen in der *Odyssee* sowie aus Hesiods *Theogonie* und den der Verherrlichung des Achill geltenden Gedichten Pindars läßt sich der gesamte Achilleus-Stoff rekonstruieren, bei dem Vorhomerisches und Nachhomerisches schwer trennbar bleibt.

Gleich zu Beginn der *Kyprien* werden der Achill-Stoff und der Troja-Stoff verknüpft, indem gerade an dem Fest, dem Achilleus sein Leben verdankt, der Hochzeit seiner Mutter Thetis, Eris den Zankapfel unter die Göttinnen wirft, der zur Ursache des Trojanischen Krieges wird. Thetis versucht, den Sohn unverwundbar zu machen; sie hält ihn zu diesem Zweck in den Styx, doch bleibt er an der Ferse verwundbar. Der Vater Peleus übergibt ihn dem Kentauren Chiron zur Erziehung. Von dort holt ihn die Mutter bei Ausbruch des Trojanischen Krieges, weil er einer ↑ Weissagung zufolge vor Troja sterben muß, und verbirgt ihn in Mädchenkleidung auf Skyros am Hof des Lykomedes. Achill gewinnt die Liebe von dessen Tochter Deidameia, die → Neoptolemos gebiert. Im Auftrag der Griechen kommt Odysseus nach Skyros und weiß den verkleideten Helden dadurch ausfindig zu machen, daß er den Mädchen als Geschenk Schmuck und Kleider, darunter auch eine Rüstung, bringen und dabei plötzlich die Kriegstrompete blasen läßt: Achill ergreift die Rüstung. Während der Belagerung von Troja wird Achill zum bedeutendsten Kämpfer. Nach Hektors Tode überwindet er noch die Troja zu Hilfe kommenden Amazonen unter Penthesilea und den Äthiopier Memnon. Dann trifft ihn, der nicht nur Hektor, sondern auch dessen Bruder → Troilus erschlug, der Pfeil des Paris, den Apoll lenkt, in die Ferse. Nach einer jüngeren Überlieferung, die HYGIN erzählt, geht Achill unbewaffnet zu einem Stelldichein mit Priamos' Tochter Polyxene in den Tempel Apollos und erliegt dort dem Anschlag des Paris. Die Rüstung Achills erhält Odysseus. Die Mutter Thetis klagt an der Leiche ihres Sohnes. Nach dem Untergang Trojas fordert Achills Geist die Opferung Polyxenes auf seinem Grabe.

In der literarischen Tradition fand das Groll-Motiv wenig Nachfolge. Leitthema sämtlicher Bearbeitungen blieb jedoch der frühe Tod des Helden, dem er wissend entgegengeht. Von den Achilleus-Dramen der Griechen und Römer ist nichts erhalten. AISCHYLOS schrieb eine Tragödie *Psychostasia*, die den Kampf mit Memnon darstellte, und OVID schilderte im 12. Buch der *Metamorphosen* Kampf und Tod vor Troja. Unter neueren Bearbeitern des Groll-Motivs sind zu erwähnen POINSINET DE SIVRYS *Briséis ou la colère d'Achille* (Dr. 1763) und W. SCHMIDTBONNS Drama *Der Zorn des Achilles* (1909), in dem Achills Stolz ins Übermenschliche gesteigert ist und der Held am Schluß den Tod sucht, um sich der engen Welt seiner Mitkämpfer nicht einfügen zu müssen. Das heroische Thema bestimmte auch A. SUARÈS' *Achille vengeur* (1922).

In den meisten neueren Bearbeitungen des Achill-Stoffes zeigt sich die in der Antike durch die Freundschaft zu Patroklos vorgeprägte Gestalt als Liebhaber. Schon die in Fragmenten erhaltenen *Skyrier* des EURIPIDES behandelten die Episode auf Skyros, und über sie ist auch das nicht vollendete Epos des STATIUS (*Achilleis* 95 n. Chr.) kaum hinausgekommen; Statius beeinflußte die Darstellung in KONRADS VON WÜRZBURG *Trojanerkrieg* (um 1275). Die Skyros-Episode mit dem reizvollen Verkleidungsmotiv und dem Erwachen des Heros ist ein fast heiterer Stoff, kann aber durch den bewußten Gang des Helden in den ihn vor Troja erwartenden Tod

und das Schicksal der verlassenen Deidameia einen ernsten Akzent
bekommen. Vor allem die Oper hat diesen Stoffteil genutzt. Nach
F. CAVALLI (*Deidameia* 1644), G. LEGRENZI (*Achille in Sciro* 1633)
und A. CAMPRA (*Achille et Déidamie* 1735) machte ihn METASTASIO,
dessen *Achille in Sciro* zuerst von A. CALDARA (1736), dann noch
mehrfach vertont wurde, berühmt. Achill schwankt zwischen dem
Wunsch, die unwürdige Maskerade abzulegen, und der Liebe zu
Deidameia, die von einem anderen umworben wird. Als er sich zu
erkennen gegeben hat und mit den Griechen davonfährt, läßt er
Deidameia als seine Braut zurück. Auch HÄNDEL (*Deidameia* 1739),
J. G. NAUMANN (*Achilleus in Scyrus* 1767), G. SARTI (1772), G. PAI-
SIELLO (1780; H.-J. ORTHEIL/W.-A. SCHULTZ, *Achill bei den Mäd-
chen* 1997) haben den Stoff zu Opern verwandt. An Dramen sind zu
nennen J.-Ch. LUCE DE LANCIVAL, *Achille à Scyro* (1826), Th. BAN-
VILLE, *Déidamie* (Kom. 1876), R. BRIDGES, *Achilles in Scyros* (um
1890) und H. JÜNGST, *Achill unter den Weibern* (1940).

Die in dem als *Aithiopis* bezeichneten Teil des Troischen Zyklus
enthaltene Episode mit Penthesilea, nach der Achill sich, als er der
zu Tode verwundeten Kämpferin den Helm abnimmt, in die
schöne Amazone verliebt und Thersites, der über seine Neigung
spottet, erschlägt, fand erst durch KLEIST (*Penthesilea* 1808) ihre
Gestaltung. Das Heikle des ↑ Amazonen-Motivs, das zuvor in der
Literatur meist als komisch aufgefaßt worden war, dürfte die
Behandlung dieser ernsten Episode verzögert haben. Das Motiv
der Schein-Herausforderung entnahm Kleist zwar einem früheren
Amazonen-Drama (Anon., *Herkules unter den Amazonen,* Singsp.
1694), wandte es aber ins Tragische. Beide Liebenden sind zum
Opfer ihrer heroischen Haltung bereit, aber durch die scheinbare
Verhöhnung verliert Penthesilea die Sicherheit ihres Gefühls, tötet
Achill und dann sich selbst durch ein »vernichtendes Gefühl«.
Während O. GERHARDTS Drama (*Die Amazonen vor Troja* 1912)
weitgehend Anleihen bei Kleist machte, benutzte H. LEUTHOLD
(*Penthesilea,* Epos 1868) eine antike Quelle. O. SCHOECKS Libretto
(1927) fußt auf Kleists Text.

Die am häufigsten bearbeitete Komponente des Achill-Stoffes ist
die im Epischen Zyklus wenig bedeutende Liebe zu Polyxene.
Schon bei DIKTYS trat sie dann stärker hervor, und ihr folgte Hans
SACHS in seinem Drama *Die Zerstörung der Stadt Troja durch die
Griechen* (1554), in dem die trojanische Königsfamilie die Liebe
Achills benutzt, um ihn in einen Hinterhalt zu locken. Merkwürdig
entstellt erscheint die Episode in der *Byzantinischen Achilleis*
(15. Jh.): Achill verliebt sich während der Belagerung einer Stadt in
die Königstochter Polissena und erringt sie durch treues Werben;
nach Jahren des Glücks wird sie ihm durch den Tod geraubt; nun
erst folgt der Trojanische Krieg, König Paris bietet Achill seine
Schwester zur Ehe, Achill geht in die Falle und wird im Tempel
ermordet. Im 17. Jahrhundert wurde der Konflikt zwischen Neigung und patriotischer Pflicht und der mit ihm verbundene Tod
des Helden zum beliebten Thema des klassizistischen Dramas,

dessen erstes Beispiel etwa in den Niederlanden P. C. Hoofts
*Achilles en Polyxena* (1598) ist: Achill geht auf die Bedingungen
Hektors für die Hand Polyxenes nicht ein und wird das Opfer ihrer
Verstellung. Nach der ersten französischen Bearbeitung durch
A. Hardy (*La mort d' Achille* 1607) fügte Th. Corneille (*La mort
d'Achille* 1673) dem Stoff noch die ↑ Rivalität zwischen Vater und
Sohn ein. In einem anonymen Hamburger Singspiel (*Achilles und
Polyxena* 1694) wurde der Konflikt rührselig gelöst: Polyxena folgt
dem Geliebten, indem sie sich den Pfeil, mit dem Paris ihn tötete,
ins Herz drückt. Auch in der mit Hektors Verbrennung einsetzen-
den *Achilleis* Goethes (1799, Fragment) sollte Achills Liebe zu
Polyxene, die hier dem Menelaos als Ersatz für Helena angeboten
werden sollte, im Mittelpunkt stehen: über ihr vergißt der Held die
Bedrohung durch frühen Tod. H. Schreyer dramatisierte den
Stoff im Anschluß an Goethe (*Die Hochzeit des Achilleus* 1891):
Polyxene wird dem Achill angeboten, damit er für den Frieden
eintritt; der Friede scheint durch die Liebe der beiden gesichert,
aber bei der Hochzeit erschießt Paris den Achill, Polyxene wird
von Thersites erstochen. Bei Ch. Kalischer (*Der Untergang des
Achill* 1893) dagegen überwindet der Held seine Neigung und wird
ein Opfer des Neides der Griechen. W. Fischers Drama *Königin
Hekabe* (1905) zeigt mit seiner Fabel – der verliebte Achill fällt dem
Anschlag des Paris zum Opfer, und Polyxene und Neoptolemos,
die sich lieben, sterben gemeinsam, um den Schatten Achills zu
versöhnen – den Übergang zu den nach Achills Tode spielenden
Polyxene-Dramen, die im Anschluß an Euripides' *Hekabe* (423
v. Chr.) den Opfertod Polyxenes darstellen, der vom Schatten
Achills gefordert wird.

Wie Euripides und vor allem Seneca (*Die Troerinnen*) feierten die
klassizistischen Dramen des 16. bis 18. Jahrhunderts diesen Opfertod als patriotisch-heroische Tat der gefangenen Troerin (R. Garnier, *La Troade* 1579; C. Billard, *Polixène* 1612; S. Coster, *Polyxena* 1619; Sallebray, *La Troade* 1640; Lafosse, *Polixène* 1696;
A. Marchese, *Polissena* 1715). Schon bei Euripides ist Vollzieher
des Opfers Achills Sohn Neoptolemos (Pyrrhus), und in der
neueren Literatur wird ihm gern, wie schon in Th. Corneilles *La
mort d' Achille*, eine aktivere Rolle zugewiesen. Bei J. E. Schlegel
(*Hekuba* 1737) schützt Agamemnon die gefangene Polyxene, aber
Pyrrhus ermordet sie; ähnlich eigenmächtig erfüllt Pyrrhus in
J.-B. V. de Châteaubruns *Les Troyennes* (1754) den Wunsch des
toten Achill. Im Gegensatz dazu liebt Neoptolemos bei H. v. Collin (*Polyxena* 1803) die »Frau« seines toten Vaters, die ihrem
Manne nachsterben will, und zögert zunächst, sie zu opfern.
Gegenseitige Liebe zwischen Polyxene und Neoptolemos erfand
G. B. Niccolini (*Polissena* 1810): als Kalchas das Opfer vollziehen
will, will Neoptolemos es hindern; Polyxene wirft sich zwischen
die Streitenden und fällt versehentlich von des Geliebten Hand. Bei
V. v. Strauss (*Polyxena* 1851) liebt Polyxene Achill und opfert sich
gern, um mit ihm in der Unterwelt vereinigt zu werden.

Die Beziehung zwischen Achill und Polyxene war mehrfach das Thema von Opern (J. CAMPISTRON / P. COLASSE, *Achille et Polixène* 1687; C. H. POSTEL, *Die unglückliche Liebe des Achilles und der Polyxene* 1692; JOLIVEAU / D'AUVERGNE, *Polixène* 1763.)

H. Klein, Die antiken Amazonensagen in der deutschen Literatur, Diss. München 1919; E. Patzig, Achills tragisches Schicksal bei Diktys und den Byzantinern, (Byzantinische Zeitschrift 25) 1925; E. Bethe, Die Sage vom Troischen Kriege, (Bethe, Homer Bd. 3) 1927; H. Pestalozzi, Die Achilleis als Quelle der Ilias, 1945.

**Adam und Eva.** Der in der *Genesis* überlieferte Mythos von der Schöpfung des ersten Menschenpaares, seinem Sündenfall und seiner Vertreibung aus dem Paradies ist schon im vorchristlichen jüdischen Schrifttum ausgestaltet worden. Dieses jüdische *Adamsbuch* wurde in zahlreichen orientalischen – äthiopischen, syrischen, ägyptischen – Bearbeitungen verbreitet, unter denen das *Adamsbuch* des armenischen Bischofs ARACHEL (13. Jh.) wohl das bedeutendste ist. Das griechische *Adamsbuch* wurde im 4. Jahrhundert ins Lateinische übertragen und als *Vita Adae et Evae* in Europa viel gelesen. Die *Vita* berichtet von den Schicksalen der beiden ersten Menschen nach der Vertreibung aus dem Paradies und dem Tode Adams in seinem 930. Lebensjahr, nachdem Adams Sohn Seth und Eva vergebens versuchten, das Öl der Barmherzigkeit aus dem Paradies zu holen, statt dessen aber die Versicherung erhielten, daß Gottes Sohn kommen, ihre Sünde tilgen und sie aus der Unterwelt erlösen werde; sechs Tage nach Adam stirbt Eva, die noch ihren Kindern geraten hat, die Geschichte der ersten Menschen in Stein aufzuzeichnen.

Für das mittelalterliche Christentum war der Sündenfall untrennbar mit dem Gedanken an die Erlösung durch Christus verbunden. Adam galt als Gegentyp → Jesu, die ↑ Verführerin Eva als der → Marias. Nach der sog. Kreuzholzlegende liegt Adam auf Golgatha begraben. Das Kreuzholz ist ein Sproß vom Baum der Erkenntnis; es wurde von Seth aus dem Paradies mitgebracht und auf Adams Grab gepflanzt (*Legenda aurea;* HEINRICH VON FREIBERG, *Vom Heiligen Kreuz;* FRAUENLOB, *Kreuzleich*). In den mittelalterlichen Nacherzählungen des Sündenfalls fällt dem Teufel als Verführer Evas meist eine sehr aktive Rolle zu (*Altsächsische Genesis, Wiener Genesis*). Seit dem 11. Jahrhundert wird die Notwendigkeit des Sündenfalls im Vollzug des Heilsplans stark betont (*Ezzolied, Anegenge*), und in die Historienbibeln und Weltchroniken, von denen Heilsgeschichte und Weltgeschichte miteinander verschränkt und identifiziert wurden, ging der Sündenfall als historisches Faktum ein. Das moralisierende Gedicht *Adam und Eva* von LUTWIN (13. Jh.) setzt mit der Schöpfung ein, hält sich in der Darstellung der Schicksale an die *Vita Adae et Evae* und schließt mit der Neubevölkerung der Welt nach der Sintflut. Auch im geistlichen Schauspiel wurde der heilsgeschichtliche Zusammenhang des Sündenfalls betont, und der Stoff trat fast durchweg nur in präfigurativer Funktion auf. Aus den Vorspielen zur Leidens- und Erlösungsgeschichte, wie sie sich z. B. in der *Egerer* und der *Maastrichter Passion* finden, lösten sich die volkstümlichen Paradeisspiele der neueren Zeit ab. Der Wiener *Ludus Paschalis* (13./14. Jh.) umfaßte die ganze Heilsgeschichte vom Sündenfall bis zur Auferstehung und Arnold IMMESSENS *Sündenfall* (15. Jh.) eine ähnliche Zeitspanne bis zur Jugend Marias. Auch die anglonormannische *Repraesentatio Adae* (12. Jh.) ist weniger eine Einzelbehandlung des Stoffes als eine Art Prophetenspiel, in dem Adam und Abel als die ersten Verkünder des Erlösers auftreten und das erste Menschenpaar schließlich von den Teufeln in die Hölle geschleppt wird.

Das späte Mittelalter entdeckte die soziale Note des Stoffes: das mühselige Leben der aus dem Paradies Vertriebenen wurde zum Sinnbild des Urzustandes der Menschen und ihrer Gleichheit vor Gott: »When Adam delft and Eve span, who was there gentleman?« (John BALL 1382). Dieses Sinnbild zitierten die Flugschriften des Bauernkrieges. Auf das Dogma von der Erbsünde stützte LUTHER die Lehre, daß nur die Gnade Gottes den Menschen erlösen könne. Das bürgerliche Drama des 16. Jahrhunderts zeichnete in Adam und Eva ein zeitgenössisches Bauern- oder Bürgerpaar. Noch stärker als im mittelalterlichen Spiel galt der Sündenfall als Rache der von Gott gestürzten Teufel, aber den Verstoßenen wurde die Aussicht auf Erlösung mit auf den Weg gegeben (H. ZIEGLER, *Protoplastus* 1545; H. SACHS, *Tragedia von Schöpfung fal und außtreibung Ade auß dem paradeyß* 1548; J. RUOF, *Adam und Heva* 1550). In G. MACROPEDIUS' *Adamus* (1552) zeigt Adams Genius diesem die Schicksale des Menschen bis zum Erscheinen des Messias, und Bartholomäus KRÜGERS *Action von dem Anfang und Ende der Welt* (1580) umgreift die ganze Heilsgeschichte, deren Endziel Adam verheißen wird. Besonderer Beliebtheit erfreute sich das Motiv von den »ungleichen Kindern Evac«, nachdem ein Brief MELANCHTHONS Gottes Verteilung der Stände an die verschiedenen Kinder Evas von ihrer Prüfung in den Fragen der lutherischen Lehre abhängig gemacht hatte (H. KNAUST 1539; S. BIRK 1547; H. SACHS 1553 u. 1558; A. QUITING 1591). W. KETZEL (*Lapsus et repartio hominis* 1613) und J. STRICKER (*Spiel von dem erbermlichen Falle Adams und Even* 1570) bauten diese moralpädagogische Genreszene wieder in den Zusammenhang des Sündenfalls und des Zwistes zwischen → Kain und Abel ein.

Am Beginn des 17. Jahrhunderts steht des Italieners G. ANDREINI *Adamo* (1613), eine phantasievolle Erneuerung mittelalterlichen Spiels aus dem Geist der Commedia dell'Arte. In drei Akten werden Schöpfung, Versuchung und Schuld der ersten Menschen dargestellt, der vierte und fünfte Akt haben stark allegorisch-choreographischen Charakter und zeigen die Versuchung der Vertriebenen durch eine Anzahl teuflischer Erscheinungen, die von dem Erzengel Michael in den Abgrund geworfen werden; ein Chor der Engel beschließt das Stück. Andere Dramatiker des Barocks suchten die Handlung durch ergänzende Begebenheiten aufzufüllen. LOPE DE VEGA (*La creación del mundo y primera culpa del hombre*) bezog die Geschichte Kains bis zur Tötung des Mörders durch seinen Nachfahr Lamech ein, J. van den VONDEL griff ein mehr theologisch als künstlerisch bedeutendes Jugendwerk seines Landsmannes Hugo GROTIUS (*Adamus exsul* 1601) auf und schuf mit *Adam in Ballingschap* (1664) ein Drama von der Rache Luzifers und der Verführung des Menschen, dessen Untadeligkeit vor dem Sündenfall besonders betont wird. Die bei Andreini und Vondel verwendeten Chöre rücken diese Werke in die Nähe der Oper, die sich des Stoffes am Ausgang des 17. Jahrhunderts bemächtigte. In den frühen Operntexten von C. Ch. DEDEKIND (*Versündigte und begnadigte Eltern – Adam und Eva* 1676) und Ch. RICHTER (*Der erschaffene, gefallene und aufgerichtete Mensch* 1678) wird gleichfalls schon bei der Vertreibung die künftige Erlösung durch Christus verkündigt: Der Heilsplan-Gedanke beherrscht noch immer den Stoff. Dagegen wußten die Heroiden Ch. F. KIENES (*Poetische Nebenstunden* 1680) und A. v. ZIEGLER UND KLIPPHAUSENS (*Helden-Liebe* 1691) dem Stoff die galant-erotische Note abzugewinnen.

MILTONS bedeutende epische Bearbeitung des Adam-und-Eva-Stoffes, *Paradise Lost* (1667), gestaltet die Geschichte der Versuchung aus der Überzeugung von der Willensfreiheit des Menschen, denn Gott habe es ganz in des Menschen Entscheidung gelegt, ob er sich durch Gehorsam bewähre. Auch hier wird die Sünde des Menschen gemildert und seine Würde erhöht, indem Gott ihm vor der Vertreibung den Gang der Heilsgeschichte bis zur Erlösung zeigt. Diese Würde ist in dem nach einer englischen Bearbeitung des *Paradise Lost* übersetzten Textbuch zu HAYDNS Oratorium *Die Schöpfung* (1798) noch unterstrichen; noch A. RUBINSTEINS Oper *Das verlorene Paradies* (1872) beruht auf Milton. Von Milton beeinflußt waren auch die Patriarchaden und biblischen Dramen des 18. Jahrhunderts, die den Stoff zwar nicht änderten, aber gefühlsmäßig erweichten und humanisierten. Aus der Rolle, die KLOPSTOCK in seinem *Messias* (1748 f.) Adam zuwies, der hier den Leidensweg des Heilands mit Jubel und Klage begleitet, entstand der Plan zu dem Drama *Der Tod Adams* (1757), in dem es Klopstock um das Begreifen des Todes durch den ersten Menschen geht. J. J. BODMERS Drama *Der Tod des ersten Menschen* (1776) ist eine wesentlich schwächere Variante des Motivs, das dann noch bei J. C. LAVATER (*Adam,* Gedicht 1779), A. WEISHAUPT (*Der sterbende Adam,* Gedicht 1790) und G. F. X. SUTOR (*Das Leben Adams,* Prosabericht 1790) nachklingt. Der Däne J. EWALD (*Ode om Syndefaldet* und *Adam og Eva,* Dr. 1769) war ebenfalls von Klopstock abhängig und wollte beweisen, daß Gottes Güte doch nicht seine Gerechtigkeit aufhebt. Auch die Idylle *Adams erstes Erwachen und erste selige Nächte* (1789), in der MALER MÜLLER den Vertriebenen seinen Angehörigen von den Tagen im Paradies berichten läßt, gehört der Klopstock-Nachfolge an.

Erst im 19. Jahrhundert wurde die Neuinterpretation des Sündenfalles durch die Philosophie der Aufklärung literarisch fruchtbar: die Erbsünde wird geleugnet und der Sündenfall nicht mehr als Sturz des Menschen, sondern als Krisis, als Ausgang aus dem tierischen Zustand in einen menschlich-vernünftigen, gewertet. Der Stoff erfuhr eine Beeinflussung durch den → Prometheus-Mythos, besonders im Zusammenhang mit der Gestalt des Kain, und er erhielt eine neue Nuance durch die aus jüdischer, außerbiblischer Überlieferung stammende Figur der Lilith, Adams erster Frau, die mit ihm zugleich aus Erde geschaffen wurde, vor ihm floh und in eine Teufelin verwandelt wurde. Unter solchen Vorzeichen konnte schon am Beginn des 19. Jahrhunderts eine humoristische Behandlung entstehen, Jens BAGGESENS satirisch gegen die zeitgenössische Philosophie gerichtetes Epos *Adam og Eva* (1826), in dem sich das erste Menschenpaar aus Langeweile und Ehrgeiz das Paradies verscherzt. Auch eine Erzählung von A. G. EBERHARD (*Der erste Mensch und die Erde* 1830), die Adam in den antiken Götterhimmel versetzte, trägt humoristische Züge: Adam verliebt sich in Venus und kann sich erst dadurch mit der ihm zugewiesenen Erde befreunden, daß Venus ihm eine nach ihrem Bilde geschaffene Frau, Eva, schenkt. An die große Tradition des Stoffes dagegen schließt sich des Ungarn Imre MADÁCH *Tragödie des Menschen* (1861) an; aber in tiefgreifender Änderung der tröstenden Heilsvision zeigt hier der Teufel den Vertriebenen das Bild der Zukunft, elf Ausschnitte aus der europäischen Kulturgeschichte, unter deren deprimierendem Eindruck Adam Selbstmord begehen will; ein versöhnlicher Schluß wird durch die Mutterschaft Evas herbeigeführt, die nicht nur Adam versöhnt, sondern auch den Teufel zurücktreibt. Gegen Madáchs Pessimismus wandte sich E. HLATKY (*Der Weltenmorgen*, Dr. 1896), während Luzifers Rat an Eva in A. STRINDBERGS *De creatione et sententia vera mundi* (1897), die Frucht zu essen, da sie Erlösung im Tode bringe, diesem Pessimismus verwandt war. R. v. KRALIK (*Adam*, Dr. 1884) knüpfte an die mittelalterlichen Mysterien an, brachte aber viele moderne Einzelzüge: Adam ißt die verbotene Frucht, gerade weil sie ihm Gott verboten hat; Eva, ursprünglich ein Produkt des Teufels, küßt den Verführer, als er ihr die Frucht gibt.

Im übrigen verschob das 20. Jahrhundert das Problem im wesentlichen auf das erotische Gebiet. Die Herrschaft der Sinne, der grundsätzliche Gegensatz der Geschlechter, der Widerspruch zwischen Geist und Trieb wurden nun zu Leitmotiven des Stoffes (O. BORNGRÄBER, *Die ersten Menschen*, Dr. 1908; S. LIPINER, *Adam*, Dr. 1911; A. NADEL, *Adam*, Dr. 1917; J. WEINHEBER, *Eva-Gedichte* 1919ff.; J. v. HOLTZENDORFF, *Lucifer*, Dr. 1920; J. ERSKINE, *Adam and Eve, Though He Knew Better*, R. 1927). F. K. GINZKEYS Epos *Die Erschaffung der Eva* (1941) preist die unsterbliche Sendung der ersten Frau.

Im Laufe der Geistesgeschichte wuchsen Adam und Eva zum Sinnbild des Menschen überhaupt empor, und in der neueren

Geschichte der Literatur mehrten sich die Werke, die nicht den Stoff behandelt, sondern die Gestalten von Adam und Eva als Symbole verwandt haben. Des Dänen F. PALUDAN-MÜLLER gesellschaftskritischer Zeitroman *Adam homo* (1847–48) läßt den Mann sich zwar gesellschaftlich aufwärts, moralisch aber abwärts entwickeln, während der Lebensweg der Jugendgeliebten umgekehrt verläuft und sie schließlich ihre Liebe in die Waagschale werfen kann, um den Mann von ewiger Verdammnis zu erlösen. Der deutsche Naturalist Hermann CONRADI kennzeichnete in *Adam Mensch* (R. 1889) einen Mann, der sich aus der Tradition löste, ohne einen neuen Halt zu haben, und dessen Überlegenheit sich auf sexuelle Zügellosigkeit beschränkt. Von besonderer Bedeutung wurde das Adam-Symbol in der Geistes- und Literaturgeschichte des sich im 19. Jahrhundert aus den Fesseln der europäischen Tradition befreienden und sich als neuen Adam auffassenden Amerika. Das moderne Lebensgefühl – der unbelastete Mensch in unberührter Natur – fand einen von Hoffnung getragenen Ausdruck vor allem in W. WHITMANS Gedichten *Leaves of Grass* (1855) und in J. F. COOPERS *Dearslayer* (1841). Die Abwandlung des Adam-Symbols durch die Erkenntnis von der tragischen Notwendigkeit des Sündenfalls (N. HAWTHORNE, *The Marble Faun,* R. 1860) und die Hinüberführung des Sündenfalles in die Erlösung (H. MELVILLE, *Billy Budd,* R. 1891) oder die Bezwingung der Welt durch eine Adam-ähnliche Unschuld (H. JAMES, *The Golden Bowl,* R. 1904) zieht sich wie ein roter Faden durch die amerikanische Epik des 19. Jahrhunderts. So ist es kein Zufall, daß ein Amerikaner, Th. WILDER, jenes Adam-und-Eva-Drama *By the Skin of our Teeth* (1942, dt. Übs.: *Wir sind noch einmal davongekommen*) schrieb, dessen urzeitlich-modernes Menschenpaar durch seinen Kulturwillen über Eiszeit, Krieg und Versuchung triumphiert und dessen Optimismus nach 1945 in der »alten« Welt so starkes Echo fand.

J. E. Parish, Pre-Miltonic Representations of Adam as a Christian, (Rice Institute Pamphlet 40) 1953; R. W. B. Lewis, The American Adam, Chicago 1955; G. Miksch, Der Adam-und-Eva-Stoff in der deutschen Literatur, Diss. Wien 1954.

**Admetos** → Alkestis

**Ägisth, Aigisthos** → Agamemnons Tod, Atreus und Thyestes, Kassandra, Orests Rache

**Äneas** → Dido

**Agamemnons Tod.** Das Ende des Agamemnon, des Sohnes von → Atreus, nach seiner Rückkehr aus dem → Trojanischen Krieg wird schon in HOMERS *Odyssee* erwähnt. In Agamemnons Abwesenheit hat sich sein Vetter Ägisth um Agamemnons Frau Klytämnestra bemüht, den zu ihrer Hut bestellten Sänger beseitigt und endlich die lange Widerstrebende gewonnen. Den ↑ Heimkehrer lädt Ägisth zum Mahle ein und tötet dabei ihn und die als Sklavin mitgeführte → Kassandra; an anderer Stelle berichtet Agamemnons Schatten in der Unterwelt, daß Klytämnestra Kassandra an seiner Seite getötet habe. Im ganzen bleibt Klytämnestras Anteil an dem Mord bei Homer undeutlich. Die in den *Kyprien* zuerst berichtete Opferung der Tochter → Iphigenie durch Agamemnon gibt – neben der Neigung für Ägisth – ein Motiv für den Gattenmord Klytämnestras an die Hand, das in PINDARS Siegeslied für Thrasydaios aus Theben (460 v. Chr.) als Tatsache hingestellt wird. Die *Nostoi* des HAGIAS VON TROIZEN sollen den gesamten Atriden-Stoff von Agamemnons Heimkehr bis zu → Orests Rache erzählt haben, und in der *Orestie* des STESICHOROS dürften die inzwischen entwickelten Motive zusammengefaßt und bereits die Rettung Orests zu dem Phokerkönig Strophios sowie die Gestalt Elektras enthalten gewesen sein.

Der erste Teil der *Orestie* (458 v. Chr.) des AISCHYLOS, der *Agamemnon*, setzt mit der Nachricht des Sieges über Troja und der Rückkehr des Königs ein, der in dem großen Ringen gereift und bescheiden geworden ist und den Purpurteppich, den die schmeichlerische Klytämnestra vor ihm ausbreiten läßt, abwehrt. Klytämnestras Verstellung weicht, als sie in Kassandra, die Agamemnon ihr anempfiehlt, die ↑ Rivalin erblickt. Kassandra, vor dem Eingang des Palastes, sieht in einer Vision, wie Klytämnestra den Gatten ins Bad führt, ihn in den übergeworfenen Mantel verstrickt und mit dem Beil erschlägt; sie folgt dem Mann, dem sie sich zugehörig fühlt, wissend in den Tod. Klytämnestra, die nun mit dem blutigen Beil vor den Chor tritt, zeigt keine Reue, die Tötung Iphigenies und die Liebschaften Agamemnons mit Chryseis und Kassandra haben ihren Haß entfacht. Doch gebietet sie dem hinzutretenden Ägisth, der sich als den Urheber der Tat rühmt, Einhalt des Blutvergießens.

Die großartig einfache Handlung um den rücksichtslosen Vollzug einer Rache wurde von dem Römer SENECA (*Agamemnon*) durch verschiedene Zutaten aufgelockert. Zu Beginn prophezeit der Schatten Thyests Agamemnons Untergang. Klytämnestra schwankt zwischen Rachedurst, Neigung zu Agamemnon und Abscheu vor Ägisth, dem nun die eigentlich treibende Rolle zufällt, der aber zur Ausführung der Tat zu feige ist. Elektra wird wegen der Rettung Orests von Ägisth in einen Felsenkerker gesperrt. Nachdem Klytämnestras Axt getroffen hat, stößt Ägisth mit dem Schwerte zu. Mit der Wegführung Kassandras zum Tode und ihrer Prophezeiung der Rache schließt Senecas Stück.

Der Stoff tauchte dann, abgesehen von seiner episodischen

Verwendung in den mittelalterlichen Epen vom → Trojanischen Krieg, erst zu Beginn der Neuzeit bei BOCCACCIO (*De claris mulieribus*) wieder auf, der die Quelle für Hans SACHS' Tragödie *Die mörderisch Königin Clitimestra* (1554) und seine *Historia Clitimestra, die Königin Micennarum* (1558) wurde. Beide Bearbeitungen geben den Stoff mit Einschluß der Rache Orests und dessen Freispruch in Athen wieder. Ägisth facht die Wut Klytämnestras durch die Nachricht von Agamemnons Verhältnis zu Kassandra an; Klytämnestra wirft dem König ein Netz über, und Ägisth stößt zu.

Seit dem 16. Jahrhundert wurde der Stoff durch Übersetzungen bekannt. Ein nach Seneca gearbeiteter *Agamemnon* von Th. DECKER (1599) ist verlorengegangen; die erste bedeutende erhaltene Agamemnon-Tragödie stammt von J. THOMSON (1738), der Senecas Werk mit dem des Aischylos kombinierte. In dem ängstlich schwankenden Charakter Klytämnestras ist Senecas Gestalt weiterentwickelt; sie möchte mit Ägisth fliehen, er aber, der herrschen will, weist sie zurück. Agamemnon, argwöhnisch geworden, beschließt, Ägisth zu töten. Ägisth kommt ihm zuvor, und Klytämnestra, die sich zuerst gegen den Mordplan wehrt, hilft ihm.

Der Stoff, in dem langsam Ägisth der eigentliche Handlungsträger und Intrigant wird, während Klytämnestra mit dem Schwinden ihres Anteils an der Mordtat sich in eine Leidende verwandelt, entwickelt sich parallel zu dem Stoff von der Rache des Orest, dem der Muttermord abgenommen wird und dessen Racheakt sich nur noch gegen Ägisth richtet. Bei ALFIERI, dessen *Agamemnone* (1776) in Verbindung mit seinem *Oreste* gesehen werden muß, ist Ägisth der Urheber des Mordes; er will sich an den Atriden rächen und an ihrer Stelle herrschen und klagt Agamemnon vor Klytämnestra des Ehebruchs mit Kassandra an. Klytämnestra, die Ägisth liebt, erkennt zu spät, daß sie für ihn nur ein Werkzeug war und nun beide Gatten verloren hat. Den gleichen Grundgedanken vertritt der von Alfieri abhängige L. LEMERCIER (*Agamemnon* 1789), bei dem Ägisth unerkannt am Hofe Klytämnestras erscheint und sie verführt. Auch E. TEMPELTEY (*Klytämnestra* 1857) behielt diese Interpretation bei: Ägisth hat die erlogene Nachricht von Agamemnons Tode verbreiten lassen, und Klytämnestra hat ihn geheiratet; die späte Erkenntnis treibt sie in den Wahnsinn.

Die historische und wissenschaftliche Haltung des mittleren 19. Jahrhunderts brachte eine weniger große Freiheit gegenüber den antiken Vorbildern; man bemühte sich auch, die gesamte Tragödie der Atriden nachzuzeichnen. LECONTE DE LISLES Nachdichtung des Aischylos, *Les Erinnyes* (1837), zeigt gerade im 1. Teil, *Klytaimnestra,* eine enge Anlehnung an das Original; die Rolle des Ägisth ist gestrichen. Die *Orestie* (1865) von A. DUMAS ließ dem Ägisth eine größere Aktivität und machte die Liebe der Königin zu ihm deutlich. Für G. SIEGERT (*Klytaemnestra* 1870) war die Eifersucht der Grund des Gattenmordes; trotz ihres Schmerzes um Iphigenie hat Klytämnestra Agamemnon die Treue gehalten, bis sie von seinem Verhältnis zu Chryseis hörte, und erst der

Hinweis auf Kassandra macht sie willig für den Mordplan. Wie Siegert versuchte auch A. EHLERT (*Klytämnestra* 1881), die Agamemnon- und die Orest-Handlung in ein Drama zu drängen, wodurch Klytämnestra zur verbindenden Hauptfigur wurde; sie zwingt Ägisth, der lieber mit ihr fliehen will, zur Beihilfe bei dem Mord. Zum Rivalitätskampf zwischen Klytämnestra und Kassandra wurde der Stoff bei G. KASTROPP (*Agamemnon* 1890) und E. KÖNIG (*Klytaemnestra* 1903): bei beiden versucht Klytämnestra, den Heimkehrenden wiederzugewinnen, der jedoch aus Liebe zu Kassandra die Schuldige verstößt; bei E. König ernicht die Beleidigte Agamemnon an der Leiche der zuerst getöteten Kassandra, weiß aber, daß sie lebenslang um ihn trauern wird.

Während das 18. und 19. Jahrhundert den Haß der Frau psychologisch zu erklären und zu humanisieren trachteten, stellte sich die moderne Interpretation seit dem durch Burckhardt und Nietzsche begründeten dionysischen Griechenbild und unter dem Einfluß der Psychoanalyse auf den Boden dieses Hasses, der als Urtrieb des Menschen erfaßt wurde. In des Amerikaners R. JEFFERS' Tragödie *The Tower Beyond Tragedy* (1925) bildet der Tod Agamemnons nur den Auftakt zur Orest-Handlung, deren innerer Motor der Inzest ist. Ähnlich leitet er E. O'NEILLS Tragödie *Mourning Becomes Electra* (1931) ein; hier ist der Stoff in die Zeit des Amerikanischen Bürgerkrieges verlegt, und der aus dem Kriege heimkehrende General Ezra Mannon wird von seiner Frau und ihrem Geliebten, einem »unebenbürtigen« Verwandten, vergiftet. Auch in E. KŘENEKS Oper *Das Leben des Orest* (1929) bedeutet Agamemnons Tod – der müde, todesbereite Heimkehrer trinkt bewußt das Gift, das ihm seine Mörder reichen – nur eine Station. G. HAUPTMANNS einaktige Tragödie *Agamemnons Tod* (1946) ist der zweite Teil seiner *Atriden-Tetralogie*: Agamemnon kehrt als Schiffbrüchiger heim, und die Frau, die sich seit der Opferung Iphigeniens von ihm lossagte, erschlägt ihn mit dem Opferbeil im Tempel der Demeter. Die Rolle der Eifersüchtigen, den Verdacht des Vaters Wachrufenden, die Elektra-Lavinia bei O'Neill bekam, hat sie auch in I. LANGNERS *Klytämnestra* (1949), wo der Versuch der Eltern, wieder zusammenzufinden, an Elektras Rachsucht zuschanden wird. Das Ehrgefühl Agamemnons ist größer als seine Liebe; statt zu verzeihen, will er die Gattin vor ein Gericht stellen und sie dadurch zugleich aus der Rolle der Herrscherin in die der Nur-Ehefrau zurückverweisen. Damit tauchte ein noch ungenutztes Motiv auf: die in der Abwesenheit des Mannes zum Regieren gereifte Frau, die wieder abtreten und ihr Werk aufgeben soll. In die Linie der Psychologisierung gehört dagegen die effektvolle, grausige Tragödie *Der Gattenmord* von H. REHBERG (1953), erster Teil einer zweiteiligen Atriden-Tragödie und durch ein Vorspiel über Iphigenies Opferung in Aulis eingeleitet.

R. A. Brower, Seven Agamemnons, (Journal of the History of Ideas 8) New York 1947; J. Scholtze, Der Charakter des Agamemnon von Homer bis Euripides, Oxford 1949; K. Stackmann, Senecas Agamemnon. Untersuchungen des

Agamemnon-Stoffes nach Aischylos, (Classica et Medievalia II) Kopenhagen
1949/50; G. Fuhrmann, Der Atriden-Mythos im modernen Drama, Diss. Würzburg 1950; J. Busch, Das Geschlecht der Atriden in Mykene. Eine Stoffgeschichte
der dramatischen Bearbeitungen in der Weltliteratur, Diss. Göttingen 1951;
J. M. Burian, A Study of Twentieth-Century Adaptations of the Greek Atreidae
Dramas, Diss. Cornell Univ. 1950 (Diss. Abstr. 15, 955, 2524); O. Seidlin, Die
Enthumanisierung des Mythos. Die Orestie heute, (Deutsche Rundschau 83)
1957; K. Hamburger, Von Sophokles zu Sartre. Griechische Dramenfiguren
antik und modern, 1962; W. H. Friedrich, Schuld, Reue und Sühne der Klytämnestra (in: Friedrich, Vorbild und Neugestaltung) 1967.

**Agnes Bernauer** → Bernauer, Agnes

**Agrippina** → Nero

**Ahasver.** Die älteste Fassung der Legende vom Ewigen Juden
findet sich in den in Bologna entstandenen, historische Ereignisse
bis zum Jahre 1228 enthaltenden *Ignoti Monachi Cisterciensis S. Mariae de Ferraria Chronica et Ryccardi de Sancto Germano Chronica priora,*
die berichten, daß im Jahre 1223 aus dem Heiligen Lande zurück-
kehrende Pilger erzählten, sie hätten in Armenien einen Juden
gesehen, der einst den kreuztragenden Christus zur Eile angespornt
und ihm einen Schlag versetzt habe; entsprechend Jesu Prophezeiung »Ich werde gehen, aber du wirst auf mich warten, bis ich
zurückkomme« verjünge sich der Jude alle hundert Jahre in einen
Dreißigjährigen und könne nicht sterben, bis der Herr zurückkomme; er habe sich zum Christentum bekehrt und lebe als Büßer.
In der wenig späteren, ausgeschmückteren Fassung des ROGER VON
WENDOVER (*Flores historiarum* 1235) wird diese Geschichte von
einem Türhüter des Pilatus, Joseph Cartaphilus, erzählt. Der in
Armenien die Wiederkehr Christi Erwartende wird als ernst, fast
heilig, geschildert und erfüllt eine missionarische Funktion. Sehr
eng an diese Fassung halten sich die *Chronica Maiora* des englischen
Mönchs MATHÄUS PARISIENSIS (um 1240) und an diese wieder die
*Chronique rimée* (1243) des Philipp MOUSKES oder MOUSKET. In der
Gestalt des Juden erscheinen Züge aus der Legende von Malchus,
dem Petrus das Ohr abschlug und der Christus vor dem Hohen-
priester geschlagen haben soll, und der Legende vom heiligen
Johannes, der nicht stirbt, bis Christus auf die Erde zurückgekehrt
ist, vereinigt. Aus den zeitlich eng beieinanderliegenden Zeugnis-
sen ist ersichtlich, daß um die Mitte des 13. Jahrhunderts Pilger und
Reisende wiederholt von dem Ewigen Juden berichteten. Das
Interesse der Zeit lag bei der Langlebigkeit des Juden, nicht bei dem
Problem der Sühne. Der Name wird mehrfach mit Buttadeus
angegeben. Unter den Begegnungsberichten ist wichtig der des
Antonio di FRANCESCO DI ANDREA aus Florenz (um 1450), der des

Juden Rastlosigkeit und geheime Trauer sowie seinen Versuch, Gutes zu tun und das Böse zu hemmen, schildert; die Züge aus der Malchus-Legende dominieren. Sehr populär war die Gestalt zwischen 1400 und 1500 in Spanien und Portugal, wo sie auch zum erstenmal in der Profession eines Schusters auftrat und Ansätze zu Komik zeigte.

Um 1600 waren der wartende Cartaphilus, der leidende Malchus und der ruhelose Buttadeus verschmolzen. Drucke der *Chronica Maiora* (1571 und 1582) und die Wiederbelebung der Antichrist-Legende mögen das Interesse in dieser religiös aufgewühlten Zeit verstärkt haben. Die *Chronica Maiora* waren auch die Quelle für die *Kurze Beschreibung und Erzählung von einem Juden mit Namen Ahasver* (1602), in der das Wiederkehr- und Erlösungsmotiv wegfiel und der Fluch lautete: »Ich will stehen und ruhen, du aber sollst gehen«; der Name des Juden Ahasverus ist aus dem *Buch Esther* übernommen. Anlaß der *Beschreibung* war eine angebliche Begegnung Ahasvers mit dem Schleswiger Bischof Johann v. Eitzen 1542 in Hamburg. Es ist angenommen worden, daß die *Beschreibung* aus dem literarischen Kreise um Giovanni Bernardi Bonifacio Graf d'Oria in Danzig hervorging. Die neun Orte, an denen die neun verschiedenen Drucke der *Beschreibung* erschienen, sind eine Fiktion. Zwischen 1603 und 1613 kamen erweiterte Varianten in Leyden heraus, deren Verfasser mutmaßlich Chrysostomus DUDULAEUS WESTPHALUS ist. Die einzelnen Fassungen wurden zu dem in ganz Europa verbreiteten Volksbuch verschmolzen, dessen französische Ausgabe, die *Histoire admirable du juif errant* (um 1650), eine wirklich ausführliche Biographie darstellt.

Neben den Prosaberichten über die Geschichte des Juden entstanden in England seit 1612 Balladen, von denen *The Wandering Jew or the Shoemaker of Jerusalem* (1626) noch in PERCYS *Reliques of Ancient English Poetry* einging. In Deutschland hat D. SUDERMANN v. SCHWANKFELD die Möglichkeit dieser Gattung genutzt (1621). Eine andere wichtige Gattung der Dichtungen um den Ewigen Juden sind die in Frankreich um 1608/09 geschaffenen »Complaintes«, deren Tradition bis ins 19. Jahrhundert reicht.

Einen weiteren Ansatzpunkt zur Ausgestaltung des Stoffes boten die durch keinen Ort und keine Zeit begrenzten Wanderungen des Juden, dessen Heim in Jerusalem zerstört ist: er schien wie geschaffen zum Weltchronisten. In dieser Funktion verwendete ihn, mit leichtem Einschlag des für die Zeit typischen Orientalismus, der Genuese Giovanni MARANA (gest. um 1693), dessen Werk nur in Übersetzungen erhalten ist, z. B. in der englischen Übersetzung mit dem Titel *Letters Written by a Turkish Spy* (1686). Hier ist der Ewige Jude Türhüter des Diwans; zu den Personen, mit denen er zusammentrifft, gehört bereits → Nero. Ähnlichen Zwecken diente der Stoff M. WILSON für *The History of Israel Jobson, the Wandering Jew* (1757); der Akzent liegt hier allerdings mehr auf den geographischen Kenntnissen des Juden, der sogar eine Fahrt nach einem anderen Planeten unternimmt. Auf der gleichen Linie liegen

ferner H. A. O. REICHARD (*Der Ewige Jude,* R. 1785), W. F. HELLER
(*Briefe des Ewigen Juden über die merkwürdigsten Begebenheiten seiner
Zeit* 1791/1801), J. GALT (Pseud. T. CLARK, *The Wandering Jew or
The Travels and Observations of Hareach the Prolonged* 1820), Graf
PASERO DE CORNELIANO (*Histoire du Juif errant, écrite par lui-même*
1820), G. CROLY (*Salathiel, a Story of the Past, the Present and the
Future* 1827), D. HOFFMANN (*Chronicles selected from the Originals of
Cartaphilus, the Wandering Jew, Embracing a period of nearly XIX
Centuries* 1853–1854) und G. S. VIERECK / P. ELDRIDGE (*My First
Two Thousand Years* 1928).

1777 erschien in der *Bibliothèque des Romans* eine Ausgestaltung
des Volksbuches, die 1782, abermals erweitert, in deutscher Übersetzung herauskam. GOETHE hatte schon vorher den Plan zu einer
dichterischen Gestaltung des Stoffes, von der ein Knittelvers-
Fragment (1774) erhalten ist; ihn beschäftigte jedoch stärker das
Problem des wiederkehrenden Christus, die Gestalt des Juden
erhielt heitere Züge, und der Stoff ist dann schließlich ganz durch
den → Faust verdrängt worden.

Romantische Frömmigkeit fühlte sich von dem Thema der
ewigen Verdammnis angezogen und faßte den Stoff mit sicherem
Griff bei seinen Stimmungswerten, die rein äußerlich schon in der
Gothic novel *The Monk* (1796) von M. G. LEWIS zum Ausdruck
gebracht wurden. In einer Nebenhandlung dieses Schauerromans,
*Raymond and Agnes or the Bleeding Nun,* begegnet der Held dem
nunmehr als düster und unheimlich aufgefaßten Juden, dessen
funkelnder Blick und dessen Stirn mit dem flammenden Kreuzes-
zeichen, einer Art Kainsmal, Schaudern einflößen. Schon
Ch. D. SCHUBARTS »Lyrische Rhapsodie« (*Der ewige Jude* 1783) ließ
den Gott trotzenden und sich selbst vernichtenden Juden schließlich von einem Engel gebettet werden, auch bei A. SCHREIBER
(1807) fand er die Verzeihung des Heilands. Die Sehnsucht nach
Ruhe drückten WORDSWORTH in dem *Song for the Wandering Jew*
(1800), W. MÜLLER (in *Lieder des Lebens und der Liebe* 1824) und
C. BRENTANO (*Blätter aus dem Tagebuch der Ahnfrau* 1830) aus. Bei
A. W. SCHLEGEL (*Warnung* 1801) rügt der Jude an rohen Burschen
ihre Gottlosigkeit, PLATEN (1820) beklagte den mit seinem heimatlosen Volke Leidenden, P.-J. BÉRANGER (*Le juif errant* 1831, dt.
Übs. A. v. CHAMISSO) schrieb ein Rollengedicht in der Tradition
der Complaintes, und LENAU hat in zwei Balladen (*Ahasver, der
ewige Jude* in *Heidebilder* 1833 und *Der ewige Jude* in *Gestalten* 1839)
die Bemühungen des Verfluchten um den Tod deutlich gemacht.
In das Drama wurde Ahasver zuerst von A. v. ARNIM (*Halle und
Jerusalem* 1811) als reuiger, zum Sterben reifer Sünder eingeführt.
F. HORN schrieb eine Novelle (*Der ewige Jude* 1818), in der Ahasver
die Nichtigkeit des Irdischen lehrt und die Anlaß zu zwei Dramatisierungen wurde (A. KLINGEMANN, *Der ewige Jude* 1827; W. JE-
MAND, *Der ewige Jude* 1831).

Erst mit dem Zeitalter des Liberalismus und des weltschmerzlichen Nihilismus löste sich der Stoff von einer gewissen dogmati-

schen Gebundenheit, zugleich aber auch von seiner ursprünglichen
Fabel, und der ruhelos Wandernde mußte dann im Laufe des 19.
und 20. Jahrhunderts für die verschiedensten symbolischen Ausdeutungen herhalten und die Züge der widersprechendsten Gestalten annehmen. Allein an Bearbeitungen in der deutschen Literatur,
die den Stoff am reichsten entwickelte, sind 1930 über 50 Titel
gezählt worden. Die Verwendung Ahasvers als Nebenfigur ist
annähernd ebenso häufig und die als reines Symbol kaum faßbar.
Die nur in ihrer – nunmehr meist weggelassenen – Ausgangsposi-
tion auf der Via dolorosa fest umrissene Handlung verlor sich gern
in einem Streifzug durch die Jahrhunderte, bei dem die historischen
Begegnungs-Gestalten meist festere Konturen zeigen als der sche-
menhafte Ahasver. Einen sinnvollen Abschluß dieser Geschichts-
revue konnten nur die Autoren finden, bei denen Ahasver erlöst
wird; andere Bearbeitungen haben häufig fragmentarischen Charakter. Kennzeichnend für den Stoff ist seine Auswertung durch
das eklektische Versepos.

Für die dreißiger und vierziger Jahre des 19. Jahrhunderts wurde
Ahasver eines der Symbole des Weltschmerzes und der Skepsis
gegenüber einem sinnvollen Gang der Weltgeschichte (J. v. ZED-
LITZ, *Die Wanderungen des Ahasverus,* Epos 1832; L. KÖHLER, *Der
neue Ahasver* 1841). In E. QUINETS pessimistischem Mysterium
*Ahasvérus* (1833) will Ahasver schließlich nicht mehr sterben,
sondern als Vertreter der Menschheit weiterstreben. Schon
P. B. SHELLEY (*The Wandering Jew, or the Victim of the Eternal
Avenger* 1810) hatte Ahasver als prometheischen Atheisten aufgefaßt. So sah ihn auch das Terzinenepos J. MOSENS (1838), in dem
zugleich die Antithetik von Realismus und Idealismus mitschwingt. Der weltschmerzlichen Haltung ist auch des Russen
W. JOUKOFFSKY Fragment (1852) zuzurechnen, in dem Ahasver
schließlich den Sinn des Lebens als Leiden begreift. W. HAUFF (*Die
Memoiren des Satans* 1826) und J. G. SEIDL (*Die beiden Ahasvere,*
Gedicht 1836) legten am Ahasver-Stoff die weltschmerzliche Pose
ihrer Zeitgenossen bloß.

Mit E. SUES zehnbändigem Erfolgsroman (*Le Juif errant* 1844)
begannen die Geschichtsrevuen und Begegnungs- und Konfrontie-
rungs-Gestaltungen. Bei Sue war der Handlung insofern ein festes
Gerüst gegeben, als sie an die Stadt Paris und die Nachkommen
von Ahasvers Familie gebunden ist, denen er beizustehen versucht;
Ahasvers Geschick hat eine Parallele in dem der zur Ruhelosigkeit
verdammten Herodias (→ Johannes der Täufer); auch sie findet
schließlich im christlichen Sinne Erlösung. Von der durch E. Sues
Roman hervorgerufenen Publizität der Gestalt zehrte mehr äußerlich die gleichnamige Oper von E. SCRIBE/M. de ST.-GEORGES/
J. HALEVY (1852), in der Ahasver nur als eine Art freundlicher
Nothelfer fungiert. In H. C. ANDERSENS Fassung des Stoffes (*Ahasverus* 1848) gliedert sich die Handlung in eine Reihe von Begegnungen und Stimmungsbildern auf, die mit der Überfahrt des →
Kolumbus nach Amerika abbricht. Der Orthodoxie Ahasvers ist

viel Skepsis beigemischt, während der Held bei Andersens Landsmann F. Paludan-Müller (*Ahasverus, den evige Jøde* 1853) auf dem Friedhof die Erlösung des Jüngsten Tages erwartet. Ch. Kuffners Roman (1846) verlegte die Erlebnisse Ahasvers an den Hof der römischen Cäsaren → Tiberius, Caligula und → Nero. Das bekannte Epos Hamerlings *Ahasverus in Rom* (1865) knüpfte hier an und stellte dem sterblichen Individuum Nero Ahasver als die Verkörperung der ewigen Menschheit entgegen. Die Erhöhung Ahasvers zu einem Symbol der prometheisch ringenden Menschheit, die älter ist als Christi Erlösungstat, hatte sich schon bei J. G. Fischer (*Der ewige Jude,* Gedicht 1854) gefunden und führte bei Hamerling zur Gleichsetzung mit → Kain. Auch ein Musikdrama von H. Bulthaupt (1904) spielt am Hofe Neros. Andersen näher steht in der Vielfalt der Bezüge und Begegnungen S. Hellers umfangreiches »Heldengedicht« (*Ahasverus* 1865–68), in dem Ahasver als religiöser Typ dem Denker → Faust und dem Künstler → Don Juan gegenübergestellt ist und durch Sühne zur Erlösung schreitet. Bei M. Haushofer (*Der ewige Jude* 1884) endet der Gang durch die Weltgeschichte erst in der Gegenwart, in der Ahasver in eine Irrenanstalt gesperrt wird, und bei G. Renner (Epos 1902) ist das Geschichtspanorama unter einem sozialkritischen Gesichtspunkt entrollt; Ahasver will die Massen erlösen und findet die eigene Erlösung durch das Erlebnis von Bethlehem. Zu reißerischer Wirkung gelangte diese Art der Stoffbehandlung bei den Amerikanern G. S. Viereck/P. Eldridge, die einen der erotischen Aspekt der Weltgeschichte einfangende Autobiographie des Ewigen Juden verfaßten (*My First Two Thousand Years* 1928).

Zu den Gestalten, denen Ahasver begegnet oder denen er selbst angeglichen wird, gehören der häufig auftauchende Prometheus (A. Dumas père, *Isaac Laquedam* 1853; V. Rydberg, *Prometheus und Ahasverus,* Erzählung 1888) und ferner in L. Schückings Novelle *Die drei Freier* (1851) auch der → Fliegende Holländer und der Wilde Jäger, die gemeinsam eine emanzipierte Frau zu ihren weiblichen Werten bekehren, dann → Faust, der bei E. Grisebach (*Der neue Tannhäuser* 1864) im Gegensatz zu Ahasver seinem Leben ewige Dauer zu geben wünscht und bei E. zu Schönaich-Carolath (*Don Juans Tod,* Gedicht 1883) neben Don Juan ein Sohn Ahasvers und der Venus ist. Mit Christus wurde Ahasver von dem Engländer R. Buchanan identifiziert (*The Wandering Jew* 1893): als Strafe für das Unglück, das er über die Menschen gebracht hat, nimmt er das Kreuz jahrtausendelanger Wanderschaft auf sich. In einem verwandten Bild fing R. Paulsen die einander bedingenden Gegensätze beider Gestalten ein (*Christus und der Wanderer,* Dialog 1918): sie tauschen die Rollen, Ahasver hängt am Kreuz, und Christus wandert. Stärker konfessionell orientierte Autoren griffen auf die Ausgangssituation der Legende zurück und sahen in Ahasver einen orthodoxen Juden, der sich vergebens gegen Christus wehrt (J. Collin de Plancy, *Légende du Juif-Errant* 1847; J. Seeler, *Der ewige Jude,* Epos 1894; O.-J. Bierbaum, *Golgatha,*

Gedicht 1901; W. NITHACK-STAHN, Dr. 1910; E. TURSTON, *The Wandering Jew*, Dr. 1920; E. A. ROBINSON, *The Wandering Jew*, Gedicht 1920). Dabei wurde wiederholt ein Motiv des → Judas-Stoffes übernommen: Ahasverus stellt sich als enttäuschter jüdischer Patriot gegen Christus (A. VERMEYLEN, *De Wandelende Jood*, R. 1897–1906; E. FLEG, *Jésus*, R. 1933; K. MEEKEL, *Ahasverus*, R.-Trilogie 1923; J. P. WIDNEY, *Ahasverus*, Tr. 1915).

Auf der anderen Seite setzte schon E. DULLER (*Ahasver*, Erz. 1836) die Gestalt als Symbol für die Tragik des Judentums, und auch B. AUERBACH faßte in seiner visionären Begegnung Ahasvers mit dem sterbenden *Spinoza* (R. 1837) Ahasver als den Träger jüdischen Schicksals auf. Symbolhafte Übertragungen des Namens Ahasver auf jüdische Gestalten der Gegenwart sind seit dem Ende des 19. Jahrhunderts häufig (F. MAUTHNER, *Der neue Ahasver*, R. 1881; H. HEIJERMANS, Dr. 1893; R. NICHOLS, *Golgatha and Company*, Erz. 1923); W. JENS stellte in einem Hörspiel *Ahasver* (1956) die Schicksale eines jüdischen Arztes nach dem Jahre 1933 dar.

Die in den literarischen Gestaltungen überwiegende, von dem historischen Judentum unabhängige religiös-weltanschauliche Problematik des Ahasver-Stoffes begegnete am Ende des 19. Jahrhunderts, besonders unter dem Einfluß Nietzsches, neuem Interesse. Die Frage konzentrierte sich auf die Erlösbarkeit der Figur. Schon in E. GRENIERS Gedicht *La mort du juif-errant* (1857) wandelt sich die ewige Ruhelosigkeit in christliche Liebe. In CARMEN SYLVAS Epos *Jehova* (1882) wird der skeptische Verächter des Heilandes durch den Anblick eines Liebespaares von der Güte Gottes überzeugt. A. WILBRANDT streifte die historisch-legendären Züge, vor allem das Schuldmotiv, ab und arbeitete in dem Drama *Der Meister von Palmyra* (1889) das Kernthema – die Erfahrung vom Segen des Todes – heraus: der schaffensfrohe Held, der auf eigenen Wunsch ewiges Leben erlangt hat, überlebt sich selbst. Bei F. LIENHARD (*Ahasver am Rhein*, R. 1903) erstand Ahasver auf dem Wege der Seelenwanderung in einem materialistischen Forscher wieder, dessen Lebenswerk durch den eigenen gläubigen Sohn in Frage gestellt wird. A. STRINDBERG (*Ahasverus*, Gedicht 1905) sah erneut in Ahasvers Qualen und Ängstigungen ein Gleichnis für die Leiden des Menschen in einer Welt der Ungewißheit. Glaubensleugnung und Glaubenssuche nach dem ersten Weltkrieg belebten den Stoff dann erneut – »Ein jeder Mensch ist Ahasver« (J. WINCKLER, *Der Irrgarten Gottes* 1922) –, und die Erlösung vom Fluch sowie die Sendung Ahasvers wurde in der brüderlichen Übernahme des menschlichen Leides auf die eigenen Schultern und der Verbindung der Völker zu reinem Menschentum gesehen (P. MÜHSAM, *Der ewige Jude*, Epos 1925; S. v. d. TRENCK, *Don Juan-Ahasver*, Epos 1930). Bekenntnishaft wirkt der »religiöse Atheismus« Ahasvers in den Romanen *Sibyllan* (1956) und *Ahasverus Död* (1960) des Schweden P. LAGERKVIST: Ahasver hebt sich mit der Erkenntnis, daß Jesus nur ein von Gott geopferter Mensch war, den Fluch in Selbstbefreiung auf. St. HEYMS Titelheld (*Ahasver*, 1981)

dagegen ist der ewige Revolutionär, der Christus zu Taten für
Israel bewegen wollte.

A. Soergel, Ahasver-Dichtungen seit Goethe, 1905; Th. Kappstein, Ahasver
in der Weltpoesie, 1906; W. Zirus, Ahasverus, der Ewige Jude, 1930; J. Gaer, The
Legend of the Wandering Jew, New York 1961; G. K. Anderson, The Legend of
the Wandering Jew, Providence 1965.

**Ahlden, Prinzessin von.** Die Geschichte Sophie Dorotheas
von Celle (1666–1726) ist über hundert Jahre lang durch kolportagehafte Darstellungen verdunkelt worden und erst in der zweiten
Hälfte des 19. Jahrhunderts objektiver wissenschaftlicher Untersuchung zugänglich gewesen: ein Briefwechsel mit dem Grafen
Königsmarck, der 1848/49 zum Teil, 1952 vollständig veröffentlicht wurde, ist erst 1930 als echt nachgewiesen worden. 1658
verhandelte Georg Wilhelm von Celle seine Braut Sophie von der
Pfalz an seinen Bruder Ernst August, den späteren Herzog und
Kurfürsten von Hannover, mit dem Versprechen, unverheiratet zu
bleiben und die Herrschaft an die Familie des Bruders übergehen zu
lassen. Er heiratete jedoch später eine unebenbürtige Französin und
legitimierte dadurch deren Tochter Sophie Dorothea, die mit dem
ältesten Sohn Ernst Augusts, dem späteren Georg I. von England,
verheiratet wurde. Sophie Dorothea stieß auf den Haß ihrer
Schwiegermutter, der ehemaligen Braut ihres Vaters, und auf die
Gleichgültigkeit ihres Mannes, der mehrere Mätressen hatte. Sie
wollte nach Celle zurückkehren, die Eltern wiesen sie jedoch ab.
Sie plante darauf 1694 einen Fluchtversuch mit Hilfe ihres Jugend-
gespielen, des Grafen Philipp Christoph von Königsmarck, und
wurde von der Mätresse des Kurfürsten, der Gräfin Platen, die
selbst eine Liebesbeziehung zu Königsmarck hatte, verraten. Graf
Königsmarck verschwand spurlos in der Nacht vor der verabrede-
ten Flucht, nachdem er noch einmal bei der Prinzessin gewesen
war, und ist wahrscheinlich beseitigt worden; die Prinzessin wurde
der Desertion angeklagt, geschieden und in das Amtshaus in Ahlden
Ahlden verbannt, wo sie nach dreißigjähriger Haft starb.
    Der Stoff besitzt die sensationellen Eigenschaften einer fürstli-
chen Liebesaffäre und hat daher zu allen Zeiten Leser unter denen
gefunden, die an dem Skandal einer unerlaubten ↑ Liebesbeziehung, dem Intrigenspiel an einem Hofe, dem geheimnisvollen
Verschwinden eines Helden und den Qualen einer lebendig Begra-
benen Interesse hatten. Man könnte die Bearbeitungen danach
einteilen, ob sie durch Idealisierung mehr der Sentimentalität oder
durch Pikanterie mehr der Lüsternheit der Leser entgegenkamen.
Weniger wichtig ist der Unterschied, ob der Verfasser den Grafen
oder die Prinzessin zur Titelgestalt wählte; die Handlung gibt wie
von selbst der Prinzessin das größere Gewicht. Da die Historie nur
ein grobes und noch dazu lückenhaftes Tatsachenmaterial, nach
Schiller auch keinen »prägnanten dramatischen Moment« überlie-

ferte, waren der Phantasie große Möglichkeiten gelassen; aber es ist selten gelungen, die weißen Flecken in der psychologischen Landkarte mit anderem als mit Intrigenspiel und billigen Effekten zu füllen. Daß der Stoff in seiner politisch-dynastischen Konstellation und in der durch die spätere Leidenszeit sozusagen vorbestimmten Gestalt der Heldin literarisch brauchbare Motive besaß, beweist Schillers Absicht einer Dramatisierung.

Das Schicksal der Prinzessin von Ahlden wurde bald als das einer unschuldig Verfolgten angesehen und – allerdings verschlüsselt – noch zu ihren Lebzeiten zweimal in Form des heroisch-galanten Romans dargestellt. MENANTES-HUNOLD verarbeitete es in *Der Europäischen Höfe Liebes- und Heldengeschichte* als *Liebes- und Heldengeschichte des Grafen Silibert von Cremarsig* (1705). Er gestaltet zwar die Jugendbeziehungen des Paares breit aus, wendet sich aber, nach der Schilderung der lügnerischen Denunziation durch die Gräfin Platen (Adina) ausschließlich dem Schicksal des Helden Silibert zu, der an Adina ausgeliefert wird; da sie ihn trotz Anwendung von Zaubertränken nicht für sich gewinnen kann, vergiftet sie schließlich ihn und sich selbst. Wenig später erschien als »Zugabe« zur *Römischen Octavia* des Herzogs ANTON ULRICH VON BRAUNSCHWEIG *Die Geschichte der Prinzessin Solane* (1707). Trotz einer spürbaren Gegnerschaft zum Hause Hannover dürfte die Darstellung, die sich jeder Überdosierung enthält, den damals bekannten Tatsachen entsprechen: auch hier wird das Paar Solane-Aquilius unschuldig durch die Eifersucht der Potentiana ins Verderben gestürzt, er wird bei der Rückkehr von einer nächtlichen Zwiesprache niedergemacht, sie verbannt. In der 4. Ausgabe der *Römischen Octavia* änderte der Verfasser den Ausgang: beide entkommen, verzichten aber auf ein weiteres Beisammensein.

Die stark von Hunold beeinflußten *Mémoires du règne de George I* (1729) wurden in den Schatten gestellt durch den Erfolg der nach Anton Ulrichs Handlungsgerüst gearbeiteten *Histoire secrette de la duchesse d'Hanover* (1732), die anonym erschien und wahrscheinlich dem preußischen Baron von PÖLLNITZ zuzuschreiben ist. Mit dieser sich als Enthüllung von Herzensgeheimnissen und Hofintrigen gebenden Fassung war der Stoff für etwa hundert Jahre festgelegt, und sie hat auch späteren Bearbeitungen noch als Grundlage gedient. Die *Histoire* wurde ins Deutsche (zuerst 1734) und Englische übersetzt, gekürzt, verlängert und jeweils – auch in ihrem Titel – dem Zeitgeschmack angepaßt. Das Interesse verlagerte sich von der höfischen Intrige auf die bürgerliche Geschichte eines tugendhaften Herzens. Neues Interesse gewann der Stoff außerdem durch die verwandte Affäre → Struensees. So erschien die *Histoire* 1786 als *Geschichte der Herzogin von Ahlden* mit den antihöfischen Akzenten des Sturm und Drangs; in dem entsprechenden Teil von VULPIUS' *Fürstinnen unglücklich durch Liebe* (1801), und in H. von MONTENGLANTS *Sophie Dorothea, Gemahlin Georgs I., Königs von England* (1826) war Jean Paulscher Gefühlskult bezeichnend. Mit Carl Freiherr von REITZENSTEINS *Graf Königsmark* (1792) trat die erste Dramatisierung des Stoffes auf den Plan, die mit dem Pathos des Sturm und Drangs die Rechte des Herzens verteidigt und die Rousseausche Sehnsucht nach einem ungestörten Erdenwinkel ausspricht.

Ein um objektivere Darstellung bemühter anonymer Essay *Sur l'Histoire de la Princesse d'Ahlen* (1804) wurde von Schiller in seinem letzten Lebensjahr für einen Dramenentwurf benutzt. Schiller erkannte dem Stoff tragische Möglichkeiten zu, »wenn der Charakter der Prinzessin vollkommen rein gehalten wird und kein Liebesverhältnis zwischen ihr und Königsmark stattfindet«. Er wollte die Katastrophe aus dem Charakter der Prinzessin entwickeln, die zu stolz ist, sich zu beugen, und zu edel, die Fäden an sich zu reißen, und in der Verzweiflung den Plan faßt, mit Königsmarks Hilfe in ein Kloster zu fliehen. Dieser Plan wird ihr unmöglich gemacht, als sie erkennt, daß der eitle Graf, den sie nicht liebt und der ihrer auch nicht wert ist, sich in sie verliebt hat. Doch durch seinen nächtlichen Besuch wurden ihren Gegnern Argumente der Anklage in die Hand gespielt.

Schillers Vorstellung von einer absoluten Reinheit der Prinzessin entsprach nicht der Geschmacksrichtung der liberalen Autoren und Leser, die sich um die Mitte des 19. Jahrhunderts in einer Mischung von Bewunderung und Abscheu an Hofgeschichten ergötzten und dem Stoff eine neue Blüte bescherten. 1848 veröffentlichte V. F. PALMBLAD im Rahmen eines Romans um des Grafen Schwester (*Aurora Königsmark och hennes slägt* 1846–49) einen Teil des Briefwechsels des Paares, der infolge der schwedischen Beziehungen der Familie Königsmarck in Lund lag. Während die Bearbeitungen des hannoverschen Majors MÜLLER (1840, 1845, 1847), die die Geschichte sowohl als Ich-Erzählung wie als Dialog der Hauptpersonen aufzogen, auf die alte *Histoire* zurückgingen, versuchte die Novelle von WOROSDAR (d. i. H. KLENCKE, 1837) ein sittliches Moment in den Stoff zu tragen. Die Entwicklung der Prinzessin, die sich zunächst bemüht, dem kalten Prinzen eine gute Frau zu sein, und von ihm tödlich beleidigt wird, führt zur Selbstbestimmung und zum Bekenntnis ihrer Liebe. Eine ähnliche Handlungskurve gab BAUERNFELD dem Stoff in seiner Dramatisierung (1867), wobei er auch das von Schiller angeschlagene Motiv einer erwachenden Neigung des Kurprinzen zu seiner Frau verwertete. Ebenso stellte Th. HEMSENS sechsbändiger Roman (1869) das Moment der Selbstfindung an die entscheidende Stelle, wenn auch ohne künstlerisches Glück. Graf Königsmarck erscheint in all diesen Bearbeitungen im Sinne Schillers als »chevalereske, großmütige und feurige Natur« oder als der »gute Graf«, wie ihn eine Ballade am Schluß von G. HESEKIELS Roman *Ein Graf von Königsmarck* (1860) nennt, der den Bruder des hier in Rede stehenden Königsmarck zum Helden hat. Erst E. M. VACANO in seiner aus Einzelbildern zusammengesetzten »Hofgeschichte« (*Sophie Dorothea* 1862) gab dem Grafen den Charakter eines galanten Kavaliers der Barockzeit zurück und ließ die politischen Motive stärker in den Vordergrund treten; der Kurprinz, bei den meisten bisherigen Bearbeitern im Augenblick der Katastrophe von der Szene entfernt, zwingt hier seine Gemahlin, den Grafen selbst in die Falle zu locken. Paul Heyse, der die wohl bekannteste Dramatisierung des Stoffes lieferte (*Graf Königsmarck* 1877), machte den Grafen wieder zum Musterritter, ließ aber im Gegensatz zu Schillers Absichten eine tatsächliche und von der Prinzessin nach Königsmarcks Tode eingestandene Liebesbeziehung entstehen. Zu der Aktivität der Gräfin Platen als Intrigantin tritt die zynische Rache des Kurprinzen. »Hofgeschichte« mit dem Reiz des Skandalösen ist der Stoff trotz besserer historischer Unterbauung auch bei F. v. Oppeln-Bronikowski (R. 1924) und P. Burg (*Eifersuchtstragödie am Welfenhof,* R. 1927) geblieben.

R. F. Arnold, Dramatische Bearbeitungen der Geschichte der Prinzessin Sophie Dorothea, (Zs. f. Bücherfreunde 5) 1901; W. Hisserich, Die Prinzessin von Ahlden und Graf Königsmark in der erzählenden Dichtung, Diss. Rostock 1906; H. Singer, Die Prinzessin von Ahlden, (Euphorion 49) 1955; L. Blumenthal, »Die Prinzessin von Zelle«, (Abhandl. der Sächs. Ak. d. Wissenschaften zu Leipzig, Phil.-Hist. Klasse 56, H. 2) 1963.

**Alarcos.** Eine spanische Romanze des 14. Jahrhunderts erzählt, wie die Infantin Soliza dahinwelkt, weil Graf Alarcos, der sie liebte und ihr die Ehe versprochen hatte, eine andere heiratete. Der König will den Grafen für die Ehe mit seiner Tochter frei machen und läßt sich auf den Rat der Infantin von dem Grafen sein Ritterwort geben, daß er seine Frau töten werde. Die sterbende Gräfin fordert die Schuldigen vor Gottes Gericht, und binnen weniger Tage sterben König, Infantin und Graf Alarcos.

Zwei Dramen mit dem Titel *El Conde Alarcos* von G. de Castro und Mira de Amescua scheinen untereinander oder von einer gemeinsamen, wohl romanhaften Quelle abhängig. Hier läßt die Infantin das Kind der Geliebten des Grafen töten und setzt der Mutter das Herz als Speise vor; wie im Märchen hat jedoch der Scherge das Kind verschont, und auch die Liebenden werden wieder vereint. Auf der Romanze fußt Lope de Vega mit dem Drama *La fuerza lastimosa* (1611), er geht jedoch der Tragik aus dem Wege; nicht Alarcos, sondern ein verkleideter Nebenbuhler hat die Infantin entehrt und heiratet sie schließlich, während Alarcos mit der geretteten Gattin wieder zusammengeführt wird. An Lope lehnten sich J. Pérez de Montalbán mit *Il valor perseguido y traición vengada* und der Niederländer Isaak Vos (*De beklagelyke dwang* 1648) an, durch dessen Bearbeitung das Werk Lopes auch in das Repertoire der deutschen Wandertruppen und Schultheater gelangte. Durch eine Übersetzung in Bertuchs *Magazin* (1782) wurden sowohl Lopes Drama wie die Romanze erneut bekannt und zunächst von F. Rambach dramatisiert (*Graf Mariano oder der schuldlose Verbrecher* 1798); dem Handlungsablauf bei Lope wird als neues Motiv der Ehrgeiz des Grafen, auf den Thron zu kommen,

hinzugefügt. Mehr berüchtigt als berühmt (vgl. die Travestie von
J. v. Voss 1804) wurde der von Goethe in Weimar aufgeführte
*Alarcos* F. Schlegels (1802), der die Romanze über den für modernes Empfinden schwerverständlichen spanischen Ehrenkonflikt
mit Zügen des Schicksalsdramas versah und Alarcos schließlich
Selbstmord begehen ließ. Das gleichfalls nach der Romanze gearbeitete Drama B. Disraelis *Count Alarcos* (1839) ist nie aufgeführt
worden.

P. Jesser, Über F. Schlegels Trauerspiel Alarcos und das Vorkommen des
Alarcos-Stoffes im deutschen Drama, Diss. Wien 1905.

**Alboin und Rosamunde.** Die älteste Nachricht von der Ermordung des Langobardenkönigs Alboin durch seine Frau Rosamunde, die Tochter des Gepidenkönigs Kunimund, findet sich in
der *Origo gentis Langobardorum,* die in mehreren Handschriften dem
*Edictus Rothari* (7. Jh.) vorangesetzt wurde. Der knappen Hand-
lungsskizze folgte hundert Jahre später die ausführliche und schon
von sagenhaften Motiven überwucherte Erzählung in Paulus
Diaconus' *Historia Langobardorum*: Alboin raubte Rosamunde, die
ihm von ihrem Vater verweigert worden war, und machte sie zu
seinem Kebsweibe; während des darauf erneut ausbrechenden
Kampfes der beiden Stämme wurden die Gepiden vernichtet,
Kunimund getötet, die durch ↑ Frauenraub Bezwungene nun von
Alboin zu seinem rechtmäßigen Weibe erklärt. Nach der Eroberung Oberitaliens zwang Alboin bei einem Gelage seine Frau, aus
dem Becher zu trinken, den er aus dem Schädel ihres Vaters hatte
anfertigen lassen. Sie gewann Alboins Milchbruder Helmichis,
dessen Geliebte sie wurde, und Peredeo, den sie sich durch eine List
gefügig machte, zu einer Verschwörung gegen Alboin, der 572
von Peredeo im Bett ermordet wurde; sein Schwert hatte Rosamunde am Bettpfosten festgebunden. Die Mörder flohen mitsamt
dem Langobardenschatz und Rosamundes Stieftochter Albsuinda
vor dem aufgebrachten Volke zu Longinus, dem römischen Statthalter von Ravenna. Longinus überredete Rosamunde, Helmichis
zu beseitigen, jedoch zwang dieser noch im Tode der Mörderin,
den Rest des Giftes zu trinken. Longinus schickte Albsuinda mit
den langobardischen Schätzen an den Kaiser nach Byzanz.

Schon in der von Paulus Diaconus aufgezeichneten Form erweist
sich der Alboin-und-Rosamunde-Stoff als eine in sich geschlossene, folgerichtig aufgebaute Fabel über das Thema, daß eine böse
Tat fortzeugend Böses gebären muß; der erzählerischen Kleinform
genügt sie fast schon. Für umfangreichere Formen epischer und
dramatischer Literatur, die die einzelnen Schritte der Handlung
psychologisch unterbauen und den Urgrund der in der Becherszene sichtbaren, bei Paulus Diaconus nur in ihren Folgen aufge-
zeigten seelischen Verstrickung bloßlegen will, kann die Doppelung der Motive des Mordes wie der Sühne gefährlich werden und

zu einer Häufung von Blut und Grauen führen. Gerade das Drama, durch das der Stoff vorwiegend Gestalt gewann, verlangte Sichtung und Sonderung; es hat selten den ganzen Stoff unter gleichmäßiger Betonung der einzelnen Handlungsteile verwandt, sondern sich meist für eine Alboin-und-Rosamunde-Tragödie, deren Schluß mit der Ermordung des Königs gesetzt ist, oder für eine Rosamunde-Tragödie, die ihre Hauptakzente auf den Folgen der Mordtat hat, entschieden. Im ersten Falle setzte die dichterische Aufgabe bei der Erhellung des Verhältnisses der beiden Gatten, also der Motivierung der Becherszene, ein. Des Paulus Diaconus auf den Ruhm Alboins gerichtete Darstellung hatte die Gestalt der Frau nur umrißhaft gegeben und war Erklärungen schuldig geblieben, ähnlich wie er im zweiten Teil des Stoffes die Beziehungen zwischen den einzelnen Personen für den Bearbeiter der Rosamunde-Tragödie offengelassen hatte. Der Stoff ist vor allem in den Herkunftsländern Ungarn/Siebenbürgen und Italien sowie in Deutschland bearbeitet worden.

Die überragende Gestalt des Langobardenkönigs und sein unheimliches Ende fanden schon in der zeitgenössischen Dichtung Widerhall: Paulus Diaconus spricht von Liedern zu seinem Preise in Bayern und Sachsen, und auch der angelsächsische Lieder- und Sagenkatalog *Wîdsîd* (7. Jh.) erwähnt das Thema; noch heute bewahren piemontesische Volkslieder den alten Stoff.

Von der lateinischen Vorlage des Paulus Diaconus zum klassischen tragischen Novellenthema war für die Renaissance nur ein kleiner Schritt; zuerst in BOCCACCIOS *De casibus virorum illustrium* (1374), dann bei MACHIAVELLI (*Istorie fiorentine* 1532) und BANDELLO (*Novelle* 1562) geformt, drang die Erzählung auch in die Stoffsammlungen der übrigen europäischen Länder, in PAULIS *Schimpf und Ernst* (1522), BELLEFORESTS *Histoires tragiques* (Bd. 4, 1571), TURBERVILLES *Tragical Tales* (1587), die dann von den Dramatikern des 16. bis 18. Jahrhunderts ausgebeutet wurden. Die erste, noch von Lessing gelobte Dramatisierung stammt von Giovanni RUCELLAI (*Rosmunda* 1515), der Motive aus dem Leben der → Antigone transponierte, den Akzent auf die ↑ Blutrache legte und das Schicksal Rosamundes nach der Mordtat unberücksichtigt ließ. Enger am Stoff blieben Hans SACHS, der das Thema außer in zwei Reimerzählungen in einer Tragödie (1555) behandelte, die die gesamte Handlung von der Becherszene an in der für ihn typischen handwerklichen Szenierung wiedergab, und Clemens STEPHAN (1551), der durch den Einsatz mit der Ermordung Alboins schon deutlich auf eine Rosamunde-Tragödie hinsteuerte. Im 16. und 17. Jahrhundert gehörte der Stoff, von dem sich eine Moral so deutlich ableiten ließ, zu den beliebtesten des Schultheaters beider Konfessionen; es sind Aufführungen von Rosamunde-Dramen in Kassel, Straßburg, am Jesuitengymnasium in Innsbruck, an der Benediktiner-Universität in Salzburg und an den Schulen Siebenbürgens nachgewiesen. Das Barock unterstrich noch das Exemplarische des Stoffes, seine ebenso exemplarische Blutrünstigkeit und

die Lasterhaftigkeit der Personen. Der Engländer D'AVENANT
(1629) heroisierte den Stoff dadurch, daß er Alboin auf eigenen
Wunsch sein Leben enden ließ. Der Spanier F. de ROJAS ZORRILLA
(*Morir pensando matar,* Mitte 17. Jh.) entlastete die Heldin wenigstens von dem Mord an dem zweiten Gatten Leontius; sie gibt ihm
unwissend ein Gift, das er selbst für einen Feind bereiten ließ.
Urban HJÄRNE, der seine für Schweden epochemachende klassizistische Tragödie *Rosimunda* (1665) im Anschluß an ein lateinisches
Drama des Holländers J. van ZEVECOTIUS (Mitte 17. Jh.) schrieb,
machte den zweiten Gatten, der bei ihm wieder entsprechend der
Überlieferung Helmichis heißt, zu einer psychologischen Studie:
von Gewissensqualen und dem Schatten des ermordeten Alboin
verfolgt, fühlt Helmichis die Strafe nahen. Der Italiener SODERINI
(1683) steigerte die Verwerflichkeit Rosamundes durch die Eifersucht auf die eigene Tochter und das Verbrechen der Geschwister-
ehe, das schließlich ihren Selbstmord auslöst. Auch für Jacob
Hieronymus LOCHNER (1676) und die feinere Kunst Simon RET-
TENPACHERS (1683), der die Handlung mit der Flucht schließen läßt
und die Bestrafung der Mörder nur im Argumentum andeutet, ist
Rosamunde die entmenschte Rächerin. Die blutrünstigen Elemente des Stoffes führten im 18. Jahrhundert zum Umschlagen ins
Tragikomische und ein unter Verzicht auf ethische Konsequenz
konstruiertes Happy-End (Thomas MIDDLETON, *The Witch,*
postum ersch. 1778), andererseits zu einer Milderung und Sentimentalisierung bei Christian Felix WEISSE (1763). Statt der Haupt-
und Staatsaktion traten bei Weisse erotische Momente in den
Vordergrund; die schon bei Soderini auftauchende Neigung Rosamundes zu Longinus und die Eifersucht auf Albiswinth führt bis
zum Mordversuch an der Stieftochter. Das gleiche Eifersuchtsmo-
tiv entwickelte innerhalb der italienischen Stofftradition ALFIERI
(*Rosmunda* 1783) weiter: Rosamunde tötet die Stieftochter und
deren Geliebten, den sie selbst begehrt.
   Während in diesen freien Ausgestaltungen des zweiten Teiles des
Stoffes zu Eifersuchts- und Liebestragödien die Gestalt Alboins an
die Peripherie des Interesses trat, rückte seit Friedrich de la Motte
FOUQUÉS im übrigen durch mangelnde Stoffbeschneidung miß-
glücktem »Heldenspiel in sechs Abenteuern« (1813) an die Stelle
der Vaterrache und der Liebesintrige die Frage der Beziehungen
zwischen Alboin und Rosamunde. Fouqué erfand das Motiv einer
echten Liebe zwischen den Gatten, die durch Alboins rohes Verhalten in Rosamunde erstickt wird und in Haß umschlägt. Der Akzent
wurde also auf die Vorgeschichte der beiden Hauptpersonen verlegt, die in der Becherszene zum Austrag kommt. Zahlreiche
Bearbeiter des im 19. Jahrhundert durch GRIMMS *Deutsche Sagen*
(1816–18) und UHLANDS Nacherzählung populär gewordenen
Stoffes sind Fouqué in diesem Motiv der Haßliebe oder eines
Konfliktes zwischen Liebe und Rachepflicht gefolgt, am ausge-
prägtesten Friedrich von UECHTRITZ (1834); bei fast allen diesen
mehr oder weniger unbedeutenden Dramatisierungen ist der Stoff

zur Ehetragödie geworden (C. B. v. MILTITZ, Oper 1834, R. O. CONSENTIUS 1862, J. v. WEILEN 1869, W. WALLOTH 1891, A. OTT 1892). Die Folge davon ist sehr oft eine die Heldin entlastende Änderung des Schlusses: Rosamunde endet durch Selbstmord (Uechtritz, Miltitz, Consentius, Ott) oder ist nicht die Mörderin des Gatten (A. PANNASCH 1835, J. v. Weilen), oder die Haßliebe beruht auf nationalen Gegensätzen, zu deren Verdeutlichung man die Germanin Rosamunde sogar schließlich in eine Römerin umwandelte. Daneben taucht seit F. WACHTER (1823) die Motivierung der Mordtat durch eine ältere Liebe Rosamundes auf, deren Erfüllung durch Alboins Gewalttat unmöglich wurde (W. v. WARTENEGG 1873, M. WEITPRECHT 1907). Entgegen dieser deutschen Sonderentwicklung des Themas hielt man in den Ursprungsländern des Stoffes an der besonders von den Italienern entwickelten Liebes- und Eifersuchtstragödie fest, so der Siebenbürger F. W. SCHUSTER (1887), der Ungar Arpád ZIGANY (Oper 1892) und der Italiener Sem BENELLI (*Rosmunda* 1911). In Spanien haben A. GIL Y ZÁRATE (*Rosmunda* 1839) und J. ZORRILLA Y MORAL *La copa de marfil* 1844), in England A. Ch. SWINBURNE (*Rosamund, Queen of the Lombards* 1899) den Stoff im Stil des romantischen historischen Dramas erneuert. Weitere Opernbearbeitungen stammen von A. BRANCACCIO (1825), C. ALARY (1840) und L. EICHRODT (1865).

Der Stoff, den noch Grillparzer zu den beispielhaft tragischen rechnete und der von der klassischen Novelle und Tragödie bis hin zur Tragikomödie und zum Puppenspiel in annähernd allen seinen Möglichkeiten ausgelotet worden ist, hat in der neuesten Zeit trotz interessanter psychologischer Ansätze kaum Gestaltungen gefunden, die an Wirkung die Fassungen vor allem des 16. und 17. Jahrhunderts erreichten.

N. Miklautz, Alboin und Rosamunde im Drama der deutschen Dichtung, Diss. Wien 1910; F. Lang, Alboin und Rosamunde in der Sage und Dichtung, mit besonderer Berücksichtigung von F. W. Schusters gleichnamigem Drama, Cluj 1938.

**Aleksej** (Alexis) → Peter der Große

**Alexander.** Um Alexander den Großen (356–323 v. Chr.), der als Herrscher des kleinen makedonischen Königreichs das gewaltige Perserreich überwand, Babylon und Susa eroberte, nach einem abenteuerlichen zweijährigen Feldzug durch Indien 329 den Indischen Ozean erreichte und von einem Fieber frühzeitig dahingerafft wurde, müssen sich schon früh Gerüchte gebildet haben. Die Gestalt des sich als Sohn des Gottes Amon fühlenden Königs stieg im Andenken der unmittelbaren Nachwelt zu übermenschlicher Größe empor, sein Briefwechsel mit Darius wurde zu einem förmlichen Briefroman um Alexander ausgeweitet, seine Heeresberichte erscheinen ins Fabulose verzerrt in einem ihm angedichteten Bericht über die Wunder Indiens an seinen Lehrer Aristoteles, sein Feldzug, von Gefährten wie Aristobulos, Ptolemäus und Kallisthenes festgehalten, ist bereits bei KLEITARCHOS (3. Jh. v. Chr.) und später bei CURTIUS RUFUS abenteuerlich ausgesponnen. Sammelbecken dieser sagenhaften Überlieferung wurde der fälschlich Kallisthenes zugeschriebene *Alexanderroman* (3. Jh.), der für mehr als ein Jahrtausend das Alexanderbild von Orient und Okzident bestimmte. Der wahrscheinlich aus Alexandria stammende Verfasser dichtete dem Helden den letzten Pharaonen Nectanebos als Vater an, der vor den Persern nach Makedonien floh und dort in göttlicher oder Schlangengestalt mit König Philipps Frau Olympias Alexander zeugte. Der so zum Ägypter und Gottessohn Gestempelte tritt auch von Ägypten aus seinen Feldzug an, nachdem er sich vorher Rom und Karthago unterworfen hat. Im Feldzug gegen Darius, der ihm sterbend seine Tochter anvertraut, wie gegen den Inderkönig Porus bewährt sich Alexanders Kühnheit, Freigebigkeit und Humanität. Dann mündet der Roman in eine Beschreibung der wunderbaren Erlebnisse in Indien, ferner des Amazonenreichs, des Friedenskönigs Dindimus und der redenden Bäume, die Alexander seinen frühen Tod weissagen; er wird nach seiner Rückkehr in Babylon von dem ↑ Verräter Jolus, seinem Kämmerer, vergiftet.

Der von Alexanders Auftreten tief beeindruckte Orient hat den spätgriechischen Roman nicht nur in Übersetzungen übernommen, sondern auch in der *Iskendersage* weiterentwickelt, die durch die persischen Dichter FERDAUSI in dessen *Shâh-Nâmé* (um 1000) und NEẒĀMĪ (*Iskandar-Nâmé* 2. Hälfte 12. Jh.) überliefert ist. Auch der Orient hat den Helden zu einem Sproß des eigenen Volkes gemacht: bei Ferdausi ist er der Sohn des Perserkönigs Dârâb und der Tochter Philipps, die jedoch von ihrem Mann verstoßen wird, so daß Alexander bei Philipp aufwächst. Dârâbs aus einer anderen Ehe stammender Sohn Dârâ, also ein Halbbruder Alexanders, ist dann der Gegner im Perserkrieg. Bei Neẓāmī bekommt Alexander islamisches Gepräge, er zieht nach Mekka. Die Grenzen seines unersättlichen Strebens werden durch seine vergebliche Suche nach dem Lebensquell versinnbildlicht.

Das abendländische Mittelalter wurde mit Pseudo-Kallisthenes durch die lateinischen Bearbeitungen des Julius VALERIUS (um 300) und des Archipresbyters LEO (*Historia de preliis* 10. Jh.) bekannt. Der *Alexanderroman* wurde übersetzt und weiterentwickelt und ist in etwa 30 Sprachen lebendig gewesen. Alexander war im christlichen Mittelalter die bekannteste antike Gestalt, und zwar nicht nur wegen der mit ihm verknüpften Wunder des Orients, sondern vor allem wegen seines Vorkommens in der Bibel. Alexanders Funktion als Weltherrscher in der Vision Daniels und im ersten Makkabäerbuch bezog ihn in den göttlichen Heilsplan ein und rückte ihn in das Gebiet der Legende. So ist auch weniger die höfische Epoche als das geistlich bestimmte frühe und späte Mittelalter an ihm interessiert gewesen.

Schon aus dem 11. Jahrhundert ist in England eine Übersetzung des Briefes Alexanders an Aristoteles erhalten. Das führende Land der Alexander-Epen wurde jedoch Frankreich, wo einerseits das lateinische Epos des WALTER VON CHÂTILLON (1180) die Geschichte nach dem weniger fabulosen Curtius Rufus erzählte, anderseits ALBERICH VON BESANÇON (Fragment) die Fassung des Julius Valerius bearbeitete. Alberichs Ablehnung der außerehelichen, zauberhaften Abkunft Alexanders setzte sich in sämtlichen französischen Fassungen durch, unter denen der *Roman d' Alexandre* von LAMBERT LI TORS und ALEXANDRE DE BERNAY (12. Jh.) die größte Bedeutung hat. Die Richtigstellung der Abkunft übernahm auch der deutsche Bearbeiter Alberichs, der Pfaffe LAMPRECHT (1140/ 50), während der ritterliche RUDOLF VON EMS (um 1250) zu der sagenhaften Abkunft zurückkehrte und das Verhältnis Nectanebos' zu Olympias ebenso wie das Alexanders zu der Amazonenkönigin → Talestris in ein Minneverhältnis umwandelte; untadeliger Ritter und ein Schützling Gottes ist Alexander bei ULRICH VON ETZENBACH (1270). Auch der englische *King Alisaunder* (13. Jh.) folgt in der Herkunftsfrage Pseudo-Kallisthenes, während sich des Flamen J. van MAERLANT höfischer Roman *Alexanders geesten* (1257–1260) an Walter von Châtillon hält. Des Spaniers Gonzalo de BERCEO *Libro de Alexandre* ist durch die Einbeziehung orientalischer Quellen interessant. Wie die späteren deutschen Bearbeitungen (SEIFRIT Mitte 14. Jh.; *Der große Alexander* Ende 14. Jh.; Prosa-R. des Johannes HARTLIEB 1443) sind auch die italienischen im wesentlichen von Leo abhängig. Des QUILICHINUS VON SPOLETO lateinisches Epos (um 1236) ist neben Leo die Quelle für das erste italienische Epos, das des Domenico SCOLARI (*Istoria Alexandri Regis* 1355). Eine wesentliche Raffung erfuhr der Stoff in der erfolgreichen *Alessandreida in Rima* (1512), während das Epos des Domenico FALUGIO (*Triompho Magno* 1521) in seiner Treue zu den Quellen schon die Kennzeichen der Renaissance und des historischen Romans verrät. Für das Mittelalter war Alexander jedoch keine Romangestalt, sondern Exemplum eines von Gott zu hohen Taten Berufenen, der durch Superbia stürzt und dessen jäher Tod inmitten all seiner Eroberungen den Vanitas-Gedanken veranschaulicht. Die seit Lamprecht dem Stoff zugefügte, wahrscheinlich hebräische Legende vom *Iter ad paradisum*, nach der Alexander durch Überreichung eines Steins, der schwerer als Gold, aber leichter als ein Häuflein Staub ist, auf die Vergänglichkeit hingewiesen und zur Umkehr gebracht wird, bestimmt den mittelalterlichen Standpunkt, der noch für Hans SACHS' mehrfache Beschäftigung mit dem Stoff (1557–63) maßgebend war.

Die Renaissance knüpfte auch diesen Stoff wieder an die historischen Quellen. Doch zeigen die zahlreichen Dramen, Opern und Balletts des ausgehenden 16. und besonders des 17. Jahrhunderts, von ein paar Richtigstellungen abgesehen (die Tochter des Darius,

Alexanders zweite Frau, heißt nun richtig Statira, seine erste, eine
baktrische Königstochter, Roxane), kaum historischen Charakter.
Alexander wird jetzt zum Helden von Liebesabenteuern. Die
Dramatisierungen beginnen mit J. de la TAILLE (*Alexandre* 1562;
*Darie* 1562) und A. HARDY (*Mort d' Alexandre* 1621; *Mort de Darie*
1628); in England klingt bei Sir William ALEXANDER (*Darius* 1603)
noch das Thema vom gestürzten Hochmut durch, dann herrscht
der galante Charakter vor. Typisch für diese Alexander-Dichtung
wurden LYLYS Drama *Alexander and Campaspe* (1581), LA CALPRE-
NÈDES Roman *Cassandre* (1642/45) und RACINES Drama *Alexandre le
Grand* (1665). Lyly dramatisierte eine bei Plinius überlieferte, noch
Züge des echten Alexander bewahrende Episode, nach der sich
Alexander in eine Gefangene, Campaspe, verliebt und sie von dem
Maler Apelles malen läßt, zu dessen Gunsten er dann verzichtet und
Trost in seiner politischen Aufgabe sucht. La Calprenède erfand
einen Eifersuchtskonflikt zwischen Roxane und Statira, die nur aus
politischer Pflicht die Ehe mit Alexander einging und eigentlich
den Skythenprinzen Oroondate liebt; nach Alexanders Tode muß
sie vor Roxanes Ränken fliehen und sich unter dem Namen Cassandre verbergen. Zu ihrer Rettung findet sich eine Liga von
Fürsten und Helden zusammen, deren Schicksale und Verbindungen den Inhalt des Romans im wesentlichen ausmachen. Wichtig
an diesem Werk ist, daß die in ihm auftauchenden Personen und
Konstellationen, z. B. die veränderte Stellung der Amazonenkönigin Talestris zu Alexander, von den Autoren der Folgezeit weitgehend übernommen wurden. So dramatisierte N. LEE die Eifersucht
der beiden Frauen Alexanders (*The Rival Queens* 1677). Bei Racine
liebt Alexander die indische Prinzessin Cléophile und beweist seine
Großmut gegenüber dem besiegten Porus. Sowohl die zahlreichen
französischen Alexander-Dramen (G. GIBOIN, *Alexandre ou les
amours du Seigneur* 1619; DESMARET, *Roxane* 1639; Abbé BOYER,
*Porus ou la Générosité d' Alexandre* 1647; MAGNON, *Le Mariage
d'Orondate et de Statire* 1647; PRADON, *Statira* 1679 u. a.) wie die von
SBARRA (*Alessandro vincitor di se stesso* 1651) und CICOGNINI (*Amori di
Alessandro e di Rosane* 1651) ausgelösten italienischen Operntexte
(BRACCIOLI, *Alessandro fra le Amazoni* 1715; A. ZENO, *Alessandro in
Sidone* 1721; ROLLI, *Alessandro,* Musik G. F. Händel 1726; META-
STASIO, *Alessandro nelle Indie* 1730; Aurelio AURELI, *Alessandro in
Sidone* 1779 u. a.) und die spanischen Dramen von LOPE DE VEGA
(*Las grandezas de Alejandro*) und CALDERÓN (*Certámen de amor y celos*)
bewegen sich alle im Rahmen höfischer Intrigen und Liebeskon-
flikte.

Während das 18. Jahrhundert ärmer an Alexander-Dichtungen
war, ist der Stoff im 19. Jahrhundert durch den Historismus besonders in Deutschland begünstigt worden (1775–1935 etwa 50 Romane und Dramen), ohne daß es zu eigentlich bemerkenswerten
Bearbeitungen kam. Auffällig ist, ähnlich wie beim → Cäsar-Stoff,
das nach dem ersten Weltkrieg steigende Interesse an dem außergewöhnlichen Menschen, Eroberer und Entdecker von oft mythi-

scher Dimension (J. WASSERMANN, *Alexander in Babylon,* R. 1905;
K. MANN, R. 1929; C. LANGENBECK, Dr. 1932; Z. v. KRAFT, *Alex-
anderzug,* R. 1940; H. BAUMANN, Dr. 1941; P. GURK, *Iskander,*
R. 1944; G. HAEFS, R. 1993).

F. Spiegel, Die Alexandersage bei den Orientalen, 1851; P. Meyer, Alexandre
le Grand dans la littérature du moyen âge, 1886; J. Storost, Studien zur Alexandersage in der älteren italienischen Literatur, 1935; A. Hübner, Alexander der
Große in der deutschen Dichtung des Mittelalters (in: Hübner, Kleine Schriften z.
dt. Philologie) 1940; R. Merkelbach, Die Quellen des griechischen Alexanderro-
mans, (Zetemata 9) 1954; G. Gary, The Medieval Alexander, Cambridge 1956.

**Alexis** → Peter der Große

**Alexius.** Die Legende vom heiligen Alexius geht auf eine mit
dem Ort Edessa verbundene Sage zurück, die nach Meinung der
Forschung eine wirkliche Begebenheit ziemlich wahrheitsgetreu
widerspiegelt. Diese frühe, von wunderbaren Zügen noch freie
syrische Vita berichtet von einem vornehmen römischen Jüngling,
der Eltern, Braut und Reichtum verläßt, nach Edessa geht und dort
bis zu seinem Tode ein Gott wohlgefälliges Leben in Armut führt.
Die Weiterentwicklung der Vita zur Legende vollzog sich im
9. Jahrhundert im byzantinischen Raum durch Vermischung mit
der Legende von Johannes Calybita, der im 5. Jahrhundert lebte.
Wie Johannes kehrte nun der Held Alexius nach langer Abwesenheit ins Elternhaus zurück, lebte dort unerkannt in der Rolle eines
Almosenempfängers und offenbarte sich erst unmittelbar vor seinem Tode den Eltern; an seiner Leiche und bei seiner Bestattung
geschahen Wunder. Texte dieser frühen griechischen Fassung sind
nicht erhalten. Ein griechisches Zeugnis vom Ende des 10. Jahrhunderts stellt bereits die nächste Stufe der Entwicklung dar:
Alexius verlangt kurz vor seinem Ende Schreibgerät, legt in einem
Brief seine Lebensgeschichte nieder und stirbt, ohne sich den Eltern
zu erkennen gegeben zu haben. In der Hand des Toten findet man
den Brief, den jedoch nur der Kaiser Honorius daraus lösen kann.
  Das früheste lateinische Zeugnis ist eine Homilie über den
Heiligen, die der hl. ADALBERT (gest. 997) verfaßt hat: Alexius
wird in Edessa durch eine göttliche Stimme den Menschen als
Heiliger offenbart, will vor dem irdischen Ruhm nach Tarsus
fliehen, kehrt aber durch Gottes Fügung nach Rom zurück. Die
Legende scheint sich in Rom im 10. Jahrhundert rasch Heimatrecht
dadurch erworben zu haben, daß man des Alexius' Grab in der
Kirche des hl. Bonifazius lokalisierte. Um 1000 ist die von der
Kirche gebilligte Fassung festgelegt worden, auf der alle weiteren
lateinischen und nationalsprachlichen Fassungen beruhen, in denen
die Fabel höchstens ausgeschmückt und erweitert, aber nicht beschnitten erscheint. Neben dieser Fassung, in der nunmehr der

Papst den Brief aus der Hand des Gestorbenen nimmt, hat sich im
12. Jahrhundert, wahrscheinlich in Deutschland, die sogenannte
»bräutliche« Fassung gebildet, in der weder Kaiser noch Papst,
sondern die treue Braut den Brief erhält. Schon die byzantinischen
Erweiterungen hatten die Rolle der Braut, besonders den Abschied
in der Brautnacht, ausgestaltet, und eine Predigt des PETRUS DA-
MIANI (gest. 1071) erwähnt das Motiv der jungfräulichen Braut
wiederholt. In jüngeren nationalsprachlichen Fassungen ist die
Braut meist aus adligem oder gar königlichem Geschlecht. Die
»bräutliche« Fassung wirkte von Deutschland aus auf die spätere
französische Tradition: der Brief fliegt aus der Hand des Papstes an
die Brust der Braut.

  Die wichtigsten lateinischen Fassungen sind die des LAURENTIUS
SURIUS, des JACOBUS DE VORAGINE, der *Gesta Romanorum,* des
MOMBRITIUS und eine Bollandisten-Vita. Die älteste Versdichtung
ist ein altfranzösisches Lied von 1040; außerdem sind zwei spätere
französische Versfassungen sowie englische, italienische und spanische Bearbeitungen überliefert. In Deutschland, wo die Legende
um die Mitte des 11. Jahrhunderts bekannt wurde, liegen neun
Verslegenden und zwei Prosalegenden vor. Zu den Fassungen mit
»päpstlichem« Schluß gehören die *Alexius* des KONRAD VON
WÜRZBURG (um 1275), eine Dichtung des Schweizers Jörg ZOBEL
und die Prosalegende aus dem *Heiligenleben* des HERMANN VON
FRITZLAR; zu denen mit »bräutlichem« Schluß gehören die Fassungen des *Märterbuchs* (1320/40) und aus *Der Heiligen Leben* (1488),
vor allem aber die älteste deutsche Fassung dieser Version, ein
vielleicht von einer böhmischen Dichterin Ende des 13. Jahrhunderts verfaßtes Gedicht, das wohl als Gegenstück zu Konrads von
Würzburg Dichtung gedacht war und durch Zusammenfassung
der überlieferten Züge dem Stoff eine endgültige Gestalt geben
wollte.

  Die älteste dramatische Fassung ist das betont asketische, in der
Psychologie etwas unbeholfene *Miracle de Saint-Alexis* (2. Hälfte
14. Jh.). Weitere Dramatisierungen gehören bereits dem Zeitalter
des Klassizismus und Barocks an (Anon., *La Rappresentazione di
S. Alexo* 1517; B. DÍAZ, *Auto de Santo Aleixo* 1613; DESFONTAINES,
*L'Illustre Olympie ou le St.-Alexis* 1645; L. de MASSIP, *Le charmant
Alexis* 1655). Hervorzuheben ist das Drama MORETOS (*La Vida de
San Alexo* 1645), in dem das Leben des Heiligen durch Engel und
Dämonen, Versuchungen und höllisches Gaukelspiel farbenpräch-
tig ausgeschmückt, die Handlung durch die Werbung des Herzogs
Oton um Alexius' Braut sowie deren später durch Alexius verhinderte Entführung belebt und vor allem der Kampf zwischen Liebe
und göttlicher Berufung in der Seele des Alexius zum Ausdruck
gebracht wird. Die von G. ROSPIGLIOSI, dem späteren Papst Clemens IX., verfaßte, von St. LANDI vertonte Oper *Il Sant' Allessio*
(1632) beugte die Handlung unter das Gesetz der drei Einheiten: Sie
spielt in Rom am letzten Tage von Alexius' Leben, und die gesamte
innere Entwicklung des Helden sowie seine Erlebnisse in der Ferne

erfährt das Publikum tatsächlich »im Brief zusammengezogen« erst nach seinem Tode.

M. F. Blau, Zur Alexiuslegende, (Germania 33) 1888; P. Müller, Studien über drei dramatische Bearbeitungen der Alexius-Legende, Diss. Berlin 1888; P. Gereke, Einleitung zu: Konrad von Würzburg, Alexius, 1926; G. Eis, Beiträge zur mhd. Legende und Mystik, 1935.

**Alkestis.** Admet, König von Thessalien, hat bei seiner Hochzeit mit Alkestis vergessen, der Artemis zu opfern; die Moiren fordern seinen Tod. Sein Beschützer Apollo erlangt ihr Versprechen, Admet zu verschonen, wenn ein anderer für ihn in den Tod geht. Selbst Admets greise Eltern lehnen es jedoch ab, für ihn zu sterben, aber seine junge Gattin unterwirft sich diesem Opfer. Herakles, der gleich nach Alkestis' Tode in das Haus kommt und von Admet trotz seines Schmerzes freundlich aufgenommen wird, nimmt dem Tod die Beute im Zweikampf wieder ab und vereinigt die Gatten.

Das Märchenmotiv des Opfertodes für den geliebten Mann, das in Griechenland dem Sagenkreis um Apoll angeschlossen wurde, ist zuerst von PHRYNICHOS dramatisiert worden, PHORMIS verfaßte einen *Admetos*, ARISTOPHANES, ARISTOMENES und THEOPOMPOS haben den Stoff als Komödie bearbeitet. Erhalten sind von den antiken Dichtungen nur einige Verse einer *Alkestis* des ANTIPHANES und die maßgebende Fassung des EURIPIDES (438 v. Chr.), der die märchen- und komödienhafte Handlung übernahm und in eine höhere, ernste Sphäre hob. Das Drama spielt am Todestage der Alkestis und setzt eine geraume Zeitspanne seit der Forderung der Moiren voraus, denn Alkestis ist bereits Mutter zweier Kinder. Die Trennung von diesen erscheint schwerer als die von den Gatten. Alkestis bittet Admet, ihnen keine Stiefmutter zu geben. Admet nimmt das Opfer der Frau als schmerzlichen, aber unvermeidlichen Verlust hin; erst sein Vater macht ihm klar, daß er der Mörder seiner Frau ist. Als Herkules dem Admet eine verschleierte Frau ins Haus führt und um ihre Aufnahme bittet, ohne zu sagen, daß sie die wiedergewonnene Alkestis ist, schwankt Admet zwischen Gattentreue und seltsamer Hinneigung zu der Unbekannten.

Die Tatsache, daß in der Tragödie vom Opfertod der Gattin mehr der Schmerz der Mutter als der liebenden Frau spürbar wird, zeigt die Krise an, in der sich der Stoff bereits zu Euripides' Zeit befand. Schon er kann sich nicht mehr mit der selbstverständlichen Hinnahme des Opfers durch den Gatten einverstanden erklären: Die Gatten sind sich im letzten Augenblick fremd, Admet ist unsicher. Neuere Forschung will das Happy-End als Unwirklichkeit, als Rückkehr ins Märchen, aufgefaßt wissen, da ein weiteres Zusammenleben der Gatten unmöglich sei. Die späteren Bearbeiter bis zum Ausgang des 18. Jahrhunderts haben Alkestis ihr Gelübde ohne Wissen und Willen des Gatten aussprechen lassen. Auch der Kampf des Herkules mit Thanatos ist schon in der Antike in

eine freiwillige Rücksendung der Alkestis durch → Persephone
verwandelt worden, und in christlicher Zeit konnte die Rückkehr
aus der Unterwelt überhaupt nur als Symbol oder als Theatereffekt
verwendet werden.

Die Renaissance erneuerte den Stoff, nachdem eine lateinische
Übersetzung von Euripides vorlag. Ins Volkstümlich-Rührende
wandte ihn Hans SACHS (*Die getreu Fraw Alcest mit ihrem getrewen
Mann Admeto* 1551), bei dem erst Admet seine Frau vor ihren
Verfolgern, dann diese ihn rettet und beide eines gemeinsamen
Todes sterben wollen; holzschnittartig wirkt dann die auf der
lateinischen Übersetzung des G. BUCHANAN beruhende, erweiternde deutsche Euripides-Bearbeitung W. SPANGENBERGS (1604),
der die Kinderszenen und den Kampf zwischen Herkules und dem
Sensenmann ausmalte. A. HARDY (*Alceste ou la fidélité* 1602) brachte
zuerst das Motiv, daß Admet von einer tödlichen Krankheit befallen und daher außerstande ist, Alkestis von ihrem Opfer abzubringen. Herkules und sein Gang in die Unterwelt waren dem Autor
am wichtigsten.

Die lange Zeit den Stoff beherrschende galante Thematik schlug
zuerst der Italiener Aurelio AURELI in dem Drama *L'Antigona delusa
d' Alceste* (1664) an, in dem nur der Anfang an Euripides angelehnt
ist, dann aber das Motiv der Treueprobe des Admet ausgesponnen
wird: Admets Jugendgeliebte Antigona, die ihm einst vorenthalten
wurde, nähert sich dem Trauernden, die heimkehrende Alkestis
findet den Gatten treulos; Admet unterwirft sich der Entscheidung
der Frauen, und Antigona erweist sich als die edlere und verzichtet.
Aureli hat den Librettisten von N. A. STRUNGKS *Alceste* (1693) und
HÄNDELS *Admetus* (1727) als Vorlage gedient, während sich der
Text zu Händels *Alceste* enger an die Antike anschließt. Von Aureli
beeinflußt ist auch die Tragödie P. MARTELLOS (1720), in der
Alkestis nur einen vom Arzt untergeschobenen Schlaftrunk nimmt
und Herkules die Rückgewinnung aus dem Hades zum Zwecke der
Treueprobe vortäuscht.

Eine ähnlich galante Ausspinnung der Fabel ist QUINAULTS Text
für Lullis Oper *Alceste ou le triomphe d' Alcide* (1674), der Alkestis in
die Verlobte Admets umwandelte, die Alcide (Herkules) nur unter
der Bedingung aus der Unterwelt zurückholt, daß Admet auf sie
verzichtet, sie aber dann aus Mitgefühl doch ihrem Verlobten
abtritt. Von QUINAULT abhängig sind zwei deutsche Operntexte
(MATSEN, *Alceste* 1680; Anon., *Der siegende Alcides* 1696) und das
Libretto von J. U. KÖNIG (*Die getreue Alkeste* 1719), in dem Herkules auch als Liebhaber der Alkestis fungiert. Die Nachwirkung der
Textbücher von Aureli und Quinault reicht bis zu den im 18. Jahrhundert beliebten Puppenspielen und Travestien des Wiener
Volkstheaters, in denen die Probleme des klassischen Ehepaares
häufig dadurch »gelöst« wurden, daß weder Admet noch Alkestis
es mit der Treue genau nehmen (J. RICHTER, *Die travestierte Alkeste*
1802).

Das aufgeklärte 18. Jahrhundert griff auf den Kern des Stoffes, die den Tod überwindende Gattenliebe, zurück. J. THOMSON (*Edward and Eleonore* 1739) verlegte die Handlung in die Zeit der Kreuzzüge: das Gift aus der Todeswunde kann nur unter Einsatz des Lebens ausgesaugt werden, der Sultan Selim in der Funktion des Herkules rettet Eleonore mit einem Gegengift. Der Italiener R. de CALZABIGI (um 1760) strich die Rolle des Herkules und ließ die Götter Alkestis aus Rührung über Admets Schmerz zurückgeben. In das nach Calzabigi gearbeitete Textbuch für GLUCKS erste Reformoper (1767) wurde zwar die Gestalt des Herkules wieder eingesetzt, aber der Wettstreit der Gatten um das Recht, für den anderen sterben zu dürfen, blieb beherrschend. Auch in WIELANDS Singspiel (1773, Musik A. Schweitzer) steht der edle Wettstreit an zentraler Stelle; um auf das Motiv des ↑ Unterweltsbesuches nicht zu verzichten, brachte Wieland es in einem Bericht der Alkestis zur Geltung, wodurch der klassische Auftritt der schweigenden verschleierten Gestalt sentimental erweicht wurde; nicht nur GOETHES *Götter, Helden und Wieland*, sondern auch eine Satire v. Ayrenhoffs prangerten den unklassischen Geist des Werkes an. Dennoch sind auch Wielands Retuschen - Alkestis erfährt vor Admet von dem Orakel, und Admet widersteht der Versuchung durch die verschleierte Frau – in der Absicht entstanden, Admets Vorgehen zu erklären und zu entschuldigen. »Klassischer« ist HERDERS »Drama mit Gesängen« *Admetus' Haus oder der Tausch des Schicksals* (1803), das in humanistischem Geist Apoll im Himmel Alkestis freibitten läßt, die der Tod gern herausgibt. Bei J.-F. DUCIS (*Œdipe chez Admète* 1778) und in V. ALFIERIS als Übersetzung einer zweiten Fassung des Euripides ausgegebener *Alceste seconda* (1798) kommt der Opferwille der Gattin gar nicht zur Geltung, weil hier alle Personen bereit sind, für Admet zu sterben. Auch diese »Fälschung« soll einer Korrektur von Admets Charakter dienen. Schon die ein halbes Jahr zuvor entstandene *Alceste prima* (1798) hatte sich mit ihren von keiner menschlichen Schwäche erreichbaren Heroengestalten weit von Euripides entfernt.

Das 19. Jahrhundert hat Admet in anderer Weise zu heben versucht. R. BROWNINGS Gedicht *Balaustion's Adventure* (1871) nimmt eine Entfremdung der Gatten im Augenblick des Opfers und eine Wendung Admets zur Reue an; am Schluß steht der Vorschlag für eine neue Alkestis-Dichtung, in der die politisch notwendige Existenz Admets jedes Opfer rechtfertigt.

Erst das beginnende 20. Jahrhundert hat sich wieder stärker um den Stoff bemüht. H. v. HOFMANNSTHALS freie Nachdichtung (1911; Oper von E. WELLESZ 1924) weicht im äußeren Handlungsgang nicht wesentlich von Euripides ab, gestaltet jedoch das Thema der Todesangst als Läuterungsvorgang und hebt und rechtfertigt damit Admet. Während die bisherigen Neufassungen bestrebt gewesen waren, Admet zu entlasten, weist die neuere Zeit auf die Fragwürdigkeit der Beziehungen der Gatten hin. R. M. RILKE (in *Neue Gedichte* 1907) zeigt im lyrischen Stimmungsbild den todgeweihten Admet, der gierig die Rettung ergreift, und das Abschiedslächeln Alkestis', die geht, um nicht wiederzukehren. Rilke schloß sich U. v. Wilamowitz' Rekonstruktionsversuch einer voreuripideischen Alkestis-Sage an. Ihm nahe stehen die Alkestis Lernet-Holenias (1945), die im Himmel bleibt, weil ihre Liebe auf Erden kein Verständnis fand, und die in R. Prechtls *Tragödie vom Leben* (1908), die erst in der Unterwelt zu wahrem Leben erwacht, nachdem sie sich zuvor gegen den Tod sträubte. Auch bei T. S. Eliot (*Cocktail Party* 1949), der den Stoff in die Gegenwart umsetzte und unter Verwertung der Alkestiskritik verfremdete, gibt es keine Rückkehr der Frau, die den Mann verließ, um ihn dem Leben wiederzugeben. G. Renner (*Alkeste* 1911) ließ Admet der verlorenen Gattin durch Selbstmord nachfolgen, während er bei E. W. Eschmann (1950) statt des Herakles die Gattin aus der Unterwelt befreit. Th. Morrisons Gedicht *The Dream of Alcestis* (1956) entstand unter dem Einfluß von A. W. Verralls *Euripides the Rationalist* (1885). Bei ihm ist Admet selbst ein Aufklärer, der sich durch das Gelübde seiner Frau in seinem Kampf gegen den Aberglauben bedroht sieht; Alkestis ist nur im Traum in der Unterwelt, aus dem sie Herakles reißt. Th. Wilders *Alkestiade* (Dr. 1955, mit einem Satyrspiel *The Drunken Sisters*) zeigt eine aus dem Mythos gewonnene Erweiterung der traditionellen Szenen nach rückwärts und vorwärts: Alkestis, die erst lernen mußte, Admet zu lieben, hält später den Sohn von der Rache für den von Eroberern getöteten Vater ab. Mit der Überwindung des Todes durch Liebe und Selbstopfer erhält der Mythos eine christliche Deutung.

K. Heinemann, Die tragischen Gestalten der Griechen in der Weltliteratur 1920; A. Lesky, Alkestis, der Mythus und das Drama, (Sitzungsberichte der Akademie der Wissenschaften in Wien, Phil.-hist. Klasse 203) 1925; E. M. Butler, Alkestis in Modern Dress, (Journal of the Warburg Inst. 1) 1937/38; R. B. Heilmann, Alcestis and the Cocktail Party, (Comparative Literature 5) 1953; K. Hamburger, Von Sophokles zu Sartre. Griechische Dramenfiguren antik und modern, 1962; K. v. Fritz, Euripides' Alkestis und ihre modernen Nachahmer und Kritiker (in: Fritz, Antike und moderne Tragödie) 1962; M. Dietrich, Alkestis (in: Theater der Jahrhunderte, Alkestis) 1969; O. Kuhn, Mythos – Neuplatonismus – Mystik. Studien zur Gestaltung des Alkestisstoffes bei Hugo von Hofmannsthal, T. S. Eliot und Thornton Wilder, 1972.

**Alkibiades** → Sokrates

**Amis und Amiles.** Die Sage von Amis und Amiles (lat. Amicus und Amelius) vereinigt zwei voneinander ursprünglich getrennte Erzählungen. Sie erscheinen als zusammenhängend, wenn auch zunächst nur locker verbunden, zum erstenmal in dem lateinischen Hexametergedicht des Mönches Radulfus Tortarius (um 1090), der angibt, sie einer weitverbreiteten mündlichen Überlieferung zu verdanken. Das Gedicht erzählt von zwei sich sehr ähnlich sehenden Freunden, die am Hof des Königs Gaiferus und der Königin Berta dienen, bis Amicus sich in der Ferne verheiratet. Der zurückbleibende Amelius fällt den Verführungskünsten der Königstochter zum Opfer, wird von einem Gegner beim König verraten und soll sich, da er seine Beziehungen zu der Prinzessin leugnet, durch einen gottesgerichtlichen Zweikampf reinigen. Er bittet um Aufschub, reist zu Amicus, der an seiner Stelle den Zweikampf besteht, während Amelius die Stelle des Freundes bei dessen Frau vertritt, wobei er zwischen sich und sie ein Schwert legt. Der König verlobt seine Tochter dem vermeintlichen Amelius, der bei erster Gelegenheit die Rolle wieder mit dem echten Amelius tauscht, um dem wirklichen Liebhaber und Bräutigam den Platz einzuräumen. Später wird Amicus vom Aussatz befallen und von seiner Frau verstoßen; er kommt zu Amelius, der ihn freundlich aufnimmt und sogar auf den Rat des Arztes das Blut der eigenen Kinder opfert, um den Freund damit reinzuwaschen. Seine Treue wird belohnt: die Kinder werden wieder lebendig, des Amelius Frau findet sie spielend, mit roten Streifen an der Stelle des Halses, wo ihnen der Vater die Köpfe abgeschnitten hatte. Beide Freunde liegen in Mortaria begraben.

Diese früheste Fassung zeigt weder eine kausale Verknüpfung des ersten Teiles mit dem zweiten, der Aussatz- und Heilungsgeschichte, noch läßt sie die – zu Radulfus' Zeit wahrscheinlich schon vollzogene – Verknüpfung mit dem Sagenkreis um → Karl den Großen erkennen, die in allen späteren Fassungen anzutreffen ist. Der erste Teil ist wesentlich umfangreicher als der zweite. Gerade dieser zweite Teil mit seinen Wundern bildete den Ansatzpunkt für die in Italien entstandene *Vita Sanctorum Amici et Amelii* (1. Hälfte 12. Jh.), den Stoff zur Legende umzuschaffen und zugleich die Biographie zweier Heiliger aus ihm zu ziehen. Der größeren Glaubwürdigkeit wegen unterbaute sie den Stoff historisch, wobei sie die *Vita Hadriani* und die *Gesta regum Francorum* einbezog, so daß er den Charakter eines chronikartigen Berichtes bekam. Dabei wurde die Fabel im Sinne christlicher Beispielhaftigkeit durchgeformt: die am gleichen Tage geborenen Knaben begegnen sich erstmalig bei der Reise zur Taufe in Rom und können sich seitdem nicht mehr trennen. Der Aussatz ist eine von Gott geschickte Prüfung, der Erzengel selbst gebietet das Blutopfer. Dem eigentlichen Stoff angefügt wurde die weitere Lebensgeschichte der beiden Freunde im Dienste Kaiser Karls; sie fallen bei Mortaria im Kampf gegen die Langobarden und werden dort beigesetzt. Die erotischen Motive erscheinen in dieser Fassung zurückgedrängt. Die Vita, die ihre Entstehung vielleicht dem Bestreben verdankt, Mortaria zur Wallfahrtsstätte zu erheben, wurde Grundlage zahlreicher späterer hagiographischer Verwertungen.

Der in der Legendenfassung erreichte Einbau des Stoffes in die Profangeschichte setzt die in der weltlichen Dichtung vollzogene Verknüpfung mit der Karlssage voraus, die in der Chanson de geste *Amis et Amiles* (um 1200) und auch in einer gleichzeitigen anglonormannischen Fassung greifbar wird. Einer der Ansatzpunkte für diese Verknüpfung war ohne Zweifel die Verführerrolle der Prinzessin, die der Funktion von Karls Töchtern in anderen Sagen (→ Eginhard und Emma) entsprach und die hier Karls Tochter Belissent zudiktiert wurde. Auch sonst – etwa im Typus der Verrätergestalt – ist der Stoff dem Charakter der Karls-Epen angepaßt und drang durch seine Beziehung zu den Langobardenkriegen auch als Episode in die Geste *Ogier le Danois* ein. Die beiden Erzählteile sind kausal und logisch verknüpft, die Krankheit des Amicus und die Opferung der Kinder erscheinen als Strafe für den von den Freunden verübten Betrug.

Der durch seine zum Typischen abgeschliffenen Motive ausgesprochen märchenhafte Stoff um den ↑ Freundschaftsbeweis dürfte abendländischen Ursprungs sein und fertig vorgelegen haben, als er möglicherweise auf ein geschichtliches Freundespaar, das in den Langobardenkämpfen fiel, übertragen wurde. Nebenpersonen und Örtlichkeiten bekamen historischen Charakter, während das Freundespaar seine symbolisch-künstlichen Namen behielt. Die religiösen Motive des als Strafe Gottes angesehenen Aussatzes und seiner Reinigung durch Blutopfer (→ *Heinrich, Der arme*) sowie die Wiedererweckung der Kinder, in der sich Gottes Erbarmen zeigt, gaben der Kirche Gelegenheit, den an sich weltlichen Stoff legendär umzugestalten; die hagiographischen Bearbeitungen des Stoffes (frz. Mirakelspiel, 14. Jh.; M. THALMANN, *Ami und Amil* 1915) und Weiterbildungen (KUNZ KISTNER, *Die Legende von den treuen Jakobsbrüdern* 14. Jh.) haben sich vor allem an den zweiten Teil gehalten, während die weltlichen Motive der Stellvertretung in Kampf und Liebe, der Verführung und des Verrats auch für sich bestanden (*Märchen von den beiden Brüdern*) oder weiterentwickelt wurden (Giambattista BASILE, *Canneloro e Fonzo*). Die Ausgestaltung zum ritterlichen Epos in der französischen Chanson de geste hat mehrfache Prosabearbeitungen erfahren, die dann im 18. Jahrhundert auszughaft in TRESSANS *Bibliothèque des romans* erschienen. Englische, altnordische, dänische (in *Holger Danskes Krønike*) und spanische (Romanze *La linda Melisanda*) Versionen entsprechen ziemlich genau den französischen Fassungen. Für Deutschland ist KONRAD VON WÜRZBURGS *Engelhard* (1270/85) von Bedeutung. Ein Absinken des Stoffes ins Abenteuerliche zeigt der französische Roman *Oliver et Artus* (1482), in dem vom ersten Teil des Stoffes nur noch die Stellvertretung Artus' bei Olivers Frau erhalten ist, während das Blutopfer-Motiv gewahrt blieb; Hans SACHS hat nach dieser Vorlage eine Komödie (1556) geschrieben.

Die Neuzeit hat dem fast ausgeklügelt wirkenden Stoff, der den Opfergedanken bis an die Grenze des Glaubhaften und des ästhetisch Erträglichen vortreibt, wenig Beachtung geschenkt. Ein tschechischer *Roman von der treuen Freundschaft der Ritter Amis und Amil* (1880) J. ZEYERS hielt sich eng an die Chanson de geste.

MacEdward Leach, Amis and Amiloun, London 1937; W. Bauerfeld, Die Sage von Amis und Amiles, ein Beitrag zur mittelalterlichen Freundschaftssage, Diss. Halle 1941.

**Amor und Psyche.** Der spätantike Schriftsteller APULEIUS schob in seinen Roman *Der goldene Esel* (2. Jh.) folgende märchenhafte Erzählung ein: Die Königstochter Psyche erregt durch ihre Schönheit den Neid der Göttin Aphrodite (Venus), die ihren Sohn Eros (Amor) zur Bestrafung aussendet. Amor verliebt sich jedoch in Psyche. Das Orakel, das Psyches Vater über deren Zukunft befragt, verkündet ihre Ehe mit einem Ungeheuer, das über Menschen und Götter Gewalt habe, und verlangt ihre Aussetzung auf einem Felsen. Von diesem Felsen trägt sie Zephir in Amors Palast, wo sie sich nachts der Liebe des Gottes erfreut, ohne daß sie ihn je sehen darf. Psyches zwei Schwestern, die zu Besuch kommen, raten aus Neid Psyche, das »Ungeheuer« im Schlaf zu töten. Beim Schein der Lampe erkennt Psyche den Gott, den jedoch ein Tropfen heißen Öls aus der Lampe weckt. Er verläßt sie, Psyche aber begibt sich, nachdem sie sich zuerst hat töten wollen, schließlich in Aphrodites Dienst und hofft, deren Verzeihung durch Ausführung von drei gefährlichen Aufträgen zu erlangen, bei deren letztem, dem Gang in die Unterwelt, der gerührte Eros zu ihrer Hilfe eilt. Eros gewinnt Jupiters Beistand: Psyche wird in den Kreis der Unsterblichen aufgenommen, und die Liebenden werden vereint.

Durch die Namen Amor und Psyche verleitet, haben immer wieder Interpreten diese Erzählung für eine Allegorie des Verhältnisses der menschlichen Seele zur himmlischen Liebe gehalten. Möglicherweise hat auch Platos Eros-Lehre Einfluß auf Apuleius' Quelle gehabt. Die erzählerische Substanz weist jedoch auf zwei märchenhafte Motivkomplexe: das Märchen vom Tierbräutigam, der sich der Geliebten nur verwandelt oder ungesehen naht und durch ihre Neugier vertrieben wird (→ Schwanritter), und das Motiv der Treueprüfungen, deren Überwindung zur Vereinigung führt. Künstlerische Zutat und Movens der Handlung ist die Gestalt der Venus, durch deren und der übrigen Götter Auftreten der Stoff dem Bereich des Volksmärchens enthoben und in einen Kunstmythos verwandelt wurde.

Der Stoff ist zwar im Mittelalter bekannt gewesen, aber erst seit BOCCACCIOS *Genealogia Deorum* und den dann folgenden Apuleius-Übersetzungen fruchtbar geworden. Außer Nacherzählungen im jeweils zeitgemäßen Versmaß und Stil, die den Stoff kaum veränderten, entstanden bis in die Gegenwart eine Reihe von Neugestaltungen mit deutenden Absichten und zahlreiche oft recht selbständige Dramatisierungen.

Ein erstes neuzeitliches Psyche-Epos des N. da CORREGIO (1491) ist verloren, dürfte sich jedoch genau so eng an den Handlungsgang angeschlossen haben wie G. dal CARRETTOS Szenierung *Le nozze di Psyche e di Cupidine* (1520); die einzige Neuerung ist, daß die von

Psyche dem Tod überantworteten Schwestern hier am Schluß
wieder zum Leben erweckt werden. Dem Stil der italienischen
Intermedien, Ballette und Opern entsprach der Stoff eher als der
Tragödie; eine Art Ballett-Oper des A. STRIGGIO (1565) setzt erst
nach der Trennung der Liebenden ein. Die meisten Dramatisierungen ließen sich jedoch das Intrigenspiel der Schwestern und den
Mordversuch Psyches nicht entgehen (S. MERCADENTE 1619; F. di
POGGIO 1645; D. GABRIELLI, *Psyche* 1649; G. F. SAVARO, *La Psiche
deificata* 1668), drängten die Wanderungen und Prüfungen Psyches
zusammen und stellten nur den aus anderen Stoffen beliebten
Gang in die Unterwelt (→ Orpheus, → Alkestis) dar. Die epischen
Bearbeitungen haben gerade in der Ausmalung dieser Prüfungen
ihre Aufgabe gesehen; das Fragment des F. BRACCIOLINI dell'API
(Ende 16. Jh.) strich die gesamte Vorgeschichte mit Orakel, Eltern
und Schwestern. Vorbildlich wurden das Epos E. UDINES (*Avveni-
menti amorosi di Psiche* 1598/99), das die vom Echo beantworteten
Klagen Psyches einführte, und das durch zahllose Prüfungen auf-
geschwemmte Epos des Spaniers J. de MAL LARA (Mitte 16. Jh.),
das durch ritterliche und religiöse Elemente gekennzeichnet ist. Im
4. Gesang von G. MARINOS Epos *Adone* (1623) berichtet Amor dem
Helden Adonis die Geschichte der Psyche. Diese »Novelletta«
folgt genau Apuleius und wird wie die übrigen Gesänge des Epos
durch eine allegorische Interpretation eingeleitet, nach der Psyche
die menschliche Seele ist, die nach zahlreichen Prüfungen die
vollkommene Seligkeit erlangt. L. LIPPI (in *Il Malmantile Racquis-
tato* 1688), bei dem die trauernde Psyche selbst ihre Erlebnisse
erzählt, näherte den Stoff unter dem Einfluß von BASILES *Pentame-
rone* wieder dem Märchencharakter an. Selbst in der Form der
Heroide hat die italienische Literatur das Thema bearbeitet (BRUNI
1627).

   Englands Tradition beginnt mit dem verlorenen Drama *The
Golden Ass and Cupid and Psiches* (1600) von H. CHETTLE, J. DAY,
Th. DEKKER. Th. HEYWOOD (*Loues Mistriss, or The Queens Masque*
1633) verband die Handlung als eine Art Spiel im Spiel mit der
Geschichte von König Midas, ähnlich wie der Spanier A. de SOLÍS Y
RIBADENEYRA (*Triunfos de Amor y Fortuna* 1660) sie zu dem Schicksal des Endymion in Parallele setzte. Auf Heywoods Einfluß sind
einige Besonderheiten in dem »moralischen Gedicht« *The Legend of
Cupid and Psyche* (1637) von Sh. MARMION zurückzuführen. Ein
durchgehendes Charakteristikum der englischen Bearbeitungen ist
die Tendenz, Psyche von der Schuld am Tode ihrer Schwestern zu
befreien: bei Heywood werden sie auf Psyches Bitten begnadigt,
bei Marmion wird nur die Anstifterin bestraft, in der mythologischen Erzählung von H. GURNEY (*Cupid and Psyche* 1799) sterben
sie ohne Psyches Schuld, in erzählenden Fassungen des 19. Jahrhunderts ist entweder Amor selbst der Strafende (W. MORRIS, *The
Earthly Paradise* 1868/70), oder Psyche veranlaßt den Tod unbewußt (R. BRIDGES, *Eros and Psyche* 1894); C. S. LEWIS (*Till We Have
Faces* R. 1956) zeigt eine mit Psyche versöhnte Schwester. Auch

christlich-religiöse Deutung (J. Beaumont, *Psyche or Love's Mystery* 1648; G. Ridley, *Psyche or the Great Metamorphosis* 1747) oder allegorische Überfrachtung des Stoffes (Mrs. Henry Tighe, *Psyche or The Legend of Love,* Epos 1795) sind in England häufig.

Die christlich-allegorische Interpretation des Stoffes zeigen auch zwei Autos von Calderón, in denen die beiden Schwestern das heidnische und das jüdische Zeitalter verkörpern. In einer älteren weltlichen Bearbeitung hat Calderón (*Ni Amor se libra da Amor* um 1640) den Stoff durch typisch spanische Verwechslungs- und Verkleidungsmotive sehr frei abgewandelt: Psyche liebt ihren Verlobten Anteus, die Schwestern verlieben sich in den verkleideten Amor, die Freier der Schwestern in Psyche. Als Psyches Neugier den Einsturz des Palastes verursacht hat, verhindert Amor ihren Selbstmord und verzeiht. Der zweite Teil mit den Prüfungen fehlt.

Einen künstlerischen Höhepunkt erreichte der Stoff in Frankreich. Schon 1619 wurde in Paris ein Psyche-Ballett getanzt, 1656 verwandte I. de Benserade den Stoff gleichfalls für ein Ballett *Psyché ou la puissance de l'amour,* dann verfaßte La Fontaine eine gegen weibliche Schwächen gerichtete Wiedergabe der Erzählung (*Les amours de Psyché et de Cupidon* 1669), und schließlich entwarf Molière unter Benutzung seiner französischen, italienischen und spanischen Vorgänger den Plan eines Tragédie-Ballet, für das P. Corneille den größten Teil der Verse schrieb, wobei Quinault assistierte, und das Lulli in Musik setzte (*Psyché* 1671). Die Einheit der Handlung liegt in der Gestalt der naiv-liebenswerten Psyche, die Personen sind von allem Allegorischen befreit und haben an menschlicher Wärme und göttlicher Würde gewonnen. 1678 wurde das Werk unter Mitarbeit Fontenelles in eine Oper umgearbeitet, wobei alle gesungenen Teile übernommen wurden, aber viele Schönheiten fielen und die Standhaftigkeit Psyches ins Heroinenhafte gesteigert wurde. Man hat zwar auch versucht, das Molièresche Szenar im christlich-mystischen Sinne zu interpretieren (Davant 1673), aber die Tradition als Opern- und Ballett-Stoff und schließlich als Vaudeville (Moline 1807; Dartois/Théaulon, *Psyché et la Curiosité des femmes* 1814; F. Mallefille 1842) war stärker. Auf La Fontaine fußte auch I. F. Bogdanowitschs *Dušenjka* (Verserz. 1783).

Das erwachende Interesse für die griechische Antike zeitigte in Deutschland Wielands Bruchstücke einer Nachgestaltung im Sinne einer »allegorischen Naturgeschichte der Seele« (1767) und einige wenig bedeutende Nachdichtungen des 19. Jahrhunderts; die allegorische Auffassung ist auch für das Versepos R. Hamerlings (1882) noch maßgebend. Zu den aus antiquarischem Interesse entstandenen Psyche-Dichtungen des 19. Jahrhunderts gehört die Episode in Lamartines *Mort de Socrate* (1823), der die Geschichte Psyches an der Beschreibung von sieben Gravüren entwickelt. Geradezu als hellenistisch kann das Gedicht *Psyché* des »Parnassien« V.-R. de Laprade (1841) bezeichnet werden, der die

Prüfungen zu zahlreichen Stationen und Metamorphosen ausweitete und an christlichen und platonischen Vorstellungen orientierte. Christlich gedeutet erscheint der Stoff auch in C. FRANCKS symphonischer Dichtung (1887/88): Sinnbild der menschlichen Seele, steigt Psyche in den Armen des verzeihenden Eros zur Apotheose empor. Jedoch lebte der Stoff auch rein theatralisch als Féerie (DUPEUTRY/DELAPORTE, *Les amours de Psyché* 1841), komische Oper (J. BARBIER/M. CARRÉ/A. THOMAS 1857) und Oper (J. BARBIER 1878) fort. H. v. HOFMANNSTHAL erneuerte die Ballett-Tradition (Szenar 1911).

H. Blümner, Das Märchen von Amor und Psyche in der deutschen Dichtkunst, (Neue Jahrb. f. d. klass. Altertum 11) 1903; O. Ladendorf, Zum Märchen von Amor und Psyche, (ebda. 13) 1904; B. Sturmfall, Das Märchen von Amor und Psyche in seinem Fortleben in der französischen, italienischen und spanischen Literatur bis zum 18. Jahrhundert, (Münchener Beitr. z. roman. u. engl. Philologie 39) 1907; A. Hoffmann, Das Psyche-Märchen des Apuleius in der englischen Literatur, Diss. Straßburg 1908; H. LeMaître, Essai sur le mythe de Psyché dans la littérature française des origines jusqu'à 1890, 1939; H. Schroeder, Psyché in Rußland (in: Der Vergleich, Festgabe f. H. Petriconi) 1955; R. Derche, Quatre mythes poétiques: Œdipe – Narcisse – Psyché – Lorelei, Paris 1962; R. Merkelbach/G. Binder [Hrsg.], Amor und Psyche, (Wege der Forschung 126) 1968; G. Kranz, Amor und Psyche, Metamorphose eines Mythos, (Arcadia 4) 1969.

**Amphitryon.** Die Geschichte des thebanischen Feldherrn Amphitryon findet sich zuerst im pseudohesiodischen *Schild des Herakles*. Um des Herakles göttliche Abkunft zu belegen, erzählt der Autor in schlichter Gläubigkeit, wie Zeus in der Absicht, mit einer Sterblichen einen »Plagenbekämpfer« zu zeugen, nachts Alkmene besucht, die, da noch in der gleichen Nacht auch ihr Gatte Amphitryon siegreich zu ihr zurückkehrt, Zwillinge gebiert, deren einer Herakles, der Göttersohn, deren anderer Iphikles, der Sohn des Amphitryon, ist. Nichts deutet in dieser Erzählung darauf hin, daß sich aus ihr einer der fruchtbarsten Lustspielstoffe der Weltliteratur entwickeln sollte; eher liegen in der von Hesiod nicht ausgeschöpften psychologischen Konstellation der Fabel Ansatzpunkte zu einem tragischen Konflikt. Tatsächlich hat es einen *Amphitryon* des SOPHOKLES gegeben, und die Tragiker AISCHYLOS, ION VON CHIOS und EURIPIDES haben eine *Alkmene* geschrieben, aber von diesen ernsten Fassungen ist nichts erhalten.

Solange nicht wirkliche Funde die Annahme der Forschung beweisen, daß bereits die Griechen aus dem Stoff ein heiteres Thema entwickelten, muß der Römer PLAUTUS (um 254–184 v. Chr.) als der Dichter gelten, der mit genialem Griff die Komödie vom verliebten ↑ Gott auf Erdenbesuch schuf, die das Handlungsgerüst für jede Amphitryon-Bearbeitung abgegeben hat. In Plautus' *Amphitruo* findet sich zuerst das Motiv vom Gestaltentausch Jupiters, das Alkmene gegen den Makel der Untreue sichert. Bei Plautus findet sich auch erstmalig die possenhafte Wiederholung des Hauptmotivs in der unheroischen Sphäre der Nebenpersonen:

dem Amphitryon ist der faule, gefräßige und feige Diener Sosias beigegeben, und Jupiter wird von dem schlauen Götterboten Merkur begleitet, der in Sosias' Gestalt diesem den Verlust seines Ich klarmacht. So wird die mythische Brautnacht zur ↑ Doppelgänger-Komödie; das ursprüngliche Hauptthema von der Geburt des Herakles blieb zwar erhalten, war aber ganz an den Rand, in die Entwirrungsszenen des 5. Aktes, verdrängt. Tragischen Möglichkeiten des Stoffes ging Plautus aus dem Wege, indem er Alkmene in der zweiten Hälfte des Stückes nicht mehr auftreten und so ihre Reaktion auf den Betrug nicht sichtbar werden ließ.

Die antike Götterwelt, schon bei Plautus mit fast ironischer Freigeistigkeit behandelt, konnte dem christlichen Mittelalter nicht zum Vorwurf dienen. Ein mittellateinisches Gedicht des VITAL VON BLOIS (Vitalis Blesensis) aus dem 12. Jahrhundert benutzte im wesentlichen die plautinischen Dienerszenen zu einem Angriff auf die Scholastik: Amphitryon ist hier ein Philosoph, der von Studien aus Athen zurückkehrt; seinem aufschneiderischen, philosophierenden Diener Geta wird von Merkur durch scholastische Schlüsse bewiesen, daß er nichts sei. Eine tragische Auseinandersetzung der Ehegatten wird dadurch abgebogen, daß Alkmene rechtzeitig vorgibt, ihr nächtliches Abenteuer sei nur ein Traum gewesen. Diese satirische Abwandlung des Stoffes verdrängte durch ihre Beliebtheit das Plautinische Original. Erst die Renaissance bemühte sich mit Editionen, Übersetzungen und Aufführungen um den echten Text. Die durch die handschriftliche Überlieferung entstandene Lücke im vierten und fünften Akt wurde im 15. Jahrhundert durch HERMOLAUS BARBARUS ergänzt, und diese nicht sehr glücklich ergänzten Szenen, deren Mittelpunkt die Gegenüberstellung der beiden Amphitryon und ihr Streit um ihre Echtheit bilden, sind von da an meist zusammen mit dem Original abgedruckt worden, haben also den weiteren Bearbeitern zur Grundlage ihrer an dieser Stelle in der Regel etwas freieren Textgestaltung gedient.

Mit den göttlichen Betrügern der antiken Fabel fanden sich noch die ersten selbständigeren Bearbeitungen des 16. Jahrhunderts nur schwer ab. Der Spanier PÉREZ DE OLIVA (1531) betonte, daß er im Grunde nicht an diese Götter glaube und Alkmene für betrogen halte, der Portugiese CAMÕES entlastete den Göttervater wenigstens so weit, daß er den Betrug auf Anraten Merkurs geschehen ließ, und der Italiener Ludovico DOLCE (1545) versuchte eine Modernisierung, indem er aus den Göttern menschliche Betrüger machte, wobei von dem Stoff nur eine laszive ↑ Hahnrei-Komödie übrigblieb. J. BURMEISTER transponierte in seinem lateinischen Drama *Sacri Mater Virgo* (1621) den Stoff sogar auf die Gestalten des Neuen Testaments und setzte Maria für Alkmene, Jesus für Herakles und Joseph für Amphitryon.

Mit den *Deux Sosies* (1636) des Franzosen J. de ROTROU begann die Entwicklungskurve des Stoffes wieder zu steigen. Schon der Titel zeigt, worauf Rotrou den Hauptakzent legte. Zur Bereicherung der Sosias-Merkur-Szenen nutzte er besonders die Lücke im

vierten und fünften Akt: Sosias wird von Merkur aus dem Hause
geprügelt, weil er sich in die Küche gewagt hat, und entscheidet
sich nun, nachdem er sich zuerst aus Opportunismus für Jupiter
erklärt hatte, dazu, das Schicksal seines ausgestoßenen Herrn Amphitryon zu teilen. Wichtig wurde Rotrou als Grundlage für Mo-
LIÈRE (1668), der den szenischen Aufbau im wesentlichen von ihm
übernahm, aber als erster das allmählich überflüssig gewordene
Thema von der Geburt des Herakles fallenließ und das galante
Abenteuer des göttlichen Liebhabers in den Mittelpunkt der auf
drei Akte konzentrierten graziösen Komödie stellte. Das Komödienhafte zu verstärken, gab er dem Sosias die zänkische Frau
Cleanthis zur Seite. Die Molièresche Fassung bildete die Grundlage
für den Engländer J. DRYDEN (1690), der die humoristischen Dienerszenen ins Derbe steigerte, und für mehrere Opernlibretti,
besonders für die Oper von GRÉTRY (Text M.-J. SEDAINE, 1788).

Da, wo Molière den Faden fallen, das Liebesverlangen des
Gottes sich bescheiden und Alkmene unbeirrt von seelischen Konflikten abtreten ließ, nahm Heinrich v. KLEIST (1807) den Stoff auf
und trieb ihn an die Grenzen des Tragischen vor: sein Jupiter gibt
nicht nach in seinem Wunsche, um seiner selbst willen geliebt zu
werden, bis er vor der Vollkommenheit seines Geschöpfes die
Waffen streckt, und Alkmene, die in jeder ernsten Fassung des
Stoffes zur tragischen Gestalt werden muß, wird keine Bedrohung
des Gefühls geschenkt, bis sie zuletzt zur Entscheidung zwischen
die beiden Amphitryon gestellt wird. Nach der leichten Komödie
des Tschechen O. FISCHER (*Jupiter* 1919), in der Amphitryon sich
unwissentlich als Liebhaber Junos an Jupiter rächt, ließt GIRAU-
DOUX, dessen Komödie sich durch den Titel *Amphitryon 38* (1929)
bewußt in die Stofftradition einreiht, den Gott wieder vor Alkmene kapitulieren. In offener Auseinandersetzung kann Jupiter ihr
nichts abgewinnen, und er muß sie scheinbar unberührt ihrem
Gatten zurückgeben. Der Betrug der einen Nacht, von dem nur
Alkmene etwas ahnt, bleibt allerdings bestehen. Diese Rückgabe
der Geliebten an den Gatten und dadurch eine Rehabilitierung des
vom Schicksal unverdient geschlagenen Amphitryon stellte auch
Robert OBOUSSIERS Oper (1951) dar; der Gott bleibt auf mystische
Weise mit der Geliebten verbunden. Schließlich ist auch in Georg
KAISERS *Zweimal Amphitryon* (1944) Alkmene der Mittelpunkt; ihr
Gebet veranlaßt den Gott, der die Menschheit verwerfen wollte,
ihr statt dessen einen hilfreichen Gottessohn zu schenken und den
Militaristen Amphitryon nach gehöriger Buße seiner Frau wieder
zuzuführen. Kaiser trug mit der Schuldzuweisung an Amphitryon
ein fremdes Element in die von Schuld- und Sühnevorstellungen
freie Welt der Auseinandersetzung zwischen Göttern und Menschen. Gänzlich verfremdet ist der Stoff in K. BLIXENS *Alkmene*
(Erz. 1942), wo der Name nur mehr als Indiz für geheimnisvolle
Artung dient, die in menschlicher Enge verkümmert. Wenn auch
die heiteren Züge der Fabel weiter Frucht trugen – F. MICHAEL ließ
in seiner Komödie *Ausflug mit Damen* (1944) Jupiter seinen Besuch

bei Alkmene nach zwanzig Jahren wiederholen, und G. KLEBES
nach Kleist gearbeitete Oper *Alkmene* (1961) zeigt gewisse Rück-
griffe auf Molière –, so scheinen doch im 19. und 20. Jahrhundert
die religiös-ethischen Werte, die schon in Hesiods Fassung erkennbar sind, den Stoff mit gewandeltem Gehalt erneut zu durchdrin-
gen und zu formen, nachdem er zwei Jahrtausende lang einer
schwerelosen komödiantischen Sphäre angehörte. P. HACKS
schrieb seinen *Amphitryon* (1968) mit der ausdrücklichen Absicht,
die Ergebnisse der vier »erstklassigen« Dramatiker Plautus, Molière, Dryden und Kleist in einem Stück zu vereinen. Ihm erscheint
der Gott Jupiter als der vollkommene Mensch, der die Welt stört
und fördert. Alkmene erkennt den Gott und begreift, daß er ihr
mehr gegeben hat als Amphitryon, dessen Liebe seinem soldatischen Beruf gehört. Alkmene ist nicht tragisch, nicht in den
Lebensdualismus verstrickt, während Amphitryon spürt, daß in
dieser fehlerhaften Welt nur ein Gott wahrer Mensch zu sein
vermag und daß er hinter diesem Gott zurückstehen muß. Sosias,
Inbegriff mediokren Menschentums, hat bei Hacks keinen weiblichen Partner. Die Oper von I. ZIMMERMANN / R. KUNAD (1984) lebt
von einer Motivmischung aus Plautus, Molière und Kleist.

C. v. Reinhardstoettner, Die Plautinischen Lustspiele in späteren Bearbeitungen, I. Amphitruo, 1880; H. Jacobi, Amphitryon in Deutschland und Frankreich, Diss. Zürich 1952; O. Lindberger, The Transformations of Amphitryon,
Stockholm 1956; H. R. Jauß, Poetik und Hermeneutik VIII, 1979.

**Andromache.** Des Trojanerhelden Hektor Frau Andromache,
in HOMERS *Ilias* als eine tugendhafte Gattin gefeiert, deren Trennung von dem todgeweihten Manne noch in des jungen SCHILLER
*Hektors Abschied von Andromache* nachklingt, hat in der späteren
griechischen Dichtung, in der die Schicksale der aus dem Trojanischen Krieg Heimkehrenden dargestellt wurden, eine Weiterführung ihrer Vita erfahren, die literarisch fruchtbarer wurde als ihre
ursprüngliche Rolle bei Homer. In den *Troerinnen* (415 v. Chr.) des
EURIPIDES wird dargestellt, wie Andromache Achills Sohn →
Neoptolemos als Beute zufällt und ihr kleiner Sohn Astyanax ihr
weggenommen und von der Mauer herabgestürzt wird. Die heroische Mutter, die Euripides in der Abschiedsrede an den toten Sohn
zeigen will, verherrlichte er auch in einem noch früheren Drama,
der *Andromache* (um 425 v. Chr.). Hier ist es allerdings die Liebe zu
Molossos, ihrem Sohn von Neoptolemos, dessen Nebenfrau Andromache werden mußte. Sie sucht Molossos vor den Nachstellungen der Hermione, des Neoptolemos ehelicher Frau, zu retten;
in der Abwesenheit des Mannes will Hermiones Vater Menelaos
den Knaben beseitigen, und Andromache ist auf sein Verlangen
bereit, an des Sohnes Stelle in den Tod zu gehen. Menelaos täuscht
sie und will Mutter und Sohn umbringen, Peleus verhindert es;
Hermione flieht mit ihrem früheren Verlobten Orest, und Andro-

mache geht mit ihrem Sohn in das Land der Molosser, wo dieser
später König wird. Das Motiv von der Überlistung durch den
Gegner, der Andromache den Sohn nehmen will, hat SENECA in
den *Troades* auf die Astyanax-Episode übertragen.

Die mittelalterlichen Troja-Romane ließen Astyanax – nun
Landomata genannt – am Leben bleiben und koppelten sein Schicksal mit dem seines Halbbruders, der nunmehr Achillides heißt;
daraus entstand der rührende *Roman de Landomata*, in dem der Sohn
des Pyrrhus-Neoptolemos dem Sohn Hektors sein Reich und Erbe
in Troja zurückgewinnt. RONSARDS *Franciade* (1572) ersetzte den
sagenhaften Trojaner Francius durch Astyanax, der so zum Begründer des Frankenreiches wurde. Diese Tradition hinterließ ihre
Spur in J. RACINES *Andromaque* (1667): Andromache lebt mit ihrem
Sohn am Hof des Pyrrhus, der vergebens um sie wirbt und die
Heirat mit Hermione hinausschiebt. Die griechischen Fürsten fordern durch Orest die Auslieferung des Astyanax, und Pyrrhus
macht diese Auslieferung gegenüber Andromache von der Erhö-
rung seiner Werbung abhängig. Als sie ihn abweist, betreibt er die
Heirat mit Hermione, wendet sich jedoch, als Andromaches Mutterliebe über ihren Frauenstolz siegt, erneut dieser zu. Hermione
veranlaßt Orest zur Ermordung des Pyrrhus, Orest wird wahnsinnig, Andromache und ihr Sohn entkommen. Der Engländer
A. PHILIPS (*The Distrest Mother* 1712) kopierte Racine, konzentrierte jedoch die Handlung stärker auf Andromache. In neuester
Zeit hat F. BRUCKNER (*Pyrrhus und Andromache* 1953) in engem
Anschluß an Racines Handlung die beiden Hauptgestalten zu
sittlicher Größe gesteigert: Pyrrhus wächst verzichtend zu Selbstlosigkeit empor, und Andromaches Liebe ersteht aus seiner Entsagung. Die Andromache-Episode nach Seneca findet sich in den
*Trojanerinnen* (1747) von J. E. SCHLEGEL, während in CHÂTEAU-
BRUNS *Les Troyennes* (1754) Astyanax gerettet wird, so daß in des
gleichen Verfassers *Astyanax* (1755) sein späteres Schicksal verarbeitet werden konnte. K. W. DASSDORF (Dr. 1777) schloß sich an
eine in VERGILS *Aeneis* erzählte Episode an, nach der die Äneas mit
Andromache in Epirus zusammentrifft: Andromache lehnt es ab,
mit Äneas zu fliehen, um den Sohn Molossos nicht im Stich zu
lassen; es folgt die Szene mit Menelaos, jedoch vermag hier Andromache wirklich den Sohn loszukaufen, indem sie selbst Gift
nimmt. Die Textbücher der Andromache-Opern (A. ZENO/
A. CALDARA 1724; A. GRÉTRY 1780; St. PAVESI 1822; J. E. B. DÉ-
JAURE/R. KREUTZER, *Astyanax* 1800) sind im wesentlichen Racine
verpflichtet.

K. Heinemann, Die tragischen Gestalten der Griechen in der Weltliteratur,
1920.

**Aniello, Tommaso** → Masaniello

**Anna Boleyn** → Boleyn, Anna

**Anna von Bretagne** → Maximilian I.

**Antichrist.** Der Legende vom Antichrist, die sich auf die Prophezeiungen der *Apokalypse* und der *Briefe* des PAULUS, PETRUS und
JOHANNES stützt, liegt eine ältere jüdische Tradition vom Kampf
Gottes mit dem Satan oder einer vom Satan gelenkten dämonischen Erscheinung, dem Anti-Messias, zugrunde, die im *Buch
Daniel* greifbar ist. Nach christlicher Auffassung geht das Erscheinen des Antichrist der Wiederkehr Christi und dem Weltgericht
voraus, er errichtet seine Herrschaft im Tempel zu Jerusalem,
unterwirft sich durch Wundertaten die Völker, tötet die warnenden Propheten Henoch und Elias und wird erst durch den wiederkehrenden Christus vernichtet. Wahrscheinlich schon die *Apokalypse*, bestimmt aber die Christen der apostolischen Zeit faßten
Nero als Antichrist auf, doch wurde diese Vorstellung durch die
ältere Überlieferung von einem Pseudo-Messias wieder verdrängt
und Rom sogar als Bollwerk gegen den Antichrist angesehen. Als
Rom christlich wurde, entstand die Sage, daß der letzte römische
Kaiser nicht dem Antichrist unterliegen, sondern seine Krone
freiwillig Gott zurückgeben werde (*Dicta sancti Effrem* 4. Jh.). Diese
Rolle ging nach Roms Fall auf den byzantinischen Kaiser über.
ADSO VON TOUL (*Liber de Antichristo* Mitte 10. Jh.) beanspruchte sie
für die französischen Könige als Nachfolger Karls des Großen. Sein
in Form einer Vita gegebener Traktat legt die Stationen des Lebens
in antithetischer Entsprechung zum Leben Christi fest: Herkunft
und Geburt, erstes Auftreten und Proklamation, Missionstätig-
keit, Auftreten der Propheten Enoch und Elias, deren Märtyrertod
und Auferstehung, Sturz und Tod des Antichrist.

Der frühe Tegernseer *Ludus de Antichristo* (2. Hälfte 12. Jh.) ragt
durch seine historisch-politische Sinngebung hervor: Die Kirche
selbst erzeugt sich durch Heuchelei ihren Widersacher; der Kaiser
der Endzeit ist der deutsche König, der als einziger Fürst sich dem
Antichrist nicht unterwirft und erst durch dessen Wunderheilun-
gen betört wird. Der *Ludus* der Stauferzeit hatte keine Wirkung auf
die erst Mitte des 14. Jahrhunderts einsetzende dramatische Tradition. In den spätmittelalterlichen Spielen, die meist im Verbund
mit Weltgerichtsspielen entstanden, ist der Antichrist ein Werkzeug des Teufels. Teufelsszenen, die das Auftreten des Antichrist
vorbereiten und begleiten, nehmen in dem französischen Spiel *Le
Jour du Jugement* (1. Hälfte 14. Jh.), dem fragmentarischen *Limburgi-
schen Antichristspiel* (um 1430), dem *Künzelsauer Fronleichnamsspiel*
(1479), dem *Luzerner Antichrist* (1549) des Z. BLETZ und dem
*Antichristspiel von Modane* (1580) breiten Raum ein. In manchen
Spielen ist der Antichrist ein Sohn des Teufels, bei J. RUIZ DE

ALARCÓN (*El Antichristo* 1623) geht er aus zweimaligem ↑ Inzest
hervor. Spielen, die im Antichrist den von den Juden noch immer
erwarteten Messias zeigen, ist eine antijüdische Komponente mit-
gegeben (*Le Jour du Jugement; Künzelsauer Fronleichnamsspiel; Luzerner Antichrist*; H. FOLZ, *Spiel von dem Herzog von Burgund* 1491;
St. TUCCI, *Christus judex* 1569).

LUTHERS Gleichsetzung des Papstes mit dem Antichrist und seine
Ablehnung des Glaubens an einen persönlichen Antichrist verwandelten den Stoff aus der Lebensgeschichte einer christusfeindlichen
Figur in die Darlegung des widerchristlichen Charakters der römischen Kirche. Der Stoff erhielt theologisch-politische Aktualität,
büßte aber den Reichtum der Handlung ein, die nur mehr darin
bestand, die Laster des Papstes und seiner Anhänger Revue passie-
ren zu lassen. Die Struktur des Fastnachtspiels kam dem entgegen
(N. MANUEL, *Die Totenfresser oder Vom Papst und seiner Priesterschaft*
1523; ders., *Von Papsts und Christi Gegensatz* 1523). Erst durch
Ausweitung der Satire zu einer abstrakt-historisierenden Gestaltung des neuen Antichristkonzepts (Th. NAOGEORG, *Pammachius*
1538) oder einer Demonstration des Wirkens des Antichrist am
konkreten Beispiel (J. AGRICOLA, *Tragedia Johannis Huss* 1537;
J. BALE, *King John* 1538; ANON., *Das Konzil zu Trient* 1545) errang
sie dramatische Wucht. In der Nachfolge von *Pammachius* stehen
die protestantischen Kampfdramen von F. NEGRI DA BASSANO
(*Tragedia intitolata libero arbitrio* 1546), B. OCHINO DA SIENA (*A
Tragedy or Dialog of the Unjust Usurped Primacy of the Bishop of Rome*
1549), J. FOXE (*Christus triumphans* 1556), C. BADIUS (*Comédie du
pape malade* 1561) bis hin zu N. FRISCHLINS *Phasma* (1580). Das
Drama der Gegenreformation führte die mittelalterliche Tradition
unbeeinflußt von der protestantischen Umorientierung fort, trug
jedoch dem erweiterten Blick auf die Kirchengeschichte Rechnung
(M. HILDEBRAND, *Ecclesia militans* 1573). Mit dem Jesuitendrama
des St. TUCCI erfuhr der Stoff seine breiteste Wirkung, mit J. RUIZ
DE ALARCÓNS *El Antichristo* die eigenwilligste Gestaltung.

Dichterische Verwertungen der Legende fanden erst wieder im
Gefolge der Erschütterungen des christlichen Glaubens am Ende
des 19. Jahrhunderts statt. Bei J. SCHLAF (*Der Tod des Antichrist,*
Nov. 1901) handelt es sich zwar lediglich um einen Rückgriff auf
die alte Gleichsetzung des Antichrist mit Nero, bei DOSTOJEWSKIJ
(*Der Großinquisitor,* Nov. 1880) dagegen ist das Regiment des
Antichrist durch die Betörung der Menschen mit materialistischem
Denken gekennzeichnet, das die römische Kirche unter dem Deck-
mantel des Christentums einschleuste. Auch bei Selma LAGERLÖF
(*Antikrists mirakler,* R. 1897) ist es der durch den Sozialismus
vertretene Materialismus, der ein Reich »nur von dieser Welt«
errichtet, aber durch christliche Liebe überwunden werden könne.
W. S. SOLOWJEW (*Drei Gespräche* 1897–1900) ließ gleichfalls den
Antichrist in der Maske des Guten und des Friedensbringers er-
scheinen, den erst der auferstandene Christus widerlegt. Bei
J. ROTH (*Der Antichrist,* R. 1934) wird ein solcher Materialismus

durch den Leiter eines Zeitungstrusts verkörpert. P. Wiegler (*Der Antichrist,* R. 1929) griff auf die alte Vorstellung von → Friedrich II. als dem Antichrist zurück, die schon von zeitgenössischen Gegnern des genialen Kaisers in Umlauf gesetzt worden war.

K. A. Aichele, Das Antichristdrama des Mittelalters, der Reformation und der Gegenreformation, Den Haag 1974.

**Antigone.** Die griechische Dichtung hat das Verhängnis, das über → Ödipus hereinbricht, sich auch an seinen Kindern auswirken lassen. Im *Ödipus auf Kolonos* (406 v. Chr.) des Sophokles ist Antigone die treue und geduldige Tochter, die ihren Vater in die Verbannung begleitet. Ihr besonderes Schicksal setzt erst ein, als die Brüder Eteokles und Polyneikes sich entsprechend dem Fluch des Vaters im Kampf um Theben gegenseitig umgebracht haben (→ Sieben gegen Theben). Sophokles' *Antigone* (441 v. Chr.) zeigt Antigone am Hof ihres Onkels Kreon, der nach der Brüder Tod den Thron bestiegen und die Bestattung des Landesverräters Polyneikes bei Todesstrafe verboten hat. Während die sanfte und kleinherzige Ismene sich dem Zwang beugt und der Schwester ihre Mithilfe versagt, geht Antigone in Erfüllung göttlicher und menschlicher Pflicht, aber auch in dem ihrem Geschlechte eigenen Trotz zweimal auf das Schlachtfeld, bedeckt den Bruder mit Erde, wird gefaßt und verurteilt. Die Entschlossenheit und Kühnheit, die sie in der Unterredung mit Kreon zeigt, und die stolze Verachtung, mit der sie die Schwester abweist, wandelt sich im Angesicht des Todes zu rührender Klage. Im Grabgewölbe, in das man sie lebendig einmauert, erhängt sie sich, und ihr Verlobter Hämon, Kreons Sohn, kommt zu ihrer Rettung zu spät. Kreon, der mit der Verbohrtheit des Mittelmäßigen auf seiner Strenge beharrte, lenkt erst ein, als der Sänger Teiresias Hämons Tod prophezeit. Er eilt zum Grabe, Hämon zückt das Schwert auf den Vater, verfehlt ihn und tötet sich selbst; der Selbstmord der Gattin Eurydike vervollständigt das Unglück des gebrochenen Kreon.

Die durch die strenge Führung des Konfliktes, das humanitäre Bekenntnis – »Nicht mitzuhassen, mitzulieben bin ich da« – und die ↑ Märtyrer-Haltung Antigones vorbildlich gewordene Tragödie hat in Antike und Neuzeit Rivalen, Nachahmungen und Bearbeitungen weit hinter sich gelassen. Bereits die *Antigone* (um 410) des Euripides, die nur in Bruchstücken erhalten ist, scheint sich nicht mehr auf der Höhe der Sophokleischen bewegt zu haben. Sie setzte Hämon und seine Liebe stärker ins Spiel; Hämon hilft Antigone bei der Bestattung des Bruders, und beide werden dabei ertappt; sie ist schwanger von ihm, heiratet ihn später und gebiert ihm einen Sohn. Auch die Antigone in den *Phoinissen* (411/408 v. Chr.) des Euripides, die nach dem Ende der Brüder – das Ödipus hier überlebt – den Vater klagend aus dem Palast ruft, ihn auf dem Weg in die Verbannung begleitet und sich drohend von ihrem

Bräutigam Hämon lossagt, ist eine weit blassere Gestalt. Aus den erhaltenen Bruchstücken der *Phönissen* des SENECA ist die Behandlung des Stoffes nicht zu ersehen. Varianten des Handlungsablaufs finden sich in STATIUS' *Thebais* (80–92) und HYGINS *Fabulae* (2. Jh. n. Chr.).

Das Mittelalter kannte den Stoff der → Sieben gegen Theben, aber nicht die Antigone-Tragödie. Im *Roman de Thèbes* (Mitte 12. Jh.) sind nur schwache Spuren von ihr bewahrt: Antigone liebt Parthenopeios, den schönsten Ritter unter den Belagerern, der fällt und in Theben feierlich bestattet wird; Antigone stirbt vor Gram über seinen Tod.

Die erste neuere Bearbeitung, eine freie Version des Sophokleischen Textes, stammt von L. ALAMANNI (1533), nachdem schon G. RUCELLAI (*Rosmunda* 1515) das von Sophokles übernommene Motiv der verweigerten Bestattung in seiner Dramatisierung des → Alboin-und-Rosamunde-Stoffes verwendet hatte. TRAPOLINI (*Antigona* 1581) schwärzte das Bild Kreons, der zwar seinem Sohn zusagt, Antigone zu schonen, wenn Hämon statt ihrer eine schottische Prinzessin heirate, aber dann sein Versprechen bricht und Antigone heimlich einkerkern läßt. Die erste Übertragung der *Antigone* ins Französische stammt von J. Lalamant (1558), die bessere von J.-A. de BAÏF (1573). Für R. GARNIER (*Antigone ou la piété* 1580), der unter Vermischung von Zügen aus Sophokles und Seneca die Geschichte der Sieben gegen Theben mit einbezog, wurde Antigone zum Inbegriff frommen Familiensinns. Auch J. de ROTROUS Drama (1638) umgriff den Kampf um Theben wie Antigones Ende und machte aus Antigone und Hämon ein schmachtendes Liebespaar. Motive der Euripideischen Antigone, von Hygin u. a. überliefert, wurden hier und auch bei Rotrous Nachfolgern wirksam. So erscheinen die Verlobten auch in RACINES *La Thébaïde ou les Frères ennemis* (1664), nur daß Antigone hier noch einen zweiten Bewerber in Gestalt Kreons hat, der die Brüder gegeneinander hetzt, um die Herrschaft zu gewinnen, und sich über den Tod des eigenen Sohnes freut, weil er Antigone besitzen will; bei ihrem Tod nimmt er sich das Leben. Aus dem Ringen sittlicher Kräfte und harter Charaktere ist bei Racine eine Intrige geworden. Auf Racine stützte sich ALFIERI, der den Stoff jedoch wieder auf zwei Dramen verteilte, von denen die *Antigone* (1777) das selbständigere ist. Antigone, die hier eine Teilhaberin ihrer Tat in der Witwe des Polyneikes bekommen hat, fällt dem Haß des Kreon gegen ihr Geschlecht zum Opfer, nachdem sie es abgelehnt hat, ihm die Herrschaft durch eine Ehe mit seinem Sohn zu sichern, der liebende Hämon tötet sich an ihrer Leiche. Von den über 30 Antigone-Opern, die hauptsächlich dem 18. Jahrhundert angehören (B. PASQUALIA/G. M. ORLANDINI 1718; COLTELLINI/TRAËTTA 1772; A. SACCHINI/GUILLARD 1787; MARMONTEL/ZINGARELLI 1790) und z. T. einen versöhnlichen Ausgang haben (COLTELLINI, MARMONTEL), ist keine bedeutend. Die in den davorliegenden Jahrhunderten entwickelten Motive des Stoffes wurden 1814 durch einen Roman von P. S. BALLANCHE zusammengefaßt, in dem Teiresias als Erzähler fungiert: die Brüder töten einander, ohne es zu wissen, und Antigone ist eine priesterliche Gestalt, die durch ihr Opfer die Schuld des Geschlechtes büßt; in ihrem Geschick wollte der Verfasser zugleich das damals Aufsehenerregende der Herzogin von Angoulême, Tochter Ludwigs XVI. und Marie-Antoinettes, schildern.

Zu Beginn des 19. Jahrhunderts erhielt Sophokles' Tragödie, die in Deutschland bereits von Th. NAOGEORG (1558) und OPITZ (1636) übersetzt worden war, durch HÖLDERLIN (1804) ein würdiges, wenn auch eigenwilliges deutsches Sprachgewand. HEGELS Hochschätzung des Werks und TIECKS Musterinszenierung auf dem Potsdamer Schloßtheater 1841 sicherten dem Drama im 19. Jahrhundert ein Ansehen, dem gegenüber Neudichtungen der Zeit drittrangig erscheinen. F. H. BOTHE (*Der Ödipiden Fall oder die Brüder* 1822) ließ Kreon schließlich die Bestattung erlauben, so daß Antigones Tat überflüssig ist; W. FROHNE (1852) verschmolz die fünf erhaltenen griechischen Tragödien zur thebanischen Sage zu einem Drama um Antigone als Zentralgestalt; in E. REICHELS Drama (1877) hat das Volk dem widerwillig nachgebenden Kreon das Verbot aufgezwungen, und erst zu spät findet er eine Gelegenheit, seine Befehle rückgängig zu machen; bei H. St. CHAMBERLAIN (*Der Tod der Antigone* 1902) stößt sich Antigone den Dolch des Retters ins Herz, weil sie nicht glaubt, weiterleben zu können. Vor dem Hintergrund des Weltkriegserlebnisses sind R. ROLLANDS Aufruf *À l'Antigone éternelle* (1916) sowie W. HASENCLEVERS Neuinterpretation (1917) zu sehen; für Hasenclever ist Antigone die Künderin von Humanität und Pazifismus, ihr für die Brüderlichkeit der Menschen geleisteter Opfertod überwindet auch Kreon, der abdankt. Ähnlich ist in J. ANOUILHS Antigone (1944), die mit ihrem Protest an der tyrannischen Vernunft der Gesellschaft scheitert und den Tod einem Dutzendglück vorzieht, der Geist der Résistance lebendig. B. BRECHT (*Antigone-Modell 48*, 1948) deutete die Richtung seiner Aktualisierung schon im Vorspiel an, das zwei Schwestern in einer Berliner Wohnung von 1945 zeigt, von denen die eine ihren eben wegen Fahnenflucht gehenkten Bruder vom Baum abschneiden will. Ähnlich erneuerte F. LÜTZKENDORF (*Die cyprische Antigone,* Dr. 1957) den klassischen »Fall« an der Gestalt eines Mädchens, das während des Widerstandskampfes auf Zypern ihren hingerichteten Vater würdig bestatten möchte. Neben Brechts und Lützkendorfs Dramen steht als Versuch einer aktualisierenden Umdichtung R. HOCHHUTHS Novelle *Die Berliner Antigone* (1964), in der ein Berliner Mädchen die Leiche ihres wegen staatsfeindlicher Äußerungen hingerichteten Brudes aus der Anatomie entfernt, entgegen Hitlers Befehl bestattet und versteckt hält. Ihr Verlobter erschießt sich an der Front, sein Vater, ihr Richter, versucht vergebens, sie zu retten. Sie stirbt ohne Reue, obwohl sie ihre Tat in der Todesangst kaum mehr begreift. J. COCTEAU (1922) dagegen gab »aus der Vogelperspektive« ein knappes

Prosakonzentrat des Sophokleischen Stückes, zu dem A. Honegger die Musik schrieb. Die Oper C. Orffs (1949) hält sich an den Hölderlinschen Text.

K. Heinemann, Die tragischen Gestalten der Griechen in der Weltliteratur, 1920; E. Beyfuß, Das Fortleben der Antigone-Sage in der Weltliteratur, Diss. Leipzig 1921; W. Asenbaum, Die griechische Mythologie im modernen französischen Drama: Labdakidensage, Diss. Wien 1956; K. Hamburger, Von Sophokles zu Sartre. Griechische Dramenfiguren antik und modern, 1962; K. Heisig, Antigone im Drama der romanischen Völker, (Die neueren Sprachen) 1963; K. Kerényi, Antigone (in: Theater der Jahrhunderte, Antigone) 1966, Sophokles, Antigone, hrsg. u. übertragen von W. Schadewaldt, 1974; G. Steiner, Antigones, Oxford Univ. Press 1984.

**Antonius** → Kleopatra

**Apollonius von Tyrus.** Der lateinische Apollonius-Roman, dessen kulturhistorische Details auf die erste Hälfte des 3. Jahrhunderts n. Chr. als Abfassungszeit und einen noch dem Heidentum angehörenden Verfasser hinweisen und der von griechischen Vorbildern abhängig ist, wird in der zweiten Hälfte des 6. Jahrhunderts zum erstenmal erwähnt, und seine beiden ältesten erhaltenen Fassungen stammen aus dem 10. Jahrhundert.

König Antiochus lebt mit seiner Tochter in einem blutschänderischen Verhältnis und läßt alle ihre Freier köpfen, die ein von ihm gestelltes Rätsel nicht zu lösen wissen. Apollonius, ein vornehmer junger Mann aus Tyrus, läßt sich durch die Warnungen des Königs nicht abschrecken, um die Königstochter zu werben, und löst das Rätsel, das des Königs Verhältnis zu seiner Tochter umschreibt. Der König erkennt jedoch die Lösung nicht an, und Apollonius entflieht nach Tyrus und von dort zu Schiff mit einem Teil seiner Habe weiter. Schließlich gelangt er als Schiffbrüchiger an den Hof des Königs Archistrates, unterweist dessen Tochter, die sich in ihn verliebt hat, in den schönen Künsten und heiratet sie. Nach längerer Zeit erreichen ihn Boten aus Antiochia, die ihn zum Nachfolger des Königs Antiochus, der inzwischen mit seiner Tochter gestorben ist, einsetzen wollen. Auf dem Weg nach Antiochia gebiert seine Frau eine Tochter, stirbt aber selbst, und Apollonius muß ihren Sarg den Wellen übergeben. Seine Tochter vertraut er einem Gastfreund in Tharsus an, er selbst gelobt aus Schmerz, auf See zu bleiben, bis seine Tochter herangewachsen sei. Seine Frau, die nur scheintot gewesen ist, wird von einem Arzt gerettet und widmet sich dem Dienst der Diana in Ephesus. Die Tochter Tarsia soll auf Befehl der auf ihre Schönheit eifersüchtigen Pflegemutter umgebracht werden, entkommt aber durch das Mitleid des Schergen und wird schließlich in ein Bordell verkauft, jedoch von einem Fürsten vor Schande bewahrt. Apollonius, der von Tarsias Pflegeeltern ihren vermeintlichen Tod erfahren und seine traurige Meerfahrt fortgesetzt hat, findet sie durch einen Zufall wieder, und ein göttlicher Befehl führt beide mit der Gattin und Mutter in Ephesus zusammen; Apollonius wird Herrscher von Antiochia und Tyrus.

Der spätantike Roman, der märchenhafte Motive, die ↑ Inzest-Geschichte (→ Mai und Beaflor), die Geschichte von der Bewährung des Helden an einem fremden Hofe und die von der Königstochter, die auch in der Knechtschaft ihre Reinheit bewahrt, nur lose miteinander verbindet, erlebte im Mittelalter eine ungeheure Verbreitung, ohne daß die Fabel wesentlich umgestaltet wurde. Spätere Änderungen des Apollonius-Romans hängen im wesentlichen mit der Auslassung oder Korrektur der Stellen über die heidnische Religion zusammen und versuchen außerdem gewisse Unklarheiten und Unwahrscheinlichkeiten entweder weitgehend zu beseitigen oder neu zu begründen – so die Liebesgeschichte zwischen Apollonius und der Königstochter, seine lange Abwesenheit von seinem Reich nach seiner Berufung auf den Thron und die unklare Stellung des Pflegevaters zu dem Anschlag seiner Frau auf Tarsias Leben.

Unter den lateinischen Bearbeitungen ist die schulmäßige Übertragung in leoninische Hexameter (*Gesta Apollonii* 10. Jh.) und die metrische Bearbeitung in GOTTFRIED VON VITERBOS *Pantheon* (1186/91) zu nennen; Gottfried führte einige Änderungen ein, die in späteren Fassungen vielfach wiederkehren: Apollonius ist von Beginn an König von Tyrus; er gibt sich – ganz wie ein Märchenprinz – am Hof des Archistrates erst zu erkennen, als die Gesandten aus Antiochia kommen; er irrt nach dem Tode der Frau nicht über die Meere, sondern kehrt nach Tyrus zurück und beginnt seine Seefahrt erst nach Tarsias vermeintlichem Tode; Tarsia kommt nicht in das Bordell, sondern wird Saitenspielerin. Am meisten verbreitet wurde die Fassung der *Gesta Romanorum* (14. Jh.), auf der viele nationalsprachliche Fassungen beruhen.

Die frühesten und häufigsten Bearbeitungen finden sich in England (altengl. Bruchstücke 11. Jh.; in J. GOWERS Gedicht *Confessio amantis* 1392/93; Prosa-Bearbeitung von L. TWINE 1576). Auf der Vermittlung durch Gower und Twine fußte das unter SHAKESPEARES Namen 1609 gedruckte Drama *Pericles, Prince of Tyre*, von dem Shakespeare aber wohl nur den zweiten Teil, vom Auftreten Marinas (= Tarsia) an, verfaßt hat; die Gestalt des reinen Mädchens, das sich im Bordell die Bewunderung des Gouverneurs Lysimachus erringt, beherrscht das Stück so stark, daß LILLO seine Bearbeitung von 1738 *Marina* betiteln konnte. In Spanien betonte der versifizierte *Libro de Apollonio* (Anf. 13. Jh.) die christlich-erbaulichen Züge. J. de TIMONEDA gab in der 11. Patraña seines *Patrañuelo* (1576) die künstlerisch am höchsten stehende Erzählfassung des Stoffes, indem er nach dem Muster der italienischen Novelle die Fabel straffte, alles Wunderbare sowie stumpfe Motive tilgte und jeden Handlungsschritt motivierte. In Frankreich reichte die Stofftradition von einem altfranzösischen Fragment des 12. und

einer Prosabearbeitung des 13. bis zu Drucken des 16. Jahrhunderts
und zu F. de BELLEFORESTS *Histoires tragiques* (Bd. 7, 1582). G. COR-
ROZET (16. Jh.) erstrebte psychologische Unterbauung, besonders
des Inzest-Motivs, und gab so dem Stoff ein moderneres Gepräge,
während die Modernisierungstendenz unter den Händen A.-L. LE
BRUNS (*Les aventures d'Apollonius de Tyr*) zu einem Abenteurerro-
man schlimmster Art führte. In Italien gab es im 14. Jahrhundert
Prosabearbeitungen und eine bis ins 18. Jahrhundert hinein gele-
sene Versbearbeitung des Antonio PUCCI (*Istoria d'Apollonio di
Tiro*), die im 16. Jahrhundert ins Griechische übersetzt wurde.
Der deutsche Versroman des HEINRICH VON NEUSTADT (*Apollonius von
Tyrland* um 1300) benutzte die Fabel eigentlich nur als Rahmen für
die Abenteuer, die Apollonius während seiner vierzehnjährigen
Trennung von Frau und Tochter erlebt; zum Volksbuch wurde die
nach lateinischen Vorlagen geklitterte Fassung STEINHÖWELS
(1471). Innerhalb der slawischen Literaturen wanderte der Roman
von West nach Ost, und die polnischen und russischen Fassungen
gehen auf eine tschechische Version des 15. Jahrhunderts zurück,
die alle märchenhaften Züge unterstrich.

E. Klebs, Die Erzählung von Apollonius von Tyrus, eine geschichtliche
Untersuchung über ihre lateinische Urform und ihre späteren Bearbeitungen,
1899; N. A. Nilsson, Die Apollonius-Erzählung in den slawischen Literaturen,
Uppsala 1949; M. Delbouille, Apollonius de Tyr et les débuts du roman français,
in: Mélanges offerts à Rita Lejeune, Gembloux 1969.

**Argonauten** → Medea

**Ariadne.** Von dem abenteuerlichen Leben des sagenhaften athe-
nischen Königs Theseus sind zwei Episoden literarisch fruchtbar
geworden: seine Liebesbeziehung zur kretischen Königstochter
Ariadne und seine Ehe mit deren Schwester → Phädra. Athen
schickt dem kretischen König Minos als jährlichen Tribut eine
Anzahl Kinder, die dem im Labyrinth hausenden Ungeheuer
Minotaurus zum Fraß vorgeworfen werden. Um die Vaterstadt
von dieser Pflicht zu befreien, fährt Theseus mit nach Kreta und
erschlägt den Minotaurus, wobei ihm ein Wollknäuel der liebenden Ariadne hilft, den Weg aus dem Labyrinth zurück zu finden. Er
entführt Ariadne, verläßt sie aber auf Naxos und vergißt bei der
Ankunft in Athen, wie verabredet das siegverkündende weiße
Segel zu setzen, so daß er schuld am Tode seines Vaters wird, der
sich beim Anblick des schwarzen Segels ins Meer stürzt. Dionysos
findet die verlassene Ariadne und vermählt sich mit ihr. HOMER
überliefert eine ältere Schlußversion, nach der Ariadne auf Geheiß
des Dionysos von Artemis getötet wird; die Vermählung mit

Dionysos erzählt zuerst HESIOD. Ariadne war ursprünglich eine minoische Göttin.

Von der älteren griechischen Ariadne-Dichtung sind nur geringe Reste eines *Theseus* des EURIPIDES erhalten. Das vielleicht nach einer alexandrinischen Vorlage gearbeitete *Epithalamium Pelei et Thetidos* des CATULL, das an Hand einer bildlichen Darstellung der verlassenen Ariadne deren Schicksal in locker gereihten Szenen aufblättert und dabei die Klagen und Racheschwüre in den Mittelpunkt stellt, hat dem Stoff die entscheidende lyrische Prägung verliehen, die, von OVID in der Heroide *Ariadne Theseo* noch stärker monologisch verdichtet und, um alle Gefühlsnuancen der heiter Erwachenden und dann beim Anblick des davonsegelnden Schiffes bitter Enttäuschten bereichert, unmittelbare Vorlage für die Erneuerung des Stoffes in Oper und Drama des Barocks wurde. Der spätgriechische Dichter NONNOS von Panopolis (5. Jh.) hat in seinem Epos *Dionysiaka* die Motive zusammengefaßt und den bei Catull nur angedeuteten, von Ovid gesondert in der *Ars amatoria* behandelten glückhaften Schluß der Bacchus-Hochzeit dithyrambisch ausgeführt.

RINUCCINI / MONTEVERDIS Oper *Arianna* (1608) rückte das für alle Ariadne-Dichtungen entscheidende »lamento« ins Zentrum der Handlung, gab eine weiche, nicht rachedurstige Ariadne und einen Theseus, dem die Ehre verbietet, mit der Tochter des Feindes nach Athen zu kommen – der erste der vielen vergeblichen Entlastungsversuche für den treulosen ↑ Verführer. Der Ariadne-Stoff wurde nahezu repräsentativ für die Oper des 17. und 18. Jahrhunderts; es sind über vierzig Ariadne-Opern dieser Zeit namhaft gemacht worden, deren Textbücher häufig mehrfach komponiert wurden und sich auch untereinander nicht wesentlich unterscheiden. Der statisch-monologische Charakter des Stoffes wurde seit A. HARDYS Tragödie *Ariane ravie* (1606) durch Verknüpfung mit dem Phädra-Stoff aufgehoben: Theseus hat Minos' beide Töchter entführt und Phädra seinem Sohn Hippolytos bestimmt, verliebt sich aber in Phädra und verläßt mit ihr Ariadne, die darin die Strafe für ihre Schuld an Minos sieht und den Tod suchen will. Straffer durchgeführt erscheint diese Konstellation bei Th. CORNEILLE (*Ariane* 1672); Ariadne kämpft vergebens um den Geliebten, der seine Dankbarkeit gegen sie für Liebe hielt, und vermählt sich schließlich dem um sie werbenden König Önarus von Naxos, um ihn für ihre Rache zu benutzen. Auch das spanische Drama zeigt die Verquickung mit dem Phädra-Stoff. Bei LOPE DE VEGA (*El laberinto de Creta* 1621) wird die von Theseus auf Lesbos zurückgelassene Ariadne von ihrem früheren Verlobten wiedergefunden und versöhnt sich mit Theseus und Phädra. CALDERÓNS Festspiel *Los tres mayores* (1636) läßt die Ariadne-Episode mit Theseus' Sieg über den Minotaurus und seiner Flucht mit Phädra enden. Bei J. DONNEAU DE VISÉ (*Le Mariage de Bachus et d'Ariane* Kom. 1672) ist die Rivalin nicht Phädra, sondern eine Nymphe. In der Oper findet sich die Stellung Theseus' zwischen den Schwestern bei BONACOSSI

(*Arianna abbandonata* 1641), dann bei PERRIN/CAMBERT (1673), bei J. Ch. POSTEL (*Die schöne und getreue Ariadne* 1696), der den verkleideten Bacchus als Freier Ariadnes auftreten ließ und die für die Oper typische Schlußverwandlung der wüsten Insel in das liebliche Gefilde der Bacchus-Hochzeit zeigt, bei VEROZI (1756), MIGLIAVACCA (1762) und bei MENDÈS/MASSENET (1906), wo Ariadne den Tod in den Wellen sucht. Dagegen führte PARIATIS von HÄNDEL (*Arianna* 1733) vertontes Textbuch *Teseo in Creta* (1715) die Handlung nur bis zur Vereinigung des Paares, ähnlich das mehrfach als Libretto verwandte Drama von F. RAMBACH (*Theseus auf Kreta* 1791).

Die Ariadne-Dichtungen des 18. Jahrhunderts schlossen sich an antike Vorbilder an. Eine dithyrambische Darstellung der Bacchus-Hochzeit gab J. G. WILLAMOWS Gedicht *Bacchus und Ariadne* (1766), während GERSTENBERGS »mythologische Kantate« *Ariadne auf Naxos* (1765) in lyrischem Erguß vom glücklichen Erwachen bis zum Selbstmord in den Wellen führte. Die Erweiterung des Gerstenbergschen Gedichts zum Melodram durch J. Ch. BRANDES (1774; Musik Benda 1775), der dem Monolog einen zweiten des Abschied nehmenden Theseus voranstellte und in der am Schluß ertönenden Stimme der Oreade den Retter ankündigen ließ, gewann dem Stoff ungeheure Popularität (Parodien von PERINET 1803 und KOTZEBUE 1803). Eine Ballade A. W. SCHLEGELS (1789) bewegt sich im Kielwasser dieses Erfolges. Weniger nachhaltig wirkten Versuche einer erneuten geistigen Durchleuchtung des Stoffes durch F. L. Graf zu STOLBERG (*Theseus,* Dr. 1790), der in Theseus einen durch die von Bacchus befohlene Trennung von Ariadne geläuterten Freiheitshelden verherrlichte, und durch HERDER (*Ariadne libera,* lyrisches Dr. 1803), der die Notwendigkeit der Trennung aus der Schuld der Liebenden gegenüber Minos resultieren ließ; Ariadne unterwirft sich, der uneinsichtige Theseus wird im Schlaf fortgeführt.

Durch NIETZSCHES Neuinterpretation des »Dionysischen« trat die Beziehung der Heldin zu dem Gott in ein neues Licht. Abwehr und Herbeisehnung des Dionysischen umschrieb Nietzsche selbst in einer *Klage der Ariadne* (1884/88). Theseus erscheint jetzt als Ariadnes unwürdig, sie dagegen ist des Gottes wert (E. KÖNIG, Dr. 1909; R. C. TREVELYAN, *The Bride of Dionysos,* Musikdr. 1912; P. ERNST, *Ariadne auf Naxos,* Dr. 1913; F. SPUNDA, *Minos oder die Geburt Europas,* R. 1913). H. v. HOFMANNSTHALS *Ariadne auf Naxos* (1912, Musik R. Strauss) zeigt die sich dem Tode entgegensehnende Ariadne, die durch den als Todesboten empfangenen Gott zu neuem Leben erwacht. G. NEVEU (*Le voyage de Thésée,* Dr. 1943) dagegen verklärte Theseus' Treubruch zu einer bewußten Distanzierung vom Ich und zum Verzicht auf persönliches Glück.

Gleichnishaft verwandte M. BUTOR (*L'Emploi du temps,* R. 1958) die Theseus-Ariadne-Phädra-Handlung zur mythischen Auslotung der Geschichte von einem jungen Franzosen, der sich für ein Jahr einer Firma in der englischen Stadt Bleston verpflichtet und

vergebens versucht, sich in der labyrinthischen, feindlichen Stadt
zurechtzufinden.

Vorherrschend waren dagegen in den letzten Jahrzehnten Ent-
mythisierungsversuche verschiedener Art. Hatte schon eine Bän-
kelsängerballade D. SCHIEBELERS (*Theseus und Ariadne* 1767) den
Stoff als die Geschichte eines durchgebrannten und sitzengelasse-
nen Mädchens parodiert, so machte H. HOPPENOT / MILHAUDS
»opéra minute« *L'Abandon d'Ariane* (1928) aus der armen Verlassenen eine Ariadne, die ihren Geliebten satt hat und froh ist, ihn mit
Hilfe von Dionysos und Phädra loszuwerden. Entscheidend für die
rationalistisch-respektlose Haltung wurde A. GIDES fingierte Autobiographie des Theseus (*Thésée* 1946), die heiter und lebensklug
den Egoismus auf allen Seiten und Theseus' wohlerwogene Flucht
vor der Bindung an Ariadne aufdeckt. In dem Gedicht von J. LIND-
SAY (*The Clue of Darkness* 1949) fürchtet Theseus, die Griechen
könnten seinen Sieg der Hilfe Ariadnes zuschreiben und er könne
deswegen politisch nicht reüssieren; als Sightseeing-Reisender
nach Kreta zurückkehrend, erkennt er, daß alle seine späteren
Handlungen durch den Betrug an Ariadne überschattet waren.
N. KAZANTZAKIS zeigt in seiner mit Ironien und Paradoxien beladenen Tragödie *Theseus* (1953) eine Ariadne, die glaubt, Theseus
auch nach der Tötung des Minotaurus am roten Faden gängeln zu
können; sie weiß auch von seiner geheimen Absicht, bei seiner
Rückkehr schwarze Segel zu setzen und durch diesen Betrug den
Thron des Vaters zu gewinnen. Er jedoch fürchtet eine auf gemeinsame Verbrechen gegründete Zukunft und verweist sie auf sich
selbst. Bei Mary RENAULT (*The King Must Die,* R. 1958), die wie
Gide das gesamte Leben des Theseus erzählt, ist Ariadne eine Barbarin, die der zivilisierte, kluge Theseus auf Naxos unter ihresglei-
chen zurückläßt, als er ihre barbarische Haltung erkannt hat.

P. Nicolai, Der Ariadne-Stoff in der Entwicklungsgeschichte der deutschen
Oper, Diss. Rostock 1919; L. Friedmann, Die Gestaltungen des Ariadne-Stoffes
von der Antike bis zur Neuzeit, Diss. Wien 1933; E. Meinschad, Die Ariadnesage
in der Literatur des 18. Jahrhunderts, Diss. Wien 1941; M. Lejeune, La Légende
d'Ariane, Diss. Liège 1950; H. Kevin, The Theseus Theme: some recent Versions,
(Classical Journal 55) 1959/60.

**Ariodante und Ginevra** → Timbreo und Fenicia

**Armida.** Die Liebesgeschichte der Armida und des Rinaldo
d'Este ist eine mit der Haupthandlung geschickt verbundene Episode aus TASSOS *Befreitem Jerusalem* (1581). Rinaldo ist als Knabe dem
Elternhaus entflohen, um an Gottfried von Bouillons Kreuzzug
gegen die Heiden teilnehmen zu können, und in dieser Zeit zu einem
der hervorragendsten Ritter herangewachsen. Der Höllen-

fürst und seine Helfer wollen die Belagerung Jerusalems verhindern und schicken die dämonische ↑ Verführerin Armida ins Lager der Christen. In der Rolle einer Hilfesuchenden weiß sie die Ritter zu umgarnen, zieht sie von ihrer Pflicht ab und setzt sie dann gefangen, doch werden sie von Rinaldo befreit. Armida versucht zunächst vergeblich, Rinaldo zu bestricken, verliebt sich aber in dem Augenblick, in dem sie ihn umbringen will, in ihn, und es gelingt ihr schließlich, ihn zu betören und auf eine Insel im fernsten Meer zu entrücken. Von Gottfried ausgeschickte Ritter rufen ihn zu seiner Pflicht zurück. Die trotz allen Flehens verlassene Armida zerstört ihre Zauberinsel, schwört Rache und schließt sich dem Heer der Feinde an. Nach der für die Christen siegreichen Schlacht bei Jerusalem verhindert Rinaldo Armidas Selbstmord und verspricht ihr die Wiedereinsetzung in ihre fürstlichen Rechte, und so endet der Konflikt in versöhnlichem, freundschaftlichem Geiste.

Der Armida-Stoff, in dem sich Intrige, Lyrismus und Pathos zu imposanten Bildern vereinen, wurde zuerst von B. FERRARI (1639), dann von J.-B. LULLI/Ph. QUINAULT musikdramatisch genutzt; ihre *Armida* (1686) begründete die »grand opéra«. Quinault konzentrierte den Stoff auf das tragische Grundthema der in ihrem eigenen Netz gefangenen Verführerin und unglücklich Liebenden: Armida, die von Anfang an Liebe zu Rinaldo empfindet, will ihn zwar, als sie ihn endlich bestricken kann, verderben, vermag aber ihre Zuneigung nicht in Haß umzuwandeln. Als Rinaldo sich dann seiner Ritter- und Christenpflicht erinnert und Armida verläßt, zerstört sie verzweifelt ihren Palast und sucht unter den Ruinen den Tod. Die weitere epische Ausgestaltung der Fabel und der versöhnliche Ausklang sind getilgt.

Quinaults Textbuch erwies sich als so wirksam, daß noch hundert Jahre später GLUCK es wieder für seine gleichnamige Oper (1778) benutzte. Inzwischen war der Stoff jedoch zu einem der beliebtesten Opernvorwürfe des 18. Jahrhunderts geworden. Zwischen Lulli und Gluck liegen außer HÄNDELS *Rinaldo* (1711) vorwiegend sechs italienische Opern mit diesem Stoff, unter denen die von G. C. CORRADI/C. PALLAVICINO (1687) und die von M. COLTELLINI/A. SALIERI (1771) die bedeutendsten sind. Corradi/Pallavicinos Werk, das früheste nach Lulli, hielt sich, wie schon der Originaltitel *La Gerusalemme liberata* besagt, eng an Tasso und verzichtete auf die dramatisch-tragische Konzentrierung; Armida wird eine Christin. Die späteren Libretti stehen im Schatten von Quinaults Text. Nach Gluck griff dann noch P. v. WINTER nach dem Stoff und brachte ihn zusammen mit seinem Textbuchautor F. J. M. BABO nach dem Muster des ähnlichen → Ariadne-Stoffes in die modische Form des Melodramas (*Reinold und Armida* 1780). Ein Trauerspiel von K. GIESEBRECHT (*Armida und Rinaldo* 1804) sowie eine anonyme Oper und ein Melodrama, die beide in Wien 1808 aufgeführt wurden, bezeugen die damals anhaltende Beliebtheit des Stoffes, die auch durch eine

Travestie von J. v. Voss (*Rinaldo und Armida* 1812) bestätigt wird.
Die letzte bedeutendere Fassung stammt von A. Schmidt / G. Ros-
sini (1817).

**Arminius.** Die in Tacitus' *Annales* überlieferte Geschichte des
Arminius zeichnet den »liberator Germaniae« als überlegenen Politiker und Feldherrn, der, obwohl oder weil mit römischer Kultur
und Kriegskunst vertraut und in den römischen Ritterstand erhoben, die Befreiung von der römischen Herrschaft vorbereitete, sie
in der Vernichtungsschlacht im Teutoburger Wald (9 n. Chr.)
durch Verrat an dem ihm vertrauenden Statthalter Quinctilius
Varus errang und später in den Kämpfen gegen Germanicus behauptete. Tacitus stellt zugleich die isolierte Stellung des Arminius
in seinem Volk dar, die Gegnerschaft zu dem im römischen Heer
kämpfenden Bruder Flavius, die Feindschaft des römerfreundli-
chen Oheims Segest, der ihm die Tochter Thusnelda verweigert,
die Arminius raubt und die durch Verrat ihres Vaters in römische
Gefangenschaft gerät, sowie den Konflikt mit dem Swebenkönig
Marbod und anderen rivalisierenden Kräften unter den Germanen
– Faktoren, die zur Ermordung des Arminius durch einen Angehörigen der eigenen Sippe führten, da er beschuldigt wurde, nach der
Alleinherrschaft gestrebt zu haben.

Der Arminius-Stoff ist die Geschichte eines der ganz großen
Empörer und Befreier. Er erhielt seine besondere Prägung durch
die schon im historischen Bericht enthaltenen, sich dem dichterischen Zugriff geradezu aufdrängenden Motive: den Gegensatz
zweier verschiedener Kulturen, der sowohl der Vorliebe für den
Apparat klassizistischer Römertragödien wie dem romantisierenden Interesse an germanischer Vorzeit entgegenkam; die Spannung
zwischen der Führerpersönlichkeit und ihrer Familie sowie ihrer
Gefolgschaft; eine heroisch-tragische Liebesgeschichte, die auch
die Gestalt der Ehefrau in ein besonderes Licht rückte; die Frage der
Rechtfertigung des durch den Helden begangenen Verrats. Als
Sonderstoff spaltete sich vom Gesamtkomplex das Schicksal des in
römischer Gefangenschaft geborenen Sohnes → Thumelicus ab.
Der nationale Charakter des Stoffes verband sich häufig mit nationalpolitischen Absichten des Gestalters.

Das Mittelalter wußte von der Tat des Arminius nur durch die
knappe Notiz des Orosius; es hätte ihr auch, da es das deutsche
Kaiserreich als Fortsetzung des römischen und beide als im Weltplan begründet ansah, wenig Verständnis entgegengebracht. Es
fügte sich jedoch, daß mit der Wiederentdeckung der einzigen
Handschrift der *Germania* (1455, Druck 1470), dem Erscheinen der
ersten sechs Bücher der *Annalen* (1515) sowie der Darstellung der
Varusschlacht des Velleius Paterculus (1520) die rühmende Darstellung der Vergangenheit auf das erwachende Selbstbewußtsein
und die Aufnahmebereitschaft der deutschen Humanisten stieß und
fruchtbar werden konnte. Seit Ulrich von Huttens an das 12. To-

tengespräch des LUKIAN angelehnten lateinischem Dialog *Arminius*
(postum 1529), der dem deutschen Helden den Platz neben den
großen Feldherrn der Antike erkämpfen wollte, haben die Autoren
der nächsten Epoche weniger die Vita des Arminius als seine
Gestalt dichterisch geprägt: in FRISCHLINS *Julius redivivus* (1582),
MOSCHEROSCHS *Gesichten Philanders von Sittewald* (1640/43), RISTS
*Friedewünschendem Teutschland* (1647) wurde Arminius oder Hermann, wie er schon früh inkorrekt verdeutscht heißt, zum Symbol
altdeutscher Tugend, nationaler Größe und heldisch-vaterländi-
scher Gesinnung. Diese ziemlich fest umrissene Gestalt konnte die
Dichtung einsetzen, als sie sich im 17. Jahrhundert mit mehr oder
weniger historischer Kenntnis und Treue des Stoffes bemächtigte.

Den Beginn der Dramatisierungen setzte G. de SCUDÉRYS Tragikomödie *Arminius ou les frères ennemis* (1644), der das Motiv der
feindlichen Brüder ausgestaltete, den der Romanfassungen LA
CALPRENÈDES heroisch-galante *Cléopâtre* (1647–1658), der das germanische Heldenpaar zahlreichen klassischen Liebespaaren einreihte und von dem LOHENSTEINS »sinnreiche Staats-, Liebes- und
Heldengeschichte« *Großmütiger Feldherr Arminius . . .* (1689/90)
vieles übernahm. Mehr als die Franzosen war Lohenstein bemüht,
die historischen Grundzüge zu erhalten, wenn er sich auch vom
chronikalischen Bericht löste, die Geschichte frei ausgestaltete und
der zeitgenössischen höfisch-galanten Sphäre anglich. Der Roman
spielt im wesentlichen nach der Schlacht im Teutoburger Wald,
umfaßt die ganze Lebensgeschichte des Arminius, endet jedoch
glücklich, mit Hermann und Thusnelda auf dem Königsthron. Die
Liebestragödie dominiert in J. B. de CAMPISTRONS Drama *Arminius*
(1684), die sowohl als Vorlage für das mehrfach vertonte (SCAR-
LATTI 1722, POLLAROLI 1703, HASSE 1730, HÄNDEL 1737) Libretto
von Antonio SALVI diente wie überhaupt dem Stoff Eingang in die
Oper verschaffte (über 35 Veroperungen).

Der stark dialektische Stoff ist schon von der Geschichte her für
die Tragödie vorbestimmt; als solchen begriff ihn in Deutschland
als erster der im Gefolge des französischen Klassizismus und
Gottscheds stehende Johann Elias SCHLEGEL, dessen Alexandriner-
Tragödie *Hermann* (1737) auf dem Motiv verfeindete ↑ Brüder und
dem Gegensatz von römischer und germanischer Kultur aufbaute:
Hermann wurde Verteidiger aufklärerischer Tugendideale, vor
allem der Pflichttreue. MÖSERS formal gleichfalls im Gottschedia-
nismus verharrendes Trauerspiel *Hermann* (1749) ließ zum erstem-
mal die Beziehungen zwischen Führer und Volk stärker hervortreten und machte den Stoff zum Ausdruck einer neuen politischen,
gegen den Absolutismus gerichteten Gesinnung. Der Kampf der
Gottschedianer gegen die Klopstockianer zeitigte außerdem bei
jeder der beiden Richtungen eine episch-metrische Behandlung des
Stoffes, Christoph Otto Freiherr v. SCHÖNAICHS *Hermann oder das
befreite Deutschland* (1751) und WIELANDS *Hermann* (1751); dann
wurde er mit KLOPSTOCKS drei »Bardieten für die Schaubühne«,

*Hermanns Schlacht* (1769), *Hermann und die Fürsten* (1784) und *Hermanns Tod* (1787), zum Gefäß romantisch-nationaler Selbstbesinnung. Klopstock wollte Begeisterung für das Altdeutsche vermitteln, sein von rousseauscher Natur- und Tugendschwärmerei gefärbtes antiquarisches Interesse zeitigte sogar Anmerkungen. Das Verhältnis Hermanns zu Familie, Volk und innergermanischen Gegnern steht im Mittelpunkt. Aus Klopstockschem Bardenkult erwuchs dem Arminius-Stoff als Sonderzweig das vaterländische Preislied, das mit CRAMERS pindarischer Ode *Hermann* (1774) begann und bis zum Ende des 19. Jahrhunderts auftrat.

Von der sentimentalischen Bardenpoesie und dem Ritterstück weg tat KLEIST im Einklang mit den patriotischen Schriften von Gneisenau, Fichte, Arndt und Jahn, in denen Arminius als Vorbildsfigur fungierte, den entscheidenden Schritt zu einem politisch aktualisierenden Realismus und zur dramaturgischen Konzentration des Gesamtstoffes auf seinen Kulminationspunkt, *Die Hermannsschlacht* (entst. 1808, gedruckt 1821). Sein mit der Parallele Römer–Franzosen, Cherusker–Preußen, Sweben–Österreicher arbeitendes Werk wollte nicht Rekonstruktion der Vergangenheit, sondern Aufruf zur nationalen Tat sein. Nicht nur die äußere, sondern auch die innere Überwindung des Fremden – in der Beziehung Thusnelda–Ventidius – wird vollzogen. Kleist rechtfertigte den Verrat des Arminius aus dem Existenzkampf, während die Aufklärung ihn zu beschönigen gesucht hatte. Das Verhältnis Arminius-Marbod wurde umgebogen, weil Kleist die beispielhafte Unterwerfung des kleineren unter den größeren Stamm mit dem Ziele der deutschen Einheit zeigen wollte.

Eine stärkere Objektivierung des Themas in den Jahren nach der Niederwerfung Napoleons deutete etwa die Einführung des Germanicus als eines ebenbürtigen Gegenspielers des Arminius in de la Motte FOUQUÉS Heldenspiel *Hermann* (1818) an, aber auch die sich anbahnende innenpolitische Krise machte sich bemerkbar, wenn in Martin SPANS Trauerspiel *Hermann, der Cherusker* (1819; nach I. PINDEMONTE, *Arminio* 1804) Arminius wegen seines Versuchs, die Macht an sich zu reißen, aus republikanischer Sicht verurteilt wurde. Im übrigen standen die 17 Dramatisierungen, die zwischen Kleists *Hermannsschlacht* und der Grabbes (1838) lagen, eher im Gefolge des späten 18. Jahrhunderts als in dem Kleists.

Das Spätwerk GRABBES stellt in pessimistischer Sicht die Dialektik von großem Einzelnem und Volk dar: das Volk ist zu kurzsichtig und egoistisch für das Ziel der Einheit, das Individuum muß der Menge weichen. Die Schlacht ist weniger Leistung des Einzelnen als Entfaltung der Masse, die spezifisch niedersächsische Züge trägt und als deren Partner die niederdeutsche Landschaft mitwirkt.

Nach Grabbe nahm die Zahl der Bearbeitungen zunächst kaum zu, erst die Einigung Deutschlands 1871 und die Enthüllung des Hermann-Denkmals auf dem Teutoburger Wald 1875 brachten ein starkes Anwachsen: zwischen 1871 und 1914 entstanden 55 –

allerdings durchweg unbedeutende – dramatische Bearbeitungen des Stoffes, daneben traten mit dem Aufblühen des historischen Romans auch wieder erzählerische Gestaltungen. Nach dem ersten Weltkrieg sank die Zahl auf ein Minimum, die politische Entwicklung und das Interesse an deutscher Vorgeschichte in den dreißiger Jahren brachten ein erneutes Anwachsen. Die schon von älteren Autoren angespielte, dann von MÖLLER VAN DEN BRUCK (*Die Deutschen*, Bd. 7) vorgenommene Verknüpfung des Arminius-Stoffes mit dem → Nibelungen-Stoff führte bei Hjalmar KUTZLEB (*Der erste Deutsche. Roman Hermann des Cheruskers* 1934), Paul ALBRECHT (*Arminius Sigurfried* 1935) u. a. zu einer Steigerung der Arminius-Gestalt ins Symbolische und einer mehr oder weniger starken Gleichsetzung mit → Siegfried, in dem man eine mythische Weiterbildung des historischen Helden zu sehen glaubte, eine These, die von der wissenschaftlichen Sagenforschung nicht bestätigt worden ist.

W. Creizenach, Armin in Poesie und Literaturgeschichte, (Preußische Jahrbücher 36) 1875; L. Jacobi, Die dramatische Behandlung des Arminiusstoffes von den Befreiungskriegen bis 1880, Diss. Gießen 1923; H. Kindermann, Das Werden des Hermann-Mythus von Hutten zu Grabbe, (Jahrb. d. Grabbe-Ges. 3) 1940; W. Sydow, Deutung und Darstellung des Arminiusschicksals, besonders seit Kleist, Diss. Greifswald 1937; Bibliographie in: Lippische Bibliographie, bearb. v. W. Hansen, 1957; A. Dörner, Politischer Mythos und symbolische Politik, 1995; R. Wiegels/W. Woesler (Hrsg.), Arminius und die Varusschlacht, 1995.

**Artus.** Die Gestalt des bretonischen Königs Artus oder Arthur wird zum ersten Male in der dem NENNIUS zugeschriebenen *Historia Britonum* (um 800) als die eines Dux bellorum und Besiegers der sächsischen Eindringlinge erwähnt. Auch die *Annales Cambriae* (10. Jh.) bewahren den Namen Arthurs als den einer historischen Gestalt und berichten von seinem Tode in der Schlacht bei Camlan im Jahre 537. HERMANN DE LAON erzählt von der Hoffnung des britischen Volkes, daß Artus einst wiederkehren werde. Erwähnt wird Artus auch in einer Sammlung kymrischer Prosaerzählungen (*Mabinogion*), deren Alter umstritten ist; in dieser keltischen Überlieferung ist er jedoch eine märchenhafte, mythische Gestalt. Zur Fabel, zum Stoff, wurden er und seine Erlebnisse erst durch die *Historia regum Britanniae* (1132/35) des GEOFFREY OF MONMOUTH, der möglicherweise entweder eine schon in bretonischen Einzelsagen vollzogene Verschmelzung der bretonischen Gottheit mit dem historischen Kriegshelden Artus übernahm oder diese Verschmelzung durchführte. Sicher ist, daß Zusammenfassung und Ausbau der Fabel im wesentlichen auf ihn zurückgehen und sie von ihm mit der Absicht einer nationalen Mythenbildung vorgenommen wurden.

Nach Geoffrey ist Artus der Sohn des bretonischen Königs Uterpendragon und der Königin Ygerne, der sich Uterpendragon mit Hilfe der Zauberkunst → Merlins in Gestalt ihres Mannes nahte; der Gestaltentausch ist der → Amphitryon-Sage nachgebildet. Artus wird unter Merlins Obhut erzogen und erweist sich mit fünfzehn Jahren durch eine Kraftprobe als würdig, König der Briten zu werden. Er heiratet Guanhamara (Guinevere), die aus einer vornehmen römischen Familie stammt. Nach Unterwerfung Britanniens und der Nachbarinseln dehnt er seine Herrschaft auf das Festland aus und gerät schließlich in kriegerischen Konflikt mit Kaiser Lucius von Rom, dem er Tribut zahlen soll. Sein Ritter Walwain (Gawan) besiegt Lucius, und Artus ist bereits im Begriff, in Rom einzuziehen, als er erfährt, daß sein Neffe und Sohn Mo(r)dred, Sproß aus einem ↑ Inzest des Artus mit seiner Schwester, dem er sein Reich anvertraute, die Herrschaft an sich gerissen und die Königin entführt habe. Er kehrt daher nach Britannien zurück; bei der Landung fällt Gawan, und Artus selbst wird im Zweikampf mit Mordred, den er erschlägt, tödlich verwundet. Er wird auf die Insel Avalon entrückt. Die weitverbreitete Übersetzung der *Historia regum Britanniae* durch den Normannen WACE im *Roman de Brut* (1155) hat viele Einzelheiten, besonders märchenhafter Art, zugefügt. Wace schildert auch die Gründung der Tafelrunde und entnahm keltischer Volkstradition die Sage, nach der Artus auf Avalon von der Fee Morgan geheilt und von dort wiederkehren werde, um sein Volk zu befreien. Neben dem Motiv von der Entrückung nach Avalon findet sich, zuerst in den *Otia imperialia* des GERVASIUS VON TILBURY (1214) auch die Variante einer Entrückung in das Innere des Ätna, so daß sich im Artus-Stoff der Mythus vom Wilden Jäger und nationale Hoffnungen verbinden, ähnlich wie in der deutschen Kaisersage, die sich an die Person → Karls des Großen, → Friedrichs II. und → Friedrich Barbarossas knüpft.

Das persönliche Geschick Artus', das bei Geoffrey und den nationalen englischen Epen wie LAYAMONS *Brut* (um 1200) und dem alliterierenden *Morte Arthure* (Mitte 14. Jh.) im Mittelpunkt der Darstellung stand, wurde in der festländischen Artus-Epik zur Rahmenhandlung eines ganzen Stoffkomplexes, dem Artus den handlungsmäßigen und geistigen Zusammenhalt lieh. Geoffrey hatte mit den zwölf Friedensjahren von Artus' Herrschaft einen Zeitraum offengelassen, der nun durch die Abenteuer der an Artus' Hof versammelten Ritter ausgefüllt wurde. Motive aus keltischen und irischen Märchen, so besonders die Hilfe für gefangene, verzauberte oder in Bedrängnis befindliche Jungfrauen, gaben dem Stoff einen wirklichkeitsfernen, abenteuerlichen Charakter. Diese Abenteuer der Artus-Ritter wuchsen von Erzählungen zu ganzen Epen an, die in der Hand der frühen französischen und deutschen Bearbeiter (CHRÉTIEN DE TROYES, HARTMANN VON AUE) geistig bedeutsame, symbolhaltige Erziehungsromane geworden sind (*Iwein, Erec, Lanzelot*). Spätere Bearbeitungen sanken wieder auf das Niveau des Nur-Abenteuerlichen zurück, und mit der sittlichen Bedeutung einer vorbildhaften Zentralfigur verlor Artus auch seine Funktion als künstlerisch bindendes und ordnendes Prinzip

des riesig anschwellenden Stoffkomplexes. Zudem wurden einige
Stoffe wie der → Tristan-Stoff und der Cligès-Stoff (CHRÉTIEN,
KONRAD FLECK, ULRICH VON TÜRHEIM) erst spät mit dem Artus-
Stoff verbunden, und die Unter- und Einordnung gelang nicht
vollständig. Die Verbindung mit dem Grals- und → Parzival-Stoff
wurde durch die *Conte del Graal* des CHRÉTIEN DE TROYES (um 1175)
vollzogen und in der Trilogie des ROBERT DE BORON (Anfang
13. Jh.) wiederholt; für die späteren Bearbeiter des Artus-Stoffes
war sie damit verbindlich gemacht. Der Gralssucher Parzival nahm
den einen freigelassenen Platz an Artus' Tafelrunde ein. Das Ideal
des Artus-Ritters ist auch für Parzival zunächst verpflichtend, und
seine Trennung von Artus stellt auch keinen Bruch dar. Selbst bei
WOLFRAM VON ESCHENBACH übersteigt zwar das Grals-Ethos das
des Artus-Kreises, vernichtet es aber nicht. Die Gralssuche wird in
der späteren Artus-Epik zur Pflicht der Artus-Ritter, und an dieser
Pflicht scheiden sich die Geister: Parzival und Galahad erlangen den
Gral, Gawan und Lanzelot nicht.

Ähnlich wie → Karl der Große hinter seinen Paladinen, so trat im
Laufe der Ausweitung des Stoffes Artus hinter den Rittern seiner
Tafelrunde zurück. Artus ist der Stellvertreter seines Hofes, der
Inbegriff ritterlicher Ehre, eine Vorbildgestalt, die auf die anderen
wirkt, aber in diesen Eigenschaften langsam erstarrt und unbeweglich wird. Er verkörpert ein Ideal, das die anderen erst sich entwik-
kelnd erstreben, und er besitzt ein Reich und eine Königin, während die anderen sich ähnliche Güter erst bei Abenteuern erkämpfen müssen. So werden die Ritter Erec, Iwein, Parzival und Lanzelot zu Handlungsträgern, er zur Hintergrundsfigur. Nur Keie und
Gawan blieben auf die Rollen maßstabsetzender Deuteragonisten
beschränkt. Keie, der Neinsager, dessen Kritik die Grenzen des
höfischen Ideals anzeigt, dient wiederholt als Handlungsauslöser,
und Gawan, der Erfüller der ritterlichen Norm, in sich ruhend und
von jener heiteren Grundstimmung, die vom Minnehelden gefordert wird, ist der Mittler zwischen dem Einzelhelden und der
Tafelrunde; der Zweikampf mit ihm gilt als höchste Bewährungs-
probe. Wenn HEINRICH VON DEM TÜRLINS *Der Abenteuer Krone*
(1215/20) Gawan zum Protagonisten erhob, so war das eine Verkennung seiner Funktion im ausgewogenen Geflecht der Artus-
Epik. Weniger unbeweglich und unpersönlich ist die Rolle Artus'
im → Lanzelot-Stoff. Mit dem Liebesverhältnis zwischen Lanzelot
und Artus' Frau Guinevere ist die Ordnung und Ethik der Artus-
Welt, die dann durch das ähnliche, nur brutalere Verbrechen
Mordreds vollends zerstört wird, bedroht; Artus wird eine Parallelgestalt zu König Marke, und sein Schicksal bekommt einen der
höfischen Epik fremden tragischen Akzent. Das Wohlgefallen der
Spätzeit an der glänzenden Gestalt Lanzelots und der ehebrecherischen Liebe des Paares ließ die Gestalt Artus' in manchen Fassungen zum ↑ Hahnrei und Schwächling absinken.

Nachdem die französische Artus-Epik in den Schöpfungen des
Chrétien de Troyes ihren Höhepunkt gefunden hatte, wurden die

Prosafassungen des 13. Jahrhunderts (*Vulgate-Merlin, Didot-Perceval, Prosa-Tristan, Queste del Saint Graal, Mort le roi Artu*) maßgebend für die europäische Verbreitung des Stoffes. In England gab MALORYS umfassende und geschickt ausgewählte Kompilation *Morte d' Arthur* (um 1470) dem Stoff die prägnanteste Fassung und blieb auch noch für neuere Bearbeiter die Grundlage; die Liebesbeziehungen Lanzelots zu Guinevere und Tristans zu Isolde sowie die Gralssuche standen hier im Vordergrund. SPENSER plante, Artus als Verkörperung der »magnificence« an die Spitze der zwölf Ritter seiner *Faerie Queene* (1590–1596) zu setzen. In Deutschland läßt sich den klassischen Artus-Epen Hartmanns von Aue nur WIRNT VON GRAFENBERGS *Wigalois* (1202/05) gegenüberstellen. HEINRICH VON DEM TÜRLINS *Der Abenteuer Krone* (1215/20), STRICKERS *Daniel vom blühenden Tal* (um 1215), ALBRECHTS *Jüngerer Titurel* (um 1270), des PLEIER *Meleranz* (nach 1250) und *Garel vom blühenden Tal* (nach 1250) sowie der *Wigamur* eines Anonymus gehören schon einer der nur am Abenteuerlichen interessierten Spätzeit an; auch der → Lanzelot-Stoff hat in Deutschland keine dichterisch hervorragende Gestaltung gefunden. Italien, das zum Artus-Stoff, anders als etwa zur Karlssage, keine reale oder sagenhafte Beziehung hatte, brachte es zu einer speziellen Ausformung des Stoffes, die der Tafelrunde unter König Artus die frühere unter dessen Vater Uterpendragon gegenüberstellte und vor allem auch die Taten von Tristans Vater Meliadus schilderte; Quelle für diese Abenteuer der älteren Generation bildete die französische *Palamède*. Schon der erste italienische Artus-Roman, der *Meliadus* des RUSTICIANO DA PISA (um 1275) kennt dies Generationenthema, das mit der Einteilung in »Tavola vecchia« und »Tavola nuova« vor allem dem umfassenden Zyklus der *Tavola ritonda* (1391) das Gepräge gibt; ähnlich wie bei Malory stehen hier vor allem die Liebesritter Tristan und Lanzelot im Vordergrund. Der in der italienischen Artus-Epik häufig auftretende Palamedes ist ein Heide, der an Artus' Hof kommt und ein Rivale von Tristan wird. Die *Tavola ritonda* faßte den Artus-Kreis als Erbe des Karlskreises auf, die Schwerter Karls und seiner Paladine gehen auf Artus und seine Ritter über. Die Annäherung der beiden großen mittelalterlichen Epenzyklen wurde dann in der Renaissance durch Dichter wie BOIARDO und ARIOST (→ Roland) noch verstärkt, die den heroischen Gestalten der Karlsepik aus dem Geist der märchenhaften minneseligen Artus-Welt ein neues Leben gaben. Luigi ALAMANNI versetzte die Personen des Artus-Kreises sogar in die Handlung der *Ilias* (*Avarchide* 1549). BOCCACCIO (*De casibus virorum illustrium* 1355–74) dagegen rückte die Gestalt des sagenhaften Königs Artus unter die großen Männer der Geschichte, indem er hauptsächlich an Geoffrey of Monmouth anknüpfte. In Spanien ist der Stoff wohl in Übersetzungen der französischen Vorlagen verbreitet, aber nicht selbständig weiterentwickelt worden.

Da schon die mittelalterliche Artus-Epik ihrer Zentralgestalt allmählich eine passive, wenn nicht gar eine Nebenrolle zuwies, hat

die moderne Literatur, der die zyklische Gestaltungsweise des
Mittelalters fremd ist und die das Individuelle gegenüber dem
Typischen bevorzugt, mit der Gestalt Artus' nicht viel anzufangen
gewußt. Artus ist ihr mehr Symbol als lebendiger Mensch. Auch
hat sie sich mehr vom geistigen Rittertum des Grals als von dem
abenteuerlichen des Artus-Kreises angezogen gefühlt.

Die neuzeitliche Renaissance des Artus-Stoffes ist im wesentlichen eine Leistung englischer und amerikanischer Autoren, die sich
meist auf Malory stützten, der dem Stoff einen nationalen Akzent
gegeben hatte. Die bedeutendste Neuformung sind Tennysons
*Idylls of the King* (1859–1888), ein Zyklus von elf großen Gedichten,
der den glanzvollen Aufstieg der Tafelrunde und ihre allmähliche
Dekomposition durch das Umsichgreifen von Sünde und Sittenlo-
sigkeit darstellt. Artus bleibt dabei untadelige Idealgestalt, dessen
Größe schließlich auch die ehebrecherische Guinevere, die als
Parallelgestalt zu Isolde gezeichnet ist, anerkennt und eine Verzeihung erhält; die seit Malory in der englischen Literatur übliche
Einbeziehung des Tristan-Stoffes wurde von Tennyson und den
meisten seiner Nachfolger beibehalten. Die Betonung des Ehe-
bruchsmotivs führte allmählich zu einer Identifizierung von Artus-
Stoff und → Lanzelot-Stoff sowie zur Wandlung der strahlenden
Königsgestalt in einen enttäuschten, leidenden Artus. W. Morris
konzentrierte in dem Gedichtzyklus *The Defence of Guenevere*
(1858) den Stoff auf die Selbstverteidigungsrede der Königin und
ihren schuldbewußten Abschied von Lanzelot an Artus' Grab. Die
romantisierenden vier vollendeten Dramen des auf neun geplanten
Zyklus *Launcelot and Guenevere* (1891–1907) des Amerikaners
R. Hovey unternehmen eine Entlastung des ehebrecherischen Paares, das sich schon liebte, ehe Guenevere heiratete. In J. Comyns
Carrs effektvollem Ausstattungsstück *King Arthur* (1895) stirbt die
reuige Guinevere zu Füßen des todwunden Artus, und in L. Bi-
nyons Tragödie *Arthur* (1923) erlangt die Verführerin Lanzelots die
Verzeihung ihres Mannes und geht in ein Kloster. Das dreiteilige
Versepos des Amerikaners E. A. Robinson (*Merlin* 1917, *Lancelot*
1920, *Tristram* 1927) war ein Versuch, den Stoff durch Eliminie-
rung des Magischen und Mystischen sowie durch psychologische
Unterbauung modernem Empfinden zugänglich zu machen, während J. Masefields Verserzählungen (*Midsummer Night and other
Tales* 1928) gerade mit dem Einsatz des Übernatürlichen arbeiteten
und Ch. Williams in den beiden zusammengehörigen Gedichten
*Taliessin through Logres* (1938) und *The Region of the Summer Stars*
(1944) die durch Taliessin, Artus' Hofdichter, vermittelten Ereignisse unter das beherrschende Moment des Gralsmythos stellte, der
Erlösung nach dem Untergang der Tafelrunde verheißt. Die Mischung von Ehebruchsproblematik und unrealistischen Elementen
findet sich auch bei den deutschen Neuromantikern F. Lienhard
(*König Arthur*, Dr. 1908) und E. Stucken (*Lanzelot*, Dr. 1909)
sowie dem Italiener E. Moschino (*La Regina Ginevra*, Dr. 1925),
und in J. Cocteaus amüsantem Drama *Les Chevaliers de la Table*

*Ronde* (1927) steht gleichfalls der jahrelange Betrug im Mittelpunkt: die Artuswelt wird als Scheinharmonie gewertet, deren Zauber mit dem Eindringen der Realität erlischt.

Schon M. TWAINS Satire *A Connecticut Yankee in King Arthur's Court* (1889) hatte mit seiner sowohl die Ritterwelt als auch die moderne Technik- und Fortschrittsgläubigkeit kritisierenden Begegnung beider Sphären die Scheinwelt der Tafelrunde insofern ernst genommen, als er in ihr einen zum Scheitern verurteilten Versuch zur Besserung der Menschheit sah, und auch J. ERSKINE (*Galahad, Enough of his Life to Explain his Reputation,* R. 1926) hatte in seiner ironischen Erprobung des alten Stoffes an der Gegenwart seine Gültigkeit nicht ganz leugnen können. Die neueste Literatur erkennt und betont an ihm die Utopie, die Idee eines durch die Mitglieder der Tafelrunde herbeizuführenden ewigen Friedens, die scheitern muß. Diese Linie der Neuinterpretation setzt ein mit T. H. WHITES vierteiligem Roman *The Once and Future King* (1958; *The Sword in the Stone* 1938; *The Witch in the Wood* 1939; *The Ill-Made Knight* 1940; *The Candle in the Wind* 1958), der sich auf neuere Kenntnisse der englischen Frühzeit stützt und in einer Mischung aus Realismus und Romantik Artus als Friedensfürst darstellt, der die Kampfeslust seiner Ritter so kanalisiert, daß sie für das Recht kämpfen und zur Gralssuche aufbrechen. Der Roman bildete die Grundlage für J. LERNER / F. LOEWES Musical *Camelot* (1961) und leitete mit der Neuauflage von 1976 eine Renaissance des Artus- wie des → Merlin-Stoffes ein. Es folgten R. SUTCLIFFS Roman *Sword and Sunset* (1963), in dem Artus selbst seine Geschichte erzählt, des Amerikaners Th. BERGER *Arthur Rex* (R. 1978), dessen ironische Partien den Idealismus des Stoffes nicht zerstören, und M. STEWARTS Romantetralogie (*The Cristal Cave* 1970; *The Hollow Hills* 1973; *The Last Enchantment* 1979; *The Wicked Day* 1983), die den Stoff aus der Perspektive Merlins darbietet und am Ende Artus von den Mächten des Bösen und des Verfalls überrunden läßt. D. JONES (*The Sleeping Lord* 1974) sah in dem Bild des »wüsten Landes« ein Gleichnis für seine eigene Zeit und nutzte in seinem gesamten Werk Symbole und Vorstellungen aus dem Artus-Mythos, der lebendig erhalten werden müsse. Auch die durch die neuere Strömung einer phantastischen Literatur begünstigten, oft Trivialem sich zuneigenden Werke, die Romantisch-Ritterliches in aller Farbigkeit einbeziehen, verlieren doch den Kern, das Scheitern einer Utopie, nicht aus dem Auge. Die Artus' Kameraden Bevidere in den Mund gelegte Lebensgeschichte des Königs von C. CHRISTIAN *The Pendragon* (1978) stellt Artus' Beziehung zu Mordred in den Mittelpunkt, in dem der Aufstand der jungen Generation verkörpert ist. In J. HEATH-STUBBS' zwölfteiligen, sich unterschiedlicher Formen bedienenden *Artorius* (1973) setzt Artus einer enttäuschenden Zukunftsvision ein Dennoch entgegen, in P. GODWINS *Firelord* (1980) referiert Artus auf dem Totenbett seine Geschichte als Testament an die Nachwelt, und G. BRADSHAW (*Hawk of May* 1980; *Kingdom of Summer* 1981; *In Winter's Shadow*

1982) stellte erneut des Königs Kampf gegen das Chaos und sein Erliegen dar.

T. DORST, sicher in Kenntnis mancher englischen Vorgänger, wirft in seinem Monumentaldrama *Merlin* (1981) die Frage nach der Ursache solchen Untergangs auf. Obgleich Merlin seinem teuflischen Vater den Gehorsam verweigert und seine Zauberkräfte nutzt, um durch die brüderliche Gemeinde der Tafelrunde einen Schutzwall gegen Chaos und Anarchie zu bauen, muß das Friedenswerk weichen, weil Artus' Sohn Mordred sich weigert, die Utopie des Vaters sowie dessen Lebensform und Moral zu übernehmen, ohne dem eine eigene Idee entgegensetzen zu können. Ähnliche Vorstellungen bestimmen die »Komödie« *Die Ritter der Tafelrunde* (1989) von Ch. HEIM, dem das Ende einer Utopie zum Erlebnis wurde. Die Gralsritter sind hier alte Männer, die auf Tugenden beharren, die keiner mehr annehmen will. Die Menschen glauben nicht mehr an die Gerechtigkeit des Artushofes und den Traum vom Gral, den sie selber allmählich für ein Hirngespinst halten. Mordred will das Reich nicht erben. »Du wirst viel zerstören« sagt Artus. »Ja, Vater.«

W. J. Entwistle, The Arthurian Legend in the Literatures of the Spanish Peninsula, London 1925; E. K. Chambers, Arthur of Britain, London 1927; E. G. Gardner, The Arthurian Legend in Italian Literature, London 1931; H. Sparnaay, Artusroman (Reallexikon d. dt. Literaturgeschichte I) 1955; W. F. Schirmer, Die frühen Darstellungen des Arthurstoffes, 1958; R. Sh. Loomis (Hrsg.), Arthurian Literature in the Middle Ages. A Collaborative History, Oxford 1959; M. J. C. Reid, The Arthurian Legend. Comparison of Treatment in Modern and Mediaeval Literature, Edinburgh 1960; B. Taylor / E. Brewer, The Return of King Arthur. British and American Arthurian Literature since 1800, Suffolk 1983; Norris J. Lacy, The New Arthurian Encyclopedia, New York 1991; K. Gamerschlag (Hrsg.), Moderne Artus-Rezeption, 18.–20. Jhdt., 1991.

**Aseneth** → Joseph in Ägypten

**Athis und Prophilias** → Titus und Gisippus

**Atreus und Thyestes.** Die Geschichte der feindlichen Söhne des Pelops und Enkel des Tantalus ist wiederholt von griechischen und römischen Dramatikern wie AGATHON, APOLLODOROS von TARSOS, LYKOPHRON, THEODEKTES, ENNIUS, ATTIUS, L. VARIUS RUFUS, CURATIUS MATERNUS behandelt worden; SOPHOKLES schrieb einen *Thyestes* und einen *Atreus*, EURIPIDES einen *Thyestes*, von denen Fragmente erhalten sind. Vollständig überliefert ist nur der *Thyestes* des SENECA. In dieser Tragödie treibt eine Furie den Geist des Tantalus in das Haus seines Enkels Atreus, damit dieser zur Rache an seinem Bruder, der Atreus' Frau Aerope verführt und mit ihr zwei Söhne gezeugt hat, gereizt werde. Atreus lockt den vertriebenen Thyest mit Versprechungen zurück, tötet die Söhne des Heimgekehrten nach den Opferzeremonien und setzt ihr Fleisch und Blut dem Thyest als Versöhnungsmahl vor. Als Thyest den Pokal an die Lippen hebt, wendet die Sonne sich ab, und Atreus erklärt ihm höhnisch, daß Thyest seine Kinder gegessen habe. Thyest ruft die Rache der Götter auf den Bruder herab. Die Fortsetzung der Handlung ist in der 88. Fabel des HYGINUS überliefert: Thyest flieht zu König Thesprotos, wo er, ohne es zu wissen, seine eigene Tochter Pelopeia vergewaltigt, die sein Schwert behält. Bald darauf wird Pelopeia Gattin des Atreus und gebiert Ägisth, den Sohn des Thyest, den Atreus aber für sein eigenes Kind hält. Als Thyest von Atreus' Sohn Agamemnon gefangengenommen wird, befiehlt Atreus dem Ägisth, Thyest zu morden. Thyest erkennt in des Sohnes Hand sein Schwert, die Blutschande wird offenbar. Pelopeia tötet sich. Ägisth ermordet Atreus und wird mit seinem Vater Erbe des Throns.

Der für modernes Empfinden um zu viele Greuel, verfeindete ↑ Brüder, ↑ Blutrache und ↑ Inzest, kreisende Stoff fand durch die Übersetzungen der für die Renaissance mustergültigen Tragödien Senecas Eingang in die neuere Literatur. Die erste selbständigere Bearbeitung von Senecas Drama, MONLÉONS *Thyeste* (1633), fügte die unglückliche Ehebrecherin, hier Mérope genannt, in die Handlung ein: noch ehe Atrée die Rache an seinem Bruder vollzieht, muß sie sich auf seinen Befehl vergiften. In dem *Thyestes* (1681) des Engländers J. CROWNE spielt Aerope eine weit aktivere Rolle: sie war hier nicht untreu, sondern wurde von Thyest vergewaltigt, haßt ihn und leidet unter dem Verdacht ihres Mannes; nach dem blutigen Mahl tötet sie Thyest und dann sich selbst. Eine Neigung zwischen dem Sohn des Thyestes und seiner Halbschwester, der Tochter des Atreus, endet nach der blutigen Opferung des jungen Mannes mit dem Selbstmord des Mädchens. CRÉBILLON (*Atrée et Thyeste* 1707) hat durch eine ähnliche Liebesbeziehung des Thyest-Sohnes die Handlung aufzuhellen gesucht; Thyest macht hier seinem Leben nach dem grausigen Mahl ein Ende. Eine auf Crébillon beruhende »tragédie lyrique« (Mitte 18. Jh.) fügt noch hinzu, daß Atrée vom Blitz erschlagen wird. VOLTAIRES die Handlung klassizistisch straffendes Drama *Pélopides* (1772) führt die Mutter der feindlichen Brüder als Mittelsperson ein, die auch der schutzsuchenden Érope und ihrem Kinde Zuflucht gewährt. Da Thyest sich weigert, Érope, die er schon vor ihrer Ehe mit dem Bruder liebte und die auch ihrerseits durch eine schicksalhafte Liebe an ihn gebunden ist, abzutreten, schreitet Atrée zur Rache. Für den Schluß hat Voltaire mehrere Varianten geschrieben, in denen einmal die Liebenden weiterleben, ein andermal Thyest sich umbringt und in der dritten Form Érope nach ihrem Kinde getötet wird. Von Voltaire abhängig, besonders in bezug auf die Liebe zwischen Thyest und Aerope, ist der *Tieste* (1797) des U. FOSCOLO: Tieste ersticht sich, Érope stirbt vor Schreck. Aus neuerer Zeit ist L. TRÖNLES *Gastmahl zu Mykenae* (1933) zu nennen.

Der zweite Teil des Stoffes, die durch Hygin überlieferte Rache an Atreus, ist wohl zuerst in dem *Aegiste* (1721) von SÉGUINEAU und PRALARD verarbeitet worden. Hier verspricht Atreus dem Ägisth die Hand der Klytämnestra, wenn er Thyest tötet; nach der Erkennungsszene zwischen Vater und Sohn tötet Ägisth Atreus. In den Mittelpunkt rückt die Gestalt der *Pélopée* (1733) in einer an Verkennungen und Erkennungen reichen Dramatisierung des Abbé PELLEGRIN; Pelopeia wird nicht nur von ihrem eigenen Vater vergewaltigt, sondern ist auch Gegenstand der Liebe ihres Sohnes Ägisth, und Atreus benutzt die Leidenschaft beider Männer, um sich an ihnen zu rächen. Auch die deutsche Dramatisierung von Ch. F. WEISSE (*Atreus und Thyest* 1766), von J. J. BODMER 1768 bearbeitet und »humanisiert«, beruht auf Hygins Erzählung.

F. Jacob, Die Fabel von Atreus und Thyestes in den wichtigsten Tragödien der englischen, französischen und italienischen Literatur, 1907; A. Lesky, Die griechischen Pelopidendramen und Senecas Thyestes, (Wiener Studien 43) 1922/23.

**Atriden** → Agamemnons Tod, Atreus und Thyestes, Iphigenie, Orests Rache

**Attila** → Nibelungen, Dietrich von Bern

**Aucassin und Nicolette** → Floire und Blanscheflur

**Augustin, Der liebe.** Das Erlebnis eines Wiener Dudelsackpfeifers in der Pestgrube findet sich bereits als beispielhafte Erzählung in einem nachgelassenen Werk ABRAHAMS A SANCTA CLARA (*Wohlangefüllter Weinkeller . . .* 1725). Nach dieser Quelle fanden Knechte, als sie die Pestleichen im Jahre 1679 wegräumten, den Musikanten betrunken auf der Straße liegen, hielten ihn für tot und warfen ihn in die Grube. Als er am nächsten Morgen erwachte, wußte er nicht, wo er sich befand, und er konnte sich auch nicht befreien. Er spielte auf dem Dudelsack, bis die Knechte kamen und ihn an Stricken heraufzogen; wenige Tage später starb er an der Pest. Außer dieser verhältnismäßig früh überlieferten Geschichte ist alles, was von dem Wiener Volkssänger Augustin sonst erzählt wird, unsicher und dürfte ihm erst später angedichtet worden sein. Auch die Pestgrubengeschichte selbst ist kein Beweis für die historische Existenz des lieben Augustin. Das Lied, das er nach späterer Überlieferung in der Pestgrube sang – »O du lieber Augustin, alles ist hin« –, läßt sich nicht vor 1800 nachweisen. Die Volksphantasie deutete die Pestgrubengeschichte um; aus dem ahnungslosen oder als Notruf gemeinten Musizieren in der Grube wurde bewußter Trotz gegenüber dem Tod, der Held starb auch nicht an der Ansteckung, sondern überlebte die Gefahr. Schelmenstreiche nach Art des → Eulenspiegel wurden der Augustin-Gestalt zugeschrieben, Leichtsinn und Lebenslust des alten Wien schienen in ihm verkörpert.

Als literarischer Stoff erschien der liebe Augustin erst in der zweiten Hälfte des 19. Jahrhunderts, und zwar zunächst im Wiener Volksstück. Zum ersten Male dürfte Augustin als Nebenperson in F. KAISERS *Abraham a Sancta Clara* (1869) aufgetaucht sein, dann widmete ihm H. PÖHNL ein eigenes Stück (1887), in dem der Sänger die Stadt Wien vom Wüten der Pest befreit. Erst im 20. Jahrhundert griff der Roman den Stoff auf: in den locker gereihten Schelmenromanen von O. HAUSER (1913) und M. BRUSSOT (1919) rettet Augustin die Stadt vor der Türkengefahr. Nach dem ersten Weltkrieg begannen Versuche, den ja mit Krieg und Tod eng verbundenen Stoff zu vertiefen. Schon J. BITTNERS Oper (1917) zeigt den Helden in seinen ständigen Versuchen, sich zu einem höheren Leben und einer höheren Kunst durchzuringen, und A. DIETZENSCHMIDTS expressionistisches Stationenstück (1925) stellt Augustins mit dem Pestgruben-Abenteuer einsetzendes Ringen um sein Leben dar, das zur Selbsterlösung im Tode führt. Weniger problembeladen, aber doch mit verwandtem ernstem Grundton gab M. KLIEBA den Stoff als »Allerseelenspiel« (*Der liebe Augustin und der Tod* 1930). Auch der Roman W. RIEMERSCHMIDS (1930) betont die zeitlose Gültigkeit von Augustins Kampf gegen den Tod in einer Handlung, die das Geschehen des ersten Weltkrieges mit ähnlichen Notzeiten des 17. Jahrhunderts verschlingt. Nach dem Kern des Stoffes, dem Pestgrubenmotiv, griffen sowohl Erzählung (R. v. KRALIK, 1910) wie Ballade (A. E. ROULAND in *Mein Wien* 1910; F. K. GINZKEY in *Balladen und neue Lieder* 1910); Balladen und Volkslieder um den Stoff gab K. Fleischer 1936 heraus. Der Held von H. W. GEISSLERS Roman *Der liebe Augustin* (1921) ist frei erfunden und hat mit der sagenhaften Wiener Gestalt nichts gemein.

G. M. Lippitsch, Der liebe Augustin im Spiegel österreichischer Dichtung, Diss. Wien 1933.

**Bach, Friedemann** → Bach, Johann Sebastian

**Bach, Johann Sebastian.** Die künstlerische Entwicklung des Komponisten und Organisten J. S. Bach (1685–1750), die seit der Übernahme des Organistenamtes in Arnstadt (1704) einen geradlinigen Verlauf nahm und mit der langjährigen Tätigkeit als Thomaskantor in Leipzig (1723–1750) einen weder unsteten noch virtuosenhaften Charakter zeigt, hat ihre Parallele im privaten

Bezirk der beiden Ehen und des Verhältnisses zu den Kindern, an
die das künstlerische Erbe der Musikerfamilie weitergegeben
wurde und von denen nur der Sohn Friedemann Schatten künstlerischer Unbehaustheit auf das harmonische Bachbild warf.

Die Dichtung fühlte sich – besonders seit dem Beginn des
20. Jahrhunderts, als Bachs Musik ihre Renaissance erlebte – augenscheinlich verpflichtet, der Größe des Mannes durch eine annähernd adäquate Gestaltung gerecht zu werden. Aber die Monu-
mentalität seiner Musik war literarisch schwer faßbar; der Mensch
Bach besticht durch Integrität, nicht durch Interessantheit, und das
äußere Schicksal – von dem inneren ist wenig bekannt – bietet nur
geringe Ansatzpunkte zu einem Stoff »Bach«. So mußte die Literatur an den Rand des Themas gehen, um einprägsame Motive zu
finden. Der Bach-Stoff blieb im Anekdotischen stecken, und von
den rund 380 Titeln, mit denen die Dichtung um Bach in der
deutschen Literatur vertreten ist, findet sich kaum einer, der sich
allgemeiner Wertschätzung erfreute, wobei hier von der Frage der
historischen Stimmigkeit und des Wertes für das Musikverständ-
nis, nach dem die Bach-Forschung gern urteilt, abgesehen werden
kann.

Nachdem Bachs Größe auch im Gedicht von Zeitgenossen
(G. Ph. TELEMANN) oft gewürdigt worden war, verlor sein Name
im ersten Jahrhundert nach seinem Tode zunächst an Popularität.
Die Bach-Dichtung setzte erst wenige Jahre vor seinem 100. To-
destage ein, und zwar gleich mit denjenigen Akzenten, die auch in
Zukunft für den Stoff beherrschend bleiben sollten. Ein 1836
erschienener Roman über Friedemann Bach von E. ORTLEPP ist
verloren, aber auch eine im gleichen Jahr veröffentlichte dreiteilige
Novelle von J. P. LYSER (d. i. J. P. Th. BURMEISTER) *Sebastian Bach
und seine Söhne* hat im Grunde das Schicksal des scheiternden
Sohnes zum Thema und arbeitet schon mit dessen – erfundener –
Liebe zur Tochter des sächsischen Ministers Grafen Brühl, die dann
eines der zentralen Motive von E. BRACHVOGELS kulturhistorischem Roman *Friedemann Bach* (1868) wurde. Dieser spannend
geschriebene Roman ist, so wenig er den Ansprüchen der Musik-
geschichte entsprechen mag, bis heute das wichtigste Produkt der
Dichtung um Bach geblieben. Brachvogels Werk oder Episoden
aus ihm gaben mehrfach den Anreiz zu Dramatisierungen, und die
Oper von P. GRAENER (Text R. LOTHAR, 1931) beruht ebenfalls auf
Brachvogel. Friedemann Bach, dessen Leben auf weite Strecken
ungeklärt ist und der Phantasie weiten Spielraum läßt, der aber
immer im Gegensatz zum gebändigten Wesen seines Vaters gese-
hen wird, fand auch in neuerer Zeit das Interesse der Autoren
(J. KLEPPER, *Chronik der Familie Bach*, Hörfolge 1933; K. STABE-
NOW, *Johann Sebastians Sohn* 1935; R. HOHLBAUM, *Der friedlose
Friedemann* 1943; H. RABL, *Friedemann Bach reist nach Halle* 1948);
H. FRANCKS Roman *Friedemann* (1963) war geradezu als literarische
Ehrenrettung des Bach-Sohnes gedacht.

Etwa gleichzeitig mit dem Leben Friedemann Bachs wurde

erstmals eine der wenigen einprägsamen Situationen im Leben seines Vaters literarisch fixiert: der Besuch bei Friedrich II. (1747) in E. POLKOS Erzählung *Der alte Bach kommt* (1850) und bald darauf noch einmal in Th. DROBISCHS *Sebastian Bach in Potsdam* (1854). Sie ist noch wiederholt als Stoff kleinerer Dichtungen benutzt worden (C. M. HOLZAPFEL, *Das musikalische Opfer* 1937; J. Ch. RASSY, *Kantor und König* 1943; L. BERGER, *Eine Nacht in Potsdam* 1957; W. SACHSE, *Brandenburgisches Konzert* 1959; E. HAJEK, *Das musikalische Opfer* 1964). Eine zweite Erzählung von E. POLKO *Ein feste Burg ist unser Gott* (1850) entwickelte am Besuch Bachs bei dem Kurfürsten in Dresden das Thema von Bachs Religiosität, das in der gesamten Bach-Dichtung stark betont worden ist (A. STEIN, d. i. H. O. NIETSCHMANN, *Johann Sebastian Bach, ein Künstlerleben* 1896; L. G. BACHMANN, *Der Thomaskantor*, R. 1937 u. *Wirrwarr in Weimar*, Nov. 1941; A. BOPP, *Johann Sebastian Bach, der große Musikant Gottes* 1956; H. FRANCK, *Johann Sebastian Bach*, in der westdeutschen Ausgabe *Kantate*, R. 1960). Bachs Frömmigkeit und die »Heiligkeit« seiner Musik lösten den reizvollen Einfall aus, daß ein späterer Papst den protestantischen Kirchenmusiker habe heiligsprechen lassen wollen (J. RÜBER, *Die Heiligsprechung des Johann Sebastian Bach* 1954). K. A. WILDENHAHN (*Johann Sebastian Bach* um 1850) spann das elegische Thema der Alterserblindung des Künstlers aus, die vielen Bearbeitern ein Anlaß zu Rückblick und Summierung dieses Lebens gewesen ist (K. RÖTTGER, *Bachs letzte Tage* 1933; M. GERSTER, *Et lux perpetua* 1948; F. MEICHNER, *Johann Sebastian Bach* 1952; K. H. HEIZMANN, *Die Kunst der Fuge* 1956; W. SACHSE, *Der letzte Akkord* 1959; E. HAJEK, *Die Jakobsleiter* 1964). Der Versuch des russischen Romantikers Fürsten W. ODOJEWSKIJ (Nov. 1869), aus der Historie auszubrechen und die Gestalt Bachs nach eigenen Gesetzen neu erstehen zu lassen, war zu gewaltsam, um zu gelingen.

Erst um die Wende zum 20. Jahrhundert setzte dann die Flut der Bach-Dichtungen ein. Umfassende biographische Romane (A. STEIN 1896; W. KRAMER 1950; J. FERNAU 1953; H. FRANCK 1960), die künstlerische Bewußtwerdung des Jünglings (W. MÖLLER, *Der Mettenschüler* 1929; Ch. HOLSTEIN, *Das Herz des jungen Johann Sebastian Bach* 1930; K. RÖTTGER, *Die Berufung des Johann Sebastian Bach*, Erz. 1933; W. WITTGEN, *Johann Sebastian Bach* 1936; H. J. MODER, *Der klingende Grundstein* 1937; H. FRANCK, *Wer bist Du?*, Erz. 1955), vor allem die Bewährung vor Buxtehude und der standhafte Verzicht auf dessen Nachfolge in Lübeck, da mit der Organistenstelle die Ehe mit Buxtehudes Tochter kontraktlich verbunden war (K. SÖHLE, *Sebastian Bach in Arnstadt* 1902; L. BÄTE, *Lübecker Abendmusik* 1930; H. FRANCK, *Die Pilgerfahrt nach Lübeck* 1935; M. MUNIER-WROBLEWSKI, *Frühe Suite* 1935; L. G. BACHMANN, *Allabreve* 1938; L. G. BACHMANN, *Die Orgelbraut* 1939), die Auseinandersetzung mit dem Hof und den Konkurrenten in Weimar (L. G. BACHMANN, *Wirrwarr in Weimar* 1941; A. HEINEMANN, *Präludium und Fuge* 1957), der Wettkampf mit dem Organisten

Marchand in Dresden (M. GRUBE, *Bach,* Drama 1932; H. KUTZLEB, *Der Wettkampf in Dresden,* Erz. 1959), die Meisterjahre in Leipzig sowie die Auseinandersetzung mit Ernesti (A. FRIEDMANN, *Der Thomaskantor,* Drama 1917; Ch. HOLSTEIN, *Die Vision des Johann Sebastian Bach,* R. 1935; L. G. BACHMANN, *Der Thomaskantor,* R. 1937; K. A. FINDEISEN, *Gottes Orgel,* R. 1937; S. MOLTKE, *Am Abend, da es kühle war* 1939; F. A. GEISSLER / E. EBERMEYER, *Meister und Jünger* 1942; E. EBERMEYER, *Meister Sebastian* 1950; G. WEISEN-BORN, *Das Spiel vom Thomaskantor* 1950; H. STEGUWEIT, *Stelldichein der Schelme* 1958; E. HAJEK, *Tag der Dämonen* 1964) und schließlich Bachs Verhältnis zu seiner zweiten Frau Anna Magdalena, der das Notenbüchlein gewidmet ist (A. FRIEDMANN, *Der Thomaskantor,* Spiel 1917; K. A. FINDEISEN, *Das Notenbüchlein der Anna Magdalena Bachin,* Erz. 1924) und von der wir wenig wissen, so daß schriftstellerische Phantasie eine liebenswürdige, vorübergehend sehr beliebte fiktive Selbstbiographie *Die kleine Chronik der Anna Magdalena Bach* (1930, anonym; Verfasserin war die Engländerin E. MEYNELL) hervorbringen konnte.

Das im wesentlichen in kurzen Erzählungen eingefangene literarische Bild Bachs begünstigte, wie bei ähnlichen anekdotenumwobenen Gestalten, Zyklenbildungen (E. LISSAUER, *Bach, Idyllen und Mythen,* Gedichtzyklus 1916; A. STRUBE, *Geschichten um Bach, Händel, Schütz* 1936; K. IHLENFELD, *Geschichten um Bach* 1950; A. BOPP, *Johann Sebastian Bach, der große Musikant Gottes* 1956; F. HERZFELD, *Johann Sebastian Bach* 1960). Lyrische Huldigungen (O. LOERKE, J. R. BECHER, *Bach-Sonett* u. *Fügung;* J. BOBROWSKI, 1958) spiegelten oft den Eindruck Bachscher Musik (A. GOES, *Kunst der Fuge;* H. HESSE, *Zu einer Toccata von Bach* u. *Fantasia;* C. ZUCKMAYER, *Bach-Fuge;* H. CLAUDIUS; J. RÜBER, *Bach-Paraphrasen* 1954/55).

K. Th. Bayer, Johann Sebastian Bach und Georg Friedrich Händel in der Dichtung, (Dichtung und Volkstum 37) 1936; H.-M. Pleße, Bach in der deutschen Dichtung, (Bach-Jb. 46 u. 50) 1959 u. 1963/64.

**Bajazet I.** → Tamerlan

**Barlaam und Josaphat.** Das Leben des indischen Religionsstifters Siddhartha mit dem Geschlechtsbeinamen Gautama, der mit 29 Jahren Weib, Kind und Reichtum verließ, nach sieben Jahren Wanderns als Bettelasket unter einem Feigenbaum eine Erleuchtung hatte und seitdem als »Buddha« (= der Erleuchtete) lehrte, ist von seinen Anhängern bald märchenhaft ausgestaltet worden. Eine der Buddha-Legenden gelangte durch ihre Transponierung ins Christliche zu großer literarischer Bedeutung. Sie entstand wahrscheinlich im 6. nachchristlichen Jahrhundert in Afghanistan und erzählt, daß bei der Geburt des Prinzen Joasaph (Josaphat) eine ↑ Weissagung dem heidnischen Vater kundtat, der Sohn werde Christ werden. Josaphat wurde daraufhin fern von der Welt und ihren Leiden erzogen, aber durch die Begegnung mit einem Aussätzigen, einem Blinden und einem Greis lernte er doch Alter, Krankheit und Tod kennen. Der Einsiedler Barlaam weist ihn auf die Werte des Christentums hin, indem er ihm Parabeln erzählt, an denen die Vergänglichkeit der Welt sichtbar wird. Josaphat tritt nicht nur selbst zum Christentum über, sondern bekehrt auch seinen Vater und sein Volk, verzichtet auf die Herrschaft und wird Einsiedler.

Die Legende ist frei von dogmatischer Einfärbung, sie spricht nur vom »wahren Glauben« und konnte daher in den verschiedensten Konfessionen Aufnahme finden. Ihr Hauptthema ist die asketische Lebenshaltung sowie die Lösung moralischer und philosophischer Lebensprobleme. Nur in den christlichen Varianten wurde Barlaam zu einem kirchlichen Helden.

Der Stoff gelangte nach Persien, wurde ins Pehlevi übersetzt und dann ins Syrische, Arabische, Armenische, Hebräische. Der spanische Rabbi Ibn Chisdai (1. Hälfte 13. Jh.) verarbeitete ihn zu einem Gedicht *Fürst und Derwisch*. Eine direkt aus dem Buddhismus übernommene Fassung findet sich in einigen Texten der Reisebeschreibung des Marco Polo (Ende 13. Jh.); sie ist der Schilderung Ceylons angefügt.

Die in Westeuropa verbreitete griechische Version, die eine arabische Vita des Johannes Damascenus (1085) diesem zuschrieb und die auf Grund philologischer Kriterien ihn wohl auch tatsächlich zum Verfasser hat, zeichnet sich durch Kontrastierung der Charaktere, Spannung und maßvolle Didaktik aus und gab die Grundlage der zahlreichen Fassungen des europäischen Mittelalters ab. Über die lateinische Übersetzung des Anastasius, die auch den verkürzten Fassungen des Vinzenz von Beauvais und der *Legenda aurea* zugrunde liegt, drang der Stoff in die Volkssprachen. Erhalten sind die Bearbeitung des Rudolf von Ems (um 1220) und der etwa in der gleichen Zeit entstandene *Laubacher Barlaam* des Bischofs Otto II. von Freising, die Verserzählung des Gui de Cambray (1. Hälfte 13. Jh.), eine provenzalische Version (14. Jh.) sowie die anglonormannische des Chardry, ferner die italienische stark verkürzte sogenannte *Vita* und die vollständigere *Storia*. Unter den spanischen Bearbeitungen steht gesondert der Infanten Don Juan Manuel (1282–1348) *Libro de los estados,* in dem der asketische Stoff in einen weltbejahenden, eine Fürstenlehre, umgeschmolzen wurde. Die Handlung basiert nicht auf einer umgangenen Prophezeiung und auf weltferner Erziehung, sondern auf dem Wunsche des heidnischen Königs, seinen Sohn vor der Begegnung mit dem Tode zu schützen. Die Seele für den Tod zu wappnen ist dann der Grund für des Thronfolgers Taufe. Ins Weltliche transponiert wirkte das Handlungsschema des Barlaam-und-Josaphat-Stoffes auch auf *El Caballero Zifar* (um 1300), den ersten spanischen Ritterroman.

Barlaam und Josaphat wurden als christliche Heilige empfunden und 1583 in das *Martyrologium Romanum* aufgenommen. Jacobus BILLIUS übersetzte 1577 die Legende nach dem griechischen Original erneut ins Lateinische, sein Bruder Jean BILLIUS schuf 1578 eine französische Prosafassung, und im gleichen Jahr entstand außerdem ein deutscher Prosaroman in engem Anschluß an Johannes Damascenus. Zwei französische Mysterienspiele und die gleichfalls ins 15. Jahrhundert gehörigen italienischen Dramen des Socci PERRETANO und des Bernardo PULCI bezeugen die Verwendung des Stoffes auf dem mittelalterlichen Theater, der auch auf der Barockbühne, besonders im Jesuitendrama, durch seine asketische Tendenz große Bedeutung erlangte. Spanien brachte eine ganze Reihe von Dramatisierungen hervor, die sich meist um den Kampf zwischen Bekehrung und Verführung (durch eine Königstochter) bewegen und mit dem Sieg des tugendhaften Prinzen enden. Die früheste Dramatisierung, die nur fragmentarisch erhalten ist, entstand im Jesuitenkolleg von Sevilla (*Tragicomedia Tanisdorus* Ende 16. Jh.) und enthält noch nicht das Verführungsmotiv, das LOPE DE VEGA (*Comedia de Barlán y Josafá*) benutzt, der Josaphat durch eine Vision des Jenseits gerettet werden läßt; die Königstochter bekehrt sich und wird eine Heilige. Unter Lopes Einfluß stehen Diego de VILLANUEVA / Josef de LUNA (*Comedia famosa El Príncipe del desierto, y hermitaño de Palacio*), in deren Stück der Prinz sogar der Versucherin widersteht, als sie anbietet, sich taufen zu lassen; auch hier wird sie zur Büßerin. Ein anonymes Stück *Los dos Luceros de Oriente* zeigt einen zwischen Liebhaber und Grübler schwankenden Prinzen, der, wie in der vorigen *Comedia*, am Schluß von Engeln in den Himmel getragen wird. Der üblichen Handlungsführung scheint auch *El Prodigio de la India, San Josafat* gefolgt zu sein. Zweifellos haben die Dramatisierungen des Stoffes mit dem Motiv vom eingeschlossenen Prinzen auf CALDERÓNS *La vida es sueño* (1635) gewirkt, jedoch war die Rückwirkung von Calderóns Stück auf die Entwicklung der Barlaam-Dramen stärker. An Stelle des Palastes, in dem der Prinz eingeschlossen ist, lebt er nun in der Einöde (Anon., *Los Defensores de Cristo* 1646). Auch in Deutschland wandten sich bedeutende Dramatiker des Jesuitenordens, der die Barlaam-Dramen für die Indienmission nutzte, dem Stoffe zu (*Münchener Josaphat* 1573; J. BIDERMANN, *Josaphat* 1619; J. MASEN, *Josaphatus* 1647); bei Bidermann befiehlt Josaphats Vater einem Diener, den Barlaam zu spielen und den Glauben zu leugnen, aber die List mißlingt, der Diener bekehrt sich und geht mit dem Prinzen und Barlaam in die Einöde.

Die in die Legende eingeschobenen, vorwiegend altindischen Parabeln haben zum Teil in der abendländischen Literatur als selbständige Erzählstoffe eine eigene Entwicklung durchgemacht. Am bekanntesten wurde wohl die Geschichte vom Mann im Brunnen, die F. RÜCKERT in *Parabel* (1823) und unter seinem Einfluß V. A. ŽUKOVSKIJ in seinem Gedicht *Zwei Geschichten* nachschuf. L. N. TOLSTOJ hat das Thema leitmotivisch in seiner *Beichte* (1882) verwendet.

Im Verhältnis zu der außerordentlichen Verbreitung, die das anverwandelte Buddha-Leben in der abendländischen Literatur erfuhr, sind die seit der Erforschung des historischen Buddha auftauchenden literarischen Bearbeitungen seines Schicksals unbedeutend (J. V. WIDMANN, *Buddha,* Epos 1869; E. ARNOLD, *The Light of Asia* 1879; K. GJELLERUP, *Den Fuldendtes Hustru,* Dr. 1907). H. HESSES indischer Erlösungssucher *Siddhartha* (1922) trägt den Namen als Zeichen der Verehrung, aber auch als Kampfansage.

E. Kuhn, Barlaam und Josaphat, (Abhandl. der Bayerischen Akademie der Wissenschaften, philosoph.-philol. Klasse 20) 1894; J. Klapper, Barlaam und Josaphat, (Verfasser-Lexikon der deutschen Literatur des Mittelalters I) 1933; F. Dölger, Der griechische Barlaam-Roman ein Werk des H. Johannes von Damaskos, 1933; J. M. Fischer, Buddha in der neueren deutschen Dichtung, (Orplid I) 1924/25; G. Moldenhauer, Die Legende von Barlaam und Josaphat auf der iberischen Halbinsel, 1929; W. B. Henning, Die älteste persische Gedicht-handschrift: eine neue Version von Barlaam und Joasaph, (Akten des 24. internationalen Orientalistenkongresses) 1957; Hiram Peri (Pflaum), Der Religionsdisput der Barlaam-Legende, ein Motiv abendländischer Dichtung, Salamanca 1959; T. Sklanczenko, The Legend of Buddha's Life in the works of Russian Writers (Etudes slaves et Est-Européennes 4) 1960.

**Bartholomäusnacht.** In jener Nacht vom 23. zum 24. August 1572, als die zur Hochzeit des Protestanten Heinrich von Navarra mit Margarete Valois in Paris zusammengekommenen Hugenotten auf Befehl des Königs Karl IX. ermordet wurden, schneiden sich, vom literarischen Gestalter aus betrachtet, drei Interessen- und Schicksalsgruppen: die des Hugenottenführers Admiral Coligny, die Heinrichs von Navarra, des späteren → Heinrichs IV., der zum Katholizismus übertrat, um sein Leben zu retten, und die der Anstifterin des Mordens, der Königinmutter Katharina von Medici, sowie ihres Sohnes Karl IX. Während die Rollen des braven, auf den König vertrauenden Coligny und die der skrupellosen Katharina einigermaßen festliegen, ist der Charakter des zwischen den Parteien schwankenden Heinrich von Navarra schwerer zu fassen, und die Stellung Karls IX. bleibt eine offene Frage: Haßte er die Hugenotten genau wie seine Mutter, und war sein freundschaftliches Verhältnis zu Coligny nur Verstellung, oder bewogen ihn erst die Überredungskünste und vielleicht auch falschen Vorspiegelungen seiner Mutter zur Unterschrift unter das Bluturteil? Auch die Haltung seiner Schwester Margarete bleibt, vor allem in ihrem Verhältnis zu ihrem künftigen Mann, unsicher.

Der Stoff der Bluthochzeit ist aus dem Gefühl der Entrüstung und Trauer zuerst von protestantischer Seite aufgegriffen worden. Die frühesten dichterischen Spiegelungen finden sich in den gegen Katharina gerichteten Gedichten FISCHARTS. Abscheu kennzeichnet die Darstellung des Massakers in A. D'AUBIGNÉS Epos *Les Tragiques* (1616) und der Mißstände unter den letzten Valois als Hintergrund der heroisch-galanten Handlung in J. BARCLAYS Roman *Argenis* (1621; dt. Übs. M. OPITZ 1626; Dramatisierung von

F. H. FLAYDER 1626 und Ch. WEISE 1684). Auch in OPITZ' *Trostge-
dichten in Widerwärtigkeit des Kriegs* (1633) taucht die Bartholomäus-
nacht auf. Die Dramen von MARLOWE (*The Massacre of Paris* 1592),
Th. RHODIUS (*Colignius* 1615) und N. LEE (*The Massacre of Paris*
1690) stellten den Protestanten Coligny bewußt in den Mittelpunkt
und entsprachen damit der Vorliebe des Barocks für stoische
Gestalten, Märtyrerschicksale und blutrünstige Ereignisse. Dieser
Haltung entspricht auch noch GOTTSCHEDS klassizistische Tragödie
*Die parisische Bluthochzeit König Heinrichs von Navarra* (1746), in der
Karl von Beginn an als erklärter Feind der Hugenotten auftritt und
nach der Blutnacht von Heinrich von Navarra und von Condé den
Glaubenswechsel fordert. M.-J. CHÉNIERS *Charles IX* (1789) traf
mit seinen Anspielungen auf Schwäche und Korruptheit des Kö-
nigs die eigene Zeit und begeisterte ein revolutionär gesinntes
Publikum.

Die recht zahlreichen Dramatisierungen des Stoffes im 19. Jahrhundert sind vielfach von SCHILLERS Aufsatz *Bürgerliche Unruhen in
Frankreich in den Jahren 1569–1572* (1793) beeinflußt. So entnahm
man von hier die Verteilung der dramatischen Gewichte, die
dominierende Stellung Katharinas, deren Helfershelfer Heinrich
von Guise und deren schwächliches und willfähriges Werkzeug ihr
Sohn ist; außerdem hat die Posa-Philipp-Szene aus dem *Don Karlos*
die wichtige Auseinandersetzung zwischen Coligny und Karl prä-
gen helfen (E. MARSCHNER, *Coligny, Admiral von Frankreich* 1820;
J. Freiherr von AUFFENBERG, *Die Bartholomäus-Nacht* 1846; Anon.,
*Coligny* 1855). Für die Bildung einer festen Stofftradition wurden
außerdem wirksam: MÉRIMÉES realistisch-historische *Histoire du
règne de Charles IX* (1829), das Kolorit, das die Blutnacht MEYER-
BEERS Oper *Die Hugenotten* (1836) lieh, sowie die Herausarbeitung
eines tragisch gesehenen Karl durch DUMAS' Roman *La reine
Margot* (1845). Das bis dahin vorherrschende Interesse für Coligny,
der als dramatische Figur unergiebig ist und auch gegen den Willen
der Autoren am Ausgang der Ereignisse immer durch die größere
Aktivität Katharinas beiseite gedrängt wurde, trat im 19. Jahrhundert allmählich zurück. Man widmete sein Bemühen Heinrich von
Navarra und dem interessanten Charakter Karls, dessen Wechsel
von einer den Hugenotten freundlichen zu einer ihnen feindlichen
Haltung man zu motivieren versuchte (E. MOHR, *Coligny* 1857;
O. DEVRIENT, *Zwei Könige* 1867). Das Bemühen, die drei Handlungsstränge, die sich in der Blutnacht zwar schneiden, aber sehr
verschiedene Ausgangs- und Endpunkte haben, in eine dramatische Konzeption zu zwingen, ist am deutlichsten bei A. LINDNER
(*Die Bluthochzeit* 1870) spürbar, der in sehr freier Behandlung der
historischen Fakten den Glaubenswechsel Heinrichs unterschlägt
und Heinrich zum unmittelbaren Nachfolger Karls macht; dennoch ist auch ihm eine Einheit der Handlung nicht gelungen, das
Interesse neigt sich immer stärker Heinrichs von Navarra über die
Bluthochzeit hinausweisendem Schicksal zu. Auf die weltanschaulichen, aber dramatisch vielleicht weniger interessanten Gegner

Katharina und Coligny schnitt P. J. CREMERS' *Katharina und Coligny*
(Dr. 1938) die Handlung zu. Als spannungsgeladener Handlungs-
hintergrund bewahrte die Bartholomäusnacht ebenso ihre Wirksamkeit (C. F. MEYER, *Das Amulett* 1873) wie als Etappe auf dem
Wege → Heinrichs IV. von Frankreich.

F. Koch, Stoffgeschichte der Bluthochzeitsdramen (in: Koch, Albert Lindner
als Dramatiker) 1914.

**Bassompierre, Marschall von.** In seinen während der Haft in
der Bastille geschriebenen *Memoiren* erzählt der Marschall von
BASSOMPIERRE (1579–1646), daß ihn während einiger Monate an
einer bestimmten Stelle in Paris immer eine hübsche Krämerin
gegrüßt und ihm nachgeschaut habe. Einem zur Verabredung eines
Stelldicheins zu ihr geschickten Diener gegenüber äußert sie in aller
Offenheit den Wunsch, mit dem Marschall eine Nacht zu verbringen. Es kommt zu einer Liebesnacht in einem Bordell, und als
Bassompierre noch eine zweite Zusammenkunft verabreden will,
lehnt sie es ab, noch einmal dies Haus zu betreten: sie sei dorthin
gekommen, weil sie ihn liebe und weil seine Gegenwart den Ort
ehrenhaft gemacht habe; sie habe nur ihrem Mann und ihm angehört und werde nie mehr einem anderen gehören; ein zweites Mal
in das Bordell zu kommen, würde sie zur Dirne erniedrigen, sie
werde ihn im Haus ihrer Tante erwarten. Als Bassompierre drei
Tage später in das genau beschriebene Zimmer im Haus der Tante
gelangt, erblickt er im Schein eines Feuers, in dem Bettstroh
verbrennt, zwei nackte Leichen auf einem Tisch. »Un peu ému de
ce spectacle« trinkt der Marschall in seinem Quartier einige Gläser
Wein als Vorbeugungsmittel gegen die Pest. Nachforschungen,
die er später veranstaltet, um zu erfahren, was aus der Frau
geworden sei, führen zu keinem Ergebnis.

Die Wirkung dieser Geschichte, die in der mangelnden Verknüpfung der Motive – heimliche ↑ Liebesnacht und Pesthaus –
und dem offenen Schluß die Kennzeichen des Selbsterlebten trägt,
beruht ebensosehr auf der schrankenlosen Hingabe der Frau wie
auf der Verständnislosigkeit des routinierten Liebhabers, dem das
Abenteuer zwar so »extravagant« erscheint, daß er es Jahre später
noch aufzeichnet, aus dessen dürren Worten aber die eigene Unbe-
rührtheit ebenso deutlich wird wie die Größe der Frau.

Der handlungsmäßig kaum veränderbare Novellenstoff besitzt
jedoch Sprünge, Lücken und Unausgeführtes genug, um zur Ausführung und Ausdeutung zu reizen. Das bei der Verständnislosigkeit Bassompierres gegenüber dem Geschenk der Frau mitspielende Motiv des Standesunterschiedes wurde bei CHATEAUBRIAND
(*Mémoires d'Outre-Tombe,* Druck 1849–50) zum tragenden Thema
der Erzählung: Bassompierre ist der Halbgott, der eine Sklavin
beglückt. Für Chateaubriand ist menschlich nur der Marschall
interessant, er übergeht das Bordell, die Liebesszene, die entschei-

dende Rede der Frau, und ihn interessiert künstlerisch nur das düstere Pestbild des Schlusses, das ihm eines Melodrams würdig scheint. Die mangelnde innere Beteiligung des Marschalls wird womöglich noch unterstrichen, indem dessen spätere Nachforschungen nicht erwähnt werden. Den Versuch einer psychologischen Verknüpfung des Schlusses mit dem Liebesabenteuer deutet die Frage an: »Waren die Pest oder die Eifersucht vor der Liebe in die Rue Bourg-l'Abbé gelangt?«

Verflüchtigte sich das seelische Gewicht des Stoffes durch den rein standesmäßigen Gesichtspunkt Chateaubriands, so unterstrich GOETHE in seiner die Direktheit des Erotischen vorsichtig dämpfenden und den Sinn verdeutlichenden Fassung (*Unterhaltungen deutscher Ausgewanderten* 1795) das durch Bassompierres Bericht fast wider Absicht durchschimmernde Kernmotiv, die Liebe der Frau, die des Mannes innere Ferne erkennt und auf sie anspielt: »Ihr seid meiner wohl in diesem Augenblick schon überdrüssig?« Goethe knüpfte die beiden Teile enger aneinander, indem er das Pestmotiv schon am Anfang aufklingen ließ, die Bedeutung der Pestszene bleibt jedoch offen: War die Frau aus Furcht vor der Pest gar nicht in das Haus gekommen? Warum hatte sie den Geliebten dann nicht gewarnt? Oder muß man nicht fürchten, daß sie »mit auf dem Tische gelegen« habe?

HOFMANNSTHALS sich an Goethe anschließende Novelle (*Das Erlebnis des Marschalls von Bassompierre* 1900) tat den Schritt zur Interpretation und Ausgestaltung. Hofmannsthal verstärkte das Pestmotiv am Anfang und ließ es in einem die beiden Teile verbindenden Einschub, in dem Bassompierre den Mann der Frau beobachtet, erneut auftauchen. Er erfand ein an optischen und symbolischen Wirkungen reiches Motiv in dem Kaminfeuer der Liebesnacht, das sich am Schluß im Feuer des Bettstrohs, das die Leiche durch ihren Schatten noch einmal lebendig werden läßt, wiederholt. Handlungen, Worte und seelische Reaktionen der Frau werden weit eingehender geschildert, und mit ihnen wächst, da die Form der Ich-Erzählung beibehalten ist, die innere Beteiligung des Mannes, die Kluft zwischen den beiden Menschen schließt sich, und die Tat der Frau büßt durch die größere innere Nähe des Liebhabers trotz der psychologischen Verfeinerung fast an Größe ein. Aus dem bedenkenlos hingenommenen Abenteuer eines Kavaliers ist ein Liebeserlebnis geworden.

W. Kraft, Von Bassompierre zu Hofmannsthal, zur Geschichte eines Novellenmotivs, (Revue de Littérature Comparée 15) 1935.

**Baucis** → Philemon und Baucis

**Bauer, Der träumende.** Die Geschichte von einem Manne aus den unteren Ständen, der während eines Schlafes oder Rausches in eine höhere Lebenssphäre versetzt und später auf dem gleichen Wege wieder in seinen alten Stand zurückversetzt wird, ist wahrscheinlich orientalischer Herkunft und wird zum ersten Male in *1001 Nacht* in der Erzählung *Vom erwachten Schläfer* greifbar. Harun al Raschid läßt hier Abu Hassan, einen jungen Kaufmann, aus Dankbarkeit für die bei ihm genossene Gastfreundschaft während eines durch Schlaftrunk herbeigeführten Schlafes in den Kalifenpalast tragen, so daß er im fürstlichen Bett aufwacht. Der Kaufmann kann nicht nur an einem Betrüger die Strafe vollziehen, sondern durch Takt und gesunden Menschenverstand beweisen, daß er der ungewohnten Ehre wert ist. Als er dann am nächsten Morgen in seinem eigenen Bett erwacht und noch immer glaubt, Kalif zu sein, erklärt ihn seine Mutter für toll. Schließlich hält er selber sein Erlebnis für einen Traum, bis ihn der Kalif über den wahren Sachverhalt aufklärt.

Der schmale, aber sehr wirkungsvolle und trotz seiner heiteren Züge nachdenklich stimmende Stoff ist nach den verschiedensten Seiten hin interpretiert und abgewandelt worden. Seine Möglichkeiten hängen mit der Auffassung von Sinn und Unsinn der Standesunterschiede und von der Gleichheit oder Ungleichheit der Menschen zusammen. In der Darstellung in *1001 Nacht* steckt eine gewisse Neigung zur Gleichheitsidee, da die Fähigkeit zum Regieren als unabhängig vom Stand erscheint. Diese Auffassung kann bis zur Verherrlichung eines solchen Zufallsregenten gehen, sie kann in ihm das Fürstliche als Standesmacht karikieren, und sie läßt vielleicht auch den vorübergehenden Potentaten zum Rächer seiner Klassengenossen werden. Dagegen stellt das Bekenntnis zu Standesgrenzen gern den Emporkömmling, Prasser und Tölpel dar und dekuvriert im Despotismus des Eintagskönigs die Niedrigkeit der menschlichen Natur, die durch keinerlei Erziehung, Bildung und Verantwortung gebändigt scheint. Der Stoff hat komische, aber auch tragische Möglichkeiten und ist wegen seiner einschichtigen Handlung außer zur Erzählung und Novelle mit entsprechenden Erweiterungen auch zum Drama und besonders zur Komödie geeignet.

Der Stoff taucht im 16. Jahrhundert in Deutschland auf. Die erste Wiedergabe in den *Briefen* des Ludovicus Vives (1556) dürfte auf direkter orientalischer Vermittlung beruhen: der Herrscher ist hier Philipp der Gute von Burgund, sein Stellvertreter ein betrunkener Mann aus den untersten Volksschichten; die Standeserhöhung wird also durch die soziale und moralisch niedrige Stufe des »Träumenden« verstärkt, was von den meisten späteren Bearbeitern beibehalten wurde. Die an der Handlung demonstrierte Moral – das Leben als Traum, als Possenspiel – verschaffte dem Stoff in der barocken Dichtung weite Verbreitung. In Form der Erzählung wurde er von Pontus Heuterus (*Rerum Burgundicarum libri sex* 1584), Goulart (*Histoires admirables et mémorables de nostre temps*

1604), Sir Richard BARCKLEY (*Discourse of the Felicity of Man* 1598) und David CHYTRAEUS (*Chronicon Saxoniae* 1595) in wenig abgewandelter Gestalt weitergegeben.

Auf Vives fußte ein anonym erschienenes englisches Drama *The Taming of a Shrew* (1594), dessen Beziehung zu SHAKESPEARES Komödie *The Taming of the Shrew* bisher ungeklärt ist. Vives' Bemerkung, daß zu Ehren des vermeintlichen Fürsten Theater gespielt worden sei, gab Veranlassung, die Fabel vom träumenden Bauern – hier dem Kesselflicker Sly – als Rahmenhandlung für die hinzugefügte Komödie zu benutzen. Der von der Jagd heimkehrende Lord findet vor der Schenke den Betrunkenen liegen, dessen Wandlung unter dem Eindruck des neuen Milieus zum psychologischen Thema des Vorspiels wird, während Shakespeare die Rückversetzung in die Wirklichkeit recht kurz abtut. Schon Shakespeares Vorlage erweiterte die Handlung durch einen Pagen, der als »Lady« des Schlosses auftritt; die Rolle des »Träumenden« bleibt die eines Tölpels. Das Rahmenspiel lebte unabhängig von der Zähmungsfabel in Bearbeitungen auf der englischen Bühne fort und erhielt sich auch als Ballade *The Frolicsome Duke or the Tinkers Good Fortune* in PERCYS *Reliques of Ancient English Poetry* (1765). E. WOLFF-FERRARI legte es der Oper *Sly* (1927) zugrunde.

In Deutschland wurde der Stoff zum ersten Male durch den pommerschen Pfarrer L. HOLLONIUS dramatisiert (*Somnium vitae humanae* 1605), der jedoch aus Angst vor Anstößigkeiten fast die gesamte Handlung um den einen König spielenden Bauern hinter die Szene verlegte. Die dem Stoff seit Vives anhängende Moral von der Nichtigkeit alles Irdischen kam den Intentionen des Jesuitendramas entgegen, in dessen Bereich er erstmals in GEORG BERNHARDTS *Jovianus* (Ingolstadt 1623) erscheint und dann nach der Erzählfassung BIDERMANNS (in *Utopia* 1640) besonders häufig bearbeitet wurde. Bidermann hing dem ersten »Traum« einen zweiten an: sein homo paganus erwacht am Galgen und hält sich für gestorben, ein Schein-Gnadenakt befreit ihn. Eine Dillinger Aufführung von Bernhardts Drama (*Joviani superbia* 1642) sah in dem Scherz des Herrschers einen Akt frevelhafter Überhebung, während ein spätes Jesuitendrama von DUCERCEAU *Les Incommodités de la grandeur* (1717) den »Träumenden« erkennen läßt, wie schwer das Amt des Herrschers ist. In des Polen BARYKA Komödie *Z chlopa król* (1673) spielen Soldaten dem trunkenen Dorfschulzen einen Fastnachtstreich. Auch den Wandertruppen war der Stoff bekannt. Christian WEISES *Niederländischer Bauer* (1700) schließt sich, auch in dem grausamen Schluß, eng an Bidermann an, hat aber einen groben, zotenhaften Charakter. Wie verbreitet der Stoff im 17. Jahrhundert in Deutschland war, beweist die Verwendung in HARSDÖRFFERS *Frauenzimmergesprächsspielen* (1641/49), wo die Geschichte als die »bekannteste« zu einem Tapetenmotiv vorgeschlagen wird.

Eine völlig neue, tragische Wendung gab CALDERÓN dem Stoff in *La vida es sueño* (1635) durch Verbindung mit dem → Barlaam-

und-Josaphat-Stoff, den er auf den Prinzen Sigismund von Polen übertrug. Der in Kerkerhaft, fern jeder Kultur und ohne Kenntnis seiner Herkunft aufgewachsene Prinz, dessen Gemüt der Vater auf Grund einer Weissagung prüfen will, erwacht als Fürst im Palast. Angeborene Wildheit und die Rachsucht eines Unterdrückten schäumen zu tierischer Bosheit auf, so daß man ihn in seinen Kerker zurückbringt und ihm einredet, daß er alles nur geträumt habe. Als er durch das Volk befreit wird und seinen Vater besiegt, glaubt er abermals zu träumen und mäßigt sich in weiser Vorsicht, worauf er die Herrschaft antreten darf. Das neue Moment einer Wandlung des Träumenden durch seine Erlebnisse veranlaßte GRILLPARZER zur Umkehrung des Themas in *Der Traum, ein Leben* (1834). In diesem Drama wird ein Traum für Wirklichkeit gehalten, und er bewirkt die Wandlung; damit führte der Weg vom spezifischen Charakter des Stoffes fort. Hugo v. HOFMANNSTHAL hat in seinem auf Calderón fußenden Bühnenwerk *Der Turm* (1925) das Traummotiv an den Rand gedrängt. Zwar ist der Prinz bei der ersten Konfrontation mit der Wirklichkeit eben aus Bewußtlosigkeit erwacht; bei der zweiten aber tritt er ihr bewußt entgegen. Er scheitert beim Versuch einer Neuordnung.

In Holland fand Shakespeares Rahmenspiel bald Aufnahme; M. GRAMSBERGEN (*Kluchtige Tragoedie van den Hartoog van Pierlepon* 1650) verknüpfte es mit der Peter-Squenz-Fabel, M. FOKKENS (*Klucht van Dronkken Hansje* 1657) mit einer Liebesgeschichte, die dann in Pieter LANGENDIJKS *Krelis Louwen, of Alexander de Groote op het poëtenmaal* (1715) zur Vordergrundshandlung wurde: die Erhöhung des Bauern dient hier einem Liebhaber als List, um seinen größenwahnsinnigen Schwiegervater zu kurieren; das beliebte Stück wurde ins Deutsche und Französische übersetzt. Der Däne L. HOLBERG erprobte zunächst diesen Plot an der Variante des vermeintlich zum Bürgermeister ernannten politisierenden Handwerkers (*Den politiske Kandstøber* 1722), ehe es ihm in *Jeppe paa Bierget* (1722) gelang, die von Bidermann übernommene schmale Fabel ohne Stoffzusatz komödientragfähig zu machen. An der Gestalt des Bauern Jeppe, der als Baron aufwacht, zeigt er den plötzlichen Aufstieg eines einfachen Mannes, der sich als Rächer der unterdrückten Bauern fühlt und zum Tyrannen und Leuteschinder wird.

Auch das 19. Jahrhundert hat den Stoff nicht fallengelassen, freilich nur spielerisch-harmlose, von der sozialen Problematik abdrückende Bearbeitungen hervorgebracht. Heinrich ZSCHOKKE (*Der Blondin von Namur* 1813) stutzte ihn nach Art der Schauergeschichte zurecht, in J. GÖRRES' Gedicht *Der Schneider von Burgund* (1834) wirkte die romantische Ballade nach, die auch SŁOWACKIS Märchenspiel *Balladyna* (1839) bestimmte, in dem die Königsrolle durch Zauber bewirkt und mit dem Tode bezahlt wird. Zwei musikdramatische Fassungen, J. v. PLÖTZ' Operette *Der verwunschene Prinz* (1844) und A. ADAMS Oper *Si j'étais roi* (1853) griffen auf die Märchenzüge der orientalischen Urfassung zurück; bei

Adam erhält der Fischer Zepheris nach seinem Erwachen wirklich Prinzessin und Königreich. Zu Beginn des 20. Jahrhunderts ist der Stoff dann wieder in gewichtigerer Form aufgetreten. G. HAUPT-MANNS an Shakespeare anschließende Komödie *Schluck und Jau* (1900) erreichte eine größere Fülle der Handlung durch die Verdoppelung der genasführten armen Schlucker: dem als Fürsten erwachten Jau wird sein Kumpan Schluck gegenübergestellt, den man gezwungen hat, die Rolle der Lady zu spielen – dem Spieler aus gutem Glauben der Spieler zum Zwecke bewußter Täuschung. Die geheime Angst, des unverhofften Glückes verlustig zu gehen, steigert Jaus Genuß- und Herrschfreude bis zum Größenwahn. Neben die Kritik von oben tritt bei Hauptmann die Kritik von unten: das Frevelhafte in dem Scherz der blasierten vornehmen Herrn wird deutlich angeprangert. 1902 versuchte Justin Huntley MCCARTHY den Stoff sogar zum Roman auszuweiten (*If I were King*): Ludwig XI. von Frankreich läßt den aufrührerischen Dichter François Villon als »grand constable« von Frankreich erwachen, jedoch wird Villon über die vollzogene Verwandlung aufgeklärt und bei Androhung des Todes verpflichtet, sich innerhalb einer Woche als Regent Frankreichs zu bewähren. Eine ähnliche bewußte Bewährung nach anfänglicher scherzhafter Erhöhung besteht auch der Betteljunge Nino in H. MANNS *Die Göttinnen oder die drei Romane der Herzogin von Assy* (1903); Mann schloß sich in der Fabel einem italienischen Volksstück an. Diese und die vorher erwähnte Bearbeitung stehen schon an der Grenze zu einer anderen Stofftradition, bei der es sich nicht um einen »Träumenden«, sondern um einen bewußten Rollentausch handelt, wie etwa in MARK TWAINS *The Prince and the Pauper* (1882), bei dem nicht der Erhöhte, sondern die Umwelt getäuscht wird, oder in St. WIKIE-WICZ' *Karol Wścieklica* (1922), wo die Übernahme des Staatspräsidentenamtes den Verlust der Identität bedeutet. In J. COCTEAUS Tragikomödie *Bacchus* (1951) ermöglicht ein Volksbrauch den Rollentausch: bei dem jährlichen Winzerfest wird ein Jüngling für eine Woche zum Bacchus und König gewählt. Da diese Wahl bei einem Sohn des Herzogs zu Selbstüberhebung und zu Selbstmord führte, will der Herzog den Brauch diffamieren und absetzen und läßt einen hübschen Dorftrottel wählen. Dessen Beschränktheit aber war nur Verstellung; er nutzt seine neue Rolle zu umstürzlerischen Maßnahmen. Der Sohn des Herzogs rettet ihn mit einem tödlichen Pfeilschuß vor der Lynchjustiz. Die alte Fabel soll dartun, »in was für einer schrecklichen Einsamkeit junge Menschen leben, die sich nur sich selbst verpflichtet fühlen und es ablehnen, sich den Richtlinien, gleichviel welcher Politik, zu fügen«.

P. Blum, Die Geschichte vom träumenden Bauern in der Weltliteratur, (Programm Teschen 35) 1908; B. Schultze, König für einen Tag (Polonistische Beiträge zum Internationalen Slawistenkongress 1998 in Krakau) 1998.


**Beaflor** → Mai und Beaflor

**Beatrix.** Unter den Marienlegenden des Mittelalters ist die von der Nonne oder Küsterin Beatrix eine der schönsten und eigentümlichsten. CAESARIUS VON HEISTERBACH, dessen zwei Versionen die frühesten Zeugnisse dieser Legende bilden, dürfte, nach den leichten Varianten seiner Erzählungen zu urteilen, eine ältere Quelle aus dem Gedächtnis wiedergegeben haben. Sein *Dialogus miraculorum* (1223) berichtet in knapper, simpler Form von einer Nonne, Pförtnerin ihres Klosters, die zusammen mit einem Geistlichen aus dem Kloster entflieht, nachdem sie die ihr anvertrauten Schlüssel vor dem Bild der Maria niedergelegt hat. Der Verführer verläßt sie bald darauf, und sie selbst wird zum Freudenmädchen. Nach zehn Jahren kommt sie zufällig in die Gegend des Klosters und erfährt, daß die Nonne Beatrix – sie selbst – noch lebe. Sie betet vor dem Marienbild der Kirche, fällt in Schlaf, Maria erscheint ihr und befiehlt, Beatrix solle den Platz im Kloster wieder einnehmen, den Maria selbst in deren Gestalt inzwischen versehen hatte. Die bald nach dieser Version liegende breitere zweite des Caesarius in *Libri octo miraculorum* spricht von dem Verführer als von einem »Jüngling«, die Rückkehr in die Klostergegend erfolgt nicht zufällig, sondern aus Reue, und vorsichtiges Nachforschen enthüllt das Geheimnis der wunderbaren Stellvertretung.

Die Legende ist aus dem Denken der geistlichen Orden entstanden und wirbt für sie. Die Niederlegung der Schlüssel vor das Bild der Maria bezeugt die Ergebenheit und das – noch unbewußte – Schuldgefühl der Nonne. Maria ist angerufen, sie tritt in ihre Funktion als Beschützerin auch der Sünder. Sie billigt die Flucht nicht, aber sie setzt Vertrauen in Beatrix, deren Rückkehr sie erwartet und fordert und deren Schande sie daher vor den Mitschwestern deckt. Die Legende, in der sich weltliche und geistliche Motive die Waage halten, führt als eine Art Parallele zum Thema vom → verlorenen Sohn das Versagen der Frau gegenüber dem ↑ Keuschheitsgelübde vor und will Hoffnung auf Gnade wecken, so daß Scham und Furcht nicht in Verzweiflung münden. Der Fall der Sünderin ist so tief, damit das Maß der Barmherzigkeit um so überwältigender erscheint.

Da der Stoff der Legende im Mittelalter geglaubt wurde, war sein Entfaltungsfeld zunächst zwar eng, jedoch weit genug, daß Varianten und Zusätze entstehen konnten. Der lokale Ursprung ist nicht feststellbar. Die ältesten Fassungen stammen aus den Niederlanden, Nordfrankreich und vom Rheinufer, und Lokalisierungen im Text sind sekundärer Natur. Drei lateinische Fassungen des 14. Jahrhunderts (*Etienne de Besançon, Alphabetum narrationum;* englische Fassung; Pariser Fassung) halten sich an den *Dialogus,* dem eine weitere Pariser Fassung dieser Zeit etwas weniger wörtlich folgt. Eine Fassung in lateinischen Hexametern und eine Darmstädter Version entnahmen den *Libri* die Rückkehr aus Reue. Nur mittelbar von Caesarius abhängig ist wahrscheinlich die von einem englischen Normannen stammende Wrightsche Fassung (13./ 14. Jh.), in der nicht Maria selbst die Nonne vertritt, sondern diese durch eine andere vertreten läßt, sowie eine britische Handschrift des frühen 14. Jahrhunderts, in der ein Engel die Stellvertretung übernimmt und Maria der reuig um das Kloster irrenden Beatrix im Freien entgegentritt. Unter den vulgärsprachlichen Versionen sind am stärksten französische vertreten, in denen der Name Beatrix stets fehlt. Ein Teil dieser Bearbeitungen steht dem *Dialogus* noch ziemlich nahe. Aus der französischen *Vie des pères* (13. Jh.) stammt das Motiv, daß die Nonne in der Nähe des Klosters Herberge nimmt und sich dort nach dem Kloster erkundigt. In einer picardischen Fassung des 13. Jahrhunderts empfindet sie sofort Reue, als der Verführer sie nach zwei Jahren davonjagt, und kehrt auf Anraten eines Abtes zurück. Eine anglonormannische Version des 14. Jahrhunderts läßt die Nonne nicht von einem Menschen, sondern vom Teufel selbst verführt werden; Beatrix erfährt bei ihrer reuigen Rückkehr durch die Wäscherin von der Existenz ihrer Stellvertreterin, findet vor dem Marienaltar den Schlüssel, in ihrer alten Zelle das Kleid und erahnt aus dem Verhalten der Äbtissin und der Schwestern das ihr widerfahrene Wunder. In der französischen Prosaauflösung des JEAN MIÉLOT *Miracles de Nostre Dame* (15. Jh.) hat Maria als Stellvertreterin sogar Wunder und Heilungen ausgeführt. Eine Anzahl von Varianten verschmilzt die Beatrix-Legende mit einer anderen Legende von einer entlaufenen Nonne, deren Flucht erst nach wiederholtem Versuch gelingt: wenn die Nonne das Marienbild zum Abschied grüßt, versperrt eine höhere Macht die Ausgangstür; erst als der Gruß unterbleibt, gelangt die Nonne ins Freie. Bei GAUTIER DE COINCY gebiert diese Nonne dem geliebten Mann in dreißigjähriger Ehe eine Anzahl Kinder. Als ihr nachts Maria erscheint und sie zurückruft, wird sie wieder Nonne. Ihr Mann wird Mönch. Das Motiv der Stellvertretung fehlt. Die beiden Legenden von der entflohenen Nonne sind erstmalig in einer picardischen Handschrift von 1288 gekoppelt, in der ein Kleriker der Verführer ist und sich einer alten Kupplerin bedient. Verführer und Verführte empfinden nach zehn Jahren Reue und trennen sich. In einer fälschlich dem Anglonormannen ADGAR zugeschriebenen Legende (Ende 13. Jh.) findet sich die nach dem Tode des Gatten von Reue ergriffene Nonne wieder im Kloster ein und wird gescholten, weil sie am Tag vorher säumig gewesen sei. Eine andere Variante bietet die *Trésorière Margerie* (13. Jh.). Die Nonne bereut ihre Flucht nach fünf Jahren und erbittet von dem Geliebten ihre Freiheit zurück. Er läßt sie in das Kloster zurückkehren, wo sich für eine Pflegeschwester der Trésorière ausgibt. Von der göttlichen Doppelgängerin, die ihr selbst in ihrer angenommenen Gestalt entgegentritt, erhält sie Schlüssel und Schleier zurück. In einer englischen Fassung, die sich dieser Version von Beatrix' Leben außerhalb der Klostermauern anschließt, ringt die Nonne mit ständigem Gebet um Vergebung, bis ihr Mann sie freigibt und sie am Altar die Schlüssel vorfindet. Wie in dieser englischen, so ist auch in der breitesten mittelalterlichen Fassung, dem mittelniederländischen

Gedicht *Beatrijs* (Anf. 14. Jh.), eine wiedererwachende Jugendliebe der Grund zur Flucht aus dem Kloster. Nach sieben Jahren geraten die Eheleute in Streit, der Mann verläßt Beatrijs und ihre Kinder. Sie wird Dienerin; als nach sieben weiteren Jahren die Reue aufkeimt, begibt sie sich mit den Kindern an den Ort des Klosters und wohnt bei einer Witwe. Nachdem ihr dreimal im Schlaf offenbart wurde, daß Maria sie vertreten habe und daß sie heimkehren möge, geht sie wieder ins Kloster und überläßt ihre Kinder der Witwe.

Sehr anders sehen die spanischen Varianten des Stoffes aus, die untereinander motivverwandt sind. Ohne das eigentlich legendäre Motiv – die Stellvertreterin Maria – wird der weltliche Teil der Handlung, die Verführung und Entführung der Nonne, als Kavaliersabenteuer bei CALDERÓN in *Jornada I* des *Purgatorio de San Patricio* erzählt: der Ritter habe die Entführte, nachdem er sein Vermögen mit ihr verschwendet hatte, zu unzüchtigem Lebenswandel anzustiften versucht, sie habe sich jedoch geweigert und sei ins Kloster zurückgeflohen. LOPE DE VEGA dramatisierte die Legende in *La encomienda bien guardada o la buena guarda* (1610). Die Superiorin eines Klosters ist von ihrem Majordomus verführt und von ihm mit Hilfe des Sakristans entführt worden. Ihre erwachende Reue steigert sich bei den wiederholten Begegnungen mit einem Hirten, der ein verirrtes Lamm sucht. Nicht nur sie, sondern auch die beiden Männer, die sie inzwischen verlassen haben, können unbemerkt an ihre Posten zurückkehren, da Maria drei Engel zu ihrer Vertretung bestellt hatte. AVELLANEDAS Novelle *Los felices amantes* (in *Don Quixote* 1614) schließlich ist einerseits durch das Motiv der erneuerten Jugendbekanntschaft der Liebenden mit der *Beatrijs*-Fassung verbunden, andererseits durch das Motiv der Verarmung und die Zuhälterrolle des Liebhabers mit Calderón; wie bei Lope ist die Entführte Oberin eines Klosters. Da die Novelle nicht mehr die Ziele der Legende anvisiere, die sich für die späteren Schicksale des Liebhabers nicht interessierte, konnte sie diesem mehr Platz einräumen. Maria hat nicht nur die Stellvertretung übernommen, sondern sogar den geraubten Kirchenschatz und die geplünderte Kasse der Eltern des Liebhabers aufgefüllt. Im Anklang an die → Alexius-Legende werden die Rückkehr des Mannes ins Elternhaus und seine Wandlung zum Mönch dargestellt; die Liebenden sterben zur gleichen Stunde.

Die Wiederentdeckung der Legenden durch die neuere Literatur ist gekennzeichnet durch zwei im Jahre 1804 erschienene Nacherzählungen. Die Neufassung in den *Contes précédés de recherches sur l'origine des contes* von Voltaires Freund P.-Th. de la BRENDLERIE läßt an ihren überzeichneten Wundern, der scheinbaren Naivität, mit der sich die Entflohene in den heikelsten Lagen bei der Jungfrau bedankt, und den wüsten Szenen, die sie nach ihrer Rückkehr in öffentlicher Beichte schildert, deutlich die Ironie des aufklärerischen Skeptikers erkennen, während die Darstellung in L. KOSEGARTENS *Legenden* als etwas ungeschickter, romantischer Versuch der Nachempfindung gelten kann; hier ist nicht ein bestimmter

Verführer Anlaß zur Flucht, sondern einfach Weltsehnsucht, die dann zum Dirnentum führt. Wesentlich freier löste C. BRENTANO das Motiv von der entführten und reuig zurückkehrenden Nonne aus dem Stoff heraus und verschmolz es mit Elementen aus der Lebensgeschichte Philippo Lippis, der eine Nonne entführte: in den *Romanzen vom Rosenkranz* (1811) kehrt die Frau schwanger ins Kloster zurück und stirbt dort unerkannt bei der Geburt der dritten Tochter, von der ihr Geliebter im Traum erfährt und die er büßend aufzieht. Das von Kosegarten eingeführte Motiv der Weltsehnsucht blieb einige Zeit lang für die deutschen Fassungen richtunggebend. Sowohl Amalie v. HELWIG (*Die Rückkehr der Pförtnerin,* Verserz. 1812), deren rückkehrende Nonne an der Schwelle des Klosters von der Stellvertreterin selbst das Wunder erfährt, als auch G. KELLER (*Die Jungfrau und die Nonne* 1872), der die unbemerkt zurückgekehrte Nonne nach Jahren ihren Mann und ihre acht Söhne in der Kirche begrüßen und das Wunder der Gnade verkünden läßt, haben es benutzt. Dagegen erfand eine anonyme Ballade *Gunhilde* (1837) den Beichtiger als Verführer, der in dem von Brahms vertonten Volkslied (1840) weiterlebt. Bei E. v. BAUERNFELD (*Aus der Mappe eines alten Fabulisten,* Verserz. 1879) fragt die verliebte Nonne die Jungfrau um Rat und nimmt deren Lächeln als Bejahung. Dagegen ließ der Franzose Ch. NODIER (*Légende de la sœur Béatrix,* Erz. 1837) das ältere Motiv von dem Jugendgeliebten wieder aufleben und ihn als Verwundeten der Nonne zur Pflege anvertraut sein. Die zur Dirne Gesunkene wird dann krank in das Kloster gebracht und trifft hier auf ihre Doppelgängerin. Nodier lieferte das Vorbild für ein Gedicht F. HALMS (*Die Pförtnerin* 1864), die Grundlage für eine neuromantische Oper (R. de FLERS / G. de CAILLAVET, *Béatrice* 1914). Dagegen schloß sich José ZORRILLA Y MORAL mit *Margarita la Tornera* (1841) seinem Landsmann Avellaneda an; die negativen Züge des untreuen Verführers sind noch dadurch gesteigert, daß er den Bruder der Entführten im Duell tötet. Ein Drama nach Zorrilla schrieb Carlos FERNÁNDEZ SHAW (1908).

Zu neuem Wachstum wurde der Stoff in der Neuromantik gebracht. Ins Wunderbare wie ins Grausige verzerrt lebte er bei M. MAETERLINCK (*Sœur Béatrice* 1901) wieder auf. An Seele und Körper unrein, eine Kindsmörderin, kehrt die Entwichene nach 25 Jahren in das Kloster zurück, wird beim Begreifen des Wunders ohnmächtig und stirbt, ohne sich verständlich gemacht zu haben; das Bild der Jungfrau, das verschwunden war, solange Maria Pförtnerindienst tat, hängt wieder an seinem Platz. Im Rahmen einer Maifeier wird im *Mirakel* K. VOLLMOELLERS (1911) die Nonne durch einen teuflischen Jongleur fortgerissen und so seelisch vorbereitet für die Verführung durch einen Ritter, obgleich Maria die Tür versperrt. Indem die Madonna dann das Kind der Nonne auf ihren eigenen Arm nimmt, ermöglicht sie der Gestrauchelten die Wiederaufnahme ihres Amtes. Maeterlincks Motiv des verschwundenen und am Schluß wieder vorhandenen Marienbildes übernahmen sowohl A. ANDERSON (*Vallis gratiae,* Dr. 1923), bei dem die Zurückgekehrte auch wie bei Maeterlinck stirbt, als auch H. TEIRLINCK (*Ik dien, een spel ... bedrijven ter verheerlijking van Zuster Beatrijs* 1923), der nahezu alle bisher aufgetauchten Motive vereinte. Dagegen hat H. UNGER (*Wunder um Beatrice* 1926) den Stoff durch das bisher fremde Motiv der Mutterschaft und Mutterliebe erweitert. Beatrice, die nach dem Tode ihres Kindes ins Kloster zurückgekehrt ist, wird von ihrem treulosen Verführer, einem Atheisten, angeklagt, so daß man sie aus dem Kloster verweist. Auf Befehl der Jungfrau Maria wird das Kind wieder lebendig.

H. Watenphul, Die Geschichte der Marienlegende von Beatrix der Küsterin, Diss. Göttingen 1904.

**Becket, Thomas** → Thomas à Becket

**Belisar.** Die Geschichte des byzantinischen Feldherrn Belisar (gest. 565), der die Perser, die Vandalen und den Ostgotenkönig Vitigis schlug und durch Niederwerfung des Nika-Aufstandes dem Kaiser Justinian Thron und Reich rettete, ist durch PROKOP von Caesarea und dessen Fortsetzer AGATHIAS nur unvollständig berichtet worden, weil beide Geschichtsschreiber früher als Belisar starben. Belisar erscheint in ihren Darstellungen als ein makelloser, nur in der übergroßen Liebe zu seiner unwürdigen Frau Antonia, einer Freundin der Kaiserin Theodora, schwacher Mann, der dem Kaiser treu ergeben war, obgleich dieser ihm nur Mißtrauen entgegenbrachte, ihn bei dem Feldzug gegen Totila nicht unterstützte und ihn mehrmals in Ungnade fallen ließ. MALALAS, auch Zeitgenosse Belisars, ergänzte diese Berichte noch dahin, daß Belisar der Teilnahme an einer Verschwörung bezichtigt und sein Vermögen nach seinem Tode eingezogen worden sei.

Die Legenden um den ungewissen Tod des großen Mannes verfestigten sich im Laufe von rund fünf Jahrhunderten zu der Formel, die erstmalig in der *Patria tes poleos* (um 1100) niedergelegt ist: Belisar sei auf Befehl Justinians geblendet worden und habe, seines Vermögens beraubt, als Bettler auf einem Platz in Byzanz sitzen müssen; die Vorübergehenden hätten Münzen für ihn in einen Topf geworfen. Das Motiv fand seinen Niederschlag in drei voneinander abhängigen mittelgriechischen Verserzählungen des 15. und 16. Jahrhunderts. Die so ausgestaltete Lebensgeschichte Belisars gelangte in der Renaissance nach Italien und wurde hier als historische Wahrheit aufgefaßt.

Der Stoff, eines der Beispiele für das Thema vom Aufstieg und Fall eines großen Mannes, bietet in seinem breit angelegten, aber

nur einen Strang bildenden Verlauf die geeignete Vorlage für ein
Heldenepos oder einen historischen Roman. Durch das von der
Sage hinzugefügte einprägsame Bild des geblendeten Bettlers
wurde die Gestalt Belisars zum Symbol der Unbeständigkeit des
Glückes und – in christlicher Sicht, ähnlich wie → Hiob – ein
Exemplum für die Eitelkeit irdischer Größe. Da der Sturz des
Helden weder aus einer Schuld erwächst noch sich in Auseinandersetzung mit Gegenkräften vollzieht, sondern lediglich durch ob-
skure Intrige herbeigeführt wird, fehlt hier eine typisch dramatische Dialektik. Belisar ist trotz seiner Aktivität als Feldherr in
bezug auf die innere Handlung ein durchaus passiver Held.

So konnte Belisar in der ersten großen literarischen Gestaltung,
dem an Homer angelehnten nationalen Epos des Italieners Gian-
giorgio TRISSINO *L'Italia liberata dai Goti* (1547/48) zu einem
Schwächling werden, dessen Unschlüssigkeit von unbeabsichtig-
ter Komik ist, und das hat zum Mißlingen des Werkes beigetragen.
Das betont christliche Drama brauchte für den Sturz des Helden
auch eine Schuld: in Jakob BIDERMANNS Jesuitendrama (1607) ist
Belisar halb aus Schwäche, halb durch eine Intrige an der Verbannung des Papstes schuldig; die Vergänglichkeit irdischer Größe,
auf die schon der Fall des Vandalenkönigs Gelimer hindeutet, wird
nach den ersten drei Akten, die den Ruhm und die Taten Belisars
feiern, um so sinnfälliger in den beiden Schlußakten spannungsvoll
demonstriert, die die Verstrickung und Schuld und schließlich den
sühnenden Bettler zeigen. Einen Schritt weiter zur strengen klassizistischen Tragödie tat Scipio Francucci ARETINO (1620), der die
Handlung erst nach Belisars Vergehen am Papst einsetzen ließ, im
übrigen das eigentlich dramatische Geschehen in eine Liebesintrige
um den Sohn Belisars verlegte, die schließlich zum vorgezeichneten Ende des Feldherrn führt. Der Thematik des spanischen Theaters entsprechend, machte MIRA DE AMESCUA (*Ejemplo Mayor de la
Desdicha y Capitán Belisario* 1625) Belisar zum Helden einer erotischen statt einer politischen Intrige. In Prokops Andeutung über
Belisars Verhältnis zu seiner Frau wäre ein Ansatzpunkt zu einer
tragischen Verstrickung gegeben gewesen; Mira de Amescua
machte Theodora zur Anstifterin der Intrige: Belisar hat einst
Theodoras Liebe zurückgewiesen, und der Verschmähten gelingt
es nun, nach mehreren verfehlten Mordanschlägen die Eifersucht
des Kaisers und seinen Haß auf Belisar zu lenken. J. de ROTROU
(1643) und Carlo GOLDONI (1734) sind dem Spanier in Motivierung
und Handlungsführung des Stoffes gefolgt. Belisar mußte in einer
solchen Intrigenhandlung als der edle, stoisch leidende, passive
Held erscheinen, und so fügte sich der Stoff in vielen italienischen,
französischen, englischen und deutschen Dramatisierungen ausgezeichnet in das Schema der barocken Märtyrertragödie. In J. SHIR-
LEYS von den historischen Fakten weit entferntem Drama
*The Martyr'd Souldier* (1638) ist Belisar geradezu zum Märtyrer des
christlichen Glaubens geworden. Mit den veränderten Anforderungen an das Drama versiegten im 18. Jahrhundert die Dramati-

sierungen des Stoffes. Ein später Nachzügler war das damals zu gewisser Berühmtheit gelangte »Romantische Trauerspiel« Eduard v. Schenks (1823), das gemäß dem veränderten Zeitgeschmack das Stoische ins Rührselige wandte und bezeichnenderweise dem Textbuch der Oper Donizettis (1835) als Grundlage diente. Es verankerte die Intrige der Antonia in einer Schuld Belisars: er hat, um die Erfüllung eines Orakels zu verhindern, den eigenen neugeborenen Sohn beseitigen lassen. Vor v. Schenk hatte J.-F. Marmontel das Geschick Belisars mit mehr Glück zum Thema eines moralisierenden, empfindsamen Romans (1767) gemacht; hier erteilt der geblendete Held, ohne zu wissen, wen er vor sich hat, dem reuigen Kaiser breit ausgeführte Lehren über liberale Staatsführung, Toleranz und andere Lieblingsthemen der Aufklärung und wird schließlich von Justinian als Ratgeber an den Hof gezogen. Im 20. Jahrhundert folgten dieser ersten romanhaften Fassung einige den Ansprüchen des modernen historischen Romans entgegenkommende Bearbeitungen des kulturhistorisch reizvollen Stoffes (M. Pratesi, 1921; R. Graves, *Count Belisarius* 1938). Der Mangel an dramatischen und balladesken Elementen hat den Stoff im Bereich der Lyrik nur zum Thema der Klage werden lassen (Quevedo; H. W. Longfellow).

N. Lebermann, Belisar in der Literatur der romanischen und germanischen Nationen, Diss. Heidelberg 1899.

**Belsazar.** Die im fünften Kapitel des *Buches Daniel* berichtete Geschichte von Belsazar, dem König von Babylon, der im Übermut eines Gastmahles die aus dem Tempel von Jerusalem geraubten Opfergefäße als Trinkgefäße benutzen ließ, gleich darauf durch eine geheimnisvolle Hand, die eine unlesbare Schrift an die Wand schrieb, geängstigt wurde, auf Wunsch der Königin den jüdischen Propheten Daniel rufen und sich von ihm die Schrift deuten ließ, die seinen Untergang verkündete, und noch in derselben Nacht getötet wurde, worauf der Perserkönig Darius von seinem Reich Besitz ergriff, findet sich bei Herodot und Xenophon insofern bestätigt, als sie berichten, daß Babylon während eines Festmahles eingenommen wurde. Belsazars Schicksal diente dem Mittelalter als Beleg für die Allmacht Gottes, die von seinen Propheten verkündet worden war, und für die unausbleibliche Bestrafung seiner Feinde; in Nacherzählungen der biblischen Ereignisse, Reimbibeln und didaktischen Texten wurde es häufig behandelt (Cædmon 7. Jh.; *Speculum humanae salvationis* 1324; Chaucer, *The Monk's Tale* um 1387). Zwei frühe Spiele aus dem französischen Raum, Hilarius' *Historia de Daniel repraesentanda* (um 1125) und der etwa gleichzeitige *Daniel* der Klosterschüler von Beauvais halten sich eng an den biblischen Bericht und schließen mit der Eroberung der Stadt durch die Perser.

Die didaktische Komponente des Stoffes im Sinne von »Hoch-

mut kommt vor dem Fall« arbeitete dann das Drama des 16. Jahrhunderts deutlich heraus (G. BRUN 1545; H. SACHS, *Comedia Der
Daniel* 1557); Josias MURER (*Belägerung der Statt Babylon inn Chaldäa
under Baltazar . . .* 1559) legte um das Ganze als Rahmen ein Teufelsspiel und stellte die mit 111 Personen vorgeführte kriegerische
Auseinandersetzung zwischen Chaldäern und Persern in den Vordergrund; der Straßburger *Balsasar* (1609) des H. HIRTZWIGIUS
wendete sich besonders gegen das Laster der Trunkenheit. Dem
Barock, besonders den katholischen Autoren, diente die Geschichte vom jähen Sturz des Gott lästernden und alle Warnung in
den Wind schlagenden Königs vor allem dazu, die Vergänglichkeit
von Macht und irdischem Glück zu zeigen. Wichtiger als die
anonymen Jesuitendramen, deren Tendenz schon am Titel abgelesen werden kann (*Daniel, veri Dei et Religionis propugnator,* Luzern
1644; *Baltassar, rex Babylonis,* Prag 1673; *Ruina Monarchiae Babylonicae . . .* Ingolstadt 1678; *Regnum Balthasaris . . .,* Regensburg
1697), ist CALDERÓNS *La Cena de Baltasar* (vor 1665), in dessen
Allegorien die Fabel wirklich vergeistigt wurde: Belsazar feiert
seine Hochzeit mit der Idolatrie; der Tod rächt den Frevel, reicht
ihm im Trank aus dem Tempelkelch den seelischen Tod und tötet
dann den von allen verlassenen, von Angst geschüttelten König
auch leiblich. QUEVEDO in einem seiner *Sueños* (1627) und ABRA
HAM A SANCTA CLARA haben die Geschichte zu erbaulich-moralisierenden Zwecken verwandt, während A. MORETO (*La Cena del Rey
Baltasar*) sie lediglich als Komödienstoff nutzte. Noch das geistliche
Drama der Hannah MORE (*Belshazzar* 1782) steht in dieser moralpädagogischen Tradition.

Das Belsazar-Drama des jungen GOETHE (um 1765) ist von ihm
selbst vernichtet worden; nach den Angaben in *Wilhelm Meisters
theatralischer Sendung* hatte er Belsazar als einen Durchschnittsmenschen gezeichnet, im übrigen aber eine Verschwörung gegen ihn
und den sich unerkannt am Hofe aufhaltenden Darius so sehr in den
Vordergrund gerückt, daß das religiöse Moment ganz überdeckt
wurde. Christian Graf zu STOLBERG (*Belsazar,* Drama 1787)
schwellte die schmale Handlung durch Chöre, Psalmen und alttestamentliche Zitate auf. Den stimmungshaften, balladesken Charakter des Stoffes entdeckte zuerst das 19. Jahrhundert mit Lord
BYRONS Gedicht *To Belshazzar* (1814), das sich mahnend an den
übermütigen König richtet, und vor allem seiner *Vision of Belshazzar* (in *Hebrew Melodies* 1815), die die Handlung in gedrängter
Kürze wiedergibt. Sie ist ein Vorläufer der berühmtesten Fassung
des Stoffes, HEINES Ballade *Belsatzar* (1822), die außerdem durch
eine Hymne der *Pesach-Hagada* (8./9. Jh.) angeregt worden sein soll
und deren Wirkung ganz auf der unheimlichen Stimmung beruht,
ohne daß eine moralische Tendenz ausgedrückt ist. Byron dürfte
der Anreger für weitere englische Bearbeitungen gewesen sein
(H. H. MILMAN, *Belshazzar,* Dr. 1822; R. E. LANDOR, *Impious
Feast,* Verserz. 1828; Sir E. ARNOLD, *The Feast of Belshazzar,*
Gedicht 1852), während die deutsche Tradition sich an Heines

Gedicht anschließt. Ein Versepos von A. BÖTTGER (*Der Fall von Babylon* 1855) erweiterte die Handlung durch die Liebeskonflikte eines zu den Persern entflohenen Juden, häufte grausige Szenen und ließ den König schließlich an der Pest sterben; M. HELLINDEN baute den Stoff als Episode in seinen Roman *Der Stern von Halalat* (1903) ein, der im jüdischen Viertel von Babylon spielt.

W. Glenk, Belsazar in seinen verschiedenen Bearbeitungen, Progr. München 1910.

**Berenike.** Berenike (geb. um 28 n. Chr.) war die Tochter des Herodes Agrippa, späteren Königs von Judäa, wurde mit dreizehn Jahren ihrem Onkel Herodes, dem König von Chalkis, vermählt und lebte nach dessen Tode an der Seite ihres Bruders Agrippa, der in Rom zur Nachfolge in Chalkis bestimmt und später zum König in Caesarea Paneas gemacht wurde. Der König von Chalkis hatte das Recht, den Hohenpriester in Jerusalem zu bestimmen, und Berenike scheint sich Hoffnungen auf die Herrschaft in Jerusalem gemacht zu haben, die nach dem Tode ihres Vaters von römischen Prokuratoren ausgeübt wurde. Jedenfalls spielte sie zu Beginn des nationaljüdischen Aufstandes gegen den Prokurator Florus die Rolle einer Nationalistin und lenkte zusammen mit ihrem Bruder die Geschicke der Stadt, bis die extreme Bewegung der Zeloten sie ausschaltete. Sehr schnell gewann Berenike das Vertrauen des nach Palästina entsandten Vespasian und seines Sohnes Titus, mit dem sich ein Liebesverhältnis anspann. Als dessen Eroberung von Jerusalem (70) den nationaljüdischen Hoffnungen ein Ende gemacht hatte, mag sie die Idee gehabt haben, als eine zweite Königin Esther an der Seite des zwölf Jahre jüngeren Kaisersohnes zu herrschen. Sie folgte ihm nach Rom und spielte als seine Gemahlin, wenn auch nicht durch justae nuptiae mit ihm verbunden, eine von den Römern sehr beanstandete Rolle. Im Zusammenhang mit seiner Wandlung aus einem tyrannischen Genußmenschen zu einem dem stoischen Ideal huldigenden, humanen Kaiser verbannte Titus sie bei seinem Regierungsantritt, nach anderer Quelle schon kurz vorher, und wies ihren Versuch einer Wiederannäherung ab. Berenikes Schicksal nach der Heimkehr in den Orient ist unbekannt.

Möglicherweise ist das *Buch Judith* während der Belagerung von Jerusalem entstanden, und die frei erfundene Geschichte von der → Judith, die sich dem feindlichen Feldherrn nur hingibt, um ihn umzubringen und das Vaterland zu befreien, drückt vielleicht eine Hoffnung jüdischer Patrioten aus. Berenike hat diesem Ideal nicht entsprochen. Auch eine → Esther wurde sie nicht. Das Zeitalter des Barocks und des Klassizismus, das den Stoff wiederentdeckte, hat sein nationales Element beiseite gelassen, nur die letzte Station eines bewegten Lebens, den herkunftsbedingten ↑ Liebeskonflikt, gesehen und Berenikes Schicksal neben das von

→ Dido und → Medea gestellt, Berenike aber nicht als Verzweifelnde und Rächende, sondern als liebend Entsagende gezeichnet.

Berenike erscheint in der neueren Literatur zum erstenmal als Titelheldin des fragmentarischen heroisch-galanten Romans von J.-R. de SEGRAIS (1648/49): sie liebt nicht Titus, sondern einen orientalischen Prinzen und muß sich der Nachstellungen von Titus' Bruder Domitian erwehren, der sie schließlich entführt. Als Bühnengestalt verwendete sie J. MAGNON in seinem Schlüsselstück *Tite* (1660): Kaiser Titus, der trotz seiner geheimen Liebe zu der unvergessenen Berenike aus Gründen der Staatsräson die Römerin Mucie heiraten will, macht schließlich doch Berenike, die ihm in Männerkleidung gefolgt ist, zu seiner Frau. Von Magnon inspiriert wurde P. CORNEILLE (*Tite et Bérénice* 1670), der den Stoff ganz auf den Kampf der Rivalinnen – der skrupellos ehrgeizigen Römerin Domitie und der selbstlos liebenden Berenike, von der sich Titus bereits getrennt hat – konzentrierte. Berenike verzichtet auf das Leben an Titus' Seite, aber sie hat die Gewißheit, daß keiner sie in seinem Herzen ersetzen kann. Die im gleichen Jahre erschienene *Bérénice* RACINES dürfte in Konkurrenz mit Corneille entstanden sein. Der Stoff ist streng klassizistisch auf drei Personen reduziert; das Thema der verstoßenen, schmerzzerrissenen Frau, die sich jedoch zur Resignation und zum einsamen Kult einer verratenen Liebe durchringt, beherrscht die Szene. Diese berühmte Fassung hat das Drama des Engländers Th. OTWAY (*Titus and Berenice* 1677) und ungefähr 15 Opern angeregt, deren Textbücher sich mehr oder weniger eng an Racine halten (N. A. PORPORA 1710; G. M. ORLANDINI 1725; F. ARAJA 1730; G. F. HÄNDEL 1737; B. GALUPPI 1741; N. PICCINI 1764; M. VENTO 1765; F. J. RUST 1786).

Zu Anfang des 20. Jahrhunderts hat der Stoff erneut in Frankreich Bearbeitungen gefunden. In der Nachfolge des französischen Klassizismus steht A. DU BOIS (1911), der den Konflikt mit dem Gegensatz zwischen dem jüdischen pazifistischen Ideal und der kriegerischen Tradition Roms motivierte. Als Liebesdrama faßte den Stoff wieder A. MAGNARD (1911): Berenike verläßt Titus freiwillig, als sie spürt, daß er nicht bedingungslos zu ihr steht, sie will lieber ihr Glück zerstört als ihre Liebe verraten sehen. Das hier verwendete Motiv der Opferung des Haupthaares ist fremd und gehört der Geschichte der Berenike von Kyrene an.

E. Mireaux, La Reine Bérénice, Paris 1951.


**Bergwerk zu Falun.** Die ältesten Nachrichten über das wunderbare Ereignis im Bergwerk von Falun finden sich 1720 in Kopenhagen in *Nye Tidender om Lærde Sager* als Korrespondenz aus Schweden und 1722 als wissenschaftlicher Bericht von Adam LEYEL in den *Acta litteraria Sveciae Uppsaliae publicata*. Danach verunglückte 1670 ein junger Bergmann, Mats Israelson, in den

Kupfergruben von Falun; 1719 wurde seine Leiche in einem wiedergeöffneten Stollen gefunden, durchtränkt von Kupfervitriol und so unverändert, daß ihn nach Leyel mehrere Personen, nach der Kopenhagener Zeitschrift nur seine inzwischen uralte ehemalige Braut erkannte; die medizinische Fakultät mußte der Braut die Leiche für wissenschaftliche Untersuchungen abkaufen. Ausgangspunkt für die literarische Entwicklung des Stoffes wurde jedoch erst die wirkungsvolle Wiedergabe des Falles in G. H. SCHUBERTS *Ansichten von der Nachtseite der Naturwissenschaft* (1808). Schubert konzentrierte den Stoff auf die Szene, in der die alte, an Krücken heranhumpelnde Braut als einzige den Bergmann erkennt, und spielte den Kontrast zwischen dem jung gebliebenen, aber erkalteten Bräutigam und der alt gewordenen, aber noch von warmer Liebe durchpulsten Braut aus; die Träger der Handlung blieben ohne Namen. Ein Abdruck dieser Erzählung in der Zeitschrift *Jason* 1809 forderte zugleich zur poetischen Behandlung des Stoffes auf.

Die recht üppige, aber künstlerisch unbedeutende lyrische Tradition, die sich an diese Anregung knüpfte, hat den Augenblick des Wiedererkennens, die Gefühle der alten Frau und die von ihr bewiesene Treue in den Mittelpunkt gestellt. Die Gedichte setzen im allgemeinen mit der Auffindung der Leiche ein (F. KIND, *Liebestreue* 1810; A. F. E. LANGBEIN, *Der Bergknappe* 1817; F. RÜCKERT, *Die goldene Hochzeit*; P. Graf v. HAUGWITZ 1829; G. PFIZER, *Der verschüttete Bergknappe* 1835; G. PIERANTONI-MANCINI, *La Miniera di Faluna* 1879) und klingen meist damit aus, daß die Alte tot an der Leiche niedersinkt. Seltener wird die Vorgeschichte, der Abschied der Verlobten, die Einfahrt in den Berg, das vergebliche Warten der Braut berichtet (L. KOSSARSKI, *Die Eisengruben bei Falun* 1839; K. B. TRINIUS, *Die Bergmannsleiche* 1848; J. N. VOGL, *Die Braut des Bergmanns* 1857). Zu dieser zweiten Gruppe gehört in bezug auf die Gliederung des Stoffes auch J. P. HEBELS kunstvoll schlichte Prosaerzählung *Unverhofftes Wiedersehen* (1810), die die Ereignisse in die eigene Zeit verlegte. Im wesentlichen auf Hebel fußend, schrieb der junge F. HEBBEL ein Prosastück *Treue Liebe* (1828).

Eine völlig andere Akzentuierung, ein Abrücken von der Wiedersehensszene und dem Treuemotiv, eine Verlagerung auf den Bergmann als Helden der Handlung und die Einführung dämonischer Motive finden sich in A. v. ARNIMS Gedicht *Des ersten Bergmanns ewige Jugend* (1810 in *Armut, Reichtum, Schuld und Buße der Gräfin Dolores*). Hier erscheint erstmals die Gestalt der Bergkönigin, die den Jüngling ins Innere des Berges lockt und ihm immer neue Schätze verheißt, die er, von der Habgier der Eltern getrieben, auch annimmt. Als er sich mit einem irdischen Mädchen verlobt, verursacht die Bergkönigin seinen Tod, schützt ihn aber reuevoll vor Verwesung. Das Motiv dämonischer Verlockung taucht am Rande auch in den Gedichten von H. COSMAR (*Der Bergmann* 1834) auf und wird in E. T. A. HOFFMANNS klassischer Novelle *Die Bergwerke zu Falun* (in *Die Serapionsbrüder* 1819/21), die von verwandten magischen Motiven in Novalis' *Heinrich von Ofterdingen* und Tiecks *Runenberg* beeinflußt ist, zum tragenden Thema. Der heimkehrende Matrose Elis Fröbom ist ein »Neriker«, traurig und durch den Tod der Mutter vereinsamt. Er wird durch den alten geheimnisvollen Bergmann Torbern bewogen, den Beruf zu wechseln. Als er sich von der geliebten Ulla verraten glaubt, gibt er den verlockenden Stimmen des Berginnern nach und ist nun der Bergkönigin verfallen; als er am Morgen des Hochzeitstages seiner Braut einen kostbaren Stein aus dem Berge holen will, verschüttet ihn ein Bergsturz. Das Motiv von der Erhaltung der Leiche und dem Wiederfinden wirkt bei Hoffmann nur als Nachhall. Durch diese magisch-mythische Ausdeutung des Vorfalls wurde der Stoff in den weiten Kreis derjenigen gerückt, die das Motiv des ↑ Unterweltsbesuchs, der Höllenfahrt und des Dämonen- oder ↑ Teufelsbündners entwickeln.

Der Schwede P. HALLSTRÖM (*Mörker*, Nov. 1898) konzentrierte den Stoff auf das Schicksal der Ehefrau, die sich dreißig Jahre lang an die religiöse Vorstellung eines Wiedersehens geklammert hat und zusammenbricht, als sie bei der Freilegung des eingestürzten Grubenteils die Wirklichkeit des versteinerten Mannes erblickt, die den frommen Gedanken an ein Weiterleben scheinbar ausschließt. Während auch ein Versepos von G. v. d. HALDE (*Der Bergmann von Falun* 1902) auf die dämonischen Züge verzichtete und das Frauenschicksal der alternden Braut darstellte, die sterbend noch dem eigenen Sohn den jugendfrisch erhaltenen Vater zeigen kann, und eine Oper F. v. HOLSTEINS (*Der Haideschacht oder die Bergwerke von Falun* 1868) dem Stoff die Intrige eines eifersüchtigen Nebenbuhlers einbaute und die eigentliche Handlung zur Zeit der folgenden Generation spielen ließ, hat schon R. WAGNER in einem Opernentwurf (1841/42) sich an Hoffmann angeschlossen, aber die Braut Ulla zwischen zwei Rivalen gestellt. H. v. HOFMANNSTHAL (*Das Bergwerk zu Falun*, »Ein Vorspiel« 1906; fünfaktige Tragödie postum ersch. 1933) ist im ganzen dem Verlauf der Handlung bei Hoffmann gefolgt, hat die Verknüpfung von Elis Fröboms Schicksal mit Torbern und der Bergkönigin jedoch aus einem romantischen Zaubermotiv zu einer sinnvollen Verbindung des von den Eltern her mit Beziehungen zur Unterwelt belasteten Elis umgestaltet. Die Unterwelt erscheint Elis von größerer Lebensdauer als die flüchtige Sinnenwelt und ist von Hofmannsthal als Symbol des geistig-künstlerischen Prinzips gemeint. Nur vorübergehend gelingt es der verstehenden und dienenden Liebe der Verlobten Anna, Elis in die Menschenwelt einzugliedern. R. WAGNER-REGENY legte Hofmannsthals Werk seiner gleichnamigen Oper (1961) zugrunde, während W. H. AUDEN / Ch. KALLMAN / H. W. HENZE es in einer *Elegie für junge Liebende* (1961) fortsetzten. Anklänge an den Stoff finden sich in der E. T. A. Hoffmann beeinflußten Novelle *Grigia* (1923) von R. MUSIL, in der auch der Tod eines Mannes im Berg als Rückkehr zu sich selbst aufgefaßt ist.

G. Friedmann, Die Bearbeitungen der Geschichte des Bergmann von Fahlun,

Diss. Berlin 1887; K. Reuschel, Über Bearbeitungen der Geschichte des Bergmanns von Falun, 1903; C. Faber du Faur, Der Abstieg in den Berg, (Monatshefte f. dt. Unterricht 43) 1951.

**Bernauer, Agnes.** Die zunächst in J. Trittheims *Annales Hirsaugienses* (1514) und Werlichius' *Chronica der Stadt Augspurg* (1515) überlieferte, später in J. H. v. Falkensteins *Geschichte des großen Herzogtums Bayern* (1763) berichtete Liebesgeschichte des jugendlichen Albrecht III. von Bayern-München und der Baderstochter Agnes Bernauer aus Augsburg läßt annehmen, daß der Herzog die Geliebte zu einer heimlichen Ehe überredete und daß der Vater, Herzog Ernst, die Verbindung lösen wollte, aber keinen Gehorsam fand. Auf einem Turnier zu Regensburg 1434 wurde Albrecht wegen dieser Verbindung von den Schranken zurückgewiesen, beschimpft und geschlagen. Erst nach dem Tode seines Bruders und Mitregenten Wilhelm griff Herzog Ernst ein: er ließ Agnes 1435 während der Abwesenheit Albrechts in Straubing gefangennehmen, vor ein Gericht stellen und, obwohl sie die Zuständigkeit der Richter nicht anerkannte, in der Donau ertränken. Albrecht verbündete sich aus Rache mit dem Herzog von Bayern-Ingolstadt, versöhnte sich aber später mit dem Vater und heiratete Anna von Braunschweig.

Der Agnes-Bernauer-Stoff gehört zu den zahlreichen Fällen, in denen sich das Motiv des herkunftsbedingten ↑ Liebeskonflikts am historischen Fall eines Adligen oder Herrschers konkretisierte. Er hat den romanzenhaften Zauber der unkonventionellen großen Liebe, der von der Welt verfolgten Schönheit und Unschuld, der Treue bis in den Tod. Diese Züge würde eine Ballade oder Erzählung ausschöpfen können. Entzündet hat sich die Phantasie der Dichter, vor allem der Dramatiker, jedoch weniger an der Liebesgeschichte als an der Versöhnung Albrechts mit seinem Vater, dem Mörder seiner Frau. Dieser Schritt schien unverständlich, in der Logik der Liebesgeschichte falsch; ihn dichterisch zu durchleuchten oder zu korrigieren, wurde zur eigentlichen Aufgabe der Bearbeiter des Agnes-Bernauer-Stoffes.

Hofmann von Hofmannswaldau, der literarische Entdecker des Stoffes, beschränkte sich zwar auf das Motiv der tragischen Liebe, als er »Herzog Ungenand und Agnes Bernin« unter die großen Liebespaare seiner *Heldenbriefe* (1673) einreihte; was jenseits der Liebesgeschichte lag, konnte ihn im Rahmen seines Themas auch nicht interessieren. Jedoch schon das Volkslied (erwähnt bei Ladislaus Sunthenius, 16. Jahrhundert, erhalten in einer Fassung des 18. Jahrhunderts) wich dem Thema der Versöhnung aus und gab dem Konflikt einen Abschluß, der weder die Beziehungen zwischen Albrecht und Agnes nachträglich in Frage stellte noch Albrechts Verhältnis zu seinem Vater zu sehr belastete: Albrecht führt Krieg gegen seinen Vater, dieser stirbt jedoch schon »auf den dritten Tag«.

Eine neue Aktualität gewann das Thema in der Epoche des Sturm und Drangs, als der Standesunterschied zum bevorzugten tragischen Gegenstand und das mittelalterliche Kostüm zur beliebten Staffage in Drama und Roman wurde. Paul v. STETTEN d. J. verarbeitete es 1767 zu einer »Rittergeschichte«; entscheidend aber wurde die Dramatisierung als »Vaterländisches Schauspiel« durch J. A. v. TÖRRING (1780). Törring gelangte während der Arbeit, genau wie sein Held Albrecht, vom Kampf gegen das Standesvorurteil zur Anerkennung »unverbrüchlicher« Ordnungen; Agnes mußte als »Schlachtopfer des Staates« fallen. Er wagte es aber nicht, die Verkörperung des Staates, Herzog Ernst, mit der Tat zu belasten, sondern schob eine Intrige dazwischen. Vor den Schranken des Regensburger Turniers wird bei ihm nicht Albrecht, sondern sein Gegner, der Vizedom von Straubing, enthirt, der dadurch Albrechts Feind wird und Agnes aus persönlicher Rache umbringt. Dadurch ist eine Versöhnung des jungen und des alten Herzogs zum Wohle des bayerischen Staates möglich.

Diesen Weg der doppelten, daher unklaren Motivierung durch Staatsnotwendigkeit und Intrige ging auch der als Hebbels Rivale bekannt gewordene Melchior MEYR (Herzog Albrecht 1862), den weit primitiveren der reinen Intrige versuchte Adolf BÖTTGER (Agnes Bernauer 1845). Das Versöhnungsproblem umgingen F. C. HONCAMP (1847), der Herzog Ernst am Tage der Exekution durch einen Schlaganfall sterben ließ, Carl Theodor TRAITEUR (Albrecht der Dritte von Bayern, Singspiel 1781), bei dem Agnes durch Selbstmord endete, und H. SCHIFF, in dessen auf Törring fußender »dialogisierter Novelle« Agnes Bernauerin (1831) Albrecht an Agnes' Leiche tot niedersinkt. Bei Julius KÖRNER (1821) bricht der alte Herzog nach seiner Tat seelisch zusammen und erreicht so die Versöhnung mit seinem Sohn; die »große Oper« Agnes von A. EWALD (Musik von KREBS, 1833) bringt sogar ein Happy-End: Rettung der Geliebten und Versöhnung zwischen Vater und Sohn.

Bezeichnend für die Problematik ist Otto LUDWIGS nahezu dreißigjähriges Ringen (1835–64) mit dem Stoff, das an mehreren Plänen und Ansätzen zu seinem Engel von Augsburg abzulesen ist. Ihm schien die von der Geschichte vorgezeichnete Versöhnung des Gatten mit dem Mörder so undenkbar, daß er auf das dem Stoff völlig fremde Motiv der inneren Zerrüttung der Ehe verfiel und es im Laufe der Zeit immer mehr psychologisierte. Zunächst versuchte er es mit einem der Jago-Intrige und dem von ihm gleichzeitig durchdachten → Genovefa-Stoff nachgebildeten Intriganten, dem Kanzler Weißenbeck, der das Vertrauen Albrechts zu Agnes erschüttert, so daß Albrecht zum Mitschuldigen an Agnes' Tod wird. Dann verlegte er die Gründe zu diesem »Irrewerden« Albrechts an Agnes in die Charaktere der beiden Liebenden, so daß sie beide nicht ohne »Schuld« blieben. Nachdem Ludwig bei diesem Versuch, dem Stoff seinen politischen Kern zu nehmen und das Ganze zu einer Ehetragödie zu machen, gescheitert war, beschritt er später den umgekehrten Weg, die Liebesgeschichte unangetastet

zu lassen, aber den Ausgang zu ändern und Albrecht das adäquate
tragische Ende zuzudiktieren: der Herzog sollte im Kampf gegen
seinen Vater fallen.

Die bisher konsequenteste und überzeugendste Lösung gab HEB-
BEL in seinem »deutschen Trauerspiel« *Agnes Bernauer* (1855). Er
interpretierte Agnes' Schicksal als »Tragödie der unbedingten
Notwendigkeit«: ihre überdurchschnittliche Schönheit gefährdet
das Gleichgewicht der sozialen Ordnung, ihre Ehe die bayerische
Thronfolge. Sie stirbt, von allen, auch von ihren Gegnern, geehrt
und betrauert, als Opfer des Staates. Um seinen Sohn von dieser
Notwendigkeit zu überzeugen und zugleich sich selbst, der als
Staatsmann sinnvoll, als Mensch verbrecherisch handeln mußte, zu
reinigen, dankt Herzog Ernst ab und geht ins Kloster.

Während Hebbels Dramatisierung gewissermaßen aus der Un-
zufriedenheit mit Törrings Fassung entstanden war, resultierte die
gut durchdachte und einleuchtende, aber letztlich epigonal glatte
Lösung Martin GREIFS (1894) aus einer geschickten Addierung
sämtlicher bereits erprobten Motive: es werden gleich zwei Intriganten – der Vizedom und ein abgewiesener Freier – eingeführt,
dem Liebespaar ist ein gewisses Maß von Schuld an dem eigenen
Geschick zugeschoben, und schließlich wird die Annäherung von
Vater und Sohn durch Agnes' Abschiedsbrief motiviert, in dem sie
den Geliebten selbst um Versöhnung mit dem ohnehin schon
reuigen und gebrochenen Herzog Ernst bittet. Während hier die
logisch-dramaturgische Durchdringung des Stoffes bis zum
Äußersten getrieben wurde, griff Carl ORFF in seiner Oper *Die
Bernauerin* (1946) auf den balladesken Grundcharakter des Stoffes
zurück und übernahm von dort auch die Lösung durch den vorzei-
tigen Tod Herzog Ernsts. F. X. KROETZ (*Agnes Bernauer* 1976)
verfremdete den Stoff durch Verlegung ins Gegenwärtig-Bürger-
liche. Das Stimmungshaft-Dämonische des Agnes-Stoffes herauszuarbeiten, hatten schon Otto LUDWIG in seiner an das Volkslied
anknüpfenden Ballade und Agnes MIEGEL in einem visionären
Rollengedicht versucht.

J. Petri, Der Agnes-Bernauer-Stoff im deutschen Drama, Diss. Rostock 1892;
H. Meyer-Benfey, Hebbels Agnes Bernauer, 1931; H. Schlappinger, Agnes Ber-
nauer im Volkslied, (Jahresber. d. hist. Vereins f. Straubing) 1934; W. Leuschner-
Meschke, Das unvollendete dramatische Lebenswerk eines Epikers. Otto Lud-
wigs dichterische Gestaltungen und Gestaltungsabsichten des Agnes-Bernauer-
Stoffes, 1958.

**Berta.** Die Jugend → Karls des Großen, der nach den überlieferten Daten vor der Eheschließung Pippins mit Karls Mutter Berta
geboren sein müßte, wurde von dem Biographen Einhard im
Dunkel gelassen. Die Erfindung einer sagenhaften Jugendgeschichte (*Karlmeinet*), in der zwei Halbbrüder Karls eine Rolle
spielen, zog eine Umgestaltung der Ehegeschichte der Eltern nach
sich. Nach der so entstandenen Berta-Sage warb Pippin um »Berta
mit den großen Füßen«, die Tochter von → Flore und Blancheflur;

die Braut reiste von Ungarn zu den Franken; vor der Hochzeitsnacht jedoch flößte die Amme der unerfahrenen Königstochter
Angst vor Pippin ein, so daß sie sich damit einverstanden erklärte,
daß die Tochter der Amme, die ihr sehr ähnlich war, ihre Stelle
einnahm. Als sie jedoch verabredungsgemäß am nächsten Morgen
den Platz mit der Magd tauschen wollte, stieß diese sich ein Messer
in das Bein und beschuldigte die angebliche Dienerin eines Mord-
versuchs. Die überraschte Berta wurde aus dem Schloß entfernt
und sollte auf Geheiß des Königs getötet werden. Die Schergen
hatten jedoch Mitleid mit ihr und setzten sie im Wald aus; sie fand
bei einfachen Leuten Aufnahme und fristete ihr Leben durch
Handarbeiten. Die falsche Berta gebar dem König zwei Söhne,
machte sich aber durch ihre Härte beim Volk so unbeliebt, daß die
Mutter der echten Berta sich beunruhigt auf den Weg machte, in
das Gemach der Königin, die sich krank stellte, eindrang und an
den kleinen Füßen erkannte, daß sie die Dienerin und nicht ihre
Tochter vor sich hatte; die Amme und ihre Tochter wurden
bestraft, Blancheflur kehrte nach Ungarn zurück. Nach Jahren traf
der König bei einer Jagd im Walde Berta, verliebte sich in sie,
verlebte mit ihr eine Nacht und erfuhr nach einigem Forschen, daß
sie seine rechtmäßige Gemahlin war.

   Die in etwa 20 Fassungen erhaltene Berta-Sage, deren erste
ausführliche Wiedergabe sich in der *Chronique Saintongeoise*
(1. Hälfte 13. Jh.) findet und deren künstlerisch wertvollste Fassung das Epos *Berte au grans pies* (um 1275) des Brabanters ADENET
LE ROI ist, zeigt schon in ihrem französischen Verbreitungsbereich
zahlreiche kleinere Varianten; noch stärker weichen die italienischen und spanischen, vor allem aber die deutschen Fassungen ab.
Es handelt sich bei diesen Varianten nicht um Ausgestaltungen und
Zutaten, sondern um Unterschiede in der Motivierung der ganzen
Fabel, wodurch der Stoff sowohl ästhetische wie sagengeschichtli-
che Probleme aufwirft. Allen erhaltenen Fassungen gemeinsam ist
die Aussetzung der echten Braut im Walde, die Unterschiebung
einer falschen, das Auffinden durch den Gemahl, die Geburt oder
doch Empfängnis eines Sohnes in der Armut. Die romanischen
Fassungen haben das Motiv der Ähnlichkeit der beiden nur durch
die Größe ihrer Füße unterscheidbaren Mädchen, die auf diese
Weise mögliche Täuschung des Königs, der seine Braut ja schon
kennt, und die Verstoßung durch den König. In den italienischen
Fassungen, die deutlich einen sekundären Charakter tragen, macht
Berta selbst den Vorschlag des Tausches, weil sie zu müde ist
(frankoitalienische Fassung 14. Jh.) oder weil sie einen Abscheu vor
Pippin hat (*Reali di Francia* um 1370). Die deutschen Fassungen
(*Chronicon Weihenstephanense,* Mitte 15. Jh.; *Chronica Bremensis*
1463; Ulrich FÜETRER, *Chronik von Bayern* 1478–81) verlegen die
Verdrängung der Prinzessin durch die Magd schon in die Zeit der
Reise; die Prinzessin wird durch die Dienerin gezwungen, mit ihr
die Kleider zu tauschen, und dann im Walde zurückgelassen,
Pippin lernt sie gar nicht erst kennen; das Motiv der Ähnlichkeit

und der großen Füße fehlt. Die hier erzählte Kindheit Karls ist der Pilatus-Legende nachgebildet. Wie die Motivierung des Betruges variiert auch die seiner Entdeckung. Die Anordnung der Liebesnacht nach der Entdeckung der falschen Berta machte in manchen Fassungen ein erneutes Kommen Blancheflurs zur Bestätigung der echten Königin notwendig, die Anordnung der Liebesszene vor der Entdeckung der falschen Königin, also eine Untreue des Königs gegenüber seiner Frau, mußte, wenn die Entdeckungsszene der Blancheflur ihre rechte Wirkung behalten sollte, dazu führen, daß die echte Berta ihre Abkunft verschwieg und der König das Liebesabenteuer verheimlichte oder vergaß. Unterschiedlich ist auch das Verhalten Bertas gegenüber dem Verlangen des Königs: während sie in französischen Fassungen, besonders bei Adenet, ihre Ehre zu bewahren sucht, geht sie in den italienischen und deutschen Fassungen sofort auf den Vorschlag des Königs ein.

Es wird deutlich, daß die Überlieferung widerspruchsvoll ist, vor allem, was die Ursache des Betruges betrifft. Handelt es sich um eine – vielleicht suggerierte – Aversion des Mädchens gegen den Bräutigam oder um eine gewaltsame Ausschaltung der Prinzessin durch die Dienerinnen und ihre Helfershelfer? Lebte die Urfassung von der Erinnerung an die körperlichen Mängel Pippins des »Kleinen«, und bewahrte Adenets fugenlos erscheinende Fassung den zwar dichterisch ausgestalteten, aber doch echten Kern, oder liegt der Ursprung bei der schlichten Fabel vom edlen Prinzen und der unschuldigen Prinzessin, die durch eine böse Dienerin getäuscht wurden, so wie sie das *Märchen von der Gänsemagd* erzählt? Eine Entscheidung wird, solange nicht frühere Fassungen auftauchen, davon abhängen, ob man den Stoff vom Allgemeinen ins Besondere verengt sieht, also als eine an historische Ereignisse anknüpfende Neubegründung einer alten Fabel, oder als vom Besonderen ins Allgemeine erweitert, als allmähliches Abschleifen der Spezifika. Daß der Stoff spürbare Märchennähe hat, zeigen seine Verwandtschaft mit *Schneewittchen* und das für die Struktur des Märchens typische Hinüberwechseln der ganzen Wald-Episode in die Sage von der Königin → Sibylle. Aus der Kombination von Berta-Stoff und Sibylle-Stoff entstand der Roman *Von der unschuldigen Königin von Frankreich*, der seinerseits die stoffliche Grundlage zur → Genovefa-Legende bildet.

Der spannungsreiche Stoff wurde schon früh dramatisiert, nämlich im *Miracle de Berthe* (Anfang 15. Jh.), das sich an Adenet anlehnt und das einzige erhaltene mittelalterliche Drama aus dem Bereich der Karlssage ist. Französische (Anfang 15. Jh.), italienische (Rafael MARMORA, Ende 14. Jh.), spanische (Antonio de Es-LAVA, *Noches de Invierno* 1609) Prosaromane und deutsche Volksbücher zeugen von seiner andauernden Beliebtheit. Der Geschmack späterer Jahrhunderte stieß sich wohl an der Unglaubwürdigkeit der Vertauschung, außerdem ging der Berta-Stoff teilweise in dem Genovefa-Stoff auf. In seiner leichtfertigeren italienischen Variante hat der Stoff im Drama des 18. Jahrhunderts

(Dorat, *Adelaïde de Hongrie* und *Les deux reines;* Pleinchesne, *Berthe,* Schäferkomödie) und in seiner ehrbar-rührseligen Variante in der deutschen Literatur des 19. Jahrhunderts (Fouqué, *Karls des Großen Geburt und Jugendjahre* 1816; K. Simrock, *Bertha die Spinnerin* 1845; O. F. Gruppe, *Königin Bertha* 1848; J. K. Maurer, *Bertha,* Epos 1871) schwache Erneuerungsversuche hervorgerufen.

J. Reinhold, Über die verschiedenen Fassungen der Bertasage, (Zs. f. roman. Philologie 35) 1911; A. Memmer, Die altfranzösische Bertasage und das Volksmärchen 1935.

**Bethlehemitischer Kindermord** → Herodes und Mariamne

**Bianca da Bassano** → Ezzelino da Romano

**Billy the Kid.** William H. Bonney, 1859 in New York geboren und in Neu-Mexiko aufgewachsen, geriet früh wegen Diebstahls ins Gefängnis, aus dem er ausbrach und 1877 seinen ersten Mord beging. In Neu-Mexiko, wo er sich als Viehdieb durchschlug, nahm er am Lincoln-County-Bürgerkrieg teil, in dem sich seine Instinkte in skrupellosen Gewalttaten entluden. Auf Grund einer Amnestie für alle in diesem Privatkrieg begangenen Verbrechen stellte er sich mit den Anhängern seiner Partei freiwillig, floh aber aus dem Gefängnis, als feststand, daß er als einziger von der Amnestie ausgeschlossen war. Er entkam der Justiz immer wieder durch Kühnheit, Kaltblütigkeit und Beherrschung von Pferd und Waffe. 1881 lauerte ihm der ihn verfolgende Sheriff in einem dunklen Zimmer auf und erschoß ihn. Billy wurde 21 Jahre alt und hatte 21 Menschen getötet.

Billy the Kid gehört wie → Robin Hood, der → Bayrische Hiesel und der → Sonnenwirt zu den in die Literatur eingegangenen berühmten Outlaws. Erste Berichte schilderten ihn noch als den durch schlechten Umgang verdorbenen Desperado. Doch wurden ihm schon zu Lebzeiten freundlichere Züge nachgesagt, die ihn zu einem chevaleresken und treuen Menschen stempelten, der besonders das Wohlgefallen der Frauen erregt habe; um eines Mädchens willen soll er im Bereich seiner Verfolger geblieben sein. Die Mädchen Neu-Mexikos sollen noch heute Lieder zur Gitarre über ihn singen. Er wurde zum Begriff des ewig jungen Cowboys, der dem Tode immer wieder ein Schnippchen schlug, bis er sich vermaß, an ein Happy-End seines Kampfes zu glauben, und ihn nun der Tod seinerseits überlistete. Auch von einem Teufelspakt wird berichtet.

Die zahlreichen Jugendbücher, Kriminal- und Wildwestgeschichten, Comics und Filme um diese Gestalt gehen im wesentlichen auf fünf ernsthafte Darstellungen zurück. In dem schon 1882 erschienenen Buche von Ash UPSON *The Authentic Life of Billy the Kid* ist Billy bereits kein Killer mehr. Ein Melodram von W. WOODS (1903) zeichnete dann bereits einen Beschützer der Armen. E. HOUGH (*The Story of the Outlaw* 1907) verschärfte das Bild zum Bösen hin und erhöhte damit noch den düsteren Glanz der Persönlichkeit. Für eine breite Leserschicht tauchte Ch. SIRINGO (*A Lonestar Cowboy* 1919; *History of Billy the Kid* 1920) die Gestalt in eine sentimentale Wildwest- und Cowboy-Romantik, die auch W. N. BURNS' *Saga of Billy the Kid* (1926) umgibt; von einem Treue-Motiv ausgehend, versuchte der Autor die Figur des jugendlichen Verbrechers ins Mythische zu steigern; bei M. ONDAATJE (*The collected works of Billy the Kid* 1970) bewahrt er die Pionierzeit im Bewußtsein Amerikas. Die mythische Aura wurde ihm von L. MCMURTRY (*Desperado*, R. 1990) wieder genommen, der den Lebensweg des Desperados von einem in die Prärie verschlagenen Groschenromanautor miterleben und in der Sprache der Groschenhefte erzählen läßt; der keineswegs heroisch-glänzende Billy wird schließlich von einer Banditin aus Liebe getötet.

A. Adler, Billy the Kid: A Case Study in Epic Origins, (Western Folklore 10) 1951; J. C. Dykes, Billy the Kid: The Bibliography of a Legend, Albuquerque 1952; M. W. Fishwick, Billy the Kid, Faust in America, The Making of a Legend, (Saturday Review of Literature 35) 1952.

**Bismarck.** Otto Fürst von Bismarck (1815–1898), Gründer und erster Reichskanzler des zweiten deutschen Kaiserreiches, ist zum Gegenstand der Dichtung gemacht worden, seit er 1862 das Amt des preußischen Ministerpräsidenten und Ministers des Äußeren übernahm und die von König Wilhelm gewünschte Heeresreform durchsetzte. Zeitgenössische Biographien griffen bereits zu bildhaften Charakterisierungen, nannten ihn Schmied des Reiches oder Lotse des Staatsschiffs, und in der schönen Literatur herrschten Polemik, Huldigung und Opportunismus so stark vor, daß eine wirkliche gedankliche und formale Durchdringung des Stoffes nicht gelingen konnte. In den verherrlichenden Bismarck-Epen wurde Bismarck als Schöpfer des Reiches gefeiert (G. K. SCHWETZKE, *Bismarckias* 1867; A. Th. HAYMANN 1871; E. FÖRSTER, *Kanzler und Papst* 1874) und seine Gestalt mitunter ins Mythische gesteigert (Anon., *Triglaw-Bismarck, eine Sage aus dem 4. Jahrtausend*; H. HOFFMEISTER, *Der eiserne Siegfried, eine neuzeitliche Nibelungenmär*; Anon., *Germania* 1891; R. GENÉE, *Die Bismarckiade* 1891). In ähnlichen Bahnen bewegte sich die Bismarck-Lyrik (D. v. LILIENCRON, F. DAHN, E. GEIBEL, E. v. WILDENBRUCH), die jedoch in ihren besseren Schöpfungen stärker das unmittelbare Gefühl der Zeit zum Ausdruck brachte und manchmal echter Mythisierung nahekam (Th. FONTANE, *Wo Bismarck liegen soll*). Die hauptsächlich in den Kreisen der Burschenschaft gepflegten Fest- und Gelegenheitsspiele begnügten sich, wenn sie sich nicht in allegorischer

Darstellung versuchten (J. Riffert, *Das Spiel vom Fürsten Bismarck oder Michels Erwachen* 1893), mit der Bearbeitung von Episoden (A. v. Grün, *Unser Bismarck* 1886). In der realistischeren Sphäre des Romans kamen auch die Bismarck feindlichen Stimmen zu Wort (A. Egger, *Bismarck und Napoleon oder die Saaten des blutigen Schlachtfeldes bei Königgrätz* 1873; G. Findel, *Schach Bismarck* 1884). Ihren Höhepunkt hatte diese Art Bismarck-Literatur 1895, im Jahre von Bismarcks 80. Geburtstag, und sie prägte auch noch die einschlägigen Werke im ersten Jahrzehnt des 20. Jahrhunderts.

Während diese zeitgenössischen literarischen Produkte ohne künstlerische Bedeutung waren und allenfalls als Rohmaterialien zu einem Bismarck-Stoff angesehen werden können, zeigte sich in dem Augenblick, als Bismarcks Werk durch die historische Entwicklung bedroht schien, eine veränderte Haltung gegenüber dem Stoff. W. Bloems *Die Schmiede der Zukunft* (1913) und K. Bleibtreus Bismarck-Roman (1914/16) ließen ihren Helden zwar noch mit romantischer Gloriole erscheinen und gaben die großen Szenen der Zeit wie die entsprechenden Gemälde von A. v. Werner und dem Schlachtenmaler Bleibtreu; die Übersteigerung der Machtfülle ins Legendäre war jedoch schon als Wunschbild und als Abwehr gegen eine andersartige Gegenwart zu verstehen. K. H. Strobl (R.-Trilogie 1914/16) und G. Frenssen (Versepos 1914) bemühten sich bereits darum, Bismarck zu mythifizieren, ohne ihn zu glorifizieren, und sahen in ihm eine Summierung deutscher Wesenszüge, ähnlich wie W. Flex an Bismarcks Ahnenreihe ablas (*Zwölf Bismarcks*, Novellen 1913; *Klaus von Bismarck*, Tr. 1913). Dagegen hielt sich F. Wedekinds Bismarck-Drama (1915), das nur die Ereignisse von 1863 bis 1866 erfaßt, aus nahezu nüchterner Distanz an das Quellenmaterial.

Der Stoff wurde für die Dichtung erst wirklich frei, seit Bismarcks Werk vernichtet war und der literarische Gestalter ohne politische und personelle Rücksichten verfahren konnte. Das Privatleben des großen Mannes stand nun dem interessierten Schriftsteller offen (A. Kristanell, *Bismarck und Josepha*, R. 1934; P. O. Höcker, *Die reizendste Frau – außer Johanna*, R. 1935), sein politischer Kampf konnte einer Gegenwart als beispielhaft vorgehalten werden (W. Beumelburg, *Bismarck gründet das Reich* 1932), die Bewunderung für Bismarcks diplomatische Taktik führte zu freier Ausgestaltung des Episodischen (W. Goetz, *Der Ministerpräsident*, Dr. 1936), wodurch auch komische Züge freigelegt werden konnten wie bei der Begegnung mit dem Eisenbahnspekulanten B. H. Strousberg (C. Hammel, *Der Nachbar*, Kom. 1989). Trotz des steigenden Zuwachses an archivalischen Quellen, die eine Gesamtdarstellung des Bismarck-Stoffes wohl mehr der Biographie zuweisen und den Dichtern engere Grenzen zogen, gab der offene Schluß des Stoffes, das Fragezeichen, das hinter Bismarcks Entlassung und seinen zur Ohnmacht verdammten letzten Lebensjahren steht, der künstlerischen Gestaltung einen Raum voll verschiedenartiger Probleme frei, der zwar schon vom Roman (R. SEXAU, *Kaiser oder Kanzler* 1936) und vom Drama (W. LANGE, *Bismarcks Sturz* 1939) betreten, aber wohl kaum schon ausgeschöpft worden ist.

E. Schusta, Bismarckroman und Bismarckepos in der deutschen Literatur, Diss. Wien 1935; H. Pittner, Bismarckdichtungen, Diss. Wien 1943.

**Blanca de Bourbon** → Pedro der Grausame

**Blancheflur** → Floire und Blanscheflur

**Blaubart.** Den ältesten Beleg für das Blaubart-Märchen stellt eine *Legende von dem heiligen Gildas* (6. Jh.) dar, die ein Mönch des Klosters Rhuys in der Bretagne im Jahre 1008 aufschrieb, die aber erst 1605 durch Père DU BOIS-OLIVIER zusammen mit anderen Legenden zum Druck befördert wurde (2. Druck in einer Textslg. 1655–1677). Die Legende berichtet, daß Count Conomor (eine historische Persönlichkeit der Basse-Bretagne) seinen Ehepartnern öffentlich die Kehle durchzuschneiden pflegte, wenn sie schwanger waren. Dadurch geriet er in Schwierigkeiten, eine neue Frau zu finden, und warb zunächst vergebens um Trifina, Tochter des Count Guerech von Vannes, die von Gildas erzogen worden war. Vater und Tochter lehnten die Werbung ab, aber als Conomor mit Gewalt drohte, vermittelte Gildas und machte zur Bedingung, daß Conomor seine Frau ihrem Vater zurückschicken müßte, wenn er ihrer überdrüssig werden sollte. Als Conomor sein freundliches Verhalten gegen Trifina änderte, weil sie schwanger wurde, hatte sie Angst, das Schicksal der früheren Frauen zu erleiden, und floh. Conomor holte sie jedoch ein und schlug ihr das Haupt ab. Nachdem der heilige Gildas vergebens versucht hatte, in die Burg Conomors eingelassen zu werden, ließ er die Mauern der Burg über diesem zusammenstürzen und erweckte Trifina zu neuen Leben; sie gebar einen Sohn, der von Gildas getauft wurde.

Legendäre Fassung des Stoffes haben die Person des Gildas beibehalten. Der Held ist meist ein gottloser, hartherziger Ritter oder Graf mit einem blauen Bart. Seine verschiedenen Frauen sind eines geheimnisvollen Todes gestorben. Gildas gibt der Heldin einen silbernen Ring, der schwarz wird, wenn ihr Gefahr droht. In den weltlichen Fassungen erhält sie von einem ihrer Familienangehörigen ein Warn- oder Hilfezeichen. Die Schwangerschaft der Frau löst Blaubarts Mißvergnügen und eine Reise aus. Während in den Fassungen mit der Figur des Gildas der jungen Frau von den ihr erscheinenden getöteten Vorgängerinnen zur Flucht verholfen wird, verbietet sonst in der Regel Blaubart vor seiner Abreise seiner Frau, ein bestimmtes Zimmer zu betreten, übergibt ihr einen Gegenstand – meist den Schlüssel des Zimmers – zu ihrer Prüfung

und droht, sie im Falle des Ungehorsams zu töten. Von Neugier in
das Zimmer getrieben, in dem sie die Leichen der früheren Frauen
entdeckt, entfällt ihr der Schlüssel und wird blutig; aus Furcht vor
dem heimkehrenden Mann schickt die Heldin nun ihrer Familie das
Hilferufzeichen. Blaubart erkennt den Ungehorsam und kündigt
der Frau den Tod an, an dessen sofortiger Vollziehung er entweder
gehindert wird oder den die Frau durch letzte Wünsche hinauszö-
gert. Sie schickt eine Dienerin auf die Zinne, die nach ihren
Brüdern Ausschau halten soll; diese kommen auch schließlich,
befreien ihre Schwester und töten Blaubart.

Der sehr verbreitete Stoff taucht in verschiedenen Varianten auf,
eine rudimentäre Fassung findet sich auch im *Prosa-Gral,* in dem
Ritter Aristor nach einjähriger Abwesenheit die von ihm entführte
und der Obhut eines Dieners anvertraute Peredur, die Schwester
Parzivals, töten will; Parzival befreit Peredur und erschlägt Aristor. Eine weit märchenhaftere Variante, in der das ritterliche
Element fehlt und in der ein Unhold, Zauberer oder Vampir der
Held ist, erzählt die Geschichte von Werbung, Gehorsamsprobe
und Tötung nacheinander von zwei Schwestern. Die jüngste,
dritte ist schlauer als die beiden anderen; sie will das Geheimnis um
den Tod ihrer Schwestern ergründen, entdeckt es auch und macht
die Toten wieder lebendig. Den Mann erschlägt sie entweder bei
seiner Rückkehr, oder sie läßt sich Urlaub zu ihren Eltern geben.
Dabei verkleidet sie sich, um seiner Verfolgung zu entgehen, als
»Fitchervogel«, d. h. sie taucht in ein Faß mit Honig und wälzt sich
dann in Bettfedern; sie entkommt, und ihr Vater oder ihre Brüder
töten ihren Mann.

Die älteste schriftlich bezeugte neuere Version findet sich in den
anonymen *Histoires ou Contes du temps passé* (1697), als deren
Verfasser Ch. PERRAULT gilt. Da für dessen Fassung keine Vorlage
aufgefunden wurde, wird angenommen, daß Perrault das Märchen
kunstvoll aus verschiedenen Erzählstoffen kombinierte und den
sprechenden Märchennamen Blaubart an die Stelle des historischen
Conomor setzte, dessen Geschichte er zunächst nach dem Text des
DU BOIS-OLIVIER erzählte. Er strich den der Märchengattung nicht
gemäßen Gildas und die für seine Zeit nicht mehr vorstellbare
öffentliche Tötung der Frauen, so daß das Geheimnis des Verbre-
chens zum entscheidenden Faktor wurde. An die Stelle der anstößigen Schwangerschaft der Frau trat nun zur Motivierung der Tö-
tungsabsicht mangelnder Gehorsam sowie fehlende Unterdrük-
kung der Neugier. Das zur Prüfung der Frau aufgebotene Motiv
der »verbotenen Kammer« konnte Perrault aus BASILES Novelle *Le
tre corone* (in *Lo Cunto de li Cunti,* 1634) beziehen, das er um das
schon in den *Gesta Romanorum* (1342) auftauchende Motiv des nicht
abwaschbaren Blutes bereicherte, und die Schlußspannung mit der
auf Rettung wartenden, dreimal um Hilfe schreienden Frau ist
anscheinend der deutschen *Ballade von dem Mörder Ulinger* entnommen und von Perrault durch Zufügung der auf der Zinne Ausschau
haltenden Schwester Anne zu einem Trio von Rufenden gesteigert

worden. Da stärker abweichende Märchenversionen (BRÜDER GRIMM, BECHSTEIN) erst nach Erscheinen der Perraultschen Fassung festzustellen sind, ist diese als Ausgangspunkt der Tradition anzusehen und mit einer späteren Interdependenz zwischen schriftlicher und mündlicher Überlieferung zu rechnen.

Eingang in die Kunstliteratur fand Perraults Märchen durch die Oper von M.-J. SEDAINE / A. E.-M. GRÉTRY, die Fürst Raoul de Cormantans Untaten begreifbar macht: da ihm geweissagt worden ist, die Neugierde seiner Frau werde ihm den Tod bringen, prüft er seine Frauen und tötet sie, wenn er sie neugierig findet. Da er bei einer Frau aus niedrigem Stand mehr Gehorsam und weniger Neugier anzutreffen hofft, heiratet Blaubart die Bauerntochter Isaure, die auf ihren Geliebten verzichtet, um mit Hilfe des in Aussicht stehenden Reichtums ihre Brüder vor der Armut zu retten. Sie entdeckt das Geheimnis zusammen mit dem als ihre Schwester verkleideten Geliebten, der sie vergeblich gegenüber dem heimkehrenden Ritter verteidigt; die Brüder bringen in letzter Minute die Rettung. Als »Ammenmärchen in vier Akten« baute bald nach dieser Oper L. TIECK (1797) unter Einfluß Shakespeares den Stoff zu einem Ritterdrama aus, in dem das Märchenhafte weitgehend getilgt ist, aber eine traumhaft-unheimliche Stimmung herrscht. Von Sedaine übernahm Tieck die starke Betonung der Neugier als eines weiblichen Urfehlers. Sein Ritter Peter Berner, eine Mischung von Biederkeit und Grausamkeit, kann Agnes gar nicht schonen, weil sie ihn nach Kenntnis seines Geheimnisses fliehen und verachten würde. Agnes hat ihre muntere Schwester Anne mit aufs Schloß gebracht, die hier auch die Rolle der auf der Zinne Ausschauenden spielt. In J. OFFENBACHS operettenhaft-heiterer Variante (Text H. MEILHAC / L. HALÉVY 1886) stellt sich die Ermordung von bereits fünf Frauen als frommer Betrug des Alchimisten, der sie vergiften sollte, heraus; er hat sie verschont, fürchtet aber nun Blaubarts Rache und bringt mit Hilfe der sechsten Frau Blaubarts Gewalttaten dem König zur Kenntnis. Dieser hat jedoch ein schlechtes Gewissen, weil er fünf Liebhaber seiner Frau umbringen ließ, die, gleichfalls verschont, wieder auf der Szene erscheinen. Der bequemste Ausweg ist, die Paare zu verheiraten; die sechste Frau kehrt in die Arme Blaubarts zurück.

Da am Ende des vorigen Jahrhunderts die These auftauchte, Gilles de Rais, der Kampfgenosse der → Jungfrau von Orleans, der wegen sadistischen Kindermordes angeklagt worden war, habe das Vorbild für Blaubart abgegeben, konnte J.-K. HUYSMANS diesen als Beispiel für die Problematik des Frauenmörders einsetzen und beschrieb in dem Roman *Là-bas* (1891) die fortschreitende psychologische Erforschung der Abgründigkeiten des »Blaubart« Gilles de Rais als eines Glücksuchenden »gegen den Strich«, der sich in den Labyrinthen des mystisch-sadistischen Teufelskultes verliert. M. MAETERLINCKS Drama *Ariane et Barbe-Bleue* (1901) führt eine neuartige, selbstbewußte sechste Frau Blaubarts vor, die es für unter ihrer Menschenwürde erachtet, ein unsinniges Verbot des

Mannes zu akzeptieren, sofort in die siebente, unerlaubte Tür
eindringt, Blaubarts frühere fünf Frauen, die er dahinter einge-
sperrt hält, befreit und mit ihnen fliehen will. Sie weist auch die
Hilfe der gegen ihren Unterdrücker revoltierenden Bauern zurück.
Aber während in Blaubart durch Arianes Verhalten eine Ahnung
von echter Liebe aufdämmert und er sich langsam von seinem alten
Ich löst, nachdem Ariane ihn von den Fesseln der Bauern befreit
hat, mißlingt ihre eigentliche Befreiungsabsicht vollständig: die
fünf Frauen verzichten auf ihre Freiheit und entscheiden sich für
den alten Blaubart, mit dessen Schätzen sie sich schmücken können. Ariane geht den Weg in die Freiheit allein. Maeterlincks Werk
diente als Libretto für die gleichnamige Oper von P. Dukas (1907).
»Beweinenswert« wird der sadistische Blaubart im Drama H. Eulenbergs (*Ritter Blaubart* 1909) genannt. Eulenberg übernahm aus
dem Fitchervogel-Märchen die sich folgenden Ehen von zwei
Schwestern, Judith und Agnes. Bei der zweiten Schwester fehlt die
Gehorsamsprobe, Blaubart beichtet und bittet Agnes um ihre
Liebe: die erste Frau hatte ihn betrogen, und keine der folgenden
hielt seiner Prüfung stand. Agnes durchschaut Blaubarts Brutalität
und stürzt sich fliehend vom Söller. Eulenbergs Drama wurde von
E. N. v. Reznicek als Operntextbuch benutzt (1920). B. Bartóks
Librettist B. Balázs (*Herzog Blaubarts Burg* 1918) knüpfte für sein
grausiges Mysterium wieder an Maeterlinck an. Diese Oper gibt
gewissermaßen nur den fünften Akt des Stoffes. Die jung verheiratete Judith wird von Blaubart in einen Raum mit sieben Türen
geführt, von denen sie sechs, immer durch Fragen ins Innere
dringend, öffnet und Grausiges sehen muß. Sie öffnet schließlich
auch die siebente, vor der er sie warnt, mit der Frage: »Liebtest du
schon andere Frauen . . . liebtest du sie mehr?« Die früheren Frauen
Blaubarts treten heraus und nehmen die von ihrem Mann herr-
scherlich Geschmückte in Empfang; die siebente Tür schließt sich
hinter ihr. G. Trakls aus dem Nachlaß veröffentlichtes Puppen-
spiel-Fragment zeigt gleichfalls Hochzeit und Tod einer der späteren Auserwählten Blaubarts, der als ein von Gott Gequälter bezeichnet wird.

A. Döblin hat in seine aus dem alten Stoff herausdestillierte
moderne Erzählung (*Der Ritter Blaubart* 1913) eine Erlösungsthe-
matik eingebaut. Der Baron, der schon dreimal verheiratet war
und dessen Frauen rasch unter geheimnisvollen Umständen starben, wohnt auf einem Meeresfelsen, und die Bevölkerung meint,
er habe sich einem in der Klippe hausenden Untier verkauft und
brauche nach jeweils einigen Jahren einen Menschen. Die junge
Frau, die sich vergebens um ihn bemüht hat, löst unter Aufopferung ihrer selbst die Zerstörung des Schlosses und die Befreiung
des Barons aus. Gleichfalls ins moderne Leben transponiert, aber
um jedes irreale Moment und auch um das zentrale Mordmotiv
geschmälert, paßte A. Savoir (*La huitième femme de Barbe-Bleue*
1921) den Stoff dem Charakter einer Gesellschaftskomödie an. Der
reiche Amerikaner betrachtet seine Heiraten als Geschäft und läßt

sich von seinen Frauen, deren er schnell überdrüssig ist, unter Aussetzung einer hohen Abfindung scheiden, bis er auf eine achte Frau stößt, die sich nicht verkauft und ihrerseits die Scheidung erzwingt; erst von der Geschiedenen erfährt und lernt er Liebe. Eine ironische Variation des Stoffes stellt der Einakter *Le Vérédique Procès de Barbe-Bleue* (1958) von L. PELLAND dar. Hier hat der primitive Grobian Barbe-Bleue seine Frauen nicht ermordet, sondern sie zogen sich selbst durch allerlei Alltagssünden den Tod zu, mit Ausnahme der letzten, die an Blaubarts Gleichgültigkeit und den vielen Geburten stirbt. Pellands Stück ging neben einem Abschnitt aus Bartóks Oper als Collage in die *Judith-Phantasie* (1966) des Schweden P. PATERA ein, in der Blaubarts siebente Frau auch mit → Uta von Naumburg identifiziert wird.

Die alte Gleichsetzung mit Gilles de Rais inspirierte das Blaubart-Drama Georg KAISERS (*Gilles und Jeanne* 1923). Gilles liebt Jeanne, ist aber von ihr abgewiesen worden, bezichtigt sie des Teufelsbundes und will noch die zum Tode Verurteilte besitzen. Die Bauernmädchen, die ihm sein Alchimist zutreibt, hält er im Trancezustand für Jeanne, tötet sie aus Enttäuschung und setzt dann bewußt diese Art der Verbrechen fort, nur weil Johanna sich ihm entzog. Vor Gericht bringt ihn die Erscheinung Johannas zu Geständnis und Sühne. Der Italiener M. DURSI (*La vita scellerata del nobile signore Gilles de Rais che fu chiamato Barbabiu*, Dr. 1968) zeichnete den historischen Gilles, der kein Frauenmörder, sondern ein Mörder von Knaben und Mädchen ist, als einen von Wahnvorstellungen geleiteten Pathologen. Die bei Maeterlinck auftauchende emanzipatorische Komponente prägte P. RÜHMKORFS »aufgeklärtes Märchen« (*Blaubarts letzte Reise* 1982), in dem die Frau dem von seiner Mutter beherrschten Manne nicht in die Falle geht, während M. FRISCH (Erz. 1982) Blaubart selbst als Ergründer seines Geheimnisses darstellt: Er hat zwar nicht gemordet, könnte aber gemordet haben, da er zu seinen Frauen ein nur possessives Verhältnis hatte. K. STRUCK (*Blaubarts Schatten*, R. 1991) greift auf ein Urmotiv des Stoffes, die mißliebige Schwangerschaft, zurück und sieht in Blaubart den Inbegriff der egoistischen Männer, die die Frau zur Abtreibung veranlassen.

J. Herzog, Die Märchentypen des »Ritter Blaubart« und »Fitchervogel«, Diss. Köln 1937; H. Suhrbier, Blaubarts Geheimnis, 1984; H.-J. Uther, Der Frauenmörder Blaubart und seine Anverwandten (Schweizerisches Archiv f. Volkskunde 84) 1988; G. Lontzen, Die Erfindung des Blaubartmärchens durch Charles Perrault, 1990.

**Blomberg, Barbara** → Don Juan d'Austria

**Boleyn, Anna.** Anna Boleyn (1507–1536) war nach ihrer Schwester Mary Mätresse des englischen Königs Heinrich VIII., der sie in der Hoffnung auf einen Thronerben 1533 heimlich heiratete und, als der Papst nicht in die Trennung der Ehe mit Katharina von Aragón willigte, diese von sich aus für ungültig erklärte, was zur Lösung der englischen Kirche von Rom führte. An dem Sturze der neuen Königin arbeiteten sowohl persönliche Neider wie die katholische Partei, die nach der enttäuschenden Geburt eines Mädchens, der späteren Königin Elisabeth, und Heinrichs Hinwendung zu der Hofdame Jane Seymour bei dem König leichtes Spiel hatten. Am meisten intrigierte gegen sie die Viscountess von Rocheford, die Frau von Annas Bruder, die sie des Ehebruchs mit dem Kammerherrn Henry Norris und mit anderen Edelleuten sowie des blutschänderischen Umgangs mit dem Viscount von Rocheford verdächtigte. Als Anna bei einem Turnier ein Schnupftuch fallen ließ, deutete der König dies als ein Liebeszeichen und ließ sie verhaften. Sowohl sie und ihr Bruder als auch die übrigen Adligen, von denen nur einer auf der Folter Beziehungen zur Königin zugab, wurden enthauptet; dem Gericht präsidierte der Katholik Norfolk, ein Onkel Annas.

Anna Boleyns Schicksal ist unter denen der Frauen Heinrichs VIII. das berühmteste und in der Dichtung am häufigsten behandelte. Sowohl ihr einzigartiger, mit einer für die Geschichte Englands entscheidenden Verfassungsänderung verbundener Aufstieg zum Thron wie ihr jähes und blutiges Ende berechtigen dazu, und die Tatsache, daß Anna die Mutter der Königin → Elisabeth war, hat das Interesse verstärkt. Wenn man das Thema allerdings von der Entfremdung der Gatten und von Annas Tode her betrachtet, wie es meist geschehen ist, so scheint es eher für eine Ballade oder auch für eine Novelle geeignet als für einen Roman, für den es zu schmal, oder für eine Tragödie, für die es zu undramatisch ist. Die zahlreichen Dramatisierungen des Stoffes übersahen meist, daß die leidende und noch dazu wehrlose und untätige Unschuld, die Anna verkörpert, ein zwar rührender, aber untragischer Zug ist. Bestanden die gegen sie erhobenen Anklagen zu Recht, so handelte es sich um einen simplen Ehebruch, waren sie verleumderische Erfindungen, wie anzunehmen ist und wie die meisten Autoren auch angenommen haben, so handelte es sich entweder um eine Intrige oder um einen Akt der Heuchelei und Tyrannei. Das ↑ Inzest-Motiv ist erst recht im Sinne einer Intrige verwendet, aber nie ernsthaft diskutiert worden. Anna leidet nicht, wie → Genovefa, wegen ihrer Reinheit, sondern trotz ihrer Reinheit, und ihre liebenswerte Harmlosigkeit gibt ihr andererseits nicht das Gewicht einer → Maria Stuart. Von den beiden Hauptpersonen muß im Grunde Heinrich, dessen Verhältnis zu den Frauen ja mehrfach, auch in humoristischer Weise, behandelt worden ist (Ph. LINDSAY, *Here Cometh the King,* R. 1933; M. J. KRÜCK, *Die sechs Frauen Heinrichs VIII.,* R. 1937; Ch. FEILER, *Die sechste Frau,* Dr. 1939; H. GRESSIEKER, *Heinrich der Achte und seine Frauen,* Dr. 1957), die interessantere Gestalt sein. Anders liegt es, wenn die Akzente auf dem Aufstieg Annas liegen und in ihrer Erhebung zur Königin das Resultat ihres Ehrgeizes oder ihrer politischen Absichten gesehen wird.

Nachdem CALDERÓN in *La Cisma de Inglaterra* vom katholischen Standpunkt aus Anna verurteilt und sein Drama mit der Thronbesteigung der Katholikin Maria, Tochter der Spanierin Katharina, hatte schließen lassen, gab John BANKS' *Virtue Betrayed or Anne Bullen* (1682) den Tenor an, der für die meisten Anna-Boleyn-Dramen auch anderer Jahrhunderte gelten kann; der Stoff ist hier in seiner spezifischen Eigenschaft als Märtyrerdrama gefaßt. Die Zeit des Rührstücks neigte zu einer ähnlichen Tendenz: P. WEIDMANN (*Anna Boulen* 1771) läßt die Königin – und den König kaum minder – das Opfer verleumderischer Intriganten werden; allerdings kommt Heinrich die Inzest-Anklage fast willkommen, denn er kann in Annas Bruder zugleich den Geliebten der Jane Seymour vernichten. Er sucht zu sühnen, indem er Elisabeth zur Thronfolge bestimmt. Bei F. J. H. v. SODEN (*Anna Boley, Königin von England* 1791), wird Aktivität und Schuld völlig der Lady Rocheford zugeschoben. Soden führte das dankbare Motiv des Jugendgeliebten, hier mit Norris, ein, den Anna aufgab, weil sie sich dem König nicht widersetzen konnte. Der Schauspieler J. KOROMPEY änderte Sodens Schluß sogar in ein Happy-End um (1792), bei dem die Verurteilten durch einen Offizier gerettet werden und die königlichen Gatten sich versöhnen. In dem Fragment des jungen TIECK und seines Freundes SCHMOHL (1792) ist trotz des Vorherrschens der Intrige eine psychologische Vertiefung des Königs zu beobachten; Annas Untergang wird durch die Entdeckung von Norris' Neigung zur Königin und von seinem und der Königin Fluchtplan heraufbeschworen. Auch bei E. H. GEHE (1824) ist der Jugendfreund Norris, den Anna, vom Rausch der Majestät überwältigt, verließ und mit dem sie sich vor dem Tode wiederfindet, das bewegende Motiv. Von W. WAIBLINGER (1829) an trat die Intrige hinter der Charaktertragödie zurück. Heinrich ist der seinen Leidenschaften wehrlos hingegebene Mann, den die neue Leidenschaft zur Vernichtung Annas treibt. In der zweiaktigen Oper von F. ROMANI / G. DONIZETTI (*Anna Bolena* 1830) hat Heinrich bereits Jane Seymour verführt und sich von Anna abgewendet, wenn das Stück beginnt; ihm genügt ein Wortstreit des Musikers Smeton mit Annas Jugendgeliebtem Percy über deren Liebe, um die Unschuldige anzuklagen. F. A. WINDERFIELD (1872) charakterisierte nicht nur den König, sondern auch Anna durch ungezügelte Leidenschaft; sie liebt Norris und ist sich bewußt, ihren Sturz hervorgerufen und verdient zu haben. Schon bei E. MARSCHNER (*König Heinrich VIII. und Anna Boleyn* 1831), der Annas Schuld in ihrer Konspiration mit den Protestanten sah, machte sich eine Motivhäufung und ein Schwanken zwischen den Motiven bemerkbar, das dann in den Dramen von A. v. MALTITZ (1860) und CARMEN SYLVA / Mite KREMNITZ (Ps. Dito und Idem, 1886) überhand nahm und schließlich bei Eugenie ENGELHARDT (1887) zum Rückfall in das alte Intrigenstück führte. Die sentimentale Haltung, die das Werk A. v. Maltitz' und der weiblichen Dramatikerinnen charakterisiert und das Schicksal Annas mit frauenrechtlerischen Fragen in Zusammenhang brachte, bestimmt auch die gleichfalls von weiblichen Verfassern geschriebenen Romane des späteren 19. Jahrhunderts (L. M. Gräfin v. ROBIANO 1867; Nanny v. HOF, *Krone und Kerker* 1887) sowie W. H. AINSWORTHS historischen Roman *Windsor Castle* (1843) und SAINT-SAËNS' Oper *Henri VIII* (Text A. Sylvestre/L. Détroyat 1883). In C. v. BLÜCHERS Drama (1890) ist die »Veredelung« Annas so weit getrieben, daß Anna sich gegen Heinrichs Werben sträubt, jedoch keine Verpflichtung gegenüber dem Jugendgeliebten Percy hat und andererseits unbekümmert den Thron besteigen kann, da Katharina, entgegen der Geschichte, vor Annas Eheschließung stirbt.

Die neue Literatur scheint jedoch dem Stoff Reize abzugewinnen, die jenseits des Themas von der betrogenen und leidenden Unschuld liegen. Der Däne Kaj MUNK (*Cant,* Dr. 1931) legte den Akzent auf den König, der seine brutale Genußsucht mit selbstbetrügerischer Heuchelei bemäntelt. H. REHBERG (*Heinrich und Anna,* Dr. 1942) überhöhte die Gestalt Annas nach der Reinheit hin – sie zwingt den König, sie zur rechtmäßigen Gemahlin zu machen, und beeinflußt ihn schöpferisch – und steigerte den König zu einem grausamen Ungeheuer, das jedoch an seiner Liebe leidet. Ähnlich in der Grundkonzeption ist auch die Fassung des Amerikaners Maxwell ANDERSON (*Anne of the Thousand Days,* Dr. 1949), die ganz auf den Weg der Gatten zu- und voneinander abgestellt ist: Heinrich wirbt jahrelang um Anna, und sie wird die Seine unter der Bedingung, daß er sie zu seiner Königin macht. Erst als er ihretwegen den Kampf mit der Welt auf sich nimmt, vermag sie ihn zu lieben, aber von diesem Tage an beginnt seine Liebe zu schwinden.

J. H. Sussmann, Anna Boleyn im deutschen Drama, Wien 1916.

**Bonaparte** → Napoleon

**Boris Godunow** → Demetrius

**Bradamante** → Roland

**Brembergersage** → Herzmäre

**Britannicus** → Nero

**Brünhild** → Nibelungen

**Brutus d. Ä.** → Lucretia, Hamlet

**Brutus d. J.** → Cäsar

**Buddha** → Barlaam und Josaphat

**Bürger von Calais.** Die in FROISSARTS *Chroniques de France* . . .
(um 1390) überlieferte Erzählung, daß bei der Belagerung von
Calais 1347 sechs Bürger der ausgehungerten Stadt die Forderung
des durch die lange Belagerung erzürnten Königs → Eduard III.
von England erfüllt und sich im Büßerhemd, den Strick um den
Hals, todbereit in die Gewalt des Feindes begeben hätten, um die
Stadt vor der Vernichtung zu retten, auf Bitten der Gemahlin
Eduards aber begnadigt worden seien, ist erst von der französischen Literatur des 18. Jahrhunderts als heroischer Stoff entdeckt
worden. Ohne Zweifel hat der bürgerliche Akzent des Stoffes an
seinem Aufstieg Anteil gehabt. Zuerst haben Mme de GOMEZ (*Jean
de Calais*, R. 1735) und die Marquise de TENCIN (*Le siège de Calais*,
R. 1739) den Heldenmut der Belagerten in preziös-sentimentalen
Romanen gefeiert. F. de ROZOI verfaßte dann 1762 eine Tragödie
mit überlebensgroßen Heldengestalten im Stile Corneilles (*Le siège
de Calais ou les Décius français*), die er erst drucken ließ, nachdem der
zweifellos durch Kenntnis des Manuskripts angeregte D. DE BEL-
LOY (*Le siège de Calais* 1764) ihm den Rang abgelaufen hatte. De
Belloys heroisch-patriotisches Drama, dessen Erfolg geradezu eine
Reaktion auf den französischen Prestigeverlust im Siebenjährigen
Krieg bedeutete, stellte alles unter das Thema opfermütiger Vater-
landsliebe: aus Patriotismus widersteht ein Bürgermädchen den
Versuchungen durch den englischen König, der Sohn des Bürger-
meisters lehnt es ab, seinen Platz unter den Todgeweihten abzutreten, der Verräter wird zur Umkehr ins französische Lager bewogen, und der englische König wird zur Gnade veranlaßt. Im Jahre
der Belagerung von Paris durch die Deutschen konnte eine Oper
von F. SARCEY (*Le siège de Calais* 1871) den Stoff mit den gleichen
Vorzeichen und aktuellen Anspielungen erneut zur Wirkung bringen.
      Die durch de Belloy allgemein bekanntgewordene Episode hat
in Deutschland nach einem matten Versuch von K. WEICHSELBAU-
MER (*Die Belagerung von Calais*, Dr. 1821), in dem, der Überlieferung entsprechend, die Königin Philippa die versöhnende Rolle
spielt, erst durch G. KAISER eine neue, der französisch-patrioti-
schen völlig entgegengesetzte Interpretation gefunden (*Die Bürger
von Calais*, Dr. 1914). Dem soldatischen Durchhaltewillen des
Feldhauptmanns Duguesclin tritt in Eustache de St. Pierre der
Vertreter pazifistischer Gesinnung gegenüber, dem es um die
Erhaltung des Lebens und des menschlichen Schaffens geht und der
zugleich den Vorwurf der Feigheit durch das Opfer des eigenen
Lebens entkräftet: statt der geforderten sechs haben sich sieben

gemeldet, Eustache nimmt den übrigen die Qual der Entscheidung ab und gibt sich selbst den Tod. M. Langewiesche (*Die Bürger von Calais,* R. 1949) schilderte die Stimmung der aus ihrer Selbstüberhebung gestürzten Bürgerschaft in der Nacht vor dem Opfergang. Eine amüsante Variante gab dem Stoff B. Shaw (*The Six of Calais* 1934), der in einem Einakter die Handlung aus der Sicht der englischen Belagerer aufrollte und die heldisch-opfermütige, aber auch störrisch-selbstbewußte Haltung der sechs Männer benutzte, um den racheschnaubenden Eduard III. als willenlos folgsamen, aber sich auch humorvoll revanchierenden Ehemann einer mitleidigen Königin zu zeigen. H. Schmitthenner (*Die Bürger von X,* Dr. 1960) übertrug den Stoff auf eine Situation im Zeichen moderner Diktatur: sechs Bürger stellen sich der Besatzungsmacht, um die als Strafe für Sabotageakte angeordnete Vernichtung der Stadt abzuwenden; diese fällt zwar dennoch der Zerstörung zum Opfer, aber die Tat der Sechs und des feindlichen Befehlshabers, der sich gegen die Unmenschlichkeit auflehnte, wird zum Fanal der Freiheit auch im Lager der Bedrücker.

L. Devot, Notes pour servir à l'histoire poétique de la reprise de Calais, (Almanac de la ville et du canton de Calais) 1858; G. Liebau, König Eduard III. von England im Lichte europäischer Poesie, 1901.

**Byron.** Der englische Romantiker George Gordon Lord Byron (1788–1824) hat das mittlere 19. Jahrhundert nicht nur als Dichter beeindruckt, sondern ist durch seine Lebensführung zu einer legendären Dichtergestalt geworden. Individualismus, Freiheitsliebe, Geltungs- und Tatendrang, die ihn in England zur Kritik an der Gesellschaft, in Italien zum Anschluß an den politischen Geheimbund der Carbonari und auch zur Teilnahme am griechischen Freiheitskampf veranlaßten, bei dem er den Tod fand, dazu ungezügelte Leidenschaft, die in der Jugendliebe zu Mary Chaworth enttäuscht wurde, ihn in einem Liebesverhältnis an seine Stiefschwester Aurora Leigh band und Scheidung seiner Ehe sowie gesellschaftliche Ächtung nach sich zog und die schließlich in Italien zu einer erotisch-geistigen Bindung an die junge Gräfin Guiccioli führte – das alles waren Züge, die dem in der Literatur des 19. Jahrhunderts beliebten Künstler-Thema farbige Entfaltung und auch dramatische Dialektik verleihen konnten.

In England hat Byrons Freund Shelley (*Julian and Maddalo* 1818), in Deutschland Goethe (*An Lord Byron* 1823), in Frankreich Lamartine (*L'homme* 1819) schon zu Lebzeiten des Dichters dessen Genialität, Leidenschaft und tragische Unruhe im Gedicht festgehalten. Der heroische Tod rief in der ganzen Welt ein dichterisches Echo hervor. Byrons Leben und Trachten schien durch diesen Absturz im Zenit der Laufbahn einen äußerst adäquaten Abschluß zu bekommen (R. Pollok, *The Course of Time* 1827; E. Barrett-Browning, *Stanzas on the Death of Lord Byron* 1828; N. Lenau,

*König und Dichter* 1824; W. Müller 1825; H. Heine, *Child Harold*;
A. de Vigny, *Sur la mort de Byron* 1824; Lamartine, *Le dernier chant du pèlerinage d'Harold* 1825; J. Lefèvre, *Le Clocher de Saint-Marc* 1825; G. Mellen [Amerik.], *Ode on Byron* 1826; G. Lunt [Amerik.], *The Grave of Byron* 1826). Lamartines *Epître à Byron,* die den Dichter mit einem gefallenen Engel und einem Adler vergleicht, und Goethes Euphorion-Gleichnis im zweiten Teil des *Faust* sind bezeichnend für den schon damals legendären Charakter entscheidender Züge aus Byrons Leben.

Auch die eigentliche Stoffbildung in den pragmatischen Dichtungsgattungen begann schon zu Byrons Lebzeiten. Am Anfang steht als Racheakt einer verlassenen Geliebten der Roman der Lady Caroline Lamb, *Glenarvon* (1816), in dem Byron als höllischer, unwiderstehlicher Dämon dargestellt wird, der mit den Frauen spielt, schließlich wahnsinnig wird und, von den Schatten seiner Geliebten verfolgt, über die Meere irrt. Der sensationelle Roman hatte großen Erfolg und Einfluß, auch im Ausland. Ähnlich wie sich in dem mit Byrons Biographie sehr frei verfahrenden Roman von J. H. Bedford (*Wanderings of Childe Harold* 1824) der Held am Ende seines ausschweifenden Lebens zu einem guten Menschen wandelt und sein Heldentod seine Verfehlungen überstrahlt, scheint auch in den drei Hauptromanen der Mary Wollstonecraft Shelley (*Valperga* 1823; *The Last Man* 1826; *Lodore* 1835) der unter Decknamen eingeführte Byron, den die Schriftstellerin vor allem ihrem Manne gegenüberstellt, eine stufenweise Entwicklung zum Positivem durchzumachen; Größe und Tragik einer von wildem Ehrgeiz getragenen Lebensführung werden aus der Sicht einer Miterlebenden intensiv spürbar. Im nächsten Dezennium hat B. Disraeli das Schicksal Byrons, gleichfalls unter Decknamen, in mehreren Romanen behandelt; in *Contarini Fleming* (1832) gibt er die Entwicklung Byrons bis zum Erlebnis mit der Gräfin Guiccioli, in *Venetia* (1837) verteilt er Byrons Schicksal auf zwei Personen, die er beide in gleicher Stunde bei einem Sturm ertrinken läßt. Die schmutzig-erotische Nuance des *Glenarvon* setzte J. Mitfords *Private Life of Lord Byron* (1836) fort. H. Austen Drivers Drama *Harold de Burun* (1835) fing einen Tag aus dem Leben Byrons in Italien ein; ein guter und ein böser Dämon ringen um den Dichter.

Durch seinen langen Aufenthalt in Italien, seine Begeisterung für dieses Land und die Teilnahme an der nationalistischen Bewegung Italiens erwarb sich der englische Dichter in der italienischen Literatur eine besondere Schätzung. Im frühen und mittleren 19. Jahrhundert entstanden zahlreiche Gedichte, die ihn als den Sänger Italiens, und zwar eines künftigen geeinten Italiens, einer Italia nuova, feierten. Er wurde mit dem gefangenen Tasso und dem Propheten Dante in Beziehung gesetzt und Missolungi, sein Sterbeort, zu einer Parole freiheitlichen Denkens gemacht (G. T. Colonna, *Giorgio Byron a Missolungi;* G. Niccolini, *La resa di Missolunghi;* C. Malpica, *La donzella greca alla tomba di lord Byron;* G. Borghi, *La battaglia di Navarino;* A. Aleardi, *Le prime storie;*

G. UBERTI, *La storia del Byron*). Auch die aus dem Gefühl geistiger
Verwandtschaft entstandene *Commedia del secolo* (1870) von P. de
VIRGILI sieht in Byron das Vorbild des italienischen Freiheitskampfes. Die auf politischem Gebiet untadelige Gestalt wurde im Hin-
blick auf etwaige sonstige negative Seiten entlastet; man machte
den Immoralisten moralisch. Ein Drama G. B. CIPROS (*Lord Byron
a Venezia* 1837) läßt ihn sich vor dem Aufbruch nach Griechenland
mit seiner Frau versöhnen, ein Gedicht G. PRATIS (*Ultime ore
d'Aroldo*) sieht im *Child Harold* die süße Blume menschlicher
Frömmigkeit keimen, und eine melodramatische Szene von
F. DALL'ONGARO (*Il venerdi santo* 1847) zeigt einen büßenden und
konvertierten Byron.

In Deutschland und Frankreich haben Drama und Roman so-
wohl das ganze Leben des Dichters (v. MAURITIUS, *Bilder aus dem
Leben eines genialen Dichters unserer Zeit*, R. 1834; E. MAGNIEN,
*Mortel, ange ou démon*, Dr. 1836; E. WILLKOMM, *Lord Byron, ein
Dichterleben*, R. 1839; K. BLEIBTREU, *Der Traum*, Nov. 1880) wie
einzelne Episoden, vor allem die Liebesabenteuer des Dichters,
behandelt (A. v. CHAMISSO, *Lord Byrons letzte Liebe*, Gedicht 1827;
J. F. ANCELOT, *Lord Byron à Venice*, Dr. 1834; R. v. GOTTSCHALL,
*Lord Byron in Italien*, Dr. 1847; A. BÜCHNER, *Lord Byrons letzte
Liebe*, Nov. 1862). Man beschränkte sich dabei auf eine sentimen-
talromantische Ausgestaltung der damals bekannten biographi-
schen Fakten. Dagegen hat F. HALM in dem Drama *Camões* (1827)
Züge aus dem Leben Lord Byrons mit dem des portugiesischen
Dichters verschmolzen, und E. A. POE (*The Assignation*, Erz. 1844)
steigerte eine Begegnung mit Byron ins Gespenstische.

Durch die von H. BEECHER-STOWE (*The True Story of Lady
Byron's Married Life* 1869) erhobene Inzest-Anklage, die durch die
Veröffentlichungen des Byron-Enkels Lord LOVELACE (*Astarte*
1905) nunmehr als wissenschaftlich begründet gelten kann, trat die
Geschichte des Byron-Stoffes in ein neues Stadium. Sowohl der
sensationelle Reiz wie die tragische Spannweite des Stoffes erhöh-
ten sich. Freilich haben nicht alle Autoren das ↑ Inzest-Motiv
aufgegriffen; als Byrons »Geheimnis«, d. h. als Grund für das
Unglück seines Lebens und seiner Ehe, wurde sowohl die Liebe zu
Thyrza, dem »Mädchen von Athen« (E. J. BLACK, *Byron*, Verserz.
1855; K. BLEIBTREU, *Byrons Geheimnis*, R. 1900; L. MACLAWS, *The
Maid of Athens*, R. 1906), wie die enttäuschte Liebe zu Mary
Chaworth (A. SCHIROKAUER, *Lord Byron*, R. 1913; F. Frankfort
MOORE, *He Loved but One*, R. 1905; S. HOECHSTETTER, *Mary*,
R. 1925), seine Unfähigkeit zu dauerhafter Liebe (Z. v. KRAFT,
*Lord Byrons Pilgerfahrt*, R. 1924; M. HEWLETT, *Bendish, A Study in
Prodigality*, R. 1913, A. C. GORDON, *Allegra, The Story of Byron and
Miss Clairmont*, R. 1927) oder auch die Engherzigkeit und Ver-
ständnislosigkeit seiner Frau angesehen (H. E. RIVES, *The Casta-
way*, R. 1904). Das Inzest-Motiv wurde von E. BARRINGTON (*Glo-
rious Apollo*, R. 1926), A. MAUROIS (*Byron*, R. 1929), K. EDSCHMID
(*Lord Byron*, R. 1929), R. NEUMANN (*Lord Byron spielt Lord Byron*,

Nov. 1930) und L. Goldscheider (*Der tolle Lord*, R. 1930; T. Kinkel, *Wahnsinn, der das Herz zerfrißt*, R. 1990) benutzt. In einer Anzahl der Romane des 20. Jahrhunderts erscheint das ehemals romantisch überhöhte Bild Byrons zu dem eines Wüstlings, halb Wahnsinnigen und schauspielernden Narziß verzerrt (H. Word, *The Marriage of William Ashe*, R. 1905; E. Barrington; A. C. Gordon); aus dem Vertreter eines ästhetischen Immoralismus ist der moderne Typ eines Mannes geworden, der sich auslebt. Die politisch-fortschrittlichen Züge Byrons betonten K. K. Ardashir (*The Pilgrim of Eternity*, Dr. 1921), M. Brod (*Lord Byron kommt aus der Mode*, Dr. 1929), H. J. Rehfisch (*Missolunghi*, Dr. 1929) und E. Toller, der das Vorspiel zu seinen *Maschinenstürmern* (1921) in der Maske Byrons sprechen ließ. Bei T. Stoppard (*Arcadia* Dr. 1993) ist Byron nur Objekt eines Gelehrtenstreites.

Es scheint, als ob die Üppigkeit und Buntheit des stofflichen Materials in den modernen Bearbeitungen die Ansätze zu einer Überhöhung erstickt hätten. Bezeichnend für die Schwierigkeit der Stoffbewältigung ist das mehrfache Auftreten von ganzen Romanreihen. A. Maurois, der sich in drei Werken (*Ariel ou la vie de Shelley* 1923; *Lord Byron et le Démon de la Tendresse*, Erz. 1925; *Byron*, R. 1929) an den Stoff heranarbeitete, dürfte eine einprägsamere Fassung der Gestalt, die bei ihm zwischen Hamlet und Don Quijote steht, erreicht haben. Zwischen dieser und dem unübertroffenen Euphorion-Gleichnis Goethes stehen die knappen lyrischen Konzentrate des Stoffes von O. Wilde (*Ravenna* 1878), D. v. Liliencron (*Unsterbliche auf Reisen* 1896), C. L. Graves (*A Hundred Years After* 1922) und J. Drinkwater (*Missolunghi* 1924).

G. Muoni, La Leggenda del Byron in Italia, Milano 1907; W. G. Krug, Lord Byron als dichterische Gestalt in England, Frankreich, Deutschland und Amerika, Diss. Gießen 1932.

**Cäsar.** Leben und Gestalt Gajus Julius Cäsars (100–44 v. Chr.), der seine politische Tätigkeit nach dem Tode Sullas begann, bereits mit der Einrichtung des ersten Triumvirats mit Pompejus und Crassus im Jahre 60 einen Höhepunkt seiner Laufbahn erreichte, bei der Unterwerfung Galliens 58–50 große militärische Erfolge erzielte, aber sich durch den Gegensatz zu Pompejus und dem Senat schließlich zum Überschreiten des Rubikon und zum Bürgerkrieg gezwungen sah, diesen durch die Schlachten bei Pharsalus 48 und Munda 45 siegreich beendete und als Dictator perpetuus die Alleinherrschaft übernahm, bis er an den Iden des März 44 im Senat von republikanischen Verschwörern unter M. Brutus und G. Cassius ermordet wurde, sind von antiken Historiographen reich und in vielen Facettierungen überliefert worden. Cäsars eigene *Commentarii* gaben ihn, wie er sich selbst sah: als ein Genie, das durch die politische Lage seines Vaterlandes zu seinen Handlungen genötigt wurde. Ciceros republikanisches Gewissen beugte sich vor dem

Glanz von Cäsars Begabung, Sallust spielte Cäsars Größe gegen
die republikanische Tugend aus, Appian brachte als erster den
Vergleich mit → Alexander, Sueton zeichnete die privaten Züge,
Plutarch malte die Anekdoten und großen Szenen dieses Lebens,
und Lukan schuf aus republikanischer Sicht den cäsarischen Mythos, den verhängnisvollen titanischen Verderber.

Bereits in diesen antiken Spiegelungen, besonders in der Darstellung Ciceros, macht sich das zwiespältige Verhältnis zu Cäsars
Person geltend, das auch zum Grundakkord aller Cäsar-Dichtung
wurde: die Bewunderung für seine Größe und der moralische
Widerstand gegen seine Tat, die Zerstörung der republikanischen
Freiheit. Der Cäsar-Stoff als klassische Prägung des ↑ Tyrannen-
mord-Motivs zeigt das Recht auf beiden Seiten. Der Tyrann hat die
Größe und Großherzigkeit der Persönlichkeit, die Mörder haben
die moralisch-patriotische Tugend für sich; Brutus opfert seine
Freundschaft seiner Überzeugung. Rechte und Pflichten des Indi-
viduums gegenüber dem Gemeinwesen zeichnen sich ab. Die
Cäsar-Tragödie ist immer zugleich eine Brutus-Tragödie, und die
Einbeziehung von Brutus' weiterem Geschick liegt – auch zur
Erhellung von Cäsars Schicksal – nahe.

Der Spätantike war der Stoff entfremdet, die Kirche hob die in
ihm zur Diskussion gestellten Werte durch christliche Werte auf.
Erst mit der Erneuerung des Imperiums und seines höchsten, nach
seinem Gründer genannten Amtes, dem des Kaisers, trat die
Gestalt erneut in den Gesichtskreis und blieb als Stifter des Reiches,
Gesetzgeber und Eroberer des abendländischen Nordwestens im
Mittelalter lebendig, allerdings mehr als Prototyp des Herrschers
denn als Persönlichkeit. Die Memento-mori-Literatur zitierte Cäsar als typisches Beispiel für die Vergänglichkeit irdischer Größe.
Gründungs- und Geschlechtersagen nannten ihn als Städtegründer
und Ahnherrn. Das Bestreben, ihn als Vorläufer der deutschen
Kaiser anzusehen und für die eigene Geschichte in Anspruch zu
nehmen, zeigen das *Annolied* (um 1085) und die *Kaiserchronik*
(1135/50): Cäsar kann die heldenhaften Germanen nur schwer
unterwerfen, aber später dienen sie ihm zu ihrem eigenen Ruhm,
indem sie ihm und sich zur Weltmacht verhelfen.

Persönlichere Züge erhielt Cäsar erst wieder bei Dante, der den
bleichen Helden mit dem Adlerblick auf der Heidenwiese postierte
und seine Mörder in die Hölle verdammte. Irdischer und als
historische Persönlichkeit erfaßt erscheint er in Petrarcas *Trionfi*
und einer lateinischen Vita, die Petrarca nach den Quellen schrieb.
Die von Cicero stammende leise Abwehr der Tyrannis in Petrarcas
Cäsar-Bild kommt dann bei späteren Autoren zum Austrag, und
zwar sowohl als literarisch-rhetorischer Diskussionsstoff, z. B. in
der Fehde zwischen den Humanisten Guarini von Verona und
Poggio Bracciolini, wie als spießbürgerliche Kritik an der Gewaltherrschaft, die sich etwa in Hans Sachs' *Historia Leben und
Sterben Julii des ersten Kaisers* (1563) oder seinem *Fastnachtspiel
zwischen dem Gott Apolline und dem Römer Fabio* (1551) nieder-

schlug. Spanische Autoren des 16. Jahrhunderts wie Juan de la
Cueva und Gabriel Lobo Lasso de la Vega haben berühmte
Ereignisse oder Aussprüche aus dem Leben Cäsars in Romanzen
ausgestaltet.

Das erste eigentliche Cäsar-Drama stammt von Antoine Muret
(1550), der im Stil Senecas die Vorgänge um Cäsars Ermordung
nach Plutarch dramaturgisch ordnete, die Brutus-Tragödie allerdings unbeachtet ließ, Cäsar selbst in seiner Lebensübersättigung
einen melancholisch-würdevollen Charakter verlieh. J. Grévin hat
Murets lateinisches Schuldrama in französischen Alexandrinern
frei nachgedichtet (*César* 1561) und damit der französischen Tradition den Weg gebahnt; O. Pescetti bearbeitete Murets Werk für
die italienische Bühne. Während es in Deutschland zu keiner
wirklichen Erfassung des Stoffes kam – N. Frischlins *Julius redivivus* (1584) zeigt den aus dem Hades beurlaubten Cäsar nur als
Bewunderer des zeitgenössischen Deutschland, K. Brülows Cäsar-Drama (1616) gab ein bis zum Sieg Oktavians über Antonius
reichendes historisches Gemälde, auf dem Cäsars Ermordung nur
eine Episode ist, und in Moscheroschs *Gesichten* (1642) findet sich
ein satirischer Streit zwischen Cäsar und seinen Mördern in der
Unterwelt –, hat Brutus in dem Schuldramatiker M. Virdungus
einen ersten Verherrlicher gefunden. Der römische Patriot rettet
hier durch seinen Mord und Selbstmord die römische Ehre, so wie
in England G. Chapmans *Caesar and Pompey* (1631) → Cato zum
eigentlichen Helden machte, der im Tod über den skrupellosen
Frevler Cäsar triumphiert. 1599 war Shakespeares *Julius Cäsar*
aufgeführt worden; in diesem bedeutendsten Cäsar-Drama war
Cäsar nicht eigentlich tragischer Held, sondern schicksalhafte
Macht, ein Politiker, der trotz körperlicher Unzulänglichkeit seine
geistige Größe offenbart, den Tod überdauert und die Mörder
vernichtet; Brutus' vergebenes Tun endet im Selbstmord.

Als galanter Held erschien Cäsar zum erstenmal in der französischen Literatur des 17. Jahrhunderts. Schon R. Garnier (*Cornélie*,
Dr. 1574) hatte den Welteroberer der Witwe des Pompejus gegenübergestellt. Als Liebhaber und Retter der Tochter eines besiegten
und getöteten Feindes erschien Cäsar in Desfontaines' Roman
*L'Illustre Amalazonthe* (1645). Sein Charme bezwingt in P. Corneilles *La mort de Pompée* (Dr. 1643; engl. Bearbeitung *Caesar in
Egypt* von C. Cibber) sowohl Kleopatra wie Pompejus' Witwe
Cornelia, wobei der alte Konflikt zwischen Bewunderung und
Ablehnung zum erstenmal in die Seele einer erdichteten Gestalt,
eben der Cornelia, verlegt wird. Die gleiche ägyptische Szenerie
mit Cornelia und Kleopatra zeigt F. Bussanis von N. Haym bear-
beitetes Libretto zu Händels *Giulio Cesare* (1724). Die von Corneille und Bussani verwandte galante Episode mit → Kleopatra ist
bis hin zu Shaws *Caesar and Cleopatra* (1901) wiederholt zum
Thema gewählt worden. Die Auseinandersetzung mit Pompejus
behandelten F. Alsedo y Herrera in dem phantastischen Drama
*Comedia nueva del mayor Triunfo de Julio Cesar, y batalla de Farsalia*

(1689), in dem Cäsars Alleinherrschaft mit dem Selbstmord des
Pompejus und dem Tod von dessen Frau, der Tochter Cäsars,
erkauft wird, und der Deutsche B. FEIND in dem nahezu ebenso frei
gefabelten Operntext *Der durch den Fall des großen Pompejus erhöhte
Cäsar* (1710), der gleichfalls mit einem düsteren Zukunftsausblick
endet. Die politische Fragestellung von Corneilles Drama wurde
Hauptthema in ADDISONS → *Cato* (1713), in dessen Handlungsverlauf Cäsar nicht persönlich eingreift, während die Bearbeitung
GOTTSCHEDS (*Der sterbende Cato* 1731) nach dem Muster von F.-
M. DESCHAMPS' *Caton d'Utique* (1715) Cäsar mit Cato zusammentreffen läßt: seine Scheingröße wird von der Tugend verworfen.
VOLTAIRE, der die Gestalt Cäsars schon in seinem Jugendwerk
*Rome sauvée* (→ *Catilina*) als den werdenden Heros hatte auftreten
lassen, verarbeitete das Tyrannenmord-Thema in *La mort de César*
(1731) aus Ciceros republikanischem Blickpunkt, nicht ohne Benutzung Shakespearescher Motive; aber aus der politischen Tragödie wurde ein Rührstück: Brutus tötet in Cäsar unwissentlich den
eigenen Vater.

Eine letzte Steigerung der republikanischen Tendenzen und
damit eine negative Färbung der Cäsar-Gestalt brachte dessen
Abwertung durch Rousseau, die sich in dem Tyrannenhaß des
Göttinger Hains und dem ans Karikaturistische grenzenden Thea-
terbösewicht im *Julius Cäsar* BODMERS (1763) äußert und noch in
der Brutus-Cäsar-Elegie in SCHILLERS *Räubern* anklingt. Der Bru-
tus-Kult der freiheitlich Gesinnten (A. CONTI, *Giulio Cesare e Marco
Bruto* 1751; BRAWE, *Brutus* 1768; BODMER, *Brutus' und Cassius' Tod*
1782; ALFIERI, *Bruto secondo* 1788) hielt bis ins 19. Jahrhundert an.
Dagegen hat der Geschichtsphilosoph HERDER Cäsar als Genie
schlechthin und seinen Tod als tragisches Verhängnis gesehen; der
an Shakespeare angelehnte Melodramentext *Brutus* zeigt nicht den
Tugend- und Freiheitshelden, sondern den tragisch Opfernden
und Leidenden. GOETHES Jugendplan sah nicht eine Darstellung des
mächtigen, sondern des werdenden Cäsar vor.

Der reife Goethe hat Napoleons Vorschlag, Cäsar, den Menschheitsbeglücker, der dem Verrat der Ideologen erliegt, in einem
Drama zu bearbeiten, nicht ausgeführt, obwohl er bekannte, daß
Napoleons Auftreten den Zugang zum Verständnis Cäsars erschlossen habe, und er in beiden nicht Tyrannen, sondern Ord-
nungskräfte sah. Tatsächlich hat Napoleons Bild das Cäsars in der
Dichtung des 19. Jahrhunderts beeinflußt, aber es ist dennoch zu
keiner erwähnenswerten Gestaltung des Cäsar-Stoffes gekommen,
sosehr die Bewunderung für ihn bei Byron, Stendhal, Heine,
Mickiewicz, Balzac, Flaubert, Mérimée, W. S. Landor, Baudelaire
u. a. immer wieder aufklingt und sosehr Philosophie (Hegel,
Nietzsche) und Geschichtsschreibung (Mommsen) der Einmaligkeit seiner Erscheinung gerecht zu werden suchten. Mommsen
gelang zum erstenmal die Ausschaltung der moralischen Kritik an
Cäsar, indem er dessen Gegner in ihrer Bedeutungslosigkeit ent-
larvte und an ihm selbst den Staatsmann feierte. Den schwächli-

chen Cäsar-Dramen des 19. Jahrhunderts (E. ARND, *Cäsar und Pompejus* 1833; KRUSE, *Brutus* 1874; F. HINDERSIN 1890) sind auch im 20. Jahrhundert kaum Werke von Bedeutung gefolgt, obwohl Cäsar in Italien zum Nationalhelden werden konnte (O. CORRADINI, *Giulio Cesare,* Dr. 1902) und Cäsarentum in Deutschland aktualisiert wurde (M. JELUSICH, R. 1929; H. SCHWARZ, Dr. 1941; B. v. HEISELER, Dr. 1942; H. STRESAU, *Adler über Gallien,* R. 1942; H. REHBERG, Dr. 1949). Neuere Versuche, das biographische Material über Cäsar in der Form von Briefen, Tagebüchern und Dokumenten darzubieten und ihn so in ungewohnter Perspektive erscheinen zu lassen (Th. WILDER, *The Ides of March* 1948; R. WARNER, *Die tugendhafte Republik, Cäsars Jugenderinnerungen* 1959), hängen vor allem mit Entmythisierungstendenzen zusammen; B. BRECHT stellte *Die Geschäfte des Herrn Julius Cäsar* (R.-Fragment 1949) aus der Sicht eines Sklaven satirisch dar und verglich die Hilflosigkeit des Todgeweihten mit der seines verarmten Legionärs (*Cäsar und sein Legionär* Erz. 1949). Die stärkste Umfunktionierung des traditionellen Cäsarbildes versucht W. JENS' Fernsehspiel *Die Verschwörung* (1969), in dem der todkranke Cäsar um des Nachruhms willen seine Ermordung selbst inszeniert. Im großen ganzen steht die dichterische Erfassung des Cäsar-Stoffes hinter der philosophisch-historiographischen weit zurück.

F. Gundolf, Cäsar in der deutschen Literatur, 1904; ders., Cäsar, Geschichte seines Ruhms, 1924; ders., Cäsar im 19. Jahrhundert, 1926; A. Luther, Neue Caesar-Dramen, (Eckart 19) 1943.

**Cagliostro** → Halsbandaffäre

**Calandria** → Menächmen

**Canossa** → Heinrich IV.

**Cardenio und Celinde.** Die Urform des Cardenio-und-Celinde-Stoffes steht im ersten Teil von CERVANTES' *Don Quijote* (1605). Cardenio liebt Luscinda, aber sein Freund, der Herzogssohn Fernando, weiß sich während Cardenios Abwesenheit in die Gunst von Luscindas Eltern einzuschleichen, obgleich er einer Pächterstochter Dorotea die Ehe versprochen hat. Luscinda scheint ihren Eltern zu gehorchen und offenbart erst am Tage der Hochzeit ihre Bindung an Cardenio. Dieser glaubt sich getäuscht und stürzt rasend vor Schmerz und Eifersucht ins Gebirge. Auch Luscinda flieht, Fernando, der wiederum von Dorotea gesucht wird, folgt ihr. Alle treffen zusammen, und die rechten Paare finden zueinander.

Der novellistische Stoff, der die Verblendung durch die Liebe
veranschaulicht, bietet als Konfliktsituation die Stellung Luscindas
zwischen zwei Männern, von denen sie jedoch nur Cardenio liebt,
und die Stellung des flatterhaften Fernando zwischen zwei Mädchen, von denen er keiner mit der echten Leidenschaft zugetan ist,
die Cardenio auszeichnet. Dem moralischen Thema fügt sich die
lustspielhafte Lösung leicht an. Die erste Dramatisierung schrieb
G. de CASTRO (*Don Quijote de la Mancha*). Ein durch die Truppe
SHAKESPEARES 1613 aufgeführtes, verlorenes Stück *Cardenno* oder
*Cardenna* hat möglicherweise den Stoff aus dem *Don Quijote* ent-
nommen und ist 1653 von FLETCHER überarbeitet worden. Greifbar
wird diese Dramatisierung erst in der Fassung von Lewis THEO-
BALD (*Double Falsehood or the Distressed Lovers* 1727), die sich auf ein
Manuskript Shakespeares beruft, aber auch eine spätere Übersetz-
ung von Cervantes' Erzählung zur Quelle haben kann, deren
Handlung sie genau folgt. Auch in Frankreich ist Cervantes'
Erzählung mehrfach dramatisiert worden (PICHOU, *Les folies de
Cardénio* 1628; GUÉRIN DE BOUSCAL, *Dom Quixote de la Manche*
1639; Ch.-A. COYPEL, *Les Folies de Cardénio* 1720).

Während diese direkten Dramatisierungen von Cervantes ohne
Bedeutung für die Entwicklung des Stoffes blieben, erwies sich die
Novellenfassung des Spaniers Juan PÉREZ DE MONTALBÁN (*La
fuerza del desengaño* 1624) durch Aufnahme neuer Elemente als
fruchtbar. Montalbán verlegte die Novelle in das Universitätsmi-
lieu. Auch hier wird der Held – Fernando – durch einen Nebenbuhler Valerio verdrängt, und zwar dadurch, daß dieser nachts in das
Zimmer des Mädchens eindringt und unerkannt entkommt, so daß
die Eltern froh sind, als er dann doch um die in ihrem Ruf
geschädigte Tochter freit. Teodoro, auf den zunächst der Verdacht
fällt, weigert sich aus Argwohn, sie zu seiner Frau zu machen.
Während an dieser Stelle Cervantes die Pastourelle mit Dorotea zur
heiteren Lösung der Verwirrung benutzte, ist Valerio bei Montalbán ohne eine Bindung an eine erste Geliebte, und Lucrecia
findet sich mit ihrem Manne ab, aber der leidenschaftlich-wilde
Teodoro läuft in der Verzweiflung der dämonischen ↑ Verführerin
Narcisa zu, deren Liebhaber er umbringt. Als er sich ihr wieder
entzieht, will Narcisa ihn durch einen aus dem Herzen des Ermordeten gewonnenen Liebeszauber fesseln, während Teodoro plant,
Valerio zu ermorden. Beide werden durch Geistererscheinungen
an der Ausführung ihrer Pläne gehindert und von ihrer Liebesraserei geheilt. Teodoro wird Franziskaner, Narcisa geht in ewige
Klausur.

Im zweiten Teil der Novelle, der »Entblendung« von Leidenschaft, vereinigte der geistliche Verfasser den Stoff des Cervantes
mit dem Motiv von der Bekehrung eines Weltkindes durch die
Erscheinung eines Gespenstes, die in Predigtmärlein eine feste
Tradition hat; so hat z. B. ein offensichtlich dies Thema behandeln-
des, von Th. DÜCKER stammendes Schuldrama aus Kremsmün-
ster, *Richardus* (1749), nach Ausweis des Argumentums stofflichen

Bezug zur Beispielsammlung *Trisagium Marianum* (nach 1604) des CYRAEUS. Außer durch diese Wendung ins Ernste hat Montalbán den Stoff noch durch das Motiv der angetasteten Frauenehre, durch das Motiv vom gegessenen Herzen und durch die symbolische Verwandlung weiblicher Schönheit in ein abschreckendes Gespenst, wie sie aus KONRAD VON WÜRZBURGS *Der Welt Lohn* bekannt ist, erweitert und ihm so eine dramatische Grundkomponente gegeben.

GRYPHIUS (1657) entnahm die Fabel des Montalbán, an die er sich sehr eng hielt, einer italienischen Übersetzung durch Biasio CIALDINI (*Prodigi d'amore* 1637). Seine Umsetzung ins Dramatische baut auf dem Gegensatz von keuscher und sinnlicher Liebe und dem barocken Kontrast von Weltlust und Weltflucht auf. Olympias Mann Lysander wird fast zur Nebenfigur, das volle Licht fällt auf das in Sinnenlust verstrickte Paar Cardenio und Celinde, die durch »Betrachtung des Todes von ihrer Liebe entbunden« werden.
Ph. HARSDÖRFFER, der den Stoff kurz zuvor in der Erzählung *Zauberlieb* (in *Der große Schauplatz jämmerlicher Mord-Geschichte* 1652) bearbeitete, gab eine durch zauberische und kriminalistische Motive vergröberte Variante des Montalbán: die beiden Zauberer, an die sich Cardenio einerseits, Febronia andererseits gewendet haben, erreichen, daß Febronia dem Cardenio in der Gestalt der geliebten Hyolda erscheint; der Zauberfrevel wird entdeckt, die beiden Verblendeten kommen ins Gefängnis und gehen später ins Kloster.

Der Stoff feierte in der dem Barock wesensverwandten Romantik seine Auferstehung. Achim v. ARNIM (*Halle und Jerusalem* 1811) lockerte das bei Gryphius klassizistisch gestraffte Drama in shakespearischer Manier auf, verlegte die Handlung an die Universität Halle und verband sie mit der Sage von → Ahasver, der Cardenios Vater ist und die beiden Sünder zu einer Bußfahrt nach Jerusalem veranlaßt; der zweite Teil, der mit der Fabel kaum mehr etwas gemein hat, erklärt die Liebe Cardenios und Olympias, die ohne Erfüllung bleiben muß, als Geschwisterliebe. Das barocke Läuterungsmotiv beherrscht auch hier den Stoff. IMMERMANN (1826) verließ diese konstituierende Tendenz des Stoffes, indem er geschehen ließ, was bei den bisherigen Bearbeitern nur als Möglichkeit gedacht gewesen war: Celinde ist der Mithilfe an der Ermordung des Liebhabers, dessen Herz ihr zum Liebeszauber dienen soll, schuldig, und Cardenio tötet Lysander wirklich. Das Erscheinen von Gespenstern bewirkt nicht mehr Umkehr, sondern verhindert nur noch die Flucht. Aus Verblendeten sind Mörder geworden, die ihre Taten mit dem Tode büßen müssen. Noch weiter vom Stoff und der ihm zugrunde liegenden Idee rückte F. DÜLBERG (*Cardenio* 1912) ab, der das Motivgefüge nicht nur umgestaltete, sondern aufgab oder ins Gegenteil verkehrte. Die bis dahin aufrechterhaltene Verflechtung zweier Handlungen löste sich, in den Vordergrund tritt die Liebe Cardenios und Olympias; die Celinde-Handlung ist nur noch Episode. Olympia ist nicht mehr keusch: ihr wurde von Lyssandro Gewalt angetan, während sie glaubte, Cardenio zu umarmen. Der getäuschte Cardenio ersticht nicht nur Lyssandro, sondern erreicht auch durch die Wucht seines Eindrukkes auf die Geliebte, daß ihr Kind geistig das seine sein wird; dann fällt er durch eigene Hand. Die Entwicklung zeigt, daß die moderne Literatur, die das Recht der Leidenschaft feiert, mit dem Thema der »Entblendung«, der Umkehr und Bekehrung wenig anzufangen wußte und daß damit der Stoff eine völlige Änderung erfuhr, wenn er nicht sogar seine ganze Kraft verlor.

F. Glanz, Cardenio und Celinde in Novelle und Drama von Cervantes bis Dülberg, Diss. Wien 1934; E. Castle, Zur Stoffgeschichte von Cardenio und Celinde, (Archivum Romanicum 23) Florenz 1939; J. F. A. Ricci, L' histoire de Cardenio et Célinde dans le théâtre allemand, Paris 1947.

**Cardillac.** J. Ch. WAGENSEIL erzählt in seinem Buch *Von der Meistersinger holdseliger Kunst . . .* (1697) eine Anekdote aus der Zeit Ludwigs XIV., nach der die Pariser jungen Adligen in einer Bittschrift an den König um Schutz vor den Beutelschneidern baten, die eine Gefahr bei nächtlichen Liebesabenteuern bildeten; in einem geistreichen Gedicht ließ die Schriftstellerin M. de Scudéry die Beutelschneider ihre Gegenargumente vorbringen, und zum Dank wurde ihr bald darauf von einem Mann in der Tracht der »Unsichtbaren« ein kostbares Geschmeide überreicht, hinter dem sich als Geberin die Herzogin von Montansier verbarg.

Aus dem Bestreben, diese anekdotischen Ereignisse mit einem ernsthaft bedrohlichen Anlaß zu motivieren, erwuchs dem Dichter E. T. A. HOFFMANN (*Das Fräulein von Scudéri*, Nov. 1819) vor dem Hintergrund des sittlich verderbten Paris der Giftmordprozesse die Gestalt des Goldschmiedes Cardillac, der am Tage ein ehrsamer Bürger und großer Künstler, nachts aber ein Räuber und Mörder seiner Kunden ist, weil er sich nicht von seinen Werken trennen kann. Der größte Teil der Novelle spielt erst nach dem Tode des bei einem mißlungenen Überfall ums Leben gekommenen Cardillac. Dem energischen Eingreifen des alten Fräuleins von Scudéry gelingt es, Cardillacs Gesellen, künftigen Schwiegersohn und unfreiwilligen Mitwisser, vor der durch sein verdächtiges Schweigen ausgelösten Anklage zu retten, Cardillacs Mörder zu sein.

Unter den Umsetzungen der Novelle in dramatische Form (A. LEWALD, *Der Diamantenraub von Paris* 1824; C. v. LEONHARD, *Das Fräulein von Scudéri* 1848) ist Otto LUDWIGS Schauspiel *Das Fräulein von Scudéri* (1848) hervorzuheben. Ludwig rückte nicht nur den bei Hoffmann meist nur indirekt geschilderten Cardillac ins grelle Rampenlicht, sondern bog auch seinen romantischzwiespältigen Charakter ins eindeutig Böse um: Cardillac ist ein Nihilist, der an seine Vorbestimmtheit zum Bösen glaubt und dessen Handeln außerdem von Adelshaß diktiert ist; die Rettungsaktion der Scudéry richtet sich gegen die als böswillig gezeichnete

Leitung des Gerichts. Von der ausgesprochen epischen Scudéry-Handlung machte sich erst F. LIONS / P. HINDEMITHS Oper *Cardillac* (1926, Neubearbeitung 1952) frei, die den Goldschmied wirklich in den Mittelpunkt der Handlung stellte und die mehr periphere Handlung um den Liebhaber der Tochter dadurch enger an die Hauptereignisse heranzog, daß der Goldschmiedgeselle durch einen Offizier ersetzt wurde, der wegen einer für die Tochter gekauften Kette von Cardillac überfallen wird und diesen dabei erkennt; Cardillac gesteht schließlich vor dem Volk seine Schuld und wird von der Menge erschlagen. Mit öffentlichem Schuldgeständnis schließt auch die Oper *Andreas Wolfius* (1940) von Ch. SCHULZ-GELLEN / F. WALTER, in der die Handlung im Dresden Augusts des Starken spielt.

**Casanova.** Der Venezianer Giacomo Girolamo CASANOVA (1725–1798), der sich selbst Chevalier de Seingalt nannte, wurde durch seine Flucht aus den Bleikammern Venedigs (1756), in die ihn eine Anklage der Inquisition gebracht hatte, berühmt. Seine dann folgenden fünfzehn glanzvollen Abenteurerjahre (1759–74) an den Höfen Europas und die zahllosen Liebesgeschichten hat Casanova in seinen nachgelassenen *Memoiren* (12 Bde., dt. Übs. und Bearbg. 1822–1828) beschrieben, nicht aber die absinkende Kurve seines Lebens – seine Verarmung, die Rückkehr nach Venedig, die er durch eine Tätigkeit als politischer Spitzel erkaufen mußte, eine abermalige, wenig ruhmreiche Reise durch Europa sowie die von Verbitterung gekennzeichneten letzten Jahre als Bibliothekar des Grafen Waldstein auf Schloß Dux in Böhmen.

Die Fülle der erotischen Abenteuer, in denen Casanova als ein jenseits von Gut und Böse stehender, den immer neuen Reizen der Frauen hingegebener, beglückter und beglückender Genießer erscheint, den die mangelnde Dämonie von der verwandten Gestalt des → Don Juan unterscheidet, ist der literarischen Verwertung von Casanova selbst durch seine *Memoiren* an die Hand gegeben worden, deren frz. Originale erst seit 1964 ff. in einer authentischen dt. Übs. vorliegen. Die Tragödie des Alterns, die sich aus den ergänzenden Fakten von Casanovas Leben rekonstruieren läßt, hob den Stoff jedoch über das bloß Abenteuerlich-Lustspielhafte hinaus und machte den ↑ Verführer häufig zum letztlich Unterlegenen.

In solchem Sinne verwendeten schon bald nach Erscheinen der *Memoiren* DESVERGERS / VARIN / E. ARAGO die heute zu einem Gattungsbegriff gewordene Gestalt in einer Verwechslungskomödie *Casanova au Fort de St. André,* deren Übersetzung von C.-A. LEBRUN (*Casanova im Fort St. André* 1838) A. LORTZING seiner Oper *Casanova* (1841; Neubearbeitung als *Casanova in Murano* von R. LAUCKNER / M. LOTHAR 1942) zugrunde legte: der zwischen drei Frauen hin und her pendelnde Casanova verliert sie alle an ihre Liebhaber und Gatten, denen er seine Verführungstaktik verraten hat.

Eine überraschende Blüte des Stoffes setzte dann ein im Fin de siècle, dem Casanova als Urbild des modischen, zur Treue unfähigen Männertyps galt. Am Beginn steht hier H. v. Hofmannsthals Drama *Der Abenteurer und die Sängerin* (1899), in dem Casanova den eben erst gefundenen Sohn mit der gleichen Selbstverständlichkeit verläßt wie dessen Mutter und wie Florindo in *Christinas Heimreise* (Kom. 1910) die eben Entjungferte einem passenden Ehemann abtritt. A. Schnitzler formte aus dem Streit zweier Frauen um Casanova, die beide um einer dritten willen verzichten müssen, das Lustspiel *Die Schwestern oder Casanova in Spa* (1919). Ähnliche Abenteuer wurden dramatisch von F. Blei (1918), R. Auernheimer (*Casanova in Wien* 1924), R. Schanzer (Libretto 1928), F. W. Ilges (*Casanova revanchiert sich* 1938) und P. Burkhard (*Casanova in der Schweiz*, Libretto 1944) verarbeitet. C. Sternheim (*Der Abenteurer* 1924) ließ in »Drei Stückchen« das Wachsen von Casanovas Verführungskunst und Betrugstechnik deutlich werden. Erzählende Werke griffen gleichfalls Episodisches heraus (H. Hesse, *Casanovas Bekehrung* 1906; E. Colerus, *Geheimnis um Casanova*, Erz. 1936; A. Lesk, *Die Begegnung mit der Kaiserin*, R. 1937; H. W. Geissler, *Karneval in Venedig*, Erz. 1944; S. Márai, *Vendégjáték Bolzanóban*, R. 1940; J. Gregor, *Casanova in Petersburg*, Erz. 1947). L. Fürnberg (*Mozart-Novelle* 1947) konfrontierte Casanovas am Erhabenen orientierte Kunstauffassung mit der des als Revolutionär dargestellten Mozart. Romanhafte Gesamtdarstellungen mußten die *Memoiren* auf eine prägnante Auswahl konzentrieren (E. Weill, *Der große Zauberer* 1927; J. Erskine, *Casanova's Women* 1941; R. Aldington, *The Romance of Casanova* 1947).

Die tragische Seite dieses Abenteurerlebens, das Altern, Abschiednehmen, Hinübergehen in Einsamkeit und Vergessenheit, erscheint schon in Schnitzlers (*Casanovas Heimfahrt* Erz. 1918) Darstellung als innere Niederlage gegenüber dem Rivalen und demütigende Selbstpreisgabe, der sich St. Zweigs bittere Charakteranalyse (in *Drei Dichter ihres Lebens* 1931) anschloß. Das Altern des Verführers wurde in vielen Nuancen eingefangen und in Dramen (E. Lissauer, *Casanova in Dux* 1922; H. Eulenberg, *Casanovas letztes Abenteuer* 1928; K. Grassauer, *Casanova auf Schloß Dux* 1983) und Erzählungen (K. Münzer, *Casanovas letzte Liebe* 1913; J. Mühlberger, *Casanovas letztes Abenteuer* 1931; M. Grengg, *Die letzte Liebe des Giacomo Casanova* 1948; G. Hofmann, *Casanova und die Figurantin* 1981) verarbeitet. Die Überwindung der Gegenwart kann durch die künstlerische Wiederbelebung der Vergangenheit, den Rückzug auf diese unter chevaleresktem Verzicht auf einen letzten Sieg (H. W. Geissler, *Don Giovanni*, in *Das glückselige Flötenspiel* Erz. 1934) oder gerade in der Entgegennahme einer letzten verjüngenden Liebe (M. Zwetajewa, *Phönix* Dr. 1924) erfolgen.

C. Lehnen, Das Lob des Verführers, 1995.

**Catilina.** Die Verschwörung des Catilina (gest. 62 v. Chr.), eines verarmten römischen Patriziers, der in der Absicht, wieder zu Besitz zu kommen, die Konsulwürde erstrebte, von der Senatspartei abgewiesen wurde und nun, zunächst im Bunde mit einer demokratischen Gruppe um Cäsar, dann mit einem Haufen Abenteurer den Umsturz erstrebte, dabei von Cicero entlarvt wurde und nach seiner Niederlage bei Pistoria Selbstmord beging, ist von SALLUST und CICERO mit so vielen Einzelzügen überliefert worden, daß eine epische Behandlung sich zu erübrigen, eine dramatische aber geradezu aufzudrängen schien. Aparte Motive – Catilina wurde einer Beziehung zu einer Vestalin angeklagt –, große Szenen und eine farbige Intrige – Cicero ließ die Verschwörer durch Fulvia, die Geliebte eines von ihnen, überwachen und bemächtigte sich ihrer in dem Augenblick, als sie sich mit den keltischen Alobrogern verbündeten und so des Vaterlandsverrats angeklagt werden konnten – schienen nur des Arrangeurs zu bedürfen. Dennoch hat sich der Charakter Catilinas als ziemlich unergiebig erwiesen. Die Skrupellosigkeit seines Vorgehens, dem eine gewisse Größe und Kühnheit nicht abzusprechen sind, bleibt die eines Draufgängers und war psychologisch nicht anders zu motivieren als durch den Ehrgeiz und die Besitzgier eines von Deklassierung Bedrohten. Versuche, aus Catilina einen demokratischen Freiheitshelden zu machen, widersprachen den überlieferten politischen und charakterlichen Fakten.

So hat das Schicksal Catilinas nur in der Spätrenaissance und im Barock, als man dem Typ des verbrecherischen Gewaltmenschen künstlerisches Interesse entgegenbrachte, bedeutendere Darstellungen erfahren. Als erster bearbeitete den Stoff um 1597 der Engländer St. GOSSON; er wollte am Gegensatz Catilina–Cicero den notwendigen Lohn des Verräters und die notwendige Herrschaft gelehrter Männer zur Anschauung bringen. Sein Drama liegt vielleicht dem gleichfalls verlorenen von R. WILSON/H. CHETTLE (*Catiline's Conspiracy* 1598) zugrunde. Der Reihe von Ben JONSONS Verbrechergestalten schließt sich sein Catilina (*Catiline, His Conspiracy* 1611) würdig an: er ist ein ins Überdimensionale gesteigerter Gewaltmensch, der trotzig und unüberwunden den Schlachtentod stirbt; die von überirdischen Kräften gelenkte Handlung hält sich in den Fakten an die lateinischen Quellen. Auch die französischen Theaterstücke des Abbé PELLEGRIN (1742) und des P.-J. de CRÉBILLON (1748) gehören noch zu dieser Art von Verbrechertragödien, führen aber entsprechend dem französischen Geschmack eine Liebesintrige zwischen Catilina und Ciceros Tochter ein, bei der Cicero eine durchaus nicht einwandfreie Rolle spielt. Crébillon gab allerdings Catilina schon einen Zug von Größe, seine Taten erscheinen durch die sittenlosen Zustände in Rom gerechtfertigt, und er wirkt als ein Vorläufer Cäsars. Gegen Crébillon schrieb VOLTAIRE dann *Rome sauvée* (1752), eine Verherrlichung Ciceros, demgegenüber Catilina, von dem sich die eigene patriotisch gesinnte Frau abwendet, erbärmlich wirkt.

Auch das Schultheater beider Konfessionen hat den Stoff, der durch die Schullektüre übermittelt wurde, behandelt, meist als rein deklamatorisch-szenische Wiedergabe Sallusts (Breslauer Magdaleneum 1658; Görlitz 1669), aber auch mit moralisch-didaktischer Tendenz und in einer durch allegorische Gestalten bereicherten Szenierung (Benediktinertheater Salzburg 1749; Benjamin STIEFF 1782). Das beliebte moralisierende Totengespräch des 18. Jahrhunderts setzte die Gestalt als warnendes Beispiel gegen das Streben nach Alleinherrschaft (FÉNELON 1710) und gegen den Ehrgeiz (Ch. E. v. KLEIST 1759) ein; Kleist sah in Catilinas Anlagen, ähnlich wie SCHILLER in seiner Vorrede zu den *Räubern*, die Möglichkeiten zum Galgen wie zum Thron. Am Ende des Jahrhunderts wandelte dann die Oper (G. CASTI / A. SALIERI 1792) den heroischen Stoff mit fast parodistischen Mitteln ab und ließ den bösen Bandenhauptmann Catilina nur scheinbar von dem großen Hasenfuß Cicero, in Wirklichkeit aber von der reizenden Fulvia überwunden werden.

Für das 19. Jahrhundert, das mit der Verbrechergestalt als solcher nichts anzufangen wußte, sie verbog oder moralisch zu retten suchte, sind außer Dramenplänen größerer Dichter, z. B. GRILLPARZERS, PLATENS, DINGELSTEDTS, nur weniger bedeutende Versuche zu nennen. In Effekten und Motiven neigen K. A. Frhr. von PERGLAS (1808) und H. PÖHNL (1877) dem Schauerdrama zu, DUMAS / MAQUET (1848) und Parmenio BETTOLI (1875) gefallen sich in phantastischer Ausschmückung nebensächlicher Motive, vor allem der Vestalinnen-Geschichte. Bei Dumas wird ein aus dieser Beziehung hervorgegangener Sohn für Catilinas Schicksal entscheidend, bei Bettoli ersticht schließlich Catilina diese Geliebte, eine Schwägerin Ciceros. Zum edlen Revolutionshelden wurde Catilina bei F. KÜRNBERGER (1855) und Th. CURTI (1892), zu einem Beweis gegen die Revolution bei K. SCHRÖDER (1855); der junge IBSEN (1848/49) stellte an ihm die Divergenz zwischen Streben und Möglichkeit dar. Wie Ibsen hat H. zu YSENTORFF (*Videant* 1899) das Motiv des Mädchens, das die entehrte Schwester an Catilina rächt. Auch bei H. LINGG (1864) wird er Opfer einer Privatrache. A. BARTELS (1905) griff aus literarhistorischen Einsichten auf die Verbrechergestalt des 17. Jahrhunderts zurück und begründete Catilinas Haltung mit einer Vorstellung des »Jenseits von Gut und Böse«, die sich von Nietzsche herschreibt.

H. Speck, Katilina im Drama der Weltliteratur, 1906.

**Cato.** Der römische Politiker Marcus Porcius Cato Uticensis (95–46 v. Chr.), der schon zur Zeit der Verschwörung des → Catilina als dessen Gegner altrömische Gesinnung vertrat, dann als Parteigänger des Pompejus über dessen Tod hinaus die römische Republik gegen → Cäsar verteidigte und nach Cäsars Sieg bei Thapsus im nordafrikanischen Utica den Freitod einem Leben unter der Diktatur vorzog, ist durch seinen Zeitgenossen und Parteifreund CICERO schon in dessen Verteidigungsrede für L. Licinius Murena mit typisch stoischen Tugenden ausgestattet worden. In Ciceros späterer Lobschrift auf Cato bedeuten dann die Cato zugeschriebenen Tugenden zugleich das sittliche Programm der Gegner Cäsars, auf das Cäsar mit seinen *Anticatones* antwortete. Die politische und moralische Bewertung Catos ist demnach schon hier vorgeprägt.

Die in der Kaiserzeit erfolgende Entpolitisierung des virtus-Begriffes und seines Repräsentanten Cato führte dazu, daß sein Leben und seine Taten schließlich als Exempla für stoische Tugend auf den Rhetorschulen behandelt wurden. Diese exemplifizierende Anwendung des Cato-Bildes übernahm in seinem Frühwerk auch SENECA, in dessen Schriften (*Consolatio ad Marciam; Consolatio ad Helviam*) Cato als Inbegriff des sittlichen Menschen und des vir sapiens erscheint. Im Spätwerk Senecas (*De constantia sapientis; Epistulae morales*) führt die Lobpreisung von Catos politischer Parteinahme, die trotz der Aussichtslosigkeit des Kampfes unerschüttert bleibt, Waffengewalt verachtet und sich in der Erfüllung der virtus zugleich einem göttlichen Auftrag unterzieht, zu einer förmlichen Neuinterpretation des stoischen Tugendbegriffes, der dem Weisen im Fall der Aussichtslosigkeit ein Zurückziehen aus der Politik vorgeschrieben hatte. LUKANS historisches Epos *Pharsalia* (60/65) hat den römischen stoischen Helden ganz im Sinne Senecas gezeichnet, seine Tugend Cäsars fortuna entgegengestellt, aber Catos Bewährung im Tode nicht mehr schildern können.

Die entpolitisierte, rein vom Ethischen her beurteilte Gestalt Catos findet sich im *Purgatorio* DANTES, der den Tugendhelden verherrlicht, während er die Cäsar-Mörder Brutus und Cassius als Verräter in die Hölle verdammt.

Schon in G. CHAPMANS *Caesar and Pompey* (Dr. 1631) war Cato, der im Tode über den Frevler Cäsar triumphiert, der eigentliche Held. Mit den demokratischen Tendenzen der Aufklärung gewannen die politischen Aspekte von Catos Schicksal steigendes Interesse. J. ADDISONS klassizistisches Musterdrama *Cato* (1713) machte seinen Helden zum tugendhaften Richter von Cäsars verwerflicher Größe. F.-M. DESCHAMPS' *Caton d'Utique* (1715) lockerte die monologische Struktur des Dramas etwas auf, indem er Cato dem siegreichen Cäsar gegenübertreten ließ. Die Gesinnungsantithetik wurde sowohl von B. FEIND (*Der sterbende Cato* 1715) wie von GOTTSCHED (gl. Titel 1731) übernommen, die Züge aus beiden ausländischen Vorbildern mischten. Die Grenzen freilich, die der künstlerischen Verarbeitung durch den statisch-monologischen Charakter des Stoffes gesetzt waren, werden an der melodramatischen Fassung P. A. METASTASIOS (1728), die wiederholt vertont wurde (J. A. HASSE 1732; A. VIVALDI 1737; J. Ch. BACH 1762; G. PAISIELLO 1789; P. v. WINTER 1791 u. a.), und an J. J. BODMERS Parodie auf Gottscheds Stück (1735) deutlich. Nachzügler dieser kurzen dramatischen Blütezeit des Stoffes (J. B. ALMEIDA GARRETT, portugiesisch, 1820; A. LAMEY, *Catos Tod* 1798; A. BICKING, *Cato von Utica* 1865) haben ihn nicht bereichern können.

W. Wünsch, Das Bild des Cato von Utica in der Literatur der neronischen Zeit, Diss. Marburg 1948.

**Celinde** → Cardenio und Celinde

**Ceres** → Persephone

**Christus** → Jesus

**Cid.** Der kastilische Grande Rodrigo Díaz de Vivar (gest. 1099) erhielt von seinen Landsleuten den Beinamen el Campeador = Kämpfer, die Mauren nannten ihn Cid = Herr. Wohl noch zu seinen Lebzeiten entstand das *Carmen Campidoctoris*, das drei seiner Taten besingt, und auch die *Gesta Roderici Campidocti* (um 1110) sind Augenzeugenberichte ohne Sagenzutat. Der Cid zeichnete sich unter Ferdinand I. aus und stand in dem Erbstreit der Kinder auf seiten Sanchos, der bei der Belagerung der seiner Schwester Urraca gehörigen Stadt Zamora getötet wurde. Ehe der Cid sich dessen Bruder Alfons anschloß, forderte er von ihm den Eid, daß er an der Ermordung des Bruders nicht beteiligt gewesen sei; er heiratete Alfons' Nichte Ximena. Bald geriet er mit dem König in Zwist, wurde der Aufsässigkeit und Unterschlagung angeklagt und verbannt. Er trat zeitweilig in maurische Dienste, spielte aber ein doppeltes Spiel und suchte durch Schwächung der Mauren Alfons' Gnade wiederzuerlangen. Gunst und Mißtrauen des Königs schwankten wiederholt. Der Cid eroberte das maurische Valencia und starb als dessen Herrscher. Der, wie oben erwähnt, schon zu Lebzeiten in Lied und Bericht Verehrte wurde nach seinem Tode rasch Nationalheld der Spanier, der als ritterlicher Besieger der Mauren gefeiert wurde.

Das Thema des Cid-Stoffes ist heroisch und christlich zugleich, wie etwa das des französischen → Roland-Stoffes, bezieht aber seine Spannungen aus dem Verhältnis des Vasallen zum Fürsten. Der Konflikt des Helden zwischen stolzem Selbstbewußtsein und der Loyalität des Lehnsmannes gegenüber mißtrauischen und eigensinnigen, oft auch unfähigen Fürsten, wie es sich besonders im Verhältnis zu Alfons zeigt, hat in der Dichtung entsprechend den soziologischen und politischen Veränderungen verschiedenartige Spiegelungen erfahren. Der noch sehr frühe epische *Cantar de Mío Cid* (um 1140) setzt mit der Verbannung des Cid ein, besingt den Maurenbezwinger und Eroberer von Valencia, zeigt den liebevollen Gatten und Vater. Seine Töchter werden auf Wunsch des

Königs mit den Infanten von Carrión verheiratet; als sie aber nach der Hochzeit von ihren Gatten mißhandelt und vernachlässigt werden, nimmt der Vater Rache und weiß für seine Töchter neue Ehen mit den Prinzen von Navarra und Aragón zu stiften.

In der auf einem verlorenen *Cantar de las mocedades de Rodrigo* beruhenden *Crónica rimada* (um 1400) und in den Romanzen vom Cid, die in dem *Romancero* des SEPÚLVEDA (1551) gesammelt wurden, erscheint dann ein neues Motiv: der herkunftsbedingte ↑ Liebeskonflikt des jungen Cid und der Ximena, die hier die Tochter eines Grafen von Gormaz ist. Gormaz hat Herden von Rodrigos Vater Don Diego geraubt, der Sohn nimmt Rache für den Vater und tötet den Grafen im Zweikampf. Des Grafen Tochter erscheint als Klägerin vor dem Thron Ferdinands und fordert als Sühne die Hand des Mörders; die Heirat kommt auf Wunsch des Königs zustande, für den Rodrigo inzwischen fünf Maurenkönige besiegt hatte. Ein zweiter Teil der Romanzen konzentriert sich um des Cids beratende und ausgleichende Rolle während des Geschwisterzwists unter Sancho, vor allem um dessen Ermordung bei der Belagerung von Zamora, die schon im 12. Jahrhundert in einem Epos *Cantar de Zamora* breiten Raum eingenommen hatte. Im dritten umfangreichsten Teil des *Romancero* geht es um die Auseinandersetzung mit Alfons, um die Maurenkämpfe und um das Ende des Ritters, der noch als Toter siegt, indem auf seinen Wunsch seine Leiche, auf sein Pferd gebunden, den Kriegern in der Schlacht voranreitet.

Der in Romanzen und Chroniken aufbereitete, vielschichtige und oft widerspruchsvolle Stoff wurde im 17. Jahrhundert zum Sujet der spanischen Epik und Dramatik. Während das Epos den Stoff nur in die neue Gattung und in den barocken Stil umgoß (F. CASCALES, *Epopeya del Cid* 1. Hälfte 17. Jh.), mußte das Drama einzelne, zu verdichtende Abschnitte aus ihm herausgreifen. Die Gestalt des Cid trat dabei in den Dramen um die Ereignisse unter Sancho sehr in den Hintergrund (J. de la CUEVA, *Comedia de la Muerte del Rey Don Sancho* ... 1583; G. de CASTRO, *Las Mocedades del Cid* T. 2, 1613; LOPE DE VEGA, *Las hazañas del Cid* 1603 und *Las Almenas de Toro*, entst. 1618/20; J. de MATOS FRAGOSO, *No está en matar el vencer* 1668; J. B. DIAMANTE, *El Cerco de Zamora* 1674), und die Dramatisierungen der Verbannung des Cid unter Alfons vermochten oft das Epische nicht umzusetzen und verzettelten sich in der Darstellung von Kämpfen, ohne daß das Motiv des Vasallenkonflikts deutlich wurde. Lediglich Cids Erziehung des Feiglings Martin Peláez zum Ritter (TIRSO DE MOLINA, *El Cobarde más valiente;* J. de MATOS FRAGOSO, *El amor hace valientes* 1658; F. de ZÁRATE Y CASTRONOVO, *El Cid Campeador y el noble siempre es valiente* 1660) und die Rache für die Beleidigung der Töchter (F. POLO, *El Honrador de sus hijas* 1665) verdichteten sich zu geschlosseneren Handlungen.

Dagegen nahm der Stoff Rodrigo-Ximena eine bedeutende Entwicklung. Die in den Romanzen nur angedeuteten Beziehungen und Spannungen, in die auch die in den Cid verliebte Infantin Urraca einbezogen ist und die schließlich dazu führen, daß die Klägerin den Mörder ihres Vaters heiratet, brachte G. de Castro (*Las Mocedades del Cid* T. 1, 1612) unter Benutzung von Chronikmaterial auf klare Linien. Rodrigo und Ximena sind bereits vor dem Konflikt ihrer Väter, der hier durch eine Ohrfeige, die der Graf Don Diego gibt, hervorgerufen wird. Als erster wird Rodrigo in den Konflikt zwischen Ehre und Liebe gestellt, die Ehre siegt, er tötet den Grafen im Zweikampf und erbittet dann von Ximenas Hand den Tod. Nun unterwirft sich Ximena ihrerseits dem Ehrgesetz und gelobt Rache. Sie läßt Rodrigo zwar entkommen, weil sie die Rache nicht selbst vollziehen will, aber unermüdlich erscheint sie vor dem König und fordert das Blut des inzwischen durch seine Maurensiege berühmten Helden. Der List des Hofes, der ihre wahre Gesinnung ergründen will, erliegt sie zweimal: als man fälschlich die Nachricht von Rodrigos Schlachtentod verbreitet und als sie glaubt, daß er in dem von ihr selbst geforderten Zweikampf gefallen sei; beim zweitenmal ist ihr Widerstand besiegt, und sie reicht dem Helden die Hand. Die sparsamen Andeutungen der Liebe zwischen den beiden Feinden hat CORNEILLE in seinem berühmten klassischen Drama *Le Cid* (1636) durch offene Darstellung der Leidenschaft zu einem wirklichen Antithema der Ehre verstärkt und den Ehrbegriff außerdem durch den der kindlichen Liebe und Dankbarkeit ergänzt und aus seiner spanischen Strenge erlöst. Chimènes geheime Hoffnung auf ein Mißlingen der von ihr geforderten Rache wird ganz deutlich: sie will sich im Falle von Rodrigos Tod selbst töten, und sie bittet ihn, in dem Duell gut zu kämpfen, damit sie nicht die Frau eines Ungeliebten werden müsse. Schließlich wird der Treue eine größere Ehre zuerkannt als der Rache. Die Eifersucht der Infantin wandelte Corneille in eine kluge und stolze Überwindung der verschmähten Neigung.

Der Ruhm, den der Cid-Stoff durch Corneille gewann, hat nicht nur in Frankreich eine Reihe von Fortsetzungen (CHEVREAU 1638; DESFONTAINES 1638; Th. de CHILLAC 1639) und Nachahmungen minderer Qualität hervorgerufen, sondern auch in Spanien sowohl eine weitere, auf Corneille fußende Dramatisierung von J. B. DIAMANTE (*El Honrador de su padre* 1658) gefunden, in deren effektvollem rührseligem Schlußakt das Heroische völlig im »Galanten« erweicht ist, als auch burleske Behandlungen veranlaßt (J. de CÁNCER Y VELASCO 1673; P. de QUIRÓS, *El Hermano de su Hermana* 1656).

Neue Impulse erhielt der Stoff erst wieder in der Romantik. Am Beginn dieser Epoche steht HERDERS Romanzenzyklus (1805), der auf der Prosabearbeitung des Franzosen COUCHUT (1783) und einigen Romanzen aus Sepúlvedas *Romancero* beruht, den gedehnten und widersprüchlichen Gesamtstoff zusammenzieht und Jugend- und Mannestaten des Helden unter den einheitlichen Begriff der Ritter- und Gottesehre zusammenfaßt. Die legendären Züge am Schluß des *Romancero* werden zu einer idealen Vision des

Volkshelden gesteigert. Deutsche Fassungen des Stoffes sind sonst mehr oder weniger Bearbeitungen Corneilles; auch M. v. Collin (1815) und F. Wehl (*Liebe und Ehre* 1895) änderten nur einzelnes. Spanische Autoren des 19. Jahrhunderts versuchten seit der Romantik, ihren großen Nationalstoff in verschiedenster Weise neu zu fassen; J. Zorrilla ging den Weg der Wiederbelebung im Versepos (*La Leyenda del Cid* 1882), J. E. Hartzenbusch dramatisierte die Episode von dem Reinigungseid Alfonsos (*La Jura en Santa Gadea* 1844), E. Marquina die um die mißglückte Heirat der Töchter (*Las hijas del Cid* 1908). Neben dem Drama (Fernández y González, *Cid Rodrigo de Vivar* 1858) bemächtigte sich auch der moderne wissenschaftlich unterbaute historische Roman der Gestalt (F. Navarro Villoslada, *Doña Urraca de Castillo* 1849; A. de Trueba, *El Cid Campeador* 1851).

In Frankreich wurde der ritterliche Stoff geradezu bezeichnend für die romantische Generation. P.-A. Lebruns *Le Cid d'Andalousie* (1825) war neben anderen entscheidend für den Durchbruch der Romantik auf der französischen Bühne, Delavignes Trauerspiel *La fille du Cid* (1839) gehörte der gleichen Richtung an, und noch J. Massenets Oper *Le Cid* (1885, Text d'Eméry / L. Gallet / E. Blau) ist trotz der Anlehnung an de Castro und Corneille mehr romantisch als klassizistisch. Der Cid wurde zum Symbol kraftvoll unabhängigen Rittertums, gegenüber dem der König schon bei Lebrun eine wenig ehrenvolle Rolle spielt. Als symbolhafte, epochale Gestalt steht er in den großen poetischen Geschichtsrevuen von Leconte de Lisle (*Poèmes barbares* 1862), J.-M. de Hérédia (*Les Trophées* 1893) und V. Hugo (*La Légende des siècles* 1859-83). Hugo gestaltete in einer Reihe von Rollengedichten die geistige Auseinandersetzung des greisen, übermächtigen Cid mit seinem König, den der Held als Menschen verachten und verlachen muß, dem er aber dient, weil er der König ist. Mit dieser Thematik ist der Stoff zu seinen Ursprüngen zurückgekehrt.

A. Hämel, Der Cid im spanischen Drama des 16. und 17. Jahrhunderts, 1910; E. Gros, Le Cid après Corneille, (Revue d'Histoire Littéraire 30/31) 1923/24; B. Matulka, The Cid as a Courtly Hero from the Amadis to Corneille, New York 1928; H. Petriconi, Das Rolandslied und das Lied vom Cid, (Romanistisches Jb. 1) 1947/48; A. Arens, Zur Tradition und Gestaltung des Cid-Stoffes, 1975.

**Circe** → Odysseus

**Clifford, Rosamond** → Fair Rosamond

**Columbus** → Kolumbus

**Corday, Charlotte.** Die Tat Charlotte Cordays, die, von den Berichten und Reden der nach Caen entkommenen Girondistenführer beeindruckt, 1793 nach Paris reiste, unter dem Vorgeben,

sie wolle ihm eine Verschwörung entdecken, zu Marat vordrang
und ihn im Bade ermordete, ist unmittelbar nach dem Mord und
Charlotte Cordays wenig später erfolgter Hinrichtung zum
Thema dichterischer Gestaltung geworden. In Frankreich durften
zunächst allerdings nur die Stimmen laut werden, die für Marat
Partei ergriffen. Viele Pariser Theater haben Marats Gedächtnis
mit Darstellungen der Mordtat und einer anschließenden Apotheose des »Volksfreundes« gefeiert (Anon., *L'ami du peuple ou la
mort de Marat* 1793; Anon., *Apothéose de Marat et Lepelletier* 1793;
J.-F. BARRAU, *La mort de Marat* 1794). Aus dem Kreise der Anhänger Charlottes sind nur ein Gedicht A. CHÉNIERS und die damals
nicht veröffentlichte Tragödie J.-B. SALLES (1794) erhalten, die
trotz der persönlichen Beteiligung des kurz darauf ebenfalls hingerichteten Verfassers unmittelbare Leidenschaft vermissen läßt
und die erregenden Ereignisse in klassizistisches Gewand kleidet.
Salle zeigte weder die Vorgeschichte noch die Mordtat, sondern
nur ihren Eindruck auf die Jakobiner und Charlottes Verhör und
Hinrichtung; der Jakobiner Herault de Séchelles verliebt sich in
sie, geht zu ihren Anhängern über und schmiedet ein Komplott zu
ihrer Befreiung, das jedoch entdeckt wird. In Deutschland verurteilten Anhänger der Revolution noch im gleichen Jahr (E.
SCHNEIDER in *Argos*, ANONYMUS im *Journal des Luxus und der
Moden*) Charlotte als Mörderin, aber schon Wieland (*Deutscher
Merkur*) fand die Tat, obwohl nach dem Sittengesetz zu mißbilli-
gen, gefühlsmäßig begreiflich. Verwandte Gedanken kehren in
einem anonymen Totengespräch *Brutus und Corday* (1793) wieder,
Gedichte KLOPSTOCKS und GLEIMS feierten die Heldin. Das von
den französischen Revolutionären immer wieder in Anspruch
genommene Brutus-Thema wurde auch hier herangezogen und
Charlotte der Vorrang vor dem antiken Tyrannenmörder gegeben, während sie von K. E. OELSNER (in *Friedenspräliminarien*
1795) zur Märtyrerin erhöht wurde. Auch England steuerte mit
E. J. EYRES Drama *The Maid of Normandy* (1794) einen Beitrag
zum unmittelbaren literarischen Echo der Tat bei: die Vergeblichkeit von Charlottes Tat wird durch die am Schluß erfolgende
Verhaftung aller Gutgesinnten und die drohende Hinrichtung der
Königin Marie Antoinette deutlich gemacht; Marat erscheint
nicht nur als blutgierig, sondern auch als lüstern: er will Charlotte
besitzen, ehe er sie hinrichten läßt.

Erst das Ende der Schreckensherrschaft machte auch in Frankreich den Weg für eine dichterische Verherrlichung der Heldin frei.
So lehnte das anonym erschienene Drama *Charlotte Corday ou la
Judith moderne* (1797) die Ereignisse eng an die alttestamentlichen an
und feierte die Befreierin ihres Volkes, die den ihren Reizen
erlegenen Marat bei einem Stelldichein umbringt. In den Werken
des deutschen Freiherrn von SENCKENBERG (*Charlotte Corday oder die
Ermordung Marats,* Dr. 1797; *Carolina Cordæa*, Epos) erhielt sie
einen fast dämonischen Charakter; sie weist den Priester, der ihr im
Gefängnis die Anmaßung eines Richteramtes vorwirft, stolz ab.

Diese Szene taucht in späteren Dramatisierungen noch oft auf. Auch H. Zschokke (*Charlotte Corday oder die Rebellion von Calvados*, Dr. 1794) suchte ihr spezifischere Züge zu geben und betonte die Erregbarkeit ihres Gemütes und ihrer Freiheitsliebe; er bezog die größeren politischen Ereignisse mit in die Handlung ein. Im Drama E. Ch. Westphalens (1804) wurde zum erstenmal die Gestalt des Mainzer Deputierten Adam Lux verwandt, der Charlotte auf dem Wege zum Schafott sah und seine Erinnerungsschrift an sie mit dem Tode büßte; die Verfasserin läßt ihn einen Befreiungsversuch unternehmen, den Charlotte aber abweist – ein Motiv, das noch häufig Verwendung fand.

Als erster hat Jean Paul in einem »Halbgespräch« (1801) das psychologische Problem Charlotte Corday und damit die Möglichkeiten des Stoffes untersucht. Er führte ihre Tat auf die Lektüre antiker Schriftsteller, auf mangelnde Entfaltungsmöglichkeit und einen durch Liebe oder Ehe nicht abgelenkten Tatendrang zurück. Die sittliche Berechtigung ihrer Tat begründete er mit ihrer Überzeugung, daß nur der eine Marat schuld am Unglück Frankreichs sei und durch seine Beseitigung der Tod vieler anderer verhütet werde. Schillers Beschäftigung mit dem Stoff (1804) dürfte durch die Gestaltung des verwandten Stoffes der → Jungfrau von Orleans in den Hintergrund getreten sein. Platens weit angelegte Bemühungen endeten bezeichnenderweise mit der Reduzierung des Stoffes auf den Einakter *Marats Tod* (1820). Ebenso deuten die Verquikkung der Handlung mit einer Liebesaffäre bei Salle, Eyre und in der *Judith moderne* oder die Einbeziehung größerer politischer Zusammenhänge bei Eyre und Zschokke auf eine zu geringe Tragfähigkeit des Stoffes, der epischer Ausweitung oder einer zusätzlichen dramatischen Verwicklung bedarf. Die Corday-Handlung kann mit einer größeren politischen Handlung verbunden werden, oder es können Hindernisse zwischen Plan und Ausführung gelegt werden, und der Plan kann sich langsam und unter Schwierigkeiten entwickeln, nachdem Charlotte (so schon bei Eyre) zu der Überzeugung gekommen ist, daß die Männer versagen. Die naheliegende Zufügung einer Liebeshandlung hat dazu geführt, daß die Literatur der Heldin etwa zwanzig verschiedene Liebhaber andichtete. Das Motiv der Rache für einen von Marat verhafteten oder hingerichteten Liebhaber, das in Platens ursprünglichem Plan auftaucht, entwertet die Tat, wogegen eine Liebesbeziehung, von der Charlotte sich um ihrer politischen Aufgabe willen löst, eine sittliche Steigerung und zugleich die gewünschte größere Verwicklung der Handlung bringen kann. Der Liebhaber steht allerdings im Schatten der Heldin und nimmt eine Art Brackenburg-Rolle ein. Wirkungsvoll ist die Zufügung eines Rettungsversuches oder eines Rächers. Dennoch hat die künstlerische Reduzierung des Stoffes, wie sie Platen vornahm, ebensoviel für sich wie seine Ausweitung.

Die Zeit des Empire und der Restauration war sowohl in Frankreich wie in Deutschland Revolutionsstoffen ungünstig; erst die

Epoche der bürgerlichen Revolutionen stärkte das Interesse an Charlotte Corday und erlebte die größte Entfaltung des Stoffes. Entstellt und mit gefühlvollen Familienszenen überladen tauchte er zuerst in einem erfolgreichen Melodram von V. DUCANGE / A. BOURGEOIS (*Sept heures* 1829; dt. Bearbg. L. MEYER, *Charlotte Corday oder Marats Tod,* 1833) wieder auf: der Mord hat hier durchaus persönliche Motive und wird außerdem noch durch Marats erpresserische Liebesintrige übermotiviert. Die Unterschiede unter den Dramatisierungen betreffen im wesentlichen die Motivierung der Tat. Sie wird begründet mit persönlicher Rache (F. DIGAND 1847; DUMANOIR / CLAIRVILLE 1847; C. A. APPEN 1861), Versagen der Männer, auch des Geliebten, vor der Tat (E. ROMMEL 1856; O. GIRNDT 1867; O. WELTEN 1867), einen durch das Beispiel der Jeanne d'Arc angefeuerten weiblichen Tatendrang (R. DESTOURBET 1831; M. C. E. GILES 1870), in den Entwürfen von O. LUDWIG (1845) und bei J. BAMME (1852) durch eine pathologische Veranlagung der Täterin. Eine Anzahl neuer poetischer Motive brachten der Roman H. F. A. ESQUIROS' (1840) und Louise COLETS nach der Biographie von L. DUBOIS gearbeitetes Drama (1842). Der romantisierende Einfluß LAMARTINES (*Histoire des Girondins* 1847) ist sowohl in der bedeutendsten Dramatisierung des Stoffes durch F. PONSARD (1850) wie in den deutschen Dramen von K. A. TÜRCKE (1847), F. EISELE (1848), O. GIRNDT und O. WELTEN und in dem nach damals veröffentlichten neuen Quellen gearbeiteten Roman von K. FRENZEL (1864) deutlich zu spüren.

Der Charlotte-Corday-Stoff, der mit seiner simplen Grundfabel zahlreiche Dilettanten zur Dramatisierung reizte, ist in der Erzählkunst seltener zum Hauptgegenstand gewählt worden. In umfassenderen Darstellungen der Revolutionszeit kommt er häufig als Episode vor oder dient, wie etwa in einem Novellenzyklus des Dänen K. LINDEMANN (*Ein Abend in Kopenhagen* 1954), als Symbol menschlicher Würde gegenüber der Gewalt.

In ein ganz anderes Licht mußte Charlotte Corday rücken, wenn man ihr Opfer Marat zu einer tragischen Gestalt machte. Die den dichtenden Dilettanten anlockende Simplizität von Charlottes Vorgehen konnte in der Hand eines geistreichen Dialektikers zu patriotisch-heroischer Beschränktheit werden. In P. WEISS' Drama *Die Verfolgung und Ermordung Jean Paul Marats* (1964) ist Charlotte Corday – in einer Aufführung durch Angehörige einer Irrenanstalt – zur lächerlichen somnambulen Heroine und ihr Auftritt zur sentimentalen Opernarie stilisiert. Dennoch erscheint ihre humanitär-utopische Vaterlandsvorstellung, nach der einer geopfert werden muß, um alle zu retten, nur die Kehrseite von Marats utopistischen Weltverbesserungsabsichten, nach der viele sterben müssen, um die Idee rein zu halten. Charlotte Cordays Tat, deren unegoistische Motive in früheren Dichtungen das Bild des Gegners verdunkelten, bildet hier den Anfang einer Geschichtslüge: aus einem Gott des Volkes beginnt Marat im Augenblick des Todes Prügelknabe des Volkes zu werden.

C. Vatel, Charlotte Corday et les Girondins, 3 Vol. Paris 1864–72; M. Minor, Charlotte Corday in der deutschen Dichtung, Diss. Wien 1909; B. Greisler, Charlotte Corday – Die Mörderin des Jean Paul Marat, 1992.

**Coriolan.** Die Geschichte des Gajus Marcius (5. Jh. v. Chr.), der für die Eroberung der volskischen Stadt Corioli den Zunamen Coriolanus erhielt, wird am ausführlichsten von DIONYS VON HALIKARNASS, farbiger von LIVIUS und PLUTARCH berichtet. Das römische Volk, vertreten durch die seit kurzem erst eingesetzten Tribunen, verweigerte Coriolan wegen seines Hochmutes die Konsulatswürde. Während einer Hungersnot suchte Coriolan deshalb den Senat zu bestimmen, die Getreideverteilung von der Abschaffung des Volkstribunats abhängig zu machen. Er wurde angeklagt, nach der Alleinherrschaft zu streben, und verbannt. Im Bündnis mit Roms Feinden, den Volskern unter Tullus Attius (bei Plutarch: Amfidius), zog er gegen Rom. Als ihn die Bitten seiner Mutter veranlaßten, eine Versöhnung der Völker anzustreben, wurde er von den enttäuschten Volskern erschlagen.

Seit die Renaissance an Römertugend und Römergröße Geschmack gewann, hat die einprägsame Szene, in der dieser aus verletztem Ehrgefühl zum ↑ Verräter an Rom gewordene Held sich den Bitten oder auch den zornigen Ermahnungen der Mutter fügt – bei Plutarch geht die Mutter bis zur Androhung des Selbstmordes – das Interesse der Dramatiker erregt. Obgleich sich jedoch bedeutende Autoren bemühten, um diese Szene herum oder auf sie zu ein Drama zu bauen, scheint sich VOLTAIRES Eindruck »Ce sujet ne fournit qu'une seule scène« zu bewahrheiten: die Geschichte des bekehrten Verräters, der seinen Abfall mit dem Tode büßt, krankt an einer gewissen Armut des Konflikts und der Handlung.

Fast gleichzeitig haben der Franzose A. HARDY (1607), der Deutsche H. KIRCHNER in einem lateinischen Schuldrama (1608) und der Engländer SHAKESPEARE (1608) den Stoff aufgegriffen. Hardy und Shakespeare entnahmen Plutarch etwa die gleichen Begebenheiten, doch gab Hardy vieles als Bericht wieder, was bei Shakespeare als Handlung sichtbar ist. Obgleich Hardy das Gesetz der Einheiten nicht beachtet, mit der Anklage gegen Coriolan beginnt und mit dem Schmerz der Mutter über den toten Sohn schließt, wirkt die auf den exemplarischen Konflikt des Helden reduzierte Handlung viel spröder als der breit aufgerollte Bilderbogen Shakespeares. Shakespeare setzt schon mit dem Auszug der Plebejer auf den Heiligen Berg ein und gibt das Charaktergemälde eines stolzen und selbstbewußten Mannes, den seine kleinliche Umwelt zu Verachtung zwingt und schließlich ins Unrecht treibt. Während bei Shakespeare das Volk und die Tribunen die eigentlichen Gegenkräfte sind, betont Hardy die Intrige des neidischen Amfidius; die Intrigantengestalt im Lager der Volsker bleibt für die französischen Coriolan-Dramen kennzeichnend.

Das englische Drama ließ den Stoff bis zu J. THOMSONS von

französischen Vorbildern bestimmtem Drama (1749) fallen, das
deutsche griff ihn erst Ende des 18. Jahrhunderts wieder auf, das
französische entwickelte dagegen eine spezielle und reiche Tradition, von der auch einige unbedeutende italienische Opern
(D. C. IVANOVICH / F. CAVALLI 1669; G. A. MONIGLIA / L. CATTANI
1690/95) und Dramen (MODONESE 1707; G. P. CAVAZZONI ZA-
NOTTI 1734) abhängig sind. Abseits steht CALDERÓNS Drama *Las
armas de la hermosura,* das in dem zusammen mit MONTALBÁN und
A. COELLO geschriebenen Stück *El privilegio de las mujeres* vorgeprägt worden war; die Tränen seiner schönen Gemahlin bestimmen Coriolan zur Aufgabe der Belagerung, und statt des tragischen Schlusses findet ein gerechter Frieden den Beifall der Römer
wie der Volsker. Noch im 19. Jahrhundert hat sich das spanische
Drama um den Stoff bemüht (F. SÁNCHEZ BARBERO; J. GARCÍA DE
QUEVEDO).

Die französischen Coriolan-Dramen sind charakterisiert durch
das Bemühen, die zwei Schauplätze verlangende Handlung mit der
Forderung nach Einheit des Ortes in Einklang zu bringen und ihren
strengen Charakter durch eine Liebesgeschichte aufzuweichen.
Schon Plutarch gab der bittenden Mutter Coriolans Frau und
Kinder mit, bei de CHAPOTON (1638) sind es bereits Frau und
Schwester, und eigentlich bestimmt die Liebe zu seiner Frau Coriolan zur Umkehr. Mit U. CHEVREAU (1638) setzt dann der streng
klassizistische Aufbau des Stoffes ein, der die ganze Handlung im
Lager der Volsker vor Rom spielen und mit dem Eintreffen
römischer Unterhändler beginnen läßt; auch bei Chevreau gibt die
Gemahlin den Ausschlag. Den Weg der Handlungsbereicherung
durch »éléments accessoires« ging Abbé ABEILLE (1682). Er strich
die Rolle der Mutter und verwandelte die Gattin in eine Geliebte;
Amfidius ist Coriolans Nebenbuhler, während Amfidius' Schwester den Helden mit eifersüchtiger Liebe verfolgt; das politisch-
patriotische Moment ist fast völlig geschwunden. Ähnlich gefühlvoll gestaltete H. RICHER (1748) den Stoff aus: bei ihm ist Tullus der
abgewiesene Freier von Coriolans Tochter Marcia, während
N. BALZE (1776) wiederum Coriolan zum Schwiegersohn des Tullus machte. P.-Ph. GUDIN DE LA BRENELLERIE (1776) gestaltete die
Rolle der Mutter aus, ließ den Sohn zunächst vor ihr fliehen und
erweiterte dann die Bittszene auf mehrere moralphilosophische
Diskussionen zwischen Sohn und Mutter, die sich ihm schließlich
auf dem Schlachtfeld in den Weg wirft. Der Zug, daß sich Coriolan
selbst dem Gericht der Volsker überantwortet, findet sich bei
M. MAUGER (1748) sowie bei F. TRONCHIN (1784), der die als
Gefangene ins Lager der Volsker gebrachte Gemahlin Coriolans als
eine Art ständiger Botin zu dem (verdeckten) römischen Schauplatz benutzte. Schon HOUDAR DE LA MOTTE hatte 1730 den von
Voltaire verworfenen Plan einer vom Zwang der Einheiten freien
Bearbeitung des Stoffes vorgelegt. Auf ihn und Shakespeare griff
1784 LA HARPE zurück; er begann wie Hardy mit der Anklage
gegen Coriolan und steigerte die Handlung bis zur Bittgangs- und

Todesszene des 5. Aktes. La Harpes Nachfolger fielen wieder in das klassizistische Schema zurück. L.-Ph. Comte de Ségur (1787) motivierte Coriolans tragisches Geschick mit einer Eifersucht zwischen ihm und dem Volkstribunen Licinius, L.-J.-M.-A. Goujon (1800) erfand als neuen Schluß den Selbstmord des vom Gewissen Gepeinigten, den A.-F.-Th. Levacher de la Feutrie in seiner schon romantisch gefärbten Fassung (1821) übernahm.

In Deutschland hat der Klassizismus des ausgehenden 18. Jahrhunderts den Stoff wiederbelebt (J. G. Dyk 1786; J. Fr. Schink 1790). Das bekannteste deutschsprachige Drama, von H. J. v. Collin (1802), zeigt einen innerlich unsicheren Coriolan, dessen Rachepläne schon vor dem Bittgang der Mutter durch die Ermahnungen seines Mentors wankend geworden sind und der den Ehrkonflikt durch Selbstmord löst. Eine Bearbeitung von Shakespeares *Coriolan* durch B. Brecht (1952), in der die Volkstribunen zu klassenbewußten Funktionären und Coriolan zum Volksfeind umgewertet wurde, dessen Vernichtung nicht tragisch, sondern historisch notwendig ist, da er die Zeichen der Zeit nicht versteht und sich zu den Patriziern hält, wurde für G. Grass (*Die Plebejer proben den Aufstand* 1966) zum Anlaß, eine Ambivalenz der Haltung B. Brechts am 17. Juni 1953 aufzuzeigen und zu kritisieren: Brecht betrachtet die Revolutionäre dieses 17. Juni als Versuchsobjekte für seine *Coriolan*-Inszenierung, in der die römischen Plebejer siegen, während der Aufstand seiner Lands- und Zeitgenossen, die von dem berühmten Theaterleiter Hilfe erwarten, auf eben dieser Bühne auch nur als eine Probe, doch nicht als Erfolg endet.

O. Gareis, Die dramatischen Bearbeitungen des Coriolan-Stoffes in Frankreich, Diss. Erlangen 1925; G. Grass, Vor- und Nachgeschichte der Tragödie des Coriolanus von Livius und Plutarch bis zu Brecht und mir, (Akzente 3) 1964.

**Cortez, Hernando** → Mexiko, Eroberung von

**Crescentia.** Die älteste überlieferte Fassung des Crescentia-Stoffes findet sich in der *Kaiserchronik* (1135/50). Sie berichtet von der Werbung der zwei Söhne des römischen Kaisers um Crescentia; der Bevorzugte wird Nachfolger auf dem Thron. Während eines Feldzugs vertraut der Kaiser seine Frau seinem Bruder an, der die Schwägerin mit Liebesanträgen verfolgt, bis sie ihn unter der Vorspiegelung, seine Wünsche erfüllen zu wollen, in einen Turm lockt und dort einsperrt. Bei der Rückkehr des Kaisers gibt sie ihm die Freiheit wieder, er aber verklagt sie vor seinem Bruder des Ehebruchs. Sie wird dem Schwager zur Bestrafung übergeben, der sie in den Tiber werfen läßt. Ein Fischer (Vordeutung auf St. Petrus) zieht sie mit dem Netz heraus, und sie gelangt an den

Hof eines Herzogs, der ihr sein Kind zur Pflege anvertraut. Von
einem Höfling wird sie mit Liebesanträgen verfolgt; als sie ihn
abweist, tötet er das ihr anvertraute Kind und bezichtigt sie des
Mordes; abermals wird sie in den Tiber geworfen. St. Petrus rettet
sie und gibt ihr die Kraft, jeden Kranken, der vor ihr beichtet, zu
heilen. Sie wird eine berühmte Ärztin und heilt schließlich auch
ihre erkrankten ehemaligen Verfolger, nachdem sie ihre Untaten
gestanden haben, und wird wieder mit ihrem Gemahl vereinigt.

Das konstruktive Element des Stoffes ist zweifellos die Anziehungskraft der Frau auf die Männer, die ihr Verleumdung und
Verfolgung einträgt. Die Fabel besteht aus der Doppelung des
Motivs von der durch einen abgewiesenen Liebhaber verleumdeten ↑ Gattin und noch einen drittem Teil, der Rechtfertigung
durch die Beichte ihrer Verfolger. Die erste Intrige besteht als
Erzählstoff auch selbständig (→ Königin Sibylle, → Genovefa),
nur daß im Crescentia-Stoff der Schwager der Verleumder ist, und
auch die Kindsmord-Geschichte ist wiederholt in Märchen belegt;
der dritte Teil ist ein spezifischer Bestandteil des Crescentia-Stoffes. Die Namen der Heldin und der übrigen Personen wechseln, in
den meisten Fassungen spielt die Handlung in Rom.

Neben der isoliert stehenden Fassung der *Kaiserchronik*, der
später eine wenig anspruchsvolle Bearbeitung des 13. Jahrhunderts, die des Teichners (14. Jh.), die Prosabearbeitung der *Sächsischen Weltchronik* (um 1230) und das *Volksbuch* des 16. Jahrhunderts
gefolgt sind, steht der breite Strom der Mirakel-Fassung, die
bereits für das 12. Jahrhundert belegt ist. Hier erscheint das Grundthema von der Anziehungskraft der Kaiserin sowohl bei der ersten
wie bei der zweiten Verfolgung durch Episodenfiguren wiederholt
und verstärkt: die Henker, die sie auf Befehl ihres Mannes ermorden sollen, und die Seeleute, denen sie der Vater des ermordeten
Kindes übergibt, wollen sich an ihr vergreifen. Retterin ist hier →
Maria, die der Kaiserin ein wundertätiges Gras zeigt; die Heldin
entsagt am Schluß dem weltlichen Leben. Die zur Marienlegende
gehörige Erzählung fand in vielen Varianten Verbreitung (Vincentius Belloracensis, *Speculum historiale* 1. Hälfte 13. Jh.; Gautier
de Coincy 1222/23; Anon., *Der Seelen Trost* 14. Jh.; Anon., *Storia
d'una donna tentata dal cognato* 14. Jh.; H. Rosenplüt, Fastnachtssp.
15. Jh.; Juan de Timoneda, *Patrañas* 16. Jh.; H. Sachs, *Die unschuldige Kaiserin von Rom,* Dr. 1551; G. Briccio, *Istoria di Flavia Impe-
ratrice* 17. Jh.; F. Pessaro, episches Gedicht 1616; J. M. del Fuego,
*La Peregrina Doctora,* Romanze 18. Jh.). Eine besondere Stellung
nimmt die Mirakel-Variante der *Vies des pères* ein, in der die zweite
Verleumdungsgeschichte fehlt; an sie schließt sich auch die dramatische Fassung des *Mystère de l'empereris de Rome* an. Die Legende
wurde auch auf die hl. Guglielma übertragen, von deren Vita es
Fassungen mit und ohne zweite Intrige gibt. Durch Überführung des Crescentia-Stoffes in die Karlsepik, nämlich durch Übertragung der Fabel auf die Gemahlin → Karls des Großen, Hildegard, entstand als ein besonderer Zweig des Stoffes die Hildegar-

dis-Sage, in der die zweite Intrige fehlt; sie wird erstmals in der Kemptenschen Chronik des 15. Jahrhunderts erzählt; ihre Tradition reicht durch H. W. KIRCHHOF (in *Wendunmut* 1563–1603), N. FRISCHLIN (*Hildegardis magna,* Dr. 1585), M. von COCHEM (in *History-Buch* 1696–99) und ABRAHAM A SANCTA CLARA (in *Lauberhütt* 1721–23) bis ins 18. Jahrhundert.

Den legendären Fassungen stehen die weltlichen der *Gesta Romanorum* (14. Jh.) und des französischen Versromans *Bone Florence de Rome* (13. Jh.) gegenüber. In diesen beiden Versionen hat die Heldin noch die Verfolgungen durch zwei weitere abgewiesene Liebhaber zu bestehen: ein junger Mann, den sie vom Galgen freigekauft hat, verliebt sich in sie und verkauft sie dann aus Rache für die Zurückweisung als Sklavin an einen Kapitän, der von seinem Herrenrecht Gebrauch machen will; ein auf ihr Gebet hin einsetzender Sturm läßt das Schiff scheitern, aus dem sie gerettet wird. Am Ende hat sie ihren vier Verfolgern die Beichte abzunehmen. Ihre Heiltätigkeit verdankt sie keiner übernatürlichen Hilfe, sondern ihrer Kenntnis der Heilkräuter. Bezeichnend für die beiden weltlichen Fassungen ist, daß der Schwager die Kaiserin nicht bei seinem Bruder verklagt, sondern, daß er mit ihr, nachdem sie ihm die Freiheit wiedergegeben hat, dem Kaiser entgegenreitet; unterwegs bindet er die Frau, nachdem er sie vergebens zu vergewaltigen suchte, an einen Baum und erzählt dem Kaiser, daß sie geraubt worden sei.

Entscheidend für die Herkunftsfrage des Crescentia-Stoffes wurde die Tatsache, daß es parallele orientalische Versionen des Stoffes gibt, deren älteste sich im *Papageienbuch* des Persers NACHSHABÎ (1. Hälfte 14. Jh.) befindet. Auch eine arabische, in *1001 Nacht* (*Der Cadi von Bagdad, seine tugendhafte Frau und sein böser Bruder*) interpolierte Version, eine deutsch-jüdische Version und die persische *Geschichte Repsimas* (17. Jh.) zeugen für die Verbreitung im Orient. Die orientalischen Versionen stehen den europäischen Fassungen der *Gesta Romanorum* und des *Florence*-Romans nahe, besonders durch die vierfache Bedrohung der Heldin, vernachlässigen aber das Thema von der Heilkunst. Im Gegensatz der beiden Thesen, daß entweder die episodenreichen orientalischen Fassungen die ursprünglichen und die kürzeren europäischen durch Elimination einzelner Episoden entstanden seien oder daß der Stoff ursprünglich germanisch und durch Kontaminierung der beiden Verleumdungsgeschichten sowie durch Aufschwemmung entstanden sei, stehen sich zwei grundsätzlich stoffgeschichtliche Theorien gegenüber. Dennoch scheint hier die Entwicklung von den variationsreicheren zu den strengeren Formen besser belegbar: Die Transponierung vom Orient in das Abendland erfolgte zunächst durch Verlegung in ein hocharistokratisches Milieu; daraus ergab sich die Möglichkeit, daß die Frau des Kaisers den Schwager einsperren lassen kann, während sie in den orientalischen Fassungen keine Möglichkeit der Gegenwehr hat. Sie führt jedoch selbst ihr Unglück herbei, indem sie den Schwager bei der Ankunft des

Kaisers in Freiheit setzt. Aus den mehrfachen Motiven übernatürlicher Hilfe ergab sich dann der Weg zur Umsetzung ins Legendäre. Da die Legende aber den einmaligen Höhepunkt der Rettung durch einen Heiligen braucht, wurde die Zahl der Rettungen auf zwei (in der *Vie des pères* und der *Hildegardis* sogar auf eine) reduziert, von denen die eine nur Vorspiel des Höhepunktes ist. Mit der Umwandlung aus einer Marienlegende in die Beichtlegende der Crescentia-Fassung fiel die wundersame Heilpflanze fort, und durch die der Beichte zugemessene Kraft wurde eine Verinnerlichung erreicht: nicht nur die aktiv Schuldigen beichten, sondern auch der Kaiser und der Herzog, die wider besseres Ahnen der Verleumdung nachgaben und erst in der Beichte ihre Schuld begreifen. So gesehen hätte die Entwicklung des Stoffes zu wachsender seelischer Verfeinerung geführt.

A. Wallensköld, Le conte de la femme chaste convoitée par son beau-frère, (Acta Societatis Scientiarum Fennicae 34, 1) Helsingfors 1907; S. Stefanovic, Die Crescentia-Florence-Sage, (Roman. Forschungen 29) 1911; K. Baasch, Die Crescentialegende in der deutschen Dichtung des Mittelalters, 1968.

**Cressida** → Troilus und Cressida

**Cromwell** → Karl I. und Cromwell

**Damon und Pythias.** Vom ↑ Freundschaftsbeweis des Damon und des Phintias (später Pithias, Pythias) berichtete zuerst Aristoxenos von Tarent (4. Jh. v. Chr.): Um die gepriesene Verbundenheit der Pythagoräer zu erproben, beschuldigen die Höflinge Dionysios' d. J. den Pythagoräer Phintias des versuchten ↑ Tyrannenmordes, Dionysios beurlaubt ihn zu letzten Verfügungen gegen Bürgschaft Damons und ist durch dessen Bürgschaftswilligkeit und die pünktliche Rückkehr des Phintias so gerührt, daß er diesen nicht nur begnadigt, sondern die Freunde auch bittet, ihn als dritten in ihren Bund aufzunehmen, was sie jedoch ablehnen. Spätere Versionen finden sich mit Fortfall der ablehnenden Schlußantwort bei Cicero (*Tusculanae disputationes* u. *De officiis*, 45 u. 44 v. Chr.), mit wirklichem Mordversuch bei Diodoros Siculus (1. Jh. v. Chr.) und mit ausführlicher Schilderung der Hindernisse auf dem Rückweg des Verurteilten bei Hyginus (*Fabula 257* 2. Jh. n. Chr.?). Die Namen der Freunde sind bei der Tradierung vertauscht und verändert worden.

Zwar dramatisch wegen der doppelten Dialektik zwischen dem Angeklagten und dem Tyrannen einerseits, den beiden Freunden andererseits, doch in der Handlung zu geradlinig, um ohne wesentliche Zutaten den Anforderungen eines Dramas zu genügen, blieb der Stoff der Kurzerzählung in Prosa und Vers verhaftet.

Am Beginn des 14. Jahrhunderts öffnete ihr moralischer Gehalt der antiken Erzählung den Eingang in die didaktische Literatur des Spätmittelalters. Vor allem wurde sie in Form des Predigtmärleins verwendet. Sie findet sich im lateinischen *Schachbuch* des Franzosen JACOBUS DE CESSOLIS (14. Jh.) und seinen deutschen Nachahmungen durch KONRAD VON AMMENHAUSEN (1338) und HEINRICH VON BERINGEN (um 1300). Da Jacobus de Cessolis sich an VALERIUS MAXIMUS hielt, verarbeiteten er und seine Nachfolger das Motiv, daß der Tyrann am Schluß um Aufnahme in den Freundschaftsbund bittet; aus dem gleichen Grunde fehlen die Hindernisse und Abenteuer, die Damons Rückkehr dramatisch verzögern. Nicht verwertet ist der Wunsch des Tyrannen in der spätmittelalterlichen Fassung von *Der Seelen Trost* (15. Jh.). Auch die Wiedergaben bei ERASMUS VON ROTTERDAM und Sir Thomas ELYOT (*The Governour* 1531) haben Exemplumcharakter.

Der erste Versuch einer Dramatisierung stammt von R. ED-WARDS (*Damon and Pithias* 1571). Edwards reicherte das Geschehen dadurch an, daß er der Haupthandlung eine kontrastierende, unter Personen niedrigen Standes spielende einflocht. Die Tugend des Freundespaares wird von Anfang an dadurch deutlich, daß Damon gar nicht an Tyrannenmord denkt, sondern als Reisender von einem Sykophanten der Spionage verdächtigt wird; Pithias bietet sich selbst zum Bürgen während der auf zwei Monate bemessenen Abwesenheit des Damon an. Nach dessen Rückkehr findet ein edler Wettstreit der Freunde darüber statt, wer von beiden sich opfern darf. Nur die auf Tugend beruhende Freundschaft bewähre sich, wird dem Tyrannen erklärt, der schließlich in den Freundschaftspakt aufgenommen wird. Wie in England, wo der lehrhafte Charakter des Stoffes den Absichten des Schuldramas entsprach, kam er auch in Deutschland den Schul- und Ordensdramatikern gelegen: Franciscus OMICHIUS (1578) nutzte ihn zu einer Diskussion über den Wert der Freundschaft, für 1721 ist in Görz ein Spiel *Amicitiae et fidei litigium Damonem et inter Pythiam* belegt, eine weitere Dramatisierung von Placidus SCHARL wurde 1765 in Salzburg gespielt, aus Steyr ist von 1738 die Perioche eines Jesuitendramas *Amicitia triumphatrix in Damone et Pythia* überliefert, das den Stoff durch fremde Handlungselemente zum theatralisch tragfähigen Intrigenstück ausweitete: dem Freundschaftskonflikt zeitlich vorgelagert ist eine politisch-militärische Handlung, in der Damon als Feldherr des Tyrannen auftritt; er gerät in den Verdacht des Verrats, doch gelingt es ihm, den Verdacht zu entkräften. Nach den Aufbauregeln der klassizistischen französischen Tragödie hatte ähnliche Erweiterungen bereits 1657 S. CHAPUZEAU vorgenommen (weitere Drucke unter veränderten Titeln 1672 und 1705). Beide Freunde sind mit jungen Syrakuserinnen verlobt. Pythias wird von einem Rivalen angegriffen und tötet diesen. Er wird als Mörder verurteilt – hier ist wie bei Aristoxenos wieder Damon der

Bürge –, und dann rollt die traditionelle Handlung ab, die von Glauben und Zweifel der Frauen begleitet ist.

SCHILLERS Ballade *Die Bürgschaft* (1799), im wesentlichen auf Hygin gestützt, konnte solcher Handlungsaufschwellung entraten und legte den Akzent auf die atemberaubende Folge und Überwindung der Hindernisse auf Damons Weg. Th. BECKER (*Die Bürgschaft* Erz. 1985) übertrug den Stoff auf die deutsche Gegenwart.

H. Gasse, Die Novelle von der Bürgschaft im Altertum (Rhein. Museum f. Philologie NF 66) 1911; J. F. L. Raschen, Earlier and Later Versions of the Friendship theme, I., Damon and Pythias (in: Modern Philology 17) 1919/20; J. L. Jackson, An Edition of Richard Edwardes' »Damon and Pithias« 1571, Diss. Univ. of Illinois 1949, Diss. Abstr. 1950, Vol. X. No 1; M. Enzinger, Der Stoff von Schillers »Bürgschaft« in einem Jesuitendrama, (Stoffe, Formen, Strukturen – H. H. Borcherdt zum 75. Geburtstag) 1962.

**Daniel** → Belsazar, Susanna

**Danton** → Robespierre

**Daphne.** Der Mythos von der Nymphe Daphne erscheint in Griechenland im 3. Jahrhundert v. Chr. Nach der arkadischen Version ist sie die Tochter des Flußgottes Ladon und der Gäa; sie wird von Apoll geliebt und, da sie ihn nicht erhört, verfolgt. Fliehend ruft sie ihre Mutter an, die sich der Tochter erbarmt, sie verschlingt und statt ihrer einen Lorbeerbaum emporsprießen läßt. Eine andere, in Lakonien beheimatete Fassung, die zuerst bei PLUTARCH erwähnt ist, läßt Apoll seinen Nebenbuhler Leukippos beseitigen; Daphne wird von Zeus in einen Lorbeerbaum verwandelt. Die zuerst bei NICANDER VON COLOPHON (3./2. Jh. v. Chr.) auftauchende thessalische Version erhielt dichterische Prägung durch OVIDS *Metamorphosen*, in denen die Nymphe Daphne, leidenschaftliche Jägerin, Anhängerin Dianas und Männerfeindin, Tochter des Flußgottes Peneios ist, der sich der Flüchtenden erbarmt und sie in einen Lorbeer verwandelt, den der verschmähte Gott verzeihend und liebend zu seinem heiligen Baum erhebt. Als Vorgeschichte wird erzählt, daß Apoll den Drachen Python erlegt habe und im Stolz über seine Tat Cupidos Waffe verspottete; aus Rache traf ihn der Pfeil des Liebesgottes und entflammte ihn für die schöne Nymphe Daphne.

Die Daphne-Fabel ist im ganzen Mittelalter bekannt gewesen, hat jedoch durch die Interpretation der Kirchenväter eine entscheidende Umdeutung erfahren. Daphne wurde zum Inbegriff der keuschen Jungfrau, die durch ihre sittliche Kraft den Gott überwand und ewiges Leben im immergrünen Lorbeer gewann. Die Ovid-Auslegungen des späten Mittelalters gehen in der Moralisation des Stoffes so weit, daß einerseits Daphne als Jungfrau Maria und Apoll als Christus (*Ovide moralisé*), andererseits Daphne als reine Seele und Apoll als Teufel (P. BERSUIRE, *Reductorium morale*) oder Daphne als prudentia, Apoll als persona casta, die ihr nachjagt (G. BUONSIGNORI 1375), ausgelegt worden sind.

Schon in den *Carmina burana* (13. Jh.) vergleicht der unglücklich Liebende seine Qualen mit denen Apolls, ein Aspekt, den J. FROISSART in dem Versroman *L'Espinette amoureuse* (um 1370) beibehielt und dem PETRARCA in seinem *Canzoniere* (bis um 1370) neue Gefühlswerte verlieh, indem er sich mit Apoll verglich, der seiner Geliebten Laura vergebens nachjagt, aber durch sie zu laurum, dem unverwelklichen Ruhm, gelangt. BOCCACIO, der in *Ninfale Fiesolano* (1344/46) eine Transponierung des Mythos ins Pastorale gegeben hatte, erhob in *Tratello in laude di Dante* (1351/55) den Lorbeer zum Symbol des Dichtertums. CHRISTINE DE PISAN (*Épître d'Othéa* 1402) dagegen machte in ihrer novellistischen Deutung den Lorbeer zum Siegeszeichen des Ritters, dem die Verfolgte unter dem Lorbeerbaum endlich doch erlag.

Der seit PETRARCA in der petrarkistischen Lyrik immer wieder als Metapher für unerwiderte, unrealisierbare Liebe verwendete Stoff ist einer Weiterentwicklung durch die pragmatischen Dichtungsarten kaum fähig. J.-A. DE BAÏFS *Le Laurier* (1573) blieb die einzige größere epische Bearbeitung. An der Dramatisierung von H. SACHS (*Daphne, eines Königs Tochter* 1558) wird der statische Charakter der Fabel deutlich, obwohl der Dichter die Vorgeschichte mit der Drachentötung und dem Streit der beiden Götter einbezog. Dagegen kam das Verwandlungsmotiv der von Bild- und Stimmungselementen lebenden Oper entgegen. Schon von ihren Vor- und Frühformen wurde der Stoff frequentiert. Die Reihe beginnt mit G. DE LA VIOLAS Intermedium *La Festa del Lauro* (1486, wohl identisch mit *Rappresentazione di Phebo e di Phetonte*), eine *Dafne* des A. DE BECCARI (1560) ist verloren. Die *Dafne* von RINUCCINI/PERI (1594) hatte Ovid zum Prologsprecher und bezog den Drachenkampf ein, so daß die Daphne-Handlung nur einen Teil des Plots füllte. Das Textbuch wurde von M. DA GAGLIANO 1608 neu vertont und von M. OPITZ für H. SCHÜTZ auf deutsch bearbeitet (1627). Während Rinuccini die Metamorphose hinter die Szene verlegt hatte, ließ Opitz sie im Geschmack des Barock auf offener Bühne vollziehen, wie wenig später auch die Italiener G. F. BUSENELLO/P. F. CAVALLI (*Gli Amori d'Apolli e di Dafne* um 1640). Opitz' Text lag noch der erweiterten deutschen *Dafne* von G. BONTEMPI/J. PERANDA (1671) zugrunde. Die barocke Operntradition klang aus mit dem vom Komponisten abgelehnten Libretto LA FONTAINES für LULLI (1674, Druck 1682), das entsprechend der lakonischen Fassung einen Rivalen Apolls ins Spiel brachte, und HÄNDELS Oper (1708), von deren Handlung nichts bekannt ist.

Interessant ist LOPE DE VEGAS durch eine zweite Handlung um die Liebe Amors zu einer Hirtin erreichte Dramatisierung *El Amor enamorado* (1637): Amor erleidet das gleiche Schicksal des abgewie-

senen Liebhabers wie Apoll. Die auf Lope fußende Zarzuela CAL-
DERÓNS *El laurel de Apolo* (1658) eliminierte nicht nur dessen Zutat,
sondern schuf Daphne zu einer Liebhaberin um. Burleske Behand-
lungen des Stoffes stammen von S. J. POLO DE MEDINA (1630),
L. RICHER (*L'Ovide Bouffon* 1649/50) und Ch. COYPEAU SIEUR D'
ASSOUCY (*L'Ovide en belle humeur* 1650), der ihn außerdem in einer
Comédie en musique (1650) behandelte. In neuerer Zeit griff das
Textbuch J. GREGORS zu R. STRAUSS' Oper (1938) auf vorovidische
Fassungen zurück, führte Apolls Nebenbuhler Leukippos ein, den
Apoll erschießt und über dessen Leiche Daphne zusammenbricht;
der Gott erbittet sie von Zeus in Gestalt eines Lorbeerbaumes, daß
sie ihn als Symbol der Ehrung für die Besten der Menschheit
dienen möge.

O. Taubert, Daphne, Progr. Torgau 1879; W. Stechow, Apollo und Daphne,
London 1932; Y. F.-A. Giraud, La Fable de Daphné, Genf 1968.

**Daphnis.** Daphnis, der Sage nach Sohn des Hermes und einer
Nymphe, von der Mutter in einem Lorbeerhain ausgesetzt, von
Hirten aufgefunden, von Nymphen erzogen und von Pan im
Flötenspiel unterrichtet, wurde in der antiken bukolischen Dich-
tung zum Idealbild des Hirten, Syrinxspielers und bukolischen
Dichters. STESICHORUS von Himera (um 600 v. Chr.) soll Daphnis
zuerst in die Dichtung eingeführt und mit einem erotischen Motiv
verbunden haben, das dann von PHILETAS von Kos (320–270
v. Chr.) erweitert wurde, während ANYTE von Tegea eine religiöse
Thematik beisteuerte. Daphnis' Verbindung zu Artemis, als deren
Jagdgefährte er bei DIODOR (um 40 v. Chr.) auftritt, brachte den
schönen Schäfer wohl in den seelischen Zwiespalt, in dem er bei
THEOKRIT (310–250 v. Chr.) erscheint: er hat Aphrodite abge-
schworen, erliegt aber der Liebe zu einem Mädchen, das ihm die
erzürnte Göttin schickt, und siecht vor Kummer dahin. Nach
anderer Version liebt er die Nymphe Echenais; als er ihr untreu
wird, erblindet er und stürzt von einem Felsen.
    In einem fälschlich unter Theokrits Gedichten überlieferten Ge-
spräch zwischen Daphnis und einem Mädchen ist die Gemeinsamkeit mit der mythischen Gestalt des Daphnis in engerem Sinne
bereits aufgegeben, und ein Daphnis-Drama des SOSITHEOS (310 bis
230 v. Chr.) entwickelte den Stoff ziemlich frei weiter. Bei einem
Wettstreit zwischen Daphnis und einem anderen Hirten spricht
Pan die geliebte Thaleia dem Daphnis zu. Sie wird jedoch entführt
und muß bei einem König als Magd dienen. Daphnis befreit sie und
wird selbst König. Die hier im Drama auftauchenden Motive des
Wettstreits und der Entführung, gekoppelt mit dem der Daphnis-
Sage zugehörigen, aber auch in der attischen Komödie häufig
verwandten Motiv des ausgesetzten ↑ Kindes, wurden von LON-
GOS (3. Jh. n. Chr.) zu dem bukolischen Liebesroman *Daphnis und*

*Chloe* verwendet, der die noch bei Theokrit realistisch gesehenen Hirten in jene verklärte und überhöhte Atmosphäre und Landschaft stellte, in die inzwischen Vergil die Hirtenwelt versetzt hatte, doch ersetzte Longos Vergils Wunschlandschaft ↑ Arkadien durch Lesbos. Bis in Einzelzüge hinein ist die Übernahme des »bukolischen Apparates« aus der lyrischen Tradition nachzuweisen. Die Handlungselemente sind bei Longos verdoppelt: nicht nur Daphnis wird ausgesetzt, von einer Ziege gesäugt und von einem Hirtenehepaar an Kindes Statt aufgezogen, sondern auch die geliebte Chloe verdankt der Milch eines Schafes ihr Leben und wächst unerkannt als Schafhirtin neben dem Ziegenhirten Daphnis heran. Beide werden nacheinander entführt, können aber mit Hilfe der schützenden Gottheiten, der Nymphen, Pans und des Eros, entkommen. Zwei Erkennungsszenen machen aus den armen Hirten reiche Herrenkinder, die zur Ehe zusammengegeben werden können, zu der sie sich trotz allen Liebesspiels volle Reinheit erhalten haben. Die religiösen Absichten des Daphnis-Romans deuten auf die Dionysosmysterien.

Als Inbegriff des liebeskranken Schäfers feierte der Name Daphnis in der Schäferdichtung des Barocks und Rokokos Auferstehung und diente noch dem Naturalisten Arno Holz bei seiner parodistischen Nachahmung der Schäferpoesie (*Dafnis-Lieder* 1904). Der von Longos aus den Einzelmotiven kombinierte Stoff jedoch zerfiel – wohl wegen der Einmaligkeit und mangelnden Ausbaufähigkeit der lyrisch-stimmungshaft betonten Handlung – bei seinem Nachwirken wieder in seine Bestandteile. Im byzantinischen Roman wurde die Wirkung des Longos um 1150 spürbar, der Westen jedoch lernte ihn erst in den Übersetzungen der Renaissance kennen (A. Caro, ital., um 1537, gedruckt 1786; J. Amyot, frz. 1559; L. Gambara, lat. Hexameter nach Amyot, 1569; A. Day, engl. nach Amyot, 1587). Der Einfluß des Longos zeigte sich in Boccaccios *Ninfale Fiesolano* (1344/46) und in des Italieners Sannazaro Schäferei *Arcadia* (1504), einer Nachahmung von Boccaccios *Ameto* (1351); Ph. Sidneys abenteuer- und intrigenreiche *Arcadia* (1590) jedoch entfernt sich schon wieder weit von der Idylle. Nach der ausschmückenden und verbreiternden Übersetzung A. Days (1587) konnte dann R. Greene in seinem Roman *Menaphon* (1589) im Stil des Longos die Abenteuer einer an der Küste von Arkadien schiffbrüchig gewordenen Prinzessin sowie die Liebe eines Hirten zu ihr darstellen und das Motiv des ausgesetzten Kindes, seine Auffindung durch einen Hirten und seine Wiedererkennung in der Erzählung *Pandosto, or Dorastus and Fawnia* (1588) wiederholen, die zur Quelle für Shakespeares *Wintermärchen* (1623) wurde. In Spanien standen Lope de Vegas Roman *Arcadia* (1598) und dessen gleichnamige Dramatisierung in der Nachfolge des Longos. In der gesamten europäischen Schäferdichtung, vor allem in den Schäferspielen, finden sich viele mit Longos gemeinsame Züge, hauptsächlich das Motiv der Aussetzung und Wiederauffindung von Kindern, ohne daß jedoch der Daphnis-Roman als einziges Vorbild anzusehen wäre. Unmittelbar nach dem Werk des Longos modelliert ist der *Daphnis* (1754) S. GESSNERS, doch wirkt hier alles, dem Geist des Rokokos entsprechend, gezierter, empfindsamer, weicher. Die Hindernisse auf dem Wege der Liebenden zueinander – die Intrige des Nebenbuhlers und die unfreiwillige Fahrt des Daphnis in einem ruderlosen Boot – spiegeln einen schwachen Abglanz der ernsthaften Entführungen im antiken Roman, das Eingreifen der Götter ist auf ein Mindestmaß beschränkt, die Aussetzungen sind gestrichen und die Erkennungsszenen dahin reduziert, daß die geliebte Phyllis von dem Vater des Daphnis als die Tochter eines Jugendfreundes erkannt wird. Geßner spann Thematik und Tonfall seines *Daphnis* in seinen *Idyllen* (1756) weiter, und W. RAABE nutzte die an Rokoko-Porzellan gemahnende Atmosphäre dieser Dichtungen als Vergleichsmoment und Kontrapunkt in seiner während des Siebenjährigen Krieges spielenden Liebesgeschichte *Hastenbeck* (1898). Innerlich nahe steht Longos auch J.-H. BERNARDIN DE SAINT-PIERRES Erzählung *Paul et Virginie* (1787), die Geschichte von der naiven Liebesleidenschaft zweier Kinder vor dem Hintergrund einer romantisch-urwüchsigen Landschaft, deren Südsee-Szenerie Arkadien abgelöst hat. Eine moderne japanische Adaption, YUKIO MISHIMAS Roman *Shio Zai* (1953, dt. Übs. *Die Brandung* 1959), verlegte die klassische Handlung in ein realistisches Fischer-und-Taucher-Milieu, ohne ihr den naturhaft-mythischen Hintergrund zu nehmen; nicht märchenhafte hohe Abkunft, sondern Bewährung sichert den Liebenden ihr Glück. Nachdichtungen des antiken Romans schufen in Frankreich F. DEJOUX (1895) und in Deutschland L. GROMMER (1923).

Eng am eigentlichen Stoff blieben die zahlreichen, um die Mitte des 18. Jahrhunderts einsetzenden Szenierungen der an sich völlig undramatischen Fabel als Grundlage für Opernlibretti (J.-B. BOISMORTIER 1747; FAVART/Ch. W. GLUCK, *Cythère assiégée* 1758; J.-J. ROUSSEAU, Fragment 1780; J. OFFENBACH, parodistische Operette 1860; F. LE BORNE 1885; H.-P. BUSSER 1897; J. u. P. BARBIER/C.-H. MARÉCHAL 1899) und Ballette (P. TSCHAIKOWSKI, *Die aufrichtige Schäferin,* Zwischenspiel in *Pique Dame* 1890; M. RAVEL 1912; F. ASHTON 1951; L. SPIES 1958).

G. Rohde, Longus und die Bukolik, (Rheinisches Museum 86) 1937; R. Merkelbach, Daphnis und Chloe, Roman und Mysterium, (Antaios 1) 1959; O. Schönberger, Einführung zu: Longos, Daphnis und Chloe, 1960.

**David.** Die in den beiden *Büchern Samuelis* überlieferte Geschichte von dem Hirtenknaben und späteren König David birgt eine Fülle reizvoller Episoden. Nachdem → Saul den Zorn Jehovas erregt hat, wird David von Samuel zum König gesalbt, übernimmt am Hofe Sauls die Rolle des harfespielenden Trösters und gehaßten Nachfolgers, erwirbt die Freundschaft von Sauls Sohn Jonathan und nach dem Sieg über den Philister Goliath die Hand von Sauls

Tochter Michal, wird dann jedoch von Saul vertrieben und bekämpft, bis dieser im Kampf gegen die Philister fällt. Gottes Gnade
ruht auf dem königlichen Psalmensänger, aber durch den Ehebruch mit Bathseba und die Tötung von deren Mann Urias beschwört David die Rache Gottes über sein Haus herauf: der Sohn
Amnon vergeht sich an der Schwester Thamar, Amnons Halbbruder Absalom erschlägt ihn, erhebt sich später gegen seinen Vater
und kommt auf der Flucht um. David beugt sich jedoch unter
Gottes Strafen und stirbt versöhnt.

Im Mittelalter zählte David als seherischer Sänger zu den Propheten. Daher taucht er in den Prophetenspielen Frankreichs (Li-
moges, Rouen) und Deutschlands (Riga) sowie in verwandten
Spielen auf (*St. Galler Weihnachtsspiel; Frankfurter Passionsspiel;* Arnold IMMESSEN, *Der Sündenfall* 15. Jh.; *Sterzinger Marienklage; Sterzinger Ludus de ascensione Domini*). Als Präfiguration Christi wurde
David in den seit dem 15. Jahrhundert üblichen Präfigurationsszze-
nen geistlicher Spiele verwendet, und beispielhafte David-Szenen
sind in Valten VOITHS *Spiel von dem herrlichen Ursprung . . . des
Menschen* (1538) als Parallelen zur Entwicklung der Menschheit
eingesetzt. Auch in den Oster- und Passionsspielen hatte David
seinen festen Platz in der Descensus-Szene, in der Christus die in
der Vorhölle befindlichen »Väter« erlöst (*Passion von Sémur* 1450;
*Passion von Arras* 15. Jh.; *Passion* des Arnoul GRÉBAN 15. Jh.)

Durch die Reformation wurde David besonders als vorbildlicher
König, als Einheit von weltlichem Herrscher und geistlichem
Oberhirten, herausgestellt. In dieser Epoche gelangte der Stoff in
allen seinen Phasen zu literarischer Reife. Die Flut der David-
Dramen setzte in den vierziger Jahren des 16. Jahrhunderts ein.
Bevorzugtes Thema war der Kampf Davids mit Goliath, obgleich
dieser Episode wirklich dramatische Qualitäten fehlen. Sie galt als
Beweis für die Hilfe Gottes, der auch in den Schwachen mächtig ist
(H. TIROLFF, *Wie David den Riesen Goliath erschlug* 1541;
W. SCHMELTZL, *Historia David und Goliath* 1545; J. de COIGNAC, *La
Déconfiture de Goliath* 1551; V. BOLTZ, *Ölung Davids des Jünglings
und sein Streit wider den Riesen Goliath* 1554; H. von der RÜTE,
*Goliath* 1555; J. DU BELLAY, *Monomachie de David et de Goliath* 1560;
A. PAPE, *Monomachia Davidis et Goliae* 1575; G. MAURITIUS, *Come-
dia von David und Goliath* 1606).

Tiefer setzten bereits die Dramen an, die den Konflikt mit →
Saul behandelten, der für das 16. und 17. Jahrhundert vor allem ein
Konflikt zwischen dem rechten und dem nicht rechten König war.
Die psychologische Durchdringung reichte jedoch noch nicht so
weit, Saul als tragische Gestalt zu empfinden (H. SACHS, *Tragedia
Saul, mit Verfolgung König Davids* und *Die Verfolgung König Davids
von dem König Saul* 1557; M. HOLZWART, *König Saul und der Hirt
David* 1571). Die Schicksalsschläge, die David in der Auseinander-
setzung mit Saul ertragen muß, galten dem 17. Jahrhundert als ein
Beispiel für Geduld in den Wechselfällen des Lebens und für die
Erziehung eines Königs zum politischen Menschen. In diesem

Zusammenhang gewann auch die Freundschaft Davids zu Jonathan an Gewicht, die das 16. Jahrhundert nicht beachtet hatte
(T. KIEL, *Davidis aerumnosum exilium et gloriosum effugium* 1626;
D. SCHIRMER, *Der verfolgte David,* Dr. 1660; D. ELMENHORST, *Michal und David,* Oper 1679; Ch. WEISE, *Vom verfolgten David,*
Tr. 1684). Als Hauptthema gab die Freundschaft mit Jonathan
meist nur Gelegenheit zu idyllischer Schilderung, wehmutvoller
Betrachtung und Totenklage (K. PICHLER, *David und Jonathan,* Erz.
1812; M. ORTNER, *David und Jonathan,* Epos 1910; H. BENRATH,
*Jonathan,* Nov. 1916), wurde allerdings bei H. H. JAHNN (*Spur des
dunklen Engels,* Dr. 1952) zum tragischen Leitmotiv in der Ent-
wicklung des für die Königswürde bestimmten musikalischen
Genies.
     Literarisch und vor allem dramatisch fesselt vorwiegend der in
Schuld verstrickte David. Schon H. SACHS erkannte die Bathseba-
Episode als fruchtbar (*Comedi David mit Bathseba* 1556), obgleich er
Sünde und Läuterung nicht darzustellen vermochte; und auch die
bösen Folgen von Davids Sündenfall hat Sachs zu dramatisieren
versucht (*Tragedi Thamar mit Ammon und Absalom* 1556, *Tragedi
Absalom mit David* 1551). Das moralische Thema, das in Buße und
Unterwerfung unter den Willen Gottes ausklingt, zog besonders
das 17. Jahrhundert in seinen Bann (R. BELLEAU, *Les Amours de
David et de Bethsabée,* Versepos 1572; MONTCHRÉTIEN, *David ou
l'Adultère,* Dr. 1595; Th. FULLER, Gedicht Mitte 17. Jh.; A. PAPE,
*David victus et victor,* Dr. 1602; F. GODINEZ, *Las lacrimas de David,*
1635). In J. van den VONDELS zweiteiligem Drama *Koning David*
(1660) liegt das Schwergewicht auf dem Konflikt mit dem undankbaren Sohn. Gewisse Bedeutung haben G. PEELES Drama *The Love
of King David and Bethsabe* (1599) und TIRSO DE MOLINAS *La
venganza de Tamar* (um 1620), das von CALDERÓN in *Los cabellos de
Absalón* (um 1650, Druck 1677) fortgesetzt wurde. Während Peele
sich bemühte, die wachsende Schuld und den aus ihr resultierenden
inneren Zerfall der Familie zu zeigen, ohne die Ereignisse in einen
klaren Zusammenhang bringen zu können, stellten Tirso / Calderón der schuldhaften mangelnden Affektbeherrschung der Kinder
den durch Schuld gereiften, verzeihenden vollkommenen Herrscher gegenüber.
     Die Gestalt Davids in ihrer Größe und ihren Schwächen zu fassen
ist vor allem die Epik imstande, jedoch sind nur seltene und
unzureichende Versuche gemacht worden (A. COWLEY, *Davideis,*
Epos 1656; G. NEUMARK, *Sieghafter David,* Epos 1679; J. W. NEU-
MANN, *David, Jehovas König,* Epos 1900; G. SCHMITT, *David, the
King,* R. 1946). Bemerkenswert ist der dreiteilige Barockroman
von G. Ch. LEHMS (*Die unglückselige Prinzessin Michal und der verfolgte David* 1707, *Des Israelischen Printzens Absalons und seiner
Prinzessin Schwester Thamar Staats-, Lebens- und Heldengeschichte*
1710; *Der weise König Salomo* 1711), der den jungen, den sündigen
und den greisen David unter starker Betonung der erotischen
Konflikte vor Augen führte, in der Akzentuierung den David

betreffenden Heroiden H. A. v. ZIGLERS (in *Helden-Liebe* 1691) verwandt. Der Franzose L. DES MASURES ging in einer den Stoff im Grunde episch erfassenden Dramen-Trilogie (*David combattant, David triomphant, David fugitif* 1566) ähnliche Wege, nur daß dem Hugenotten, der in David den Protestantismus verkörpert sah, die politische Handlung wichtiger als die Liebeskonflikte war. Jede Epoche hat der Geschichte Davids zeitgemäße Effekte abgewinnen können, auch die Gegenwart spürte in ihr Spannungselemente auf (L. de WOHL, *König David*, R. 1961), betonte das Legitime seines Aufstiegs (H.-M. GAUGER, *Davids Aufstieg* R. 1993). Für das 18. Jahrhundert war David vor allem der Dichter der *Psalmen*, deren Charakter die religiöse Dichtung Klopstocks und seiner Nachahmer bestimmte (J. S. PATZKE, *Davids Sieg im Eichental*, Dr. 1766; F. G. KLOPSTOCK, Dr. 1772; Ch. SMART, *Song to David*, Ged. 1763).

Das Bathseba-Motiv tauchte dann seit der 2. Hälfte des 19. Jahrhunderts erneut auf, als das Thema der erotischen Verfehlung und der bis zum Verbrechen gesteigerten Hingabe an die Leidenschaft zunehmendes Interesse erfuhr (A. MEISSNER, *Das Weib des Urias*, Erz. 1852; E. v. HARTMANN, *David und Bathseba*, Dr. 1871; W. GAEDKE, *Urias Tochter*, Dr. 1893; L. FEUCHTWANGER, *Das Weib des Urias*, Dr. 1907; A. GEIGER, *Das Weib des Urias*, Dr. 1908; M. BÖTTCHER, *David und Bathseba*, Dr. 1913). Die Schuld Davids, die vor allem in der infamen Beseitigung des ↑ Nebenbuhlers liegt und den Dramatikern des 17. Jahrhunderts noch nicht modifizierbar schien, wird häufig gemildert, etwa durch die Einführung eines bösen Ratgebers und eine erzwungene und unvollzogen gebliebene Ehe zwischen Bathseba und Urias (Ch. W. WINNE, *David and Bathshua*, Dr. 1903) oder durch Umwandlung der Tatsünde in eine Gedankensünde, etwa bei St. PHILLIPS (*The Sin of David*, Dr. 1904), der die Handlung in die Epoche des Puritanismus verlegte. Bei T. LINDGREN (*Bat Seba*, R. 1984) entwickelt sich Bathseba zur geheimen Lenkerin der Staatsgeschicke und eines Königs, der sich Gott und Moral zu dem jeweils verfolgten Zweck zurechtbiegt. Eine gewisse Vorliebe für den Gott im Liede preisenden König machte sich nach dem ersten Weltkrieg im Zeichen des Expressionismus geltend (A. ZWEIG, *Abigail und Nabal*, Dr. 1913; S. SEBRECHT, Dr. 1918; V. v. ZAPLETAL, *David und Saul*, Erz. 1921; ders., *David und Bathseba*, Erz. 1923; R. MORAX / A. HONEGGER, *Le Roi David*, Oratorienoper 1928). R. SORGES Drama (1916), das die Stationen von Davids Leben von der Salbung bis zum Tode abrollen läßt, erhält sein geistiges Gerüst von den eingebauten Psalmen und sieht Davids Sünde darin, daß er die Liebe zu Absalom über die zu Gott stellte. Bei E. HARDT (*König Salomo*, Dr. 1915) erscheint David im Gegensatz zu seinem frommen Sohn Salomo als Tyrann. Von R. BEER-HOFMANNS Trilogie *Die Historie von König David* wurde außer dem Vorspiel nur der erste Teil, *Der junge David* (1933), vollendet. Ein modernes israelisches Stück behandelt den ↑ Vater-Sohn-Konflikt zwischen David und Absalom (I. ALIRAZ, *Rebell und König*, 1968).

Auch die Gestalt der Abisag von Sunem, des schönen Mädchens, das den greisen König im Bett wärmen mußte, hat in der neueren Literatur Widerhall gefunden (A. MIEGEL, *Abisag,* Ballade; F. Th. CSOKOR, *Abisag,* Ballade; M. JELUSICH, *Abisag,* Dr. 1915; Th. H. MAYER, *David findet Abisag,* R. 1925).

M. Dannenberg, Die Verwendung des biblischen Stoffes von David und Bathseba im englischen Drama, Diss. Königsberg 1905; M. J. Deuschle, Die Verarbeitung biblischer Stoffe im deutschen Roman des Barock, Diss. Amsterdam 1927; G. Urbanek, Die Gestalt König Davids in der deutschen dramatischen Dichtung, Untersuchungen zu den geistlichen Spielen des Mittelalters und zum Drama des 16. Jahrhunderts, Diss. Wien 1964; I. St. Ewbank, The House of David in Renaissance Drama, 1965; M. Tietz, Die Gestalt des Königs David im spanischen Theater des Siglo de Oro, (Paradeigmata 5,1) 1989.

**Deidameia** → Achilleus

**Delila** → Simson

**Demeter** → Persephone

**Demetrius.** Die vom Tode Iwans des Schrecklichen 1584 bis zur Thronbesteigung des ersten Romanow (1613) reichende Zeit der Wirren bietet dem literarischen Bearbeiter ein Gegeneinander kraftvoller Persönlichkeiten, von denen jede in den Mittelpunkt der Behandlung gerückt werden kann, unter denen aber sicher die des geheimnisvollen Kronprätendenten Demetrius die poetischste ist. Iwans Sohn aus seiner ersten Ehe mit einer Romanow, der kränkliche und geistig beschränkte Fjodor, war während seiner Regierungszeit (1584–98) nur Werkzeug seines Schwagers, des tatarischen Emporkömmlings Boris Godunow. Der Tod von Fjodors Halbbruder Dimitrij (1591), Sohn Iwans und der Maria (Marfa) Nagoy, der nach den Protokollen an einem bei einem epileptischen Anfall erfolgten Sturz in ein Messer starb, machte Boris den Weg zur Nachfolge Fjodors frei. Boris' aristokratische Feinde verdächtigten ihn jedoch des Mordes an dem Zarenknaben oder verursachten und unterstützten das Gerücht, daß Dimitrij dem Mordanschlag des Boris entkommen sei. Der als Kronprätendent 1604 in Polen auftauchende falsche Demetrius, wahrscheinlich ein Mönch namens Grigorij Otrepew, dürfte von der russischen Aristokratie nach Polen geschickt worden sein, fand dort die Unterstützung Sigismunds III., fiel in Südrußland ein und bestieg nach Boris' Tode 1605 unter Anerkennung durch die Zarenwitwe Marfa den Thron. Jedoch eine Verschwörergruppe unter Führung von Wassilij Schuiskij ermordete bei der Hochzeit des Demetrius mit der in Rußland nicht gern gesehenen Polin Marina Mniszek den

Zaren und seine Anhänger. Schuiskij bestieg den Thron und sorgte anläßlich der von ihm inaugurierten Heiligsprechung des ermordeten echten Dimitrij 1606 für eine Darstellung der Ereignisse, nach der Boris der Mörder des echten Dimitrij und Demetrius ein Betrüger war. Mit den auf dieser Version fußenden Heiligenviten war die russische Tradition des Stoffes auf Jahrhunderte hin, bis zu N. M. KARAMSINS *Geschichte des russischen Reiches* (1816–29) festgelegt.

Der vielseitige und an mehrere nahezu gleichwertige Handlungsträger geknüpfte Stoff gibt dem Motiv vom Kronprätendenten durch den frühzeitigen Tod des legalen Thronfolgers besondere Möglichkeiten der Ausgestaltung: die Art und die Ursachen des Todes bleiben ebenso offen wie die Motive und die Persönlichkeiten der möglichen Mörder; die Gestalt des Kronprätendenten kann, da er als Erwachsener die Rolle eines als Kind Verstorbenen übernimmt, die verschiedensten Varianten erfahren, unter denen die des betrogenen Betrügers die reizvollste ist; zu dem Betrüger können Anstifter und Förderer des Betruges treten, unter denen die ehrgeizige Polin Marina eine besondere Stellung einnimmt; ihrem Verhältnis zu Demetrius wird häufig das von Boris' Tochter Xenia gegenübergestellt; auch in der Gestalt Marfas liegen tragische Möglichkeiten. Die Schilderung des gesamten Zeitabschnittes fordert vom Dramatiker, falls er nicht zum Ausweg einer Dramenreihe greift, die Konzentration auf einen Ausschnitt oder eine starke Zusammendrängung der Ereignisse, deren dialektische Spannungen auch episch bewältigt werden konnten.

Den Auftakt zu den Demetrius-Dramen bildet LOPE DE VEGAS *El gran duque de Moskovia y emperador perseguido,* das zwar nach der Thronbesteigung des Demetrius, aber vor seiner Ermordung entstanden sein muß: hier ist Demetrius der echte Zarensohn, der durch die Aufopferung seines Erziehers dem Mordanschlag seines Onkels (!) Boris entgeht, nach jahrelangen Irrfahrten und Erniedrigungen mit polnischer Unterstützung zurückkehrt und sein Reich erobert; Boris und seine Familie enden durch Selbstmord.

Die erste französische Version dürfte eine 1668 erwähnte Komödie *Les Moscovites* sein, und auch eine ebenfalls in Paris gespielte Harlekinade *Arlequin Démétrius* (1717) von BOCCABADATI wandte den Stoff ins Heitere: sie hat drei Demetrius-Rollen, da zwei Sklavenkinder mit gleichen Kennzeichen gemeinsam mit dem echten Prinzen aufgezogen werden; einer dieser Sklaven fällt dem Mordanschlag zum Opfer, von den überlebenden fängt Harlekin die gegen den Prinzen gerichteten Angriffe ab, bis dieser den vakanten Thron besteigen kann. Die russische dramatische Tradition beginnt mit A. SUMAROKOWS Drama *Der falsche Demetrius* (1771), das mit der Darstellung des Prätendenten als eines ↑ Hochstaplers der russischen Auffassung entsprach, die KOTZEBUES erster deutscher Bearbeitung des Stoffes (1782), die Demetrius als den echten Zarensohn hinstellte, in Petersburg den Erfolg vereitelte.

Die große Zeit des Stoffes und seine Beliebtheit in Deutschland

begann mit SCHILLERS nachgelassenem Fragment und den Plänen
(1805), an denen sich nicht nur zahlreiche Fortsetzer versucht haben
(H. LAUBE 1872; F. KAIBEL 1905; W. HEINITZ 1935; A. v. SPAUN
1936), sondern die auch die selbständigeren Dramatisierungen des
19. Jahrhunderts weitgehend beeinflußten (E. RAUPACH 1840;
H. GRIMM 1854; F. BODENSTEDT 1856; S. v. MOSENTHAL, *Maryna*
1871). Schillers entscheidende Neuinterpretation stellte in Demetrius zwar einen falschen Prinzen dar, der als ein Werkzeug der
Rache an Boris erfunden worden ist und benutzt wird, selbst
jedoch an seine Echtheit glaubt und zudem ein geborener Herrscher ist. Die Enthüllung der Wahrheit raubt ihm auf der Höhe
seiner Laufbahn die Sicherheit des Handelns, obwohl er seine Rolle
weiterspielt und auch Marfa die Mutterrolle abverlangt. Sein
Schicksal ist in dem des Boris vorgeprägt: ein wohltätiges Leben
kann das Verbrechen nicht gutmachen, auf das es sich gründet.

Mit A. S. PUSCHKINS *Boris Godunow* (1825), der durch die Oper
MUSSORGSKIJS (1874, Bearb. RIMSKIJ-KORSAKOW 1896 u. 1908)
berühmt wurde, setzte die Wiederbelebung des Stoffes in Rußland
ein. Die melancholisch-stimmungshafte Bilderfolge von Macht
und Sturz eines Tyrannen, den ein anderer, zwar liebenswerter,
aber für das geknechtete Volk gleich verderblicher Usurpator
ablöst, rief unter Puschkins Nachfolgern um die Mitte des 19. Jahrhunderts eine ganze Reihe von historischen Schauspielen aus der
Zeit der Wirren hervor (LOBANOW, *Boris Godunow* 1835; L. MEI,
*Zar Boris*; TSCHAJEW, *Der falsche Dimitrij*; A. N. OSTROWSKIJS
zweiteiliges Drama *Der falsche Dimitrij und Vasilij Šujskij* 1867;
A. K. TOLSTOJS Trilogie *Der Tod Iwans des Schrecklichen, Zar Fjodor
Iwanowitsch, Zar Boris* 1867–70). Die Charakterisierung der großen
Herrscherpersönlichkeiten lag für diese russischen Dramatiker
weitgehend fest; Ostrowskij interessierte sich für die durch Deme-
trius' Auftreten heraufbeschworenen russisch-polnischen Auseinandersetzungen, Tolstoj zeigte den reinen und gütigen Fjodor als
lichten Punkt in der Reihe düsterer Gewaltmenschen. Erst A. S.
SUWORINS Drama (1904) stellt einen Wendepunkt dar: Demetrius
ist kein Betrüger, sondern glaubt bis zu seinem Ende, der Sohn
Iwans zu sein.

In die gleiche Zeit fällt für Deutschland die Bearbeitung durch
HEBBEL (1863), die zwar auch Fragment blieb, aber doch bis in den
letzten Akt vorgetrieben worden war. Hebbels Drama fußte u. a.
auf MÉRIMÉES Darstellung *Épisode de l'histoire de Russie, le faux
Démétrius* (1855) und kann bei aller Selbständigkeit die Abhängigkeit von Schillers Grundeinfall – die Wandlung des Demetrius aus
einem Menschen besten Glaubens in einen bewußten Betrüger –
nicht verleugnen. Demetrius, ein außerehelicher Sohn Iwans, ist
bei Hebbel jedoch nicht Werkzeug der Rache eines einzelnen,
sondern dient der politischen Intrige der Jesuiten; er ist weniger
geborener Herrscher als außergewöhnlicher Mensch, dessen »Zu-
viel an Größe« ihm nach Hebbels Anschauung zum Verderben
wird. Auch Hebbels Fragment ist durch Fortsetzer (M. MARTER-

STEIG 1893; O. HARNACK 1910) nicht zu wirklicher Vollendung gelangt.

Unter den deutschen Dramatisierungen des 20. Jahrhunderts zeigt die F. SCHREYVOGLS (*Gott im Kreml* 1937) den Helden im Sinne Schillers als den von seiner Sendung besessenen herrscherlichen Menschen, der im Tode zu wirklicher Größe emporwächst. Paul ERNST (*Demetrios* 1905) gab dem klassisch gewordenen Stoff ein antik-klassisches Milieu und eine klassizistische Form und stellte den Weg zum Thron als den eines Idealisten in die Unfreiheit und Unmenschlichkeit dar, der mit der Entdeckung der unedlen Abkunft auch jede innere Berechtigung verlieren muß. Die übrigen Bearbeitungen zeigen Demetrius meist als Menschen ohne seelisches Gleichgewicht, bei dem die Entdeckung des unwissentlich begangenen Betruges zur Flucht in die Grausamkeit führt (A. SCHAEFFER 1923; A. MÜLLER 1942), oder als Betrüger von Anbeginn, der aus Verzweiflung oder Lasterhaftigkeit seine Rolle spielt (W. FLEX 1909; A. LERNET-HOLENIA 1926). Auch die Person Marfas wurde, wie schon durch K. HEIGEL (1876), in den Mittelpunkt der Handlung gestellt, diesmal mit einem frauenrechtlerischen Akzent (O. ERLER, *Marfa* 1930), und H. v. HEISELER (*Die Kinder Godunofs* 1929) beleuchtete die Familie des Gegenspielers. Gegenüber dem von Schiller fixierten Problem der tragischen Unfreiheit des Handelns erfolgte eine Entwertung des Stoffes und der Zentralgestalt zugunsten einer Intrige. Auch V. BRAUNS *Dmitri* (1983), obgleich Schiller verpflichtet, gab dessen Fundierung auf und machte Dmitri zum in Macht verstrickten Werkzeug fremder Interessen.

Die bei der epischen Gestaltung notwendige historisch-politische Ausweitung gab der Intrige grundsätzlich breiteren Raum (K. L. HÄBERLIN, *Dimitry* 2 Bde. 1829; E. H. GEHE, *Demetrius und Boris Godunow* 2 Bde. 1830–32; E. v. BAHDER, *Der falsche Demetrius* 1949). In das Gewebe der Machtpolitik flocht H. COUBIER (*Der falsche Zar* 1959) als psychologischen Faden die Tagebuchaufzeichnungen Grischa Otrepjews, der nach Widerstand und Ergebung schließlich die ihm aufgezwungene Rolle mit innerer Überzeugung und mit Einfühlung spielt; auf einem Schillers Helden entgegengesetzten Wege entsteht so die gläubige und glaubhafte Gestalt des falschen Zaren.

W. Flex, Die Entwicklung des tragischen Problems in den deutschen Demetrius-Dramen von Schiller bis auf die Gegenwart, Diss. Erlangen 1912; P. Alexeev, Boris Godunov i Dimitrij Samovanec v zapadnoevropejskoj drame (in: »Boris Godunov« A. S. Puškina. Sbornik statejpod redakciej K. N. Deržavina), Leningrad 1936; E. Schleppnik, Das deutsche Demetrius-Drama des 20. Jahrhunderts, Diss. Wien 1951; E. Salgaller, The Demetrius-Godunof Theme in the German and Russian Drama of the 20th Century, Diss. New York 1956; H. Kraft, Schillers »Demetrius« als Schicksalsdrama, mit einer Bibliographie: Demetrius in dt. Dichtung (in: Festschr. F. Beißner) 1974.

**Dido.** Die bei JUSTINUS (3. Jh.) überlieferte Sage, nach der die tyrische Königstochter Elissa (Dido) vor ihrem Bruder Pygmalion, der ihren Gatten Acerbas ermorden ließ, nach Afrika floh, dort Karthago gründete, den kriegerisch unterstützten Werbungen des Königs Jarbas scheinbar nachgab, sich aber aus Treue gegen ihren ersten Mann in die Flammen eines Scheiterhaufens stürzte, wäre eine antike Lokalsage geblieben, wenn nicht römische Historiker, wahrscheinlich NAEVIUS (3. Jh. v. Chr.), sie mit der Gründungssage Roms und der Gestalt des Äneas verbunden hätten, der nach der Flucht aus Troja auf seinen Irrfahrten in Karthago rastet, Dido aber nach einer kurzen Liebesbeziehung verläßt und dem Selbstmord ausliefert, um gemäß dem Wunsche der Götter nach Italien zu segeln und dort in Latium eine neue Heimat zu finden.

Die im augusteischen Zeitalter zugleich als Geschlechtersage des Julischen Hauses von mehreren Historikern romanhaft dargebotene Gründungssage Roms wurde in VERGILS *Aeneis* künstlerisch ausgestaltet und die wohl von Naevius bezogene Dido-Episode zu einem bedeutenden Bestandteil der Äneassage erhoben, der die Literatur des Abendlandes weithin befruchtet hat. Während Vergils Zeitgenossen zunächst vor allem die auf Didos Fluch beruhende Feindschaft zwischen Rom und dem unter Augustus wiedererstehenden Karthago berührte, ist die Anteilnahme an dem Schicksal der vorbehaltlos liebenden Frau, die ihren Schmerz und ihre Kränkung doch königlich zu tilgen weiß, wach geblieben, und der schon bei Vergil weich gezeichnete Äneas, dessen menschliche Schuld durch seine mythische Rolle verdeckt ist, zurückgetreten, als das Verständnis für seine national-römische Sendung schwand. Die Tragik der Dido-Gestalt wurde durch das verwandte Schicksal ihrer Schwester Anna, das OVID in den *Fasti* schilderte, unterstrichen. Außerdem hat Ovid mit den Versen in den *Metamorphosen*, vor allem aber durch Didos Aufnahme unter die Briefschreiberinnen der *Heroides* einen Beitrag zur Entwicklung des Stoffes geleistet: Die Darstellung aus der Perspektive der Verlassenen wurde zum Muster elegischer Gestaltungen.

An das Mittelalter wurde der Stoff sowohl durch Bearbeitungen des Troja-Stoffes, die das Schicksal des Äneas einbezogen (*Excidium Troiae* 4./6. Jh.), wie durch Historiographen vermittelt, die die Herleitung der Römer von Troja als Faktum ansahen (*Histoire ancienne jusqu'à César* Anf. 13. Jh.; *Primera Crónica General* Ende 13. Jh.). Es kannte sowohl die Fassung des Justinus, in der Dido als treue Frau erschien, wie die Vergils, in der sie zwar nicht einwandfrei, aber um so attraktiver war. Je mehr das Verständnis für den göttlichen Auftrag des Äneas schwand und die Funktion der Götter durch die Fortunas ersetzt wurde, desto eher war Dido eine Betrogene. Bereits bei dem Verfasser des *Roman d'Énéas* (um 1160) wurde aus der Dido-Episode ein gleichberechtigter Teil des Äneas-Schicksals. Äneas wirkte hier wie in der deutschen Bearbeitung HEINRICHS VON VELDEKE (*Eneid* 1170/90) treulos, Dido war nur liebende Frau; Zorn war zu Jammer, ihr Fluch zu Verzeihen gemildert, ihre Schuld wurde in »unmâze« gesehen. Im *Roman de la rose* (13. Jh.) war Äneas ein Verräter. Die an die 7. *Heroide* angelehnte Darstellung im *Ovide moralisé* (Anf. 14. Jh.) gab die Ereignisse aus der Sicht der Verlassenen, wie sie auch CHRISTINES DE PISAN (*Épître au Dieu d'amours* 1399; *Livre de la Cité des Dames* 1405) Verteidigung der Frau gegen einen Wortbrüchigen beherrscht. Der durch Ovid gegebene Affektgehalt und gattungsbedingte Beschneidungen des Stoffes verstärkten die Abwertung des Äneas, was vor allem an BOCCACCIOS *Amorosa Visione* (1342/43), den spanischen Dido-Romanzen des 16. Jahrhunderts und den Renaissancedramen deutlich wird. BOCCACCIOS Beurteilung der Fassung des Justinus als der historischen gegenüber der dichterischen Vergils hat die Bevorzugung der letzteren nicht aufgehoben.

Das erste Dido-Drama des A. PAZZI DE' MEDICI *Dido in Cartagine* (1524), das nicht gedruckt oder gespielt wurde, zeigt schon den Weg der literarischen Entwicklung an. Ganze Partien des Vergil sind übersetzt und in ein Drama mit Chören nach dem Muster Senecas umgearbeitet, ohne daß eine wirkliche Dramatisierung gelungen wäre; sie setzt mit Merkurs Befehl zur Abreise des Äneas ein und endet mit der Thronbesteigung der neuen Königin Anna. Weit dramatischer ist *Didone* (um 1541) des G. B. GIRALDI CINZIO, der ebenfalls nur die fallende Handlung darstellt, Didos Liebe als Irrtum, die des Äneas als Schwäche auffaßt und den Abfahrenden Gott bitten läßt, der Nachwelt seine Unschuld zu offenbaren. L. DOLCE (1547) gibt in klassizistischer Anordnung der Handlung den Abschiedstag mit der großen Auseinandersetzungsszene, in der Äneas kühl und egoistisch, Dido voll menschlicher Wärme und königlicher Würde erscheint, und den (verdeckten) Selbstmord der Heldin, der die Schwester im Tode folgt. Zu moralisch-pädagogischen Zwecken – mit der Mahnung zum Gehorsam gegen die Götter und der Warnung vor fleischlicher Begierde – hat das lateinische Schuldrama den Stoff genutzt (P. LIGNEUS 1550; A. G. DALANTHUS 1559; H. KNAUST 1581; M. HOSPEINIUS 1591) oder ihn auch tendenzlos als Szenierung Vergils zur Darstellung gebracht (N. FRISCHLIN 1581). Die Reihe der französischen Bearbeitungen setzt mit der des JODELLE (*Didon se sacrifiant* 1560) ein, der ähnlich wie Dolce unter strengster Beschränkung des Stoffes und Wahrung der Einheiten nur die Krise sichtbar machte. Die Dramen von J. de la TAILLE (1560) und le BRETON (1570) sind verloren; LA GRANGE (1582) ließ nach Senecas Manier den Unglück prophezeienden Schatten von Didos Gemahl auftreten. A. HARDY (um 1595), der die klassizistische Strenge des Aufbaus und der heroischen Gefühle lockerte und den Selbstmord auf die Bühne brachte, ist im Handlungsgang von Jodelle abhängig. Den romanischen Versionen ganz entgegengesetzt erscheint die Fassung von Ch. MARLOWE/ Th. NASH (*The Tragedy of Dido Queene of Carthage* 1594). Sie machte die Götter auf dem Olymp, die Verführungsszene auf der Jagd, den werbenden Jarbas und den Tod auf dem Scheiterhaufen sichtbar. Dido setzt alle Mittel ein, Äneas festzuhalten, und Äneas macht sich während eines Leidenschaftsausbruches Didos einfach schweigend aus dem Staube. In Spanien bezog, nachdem sich J. CIRNE (*Tragedia de los amores de Eneas y de la Reyna Dido* 1536) eng an Vergil gehalten hatte, G. de CASTRO (*La famosa comedia de Dido y Eneas* um 1599) die Vorgeschichte beider Hauptpersonen in die Handlung ein. Dagegen verwarf C. de VIRUÉS (*Elisa Dido* 1609) die dem spanischen Ehrbegriff nicht zusagende Vergilsche Fassung und griff auf die seit BOCCACCIOS *De claris mulieribus* bekannte Fassung des Justinus zurück, die auch schon eine Historia von Hans SACHS (*Die Königin Didonis* 1557) benutzte.

Der Anteil des Schauspiels ist im Barock, dessen Vorliebe für starke Affekte der Dido-Stoff entsprach, nur gering. Genannt seien die mit Bauernspielen durchsetzte personenreiche Dramatisierung von Damian TÜRCKIS (*Tragedy . . . von Aenea und der Koenigin Dido* 1607) und das ähnlich locker gereihte Drama G. de SCUDÉRYS (1636), der aus Dido eine galante Kokette machte. Dagegen hat der Stoff in Opern Triumphe gefeiert (N. TATE / H. PURCELL 1688; H. MAURO / A. STEFFANI, *Il trionfo del fato* 1695; A. CORASIO / T. ALBINONI 1726). HINSCH / GRAUPNERS *Dido* (1707) betonte das glückliche Resultat der traurigen Ereignisse: durch Äneas' Abfahrt und Didos Selbstmord wird der Weg zur Vereinigung zweier anderer Paare frei. Das wiederholt vertonte Textbuch von P. METASTASIO (*Didone abandonnata* 1724) hat dann andere Libretti verdrängt.

Um ein neues Motiv bereicherte LEFRANC DE POMPIGNAN (1734) die Dido-Dramen: der Dido feindlich bedrängende Jarbas gibt Äneas Gelegenheit, einen Teil seiner Schuld abzutragen und nach dem Sieg über Jarbas zu verschwinden. Dies Motiv übernahm J. E. SCHLEGEL (1739), bei dem Dido einen kalten intriganten Charakter bekam. In Gestalt eines Gesandten blieb Jarbas auch bei P. WEIDMANN (1771) ein die Handlung vorwärts treibender Faktor, während die elegische Komponente des Stoffes im Melodram A. S. v. GOUES (1771) einen zeitgemäßen Ausdruck fand. Charlotte von STEINS Schlüsseldrama (1794) behandelte nicht das naheliegende Thema der verlassenen Frau, sondern folgte Justinus' Version.

Die Epigonendramatik des 19. Jahrhunderts, die in der Leidenschaft der Heldin Material für eine Heroinenrolle sah, belastete den Stoff im Schatten Schillers mit dem Schuld-Sühne-Problem. Dido ist die durch einen Treueschwur an den toten Gatten gebundene Witwe, die ihre Untreue und ihre befleckte Herrscherwürde mit dem Tode büßt (E. H. GEHE 1821; K. WEICHSELBAUMER 1821; A. le GRAVE 1874); legitim ist die Witwentreue als beherrschendes Motiv in dem an Justinus anschließenden Drama F. NISSELS (1863). Gegen Ausgang des Jahrhunderts verliert sich die moralische Komponente, Dido erscheint als skrupelloses, bestrickendes Weib (W. JENSEN 1870; A. KELLNER 1884; F. WICHMANN 1891). Andere Autoren verlegten den Akzent auf Äneas und die Rechtfertigung seines Verhaltens auf Grund seines politischen Auftrages (A. SCHÖLL 1827; H. BERLIOZ, *Les Troyens* Oper 1863; E. SAMHABER 1886; A. AUSSERER 1912) oder verfälschten das Verhängnis in eine Intrige (H. Fredrichs 1893; G. Hildebrand 1909; O. Neitzel, Oper 1889).

J. Friedrich, Die Didodramen des Dolce, Jodelle und Marlowe, Diss. Erlangen 1888; K. Meier, Über die Didotragödien des Jodelle, Hardy und Scudéry, Diss. Leipzig 1891; R. Turner, Didon dans la tragédie de la Renaissance italienne et française, Diss. Paris 1926; E. Semrau, Dido in der deutschen Dichtung, 1929; E. Leube, Fortuna in Karthago, 1969.

**Dietrich von Bern.** Theoderich der Große, 471–526 König der Ostgoten, Gründer eines wirtschaftlich und kulturell hochstehenden germanischen Staates in Italien, durch staatsmännische Klugheit, weise Rechtsprechung und religiöse Toleranz wohl die bedeutendste Persönlichkeit der Völkerwanderung, erfuhr in der Literatur das eigenartige Schicksal, daß die Sage sein glückhaftes Leben in ein tragisches verwandelte.

Schon das althochdeutsche *Hildebrandslied*, das eine ausgebildete Dietrich-Sage voraussetzt, berichtet, daß Dietrich vor Odoakers Haß floh und sechzig Sommer und Winter fern von seinem Lande lebte. Dietrich erscheint also als vertrieben von eben jenem Odoaker, den der historische Theoderich besiegte und ermordete. Spätere Quellen (*Chronicon Quedlinburgense* 10. Jh.) und vor allem die beiden deutschen Hauptfassungen der Sage, die *Rabenschlacht* (um 1270) und das *Buch von Bern* (um 1280), führten dieses Thema von Dietrichs »ellende« aus: Dietrich räumt vor der Übermacht seines Onkels Ermanarich kampflos das Land, oder er weicht, um das Leben von sieben seiner Helden, die in Ermanarichs Gefangenschaft geraten sind, zu retten, hält sich jahrzehntelang am Hofe des Hunnenkönigs Etzel auf und besiegt von dort aus mehrfach, vor allem in der Schlacht von Raben (Ravenna), das Heer des Gegners. Ermanarich selbst entkommt ihm jedoch, und Dietrich verliert im Kampf so viele seiner Getreuen, daß ihm der eigentliche Erfolg versagt scheint; er kehrt nach den Kämpfen in sein Exil zurück. Im Gedicht von der *Rabenschlacht*, das einen sehr alten Kern der Sage bewahrt, wird diese Tragik erhöht durch den Tod der beiden jungen Etzel-Söhne, die Dietrichs Fürsorge anvertraut waren, und durch den Tod von Dietrichs eigenem Bruder Diether; ihr Mörder, der ungetreue Vasall und ↑ Verräter Witege, entflieht dem Zorn des Berners und stürzt sich mit seinem Roß ins Meer.

Die Forschung hat nach einer Erklärung für die seltsame Verkehrung der historischen Ereignisse durch die Sage gesucht, die im übrigen die Charakterzüge Theoderichs, seine Überlegenheit, seine »milte« und »mâze« sowie auch seine gelegentliche Härte sehr wohl bewahrte. Ansätze zu der leidenden Rolle Dietrichs finden sich in der von den Chronisten überlieferten Selbstrechtfertigung Theoderichs, er habe Odoaker in Notwehr gemordet, um einem ähnlichen Plan des Gegners zuvorzukommen. Auch dürfte die Sage aus der Sicht einer späteren Generation in der Zeit des

Untergangs der Goten entstanden sein, deren Geschichtserinnerung auch das Bild einer glücklichen Zeit mit einem tragischen Akzent versah. Zu den Schatten, die über Dietrichs Geschick liegen, würde es passen, wenn die Schlachten, die er schlägt und nach denen er ins Exil zurückkehrt, in älterer Überlieferung nicht Siege, sondern Niederlagen waren. Aber auch die Interpretation, daß sich in den verlustreichen Schlachten und in den Rückzügen die Vorstellung eines verlorenen Königsglückes spiegele, wäre einem tragischen Heerführerschicksal der Völkerwanderungszeit gemäß. Ähnlich wie das spätgotische Urgedicht das Schicksal Theoderichs verdüsterte, hellte die Sage das zunächst düstere Attilabild der nordischen Überlieferung auf, und es gelangte so über die Langobarden nach Bayern: Etzel ist in der mittelhochdeutschen Dichtung der gastfreundliche, milde Lehnsherr, unter dessen Schutz Dietrich und zahlreiche andere Fürsten und Helden leben.

Mit Etzel ergab sich das Bindeglied für Dietrichs Eingang in den → Nibelungen-Stoff, in dessen Rahmen seine Gestalt die einprägsamste Form fand: am Schluß des großen Mordens tritt Dietrich als überlegener Richter auf die Szene, er überwindet den bis dahin unbesiegten Hagen, und das richtende Schwert seines Waffenmeisters → Hildebrand fällt die Rächerin Kriemhild. Auch hier bezahlt Dietrich mit dem Verlust seiner Gefolgsleute. Die Verbindung mit dem Nibelungen-Stoff zog in der großen Gesamtdarstellung der deutschen Heldensage, der von ihrem nordischen Verfasser nach dem wichtigsten Helden, Dietrich, benannten *Thidrekssaga* (um 1250), eine Änderung des Handlungsablaufs nach sich: die Rabenschlacht mit dem Tode der Söhne von Etzels erster Frau, Helche, ist vor den Burgundenuntergang verlegt. Die *Thidrekssaga* bringt auch als Abschluß eine späte Ausgleichung allen Unglücks: Dietrich kehrt mit seiner Frau und dem allein übriggebliebenen Waffenmeister Hildebrand nach Bern zurück, Ermanarich stirbt, und Dietrich gewinnt sein Reich zurück; an diese Stelle geriet auch Hildebrands Begegnung mit seinem Sohn, die ursprünglich wohl ein Vorspiel zur Rabenschlacht war.

Die Dietrichsage ist eine in der Ethik der Völkerwanderungszeit verwurzelte Geschichte von der Treue zwischen Gefolgsherrn und Gefolgsleuten: der König opfert sein Reich für seine Vasallen, sie opfern für ihn ihre Freiheit, ihre Heimat und ihr Leben. Bezeichnend ist, daß auch die Sproßfabeln, das *Hildebrandslied, Alpharts Tod* und die Geschichte Witeges, des treulosen Mannes zwischen den Parteien, um dieses Thema kreisen. Gleichfalls bemerkenswert ist das Fehlen der Frauen; erst späte Einfügungen haben Dietrich mit Frauenabenteuern in Verbindung gebracht. Das Bild des gerechten und frommen Königs korrigierte auf seine Weise die kirchliche Legende vom arianischen Ketzer, den der Teufel geholt hatte (*Kaiserchronik*) und der als Wilder Jäger weiterlebt; ähnlich behauptete sich ja auch das heroische Etzelbild neben dem legendären von der Gottesgeißel.

Die gewaltige Gestalt des Berners hat in späterer Zeit volkstümliche und märchenhafte Fabeln angezogen. Kämpfe mit Riesen (*Eckenlied*), Drachen und Zwergen sollten teils Dietrichs Rolle als christlichen Bekämpfer von Ungeheuern zeigen, teils spiegelt sich in ihnen die ständige Rivalität, in der seine Gestalt zu der des rheinischen Siegfried stand: Dietrichs Kampf mit Laurin erinnert an die Siegfrieds mit Alberich, und in dem Kampf im *Rosengarten* Kriemhilds, in dem Dietrich mit elf seiner Helden gegen Siegfried und dessen Gefolgschaft antritt, läßt sein Feueratem Siegfrieds Hornhaut schmelzen. Auch die Geschichten von Jung Dietrich (*Virginal*) sind als Parallele zu denen um Jung Siegfried erfunden.

Nach 1300 sank der Dietrich-Stoff immer mehr ins Märchenhaft-Abenteuerliche ab, so daß Luther ihn als eine »schlechte histori« bezeichnete und bereits Leibniz ihn unter die Jugendliteratur zählte, der er im wesentlichen bis heute angehört. Bei der Rezeption mittelalterlicher Stoffe im Gefolge der Romantik stand der Dietrich-Stoff im Schatten des zu weit kunstvollerer Gestaltung gelangten Nibelungen-Stoffes; in dessen poetischen Erscheinungsformen, vor allem in den Nibelungen-Dramen, spielt Dietrich die bleibende Rolle des großen Vertreters christlich-humaner Ritterlichkeit. Wiederaufnahmen des gesamten Dietrich-Stoffes (K. SIMROCK, *Amelungenlied* 1843–49; E. KÖNIG, 1917–21; W. JANSEN, *Das Buch Leidenschaft* 1920) sowie einzelner Episoden (G. KINKEL, *Der von Berne,* Verserzählung 1843; E. v. WILDENBRUCH, *König Laurin* 1902) blieben Nachdichtungen, ohne den Stoff weiterzuentwickeln, der modernem Denken ferngerückt ist.

Nicht den sagenhaften Dietrich, sondern den historischen Theoderich machte J. Chr. HALLMANN (*Die göttliche Rache oder der verführte Theodoricus Veronensis* 1666) zum Thema eines von dem kirchlichen Verdammungsurteil bestimmten Trauerspiels um die Bestrafung des Ketzers. Drama und Roman der neueren Zeit behandelten im wesentlichen Dietrichs Auseinandersetzung mit Kultur und Politik der Römer (F. DAHN, *Ein Kampf um Rom,* 1. Buch 1876; E. KUNOW, Dr. 1886; W. SCHÄFER, *Theoderich, König des Abendlandes,* R. 1939).

B. Altaner, Dietrich von Bern in der neueren Literatur, 1912; W. Mohr, Dietrich von Bern, (Zs. f. dt. Altertum u. dt. Literatur 80) 1944; G. Plötzeder, Die Gestalt Dietrichs von Bern in der dt. Dichtung und Sage des frühen und hohen Mittelalters, Diss. Innsbruck 1957; R. v. Premerstein, Dietrichs Flucht und die Rabenschlacht. Eine Untersuchung über die äußere und innere Entwicklung der Sagenstoffe, (Beitr. z. dt. Philologie 15) 1957.

**Don Carlos** → Philipp II. von Spanien

**Don Juan.** Gestalt und Schicksal Don Juans erhielten ihre erste literarische Prägung in TIRSO DE MOLINAS Drama *El burlador de*

*Sevilla y convidado de piedra* (Auff. 1613, Druck 1630). Die unselige
Leidenschaft des jugendlichen Helden, Frauen zu betrügen und zu
entehren, wird an vier Beispielen vorgeführt: an Doña Isabella, der
er im Dunkel der Nacht als ihr Liebhaber Octavio erscheint, an
Doña Anna, der er gleichfalls im Mantel ihres Liebhabers naht und
deren zu Hilfe eilenden Vater Don Gonzalo de Ulloa er im Zweikampf ersticht, und an zwei Mädchen aus dem Volke, die er mit
Heiratsversprechungen gefügig macht. Auf der Flucht von dem
letzten Abenteuer gerät er an das Grab Don Gonzalos, dessen
drohende Grabschrift ihn reizt, das Standbild des Verstorbenen zu
sich einzuladen. Der steinerne Gast kommt wirklich und lädt ihn
seinerseits auf den Kirchhof ein; als Don Juan bei dieser Wiederein-
ladung nicht zögert, dem Standbild die Hand zu reichen, verbrennt
ihn höllisches Feuer.

Das religiöse Drama Tirso de Molinas verbindet zwei ursprünglich wohl nicht zusammengehörige Stoffkomplexe – die Liebesabenteuer eines jungen Draufgängers und die Bestrafung eines
Frevlers durch die Erscheinung eines Standbildes – zu einer Fabel,
die das Problem der göttlichen Gnade in dem Sinn beantwortet,
daß der Sünder, der Besinnung und Reue stets aufschiebt, schließlich vom Tode überrascht und zur Hölle verdammt wird. Don Juan
ist ein Charakter, der sich im Handeln und nicht im Reflektieren
ausdrückt, die Gründe für seine Verführungsleidenschaft werden
nicht angegeben. Über die Quellen Tirsos, d. h. über die Entstehung des Stoffes, gibt es mehrere Thesen; die Bestrafung eines
jungen Mannes durch ein Standbild, das er herausgefordert hat,
taucht in volkstümlicher Überlieferung auf, etwa in spanischen
Romanzen und in einem Ingolstädter Jesuitendrama von 1635, aber
die Verschmelzung beider Stoffkomplexe ist bisher vor Tirso noch
nicht nachgewiesen worden. Die Anknüpfung an historische
Gestalten ist unwahrscheinlich, aber möglicherweise hat der Dichter Namen historischer Familien für seine erdichteten Gestalten
benutzt. In Tirsos klarer und schlichter, aber erregender und auch
zum Widerspruch reizender Fabel, in der individualisierten und
doch allgemeingültigen Figur des ↑ Verführers liegen alle künftigen Varianten des Stoffes beschlossen, der zu einem der meistbear-
beiteten Stoffe der Weltliteratur wurde und allein in den Hauptver-
breitungsländern Spanien, Frankreich und Deutschland mit je etwa
hundert Fassungen vertreten ist.

Der Stoff gelangte zunächst nach Italien, wo sich komödiantische Bearbeitungen (G. A. CICOGNINI, *Il convitato di pietra*, vor
1650; O. GILIBERTO, gleicher Titel 1652) an den Theatereffekt der
Statuenerscheinung und die Lazzi von Don Juans Diener Passarino
hielten und der religiöse Gehalt verlorenging, und von da mit
italienischen Komödianten nach Frankreich. Hier verlegte sich das
Schwergewicht wieder auf die Hauptgestalt, die sich allerdings in
einen brutalen Schurken verwandelte. Durch Streichung und
Zusammenlegung einer Anzahl von Nebenrollen wurde ein strenger gebautes Drama angestrebt (DORIMOND, *Le Festin de pierre ou le*

*fils criminel* 1658; VILLIERS, gleicher Titel 1659), das dann in MOLIÈ-
RES *Don Juan ou le Festin de Pierre* (1665) dem Stoff seine zweite
klassische Fassung gab. Don Juan hat bei Molière an Leidenschaft
verloren und an Intellekt gewonnen, er ist moderner geworden,
denkt über sich selbst nach und gibt Kommentare zu seinem
Handeln. Über der differenzierteren Charakterzeichnung ist die
Handlung verarmt: Don Juan führt keine einzige Verführung aus;
er hat Elvire geheiratet, nachdem er sie aus dem Kloster entführt
hatte, sie aber dann verlassen, denn jede Schönheit, der er begegnet, verlockt ihn zu neuem Abenteuer; er geht nicht, wie Tirsos
Held, im Sturmschritt vor, sondern hat Spaß an der schrittweisen
Eroberung, nach gewonnener Schlacht interessiert ihn sein Opfer
nicht mehr. Er handelt bewußt, daher ist er wirklich böse. Er ist ein
Libertiner, der die Moral leugnet, er bereut nicht, sondern heuchelt
Reue, um besser zum Ziele zu kommen. Die Erscheinung des
Standbildes verliert bei diesem Helden ihre Funktion; Molière
benutzt sie nur noch als Theatereffekt, der allenfalls auf den naiv
gläubigen Diener Sganarelle Eindruck macht. Nachahmer Moliè-
res haben Don Juan zum Bösewicht und Atheisten gesteigert
(ROSIMOND, *Le nouveau Festin de Pierre ou l'Athée foudroyé* 1669;
Th. SHADWELL, *The Libertine* 1676; CALZABIGI/GLUCK Ballett
1761). Dagegen tauchten in Spanien bereits zwei Motive auf, die im
19. Jahrhundert allgemein in die Debatte gelangten: eine Neigung
Doña Annas zu dem Mörder ihres Vaters (A. CÓRDOBA Y MALDO-
NADO, *La Venganza en el sepulcro* 1660/70), die schon GOLDONIS
rationalistische Bearbeitung aufnahm (*Don Giovanni Tenorio ossia il
dissoluto* 1736), und die Reue Don Juans (A. de ZAMORA, *No hay
deuda que no se pague y convidado de piedra* 1724), die auf eine
Erlösungsmöglichkeit zusteuert.

DA PONTE/MOZARTS *Il dissoluto punito ossia il Don Giovanni*
(1787) steht in der Tradition der Opera buffa, Da Ponte benutzte
den Text von G. BERTATI/G. GAZZANIGA *Don Giovanni o sia Il
Convitato di Pietra* (1787), machte jedoch Doña Anna zum Mittelpunkt des Gegenspiels. Die verlassene Elvira war von Molière
eingeführt worden, die verschiedenen Rivalen waren jetzt in Octavio vereinigt, und Da Pontes Don Juan verschmolz den Caballero
Tirsos mit dem zynischen Realisten Molières. Seine Charakterisierung des Dieners Leporello als eines aufschneiderischen Nachah-
mers seines Herrn führte zu der ausgewogenen Mischung komischer und tragischer Elemente in der Handlung. Dem allmählich
verblaßten moralischen Grundzug der Fabel wurde sein Gewicht
zurückgegeben, die Motivierung der Einladung des Standbildes
verstärkt und der Erscheinung die nötige Würde verliehen.

Für die Geschichte der Mozart-Interpretation wie für die weitere
Entwicklung des Don-Juan-Stoffes wurde die Auffassung E. T. A.
HOFFMANNS wichtig, die er in der Novelle *Don Juan* (1813) einen
reisenden Theaterbesucher niederschreiben läßt. Nach ihm ist Don
Juan ein zu Höchstem veranlagter Mensch, ein Enttäuschter, der in
seiner Suche nach dem Ideal betrogen wurde und nun gegen Gott

und Menschen revoltiert. Anna liebt ihn, obwohl er der Mörder ihres Vaters ist. Der Eifer, mit dem sie ihn verfolgt, ist verkappte Liebe – ein Motiv, in dem sicher die verwandte Konstellation des → Cid nachwirkte. Hoffmanns Interpretation bedeutet den Durchbruch einer Romantisierung der Fabel, die sich in der ersten Hälfte des 19. Jahrhunderts durchsetzte und die Bearbeitungen bestimmte, ob sie nun unter unmittelbarem Einfluß der Hoffmannschen Gedanken standen oder nicht. Die Hoffmannsche These von dem Idealsucher entsprach der Sympathie für den Helden, die sich seiner Verdammung aus menschlichen und manchmal auch aus religiösen Gründen widersetzte. Der nächste Schritt mußte der zur Erlösung des Helden sein, denn ein Idealsucher konnte nicht zur Hölle verdammt werden. Die warnende und strafende Funktion des Standbildes wird dann überflüssig, und der erste Teil der Handlung gewinnt Übergewicht. Denken und Fühlen Don Juans sind entscheidender geworden als sein Handeln, so daß nun Roman, Novelle und Gedicht dem Stoff ebenso gemäß wurden wie das Drama.

Der Charakter Don Juans wird dem Typ des Dandy angenähert. Seine intellektuelle Überlegenheit läßt ihn Liebe und Bindung als Bedrohung der eigenen Identität empfinden. Lord Byrons gesellschaftssatirisches Epos (1818/24, Fragment) ließ Fabel und Personen des Stoffes völlig fallen. Den Dichter interessierte nur der Typ des unwiderstehlichen Liebhabers, der hier nicht eigentlich Verführer, sondern verführerisch ist und der das Verführen erst von den Frauen lernt. Das Problem des Unwiderstehlichen beschäftigt in erster Linie auch Lenau (Dr. 1844), dessen Held sich schließlich in Ermattung, Überdruß und Abstumpfung dem Degen eines unterlegenen Gegners preisgibt. H. de Balzac (L'Elixir de longue vie Erz. 1830) zeigte am Werdegang eines zynischen Nihilisten, Baudelaires Gedicht Don Juan aux enfers (1846) Don Juans Gleichgültigkeit gegenüber seinen Opfern, und J. Harts Held (Don Juan Tenorio, Dr. 1881) weiß die ihm Verfallenen nicht nur zur Hingabe, sondern sogar zum Verbrechen zu bewegen. Hoffmanns These vom Idealsucher zog A. de Mussets Gedicht Namouna (1832) nach, in dem Hassan, der bei aller blasierten Lasterhaftigkeit von Sehnsucht nach der idealen Liebe getrieben wird, die ideale Frau nicht findet. Andererseits zeigte Musset in der dramatischen Szene Une matinée de Don Juan (1833) den müde gewordenen und durch ein Frauenlächeln doch wieder angereizten Roué. A. S. Puschkin (Der steinerne Gast 1830) ließ offen, ob Don Juan aufhören wird, ein Don Juan zu sein: der Dichter verlegte die Erfüllung in den Augenblick des Todes, Don Juan stirbt mit Doña Annas Namen auf den Lippen; um die Kluft zwischen den beiden Liebenden zu verringern, ist hier Don Gonzalo der auf Befehl der Mutter geheiratete Ehemann. Zur Erlösung des reuigen und liebenden Verführers durch die Liebe Annas entschloß sich nur Blaze de Bury (Le Souper chez le Commandeur, Dr. 1834). G. Trakls Fragmente Don Juans Tod lassen kaum Deutung zu.

Die Vorstellung des Idealsuchers rückte Don Juan in die Nähe des → Faust-Stoffes; die Gemeinsamkeit des Verführungs-Motivs und des Duell-Motivs erleichterte eine Annäherung, die sich entweder als Verschmelzung (N. VOGT, *Der Färberhof oder die Buchdruckerei in Mainz* 1809) oder als Konfrontierung der beiden Helden darstellen ließ (GRABBE, *Don Juan und Faust*, Dr. 1829; E. ROBIN, *Livia*, Dr. 1836; Th. GAUTIER, *La Comédie de la mort*, Gedicht 1838; P. MENOTTI DEL PICCHIA, *A angustia de Don João*, Gedicht 1928). Grabbe läßt beide im Kampf um die Liebe Annas wetteifern; beide begehen ihretwegen Mord, beider Seelen fallen Mephisto zu, ähnlich in H. ROSENDORFERS R. *Der Ruinenbaumeister* (1969). Auch die Wette aus dem *Prolog im Himmel* ist auf den Don-Juan-Stoff übertragen worden, so daß auch hierdurch die Erlösung nahegelegt wurde (A. K. TOLSTOJ, Dr. 1862; W. BONSELS, Episches Gedicht 1919).

Die bei Blaze de Bury auf sentimentale und unglaubwürdige Art verwirklichte Erlösung des Helden, auf die der Stoff im 19. Jahrhundert zusteuerte, wurde durch die Verschmelzung mit der verwandten Miguel-Mañara-Sage ermöglicht. Um den 1626 in Sevilla geborenen Mañara, der nach einem wüsten Jugendleben in der Ehe mit einer geliebten Frau Ruhe fand und durch deren frühen Tod so erschüttert wurde, daß er später ein frommes Leben im Dienste der Armen führte, haben sich früh Sagen gebildet, die seine Bekehrung zu erklären strebten: die Verführung einer Nonne, die im Register der von ihm verführten Frauen noch gefehlt habe, oder auch das visionäre Erlebnis des eigenen Begräbnisses wurden zu Wendepunkten in seinem Leben. Die Verknüpfung beider Stoffe ist P. MERIMÉE zuzuschreiben (*Les âmes du purgatoire* 1834), der in seiner Novelle zwar im wesentlichen die Geschichte Mañaras erzählte, aber nicht nur die weißen Stellen in dessen Jugendgeschichte durch Verführungsepisoden in der Art Don Juans ausfüllte, sondern vor allem den Vornamen Miguel durch Juan ersetzte. Die ehemalige Geliebte Theresa, deren Vater er erschlagen hat, ist die Nonne, deren Entführung den Anstoß zu seiner Reue und Bekehrung gibt. Die Möglichkeit einer Verschmelzung des ersten Teiles des Don-Juan-Stoffes mit dem zweiten Teil der Mañara-Sage ergriffen die Autoren, denen die Umkehr und Begnadigung Don Juans am Herzen lag (DUMAS d. Ä., *Don Juan de Mañara*, Dr. 1836; E. HARAUCOURT, *Don Juan de Mañara*, Dr. 1898; A. T'SERSTEVENS, *La Légende de Don Juan*, R. 1923; J. DELTEIL, *Don Juan*, R. 1930; A. K. TOLSTOJ, dram. Gedicht 1860, Opernbearb. A. B. SCHELL 1888; M. JELUSICH, *Don Juan, die sieben Todsünden*, R. 1936; J. Toman, R. 1944). Ein Erzählfragment FLAUBERTS, das nur *Une nuit de Don Juan* umfaßt, verknüpft beide Traditionen ohne Erlösungstendenz. Wichtig wurden die aus der Mañara-Sage bezogenen Elemente in der Fassung des Don-Juan-Stoffes durch J. ZORRILLA Y MORAL (*Don Juan Tenorio*, Dr. 1844). Don Juans zahllose Verführungstaten werden hier durch eine Wette mit einem Freund motiviert, der ihn auch zur Verführung einer Nonne anstachelt. Mitten in seinem frevlerischen Treiben trifft Juan die Liebe zu

Inés, die Nonne werden soll und deren Vater sie ihm verweigert; er erschlägt den Vater. Jahre später erscheint ihm Inés an ihrem und des Vaters Grabe. Unter der Wucht der so verdoppelten Geistererscheinung wird Don Juan zum Glauben an Jenseits und Sündenvergebung bekehrt; aus dem Grabe streckt sich ihm Inés' Hand entgegen. Die Bekehrungsszenen zeigen Verwandtschaft zum → Jedermann-Stoff. Mit diesem wirkungsvollen Drama, das in Spanien und Lateinamerika als Festspiel des Allerseelentages aufgeführt wird, erreichte die romantische Rehabilitierung Don Juans ihren Höhepunkt. Noch bei Manuel MACHADO Y RUIZ (*Juan de Mañara* 1927) und dem Dänen Svend BORBERG (*Synder og Helgen* 1939) wirkt der Idealsucher, der zwischen der reinen und der verführerischen Frau schwankt, nach.

Nicht nur die antiromantische Kritik etwa STENDHALS und George SANDS hat das Bild Don Juans der idealistischen Züge entkleidet und ihn wieder zu einem egoistischen und skrupellosen Verführer gemacht, sondern Medizin und Psychoanalyse sprachen dem Don-Juan-Typ sogar seine Stärke und Männlichkeit ab. Wenn die literarischen Bearbeiter sich auch von diesen Thesen kaum angefochten fühlten, so hat doch die allgemein auf Desillusionierung drängende Tendenz der Moderne das Ihre getan, die Gestalt in nüchterner Beleuchtung erscheinen zu lassen. Auf Desillusionierung zielten schon die mehrfachen Versuche ab, den gealterten Don Juan darzustellen (L.-G. LE VAVASSEUR, *Don Juan Barbon*, Dr. 1848; J. VIARD, *La vieillesse de Don Juan*, Dr. 1853; H. BATAILLE, *L'Homme à la rose*, Dr. 1920). Bei P. HEYSE (*Don Juans Ende*, Dr. 1883) führt der wohlgemeinte Versuch Don Juans, den eigenen Sohn aus einer Liebesbeziehung zu lösen, zu dessen Untergang; Don Juan schreitet in den Lavaregen des ausbrechenden Vesuvs. Spanische volkstümlich-heitere Weiterspinnung des Themas zeigte den hundertjährigen Don Juan bei der Lenkung seiner zahlreichen Nachkommen (S. u. J. ÁLVAREZ QUINTERO, *Papá Juan, centenario* 1909) oder ließ ihn als einen echt Verliebten auf sein Donjuantum verzichten (E. JARDIEL PONCELA, *Usted tiene ojos de mujer fatal* 1932). Die Fin-de-siècle-Stimmung, die um die Wende zum 20. Jahrhundert den Donjuanismus, das Lob der Untreue, zur Modeerscheinung werden ließ (M. BARRIÈRE, *Le nouveau Don Juan*, R. 1900; O. ANTHES, *Don Juans letztes Abenteuer*, Dr. 1909; G. ENGELKE, *Die Frauen gehen an Don Juan vorüber*, Gedicht 1912, und *Don Juan*, R.-Fragment um 1915), konnte in Don Juan sogar nicht den Verderber, sondern den Wohltäter der Frauen sehen, die durch ihn erst zu sich selbst finden (Th. RITTNER, *Unterwegs*, Dr. 1909). Aber hauptsächlich versuchte man, den Helden in sein Gegenteil zu verkehren: G. B. SHAWS Don Juan (Traumakt in *Man and Superman* 1903) wünscht sich aus der Hölle, wo Schönheit und Liebe gefeiert werden, fort in den Himmel. E. ROSTANDS Held (*La dernière nuit de Don Juan*, Dr. 1921) glaubt sein Leben, seine Wirkung, seine Liebe im Urteil der Frauen selbst entwertet und wird zur Marionette verdammt. Der aus dem ersten Weltkrieg heimkehrende Don Juan

Ö. v. Horváths (*Don Juan kommt aus dem Krieg*, Dr. 1935) verfällt eigentlich nur deswegen den Frauen, weil sie ihn an die verlassene Braut erinnern, die er sucht, bis er an ihrem Grabe Ruhe findet. Bei M. Frisch (*Don Juan oder die Liebe zur Geometrie*, Dr. 1953) liebt er nicht die Frauen, sondern die Geometrie und inszeniert selbst seine Höllenfahrt, um die Verführerrolle endlich loszuwerden. Für den großen Anteil der modernen französischen Literatur an der Wiederbelebung des Stoffes ist Camus' Essay *Le Don Juanisme* (1942) bezeichnend, der in Don Juan einen »absurden« Helden, eine Art Sisyphus auf dem Gebiet der geschlechtlichen Beziehungen sieht. Bei C.-A. Puget (*Échec à Don Juan*, Dr. 1941) ist Don Juan über den Todesstreich froh, weil er durch ihn endlich der Sklaverei der Liebe entkommt. Als einen Verführer aus Mangel an echter Liebesfähigkeit stellte ihn M. de Unamuno (*El Hermano Juan o el mundo es teatro*, Dr. 1934) dar, und der Belgier Ch. Bertin (Dr. 1948) sowie der Engländer R. Duncan (Dr. 1953) betonten den Zyniker, der seiner Einsamkeit durch sinnlichen Genuß zu entfliehen sucht. In einem zweiten Drama *The Death of Satan* (1954) ließ ihn Duncan aus der Hölle auf die Erde zurückkehren, aber ein Leben in der Hölle dann doch dem auf einer Erde ohne Hoffnung und Sündenbewußtsein vorziehen. Bei A. Obey (*Don Juan* 1934; *Le Trompeur de Séville* 1937; *L'Homme de cendres* 1949) sucht er, müde und ausgebrannt, den Tod im Duell mit einem Freund, auch bei Ch. Stead (*The Salzburg Tales* 1934) zeigt der hier als Torero Fungierende Symptome des Alterns und erliegt dem Stier. Für den alt gewordenen Don Juan Henri de Montherlants (Dr. 1958) ist das Verführungsspiel zur Besessenheit ausgeartet. In G. Torrente Ballesters phantastischem Roman (1963) hat sich Don Juan in Revolte gegen Gott für eine ewig fortdauernde Verführer-Existenz entschieden. Nachkomme Don Juans unter neuem Namen ist der Ornifle Anouilhs (*Ornifle ou le courant d'air*, Dr. 1955), der, obgleich er weiß, daß er einmal den Preis für sein Vergnügen wird zahlen müssen, unbekümmert und reuelos seinem Verführertemperament folgt und dem Augenblick lebt, bis ihn – ganz in der Art der alten Fabel – die Strafe trifft. Auch der Dichter Nikolaus Lenau ist mit Don Juan identifiziert worden; in P. Härtlings Erzählung *Niembsch oder der Stillstand* (1964) sucht er der Qual der ewigen Wiederholung dadurch zu entkommen, daß er den »Stillstand« erstrebt, den er im Wahnsinn erreicht, der ihn aller Zeit enthebt. Wie sich hier das Don-Juan-Thema hinter neuem Namen verbirgt, so ist auf der anderen Seite der Name Don Juans seit Byron in zahllosen Fällen für Liebeshelden verwandt worden, die mit dem Stoff außer ihrer Verführereigenschaft nichts zu tun haben.

G. Gendarme de Bévotte, La Légende de Don Juan, 2 Bde., Paris 1911; Th. Schröder, Die dramatischen Bearbeitungen der Don Juan-Sage in Spanien, Italien und Frankreich bis auf Molière einschließlich, 1912; E. van Loo, Le Vrai Don Juan: Miquel de Mañara, Paris 1949–50; L. Weinstein, The Metamorphoses of Don Juan, Stanford 1959; M. Berveiller, L'Eternel Don Juan, Paris 1961; A. E. Singer, The Don Juan-Theme, Versions and Criticism. A Bibliography, Univ. of West Virginia Press 1954; A. Baquero, Don Juan y su evolución dramática. El personaje teatral en seis comedias españolas, Madrid 1966; B. Dusanne, Le Mythe de Don Juan, (Les Annales – Conferencia, Revue mensuelle des Lettres françaises) 1966; St. Kunze, Don Giovanni vor Mozart, 1972; H. Gnüg, Don Juans theatralische Existenz, 1974; H. G. Tan, La Matière de Don Juan et les genrès littéraires, Leiden 1976; B. Wittmann [Hrsg.], Don Juan. Darstellung und Deutung (Wege der Forschung 282) 1976; H. Gnüg, Don Juan, 1989; F. Dieckmann, Die Geschichte Don Giovannis, 1991; B. Müller-Kampel, Dämon – Schwärmer – Biedermann. Don Juan in der dt. Literatur bis 1918, 1993.

**Don Juan d'Austria.** Der außereheliche Sohn Karls V. und der Regensburger Bürgerstochter Barbara Blomberg, Don Juan d'Austria (1547–1578), war für seine Zeit der Inbegriff des strahlenden Helden und hat diesen Glanz seltsamerweise bis in die Moderne bewahrt. Er schien geboren, um zu siegen, und zwar in Schlachten, die nicht nur seinem Halbbruder → Philipp II., für den er sie schlug, zugute kamen, sondern an denen das ganze christliche Abendland interessiert war. Er führte einen erfolgreichen Kampf gegen die tunesischen Seeräuber, warf 1569/70 den Moriskenaufstand in Granada nieder, bezwang im Dienste der Liga 1571 in der Seeschlacht von Lepanto die Türken und eroberte 1572 Tunis. Kritisch schien es mit seinem Ruhm zu werden, als Philipp ihn 1576 als Statthalter in die Niederlande schickte, wohl um ihn in dieser undankbaren Rolle kaltzustellen oder sich aufreiben zu lassen. Nach Don Juans überraschendem Triumph bei Gembloux (1578) gab Philipp ihm nicht die Möglichkeit, diesen Sieg auszunutzen. Kurz darauf starb Don Juan, wahrscheinlich an Gift.

Die geheimnisvolle Herkunft und die Beziehung zu dem großen Vater, die Don Juan nachgesagte Schönheit, Eleganz und Liebenswürdigkeit der Erscheinung, die ihn von der dunklen Gestalt des Bruders abheben, seine militärischen Leistungen, vor allem die Schlacht bei Lepanto, die ihn als Befreier von der türkischen Gefahr gelten ließ, sein unheimlicher, früher Tod, nachdem er eben zu neuen Erfolgen angesetzt hatte, boten genug Anreiz zu literarischer Ausgestaltung.

Die Dichtung über Lepanto glich, wie gesagt worden ist, einem Vulkanausbruch. Bereits die ersten Nachrichten vom Ausgang der Schlacht lösten Hymnen an den Herrn der Heerscharen, an den Helden Don Juan und seine Generale und an die Liga aus. Man verglich die Schlacht mit dem Sieg Davids, der das Haupt des Riesen traf. Es folgten Relationen, Reden, Predigten, die den christlichen Charakter des Krieges und die Sichtbarkeit der Hilfe Gottes betonten. Don Juan wurde Held zahlloser Lepanto-Gedichte, die ihn als Leuchtturm und zugleich Rätsel des Zeitalters, als Frühlingsstrahl im Herbst (die Schlacht fand am 7. Oktober statt), als Vereinigung von Mars und Apollo besangen. Der zweistündige Kampf seiner Galeere gegen die des feindlichen Feldherrn Ali, die schließlich durch eine tödliche Kopfverletzung des Gegners entschieden wurde, schien wie ein wunderbares Symbol dieser Schlacht, deren Ausgang von Orakeln vorausgesagt worden sein soll. Der Historiker Fernando de HERRERA, der schon 1571 ein noch steif wirkendes Gedicht auf Don Juan und die Niederwerfung der Mauren *Cuando con resonante* . . . geschrieben, aber noch nie etwas veröffentlicht hatte, gab in der Begeisterung über den Sieg seine erste Arbeit heraus unter dem Titel *Relación de la guerra de Cipre, y sucesso de la batalla naual de Lepanto;* auf deren hundertstem Blatt beginnt die berühmt gewordene Hymne *Canción en Alabança de la diuina Magestad por la victoria del Señor don Juan,* die den Sieg vor allem als nationale Tat feiert. Um die gleiche Zeit erschien Juan de MAL LARAS *Descripción de la Galera* . . . *de D. Juan de Austria,* die an Karls V. Sohn vor allem die Tugenden der Barmherzigkeit, des Glaubens und der Hoffnung rühmt. Ferrante CARRAFA, MARQUÉS DE SAN LUCIDO, verglich 1581 in einem Gedicht an Philipp II. Don Juans Sieg mit dem des Augustus im Golf von Ambracia. F. RUIZ DE VILLEGAS (lat.) schilderte Don Juan im Hagelschauer der Geschosse, García RUIZ DE CASTRO verfaßte unter anderem ein Volkslied mit dem Refrain *Don Juan de Austria habia de ser,* der ähnlich noch mit *Don Juan of Austria is going to the war* in G. K. CHESTERTONS Gedicht *Lepanto* (1915), einem späten Denkmal für den thronlosen Prinzen, letzten Helden und Troubadour, Retter einer in Gleichgültigkeit und Leichtsinn versunkenen Welt, erklingt.

Auch größere Epen über Lepanto entstanden ziemlich rasch und feierten die göttlichen Gaben Don Juans, seine Schönheit und Stärke, seine geistige Bildung, seinen Mut und sein Gottvertrauen (D. Pedro MANRIQUE, *La Naval;* P. de ACOSTA PERESTELLO, *Batalla Ausonia;* J. RUFO-GUTIÉRREZ, *Austriada* 1584; G. BALDO BENAMATI, *La Vittoria Navale* 1646). Juan LATINO (*Austrias Carmen* 1573) verglich Don Juan mit Scipio und glaubte sich selbst dazu geboren, Don Juans Ruhm zu besingen; J. PUJOL beschrieb in seinem katalanischen Lepanto-Epos, wie Juan, ein Kreuz in der Hand, vor der Schlacht von Galeere zu Galeere geht und die Seinen ermuntert; auch F. de PEDROSA (*Austriaca sive Naumachia,* lat., 1580) schildert die Ansprache Don Juans an die Truppen. Noch die Versepos-Mode des 19. Jahrhunderts brachte Nachzügler dieser Lepanto-Epen (D. José GARCÍA, *La Batalla de Lepanto* 1850; J. SALVADOR DE SALVADOR, *Ecos de las Montañas* 1868; M. FERNÁNDEZ Y GONZÁLEZ, *La Batalla de Lepanto;* D. Joaquín MARTÍNEZ FRIERA, *El Caudillo de la Fe*). Bei Fernández y González erscheint das Motiv der Eifersucht Philipps, das die zeitgenössischen kürzeren oder längeren Gedichte aus naheliegenden Gründen noch nicht verwendet hatten. Sie mündeten vielmehr häufig in ein Lob Philipps, und es ist kaum zu entscheiden, ob aus naiver Verehrung oder aus Diplomatie.

Sehr bald nach dem Tode des Helden hat sich augenscheinlich der Verdacht verbreitet, Don Juan sei auf Befehl Philipps umgebracht worden. Diese Version findet sich in französischen Quellen wie MAYERNE-TURQUETS *Histoire générale d'Espagne* 1586; F. EUDES DE MÉZERAYS *Histoire de France* 1643 und in den Memoiren des Abbé de BRANTÔME (1666). In Spanien durfte ein solcher Verdacht wohl kaum erwähnt werden, doch war er sicherlich bekannt. Die in der ersten Hälfte des 17. Jahrhunderts entstandenen Lepanto-

Gedichte (B. Leonardo de ARGENSOLA, *Canción a la nave de la Iglesia con motivo de la victoria de Lepanto* 1634; J. de SALAS BARBADILLO, Sonett auf Don Juan 1635) sowie die nun auch einsetzenden Dramatisierungen verraten nichts davon. Immerhin ist es auffällig, wie sehr sich in LOPE DE VEGAS Drama *La Santa Liga* Don Juan als Werkzeug seines Bruders fühlt. Auch L. VÉLEZ DE GUEVARA (*El Águila del agua y Batalla Naval de Lepanto*), CERVANTES (*Batalla Naval,* verloren) und der Portugiese Vicente MASCAREÑA (*Batalla naval de Don Juan de Austria,* nicht erhalten, vielleicht Bearbeitung von Lopes Dr.) haben Lepanto-Dramen geschrieben. LOPES zwei weitere Don Juan betreffende Dramen (*Los Españoles en Flandes* u. *Don Juan de Austria en Flandes*) unterstreichen ähnlich wie *La Santa Liga* die Einmütigkeit der Brüder: Nach dem Sieg von Gembleux wird Don Juan in einer Vision aufgefordert, Philipp als dem König zu dienen und die Herrschaft später so aufzuteilen, daß Philipp Spanien, er selbst Flandern regiert. Das erste Drama schließt mit Don Juans Vorsatz, Philipp weiter zu helfen, während das zweite seinen Tatendrang und sein Verlangen nach Kriegsruhm schildert. Ein nach Don Juans Tod verfaßtes Sonett LOPES (*A Don Juan de Austria*) faßt dessen kriegerische Leistungen zusammen und nennt ihn einen Cäsar des Glaubens. Auch in F. de HERRERAS Sonett auf den Toten *Pongan en tu sepulcro, ò flor d'España* (1582) ist nichts von den politischen Schatten zu spüren, die diesen Tod noch stärker verdüsterten. Ein ähnlich harmonisches Verhältnis zwischen den Brüdern bemühen sich auch J. PÉREZ DE MONTALBÁN (*El señor don Juan de Austria,* Dr. 1635) und D. JIMÉNEZ DE ENCISO (*La mayor Hazaña del Emperador Carlos V,* Dr. 1642) aufzuzeigen. Bei Pérez de Montalbán ist Philipp der mahnende, lenkende Berater des jüngeren Bruders, bei Jiménez de Enciso klärt er nach Karls V. Tod den nichts ahnenden Don Juan darüber auf, daß auch er ein Sohn des Kaisers sei.

Don Juans bestrickende Erscheinung hatten auch die Lepanto-Dichtungen gerühmt. PÉREZ DE MONTALBÁNS Drama macht deutlich, daß diese Schönheit nicht ohne Wirkung blieb, und zeigt eine zweite Komponente im Bild Don Juans und vieler Dichtungen um ihn: Don Juan befindet sich in den Banden einer Geliebten, aus denen ihn Philipps Befehl, nach Flandern zu gehen, reißt; die Geliebte folgt ihm jedoch auf den Kriegszug. Besonders an den Aufenthalt Don Juans in Neapel nach dem Seesieg 1572, jene sorglose, mit vielen Festen und Turnieren ausgefüllte Zeit im Schloß Castel Nuovo, knüpften sich Sagen von Liebesabenteuern. So soll Don Juan dort eine Liebesbeziehung zu einer Neapolitanerin Diana Falangola unterhalten haben, die ihm eine Tochter, Doña Juana de Austria, gebar, und außerdem verehrte er Doña Anna, die Frau des Schloßherrn von Castel Nuovo, der bei einem der Turniere umkam. Man hat darauf hingewiesen, daß die ersten Szenen von TIRSO DE MOLINAS *El burlador de Sevilla,* die im königlichen Palast von Neapel spielen, Reminiszenzen an Don Juans Leben in Neapel enthalten könnten und möglicherweise Wesenszüge des

Lepanto-Siegers in die Figur des großen spanischen Liebeshelden eingingen; die Identifizierung lag nahe (H. Rosendorfer, *Der Ruinenbaumeister,* R. 1969). Die Züge des Leichtsinns – auch des politischen – und der Hingabe an den Augenblick fügen sich gut in das Bild des Schlachten- und Liebeshelden und sind als Gegengewicht gegen die durch seine politische Ohnmacht und die Fruchtlosigkeit seiner Erfolge in ihm ausgelöste Verbitterung genutzt worden.

Don Juans Herkunft aus einem romantischen, späten Liebesbund des großen Kaisers hat die Leuchtkraft seines Bildes noch erhöht. Es ging die Sage, in die Regensburger Bürgerstochter, der er später den Sohn wegnehmen ließ und die in der Ehe mit dem Musterungskommissar Kegell eine Versorgung fand, habe sich Karl ihrer schönen Stimme wegen verliebt. Hofmann von Hofmannswaldau behandelte das Liebespaar unter der Chiffre *Liebe zwischen Siegreich und Rosamunden* in seinen *Heldenbriefen* (1673), nach denen Barbara Blomberg dem Kaiser durch ihre Schönheit auffiel und den Wunsch in ihm erweckte, auch ihre Stimme zu hören; in Barbaras Antwort heißt es, daß sie in Zurückgezogenheit gelebt und ihre Stimme den Ruhm nicht gesucht habe, daß sie des Kaisers Befehl aber folgen werde und ihm ihre Tugend anvertraue: »Eine Jungfrau wird zu Hofe selten alt.« Mit dieser pikanten Bemerkung schloß Hofmannswaldau seine Darstellung des Auftaktes zu dem Liebesbund. In Benedikte Nauberts wesentlich jüngerem Intrigenroman (*Barbara Blomberg, vorgebliche Maitresse Karls des Fünften* 1790) fungiert Barbara nur nach außen, damit des Kaisers wahre Beziehung unerkannt bleibt, als Geliebte Karls und Mutter Don Juans. Bei G. Ebers (*Barbara Blomberg,* R. 1896) hat sie den Sohn aus Ehrgeiz dem Vater überlassen, verzichtet aber dann dem Sohn zuliebe auf eine gesellschaftliche Stellung und ihre Anerkennung als Mutter, und in ähnlicher Weise geht sie bei C. Zuckmayer (*Barbara Blomberg,* Dr. 1949) freiwillig in die Verbannung nach Spanien, um dem Sohn seine Aufgabe in Flandern nicht zu erschweren. Don Juan, in dem sich Schönheit und Ehrgeiz der Eltern überschlagen, erscheint in den meisten Dichtungen um Barbara Blomberg nicht nur als zufälliges Ergebnis, sondern als Sinn des Liebesbundes, dem zuliebe eine Frau ihr Mutterrecht opfert und im Dunkel der Anonymität bleibt (J. Zimmermann, *Madame Kegels Geheimnis,* Dr. 1940).

Zu Beginn des 19. Jahrhunderts war der Stoff durch die Tradition in allen seinen Teilen so weit vorgeformt, daß mit der Nennung des Namens Don Juan d'Austria eine Fülle von Motiven aufklang. Der Romantiker C. Delavigne (*Don Juan d'Austria,* Dr. 1835) verband das Thema des Liebeshelden mit dem der Neigung des Vaters zu ihm und mit dem des Gegensatzes zu dem Bruder Philipp: als Don Juan seinem Bruder unwissentlich bei einer Liebesaffäre ins Gehege kommt, will Philipp ihn für die Welt sterben lassen und ihn ins Kloster bringen; der alte Kaiser im Kloster Yuste bricht auf, um Don Juan, den auch er zum Geistlichen bestimmt hatte, zu retten und ihm die Heldenbahn unter der

Bedingung freizugeben, daß er sich von der Geliebten trennt und dem König Treue schwört. L. A. FRANKL (*Don Juan d'Austria,* Heldenlied 1846) erzählte das gesamte Leben des Helden von der Beichte Karls V. auf dem Totenbett und seinem Bekenntnis zu dem illegitimen Sohn bis zu dessen Tode, bei dem diesem die Mutter als Nonne beisteht. Einen ähnlichen Zeitabschnitt umfaßt A. LINDNERS Drama *Don Juan d'Austria* (1875). Hier liegt es in des Vaters Absicht, daß Don Juan kein Erbe erhält: eine so außergewöhnliche Kraft muß dienen, sonst richtet sie Unheil an. Daraus entsteht Philipps und der Kirche Plan, ihn ihre Kriege führen zu lassen, ohne daß er die Früchte seiner Siege erntet. Trotz des offenen Mißtrauens Philipps bleibt Don Juan sein gehorsamer Feldherr, bis er in den Niederlanden im Stich gelassen und sein treuer Sekretär Escovedo am spanischen Hof ermordet wird. Don Juan beschließt, zu Oranien überzugehen, stirbt aber vorher am Gift einer Niederländerin, die in ihm den Landesfeind sieht. Die Ermordung Escovedos – des Marquis Posa im → Don-Carlos-Stoff – durch Philipps Günstling Antonio Pérez, der sich in Escovedo zugleich einen Mitwisser seiner Beziehungen zur Prinzessin Éboli, der Geliebten Philipps, vom Hals schaffen wollte, wird als Gegenschlag gegen politische Pläne Don Juans gesehen, die Escovedo unterstützte. Schon Frankl hatte die Escovedo-Affäre verwendet. Sie trat bei G. zu PUTLITZ (*Don Juan d'Austria,* Dr. 1863) ins Zentrum der Handlung, die um Don Juans Schwanken zwischen Loyalität und Sympathie für die Niederlande kreist. Philipps Gift erreicht ihn vor der offenen Entscheidung. Escovedos Ermordung bildet auch ein wichtiges Motiv in dem Roman von I. LEUTZ (*Der Sieger von Lepanto* 1940), der Don Juans Leben unter das Zeichen der leidvollen, unerfüllten Liebe zu seiner Halbschwester Maria Kegel stellt, die ihm als Page dient und dem Sterbenden auf dem Schlachtfeld beisteht. C. STERNHEIM legte, wie schon der Titel *Don Juan* (Dr. 1909) erkennen läßt, das Gewicht auf den Liebeshelden, den eine reine, aber unerfüllte Liebe aus seinen Ausschweifungen reißt; Maria de Mendoza wird Maitresse König Philipps, der den politisch gefährlichen Bruder in die Niederlande schickt. Don Juan führt eine leere Kutsche mit sich, in der er die tote Geliebte, der er sich in einer mystischen Hochzeit verbunden hat, verehrt; als man die Kutsche nach seinem Schlachtentode öffnet, ist sie leer. Der Tragik von Don Juans Tod sind Gedichte von C. F. MEYER (*Das Auge des Blinden*) und D. v. LILIENCRON (*Das Ende des Don Juan d'Austria*) gewidmet: der durch die Straßen Namurs reitende Don Juan ist vom Tode gezeichnet, aber sein unzerstörtes Jugendbild lebt im Auge eines blinden Krüppels fort; Spanien spart das Geld für eine feierliche Überführung seines Helden; seine Leiche wird in drei Teile zerschnitten und durch reitende Boten nach Spanien gebracht. Eine monodramatische *Apotheose Don Juans d'Austria* gab A. PICHLER: die Seele des spanischen Volkes will den toten Helden, den nur der Neid des Königs in die Fremde und den Tod schickte, durch den Preis seiner Taten ins Leben zurückrufen.

Don Juan taucht in der neueren Literatur auch in Nebenhandlungen als Inbegriff menschlicher Noblesse und heroischen Glanzes auf: als von Philipp getäuschter, argloser Mittler zwischen dem König und Don Carlos in E. VERHAERENS Drama *Philipp II.* (1904), als eines der anklagenden Opfer in einer Traumvision Philipps bei J. MASEFIELD (*Philipp the King,* Dr. 1914), als strahlender, aber von ihr verratener Stern im Leben einer illegitimen Tochter Don Juans in der Erzählung *Donna Anna d'Austria* (1930) von R. SCHNEIDER und als Ziel der Liebe und rettende Zuflucht für Don Rodrigos Tochter Doña Siebenschwert in P. CLAUDELS Drama *Der seidene Schuh* (1929).

A. Castro, Don Juan de Austria en el Nápoles histórico en el poético, (Quaderni Ibero-Americani 17) Turin 1955; J. López de Toro, Los poetas de Lepanto, Madrid 1950.

**Don Quijote.** Die von Miguel de CERVANTES SAAVEDRA (1547–1616), Spaniens größtem Erzähler, hinfabulierte Lebensgeschichte des Ritters Don Quijote, dessen »traurige Gestalt« zu den unverlierbaren künstlerischen Vorstellungen des Abendlandes gehört, hat ihr Nachleben nicht in einer Stofftradition gefunden. Die satirische Absicht des großen Epos (*El ingenioso hidalgo don Quijote de la Mancha* 1605 u. 1615) mit der einprägsamen Figur des armen Hidalgo, der glaubt, den Gehalt der Ritterromane in die Wirklichkeit umsetzen und den Verfall des Rittertums rückgängig machen zu können, die Bindung des Werks an den historischen Augenblick also, scheint eine Neuinterpretation und damit Wiederbelebung des Stoffes in späteren Jahrhunderten verhindert zu haben. Das Fortleben des *Don Quijote* vollzog sich so kaum durch Tradierung von Gestalt und Fabel, sondern durch Übertragung der satirischen Methode des Cervantes auf andere, neu erfundene Gestalten, also in der Form der »Nachahmung«. Länder und Zeiten haben neue, eigene Don Quijotes, männliche und weibliche, geschaffen, mit denen sie sich über die jeweiligen geistigen Krankheiten lustig machten. England hatte BUTLERS *Hudibras* (1663 ff.) und FIELDINGS *Joseph Andrews* (1742) und *Tom Jones* (1749), Frankreich Ch. SORELS *Berger extravagant* (1627/28), G. S. DUVERDIERS *Chevalier hypocondriaque* (1632), DU BAILS *Gascon extravagant* (1637), MARIVAUX' *Voiture embourbée* (1714) und J. CAZOTTES *Belle par accident* (1742), und Deutschland bekam MUSÄUS' *Grandison der Zweite* (1760–62), WIELANDS *Don Sylvio von Rosalva* (1764) und J. G. MÜLLERS *Siegfried von Lindenberg* (1779).

Die Stoffgeschichte des Don Quijote aber beschränkt sich im wesentlichen auf die Weitergabe der stereotypen, in den ihr von Cervantes gegebenen Zügen stabilen Figur des hageren ↑ Sonderlings, deren Wirkung durch die gegensätzliche seines dicken, materialistischen Schildträgers Sancho Panza kontrastiert wird. Sie wurde rasch bekannt: schon vor Erscheinen des 2. Teils des

Romans ist sie in Deutschland bei einem Heidelberger Maskenzug 1613, in Frankreich bei einem wahrscheinlich im Louvre gegebenen Balett 1614 nachweisbar. Maskeraden, Ballette, Pantomimen haben sich vor allem im 17. und 18. Jahrhundert, aber auch bis in die Gegenwart, die beiden Gestalten und gewisse Situationen aus dem Roman zunutze gemacht. Als Ansatz zu einer Stoffbildung könnte man vielleicht die gleichfalls vor Erscheinen des 2. Teiles herausgekommene Fortsetzung von AVELLANEDA (1614) bezeichnen, die einen wesentlich gröberen, an der Seite einer derben Garköchin durch die Lande ziehenden Ritter zeigt, der schließlich im Irrenhaus endet. Avellanedas neuer Teil ist von LESAGE übersetzt und noch um eine eigene Fortsetzung erweitert worden (1722–26). Auch die sehr verbreitete Übersetzung des Cervantes von FILLEAU DE SAINT-MARTIN (1677–1713) fügte einen als Aufzeichnungen eines getauften Arabers getarnten 5. und 6. Teil an, in dem der Don Quijote einer Krankheit erliegt, als Dulcinea sich entschließt, ins Kloster zu gehen; diese Fortsetzung ist auch ins Deutsche übersetzt worden (1683 u. 1696).

Das 17. und das beginnende 18. Jahrhundert haben in Don Quijote nur die komische Figur, einen gefoppten Aufschneider, gesehen, nicht den Sittenkritiker und Bekämpfer des Unrechts. Als Narr tritt er in französischen und deutschen Lust- und Singspielen auf, und zwar meist als Episodenfigur, während die Haupthandlung von anderen Gestalten des Romans, überwiegend Liebespaaren, ausgefüllt wird. Die ausgesprochen epische, reihende Technik des Cervantes erschwert die dramatische Konzentration des Stoffes, so daß die Dramatisierung einzelner Episoden und möglicherweise deren Verknüpfung zu einer lockeren Szenenfolge naheliegt. Die frühesten Dramatisierungen wandten sich bezeichnenderweise nicht der Quijote-Handlung, sondern dem → Cardenio-und-Celinde-Stoff sowie der eingebauten Novelle *El curioso impertinente* zu. Eine viel behandelte Episode ist die Hochzeit des Camacho (FUSILIER, *Les noces de Gamache* 1722; GAULTIER, *Basile et Quitterie* 1713; P. LANGENDIJK, *Don Quichot op de bruiloft van Camacho* 1740). Mehrfach tritt die dramatisch verwendbarere Gestalt des Sancho in den Vordergrund (DUFRESNY, *Sancho Pansa* 1694; BELLAVOINE, *Sancho Pansa* 1706; KÖNIG, *Sancio,* Singspiel 1727); vor allem die Zeit seines Regimentes auf Barataria diente als Lustspielvorwurf (GUÉRIN DE BOUSCAL, *Le gouvernement de Sanche Pansa* 1641; DANCOURT, *Sancho Pança gouverneur* 1727; CUVELIER DE TRIE, *Sancho dans l'Isle de Barataria* 1816).

Die literarische Kritik, die allmählich zu einer besonderen Hochschätzung des Werkes und zur Erkenntnis der idealistisch-tragischen Züge der Hauptgestalt führte, befruchtete in Frankreich auch literarisch bedeutsamere Gestaltungen von Don Quijotes Liebe zu Dulcinea (FAVART, *Don Quichotte chez la Duchesse,* Kom. 1743; JOUFFREAU DE LAGERIE, *Don Quichotte,* heroisch-komisches Gedicht 1782) und in Deutschland bescheidene Versuche zur Wiederbelebung des Stoffes mit neuem satirischem Ziel (L. MEISTER, *Erschei-*

*nung und Bekehrung des Don Quixote de la Mancha im letzten Viertel des 18. Jahrhunderts* 1786; A. v. GÖCHHAUSEN, *Freimaurerische Wanderungen des weisen Junkers Don Quixote von Mancha ...* 1787); Don-Quijote-Dramen sind in Deutschland selten (A. F. KLINGEMANN, *Don Quixote und Sancho Pansa* 1815). Der Russe A. LUNATSCHARSKI (*Der befreite Don Quijote*, Dr. 1922) erprobte den Humanitätsglauben des spanischen Ritters an einer Klassenkampfsituation, ein Einfall, den G. RÜCKER unter Verwendung von Motiven Lunatscharskis in einem Stück mit dem Titel *Der Nachbar des Herrn Pansa* (1969) wieder aufgriff. Don-Quijote-Opern stammen von Th. d'URFEY / H. PURCELL 1694/95; G. PAISIELLO 1769; N. PICCINI 1770; A. SALIERI 1771; K. DITTERS VON DITTERSDORF 1795; H. CAIN / J.-E. MASSENET 1910 u. a. Alt ist auch die Tradition des Stoffes als Ballett. Sie beginnt mit dem erwähnten 1614 wahrscheinlich im Louvre getanzten Ballett, an das sich noch im 17. Jahrhundert viele weitere anschlossen, und führt über F. HILVERDING (Wien um 1740), J.-G. NOVERRE (Wien 1768), L.-J.-J. MILON (Paris 1801), P. TAGLIONI (Berlin 1850), M. PETIPA (Moskau 1869) bis zu T. GSOVSKY (Berlin 1949), N. de VALOIS (London 1950) und G. BALANCHINE / N. NABOKOV (Berlin 1969).

Die fast mythisch gewordene Gestalt wurde mehrfach auch in anderen Stoffen verwandt, so in S. BORBERGS Don-Juan-Drama *Synder og Helgen* (1939) oder als Führer der modernen Zentralfigur in T. WILLIAMS' *Camino Real* (Dr. 1953). Nicht im engeren Sinne zur Stoffgeschichte gehört die Übertragung des Namens auf innerlich verwandte Figuren wie bei der deutschen Fassung von J. ANOUILH, *General Quixotte* (Original: *L'Hurluberlu ...* 1959).

E. Koeppel, Don Quixote, Sancho Panza und Dulcinea in der englischen Literatur bis zur Restauration, (Archiv z. Erforschung d. neueren Sprachen und Literaturen 101) 1898; T. W. Berger, Don Quixote in Deutschland und sein Einfluß auf den dt. Roman, 1613–1800, Diss. Heidelberg 1908; R. Flaccomio, La Fortuna del Don Quixote in Italia, Palermo 1928; M. Bardon, »Don Quichotte« en France au XVIIᵉ et au XVIIIᵉ siècle, T. 1. 2, Paris 1931; A. Flores / M. J. Benardete, Cervantes across the Centuries, New York 1969; J. Jacobs, Don Quijote in der Aufklärung, 1992.

**Dschingis-Chān.** Der mongolische Stammesführer Temudschin (um 1155–1227) begann seinen Aufstieg als etwa zehnjähriger Knabe mit der Sicherung seines väterlichen Erbes und ging dann dazu über, die verschiedenen Gruppen des Stammes Mongchol zu vereinigen, als dessen Haupt er um 1196 mit dem Titel Dschingis-Chān ausgezeichnet wurde, den er sich auf einer Volksversammlung 1206 bestätigen ließ, als er unbestrittener Herrscher der Mongolei war. Er faßte nun sein Volk in einer straffen militärischen Organisation zusammen und gab ihm ein Staatsgrundgesetz. Auf die Schaffung des Nationalstaates folgte die eines Weltreiches: Temudschin besiegte 1215 das nordchinesische Reich und nahm Experten chinesischer Kriegskunst, Rechtspflege und Wissenschaft in seinen Dienst. 1217 überrannte er das Reich Schah

Mohammeds II. in Persien, der auf der Flucht starb, zerstörte die Städte und vernichtete und versklavte die Bevölkerung. 1223 stießen seine Truppen bis nach Südrußland vor, von wo er sie aber zurückrief. Das Reich überlebte seinen Tod und ging in vier Teilen an seine Söhne über, die jedoch einen von sich als Oberherrn anerkannten.

Kenntnisse über das Wesen des Mongolenreichs und seines Gründers, dessen Nachfolger ihre Eroberungszüge bis nach Schlesien ausdehnten, gelangten nach dem Abendland zuerst durch die Berichte, die Geistliche im Auftrage Innozenz' IV. (GIOVANNI DAL PIAN DEL CARPINE, 1245–47) und Ludwigs IX. von Frankreich (WILHELM V. RUBRUK, 1253–55) über ihre Erfahrungen in Innerasien niederschrieben. Diese Berichte drangen freilich in ihren Einzelheiten kaum an die Öffentlichkeit, so daß dichterisches Interesse sich nicht an ihnen entzünden konnte. Der Reisebericht Wilhelm v. Rubruks ist 1598 zum erstenmal und 1839 erneut veröffentlicht worden, jedoch haben offenbar erst die Publikationen und Auswertungen der alten Quellen in den zwanziger und dreißiger Jahren unseres Jahrhunderts größere Verbreitung gefunden. Deutsche Übersetzungen von Rubruks Reisebericht erschienen 1925 und 1934, die wissenschaftliche Ausgabe 1929, der Reisebericht Carpines in deutscher Übersetzung 1930, *Chingis Han, Die Geschichte seines Lebens nach den chinesischen Reichsannalen* (Hg. F. E. A. Krause) 1922 und *Die geheime Geschichte der Mongolen aus einer mongolischen Niederschrift des Jahres 1240* (Hg. u. Übs. E. Haenisch) 1941.

Das Interesse VOLTAIRES, als er 1753/54 seine Tragödie L'*Orphelin de la Chine* schrieb, dürfte mehr von der zeittypischen Vorliebe für das Chinesische gelenkt gewesen sein als von wirklicher Kenntnis Dschingis-Chāns, der bei ihm nichts ist als ein brutaler Eroberer, der die in der Jugend durch die Abweisung seiner Liebe erlittene Erniedrigung an der inzwischen verheirateten vornehmen Chinesin rächen will. Das Hauptmotiv – chinesische Eltern opfern den eigenen Sohn, um den in ihre Obhut gegebenen überlebenden Sprößling des Kaiserhauses zu retten – entnahm Voltaire einer chinesischen Tragödie aus dem 14. Jahrhundert *Die Waise aus dem Hause Chao*. Der barbarische ↑ Tyrann muß sich schließlich durch die Seelenstärke der Angehörigen einer höheren Kultur für überwunden erklären.

Das Charakteristikum des brutalen Eroberers gilt auch noch für die Titelfigur des ersten deutschen Dschingis-Chān-Romans, O. GMELINS *Dschingis Khan, der Herr der Erde* (1925). Die Vita des Staatsgründers ist zwar zu ihrem Vorteil gerafft, bleibt aber in den Details der kriegerischen und politischen Leistung undeutlich. Dschingis-Chān wird dämonisiert, die Handlung mystifiziert. Er kämpft mit Dämonen um den Sinn des Ganzen, um die Ordnung. Ihm fehlt die Idee, die ihn sich selbst überwinden läßt; erst nachdem er die Eroberungszüge aufgegeben hat, fällt die Mauer zwischen ihm und den Mitmenschen. Nahezu die gleichen historischen

Vorgänge wie Gmelin behandelte das auf der populären Biographie des Amerikaners H. LAMB (*Genghis Khan* 1927) beruhende Versepos W. MAHNS (*Dschingis Khan* 1932), das Bewunderung für den Mann erregen will, der aus nichts ein Weltreich schuf und der zwar in seiner Grausamkeit kein Unrecht gesehen habe, aber tapfer, treu und ehrlich gewesen sei. Sachlich-nüchtern wirkt dagegen der Lebensbericht in dem mehrteiligen Werk des Russen M. PRAWDIN *Tschingis-Chan und sein Erbe* (1938; vorher in 2 Teilen: *Tschingis-Chan, der Sturm aus Asien* 1934 und *Das Erbe Tschingis-Chans* 1935), das dem Gründer des Reiches nur einen Teil widmet. Prawdin sieht die Gestalt des Staatsgründers positiv; er gibt zwar zu, daß Dschingis-Chān grausam gewesen und vor nichts zurückgeschreckt sei, betont aber, daß er sich der Humanität nicht verschlossen, die Grenzen der Gewalt gekannt und Treue und Mut belohnt habe. Von Prawdin übernahm E. STICKELBERGER (*Der Reiter auf dem fahlen Pferd*, R. 1937) die Grundzüge der äußeren Handlung, doch mythologisierte er in einem noch stärkeren Maße als Gmelin. Dschingis-Chān ist das Ergebnis eines teuflischen Eingriffs in den Plan Buddhas und des Steppengottes, einen gerechten Herrn aus Asien über die Völker zu setzen; aus dem gerechten Herrn wurde so die Inkarnation des Bösen, die Geißel der Völker, ein Gewaltherrscher, der schließlich an göttlichen Kräften scheiterte. Sein Lebenslauf ist in Parallele gesetzt zu einer Handlung in Deutschland, der Vita Heinrichs des Bärtigen von Liegnitz, der zu gleicher Zeit wie der Mongole geboren wurde und sich unter Leitung eines Zisterzienserabtes auf den Angriff aus dem Osten vorbereitet, der erst seinen und des fremden Herrschers Sohn aufeinandertreffen läßt. Dem »Vorspiel im asiatischen Götterhimmel« entspricht ein »Vorspiel des Kreuzes«. Die zeitgebundene Vorstellung einer »Ostgefahr« schwingt mit. Ohne eine mythische, aber auch ohne jede andere Art von Deutung zu geben, reduzierte R. RAUCH (*Herr der Horden*, R. 1940) den Stoff auf das Abenteuerliche, wobei sowohl die Leistung des Staatsgründers wie die Problematik des Phänomens Dschingis-Chān zu kurz kam. In einem weiteren größeren Roman, C. C. BERGIUS' (d. i. E. M. Zimmer) *Blut und Blüten für Dschingis-Chan* (1951), trägt Dschingis-Chān erschreckende und zugleich faszinierende Züge eines Tyrannen, dem auch die so anders gearteten Gelehrten anhängen. Er wird zum Exemplum genommen für die Diskussion der Frage: Sind Herrscher durch das Gesetz vom Kampf ums Dasein gerechtfertigt? Sind sie Ursache oder Wirkung? Sind sie Grund großen Völkermordens oder ein reinigendes Gewitter?

Kürzere Erzählungen haben Stationen des Lebensweges eingefangen. In M. v. METZRADTS Erzählung *Der letzte Ritt des Dschingis Khan* (1937) erlebt des Eroberers kleine Enkelin den Sterbenden auf seinem Zeltlager, der in einer Vision noch einmal sein Reich durchreitet und in der Rückerinnerung seine Taten erlebt. F. BRAUMANN (*Das Siegel des Dschingis Khan* 1941) und H. WATERBOOR (*Das mongolische Abenteuer* 1941) behandelten in ihren Geschichten nicht

Dschingis-Chān selbst, sondern seinen Nachruhm, sein unbekanntes, umstrittenes Grab und seine verlorenen Schätze.

**Dürer, Albrecht.** Das in über 1200 Zeichnungen, Stichen, Holzschnitten und Gemälden auf die Nachwelt gekommene Werk Albrecht Dürers (1471–1528) gehört zu den großen wissenschaftlichen und künstlerischen Leistungen, mit denen das geistige Deutschland im ersten Viertel des 16. Jahrhunderts den Schritt vom Mittelalter zur Neuzeit tat. Die unverkennbare, eigenwillige Prägung seiner Bilder sagt mehr über Dürer aus als die Briefe, die der junge Maler, der sich nach seiner Wanderzeit in Nürnberg niedergelassen und auf Wunsch des Vaters eine Bürgerstochter geheiratet hatte, von einer Reise nach Venedig 1495 schrieb, sowie das Tagebuch einer Reise in die Niederlande von 1520/21. Andere außergewöhnliche Ereignisse, von einer zweiten Italienreise abgesehen, sind aus Dürers Leben nicht bekannt. Dürer sympathisierte mit der Reformation und stand in Verbindung mit Luther, Melanchthon und Erasmus von Rotterdam. Seine Ehefrau, Agnes, geb. Frey, wurde von Dürers Freund W. Pirckheimer als »böse Sieben« bezeichnet. Dürer mußte offenbar zeitlebens für seinen Unterhalt arbeiten, obwohl ihm Kaiser Maximilian 1515 ein Jahresgehalt bewilligte, das Dürer sich 1521 in den Niederlanden von Karl V. bestätigen ließ.

Vom Leben Dürers ist zu wenig bekannt, um als Stoff zu genügen, und es ist zu eindeutig und geschlossen, um einen Anreiz zum Ausspinnen zu geben. Was die Phantasie befruchtet, ist Dürers Werk, und zwar weniger dessen Inhalt als dessen Charakter. Daher hat Dürers »Geist« die Literatur inspiriert, und dieses nebulose Etwas, mehr ein Ansatz zur Symbolfindung als zur Stoffbildung, führte dazu, daß Dürer-Dichtung immer wieder in die Gefahr von Verstiegenheit und Schwärmerei geriet.

Schon ein Totengespräch von G. W. KNORR aus dem Jahre 1735 stellte Dürer dem Italiener → Raffael gegenüber. GOETHE setzte Dürers »holzgeschnitzteste Gestalt« in *Von deutscher Art und Kunst* (1773) von der Rokokomalerei ab und sprach in *Hans Sachsens poetische Sendung* (1776) von der Welt, wie Dürer sie gesehen habe, »ihr festes Leben und Männlichkeit, ihr inneres Maß und Ständigkeit«. W. WACKENRODER wiederholte in *Herzensergießungen eines kunstliebenden Klosterbruders* (1797) die Gegenüberstellung mit Raffael und hob im Vergleich zu dem vom Glück begnadeten Jüngling Raffael die Handwerklichkeit, den Ernst, die Würde und Frömmigkeit Dürers hervor. In Fortführung dieses Gedankens ist Dürer in L. TIECKS *Franz Sternbalds Wanderungen* (1798) der Leitstern des jungen Malers Sternbald, der nach Rom zieht, dort dem Eindruck der venezianischen Malerei erliegt, aber zur altdeutschen, frommen, einfältigen Kunst zurückfindet. So entstand in der Romantik eine Dürer-Verehrung, bei der Dürer das Symbol des Deutschen,

Nördlichen, Fromm-Ernsten gegenüber dem Südlichen, Heidnisch-Sinnlichen war. Dieses Charakteristikum brach in der Dürer-Dichtung immer wieder hervor. Bei den Mitläufern der Romantik und bei ihren Epigonen verallgemeinerte sich die Dürer-Verehrung vielfach zu einer Begeisterung für das auch schon von Wackenroder und Tieck gefeierte Alt-Nürnberg, wobei Dürer dann als eine unter vielen Figuren dieser Stadt oft mehr die Staffage bildet (F. W. GUBITZ, *Hans Sachs oder Dürers Festabend,* Spiel 1802; S. WAGNER, *Szenen aus dem Leben Albrecht Dürers,* Erz. 1829; A. HAGEN, *Norica,* Erz. 1829; E. F. KULLBERG, *Joachim Sterntaler,* R. 1915; H. v. SCHOELER, *Deutscher Geist, werde frei,* R. 1915; O. POEHLMANN, *Hans Kleberg,* R. 1926; M. WILLKOMM, *Ein Ehrenkranz auf Albrecht Dürers Grab,* Erzz. 1928).

Ausgangspunkt vieler Dürer-Dichtungen ist die Interpretation eines Dürerschen Werks, aus dessen Eigenart und dessen Motiven Biographisches herausgelesen wird. Eine solche Deutung, allerdings ohne Bezug auf die Vita Dürers, war schon F. de la Motte FOUQUÉS Erzählung *Sintram und seine Gefährten* (1814), die den Stich »Ritter, Tod und Teufel« deutete. Hierher gehören O. RICHTER (*Albrecht Dürer,* Erz. 1895), O. v. GOLMEN (*Albrecht Dürer, drei Erzählungen aus dem Kunstleben Alt-Nürnbergs* 1897) und F. DITTMARS *Nürnberger Novellen* (1901), die das Bild des Hieronymus Holzschuher behandeln. K. GINZKEY interpretierte in *Der Wiesenzaun* (Erz. 1913) Dürers Kupferstich »Maria von zwei Engeln gekrönt« im Sinne einer Entsagungsethik und stellte Dürer zwischen seine Frau Agnes und die Landsknechtstochter Felicitas. F. A. SCHMID-NOERR (*Das Leuchterweibchen,* Nov. 1928) entwikkelte seine Handlung aus der Deutung der Adam-und-Eva-Darstellungen. Der Frage nach Dürers Ehe, die durch Pirckheimers Bemerkung und fast noch mehr durch das Fehlen jeglicher Erwähnung bei Dürer zum Ansatzpunkt literarischer Gestaltung werden konnte, wandte sich als erster L. SCHEFER in der Novelle *Künstlerehe* (1831) zu; sterbend erzählt Dürer dem Freunde Pirckheimer die Geschichte seiner Ehe, deren Leiden anderen zur Warnung dienen sollen. Die schon erwähnte Novelle GINZKEYS zeigt den Mann zwischen zwei Frauen und seine Selbstüberwindung, während SCHMID-NOERR Dürers Frau rechtfertigen möchte. B. PRILIPPS Dürer-Roman *Wahrheitssucher* (1916) schildert den Ehekonflikt von Dürers Bruder Hans, der in die Bauernkriege hineingezogen wird, und die Rückwirkung der politischen und privaten Wirren auf Dürer und dessen späte Liebe. Von Dürers Reisen handeln *Dürer in Venedig* (Nov. 1885) von A. STERN, der eine sentimentale Liebesgeschichte einbaute, sowie *Dürers deutsche Not* von G. G. ENGELKE (Erz. 1935), der den Aufenthalt in Antwerpen zu einem schwärmerischen antirömischen Freiheitsbekenntnis Dürers benutzt. Ganz unabhängig von biographischen Fakten und Interpretationsversuchen hatte E. T. A. HOFFMANN sich in einer Novelle *Der Feind* (Fragment, 1824) dem Problem von Dürers Tod genähert: im Augenblick seiner höchsten Triumphe begegnet Dürer dem »Feind« in Gestalt eines Jugendfreundes, so daß ihn Todesahnung und Melancholie befallen. Dieses Begegnungsmotiv nahm W. v. Scholz (*Albrecht Dürers Erlebnis,* Erz. 1922) auf, indem er seinem Dürer durch den Jugendfreund, durch dessen Durchschnittlichkeit und »freudige Vergänglichkeit«, die eigene tragische Einsamkeit, die ihn vom Glück des Lebens fernhielt, zu Bewußtsein bringt.

Die zusammenfassenden biographischen Romane haben die erwähnten Unzulänglichkeiten und Gefahren des Stoffes nicht umgangen. Obwohl durch historisches Material befrachtet, ist H. Kosels Roman *Albrecht Dürer, ein deutscher Heiland* (1923) durch seine Sentimentalität und seine weltanschaulichen Festlegungen Dürers von historischer Objektivität weit entfernt. Durch Wiederaufnahme des alten romantischen Dualismus Nord – Süd und Gotik – Klassik gerät Dürer bei P. Frischauer (*Dürer, Roman der deutschen Renaissance* 1925) zu einer tragisch-zerrissenen Persönlichkeit. Die Akzente bei E. Ortner (*Albrecht Dürer, deutsche Sehnsucht, deutsche Form* 1925) und E. Galdiner (*Albrecht Dürer, Maler der deutschen Seele* 1952) sind an den Titeln abzulesen. Der zweiteilige, unvollendete Roman L. Weismantels (*Albrecht Dürers Brautfahrt in die Welt* 1950; *Albrecht Dürer, der junge Meister* 1950), dessen erster Band die Jugend einschließlich der Wanderschaft, der zweite die Ehe und die venezianische Reise behandelt, wiederholt das mehrfach verwandte Motiv einer unerfüllten Liebe des zwangsweise Verheirateten in sehr frei erfundener Handlung, entwirft jedoch trotz zahlreicher eingehender Werkinterpretationen kein eindrucksvolles Bild von Dürers Leben und Arbeiten.

A. Sterns Novelle ist von A. Bartels zu einem gleichnamigen Opernlibretto (Musik W. v. Baußnern, 1898) und Ginzkeys *Der Wiesenzaun* von A. Ostermann zu dem Textbuch *Madonna am Wiesenzaun* (Musik J. G. Mraczek, 1927) verarbeitet worden. Bis auf wenige Ausnahmen (F. A. Gelbke, *Dürers Tod* 1836; J. Grosse, *Meister Albrecht Dürers Erdenleben* 1871) sind die dramatischen Versuche am Stoff Gelegenheits- und Festspiele von untergeordneter Bedeutung.

M. Romanowski, Albrecht Dürer in der erzählenden und dramatischen Literatur, (Börsenblatt f. d. dt. Buchhandel 95) 1928; M. Schäfer, Dürer im biographischen Roman, (Bücherei und Bildungspflege 8) 1928; W. Waetzold, Dürers Gestalt in der deutschen Dichtung, (Zs. des Vereins f. Kunstwissenschaft 3) 1936.

**Eckart, Der getreue.** Der getreue Eckart ist ein in der neueren deutschen Literatur häufig zitierter Wächter und Warner, mit dem sich kein eigentlicher Stoff verbindet und dessen Charakterisierung als »getreuer« auch nicht unmittelbar einleuchtend ist. Es handelt sich um eine eigentümliche Schrumpfung der stofflichen Elemente einer Sage, die darauf zurückzuführen ist, daß die ursprüngliche

Gestalt nicht ihrer Abenteuer und Taten, sondern ihrer Gesinnung wegen wirkte, so daß die Handlungselemente auf andere Gestalten übertragen wurden und ihr selbst nur ein ethischer Symbolwert blieb.

Schon die mittelalterliche Literatur hat die eigentliche Sage nicht mehr rein bewahrt. Die Volkssage, z. B. die → Tannhäusersage, kennt Eckart als einen Einsiedler, der vor dem Venusberg sitzt und die Eindringlinge warnt, ebenso als einen Mann, der dem wilden Heere warnend voranschreitet. Die Heldensage verwendet ihn in der oberdeutschen Tradition als Ratgeber im Kreise → Dietrichs von Bern, als Warner der → Nibelungen an der Grenze zu Etzels Reich. In der niederdeutschen Tradition (*Thidrekssage;* SAXO GRAMMATICUS; *Ermenrikes Tod*) läßt sie die ursprüngliche Gestalt deutlicher hervortreten. Hier rächt Eckart gemeinsam mit Dietrich von Bern den Tod der jungen Harlungen an Ermanrich. Die Forschung hat aus diesen Resten ein in der älteren Dichtung erwähntes Lied *Eckartes Not* erschlossen: Eckart waltet auf Breisach; seiner Hut sind die verwaisten Harlungen anvertraut. In seiner Abwesenheit überfällt und tötet deren Onkel Ermanrich die jungen Harlungen und raubt ihren Schatz. Eckart rächt mit Hilfe Dietrichs von Bern, eines Verwandten seiner Herren, deren Tod. Die Gestalt Eckarts gehört also in die Harlungensage, die Handlung ist jedoch in der oberdeutschen Tradition auf Dietrich übertragen worden, für Eckart blieb nur die Funktion des Ratgebers. Sucht man nach einer Verbindung zwischen Volks- und Heldensage, so muß man auf sehr alte Schichten zurückgreifen: beide Überlieferungen weisen auf eine Schatzgräbersage, die Lokalisierung in Breisach führt zu der dort beheimateten Sage vom Brisingamen, dem Halsschmuck der Frija. In sehr früher Zeit dürfte sich die Volkssage, die den Hüter Eckart Frau Holle zuordnet, abgezweigt haben, während die Heldensage den Schatzhüter des Brisingamens zum Hüter des Schatzes der im Breisgau eindringenden Harlungen und zu deren treuem Gefolgsmann machte.

Bereits die lehrhafte und moralsatirische Literatur des 16. Jahrhunderts kannte Eckart nur noch als symbolische, alles Persönlichen entkleidete Figur eines greisen Wächters und Mahners, die jedoch so volkstümlich war, daß sie parodisch oder appellativisch verwandt werden konnte. Eckart tritt allein in sechs Stücken von Hans SACHS, zuerst im *Hoffgesindt Veneris* (1517), auf, und Jörg WICKRAMS Drama *Der trew Eckart* (Druck 1538) bürgerte ihn als den von der Welt verlachten Warner und Moralisten ein, den dann spätere Dramatiker des 16. Jahrhunderts stereotyp übernahmen (Jakob RUOF 1538, Valentin BOLTZ 1550, Bartholomäus RINGWALD 1582, Jakob AYRER 1598 u. a.).

Nach der Reformationszeit zeugen nur geringe Spuren in der Literatur von der Kenntnis dieser Gestalt. Eine Wiederbelebung der Volks- wie der Heldensage brachte Benedikte NAUBERT im 3. Band ihrer *Neuen Volksmärchen der Deutschen* (1789–92) in der *Legende von St. Julian* und im *Müller von Eisenbüttel*, jedoch ent-

stellte sie die Sage durch den Einbau rationalistischer Zusammenhänge. Den irrationalen Zug, den GOETHE der ihm in ihrer thüringischen Ausprägung bekannten Gestalt in seiner Ballade (1813)
zurückgab und zugleich liebenswürdig – Eckart ist hier ein Warner
der Kinder – milderte, steigerte TIECK (*Der getreue Eckart und der
Tannenhäuser* 1800) ins Dämonische und Tragische. Tieck versuchte zugleich, die Volkssage wieder mit der Heldensage zu
verknüpfen; UHLAND (*König Eginhard* 1809) und Karl SIMROCK
(*Eckart und die Harlungen*) sind ihm mit ähnlichen Versuchen
gefolgt. Bei Achim v. ARNIM, EICHENDORFF, HEINE trat der treue
Warner als Episodenfigur auf. Nach dem Abklingen der Romantik
erlosch das Interesse an der Gestalt. Die Züge der mythischen Figur
wieder zum Stoff zu erweitern, ist der neueren Literatur nicht
gelungen; im 19. Jahrhundert wurde der getreue Eckart zur entpersönlichten, aber deshalb auf bekannte Persönlichkeiten gut verwendbaren Formel für nationale Treue.

G. Birkenfeld, Die Gestalt des treuen Eckart in der deutschen Sage und
Literatur, Diss. Berlin 1924.

**Eduard III. von England.** König Eduard III. (1312–1377),
dessen nach dem Aussterben der Kapetinger erhobene Ansprüche
auf den französischen Thron zum Ausbruch des Hundertjährigen
Krieges führten, den Engländern aber zunächst durch den Sieg von
Crécy (1346) und die Eroberung von Calais kriegerische Erfolge
einbrachten, ist als Kriegsheld schon zu Lebzeiten und auch später
in zahlreichen Gedichten besungen worden; unter Heinrich V.
wurde eine Sammlung der auf ihn bezüglichen politischen Gedichte veranstaltet. Neben diesen in der Huldigungslyrik gefeierten Waffentaten, unter denen die Belagerung von Calais sich zu
einem – zwar aus der Sicht der → Bürger von Calais geformten –
Stoff entwickelte, haben zwei Ereignisse im Leben des Königs zur
Bildung von Stoffkomplexen geführt, die sich auch zur Darstellung durch die pragmatischen Dichtungsgattungen eigneten: die
gewaltsame Loslösung Eduards aus der Vormundschaft seiner
Mutter Isabella und seine Liebe zur Frau des Grafen Salisbury.

Das korrupte Regiment Isabellas, die zusammen mit ihrem
Liebhaber und Kanzler Mortimer den Sohn auch noch nach seinem
Regierungsantritt in Abhängigkeit hielt, die schließliche Absetzung des Kanzlers und die Gefangensetzung der Mutter im Tower
sind der Inhalt einer John Bancroft oder auch William MOUNT
FORT zugeschriebenen Tragödie *King Edward the Third, with the Fall
of Mortimer, Earl of March* (1691). Der Stoff wurde erst von
Ch. F. WEISSE (*Eduard III.* 1758) wieder aufgegriffen; Eduard
erscheint jedoch hier als unmännlicher und schwacher Prinz.
Durch Einbeziehung der Anekdote von der Gründung des Hosenbandordens, die der Autor dem französischen Roman von D'AR
GENCES (*La Comtesse de Salisbury ou l'Ordre de la Jarretière* 1682)

entnahm, berührte sich das Drama von 1691 mit dem zweiten Stoffkomplex um Eduard III., dem von der Gräfin Salisbury.

Die Salisbury-Episode fand in Geschichte und Dichtung Eingang durch die französische Chronik von JEAN LE BEL (gest. um 1370). Sie berichtet, daß Graf Salisbury, der Freund und Günstling des Königs, am Feldzug gegen Frankreich teilnahm und dort gefangengenommen wurde; während dieser Zeit verteidigte seine Frau die Grenzfeste Salebrin gegen die einfallenden Schotten, bis Eduard Entsatz brachte. Eduard verliebte sich in die Gräfin, sie widerstand jedoch seiner Werbung, und er brach den Aufenthalt auf ihrem Schloß ab; später habe er sie jedoch erneut aufgesucht und entehrt. ZANFLIET (15. Jh.) fügte als Fortsetzung hinzu, die Gräfin habe dem heimkehrenden Gatten ihre Schande gestanden und dieser sei, nachdem er den König zur Rede gestellt habe, verzweifelt nach Spanien in den Krieg gezogen. Am wichtigsten für die Verbreitung des Stoffes wurde die Chronik FROISSARTS (um 1400), der den für den König belastenden Ausgang änderte: bei der Rückkehr des Grafen habe Eduard in London große Festlichkeiten veranstaltet, um die Gräfin zu ehren, sie aber habe ihm, ohne ihrem Manne etwas über die Anträge des Königs zu verraten, deutlich zu verstehen gegeben, daß sie zur Verteidigung ihrer Ehre entschlossen sei. Die Leidenschaft des Königs scheint sich zu einer freundschaftlichen Beziehung abgeklärt zu haben, die auch nach dem Tode des ihm stets ergebenen Vasallen anhielt. – Auch die Entstehung des Hosenbandordens hat die Sage, nachdem der Salisbury-Stoff bekanntgeworden war, mit der Liebe Eduards zu der Gräfin verknüpft (POLYDORIUS VERGILIUS, *Anglica historia* um 1550): die vom König geliebte Dame verliert beim Tanz ihr Strumpfband, der König bückt sich danach, knüpft es, um dem Spott der Umstehenden zu entgehen, um sein eigenes Bein mit dem Ausspruch »Honni soit qui mal y pense« und gründet einen Orden mit dieser Devise.

Die Geschichte von der unerlaubten Leidenschaft des Königs, die bereits in den Chroniken zwei Schlüsse – den der gewaltsamen Erfüllung, der ↑ Nötigung, und den des Verzichts – erhalten hatte, wurde durch die Dichtung auch noch mit einem versöhnlichen Ausgang versehen, der in der Geschichte des Stoffes überwiegt und auch am Beginn der literarischen Gestaltungen steht. M. BANDELLO hält sich in der im 2. Bande seiner Sammlung *Novelle* (1554) veröffentlichten Novelle zunächst ganz an Froissart, behandelt aber die Episode auf dem schottischen Schloß als eine Art Vorspiel und gestaltet dann den in London spielenden Hauptteil frei aus: Eduard ist bereits Witwer, und der Graf von Salisbury stirbt bald nach seiner Rückkehr aus Frankreich. Die Gräfin lebt bei ihren Eltern in London und ist den beharrlichen Werbungen des Königs ausgesetzt. Der König erlangt vom Vater der Gräfin die Zusicherung seiner Hilfe, noch ehe er ihm das Ziel seiner Wünsche offenbart hat. Durch sein Wort gebunden, sucht der Vater die Tochter zu überreden, diese weigert sich jedoch. Der König wen-

det sich nun an die Mutter und droht der Familie Ungnade an.
Schließlich begibt sich die Gräfin wunschgemäß in den Palast des
Königs; hier aber bittet sie, ihr entweder ihre Ehre zu lassen oder
ihr das Leben zu nehmen; sonst werde sie sich selbst mit einem
mitgebrachten Dolch umbringen. Von so viel Standhaftigkeit
gerührt, läßt der König sich die Gräfin als rechtmäßige Gemahlin
antrauen. Das Problem des Stoffes hat so eine Verschiebung von
einem Treuekonflikt zu einem Ehrenkonflikt erfahren.

Die durch BOAISTUAU / BELLEFORESTS Übersetzung (*Histoires tragiques* 1559) zuerst in Frankreich, dann durch PAINTER (*Palace of
Pleasure* 1566–67) in England verbreitete Novelle fand sehr bald im
Drama der romanischen und germanischen Literaturen Bearbei-
tungen. Die frühesten französischen Dramatisierungen (R. FLACÉ,
*Élips, Comtesse des Salbery en Angleterre* 1579; C. de la GAMBE, gen.
CHÂTEAUVIEUX, *Édouard, Roi d'Angleterre* 1580) sind verloren. Das
deutsche Schuldrama von Ph. WAIMER, *Elisa, Komödie von Eduardo
dem Dritten in Engellandt und der Fraw Elisen* (1591), und J. AYRERS
*Comedia vom König Edwarto . . .* (um 1600) hielten sich eng an
Bandello. In England folgten die anonyme, verschiedentlich
Th. DELONEY zugeschriebene Ballade *Of King Edward the Third and
the Fair Countess of Salisbury, setting forth her Constancy and Endless
Glory* (Ende 16. Jh.; dt. Nachdichtung von E. RAU 1893) wie auch
das pseudo-shakespearische Drama *The Raigne of King Edward the
Third* (1596; dt. Übersetzung L. TIECK 1836) ganz Painters Novel-
len-Fassung, ließen den König jedoch schließlich entsagen. Das
Drama verknüpft – wahrscheinlich nach zwei älteren Vorlagen –
die Salisbury-Handlung der ersten beiden Akte, in denen die
Läuterung des Königs für seine großen Aufgaben dargestellt wird,
mit den siegreichen Kriegstaten des Königs in den folgenden drei
Akten. M. DRAYTON versetzte das Liebespaar unter die Briefschreiber seiner Heroiden (*England's Heroical Epistles* 1595/97), verwech-
selte aber dabei den König Eduard III. mit dessen Sohn, dem
»Schwarzen Prinzen«; er beschränkte den Stoff auf die schottische
Episode und ließ sie in dem nach dem Tode des Grafen erfolgenden
ehelichen Bündnis der Liebenden ausklingen.

Im Drama des Barocks und Klassizismus blieb der Stoff mit
seinem Konflikt zwischen Ehre und Leidenschaft weiter beliebt.
CALDERÓNS komödiantisch bunte, die Handlung durch ein paralleles Liebespaar erweiternde Dramatisierung *Amor, honor y poder*
(1633) mündete in Bandellos Dolchszene und die anschließende
Heirat ein. LA CALPRENÈDE (*Édouard Roi d'Angleterre* 1639) griff auf
den anderen Stoffkomplex um Eduard zurück und schaltete als
Gegner von Eduards geplanter Ehe mit Élips das Paar Isabella-
Mortimer ein. Auf La Calprenède fußte des Holländers A. Karels
van ZJERMÉZ *Eduard, anders Stantvastige Weduwe* (1660). L. de GRES-
SET (*Édouard III* 1740) behielt sowohl des Königs redliche Absichten wie die Intrige eines gegnerischen Paares bei, doch verengte er
den seelischen Konflikt der umworbenen Gräfin auf den Widerstreit ihres Gefühls mit der Pflicht gegenüber dem Gesetz, das die

unebenbürtige Heirat verbietet, und ließ sie durch das Gift der Nebenbuhlerin enden. In dem galanten Roman von D'ARGENCES, *La Comtesse de Salisbury ou l'Ordre de la Jarretière* (1682) steht die Gründung des Hosenbandordens im Zentrum; die Gräfin hat ihren heroischen Charakter verloren und ist zu einer koketten, mit dem König und auch mit anderen Verehrern tändelnden Schönen geworden, die den König schließlich durch ihre Bitte, sie doch in ihrer Tugend nicht zu beirren, zum Verzicht bewegt. Der Verzicht des Königs zugunsten eines anderen, hier allerdings ernsthaft geliebten Anbeters beschließt auch die um die Entstehung des berühmten Ordens gruppierte Komödie des Spaniers F. A. de BANCES CANDAMO (*La Jarretera de Inglaterra, o Cual es el mayor aprecio del descuido de una dama* 1722). Völlig zerschlagen erscheint die ursprüngliche Fabel in dem Roman von H. de JUVÉNEL (*Edouard, Histoire d'Angleterre* 1696), in dem die Anbetung des rasch entsagenden Königs als eine Episode neben die tragischen Beziehungen der Gräfin zu dem Grafen von Artois tritt; sogar eine Liebesgeschichte der Gräfin ohne die Gestalt des Königs ist geschrieben worden (H. HARTSON, *The Countess of Salisbury* 1765).

Im Rückgriff auf ältere Muster legte F. T. BACULARD d'ARNAUD in seiner »Nouvelle historique« *Salisbury* (1803) den Akzent auf den Ehrkonflikt, der hier zu beiderseitiger Entsagung führt. A. DUMAS (*La Comtesse de Salisbury*, R. 1839) schloß sich an das bei Le Bel und Zanfliet überlieferte Motiv der Entehrung an, hob aber dessen Wirkung durch eine sentimentale Versöhnung der freiwillig aus dem Leben scheidenden Gräfin mit dem König und auch des nach dreißig Jahren zurückkehrenden Grafen wieder auf. Ein im Gang der Handlung an das pseudo-shakespearische Drama anschließendes Trauerspiel von A. HAGEN (*Eduard III.* 1879) ließ die Gräfin die Entscheidung zwischen Gatten und König durch einen Dolchstoß in das eigene Herz treffen.

G. Liebau, König Eduard III. von England und die Gräfin von Salisbury, 1900; ders., König Eduard III. von England im Lichte europäischer Poesie, 1901; R. M. Smith, Froissart and the English Chronicle Play, New York 1915.

**Eginhard und Emma.** Unter den Liebesgeschichten, die sich an das nach Angaben Einhards moralisch nicht einwandfreie Leben der Töchter → Karls des Großen knüpfen, ist die über Einhard (= Eginhard) selbst und die Kaisertochter Emma die bekannteste. Den historischen Kern dürften die Liebesbeziehungen zwischen Karls Tochter Berta und Einhards Freund Angilbert gebildet haben. Der Name des Angilbert wurde durch den bedeutenderen des Eginhard ersetzt und Bertas Name durch den von Einhards Gattin Emma, die damit zur Kaisertochter wurde. In der ältesten Fassung, im *Chronicon Laurishamense* (Ende 12. Jh.), ist die Fabel bereits voll entfaltet. Eginhard wagt sich erstmals zu einer heimlichen ↑ Liebesnacht in Emmas Kammer. Als er morgens heimkehren will, sieht er sich durch eine Schneedecke gehindert, unbemerkt fortzukommen. Emma entschließt sich, ihn auf dem Rücken in die Nähe seiner Wohnung zu tragen, da ihre eigenen Fußspuren keinen Verdacht erregen können. Der Kaiser beobachtet zufällig den Vorfall, läßt sich jedoch zunächst nichts anmerken und bringt erst auf einer Versammlung seiner Getreuen das Vergehen zur Sprache. Der unterschiedlichen Beurteilung setzt der Kaiser durch den Entschluß ein Ende, die Schande nicht noch zu vergrößern, sondern durch eine Ehe der beiden zu verdecken. In der Seligenstädter Fassung der Sage verstößt der Kaiser das Paar und findet es erst Jahre später anläßlich einer Jagd in dürftigen Verhältnissen wieder, wobei er die Tochter an einer von ihr bereiteten Lieblingsspeise erkennt.

Die Sage ist in Frankreich nicht überliefert, drang aber schon im 11./12. Jahrhundert nach Spanien und Portugal, wo sie in den Romanzen von Gerineldo und Eginaldo weiterlebte. Das Schneemotiv (das schon in Wilhelm von Malmesburys Schriften mit Bezug auf Kaiser Heinrichs III. Schwester auftaucht) mußte in Spanien fallen, und das Entdeckungsmotiv wurde dadurch vergröbert: der Vater erwischt das Liebespaar in flagranti im Zimmer der Tochter; aus Emma wurde eine Infantin, die den Pagen Gerineldo verleitet hat. Der von Spanien nach Italien gewanderte Stoff wurde hier ganz um die nunmehr ins Obszöne gewandte Liebes- und Entdeckungsszene, die meist im Garten spielt, gruppiert. Das gleiche Thema wie die unter dem Titel *La Lusignacca* laufenden Gedichte behandelten ein mhd. Gedicht *Diu nahtigal* und eine Novelle BOCCACCIOS (5. giornata, 4). Boccaccio wurde Quelle für Jörg WICKRAMS Geschichte *Von einer Gräfin, die einem jungen Edelmann ungewarneter Sach vermählet ward* (*Rollwagenbüchlein* 1555), von VERGIERS Geschichte in Versen *Le Rossignol* (1778) und Giambattista CASTIS Novelle *Il Rusignuolo* (1829).

Während der Stoff sich in den südlichen Ländern bis hin zu Boccaccio ohne Unterbrechung, aber sehr frei weiterentwickelte, tauchte er in Deutschland wieder bei den Humanisten unter unmittelbarer Anknüpfung an die Lorscher Quelle auf. F. H. FLAYDER versuchte, den weder dramatischen noch theatralisch gut darstellbaren Stoff zu einem Schuldrama (*Imma portatrix* 1625) zu verarbeiten, indem er ihm eine parallele burleske Liebeshandlung beigab. Etwa gleichzeitig (1626) verarbeitete der Holländer Caspar BARLAEUS den Stoff zu einem Epos (*Virgo androphoros*) und verwandte dabei das aus der Liebesgeschichte von → Abälard und Heloïse genommene und von vielen späteren Bearbeitern beibehaltene Motiv, daß Emma von Eginhard Schreibunterricht erhält; Barlaeus' Fassung wurde von Jacob CATS ins Niederländische übersetzt (1700) und von Magnus Daniel OMEIS in einen deutschen Roman (1680) umgegossen. Eine Nacherzählung der Lorscher Fassung durch ZINCGREF veranlaßte HOFMANNSWALDAU, das Liebespaar unter die Briefschreiber seiner *Heldenbriefe* (1673) aufzunehmen; diese wiederum wurden eine der Quellen für die Oper *Die lasttragende Liebe* (1728) von C. H. WEND und TELEMANN. In allen diesen Bearbeitungen ist Emma der aktive Teil, und die Gewagtheit des Stoffes wurde schließlich in Gedichten des 18. Jahrhunderts ein willkommener Anlaß zur Frivolität (J. de GRÉCOURT 1762, G. K. PFEFFEL 1776, A. F. E. LANGBEIN).

In der neueren Zeit hat sich die Übertragung des Lorscher Textes durch H. P. STURZ (1776) als Anregung erwiesen: im Zuge der Ritterromane und Ritterdramen setzte sich am Ende des 18. Jahrhunderts die Tendenz durch, den Stoff zu veredeln, d. h. die Liebenden reinzuwaschen, was natürlich den Kern des Ganzen verrückte. Dieser Zug zeigt sich schon bei Benedikte NAUBERTS durch Intrigen und Verwechslungen aufgeblähter Romanfassung (1785) und bei F. KRATTERS Ritterstück (1799), die beide Wittekind zum Nebenbuhler Eginhards machten. Die Dramen von FOUQUÉ (1811) und H. SEIDEL (1837) versuchten eine Steigerung ins Heroische. Das Bestreben, einen Keuschheitsnimbus zu konstruieren, gab dem Thema in den Gedichten der französischen Romantiker einen elegisch-schwärmerischen Grundton (Ch.-H. MILLEVOYE 1835; A. de VIGNY, *La neige* 1831), dem sich auch deutsche Gedichte (MÜLLER V. KÖNIGSWINTER 1851) und Versepen (E. ZIEHEN 1860) und der Amerikaner LONGFELLOW in *Tales of a Wayside Inn* (1884) anschlossen. In einer Erzählung F. DAHNS (*Einhart und Emma* 1900) sind dem Stoff sämtliche Reize genommen. Nicht eine Liebesnacht, sondern eine Aussprache wegen der drohenden Verheiratung Emmas ist der Zweck der Zusammenkunft, derentwegen Emma das Zimmer des Geliebten aufsucht; er will sie durch den Schnee zurücktragen, doch er soll sie nicht berühren, und so geht er voran, sie tritt in seine Fußspuren. Karl wird versöhnt, weil seine Frau Hildegard droht, gemeinsam mit der Tochter in ein Kloster einzutreten, da auch sie bereits vor der Ehe – und in weniger harmloser Absicht – Karl heimlich besuchte.

Die weniger zahlreichen Nachfahren der Seligenstädter Fassung konzentrierten das Thema auf die ländliche Idylle der Vertriebenen und die Wiedersehensszene (H. v. CHÉZY, Dr. 1817; O. F. GRUPPE, Epos 1850; G. M. SCHULER, Romanzen 1865/66). SCRIBE/DELAVIGNES komische Oper (*La neige ou le nouvel Eginhard* 1823, Musik von AUBER) benutzte den Titel symbolisch für eine moderne Handlung.

H. May, Die Behandlung der Sage von Eginhard und Emma, 1900.

**Elektra** → Agamemnons Tod, Iphigenie, Orests Rache

**Elfriede von Angelsachsen.** In den *Gesta regum Anglorum*
(1. Hälfte 12. Jh.) berichtet WILLIAM OF MALMESBURY, daß König
Edgar (10. Jh.) auf die Schönheit Elfriedes, der Tochter des Earl
von Devonshire, aufmerksam gemacht wurde und seinen Freund
Ethelwold bat, für ihn um sie zu werben, wenn er den Ruf ihrer
Schönheit bestätigt finde. Ethelwold verliebte sich selbst in
Elfriede, meldete dem König, daß sie unscheinbar sei, und bat um
die Erlaubnis, daß er sie wegen ihres Reichtums heiraten dürfe. Er
verbarg sie in ländlicher Einsamkeit, aber der König erfuhr durch
Zuträger von dem Betrug und sagte sich zur Jagd bei Ethelwold an.
Ethelwold beichtete seiner Frau und bat sie, sich zu verkleiden und
ihre Schönheit zu verhüllen. Sie aber schmückte sich und gewann
den König für sich. Edgar erstach Ethelwold im Wald von Hare-
wode und heiratete Elfriede. Sie ließ auf der Mordstelle ein Kloster
errichten, in dem sie später, früh verwitwet, ihre Schuld büßte.

  Der Stoff, der mit Ethelwolds Versagen vor dem ↑ Freundschaftsbeweis, seiner Beichte und Elfriedes Wandlung vor ihrer
Begegnung mit dem König verlockend scheint, ist zu einer ausgesprochenen Domäne des Dramas geworden, obwohl die dramatischen Bearbeitungen immer wieder an der Gestaltung des Schlusses gescheitert sind. Da der Stoff die analytische Technik nahelegt,
haben nahezu alle Bearbeiter den Betrug Ethelwolds von einem
späteren Zeitpunkt her aufgerollt und dadurch die Exposition so
verkürzt, daß die Handlung bis zum Tode Ethelwolds oder der
zweiten Ehe und Thronerhebung Elfriedes, mit dem die meisten
Dramen schließen, etwas kurz erscheint. Eine Weiterführung der
Handlung und die Darstellung der eigentlichen Tragödie Elfriedes,
ihrer Besinnung und Reue, ist vermieden worden, weil auf diese
Weise der rasch ansteigenden Handlungskurve ein gleichsam
gedämpftes, langsam verklingendes Ende angehängt würde. Infolgedessen mußte im Schluß auch noch die künftige Entwicklung
sichtbar gemacht werden.

  LOPE DE VEGA verlegte in *La hermosa Alfreda* die Handlung nach
Deutschland und türmte einen Schluß aus Wahnsinnsausbrüchen
und Todesfällen auf: der König hat die willige Alfreda nach der
Entdeckung an sich genommen, der daraufhin wahnsinnig
gewordene Gatte Godofre erscheint mit zwei Kindern am Hof.
Alfreda bittet für ihn, aber schon sinkt Godofre vor übergroßer
Aufregung tot um. In England erschien die Geschichte des ungetreuen Brautwerbers bereits in dem anonymen Drama *A Knack to
Know a Knave* (1592). Aaron HILL schrieb *Elfrid or the fair Inconstant*
(1710), deren von ihm selbst vorgenommene Umarbeitung (*Athel-
wold* 1731) wieder die Grundlage für ein Drama J. MASONS (1752)
bildete: Elfriede bleibt hier im Gegensatz zur Überlieferung Ethelwold treu und weigert sich, dem König zu folgen. Ethelwold,
dessen Betrug durch einen Nebenbuhler verraten worden ist, sucht
aus Schuldgefühl den Tod im Zweikampf mit dem König.

  In Deutschland wurde der Stoff durch HUMES *History of Great
Britain* (1754, dt. 1767) bekannt. Doch ist die Gefühlslage der

Personen bei F. J. BERTUCH (Dr. 1773) noch der bei Mason nahe: der lebensmüde Ethelwold findet den Tod im Zweikampf, Elfriede erdolcht sich an seiner Leiche, der flatterhafte König bleibt schuldbeladen zurück. Erst der Stürmer und Dränger F. M. KLINGER (1783) entdeckte das Problem in dem gebrochenen Charakter der Frau, die aus Eitelkeit und Langeweile dem imponierenden König zufällt, der dann Ethelwold von seinen Leuten umbringen läßt. Eine ähnliche Motivierung der Tat Elfriedes durch Eitelkeit scheinen SCHILLERS Pläne angestrebt zu haben. Schiller sah das Tragische bei Ethelwold, nicht bei Elfriede. Nach unbedeutenden Dramatisierungen, die zum Teil auf Klinger und Schiller, zum Teil auf den material- und intrigenreichen historischen Roman der Benedikte NAUBERT (1788) beruhten (BILDERDIJK 1808; F. W. ZIEGLER, *Die Macht der Liebe* 1817; E. SMITS, *Elfride ou la vengeance* 1828; H. MARGGRAFF 1841), fand der Stoff erst wieder durch P. HEYSE (1877) eine gewisse weitere Entwicklung. Heyse differenzierte die Gefühlsverwirrung Elfriedes, die sich zunächst zu der von Ethelwold erbetenen Verkleidung bereit erklärt, dann aber, durch des Königs Mißachtung gereizt, die Maske abwirft und sich vorbehaltlos dem König zuwendet. Interessant war, daß Heyse die Handlung über den von den bisherigen Bearbeitern gesetzten Schlußpunkt hinaus fortführte: Ethelwold wird nur verbannt, kehrt zurück, er und die reuige Königin finden sich; als die Männer sich zum Zweikampf stellen, lenkt sie die tödliche Waffe auf sich. Obwohl Heyse mit dieser Weiterführung der Tendenz des Stoffes nach Einbeziehung des späteren Schicksals der Königin nachkam, scheint das Weiterleben und Wiederauftreten Ethelwolds das Thema nur zu dehnen und nicht zu lösen. Die nach Heyse liegenden Versuche brachten keine neuen Gesichtspunkte (A. SCHRÖTER 1900; E. v. MALKOWSKY, *Ethelwold* 1908).

E. Schmidt, Elfride-Dramen (in: Schmidt, Charakteristiken 1) 1902.

**Elisabeth, Die heilige.** Die ältesten Quellen über das Leben Elisabeths (1207–1231), der Tochter Andreas' II. von Ungarn und Gemahlin des Landgrafen Ludwig von Thüringen, sind die Akten über ihre Heiligsprechung (1236) und der *Libellus de dictis quattuor ancillarum St. Elisabeth,* knappe Aussagen ihrer Mägde über sie. Die legendäre Ausgestaltung ist schon in der *Vita Ludovici* und in der ersten Zusammenfassung des Elisabeth-Lebens durch CÄSARIUS VON HEISTERBACH erkennbar und fand ihren Abschluß in DIETRICH VON APOLDAS *Libri octo de St. Elisabeth* (Anf. 14. Jh.) und im Elisabeth-Leben des JOHANNES ROTHE (um 1420). Aus diesen Schilderungen schöpfte die Hagiographie, aber auch die wissenschaftliche und biographische Darstellung des 19. und 20. Jahrhunderts. Aus ihnen geht hervor, daß Elisabeth in Eisenach erzogen wurde und schon früh durch ihre Frömmigkeit und Schlichtheit in Gegensatz

zum Hofe geriet, aber in ihrem Verlobten und späteren Gatten
Ludwig einen verständnisvollen Beschützer fand. Sie geriet unter
den Einfluß der Franziskaner und sah ihre Aufgabe in der Sorge für
die Armen und Kranken; an diese selbstlose Tätigkeit knüpfen sich
legendäre Züge (Mantelwunder, Rosenwunder). Nachdem Ludwig 1227 auf einem Kreuzzug in Otranto gestorben war, stieß
Elisabeth bei der Verwirklichung des franziskanischen Ideals auf
den Widerstand der Verwandten, besonders des Schwagers Heinrich Raspe. Sie verließ 1228 in einer Art Flucht und Protesthand-
lung die Wartburg und trat in den Tertiarenorden ein. Sie trennte
sich sogar von ihren Kindern, um deren standesgemäßer Erziehung nicht hinderlich zu sein. Ihr Beichtvater Konrad von Marburg sorgte jedoch dafür, daß sie sich ihr Wittum auszahlen ließ,
wovon er in Marburg ein Spital gründete, in dem Elisabeth als
einfache Pflegerin Dienst tat und 1231 in schon fast unirdischer
Verklärung starb.

Die Gestalt Elisabeths zeigt im wesentlichen passive Züge, der
Abschied von der Wartburg ist der einzige dramatische Moment in
ihrem Leben. Selbst das Märtyrerdrama des Barocks hat den Stoff
bis auf die Ausnahme eines Koblenzer Jesuitendramas (1617) unge-
nutzt gelassen. Er hat in seiner Handlung trotz des einheitlichen
geistigen Grundzuges eine Tendenz zur Episode, zur Einzelszene,
wie sie bildkünstlerischer Gestaltung entgegenkommt. Schon das
verlorene *Marburger Elisabeth-Spiel* (Auff. 1481) dürfte aus einer
Szenenfolge bestanden haben, wie sie der Marburger Elisabeth-
Altar festhält und wie sie Roquette/Liszts lose gereihtes Oratorium *Die Legende von der Heiligen Elisabeth* (1862) im Anschluß an
Schwinds Wartburger Fresken wiederholte. Den rührenden Ein-
zelzug halten schon ein frühes Volkslied über Ludwigs Abschied
von Elisabeth und zahlreiche Legenden, Versdichtungen und
Erzählungen fest, von denen nur wenige (A. Miegel, *Herbstabend*
1934) künstlerischen Wert besitzen.

Der Stoff, in früheren Jahrhunderten für den Katholiken hagio-
graphisch festgelegt, für den Protestanten außerhalb des Blickfeldes, wurde erst im 19. Jahrhundert durch die auf Quellenkritik
beruhenden biographischen Darstellungen des Protestanten
K. W. Justi (1835) und des Katholiken Comte de Montalembert
(1836) erneut zur Diskussion gestellt. Während die katholische
Biographik und Dichtung naturgemäß bei einer verklärenden Haltung gegenüber der Gestalt Elisabeths verblieb, versuchte die
protestantische, unter Aussonderung des Legendären, den historischen Konflikt Elisabeths mit ihrer Umwelt und mit sich selbst,
vor allem den Widerstreit zwischen irdischer und himmlischer
Liebe, zu gestalten, so etwa die Dramen von Charles Kingsley
(*The Saint's Tragedy* 1848) und F. Lienhard (1904). Als Gegenfigu-
ren boten sich dabei die Gestalten Heinrich Raspes und Konrads
von Marburg an, durch deren Einarbeitung zugleich die notwendige Ausweitung des Stoffes vollzogen wurde; andererseits bezog
Wagner die Gestalt der Elisabeth, nicht den Stoff, als symbolkräf-

tiges Moment in den → Tannhäuser-Stoff ein (1845). Das rund
halbe Hundert Dramatisierungen seit Mitte des 19. Jahrhunderts ist
künstlerisch unbedeutend. Bei epischer Darstellung, die auch im
protestantischen Bereich nicht auf Legende und Wunder verzichtete, blieb die Grenze zwischen Hagiographie, Biographie und
Roman flüssig (L. v. STRAUSS UND TORNEY 1926, P. DÖRFLER 1930;
F. J. WEINRICH 1930, L. WEISMANTEL 1931; J. DOBRACZYŃSKI 1959).

H. Grunenberg, Die heilige Elisabeth in der dramatischen Dichtung, Diss.
Münster 1928; H. Auer, Die heilige Elisabeth in der Literatur, 1932; W. Mühlen-
siepen, Die Auffassung von der Gestalt der Heiligen Elisabeth in der Darstellung
seit 1795; Diss. Marburg 1949.

**Elisabeth von England.** Königin Elisabeth von England (1533
bis 1603), als Tochter Heinrichs VIII. und der → Anna Boleyn von
vielen Zeitgenossen für illegitim angesehen und als Protestantin
von dem katholischen Teil Europas angefeindet, ist sowohl in
bezug auf ihre Herrscherqualitäten wie auf ihre menschlichen
Eigenschaften im Urteil der Historiker umstritten. Unangefochten
dagegen bleibt, daß sich während ihrer Regierungszeit England zur
Weltmacht und zur ersten Seemacht entwickelte. Daher erscheint
Elisabeth in der Literatur ihres Volkes während der folgenden
Jahrhunderte in positivem Licht als die große, stolze und pflichtge-
treue Königin. In Spanien und Frankreich mußte das Bild aus
politischen und religiösen Gründen zunächst negativ ausfallen,
während die Königin für Deutschland eine etwas ferne Größe war.
Drei Krisenpunkte ihres Lebens haben vor allem zur Kristallisation
dichterischer Stoffe geführt: ihre unter der Regierung ihrer Stiefschwester Mary verbrachte leidvolle Jugendzeit, ihr Zusammenstoß mit der Schottenkönigin Maria Stuart und ihr Bruch mit
ihrem Günstling Essex. Die von ihr betonte und propagandistisch
verwertete »Jungfräulichkeit«, die im Widerspruch zu ihren Beziehungen zu zahllosen Günstlingen zu stehen scheint, ist als charakte-
ristischer Zug in allen Elisabeth betreffenden Stoffkomplexen verwertet worden.

Die ersten Ansätze zu einer Stoffbildung stehen unter konfessio-
nell-politischem Vorzeichen. Für ihre Anhänger (E. SPENSER, *The
Faerie Queene* 1589–96) ist Elisabeth der Inbegriff nationalen
Ruhms, wie → Artus und → Karl der Große mit einem Kreis von
Paladinen umgeben. Für die Hugenotten und Protestanten (J. GRÉ-
VIN, DU BARTAS, RONSARD) bis zu des jungen VOLTAIRE *Henriade*
(1723) ist sie Schutzherrin des Protestantismus, für die Katholiken
der romanischen Länder die »englische Jesabel«. Sehr bald nach
Elisabeths Tode legte Th. HEYWOOD im ersten Teil seines Doppel-
dramas *If You Know Not Me, You Know Nobody, the Troubles of
Queen Elizabeth* (1605–06) die Grundlage für die Stoffgeschichte
von Elisabeths Auseinandersetzung mit ihrer Schwester Mary:
Elisabeth wird verdächtigt, im Zusammenhang mit der Ver-

schwörung Wyatts zu stehen, und in den Tower gebracht, aus dem sie, da sie sich im Gefühl ihrer Unschuld zu keinerlei Zugeständnissen bewegen läßt, erst nach langer Haft entlassen wird und sich schließlich mit der Schwester kurz vor deren Tode versöhnt. Wie volkstümliche Überlieferung am Ausbau dieser Fabel arbeitete, zeigt der knapp hundert Jahre später erschienene französische Roman von E. LENOBLE, *Mylord Courtenay ou histoire secrète des premiers amours d'Elisabeth d'Angleterre* (1696). Als Grund der Verfeindung der Schwestern erscheint hier beider Liebe zu Eduard Courtenay, der Mary um Elisabeths willen abweist. Er wird auf Wunsch Philipps von Spanien, der Absichten auf Elisabeth hat, verbannt und stirbt in der Fremde. Liebesbeziehungen Elisabeths, die von den Zeitgenossen nur unter allegorischer Verschleierung dargestellt worden sind (LYLY, *Sapho and Phao;* ders., *Endimion;* Ben JONSON, *Cynthia's Revels*), waren inzwischen über den Essex-Stoff in das literarische Bild der Elisabeth eingedrungen; sie figuriert im Roman als die liebende und begehrenswerte, aber auch ehrgeizige Frau. Das Courtenay-Thema tauchte dann, für Jahrhunderte durch die Essex- und Maria-Stuart-Dramen verdrängt, erst wieder im 19. Jahrhundert auf, und zwar bei W. H. AINSWORTH (*The Tower of London,* R. 1840) und wurde als sentimentale Liebesgeschichte mit entsagungsvollem Verzicht der künftigen Herrscherin sogleich von Ch. BIRCH-PFEIFFER (*Elisabeth von England* 1841) dramatisiert. Das deutsche Drama regte wiederum T. TAYLORS nahezu gleich verlaufendes Drama *Twixt Axe and Crown or the Lady Elizabeth* (1870) an, und auch in TENNYSONS *Queen Mary* (1875) erscheinen Courtenays Liebe zu Elisabeth als Grund für Marys Feindschaft, die Bemühungen Philipps und der von Elisabeth abgewiesene Plan einer Vermählung mit dem Herzog von Savoyen nahezu unverändert wie in dem Roman Lenobles, nur daß die ehrgeizige Elisabeth hier keine Gegenliebe für Courtenay hat.

↑ Rivalität und verschmähte Liebe als Grund für die Zwietracht zweier Königinnen hatten inzwischen im → Maria-Stuart-Stoff eine weit überzeugendere Gestalt gewonnen, wobei jedoch Elisabeth die Rolle der neidischen und ränkevollen Unterdrückerin zugefallen war. Allerdings blieb das künstlerische Interesse an dieser Rolle in den Stuart-Dramen zunächst sehr begrenzt; weltanschauliche und dramaturgische Absichten der klassizistischen Märtyrertragödie zielten allein auf die Darstellung der Dulderin Maria und nicht auf die ihrer Gegenspielerin. Im katholischen Ordensdrama, das mit Adrian de ROULERS (*Stuarta Tragoedia* 1593) beginnt, wurde dagegen zur besseren Illustrierung der Schuldlosigkeit des Opfers auch der Haß der Ketzerkönigin dargestellt. Eine stärkere Beteiligung der zur Hinrichtung drängenden Ratgeber Elisabeths findet sich zuerst bei dem Franzosen MONTCHRÉTIEN (*L'Écossaise ou le désastre* 1601), der Elisabeths Schwanken vor der Entscheidung, ihre guten Absichten und ihre Abhängigkeit von den politischen Notwendigkeiten zeigt. Diese durch Montchretiens Zugehörigkeit zu den Hugenotten mitbedingte Haltung ist auch bei den Bearbeitungen deutscher Protestanten zu beobachten, die unmittelbar oder mittelbar auf Joost van den VONDELS Renaissancedrama (1646) zurückgehen und sich aus konfessionellen Gründen wie aus Anpassung an den Stil der Haupt- und Staatsaktionen einer stärkeren Herausstellung oder gar Rechtfertigung Elisabeths befleißigen (Ch. KORMART, *Maria Stuart oder gemarterte Majestät* 1673; J. RIEMER, *Vom Staatseifer* 1681; A. v. HAUGWITZ, *Schuldige Unschuld oder Maria Stuarda* 1683): Elisabeth ist kein Despot, aber sie wird zu dem Todesurteil gezwungen, um einer Wiedereinführung des Katholizismus in England vorzubeugen; die Hinrichtung erfolgt ohne ihr Wissen, ihre Rettungsabsichten kommen zu spät. Haugwitz schließt zum erstenmal nicht mit der Hinrichtung oder deren Wirkung auf Marias Gefolge, sondern mit dem Eindruck auf Elisabeth.

Die psychologische Verlebendigung der Gestalt Elisabeths im Rahmen des Stuart-Stoffes, ihre Befreiung aus der schablonenhaften Funktion der bösen Unterdrückerin, ging in Frankreich vor sich, und zwar bezeichnenderweise gleichzeitig mit ihrer Umprägung im Essex-Stoff: im gleichen Jahre mit LA CALPRENÈDES Essex-Drama (1639) erschien REGNAULTS *Marie Stuart, Reine d'Écosse*, das den Herzog von Norfolk als den ↑ Mann zwischen den beiden Frauen einführte. Elisabeth liebt Norfolk und will ihn zum König machen, er aber liebt Maria, will sie befreien und stiftet eine Verschwörung gegen Elisabeths Leben und Regierung. Die Entdeckung dieser Verschwörung führt im 3. Akt zur Hinrichtung des Herzogs, im 5. zu der Marias. Diese, wenn auch künstlerisch durch mangelnde Einheit der Handlung mißglückte Tragödie ist stoffgeschichtlich bedeutend. Sie strahlt nach allen Seiten aus: in Spanien entwickelte Juan Bautista DIAMANTE (*La Reyna Maria Estuarda* um 1660) den Stoff sehr frei weiter und stellte Eduardos (= Norfolks) Versuch einer Rettung Marias in den Mittelpunkt; seine Aufgabe als Spion Elisabeths gegen Maria rückt ihn schon in die Nähe Mortimers; auch die Begegnung der Königinnen taucht hier zum erstenmal auf. Von Spanien griffen die Einflüsse auf Italien über, wo man Elisabeth und ihren Triumph ganz in den Vordergrund stellte (G. F. SAVARO, *La Maria Stuarda,* Oper 1663). In Frankreich baute E. BOURSAULT (1683) auf Regnault auf und machte Elisabeth ganz zur leidenschaftlichen Liebhaberin, die eine grandiose großherzig-phrasenreiche Schlußszene zugewiesen bekommt, und schließlich stellte die erste englische Dramatisierung des Stoffes von J. BANKS (*The Island Queens* 1684) zwei nahezu gleich sympathische, aber durch die politische Konstellation notwendig verfeindete Frauen einander gegenüber. Elisabeth ist, wie in Banks' Essex-Drama, die verschmähte ↑ Frau, aber erst nach der zweiten Verschwörung durch Babington entschließt sie sich zur Hinrichtung. Auch die Stuart-Dramen von F. TRONCHIN (1734) und Ch. H. SPIESS (1784) gehören dem Norfolk-Typ an; in Spieß' Drama unterschreibt die »menschenfreundliche« Königin weinend das Todesurteil, bei Tronchin ist sie völlig dem Elisabeth-Typ der Essex-Dramen angenähert: sie verurteilt Maria, weil diese sich nicht beugt und um Verzeihung bittet. Dem so erreichten sentimentalen Elisabeth-Typ gegenüber bedeutete SCHILLERS Heroine (1800) eine Wandlung ins Negative, wenn auch eine psychologische Vertiefung. Marias Ansprüche auf den englischen Thron sind hier (wie bei Spieß) rechtmäßig, Elisabeth muß die Blöße ihres Rechts mit Tugenden decken,und diese Tugenden sind geheuchelt. Bei der großen Begegnungsszene dekuvriert sie sich in ihrer Absicht, zu demütigen und zu quälen, und geht als moralisch Unterlegene aus der Unterredung hervor. Der Konflikt zwischen Königin und Weib, der vom Stuart-Stoff und vom Essex-Stoff her der Gestalt der Elisabeth zugewachsen war, wird zuungunsten ihrer Herrscherqualitäten entschieden: sie ist dem Amt nicht gewachsen, weil ihre weiblichen Instinkte und ihre Eitelkeit sie beherrschen. Die Funktion Norfolks wird von der genial erfundenen Gestalt Mortimers aufgenommen. Seit Schiller sind Elisabeth innerhalb des Stuart-Konfliktes diese negativen Züge verblieben (H. CORNELIUS 1908; H. TULLIUS 1921); etwas menschlichere Seiten lieh ihr SWINBURNE im 3. Teil seiner Stuart-Trilogie (1881).

Enger als mit dem Maria-Stuart-Stoff, der auch unabhängig von der Gestalt Elisabeths seine Geschichte hat, ist die literarische Figur der Königin mit der des ↑ Rebellen Graf Essex verbunden; die Literatur hat sie zur eigentlichen Heldin des Konfliktes gemacht. Die Frage, warum der vom Volke geliebte Seeheld Robert Devereux Graf von Essex, der Sieger von Cádiz (1596), nachdem er es durch die Gunst der Königin zu hohen Würden und Ämtern gebracht hatte, schließlich auf ihren Befehl 1601 hingerichtet wurde, mußte die Phantasie bald beschäftigen. Sein eigenmächtiger Vertrag mit Tyrone, dem Führer der irischen Aufständischen, durch den er zunächst in Ungnade fiel, mochte als Anlaß zu Verdacht gelten; seine Versuche, durch Staatsstreich und Rebellion gegen die einst angebetete Königin wieder zu Einfluß zu gelangen, grenzten schon ans Abenteuerliche; die Ohrfeige, die Elisabeth dem Trotzigen schon anläßlich seiner Forderung nach dem Oberbefehl in Irland verabreicht hatte, ließ auf ein merkwürdig familiäres Verhältnis schließen; Nachrichten über eine von der Königin nicht gebilligte Ehe ergänzten das Bild. Die Gerüchte von den privaten Beziehungen zwischen der Königin und dem wesentlich jüngeren Günstling, die in den zeitgenössischen Dichtungen über Essex' Sturz verschwiegen waren (BROWNE, *Britannias Pastorals*) oder nur allegorisch angedeutet wurden (Ben JONSON, *Cynthia's Revels* 1600), hatten sich ein Menschenalter nach seinem Tode so verdichtet, daß sie etwa gleichzeitig im Drama von G. de LA CALPRENÈDE (1639), in einem spanischen Drama, das A. COELLO, aber auch MATOS FRAGOSO zugeschrieben wird (*Dar la vida por su Dama o el Conde de Sex* 1638), und im englischen Volksbuch *History of the Most Renowned Queen Elizabeth and Her Great Favourite the Earl of Essex* (um 1650) offen literarisch ausgemünzt wurden. La Calprenède gestaltete den Konflikt des trotzigen, stolzen Mannes, über dessen Schuld oder Unschuld so wenig ausgesagt wird wie über seine Liebe zu der Königin, mit der liebenden, werbenden Frau, die Unterwerfung und die Bitte um Verzeihung erwartet. Stummes Symbol des gebrochenen Trotzes ist die Rücksendung des dem Günstling einst mit der Verheißung dauernder Gunst geschenkten Ringes; die Überbringerin, ehemalige Geliebte des Grafen, hält den Ring aus Rache und Eifersucht bis nach Essex' Hinrichtung zurück; die Königin stirbt in Verzweiflung. Das Ringmotiv wurde zum Kernmotiv des Essex-Stoffes, allerdings noch nicht in der frühen, sehr freien spanischen Dramatisierung, in der im wesentlichen Elisabeths Wissen um eine Geliebte des Grafen und die Eifersucht auf sie die Königin in ihrem Haftbefehl bestärkt; zu spät erkennt sie Essex' politische Schuldlosigkeit. Das englische Volksbuch vereinigte beide Motive: die Zurückhaltung des rettenden Ringes und die Eifersucht der Königin auf die von dem Grafen geliebte, mit ihm heimlich verheiratete Gräfin Rutland führen zum unausweichlichen Untergang des Günstlings; ähnlich wie im Maria-Stuart-Stoff wird das Urteil zu schnell, ohne Wissen der Königin, vollzogen. Noch unbeeinflußt von der französischen Übersetzung des Volksbuches, die 1678 erschien, sind die im gleichen Jahre hervorgetretenen Tragödien von Th. CORNEILLE und Claude BOYER. Bei Corneille ist Essex nicht mehr das Opfer seiner politischen Ambitionen, sondern seiner uneingestandenen Liebe zu der sich für ihn opfernden Henriette; Elisabeth hat alle königliche Würde eingebüßt und ist nur noch eine von ihren Leidenschaften besessene Frau. Die bei Corneille ausgeschaltete Ringgeschichte griff der Konkurrent Boyer auf und näherte den Charakter Elisabeths dem negativen der Stuart-Dramen an. Ein Gedicht MONTFLEURYS (1783) gab dem Stoff schäferlich-empfindsame Züge, und ein Roman von L. DESMAISONS (1787) zeigte die unglückliche Elisabeth bereits in romantischer Verklärung. Neben den bedeutenden Fassungen von La Calprenède und Corneille steht im 17. Jahrhundert die auf dem Volksbuch fußende von J. BANKS (*The Unhappy Favourite or the Earl of Essex* 1681), der die Ohrfeigen-Szene zur sehr geschickten Begründung von Essex' Zorn und Revolte dem Stoff einfügte; die nur leicht ändernden Überarbeitungen von J. RALPH (1731), H. BROOKE (1748) und H. JONES (1753) haben Banks' Version während des 18. Jahrhunderts in England lebendig erhalten.

In Deutschland wurde der Stoff im Zuge des Klassizismus durch P. STÜVENS Übersetzung Corneilles (1735) bekannt. LESSINGS vernichtende Kritik über Corneilles Stück (1767), seine Hinweise auf die spanische und englische Fassung und seine dramaturgischen Erwägungen zu dem Stoff waren die Keimzelle einer deutschen Entwicklung des Essex-Stoffes, die sich zunächst mit Ausnahme des an die spanische Fassung sich anlehnenden Ch. SEIPP (*Für seine Gebieterin sterben* 1790) im Gefolge von Banks hielt (C. H. SCHMID, *Die Gunst der Fürsten* 1772; J. G. DYK 1777; M. v. COLLIN 1827). Die entscheidende Prägung, die Elisabeth in SCHILLERS *Maria Stuart* erhielt, beeinflußte ihre Züge auch in den ziemlich gleichförmig wirkenden Essex-Dramen des 19. Jahrhunderts (L. DEURINGER, *Elisabeth von England oder Liebe und Verschmähung* 1837; H. MÜLLER *Elisabeth von England* 1837). Die liebende, verschmähte, eifersüchtige Frau verdunkelt – auch in der französischen Literatur (F. COUTURIER 1868) – ganz das Bild der bedeutenden Herrscherin. Man versuchte, Essex' politische Motive stärker herauszuarbeiten und ihm die weichlichen Züge zu nehmen. K. L. WERTHER (1854) erfand eine trotzige Verweigerung der Rücksendung des Ringes, wodurch die Intrige der Gräfin Nottingham wegfiel. Heinrich LAUBE (1856), der das wohl bekannteste Essex-Drama des 19. Jahrhunderts schrieb, folgte ihm hierin; bei P. LOHMANN (1856) wirft Essex den Ring sogar der Königin vor die Füße. Deutlich ist die Abkehr von den romantischen Zügen des Volksbuches auch im *Essex* des Engländers D. Ch. D. CAMPBELL (1877) zu spüren. S. LUBLINSKI (*Elisabeth und Essex* 1903) verzichtete ganz auf die Liebesbeziehung und stellte die Tragödie auf das Thema der alternden Herrscherin ab, die ihren erwählten Nachfolger töten und sich damit der politischen Zukunftshoffnungen berauben muß. F. BRUCKNERS nach Lytton STRACHEYS romanhafter Biographie (*Elizabeth and Essex* 1928) gearbeitetes Drama *Elisabeth von England* (1930) verband den Essex-Stoff mit dem Spanienkonflikt. Philipp ist der große geistige Partner Elisabeths. In Essex verliert sie das mit der Blindheit des Alters geliebte Spielzeug; grausam und rücksichtslos schreitet er über sie und ihre Gefühle hinweg, nachdem er sie einmal im Negligé und in ihrer ganzen Häßlichkeit gesehen hat. Eine ähnliche Ernüchterungsszene zwischen der alten Königin und dem jungen Volkshelden zeigte Hans SCHWARZ (*Rebell in England* 1934); beide müssen in ihren politischen Zielen scheitern, weil sie durch ihre Liebesbeziehungen in das höfische Ränkespiel gezogen werden und die Autorität verlieren. Das seit Lublinski im Essex-Stoff vorherrschende Thema der Auseinandersetzung zwischen Jugend und Alter bestimmt auch das Drama *Elizabeth the Queen* des Amerikaners M. ANDERSON (1930) und klingt auch in P. v. KLENAUS Oper (1938) sowie C. DANES Drama *The Lion and the Unicorn* (1945) auf, in denen die Schatten von Essex' Tod noch in die unmittelbar anschließende Sterbestunde Elisabeths fallen.

Die Entromantisierung des Essex-Stoffes und Neugründung auf nüchternere politische und psychologische Motive ließen das im 19. Jahrhundert so beliebte Motiv der Eifersucht auf eine mit Essex verbundene Frau aus dem Stoff verschwinden. Das Eifersuchtsthema hatte in primitiver Weise den Grundkonflikt aller Elisabeth-Dichtungen, den zwischen Frau und Herrscherin, veranschaulicht. Das Motiv der heimlichen Heirat war, nachdem es ursprünglich sicher aus der Geschichte des Günstlings Leicester auf die des Günstlings Essex übertragen worden war, noch verstärkt worden durch W. SCOTTS Roman *Kenilworth* (1821), in dem der Leicester heimlich angetraute Amy Robsart dem Ehrgeiz seiner Anhänger, die ihn gern als Gemahl der Elisabeth und als englischen König

sehen wollen, zum Opfer fällt. Diese romantische Geschichte
wurde im 19. Jahrhundert wiederholt, u. a. von SCRIBE / AUBER /
MÉLESVILLE (1823) und von V. HUGO (1828) dramatisiert und hat
das Elisabeth-Bild im gleichen Sinne gefärbt wie Schillers *Maria
Stuart*. Die ehrgeizige und berechnende Gestalt Leicesters, die
schon Diamante und Tronchin kannten und die bei Schiller ihre
spezifischen gleißenden Züge erhielt, spielte in den Bearbeitungen
des Elisabeth-Stoffes meist nur eine Nebenrolle. Elisabeths Beziehungen zu ihm sind außer in Scotts Roman selten zum Hauptthema
gewählt worden (A. PETERSEN, *Virginia,* R. 1926), ähnlich wie die
zu Raleigh (E. HERING, *Sterne über England*, R. 1938). In Dramen
und Romanen um den z. B. auch von Hering einbezogenen →
Shakespeare pflegt die Königin die Rolle einer Kennerin und
Förderin der Künste zu spielen.

R. Schiedermair, Der Graf von Essex in der Literatur, Diss. München 1908,
Forts. Programm Kaiserslautern 1909; W. Bärwolff, Der Graf von Essex im
deutschen Drama, Diss. Tübingen 1920; J. H. Grew, Élisabeth d'Angleterre dans
la littérature française, Diss. Paris 1932; H. Meise, Die Gestalt der Königin
Elisabeth von England in der deutschen Literatur, Diss. Greifswald 1941;
F. S. Boas, Queen Elizabeth in Drama, London 1950.

**Emma** → Eginhard und Emma

**Endymion.** Der schon bei HESIOD (*Eoiai*) belegte Mythos von
Endymion hat im Altertum keine endgültige dichterische Fassung
gefunden, und seine Züge schließen sich nicht zu einer festen Fabel
zusammen. Endymion ist ein schöner Schäfer, der auf dem Berge
Latmos seine Schafe weidet. Zeus versetzt ihn unter die Götter; als
er jedoch Neigung zu Hera faßt, wird er durch eine Wolke in Heras
Gestalt getäuscht und aus dem Himmel verbannt. Er bittet Zeus
um die Gnade dauernden Schlafes, und in den Schläfer verliebt sich
Selene bzw. Artemis, sie neigt sich zu ihm und küßt ihn; später
wird Endymion von ihr oder von Zeus unter die Sterne versetzt.
Nach LUKIAN (*Göttergespräche*) webt Selene einen Schleier um ihn,
um ihn zu schützen oder damit er ihrer Zärtlichkeit nicht gewahr
werde. Rationalistische Erklärer sahen in Endymion einen ersten
Astronomen, der die Ursachen der Mondveränderung erforschte.
Der »Schlaf des Endymion« wurde sprichwörtlich.

Der zarte, in seinen Konturen unscharfe Stoff ist in der abendländischen Literatur als vielfach variiertes und interpretiertes Motiv
verwendet worden. Von primär statischem, bildhaftem Charakter
konnte er nur durch Einfügung fremder Elemente über seine
ursprüngliche Dimension hinaus erweitert werden. Seine Verwendung in der Lyrik reicht von der Renaissance bis in die Gegenwart,
besonders üppig wurde er in England entwickelt, während das

seltene Auftauchen in Deutschland wohl damit zusammenhängt,
daß das männliche Geschlecht des Wortes Mond die Vorstellung
der Liebesbeziehung erschwert. Als Motiv der Mondschein-Lyrik
taucht immer wieder die für den Stoff klassische Szene der sich über
den Schläfer beugenden und ihn küssenden Mondgöttin auf
(Th. HOWELL, *Laemi* um 1567; Sir William ALEXANDER, *Aurora*
1604; J. FLETCHER in *The Faithful Shepherdess* 1610; Th. MOORE,
*Bright Moon*; W. WORDSWORTH, *Evening Voluntaries* 1846; R. GAR-
NETT 1893; Th. B. READ 1894). Aus der Statik gelöst wird die
Situation, wenn Endymion nicht schläft oder doch erwacht und,
durch seinen Beruf zur Verwendung in schäferlicher Dichtung
vorbestimmt, seinerseits zum feurigen oder schmachtenden Liebhaber wird (Ph. AYRES, *Endymion and Diana* 17. Jh.; St. BROOKE
1889). Da die Aktivität der Göttin sowohl dem allgemeinen Empfinden wie der sonst üblichen Rolle Dianas als einer keuschen
Göttin widersprach, wurde die Situation oft umgekehrt und der
umworbene in einen verschmähten Liebhaber verwandelt. Schon
Benedetto GARETH (*Libro di Sonetti et Canzoni di Cariteo intitulato
Endimione* 1506) verglich seine spröde Geliebte mit Luna und sich
selbst mit einem von fern anbetenden Endymion. Seitdem ist der
Stoff immer wieder in einem ihm fremden platonischen Sinne
interpretiert worden. G. CHAPMAN (*Hymnus in Cynthiam* 1594)
erklärte das Verhältnis als rein spirituell; Endymion erfährt von der
Göttin die Geheimnisse der Astrologie. Noch Matthew ARNOLD
(*To Marguerite*) sah ähnliches in den Mythos hinein, denn er
verglich die Scham des enttäuschten Liebhabers mit der Lunas, als
menschliche Leidenschaft sie überkommen hatte.
   Platonische Tendenzen kennzeichnen auch den ersten Versuch
zur Ausweitung der Fabel durch J. LYLYS Drama (1591): die Göttin
bleibt für Endymions Anbetung kalt; ihre eifersüchtige Rivalin
Tellus aber verursacht Endymions Zauberschlaf, aus dem ihn erst
die Huld der Göttin durch einen Kuß erlöst. Cynthia verkörperte
nicht nur die himmlische Liebe, sondern deutete zugleich auf
Königin Elisabeth, die in Huldigungen gern als Cynthia oder
Diana bezeichnet wurde. Ohne die platonische Tendenz entwikkelte Th. d'URFEY (*Cinthia and Endimion or The Loves of the Deities,*
Oper 1697) das von Lyly gefundene Handlungsgefüge weiter: die
Liebe zwischen Cynthia und Endymion wird durch die eifersüch-
tige Intrige von Syrinx gestört; Cynthias Kuß erlöst Endymion
von der Wirkung des Giftes, er wird unter die Götter versetzt.
Noch FONTENELLES fünfaktiges Pastorale (1731) arbeitete mit dem
Motiv der eifersüchtigen Nebenbuhler und nahm in dem vergeblichen Widerstand des Paares gegen die Leidenschaft platonische
Gedanken wieder auf. Auch der erste epische Bearbeiter des Stoffes, M. DRAYTON (*Endimion and Phoebe* 1595) wirkte in dieser
Richtung: Endymion, der Phöbe verehrt, wird von ihr in der
Gestalt einer Nymphe besucht und erkennt sie nicht. Erst als sie
den mürrisch Abweisenden verlassen hat, erwacht seine Liebe. Es
folgt die traditionelle Szene, in der die Göttin den Schlafenden küßt

und dem Erwachenden ihre wahre Existenz offenbart; nicht fleischliche Lust treibe sie, sondern sie wolle ihn für seine Verehrung belohnen. In einer späteren Überarbeitung (*The Man in the Moon* 1606) hat Drayton die Liebesgeschichte nahezu getilgt und wie Chapman eine wissenschaftliche Beziehung des Paares geschaffen. Dagegen suchte der Franzose Jean OGIER DE GOMBAULD in seinem Roman *L'Endimion* (1624) spätantike Romane nachzuahmen und erweiterte die Handlung abenteuerlich – allerdings sind die Abenteuer nur Träume, die Endymion in seiner Höhle auf dem Latmos träumt. J. KEATS' Versepos (1818) machte den Helden nicht nur im Traume, sondern in Wirklichkeit zum Weltenwanderer und steigerte die von Drayton erfundene Verkleidung der Göttin zu einer Spaltung ihrer Person in ihre göttliche Gestalt und die irdische einer »Indian maid«. Nachdem Endymion der irdischen Versucherin lange widerstanden hat, ihrer Schönheit aber schließlich erlegen ist, verwandelt sie sich in die Göttin.

Die eigenwilligen Neuinterpretationen des Mythos im 19. Jahrhundert betonten das Thema der Einsamkeit sowohl des Schäfers, der beim Kuß der Göttin schließlich stirbt (L. MORRIS, *Endymion* in *The Epic of Hades* 1876–77), wie der Göttin, die sich nach Liebe sehnt (R. BUCHANAN, *Selene the Moon* 1863; St. PHILLIPS 1898; L. E. LANDON, *The Awakening of Endymion*). E. DOWSON hat mit diesem Thema einen Einakter füllen können (*The Pierrot of the Minute* 1897): der einsame, liebessehnsüchtige Pierrot wird im Traum von dem Mondmädchen geküßt und findet in dieser Stunde die Erfüllung seines Lebens. Lediglich symbolische Bedeutung hat der Name des griechischen Jünglings als Titel eines Reiseromans von V. v. HEIDENSTAM (1889).

Der statische und lyrische Charakter des Stoffes rief etwa 35 musikdramatische Behandlungen hervor (NOTHNAGEL / R. KEISER, *Der gedemütigte Endymion* 1700; P. METASTASIO / N. JOMELLI, *Endimione ovvero Il Trionfo d'Amore* 1759; J. HAYDN 1770; N. PICCINI, *Diana et Endymion* 1784). Am häufigsten vertont wurde P. METASTASIOS *L'Endimione* (1729). Die Beliebtheit des Stoffes veranlaßte auch parodistische Behandlungen (W. E. AYTOUN, *Endymion or a Family Party of Olympus* 1842; W. BROUGH, *Endymion or the Naughty Boy who cried for the Moon* 1860), unter denen Ch. M. WIELANDS geistreich-frivole Erzählung *Diana und Endymion* (1762) am bedeutendsten ist.

E. S. Le Comte, Endymion in England, New York 1944; F. W. Riedel, Alessandro Pogliettis Oper »Endimione« (in: Festschrift Hans Engel) 1964.

**Enzio** → Hohenstaufen

**Erich XIV.** Erich XIV. von Schweden (1533–1577), ältester Sohn Gustav Wasas, geriet bald nach Regierungsantritt in einen Erbteilungsstreit mit seinen jüngeren Stiefbrüdern, denen das Testament des Vaters große Landgebiete zugesprochen hatte. Die Inhaftierung seines Bruders Johann, der gegen Erichs Willen die polnische Prinzessin Katharina Jagellonika geheiratet hatte, und gewisse Reformpläne brachten den König auch in Gegensatz zum Adel und ließen ihn sich zunehmend auf seinen Kanzler, den Emporkömmling Göran Persson, stützen. Zudem machten sich bei ihm Zeichen geistiger Gestörtheit bemerkbar; mehrere Mitglieder des Adelsgeschlechtes Sture brachte Erich mit eigener Hand um. Als er seine Geliebte, die Bauerntochter Karin Månsdotter, heiratete, wurde er von Johann gefangengenommen, vor Gericht gestellt, abgesetzt und zu ewiger Gefangenschaft verurteilt (1568). Wegen mehrerer Aufstände zu seiner Befreiung vergiftete sein Bruder und Nachfolger Johann ihn im Jahre 1577 auf Beschluß des Reichsrates.

Der vielfältig schillernde Stoff, in dem die Motive des ↑ Bruderzwistes, des Kampfes gegen die Adelsvorherrschaft, der unstandesgemäßen ↑ Heirat, der höfischen Intrige und des ↑ Tyrannenmordes miteinander verschmolzen sind, bietet Material sowohl für das lyrische Stimmungsbild und den balladesken Ausschnitt wie für einen groß angelegten Entwicklungsroman um einen langsam dem Wahnsinn verfallenden, reich begabten, mit romantischritterlichen Zügen ausgestatteten Charakter. So taucht die Gestalt des Königs in der schwedischen Lyrik häufig auf: sentimental bei NICANDER, schwärmerisch bei SNOILSKY und als Typ des Zerrissenen bei FRÖDING. E. v. WOLFERSDORFF (*Die Söhne Gustav Wasas*, 3 Bde. 1868) und neuerdings F. THORÉN (*Ericus Rex* 1941) haben die epischen Möglichkeiten des Stoffes ausgeschöpft.

Die zahlreichen Versuche zur Dramatisierung des düsteren, an Spannung und wirkungsvollen Szenen reichen Stoffes jedoch erwiesen sich nahezu sämtlich als Fehlschläge. Dramaturgisch machte sich häufig der Zerfall in zwei Handlungen – die politische und die Liebeshandlung – bemerkbar. Vor allem aber widerspricht das dem Stoff innewohnende Entwicklungsmoment der dramatischen Behandlung: der Gestalt kann nur eine stufenweise voranschreitende Handlung gerecht werden, und eine analytische Aufrollung wird dadurch erschwert, daß sich der König am Schluß des Geschehens in geistiger Umnachtung befindet. Das pathologische Moment schließt weitgehend auch eine tragische Verstrickung und echte Schuld des Charakters aus, und wenn der König nicht als wahnsinnig dargestellt wird, bedarf sein Handeln einer positiven Motivierung, um teilnehmendes Interesse zu wecken und tragisch scheiternd zu wirken. Bis zu einem gewissen Grade kann allerdings das Pathologische als solches zum Gegenstand der Darstellung werden. Bezeichnenderweise hat außer STRINDBERG kein großer Dramatiker den Stoff aufgegriffen; IMMERMANNS Plan ist vor dem verwandten → Alexis-Stoff zurückgetreten.

Das älteste Erich-Drama (J. Frhr. v. Auffenberg 1820) behandelte den Stoff noch nach Art des Ritter- und Schicksalsdramas und beseitigte die tragischen Züge der Gestalt, indem es Erich zum unrechtmäßigen Monarchen machte, der den erstgeborenen Johann verdrängt hat; das Wahnsinnsmotiv blieb unbeachtet. Nicht nur der Einfluß des Romans von A. Schoppe (*König Erich und die Seinen* 1830), sondern der epische Grundzug des Stoffes überhaupt zeigt sich bei E. Willkomm (1834), der dem Stoff nur durch eine Trilogie gerecht werden konnte, die des Königs Entwicklung vom Tyrannen zum Reuigen und schließlich zum weise Entsagenden darstellt. Die Überlastung der dramatischen Kurve durch die historischepische Vielfalt des Stoffes ist mehrfach zu verzeichnen (F. Rittweger 1859; H. Kruse 1871). In dem erfolgreichen Drama des Schweden J. Börjesson (1846) wurde die Gestalt des schwachen Herrschers durch die des Kanzlers Persson verdrängt, der als Vertreter der Unterdrückten dargestellt ist; folgerichtig endet das Stück mit Erichs Gefangennahme und Perssons Hinrichtung. In Deutschland stellte A. Völckerling den Kanzler in den Mittelpunkt der Handlung (*Göran Persson* 1876). Der liberalen, adelsfeindlichen Tendenz verdankt der Stoff seine Beliebtheit bei den Vertretern der jungdeutschen Bewegung. R. Prutz (*Erich, der Bauernkönig* 1847) zeigt einen reformfreudigen König, der jedoch weder beim Adel noch bei den unteren Ständen auf Verständnis stößt und dadurch langsam zum Despoten wird. O. Jacobi (1856) sah in Erich XIV. einen Kämpfer gegen den Katholizismus, den Johann vertritt. Steigerte man so den König zu einem scheiternden politischen Idealisten, mußte der ehrgeizige Kanzler zurücktreten, wenn nicht sogar fehlen (J. v. Weilen 1880). Der größte Bühnenerfolg des Stoffes wurde das Drama des Schauspielers K. Koberstein (1869), der dem Stoff durch die analytische Aufrollung der Fabel größere Geschlossenheit gab und im übrigen mit der Technik des Schicksalsdramas den König durch den Kampf gegen das ihm prophezeite Verhängnis schuldig werden ließ; die seit der Darstellung des Historikers O. v. Dalin literarisch oft verwandte Prophezeiung, nach der Erich von einem »Mann im lichten Haar« umgebracht werden wird, machte Koberstein zum Grund von Erichs Argwohn gegen Johann. H. E. Jahn (1880) verengte den Stoff auf das Motiv einer Schuld Erichs gegenüber einem von ihm verführten Mädchen. Das schon bei Willkomm auftauchende Reue-Thema wurde im Drama St. Milows (1879) grundlegend: der König ist nicht wahnsinnig, sondern die Reue veranlaßt ihn zu unsinnig erscheinenden Taten. Gewissensqual, Reue, Besserung bilden auch den psychologischen Kern von Strindbergs Erich, neben dem gleichberechtigt der zum Herrschen geborene, aber nur durch den König zum Herrschen berechtigte Persson steht und zusammen mit diesem untergehen muß. Durch diese Gewichtsverteilung sind bei Strindberg (Dr. 1899) die dramaturgischen Schwierigkeiten weitgehend überwunden. Der Finne M. Waltari schrieb einen Roman (*Kaarina Mannuntytar* 1942) um des Königs Frau Karin.

R. Langer, Erich XIV. von Schweden in der deutschen Literatur, (Progr. Berndorf b. Wien) 1915/16.

## Ernst, Herzog von Schwaben → Herzog Ernst

## Essex → Elisabeth von England

**Esther.** Das *Buch Esther* des *Alten Testaments* gibt eine nachträglich historisch fixierte Ursprungssage des jüdischen Purimfestes wieder. Der Perserkönig Ahasver (Xerxes) verstößt seine Frau Vasthi wegen ihres Stolzes und wählt unter den schönsten Mädchen des Landes die Jüdin Esther, die ihre Abstammung jedoch auf Wunsch ihres Vormundes Mardochai verheimlicht. Mardochai macht sich um den König verdient, indem er ihm durch Esther einen Mordanschlag mitteilt, aber er zieht sich die Feindschaft des Ministers Haman zu, indem er ihm den kniefälligen Gruß versagt. Haman überredet den König zu dem Plan, die gesamte Judenschaft an einem bestimmten Tage zu vernichten. Mardochai bestimmt die zögernde Esther zu einem Bittgang vor den König, aber zweimal verläßt sie der Mut, die Bitte um Schonung ihres Volkes vorzubringen. Inzwischen erfährt Ahasver aus der Reichschronik von dem Verdienst Mardochais, den er zu ehren wünscht und dessen Ehrung Haman, ohne zu wissen, daß sie seinem Feind gelten soll, bestimmen und durchführen muß. Bei einem Gastmahl, zu dem sie den König und Haman geladen hat, offenbart Esther schließlich ihre Herkunft und die dunklen Pläne Hamans, der schon einen Galgen für Mardochai hat aufrichten lassen. Am gleichen Galgen wird nun Haman gehängt, Mardochai gelangt zu großen Ehren, und die Juden dürfen an ihren Feinden Rache nehmen. Außer im *Buch Esther* findet sich die Sage auch bei Josephus, der den Judenhaß Hamans mit seiner Abstammung von den Amalekitern begründet.

Der nationaljüdische Stoff, in dem Esther zwar letztlich ihr Volk rettet, aber im Grunde ihrem Gemahl gegenüber eine unaufrichtige und ihrem Volk gegenüber eine keineswegs uneigennützige Rolle spielt, wurde wegen seines dialektischen Charakters und seiner sinnfälligen Demonstration des Sturzes von Hochmütigen und der Erhebung von Demütigen durch das Drama des 16. Jahrhunderts entdeckt. Wo die aufblühende Kunstgattung noch der volkstümlichen Tradition des Mittelalters verpflichtet war, wie bei H. Sachs (*Gantze Hystori der Hester* 1530), V. Voith (*Spiel von der Heiligen Schrift und dem Buch Esther* 1537), A. Pfeilschmidt (*Hester* 1555) und bei der Berner *Hester* von 1567, wird der ganze Stoff von der Verstoßung Vasthis an aufgeblättert und die wunderbare Errettung der Juden durch die von Gott erwählten Mardochai und

Esther geschildert. Der dramaturgisch geschicktere Griff des Th. NAOGEORG (*Hamanus* 1543) löste aus dem epischen Gefüge nur die Haman-Handlung als höfisches Intrigenspiel und übte so einen bedeutenden Einfluß besonders auf das neulateinische Drama aus (F. EUTRACHELIUS 1549; C. LAURIMANNUS 1563; G. MAURITIUS 1607; J. MURER, dt. Dr. 1567, u. a.). Häufig wurde eine Parallele zwischen den Leiden der Juden und denen der Protestanten gezogen, während das Jesuitendrama, das seit der Münchener *Hester* von 1577 den Stoff auch wiederholt verwandte, eine solche Aktualisierung nicht kennt und nur Gottes wunderbares Walten demonstrieren will. Die gleichen dramaturgischen Richtungen zeichnen sich auch im französischen und englischen Drama ab. Wo man eine klassizistische Tragödie aus dem Stoff herauskristallisierte, wurde Haman als einzige Gestalt, die ein tragisches Ende findet, zur Hauptfigur und das Drama zur Tragödie des Ehrgeizes (C. ROUILLET, *Aman* 1556; A. de MONTCHRÉTIEN, *Aman ou la vanité* 1578; P. du RYER, *Esther* 1644). Wo man dagegen den Triumph des Judentums feierte und damit auf den Religionsstreit der eigenen Zeit anspielte, entstand eine Art politisch-religiöses Volksstück epischeren Charakters (A. de RIVAUDEAU, *Aman* 1561; J. MAFRIÈRE, *La belle Hester* 1620; Anon., *A new enterlude drawen oute of the holy scripture of godly queene Hester* 1561). Von der zweiten Gruppe aus ist der Übergang zur Haupt- und Staatsaktion der Wandertruppen (Anon., *Von der Königin Esther und hoffertigen Haman* 1620) und sogar zum Puppenspiel gegeben. In Spanien wurde der Stoff mit ähnlich lehrhafter Tendenz wie im Jesuitendrama mehrfach in Autos verarbeitet, zu denen LOPE DE VEGAS *La hermosa Ester* eine gewisse Verwandtschaft aufweist: Esther erscheint bei ihm als eine Art Heilige, Mardochai als Prophet und Ahasver lediglich als Liebhaber. Thema bei Lope und sogar noch bei RACINE (1690) ist das Machtstreben und der Sturz Hamans; wie alle seine Vorgänger beließ der französische Klassiker Esther die Gloriole einer frommen Retterin ihres Volkes und übersah die in der Bibel gegebene realistischere Charakteristik. Die Auffassung in den frühen Opern (Anon., *Der ungetreue Getreue oder der feindselige Staatsdiener Haman* 1677; Anon., *Die liebreich durch Tugend und Schönheit erhöhete Esther* 1680; D. KÜHNE, *Die erhöhete Demut und gestürzeter Hochmut* 1697) geht schon aus der Titelgebung hervor. Ein galanter Roman von G. Ch. LEHMS, *Der schönen und liebenswürdigen Esther merckwürdige und angenehme Lebens-Geschichte* (1713), spann die Jugend Esthers, die erdichtete Verbannung auf eine einsame Insel und die ebenso erfundene Liebesaffäre mit dem Prinzen Belsazer breit aus und gab nur abschließend die biblischen Ereignisse seit der Ehe mit Ahasver knapp wieder.

Die seit dem 16. Jahrhundert belegten jüdischen Purimspiele, die den Stoff in einer burlesken und parodistischen Art faßten und keine literarischen Ansprüche erhoben, blieben ohne Berührung mit den ernsten Gestaltungen des Stoffes. GOETHE hat in *Das Jahrmarktsfest zu Plundersweilern* (1774) zwei Szenen eines Esther-

Spiels eingebaut, die einen ähnlich parodistischen Geist atmen, aber sicher aus der Kenntnis von Puppenspiel- oder Jahrmarktsaufführungen abzuleiten sind. Auch F. W. GOTTER hat in zwei Dramen (*Esther* 1795; *Die stolze Vasthi* 1797) den Versuch einer Travestie unternommen. Damit zeigte sich das Ende einer Tradition an.

Nachdem der Stoff für ein halbes Jahrhundert aus dem Gesichtsfeld verschwunden war, vollzog sich mit GRILLPARZERS durch Lope angeregtes Drama (Fragment 1848) die entscheidende Neuorientierung. Der Esther-Stoff wandelte sich in Grillparzers Hand zur Tragödie einer Liebe, die durch Esthers Lüge und Verstellung vergiftet und zerstört wird; das Geständnis der Herkunft ist durch äußere Umstände erzwungen und kommt zu spät. Wo man nicht auf die ältere, die Esther-Gestalt veredelnde Tradition zurückgriff (B. HAUSE, *Esther, eine Königin von Persien und Medien* 1885; K. KUHN, *Esther oder Israels Rettung* 1891; M. SINGER, Opernlibretto 1886), standen die neueren Esther-Dramen unter Grillparzers Einfluß. Als Märchen aufgefaßt, konnte die Liebesgeschichte zwar mit einer seelischen Heilung des mißtrauischen Königs durch Esther enden (G. ENGEL, *Hadasa*, Dr. 1896), und auch W. HARTLIEB (Dr. 1918) fand in dem Glauben des Expressionismus an den neuen Menschen die Möglichkeit, Esther die Kraft zu einer Lösung des Gegensatzes von Mardochais und Hamans Haß finden zu lassen. F. BRAUN (1925) dagegen dachte den Grillparzerschen Konflikt zu Ende und ließ den betrogenen König am Schluß Esther verstoßen. M. BROD (*Eine Königin Esther* 1918) wie F. HOCHWÄLDER (1940) fanden an dem Stoff weniger die Charaktertragödie als die politische Handlung, das Schicksal des Judentums, interessant. Brod sah in der Esther-Geschichte einen Beitrag des Judentums zur Vervollkommnung der Welt, Hochwälder die Tragik des jüdischen Volkes, das zwar im Recht ist, aber nicht die Macht hat, dieses Recht Wirklichkeit werden zu lassen.

F. Rosenberg, Der Esther-Stoff in der germanischen und romanischen Literatur, (Festschrift A. Tobler) 1905; M. Steinschneider, Purim und Parodie, (Monatsschrift für Geschichte und Wissenschaft des Judentums 46, 47) 1902 u. 1903; H. Mayr, Die Esther-Dramen, ihre dramaturgische Entwicklung und Bühnengeschichte von der Renaissance bis zur Gegenwart, Diss. Wien 1958.

**Etzel** → Dietrich von Bern, Nibelungen

**Eugen, Prinz.** Lebensgang und militärisch-politische Leistung des Prinzen Eugen von Savoyen (1663–1736) sind von der Geschichtsschreibung eingehend überliefert worden. Ludwig XIV. verweigerte dem häßlichen und verwachsenen Prinzen, der zunächst Abbé geworden war, den Eintritt in sein Heer, worauf dieser in österreichische Dienste trat, sich im Türkenkrieg rasch auszeichnete, schon 1693 Feldmarschall wurde, im Spanischen Erbfolgekrieg eine Anzahl bedeutender Schlachten schlug und schließlich im zweiten Türkenkrieg mit der Einnahme von Belgrad seinen populärsten Erfolg hatte. Trotz der Intrigen seiner Gegner am Hofe hielt er unter drei Kaisern doch seinen Einfluß auch als politischer Berater aufrecht, wobei er gegenüber einseitig dynastischen Interessen stets den Reichsgedanken vertrat. Seinem Wirken in Friedenszeiten verdankt Wien eine Reihe von Kunstwerken.

Dürftig überliefert ist dagegen das private Leben des großen Mannes, das einer dichterischen Gestaltung die menschliche Substanz liefern könnte. Nachgewiesen sind bescheidenes, schlichtes Auftreten, vorurteilsfreie, großzügige Gesinnung und ein die militärisch-politische Begabung ausgleichender Kunstsinn. Das Bild der Persönlichkeit spiegelt sich in zahlreichen schon zu Lebzeiten des Prinzen entstandenen Anekdoten. Dieses Anekdotische hat daher den Prinz-Eugen-Stoff bestimmt, und Gedicht, Gedichtzyklus und Erzählung haben sich seiner vor allem bemächtigt. Auch das Drama stellte gern ein episodisches Element in den Mittelpunkt. Bezeichnend ist, daß das Bild des Prinzen in der Literatur wesentlich von der Auffassung des Volksliedes vom »edlen Ritter« und des Wiener Reiterstandbildes (1865) geprägt wurde. Die Konfliktstoffe dieses Lebens – die Loslösung vom Vaterland und der Anschluß an eine fremde Nation, deren Nationalheld Prinz Eugen wurde, seine körperlichen Mängel, die sicher sein Verhältnis zu den Frauen als »Mars ohne Venus« bedingt haben, und schließlich sein politischer Kampf gegen den Hof und wiederholt auch gegen die Auffassung seiner Monarchen – kommen am ehesten der Form des Romans entgegen. Der Reichtum an historischen und anekdotischen Fakten und der in ihnen beschlossenen patriotischen und moralischen Werte verhinderte oft geradezu eine dichterische Vertiefung und ließ kleinere Autoren sich mit dem bloßen Nacherzählen begnügen; volkstümliche Literatur und Jugendschriften (T. H. MAYER 1938; R. HOHLBAUM 1939 u. a.) haben den Stoff häufig zum Gegenstand gewählt.

Lob- und Preisgedichte auf den Prinzen Eugen in deutscher, lateinischer, französischer und italienischer Sprache sind schon zu seinen Lebzeiten entstanden, das *Volkslied von Prinz Eugen, dem edlen Ritter* hatte Bestand und beeinflußte im Ton viele Gedichte vor allem des 19. Jahrhunderts. Sie griffen meist Anekdotisches aus Leben oder Umwelt des Prinzen heraus (G. K. PFEFFEL, *Tobacks-Pfeife* 1772; FREILIGRATH, *Prinz Eugen, der edle Ritter* 1833; DROSTE-HÜLSHOFF, *Des alten Pfarrers Woche* 1841/42; E. GEIBEL, *Hochstädt* 1883; G. TERRAMARE, *Prinz-Eugen-Liedchen* 1914; F. K. GINZKEY, *Balladen aus dem alten Wien* 1923).

Einschneidend in der Geschichte des Prinz-Eugen-Stoffes war die Einweihung des Wiener Denkmals 1865, das dem Stoff neue Beachtung verschaffte. Man ging zu diesem Zeitpunkt dazu über, ein Gesamtbild dieses reichen Lebens zu geben. Der nächstliegende

Weg dazu schien die Reihung episodischer Momentbilder in Gedichtzyklen (A. Grün 1876; R. Kralik 1896). Grün verwandte dabei erstmalig ein für den Stoff dann typisch gewordenes Motiv: Eugen öffnet erst nach der Schlacht bei Zenta den vor ihrem Beginn empfangenen Brief des Hofkriegsrates, der ihm den Angriff verbietet; er wird wegen Ungehorsams angeklagt, und beim Einzug in Wien wird ihm der Degen abgefordert, doch legt sich der Zorn des Kaisers bald. Es handelt sich also um jenes Motiv, das auch den Prinz-von-Homburg-Stoff kennzeichnet, hier jedoch ohne dessen bedeutungsvolle Funktion und nur anekdotisch oberflächlich verwandt wird. Es ist besonders in dramatischen Gestaltungen des Prinz-Eugen-Stoffes benutzt worden (A. Langer 1865; M. Greif 1879; F. J. Fischer 1908; P. Macholin, *Auf Ruhmespfaden* 1925). Zur Steigerung des Konfliktes flocht vor allem Greif noch ein werbendes Angebot des französischen Königs ein. Eine gewisse Ausweitung des Stoffes zeigt J. Feiks' *Ein Reiterlied* (1937), das die Sehnsucht des Prinzen nach einer echten Heimat in den Mittelpunkt stellt und dadurch der Ablehnung der französischen Angebote und der menschlichen Überwindung der Gegner im österreichischen Heer eine gesteigerte Bedeutung verleiht.

Ähnlich wie die Gedichtzyklen versuchte auch H. v. Hofmannsthal, das Leben Eugens in Bildern einzufangen (1915); die Betonung der visionären Gabe des Prinzen ist auch von späteren Bearbeitern beibehalten worden. Die erst in neuerer Zeit einsetzenden epischen Darstellungen des Gesamtstoffes haben meist die Technik angewandt, die überlieferten episodischen Szenen in einen breiten historischen Rahmen einzubauen. Im Roman ist des Prinzen Stellung zu den Frauen, auch zu seiner Mutter, näher beleuchtet worden, wobei mangels anderer Anhaltspunkte die Freundschaft zu der Gräfin Batthiany sehr betont worden ist. Am vielseitigsten ging P. Frischauer das Thema an (1933), während W. v. Molo (1936), L. Mathar (*Reichsfeldmarschall* 1939), M. Jelusich (*Der Traum vom Reich* 1941), K. v. Möller (*Der Savoyer* 1943) in dem Prinzen vor allem den Vertreter des Reichsgedankens und den Vorläufer der großdeutschen Expansionspolitik ihrer Zeit sahen. Daneben setzten Erzählung und Novelle die Tradition der balladesken Gedichte des 19. Jahrhunderts mit der Gestaltung von Episoden fort (D. Stratil, *Prinz Eugenius . . . im Walde* 1906; K. H. Matzak, *Der Sieger Prinz Eugen* 1936; ders., *Gespräch in Bruchsal* 1939; M. Grengg, *Die Venus* 1937; A. v. Czibulka, *Der Tod des Löwen* 1938; B. v. Heiseler, *Katharina* 1952).

H. Dvorak, Prinz Eugen in der Dichtung seiner Zeit, Diss. Wien 1935; E. Leskowar, Prinz Eugen als dichterische Gestalt, Diss. Wien 1946.

**Eulenspiegel.** Till Eulenspiegel, der fahrende Handwerksbursche bäuerlicher Herkunft, der kein Handwerk bis zu Ende erlernt, es zu keinem Stand und Heim bringt, weil ihm die Ungebunden-

heit des Wanderns und die Bindungslosigkeit mehr ist als bürgerliche Enge, und der sich in zahlreichen Streichen über die beschränkten Begriffe seiner Mitmenschen lustig macht, darf trotz vieler
Bemühungen kaum als eine historische Persönlichkeit angesehen
werden, die aus dem Braunschweigischen stammt und von der ein
(erneuerter) Grabstein in Mölln spricht, der als Sterbejahr 1350
angibt. Die älteste erhaltene Ausgabe des *Thyl Ulenspiegel* wurde
wahrscheinlich seit 1500 von dem braunschweigischen Zollschrei-
ber H. BOTE verfaßt und erschien in Straßburg 1510/11. Ihr entsprechen niederländische und englische Drucke, während der
Straßburger Druck von 1515 gekürzt ist. Die Gestalt des
↑ Schelms hatte Schwankgut aus dem Umkreis verwandter Figuren angezogen, etwa des Pfaffen Amis, des Pfarrers vom Kalenberg
und des Markolf, und verdunkelte seine Vorgänger; sein Name
wurde in fremden Sprachen zum Gattungsbegriff (frz. espiègle =
Schalk) und hat im Deutschen einen symbolischen, zeitlosen Wert
angenommen (M. JAHN, *Ulenspegel un Jan Dood,* Gedichte 1933).
   Aus der verschiedenen Herkunft und Stoßrichtung der
Schwänke sowie der sie zusammenhaltenden Konzeption des
Kompilators ergab sich eine Mehrgesichtigkeit der Figur, die
Ansatzpunkte zu divergenten Weiterentwicklungen bot. Das
schon Eulenspiegels Vorgängern anhaftende lehrhaft-satirische
Element, das durch Lachen die Wahrheit lehren, Mängeln der Zeit
den Spiegel vorhalten, die Widersacher nasführen und in ihrer
Beschränktheit – auch durch Wörtlichnehmen ihrer Redeweise –
dekuvrieren will, steht im Gegensatz zu einer naiven, schadenfro-
hen Lust am Übertölpeln, die Menschen aller Stände trifft, keine
Pietät kennt und der Selbstbehauptung des Schelms dient.
FISCHARTS einseitige Weiterentwicklung des Satirischen in *Eulenspiegel Reimensweiss* (1572), die Eulenspiegel zum Grobianus
macht, der die Laster seiner Zeit – Trunksucht, Freßlust, Faulheit –
verkörpert, besitzt gewisse Konsequenz. Das Volk des 16. Jahrhunderts jedoch und später die kindlichen Leser des zur Jugendliteratur abgesunkenen alten Schwankbuches liebten an Eulenspiegel
nicht die aggressive Seite, sondern den lachenden Vagabunden mit
dem offenen Blick für die Lücken in den Gedanken und Worten der
anderen, die Schlagfertigkeit, den Realismus und den Witz,
schließlich die Genügsamkeit, die den Außenseiter arm leben und
sterben läßt. An den weisen ↑ Narren heften sich die Schatten der
Melancholie, das Unverstandensein und die Ausgestoßenheit.
Diese Züge machen allerdings die passiven, statischen Elemente
des Stoffes aus. Seine Entwicklungsfähigkeit lag in den sozialkritischen Momenten, die sich vor allem gegen das städtische Bürger-
tum richteten; hier war die Möglichkeit gegeben, von dem Possenreißer die Eulenspiegel-Idee zu abstrahieren, der eine nationale
oder allgemein menschliche, überzeitliche, d. h. auf andere Zeiten
übertragbare Bedeutung innewohnte.
   Hans SACHS hat in Schwänken, Meisterliedern und vier Fast-
nachtspielen über 40 Episoden des Volksbuches bearbeitet, sein

Landsmann J. Ayrer verfaßte ein Singspiel *Von dem Eulenspiegel mit dem Kaufmann und Pfeifenmacher* (1618). Den Gesamtstoff boten zwei lateinische Versepen der gleichen Epoche (J. van Neem, *Ululararum Speculum* 1558; Aegidius Periander, *Noctuae Speculum* 1567). Von diesen frühen Umsetzungen wurde der Held ebensowenig angetastet wie von den zahlreichen Auflagen des *Volksbuches*, in denen der Stoff bis zum Ende des 18. Jahrhunderts fortlebte und die allenfalls die Streiche variierten. Als komische Person, der aber nun entsprechend ihrer dramatischen Funktion ein Gran zielstrebiger Aktivität zugesetzt wurde, feierte Eulenspiegel seine Wiederauferstehung in der Wiener Posse. Als erster wandelte Kotzebue (1806) die Gestalt des Kaspar aus Perinets *Die Schwestern von Prag* in einen Eulenspiegel um, der von nun an in dem stereotypen Konflikt zwischen dem Vormund, dessen Mündel und deren Liebhaber die Rolle eines Helfers des liebenden Paares übernimmt und so von M. Stegmayer (1808), J. Nestroy (1835) und A. Bittner (1860) weiterentwickelt wurde, wobei die Gestalt ihre ursprünglichen Kennzeichen weitgehend verlor. Auch einige der zahlreichen, meist unbedeutenden Veroperungen des Stoffes lehnten sich an Kotzebues Text an (J. Ph. S. Schmidt 1815; A. Müller 1825; C. Kistler 1889).

Die politische Dichtung des Vormärz verengte den Eulenspiegel-Stoff auf reine Zeitsatire (E. M. Oettinger, *Der confiscirte Eulenspiegel* 1833; F. Radewell, Komödie 1840; A. Böttger, modernes Heldengedicht 1850; A. Ritter v. Tschabuschnigg, *Der moderne Eulenspiegel*, Roman 1846), wodurch die Gestalt zum Kritiker einschrumpfte, dessen Persönlichkeit unausgeprägt und schicksalslos blieb. Diese zeitsatirische Funktion hat Eulenspiegel auch noch, wenn auch in harmloserer Form, bei J. Wolff (*Till Eulenspiegel redivivus* 1877).

Grabbes Plan, Eulenspiegel die aus tiefstem Ernst entstandene deutsche Weltironie repräsentieren zu lassen, deutet eine national-symbolische Überhöhung an, wie sie der Flame Ch. de Coster in *La légende d'Ulenspiegel* (1868; Titel später erweitert) durchgeführt hat, indem er Eulenspiegel in die Zeit des niederländischen Freiheitskampfes versetzte und in ihm den »Geist von Flandern« personifizierte. Ein dem Stoff bisher fremdes Element – tätiger Einsatz für ein höheres Ziel – läßt den Schalk durch schwere Erlebnisse zu einem Freiheitshelden heranreifen, der zwar sein derbes, sinnenfrohes Wesen bewahrt, dessen Verzicht auf persönliches Glück aber auch die melancholischen Töne gleichwertig mitklingen läßt. Die Mosaiktechnik des Schwankbuches schimmert zwar noch durch, aber der Einzelschwank tritt doch zugunsten der Charakterentwicklung und der fortlaufenden Fabel zurück. Die dem Stoff ein festeres Handlungsgefüge verleihende nationalrevolutionäre Tendenz in de Costers Roman dürfte an seiner Attraktivität für Opernbearbeiter mitgewirkt haben (J. Blockx 1900; O. Jeremiáš, *Enšpigl* 1949; E. Günther/G. Wohlgemuth, *Till* 1956; J. Bruyr/J. Chailly, *Thyl de Flandre* 1957;

J. Pfanner / P. Kurzbach, *Thyl Claas* 1958; W. Konold / E. Sauter, Ballett 1984).

Die Verbindung des Themas mit einer politischen, meist revolutionären Aufgabe wurde von den meisten folgenden Bearbeitern des Stoffes beibehalten, doch fällt die Gestalt dabei häufig aus der Aktivität wieder in die Rolle des Glossierers und Kritikers zurück. F. Lienhards dramatische Trilogie (1896–1900) verlegt den Stoff in die Reformationszeit und läßt Eulenspiegel in Verzweiflung über die Zerrissenheit seines Landes untergehen; sein Narrentum ist hier Notzustand, in den er flüchtet, weil er keine Möglichkeit zur Tat findet, sein einziger Einsatz im Bauernkrieg ist zugleich sein Ende: zu spät erkennt er in Hans Sachs' Armen, daß er ein Leben in Bescheidung versäumt hat. Die Bearbeitungen des 20. Jahrhunderts behielten die Tendenz bei, nicht den fröhlichen Triumph des Narren über Leben und Umwelt, sondern seine hamletische Melancholie und Leidensbereitschaft hervorzukehren, durch die er, enttäuscht, in Resignation oder Zynismus endet (F. Braun, *Till Eulenspiegels Kaisertum* 1911; Klabund, *Bracke* 1918, beruhend auf B. Krügers märkischem Eulenspiegel *Hans Clawert* 1587; Th. Brasch, *Vor den Vätern sterben die Söhne* 1977) oder doch, trotz innerer Freiheit, vor der Außenwelt als der Geschlagene dasteht (W. Vershofen, *Tyll Eulenspiegel, Spiel von Not und Torheit* 1919; H. Leip, Gedichte 1941; G. Weisenborn, *Ballade vom Eulenspiegel, vom Federle und von der dicken Pompanne* 1949; J. Ausserhofer, *Der unsterbliche Narr*, ep.-dram. Trilogie 1960). Auch der bedeutendsten Gestaltung in diesem Abschnitt der Stoffentwicklung, G. Hauptmanns Epos *Des großen Kampffliegers, Landfahrers, Gauklers und Magiers Till Eulenspiegel Abenteuer, Streiche, Gaukeleien, Gesichte und Träume* (1927), haftet dieses Kennzeichen unversöhnter Gegensätze an: der Kampfflieger des ersten Weltkrieges, dem vor seinen Taten graust und der im Nachkriegsdeutschland keinen festen Boden mehr gewinnen kann, ist zwar der Schalk und Genießer des Volksbuches, aber geistige und seelische Verfeinerung, Lebensangst und Traumerlebnisse machen ihn widerstandsunfähig, und er kann, als seine Leidensfähigkeit erschöpft ist, nur noch durch selbstgewählten Tod zur Freiheit gelangen.

Der Mythisierung der Gestalt, die in C. Mandelartz' viele Motive seiner Vorgänger zusammenfassendem Roman (1950) noch durch Begegnungen mit anderen mythischen Gestalten wie dem Rattenfänger und → Don Quijote unterstrichen wird, stehen Bearbeitungen gegenüber, die eine solche geistige Befrachtung des Stoffes bewußt vermeiden und den alten Possenreißer und Wahrheitsfanatiker wiederbeleben (A. v. Bernus, *Spiel um Till Eulenspiegel* 1941), wobei sich eine gewisse Verbürgerlichung und moralisierende Zähmung der Gestalt jedoch als dem Stoffe ebenso fremd erweist (H. Vosberg, Komödie 1912; O. E. Kiesel, *Unterwegs nach Mölln* 1935, *Und so starb Till* 1936; O. Brües, *Mutter Annens Sohn*, Roman 1948). Zu den Texten, die den Akzent auf den überkommenen und ewigen Narren legen, gehören auch die Libretti von

E. N. v. REZNICEK (1902) und H. F. KOENIGSGARTEN/M. LOTHAR (1928) sowie die symphonische Dichtung *Till Eulenspiegels lustige Streiche* (1895) von R. STRAUSS, die verschiedentlich für Balletts genutzt wurde (G. BALANCHINE 1951).

Das schon am *Volksbuch* erkennbare Zwiespältige von Gestalt und Stoff drohte in der modernen Literatur zu einer Aufspaltung in zwei Entwicklungsstränge zu führen, deren einer den Stoff mythisch zu überhöhen und dem Wahrheitssucher → Faust einen Wahrheitssucher Eulenspiegel an die Seite zu stellen suchte, sich dabei aber von der heiteren und kontemplativen Haltung der Gestalt entfernte, während sich bei den am Schalkscharakter festhaltenden Fassungen die mangelnde Tragfähigkeit des nur Schwankhaften erwies und zu einer dem Stoff nicht gemäßen Moralisierung drängte, die auch in der Festlegung auf den sozialkritischen Faktor (B. BRECHT, *Eulenspiegel-Geschichten* 1948; Ch. WOLF/G. WOLF, *Till Eulenspiegel* Erz. 1973; P. ROSEI, *Ulenspiegel Amerika* 1976) liegen kann.

F. W. D. Brie, Eulenspiegel in England, 1903; M. Heller, Moderne Eulenspiegeldichtung, Diss. Wien 1940; R. Lauterbach, Die Mythisierung Eulenspiegels in der rheinischen Literatur, Diss. Bonn 1952; D. Arendt, Eulenspiegel – ein Narrenspiegel der Gesellschaft, 1978; S. H. Sichtermann (Hrsg.), Die Wandlungen des Till Eulenspiegel, 1981; R. Krohn, Der Narr und das Musiktheater. Till Eulenspiegel als Gestalt der Opern- und Ballettbühne (Eulenspiegel-Jahrbuch 25) 1985.

**Eurydike** → Orpheus

**Eva** → Adam und Eva

**Ewiger Jude** → Ahasver

**Ezzelino da Romano.** Ezzelino III da Romano (1194–1259) stammte aus deutschem Adelsgeschlecht, war Anhänger der Staufer und wurde Schwiegersohn → Friedrichs II. sowie Statthalter in Padua. Durch Gewalt und Verrat dehnte er seine Herrschaft in Oberitalien immer mehr aus und kann als Vorläufer der italienischen Renaissance-Despoten angesehen werden. 1259 wurde er bei Cassano d'Adda verwundet und starb bald darauf in Gefangenschaft.

Die italienische Volkssage machte Ezzelino zum Inbegriff des grausamen ↑ Tyrannen. Die Kirche, die ihn gebannt hatte, unterstützte diese Mythenbildung; in den Annalen des Klosters St. Justina findet sich erstmals der Gedanke, daß Ezzelino als Gottes Geißel in die Lombardei geschickt worden sei. ROLANDINO VON PADUA überliefert seine Neigung zur Astrologie und die Prophe-

zeiung seines Todes durch seine sternkundige Mutter. Der Volksglaube sah in ihm einen ↑ Teufelssohn, ja sogar einen inkarnierten
Teufel. Jedoch gewann die Sage der in DANTES *Inferno* (um 1310)
und ARIOSTS *Orlando furioso* (1516–21) als düster und grausam
bezeichneten Gestalt auch gewinnendere Seiten ab, unter denen
allerdings der Herrscherstolz am prägnantesten ist. Zwei Erzählungen der *Cento novelle antiche* (Ende 13. Jh.) zeigen Ezzelino als
unbedingten, aber nicht unmenschlichen Herrn seiner Untertanen,
deren Schliche er aufdeckt und ahndet. Spätere Zeiten dichteten
dem Frauenfeind sogar Liebesgeschichten an, so die Leidenschaft
zu der Witwe eines gefallenen Feindes, die seinen Nachstellungen
nur entgehen kann, indem sie sich das Haupt an der Grabplatte des
Gatten zerschmettert. Diese Episode ist häufig, aber ohne bleibenden Erfolg dargestellt worden (A. M. BUONFANTI DE' CASSARINI,
*L'amor fedele di Bianca da Bassano*, poema liritragico 1653; C. DOT-
TORI, *Bianca*, Dr. 1671; G. SALE, *Bianca*, Dr. 1775; M. R. GALVEZ DE
CABRERA, *Blanca de Rossi*, Dr. 1804; H. J. COLLIN, *Bianca della Porta*,
Dr. 1809; V. di BASSANO, *Bianca de' Rossi*, Gedicht 1832; F. ZAM-
BONI, *Bianca della Porta*, Dr. 1856; G. RAMELLI, *Bianca da Bassano*,
Dr. 1869; G. BERTOLDI, *Bianca de' Rossi*, Romanze 1871).

Ins Teuflische gesteigert wurde Ezzelinos Gestalt in dem lateinischen Renaissance-Drama des Albertino MUSSATO (*Ecerinis* um
1300). Das Werk setzt mit dem Bekenntnis der Mutter ein, daß sie
ihre Söhne Ezzelino und Alberich vom Satan empfangen habe;
Ezzelino fühlt sich durch diese Enthüllung in seinem Charakter
bestätigt und schreitet als von Gott gewollter Tyrann auf das Ziel
der Weltherrschaft mit der gleichen Unbeirrbarkeit zu wie auf den
ihm von der Mutter geweissagten Tod. In späteren italienischen
Tragödien wurde Ezzelino zu einer marionettenhaften Tyrannen-
gestalt (G. BARUFFALDI, *L'Ezzelino* 1721; C. MARENCO, *Ezzelino
terzo* 1832). Einige Züge dieses gedanklich und formal strengen
Werkes übernahm EICHENDORFF in sein von RAUMERS *Geschichte der
Hohenstaufen* (1824–26) angeregtes Trauerspiel *Ezelin von Romano*
(1828), gestaltete sie aber wesentlich weicher. Ezelins Zusammenhang mit dem dämonischen Bereich führt nicht über seine eigene
Abkunft, sondern über die seines außerehelichen Sohnes Ugolin,
der ihm auch seinen Tod weissagt. Das Hybris-Motiv Mussatos
faßte Eichendorff spezieller als Abfall vom Kaiser und Errichtung
eines selbständigen italienischen Staates.

Gegenüber der bewegten und individuellen Gestaltung des Stof-
fes in diesen beiden Dramen wirkt eine spätere Verwendung als
Erstarrungsprozeß. Ezzelino erscheint als typischer Renaissance-
Despot (C. F. MEYER, *Die Hochzeit des Mönchs* 1884), an dem
besonders das Problem des vorbestimmten Todes interessiert
(G. PFIZER, Romanzenzyklus 1840; E. SCHUMANN, *Das letzte
Geschick*, Erz. 1936).

O. Brentari, Ecelino da Romano nella mente del popolo e nella poesia, Padua
1889; E. Stieve, Der Charakter des Ezzelino von Romano in Anekdoten und
Dichtungen, (Historische Vierteljahrsschrift 13) 1910; L. Bianchi, Eichendorffs

Ezelin von Romano und Mussatos Ecerinis, (Zeitschrift für deutsche Philologie 64) 1939.

**Fair Rosamond** → Rosamond, Fair

**Falieri, Marino.** Nach italienischen Chroniken wurde Marino Falieri (1274–1355) in seinem achtzigsten Lebensjahr 1354 zum Dogen gewählt. Er nutzte den auf sozialen Mißständen beruhenden Unwillen im Volke zu einer Verschwörung gegen die Vorherrschaft des Adels. Den Anstoß zu seinem Entschluß gab ein Pasquill, das einer der Angehörigen des Adels, Steno, gegen ihn und seine blutjunge Gattin gerichtet hatte, sowie die geringe Buße, mit der dessen Standesgenossen im Rat der Vierzig diesen Angriff bestraften. Der Umsturzplan wurde verraten und Marino Falieri hingerichtet.

Das Motiv von der mißglückten ↑ Verschwörung gegen eine bevorrechtigte Kaste erhält im Falieri-Stoff durch die ursächliche Verbindung mit der gegen das Privatleben des Anführers gerichteten Beleidigung seinen besonderen Akzent. Neben den Motiven des achtzigjährigen Dogen für einen Staatsstreich wird damit die in den Konflikt einbezogene Gestalt der jugendlichen Dogaressa je nach der Rolle, die ihr die Dichtung zuweist, richtungweisend für die Handlungsführung. Die Dogaressa kann passiv, eine unschuldige, treue Frau sein, für deren Ehre der Gatte eintritt, sie kann auch selbst politisch in einer oder der anderen Richtung aktiv werden; andererseits kann der Angriff des Pasquillanten auch zu Recht bestehen und sie durch eine mehr oder weniger schuldige Liebe an einen anderen Mann gebunden sein.

Der Falieri-Stoff ist erst sehr spät literarisch fruchtbar geworden. Für Deutschland kann J. F. Le Brets *Staatsgeschichte der Republik Venedig* (1773) als Ausgangspunkt angesehen werden; sie berichtet die Ereignisse nicht in trockenem Chronikstil, sondern arbeitet in lebhafter, mit Dialogen durchsetzter Erzählweise das Motiv der Eifersucht heraus und prägt den Stoff literarisch. Nach einem die politischen Ereignisse nur zur Schilderung von Geheimbünden und Räuberbanden benutzenden Schauerroman (Anonymus, *Die Bundesbrüder* 1803) hat dann die Spätromantik den Stoff voll und in mehreren interessanten Varianten entwickelt. E. T. A. Hoffmanns Novelle *Doge und Dogaresse* (1819) ließ den fast grotesk wirkenden senilen Dogen und die Staatsaktion hinter der Liebe zwischen der Dogaressa und dem Gondoliere und Verschwörer Antonio zurücktreten; da die Liebenden die Möglichkeit einer Vereinigung nur im Tode sehen, stürzen sie sich gemeinsam ins Meer. Ein Opernplan Robert Schumanns ging von Hoffmanns Motiven aus (1838). Im Drama Lord Byrons (1821) dagegen rückte die politische Handlung in enger Anlehnung an die Quellen in den Mittelpunkt; des Dogen Heirat war eine edelmütige Handlung, die Dogaressa ist unschuldig und sucht bei seiner Verurteilung die Ehre ihres Mannes zu verteidigen. 1829 folgte die Tragödie des Franzosen DELAVIGNE, der den Stoff nach dem Thema des ↑ Ehebruchs hin entwickelte: Eléna liebt des Dogen Neffen Fernando, der im Duell mit dem Beleidiger Steno büßend fällt, während der Doge seiner Frau ihre Schuld verzeiht. Mit der bedeutendsten italienischen Fassung, DONIZETTIS an Delavigne anschließender Oper (1835, Text E. BIDERA), war dann die große Zeit des Stoffes abgeschlossen; Nachklänge lassen sich in einem Gedicht der Gräfin HAHN-HAHN (in *Venetianische Nächte* 1838) und in den Dramen-Fragmenten GUTZKOWS (1839) und O. LUDWIGS (seit 1839) sehen, die sich in der Rolle der Dogaressa an Byron anlehnten; Ludwig dachte sich den Dogen als einen innerlich jungen Mann, der seine Frau wirklich liebt. Gedanken GRILLPARZERS über den Stoff gingen in *Ein treuer Diener seines Herrn* (1828) ein.

Eine zweite, aber ungleich dürftigere Blütezeit erlebte der Stoff im Zeitalter des Historismus, als das Kolorit der italienischen Renaissance literarische Mode wurde. F. KUGLERS Drama *Doge und Dogaressa* (1851) bildet den Übergang: Falieri erscheint als Richter der unerlaubten Liebe seiner Frau, ersticht deren Liebhaber im Duell und läßt darüber die anberaumte Revolution im Stich. Die weiteren Bearbeitungen lehnten sich an eines der großen Vorbilder, an Byrons politische Akzentuierung (H. KRUSE, Dr. 1876; A. Ch. SWINBURNE, Dr. 1885; W. WALLOTH, Dr. 1888), an Hoffmanns Romanze von den schuldlos Liebenden (MURAD EFENDI, d. i. F. v. WERNER, Dr. 1871; W. FREUDENBERG, Oper 1889; L. ROSELIUS, *Doge und Dogaressa*, Oper 1928) oder an das Ehebruchsthema Delavignes an (J. F. LAHMANN, Dr. 1910), mischten aber im übrigen die von diesen erprobten Motive. A. LINDNER (Dr. 1875) erfand eine Dogaressa, die ihren Mann gefangennehmen und ihn sich selbst das Todesurteil sprechen läßt, und M. GREIF (Dr. 1878) faßte den Untergang Falieris nach Art der Schicksalstragödie als ein über die Familie hereinbrechendes Verhängnis auf. In Italien wurde der Stoff auch in Form des historischen Romans behandelt (F. VENOSTA 1886; F. LODI 1891).

F. Michel, Über die dramatischen Bearbeitungen der Verschwörung des Marino Falieri im Anschluß an Byrons Tragödie, (Berichte des Freien Deutschen Hochstifts) 1885/86; I. Kuhnt, Die deutschen Marino Falieri-Dichtungen, Diss. Breslau 1931.

**Falscher Waldemar** → Waldemar, Der Falsche

**Falstaff.** Die Beziehung des englischen Königs Heinrich V. (1387–1422) zu dem als Anhänger der Lehre Wyclifs 1417 hingerichteten Sir John Oldcastle hat zu einem von der historischen Wirklichkeit völlig abweichenden Stoffkomplex geführt. Heinrich V. war bei seinem Volk gerühmt und beliebt als Wiederhersteller der inneren Ordnung, Eroberer Nordfrankreichs und Sieger der Schlacht bei Azincourt; ihm wurde in der *Historia Anglicana* des Thomas WALSINGHAM (um 1422) nachgesagt, daß er bald nach seiner Thronbesteigung eine Wandlung zu einem ernsthaften, maßvollen und ehrenhaften Menschen durchgemacht habe, ohne daß von einem vorhergehenden schlechten Lebenswandel etwas erwähnt worden wäre. Wenig später berichteten Chroniken bereits von einem durch leichtsinnigen Lebenswandel hervorgerufenen Zerwürfnis mit dem Vater und von der Erschütterung und Bekehrung durch dessen Tod. Robert FABYAN (*The New Chronicles of England and France* 1504) schließlich übertrug Züge aus der Vita Eduards II. auf Heinrich V. und berichtete von des Prinzen Verkehr mit ausgelassenen und wilden Kameraden und deren Verbannung bei der Thronbesteigung, wodurch die Sinnesänderung des jungen Königs um so besser zur Wirkung kam.

Über Heinrichs Beziehungen zu dem als Ketzer und Führer der Lollarden hingerichteten Oldcastle ergibt sich aus den Akten des kirchlichen Prozesses eine offenbar wirklich enge Verbundenheit: Der König bewog die Geistlichkeit zum Aufschub der Anklage, weil er dem Ritter selbst ins Gewissen reden wollte, und nachdem das in einer heftigen Szene mißlungen war, erreichte er während der Verhandlung noch einmal einen Aufschub des Urteils, weil er mit Oldcastles Widerruf rechnete. Statt dessen entfloh Oldcastle aus dem Tower. Trotz Acht und Bann konnte er sich drei Jahre lang bei seinen Glaubensbrüdern in Wales verbergen und wurde dann 1417 gefangen und gerichtet. Während die kirchlichen Akten einen aufrechten, wenn auch heißblütigen und trotzigen Mann erkennen lassen, der jeden Kompromiß ablehnte und für seinen Glauben starb, ergibt sich aus den staatlichen Akten das Bild eines Empörers, der die Lollarden vor London zu einem Aufstand und Angriff auf das Leben des Königs versammelte. Aus weiteren zeitgenössischen Quellen (Thomas ELMHAM, *Gesta Henrici Quinti*; Thomas OCCLEVE, Ballade) läßt sich eine niedere Herkunft des Ritters, der seine kriegerische Laufbahn mit Räubereien während eines Aufstandes in Wales begann, sowie das mißbilligende Urteil der Zeitgenossen entnehmen: das Verhalten eines Ritters, der sich nicht durch Widerruf die Möglichkeit einer Teilnahme am französischen Feldzug erwarb, erschien verächtlich. Die geistliche Chronik-Tradition des folgenden Jahrhunderts und vor allem die gegen die Ketzer gerichteten sogenannten *Lollarden-Lieder* bauten diese Züge aus, und Oldcastle wurde zur Gestalt eines lächerlichen Ritters, der, statt in den Krieg zu ziehen, mit Bibelsprüchen prunkt, sich feige bei besitzlosem Gesindel herumdrückt und ein Räuberleben führt. Mit der Reformation schlug dann die Einschätzung Oldcastles völlig in das Gegenteil um: er wurde zum Vorläufer und Märtyrer des Protestantismus, habe sich allerdings erst nach einer Erweckung von seinem wilden Jugendleben abgekehrt.

Beiden stets als freundschaftlich verbunden bezeugten Gestalten dichtete die Sage also eine Wandlung an: dem König eine moralisch-politische, dem Märtyrer eine moralisch-religiöse. Dazu trat die Tatsache, daß sie sich entzweiten und der König schließlich den einstigen Freund hinrichten ließ. Der unbekannte Autor des vor 1588 schon gespielten, 1598 gedruckten Volksstücks *The Famous Victories of Henry the Fifth* machte aus der wilden Jugendzeit beider Gestalten eine gemeinsame und setzte so die beiderseitige Entwicklung in eine Beziehung. Prinz Heinz ist Mitglied einer Räuberbande, in der Oldcastle, der von dem künftigen König eine dicke Pfründe erhofft, den Ton angibt. Heinrich aber bekehrt sich im Augenblick des Herrschaftsantritts und verbannt seine ehemaligen Gefährten; wenn er Gutes über sie hört, will er sie vielleicht begnadigen. Der Prinz ist nach dem Muster des damals beliebten Stoffes vom → verlorenen Sohn, Oldcastle nach dem Typus des Miles gloriosus gestaltet. Die Wege der Jugendgefährten führen mit der Wandlung des Königs auseinander, Heinrich sagt sich von Oldcastle los. Daß dieser seinerseits eine Wandlung durchmachte und diese eher der Grund der Entfremdung ist als die seines fürstlichen Freundes, wird nicht erwähnt; das Märtyrertum Oldcastles scheint dem Verfasser unbekannt und bleibt von diesem Strang der Stoffentwicklung ausgeschlossen.

Shakespeares zweiteiliges Drama *Heinrich IV*. (1597/98), das auf den *Famous Victories* fußt, schloß die Gestalt Oldcastles der katholischen Tradition noch stärker an und zeichnete einen Parasiten, Feigling und Frömmler, der außerdem durch sein Alter und seine Beleibtheit clownhafte Züge eines geprellten ↑ Senex amans erhielt. Er ist innerlich und äußerlich Kontrastfigur des Prinzen, dessen bessere Natur unter dem üblen Schein durchleuchtet und so seine spätere Wandlung glaubhafter macht. Erst nachdem Shakespeare den zweiten Teil des Dramas geschrieben hatte, erfuhr er von dem Märtyrertum Oldcastles, suchte Einwänden durch einen Prolog zu begegnen und änderte schließlich den Namen des Helden, der dem historischen Oldcastle nicht mehr entsprach, in Falstaff um. Der Einspruch des puritanischen Teiles der Bevölkerung wird auch an dem Drama *First Part of the History of the Life of Sir John Oldcastle, Lord Cobham* (1599) von Munday/Drayton/ Wilson/Hathway deutlich, das Oldcastle als Freund des Königs und Glaubenshelden darstellt und alle die Untugenden, die ihm von der katholischen Tradition nachgesagt worden waren, auf einen katholischen Geistlichen übertrug. Es endet, ähnlich wie eine gleichzeitige epische Darstellung der ↑ Märtyrer-Vita durch John Weever (*The Mirror of Martyrs*, entst. 1599, Druck 1601), mit der Flucht nach Wales.

Inzwischen hatte die Falstaff-Gestalt solche Beliebtheit errungen, daß Shakespeare sie zwar nicht in *Heinrich V*., dafür aber –

wahrscheinlich im Auftrag der Königin Elisabeth – in einem rein
lustspielmäßigen Rahmen verwandte (*Die lustigen Weiber von Windsor* 1600): als einen großspurigen Schwerenöter, der von zwei
Frauen, denen er gleichzeitig Liebesanträge macht, und deren
Ehemännern gefoppt und bestraft wird. Diese verengende Weiterentwicklung der Figur führte schließlich zum urkomischen Opernhelden bei SALIERI (*Falstaff* 1798), S. H. MOSENTHAL / O. NICOLAI
(*Die lustigen Weiber von Windsor* 1849) und A. BOITO / VERDI (*Falstaff*
1893); Boito gab der Gestalt wieder einige Züge aus *Heinrich IV.*
zurück. Das Heinrich-Falstaff-Drama wurde 1723 von A. HILL
erneuert, während A. DUVALS *La jeunesse de Henri V* (1806) nicht als
Weiterentwicklung des Stoffes zu betrachten ist, da das Drama
eigentlich Karl II. zum Helden hat und die Titelgestalt nur aus
Zensurrücksichten in Heinrich V. umgewandelt wurde.

W. Baeske, Oldcastle-Falstaff in der englischen Literatur bis zu Shakespeare,
1905; P. Kabel, Die Sage von Heinrich V. bis zu Shakespeare, 1908.

**Falun** → Bergwerk zu Falun

**Fastrada** → Karl der Große

**Faust.** Leben und Charakter des Georg Faust (um 1480–1540),
der sich in Universitätsstädten wie Wittenberg, Erfurt und Ingolstadt aufhielt und die Modewissenschaften seiner Zeit, Medizin,
Astrologie und Alchimie, bis zur Scharlatanerie trieb, bekamen
schon in den Berichten seiner Zeitgenossen sagenhafte Züge. Die
Überlieferungen, die sich vor allem im Melanchthon-Kreis in
Wittenberg (Johann Mennel, August Lerchheimer), aber auch in
Nürnberg, in Erfurt (Mutianus Rufus) und am Oberrhein (Johann
Trithemius) herausbildeten, lassen Faust in Krakau Magie studieren, Geisterbeschwörungen veranstalten, Prophezeiungen aussprechen, in Venedig einen Flugversuch unternehmen und schließlich vom Teufel, der die Gestalt eines Hundes angenommen hat,
geholt werden.

Aus diesen Ansätzen erwuchs die Faust-Sage, die ihren Niederschlag in dem bei Spieß in Frankfurt / Main gedruckten Volksbuch
*Historia von D. Johann Fausten* (1587) gefunden hat. Nach ihm wird
Faust in Roda bei Weimar geboren, studiert mit Hilfe eines Verwandten in Wittenberg Theologie, von der er sich aber nach dem
Doktorexamen ab- und in Krakau der Magie zuwendet. Erkenntnisdrang und Überhebung führen zu einem Pakt mit dem teuflischen Diener Mephistopheles: nach 24 Jahren, in denen Faust jeder
Wunsch erfüllt wird, soll seine Seele dem Teufel zufallen. Die
ersten acht Jahre verbringt Faust teils mit Studien, teils in Genüßle-

ben in Wittenberg; seine Absicht, zu heiraten, widerspricht dem
Plan des Teufels, der ihm statt dessen jede Buhlschaft verspricht,
die er begehrt. Anfälle von Reue betäubt der Teufel mit zauberi-
scher Musik. Weitere acht Jahre verbringt Faust auf einer kosmi-
schen und irdischen Reise, die ihn zum Vatikan, zum Sultan nach
Konstantinopel und an den Kaiserhof führt; mit Zauberkunststük-
ken setzt er die große und die kleine Welt in Erstaunen. Dann kehrt
er nach Wittenberg zurück. Der Bekehrungsversuch eines weisen
Mannes endet mit einer zweiten Blutverschreibung an den Teufel.
Vor Wittenberger Studenten beschwört Faust die Gestalt Helenas,
verliebt sich in sie und vermählt sich mit dem Schemen; aus der Ehe
geht ein Sohn Justus Faustus hervor. Faust stirbt in Angst und
Zittern, nachdem er sich von seinen Studenten in einer großen
Klagerede verabschiedet hat; sein Haus vermacht er seinem Famulus Wagner; Helena und ihr Sohn verschwinden bei seinem Tode.

Das *Volksbuch* erfuhr schon 1589 eine Erweiterung durch die
Geschichte von Fausts Faßritt und fünf aus der Erfurter Tradition
stammende Geschichten. Es wurde 1593 fortgesetzt durch das
*Leben Christoph Wagners*, in dem der Famulus die Zaubereien und
Reisen seines Meisters in der Neuen Welt betreibt. Die Bearbeitung
G. R. WIDMANNS (1599) unterlegte die Vita Fausts der größeren
Glaubwürdigkeit halber mit Daten und baute sie genau der Luthers
parallel; das Eheverbot wurde hier gleich in den Pakt aufgenom-
men, und Fausts erotische Beziehungen wurden unterdrückt.

Der Faust-Stoff verschmolz das Charakterbild eines für die Zeit
der Renaissance und des Humanismus bezeichnenden und als
Gefahr erkannten skrupellosen und zynischen Abenteurers mit
dem christlich-mittelalterlichen Motiv vom verdammten Magus.
Die Beherrschung der Naturkräfte bei der Vollführung von Wundertaten war für christliches Denken nur als Ausfluß der Hilfe
Gottes oder der Heiligen statthaft; ohne diese war sie das Zeichen
für eine Verbindung mit den Mächten des Bösen und trug diabolischen Charakter. Solche Kräfte wurden daher in den frühchristli-
chen Sagen von Simon Magus und Cyprian heidnischen Menschen
zugeschrieben, die mit der Bekehrung diese Künste ablegten. Erst
in der mittelalterlichen → Theophilus-Legende erscheint das
Motiv des Abfalls von Gott und des Paktes mit dem Teufel, denn
hier ist der Magier ein christlicher Bischof, der allerdings zuletzt
durch seine Reue und die Hilfe der Mutter Gottes gerettet wird.
Sein Bild mag auf die Faust-Figur eingewirkt haben, die jedoch
auch Züge von anderen ↑ Teufelsbündner- und Zaubererfiguren
annahm (→ Merlin, → Robert der Teufel, → Päpstin Johanna) und
die mit ihren Reisen und Streichen auch eine gewisse Verwandtschaft zu → Eulenspiegel zeigt. Die unverwechselbaren Kennzeichen Fausts sind jedoch sein Gelehrtenhochmut, Ehrgeiz und
Machtgier des Intellektuellen, dessen Widerchristlichkeit nun nicht
nur im Bündnis mit dem Teufel, sondern auch in seiner Verbindung mit der antiken, also heidnischen Helena, die als Werkzeug
der Hölle fungiert, zum Ausdruck kommt. Er wird, besonders

ausgeprägt in Widmanns Bearbeitung, als Gegentyp des demütigen, sündenbewußten lutherischen Menschen empfunden und kann durch keinerlei Gnadenmittel erlöst werden, denn er hat die größte dem Protestantismus denkbare Sünde begangen: er hat an Gott gezweifelt, Vertrauen und Hoffnung auf Gott aufgegeben. Wie nahe der Typus Faust dem Geist der Zeit war, zeigt das Mitleid, das bei allem Grauen und aller Entrüstung in der jammervollen Schlußszene mitschwingt, in der die Tragödie des modernen Menschen aufgezeigt ist, den seine Freiheit und seine Schwäche dem Bösen ausgeliefert haben.

Das glückliche Zusammentreffen einer vergeistigenden Übersetzung (von P. F., um 1590), einer entwickelten Theaterkultur und eines dem faustischen Geist innerlich nahen Autors führten in England zu einer baldigen Umgießung des Stoffes in dramatische Form. Christopher Marlowes *Tragical History of Doctor Faustus* (Auff. seit 1594, Druck 1605) spannte das Schicksal Fausts in einen augenfällig dialektischen Rhythmus, in den Widerstreit von gutem und bösem Engel, Bibel und Magie, Reue und Sünde, tragischen und komischen Szenen. Marlowe arbeitete den latenten Titanismus Fausts und die düstere Melancholie eines fast zum Gefährten im Unglück erhobenen Mephisto heraus, er schuf den großartigen Eingangsmonolog im Studierzimmer, er endete mit der unabdingbaren Verdammung, deren Nahen durch die zwölf Schläge der Uhr angezeigt wird; der Schlußchor beklagt den tiefen Fall des hochstrebenden Mannes.

Der Faust-Stoff blieb in England und Deutschland für annähernd 200 Jahre eine Domäne des Theaters und sank dabei von der bei Marlowe erreichten Höhe bis zum Spektakel- und Zauberstück herab. Als zerspielter Marlowe-Text kam der Stoff mit den Englischen Komödianten nach Deutschland; die erste Aufführung ist 1608 in Graz nachzuweisen. Jedoch haben auch die Weiterbildungen des deutschen *Volksbuches* auf die Entwicklung des Volksschauspiels eingewirkt. Pfitzers kürzende, die antikatholische Tendenz zurücknehmende Version (1674) leitet aus dem Eheverbot eine Liebesgeschichte ab: Fausts geplante Ehe mit einem armen Mädchen wird von Mephisto durch die Verbindung mit Helena hintertrieben, ein zukunftsreiches Motiv, das auch die noch stärker zusammenziehende Fassung des Christlich-Meynenden (1725) bewahrte; bei ihm schließt Faust den Pakt nicht nur aus Wissensdurst, sondern auch aus Geldmangel, ein Zug, der dem Charakter Fausts und seines heiteren Dieners in den Volksschauspielen entspricht. Mit dem Marloweschen Text war auch die von ihm eingeführte komische Person übernommen worden, die als Hanswurst oder später Kasperl Fausts Diener abgab. Besonders ausgebildet wurde die Funktion dieser Figur in Wien; J. Stranitzky (*Leben und Tod Fausts* 1715) stellte Hanswurst als parodistisches Gegenbild und heiteren Kritiker neben Faust und leitete damit eine Entwicklung ein, die noch in A. Bäuerles Märchenstücken (*Doktor Fausts Mantel* 1817, u. a.) nachwirkt. In Wien wurde auch der bis dahin in der Maske eines Franziskaners auftretende Mephisto in einen Kavalier umgewandelt. Eine ähnliche Entwicklung vollzog sich in England, wo etwa William MOUNTFORTS Farce *Life and Death of Doctor Faustus* (1684) mit dem Auftreten von Harlekin und Skaramuz sowie Gesangs- und Tanzeinlagen die Emanzipation des Komischen anzeigt, die dann mit der Pantomime *Arlequin Doctor Faustus* (1724) ihre Höhe erreichte und noch in der parodistischen, am Hofe Königin Elisabeths spielenden *History of the Magician Faustus* (1776) A. HAMILTONS nachklingt. Die Puppenspiele vom Doktor Faust, die seit 1746 nachweisbar sind, bewahrten zur Zeit des durch die »gereinigte Schaubühne« geänderten Geschmackes den Stoff. SIMROCK hat 1846 unter Zusammenfassung der Quellen ein solches Spiel wiederhergestellt, das in seinem Motivbestand als beispielhaft für diesen Zweig der Tradition gelten kann; Kasperl, der mit seinem Perlippe-Perlappe die Geister regiert, ohne seine Seele dem Teufel verkauft zu haben, hat die gleiche Funktion wie in den alten Volksschauspielen. Auch die Faust-Singspiele und -Zauberpossen des 18. Jahrhunderts sind dieser Gruppe von Puppenspielen zuzuordnen. Die ernste Seite des Stoffes haben in der Zeit der geschmacklichen Verrohung die Volkslieder vom Doktor Faust bewahrt, deren eines in *Des Knaben Wunderhorn* eingegangen ist.

Schon die Volksschauspiele in den katholischen Teilen Deutschlands hatten Ansätze gezeigt, die Fabel mit der Sage von Abälard oder der von Cyprianus, die in CALDERÓNS *El mágico prodigioso* (1637) ihre dramatische Gestalt gefunden hatte, zu verbinden und so die innere Handlung über Reue und Buße der Vergebung entgegenzuführen. Jedoch erst der bürgerlich-humanitäre Geist der zweiten Hälfte des 18. Jahrhunderts vermochte diese entscheidende Änderung des Stoffes vorzunehmen. LESSING, der den Stoff für die Kunstliteratur wiederentdeckte, hatte zwei Faust-Pläne: einen, der »ganz menschlich«, ohne Teufel, nach Art des bürgerlichen Trauerspiels verfahren sollte, und einen zweiten, der dem Vorbild der alten Fabel folgen sollte und von dem man sich nach den im 17. *Literaturbrief* (1759) mitgeteilten Szenen und den Nachrichten von Lessings Freunden eine deutlichere Vorstellung machen kann. Fausts Wissensdrang bietet den Teufeln eine willkommene Angriffsfläche, aber sie triumphieren zu früh: »Die Gottheit hat dem Menschen nicht den edelsten Trieb gegeben, um ihn ewig unglücklich zu machen.« Sein guter Engel hat Faust in einen Schlaf versenkt, er träumt nur sein grausiges Geschick, und das, was die Teufel gewonnen zu haben glauben, ist nur ein Phantom.

Die Faust-Bearbeitungen der folgenden Jahrzehnte schwanken zwischen der pessimistischen und der von Lessing gewiesenen optimistischen Lösung. Im Zeichen des bürgerlichen Trauerspiels rückte Faust den Verführergestalten des zeitgenössischen Romans und Dramas näher. Das Auftreten von Fausts Eltern bringt Momente der Rührung, es greift eine Neigung zum Opfer, zur

Versöhnung, zur Umkehr des Sünders Platz (P. WEIDMANN 1775).
Dem Titanentrotz des Sturm und Drangs dagegen war das wüste
Leben und unselige Ende Fausts willkommen. Maler MÜLLERS
Fragmente (*Situation aus Fausts Leben* 1776; *Fausts Leben dramatisiert*
1778) zeigen einen wilden Genießer ohne Tiefe, sie brechen ab, als
Fausts Entwicklung einsetzen müßte. LENZ' Fragment *Die Höllen-
richter* (1777) schildert als höllische Qual des verdammten Faust die
Einsamkeit, das Leben ohne Liebe. F. M. KLINGERS Roman *Fausts
Leben, Taten und Höllenfahrt* (1791) stellte aus tief pessimistischer
Sicht eine Welt dar, in der die Ausbildung des echten Menschen
durch Staat, Kirche und Gesellschaft verhindert wird. Faust, der
gehofft hatte, durch das Bündnis mit dem Teufel die Welt mittels
der von ihm erfundenen Buchdruckerkunst bessern zu können,
gerät in Schuld, so daß er schließlich den Teufel um den Tod bittet;
die Identität Fausts mit dem Mainzer Buchdrucker Fust hatte zuerst
J. G. NEUMANN 1683 behauptet. Zwischen rührseligen Erlösungs-
tendenzen und dem harten realistischen Gang des alten Volksbuches schwankten sowohl F. J. H. v. SODEN (1797) wie J. F. SCHINK
(1804), die beide schon mit GOETHES »Fragment« (1790) bekannt,
aber von ihm weitgehend unabhängig waren. Der geschickt die
bisherigen Motive zusammenziehende Graf Soden entschloß sich
trotz reuiger Umkehr Fausts dann doch zu einem verdammenden
Schluß. Schink hatte schon 1778 in einer lustspielhaften Fassung die
Erlösung durch die Liebe eines Mädchens eingeführt, die er nun
ernsthaft zu gestalten suchte: nicht der Pakt allein, sondern erst drei
zusätzliche Sünden würden Faust verdammen. Das Faust-Thema
war um die Wende zum 19. Jahrhundert so beliebt geworden, daß
sich TIECK in einem *Anti-Faust* (1801) gegen die Faust-Inflation
wenden konnte.
     Entscheidende Station auf dem Wege des Faust-Stoffes wurde
die Veröffentlichung des ersten Teiles von GOETHES *Faust* (1808),
der die im »Fragment« verheißene Neugestaltung des Stoffes zu
einem vorläufigen Abschluß brachte. Angeregt von Puppenspiel
und Volksbuch, erwachsen aus verwandtem Wissensdurst und
Erlebnishunger und dem Lebensgefühl des Titanismus, zunächst
überwuchert vom Liebeserlebnis und vom Schicksal der Kindsmörderin, wodurch Goethes *Urfaust* zur Liebestragödie geworden
war, erschien das Faust-Thema nun im vollendeten ersten Teil der
Tragödie als ein zwischen die Pole Genuß und Streben gespanntes
Seelendrama, vor dessen Durchführung das »Fragment« noch
resigniert hatte. Der erst jetzt ausgeführte Pakt zwischen Mensch
und Teufel, dessen Einlösung an die Voraussetzung geknüpft ist,
daß Fausts Vorwärtsstreben zum Stillstand zu bringen sei, steht im
Schatten eines größeren Vertrages zwischen dem an die zwar
irrende, aber gute Menschheit glaubenden Gott und Mephistopheles, der dramaturgisch gleichwertig gewordenen Verkörperung
des Bösen, des Nihilismus und Skeptizismus. Planungen der
widergöttlichen Welt gegen den Menschen kannte schon Lessings
Fragment, bei Goethe aber sind die teuflischen Pläne in den göttli-

chen Weltplan eingeordnet, worauf sich die Zuversicht gründet, der am Schluß des Dramas in Schuld verstrickte Faust werde am Ende eines zweiten Teiles der Dichtung erlöst werden, so wie sich in der Gretchentragödie das »gerichtet« des *Urfaust* in ein »gerettet« des ersten Teiles verwandelt hatte.

Erst rund 25 Jahre nach dem Erscheinen des ersten Teiles erschien der zweite von Goethes *Faust*. Das Warten, Rätseln und Zweifeln in bezug auf die Möglichkeit eines Abschlusses bestimmten die Zwischenzeit. Das Interesse an dem Stoff war allgemein, aber die Produktion anderer Dichter stand im Schatten sowohl des vollendeten ersten wie des erwarteten zweiten Teiles von Goethes Werk; sie ist in jedem Falle als Auseinandersetzung mit Goethe zu betrachten. Faust schien durch Goethes Gestaltung zu symbolischer Bedeutung und zu mythischer Höhe erhoben, und man rückte ihn gern in die Nähe anderer mythischer Gestalten, wie die → Don Juans, → Prometheus', die des → Ewigen Juden. Schon das aus gelehrtem Wissen konstruierte Drama N. VOGTS *Der Färberhof oder die Buchdruckerei in Mainz* (1809) brachte die Verbindung mit Don Juan, die dann Ch. D. GRABBE nicht durch Vermischung, sondern durch Konfrontierung beider Gestalten vollzog (*Don Juan und Faust* 1829). Aus nihilistischer Sicht dargestellt, gibt Faust sich aus Lebensüberdruß schon vor der Zeit dem Bösen zum Opfer; er tritt hinter der farbigeren und vitaleren Gestalt Don Juans zurück. Aus einer ähnlichen Seelenhaltung und Zeitstimmung ist A. v. CHAMISSOS *Faust* (1804) gesehen, der den Selbstmord begeht, um vielleicht im Tode die Wahrheit zu erfahren, die ihm das Leben vorenthält. A. PUSCHKINS *Faust* (1826) zeigt eine andere Variante des Zeitgeistes: statt des Erlebnishungers des Goetheschen Faust ist es die Erkenntnis der Sinnlosigkeit des Daseins, die Langeweile, die Faust von Gott entfernt. In GRILLPARZERS frühem Fragment (1811) nimmt der Dualismus in Fausts Brust die für den menschenscheuen Dichter bezeichnende Formel Verlockung der Welt – Herzensfrieden an. Der Faust A. v. ARNIMS in dem Roman *Die Kronenwächter* (1817) dagegen ist bewußt an das Volksbuch angelehnt und präsentiert sich als kraftvoller Trinkkumpan, Wunderdoktor und Betrüger. Das Bild der Faust-Bearbeitungen des beginnenden 19. Jahrhunderts wird ergänzt durch die in gewissem Gegensatz zu Goethe stehenden, von philosophischer Überhöhung Abstand nehmenden Gebrauchsstücke etwa KLINGEMANNS (1815), J. v. VOSS' (1823) und HOLTEIS (1829) oder auch die erste Faust-Oper (J. C. BERNARD / L. SPOHR 1814), die Fausts Charakter dem Don Juan annäherte. Alle diese Autoren verdammen Faust, nur bei Holtei bekehrt er sich auf dem Scheiterhaufen. Bezeichnend ist, daß diese Werke auf die Gestalt der verlassenen unschuldigen Geliebten neben Helena nicht mehr verzichten. Die neue Position Fausts als eines Mannes zwischen zwei Frauen belegt auch des Engländers G. SOANE erfolgreiches Teufelsstück *Faustus* (1825). Schließlich sind die meist gut gemeinten, Goethes eigener Lösung vorgreifenden Fortsetzungen zu Goethes *Faust I* zu erwähnen, von denen die eine mit der

Erlösung nicht nur Fausts, sondern auch Ahasvers und Mephistos schließt (J. D. HOFFMANN 1833).

   Die werbende Tätigkeit der Mme de Staël für Goethes Werk bewirkte, daß auch Frankreich zum erstenmal einen Beitrag für die Geschichte des Faust-Stoffes lieferte; das von Palma CAYET 1598 übersetzte und 1776 in der *Bibliothèque des romans* aufgenommene *Volksbuch* hatte in Frankreich keine besondere Wirkung ausgeübt, und auch jetzt noch wandte sich das Interesse, wie sich schon in der Interpretation der Mme de Staël zeigt, weniger der Gestalt des suchenden und irrenden Faust als den höllischen Zügen des Mephistopheles und den rührenden Gretchens zu. In BÉRAUD / MERLES mit L. A. PICCINIS Musik versehener Féerie (1828) gelangten Goethes Personen zum erstenmal auf eine französische Bühne und erreichten eine Popularität, die sich durch LESGUILLONS Drama *Méphistophélès* (1832) noch verstärkte. Der Bevorzugung des dämonischen vor dem lyrischen Element folgte später des Italieners Arrigo BOITO Oper *Mefistofele* (1868), während Frankreichs populärster Beitrag zum Faust-Stoff GOUNODS sentimentale Oper *Faust et Marguérite* (1859) wurde. H. BERLIOZ' dramatische Legende *La Damnation de Faust* (A. GANDONNIÈRE / H. BERLIOZ 1846) wurde erst 1908 für die Bühne bearbeitet.

   Die für die Verbreitung des Faust-Stoffes so bedeutsam gewordene Gretchentragödie wurde innerhalb von GOETHES Drama mit der Vollendung von *Faust II. Teil* (1832) wieder zu dem, was sie ihrer Funktion nach sein mußte: eine Station unter vielen. Die stofflich nahe Verbindung zur allgemeinen Faust-Tradition trat mit Fausts Aufenthalt am Kaiserhof, der Beschwörung Helenas und Fausts Vermählung mit ihr wieder deutlich hervor, und zugleich wurde die innere Achse des Werkes stärker sichtbar: der ungesättigt von Erlebnis zu Erlebnis taumelnde Faust genießt auch im scheinbaren Verweilen den höchsten Augenblick nur »im Vorgefühl« und bejaht bis zuletzt sein ewiges Unbefriedigtsein. Es ist dem Teufel nicht gelungen, Faust durch Genuß zu betrügen, und die Wette, die nach dem irdischen Pakt einlösbar scheint, ist vor einem höheren Forum verloren. Faust ist dem ewigen Tode bereits entrissen, und jenseits des Irdischen begnadigt ihn die Liebe von oben. Stofflich selbständige Elemente, denen der Dichter Symbolkraft verlieh, wie der Mummenschanz, die Klassische Walpurgisnacht, die Gestalt des Homunculus, die symbolische Vereinigung von Antike und Mittelalter in Euphorion, die Gestalten von → Philemon und Baucis, sind in die Faust-Fabel eingesprengt, und vor allem hat der auf das erlösende Ende zusteuernde Schlußakt, der Faust als Grundherrn in großartiger Kulturarbeit über egoistische Ziele hinauswachsen läßt, Gestalt und Schicksal des Suchers wesentlich erweitert.

   Das schon im ersten Teil von Goethes *Faust* aufklingende Lebensgefühl des »faustischen« Menschen, das O. Spengler hundert Jahre später als Kennzeichen der abendländischen Kultur aufgefaßt wissen wollte, spiegelte sich im 19. Jahrhundert vor allem in Leben und Werk Lord BYRONS, aber auch in den Werken SHELLEYS, in Dichtungen wie CHAMISSOS *Peter Schlemihl*, IMMERMANNS *Merlin*, CARLYLES *Sartor Resartus*, MICKIEWICZ' *Madame Twardowska*, A. WILBRANDTS *Meister von Palmyra*, W. JORDANS *Demiurgos*, R. HAMERLINGS *Homunculus* und sogar in den Schauerromanen M. G. LEWIS' und C. R. MATURINS. In mehr oder weniger mythischen und phantastischen Gestalten wurden Züge Fausts mit denen Ahasvers, Don Juans, Prometheus' vereinigt. Die Spiegelungen beweisen die Fruchtbarkeit des Faust-Stoffes mitunter stärker als die Bearbeitungen im engeren Sinne, denen durch Goethes überragendes Werk für Jahrzehnte die Lebensluft genommen schien. Mit geringen Ausnahmen wagten nur kleine Talente gegen den Riesen anzutreten. Unter den Bearbeitungen des 19. Jahrhunderts nach Goethe ist im Grunde nur N. LENAUS episches Gedicht (1836) zu nennen, das dem Faust Goethes einen sich von Gott und Natur ganz abwendenden Vertreter individualistisch-nihilistischer Weltanschauung entgegensetzte. Die Extreme pessimistisch-materialistischer und erlösungsgläubiger Haltung stehen sich am deutlichsten in W. NÜRNBERGERS *Josephus Faust* (1842), der bis zur Psychologie des Lustmordes führt, und in F. STOLTES dramatischdidaktischem Gedicht *Faust* (1858–1869) gegenüber, der den Helden durch einen großen sittlichen Läuterungsprozeß allmählich zur Erlösung heranreifen ließ. HEINES kecker, an ältere Tradition anknüpfender Ballett-Entwurf *Der Doktor Faust* (1851), der den Teufel in eine Mephistophela verwandelte, erscheint neben ernsthaften Bemühungen um den Stoff doch von geringerer Bedeutung, und F. Th. VISCHERS aus bürgerlich-liberaler Haltung entstandener, gegen Goethes Symbolismus ebenso wie gegen die Sinnhuberei der Goethe-Verehrer gerichteter parodistischer *Dritter Teil* (1862) ist, ähnlich wie WEDEKINDS Mysterium eines »weiblichen Faust« *Franziska* (1912), mehr eine literarhistorische Kuriosität.

Erst eine Zeit, die sich von der überschattenden Größe des Goetheschen Werkes wirklich gelöst hatte, konnte dem Stoff wieder schöpferisch gegenübertreten. Paul VALÉRY hinterließ episch-dramatische Fragmente *Mon Faust* (entst. 1940), deren Titel schon anzeigt, daß Valéry es für die Aufgabe des Dichters ansah, Goethes Gestalten, die nicht Rollen, sondern Aufträge seien, immer wieder mit neuem Leben zu füllen. Bereits F. BUSONI versuchte in seiner Oper *Doktor Faust* (postum 1929), den Stoff von der humanistischen Patina des 19. Jahrhunderts zu befreien, orientierte sich am Puppenspiel und zeigte einen Faust, der zunehmend über Mephisto dominiert, die Magie verwirft und sich am Ende frei vom Teufel und auch von Gott fühlt. Valérys Faust bedeutet eine Absage an die Möglichkeit, durch Erkenntnis zum Sinn vorzudringen. Im Teuflischen steckte lebensnähere Kraft als in der Spekulation. Auch in M. GORKIJS unvollendetem Roman *Das Leben des Klim Samgin* (1938) geht es um eine neue Sinngebung weniger des Faust-Stoffes als des »faustischen« Menschen. Gorkij zeigt an einem spätbürgerlichen Pseudofaust, der mit dem »kleinen Dämon« der Eigenliebe und Ehrsucht paktiert, die Pervertierung des bürgerlichen Ideals der Selbstvervollkommnung, dem er einen sozialistischen Typus entgegenstellt. Dagegen griff M. BULGAKOW in *Der Meister und Margarita* (R., entst. 1928/40, Druck 1966/67) mehr auf die alte Fabel zurück; aber der Teufelspakt, den der »Meister« und seine geliebte Margarita schließen, dient nicht der Gewinnung von Jugend, Erkenntnis, Macht oder Reichtum, sondern der von Freiheit. Nicht Goethes Faust, sondern den des *Volksbuches* beschwor Thomas MANN in *Doktor Faustus* (1947), der Schicksal und Charakter des modernen Musikers Adrian Leverkühn und zugleich des ganzen deutschen Volkes in Parallele zu denen des Zauberers aus dem *Volksbuch* setzte. Der geistige Hochmut des nur mit teuflischen Mitteln sein künstlerisches Ziel erreichenden Tonsetzers, Verschließung gegen das Kreatürliche und gegen die Liebe, Betäubung durch teuflische Musik und schließlich die große Abschieds- und Bekenntnisszene mit »Dr. Fausti Wehklag« und der sich dann anschließende Sturz in teuflische Umnachtung sind aus dem *Volksbuch* genommene, ins Moderne übertragene Motive, denen auch der Hintergrund eines Zeitenumbruchs nicht fehlt. Diesen vor allem betonte H. EISLERS am Volksbuch orientiertes Libretto *Johann Faustus* (1952). Faust-Fabel und Faust-Gestalt wurden somit auf ihre ursprüngliche aktuelle, moral- und zeitkritische Bedeutung als symptomatische Krisenerscheinung eines Zeitalters zurückgeführt. Die in dem Titel *Votre Faust* deutlich auf Valéry zurückweisende Oper von M. BUTOR/H. POUSSEUR (»Fantasie variable« 1969) ging so weit, den Pluralismus des Stoffes dadurch auszuschöpfen, daß der Ausgang wichtiger Szenen dem Publikum überlassen blieb; der Held ist ein Komponist, der mit einem Theaterdirektor einen Kontrakt über einen »Faust« schließt. Auch der Amerikaner D. J. ENRIGHT läßt in seinem kurzen versifizierten *A Faust Book* (1979) den Ausgang des Vertrages offen, die beiden Dialogpartner nehmen am Schluß gerührt Abschied voneinander: »I'll miss you«, sagt Mephisto, »but then, I'm used to missing«. Travestierende Züge bestimmen sowohl die *Faust*-Oper von E. SANGUINETI/L. LOMBARDI (1991), in der Greta ihren Enrico schließlich davonjagt, wie W. SCHWABS *Faust: Mein Brustkorb: Mein Helm* (1994), dessen Grübler am Denken scheitert.

K. Fischer, Die Faustdichtung vor Goethe (in: Fischer, Goethes Faust, Bd. I) 1909; J. Petersen, Faustdichtungen nach Goethe, (Deutsche Vierteljahresschrift 14) 1936; E. M. Butler, The Fortunes of Faust, Cambridge 1952; Ch. Dédéyan, Le thème de Faust dans la littérature européenne, 4 Bde., Paris 1954–61; H. Henning, Faust in fünf Jahrhunderten. Ein Überblick zur Geschichte des Faust-Stoffes vom 16. Jahrhundert bis zur Gegenwart, 1963; ders., Faust-Bibliographie, 4 Bde., 1966–67; A. Dabezies, Visages de Faust au XX^e siècle, Littérature, idéologie et mythe, Paris 1967; R. Schröder, Gorkis Erneuerung der Fausttradition, 1971; J. W. Smeed, Faust in Literature, London 1975; G. Eversberg, Doctor Johann Faust. Die dramatische Gestaltung der Faustsage von Marlowes ›Doctor Faust‹ bis zum Puppenspiel, 1988; A. Meier, Faustlibretti, 1990; K.-H. Hucke, Figuren der Unruhe. Faustdichtungen, 1992; H. Henning, Faust-Variationen, 1993.

**Fenicia** → Timbreo und Fenicia

**Fierabras** → Karl der Große

**Fjodor Iwanowitsch** → Demetrius

**Fliegender Holländer** → Holländer, Der Fliegende

**Floire und Blanscheflur.** Die Herkunft der Sage von Floire und Blanscheflur ist umstritten, orientalische und spätantike Vorbilder sind denk-, aber nicht nachweisbar; sicher sind Eindrücke der Kreuzzüge als thematischer Vorstellungskreis. Die älteste Fassung des französischen Versromans *Floire et Blancheflor* gilt als um 1160 entstanden und ist verloren. Vielleicht steht ihr die fragmentarisch erhaltene Eindeutschung eines maasländischen Autors, der *Trierer Floyris* (um 1170), am nächsten. Den Inhalt bewahrte die zwischen 1160 und 1175 anzusetzende sog. aristokratische Version, von der in ganz Europa Bearbeitungen entstanden: die höfische Bearbeitung des Konrad FLECK (um 1200), die mittelniederländische Fassung des DIEDERIK VAN ASSENEDE *Floris ende Blancefloer* (um 1250) und eine gekürzte englische Fassung (Mitte 13. Jh.); von diesen sind weitere Fassungen abhängig. Die erste Prosafassung *Flóres saga ok Blankiflúr* entstand um 1300 in Norwegen; von ihr hängen alle skandinavischen Fassungen ab.

Die aristokratische Version erzählt, wie eine Christin auf einer Pilgerfahrt in die Gefangenschaft des heidnischen spanischen Königs gerät und die Vertraute der Königin wird. Beide Frauen bringen am gleichen Tage zwei einander sehr ähnlich sehende Kinder zur Welt. Der König sucht die bald erwachende Liebe seines Sohnes Floire zu dem Christenmädchen Blanscheflur zu ersticken, indem er den Sohn fortschickt und in seiner Abwesenheit Blanscheflur an babylonische Kaufleute verkauft. Ein Grabmal soll dem heimkehrenden Floire den Tod der Geliebten vortäuschen, aber auf seinen Selbstmordversuch hin gesteht seine Mutter die Wahrheit. Die Ähnlichkeit mit der Geliebten führt Floire auf die Spur der Entführten: sie soll die Frau des Admirals von Babylon werden. Er besticht den Wächter und wird in einem Blumenkorb in Blanscheflurs Zimmer getragen. Auf die Entdeckung folgt die Verurteilung zum Flammentode. Der Wettstreit der Liebenden, von denen jeder vor dem und für den anderen sterben will, rührt schließlich den Admiral, der auf Blanscheflur verzichtet. Nach dem Tode des Königs kehrt das Paar nach Spanien zurück. Floire wird Christ, der herkunftsbedingte ↑ Liebeskonflikt endet mit einer Ehe, aus der → Berta, die Mutter → Karls des Großen, hervorgeht.

Geringe Abweichungen von der französischen Vorlage weist nur die norwegische *Flóres saga* auf, da hier der babylonische König

Flóres erlaubt, sein Recht im Kampf mit des Königs bestem Ritter zu erweisen, und ihm nach dem Sieg Geld und Gut sowie die Herrschaft über ein morgenländisches Reich anbietet, die Flóres ablehnt; auch wird Flóres erst Christ, als ihn Blankiflur auf einer Reise in ihre Heimat vor die Wahl stellt, entweder Christ zu werden oder sie an ein Kloster zu verlieren. Auf Island, das den Inhalt der *Flóres saga* in gekürzter Form bewahrte, ist der Stoff in der *Sigurðar saga Þögla* und in den *Reinalds rímur* frei weiterentwickelt worden.

Aus der aristokratischen Version hat sich schon im 13. Jahrhundert eine ausgesponnene sog. populäre, nur fragmentarisch erhaltene Version entwickelt. Sie arbeitet mit krasseren und primitiveren Mitteln: der König ist böser gezeichnet, die Mittlerfunktion seiner Frau ist aufgegeben; er will Blancheflur töten lassen, Floire rettet sie unerkannt durch einen Zweikampf vom Feuertode. Auch vor dem Admiral bewährt sich Floire durch einen Zweikampf. Die wunderbaren Motive sind vermehrt: Blancheflur schenkt Floire einen Ring, der sich trübt, wenn sie in Gefahr ist; der Scheiterhaufen in Babylon erlischt durch die Zauberkraft eines anderen Ringes, den Floire von seiner Mutter bekam. Die romantische Selbstmordszene dagegen fehlt, ebenso die Verbindung zur Karlssage.

Die wichtigste Bearbeitung der populären Version ist BOCCACCIOS Erstlingswerk *Il filocolo* (1340/45), das seinen Titel nach dem Namen Filocolo hat, den Floire auf der Reise annimmt. Romantische Motive wie die Ähnlichkeit treten zurück, während Floires Bekehrung in Rom breit dargestellt wird. Von Boccaccio hängen ab das deutsche Volksbuch *Ein gar schone newe histori der hochen lieb des kuniglichen Fursten Florio und von seyner lieben Blanceflora* (1499) und L. DOLCES *L'Amore di Florio e Biancifiore* (1532); vom deutschen Volksbuch hängt wiederum ein tschechisches (1519) ab sowie die Dramatisierung des H. SACHS *Florio des kunigs son auss Hispania mit der schönen Bianceflora* (1551).

Unabhängig von Boccaccio dagegen sind die abenteuerliche italienische Versdichtung *Il cantare di Fiorio e Biancofiore* (14. Jh.), ein griechisches Versepos (Ende 14./Anf. 15. Jh.) und der spanische Roman *La historia de los dos enamorados Flores y Blancaflor* (1512); sehr frei wurde der Stoff in der italienischen *Leggenda della Reina Rosana e di Rosana sua figliuola* (14. Jh.) behandelt, in der an die Stelle der Entdeckung des Paares eine Entführung aus dem Turm trat.

Einzelne Motive des Stoffes lebten in anderen Dichtungen weiter. So scheint der Plot um den herkunftsbedingten → Liebeskonflikt, allerdings nach dem gängigeren Muster der Liebe zwischen einem christlichen Ritter und einem orientalischen Mädchen, sich in der Chantefable *Aucassin et Nicolette* (um 1220), zu wiederholen, ohne daß Beziehungen nachweisbar wären. Hier wird Aucassin, Graf von Baucaire, von Leidenschaft zu Nicolette, einer gefangenen Sarazenin, ergriffen; an der Stelle der Suchfahrt Floires nach der verkauften Geliebten steht die gemeinsame Flucht der Liebenden nach ihrer durch den Vater angeordneten Verhaftung. Aus kurzem Glück auf Schloß Torelore reißt sie ein Überfall der Sarazenen. Während Aucassin in seine Heimat zurückgelangt, erfährt Nicolette in Carthage, daß der hier herrschende König ihr Vater ist, und reist ihrerseits dem Geliebten als Spielmann verkleidet nach. Die graziöse und heitere Liebesgeschichte wurde in Deutschland mehrfach übersetzt und nachgedichtet (G. A. v. HALEM 1787; W. MÜLLER VON KÖNIGSWINTER 1860). Für die Bühne bearbeitet haben den Stoff D. F. KOREFF (1822), PLATEN (*Treue um Treue* 1828) und T. DORST (*Die Mohrin* 1964. *Aucassin und Nicolette*, Libretto zus. m. G. BIALAS/Mus. G. BIALAS 1969). Dorst stellte mit den illusionären Vorstellungen seines Aucassin über die Liebe den Stoff ironisch in Frage.

Mit der gleichen Rollenverteilung wie in der Chantefable finden sich der herkunftsbedingte → Liebeskonflikt sowie das Motiv der Kinderminne in JOHANNS VON WÜRZBURG Epos *Wilhelm von Österreich* (1314), der Wettstreit der Liebenden, sich für den anderen zu opfern, taucht in der Volksballade *Des Grafen Töchterlein* auf. Wesentlich später, im Zuge der Türkenmode des 18. Jahrhunderts, organisiert sich der Motivkomplex um die Befreiung einer christlichen Gefangenen aus der Gewalt eines orientalischen Machthabers durch ihren Geliebten in G. MARTINELLIS Operntext *La chiava liberata* (Musik von N. JOMMELLI 1768, G. SCHUSTER 1777), der, um Züge aus der englischen komischen Oper *The Captive* (1769) bereichert, in Gestalt von Ch. F. BRETZNERS Libretto *Belmonte und Konstanze* (1781) durch die Komposition MOZARTS als *Die Entführung aus dem Serail* (Text-Bearb. STEPHANIE D. J. 1782) berühmt wurde; auch hier sind Beziehungen zu *Floire und Blanscheflur* nicht nachzuweisen.

H. Herzog, Die beiden Sagenkreise von Flore und Blancheflur, Diss. Wien 1884; J. Reinhold, Floire et Blancheflor, Diss. Paris 1906; L. Ernst, Floire et Blancheflur, (Quellen und Forschungen zur Sprach- und Kulturgeschichte der germanischen Völker 118) 1912; J. Meier, Die Ballade Des Grafen Töchterlein und der Roman von Flore und Blanchflur, (Jahrbuch für Volksliedforschung 7) 1941; J. Zettel, Aucassin und Nicolette in Deutschland, (Jahresberichte der K. K. Staatsoberrealschule in Eger 12) 1911; A. H. Suchier, Zu Aucassin und Nicolette in Deutschland, (Archiv 135) 1916; M. Cacciaglia, Appunti sul problema delle fonti del romanzo di Fiore e Blancheflor (Zs. f. roman. Philologie 80) 1964; J. H. Winkelman, Die Brückenpächter- und Turmwächterepisode im *Trierer Floyris* und in der *Version aristocratique* des altfrz. Florisromans, Diss. Leiden 1977.

**Florence de Rome** → Crescentia

**Florian Geyer** → Geyer, Florian

**Fortunatus.** Die Geschichte von *Fortunatus* (1509), als deren Verfasser kürzlich der in Nürnberg tätige Franziskaner Stephan

FRIDOLIN (1430–1498) nachgewiesen wurde, berichtet von dem
Aufstieg und Niedergang einer Bürgerfamilie. Fortunatus, Sohn
verarmter Eltern, verläßt seine Heimat Zypern und lernt die Welt
in adligen Diensten und auf weiten Reisen kennen. In höchster Not
erscheint ihm in der Wildnis Fortuna, unter deren Gaben er sich den
Reichtum wählt und einen Säckel erhält, in dem immer Geld ist;
auf seinen weiteren Fahrten gewinnt er noch ein Hütlein, das ihn an
jeden Ort trägt. Durch vorsichtige Verwendung der Zaubergaben
gelangt Fortunatus zu Reichtum und Macht. Der zweite Teil des
Volksbuches behandelt das Leben der beiden Söhne nach Fortunatus' Tode. Andolosia, der Abenteurer unter den beiden und daher
Vordergrundsgestalt, verliert den Säckel durch eine List der verführerischen, freilich herzlosen Tochter des Königs von England,
Agrippina, gewinnt ihn aber mit Hilfe von des Bruders Wunschhut
zurück. Der Neid der Mitwelt bringt Andolosia ins Gefängnis, wo
er ermordet wird, der Bruder Ampedo stirbt vor Kummer. Die
Wirkung der Wundergaben erlischt mit dem Tode der Besitzer.

     Die auf der Koppelung zweier ursprünglich verschiedener
Handlungen – der Hut gehört zu der bewegten Andolosia-Sage –
beruhende, den Generationsfolgen des Ritterromans nachgebildete
Zweiteilung und die zwar durchaus lebhafte, aber breite Handlung
charakterisieren den Stoff als episch. Seine Zauber- und Aben-
teuer-Motive ordnen ihn zwar zunächst volkstümlicher Literatur
zu, jedoch legen die deutlich von Petrarcas Tugendlehre geprägte
erbarmungslose Zeichnung des Untergangs derer, die sich statt der
Weisheit dem Geld verschrieben und als Fortunasöhne vom Auf
und Ab des launischen Glücks statt von einem echten Lebensziel
bewegt werden, sowie der Gegensatz der Generationen in ihrem
Verhältnis zu den Glücksgaben eine Charakterisierung als frühhu-
manistischer bürgerlicher Roman nahe.

     Die Erzählung erreichte große Verbreitung und erlebte Fassun-
gen in fast allen west- und nordeuropäischen Ländern; auch als
Volkslied taucht der Stoff bei einigen Nationen auf (u. a. in
Ungarn). Nachdem Hans SACHS' Dramatisierung den Stoff lediglich dialogisiert hatte (1553), begannen mit dem Engländer
Th. DEKKER (*Old Fortunatus* 1599) die Bemühungen, das Diffuse
des Stoffes und seine Zweiteiligkeit in einer wirklich dramatischen
Form zu überwinden. Dekker griff aus dem Volksbuch die interessantesten Momente heraus und vereinigte sie in fünf Abschnitten:
die Handlung setzt mit der Erwerbung des Säckels durch den
bereits betagten Fortunatus ein; vom dritten Abschnitt an gehört
die Handlung schon den Brüdern. Das Moralische ist stark herausgearbeitet, neben Fortuna treten die allegorischen Gestalten der
Tugend und des Lasters; der Untergang beruht auf der Schuld
gegenüber der Mitwelt. Die deutschen (in *Englische Komödien und
Tragödien* 1620, *Kasseler Fortunat* 1610/20, Johannes GIRBERTUS
1643) und niederländischen (Bernard FONTEYN 1643) Bearbeitungen gehen direkt oder indirekt auf Dekker zurück, der in einer von
den Englischen Komödianten zerspielten Fassung in Deutschland

bekanntgeworden zu sein scheint. Sie verstärken noch das moralische Element und arbeiten den bei Dekker angedeuteten Gegensatz
der Brüder, den Leichtsinn des Andolosia und den nüchternen Geiz
des Ampedo, deutlich heraus.

Ein direkt auf das Volksbuch zurückgehendes Puppenspiel des
18. Jahrhunderts hob die komischen Elemente des Stoffes – Ver-
zauberungen und Verwirrungen – hervor. Ähnlich bot der Stoff
sich auch in den romantischen Neuformungen: sowohl CHAMISSOS
(1806) wie UHLANDS (1814) epische Fragmente betonen das der
romantischen Kunstauffassung gemäße Neben- und Durcheinan-
der von tragischen und komischen Zügen, und TIECKS zweiteiliges
Drama (1817) besitzt gerade in den komischen Dienerszenen selbständige Zutaten. Während bei Tieck durch Mischung des Stoffes
mit satirisch-komischen Elementen des altenglischen Theaters und
durch Umschmelzung des realistisch harten Schlusses in eine Läuterung der Brüder ein aufgeschwemmtes, bühnenfernes Werk
entstand, arbeitete das Wiener Zaubertheater den Stoff gleichzeitig
rücksichtslos zu bühnenwirksamen Lustspielen um (M. v. COLLIN
1814, M. STEGMAYER 1819, LEMBERT 1829; abgewandelt auch RAI-
MUND, *Der Barometermacher auf der Zauberinsel* (1823). Stegmayer
erfand die für die weiteren Dramatisierungen des 19. Jahrhunderts
entscheidende Zusammenziehung von Vater und Söhnen zu einer
Person und erreichte damit die Aufhebung der Zweiteilung und
eine Abschwächung des epischen Charakters des Stoffes. Diese
Vorteile nutzte vor allem E. BAUERNFELD (1835), der dem Glücks-
sohn als wirksames, weiterlebendes Motiv das treu liebende Mädchen beigab, zu dem Fortunatus schließlich zurückkehrt. Bauernfeld und nach ihm u. a. J. GROSSE (1896) und F. BONN (*Andolosia*
1906) behielten auch die von Tieck eingeführte endliche Läuterung
bei. Der Name Fortunatus ist auch unabhängig von dem eigentlichen Stoff als symbolischer Titel benutzt worden (A. W. SCHLEGEL
1801, O. FLAKE 1946–48).

P. Harms, Die deutschen Fortunatus-Dramen und ein Kasseler Dichter des
17. Jahrhunderts, 1892; H. Scherer, Einleitung zu: Thomas Dekker, The Pleasant
Comedy of Old Fortunatus, 1901; J. Bolte, Zwei Fortunatus-Dramen aus dem
Jahre 1643, (Euphorion 31) 1930; H. Kiesl, Die dramatischen Bearbeitungen des
Fortunatusstoffes unter besonderer Berücksichtigung Ludwig Tiecks, Diss.
Wien 1929.


**Francesca da Rimini.** Francesca entstammte dem mächtigen
ravennischen Geschlechte Polenta und wurde um 1275 zur Beile-
gung eines Familienzwistes mit Gianciotto dem »Hinkenden«,
einem Sohn des Beherrschers von Rimini, Malatesta, verheiratet.
Um 1285 wurde sie von ihrem Mann zusammen mit dessen
jüngerem Bruder Paolo dem »Schönen«, der in einer aus ähnlichen
politischen Gründen geschlossenen Ehe lebte und zu Francesca in
eine heimliche ↑ Liebesbeziehung getreten war, ermordet.

Ein um die Wende zum 14. Jahrhundert entstandenes Gedicht *Il libro dei vizi*, das die Todesarten und Strafen von Wollüstigen behandelt, stellt bei Erwähnung der Ehetragödie von Rimini den rächenden Gatten in den Vordergrund, was der damaligen Rechtsvorstellung durchaus entsprach. Bei DANTE, durch dessen 5. Gesang des *Inferno* das Paar Francesca-Paolo seine Weltberühmtheit erlangte, ist eine menschliche Annäherung an das Liebespaar eingetreten, das im Zuge der in der Hölle Gepeinigten dahintreibt: zwar kann den ohne kirchliche Absolution aus dem Leben Gerissenen die Strafe nicht erlassen werden, aber sie dürfen sie gemeinsam, eng umschlungen, ertragen, durch ewige Treue verbunden und im Schmerz geläutert. Dante erfaßte aus der Fabel nur die erschütternde Vision der gemeinsamen Strafe und den von Francesca erzählten idyllischen Anfang des Herzensbundes bei der Lektüre der Geschichte von → Lanzelot, und er verband beide Momente durch die schmerzvolle Erinnerung an das verlorene Glück; der Gatte und das blutige irdische Ende werden nur flüchtig erwähnt.

Durch Dantes Impression erst, aus deren mitfühlendem Ton sicher der Dank an den Neffen Francescas spricht, der dem landesverwiesenen Dichter eine Zuflucht geboten hatte, gewann der Stoff seine Anziehungskraft. Dantes Verschweigen lockte die Deutung hervor, die der Stoff in zahllosen lyrischen Paraphrasierungen und in der Ausspinnung der Fabel durch je etwa 50 Romane, Dramen, Opern und noch weit mehr Erzählungen gefunden hat. Wie bei Dante, so trat auch in den späteren Dichtungen die weibliche Rolle, meist schon im Titel, in den Vordergrund, und die bald sentimentale, bald heroische Liebhaberin erlebte zahllose Verwandlungen in eine getäuschte, verführte, geopferte Liebende. Dennoch wurde der Stoff nach Dantes Überhöhung meist wieder auf das Motiv des Ehebruchs und der verletzten ↑ Gattenehre reduziert, das die Historie bietet. Während sich der Eindruck von Dantes Dichtung in vielen Anspielungen der Renaissancelyrik spiegelt und das Paar hier unter die Musterbeispiele der großen Liebenden eingereiht wurde, begann die Ausformung des Stoffes in den pragmatischen Dichtungsgattungen mit dem das Liebespaar entlastenden Dante-Kommentar BOCCACCIOS (1373), in dem sicherlich volkstümliche Tradition ihren Niederschlag gefunden hat: aus der Befürchtung, Francesca könne den häßlichen Gianciotto ablehnen, sei der Plan einer Prokurationsheirat entstanden; Paolo wurde als Stellvertreter geschickt, Francesca verliebte sich in ihn und merkte den Betrug erst nach der Brautnacht. Als Gianciotto Podestà von Pesaro geworden war, sei Francesca zu ihrem Schwager in vertrautem Umgang gekommen, wobei Boccaccio offenläßt, ob sie ihren Mann wirklich betrog. Gianciotto wurde durch einen Verräter nach Rimini gerufen und überraschte das Paar, Paolo blieb in der Falltür, durch die er zu entkommen suchte, hängen, Gianciottos Degen durchbohrte Francesca, die sich zwischen die Männer warf, und erst der zweite Streich traf auch den wehrlosen Bruder. Die zweifache Entlastung Francescas durch den Heiratsbetrug wie durch die mögliche Harmlosigkeit ihrer Beziehung zu Paolo machte die Fabel rührender und sentimentaler, brachte aber zugleich Paolo in die zweifelhafte Rolle einer Mitschuld an dem Betrug wie an dem eigenen Unglück, die sich in seiner hilflosen Situation in der Schlußszene der Tragödie symbolisch wiederholt. Alle Bearbeitungen, die sich an Boccaccios Motiv der Prokurationsheirat hielten, bemühten sich, meist vergeblich, um Entschuldigung des Liebhabers.

Barock und Aufklärung haben der Haltung Dantes und seinem berühmten Liebespaar wenig Verständnis entgegengebracht, und Cosimo BETTIS Schilderung der beiden für ihre Wollust Bestraften, die sich als zwei Drachen gegenseitig zerfleischen (*La consummazione del secolo* 1793), scheint strenger zu urteilen als selbst der *Libro dei vizi*. Erst die Romantik griff wieder nach dem Stoff, und Spätromantik und Formkunst des mittleren 19. Jahrhunderts haben ihn dann zu einer vielfältigen Blüte geführt, deren Frucht sich allerdings als recht dürftig erweist. Die Wiederbelebung setzte ungefähr gleichzeitig in Italien, Deutschland und England ein. Kurz nach Beginn des 19. Jahrhunderts entstanden in Italien, nachdem schon 1794 Gaetano CIONI in seinen Novellen (1794) die Fassung Boccaccios nacherzählt hatte, drei ziemlich freie Dramatisierungen des Stoffes (E. FABBRI, entst. 1801; S. PELLICO 1815; F. PIERACCI 1816), von denen die Pellicos die übrigen verdrängte und überhaupt zu den wenigen erfolgreichen Neufassungen des Stoffes gehört. Bei Fabbri wie bei Pellico ist an die Stelle der Prokurationsheirat eine frühe Liebe zwischen Paolo und Francesca getreten; Paolo wird während eines Kriegszuges für tot erklärt und findet Francesca als Frau seines Bruders wieder. Bezeichnend für die sentimentale Haltung Pellicos ist der Vorsatz der Liebenden, eher zu sterben als Gianciotto zu hintergehen; sie sterben schuldlos. Nachdem Pellico die Bühnenfähigkeit des Stoffes erwiesen hatte, schlossen sich an ihn in Italien zahlreiche Nachahmungen und auch Parodien, und im Ausland wurden die Übersetzungen seines Werkes oft Anregung für eine Übernahme des Stoffes (K. J. OSTROWSKI 1836; V. MÉRI DE LA CAMORGNE 1850). Im deutschen Sprachraum wies zuerst J. J. BODMER 1742 auf die Schönheiten des Dantes Gesang hin. Etwa gleichzeitig griffen der Schweizer H. KELLER (Pseud. H. J. BURKE 1808) und L. UHLAND (Dr.-Fragment 1807/10) den Stoff auf. Keller spannte die Liebeshandlung in den Rahmen einer politischen Gegnerschaft der beiden Brüder, das Liebespaar stirbt unschuldig; Uhlands Ansatz erinnert in der Vorgeschichte der Liebe sehr an Pellico, auch bei ihm bleibt das Paar frei von Schuld. Beiden Bearbeitungen gemeinsam ist das von da an häufig verwandte Motiv, daß die Liebenden nach beschlossener Trennung bei der Abschiedsszene dem Wüten des Bruders zum Opfer fallen. In England gab zuerst die süßliche Verserzählung *The Story of Rimini* (1816) von J. H. Leigh HUNT den Stoff wieder, und ein Sonett KEATS' (1819) suchte sich in die Empfindungen der in die Hölle Verbannten einzufühlen. Lord BYRON, dem Hunts Erzählung gewidmet war, interessierte sich für den Stoff und suchte eine tiefere persönliche Beziehung zu ihm; Anklänge an das Grundmotiv finden sich mehrfach in Byrons Werk.

Die sich von der Formkunst des mittleren 19. Jahrhunderts bis zum Impressionismus erstreckende Hochblüte des Stoffes ist gekennzeichnet durch Anlehnung einiger Dramen an Boccaccios Motiv des Heiratsbetruges (H. Köster, *Paolo und Francesca* 1842; P. Heyse 1850) und die Belastung des Paares mit ehebrecherischer Schuld, die allerdings aus einem veränderten sittlichen Standpunkt als Recht auf Selbstbestimmung gerechtfertigt wurde (P. Heyse 1850; der Tscheche J. Neruda, Dr. 1860; der Amerikaner G. H. Boker, Dr. 1865; der Franzose A. Thomas, *Françoise de Rimini*, Oper 1882; der Schwede K. A. H. Key, *Francesca*, Dr. 1893; der Engländer St. Phillips, *Paolo and Francesca*, Dr. 1900; der Italiener G. D'Annunzio, Dr. 1901; der Amerikaner F. M. Crawford, Dr. 1902; der Italiener G. A. Cesareo, Dr. 1906; F. Römhildt, Dr. 1908; G. Renner, *Francesca*, Dr. 1909). Die Komplizierung des Konfliktes durch Einführung einer Nebenbuhlerin und Intrigantin (M. Greif, Dr. 1892; Renner), die dem Stoff fremde Darstellung der Heldin als pathologische Triebnatur (K. Falke, Dr. 1903), die Verquickung des Schicksals des Liebespaares mit dem ihres Sängers Dante (V. Sardou, *Dante*, Dr. 1903) haben den Stoff beschwert und nicht bereichert. Die vielen Gedichte, Gedichtzyklen und Verserzählungen können als Parallele zu den bildkünstlerischen Darstellungen des Paares angesehen werden und sind auch oft durch diese ausgelöst worden; so bezieht sich das Gedicht von B. Paoli (1843) auf ein Bild von J.-A.-D. Ingres, die von Th. W. Parsons (1854) und F. A. Kemble (1859) wurden durch ein Bild Ary Scheffers angeregt; die Nacherzählung des Plots bei I. Kurz entzündet sich an der Darstellung auf einem Gobelin (*Die Nacht im Teppichsaal* 1933). Auch zwischen der dramatischen und der bildenden Kunst dürften sich Wechselbeziehungen feststellen lassen. Die Schauspielkunst Sarah Bernhardts hat bei der Entstehung des Dramas von F. M. Crawford, die Eleonore Duses bei der des Werkes von D'Annunzio Pate gestanden.

J. Hertkens, Francesca da Rimini im deutschen Drama, Diss. Münster 1912; M. Locella, Dantes Francesca da Rimini in der Literatur, bildenden Kunst und Musik, 1913; F. L. Beaty, Byron and the Story of Francesca da Rimini, (Publications of the Modern Language Association 75) 1960.

**Franz von Assisi.** Das Leben Franz von Assisis (1182–1226), der sich im 20. Lebensjahr zur Nachfolge Christi und zu einem weltabgewandten Leben entschloß, von seinem Vater, einem reichen Tuchhändler, verstoßen wurde, mit den Jüngern, die sich bald um ihn scharten, durch das Land zog und Armut, Demut und tätige Liebe predigte, vom Papst als Ordensgründer bestätigt wurde und dessen Glaubenshingabe schließlich durch die Stigmatisation, die er 1224 auf dem Berg Alverno erfuhr, gekrönt wurde, ist selbst ein

Stück Poesie, und sein Reichtum an liebenswerten Episoden spiegelt sich in der volkstümlichen Legendensammlung *Fioretti di San Francesco* (14. Jh.). Der Heilige selbst ist durch seinen Lobgesang *Cantico del sole* einer der Schöpfer der italienischen geistlichen Lyrik geworden. Über diese beiden in Leben und Werk des Franziskus liegenden Ansätze zu dichterischer Behandlung, den Hymnus und die erwähnten Legenden, ist jedoch der Franziskus-Stoff im Grunde nie hinausgewachsen. Sowohl für die epische Spannung wie für die dramatische Dialektik fehlten ihm das kämpferische Element und der Gegenspieler. Die schlichte Klarheit und unproblematische Eindeutigkeit des Lebensganges reizten lediglich zu liebevollem Nachzeichnen oder Lobgesang.

Thomas von Celanos *Vita* (1228) lieferte die Grundlage für die dichterischen Nacherzählungen des Heiligenlebens (Heinrich von Burford, lat. Gedicht, vor 1230; Lamprecht von Regensburg, *St. Franzisken Leben* 13. Jh.; Girolamo Malipiero, *Seraphicae . . .* 1531; Franz Mauri, *Franciscias* 1571; Gabriel de Mata, *El Cavallero Assisio* 1587; Antonio Bonciari, *Seraphis* 1606; Agostin Gallucci da Mandolfo 1618; Andreas de Abreu, *Vida del Seraphin . . . San Francisco d' Assis* 1644). Ein beliebtes Motiv der Legendendichtung wurde die mystische Hochzeit des Franziskus mit der Armut, die schon Jacopone da Todi (13. Jh.) und nach ihm Dante im 12. Gesang des *Paradiso* und auch Lope de Vega (*Romance al Seraphico Padre*) besangen, sowie seine Nachfolge Christi (Tasso, *À S. Francesco*, Sonett), besonders das Wunder der Stigmatisation (Lope de Vega, *A las Llagas*) und des Heiligen brüderliches Verhältnis zu den Tieren und zur Natur überhaupt.

Die Neugewinnung des Stoffes für die Dichtung datiert seit Herder, der zwei Franziskus-Legenden in Versen nacherzählte (*Christenfreude* 1780; *Die Cicada*). An ihn knüpften die Vers- und Prosa-Legenden des 19. Jahrhunderts an (L. Th. Kosegarten, *Legenden* 1804; Cl. Brentano, *Krippenfeier des Heiligen Franziskus*; J. H. v. Wessenberg; E. v. Schenk; J. P. Silbert, *Mannatau in der Wüste des Lebens* 1842; J. J. Weissbrot 1863; A. Dotzler, *Die Tiere in der christlichen Legende* 1891). Die lyrischen Werte des Stoffes entdeckte J. F. H. Schlosser mit seiner Sammlung *Lieder des Heiligen Franziskus* (1825). Sie regte J. Görres zu seinem Aufsatz *Franziskus von Assisi, ein Troubadour* (1826) an, und die hier vertretene Auffassung des Heiligen kennzeichnet den »Pater seraphicus« im 2. Teil von Goethes *Faust*. Die Gestalt des Heiligen als lyrisches Motiv findet sich in H. W. Longfellows *The Sermon of St. Francis* und bei A. Comte de Ségur (*La mort de S. François*).

Die Erneuerung der franziskanischen Bewegung ging von der Franziskus-Biographie (1893) Paul Sabatiers aus, dessen zeitnahe Darstellung sich mit der antimaterialistischen und antirealistischen Strömung der Jahrhundertwende traf. Franziskus als inneres Erlebnis ist das Thema der Reiseberichte und Dichtungen sowohl des Dänen J. Jørgensen (*Pilgrimsbogen* 1903) wie des Schweizers H. Federer (*In Franzens Poetenstube* 1917; *San Benedettos Dornen und San*

*Francescos Rosen* 1917). H. CHRISTALLER schrieb einen Roman um Franziskus' Beziehungen zu seiner Schülerin Clara Scifi, der Begründerin des Klarissenordens (*Heilige Liebe* 1911), und K. F. GINZKEY stellte ihm den kämpferischen Walther von der Vogelweide gegenüber (*Der von der Vogelweide*, R. 1912). Bedeutsamer als die stoffliche Wirkung der Franziskus-Gestalt wurde ihre geistige Ausstrahlung, die sich an RILKES *Stundenbuch*, am Werk des frühen H. HESSE und vor allem an der Dichtung des Expressionismus ablesen läßt, deren Brüderlichkeitsgedanke sich mit franziskanischen Idealen traf. Der Heilige figuriert sowohl in der Lyrik K. BRÖGERS, A. PETZOLDS (*Franziskus von Assisi* 1918), P. CELANS (*Assisi* 1955) und P. HÄRTLINGS (*Yamin und Franziskus* 1955; *Bittlied an den heiligen Franz* 1962) wie in den lyrisch bestimmten Szenen R. J. SORGES (*Der Sieg des Christos* 1924), R. SCHAUMANNS (*Bruder Ginepro-Spiel* 1926) und L. HOUSMANS (*Little Plays of Saint Francis* 1922). Schon Christaller und Ginzkey hatten versucht, den Stoff durch mehr Handlungselemente den Forderungen des Romans anzupassen; L. WEISMANTEL (*Franz und Clara* 1938) verband ihn mit dem Thema des Klassenkampfes, A. MÄUSER (*Als Franziskus rief* 1922), G. TERRAMARE (*Stimmen am Weg* 1924) und N. KAZANTZAKIS (*Mein Franz von Assisi* 1956) zeigten Franziskus in der Spiegelung durch seine Mitmenschen, und F. TIMMERMANS (*De harp van Sint Franciscus* 1932) schilderte vor allem seine Liebe zur Natur. Dramatische Gestaltungen (F. COLLET, *Franciscus Seraphicus* 1892; J. PÉLADAN, *François d'Assise* 1897; M. ZWEIG, *Franziskus* 1963; O. MESSIAEN, *Saint François d'Assise* Oper 1983) überwanden den undramatischen Charakter des Stoffes nicht, auch wenn dem Verkünder von Armut und Demut in Innozenz III. der Repräsentant päpstlicher Machtentfaltung gegenübergestellt wurde (R. SCHNEIDER, *Innozenz und Franziskus* 1952).

A. Græteken, Die Goldene Legende. Franziskus von Assisi in der Poesie der Völker, 1912; A. Styra, Franziskus von Assisi in der neueren deutschen Literatur, Breslau 1928; E. Pohl, Gestalt und Idee des heiligen Franziskus von Assisi in der neueren deutschen Dichtung, Diss. Wien 1933; J. W. Einhorn, Franziskus von Assisi in Gedichten von Paul Celan und Peter Härtling (Franziskan. Studien 58) 1976.

**Freischütz.** Von der im Volksglauben entwickelten Vorstellung, daß man mit Hilfe teuflischer Mächte Kugeln besprechen oder gießen könne, die ihr Ziel in jedem Falle treffen, finden sich Beispiele in den *Deutschen Sagen* der Brüder GRIMM (1816–18). Eine erste zusammenhängende Erzählung über das Geschick eines solche Kugeln verwendenden »Freischützen« steht in den *Unterredungen von dem Reiche der Geister* (1731–1741) des Theologen Otto VON GRABEN ZUM STEIN: Ein junger Schütze gießt mit Hilfe eines Bergjägers Freikugeln, wird dabei vom Teufel mißhandelt, dann vom Gericht zum Tode verurteilt, aber wegen seiner Jugend begnadigt. Dieser Plot wurde von J. A. APEL mit abschreckender

Tendenz zu der Erzählung *Die Jägerbraut* (J. A. APEL / F. LAUN, *Gespensterbuch* 1810–12) ausgebaut: sie berichtet von einem jungen Mann, der die Geliebte nur gewinnen kann, wenn er einem alten Herkommen gemäß mit einem Probeschuß seine Meisterschaft beweist. Durch Mißerfolge ängstlich geworden, entschließt er sich, nachts auf dem Kreuzweg Kugeln zu gießen, wobei ihm der Böse in Gestalt des Wilden Jägers erscheint. Von den 63 Kugeln ist gerade die Kugel des Probeschusses eine von den dreien, die »äffen«; sie tötet die Braut, deren Eltern bald sterben; der Schütze endet im Irrenhaus.

Der Stoff, der den Elementen des Wiener Zauberstückes entsprach (F. v. ROSENAU / J. A. GLEICH 1816), dessen unselige Kugel sich auch als Requisit für die Schicksalstragödie eignete (F. Graf v. RIESCH 1821) und der schließlich auch dem Geschmack der romantischen Oper entgegenkam (F. X. v. CASPAR / K. NEUNER, *Der Freischütze* 1812/13; Text von G. DÖRING für L. SPOHRS Opernplan), ist auf Vorschlag C. M. v. WEBERS von Friedrich KIND zu einem Textbuch *Die Jägersbraut* (1817) verarbeitet worden, dessen Titel der Berliner Intendant C. Graf v. BRÜHL in *Der Freischütz* (1821) umänderte. Die versöhnliche Lösung in Kinds erfolgreichem Libretto wird schon durch die Verlagerung der Schuld von dem Schützen Max auf dessen Verführer und Verräter Caspar angebahnt. Die verzeihende Liebe der Braut und die Fürsprache des Eremiten können dann die Strafe von dem Verführten abwenden. Der schon von Apel mit dem Motiv des Wilden Jägers verbundene Stoff wurde bei Kind durch die Verlagerung des nächtlichen Zaubers in die spukumwitterte (im Böhmerwald gelegene) Wolfsschlucht noch um ein neues Motiv der Schauer- und Gespensterliteratur erweitert. Es ist bezeichnend, daß eine modern-parodistische *Freischütz*-Paraphrase, *The black Rider* von R. WILSON / T. WAITS / W. BURROUGHS (1991) auf das *Gespensterbuch* und seine tragische Lösung zurückgriff.

O. Daube, Die Freischützsage und ihre Wandlungen. Vom Gespensterbuch zur Oper (in: Neuausgabe der Freischützsage aus dem Gespensterbuch von J. A. Apel u. F. Laun) 1941.

**Friedrich I. Barbarossa.** Kaiser Friedrich I. Barbarossa (um 1122–90), der zweite und volkstümlichste Herrscher aus dem Hause → Hohenstaufen, ist neben → Karl dem Großen der bekannteste unter den Kaisern des Mittelalters geworden. Er selbst sorgte dafür, daß seine Herrscherpersönlichkeit und seine Herrscherstellung literarisch beleuchtet wurden, und stellte den von ihm beauftragten Chronisten und Dichtern eine Stoffsammlung zur Verfügung, die auf amtlichen Akten beruhte und von kaiserlichen Notaren angefertigt worden war. So gaben die chronikalischen Darstellungen von OTTO VON FREISING und seinem Fortsetzer RAHEWIN sowie von GOTTFRIED VON VITERBO das Bild einer in sich geschlos-

senen, reifen Persönlichkeit, eines vollkommenen Vertreters des
Rittertums, der die deutsche Führung in Mitteleuropa befestigte
und das römische Reich aus den Wirren einer von Untergang und
Verfall bedrohten Zeit rettete. Das mittellateinische Barbarossa-
Epos *Ligurinus* des GUNTHER VON PAIRIS und die Gedichte, vor
allem der Kaiserhymnus, des ARCHIPOETA, erhöhten dieses Bild ins
Dichterische, während der *Ludus de Antichristo* Barbarossa in der
Gestalt des Endkaisers huldigte. Auch die schon auf dem Reichstag
zu Roncaglia vorgetragenen Preislieder auf den Kaiser dürften der
lateinischen gelehrten Dichtung angehört haben. In der mittelhochdeutschen Dichtung steht die einzige Erwähnung dieser Persönlichkeit an der umstrittenen Stelle über das Mainzer Hoffest in
HEINRICH VON VELDEKES *Eneid.*

Das *Volksbuch von Friedrich Barbarossa* (1519) übertrug die an
mehrere Herrscher, u. a. an Karl den Großen sowie an → Friedrich II. sich knüpfende Kaisersage zum erstenmal auf Barbarossa: er
ist in einen hohlen Berg entrückt. Allmählich vermischten sich
Züge aus der Sage um Barbarossas Enkel Friedrich II. mit der um
ihn, und so erschien Barbarossa an dessen Stelle in BEHRENS'
*Hercynia curiosa* (1703) als Bewohner des Kyffhäusers, wo er auf die
Erneuerung des Reiches wartet, bis er wiederkehren wird. Diese in
BÜSCHINGS *Volkssagen, Märchen und Legenden* (1815) aufgenommene Version wurde Quelle für RÜCKERTS Gedicht *Kaiser Friedrich
im Kyffhäuser* (1817), das den Einzug Barbarossas in die deutsche
Literatur des 19. Jahrhunderts entschied.

Die dichterische Behandlung des Barbarossa-Stoffes ist, wie die
gesamte Dichtung um die Hohenstaufen, mit der Geschichte der
deutschen Einheitsbewegung und der Erneuerung der Reichsidee
verbunden. Bis zu den Befreiungskriegen kam Barbarossas Gestalt
nur im Zusammenhang mit dem vom partikularistischen und dynastischen Standpunkt geschriebenen, wittelsbachisch oder welfisch
orientierten Dramen um Otto von Wittelsbach (J. A. ECKSCHLAGER
1811; L. DENK 1821) oder Heinrich den Löwen (St. KUNZE, Epos
1817; A. KLINGEMANN, Drama 1808) oder im Zusammenhang mit
dem Ketzerführer Arnold von Brescia (J. J. BODMER 1776) als – oft
nicht positiv gezeichneter – Gegenspieler oder als Nebenfigur vor.
Seit Rückerts Gedicht jedoch zog sich das sagenhafte Barbarossa-
Kyffhäuser-Thema durch die politische Lyrik des 19. Jahrhunderts
und spiegelte Hoffnung und Enttäuschung (HOFFMANN V. FALLERS-
LEBEN 1840; R. v. GOTTSCHALL 1842; J. STURM 1849; E. M. Arndt,
*Deutsche Kaiserfahrt* 1849) bis zur Erfüllung der politischen Ziele
(K. SIMROCK, *Kaiserlied* 1871; F. DAHN, *Barbablanca*; K. GEROK,
*Zum Friedensfeste*), jedoch auch die dem Barbarossa-Kult und dem
Kaisergedanken feindlichen Strömungen (H. HEINE, *Deutschland,
ein Wintermärchen* 1844; HERWEGH, *Der Schwabenkaiser* 1867). Kurz
nach dem Beginn der lyrischen Gestaltungen des Barbarossa-
Stoffes setzten seit dem Erscheinen von RAUMERS *Geschichte der
Hohenstaufen* (1824–26) auch die epischen und dramatischen Gestal-
tungen ein, die jedoch nicht die Sage, sondern das historische Bild

des Kaisers zum Thema hatten. Bei Ch. D. GRABBE (Dr. 1829/30) wurde das geplante Hauptthema der Befreiung aus der kirchlichen Bevormundung durch das sich vorschiebende Thema der Auseinandersetzung mit Heinrich dem Löwen verdeckt. Schon bei ihm stehen die beiden Szenen im Mittelpunkt, die sich dann klischeehaft durch die gesamte Barbarossa-Dramatik ziehen: Barbarossa in Glanz und Glück auf dem Mainzer Hoffest und an der tragischen Wende beim Fußfall vor Heinrich dem Löwen. Daß Grabbe nicht, wie fast alle übrigen Bearbeiter, die Hoffest-Szene an den Schluß des Dramas stellte, zeigt seinen Abstand von einer panegyrischen Auffassung des Stoffes. Schon die Eingangsszene von der Zerstörung Mailands, die STRACHWITZ in seiner Ballade *Hie Welf* (1842) als tragischen Augenblick festgehalten hat, schlägt dunklere Töne an. Während der Arbeit an seinem Staufer-Zyklus verlor Grabbe das Interesse an dem Stoff und wandte sich in einer gegen FREILIGRATHS Gedicht *Barbarossas erstes Erwachen* (entst. 1829) gerichteten Dialogszene *Friedrich der Rothbart* (1831, Druck als *Barbarossa* 1838) pessimistisch von nationalen Erneuerungsträumen ab.

Auch weiterhin spiegelten Drama und Roman die politische Entwicklung: die protestantisch-kulturkämpferische Haltung gegen das Papsttum (F. SIKING, Dr. 1893), aber auch die Verurteilung des Kaisers vom Standpunkt der katholischen Kirche (K. v. BOLANDEN, R. 1868), die kleindeutsche Kritik an der Italienpolitik (W. NIENSTÄDT, *Die Hohenstaufen*, Dr. 1826), die bis zur Bevorzugung Heinrichs des Löwen geht (F. NISSEL, *Heinrich der Löwe*, Dr. 1857), die konservative Erhöhung des Kaisers zum Symbol der Ordnung (A. STIFTER, *Witiko*, R. 1865–67), die romantische Verklärung von Kaiser und Reich (H. HERRIG, Dr. 1871; E. v. TEMPELTEY, *Hie Welf, hie Waiblingen*, Dr. 1883) und schließlich eine veränderte Reichsidee, die wieder stark der norddeutschen Politik Heinrichs des Löwen zuneigte (W. BEUMELBURG, *Kaiser und Herzog*, R. 1936; M. JELUSICH, *Der Löwe*, R. 1936).

Die neueren Gestaltungen des Barbarossa-Stoffes teilen, mit Ausnahme der mindestens in ihrer Wirkung bedeutungsvollen Lyrik, das Schicksal der gesamten Hohenstaufen-Dichtung: bis auf Grabbes Drama sind weder die Dramatisierungen des 19. Jahrhunderts noch die im 20. Jahrhundert häufigeren erzählerischen Bearbeitungen des Stoffes über das Niveau des durchschnittlichen Historiendramas oder des historischen Romans hinausgekommen.

K. Langosch, Politische Dichtung um Kaiser Friedrich Barbarossa, 1943; G. Diez, Das Bild Friedrich Barbarossas in der Hohenstaufendichtung des 19. Jahrhunderts, Diss. Freiburg 1943; A. Borst, Barbarossas Erwachen (Poetik und Hermeneutik VIII) 1979.

**Friedrich II.** Kaiser Friedrich II. (gest. 1250), Enkel → Friedrichs I. Barbarossa und Sohn Heinrichs VI., schuf in seinem sizilischen Königreich einen Musterstaat, von dem aus er eine Neuord-

nung des Abendlandes plante. Zentrum des Reiches war für ihn
Italien, wo er erbittert die Vorherrschaft des Papstes und die
Unbotmäßigkeit der lombardischen Städte bekämpfte, während er
den Krisen in Deutschland weniger Interesse schenkte und nur
zweimal in Deutschland war, um den Gegenkönig Otto IV. und
später seinen aufrührerischen Sohn Heinrich zu unterwerfen. Seine
staufische Tatkraft, gepaart mit Geistigkeit, Feinsinn und Überlegenheit in religiösen Fragen, seine diplomatischen Fähigkeiten – er
gewann die Königskrone von Jerusalem ohne Schwertstreich –
ließen ihn schon den Zeitgenossen als einen überdurchschnittlichen
Menschen, als »stupor quoque mundi et immutator mirabilis«
erscheinen, dessen überraschender Tod früh sagenhaft verfälscht
(Ermordung durch den Sohn Manfred) oder mit dem Nimbus der
Unsterblichkeit, der Entrückung und Wiederkehr ausgeschmückt
wurde. Für die Anhänger war Friedrich II. der Messiaskaiser, der
die Welt erretten wird und im Berge Ätna der Wiederkehr harrt.
Für die Gegner war er der Gewaltherrscher, ↑ Teufelsbündner, →
Antichrist, der vor dem Weltuntergang erscheinen wird. Besonders die Anhänger des Joachim von Fiore sahen in ihm den Hammer der Kirche, die unter seinen Schlägen gereinigt und für das
Erscheinen des Jüngsten Gerichtes vorbereitet wird; für die Joachi-
ten durfte Friedrich nicht gestorben sein, ehe nicht den Weissagungen entsprechend das Jüngste Gericht anbrach. So spannten beide
Parteien die Gestalt des Kaisers in chiliastische Vorstellungen. Die
Sage fiel in Deutschland, dessen Gesichtskreis der Kaiser schon
lange entzogen war, auf fruchtbaren Boden, besonders in der Zeit
des Niedergangs der Kaiserherrlichkeit, in der auch das Auftreten
falscher Friedriche die Einbildungskraft des Volkes anregte. Die
Sage vom Weiterleben Friedrichs drang in die Chroniken ein,
wurde erstmals von Johannes ROTHE (1421) mit dem Kyffhäuser in
Verbindung gebracht, und im 16. Jahrhundert erschien der Aufent-
haltsort des Kaisers in diesen Berg verlegt. Da die Gestalt im Laufe
der Mythisierung ihre individuellen Züge eingebüßt hatte, ist die
mit dem *Volksbuch von Friedrich Barbarossa* (1518) einsetzende
Übertragung der Sage auf → Friedrich I. Barbarossa erklärlich.

Als DANTE Friedrich II. in die Feuersärge der Ketzer verwies,
stand er noch unter dem Einfluß des von der Kirche geprägten
antichristlichen Bildes des Kaisers. Die deutschen Humanisten und
Anhänger der Reformation, die durch das im Laufe des 16. Jahrhunderts bekanntwerdende Quellenmaterial, besonders die Briefe
des Kanzlers PETRUS DE VINEA (Druck 1529–66), ein gereinigtes
Bild gewinnen konnten, feierten ihn aus nationalen und antipäpst-
lichen Gründen und sahen in ihm das Ideal eines Beschützers und
Förderers von Kunst und Wissenschaft (Johann CARION / Kaspar
PEUCER, *Weltchronik*). Das 18. Jahrhundert jedoch, in dem Ver-
nünftelei und Moralismus das humanistische Ideal oft verflachten,
konnte seinen dämonischen und immoralischen Zügen kaum Verständnis entgegenbringen, nur HERDER wies schon 1767 auf ihn
hin.

Der Durchbruch erfolgte erst, wie für den gesamten → Hohenstaufen-Stoff, durch die liberale Geschichtsdarstellung F. v. RAUMERS (1824–26). Die gleichzeitig beginnende Epoche des historischen Romans und Dramas hat den Stoff mehrfach aufgegriffen, ohne daß eine künstlerische Leistung oder Herausarbeitung der Tendenzen des Stoffes das Resultat gewesen wäre (K. L. IMMERMANN 1828; E. Raupach 1837; A. Dove, *Caracosa* 1894). Das Drama behandelte vorzugsweise den Aufstand des Sohnes Heinrich (F. v. d. HEYDEN, *Der Kampf der Hohenstaufen* 1828; MARENCO, *Arrigo de Suevia* 1856; W. HENZEN, *Kaiser, König und Bürger* 1900) und den Verrat des Petrus de Vinea (A. WIDMANN, *Kaiser und Kanzler* 1855; J. G. FISCHER 1862; J. H. v. WESSENBERG 1863; S. Lublinski 1910). Vineas Ende war auch Zentrum von novellistischen und dramatischen Plänen C. F. MEYERS, die den Kaiser als Opfer seiner in Mißtrauen umschlagenden Menschenkenntnis zeigen sollten. Das nationale Pathos des 19. Jahrhunderts hat sich an Friedrich II. nicht, wie an seinem Großvater Barbarossa, erwärmen können, aber das schon bei Meyer vorherrschende Interesse der neueren Literatur für das Dämonische, Zwielichtige, Gebrochene der Gestalt wurde am Ausgang des Jahrhunderts durch die Übermenschen-These NIETZSCHES (der sich von der Gestalt Friedrichs angezogen fühlte) noch verstärkt; der Persönlichkeitskult des Georgekreises spiegelt sich in der Biographie von E. KANTOROWICZ (1927). Moderne erzählerische Gestaltungen des Friedrich-Stoffes, die seine Person auf dem Hintergrund einer in Gärung begriffenen Zeit darzustellen versuchen, empfanden besonders das Moderne an dem Menschen wie an dem Staatsmann (P. WIEGLER, *Der Antichrist* 1929; W. KAYSER, *Der große Widersacher* 1936; H. ANDERS, *Der Verwandler der Welt* 1942; R. WAHL, *Wandler der Welt* 1948; A. ZWEIG, *Der Spiegel des großen Kaisers* 1949; G. BÄUMER, *Das königliche Haupt* 1951).

W. Deetjen, Immermanns »Kaiser Friedrich der Zweite«, ein Beitrag zur Geschichte der Hohenstaufendramen, Diss. Leipzig 1901; F. G. Schultheiß, Die deutsche Volkssage vom Fortleben und der Wiederkehr Kaiser Friedrichs II., 1911; K. Hampe, Kaiser Friedrich II. in der Auffassung der Nachwelt, 1925.

**Friedrich der Große.** König Friedrich II. von Preußen (1712–1786), der in drei Kriegen gegen Maria Theresia von Österreich und ihre Verbündeten die schlesischen Herzogtümer gewann und die europäische Großmachtstellung Preußens begründete, die er durch planvollen Wiederaufbau und die Pflege von Handel und Industrie sowie durch die Erwerbung Westpreußens in der ersten polnischen Teilung befestigte, hat die Phantasie des Volkes und die Gedanken der geistig führenden Zeitgenossen so nachdrücklich beschäftigt, daß die Vorstellung vom ersten Diener des Staates, vom roi philosophe, der nur widerwillig in einen aufgezwungenen Krieg zieht, und von einem Mann, der nicht nur für Preußen,

sondern für Deutschland stand, sich mehr durchsetzte als die
Erkenntnis seines Machtstrebens und seiner zum Zerfall der
Reichseinheit und einer kleindeutschen Neubildung führenden
Politik. Für die Ausprägung eines literarischen Friedrich-Stoffes ist
dieses Bild entscheidend geblieben.

Die Enttäuschung einiger Schriftsteller wie etwa Klopstocks über
Friedrichs mangelndes Interesse für deutsche Literatur und die aus
dem Individualitätsbegriff stammende Kritik an seinem Staat bei
Winckelmann, Hamann und Herder wog wenig gegenüber dem
Einverständnis der aufklärerischen Kreise und gegenüber dem Kult
der großen Persönlichkeit bei den Stürmern und Drängern, und
auch die Gegnerschaft der deutsch-christlichen unter den Romantikern wie Novalis, Arndt und Jahn trat zurück hinter dem Bewußtsein der Befreiungskämpfer, die wie Wilhelm von Humboldt empfanden, daß die Impulse ihrer Zeit von Friedrich herrührten. Für
die frühe Konturierung des Friedrich-Bildes sind neben den deutschen Literaten seltsamerweise gleich die französischen zu nennen.
Durch die Beziehung zu Voltaire hatte schon der Kronprinz Friedrich die literarischen Kreise Frankreichs gewonnen; man sah in ihm
die Erfüllung des Fürstenideals von Fénelons *Télémaque*, und die
Wirkung seines *Anti-Macchiavell* war ungeheuer. In den zehn Friedensjahren nach den ersten beiden Kriegen ließ der Ruf des preußischen Hofes als Zufluchtsstätte der Gelehrten und Literaten alle
Einwände gegen den Eroberer Schlesiens vergessen, im Siebenjährigen Krieg machten den König seine Niederlagen interessant und
seine Siege populär; nach dem Siege bei Roßbach besang man ihn
und verspottete den französischen Heerführer Soubise (de SAUVI-
GNY, *La Prussiade* 1758). Die Vergleiche mit den nordisch-prote-
stantischen Helden → Gustav II. Adolf und → Karl XII. und vor
allem mit → Cäsar sind der deutschen und französischen Literatur
gemeinsam. E. v. KLEIST setzte jedoch schon bald die preußischen
über die antiken Helden, und mit L. GLEIMS *Kriegsliedern eines
preußischen Grenadiers* (1758) brach sich ein volkstümlicherer Ton
und eine realistischere Darstellung in den Huldigungsgedichten
Bahn. Typische Züge wurden festgehalten: der König mit dem
Fernglas in der Hand oder einer Regimentsfahne vor seinen Truppen, als Soldat unter Soldaten auf einer Trommel sitzend (Gleim),
von den Entbehrungen des Krieges geprägt, »Jener Mann, dessen
Gesichtszüge unter Schweiß und Staub wie unter einer Maske
verborgen liegen« (Th. ABBT), ein Herrscher, der die Pflicht über
die Neigung setzt und »für sein Land und seine Zeit zu groß« ist
(SULZER) und dessen soziales Verhalten im Prozeß des Müllers
Arnold ganz Europa pries: »Guidé par l'amour de ses peuples.« Der
Volksmund ergänzte dieses Bild durch zahlreiche Anekdoten, und
so formte sich eine stoffliche Substanz, die zugleich ethische Werte
verkörperte: »Der erste wahre und höhere eigentliche Lebensgehalt
kam durch Friedrich den Großen und die Taten des Siebenjährigen
Krieges in die deutsche Poesie« (GOETHE). Durch das Mittlertum
Frankreichs hat auch das spanische und englische Theater Friedrich

als Stoff gekannt, und das in zwei Lager gespaltene Italien hat doch in Drama (Mancini, *I Numi Parziali* 1779) und Epos (G. A. Molin, *La Slesia riconquista* 1787–91) Friedrich gefeiert.

Der mächtige und gerechte, aber unsichtbare Mitspieler, der Friedrich noch in Lessings *Minna von Barnhelm* (1767) und in J. J. Engels *Der dankbare Sohn* (1771) gewesen war, wurde unter der verschleiernden Bezeichnung »der Fürst« in Engels *Der Edelknabe* (1782) zu einer wirklichen Rolle, die auf der deutschen, aber auch auf der französischen Bühne (Bearbg. E. v. Manteuffel, *Auguste et Théodore ou les deux pages* 1789) in der Darstellung des Schauspielers Fleury einen großen Erfolg hatte. Unter vollem Namen wurde Friedrich dann noch zu seinen Lebzeiten zur Bühnenfigur in J. M. Babos *Arno* (1776). Die Funktion der Gestalt blieb die bei Lessing für das Soldatenstück geprägte: Friedrich belohnt die verdienten Männer (Fellner, *Der Chargenverkauf* 1780) und die strebsame Pagen (Engel), er erkennt bei Vergehen den guten menschlichen Kern des Straffälligen (Babo) und weiß auch Fehler einzusehen (Ch. H. Spiess, *Graf Schlenzheim* 1782). Der Deus-ex-machina-Gestalt wuchsen individuelle Züge an, das Anekdotenstück bildete jenen volkstümlichen Alten Fritz aus, dessen Augen die Missetaten und Schwächen seiner Untertanen durchschauen, der ohne Rücksicht auf die Person harte Strafen verhängt und mit seinen Opfern oft ein beinahe grausames Katz-und-Maus-Spiel treibt, aber dem Aufrichtigen, Mutigen und Einsichtigen dann auch den Lohn nicht versagt; sein Witz weiß auch die Schlagfertigkeit auf der Gegenseite zu schätzen. So mischte sich Soldatisches und zeittypisch Rührseliges in den häufigen Bearbeitungen der Pasquill-Anekdote, nach der der notleidende Verfasser eines Pasquills die auf seine Entdeckung gesetzte Belohnung für sich selbst gefordert haben soll (B. H. K. Reinhardt, *Der Pasquillant* 1792; L. F. Comella, *Federico II. Rey de Prussia* 1789; H. Dorvo, *Frédéric à Spandau ou le Libelle* 1806; R. Neumann, *Der Kommandant von Spandau* 1866; G. Kleinjung, *Die Rache des Edlen* 1892). Insubordinationskonflikte wurden besonders nach Erscheinen des französischen Abenteuerromans von Pigault-Lebrun, *Les Barons de Felsheim* (1798/99) beliebt, der eine Fundgrube für fritzische Anekdotenstücke ergab. Ging es nun um das Spielverbot (G. de Pixérécourt / Kreutzer, *Le petit page,* Optte. 1800; Leriche, *La bataille de Neurode* 1805) oder um das Duellverbot (Dieulafoi / Coupigny / Favières *Une nuit de Frédéric II* 1800; Leriche, *Caroline et Storm ou Frédéric digne du trône* 1806; A. Bernos, *Le baron de Felsheim* 1811; K. Töpfer, *Der Tagesbefehl* 1823; Arendt, *Die beiden Pagen* 1844), die Begnadigung von Deserteuren (A. v. Scharten, *Friedrich der Einzige in Rheinsberg* 1847; F. M. Maddox, *Frederick the Great* 1837), um den Dank an einen Lebensretter (E. Scribe / L. Rellstab / G. Meyerbeer, *Ein Feldlager in Schlesien,* Singspiel 1844; Brunswick, *Le roi de Prusse et le comédien* 1833) oder um die Förderung eines armen Mannes (Revel, *Le fifre du roi de Prusse* 1818), immer trat der gleiche grimmig-freundliche König in Aktion. Auch bedeutsamere histo-

rische Beispiele für Friedrichs Wirken, wie sein Eingreifen in den
Prozeß des Müllers Arnold (J. van PANDERS, *Frederik de Rechtvaar-
dige* 1781; H. HERSCH, *Die Krebsmühle* 1860) oder seine Auseinandersetzung mit dem Müller von Sanssouci, der nach ANDRIEUX'
Erzählung *Le meunier de Sans-Souci* (1797) zum beliebten Dramen-
stoff wurde (DIEULAFOI 1798; LOMBARD DE LANGRES 1798), und der
Hochverrat des Barons Warkotsch (K. v. HOLTEI, *Lenore* 1829;
Th. GESKY, *Ein Attentat auf den alten Fritz* 1862; J. v. WEILEN, *An der
Grenze* 1876), wurden im anekdotischen Sinne gefaßt und Friedrich selbst und seine Konflikte oberflächlich schablonenhaft gesehen. Daß Subordinationskonflikte in Wirklichkeit weniger glimpf-
lich ausgingen als in später geschriebenen Lustspielen, bewiesen die
*Memoiren* des Barons F. v. d. TRENCK (1786), die das Bild Friedrichs
im Ausland negativ einfärbten (J. L. GABIOT, *Le Baron de Trenck, ou
le prisonnier prussien*, Dr. 1788; C. DELAVIGNE / E. SCRIBE, Kom.
1828) und in Deutschland erst wesentlich später künstlerischen
Widerhall fanden (H. E. R. BELANI, *Hohe Liebe*, R. 1853; B. FRANK,
*Roman eines Günstlings* 1925; F. BONN, *Trenck, der Mann im Eisen*, R.
1930; E. v. NASO, *Preußische Legende – Geschichte einer Liebe*, Nov.
1939).

Das Anekdotenstück war bezeichnend für die Ausbildung des
Stoffes im Zeichen des bürgerlichen Dramas am Ausgang des
18. Jahrhunderts und blieb es auch noch für die zahllosen dramatischen Nichtigkeiten, die Einakter, Vaudevilles und Lokalstücke
der ersten Hälfte des 19. Jahrhunderts. Sein Erbe trat dann erfolgreich die anekdotische Erzählung an, die bis in die neueste Zeit
zahlreiche Themen um Friedrich bearbeitet hat, dabei allerdings
immer stärker ins Wesentliche des Stoffes im Sinne der novellistischen »unerhörten Begebenheit« vorstieß (E. BOAS, *Der alte Fritz
und die Jesuiten* 1848; K. BLEIBTREU, *Friedrich der Große bei Kolin*
1888; R. HEUBNER, *Das Wunder des Alten Fritz* 1914; H. v. ZOBEL-
TITZ, *Der Alte auf Topper* 1915; J. LEUTZ, *Mademoiselle Biche* 1925;
F. LÜTZKENDORF, *Kadetten des großen Königs* 1939; E. v. NASO,
*Preußische Legende* 1939). Die fest umrissenen Formen, die das
18. Jahrhundert der Gestalt des Alten Fritz gegeben hatte, wurden
im Biedermeier ins Menschliche erweitert. Äußerlich gab die
Jahrhundertfeier des Regierungsantritts 1840 mit der Schaffung des
Rauchschen Denkmals neue Impulse: 1846/47 erschienen die *Œuvres* des Königs, 1852 KUGLERS Biographie mit Menzels Holzschnitten, 1856–66 CARLYLES aus monarchistischer Gesinnung geschriebene Biographie, die innerhalb der kühlen bis ablehnenden Haltung des demokratischen Englands (MACAULAY; W. M. THACKE-
RAY, *The Luck of Barry Lyndon* 1844) einzig dasteht.

Die Literatur erinnerte sich der tragischen Größe des Königs,
seiner Leiden und seiner Einsamkeit. Man versuchte, über die
anekdotische Klischeevorstellungen zum Menschen Friedrich
vorzudringen. War er in ALEXIS' *Cabanis* (1832, mit dem Lied
*Fridericus Rex*) noch Hintergrundsfigur geblieben, so gaben
L. MÜHLBACHS (1853) und K. v. BOLANDENS (1864) Romane

umfassende Zeit- und Lebensbilder. L. Mühlbachs *Friedrich der Große und seine Geschwister* (1855) kam den idyllischen Neigungen der Zeit entgegen, die sich auch in verharmlosenden Stücken um die Jugend Friedrichs wie K. Gutzkows *Zopf und Schwert* (1844) und R. v. Gottschalls *Der Spion von Rheinsberg* (1886) niederschlugen. Dem Interesse am galanten Abenteuer entsprachen Bearbeitungen der Barberina-Episode (L. Rellstab, *1756 oder die Parolebefehle*, Dr. 1852; E. A. Mügge, *Barberina*, Dr. 1880), die auch in neuerer Zeit immer wieder behandelt worden ist (A. Paul, *Die Tänzerin Barberina*, R. 1918; P. Burg, *Barberina*, R. 1924). Nicht episodisch in altem Sinne sind die dramatischen und erzählerischen Versuche, das Schicksal Friedrichs von einer bestimmten kriegerischen Situation her sichtbar zu machen; nahezu alle Schlachten der langen Kriegsjahre sind so in die Literatur eingegangen (O. Ludwig, *Die Torgauer Heide*, Vorspiel 1844; Ch. Scherenberg, *Leuthen*, Epos 1852; G. zu Putlitz, *Die Schlacht bei Mollwitz*, Dr. 1869).

Die Versuche, einen Gesamtaspekt für den Friedrich-Stoff zu finden, den trotz oder wegen der Erfolge als Feldherr und Politiker illusionslosen und einsamen Menschen zu zeigen oder Friedrichs Gestalt ins Mythische zu steigern, verdichteten sich mit zunehmendem Abstand von seiner Leistung, seiner Zeit und ihren Idealen. In den zwanziger und dreißiger Jahren des 20. Jahrhunderts lag ein gewisser Höhepunkt in der Entwicklung des literarischen Friedrich-Bildes, der sich auch in der Beliebtheit der Fridericus-Filme dokumentierte. Während Schiller einst den Plan eines Friedrich-Epos aufgegeben hatte, weil er den Helden nicht liebgewinnen konnte, folgten nun die Friedrich-Romane rasch aufeinander (E. Ludwig 1914; W. v. Molo 1914–22; F. A. Beyerlein 1924; P. Burg 1932; W. Beumelburg 1936; H. Heyck 1940). Der König wurde in Roman, Novelle und Drama als Symbol nationaler Besinnung verwandt. Die dramatischen Versuche krankten an der räumlichen und zeitlichen Spannweite des Gesamtstoffes sowie am Mangel eines Gegenspielers, und sie brachten mit den Mitteln des Stationenstückes den Kampf um die Selbstbezwingung zum Ausdruck (H. v. Boetticher, Doppeldrama 1917; B. Frank, *Tage des Königs*, 3 Szenen 1920; W. v. Molo, *Ordnung im Chaos* 1927; E. Geyer, *Fritzische Rebellion* 1931; H. Rehberg, *Der Siebenjährige Krieg* 1936). Verwandte Versuche sind die des Novellenzyklus (Schubert, *Ruhm* 1915) und der Anekdotensammlung (J. Winckler, *De olle Fritz* 1926; H. Franck, *Fridericus* 1930). Die Anekdote von der Selbstunterwerfung des Königs unter das bürgerliche Recht des Müllers, die durch französische Autoren berühmt geworden war, wurde durch P. Hacks (*Der Müller von Sanssouci* 1958) zur Demaskierung einer nationalen Legende benutzt: Friedrich beugt sich vor dem Recht, um seine undespotische Gesinnung vor der Öffentlichkeit zu beweisen, macht aber die Mühle durch Einziehung des Müllerknechts funktionsunfähig. H. Manns Dialogroman in Einzelszenen blieb Fragment (*Die traurige Geschichte von Friedrich dem Großen* 1960). Reizvolle Aspekte bietet das Mit-

und Gegeneinander von Friedrich und Voltaire als zwei bestimmenden Größen ihrer Zeit, ohne daß dieses Thema bisher voll
ausgeschöpft werden konnte (B. DA COSTA, *Frédéric et Voltaire*, Dr.
1988; K. BOESER, *Die Menagerie von Sanssouci*, Dr. 1988).

Das Katte-Erlebnis, das in dem Kronprinzen den Grund zu dem
späteren König legte, hat sich kraft seiner dramatischen Struktur
aus dem Gesamtstoff herausgelöst und eine Sonderentwicklung
durchgemacht. Nur der Roman besitzt die Möglichkeit, den rebellischen Kronprinzen und den im Dienst der Pflicht gebeugten
Alten Fritz als eine Gestalt darzustellen; dramatische Versuche,
beide Gesichter der Gestalt an einem Abend zu zeigen, werden
immer eines vernachlässigen müssen. Nachdem die Franzosen
BOIRIE und H. LEMAIRE (*La jeunesse de Frédéric II* 1809) zum ersten-
mal gewagt hatten, das Thema des ↑ Vater-Sohn-Konfliktes im
Hohenzollernhause auf die Bühne zu bringen, wobei sie Friedrich
nicht einmal fliehen ließen, gaben erst die *Mémoires* der Markgräfin
WILHELMINE VON BAYREUTH (1810) der Dichtung die stofflichen
Grundlagen. In der ersten deutschen Behandlung (J. G. SCHLUM-
BERGER, *Lieutenant von Katt oder des Kronprinzen Flucht* 1834) war der
Stoff nach dem großen Musterbeispiel des Vater-Sohn-Motivs,
Schillers *Don Carlos*, organisiert; Katt übernahm die Posa-Rolle des
sich für den künftigen Herrscher opfernden Freundes, Friedrich
Wilhelm trug trotz des versöhnlichen Ausganges die unversöhnli-
chen Züge Philipps, und Friedrich besaß Carlos' schwärmerische
Weichheit. Das weltanschauliche Empörertum kam der jungdeut-
schen Strömung entgegen (A. LEWALD, *Katte*, R. 1840; J. MOSEN,
*Katte*, Dr. 1842). Die bei Mosen unglaubhaft wirkende rasche
Versöhnung der Schlußszene erleichterte H. LAUBE (*Prinz Friedrich*, Dr. 1847), indem er Katte charakterlich belastete, Friedrich
von ihm distanzierte und so den Gegensatz zwischen Vater und
Sohn entschärfte. Bei F. BONN (*Der junge Fritz*, Dr. 1898) erscheint
die Opferung Kattes wenig glaubwürdig als ein reines Erziehungs-
experiment des Königs. Versuche, die Annäherung der beiden
Hohenzollern durch die Szenierung der auf Kattes Tod folgenden
Küstriner Lehrzeit Friedrichs sichtbar zu machen, mußten die
dramatische Wucht des Stoffes aufheben (E. KRUMBHAAR 1893;
G. WEGK 1900; O. v. d. PFORDTEN 1902). Erneute Aktualität
gewann der Stoff durch die Vater-Sohn-Problematik des Expressionismus, die sich an einer ganzen Anzahl von Bühnendichtungen
ablesen läßt. Während in H. BURTES *Katte* (1914) der Titelheld die
verwandten, aber sich nicht begreifenden Gegner durch das Opfer
seines Lebens einander näherbringen will, betonten E. Ludwig
(1914) und H. v. Boetticher (1917) die Unvereinbarkeit von
Despotie und Menschlichkeit und konnten daher Friedrichs Wandlung kaum glaubhaft machen. Bei Paul ERNST (*Preußengeist* 1915)
und J. v. d. GOLTZ (*Vater und Sohn* 1921) wurde dann das Bemühen
um Verständnis für Friedrich Wilhelms Vorgehen bemerkbar;
Vater und Sohn ringen nicht mehr miteinander sondern umeinan-
der und müssen zueinander finden, bei P. Ernst durch Kattes

helfendes Opfer, bei v. d. Goltz trotz Kattes stürmischer Parteinahme für den Sohn. Die Frömmigkeit des alten Königs, der Volk
und Familie oft gegen sein menschliches Gefühl mit Gewalt umfor-
men mußte, war schon in Rehbergs dramatischer Gestaltung
(*Friedrich Wilhelm I.* 1936) erkennbar; sie dient Friedrich Wilhelms
Rechtfertigung in J. Kleppers Roman *Der Vater* (1937). Die Betonung der gemeinsamen Grundkomponente in Werk und Wesen
des Vaters und des Sohnes verknüpfte das Katte-Erlebnis eng mit
dem Gesamtstoff Friedrich der Große.

H. Stümcke, Hohenzollernfürsten im Drama, 1903; E. Allard, Friedrich der
Große in der Literatur Frankreichs, 1913; F. Lüscher, Friedrich der Große im
historischen Volkslied, Diss. Bern 1915; H. Marcus, Friedrich der Große in der
englischen Literatur, 1930; E. Lemke, Friedrich der Große im deutschen Drama
der Gegenwart, 1931; R. Schwarz, Friedrich der Große im Spiegel des literarischen Deutschland von der Aufklärung bis zur Romantik, Diss. Leipzig 1934;
H. Karrer, Die Gestalt Friedrichs des Großen in der deutschen Literatur des
20. Jahrhunderts, Diss. Freiburg / Schweiz 1973.

**Friedrich der Streitbare.** Herzog Friedrich II. (1211–1246),
jener letzte Babenberger, der bald nach Regierungsantritt in Konflikt mit aufständischen Lehensleuten unter Führung der selbstherrlichen Kuenringer geriet und aus Wien weichen mußte, dann
Kaiser → Friedrich II. trotzte und zu dessen Sohn, König Heinrich,
hielt, worauf er 1236 in die Reichsacht getan wurde, und der
schließlich in Kriege gegen die Tataren und die Ungarn verwickelt
war, bis er 1246 in der Ungarnschlacht an der Leitha fiel, fand
schon in der zeitgenössischen Literatur eine stark gegensätzliche
Beurteilung. Staufer-Anhänger wie Reinmar von Zweter verurteilten ihn, Neidhart von Reuental, der Tannhäuser und
Ulrich von Lichtenstein priesen ihn als milden Lehnsherrn. Der
Beiname »der Streitbare« wird zum erstenmal in den *Klosterneubur-
ger Tafeln* des Ladislaus Sunthaym (1491) überliefert.

Das Kernmotiv für die Entwicklung eines Stoffes um Friedrichs
Gestalt steht bereits in der Totenklage Ulrichs von Lichtenstein:
Friedrich fiel von unbekannter Hand und von seinen Anhängern
unbemerkt; sein Sekretär fand den Leichnam und ließ ihn heimlich,
um die Kampfeskraft der Österreicher nicht zu schwächen, vom
Schlachtfeld in eine nahe gelegene Kapelle tragen. An diesen
rätselhaften Tod knüpfte sich schon einige Jahrzehnte später das
Gerücht, daß es sich um Mord gehandelt und der Mörder sich
vielleicht in Friedrichs eigenen Reihen befunden habe. Vielfach
wurde die in Jansen Enikels *Fürstenbuch* (nach 1280) erwähnte
Vergewaltigung einer Wiener Bürgerstochter durch Friedrich als
Grund für seine Ermordung angegeben; später zog man die
Schlinge der Kombinationen noch enger und machte die Entehrte
zu einer nahen Verwandten der Kuenringer. Friedrichs unglückliche und kinderlose Ehe trug zur Ausgestaltung dieses Liebesaben-
teuers bei. Auf der anderen Seite entstand eine merkwürdige und

sehr dauerhafte Tradition, nach der das aus der Geschichte des
Staufen → Konradin bekannte Verrätergeschlecht der Frangipani,
das in Ungarn begütert war, auch an Friedrichs Tode schuldig sein
sollte. Der gesamte Stoff birgt eine fast gefährliche Fülle ineinander
greifender Motive und prägnanter Szenen, die ihn vor allem für das
Drama, aber auch für erzählende Darstellung geeignet erscheinen
lassen. Diese Fülle und Friedrichs Charakter, der eher unausgegli-
chen als dämonisch oder tragisch wirkt, mögen schuld sein, daß
der Stoff, der für österreichische Autoren immer wieder national-
geschichtliche Reize gehabt hat, keine künstlerisch befriedigende
Bearbeitung erfuhr.

Der Stoff wurde durch das Ritterdrama und den Ritterroman
entdeckt und hat den Charakter dieser Gattungen weitgehend
beibehalten. Für das Drama beginnt die Tradition mit dem Trauerspiel K. PICHLERS (*Heinrich von Hohenstaufen* 1813) und den etwa
gleichzeitig erschienenen Dramen aus M. v. COLLINS österreichi-
schem Zyklus (*Der Tod Friedrichs des Streitbaren* 1813, *Die feindlichen
Söhne* 1817, *Der Tod Heinrichs des Grausamen* 1817, *Die Kuenringer*
1817), die Friedrichs ganze Lebenszeit umfassen und an die sich
dann H. BOHRMANNS *Der letzte Babenberger* (1867), F. TIEFENBA-
CHERS *Der letzte Babenberg* (1868) und das noch am Ausgang des
Jahrhunderts entstandene Ritterstück E. WRANYS *Die Kuenringer*
(1892) anschlossen. In allen diesen Stücken ist ein Frangipani der
Mörder, der die Verstoßung der von ihm geliebten Frau Friedrichs
an diesem rächt; bei Tiefenbacher erfolgt die Rache, weil Friedrich
dem Frangipani die Hand seiner Schwester versagt hat. Die gleiche
Grundsituation bei wesentlicher psychologischer Vertiefung der
Charaktere läßt GRILLPARZERS Fragment (1809/21) erkennen, das
der sieghaften Erscheinung Friedrichs in Frangipani den anfänglich
bewundernden, dann aber in seinem Selbstgefühl und in seiner
Liebe zu Friedrichs Frau verletzten und eifersüchtigen Freund
gegenüberstellte.

Die epischen Gestaltungen beginnen mit den Lebensskizzen von
J. Ritter von KALCHBERG (*Historische Darstellungen* 1800) und J. Freiherr von HORMAYR (1811), die sich um ein mit ritterlichen Requisiten versehenes Zeitbild bemühten; persönliche Motive Frangipanis
sind hier nicht erwähnt. In K. PICHLERS Roman (1831) taucht zum
erstenmal das Motiv der Rache für die Verweigerung der Schwester auf, in J. GLEICHS Schauerroman *Das Blutmahl um Mitternacht
oder das wandernde Gespenst in Wiener Neustadt* (1836), der auf jede
schärfere Motivierung verzichtet, ist Frangipani von Jugend an der
böse Gefährte Friedrichs, in A. LANGERS vierbändigem »Volksro-
man« (1863) wird er sogar zum Verlobten der entehrten Wiener
Bürgerstochter.

Erst der im engeren Sinne historische Roman neueren Datums
nahm von den Schauerelementen der Fabel Abstand. In V. WO-
DICZKAS Roman *Bellicosus* (1893) tritt das Todesmotiv hinter dem
Zeitbild und der Charakterzeichnung eines von Mißgeschick und
Lebenspessimismus Gezeichneten zurück: Frangipani ist hier

Werkzeug einer ehemaligen Geliebten Friedrichs. J. WICHNER (*Bürger Gozzo* 1922) kam es auf das kulturgeschichtliche Moment an, und E. SCHOLLS Roman *Der letzte Herzog* (1923) führt die Handlung überhaupt nur bis zur siegreichen Tatarenschlacht und zeigt die Lebensmüdigkeit des Kinderlosen. Ballade (C. G. Ritter von LEITNER 1827; J. N. VOGL 1835) und Jugenderzählung (A. REDLICH 1907; F. HUSCHACK 1922) haben das schlichtere Motiv des Kampfes mit den Kuenringern aus dem Stoff herausgegriffen. Der Schweizer H. F. SCHELL schrieb 1936 ein Drama *Der letzte Babenberger*.

E. Ungersbäck, Friedrich der Streitbare in der deutschen Literatur, Diss. Wien 1950.

**Friedrich Wilhelm I.** → Friedrich der Große

**Friedrich Wilhelm von Brandenburg** → Kurfürst, Der Große

**Galilei, Galileo.** Durch bahnbrechende Entdeckungen, mit denen die These des Kopernikus bewiesen war, daß nicht die Sonne sich um die Erde, sondern diese sich um die Sonne drehe, geriet der italienische Mathematiker und Astronom Galilei (1564–1642) in Konflikt mit der Kirche, die durch das neue Weltsystem die zentrale Stellung des Menschen und die um seinetwillen vollzogene Erlösung ernstlich gefährdet fand. Sein in einem ersten Inquisitionsverfahren (1616) erzwungenes Schweigen und der im zweiten Prozeß (1633) erfolgte Widerruf seiner Lehre stellen eine für literarische Bearbeitung sehr ergiebige Auseinandersetzung dar, in der Wahrheitsdrang gegen Autoritätsglauben steht und die Überzeugungstreue des Helden mit Todesangst ringt.

Der Stoff ist, seit die Geschichtsschreibung des 19. Jahrhunderts genauere Kenntnis von ihm vermittelte, zunächst mehrfach durch unbedeutende Dramatiker behandelt worden, meist aus antiklerikaler Sicht, in der Galilei schließlich als das Opfer von kirchlichen und machtpolitischen Intrigen erschien; das Bewußtsein, daß Galileis Lehre trotz des Widerrufs schließlich gesiegt hat, legte ihm jenes anekdotische Trotzwort »Und sie bewegt sich doch« in den Mund, das zu der völligen Kapitulation des nahezu blinden, von der Inquisition überwachten Greises kaum paßt (A. GLASER 1861; F. PONSARD, *Galilée* 1867; A. MÜLLER, *Der Fluch des Galilei* 1867; A. TREBITSCH 1920). Erst eine Zeit, die Knebelung der Forschung und Märtyrertum, aber auch Opportunismus von Wissenschaftlern erlebte, wurde dem Stoff und seinen verschiedenen Aspekten gerecht. In dem breitangelegten Entwicklungsroman Z. v. HARSÁNYIS (*Und sie bewegt sich doch* 1937), der den einst trotzigen, selbst-

herrlichen und ruhmsüchtigen Gelehrten als einen gebrochenen
Greis zeigt, wird Treubruch und Meineid des Widerrufs mit der
Liebe zum Leben entschuldigt, während B. BRECHT (*Leben des
Galilei*, Dr. 1943) den Forscher, der in der Wissenschaft geistigen
Genuß und nicht Verantwortung sieht, verdammt. M. BRODS
Darstellung (*Galilei in Gefangenschaft*, R. 1948) milderte den Verrat
Galileis an der Wissenschaft, indem er ihn am Schluß seines Lebens
Selbstsucht und Angst überwinden und zur Verteidigung der
Wahrheit entschlossen sein läßt. G. v. LE FORT (*Am Tor des Him-
mels*, Nov. 1954) stieß von dem Konflikt Wissenschaft-Kirche zu
dem größeren zwischen Wissenschaft und Religion vor, bettete das
Geschehen in eine moderne Rahmenhandlung und machte durch
die Gegenüberstellung einer Epoche, in der die Wissenschaft sich
von Gott löste, mit einer Zeit, in der sie an neuen Grenzen vielleicht
Gott wiederfinden kann, jene Aussagekraft des Stoffes erkennbar,
die aktualisierende Deutungen (L. NÉMETH, Dr. 1956) anstreben.

**General Sutter** → Sutter, General

**Genovefa.** Die in mehreren Laacher Handschriften in verschiedenen lateinischen Fassungen erhaltene Legende von Genovefa, die
von einem Laacher Mönch oder einem Geistlichen der in der Nähe
gelegenen Frauenkirche wohl um 1400 verfaßt wurde, ist weder
mythischen noch historischen Ursprungs, sondern eine ins Legendäre transponierte Redaktion des alten französischen Romanstoffes
*Die Königin von Frankreich und der ungetreue Marschall*, der wiederum aus einer Verschmelzung des → Königin-Sibylle-Stoffes
mit dem → Berta-Stoff hervorging. Die Königin wird vor dem
abwesenden Ehemann von dem Marschall, dessen Liebesanträge
sie abgewiesen hat, des Ehebruchs bezichtigt und von ihrem Gatten
zum Tode verurteilt. Sie überzeugt ihre Henker von ihrer
Unschuld, entgeht dem Tode und fristet mit ihrem inzwischen
geborenen Kind bei einem Köhler durch Spinnen ein kümmerliches Dasein. Den Verleumder trifft ein Gottesurteil, der König
erkennt seine Frau an den Handarbeiten, die eine Krämerin in Paris
feilhält. Der geistliche Verfasser der Legende wandelte die französische Königin dann in eine Brabanter Fürstin mit dem Namen der
in der Laacher Gegend besonders verehrten heiligen Genovefa um,
ihr Mann erhielt den Namen des Gründers des Klosters, Pfalzgraf
Siegfried von Ballenstädt. An die Stelle des Marschalls trat ein
Freund des Ehemanns, Golo. Die Dulderin erhält sich nicht von
ihrer Hände Arbeit, sondern mit Hilfe einer Hirschkuh, die ihr von
der Gottesmutter zugeführt wird und die später auch den auf Jagd
befindlichen Pfalzgrafen in ihre Höhle leitet. Nachdem sie an dem

Ort der himmlischen Erscheinung eine Kapelle, die Frauenkirche, gestiftet hat, stirbt sie bald. Golo wird auf Anordnung des Pfalzgrafen von vier Ochsen zerrissen.

Während die Wirkung der lateinischen Legende lokal begrenzt war, erreichte der Stoff eine ganz Europa umgreifende Verbreitung durch die Fassung des französischen Jesuiten René de CERISIERS *L'innocence reconnue ou Vie de Sainte Geneviève de Brabant* (1638). Dieser erweiterte die Legende durch zahlreiche wunderbare Züge, legte die Handlung in das Zeitalter Karl Martells und ließ Siegfried und das Kind Benoni nach Genovefas Tod zu Einsiedlern in deren Höhle werden. Die Handlung spielt – eine entscheidende Anregung für die dramatischen Bearbeitungen – im zweiten Teil abwechselnd im Schloß und im Wald. Die Legende wurde so von dem Jesuiten STAUDACHER (1660), später von Martin von COCHEM (1687) ins Deutsche übersetzt; in der letzteren Fassung erschien sie seit dem 18. Jahrhundert als Volksbuch.

Der Genovefa-Stoff gehört neben → Faust und → Don Juan zu den meistverbreiteten volkstümlichen Stoffen, aber auch die geistliche und weltliche Kunstdichtung hat sich wiederholt um seine Gestaltung bemüht. Das Thema von der Treue und den Leiden einer unschuldigen, verleumdeten ↑ Gattin, das auch in der verwandten → Crescentia-Legende Form gewann, ist novellistisch. Der passive Charakter Genovefas läßt die epische Tendenz vorherrschen. Die für viele Dichter anziehenden poetischen Szenen des Waldlebens geben dem Stoff außerdem eine idyllische Komponente. Die dramatischen Werte liegen nicht bei der weiblichen Hauptgestalt, sondern bei ihrem männlichen Gegenspieler, der durch Leidenschaft, Trug und Mord in Schuld verstrickt wird.

Das geistliche Drama des 17. und 18. Jahrhunderts, das sich, unter besonderer Beteiligung des Jesuitenordens (erste Dramatisierung 1597 in Willisau), des Stoffes bemächtigte, interessierte sich für die Beziehungen zwischen Genovefa und Golo und das Zustandekommen der Konfliktsituation überhaupt nicht. Es nahm sie als gegeben und stellte das von R. de Cerisiers geprägte Gegenüber vom Märtyrerdasein Genovefas und der Angst und Reue des Sünders Golo zur Schau. Die Dramen setzen frühestens mit der Rückkehr Siegfrieds, in dramaturgisch extremen Fällen (Wiener Jesuitendrama von 1673, Nicolaus AVANCINI 1686) erst mit der vermeintlichen Tötung Genovefas ein. So entwickelte man aus dem Stoff in allen katholischen Ländern ein typisches barockes Märtyrerdrama mit dem Thema der verfolgten und rehabilitierten Unschuld (Frankreich: François d'AURE 1670; Pierre-Corneille BLESSEBOIS 1675; Italien: GIGLI / FABRINI, Oper 1685; Spanien: José de ARRAYO um 1691; Don Juan MATO vor 1692; Niederlande: A. F. WOUTHERS 1644). Die Genovefa-Dramen deutscher Wanderbühnen waren z. T. von ausländischen Vorlagen beeinflußt und in der dramaturgischen Strukturierung des Stoffes der des Jesuitendramas verwandt. Die Dramatisierungen des 17. und 18. Jahrhunderts lebten im Puppenspiel (K. v. PAUERSBACH, E. SCHIKANEDER), im

Volksschauspiel des bayerisch-österreichischen Raumes und im katholischen Familien- und Vereinstheater des 19. Jahrhunderts fort.

Mit einer freien Nacherzählung durch B. NAUBERT (*Genoveva der Träume* 1789) kündigte sich die Erneuerung des mittelalterlichen Stoffes an. Das moderne Drama mit seinem psychologischen Interesse verlagerte den Schwerpunkt auf den ersten Teil der Handlung, Golos Werben um Genovefa. MALER MÜLLERS Drama *Golo und Genovefa* (entst. 1775–81) deutet schon in der Titelgebung und durch den Einsatz mit Siegfrieds Abschied die neue Orientierung des Stoffes an. Genovefa, nicht mehr wunderwirkende Heilige, sondern Frau und Mutter, bleibt passiv und ohne Entwicklung. Golo, nicht mehr Verkörperung des Sünders schlechthin, sondern leidenschaftlich Liebender, ist zwar Vordergrundsgestalt, aber wenig aktiv; er wird durch die ehrgeizige Mutter Mathilde von Verbrechen zu Verbrechen gestoßen und endet in Reue und Selbstmord. Aus der Technik des Intrigenstückes befreite L. TIECK den Stoff, indem er Golo zu einem wirklichen Verbrecher machte; er gab der Genovefa-Gestalt stärkere dramatische Impulse, zeigte ihr Emporwachsen zur Heiligen. Jedoch die schon im Titel *Leben und Tod der Heiligen Genoveva* (1800) sichtbar werdende Annäherung an das Volksbuch und die hagiographische Sinngebung führten dazu, daß Tieck der epischen Struktur des Stoffes sogar bis zum Einsatz von Erzählpartien nachgab.

Nachdem auch das Ritterdrama den Stoff genutzt (A. A. CRENZIN um 1809; J. A. SCHUSTER 1809) und der Modedramatiker E. RAUPACH (1834) ihm durch Belastung Genovefas und Entlastung Golos einen versöhnlichen, gefälligen Schluß gegeben hatte, psychologisierte ihn F. HEBBEL (1843), der Genovefas Reinheit und Golos Haßliebe sich gegenseitig steigern ließ. Der dramatische Gehalt des Stoffes lag für Hebbel im Charakter Golos, die Schuld bei Siegfried, der den Wert seiner Frau nicht erkannt hat. Auch bei Hebbel erlahmt jedoch die dramatische Kurve vom dritten Akt an, die Dauer von Genovefas Waldleben vermochte der Dichter nur durch ein sieben Jahre später spielendes Nachspiel über die Wiedervereinigung der Familie ins Dramatische umzusetzen. Otto LUDWIGS Anläufe zu einem Genovefa-Drama strebten eine Überwindung des episch-passiven Elementes des Stoffes an, der »einen natürlichen, notwendigen Zusammenhang zwischen Schuld und Leiden« erfordere. Ludwig belastete Genovefa mit der Schuld einer Liebe zu Golo. Diese Lösung hätte dem Stoff seinen sittlichen Aussagewert genommen. Bei P. HACKS (Dr. 1995) ist Genovefa wieder die unschuldige, wenn auch eigenwillige Fürstin, die dem Denunziantentum einer Wendezeit ausgesetzt ist.

B. Golz, Pfalzgräfin Genoveva in der deutschen Dichtung, 1897; L. Gorm, Die Technik der Genovefadramen (Müller, Tieck, Hebbel, Ludwig), (Euphorion 17) 1910; G. Kentenich, Die Genovefa-Legende, 1927; A. Schneider, Le Motif de Genoveva, Thèse Paris 1952; ders., Geneviève de Brabant dans la littérature allemande, Paris 1954.

**Germanicus** → Tiberius

**Getreue Eckart, Der** → Eckart, Der getreue

**Geyer, Florian.** Der fränkische Ritter Florian Geyer, der im Bauernkrieg auf die Seite der Bauern trat und nach der in seiner Abwesenheit geschlagenen, für die Bauern unglücklichen Schlacht bei Ingolstadt von einem Knecht seines Schwagers Wilhelm von Grumbach 1525 ermordet wurde, konnte erst zum literarischen Stoff werden, nachdem er in W. Zimmermanns *Allgemeiner Geschichte des großen Bauernkrieges* (1841) zum ritterlichen Volksfreund und edlen Helden gestempelt worden war.

Diese wissenschaftlicher Kritik nicht standhaltende Darstellung stattete Florian Geyer mit einer Reihe von einprägsamen Zügen aus; dazu zählen etwa die von Geyer befehligte »schwarze Schar«, seine Gegnerschaft zu Götz von Berlichingen, seine Abwendung von den Bauern nach deren Bluttat am Grafen von Helfenstein und der gegen seinen Willen unternommene mißlungene Sturm auf die Festung Frauenburg bei Würzburg. Vor allem aber entwickelte Zimmermann Geyers tragisches Geschick aus seiner Abhängigkeit von den Bauern einerseits und von seinem Charakter andererseits, was für die folgenden literarischen Bearbeitungen maßgebend blieb. Den Reiz des Stoffes bildete schon für Zimmermann, der linksradikaler Abgeordneter der deutschen Nationalversammlung war, die Rolle des sozialen ↑ Rebellen, der sich der dem eigenen Stand feindlichen Gruppe verbindet. Er muß zwischen den Parteien stehen, da ihm die notwendige fanatische Einseitigkeit fehlt, und bei strenger Durchführung des Themas nicht zum Führer, sondern zum Opfer der Bewegung werden, für die er sich einsetzt. Das Interesse für den Stoff wurde vom Geist der 48er-Revolution getragen, führte jedoch zunächst nur zu 13 dilettantischen Bearbeitungen, ehe durch die sozialistischen Strömungen am Ausgang des 19. Jahrhunderts eine Gestaltung auf künstlerischer Höhe erreicht wurde.

Ein Vorspiel in der Geschichte des Stoffes ist Benedikte Nauberts Roman über den Bauernkrieg *Der Bund des armen Konrads* (1795), in dem Florian Geyer die führende Rolle spielt. Hier ist er der (wenn auch unklare und unsichere) Ideenträger der Bewegung, die er mit seinen schwärmerisch-humanitären Wunschträumen belastet. Es gelang der Autorin allerdings kaum, die Familiengeschichte, in deren Verlauf der Gegner Frundsberg die von Geyer umworbene Frau heiratet, zu einem Zeitbild zu erweitern. Von den freiheitlichen Gedankengängen der deutschen März-Revolution gespeist waren die Romane von R. Heller (1848) und Th. Mügge (1860). Im Drama konnte die Tendenz des Stoffes kaum zur Entfaltung kommen, wenn Florian Geyer zum Inspirator und

Helden des Bauernaufstandes gemacht wurde und wie ein Schiller-
scher Held an einer moralischen Schuld zugrunde ging (K. KOBER-
STEIN, Dr. 1863). Auch dem Stoff fremde Motive wie Intrige (J. G.
FISCHER, Dr. 1866; F. K. SCHUBERT, Dr. 1870) und Liebe (R. HEL-
LER, R. 1848; Th. KRAUTSCHNEIDER, Tr. 1870; J. WOLFF, *Das
schwarze Weib*, R. 1894) konnten dem Thema nicht gerecht wer-
den. Dem Stoff gemäßer war dagegen die Herausarbeitung des
Zwistes zwischen Geyer und den Bauern einerseits und seinen
Verwandten andererseits (W. GENAST, Dr. 1857); obgleich dabei
das Problem wieder wie bei Benedikte Naubert in die Nähe eines
Familienkonflikts verschoben worden war, hatte Geyer die Rolle
eines mehr passiven, zwischen den Mächten stehenden scheiternden Ideologen übernommen, die G. HAUPTMANN dann in seinem
Drama (1896) voll entfaltete. Hauptmann machte zwar den im
Sinne des Naturalismus passiven Helden Florian Geyer zum Repräsentanten der mehr von dumpfen Instinkten getriebenen als aktiv
das Schicksal gestaltenden Bauernschaft, legte jedoch, entsprechend dem inneren Zwiespalt zwischen Führer und Gefolgschaft,
die Handlungslinien mehr kontrapunktisch an, als daß er sie zur
Deckung brachte, so daß sich erst im 5. Akt, nachdem das Schicksal der Bauern besiegelt ist, die nun von epischer Zustandsschilde-
rung befreite Geyer-Handlung zu dramatischer Wucht steigert und
sich die Idee des Aufstands in Gestalt des Helden über die Realität
des Scheiterns erhebt. Während Geyer im Gefolge Hauptmanns ein
an der eigenen inneren Schwäche Scheiternder wurde (W. WEI-
GAND Dr. 1901), diktierte man ihm später eine nationale heroische
Mission zu (O. MÜLLER, *Bauernsturm*, Dr. 1929; A. REISSENWEBER,
R. 1937).

E. Guggenheim, Der Florian-Geyer-Stoff in der deutschen Dichtung, Diss.
Leipzig 1908; H. Knudsen, Zum Florian-Geyer-Stoff, (Euphorion 18) 1911;
W. Wunderlich, Die Spur des Bundschuhs, 1978.

**Ghismonda und Guiscardo.** BOCCACCIO erzählt unter dem
Titel *Tancredi* (*Decameron* IV, 1) die Geschichte des Fürsten Tancredi, der seine Tochter so sehr liebt, daß er sie nur ungern
verheiratete und sie, als sie früh Witwe wird, daran hindert, eine
zweite Ehe einzugehen. Ghismonda, die auf Liebe nicht verzichten
will, wählt sich daher am Hofe des Vaters einen Liebhaber, den
nicht durch Geburt, aber durch Verdienste ausgezeichneten Guiscardo, dem sie in einem Brief den Weg in ihr Zimmer durch eine
unterirdische Höhle beschreibt. Tancredi belauscht, während er im
Zimmer seiner Tochter auf diese wartet, ein solches Stelldichein,
läßt Guiscardo auf dessen Rückweg verhaften und stellt erst ihn
und dann seine Tochter, der er dabei den Tod des Liebhabers
androht, zur Rede. Ghismonda entschuldigt sich mit ihrem Recht
auf Liebe und verteidigt ihre Wahl mit den inneren Werten Guis-

cardos; im Falle von dessen Hinrichtung will sie sich töten. Tatsächlich vergiftet sie sich, als der Vater ihr das Herz Guiscardos in einem goldenen Becher bringen läßt, und der reuige Tancredi kann ihr nur noch ein mit Guiscardo gemeinsames Grab versprechen.

Quellen und Vorläufer dieser Novelle sind unbekannt. Der eifersüchtige Vater, der seine Tochter nicht hergeben möchte, ist ein häufiges Motiv (→ Apollonius von Tyrus), und auch das Motiv, daß einer Liebenden das Herz des Geliebten übersandt wird, läßt sich in einer eigenen Geschichte verfolgen (→ Herzmäre). Im Falle von Boccaccios Novelle ist es jedoch rein additiv und bleibt ohne motorische Funktion für die Handlung. Die Fabel zielt ganz auf die Demonstration des Rechtes auf Liebe ab, die sich von einem rein sinnlichen Bedürfnis zu einem mit dem Tode besiegelten Bündnis zweier junger Menschen entwickelt. Die Aufgabe, diese innere Linie am Charakter der Heldin sichtbar zu machen, bot bei der Weiterentwicklung des Stoffes gewisse Schwierigkeiten. Trotz der Titelwahl kreist das Interesse auch bei Boccaccio schon um das Paar und seine ↑ Liebesbeziehung, die Spätere gleich im Titel deutlich machten, sofern ihnen nicht die Bestrafung des grausamen Vaters wichtiger erschien.

Der Stoff gelangte durch Übersetzungen und Nacherzählungen zu rascher Verbreitung, wobei die lateinische Übersetzung des Leonardo BRUNI (1436/38) eine Mittelposition einnimmt. In Italien hat etwa Enea SILVIO die Novelle nacherzählt, in Deutschland wurde sie von N. v. WYLE (1476/77) übersetzt, und sie fand auch in der Form des Volksbuches (1680) Verbreitung. In Frankreich ist sie durch Jean FLEURY 1493 in Verse übertragen worden, und in England wurde sie zuerst von G. BANESTER 1467, von einem Unbekannten 1485 übersetzt, 1532 von W. WALTER in Stanzen übertragen und schließlich durch W. PAINTERS Sammlung *Palace of Pleasure* (1566) einem weiten Kreise zugeführt. Alle Vermittler faßten die Erzählung als ein Beispiel für die Allmacht der Liebe auf. Bei Banester findet sich schon der Zug ausgleichender Gerechtigkeit, daß Tancred an der Leiche seiner Tochter tot umsinkt.

Dramatisierungen setzten im 16. Jahrhundert ein. Hans SACHS' *Tragedi des Fürsten Concreti* (1445) ist eine ziemlich trockene und schwerfällige Umsetzung der epischen Handlung. Dagegen nutzte man sie in Italien als Vorwurf für den Leidenschaft-Pflicht-Konflikt der klassizistischen Tragödie mit heroischem Ausgang (A. C. da PISTOIA, *Filostrato e Panphila* 1499; F. ASINARI, *La Gismonda* 1587; S. de RAZZI, *Gismonda* 1569; P. TORELLI, *Tancredi* 1598; R. CAMPEGGI, *Gismonda* 1614). Aus der Reihe der in England entstandenen Dramen ist der lateinische *Tancredo* von H. WOTTON (1586/87) verloren. Ein ebenfalls klassizistisches, den Seneca-Nachahmungen zugehörendes Drama *Gismond of Salerne* (1568), das R. WILMOT zusammen mit vier Mitarbeitern verfaßte und 1591 nach einer Umarbeitung als *The Tragedie of Tancred and Gismund* erneut aufführen ließ, verschob durch seine moralisierende Hal-

tung die psychologischen Grundlagen: Gismund macht eine Tante
zu ihrer Vertrauten und läßt diese des Vaters Meinung erforschen;
sie fügt sich seinem Eheverbot, und erst durch Cupidos Wirken
siegt die Leidenschaft über den Gehorsam. Sie und ihr hier zum
Grafen erhobener Geliebter bekennen sich vor Tancred des Todes
schuldig, denn die Moral des Stückes will, daß man nur in Ehren
lieben soll. In der zweiten Fassung begeht Tancred an der Leiche
der Tochter Selbstmord. DRYDENS Gedicht *Sigismonda and Guiscardo* (1700), das sich bei ähnlich moralisierender Haltung doch in
frivoler Darstellung der Liebesbeziehungen gefiel, machte die Liebenden zu heimlichen Ehegatten, und die Dramen der Susannah
CENTLIVRE (*The Cruel Gift* 1716) und des Earl of CARLISLE (*The
Father's Revenge* 1783) sind ihm in dieser entscheidenden Ausmer-
zung des »Unmoralischen« gefolgt, ohne deswegen Tancreds
Reaktionen zu ändern. Susannah Centlivre versah den Stoff mit
einem Happy-End: der mit der Hinrichtung Betraute führt den
Befehl nur scheinbar aus, die Liebenden, deren Standesunterschied
auch hier getilgt ist, werden vereint. Der Earl of Carlisle dagegen
erfand eine politische Verschwörung und gab dem Ganzen eine
gegen die Tyrannei gerichtete Tendenz.
   Während der Stoff in England sowohl durch Drydens Gedicht
wie durch eine volkstümliche Ballade *Lady Diamond* bis ins
19. Jahrhundert lebendig blieb, tauchte er in Deutschland erst in
Gestalt von BÜRGERS auf dem Volksbuch fußender Ballade *Lenardo
und Blandine* wieder auf; ein Drama *Gismunda* (1887) von H. PÖHNL
versuchte eine Verbreiterung der stofflichen Basis durch Einbeziehung der Novelle III, 2 des Boccaccio.

   C. Sherwood, Die neuenglischen Bearbeitungen der Erzählung Boccaccios
von Ghismonda und Guiscardo, Diss. Berlin 1892; Early English Versions of the
Tales of Guiscardo and Ghismonda and Titus and Gisippus from the Decameron,
Ed. by H. G. Wright, London 1937; J. Murray, Tancred and Gismund, (Review
of English Studies 14) 1938.


**Gisippus** → Titus und Gisippus


   **Gleichen, Graf von.** Die Sage vom Grafen von Gleichen, der
auf einem Kriegszug gegen die Ungläubigen im Morgenlande
gefangengenommen wird, mit Hilfe einer Orientalin, der er die
Ehe verspricht, entflieht, vom Papst den Konsens für diese zweite
Ehe bekommt und mit seiner Gefährtin von der ersten Frau in der
Thüringer Heimat freundlich aufgenommen wird, geht auf kein
historisches Ereignis zurück und läßt sich an keinen bestimmten
Angehörigen des thüringischen Geschlechts anknüpfen. Der
Name des Grafen schwankt in der Überlieferung zwischen Ernst

und Ludwig; die Ereignisse wurden zunächst in die Zeit der Türkenkriege, dann in die der Kreuzzüge und Ludwigs von Thüringen gelegt. Ein Grabdenkmal im Erfurter Dom, das einen Grafen Gleichen zwischen seinen beiden – ihm natürlich nacheinander angetrauten – Frauen zeigt, dürfte wohl die stärkste Anregung zur Bildung der Sage gewesen sein. Ihre erste Formulierung diktierte 1539 Philipp der Großmütige von Hessen seinem Beauftragten Dr. Martin Bucerius, der bei Luther und Melanchthon für eine zweite Ehe des Fürsten eintreten sollte. Veit WINSHEIM stellte die *Historia de Comite quodam Glichense* 1546 in einer Rede den Wittenberger Studenten dar, und Johann MANLIUS zeichnete sie in *Locorum communium collectanea* (1562) auf. Sie erscheint dann mit leichten Varianten in zahlreichen Chroniken des 16. und 17. Jahrhunderts.

Der Graf-von-Gleichen-Stoff ist fast gleichbedeutend mit dem Motiv des ↑ Mannes zwischen zwei Frauen geworden, doch trennen ihn von dem so viel allgemeiner gefaßten Motiv verschiedene spezifische Festlegungen. In der durch Philipp von Hessen gegebenen Fassung hat der Graf im Orient die Nachricht vom Tode seiner Frau erhalten, sein neues Eheversprechen beruht auf einem Irrtum und ist moralisch nicht anfechtbar. Auch wo in späteren Versionen dieser entlastende Zug wegfällt, ist der Wunsch, in die Heimat und zu seiner Frau zurückzukehren, die Triebfeder, um derentwillen das zweite Eheversprechen verständlich und von der Kirche, der Gesellschaft und der eigenen Frau ja auch entschuldigt wird. Gewaltsame Trennung und schwererrungene Heimkehr, nicht ein flatterhafter oder haltloser Charakter sind die Voraussetzung für die Situation einer zweiseitigen Verpflichtung, die zu meistern den Grafen das eigene Gewissen und die höchste sittliche Instanz anhalten. An diesem Punkt bricht die alte Sage, die den guten Ausgang in naiver Gläubigkeit als eine durch den Papst sanktionierte, mögliche Lösung hinnahm, die Handlung ab. Das psychologische Problem der nun folgenden Dreiecksehe wird zwar schon in frühen Gestaltungen angespielt, aber erst in der neueren Literatur zum Hauptthema gemacht. Die älteren Bearbeitungen berichten von den Erlebnissen im Morgenland, die neueren setzen meist erst mit der Rückkehr des Grafen ein. Die alle drei Personen betreffenden Spannungen und Konflikte des Stoffes lassen ihn vor allem zu dramatischer Behandlung geeignet erscheinen. Die Gestalt des Grafen in seiner Stellung zwischen den Frauen erscheint leicht als weichlich oder – in der Situation der Rückkehr zu der ersten Frau – als unoffen und furchtsam, sogar auch, wenn die Frauen als starke Temperamente gekennzeichnet sind, als komisch. Primär tragisch ist die Gestalt der Gräfin, die nach langer Trennung einer neuen opfervollen Aufgabe gegenübergestellt wird. Lieblingsgestalt der Dichter von FLAYDER bis SCHMIDTBONN ist die zarte, demütige, in eine fremde Umwelt verpflanzte Sarazenin.

In den ältesten erhaltenen Dramatisierungen des Stoffes (die Fassungen von Nicodemus FRISCHLIN 1580 und Nikolaus ROTH

1591 sind verloren) – Hermann FLAYDERS *Ludovicus bigamus* (1625), RATHIANS *Der beglückseligte Sklav* (1689) und einem wieder verschollenen Ohrdrufer Text – findet die Handlung mit der Heiratserlaubnis des Papstes Ende und Lösung. Die fingierten Briefe der Gatten in HOFMANN VON HOFMANNSWALDAUS *Heldenbriefen* (1673) zeugen von einer fast spitzfindig-edelen Gräfin. Mit der Betonung der orientalischen Abenteuer bei E. LE NOBLE (*Zulima ou l'amour pur* 1695) und VERULAMIO (*Die besonderen Aventuren Ludwigs, Grafen von Gleichen* 1725) trat der Stoff in den Bereich des Abenteuerromans und der Robinsonade; Le Noble lenkte ihn insofern auf ausgefahrene Gleise, als er Graf und Gräfin gemeinsam ins Heilige Land ziehen, in Gefangenschaft geraten und erprobt aus Versuchungen hervorgehen läßt; Zulima wird erst nach dem Tod der Gräfin des Grafen zweite Frau. In J. J. BODMERS Gedicht *Die Gräfin von Gleichen* (1771) dagegen soll die Religiosität der Gräfin die Basis des Zusammenlebens bilden.

Die komische Romanze, zu der F. LÖWEN (1769) den Stoff verarbeitete und mit der er die Verstiegenheit des Sturm und Drangs treffen wollte, wirkt wie eine Herausforderung und Vorahnung von GOETHES *Stella* (1776), deren Schluß die Möglichkeit einer Ehe zu dritt mit dem Fall des Grafen von Gleichen erhärten wollte. Der durch Goethe mit Fernando als dem neuen Liebhabertyp und mit einer neuen unkonventionellen Auffassung von menschlicher Leidenschaft wieder zur Diskussion gestellte Stoff erhielt bald darauf in MUSÄUS' *Volksmärchen der Deutschen* (1782–86) die unproblematische Erzählfassung, die künftigen dichterischen Gestaltungen als Vorlage diente. Die Graf-von-Gleichen-Bearbeitungen um die Wende vom 18. zum 19. Jahrhundert zeigen deutlich die Diskussion der Zeitgenossen um die von Goethe für möglich gehaltene Lösung, die im übrigen ja durch die zweite Fassung der *Stella* widerrufen wurde: die von F. L. v. STOLBERG (Romanze 1782) nur im Scherz bejahte Möglichkeit einer friedlichen Vereinigung zu dritt wurde sowohl in J. H. v. SODENS Ritterstück (1791) wie in Ch. W. v. SCHÜTZ' religiös betontem klassizistischem Trauerspiel (1807) ernsthaft aufrechterhalten; beide Stücke enden jedoch im Augenblick der Heimkehr, also vor der Feuerprobe. Schütz stützte den harmonischen Ausgang vor allem auf die Seelengröße der Gräfin, die Th. M. de BACULARD d'ARNAUD (Erzählung 1784) bei dem Versuch zu ähnlicher Selbstlosigkeit hatte zugrunde gehen lassen. KOTZEBUES gegen Goethe gerichtete travestierende Fassung, in der die Eifersucht der Frauen diese selbst und den Ritter in den Tod treibt, wollte die Unumgänglichkeit eines tragischen Schlusses aufweisen. Die Opernbearbeitungen des Stoffes schwanken zwischen tragischer (K. EBERWEIN 1824) und märchenhaft versöhnlicher Lösung (E. v. BAUERNFELD / F. SCHUBERT 1827/28).

Von den Romantikern hat A. v. ARNIM sich jahrelang mit dem Stoff beschäftigt, ihn teilweise schon in der *Gräfin Dolores* (1810) verwandt und ihn sowohl als Trauerspiel wie als Komödie zu

fassen versucht, ehe er ihn in einem dritten Versuch als Schauspiel
(*Die Gleichen* 1819) gestaltete, dessen Fabel sehr erweitert und mit
Motiven der Schicksalstragödie durchsetzt ist. Arnim bejahte die
Doppelliebe des Mannes, die bei ihm in geistige und sinnliche Liebe
aufgespalten ist, er verurteilte aber die Doppelehe, die gesühnt
werden muß: anstatt den Segen des Papstes zu erlangen, verliert der
Graf beide Frauen an andere Männer, er entsagt und büßt als
Tempelritter. Die neuromantische Wiederaufnahme des Stoffes
brachte dies Motiv des Mannes, der, statt doppelt zu besitzen, leer
ausgeht, ins Heitere gewendet mit E. HARDTS *Schirin und Gertraude*
(Dr. 1913), während der Dreibund bei H. A. KRÜGER (Dr. 1908)
am Schuldgefühl des Grafen, bei W. SCHMIDTBONN (Dr. 1908) an
der Gräfin, die ihre Nebenbuhlerin tötet, und bei H. BRANDENBURG
(Dr. 1923) an der Eifersucht beider Frauen scheitert. Die Übertragung des Stoffes in modernes Milieu durch G. HAUPTMANN (*Der
Schuß im Park*, Nov. 1939) fand einen Ausweg dadurch, daß der
Mann vom Schauplatz des Zusammenlebens flieht und so die
Annäherung beider Frauen erleichtert wird. Auch bei Hauptmann
ist die Last der Verantwortung und der Lösung der Gräfin auferlegt, die seit Bodmer wiederholt die Hauptrolle des Stoffes übernommen und daher auch in kleineren literarischen Gattungen, wie
etwa in Agnes MIEGELS Ballade, Einzelbehandlung erfahren hat.

E. Sauer, Die Sage vom Grafen von Gleichen in der deutschen Literatur, Diss.
Straßburg 1911; M. Pernice, Drei Gleichendramen aus der Zeit des deutschen
Idealismus, Diss. Greifswald 1925; C. Höfer, Die Gestaltung der Sage vom
Grafen von Gleichen in der deutschen Dichtung, (Mitteilungen des Vereins f. d.
Gesch. u. Altertumskunde v. Erfurt 50) 1935; J. J. Weiser, Graf von Gleichen
redivivus, (Monatshefte f. deutschen Unterricht 40) Madison 1948.


**Godiva.** An die durch Urkunden und Chroniken als fromme
Stifterin belegte Gestalt Godivas, der Frau des angelsächsischen
Grafen Leofric (1. Hälfte 11. Jh.), knüpft sich seit den *Flores historiarum* (Anf. 13. Jh.) eine wohl auf einen heidnischen Losbetungs-
kult zurückgehende Sage: Um die Stadt Coventry von schweren
Steuern, die Leofric ihr auferlegt hatte, zu befreien, sei Godiva auf
ihres Gatten Bedingung eingegangen und nackt durch die Stadt
geritten, wobei ihr Haar sie verhüllte, so daß nur die Schenkel zu
sehen waren. Seit dem 16. Jahrhundert entwickelte sich dann eine
zusätzliche Episode: Der Graf soll den Bürgern verboten haben,
während des Rittes auf die Straße zu gehen oder zu sehen; einer,
»Peeping Tom«, habe dagegen verstoßen und sei zur Strafe erblindet. Seit dem Ende des 17. Jahrhunderts feierte Coventry die
Erinnerung an die Tat mit jährlichen Umzügen.

Die dichterische Behandlung des Stoffes ist ziemlich jung. Eine
Volksballade *How Coventry was made free by Godiva, Countess of
Chester* stammt wohl erst aus dem 17. Jahrhundert. M. DRAYTON
erzählte die Geschichte als Lokalsage in *Polyolbion* (1613), R. JAGO
ähnlich in *Edge Hill or The Rural Prospect* (1767). Das Zeitalter der

Aufklärung nahm die Sage von der komischen Seite (G. Ch. LICHTENBERG, *Ein sittsamer Gebrauch zu Coventry in Warwickshire* 1779; J. O'KEEFE, *Peeping Tom of Coventry*, Oper 1787), und heitere Verserzählungen (J. MOULTRIE 1820), Spiele und Pantomimen waren auch im 19. Jahrhundert noch üblich.

Die eigentliche Entdeckung des Stoffes fällt in die englische Romantik. W. S. LANDOR motivierte in einem seiner erdachten Gespräche (*Dialogues of Famous Women* 1828) die Bedingung des Grafen mit seinem Zorn über Godiva, die ihn durch ihr kniefälliges Bitten in Gegenwart des Bischofs beschämt hatte. Ihre klassische Verwendung erfuhr die »nur mit ihrer Keuschheit bekleidete« Gestalt der Godiva in einem Gedicht A. TENNYSONS (1842). Als Ritterroman (Anon., *The Lady Godiva* 1849), der die Wiederversöhnung der Gatten breit ausspinnt, sentimentale (L. HUNT 1850) und sozial betonte (R. B. BROUGH 1859) Ballade gewann der Stoff in der ersten Hälfte des 19. Jahrhunderts in England Popularität und befruchtete noch die Gattung des kulturhistorischen Romans (J. B. MARSH, *Lady Godiva* 1889).

Eine wesentlich freiere Behandlung setzte außerhalb Englands mit J. LAUFFS Roman *Regina coeli* (1894) ein. Hier veranlaßt nicht der Gatte die Frau zu dem Ritt, sondern die jungfräuliche Bürgermeisterstochter nimmt die Bloßstellung auf sich, um die Stadt Antwerpen vor der Zerstörung durch den Sieger zu retten; romanhaft ausgeweitet wurde die Handlung durch den Ausbau der Peeping-Tom-Episode zu einer Liebes- und Eifersuchtsintrige. Die gleiche Grundsituation wie Lauff verwandte M. MAETERLINCK in *Monna Vanna* (Dr. 1902): der Opfergang der Frau zu dem feindlichen Feldherrn, dessen ritterlicher Verzicht und die Eifersucht des eigenen Gatten führen zum Ehebruch Monna Vannas. Von Maeterlinck führt die Entwicklung nicht nur zu der Abwandlung des Grundthemas in SCHNITZLERS *Fräulein Else* (1924), sondern auch zu einer Bereicherung des eigentlichen Godiva-Stoffes in Giovanni SFETEZ' Einakter (*Lady Godiva* 1911), der einen verstehenden Liebhaber Godivas erfand, den der brutale Graf umbringen läßt, sowie im Drama von Manuel LINARES RIVAS (1912), in dem der Gang der nackten Frau zu dem feindlichen Feldherrn der Befreiung des eigenen Gatten gilt. Die Vorliebe der Neuromantik für sinnliche Reize und psychologische Extreme schlug sich in zahlreichen Behandlungen des Stoffes zu Beginn des Jahrhunderts nieder. Die erneuerte Ballade nutzte den Stoff (G. SCHÜLER 1907) ebenso wie die Legende: der Engländer B. CAPES (*Lady Godiva* 1910) ließ statt Godiva die von ihr um Hilfe angeflehte → Maria den Ritt tun und der Deutsche E. LUCKA (1907) die treue Ehefrau durch ihren Ritt den brutalen Ehemann von ewiger Verdammnis erlösen. Die Eheproblematik ist auch das Thema der Godiva-Dramen von V. HARDUNG (1911), J. BAXA (1913), H. F. v. ZWEHL (1918) und H. FRANCK (1919). Hardung gab als einziger eine tragische Lösung: die an einen Greis gebundene jugendliche Godiva erfährt bei dem Ritt den Aufruhr ihrer Sinne und tötet dann den

Gatten und sich selbst. Bei Baxa wird des Grafen Stolz schließlich
gebrochen, und seine Gattenehre bleibt durch den freiwilligen
Verzicht der Bürger auf das Schauspiel unverletzt. H. F. v. Zwehl
und H. Franck stellten zwischen die gegensätzlichen Ehepartner
einen liebenden und verständnisvollen Nebenbuhler, dem Godiva
in der Stunde der Erniedrigung fast zufällt, der aber doch verzichten muß und – eine neue Wendung des Peeping-Tom-Motivs – sich
selbst blendet. Die äußerste Gefährdung der Ehe klingt in einer
endgültigen Vereinigung der Gatten aus.

K. Häfele, Die Godivasage und ihre Behandlung in der Literatur, 1929.


**Godunow** → Demetrius



**Goethe.** Die Bemühungen von Erzählern und Dramatikern,
Gestalt und Leben des Dichters Johann Wolfgang von Goethe
(1749–1832) als Stoff zu verwenden, haben bisher im günstigsten
Falle vom Episodischen her einen Ausschnitt seines Wesens erfassen können. Entscheidende Schwierigkeiten stellen sich der Verwendung Goethes als literarischer Stoff entgegen: die bei jeder
literarischen Verarbeitung einer Dichtergestalt auftauchende
Unmöglichkeit, die in ihrem Werk liegende und darin beschlos-
sene Leistung darzustellen, die Scheu vor der Größe ihrer Persönlichkeit, die fast jeden Autor davon abhält, sich mit ihr auf ihrem
eigensten Felde zu messen, schließlich die reiche, wirklich epische
Breite des Lebensweges sowie die Wandlungen des Dichters auf
den verschiedenen Altersstufen. Diese Schwierigkeiten verweisen
auf den Ausweg der Episode, die in erster Linie der Erzählung und
dem Drama stoffliche Grundlagen bieten kann.

Näher als die spätere Episoden-Dichtung waren dem Wesen
Goethes bereits die nur wenig verhüllten Darstellungen durch seine
Zeitgenossen gekommen, in denen das unmittelbare Erlebnis der
genialen Persönlichkeit spürbar ist. Die aus Bewunderung, Liebe,
Neid und Mißtrauen gemischten Schilderungen im Werk seines
Jugendfreundes LENZ (*Zum weinen oder weil ihr's so haben wollt* 1771;
*Pandaemonium Germanicum* 1775; *Tantalus* 1776; *Der Waldbruder*
1776/77) lassen das sichere und gewinnende Auftreten des jungen
Goethe und seine kraftgenialische Sprechweise genauso erkennen
wie das begeistert gezeichnete Bild in KLINGERS *Das leidende Weib*
(1775) und H. L. WAGNERS *Prometheus, Deukalion und seine Rezen-
senten* (1775), die distanziert realistische Zeichnung in A. S. v.
GOUÉS *Masuren oder der junge Werther* (1775), die Umrisse einer
»unaufhörlich gärenden Natur« in F. H. JACOBIS *Aus Eduard All-
wills Papieren* (1775/76) und WIELANDS feuriges Porträt (*An Psyche*

1776). Der impressionistischen Umrißskizze in diesen frühen Spiegelbildern fehlt natürlich die Fabel, die erst den Stoff ergeben kann; das gilt auch von den weit blasseren Huldigungsgedichten, satirischen Darstellungen und Totengesprächen.

In den vierziger Jahren des 19. Jahrhunderts begann die literarische Bearbeitung von Episoden und – dem Geschmack des Biedermeiers entsprechend – vielfach auch nur von Anekdoten aus dem Leben Goethes. Nahezu alle Ereignisse in Goethes Leben, vor allem seine zahlreichen Liebesbeziehungen und die entscheidenden Ereignisse, wie die Berufung nach Weimar, die italienische Reise, die Begegnung mit anderen großen Persönlichkeiten, sind dieser Literarisierung anheimgefallen, wobei sich wohl hin und wieder eine ganz wirkungsvolle, aber sehr selten eine künstlerisch bedeutende Leistung ergab. Die Mehrzahl der Bearbeitungen galt dem jungen Goethe.

Vielleicht beruht der Erfolg von GUTZKOWS Drama *Der Königsleutnant* (1849) darauf, daß diese Geschichte aus der französischen Besatzungszeit Frankfurts es noch nicht mit dem berühmten Goethe, sondern mit dem Knaben und vor allem mit dessen Eltern zu tun hatte. Weit weniger Wirkung erzielten die Bearbeitungen von Goethes Liebe zu Gretchen (J. P. LYSER, *Margarete*, Dr. 1845) und zu Käthchen Schönkopf (A. BÖTTGER, *Goethes Jugendliebe*, Erz. 1861; J. REICHELT, *Zwischen Liebe und Freundschaft*, Nov. 1938). Dagegen erwies sich die Sesenheimer Episode als besonders anziehend, denn in ihr konnten alle Ingredienzien des Rührstücks – Verkleidungsmotiv, Doppelung und Kontrastwirkung der Liebespaare, der Fluch der früheren Geliebten, die unglückliche Liebe Lenzens, vor allem aber das Entsagungsmotiv – mit den bekannten Liebesliedern Goethes zu einer Mischung gelangen, die dem Stoff auch schon vor LEHÁRS berühmter Operette (*Friederike* 1928) etwas Operettenhaftes gab (L. WOHLMUTH, *Sesenheim*, Dr. 1852; E. SCHÜLLER, *Das Pfarrhaus von Sesenheim*, Dr. 1858; O. F. GENSICHEN, *Das Heideröslein von Sesenheim*, Erz. 1896; P. BURG, *Aus Goethes jungen Tagen* 1913; W. BELGARD / A. ALTHEIM, *Friederike von Sesenheim*, Oper 1916; W. JACOBI, *Sah ein Knab ein Röslein stehn*, Optte. 1919; F. SCHÖN, *Der junge Genius*, Nov. 1938). Auch Lili (I. LEUTZ, *Glück ohne Ruh*, R. 1932), Christiane Vulpius (K. SEHNDER, *Goethes liebe Kleine*, R. 1931), Marianne von Willemer (H. FRANCK, *Marianne*, R. 1953) und Ulrike von Levetzow (S. GRAFF, *Begegnung mit Ulrike*, Dr. 1938; H. FRANCK, *Letzte Liebe*, R. 1958) sind als Goethes Partnerinnen literarisch genutzt worden. K. L. HÄBERLIN reihte die Frauengestalten zu einem Novellenkranz (*Goethe und sein Liebesleben* 1866); A. SCHAEFFER (*Die Wand*, dram. Mythe 1919) zwang Goethes unschuldig-schuldiges Handeln an Friederike, Lili und Charlotte v. Stein in eine visionäre Begegnung des Jahres 1797, und der auch sonst um den Goethe-Stoff vielfach bemühte P. BURG hat einen mehrbändigen Roman um dieses Thema geschrieben (*Alles um Liebe* 1922/23).

Französische Dramatiker haben die Gestalt des jungen Goethe

mit einer, wahrscheinlich aus der weiteren Distanz erklärbaren, wesentlich größeren Freiheit den historischen Fakten gegenüber behandelt (L. COLET-RÉVOIL, *La jeunesse de Gœthe* 1839; E. SOUVE-STRE/E. BOURGEOIS, *La fin d'un roman* 1846; E. SCRIBE/H. DUPIN, *Maître Jean ou la comédie à la cour* 1847). L. SCHÜCKINGS 1772 in Darmstadt spielende Erzählung *Der gefangene Dichter* (1858), die von einer irrtümlichen Verhaftung des Dichters und der in der Haft sich vollziehenden Konzeption des *Tasso* erzählt, hatte ein halbes Dutzend Dramatisierungen im Gefolge. Goethes Leben in Weimar und die Gestalten um ihn herum haben Anlaß zu Erzählungen und Dramatisierungen von biedermeierlich-idyllischem Charakter gegeben (W. v. BIEDERMANN, *Doktor Goethe in Weimar*, Dr. 1864; E. HENLE, *Aus Goethes lustigen Tagen*, Dr. 1878; O. ROQUETTE, *Große und kleine Leute in Alt-Weimar*, Novellen 1887; O. F. GENSI-CHEN, *Ilm-Athen*, Dr. 1910; W. GOETZ, *Der Herr Geheime Rat*, Erz. 1941), und eine ganze Reihe von Bilderbögen aus Alt-Weimar lassen den Dichter und Minister als imposante, vermittelnde, lösende Gestalt auftreten. Als Anreger haben die Anekdoten um Goethe bei weitem nicht die Prägnanz wie etwa die um → Friedrich den Großen. Etwas mehr Kraft drang vom Stoff her in die Darstellungen der Wendepunkte in Goethes Leben: J. L. DEINHARDSTEIN versuchte sich an der Auseinandersetzung mit Carl August (*Fürst und Dichter*, Dr. 1851), E. G. KOLBENHEYER stellte den Aufbruch nach Italien dar (*Karlsbader Novelle* 1929), A. LINDNER dramatisierte das Intrigenspiel um den *Hund des Aubry* (1869), A. ZWEIG (*Der Gehilfe*, Nov. 1911) behandelte das Schicksal Eckermanns als den Tribut des zum Dienen Bestimmten an den Genius, während E. LISSAUER (*Eckermann*, Dr. 1920) und M. WALSER (*In Goethes Hand*, Dr. 1982) die Tragikomödie des Selbstopfers betonten. Größte Verbreitung erfuhr St. ZWEIGS Erzählung um die Entstehung der Marienbader *Elegie* (1927). R. HOHLBAUM wollte solche Stationen aus Goethes Leben in einem Novellen-Zyklus erfassen (*Sonnenspektrum* 1951). Während es diesen Episoden-Darstellungen jedoch selten gelang, etwas über den begrenzten Rahmen des Ereignisses hinaus für Goethe Gültiges auszusagen, stieß Th. MANNS freie Ausgestaltung der späten Wiederbegegnung mit Charlotte Kestner geb. Buff (*Lotte in Weimar*, R. 1939) vom Episodischen ins Zentrum des Themas Goethe vor, dem die Synthese von Bürger und Künstler abzugewinnen war; freilich bedeuten bei solcher Selbstvollendung die Liebeserlebnisse nur flüchtige Stationen und die Mitmenschen nur Mittel. Mit *Ein Gespräch im Hause Stein über den abwesenden Herrn von Goethe* (Dr. 1976) gab P. HACKS das Spiegelbild Goethes in den verständnislosen Urteilen und Wünschen einer Geliebten, die durch seinen ersten Brief aus Italien ad absurdum geführt werden.

J. Kühn, Der junge Goethe im Spiegel der Dichtung seiner Zeit, 1912; P. A. Merbach, Goethe-Dramen, (Zeitschrift für Bücherfreunde NF 13) 1921.

**Golem.** Die jüdische Sage von einem aus Lehm geschaffenen künstlichen ↑ Menschen ist in talmudischer Zeit (200–500) entstanden und hat enge Beziehungen zu der gleichzeitig entwickelten Adams-Sage. Die Bezeichnung »Golem« (= Ungestaltetes, Unfertiges) taucht erst im Schrifttum der deutschen Kabbala des 12. Jahrhunderts auf. Vom 14. bis 17. Jahrhundert gab es im deutschen Raum eine Anzahl von Golem-Legenden sowie Rezepte zur Schaffung solcher künstlicher Menschen; diese Legenden stimmen in dem durch Wortmagie bewirkten Schöpfungsakt, der Stummheit und Knechtsfunktion des Geschöpfs sowie seiner Rückverwandlung in Erde, die er ursprünglich selbst vornimmt, überein. Die erste Erwähnung in der deutschen Literatur findet sich bei REUCHLIN (*De arte cabbalistica* 1517). Festere Umrisse nahm die sich an den polnischen Rabbiner Elija von Chelm (16. Jh.) knüpfende Legende an, die 1674 von Ch. ARNOLDUS fixiert und sowohl als Familiensage von J. EMDEN (18. Jh.) als auch in deutscher Version von J. SCHUDT in *Jüdische Merkwürdigkeiten* (1714) überliefert wurde: Der von dem Rabbi geschaffene Diener, an dessen Stirn ein Papier mit dem Wort emeth (Wahrheit) befestigt ist, wächst zu übernatürlicher Größe, und nur durch List gelingt es seinem Schöpfer, den ersten Buchstaben des Wortes auszulöschen, so daß dort nur mehr meth (tot) steht und der Golem wieder zu Erde wird; jedoch fällt die Lehmlast auf den Rabbi und erdrückt ihn. Die Familiensage bei Emden bewahrt einen milderen Schluß, bei dem der in sich zusammenstürzende Golem dem Rabbi nur einen Schlag versetzt. An die Stelle des Emeth-Motivs trat später das des magischen Wortes »Schem«, das entfernt werden muß, um des Golems Existenz zu beenden.

Den Anstoß für die Entwicklung des Stoffes in der deutschen Literatur gab J. GRIMMS nach Quellen des 17. Jahrhunderts 1808 in der *Zeitung für Einsiedler* veröffentlichte Fassung, die im wesentlichen mit der Schudts übereinstimmt. Durch Grimm angeregt, übernahm Achim v. ARNIM die Golem-Gestalt in seine Novelle *Isabella von Ägypten* (1812) und erzeugte die eigentliche Spannung durch Koppelung mit dem Doppelgänger-Motiv: der weibliche Golem wird auf Wunsch des Thronfolgers Karl nach dem Bilde Isabellas geschaffen, um den Alraun, der ihr nachstellt, zu täuschen; doch wird dann Karl, dessen Liebe zu Isabella nicht selbstlos ist, persönlich durch das Trugbild getäuscht. Abhängig von Arnim referierte C. BRENTANO im Rahmen einer Rezension die Sage (*Erklärung der sogenannten Golem in der Rabbinischen Kabbala* 1814); auch bei ihm ist der Golem Abbild, Doppelgänger. Ein verwandtes Motiv benutzte E. T. A. HOFFMANN in der Novelle *Die Geheimnisse* (1822), in der die Täuschung einer Prinzessin durch das Trugbild eines aus Ton geformten Jünglings mißlingt. Als Symbol einer Scheinexistenz benützten dann den Begriff Golem O. v. SKEPS-GARDH in einer Satire gegen Tieck (*Drei Vorreden, Rosen und Golem-Tieck* 1844), A. v. DROSTE-HÜLSHOFF (*Die Golems*, Gedicht 1844), Th. STORM in einem gegen das Beamtentum gerichteten Gedicht

(*Ein Golem* 1851) und L. KOMPERT in einem zeitkritischen Gedicht (*Der Golem* 1882).

Bei Kompert machte sich eine andere Stoff-Variante bemerkbar. Sie knüpfte sich an den Prager Rabbiner Löw und dürfte um die Mitte des 18. Jahrhunderts entstanden sein. Nach ihr pflegte der Rabbi jeden Freitag den Schem aus dem Munde seines Dieners zu entfernen, damit er am Sabbath Ruhe habe. Als er es einmal vergaß, stürmte der Golem in wilder Zerstörungswut durch das Ghetto, so daß der Rabbi den Sabbathgesang unterbrach und erst nach Bändigung des Golems erneut beginnen ließ; der Zugang zu den Resten des Golems auf dem Dachboden der Synagoge war verboten. Diese Version mit der deutlichen Spannung zwischen Schöpfer und Geschöpf tauchte zuerst in D. U. HORNS Drama *Der Rabbi von Prag* (1837) auf; die Aufführung dieses Dramas wurde zwar verboten, doch ist sein Inhalt durch die Novelle gleichen Titels (1842) überliefert. Entscheidende Bedeutung hat hier das Motiv des gewalttätigen Aufstandes des Golem, der allerdings bei Horn eine Holzfigur mit einem Uhrwerk im Kopf ist. B. AUERBACH erzählte in seinem Roman *Spinoza* (1837) annähernd die gleiche Geschichte wie nach ihm A. TENDLAU in dem Gedicht *Der Golem des Hoch-Rabbi-Löb* (1842); bei G. PHILIPPSON (Gedicht 1841) veranlaßt der Aufruhr des Golem, daß die Geister der Toten in der Synagoge erscheinen. Die von Auerbach und Tendlau wiedergegebene Fassung gelangte in die *Gallerie der Sipurim* (1847), eine Sammlung jüdischer Sagen von L. WEISEL u. a. In einer Nacherzählung von M. BERMANN (*Die Legende vom Golem* 1883) droht der Golem, die Synagoge zu zerstören.

Die Einbeziehung kulturhistorischer Details, die durch die Prager Tradition und die Gestalt des von Kaiser Rudolf II. in Audienz empfangenen Löw möglich wurde, erfolgte bereits in F. HEBBELS Textbuch zu A. RUBINSTEINS Oper *Der Steinwurf* (1858): Der – hier gar nicht existierende – Golem wird bei einer Judenverfolgung zum Retter der Juden, weil die abergläubische judenfeindliche Bevölkerung aus Angst vor ihm das Haus des Rabbiners nicht zu betreten wagt. Der Schöpferdünkel des Rabbi war das Thema von L. KALISCHS Romanzen *Die Geschichte vom dem Golem* (1872) und, ins Burleske gewendet, von D. v. LILIENCRONS Gedicht (in *Bunte Beute* 1898); W. RATHENAUS Erzählung *Rabbi Eliesers Weib* (1902) schilderte die Reue und Rückkehr des Rabbi zu seiner wegen Kinderlosigkeit verstoßenen Frau, nachdem er die Gefühlskälte seines weiblichen Golem erkannt hat, ein Motiv, das auf Arnim zurückgeht.

Seit der Neuromantik rückte das psychologische Problem des Golem, seine Beseeltheit, in den Vordergrund. Es tauchte zuerst in R. LOTHARS Novelle (1899) auf; der Golem versucht, sich in Liebe zu der Tochter des Rabbi zu erheben, und zerschellt stürzend. In einer Novelle von A. HAUSCHNER (*Der Tod des Löwen* 1916) versucht der Golem aus Eifersucht, den in die Tochter des Rabbi verliebten Kaiser umzubringen, während er bei C. Baron v. TORRESANI (*Der Diener*, Nov. 1904) einen Arzt zwingt, ihm den Schem

herauszuoperieren, und dann seinen Herrn und dessen Haus vernichtet. Lothars Rabbi, der sich vermißt, als Schöpfer mit Gott auf
einer Stufe zu stehen, ist dem von A. HOLITSCHERS Drama (1908)
verwandt, doch reißt sich der Golem hier selbst das Amulett von
der Brust, weil er nicht Mensch werden und die Geliebte nicht
erringen kann. Von Holitscher abhängig ist F. LIONS Operntext
(1926, Mus. E. d'ALBERT), in dem der Golem durch Liebe und Leid
Menschenwürde erlangt. Lion näherte den Golem der Gestalt →
Ahasvers an, ähnlich wie G. MEYRINK in seinem Roman (1913–14),
in dem der Golem zum Symbol des Judentums wurde. Wie schon
bei Arnim hat der Golem wieder Doppelgängerfunktion, und die
menschliche Hauptgestalt des Buches ringt sich an den Begegnungen mit ihm, Abspaltungen seines eigenen Ich, zu sich selbst durch.
Den Einfluß Holitschers zeigen auch die drei Golem-Filme P. WE-
GENERS, von denen der erste (1914) den Stoff in die Moderne
verlegte, der zweite (*Der Golem und die Tänzerin* 1917) eine Komödie um die Doppelgängerrolle des Golem entwickelte, der einzig
erhaltene dritte (1920) den Golem-Aufstand im historischen Rahmen neu faßte: Der von seinem Schöpfer bereits abgedankte Golem
wird von einem Famulus aus Eifersucht auf den Liebhaber der
Rabbi-Tochter wiederbelebt; ein Kind rettet das Ghetto vor seiner
Zerstörungswut. Daß er geschaffen wurde, um den Kaiser zur
Rücknahme des den Juden drohenden Ausweisungsbefehls zu
zwingen, zeigt Wegeners Kenntnis der noch zu besprechenden
»Volksbuch«-Variante des Stoffes.

Im 20. Jahrhundert erfuhr der Stoff neue Motivzufuhr durch eine
Weiterbildung der Prager Sage, die als »Volksbuch« auf hebräisch
zuerst 1909 erschien, dann von Ch. BLOCH bearbeitet in deutscher
Fassung als *Der Prager Golem von seiner »Geburt« bis zum Tod* (1919)
herauskam; um ein echtes Volksbuch handelt es sich nicht. Hier
wird der Golem von Rabbi Löw auf Befehl Gottes geschaffen,
damit er die Anschuldigung des Ritualmordes von der Gemeinde
abwende. Er fungiert als Werkzeug zur Verteidigung der Juden,
der Gegensatz Schöpfer–Geschöpf entfällt, der Aufstand des
Golem hat seine Funktion verloren. Die schon von Hebbel angespielte Rolle eines nationalen Retters wurde von J. HESS in den
Mittelpunkt eines Dramas gestellt (*Der Rabbiner von Prag* 1914), in
dem der Golem ein von dem Rabbi abgerichteter verkappter
Mensch ist. Von weittragender Bedeutung war die auf dem
»Volksbuch« basierende Dramatisierung des jiddisch schreibenden
Autors H. LEIVICK (*Der Golem* entst. 1917/18), die, ins Hebräische
übertragen, 1924 in Moskau durch die Habimah und 1928 in
englischer Übersetzung in New York aufgeführt wurde: Die Ret-
tungsepisoden des »Volksbuchs« waren auf eine einzige zurückge-
schnitten. Die auf Leivicks Drama beruhende Oper von A. ELL-
STEIN (1962) setzte dagegen wieder das Motiv der Gewalttätigkeit
des Golem ins Spiel. Traditionelle Nachformungen der »Volksbuch«-Variante mit dem Akzent auf der Retter-Funktion bieten
sowohl D. MELTZER mit *The Golem Wheel* (Gedicht 1967) als auch

A. Rothberg mit *The Sword of the Golem* (R. 1970) und F. Zwillinger mit dem Drama *Maharal* (1973), in das auch Züge aus anderen Traditionssträngen eingeschmolzen sind. Dagegen verbanden E. E. Kisch (*Dem Golem auf der Spur*, Erz. 1925) und F. Torberg (*Golems Wiederkehr*, Erz. 1968) aus dem »Volksbuch« genommene Elemente mit einer Transponierung der Sage in die Gegenwart.

Die schon im 19. Jahrhundert auftauchende symbolische Verwendung des Golem-Begriffs ist seit der Verbreitung des Stoffes zu Beginn des 20. Jahrhunderts in der modernen Literatur mehrfach nachweisbar (Wassermann, Kesten u. a.). In Gedichten von J. L. Borges (*El Golem* 1958), J. Hollander (*Letter to Borges: A Propos of the Golem* 1971) und P. Celan (*Einem, der vor der Tür stand* 1964) verdichtet sich die meditative Stoffverarbeitung zum Problem des Schöpfungsprozesses, der Funktion des Wortes und der Sprache.

A. Zweig, Der Golem, (Die Schaubühne II) 1915; A. Ludwig, Der Golem, (Die Literatur 26) 1923/24; H. L. Held, Das Gespenst des Golem, 1927; B. Rosenfeld, Die Golemsage und ihre Verwertung in der deutschen Literatur, 1934; S. Mayer, Golem. Die literarische Rezeption eines Stoffes, 1975; Dies.: Der Golem-Stoff in den Vereinigten Staaten (in: J. Bisanz / R. Trousson, Elemente der Literatur. Festschrift E. Frenzel) 1980.

**Grabbe.** Das tragische Schicksal des deutschen Dramatikers Christian Dietrich Grabbe (1801–1836), der als Sohn eines Detmolder Zuchthausverwalters in düsterer Umgebung aufwuchs, in Leipzig und Berlin studierte und zu Tieck und Heine in Beziehung trat, aber weder im bürgerlichen Leben noch in seinen Dichtungen das von der Umwelt geforderte Maß fand, sondern, in Beruf und Ehe gescheitert, dem Trunk verfiel und nach vorübergehendem Aufenthalt bei dem um ihn bemühten Immermann in die Heimat zurückkehrte und dort geistig und körperlich zusammenbrach, hat schon bei den Zeitgenossen lebhaftes Echo ausgelöst. Von seinen ersten Biographen wurde Grabbe sowohl als Opfer seiner Zeit (E. Duller 1838) wie seiner eigenen inneren Zwiespältigkeit (K. Immermann 1843) betrachtet. Als Quelle für die dichterischen Gestaltungen seines Lebens diente dann die episodenreiche Biographie seines Schulkameraden K. Zeigler (1855), die der Problematik von Grabbes Charakter aus dem Wege ging und gerade dadurch Deutungsversuchen Spielraum ließ.

Zunächst fand Grabbes Tod Widerhall in dichterischen Nachrufen (F. Freiligrath, *Bei Grabbes Tode*; L. H. Wolfram, *Dichter-Grabschrift* und *Des Dichters Kreuzigung* 1838; J. Kleinfercher, *Vorzeiten* und *An Grabbe*). Bei Wolfram und Kleinfercher bilden diese Gedichte Vorstufen zu größeren Grabbe-Dichtungen, die bezeichnenderweise aus dem Gefühl eines ähnlichen Verkanntseins erwuchsen. In Wolframs Drama *Der Todeskampf des Dichters* (1839) ist der Teufel barmherziger als die Menschen und erlöst den Dichter vom Leben, und in des gleichen Verfassers Festspiel *Gutenberg* (1840) erhebt der Geist des Dichters Anklage gegen die Mitwelt. Kleinfercher zeigte in dem Schauspiel *Ein Prometheus* (1855) die letzte Station Grabbes nach der Rückkehr aus Düsseldorf, ließ jedoch den Dichter an einer etwas phantastischen Intrige seiner Frau und ihres Liebhabers zugrunde gehen. Lustspielhafte Verwendung von Grabbes Gestalt, zu der seine Selbstdarstellung in *Scherz, Satire, Ironie und tiefere Bedeutung* (Lsp. 1827) den Anstoß gegeben hatte, wurde seinem Wesen nicht gerecht (B. AUERBACH, *Ultimo* 1840; R. BUNGE, *Eines Dichters Faktotum* 1865). Ein Grabbe-Drama von G. BENEDIX (1859) ist nicht erhalten geblieben und ein Romanplan Levin SCHÜCKINGS nicht zur Ausführung gekommen; schwache Ansätze zu einer epischen Gestaltung des Stoffes finden sich in W. MÜLLER VON KÖNIGSWINTERS *Erzählungen eines rheinischen Chronisten* (1864).

Mit der ersten Gesamtausgabe von Grabbes Werken (1870), dem Hinweis der Naturalisten auf den nahezu Vergessenen (K. BLEIBTREU, *Revolution der Literatur* 1885), Nietzsches Forderung nach dem Übermenschen, die Grabbes Kraftmenschen in neuem Lichte erscheinen ließ, und dem Rückgriff der Expressionisten auf die offene Form und die ekstatische Sprache, die sich auch in Grabbes Dramen findet, zeichnete sich das zunehmende Interesse für den Dichter ab. Entscheidend wurde H. JOHST mit dem Drama *Der Einsame* (1917), der in neun lose gereihten Bildern einen »Menschenuntergang« darstellte sowie den nach dem Tod der Geliebten einsetzenden Sieg der triebhaften Kräfte in Grabbe über die geistigen und seinen Tod als Erlösung deutlich zu machen suchte. E. GEYER (Dr. 1923) verlagerte den Zwiespalt wieder auf den zwischen Welt und Dichter, während H. EULENBERGS »Schattenbild« *Der sterbende Grabbe* (1923) die Abmeldung des Dichters auf der Polizei in Düsseldorf zur »Letzten Reise« und W. KUNZES Novelle *Der Tod des Dichters Christian Dietrich Grabbe* (1924) das Ende des Heimatlosen wie Johst als Erlösung schilderten. P. FRIEDRICHS Roman (1925) begründete das Schicksal Grabbes mit seinem körperlichen Unvermögen.

Die Wertschätzung, die Grabbe in den dreißiger Jahren dieses Jahrhunderts genoß, kommt in den zu seinem hundertsten Todesjahr 1936 erschienenen Bearbeitungen des Stoffes zum Ausdruck. In C. ELWENSPOEKS Roman *Der höllische Krischan* (1936; Neuausg. *Und nichts ist ihm geblieben* 1956) wird Grabbe als Vorkämpfer eines einigen Deutschlands gesehen und sein Versagen mit dem Milieu-Einfluß und der sozialen Abgeschlossenheit seiner Jugend erklärt, und in Z. v. KRAFTS Erzählung *Grabbe kehrt heim*, die den gleichen Stoffausschnitt wie Kleinfercher brachte, kehrt der Dichter, um die »Hermannsschlacht« zu schreiben, in den Bannkreis des Teutoburger Waldes zurück. Auch R. HOFMANNS Roman *Dichter, Tor und Tod* (1947) entstand 1941/42 im Zeichen der Grabbe-Verehrung, hielt sich aber von politischer Sinngebung frei und schilderte Grabbe von seiner Berliner Zeit bis zu seinem Tode als den Mann des Protests und der genialen Eigengesetzlichkeit, den die Mitwelt vernichtet, weil er ihren Seelenfrieden stört.

A. Bergmann, Grabbe als Gestalt des Dramas (in: P. Friedrich / F. Ebers, Das Grabbe-Buch) 1923; G. Schubert, Grabbe als Held in Drama und Roman, Diss. Wien 1950.

**Gracchen, Die.** Die von PLUTARCH geschilderten Schicksale der beiden Brüder Tiberius Sempronius Gracchus (162–133 v. Chr.) und Gaius Sempronius Gracchus (153–121 v. Chr.), die im Kampf für ihre fortschrittlichen und zugleich an ältere Zustände Roms anknüpfenden Ideen nacheinander untergingen, sind Beispiele jenes unbestechlichen, nur auf das Staatswohl bedachten, aber durch griechische Philosophie humanisierten Römertums, das zum Ideal erhoben werden konnte. Die Brüder gehörten der römischen Nobilität an, waren durch ihre Mutter Cornelia Enkel des P. Scipio Africanus Maior und standen dem jüngeren Scipio nahe, setzten sich jedoch als Volkstribunen für Ackergesetze ein, durch die sie mit ihren Standesgenossen in Gegensatz geraten mußten. Das verarmende Kleinbauerntum, das zum römischen Proletariat wurde, stellte einen ungesunden Faktor im Volksleben dar; daher griff Tiberius Gracchus im Jahre 133 auf ein Gesetz des Licinius zurück, das den Besitz von Staatsland (d. h. in den Kriegen erobertes Land) begrenzte; die Großgrundbesitzer sollten ihr über diesen erlaubten Maximalbesitz hinausgehendes Land, das oft schlecht bewirtschaftet wurde, hergeben, damit es an Kleinbauern und Besitzlose verteilt werden konnte. Das Gesetz wurde zunächst durch einen wohl von den Gegnern gekauften zweiten Tribunen zu Fall gebracht, dann jedoch durchgesetzt. Bei dem Versuch, seine Wahl zum Volkstribunen entgegen dem Gesetz noch für ein zweites Jahr durchzusetzen, gingen Tiberius' Feinde, während der Senat sich nicht zu einem offiziellen Schritt entschließen konnte, mit Waffengewalt gegen ihn vor und erschlugen ihn; seine Anhänger wurden verfolgt, viele zum Tode verurteilt. Gaius Gracchus war schon vor 133 in die Landverteilungskommission gewählt worden. Man versuchte, ihn durch das Amt des Quästors von Rom fernzuhalten, und er selbst hielt sich ebenfalls zunächst von der Politik zurück. Erst 123 wurde er zum Volkstribunen gewählt. Um Anhänger zu gewinnen, spielte er das römische Rittertum gegen den Senat aus und beantragte, denjenigen Italern das römische Bürgerrecht zu gewähren, die zugunsten römischer Besitzloser auf den ager publicus verzichteten. Auch außerhalb Italiens (Karthago) sollten römische Bürger angesiedelt werden. Ein zweites Tribunat setzte er noch durch, bei der Wahl zum dritten scheiterte er. Wie seinem Bruder wurde auch ihm das Streben nach Alleinherrschaft vorgeworfen, doch im Gegensatz zum Ende des Tiberius wurde gegen Gaius ein Senatsbeschluß gefaßt. Seine Anhänger versammelten sich zu seiner Verteidigung auf dem Aventin, die Senatspartei siegte rasch, und Gaius ließ sich durch einen Sklaven umbringen.

Trotz seiner auch menschlichen Anziehungskraft wurde der

Gracchen-Stoff erst zu einer Zeit dichterisch fruchtbar, als am
Ausgang des 18. Jahrhunderts sozialreformerische und sozialrevolutionäre Gedanken, wie ehemals bei den Gracchen durch humanitäre Vorstellungen gestützt, die geistig führende Schicht ergriffen
hatten. Die durch den zeitlichen Ablauf, das Nacheinander des
Wirkens der beiden Brüder, bedingte Zweiteilung des Stoffes
führte von Anfang an zu einer Bevorzugung des zweiten Teiles,
nämlich des Schicksals des Gaius. Nicht nur, weil dieser nach
Plutarch der hinreißendere Redner und der geschicktere, umsichti-
gere Politiker war, ist sein Kampf der interessantere, sondern weil
in seinem Schicksal das des Bruders enthalten ist. Eine Dichtung
kann bei der Darstellung von Gaius' Wirken das des Tiberius
voraussetzen und sich darauf beziehen. Eine nur dem Tiberius
gewidmete Dichtung dagegen behält in bezug auf die Idee, die
beide Brüder trug, etwas Bruchstückhaftes. Außerdem gewinnt
die Gestalt des Gaius durch den Schatten des Bruders, den mitwirkenden Gedanken an das geistige Erbe, möglicherweise auch an
Rache, reizvollere Züge. Beide Geschicke nacheinander zu behandeln, dürfte wohl dem epischen Bearbeiter vorbehalten sein. Der
Gracchen-Stoff ist jedoch fast ausschließlich dramatisch genutzt
worden.

Der Tyrannenhaß, der leitmotivisch das von dem bereits bejahr-
ten J. J. BODMER verfaßte Drama (*Gaius Gracchus* 1773) durchzieht,
ist wohl mehr einer empfindsamen literarischen Mode als einer
umstürzlerischen Gesinnung zuzuschreiben. Er ist jedenfalls nicht
mit dem an revolutionärer Wirklichkeit geschulten Umsturzwillen
des Revolutionsanhängers M.-J. CHÉNIER vergleichbar, dessen
Tragödie *Gaius Gracchus* 1792 aufgeführt und 1793 gedruckt
wurde. Ohne sich bei den ökonomischen und politischen Voraussetzungen für Gaius' Schicksal aufzuhalten, beginnt Chénier sein
dreiaktiges Drama mit der letzten Aktion des Helden: vom Senat
offen angegriffen, ruft dieser auf dem Aventin das Volk zur
Verteidigung seiner Rechte auf. Während seine Frau Licinia ihn
von extremen Schritten abzuhalten sucht, reicht die Mutter selbst
ihm den Rachedolch. Das Volk, das in den Senatoren die Nachfolger der Könige sieht, aber nun keine »Beschützer« und »Väter«
mehr haben will, sondern Gütergleichheit fordert, dringt gegen die
auf dem Forum versammelten Senatoren vor, doch Gaius tritt
dazwischen: »Les lois et non du sang!« Ein Versuch des Konsuls
Opimius, Gaius auf die andere Seite hinüberzuziehen, scheitert an
dessen Beharren auf allgemeiner Gleichheit. Umstellt, tötet er sich
selbst; das Volk rächt ihn und erschlägt Opimius. Auch V. MONTI
(*Gaio Gracco* 1802) war Anhänger der Französischen Revolution
und konnte sein Drama erst nach der Flucht aus Italien in Paris
fertigstellen. Zum Verhängnis wird hier für Gaius, daß ihn Konsul
Opimius nach dem plötzlichen Tode Scipios des Jüngeren der
Ermordung dieses Gegners anklagt. Cornelia fordert den Sohn auf,
sich der Volksversammlung zu stellen und sich um der Wahrheit
willen zu verteidigen; als Gaius keine Möglichkeit mehr sieht, das

über die vermeintliche Ermordung Scipios aufgebrachte Volk zu beschwichtigen, gibt er sich selbst den Tod. Gegenüber diesen beiden vom Geist der Revolution inspirierten Dramen wirkt das des J. Sheridan KNOWLES (*Gaius Gracchus* 1815), der den ganzen Werdegang des Gaius darbietet, blaß. Gaius ist hier vor allem Fortsetzer des Bruders; er will die Gesetze nicht verletzen, wird aber dadurch notwendig straffällig, daß seine Anhänger einen Liktor töten. Neben der heroischen Mutter steht wie in den beiden vorhergehenden Dramen die ängstliche Gattin Licinia. In den vorwiegend »historischen« Gaius-Dramen des 19. Jahrhunderts, als deren typische Vertreter O. F. GENSICHEN (*Gajus Grakchus* 1869) und A. WILBRANDT (*Gracchus der Volkstribun* 1872) genannt seien, wird das kulturhistorische Detail zur Belastung der Handlung. Für GENSICHEN geht es in erster Linie um die Frage nach der Legalität von Gracchus' Handeln. Während Gaius äußerlich durch den Liktorenmord eines seiner Anhänger ins Unrecht gesetzt wird, muß er sich selbst wegen seines geheimen Strebens nach Alleinherrschaft schuldig sprechen. Als er vor Gericht gezogen wird, verläßt ihn das Volk; er verflucht Rom und stürzt sich in sein Schwert. Bei WILBRANDT dagegen setzt der Gedanke der Rache für seinen Bruder, der Haß, die Sache des Gracchus ins Unrecht, und er wird ihn nach den Worten der Mutter statt zu einem Wohltäter zu einem Verderber Roms machen, wenn erst der »furchtbare Bodensatz des Volkes« aufgewühlt ist. Sie hofft auf den vermittelnden Einfluß Scipios, doch stellt dieser sich gegen Gaius. Einer von Gaius' Freunden ermordet Scipio, und Gaius erkennt, daß er selbst durch seinen Fluch gegen Scipio Urheber des Mordes war. Er verflucht sich und den Senat, der in Zukunft einem stärkeren Tyrannen erliegen werde. In hundert Jahren war die Gaius-Tragödie aus einer Verherrlichung zu einer Verdammung des Helden geworden.

In dieser Epoche der Historiendramen wurde auch der ältere Bruder Tiberius zum Tragödienhelden. Das nicht mehr als den ersten Akt umfassende Fragment von O. LUDWIG (*Tiberius Gracchus* 1863) zeigt nur das Eintreten des Volkes für den wegen eines Friedensschlusses mit Numantia vom Senat angeklagten Tiberius, seine Wahl zum Tribunen und sein Versprechen, die Aufteilung des von den Reichen nur »verwalteten« Landes an das Volk zu fordern. Die Tragödie von O. DEVRIENT (1871) setzt gleichfalls mit der Anklage wegen des Friedensschlusses ein, von der Tiberius durch Scipio losgesprochen wird. Auch für seine Reformpläne hofft Tiberius auf die Unterstützung des Scipio, doch dieser, realistischer und weiser, weiß, daß man zur Durchsetzung solcher Reformen sowohl Zeit als auch diktatorische Macht braucht und daß die Amtsdauer des Wahlbeamten dazu nicht ausreicht: »Was man nicht durchsetzt, darf man nicht versuchen.« Er stellt sich daher gegen den Verwandten, als dieser durch eine zweite Kandidatur sein Tribunat verlängern will. Tiberius' Untergang ist die Folge eines Mangels an Einschätzung seiner praktischen Möglich-

keiten, der durch die edlen Absichten nicht aufgewogen wird. Das
Thema der Ackerreform, des Gegensatzes von bäuerlicher Zufriedenheit und städtischem Elend, reizte auch im 20. Jahrhundert zur
Gestaltung, allerdings kaum mit überdurchschnittlichem Ergebnis. O. HORNIG (*Tiberius Gracchus* 1929) verwendet alle herkömm-
lichen Motive, die Tiberius' Untergang begleiten und erklären: die
ängstlich-wankelmütige Frau, die weise Mutter, den Eigennutz
sowie die List und Überredungskunst der Senatoren, den Wankelmut und die Verführbarkeit des Volkes, den gekauften gegnerischen Tribunen; Tiberius selbst erhält jedoch keine spezifischen
Züge. G. SCHREIBER unternahm es, in einem Roman (*Der Weg des
Bruders* 1954) eine eng an die historischen Quellen anschließende
Lebensgeschichte beider Gracchen auf dem Hintergrund ihrer Zeit
zu geben, wobei das Schwergewicht auf Gaius und seiner Treue
zum Weg des Bruders liegt.

E. Ebrich, Gracchus-Dramen (in: Zs. f. Bücherfreunde 5) 1901 (nur Bibliographie).

**Graf von Gleichen** → Gleichen, Graf von

**Gral** → Artus, Parzival

**Gregorius.** Die älteste erhaltene Fassung der Gregorius-
Legende liegt in dem als *Vie du Pape Grégoire* bezeichneten altfranzösischen Gedicht vor (um 1190). Gregorius ist das Kind einer
Geschwisterliebe und wird von seiner Mutter auf dem Meer ausgesetzt, während der Vater auf einer Bußfahrt ums Leben kommt.
Fischer bergen das Fäßchen mit dem Kind, und einer von ihnen
nimmt den kleinen Gregorius auf Geheiß des Abtes an Kindes Statt
an; mitgegebene Tafeln erklären dessen ↑ Herkunft. Ein Streit mit
einem Spielgefährten führt zur Enthüllung des Geheimnisses. Gregors angeborene ritterliche Art setzt sich gegen seine geistliche
Erziehung durch, er nimmt Abschied und gelangt, ohne es zu
wissen, in das Land seiner Mutter, die er von einem Feinde befreit
und heiratet. Zu spät kommt beiden durch die Tafeln ihre Sünde
zum Bewußtsein. Auf einen Felsen im Meer gefesselt, büßt Gregor
17 Jahre lang, bis ihn Gott zum Papst bestimmt; seine Mutter und
Frau, die er an ihrer Beichte erkennt, verlebt den Rest ihrer Tage in
seiner Nähe.

Die Legende steht zu keinem historischen Papst in Beziehung.
Das ↑ Inzestmotiv, die Ehe zwischen Sohn und Mutter, die an den
→ Ödipus-Stoff erinnert, dürfte wohl eher im Zusammenhang mit
den Geschichten des Darab aus FIRDUSIS *Königsbuch* zu sehen sein.
Schon die Geburt des Helden steht unter dem Zeichen der Inzest-

sünde, der Geschwisterliebe, dennoch führt die Fabel nicht über den Vatermord zur unerbittlichen Bestrafung, sondern zur Verzeihung Gottes, die nach christlicher Anschauung auch der größte Sünder durch Reue und Buße erringen kann. Der Büßer auf dem Stein ist in der Martinian-Legende vorgeprägt.

Von dem französischen Gedicht abhängig sind sowohl die mittelenglischen Gedichte wie der einer leicht abweichenden Fassung folgende *Gregorius* (1187/89) des HARTMANN VON AUE, der seine Vorlage mit realistischem Detail und in der psychologischen Motivierung ausgestaltete. Größere Verbreitung als die dichterisch feinsinnige Legende Hartmanns errang die Prosafassung der *Gesta Romanorum* (14. Jh.), deren deutsche Variante zuerst in *Der Heiligen Leben* (1471) gedruckt wurde; bezeichnenderweise beschließt hier der junge Gregor nach der Enthüllung seiner Herkunft eine Bußfahrt ins Heilige Land und nicht den Aufbruch zu ritterlichen Taten. Die serbische Volksballade vom *Findling Simon* übergeht die Blutschande der Eltern und erzählt die Geschichte des Findlings von der Auffindung durch den Abt bis zur Rückkehr des mit der Inzestsünde Beladenen in das Kloster. Der Abt schließt ihn in den Schlangenturm und wird nach Jahren Zeuge seiner wunderbaren Erhaltung; die Erhebung zum Papst fehlt. Eine Transponierung des geistlichen Stoffes in einen weltlichen Ritterroman unternahm der Verfasser des spanischen *Amadis-Romans* (vor 1325), in dem das Inzestmotiv getilgt und Gregors Büßertum in die freiwillige Liebesbuße des Helden für eine von ihm nicht begangene Untreue, deren ihn die Geliebte bezichtigt, umgesetzt ist. Dies Motiv der Selbstbestrafung für unverschuldete Schuld wirkte im spanischen Ritterroman nach und ist von Cervantes parodistisch verwandt worden.

Th. MANN ließ, angeregt von der Fassung der *Gesta Romanorum*, zunächst seinen Tonsetzer Leverkühn im *Doktor Faustus* (1947) den Stoff zu einer Puppenoper verarbeiten und gab dann in seinem Roman *Der Erwählte* (1951) eine sich ironisch von der mittelalterlichen Gläubigkeit distanzierende Nacherzählung des Hartmannschen Handlungsablaufs, die durch die zwischengeschobene Person des Erzählers, eines irischen Mönchs, in skeptisch-illusionsloser Beleuchtung erscheint und doch das Wunderbare mit der Selbstverständlichkeit des Märchens einbezieht. Die Dramatisierung von R. HENZ (*Der Büßer* 1956) ersetzte Gregorius' geistliche Erziehung durch ein Leben in der Wildnis, außerdem vertauscht der Sünder nicht nur seine weltliche Würde, sondern zuletzt auch die des Papstes mit einem Leben in Demut und Buße.

O. Neussell, Über die altfranzösischen, mittelhochdeutschen und mittelenglischen Bearbeitungen der Sage von Gregorius, Diss. Halle 1886; H. J. Weigand, Thomas Manns Gregorius, (Germanic Review 27) 1952; H. Sparnaay, Zum Gregorius, (Neophilologus 39) 1955; W. Pabst, Die Selbstbestrafung auf dem Stein, (Der Vergleich, Festgabe für H. Petriconi) 1955.

**Griseldis.** Die älteste erhaltene Fassung des Griseldis-Stoffes findet sich in BOCCACCIOS *Decameron* (1348), wenn auch mit dem Bestehen einer volkstümlichen Tradition gerechnet werden muß, von der sich Züge sowohl in der Kunstliteratur wie vor allem in den *Griseldis-Märchen* erhalten haben. In der letzten Novelle des *Decameron* wird der freiheitsliebende und ehefeindliche Markgraf Gualteri von Saluzzo von seinen Untertanen zur Heirat angehalten und wählt eine arme Bauerntochter Griselda, der er die Bedingung völliger Unterwerfung stellt. Er prüft ihren Gehorsam, indem er ihr nacheinander die beiden von ihr geborenen Kinder wegnimmt, sie schließlich nach fünfzehnjähriger Ehe verstößt und sie zwingt, seine neue Ehefrau beim Hochzeitsfest zu bedienen. Erst als sie dies alles willig vollzogen hat, entdeckt er ihr, daß die vermeintliche Braut ihre in der Ferne aufgezogene Tochter ist, und setzt Griselda wieder als seine Gemahlin ein.

Der Stoff spinnt sich um das Motiv von der edlen, unschuldig verstoßenen Ehefrau und ist erwachsen aus dem Boden des absoluten Herrschafts- und Eigentumsstandpunktes des Mannes gegenüber der Frau, der noch vom Standesbewußtsein her verstärkt wird. Schon Boccaccio selbst zeigt einen Abstand zu der sittlichen Grundlage der Fabel, die er zwar objektiv wiedergibt, aber als Beispiel männlicher Roheit anführt, und die bei seinen Nachfolgern auftauchenden Zweifel an der Wahrscheinlichkeit und sittlichen Berechtigung der Vorgänge sind das produktive Element für alle Wandlungen des Stoffes geworden. Ließ man die Motivierung der Handlung unangetastet, so konnte man die schlichte Dulderin zur Märtyrerin steigern oder den Charakter des Markgrafen zu mildern suchen; eine solche Humanisierung des Mannes mußte jedoch zu einer Einbuße an künstlerischer Einheit führen, denn das Tun des Markgrafen war dann schwer mit seinem Charakter in Einklang zu bringen. Um ihm den berechnenden Zug zu nehmen, haben fast alle bedeutenderen Bearbeitungen aus der Vernunftehe eine Liebesheirat gemacht, ein Motiv, das wohl der volkstümlichen Tradition des Stoffes entstammt. Das Schicksal der stummen Dulderin ist am besten mit epischen Mitteln zu gestalten. Eine Änderung der Motivierung ging von der Mobilisierung der Gegenkräfte aus: Mutterliebe, Selbstgefühl und Menschenwürde der Frau rebellierten und machten aus der Geschichte der Dulderin schließlich ein Drama des Geschlechterkampfes; dabei erschien der Mann häufig als der wandlungsfähigere, d. h. der dramatisch interessantere Charakter.

PETRARCAS lateinische Fassung *De oboedientia et fide uxoria mythologica* (1373) suchte vom Typischen Boccaccios zu stärkerer Individualisierung zu gelangen; er bemühte sich, den Charakter des Grafen zu mildern, dessen Handlungen dadurch aber unverständlicher wurden. Auf Petrarca beruhen die meisten Spielarten des Stoffes während der Renaissancezeit: CHAUCER (*Canterbury Tales* 1393) ging in der Abdämpfung und Humanisierung noch einen Schritt weiter, *L'Histoire de Griseldis* (1395) ist trotz der dramatischen Form ganz dem epischen Gang von Petrarca verhaftet; die erste deutsche Fassung von Erhart Gross (*Grisardis* 1436) rückte den Stoff stark unter geistlichen Aspekt, humanisierte und nahm den Prüfungen den Stachel durch das Mitleiden, das der prüfende Markgraf selbst empfindet; in der niederländischen Fassung von Dirk Potter (*Der Minnen Loep*) führt die Tochter, die ihre Mutter erkennt, die Lösung herbei. Sammelwerke verbreiteten Petrarcas Novelle in mancherlei Popularisierungen und Kürzungen (J. Ph. Foresti, *De plurimis claris selectisque mulieribus* 1497; Olivier de la Marche, *Le parement et le triomphe des Dames d'honneur* 1510; Anon., *Castigos y dotrinas que un sabio dona à sus hijas*, Anf. 15. Jh.), das 16. Jahrhundert machte die Erzählung außerdem auch noch zum *Volksbuch*. In Deutschland, wo der Stoff mit Arigos Boccaccio-Übersetzung und Steinhöwels Petrarca-Übersetzung Wurzel faßte, haben vier Dramatisierungen den Stoff dialogisiert, ohne seinen dramatischen Kern entwickeln zu können. Neben der skizzenhaften Fassung Hans Sachs' (*Gedultig und gehorsam Markgräfin Griselda* 1546) stehen drei durch neue Szenen und Personen ausgeweitete Fassungen (Anon., *Grisel, ein schöne Comödia von der Demütigkeit*; G. Mauritius, *Comoedia von Graf Walther von Salutz und Grisolden* 1582; G. Pondo, *Historia Walthers, eines welschen Marggrafens, der sich Griselden, seines ärmsten Bawren Tochter, vermählen läßt* 1590); die Umweltdarstellung erstickt hier das Seelendrama der beiden Hauptpersonen. Unter den deutschen Fassungen des 17. Jahrhunderts bedeuten die beiden gefühlvoll-religiös akzentuierten Erzählungen des Protestanten J. Fiedler (*Markgraf Walther* 1653) und des Katholiken M. von Cochem (*Wunderlich Gedult der Gräfin Griseldis* 1687) nur Wieder- und Weitergabe mit zeitgemäßen Stilmitteln.

Dagegen sind die gleichzeitigen Gestaltungen in England, Spanien und Italien wirkliche Weiterentwicklungen. Juan de Timoneda, der die Novelle in seine Sammlung *Patrañuelo* (1567) aufnahm, griff das Gerüst der Fabel an: die Heirat geschieht nicht auf Wunsch der Untertanen, sondern aus Liebe, und der Graf weiß seine Prüfungen so einzurichten, daß er in Griseldis' Augen gar nicht als der Schuldige erscheint, das Verschwinden der Kinder ist ein Schicksalsschlag, die Trennung und Erniedrigung eine Forderung des Volkes; so wird weniger Griseldis' Treue und Gehorsam als ihre Haltung gegenüber der Unbill des Schicksals geprüft. Die Fabel wird durch diese Motivierung wohl verständlicher, aber auch unproblematischer. In England zeigt die Thomas Deloney zugeschriebene Ballade (um 1596) eine ähnliche Absicht, die jedoch ungleich künstlerischer verwirklicht worden ist: auch hier beruht die Ehe auf der Liebe des Grafen; Haß und Spott der Bevölkerung gegen die Bauerngräfin veranlassen ihn zu Prüfungen, durch die er sie beim Volke zum Gegenstand des Mitleids und der Sympathie machen will, sie geschehen nicht gegen, sondern für seine Frau. Die erste wirkliche Dramatisierung des Stoffes durch Th. Dekker/ H. Chettle/ W. Haughton (*Pleasant Comedie of Patient Grisill*

1598/99) konnte eine echte Dialektik zwar nur erreichen, indem sie der hier erstmals mit dem Gefühl menschlicher Würde und Selbstachtung ausgestatteten Griseldis einen bis zum Sadismus brutalen Mann gegenüberstellte, jedoch schon LOPE DE VEGAS *El Exemplo de casadas y prueva de la paciencia* (1616) gelangte zu einer weit natürlicheren Motivierung des Konflikts: der Graf, der seine Frau aus Liebe heiratete, ist empört über ihre anhaltenden Beziehungen zu ihren ehemaligen Standesgenossen, zu denen auch ein verliebter Schäfer gehört, und verstößt sie im Affekt; Griseldis' Treue kann sich um so deutlicher bewähren, als ein Prinz um die Verstoßene wirbt, sich ihr also noch eine andere Lebensaussicht als die Rückkehr zu ihrem tyrannischen Ehemann auftut. Eine Überdosierung an Dramatik bedeutet dagegen die dritte Dramatisierung des Barocks, des Italieners C. M. MAGGI *Griselda di Saluzzo* (Anf. 17. Jh.): sie schob die Triebkraft der Handlung einer eifersüchtigen Nebenbuhlerin Griseldis' zu.

Das galante Zeitalter hat zwei Fassungen des Stoffes hervorgebracht und die erotischen Möglichkeiten ausgespielt. Ch. PERRAULTS gereimte Novelle (1691), die von dem Geschmack der Schäferpoesie zeugt, kann als die oberflächlichste in der Geschichte des Stoffes gelten: der Graf ist ein Weiberfeind, dessen altes Mißtrauen erwacht, nachdem er sich in der Verliebtheit zur Ehe entschloß; er quält sich mit Argwohn und seine Frau mit Prüfungen, um ihre Liebe wachzuhalten; er quält schließlich seine Tochter, die einen anderen liebt, mit dem Plan der angeblichen Vermählung. Eine ganz willkürliche Stoffausweitung zeigt das Drama von Apostolo ZENO (1701), der den in Griseldis verliebten Höfling Otone zum Motor der Handlung und Erfinder all der Intrigen machte, die Griseldis ihrem Mann entfremden sollen. Die effektvolle Mischung von Tugend und Verwerflichkeit führte zum Erfolg des Dramas und zu zahlreichen Nachahmungen (L. RICCOBONI 1718; C. GOLDONI 1735) und Veroperungen (G. ORLANDINI 1720; A. SCARLATTI 1721; A. VIVALDI 1735; F. PAËR 1796). Bei Louise G. de SAINTONGE (*Griselde ou la princesse de Saluces*, Dr. 1714) wurden die von Zeno übernommenen erotischen Ingredienzien sogar in eine Leidenschaft des Grafen für seine ihm unbekannte Tochter, also in Untreue gegenüber seiner Frau, umgewandelt.

Am Beginn der neueren Bearbeitungen des Stoffes, die einerseits auf psychologische Motivierung der Vorgänge, andererseits auf eine Umdeutung der Fabel unter dem Gesichtspunkt der Gleichberechtigung der Frau hinzielen, steht das von L. H. NICOLAY in seiner »moralischen Romanze« *Griselde* (1778) erstmals verwandte Motiv der Wette: der Weiberfeind wettet auf die Schlechtigkeit seiner zukünftigen Gemahlin und erfindet deswegen die Prüfungen. A. v. ARNIM benutzte das Motiv in seinem Gedicht *Die zweite Hochzeit* (in *Ariels Offenbarungen* 1804). In einem ersten Schluß folgt er ganz Nicolay; ein zweiter läßt Griseldis im Augenblick der Erlösung an dem erlittenen Leid sterben: mit dem Verächter ihrer Liebe kann sie nicht leben, und ein gnädiges Schicksal enthebt sie

der Lösung des Konflikts. G. Schwab (Erz. 1830) änderte die
Tendenz der Wette; sie geschieht für und nicht gegen die Gräfin,
die der Graf gegen seine Mutter verteidigen möchte. F. Halms
Drama (1835) versuchte das Wettmotiv, das des Grafen Vorgehen
zwar erklärt, aber nicht entschuldigt, zu seiner Entlastung anzusetzen. Der Spott der Königin Ginevra – der Stoff ist in den → Artus-
Kreis verlegt – nötigt dem Ritter Perceval die Proben des Gehor-
sams seiner Frau auf. Selbstachtung veranlaßt Griseldis, ihren
Mann zu verlassen, nachdem sie erfahren hat, daß alles ein abgekar-
tetes Spiel war; ihr Charakter nähert sich damit dem von Ibsens
*Nora*. Das französisch geschriebene Schauspiel des aus Polen stammenden Grafen Ostrowski (*Griselde ou la fille du peuple* 1852)
verwässerte die Konsequenz des Halmschen Schlusses mit Zeno-
schen Intrigen-Motiven, so daß die gequälte Griseldis schließlich
Gift nimmt. Sylvestre/Morands Drama (1891) vermengte das
Schicksal Griseldis' mit dem der → Genovefa: die Prüfungen sind
ein Werk des Teufels, der sich, durch eine Wette des Grafen zitiert,
dessen Frau zu bemächtigen trachtet, während der Graf sich auf
einem Kreuzzug befindet. Neben einer solchen Verunklärung der
Motive, wie sie sich auch in einem Drama A. L'Arronges (1908)
findet, steht die Freilegung des lyrischen Gehalts der Griseldis-
Gestalt etwa in einem Rollengedicht A. Miegels (1901) und die
Reduzierung der Fabel auf ihren, freilich modern gesehenen, Kern
durch G. Hauptmann (*Griselda*, Dr. 1909). Das Selbstbewußtsein
der Frau, das sich schon zu Beginn ihrer Verbindung mit dem
Grafen in dem Motiv von der bezähmten Widerspenstigen zeigt,
bricht wieder auf, als der Mann – seinerseits von Eifersucht auf das
eigene Kind gepackt – ihr den eben geborenen Knaben raubt und
das Schloß verläßt; auch sie verläßt die Stätte der Gemeinsamkeit.
Beide jedoch zwingt die Liebe zueinander zurück, sie überwinden
ihren egoistischen Impuls und finden zu einer neuen Einheit.
L. Bergers auf Hauptmann aufbauendes Volksstück (1920) sieht
im Kinde das Bindeglied zwischen den sonst einsamen Seelen;
wenn hier der Graf als der mehr Liebende der Unterlegene ist und
die Frau diejenige, die sich stärker bewahrt, und zwar ganz geliebt,
aber nicht ganz besessen sein will, so mündete die Stoffgeschichte
in einer Umkehrung des ursprünglichen Verhältnisses der beiden
Partner.

K. Laserstein, Der Griseldis-Stoff in der Weltliteratur, 1926; E. Golenistcheff-
Koutouzoff, L'histoire de Griselidis en France au XIVe et au XVe siècle, Paris
1933.

**Großer Kurfürst** → Kurfürst, Der Große

**Gudrun.** Die einzige erhaltene Fassung der Gudrun-Sage liegt in Gestalt des zwischen 1230 und 1240 in Österreich entstandenen *Kudrun*-Epos vor – auch diese nur in einer späten Handschrift, dem *Ambraser Heldenbuch* von Anfang des 16. Jahrhunderts. Die dreiteilige Handlung gibt die Schicksale dreier Generationen einer Herrscherfamilie wieder. Das Vorspiel erzählt nach dem Vorbild der genealogischen Einleitungen in den höfischen Epen die Jugendgeschichte des Großvaters Hagen; es hat als Stoff nicht weitergewirkt. Der zweite Teil, die Hilde-Sage, bildet den Kern des Werkes. Er berichtet, wie Hilde, Hagens Tochter, von ihrem Vater allen Bewerbern vorenthalten wird und wie Hetel von Hegelingen sie durch als Kaufleute verkleidete Werber mit ihrer Einwilligung rauben läßt. Den Kampf zwischen dem nachsetzenden Vater und dem Entführer schlichtet Hilde. Die frühe Existenz und Verbreitung der mit anderen germanischen Brautraubgeschichten verwandten Sage belegen die Erwähnung bei Bragi (9. Jh.), in LAMPRECHTS *Alexanderlied* (um 1150), das in jiddischer Umschrift (1382) bewahrte Lied von der Werbung des Sängers Horant und die abweichenden nordischen Fassungen, die *Skáldskaparmál* der *Jüngeren Edda* und SAXO GRAMMATICUS; durch sie ist der ursprünglich tragische Ausgang, der Tod aller Helden, die nachts von der zauberkundigen Hilde wieder zum Kampf geweckt werden, oder der Tod des Vaters durch den Entführer, überliefert. Nach neuerer These entstand der Stoff im gotischen Spanien, sein Handlungsraum war das Mittelmeer; Wikinger brachten ihn zur Nordsee.

Das Fortleben der Hilde-Sage wurde – bis auf einige Spiegelungen im Volksmärchen – durch die aus ihr erwachsene und sie verdrängende Gudrun-Sage verhindert. Der dritte Teil des mhd. Epos, die Geschichte von Hildes Tochter Kudrun, entstand auf dem Wege der Motivverdoppelung, indem ihr Schöpfer die ↑ Brautraub-Motivik in umgewandelter und erweiterter Form auf die dritte Generation übertrug. Der Konflikt ist durch Einführung Herwigs, des Verlobten der Kudrun, erweitert; an die Stelle der Entführung durch Überredung und List tritt des abgewiesenen Freiers Hartmut Brautraub, bei der Verfolgungsschlacht wird Kudruns Vater erschlagen, die Normannen entkommen mit ihrer Beute, und erst nachdem eine neue Generation herangewachsen ist, können die Hegelingen Kudrun befreien. Für die Gestaltung der zwischen beiden Schlachten liegenden Leidenszeit Kudruns, in der sie von Hartmuts Mutter Gerlind zu niedrigster Arbeit, vor allem zum Waschen der Wäsche am Meeresstrande, gezwungen wird, bis sich schließlich der Bruder und der Verlobte in einem Schiff als Vorboten der Rettung nahen, benutzte der mhd. Dichter vor allem die weitverbreitete *Südeli-Ballade*; in ihr befreit der Bruder das waschende Mädchen zu Schiff aus der Knechtschaft. Der glückliche Ausgang des Endkampfes, der nur die am stärksten Belasteten, Hartmuts Eltern, zum Opfer fallen, vor allem die Schonung des Entführers Hartmut, zeigt die Umformung des unhöfischen Stoffes durch einen nur äußerlich übernommenen höfischen

Geschmack und eine unheroische, durch das Christentum geprägte Weltanschauung, bei der die Tugend belohnt, das Laster bestraft wird.

Die Kudrun-Dichtung lebte weder im Volksbuch noch sonst weiter. Sie wurde erst durch die Wiederbelebung mittelalterlicher Dichtung im 19. Jahrhundert, hauptsächlich durch K. SIMROCKS Übersetzung (1843), zum Gegenstand neuer Bearbeitungen. Anregung für diese Wiederbelebungsversuche war vor allem die Gestalt der edlen, stolzen Dulderin und ihre Treue, die in E. GEIBELS Rollengedicht gezeichnet wird. Über solche Situationsbilder hinausgreifende, umfangreichere Dichtungsgattungen, besonders das Drama, beseitigten durchgängig den versöhnlichen Schluß. Zunächst wandte sich dabei das Interesse der Gestalt Hartmuts zu, die im mhd. Epos die ursprünglich sympathischen Züge des willkommenen Entführers mit den sich aus der Umgestaltung ergebenden negativen, aber doch wieder höfisch gedämpften vereinigte und dadurch etwas Brüchiges, dem modernen Geschmack Entgegenkommendes erhielt. Man versuchte zunächst eine Verengung dieses Charakters zum Bösewicht, den dann Herwigs Schwertschlag mit Recht trifft (C. A. MANGOLD, Oper 1850). Spätere Bearbeitungen steigerten seine selbstzerstörerische Leidenschaft zu Gudrun ins Tragische (M. WESENDONK 1868, C. CARO 1870) oder ließen ihn an seinem Schwanken zwischen Geliebter und Mutter und dem zwischen Christentum und Heidentum scheitern. Gerlind dient in diesen Versuchen, wie schon im mhd. Epos, Hartmuts moralischer Entlastung. Eine versöhnliche Lösung entsprechend dem Handlungsablauf der Vorlage war in der neueren Literatur nur denkbar, wenn sie nicht als gewaltsame Umbiegung erschien, sondern frühzeitig angebahnt wurde; so verfuhr etwa W. JANSEN in seinem Roman (*Das Buch Liebe* 1919), der Hartmuts Liebe zu Gudrun erkalten ließ. Ansätze zu einer tragischen Lösung des Gudrun-Stoffes lieferte dem neueren Bearbeiter die Werbungsszene im mhd. Epos, die eine gewisse Sympathie Kudruns für Hartmut erkennen läßt. E. HARDT (Dr. 1911) erfand das Motiv einer Neigung der schon verlobten Gudrun zu Hartmut und die daraus folgende Notwendigkeit zur Entsagung. Er befreite dadurch die Gestalt Gudruns aus ihrer nur passiven Rolle: Gudrun hält aus Pflichtgefühl, mehr noch aus ihrem durch Hartmuts gewaltsames Vorgehen verletzten Frauenstolz, an ihrer Treue zu Herwig fest, sucht aber im Augenblick der Befreiung den Tod. Die wenig entwickelte Gestalt Herwigs im *Kudrun*-Epos begünstigte eine solche Gewichtsverlagerung und Lösung; noch G. SCHUMANN (*Gudruns Tod*, Dr. 1943) behielt sie bei, stellte aber die bei ihm als Königin ihres Reiches auftretende Gudrun im Sinne der klassischen Tragödie deutlich zwischen zwei Pflichten, die Liebe und die Staatsräson, als deren Forderung die Verbindung mit Herwig erscheint.

F. Panzer, Hilde-Gudrun, 1901; S. Benedict, Die Gudrun-Sage in der neueren deutschen Literatur, 1902; M. Kübel, Das Fortleben des Kudrunepos, 1925;

H. Rapp, Das Problem des Tragischen in der Gudrunliteratur, Diss. Köln 1928; W. Jungandreas, Die Gudrunsage in den Ober- und Niederlanden, 1948; H. Maisack, Kudrun zwischen Spanien und Byzanz, 1978.

**Guiscardo** → Ghismonda und Guiscardo

**Gustav I. Wasa.** Der erstaunliche Aufstieg des schwedischen Adligen Gustav Wasa (1495–1560), den der dänische König Christian II. nach der Niederwerfung Schwedens als Geisel nach Dänemark bringen ließ, der aber von dort nach Lübeck floh, mit Hilfe der Stadt die schwedische Küste erreichte, sich verkleidet durch das Land schlug, bei den Bauern Dalekarliens Aufnahme fand, mit ihrer Hilfe die Befreiung Schwedens bewerkstelligte und schließlich 1523 durch den Reichstag zum König gewählt wurde, hat in der Dichtung das spätere Leben des Königs in den Schatten treten lassen. Die Kämpfe mit inneren und äußeren Feinden und die Reformen, die zur Selbständigkeit des Landes und zur Erstarkung der Königsmacht führten, blieben den Gesamtdarstellungen seines Lebens durch historische Romane vorbehalten (L. M. Gräfin von ROBIANO 1868; E. v. WOLFERSDORFF, *Die Söhne Gustav Wasas* 1886).

Der heroische, aber unproblematische und in ansteigender Linie verlaufende Stoff ist eine der historischen Fixierungen des Motivs vom Vaterlandsbefreier und der belohnten Treue und Ausdauer. Er ist wie geschaffen für patriotische Festspiele und Tendenzstücke und wurde in diesem Sinne keineswegs nur in Schweden verwandt. 1696 schrieb Mlle CAUMONT DE LA FORCE einen heroischgalanten Roman über Gustav Wasa und 1733 A. PIRON eine rhetorische Tragödie. Aber schon wenig später führten die sentimental vaterländischen Momente des Stoffes in dem Drama des Iren Henry BROOKE *Gustavus Vasa, The Deliverer of His Country* (1739) zum Erfolg. Das Stück setzt mit der agitatorischen Tätigkeit des als Bergmann verkleideten Wasa in Dalekarlien ein und endet mit dem Rückzug des Dänenkönigs und der Bestrafung des verräterischen Bischofs Trolle; Wasas Mutter und Schwester sterben lieber, als daß sie bei Gustav Wasa zugunsten Christians intervenieren, und Gustavs Sieg erhält einen dunklen Hintergrund durch seinen Verzicht auf die Tochter Christians. Das Stück ist zunächst in England, dann seit 1782 auch in Deutschland und besonders in den USA gespielt worden, wo man den Befreier als eine Art George Washington auffaßte. Dagegen fand eine im Stil Racines geschriebene Tragödie de LA HARPES (1766) wenig Beachtung.

In Schweden entwarf König → GUSTAV III. den Plan einer Oper über den Befreiungskampf des Nationalhelden; die dichterische Ausführung übernahm J. H. KELLGREN, und J. G. NAUMANN

schrieb die Musik (*Gustav Wasa* 1786). Auch deutsche (J. G. KAST-
NER 1831; ROST/K. GÖTZE, *Gustav Wasa, der Held des Nordens* 1868),
französische (N. ISOUARD/F. GASSE, *Une nuit de Gustave Vasa* 1827)
und italienische Librettisten und Komponisten (B. GALUPPI,
*Gustavo primo, re di Suezia* 1740; G. ANDREOZZI, *Gustavo, re di Suezia*
1791; G. APPOLINI 1872; F. MARCHETTI 1875) haben den nach Stimmung und Bildwirkung dankbaren Stoff für Opern verwandt. 1790
spannte ihn der in der Klopstock-Nachfolge stehende Finnland-
Schwede F. M. FRANZÉN in ein empfindsames patriotisches Epos.

Auch die Schauspiele um Gustav Wasas patriotische Tat haben
einen melodramatischen Zug. An dem bekannten Versuch A. v.
KOTZEBUES, sich mit einem *Gustav Wasa* (1800) an die Seite Schillers
zu stellen, läßt sich das deutlich erkennen: der Autor selbst gibt zu,
nicht eigentlich ein Schau- oder Trauerspiel, sondern ein »histo-
risch-dramatisches Gemälde« geschrieben zu haben. Es setzt mit
Wasas Flucht nach Lübeck ein und endet mit seinem Sieg und der
Wahl zum König durch das Volk; wie bei Brooke opfert sich die
Mutter der politischen Aufgabe des Sohnes, und auch hier verzichtet
dieser, wenn auch nur vorübergehend, auf die Geliebte. Clemens
BRENTANOS Satire (1800) parodiert die Kotzebueschen Schwächen,
steht aber außerhalb der Stoffentwicklung. Die melodramatische
Komponente verrät auch W. DIMONDS Drama *The Hero of the North*
(1803), das 1811, um Gesangseinlagen bereichert, als »historical
opera« erneut erschien; die Rolle des bösen Dänenkönigs hat der
Autor einem »Gouverneur« zugeschoben. Wesentlich vom Stim-
mungsgehalt her geprägt ist auch die dramatische Kleinmalerei von
I. F. CASTELLIS *Gustav in Dalekarlien* (Dr. 1805) oder *Gamle Kung
Gösta* in K. SNOILSKYS schwedischem Geschichtsbuch (*Svenska bilder* 1886). Das patriotisch-tendenziöse Moment des Stoffes kam
noch einmal zur Geltung, als man in Deutschland nach 1933
nordische Stoffe suchte und in dem Befreiungskampf des schwedischen Königs ein Gleichnis für eigene Erlebnisse zu finden glaubte,
so in F. FORSTERS Drama *Alle gegen einen, einer für alle* (1933), das die
Handlungskurve ganz ähnlich zog wie schon Brooke und Kotzebue,
und in H. PAULS Erzählung *Der Befreier* (1942).

Eine Sonderstellung nimmt A. STRINDBERGS *Gustav Wasa* (1899)
ein. Der Dichter griff bezeichnenderweise nicht zu den Effekten des
heroischen Aufstieges, sondern zeigte den reifen Mann und geprüf-
ten Staatslenker in der Stunde der Gefahr und Versuchung zur Zeit
der letzten innerpolitischen Krise, bei dem Aufstand des Nils Dacke.
Die Handlung, die auch den harten und grausamen Überwinder
seiner Feinde erkennen läßt, ist jedoch auch bei Strindberg in der Art
der »historischen Gemälde« in Stationen gegliedert, und die überraschende Rettung und der Triumph des Königs mit Hilfe der
dalekarlischen Bauern am Schluß läßt auch hier die Grundkomponente des Stoffes deutlich werden.

A. B. Benson, Colonial Americans applauded Gustavus Vasa, (The American
Swedish Monthley 36) 1942.

**Gustav II. Adolf.** Der schwedische König Gustav II. Adolf
(1594–1632), der aus Besorgnis um eine mögliche Machtverschie-
bung im Dreißigjährigen Krieg in Norddeutschland landete und in
dem Augenblick in den Krieg eingriff, in dem der Sieg praktisch in
der Hand der Katholiken war, wurde damit zum Retter der protestantischen Sache, aber auch zum Verlängerer des Krieges. Abgesehen von den konfessionellen Gründen, die zu einer literarischen
Darstellung dieses Mannes und seines Schicksals führten, erwies
sich der Gustav-Adolf-Stoff als nicht besonders ergiebig. Des
Königs klare Lebenslinie, die ohne Spannungen, Wandlungen und
Höhepunkte bis zu seinem Tode auf dem Schlachtfeld von Lützen
führte, eignet sich nicht zur dramatischen, allenfalls zur epischen
Darstellung, die auch erst dann farbig zu werden verspricht, wenn
die Gründe eines kriegerischen Eingreifens in das deutsche Mächte-
spiel als nicht so unbedingt idealistisch dargestellt werden, wie es
lange Zeit geschah. Gustav II. Adolf entbehrt der dämonischen
Züge etwa → Wallensteins und ist auch von seinen Feinden als
ehrenhaft anerkannt worden; nur die Folgen seines Handelns
sowohl für Schweden wie für Deutschland sind umstritten.

Gustav Adolf wurde zu Lebzeiten von seinen Soldaten im Solda-
tenlied besungen, von den deutschen protestantischen Dichtern als
Retter des Protestantismus in deutschen und lateinischen Gedichten begrüßt (B. Schupp, E. Widmann, P. Fleming, J. Rist). Die
Schlacht von Breitenfeld, die Belagerung von Augsburg, vor allem
aber sein Schlachtentod fanden in der Lyrik Widerhall und ließen
ihn als frommen Gottesstreiter erscheinen; die nach seinem Tode
veröffentlichten *Regii manes* verglichen sein Sterben mit dem
Opfertode Christi. Schon vor und kurz nach seinem Tode entstand
eine Anzahl festspielartiger Dramen (J. Narssius, *Gustavus Saucius*
1628; J. Micraelius, *Pomeris* 1631, *Parthenia* 1632, *Agathander*
1633), von denen jedoch die von Rist und Rinckart nicht erhalten
sind. Epische Darstellungen versuchten bereits eine Art Lebensbild
oder doch einen Bericht über die Kriegstaten zu geben (Olearius,
*Sieges- und Triumphsfahne Gustav Adolfs des Großen*; Anon., *Achilles
Germanorum* 1632; S. Wieland, *Der Held um Mitternacht* 1633;
Anon., *Gustav-Adolf-Lied* 1638).

Bis in die Mitte des 18. Jahrhunderts war dann Gustav Adolf nur
noch Gegenstand gelehrter Geschichtsschreibung; ein gewisses
literarisches Weiterleben kann in den Grabinschriften französischer
wie deutscher Autoren (Hofmannswaldau, Neukirch, d'An-
dilly 1648, F. M. Chastellet 1658) und in den französischen
»portraits«, fingierten Briefen großer Persönlichkeiten, gesehen
werden. Das neue, aufklärerische, von konfessioneller Festlegung
freie Bild Gustav Adolfs wurde bestimmt durch die historischen
Schriften Voltaires, der in Gustav Adolf den humanen Vorkämpfer geistiger Freiheit sah, sowie des schwedischen Historikers Olof
Dalin, der mehr die ritterliche Seite des Königs betonte und das
schwedische Nationalgefühl an der Gestalt des Volkskönigs aufrichten wollte. Dazu kam das politische und schriftstellerische

Wirken König → GUSTAVS III., der in Gustav Adolf sein Vorbild sah und drei Dramen über ihn verfaßte, die eine schwärmerische Verehrung für den Heldenjüngling bekunden. Zwei dieser Dramen können als Episodenstücke bezeichnet werden, in denen der König Liebende vereinigt (*Gustav Adolfs ädelmod* 1782; *Siri Brahe* 1787), das dritte griff das damals in Schweden als Erzählung verbreitete Motiv von des Königs Jugendliebe zu Ebba Brahe auf, aus der er entsagend als Diener seines Staates hervorgeht (*Gustav Adolf och Ebba Brahe* 1783). Das Vorbild Gustavs III. hat auf die schwedische (Nils ROSÉN VON ROSENSTEIN, *Samtal emellan döde personer* 1784–95) wie auf die deutsche Literatur (E. M. ARNDT) einen gewissen Einfluß gehabt. Im übrigen gelangte das 18. Jahrhundert jedoch nicht über das Episodenstück hinaus (F. HOCHKIRCH, *Gustav Adolf oder der Sieg bei Lützen* 1797); die Geschichte von dem Verzicht des liebenden Königs zugunsten eines Freundes findet sich mehrfach (W. H. v. DALBERG, *Walwais und Adelaide*, Dr. 1778; BAUMGÄRTNER, *Gustav Adolf als Freund und Liebhaber*, R. 1802; Bengt LIDNER, *Adelaid*, Dr., Druck 1820).

Ein großer Teil der Bearbeitungen des 19. Jahrhunderts ist bestimmt von SCHILLERS in seiner *Geschichte des Dreißigjährigen Krieges* (1791/92) gezeichneten Gestalt des Königs als eines frommen Kriegshelden und männlichen, freiheitlich gesinnten Herrschers, einer Auffassung, die in Schweden der nationalromantische Historiker E. G. GEIJER vertrat. HÖLDERLINS drei Jugendoden auf den König stehen diesen Vorstellungen nahe. Schiller war bei seiner Beschäftigung mit dem Stoff zu der Einsicht gelangt, daß er zwar episch, aber nicht dramatisch verwendbar sei. Solange sein Gustav-Adolf-Bild herrschte, schlugen auch Versuche, der Wallenstein-Trilogie ein entsprechendes dramatisches Werk um Gustav Adolf entgegenzustellen, fehl (F. FÖRSTER 1833; B. v. BESKOW 1841); der epische Plan PLATENS blieb in den Anfängen stecken. Die Dramatiker versuchten, wenn sie nicht den Ausweg des Episodenstückes gingen (J. F. BAHRDT, *Die Grabesbraut oder Gustav Adolf in München* 1851; F. W. GUBITZ, *Gustav Adolf an der Oder* 1859), die Fabel durch Einbeziehung einer Sage, nach der Herzog Franz Albrecht von Lauenburg den König ermordet haben soll und die schon in dem Epos von Th. W. BROXTERMANN (*Der Tod Gustav Adolfs* 1794) auftaucht, dialektischer zu gestalten (K. SCHÖNE, *Gustav Adolfs Tod* 1818; E. GEHE, *Gustav Adolf* 1818; H. LAUBE, *Gustav Adolf* 1830; L. E. ARNAULT, *Gustave Adolphe ou la bataille de Lutzen* 1830; O. JACOBI, *Gustav Adolf und Wallenstein* 1848). Bei Schöne, Gehe und Laube wird dem Mörder als Verkörperung der guten Gegenmächte das Mädchen entgegengestellt, das der Sage nach Gustav Adolf in Soldatenkleidern auf dem Feldzug folgte und das C. F. MEYER später in seiner Novelle *Gustav Adolfs Page* (1882) mit dem Pagen Leubelfing gleichsetzte, der bei Lützen zusammen mit seinem Herrn fiel. Otto LUDWIG plante eine Verbindung des Gustav-Adolf-Stoffes mit Wallenstein (1861–65). Das Bild des Freiheitskämpfers Gustav Adolf bekam im Laufe des 19. Jahrhunderts für die politisch interessierten Autoren einen nationalen, und zwar merkwürdigerweise einen deutsch-nationalen Akzent (Anon., *Gustav Adolf und Maximilian,* Epos 1827; E. ORTLEPP, *Lieder eines politischen Tagwächters* 1843; K. H. SIMON, *Gustav Adolf,* Epos 1844), und für die religiös betonten Kreise, die seit der Gründung des Gustav-Adolf-Vereins im Jahre 1832 in dem schwedischen König das Symbol eines Helfers der Protestanten in der Diaspora sahen, einen konfessionellen Akzent. Zahlreiche in Szenenfolge und Charakterdarstellung stereotype Festspiele, epische Darstellungen und Gedichte, die sich nicht über das Niveau von Epigonen- und Dilettantendichtung erhoben, haben dem König in diesem Sinne gehuldigt. Von katholischer Seite ist K. v. BOLANDENS Roman (1867–71), der Gustav Adolf als ehrgeizigen und grausamen Eroberer darstellt, zu nennen. Das gleiche Jahr 1832 rief als Gedächtnisjahr an den großen König in Schweden ähnliche huldigende Dichtungen, nur mit nationalen Vorzeichen, hervor. Doch hat dort die Gestalt des Königs als eines Volkshelden im Laufe des 19. Jahrhunderts auch bedeutendere literarische Bearbeiter, vor allem auf dem Gebiet der historischen Erzählung, gefunden (C. J. LENSTRÖM, *Gustav II Adolf, historiska sånger* 1860; Z. TOPELIUS, *Fältskärns berättelser* 1853; C. SNOILSKY, *Svenska bilder* 1886; V. v. HEIDENSTAM, *Svenskarna och deras hövdingar* 1908–10).

Bedeutsam für eine Umgestaltung des bis dahin stets als »Lichtritter« erscheinenden Gustav Adolf wurde die schon von Schiller angeschnittene Frage, ob nicht Gustav Adolfs Teilnahme am deutschen Kriege, hätte er länger gelebt, für Deutschland verhängnisvoll gewesen wäre. RANKE und vor allem DROYSEN gingen dieser Frage nach und zeichneten das Bild eines von machtpolitischen Erwägungen keineswegs freien Gustav Adolf, dem auch die Absicht auf die deutsche Kaiserkrone nicht abzusprechen war; für W. MEHRING schließlich war Gustav Adolf der »devastator Germaniae«. Diese wissenschaftlichen Meinungen sind von der Dichtung zwar aufgegriffen worden, haben jedoch dem Bild Gustav Adolfs nur tiefere, tragische und nicht eigentlich negative Züge verliehen. Das schon im Zusammenhang mit dem Lauenburg-Motiv aufgetauchte Thema von gewissenlosen Eingreifen in den Krieg und von Eroberungsabsichten des schwedischen Königs, das auch C. F. MEYER dramatisch zu gestalten beabsichtigte, wurde zuerst von K. A. TÜRCKE (Dr. 1865) und O. DEVRIENT (Dr. 1891) klar ausgesprochen, allerdings durch des Helden Selbstüberwindung wieder ausgeschaltet. Die Gefährlichkeit des Königs für Deutschland scheint bei C. M. RAPP (Dr.1842) nur durch seine Größe überbrückt und entschuldigt. Auch bei R. HUCH (*Der große Krieg in Deutschland* 1911) steht dem Verhängnis einer draufgängerischen Kriegführung der »von seiner eigenen Fülle berauschte und berauschende Mensch« als Wert gegenüber, und STRINDBERG schließt sein ganz gegen das traditionelle schwedische Bild des Königs gerichtetes Drama (1903), in dem der König in immer größere Verwirrungen gerät und immer deutlicher seine Unzulänglichkeit fühlt, mit der Huldigung der Freunde und Feinde an seinem Grabe und gebraucht den Vergleich mit dem Opfertod Christi, den schon die *Regii manes* und C. F. Meyer gefunden hatten.

E. Willig, Gustav II. Adolf, König von Schweden im deutschen Drama, Diss. Rostock 1907; W. Milch, Gustav Adolf in der deutschen und schwedischen Literatur, 1928.

**Gustav III.** Gustav III. von Schweden (1744–1792), ein Neffe → Friedrichs des Großen, besaß eine außerordentliche künstlerische Begabung und vereinte seine durch das Studium der französischen Aufklärung gewonnenen humanitären und volksfreundlichen Anschauungen mit einer nahezu romantischen Auffassung von der Königswürde, wie sie ihm in seinen Wasa-Vorgängern ausgeprägt schien. Eine durch höfischen Zwang zur Verstellung unterstützte Neigung zum Schauspielertum machte ihn zu einer faszinierenden, aber auch zwiegesichtigen Persönlichkeit. 1772 beendete er durch eine Verfassungsänderung den Parteienstreit und die Vorherrschaft des Adels, verlor aber die Sympathien des Volkes während seiner späteren Regierungszeit durch Verschwendung und erfolglose kriegerische Abenteuer (Kriege gegen Rußland und Dänemark), so daß sich nach einem Staatsstreich 1789, bei dem er die Führer des Adels gefangensetzen ließ, die Opposition zu einer Verschwörung zusammenschloß, als deren Exponent J. J. Anckarström den König, der sich zu dieser Zeit mit dem Plan eines Kreuzzuges gegen die Französische Revolution trug, auf einem Maskenball erschoß.

Das dramatische Thema des ↑ Tyrannenmordes, hier mit dem pittoresken Hintergrund eines höfischen Maskenfestes, wurde von den Zeitgenossen als eine den Ereignissen in Frankreich verwandte Gewalttat verstanden und verurteilt (G. C. Horst, Dr. 1793). Der König hat von Beginn der Stoffentwicklung an die Sympathien der Autoren auf seiner Seite. Entscheidend für eine entstellende Sentimentalisierung des Stoffes wurde das Textbuch E. Scribes für die Oper von D.-F.-E. Auber (*Gustave III ou le Bal Masqué* 1833), in dem die politische Verschwörung hinter einem Eifersuchtsakt Anckarströms zurücktrat. Die Liebe des den Frauen gegenüber gleichgültigen Königs zu der Komtesse Anckarström ist so unhistorisch wie seine Freundschaft zu ihrem Mann; seiner Befragung der Wahrsagerin Ulrika Arfridsson, die ihn vor seinem Mörder warnt, dürften historische Begebenheiten zugrunde liegen. Das Wahrsagerin-Motiv wurde nun an ein Charakteristikum des Stoffes, besonders durch die Oper Verdis (*Un ballo in maschera* 1859), der Scribes Textbuch durch A. Somma bearbeiten ließ, die Handlung aus politischen Gründen nach Nordamerika verlegen und aus dem König einen »Gouverneur« machen mußte; erst eine Aufführung der Metropolitan Opera 1940 gab Verdis Oper ihre schwedischen Elemente zurück. Ein Drama von Hedwig Rasmus (Pseud. H. Herold, 1894) bediente sich stimmungsmäßiger musi-

kalischer Unterstützung durch eine Zwischenaktsmusik von
R. STRAUSS.

Nach diesen Romantisierungen des Stoffes unter Beschränkung
auf die Schlußkatastrophe (A. SCHLOENBACH, Dr. 1852), deren
Stimmungswerte gelegentlich auch zu balladischer Formung angeregt haben (F. v. GAUDY, *Gustav III. von Schweden auf dem Masken-
balle*), wandte man sich am Ausgang des 19. Jahrhunderts der
psychologischen Problematik der Herrschergestalt zu. In M. E.
COLERIDGES Roman *The King with Two Faces* (1897) spiegelt sich
Gustavs zwischen Faszination und Abstoßung schwankende Wirkung in der Haßliebe des jungen Grafen Ribbing, der aus einem
Günstling zum Verschwörer wird, aber seine ursprüngliche Zuneigung zum König nie überwindet. Wie M. E. Coleridge setzte auch
A. STRINDBERG (Dr. 1903) mit der außenpolitischen Krise zur Zeit
der Belagerung Göteborgs durch die Dänen ein und endete am
Vorabend des Staatsstreiches von 1789, dessen Notwendigkeit sich
dem König durch die Nachricht vom Bastillesturm endgültig
aufdrängt. Das Ende des Monarchen deutete Strindberg durch
einen ersten, verhinderten Mordversuch Anckarströms an. Stärker
als bei Strindberg ist der Akzent bei Per HALLSTRÖM (Dr. 1918) auf
den zwiegesichtigen, komödiantischen und schwärmerischen
Charakter des Königs gelegt. Das Sinken seines Sterns seit der
Verfassungsänderung von 1772 und die Selbsttäuschung des
Königs, der noch aus der Weissagung des Unglücks Kraft für
seinen verzweifelten Kampf um Göteborg zieht, stehen im Mittelpunkt der Handlung. Beide schwedischen Dramen genügen jedoch
mit den durch sie erfaßten Handlungsausschnitten dem Stoffe
kaum, da für den mit der schwedischen Geschichte nicht Vertrauten das tragische Scheitern des Helden nicht deutlich wird. Die
sympathischen Züge Gustavs III. überwiegen in der mehr episodischen Rolle, die ihn C. ZUCKMAYER in *Ulla Winblad* (Dr. 1952)
spielen läßt: liebenswürdig, aufgeschlossen, leicht theatralisch und
von rascher, etwas abenteuerlicher Entschlossenheit, gewinnt er
den Dichter Bellman, der sich in der Stunde des Staatsstreichs zu
ihm bekennt und schaudernd Zeuge der Katastrophe wird.

A. B. Benson, Gustavus III in the Librettos of Foreign Operas, (Scandinavian
Studies Presented to George T. Flom) Nebraska 1942.

**Gyges.** Über die Machtergreifung des Lyderkönigs Gyges, der
um 685 v. Chr. Kandaules aus dem Geschlecht der Herakliden
tötete und die Dynastie der Mermnaden begründete, steht die
vermutlich älteste Version in PLATONS *Politeia*: Der Hirt Gyges
findet in einem Grabe einen Ring, dessen Gabe, unsichtbar zu
machen, er bald erkennt. Er geht mit einer Gesandtschaft an den
Hof des Hönigs, verführt die Königin, tötet mit ihr im Bunde den
König und gewinnt die Herrschaft. Diese Geschichte vom wun-
dersamen Aufstieg eines Usurpators erscheint bei HERODOT als

tragische Novelle: Gyges ist ein Adliger, gehört der Leibgarde an und besitzt das Vertrauen des Königs, der ihm die Schönheit seiner Frau preist und ihm zur Bestätigung eines Tages befiehlt, sie nackt zu sehen. Trotz seines Weigerns muß Gyges sich im Schlafgemach verstecken, beobachten, wie die Königin sich entkleidet, und sich dann entfernen. Die Königin sieht ihn davonschleichen, ahnt, daß ihr Mann die Schuld an dem Frevel trägt, und stellt am nächsten Morgen Gyges vor die Wahl, entweder den König zu töten und sie selbst und die Krone zu gewinnen oder zu sterben. In der nächsten Nacht ermordet Gyges den König im gleichen Gemach. Der Ring, auf dem ursprünglich das Wagnis der Belauschung beruht, ist bei Herodot ausgeschieden. Eine spätere, betont als historische Begebenheit aufgezogene Version findet sich bei NIKOLAOS DAMASKENOS (Anf. 1. Jh.): Kandaules gestattet seinem Vertrauten die Einholung seiner Braut, Gyges sucht die Braut unterwegs zu vergewaltigen und kommt der Tötung durch den König mit Mord und Staatsstreich zuvor. CICERO (*De officiis*) vermittelte die Sage an Westeuropa.

Die naheliegende Annahme, daß schon die Antike den Stoff dichterisch behandelt habe, ist kürzlich durch einen Papyrusfund bestätigt worden, der einen Monolog der Königin nach der Unglücksnacht in engem Anschluß an Herodot enthält und zu einem hellenistischen Drama etwa des dritten vorchristlichen Jahrhunderts gehören dürfte. Renaissance, Barock und Aufklärung sind an dem Stoff vorübergegangen; nur zwei Verserzählungen von Hans SACHS (*Die nackat Künigin aus Lydia*) und LA FONTAINE (*Le roi Candaule et le maître en droit*) sind zu erwähnen. Die neue Geschichte des Stoffes beginnt mit Th. GAUTIERS Novelle *Le roi Candaule* (1844), die sich an Herodot anlehnt, aber ein Gerücht von dem unsichtbar machenden Ring einbaut. Kandaules' Handeln wird als Tat eines kunstliebenden Ästheten interpretiert, Gyges hat sich in Nyssia schon verliebt, als sie noch nicht Frau des Königs und ihm unbekannt war; Liebe und Eifersucht spielen bei seiner Mordtat mit. F. HEBBEL (*Gyges und sein Ring*, Dr. 1856) fügte Herodots Fabel den Zauberring als Funktionsglied der Handlung ein; an die Stelle des Vasallenverhältnisses und des Mordes ist die Freundschaft der Männer getreten, die sich bis zum Selbstopfer steigert und den Zweikampf entscheiden läßt. Die Wiederherstellung der Frauenehre ist bis zur Bewahrung der Reinheit des Körpers und der Seele im Selbstmord zugespitzt. Das töricht-stolze Unterfangen des Kandaules wird als verletzende Tat eines kühnen Neuerers interpretiert und der ganze Stoff zum Exempel auf ein dialektisches Weltgesetz erhöht. André GIDE (*Le roi Candaule*, Dr. 1901; Oper A. v. ZEMLINSKY, 1938) stellte Gyges als armen Fischer in die herkömmliche Intrige. Gyges' Bestreben, weniges, aber das allein, zu besitzen, wird der Freude des Königs am Teilen entgegengesetzt; unabsichtlich gewinnt Gyges die Freundschaft des Königs, die Liebe der Königin und schließlich die Krone: von Nyssia aber ist mit der Entschleierung die Scham gewichen. Das von Gautier und Gide

betonte ästhetische Moment im Verhalten des Kandaules war wohl
in einem Entwurf von H. v. HOFMANNSTHAL (1903) als Zentralthema geplant: Kandaules repräsentiert die künstlerische Existenz,
die auch in der Liebe nur beobachtend und distanziert genießt. Die
Komik, die zweifellos auch aus dem Schicksal des Kandaules
spricht, ist bisher nur durch einen Operntext von M. DONNAY (*Le
roi Candaule* 1920, Musik A. BRUNEAU) verwertet worden.

E. Zilliacus, Die Sage von Gyges und Kandaules bei einigen modernen Dichtern, (Öfversigt af Finska Vetenskapssocietetens förhandlingar 51) 1908/09;
K. Reinhardt, Gyges und sein Ring (in: Reinhardt, Von Werken und Formen)
1948; A. Lesky, Das hellenistische Gyges-Drama, (Hermes 81) 1953.


**Hadubrand** → Hildebrand und Hadubrand


**Haimonskinder.** Die Sage von den vier Haimonskindern oder
von Reinold von Montalban, wie sie nach dem wichtigsten der vier
Söhne, Reinold, heißt, gehört zur Geste de Nanteuil des Sagenkreises um → Karl den Großen, geht aber auf Ereignisse zurück, die
sich zur Zeit von Karls Großvater Karl Martell zugetragen haben;
im Süden Frankreichs wurde noch bis ins 16. Jahrhundert Karl
Martell als die Königsgestalt bewahrt. Die Sage stammt aus den
Ardennen und ist wahrscheinlich um 1150 entstanden; die ältesten
französischen Versfassungen stammen aus dem 13. Jahrhundert.
Aimon (dt. Haimon) gehört der mit Karl verfeindeten Sippe des
Doon de Nanteuil an. Er gibt seine vier Söhne an Karls Hof, aber
der älteste, Renaud (dt. Reinold), erschlägt im Streit einen Neffen
des Königs. Die vier Brüder fliehen auf das Schloß Montessor an
der Maas, das aber von Karl erobert wird. Der Vater kann seinen
Söhnen keine Zuflucht gewähren, da er durch seinen Lehnseid
gebunden ist. Die Brüder treten darauf in den Dienst Yons von
Bordeaux, Renaud heiratet dessen Schwester Clarisse, die Brüder
erbauen in den Ardennen das Schloß Montauban (dt. Montalban).
Auf den Druck Karls hin verrät Yon seine Schützlinge, ihr Vetter,
der schlaue und zaubergewaltige Maugis, befreit sie jedoch. Sie
werden in Montauban belagert und ausgehungert, weil sie die
Auslieferung des Maugis und des Pferdes Bayard verweigern,
während Renaud den in seine Hand gefallenen Karl großmütig
freiläßt. Sie entkommen schließlich nach Dortmund und versöhnen sich mit dem Kaiser: Renaud muß Bayard abtreten und eine
Pilgerfahrt ins Heilige Land unternehmen. Nach der Rückkehr
entsagt er dem ritterlichen Leben und nimmt als Arbeiter am Bau
des Kölner Doms teil. Arbeitskameraden töten ihn aus Neid und
werfen seine Leiche in den Rhein; sie wird geborgen und Renaud in
Dortmund als Heiliger verehrt.

Die Sage zeigt – abgesehen von dem erst sekundären Anschluß an die Karlssage – verschiedene Schichten. Kern ist die Erzählung vom unbotmäßigen und geächteten Vasallen, einem sogenannten ↑ Outlaw also, die hier einen besonders rührenden Zug dadurch bekommt, daß die Verstoßenen zunächst als Kinder gedacht sind, die von einem grausamen und stets dem falschen Rat folgenden Herrscher verfolgt werden. Die verwandte Sage von den sieben Kindern von Lara in der *Crónica* Alfons' des Weisen bestärkt die Theorie eines ursprünglich tragischen Schlusses. Die spielmännische Gestalt des Retters Maugis und der durch ihn herbeigeführte versöhnliche Schluß sind jüngeren Datums. Die Ausrichtung der Fabel auf den einen Helden Reinold ermöglichte schließlich die Verbindung und Vermischung mit den Gestalten der angelsächsischen Märtyrer Ewald und des heiligen Reinwald, der in Köln und Dortmund verehrt wurde. Die älteste, tragische Schicht, das Vasallenthema, mit den wiederholten Treue-Konflikten zwischen Sippen- und Lehnspflicht, verwandtschaftlicher und ehelicher Bindung, die noch in der Treue zum Pferde nachklingen, hat den Stoff geprägt, die abenteuerliche, unheroische Geschichte um den »Räuber« Maugis sicherte ihm das Interesse auch weniger anspruchsvoller Kreise, und schließlich hat die legendäre Märtyrergeschichte auch ihr Teil zu der großen Beliebtheit des Stoffes und zu seiner Verbreitung vor allem in Deutschland beigetragen. Die Personen der Handlung, besonders Reinold, drangen auch unabhängig von der spezifischen Fabel der vier Haimonskinder in die Karlssage ein; die Gestalt des Maugis hat in Frankreich ihre Sonderbehandlung in der Sage von *Maugis d'Aigremont* gefunden, und eine »genealogische Fortsetzung« ergab das Schicksal von Reinolds Enkel Mabrian.

Während sowohl die deutschen Versfassungen des späten 15. Jahrhunderts wie das sehr verbreitete Volksbuch (1604) sich der über mittelniederländische Fassungen vermittelten französischen Tradition anschlossen und auch die englischen und skandinavischen Bearbeitungen (*Mágus-Saga*) nicht entscheidend abwichen, hat *Renaud de Montauban* in Spanien und Frankreich wie die gesamte Karlssage und die um → Roland eine sehr freie Ausgestaltung erfahren.

Schon die französischen Fassungen ließen eine gewisse Rivalität der beiden größten Helden des Karlskreises, Roland und Reinold, erkennen; ihr Zweikampf wird wiederholt verhindert oder unentschieden abgebrochen. In Spanien ist dieser Zug mit der Umgestaltung der Rolandssage stärker entwickelt worden. In dem spanischen Fragment eines *Roncesvalles*-Gedichtes (Mitte 12. Jh.) sucht Haimon auf dem Schlachtfeld seinen gefallenen Sohn, der sich mit Roland versöhnt hat; hier scheint ein heroischer Abschluß von Reinolds Geschick an Stelle des legendären erhalten. Vielleicht haben die italienischen Renaissancedichter PULCI, BOIARDO, ARIOST, die in ihren Roland-Epen Reinold den von Liebesraserei ergriffenen Roland suchen und ähnliche Heldentaten wie jener vollbringen ließen, diese Nebeneinander- und Gegenüberstellung aus spanischen Romanzen gekannt. Tassos Epos *Rinaldo* (1562) gibt im wesentlichen die Liebesgeschichte des jungen Rinaldo und der Clarice sowie seinen Kampf gegen die Intrigen des Hauses Mainz wieder. Deutlicher klingt das Outlaw-Thema in Lope de Vegas auf spanischer Tradition beruhendem Drama *Las pobrezas de Reynaldos* (um 1604) nach. Reynaldos und seine Brüder sind geächtet, sie leben in Armut auf ihrer Burg; gegen die einfallenden Sarazenen vollbringt Reynaldos unerkannt, in der Kleidung eines der feigen Günstlinge Karls, große Heldentaten, durch die er schließlich Karls Mißtrauen beschämen kann. Lopes Stück wurde in Spanien von Matos Fragoso / Moreto (*El mejor par de los doce*) und in Italien von G. A. Cicognini (*L'onorata povertà di Rinaldo*) nachgeahmt, wo dann der Stoff von diesem durch L. Raimondi (1680) und schließlich durch C. Goldoni (1736) übernommen; Goldoni erfand als neues Motiv eine Liebesgeschichte zwischen Rinaldo und der Sarazenin Armelinda. Lopes Drama stützte sich in manchen Zügen auf eine gleichfalls der Renaissancezeit angehörende französische Weiterbildung des Stoffes *La conqueste du très-puissant empire de Trébisonde* (1517), die in Italien (F. Tromba 1518) und Spanien (seit 1533) sehr verbreitet war. Das Werk zeigt Renaud, seine Brüder und Maugis im Kampf gegen Amor, Merkur und Venus; Renaud befreit Maugis und wird schließlich Kaiser von Trapezunt. Der nach einer italienischen Quelle gearbeitete spanische Roman des L. Domínguez *Libro de Don Reynaldos* (1685) versuchte schließlich, dies Kaisertum Reinolds mit seinem Märtyrertod zu kombinieren. In Italien hat auch die Gestalt von Reinolds jüngstem Bruder Richard eine gesonderte Behandlung gefunden (G. P. Civeri, *Ricciardetto innamorato* 1595; N. Forteguerri, *Il Ricciardetto* 1738).

Das Wachstum des Stoffes, der im Volksbuch und in der Jugendliteratur fortlebte, ist anscheinend mit dem Renaissancezeitalter versiegt. Die Neufassung durch L. Tieck (1796) hält sich eng an das Volksbuch, mit der bezeichnenden, aber unwesentlichen Änderung des Schlusses, daß Reinold als frommer Waldbruder stirbt. J. A. Gleich dramatisierte den so wiederentdeckten Stoff im Geschmack des Wiener Zauber- und Ritterstückes (1809).

L. Jordan, Die Sage von den vier Haimonskindern, 1905; A. Gasparetti, Vicende italiane di una commedia spagnola: Rinaldo de Montalbano nelle commedie di Lope de Vega, G. A. Cicognini, Luca Raimondi e di Carlo Goldoni, (Colombo 2) 1927; B. Rech, Die Sage von Karls Jugend und den Haimonskindern, (Historisches Jahrbuch 62–69) 1942–49.

**Halsbandaffäre.** In dem berühmten französischen Hofskandal des Jahres 1785–86 kreuzen sich mehrere für die hereinbrechende Katastrophenzeit bezeichnende Schicksale: das des Kardinals Prinzen Rohan, der, ehrgeizig und von einer unseligen Leidenschaft zur

Königin Marie Antoinette erfaßt, ein Opfer der Betrügereien von
Hochstaplern wurde; das der gewissenlosen Abenteurerin Jeanne
de la Motte-Valois, die dem Kardinal eine Vermittlung zwischen
ihm und der Königin vortäuschte und das Diamantenhalsband, mit
dem dieser die Gunst der Königin zu erwerben hoffte, unterschlug
und nach England verkaufte; das des ↑ Hochstaplers Grafen
Cagliostro, der durch Geisterbeschwörungen den Prinzen Rohan
glauben machte, daß die Königin sich ihm zuneige, und schließlich
das der Königin selbst, die, an der ganzen Affäre wohl nur passiv
beteiligt, dadurch, daß ihr sittliches Verhalten zum Gegenstand
eines öffentlichen Prozesses gemacht wurde, den Rest ihres guten
Rufes beim Volke verlor und damit den Sturz des Ancien régime
beschleunigte.

Das Leben der Marie Antoinette ist sowohl in seinem Gesamt-
verlauf wiederholt durch romanhafte Biographien beschrieben
(H. E. R. BELANI 1846; St. ZWEIG 1932) wie auch in seinem
Schlußakt, der Gefangenschaft und Hinrichtung, zum Thema der
Literatur gemacht worden (L. MÜHLBACH, *Marie Antoinette und ihr
Sohn*, R. 1867; J. SPILLMANN, *Um das Leben einer Königin*, R. 1900;
L. FEUCHTWANGER, *Die Witwe Capet*, Dr. 1955 u. a. m.). Auch der
Lebensweg Cagliostros, auf dem die Halsbandaffäre nur eine Sta-
tion darstellt, hat als Ganzes (*Mémoires pour servir à l'histoire du
Comte de Cagliostro* 1785; M. A. KUZMIN, *Das wunderliche Leben des
Grafen Cagliostro*, dt. 1919; A. N. TOLSTOJ, *Graf Kaliostro* 1921; J. v.
GUENTHER 1947) wie in seinen Episoden zu literarischer Bearbei-
tung gereizt (Th. MUNDT, *Cagliostro in Petersburg*, Erz. 1858;
E. KOELWEL, *Der Schwindler und die Schwärmerin*, R. 1947; F. ZELL /
R. GENÉE / J. STRAUSS, *Cagliostro in Wien*, Optte. 1875; H. LILIEN-
FEIN, Tragikomödie 1923); schon Zarin KATHARINA II., die Caglio-
stro aus Rußland auswies, hat sein dortiges Auftreten in drei
Lustspielen behandelt (*Der Betrüger; Der Verwandelte; Der sibirische
Schaman* 1788).

Die Halsbandaffäre jedoch stellt im Verlauf dieser Schicksale den
poetisch fruchtbarsten Augenblick dar, bietet in der Verknüpfung
zahlreicher Fäden eine Intrigenhandlung von besonderem Reiz und
ist durch ihren politischen Bezug fast schon ein Symbol für eine
innerlich morsche Ordnung. GOETHE hat als erster das beispielhaft
Bedrohliche der Affäre in dichterischer Spiegelung erfaßt und
durch Raffung der Ereignisse und Zusammenziehung von Personen die Tragikomödie des *Groß-Cophta* (1791) geschaffen. Die an
den Schluß gestellte Parkszene, in der der »Domherr« dem als
Königin verkleideten Medium des Groß-Cophtas huldigt, wurde
zugleich zur Entdeckungs- und Bestrafungsszene, die vor allem
den als Komplicen der la Motte angesehenen Groß-Cophta
(Cagliostro) und die Neigung eines »aufgeklärten« Zeitalters zum
Wunderglauben treffen sollte; das Königspaar blieb aus Gründen
der Dezenz aus dem Spiel. Motive der Halsbandaffäre, wie die
Bestrickung des Opfers durch eine weibliche Erscheinung und die
Benutzung von Wunderfälschungen zu politischen Zwecken, hat

SCHILLER in seinen Roman *Der Geisterseher* (Fragment 1786–89) übernommen. Als breite und mit allen Mitteln sensationeller Hofgeschichten in Szene gesetzte Intrigenhandlung präsentierte den Stoff der vielgelesene Roman von DUMAS père *Le Collier de la reine* (1849). Sowohl die Tragikomödie von K. BLEIBTREU (*Das Halsband der Königin* 1890) wie das Melodram von J. MARY und P. DECOURCELLE (*Le Collier de la reine* 1894) fußen im wesentlichen auf Dumas' Stoffaufbereitung. Drahtzieher der gegen das Königtum gerichteten Intrige ist hier Cagliostro, dem gegenüber die la Motte nur eine hemmungslos egoistische Schwindlerin ist; jede wirklich politische und kulturkritische Perspektive läßt der Roman vermissen. Er stellt die Beziehungen der la Motte zur Königin und Marie Antoinettes Einigung mit Rohan über den Halsbandkauf als wirklich hin, während die neuere, sich auf die Memoiren der la Motte stützende Darstellung von L. DILL (*Kardinal und Königin* 1947) sie, ähnlich wie schon Goethe, als Schwindel kennzeichnet; hier ist die la Motte die große Intrigantin, während Cagliostro nur eine episodische Rolle zufällt. Der Roman bedient sich taktvollerer, aber auch schwächerer Mittel als der von Dumas und bleibt die symbolische Auslotung des Stoffes gleichfalls schuldig.

M. Graf, Die Wundersucht und die deutsche Literatur des 18. Jahrhunderts, (Programm Theresien-Gymnasium München) 1899.

**Haman** → Esther

**Hamlet.** SAXO GRAMMATICUS (1150–1220) berichtet in seiner *Historia Danica*, daß im 5. Jahrhundert der jütländische Statthalter Horvendillus, der mit Gerutha, der Tochter des Dänenkönigs Roricus, vermählt war, von seinem Bruder Fengo ermordet wurde, der dann Thron und Gattin übernahm. Amlethus, Horvendillus' Sohn, stellt sich wahnsinnig, weil er den mörderischen Absichten seines Oheims entgehen will. Um zu ergründen, ob dieser Wahnsinn Verstellung ist, führt man ihm ein schönes Mädchen, seine Ziehschwester, zu; er aber nimmt sie mit sich in einen Sumpf, macht sie sich zu Willen und läßt sich von ihr versprechen, ihn und ihrer beider Beziehung nicht zu verraten. Dann versucht seine Mutter, ihn in geheimer Unterredung auszuhorchen, und dabei ersticht er den versteckten Aufpasser. Schließlich wird Amlethus vom König nach England geschickt; seine beiden Begleiter sollen dem englischen König einen Brief geben, nach dem Amlethus umgebracht werden solle. Amlethus ändert jedoch heimlich den Text, und so werden seine beiden Begleiter ermordet. Das ihm als Sühnegeld für die Getöteten ausgezahlte Gold gießt er in zwei hohle Stäbe, und als man ihn bei seiner Rückkehr fragt, wo seine

Begleiter seien, deutet er auf die Stäbe und sagt: hier sind sie. Bei
einem Fest macht er den König und seine Leute betrunken und
verbrennt sie dann im Saal. Er wird König und heiratet später
Hermuthruda.

Zur Hamlet-Sage, die bei Saxo wie der Niederschlag eines
Heldenliedes von Hamlets Vaterrache wirkt und die auch in der
*Lausavisa* (1010/20) des Isländers SNÆBJÖRN und in der *Lieder-Edda*
erwähnt wird, ist keine historische Grundlage nachweisbar. Ihr
Ursprung ist umstritten und wird einerseits in einer Entlehnung
der Brutus-Sage (→ Lucretia), andererseits in einer Heroisierung
eines germanischen Mythos vom sterbenden und wiederauferste-
henden Gott gesehen. Die Personennamen sind dementsprechend
auf mythische Personen und Bedeutungen zurückgeführt (Aml-
Oði = der Gott Oðr) oder als Übersetzung der lateinischen Namen
(Amlóði = Brutus = der Dumme, Blödsinnige) aufgefaßt worden.
Die Mythus-These würde die Hochzeit des Gottes mit der Erd-
und Muttergöttin in den Mittelpunkt stellen; das Beilager des
Helden mit dem namenlosen Mädchen, bei Saxo einer Ziehschwe-
ster, scheint nach der finnischen Version der Kullervo-Sage des
*Kalevala* ursprünglich ein Inzest gewesen zu sein. Die Theorie der
Entlehnung aus der römischen Sage würde die ↑ Blutrache in den
Mittelpunkt rücken. Diese These hat viel Bestechendes: auch
Brutus stellt sich töricht, um den Nachstellungen seines Onkels
Tarquinius Superbus zu entgehen, der ihm bereits den Vater
getötet hat. An Stelle der Englandfahrt enthält die antike Sage eine
von Tarquinius angeordnete Reise des Brutus und der beiden
Söhne des Tarquinius nach Delphi, wo Brutus seinen Reisestab
opfert, der innen mit Gold ausgegossen ist – Symbol von Brutus'
wahrem Wesen. Da das Delphische Orakel im germanischen Nor-
den keine Bedeutung hatte, wäre also die Reise als einer der
Anschläge des Oheims gegen den Neffen gedeutet und das Motiv
des goldgefüllten Stabes entsprechend neu begründet worden. Die
treulose, an der Ermordung des Gatten beteiligte Mutter des
Brutus findet sich in der römischen Sage nicht, doch scheint dieser
Zug von Tullia, der Frau des Tarquinius, auf sie übertragen
worden zu sein: Tullia tötete ihren Gemahl, den Bruder des
Tarquinius, und Tarquinius tötete seine Frau, die Schwester der
Tullia; beide Gattenmörder reichten sich dann die Hand zur Ehe.
Da Tarquinius ein Onkel des Brutus war, setzte man den ermorde-
ten Vater des Brutus mit dem ebenfalls ermordeten Bruder des
Tarquinius gleich und identifizierte die Gattenmörderin Tullia mit
der Mutter des Brutus, deren Name Tarquinia auch noch dazu
verleiten mochte, sie für die Gattin des Tarquinius anzusehen.

Auf Saxo fußt die Hamlet-Erzählung der *Danske riimkrønike efter
Gotfrid af Ghemens* (1495), und 1575 erschien eine von Saxos
lateinischem Text kaum abweichende dänische Übersetzung durch
WEDEL; auf letzterer wiederum beruht die *Amlódasaga Hardvendils-
sonar*. Eine von Saxo unabhängige Fassung scheint sich in der
allerdings erst nach der Reformation aufgezeichneten isländischen

*Ambales- eđr Amlóđasaga* erhalten zu haben. Sie gibt eine genauere Begründung für den fingierten Wahnsinn des Helden Ambales, der erst später den Beinamen Amlóđi erhält; sein Vater wird bei einem feindlichen Überfall getötet, und die beiden Söhne müssen zusehen; der Bruder Siguardur zeigt Schmerz und wird gleichfalls umgebracht, während Ambales sich töricht stellt und daher verschont bleibt. Ähnlich wird der Bruder des Brutus getötet, der sich närrisch gebärdende Brutus nicht.

Für die Verbreitung des Stoffes in England dürften BELLEFORESTS vielgelesene *Histoires tragiques* (1559–83) wohl eher in Anspruch zu nehmen sein als mündliche Erzählungen etwa aus Dänemark zurückkehrender englischer Komödianten. Die Lokalisierung auf Schloß Kronborg, das 1585 fertiggestellt wurde, gibt einen zeitlichen Anhaltspunkt für die Entstehung einer ersten Dramatisierung des Hamlet-Stoffes, die bereits 1589 gespielt wurde und Th. KYD zugeschrieben wird. Das Drama selbst ist verlorengegangen, aber die deutsche Haupt- und Staatsaktion *Der bestrafte Brudermord* (1710) dürfte ihm näherstehen als den beiden Fassungen SHAKESPEARES (1603 und 1604). Für den Aufbau des Dramas, das die Ophelia- und Polonius-Szenen, die Unterredung mit der Mutter und die Ermordung des Polonius in den Grundzügen von Saxo übernehmen konnte, scheint Kyd schon das Wesentliche getan zu haben. Die einleitende Racheverpflichtung des aus Wittenberg heimgekehrten Hamlet durch den Geist des Vaters, dessen mahnende Funktion sich durch das ganze Stück zieht, und die Erfindung des Laertes als des Gegenspielers, dessen für den Tod von Vater und Schwester geforderte Rache zum Werkzeug in der Hand des Königs wird, gehen wahrscheinlich auf ihn zurück. Hamlet stirbt im Zweikampf durch des Laertes vergiftetes Rapier, das jedoch vertauscht wird und nun auch Laertes trifft, der seinen Mordauftrag gesteht; die Königin trinkt versehentlich das für Hamlet bestimmte Gift, und mit letzter Kraft nimmt Hamlet auch den verbrecherischen Oheim mit in den Tod; der Tod der Helfershelfer und Diener bei Kyd erinnert an den Untergang des königlichen Gefolges bei Saxo. Die Vertiefung von Gestalt und Stoff bei Shakespeare, bei dem der Wahnsinn des Helden nicht nur die Maske für eine List, sondern die Zuflucht einer verdüsterten, zwischen Vater und Mutter stehenden, gespaltenen und gelähmten Seele ist, die ihren adäquaten Ausdruck in einem melancholisch-zynischen Witz findet, läßt den Tod als echte Erlösung aus einem durch Tat nicht zu lösenden Zwiespalt erscheinen. Auf die Darstellung der Königin mag schon bei Kyd der zeitgenössische Fall der → Maria Stuart abgefärbt haben, die Bothwell, den Mörder ihres Gatten, heiratete.

Die erste französische Bühnenadaption von SHAKESPEARES *Hamlet* war das Hamlet-Drama des Shakespeare-Verehrers J.-F. DUCIS (1769), das auf der Prosaübersetzung von LA PLACE (1746) beruhte. Ducis formte nicht nur Shakespeares Drama in eine regelmäßige französische Alexandrinertragödie um, sondern änderte auch Handlungsgang und Sinn der Tragödie vollständig. Die nach

England und Norwegen hinüberspielenden Teile wurden wegge-
schnitten; es gibt keinen Laertes und keinen Fortinbras. Gertrud
führt eine vormundschaftliche Regierung für ihren Sohn, der
krank, aber keineswegs toll ist; sie ist noch nicht mit Claudius
verheiratet. Der Geist des Vaters, der nur vor Hamlets innerem
Auge erscheint, befiehlt ihm, seine Mutter zu töten. Gertrud bereut
und will den Rest ihres Lebens Hamlet aufopfern. Hamlets Schwäche rührt daher, daß Ophelia, die er liebt, Claudius' Tochter ist, so
daß er gegen Claudius nicht handeln kann. Ophelia, bei Ducis
mehr als Heroine angelegt, drängt Hamlet, ohne Rücksicht auf sie
zu handeln. Die Lösung ergibt sich durch eine Verschwörung des
Claudius gegen Hamlets Thronfolge: Hamlet ersticht Claudius,
der zuvor die Königin getötet hat, er selbst bleibt am Leben. Noch
1809 wurde Ducis' Hamlet für TALMA unter dessen Mitwirkung
bearbeitet. STENDHAL ist mit seinem *Hamlet*-Entwurf von 1802, in
dem er die Handlung nach Polen verlegte, von Ducis nicht weit
entfernt. Auch bei ihm ist Ophelia die Tochter des Claudius;
Hamlet besitzt das Schuldgeständnis seiner Mutter und möchte ihr
zur Flucht verhelfen. Ophelia will bei ihrem Vater vermitteln, um
Hamlets Rache überflüssig zu machen. Der König, der zum Schein
in Hamlets und Ophelias Eheschließung einwilligt, stellt Hamlet
vor die Frage, ob er um der Krone und der Rache willen Ophelias
Liebe aufs Spiel setzen wolle. An dieser Stelle bricht der Entwurf
ab, der wahrscheinlich mit der Tötung des Königs, dem Selbstmord Hamlets und der Umwandlung Polens in eine Republik
schließen sollte. In die französische Hamlet-Tradition fügt sich die
Bearbeitung, die A. DUMAS und der Übersetzer P. MEURICE 1846
anfertigten: Englandreise und Fortinbras fehlen nach wie vor;
Hamlet entsagt nach der Geist-Szene seiner Liebe zu Ophelia und
bleibt am Leben; zum Schluß erscheint der Geist des Vaters und
erklärt jedem sein Schicksal. Etwas mehr an Shakespeare angenähert wurde Dumas' Text durch L. CRESSONOIS/Ch. SAMSON
(1886), deren *Hamlet* geschaffen wurde, um Sarah Bernhardt die
Rolle der Ophelia spielen zu lassen. Noch bei L.-A. MÉNARD (1886)
erläutert am Schluß der Geist jedem sein Schicksal, aber in diesem
Drama starb Hamlet zum ersten Male auf der französischen Bühne.
Daß dagegen die einzige französische Hamlet-Oper des 19. Jahr-
hunderts (M. CARRÉ/J. BARBIER/Musik H. THOMAS 1868) das
konservative Hamletbild bewahrte, ist nicht besonders erstaunlich.
In dieser Oper steht das Liebespaar Ophelia-Hamlet im Mittel-
punkt; Hamlets Wahnsinn wird stark ausgespielt. Als Hamlet aus
Kummer über Ophelias Tod das Schwert, mit dem er gegen
Laertes gekämpft hat, gegen sich selbst wenden will, erscheint der
Geist seines Vaters und befiehlt ihm, den König zu töten und am
Leben zu bleiben; Hamlet wird zum König ausgerufen.

Durch den Shakespeare-Kult des deutschen Sturm und Drangs,
der sich an der modern wirkenden Gestalt des Hamlet entzündete,
wurde Hamlet seit der deutschen Uraufführung in der mildernden
Bearbeitung F. L. SCHRÖDERS 1776 zu einer der berühmtesten

Rollen auf der deutschen Bühne, und nach Goethes Deutung der Tragödie – »eine große Tat, auf eine Seele gelegt, die der Tat nicht gewachsen« – sah man in der Gestalt das Symbol des durch Reflexion selbstzerstörerisch wirkenden, tatenarmen Menschen. Zur Problematik und Wirkung des *Hamlet* gehört die Hamlet-Phantasmagorie in KLINGEMANNS *Nachtwachen von Bonaventura* (1804), bei der ein Hamlet-Darsteller und eine Ophelia-Darstellerin sich als Zellennachbarn eines Irrenhauses wiederfinden und in Briefwechsel treten. F. FREILIGRATH wandte das Hamlet-Symbol zur Zeit des Vormärz in seinem berühmten Gedicht (*Hamlet* 1844) auf Deutschland an, das seine Kraft in Gedanken verausgabt hat und nur in Worten groß ist. Für I. TURGENEV (*Der Hamlet des Štšigrovschen Kreises*, Erz. 1852) war Hamlet bereits ein Typus, eine Spezies des Sonderlings, der Tatenlosigkeit, Melancholie und Demut repräsentiert. Symbolhaft im Sinne der deutschen Tradition legte J. LAFORGUE seine Hamlet-Geschichte an (*Hamlet ou les suites de la piété filiale*, Erz. 1886): Hamlet ist hier der Typ eines Intellektuellen des 19. Jahrhunderts und nicht Sohn der Gerutha (die Namen gehen auf Belleforest zurück), sondern einer Zigeunerin; er behandelt seine Rachepflicht als Spielerei. Aus seiner Melancholie und Lethargie will er sich schließlich durch die Flucht mit einer Schauspielerin der in Dänemark gastierenden Shakespeareschen Truppe lösen und nach Paris gehen. Er unterbricht seinen Weg jedoch am Grab Ophelias, die an der Lektüre seiner Bücher gestorben ist, und wird dort von Laertes ermordet. Am Ausgang des Jahrhunderts gebrauchten A. HOLZ und J. SCHLAF das Hamlet-Symbol für den großsprecherischen, aber arbeitsscheuen Komödianten *Papa Hamlet* (Nov. 1889). H. de RÉGNIER (*Feuillets retrouvés dans un exemplaire de Shakespeare*, Ged. 1906) fühlte sich selbst in seiner Melancholie als Bruder Hamlets. In dem *Amleto* (Dr. 1923) von R. BACCHELLI wurde Hamlet zum Typ eines modernen Nachkriegsmenschen, der keine Ideale hat, an nichts mehr glauben kann, am wenigsten an Handeln, und für den der Geist des Vaters eine Belästigung bedeutet. Vergebens weist ihn Horatio auf seine Verantwortung hin. Das Wichtigste ist ihm, möglichst nicht betroffen zu sein. G. HAUPTMANN (*Im Wirbel der Berufung*, R. 1943) benutzte die Schilderung einer Hamlet-Inszenierung gleichnishaft für die Darstellung eines durch geheime Schuld in seinem Handeln gehinderten Menschen; bei H. E. HOLTHUSEN (*Ballade nach Shakespeare* 1951) wurde Hamlet das Symbol für den tragischen Gegensatz zwischen den Existenzen des Mannes und der Frau, an dem die Liebe scheitert.

Auf moderne Verhältnisse war die Hamlet-Situation bereits von P. BOURGET in seinem Roman *André Cornélis* (1887) übertragen worden. E. St.-G. de BOUHÉLIER (*La célèbre histoire*, Dr. 1928) erfand einen jungen Mann, der glaubt, seines toten Vaters Wunsch zu erfüllen, wenn er Mutter und Onkel peinigt. In einer ähnlichen Stoff-Übertragung H. BERNSTEINS (*Le Jour*, Dr. 1933) vollzieht der junge Mann die Rache für den Vater durch eigene Integrität, die er

sich erhalten will. Bei M. CLAVEL (*La terrace de midi*, Dr. 1949) tötet
der Held sein besseres Teil, sein Gewissen, indem er seinen Freund,
der es verkörpert, in den Selbstmord treibt, und bei E. WEISS
(*Georg Letham*, R. 1931) wird ein »umgekehrter« Hamlet im
Widerstand gegen den Vater zum Mörder. A. DÖBLIN (*Hamlet oder
die lange Nacht nimmt ein Ende*, R. 1956) verwendete den Vergleich
mit Hamlet für einen Heimkehrer des Zweiten Weltkrieges, der
den Verbrechen seiner Eltern nachforscht und dessen Situation mit
der des heimatlos gewordenen europäischen Menschen gleichgesetzt wird; er überwindet den Hamlet-Spuk und findet in ein neues
Leben. Ähnlich schuf E. RICE in *Cue for Passion* (Dr. 1960) einen
modernen Hamlet, der, von einer Weltreise zurückkehrend, die
Mutter neu verheiratet findet und den tödlichen Unfall seines
Vaters als Mord aufzuklären sucht. Auch ihm wird am Schluß ein
Ausweg aus seiner von der Mutter bestimmten Welt eröffnet.

Den eigentlichen Hamlet-Stoff verwerteten zwei Werke, die nach
den historischen Vorbildern für Shakespeares Hamlet suchten: A. E.
BRACHVOGEL (*Hamlet*, R. 1867) sah das historische Urbild Hamlets in
dem Grafen Essex (→ Elisabeth von England), dessen Vater von
seiner Frau und deren Geliebten ermordet wurde, und projizierte die
Hamlet-Tragödie in das historische Schicksal des Grafen Essex
hinein; D. v. LILIENCRON (*Die siebente Todsünde*, Nov. 1903) erfand
einen Freund Shakespeares, dessen Hamlet-Natur, besonders seine
Todsünde, die Trägheit, Shakespeare nach dem Leben zeichnete.
K. GUTZKOW (*Hamlet in Wittenberg*, Dr. 1835) und G. HAUPTMANN
(*Hamlet in Wittenberg*, Dr. 1942) dagegen suchten das Geheimnis des
Dänenprinzen in seiner Jugendgeschichte, in einer enttäuschten
Liebe der Studentenjahre, die den künftigen Melancholiker prägt;
Gutzkow ließ Hamlet in Wittenberg mit → Faust zusammentreffen,
während ihn W. JENS (HERR MEISTER, Dialog 1963) an der Seite
Luthers zeigt. Ein Unterhaltungsroman von L. B. Ch. WYMAN
(*Gertrude of Denmark* 1924) erstrebte eine Rehabilitierung der Mutter
Hamlets, und der Hamlet in J. SARMENTS Drama *Le Mariage de
Hamlet* (1922) hat zwar den klassischen Hamletkonflikt überlebt und
Ophelia geheiratet, kommt aber als sozialer Agitator durch die
Volksmenge um. Auch G. BRITTING (*Lebenslauf eines dicken Mannes,
der Hamlet hieß*, R. 1932) strich den durch das englische Drama
eingeführten tragischen Untergang Hamlets, führte jedoch seine
Skepsis und Resignation gegenüber dem Leben konsequent zu
Ende, sie enden in völligem Solipsismus. In ein Kloster zurückgezo-
gen, läßt er das Essen als den einzigen lebensnotwendigen Trieb
gelten. Als Verweigerer charakterisiert ihn auch W. HILDESHEIMER,
von dessen Roman nur ein Kapitel (1979) ausgeführt wurde. Eine
geistreiche Ausweitung des Stoffes brachte des Engländers T. STOP-
PARD Drama *Rosenkranz und Güldenstern sind tot* (1967), das die
Vorgänge bei Shakespeare aus der Perspektive der beiden Höflinge
nachzeichnet, denen der fatale Auftrag zuteil wird, Hamlet nach
England zu begleiten und dem englischen König einen Brief zu
übergeben, in dem dieser gebeten wird, Hamlet unschädlich zu

machen; indem Hamlet den Brief austauscht, werden die Überbringer selbst zu Opfern ihres Auftrages. In H. MÜLLERS *Die Hamletmaschine* (1978) erfolgt in fünf Szenen eine Destruktion des Stoffes: Hamlet zieht sich aus seiner Rolle zurück.

F. Detter, Die Hamletsage, (Zeitschr. für deutsches Altertum 36) 1892; J. Schick, Die Entstehung des Hamlet, (Jahrbuch der deutschen Shakespeare-Gesellsch. 38) 1902; M. B. Evans, Der bestrafte Brudermord, sein Verhältnis zu Shakespeares Hamlet, 1910; F. R. Schröder, Der Ursprung der Hamlet-Sage, (Germ.-Rom. Monatsschrift 26) 1938; H. Glaser, Hamlet in der deutschen Literatur, Diss. Erlangen 1952; H. Ph. Bailey, Hamlet in France. From Voltaire to Laforgue, Genf 1964; K. Wais, Shakespeare und die neueren Erzähler. Von Bonaventura und Manzoni bis Laforgue und Joyce (in: Shakespeare – seine Welt, unsere Welt, hrsg. G. Müller-Schwefe) 1964; F. Loquai, Hamlet und Deutschland, 1993.

**Hannibal.** Das Schicksal des karthagischen Feldherrn Hannibal (246–182 v. Chr.), der seinem Vater Hamilkar ewigen Haß gegen Rom gelobt hatte, von Spanien kommend über die Alpen nach Italien zog, die Römer mehrfach und bei Cannae vernichtend schlug, aber statt gegen Rom in das abgefallene Capua zog und, von der Heimat nicht ausreichend unterstützt, den Angriffskrieg aufgab, nach Scipios Landung in Afrika dorthin zurückgerufen wurde, bei Zama unterlag und vor seinen Gegnern zuerst zu Antiochos von Ephesus, dann zu Prusias von Bithynien floh und, auch hier von Rom verfolgt, Gift nahm, wird in seiner Außerordentlichkeit auch aus den antiken Quellen (POLYBIOS, LIVIUS, PLUTARCH) deutlich; doch zeichneten sie seinen Charakter soweit negativ oder zumindest uneindeutig, daß Hannibal den ersten literarischen Verarbeitern des Stoffes als Inbegriff der Superbia und als Beispiel für die Vergänglichkeit irdischen Ruhms gelten konnte.

Mit den gleichen patriotischen Akzenten wie Livius, aber im epischen Stil Vergils stellte als erster SILIUS ITALICUS (gest. 101) die Taten Hannibals vom Schwur des Knaben bis zur Niederlage bei Zama dar (*Punica*). Danach tauchte der Stoff erst wieder im Drama des 16. Jahrhunderts auf, jedoch sind die ersten Dramatisierungen verloren (N. DE MONTREUX 1584; WILSON / DEKKER / DRAYTON 1598; W. RANKINS / R. HATHWAY 1600; G. de SCUDÉRY 1631; A. BRUNI vor 1635). Zur Zeit des Barocks wurde Hannibals Gestalt in J. BALDES Gedichtsammlung *De vanitate mundi* und seinen *Carmina lyrica* zum Sinnbild der Vergeblichkeit menschlichen Ruhmstrebens. Die barocken Hannibal-Dramen stehen in Zusammenhang mit dem damals vielbearbeiteten → Sophonisbe-Stoff; daher erfaßten Th. NABBES (*Hannibal and Scipio* 1635), Jan BOUCKART (*De Nederlaag van Hannibal* 1653) und N. LEE (*Sophonisba or Hannibal's Overthrow* 1676) im wesentlichen den afrikanischen Feldzug Hannibals und ließen der Sophonisbe-Handlung großen Raum; eine recht unangebrachte Liebesepisode Hannibals in Lees Drama ist wohl auf R. BOYLES Roman *Parthenissa* (1654 ff.) zurückzuführen, in dem Hannibal als Liebhaber erscheint.

Eine klassizistische Zusammendrängung des Stoffes auf das Ende in Bithynien unternahm Th. CORNEILLE (*La Mort d'Annibal*

1669), der jedoch mit der Hauptgestalt wenig anzufangen wußte und eine Liebesintrige um eine erdichtete Tochter Hannibals spann, um deren Gunst Prusias, dessen Sohn Nikomedes und ein Fürst von Pergamon rivalisieren. Diese durch Corneille begründete Tradition des neu gesehenen Stoffkomplexes griff mit mehr Geschick MARIVAUX (1720) auf: Rom fordert die Lösung einer Verbindung zwischen Prusias' Tochter und Hannibal, der zur Schonung seiner Gastgeber freiwillig verzichtet und Gift nimmt; der junge LESSING hat dieses Drama zusammen mit Ch. F. WEISSE ins Deutsche übersetzt. Eine wirkungsvolle Mischung aus den Konfliktsituationen bei Corneille und Marivaux vollzog der Italiener F. TRENTA (1766). Durch eine Ehe zwischen Hannibals Tochter und Prusias' Sohn soll das politische Band enger geknüpft werden; der Sohn gleicht durch seine Treue den Verrat des Vaters aus, und das junge Paar endet wie Hannibal durch Selbstmord. Den jugendlichen Parteigänger Hannibals übernahm dann L. SCEVOLA (*Annibale in Bitinia* 1805), ließ jedoch, ähnlich wie der Franzose F. DIDOT (1820) die Liebeshandlung fort. Das Drama von F. v. HUSCHBERG (1820) hat durch Einbeziehung der politischen Hintergründe der Bithynien-Episode allenfalls die Geschlossenheit der Handlung zerstört. Zu ihr fand in neuerer Zeit G. NISALK zurück (1922), bei dem Hannibal Gift nimmt, um dem Gastfreund den Frieden mit Rom zu sichern.

Ch. D. GRABBES groß angelegtes Drama (1834) ist ein kühner Versuch, das allmähliche Verlöschen von Hannibals Stern seit dem vergeblichen Sturm auf Rom sichtbar zu machen und es als die Tragödie eines von seinem Volke im Stich gelassenen Feldherrn zu deuten. Die bei Grabbe nur als Episode auftauchende Auseinandersetzung zwischen Hannibal und Scipio bei Zama steht im Zentrum der Szene *Hannibal und Scipio* (1835) F. GRILLPARZERS: Karthago verfügt nur über einen Hannibal, aber Scipio ist für Rom einer von vielen. Die mit der Sophonisbe-Handlung gekoppelten Ereignisse um Zama griffen auch E. SCHOTTKY (1888) und F. X. KERER (*Die Karthager* 1922) wieder auf. Dagegen liegt der für die Hannibal-Dramen des 19. Jahrhunderts bezeichnende Stoffausschnitt bei der sich in Italien abzeichnenden Schicksalswende. Ende des 17. Jahrhunderts hatte P. D. COLONIA S. J. (1696) versucht, die Tragik in eine Versöhnung zwischen Hannibal und den Scipionen umzubiegen. Nun stellten R. NEUMEISTER (*Hannibal und Livia* 1856), W. FORSYTH (*Hannibal in Italy* 1872), J. NICHOL (1873), John CLARK (1908), H. SCHÖTTLER (*Treue* 1911) die Wendung mit dem unheilvollen Verweilen in Capua, dem Tode des Bruders Hasdrubal und der Bitternis der Rückberufung dar; JERZEWSKI (1849) und Louisa SHORE (2 Teile 1898) haben auch die Afrika-Handlung einbezogen.

Die gleiche Stoffaufteilung wie bei dem Drama herrschte seit der zweiten Hälfte des 17. Jahrhunderts auch bei dem Opernlibretti vor, deren Gleichförmigkeit schon aus den Titeln ersichtlich wird (PORPORA, *Annibale* 1731; DURAND / PAISIELLO, *Annibale in Italia* 1773; ZINGARELLI, *Annibale* 1787; SOGRAFI / SALIERI, *Annibale in Capua*

1801; J. CORDELLO, *Annibale in Capua* 1808; ROMANELLI / FARINELLI, *Annibale in Capua* 1810; J. NICCOLINI, *Annibale in Bitinia* 1818; ELLERTON, *Annibale in Capua* 1830; L. RICCI, *Annibale in Torino* 1831; J. CONRARDY, *Annibal et Scipion* 1860).

Auch Ballade und Rollengedicht des 19. Jahrhunderts haben sich der wichtigsten Stationen aus dem Leben Hannibals bemächtigt (E. ORTLEPP, *Das Siebengestirn der Kriegshelden*; F. BECK, *Hannibals Traum*; M. SCHLEIFER, *Hamilkar und sein Sohn*; J. SCHIESSL, *Hannibals Ende*; A. STEINBERGER, *Hannibals Tod*; H. LEUTHOLD, *Hannibal – Fünf Rhapsodien*). Das meiste davon verdankt, wie auch einige der Dramen, seine Entstehung der Begeisterung für die große Persönlichkeit und nicht der künstlerischen Durchleuchtung des Stoffes, ein Verhältnis des Bearbeiters, das M. GREIFS Gedicht *Sagunt* formuliert: »Hast du nicht Tränen der Bewunderung ihm jung geweint?« Biographische Romane schrieben A. NEUMANN-HOFER (1927), M. Jelusich (1934) und M. DOLAN (*Hannibal of Carthage* 1956).

F. Funk, Die englischen Hannibaldramatisierungen mit Berücksichtigung der Bearbeitungen des Stoffes in den übrigen Literaturen, Diss. München 1912; F. Peter, Der Hannibal-Stoff in der deutschen Literatur, Programm Sternberg 1915; J. Borst, Hannibal in der deutschen Dichtung, (Wiener Blätter für die Freunde der Antike 4) 1927.

**Harold.** Der letzte König der Angelsachsen, Harold (1022 bis 1066), war ein Sohn des Earl Godwine von Essex, der sich gegen den normannischen Einfluß in England wandte. Harold erwarb sich zahlreiche Anhänger und wußte durch die Ehe mit der Witwe des von ihm geschlagenen Königs von Wales auch Feinde auszuschalten, so daß er nach dem Tode Eduards des Bekenners zum König gewählt wurde. Wilhelm von der Normandie machte ihm den Thron mit der Behauptung streitig, Harold habe ihm bei seinem Aufenthalt in der Normandie die Unterstützung bei der englischen Thronfolge zugesagt. Harold unterlag und fiel in der Schlacht bei Hastings; seine Leiche soll am Meeresstrande begraben worden sein.

In der zeitgenössischen Geschichtsschreibung schwankt das Bild des Königs zwischen dem vollkommenen Herrscher, wie ihn die angelsächsischen Zeugnisse zeigen, und dem unfähigen, niederen Leidenschaften frönenden in den normannischen Quellen. Der Dichtung boten sich als Ansatzpunkte für die Ausformung eines Stoffes zwei Motive: das des gebrochenen Eides und das der politischen Ehe, um derentwillen Harold seine Geliebte Edith Schwanenhals, mit der ihn wohl eine freie Ehe verband, verließ, also zwei Fälle von Treubruch bei einem sonst als wahrheitsliebend bezeichneten Manne; Harolds jäher Tod bei der Verteidigung seines Landes konnte als Sühne dafür erscheinen.

Erst E. R. BULWER (*Harold, the Last of the Saxon Kings* 1848) hat den Stoff für die Literatur fruchtbar gemacht. Er gibt in seinem Roman ein breites Lebens- und Charakterbild des Königs, dessen ursprünglich rechtliches Denken durch Ehrgeiz und Aberglauben immer mehr getrübt wird. Der ↑ Mann zwischen zwei Frauen verläßt die edelmütige Geliebte, die er wegen naher Verwandtschaft nicht heiraten darf, sogar auf deren Rat. Sein ehrgeiziger Weg führt bis zum Kampf mit dem eigenen Bruder; bei dem Siegesbankett trifft ihn die Nachricht von Wilhelms Einfall. Edith findet Harold unter den Leichen des Schlachtfeldes und vereinigt sich mit ihm im Tode. Während balladeske Gestaltung sich aus dem von Bulwer ausgebreiteten Stoff das romantische Motiv der aufopfernden Geliebten, die den Toten auf dem Schlachtfeld sucht, herausgriff (H. HEINE, *Das Schlachtfeld von Hastings* 1851; J. RODENBERG, *König Harolds Totenfeier* 1852; F. VIELÉ-GRIFFIN, *Swanhilde* 1898), hat das Drama, mit Ausnahme der romantischen Gestaltung durch M. WESENDONK (*Edith oder die Schlacht bei Hastings* 1872) nicht das Liebesmotiv, sondern das Problem des gebrochenen Eides in den Mittelpunkt gestellt. A. TENNYSON (1876) schloß sich in der Fabel eng an den historischen Verlauf und Bulwers Handlungsführung an: Harold wird von Wilhelm, der ihn gefangenhält, zum Eid gezwungen, den er von Anfang an zu brechen gewillt ist. Der Treubruch an Edith erscheint als Verstärkung des Opfers an Redlichkeit, das Harold dem Vaterland zu bringen gezwungen ist; er zerbricht an diesen seiner ursprünglichen Wahrhaftigkeit widerstrebenden Taten und büßt sie mit dem Tode. E. v. WILDENBRUCH (1882) tilgte die Person Ediths, weil sie seiner Motivierung von Harolds Eidbruch im Wege stand: Harold schwört Wilhelm den Eid, weil ihn die Liebe zu dessen Tochter übermannt hat; eine zweite Motivierung, Harold habe den Umfang von Wilhelms Forderung nicht durchschaut, schwächt die erste ab und trägt zu dem Mangel an innerer Wahrscheinlichkeit bei, der Wildenbruchs Drama anhaftet.

K. Schladebach, Tennysons und Wildenbruchs Harolddramen, (Studien zur vergleichenden Literaturgeschichte 2) 1902.

**Hauser, Kaspar.** Der Knabe Kaspar Hauser erschien im Jahre 1828 bei einem Rittmeister in Nürnberg mit einem schwerverständlichen Brief, nach dem er seit 1812 in Abgeschlossenheit von der Welt aufgezogen worden sei und nun wie sein Vater Soldat werden solle. Die Verhöre und Lebensgewohnheiten des Knaben ließen auf eine lange Haftzeit schließen. Sein Fall wurde von dem Ansbacher Rechtsgelehrten Anselm Feuerbach aufgegriffen, der ihn bei verschiedenen Männern in Pflege gab, die aber, teils aus Experimentiersucht, teils aus Mißtrauen und Beschränktheit, mehr verdarben als halfen. Auch die Pflegschaft des Earl of Stanhope, der Hauser Versprechungen machte und sie nicht hielt, festigten seinen Charakter nicht. Er erwies sich als geistig unterentwickelt, eitel und lügnerisch und wurde schließlich als Schreiber beschäftigt. Nachdem er schon 1829 mit einer Verletzung aufgefunden worden war, die ihm angeblich ein Unbekannter beigebracht hatte, erlag er 1833 einem Dolchstich eines Fremden, der Hauser – wie dieser aussagte – Aufklärung über seine Herkunft versprochen hatte.

Die Hauser-Fabel, die sich schon zu Lebzeiten der Zentralfigur entwickelte, knüpft sich vor allem an die aus den Verhören entnommene Geschichte von einer langen Haftzeit in einem nicht mannshohen, lichtlosen Raum, während der Kaspar Hauser erst spät sprechen und wenige Worte schreiben gelernt habe. Sehr bald schloß sich daran die Theorie, daß Hauser der Erbprinz von Baden sei; sie wurde öffentlich zuerst durch *Einige Beiträge zur Geschichte Kaspar Hausers* (1834) des nach Frankreich geflüchteten J. H. GARNIER verbreitet. Während sein Pfleger G. F. DAUMER Hausers Unschuld wiederholt verteidigte, haben schon Zeitgenossen den Findling als Betrüger verdächtigt; die Mordversuche wurden für Selbstverstümmelungen angesehen, die der Enttäuschung über das nachlassende Interesse der Öffentlichkeit entsprangen.

Der Kaspar-Hauser-Stoff ist eine an einem spezifischen historischen Fall sich manifestierende Variante des Dümmlings- und des Findlings-Motivs. Durch die so rasch mit ihm in Verbindung gebrachte Prinzen-Theorie rückte er auch in die Nähe des Motivs vom gefangenen Prinzen, wie sie sich in der Geschichte → Sigismunds von Polen (Calderón, *Das Leben ein Traum*) findet. Die Gestalt erreichte durch diese Allgemeingültigkeit symbolhaften Charakter, so daß sie auch für verwandte Geschicke als Etikett benutzt wurde (A. MEHNERT, *Ein indischer Kaspar Hauser* 1893). In ihren primitiven Erzählelementen – unbekannte ↑ Herkunft, unaufgeklärte Mordfälle, Einmischung hochgestellter Persönlichkeiten – trägt die Handlung kolportagehafte Züge und legte die Verarbeitung als Kriminalgeschichte nahe, aber ihr menschlicher, beispielhafter Kern und ihre moralische Ausdeutbarkeit lassen sie auch ein gemäßes Thema für moralische, pädagogische und religiöse Ausgestaltung abgeben. Der passive Charakter des Helden und die fallende Kurve der Handlung machen den Stoff mehr für epische als dramatische Bearbeitung geeignet; die Hauser-Dramen sind von merkwürdiger Gleichförmigkeit, greifen meist die gleichen Szenen der Fabel heraus und lassen Hausers Gegner die dramatisch führenden Rollen übernehmen. Merkwürdig ist die durch die Prinzen-Theorie in den Stoff getragene aufklärerische, sozialrevolutionäre Note, die sich nicht nur gegen die Dynastien, sondern auch gegen die Kirche richtete, die ursprünglich mit dem Stoff nichts zu tun hat: Hauser erscheint als Opfer unbeliebter und zur Kritik gestellter Institutionen.

Die Bearbeitungen des Stoffes setzten bereits im Jahr nach Hausers Tode mit kolportagehaften Werken ein, wobei die Schilderung der Intrigen, Geheimnisse und Verbrechen wichtiger wurde als das nur lose damit verbundene Schicksal Hausers, gleich,

ob es sich um den Badischen Hof (F. Seybold 1834), um das
Liebeserlebnis Napoleons mit einer polnischen Gräfin (F. Hoffmann 1834) oder um die Machenschaften eines Abtes handelt, der
um eines Besitzes willen eine Familie ausrottet (L. Scoper, *Kaspar
Hauser oder die eingemauerte Nonne* 1834). Hausers Herkunft und
Vorgeschichte interessieren, nicht die fünfeinhalb Jahre seines
Lebens in der Öffentlichkeit. Auch in der Form des gehobenen
Bänkelsanges ist seine Geschichte erzählt worden (Ph. H. Welkker, *Tönende Bilder* 1835). Wo die Kolportage (L. Berndt 1896)
oder auch die Jugendliteratur (W. Herchenbach 1884) sich wirklich Hausers Lebensgeschichte zuwandte, widerstrebte der tragische Tod des unschuldigen Knaben den diesen Gattungen eigenen
simplen Vorstellungen von Gut und Böse und Lohn und Strafe.

Auch die ersten Dramatisierungen betonten vorwiegend den
Sensationscharakter des Stoffes; zwei verschiedene Bearbeitungen
wurden innerhalb weniger Tage in Paris aufgeführt (Dupeutry /
Fontan, *Le pauvre idiot ou le souterrain d'Heilberg* 1838; Anicet-
Bourgeois / Dennery, *Gaspard Hauser* 1838); Frankreichs Interesse
an dem Stoff beruht auf der Prinzen-Theorie, nach der Hauser ein
Sohn von Stéphanie Beauharnais gewesen wäre.

Jedoch hat die Erschütterung, die von dem Schicksal des Findlings ausging, feinfühligeren Naturen schon bald das menschliche
Problem des Stoffes offenbart. Der Berliner Theologie-Professor
und Hegelianer Ph. K. Marheineke schlug in dem anonym
erschienenen Briefroman *Das Leben im Leichentuch* (1834) schon das
religiöse Thema von der »Trägheit des Herzens« an, das dann in
den Kaspar-Hauser-Dichtungen des 20. Jahrhunderts führend
wurde: zwei Frauen kämpfen für und gegen die politische Beseitigung Hausers; vergebens fühlt sich seine Verteidigerin als das
Gewissen der Welt, die ihn gemordet hat, ehe der Dolch des
Mörders ihn erreichte. K. Gutzkow (*Die Söhne Pestalozzis*,
R. 1870) dagegen, der in dem Stoff im wesentlichen das pädagogische Problem der Erziehung eines Unverbildeten sah, gab dem
notwendig tragischen Stoff eine optimistische Wendung: der
»Pflegebefohlene der Nation« wird in das bürgerliche Leben eingefügt.

Am Anfang der poetischen Überhöhung des Themas steht
Verlaines Gedicht *Gaspard Hauser chante* (1881), in dem das
Schicksal des von den Menschen Verstoßenen in fast so wenigen
Zeilen zusammengefaßt wurde wie in dem verwandten *Kaspar-
Hauser-Lied* G. Trakls, der den Einsamen als einen »Ungeborenen« sterben läßt. Die Vorliebe der symbolistisch-impressionistischen Epoche für einsame, abseitige, esoterische Gestalten förderte
die Verbreitung des Stoffes und brachte zugleich eine Befreiung
von dessen vordergründig realistischen, kriminalistischen Zügen.
Das Drama K. Martens' (1903), das der Hauptgestalt mehr Aktivität zu leihen versuchte, stieß mit Hausers Erkenntnis seiner
selbstsüchtigen Umwelt sogar zur satirischer Gestaltung vor. Für
die Geschichte des Stoffes entscheidend wurde der Erfolg von

J. Wassermanns Roman *Caspar Hauser oder Die Trägheit des Herzens* (1907–08), der Anklage gegen die Menschen erhob, denen Hauser nur Mittel zum Zweck ist und die dem Phänomen der Unschuld stumpf und hilflos gegenüberstehen. Das Thema des verkannten, unschuldigen Opfers führte zur Annäherung an eine mythische Figur (H. Arp, *Kaspar ist tot* 1920; E. Ebermayer, Dr. 1926), sogar an die Gestalt Christi (K. Mann, *Kaspar-Hauser-Legenden* 1925; H. Lewandowski, *Tagebuch Kaspar Hausers* 1928). Nach Wassermanns Werk ist neben Bearbeitungen im Rahmen des Unterhaltungsromans (S. Hoechstetter, *Das Kind von Europa* 1925) eine Bereicherung des Stoffes durch Annäherung an die historische Biographie (K. Hofer 1925; E. Engel 1931) versucht worden oder auf dem Wege der Brechung von Gestalt und Problem im Spiegel einer anderen Figur: so im Drama O. Aubrys (*L'Orphelin de l'Europe* 1929) im Schicksal eines jungen Mannes, der aus einem Skeptiker zum Verteidiger Hausers wird, oder in W. E. Schäfers Drama *Richter Feuerbach* (1931) im Rechtskampf von Hausers Beschützer. K. Röttgers Roman *Kaspar Hausers letzte Tage oder das kurze Leben eines ganz Armen* (1933) verband die historisch-dokumentarische Unterbauung des Stoffes mit einer anklagenden religiösen Thematik, durch die er die wesentliche Linie Marheincke-Wassermann fortsetzte. P. Handke (*Kaspar*, Sprechstück 1968) benutzte den Stoff, um zu demonstrieren, wie ein Mensch durch die Sprache zum Bewußtsein der Welt und seiner selbst gelangen, aber auch gleichzeitig zerrüttet und zu Klischeedenken verführt werden kann. D. Forte (*Kaspar Hausers Tod*, Dr. 1979) spiegelte Hausers Gestalt im Gespräch der Gäste bei seinem Begräbnis.

O. Stern, Kaspar Hauser in der Dichtung, Diss. Frankfurt 1925; H. Peitler / H. Ley, Kaspar Hauser. Über 1000 bibliographische Nachweise, 1927; O. Jungmann, Kaspar Hauser, Stoff und Problem in ihrer literarischen Gestaltung, Diss. Frankfurt 1935; R. D. Theisz, Kaspar Hauser im 20. Jahrhundert (German Quarterly 49) 1976; B. Weekmann, Kaspar Hauser, 1993; B. Gottschalk, Das Kind von Europa. Zur Rezeption des Kaspar-Hauser-Stoffes in der Literatur, 1995; U. Struve, Der Findling. Kaspar Hauser in der Literatur (Anthologie) 1992.

**Heinrich I.** Der erste deutsche König aus dem Geschlecht der Ludolfinger, Heinrich I. (876–936), der auf Vorschlag seines Vorgängers und Gegners Konrads I. gewählt wurde, hat seine historische Bedeutung in der Festigung der Vormachtstellung des Königs gegenüber der Macht der Stammesherzöge, also in der »Einigung« des Reiches, und der ersten Zurückdrängung der Ungarn durch den Sieg an der Unstrut 933, den er durch Fluchtburgen an der Ostgrenze und durch Ausbildung einer Reiterei vorbereitet hatte.

Abgesehen von Lokalsagen aus der Harzgegend haben sich nur wenige und nicht bedeutsame sagenhafte Züge an seine Gestalt geheftet. Der Beiname »auceps«, d. h. Vogelfänger, Vogler, den eine Quelle des 12. Jahrhunderts erwähnt, veranlaßte spätere Schriftsteller zu der Episode, daß Heinrich von den Boten, die ihm seine Wahl zum König mitteilten, am Vogelherd überrascht worden sei. J. N. Vogls Gedicht »Herr Heinrich sitzt am Vogelherd ...« ist, mit Unterstützung von Loewes Vertonung, die vielleicht eindringlichste dichterische Bearbeitung des Heinrich-Stoffes überhaupt geworden. Die *Böhmische Chronik* des Hajek von Libotschan (1541) übermittelt – gewissermaßen als Erklärung von Heinrichs Krieg gegen Böhmen – die Sage, daß Heinrichs Tochter Helena von einem nicht standesgemäßen Liebhaber nach Böhmen entführt worden sei und mit diesem auf seiner Burg in jahrelanger Einsamkeit gelebt habe; der auf der Jagd in die Irre geratene Heinrich kehrt auf der Burg ein, erkennt die Tochter und kommt mit Heeresmacht zurück; erst Helenas Drohung, daß sie mit dem Geliebten sterben wolle, führt die Versöhnung mit dem Vater herbei. Das späte Mittelalter sah in Heinrich nicht nur den Städtegründer, sondern seit G. Rüxners *Anfang, Ursprung und Herkommen des Turniers in Teutscher Nation* (1532) auch den Stifter des deutschen Turnierwesens (Gedicht von Hans Sachs 1541). Auch die Sage von der Bergentrückung ist außer mit → Karl dem Großen, → Friedrich I. Barbarossa und → Friedrich II. mit Heinrich verknüpft worden.

Die historische Leistung Heinrichs, die schon für die mittelalterlichen Chronisten außer in der Ungarnschlacht in der friedlichen, aufbauenden Tätigkeit lag, eignet sich mit ihrem geradlinigen, allmählichen und erfolgreichen Verlauf ebensowenig zum tragfähigen literarischen Stoff wie Heinrichs bedächtige, kluge und abwägende Art. Das Preisgedicht scheint die den Stoff erschöpfende Form zu sein, und die epischen Gestaltungen, die Heinrich als den Ungarnbesieger und Befreier der Christenheit feierten, entsprechen trotz ihrer größeren Breite dieser Funktion. Im *Lohengrin* (1283/90) wird Heinrichs Macht und Größe als Heidenbezwinger noch gehoben durch den übernatürlichen Helfer Lohengrin (→ Schwanritter), J. Vogel pries ihn unter dem Eindruck des Dreißigjährigen Krieges in *Die ungarische Schlacht* (1626) als Glaubenskämpfer, Klopstocks Jugendplan deutet ihn in der gleichen Richtung, und noch Ch. O. Frhr. v. Schönaichs *Heinrich der Vogler oder die gedämpften Hunnen* (1757) sieht trotz der Nähe zum → Arminius-Stoff im Ungarnkrieg mehr eine religiöse als eine nationale Tat.

Weniger noch als dem Epos tut der Stoff der dramatischen Form Genüge. Heinrichs Größe lag in seinem völlig undramatischen Bestehen im Wechsel der Ereignisse, und seine Auseinandersetzung mit den Ungarn ist zwar ein Höhepunkt seines Lebens, entbehrt aber jeder Dialektik; auch fehlen prägnante Züge und Szenen. Die frühen Dramatisierungen haben sich daher weniger des historischen Heinrich als des sagenhaften Vogelfängers (J. U. v. König, Singspiel 1718 u. 1721) oder der ebenso sagenhaften Heinrich-Gestalt der Helena-Erzählung bemächtigt; B. Lögler (*Kaiser Heinrich der Vogler* 1815) gestaltete die Helena-Sage nach Art des empfindsamen Ritterdramas, A. Klingemann (*Heinrich der*

*Finkler* 1817) im Stil der stimmungsgeladenen Schicksalstragödie, und noch LENAU plante die Bearbeitung dieses auf das Thema des Standesvorurteils abzielenden Komplexes.

Unter dem Eindruck der Befreiungskriege tauchte zum erstenmal der historische Heinrich als Ideal eines Vaterlandsbefreiers auf (F. KRUG VON NIDDA, Dr. 1818) und wurde dann nach der wissenschaftlichen Darstellung durch G. WAITZ (1837) zum Helden einer Reihe von Historiendramen, die entweder an dem Versuch, die gesamte Regierungszeit Heinrichs im Drama einzufangen, scheiterten (J. MOSEN 1835; H. v. GUMPPENBERG 1904) oder die mangelnde Dramatik durch nationales Pathos zu ersetzen suchten (F. DAHN, *Deutsche Treue* 1875). E. von WILDENBRUCH verwandte zur Gewinnung eines dramatischen Konflikts Heinrichs Liebe zu Hateburg, auf die Heinrich wegen seiner politischen Aufgabe verzichtet (*Der deutsche König* 1908). Die Beziehung zu Hateburg und die Auseinandersetzung mit dem aus dieser Verbindung hervorgegangenen Sohn Thankmar hat auch der historische Roman F. PALMIÉS (*Hatheburg* 1883) behandelt, Spannungen zwischen Heinrich und seinem Sohn Otto, die in den meisten Bearbeitungen des Stoffes eine Rolle spielen, sind das Hauptthema von W. G. KLUCKES Drama *Alja und der Deutsche* (1938).

H. Rauschning, Heinrich I. in der dt. Literatur, Diss. Breslau 1920.

**Heinrich IV.** Das Leben Kaiser Heinrichs IV. (1050–1106) aus dem Hause der Salier ist reich an inneren Spannungen und äußeren Auseinandersetzungen. Nach dem frühen Tode des Vaters wuchs unter der Obhut gegensätzlicher und nicht immer verantwortungsvoller Erzieher ein eigenwilliger, zäher, mißtrauischer und verschlagener, aber von seiner Aufgabe durchdrungener Herrscher heran, der seine Macht zunächst durch die Niederwerfung der aufständischen Sachsen festigte und dann im Investiturstreit den Machtansprüchen des Papstes entgegentrat. Vom päpstlichen Bann, den die deutschen Fürsten zu einem Abfall nutzten, wußte er sich durch den Bußgang nach Canossa und die äußerliche Aussöhnung mit Gregor VII. zu befreien, um sich nach Unterwerfung der Fürsten wieder der italienischen Aufgabe zuzuwenden. Während eines erneuten Romzuges empörten sich die eigenen Söhne, von denen Konrad jedoch bald starb, während Heinrich den Vater gefangensetzte und zur Abdankung zwang; bald nach einer geglückten Flucht starb der Kaiser in Lüttich.

Gestalt und Leben Heinrichs IV. entbehren der glänzenden und gewinnenden, andererseits auch der dämonischen Züge, deren sich die Volksdichtung gern bemächtigt; keine Sage knüpft sich an seine Person. Nur der Mönch LAMPERT überliefert in den *Hersfelder Annalen* den bildhaft-poetischen Zug: Heinrich habe drei Tage und drei Nächte barfuß in der Winterkälte vor der Burg Canossa

gestanden, ehe Gregor VII. den Büßer einließ. Den tragischen
Charakter der Gestalt und den politischen des Stoffes konnten erst
Zeiten ausschöpfen, die für politisch-weltanschauliche Fragen aufgeschlossen waren. Die Gefahr der tendenziösen Färbung, die dem
Stoff anhaftet und die schon das Quellenmaterial kennzeichnet, ließ
ihn zum Spiegel der jeweiligen politischen Strömungen werden
und verhinderte zugleich meist eine wirklich dichterische Höhe der
Gestaltung. Die Gesamtheit des Lebens war nur in der Breite des
Romans zu erfassen; die Novelle und vor allem das Drama
beschränkten sich auf Ausschnitte des an dramatischen Situationen
reichen Materials.

Zur Zeit der Aufklärung erörterten die Dramen von J. J. BOD-
MER (1768) und J. G. DYK (*Roms Bannstrahl im 11. Jahrhundert* 1788)
an dem Stoff die Notwendigkeit der Trennung von Staat und
Kirche, wobei der Akzent stärker auf die Auseinandersetzung
Vater–Sohn als auf der Kaiser–Papst lag; der Sohn siegt, weil er im
Kampf mit der Kirche der bessere Realpolitiker ist. Der Vater-
Sohn-Konflikt stand auch im Zentrum des Ritterdramas von F. J.
Graf v. SODEN (1787), welches »das Gemälde eines unglücklichen
Vaters, eines unnatürlichen Sohnes« geben wollte. Die Romantik
(F. Frhr. v. MALTZAHN 1826) und die Epoche des Jungen Deutsch-
land (F. W. ROGGE 1839, H. MARGGRAFF 1841, H. KOESTER 1844)
mit ihrer Vorliebe für die mittelalterliche Kaiseridee verschoben
zwar in ihren Dramatisierungen den geistigen Angelpunkt zum
Nationalen hin, beließen aber den handlungsmäßigen Schwer-
punkt bei dem ↑ Vater-Sohn-Konflikt, der durch die aktuelle
Parallele des Gegensatzes zwischen Friedrich Wilhelm III. und
Friedrich Wilhelm IV. gestützt wurde; in Koesters Trilogie tritt
Papst Gregor überhaupt nicht auf.

Erst mit der wachsenden Stellungnahme der Liberalen und
später auch der Anhänger Bismarcks gegen den Klerikalismus und
Ultramontanismus rückte das Canossa-Geschehen in den Mittel-
punkt der Handlung. Die antiklerikalen Tendenzen verbanden sich
schon bei F. RÜCKERT (Dr. 1844) mit nationalen, Gregor wurde zur
Verkörperung des Erzfeindes, der Canossa-Gang wurde als
Demütigung empfunden. Bezeichnend für diese Auffassung ist die
originelle Korrektur der historischen Fakten durch ein anonymes
Drama (*Kaiser Heinrich IV.* 1844): Heinrich wendet sich ohne
Bannlösung von Canossa ab, und seine Soldaten zerstören die
Festung – »die hätt' nach Jahrtausenden kein Aug geschaut, dem
Heinrichs Schmach dabei nicht vorgeschwebt«. Die Färbung aus
katholischer Sicht kam am stärksten in K. v. BOLANDENS dreibän-
digem Roman *Canossa* (1872) zum Ausdruck. F. v. SAAR (Dr.,
2 Teile, 1865 u. 67) begründete die scheinbare politische Schwäche
Heinrichs in einem sensiblen, passiven Charakter. Als politische
Leistung und heimlicher Sieg erschien der Canossa-Gang zum
erstenmal in F. HELBIGS *Gregor VII.* (Dr. 1878), wirkungsvoller
dann in E. v. WILDENBRUCHS im übrigen psychologisch unzuläng-
licher Doppeltragödie *Heinrich und Heinrichs Geschlecht* (1896). Zu

einer wirklich dramatischen, Licht und Schatten gleichmäßig auf die beiden großen Gegner verteilenden Darstellung gelangten P. ERNST (*Canossa*, Dr. 1906), der den Kampf des Menschen um die Erfüllung des eingeborenen Gesetzes demonstrieren wollte, und E. G. KOLBENHEYER (*Gregor und Heinrich*, Dr. 1934), der beide historische Gestalten als selbstlose, vergeistigte Träger der Reichsidee und der Gottesstaatsidee einander gegenüberstellte. Für L. PIRANDELLO (*Heinrich IV.*, Tr. 1922) war die Gestalt des Kaisers nur Ausgangspunkt für ein grandioses Maskenspiel, das als Karnevalsumzug beginnt, als Einbildung eines nach dem Sturz vom Pferde geistig Umnachteten fortgesetzt wird und als bewußte seelische Maskerade des wieder zu Bewußtsein Erwachten endet.

R. Kolarczyck, Kaiser Heinrich IV. im deutschen Drama, Diss. Breslau 1933.

**Heinrich der Löwe** → Friedrich I. Barbarossa

**Heinrich II. von England** → Fair Rosamond, Thomas à Becket

**Heinrich V. von England** → Falstaff

**Heinrich VIII.** → Boleyn, Anna

**Heinrich IV. von Frankreich.** Heinrich von Navarra (1553 bis 1610), dem 1589 die französische Krone zufiel und der, nach mehrmaligem Glaubenswechsel, zur Sicherung seines Herrschaftsanspruches und zur Brechung des Widerstandes von Paris 1593 endgültig zum Katholizismus übertrat und aus dem Führer der Hugenotten zum Schutzherrn ihrer Religionsfreiheit sowie zum wirtschaftlichen und nationalen Erneuerer Frankreichs wurde, bis ihn der Dolch eines Fanatikers traf, ist als der duldsame und sozial gesinnte französische Idealherrscher, der jedem seiner Untertanen das sonntägliche Huhn im Topf wünschte, in das allgemeine Bewußtsein eingegangen. In der Literatur hat sich eine feste Stofftradition hauptsächlich um seine Rolle bei der → Bartholomäusnacht gebildet, die ihn als schwankend und abhängig vom Machtkampf der Parteien erscheinen läßt. Aus seinem späteren, politisch bedeutsameren Leben hat die Literatur im wesentlichen Episoden herausgegriffen, die einerseits seine Wirksamkeit als toleranter und großmütiger Herrscher, andererseits seine Beziehungen zu Frauen, zu seinen Gemahlinnen Margarete von Valois und Maria de'Medici sowie zu verschiedenen Geliebten darstellen.

Diese beiden für die literarische Gestaltung des Stoffes richtungweisenden Themen sind schon in der ersten, zu Lebzeiten des Königs entstandenen Dichtung angeschlagen, in G. CHAPMANS Doppelschauspiel *The Conspiracy and Tragedy of Charles Duke of Byron* (1608), ein Thema, das auch SCHILLER zu dramatisieren beabsichtigte. Chapman zeigte die Langmut des Königs gegen den treulosen Untertan und führte die Mätressenwirtschaft an seinem Hof durch eine Streitszene zwischen Maria de'Medici und der Favoritin Marquise von Verneuil vor Augen. Heinrichs Verhältnis zur Marquise von Verneuil ist das Thema eines Schlüsselstückes *The Noble Spanish Soldier* (1631), das unter dem Namen DEKKERS überliefert, aber wahrscheinlich S. ROWLEY zuzuschreiben ist. Das schriftliche Eheversprechen des Königs, das die Mätresse hier, der historischen Wahrheit entsprechend, in Händen hat, listet ihr der König ab; er wird dafür bestraft, indem er versehentlich das von seiner Gemahlin für die Mätresse bestimmte Gift trinkt.

Wesentlich anders als diese negative englische Charakteristik sieht das Bild des Königs aus, das im Frankreich des 18. Jahrhunderts entstand und in vielen Zügen bis zu den jüngsten Bearbeitungen bestimmend geblieben ist. Unter dem Einfluß des Ideals vom aufgeklärten Monarchen und als Gegenbild gegen die absolutistische und politisch erfolglose Regierung Ludwigs XV. wurde Heinrich zum Inbegriff des Volkskönigs. Die stereotype Ausprägung seines Charakters geht aus von VOLTAIRES Versepos *Henriade* (1723), das die Belagerung von Paris und Heinrichs militärischen und menschlichen Sieg über seine Feinde darstellte. Voltaire glaubte auch an eine Bühnenwirksamkeit der Gestalt Heinrichs (Vorrede zu *Tancrède* 1761) und hat ihn, wenigstens als Randfigur, in seinem Lustspiel *Charlot ou la Comtesse de Givry* (1767) untergebracht. Seine Überzeugung stützte sich wahrscheinlich schon auf den Erfolg des Lustspiels von Ch. COLLÉ *La partie de chasse de Henri IV* (ursprünglich *Le roi et le meunier* 1760), das den auf der Jagd verirrten König als jovialen Gast und Beglücker einer Bauernfamilie zeigte. Eine aus dem Jahre 1761 stammende Heroide von BLIN DE SAINMORE *Gabrielle d'Estrées à Henri IV* läßt das erwachende Interesse an dem Stoff erkennen, das zwar durch die ablehnende Haltung der Regierung gegenüber einer Verherrlichung Heinrichs IV. zunächst gehemmt wurde, sich aber seit dem Regierungsantritt Ludwigs XVI., in dem man eine Art Reinkorporation des Volkskönigs erblickte, mächtig Bahn brach. Zwischen 1775 und 1782 sind etwa 15 Dramatisierungen aller Gattungen von der Tragödie bis zur Pantomime erschienen. Der Wohltäter des Volkes, der für Rat und Hilfe seiner Untertanen dankbar ist, wurde in zahlreichen Episodenstücken behandelt (F. de ROZOI, *Henri IV ou la bataille d'Ivry* 1774; ders., *La Réduction de Paris* 1775; ders., *La Clémence de Henri IV* 1780; T. DE KLAIRWAL, *Henri IV à Saint-Germain* 1779; DESFONTAINES DE LA VALLÉE, *La Réduction de Paris* 1780; L.-S. MERCIER, *La Déstruction de la Ligue* 1782). Die Unterwerfung von Paris, an der Gnadenakte besonders gut zu demonstrieren waren, war nach dem Beispiel Voltaires das am häufigsten behandelte Thema und tauchte als Trauerspiel (BOHAIRE-DUTHEIL 1780) und Oper (Marquis DUCREST 1781) auf. Im allgemeinen war der König jedoch der Held von Schau- und Lustspielen, da seine Fröhlichkeit und seine Jovialität ihn für tragische Behandlung wenig geeignet erscheinen ließen. Auch fungiert er mehr als Löser denn als Gegenstand eines Konfliktes. Nur seine Liebesbeziehungen zur Marquise von Verneuil (A. S. IRAILH, *Henri IV et la Marquise de Verneuil* 1778) und zu Gabrielle d'Estrées (L.-E.-B. de SAUVIGNY, *Gabrielle d'Estrées* 1778), die er in zweiter Ehe heiraten wollte, die aber starb, bevor die Ehe mit Margarete von Valois gelöst war, sind Gegenstand der Tragödie gewesen; in *Gabrielle d'Estrées* begeht die aus politischen Gründen verschmähte Geliebte Selbstmord. Nachdem der für die Forderungen der Zeit exemplarische Stoff während der späteren Regierungszeit Ludwigs XVI. erneut unerwünscht geworden war, ist er in den ersten Revolutionsjahren noch einmal in einer Reihe von Theaterstücken zur Diskussion gestellt worden.

Das 19. und 20. Jahrhundert haben ihr Interesse an Heinrich IV. im wesentlichen auf seine unglückliche Ehe mit Margarete (A. DUMAS, *La Reine Margot*, R. 1845) und seine erotischen Abenteuer beschränkt (E. H. v. DEDENROTH, *Die Liebschaften Heinrichs von Navarra*, R. 6 Bde. 1871; E. GRANICHSTAEDTEN, *Galante Könige*, Lsp. 1887; O. E. GROH, *Die Favoritin*, Kom. 1956). Die Ermordung des Königs behandelte P. FRISCHAUER (*Ravaillac*, Dr. 1926). H. MANN entdeckte erneut den Sozialpolitiker und feierte ihn mit Romanen in der Nachfolge Voltaires als vernunftgeleiteten Überwinder des religiösen Fanatismus (*Die Jugend des Königs Henri Quatre* 1935; *Die Vollendung des Königs Henri Quatre* 1938). H. P. UHLENBUSCH hat das verlockende Romanthema mit stärkerer Betonung des Episodischen und Intrigenhaften wiederholt (*Paris ist eine Messe wert* und *Sonntags ein Huhn im Topf* 1954).

E. Koeppel, Zur Quellenkunde des Stuart-Dramas. 1. König Heinrich IV. von Frankreich im Spiegel der zeitgenössischen englischen Bühne, (Archiv f. d. Studium der neueren Sprachen und Literaturen 97) 1896; D. C. Brenner, Henry IV on the French Stage in the XVIIIth Century, (Publications of the Modern Language Association 46) 1931.

**Heinrich, Der arme.** Die Legende von dem Ritter Heinrich von Aue, der wegen seiner weltlichen Gesinnung von Gott mit dem Aussatz bestraft wird, das Angebot eines Bauernmädchens, zu seiner Heilung Blut und Leben zu opfern, ausschlägt, und durch diese Selbstüberwindung Gottes Verzeihung, Gesundheit und das Mädchen als Frau gewinnt, tritt in der Literatur zum erstenmal und in vollendeter Form als HARTMANNS VON AUE höfische Erzählung auf (um 1200). Hartmann dürfte ein lateinisches Gedicht als Quelle benutzt haben.

Der Stoff verbindet das magische Motiv von der Kraft des

Blutes mit dem legendären von der Erlösung durch stellvertretendes Opfer. Der erste Teil der Handlung demonstriert, ähnlich der schon von Hartmann als Vergleich erwähnten Geschichte von → Hiob, die Unbeständigkeit des Glückes, der zweite Teil den langsamen Wandel eines Menschen von der Verzweiflung zur Bescheidung und schließlich zur Entsagung. In der Entwicklung Heinrichs wie des Mädchens liegt ein episches Moment; der dramatischen Gestaltung steht außerdem eine gewisse Schwierigkeit in der Sichtbarmachung des Leidens wie der Heilung entgegen.

Entscheidendes Hindernis für die Rezeption des Stoffes in der neueren Literatur wurde jedoch die veränderte Weltanschauung, die Skepsis des modernen Menschen gegenüber Wundern. Solange man, wie in den ersten Nacherzählungen von W. GRIMM (1815), G. SCHWAB (1836) und K. SIMROCK (1847), A. v. CHAMISSO (Ballade 1839) sowie dem Engländer D. G. ROSSETTI (1846/47) und der Dramatisierung von K. L. KANNEGIESSER (1836), den Stoff als rührende Sage aus alter Zeit auffaßte und ihn mehr referierte als gestaltete, wurde diese Problematik nicht sichtbar. Als man aber versuchte, den »allgemein menschlichen« Kern der Fabel bloßzulegen, Heinrichs Erkrankung und Heilung nicht mehr als Eingreifen Gottes zu sehen, das Opfer des Mädchens pathologisch zu begründen, das Wunder rational zu erklären oder lediglich als Symbol zu begreifen, mußte man den geistigen Gehalt antasten, wodurch die Wirkung geschwächt oder aufgehoben wurde.

H. W. LONGFELLOW, der in *The Golden Legend* (1851) den Stoff als Rahmen für eine Fülle anderer Stoffe benutzte und in einer episch-dramatischen Mischform wiedergab, versuchte den Schwierigkeiten auszuweichen, indem er den Charakter von Heinrichs Krankheit verschleierte und sie als eine Art Gemütskrankheit erscheinen ließ und indem er die Heilungsszene in dem Augenblick abbrach, in dem Heinrich in das Zimmer des Arztes eindringt, um das Mädchen zu retten. Deutsche Dramatisierungen in der zweiten Hälfte des 19. Jahrhunderts sind häufig von W. Grimm und Longfellow beeinflußt. J. Weilen (*Heinrich von Aue* 1874), der zur Erhöhung der Spannung einen neidischen Bruder Heinrichs und einen Erbstreit einfügte, ersetzte den Aussatz durch eine Erblindung, und H. PÖHNLS »Volksbühnenspiel« (*Der arme Heinrich* 1887) ließ den Ritter mehr an Lebensüberdruß als an der Infektion leiden. In H. PFITZNERS Oper (1895, Textbuch James GRUN) wurde die Opfertat des Mädchens mit religiösem Wahnsinn motiviert. Auch in der bekanntesten neueren Szenierung durch G. HAUPTMANN (1902) erhielt die im Pubertätsalter stehende Ottegebe pathologische Züge. Ihre Hingabebereitschaft und religiöse Askese werden fast bis zur Verklärung gesteigert, während Heinrich vier Akte hindurch in seinen Wandlungen vom eben Erkrankten zum verwahrlosten und fast wahnsinnigen Siechen und schließlich von Heilshoffnung erfüllten Gläubigen dargestellt wird; die Heilungsszene wird nur durch einen prophetischen Traum und einen späteren Bericht widergespiegelt. Das epische Geschehen ist bei Hauptmann nicht in dramatische Handlung umgesetzt. Ricarda HUCH (Erz. 1898) versuchte eine Neubelebung in der desillusionierenden Methode, mit der später Th. Mann Hartmanns → *Gregorius* neugefaßt hat. Sie erzählte die Geschichte so, wie sie unter »normalen« Menschen verlaufen wäre: Annahme des Opfers, Rückkehr des Ritters zu seiner Frau und seinen späteren Untergang auf einem Kreuzzug. Sein Begleiter aber, ein bigotter Mönch, überliefert alles der Nachwelt in der Art, welche die Frömmigkeit gern hört: als Legende im Stil Hartmanns. So konnte der Stoff sogar als historische Fälschung erscheinen. Dagegen betteten J. v. d. GOLTZ (*Mensch und Widersacher,* Dr. 1948), M. BEHEIM-SCHWARZBACH (*Die Reise nach Salerno,* Hörsp. 1962) und T. DORST (*Legende vom armen Heinrich,* Dr. 1997) den Stoff wieder in opferbereite Liebe ein.

H. Tardel, Der arme Heinrich in der neueren Dichtung, 1905; J. T. Krumpelmann, Longfellow's Golden Legend and the Armer Heinrich Theme in the Modern German Literature, (The Journal of English and German Philology 25) 1926; U. Rautenberg, Das ›Volksbuch vom armen Heinrich‹ (Philologische Studien und Quellen 113) 1985.

**Heinrich von Ofterdingen.** Die Gestalt des mittelalterlichen Dichters Heinrich von Ofterdingen und die ihr stofflich zugeordnete Erzählung vom Sängerkrieg auf der Wartburg tragen durchaus sagenhaften Charakter. Für beides haben sich keinerlei historische Grundlagen feststellen lassen; der Mythos Ofterdingen ist eine Schöpfung der Dichter und in fast noch stärkerem Grade der germanischen Philologie.

Die älteste, den späteren Darstellungen gemeinsame Quelle des Stoffes bildet das mhd. Gedicht vom *Singerkriec ûf Wartburc* (um 1260). In seinem ersten Teile, dem Fürstenlob, berichtet es ohne nähere Schilderung des Anlasses, daß Heinrich von Ofterdingen die am Hofe des Landgrafen Hermann von Thüringen anwesenden Dichter auf Leben und Tod gegen sein Lob des Herzogs von Österreich herausfordert. Die übrigen – Walther von der Vogelweide, Wolfram von Eschenbach, Reinmar von Zweter, Biterolf und Herr Schreiber – stellen seinem Preislied das Lob des Landgrafen von Thüringen entgegen. Ofterdingen unterliegt durch eine List Walthers, wird aber durch die Fürsprache der Landgräfin Sophie geschützt und erhält den Auftrag, Meister Klingsor aus Ungarland, auf dessen Kunst er sich berufen hat, als Schiedsrichter zu holen. Der zweite, mit dem ersten nur locker verbundene Teil behandelt einen Rätselstreit zwischen dem zauberkundigen Klingsor und dem frommen Wolfram, der weder durch Klingsor noch durch dessen teuflischen Diener Nasion überwunden werden kann.

Schon bald nach der Abfassung dieses Gedichts ist Heinrich von Ofterdingen als historische Gestalt aufgefaßt worden: der Minnesänger HERMANN DAMEN setzte ihm ein literarisches Denkmal, die

Meistersinger zählten ihn unter die alten Meister, ein späterer Zusatz des *König Laurin* wollte diese Dichtung Heinrich von Ofterdingen zuschreiben. Entscheidend aber wurde, daß Heinrich von Ofterdingen in die thüringische Geschichtsschreibung Aufnahme fand: die anonyme *Vita Ludovici Landgravii* (um 1280) und die auf einer ebenfalls lateinischen Vita DIETRICHS VON APOLDA fußenden Biographen der heiligen → Elisabeth erwähnten im Zusammenhang mit der Regierungszeit des Vorgängers Hermann den Sängerstreit, und Johannes ROTHE fand in seiner Lebensbeschreibung der Heiligen (um 1420) eine einprägsame Motivverknüpfung: der aus Ungarland herbeigeholte Klingsor prophezeit in Eisenach die Geburt der ungarischen Prinzessin und künftigen thüringischen Landesherrin. Dadurch konnte sich die Datierung des Sängerkrieges auf das Jahr 1206 durchsetzen. Rothe ergänzte die Erzählung vom Sängerkrieg noch dahin, daß er aus Heinrich von Ofterdingen einen Bürger Eisenachs machte, den Zauberer Klingsor und seinen Schüler Ofterdingen im Zaubermantel von Siebenbürgen nach Eisenach fliegen und dort den erneuten Wettstreit durch Klingsor schlichten ließ. In dieser Fassung wurde die Sage bis zum Ende des 18. Jahrhunderts überliefert.

Der Stoff enthielt vier Ansatzpunkte zu dichterischer Ausgestaltung: das Motiv des Sängerstreits, die schlichtende Rolle einer hochgestellten weiblichen Persönlichkeit, das ↑ Teufelsbündner-Motiv und schließlich die Problematik eines Künstlerschicksals.

Das Künstlerproblem im Zusammenhang mit dem mittelalterlichen Rahmen konnte zum Thema der Romantik werden. NOVALIS erhöhte in seinem 1802 erschienenen fragmentarischen Roman den Sagenhelden, dessen Heranreifen zum Dichter gezeigt werden sollte, zum Symbol romantischen Künstlertums, ohne von der ihm bekannten Sage mehr zu übernehmen als das altdeutsche Kolorit, die Herkunft Heinrichs von Ofterdingen aus Eisenach und die Beziehung zu seinem weisen Mentor Klingsor. Gerade durch Novalis' Roman angeregt, hat sich jedoch die eben entstehende germanische Philologie um die historische Erhellung der Gestalt bemüht. Man glaubte, Heinrichs so auffallend hervorragende Rolle im Gedicht vom Wartburgkrieg auf eine besondere dichterische Leistung zurückführen zu können, und so haben zuerst A. W. SCHLEGEL 1812 und in seinem Gefolge F. SCHLEGEL sowie F. H. v. d. HAGEN ihm das *Nibelungenlied* zugeschrieben. Obgleich diese These schon 1820 durch LACHMANN entkräftet wurde, glaubten doch auch KOBERSTEIN und UHLAND an die historische Existenz Heinrichs von Ofterdingen, und man hat in ihm – wegen seiner angeblichen Verfasserschaft des *Laurin* – bis in die zweite Hälfte des 19. Jahrhunderts hinein einen Vertreter des nationalen Volksepos gesehen, den man bald in Thüringen, bald in der Steiermark oder in Schwaben beheimatet glaubte und den man zeitlich gern einem der Staufenkaiser zuordnete. Für die reiche Ausgestaltung des Stoffes im 19. Jahrhundert hat nach dem ursprünglichen Anstoß durch Novalis die Philologie immer den ersten, die Dichtung immer den zweiten Schritt getan, wobei die dichterischen Formungen die widerstreitenden philologischen Thesen häufig zu vereinigen trachteten, bis es schließlich zu einer einzigartigen Aufschwemmung des Stoffes mit einander widerstrebenden und ohne den philologischen Hintergrund oft nicht verständlichen Motiven kam.

Das von Novalis ganz übergangene stoffliche Element des Wartburgkrieges wurde von E. T. A. HOFFMANN (*Der Kampf der Sänger*, Nov. 1819) für die Dichtung neu erobert, und zwar unter Betonung des Teufelsbundes und unter Einführung zweier wichtiger Motive: die Landgräfin ist durch eine junge Adlige ersetzt, um deren Gunst sich Heinrich von Ofterdingen und Wolfram wetteifernd bemühen, das Thema des Sängerstreits ist nicht Fürstenlob, sondern Liebe, der Teufel Nasias singt vom Zauber des Venusberges. Die mißlungenen Dramatisierungen durch Ch. KUFFNER (*Die Minnesänger auf der Wartburg* 1825) und F. DE LA MOTTE FOUQUÉ (*Der Sängerkrieg auf der Wartburg* 1828) bedeuteten einen Rückschritt: die Dämonisierung Heinrichs von Ofterdingen wurde zugunsten einer bläßlichen Idealisierung aufgegeben und das dramatische Moment des Kampfes zweier Männer um eine Frau wieder durch die herkömmliche Mittlerrolle der Landgräfin ersetzt. Überhaupt trug der Stoff in seinen bis dahin festgelegten Umrissen, der Wiederholung des Sängerwettkampfes, der Großräumigkeit (Thüringen-Siebenbürgen) und zeitlichen Gedehntheit (Heinrich von Ofterdingen ist für seine Rückkehr nach Thüringen eine einjährige Frist gesetzt) sowie mit der in ihm angedeuteten Entwicklung der Hauptgestalt wesentlich epischen Charakter. So konnte etwa A. BÜRCK in einem Romanfragment (*Der Sängerkrieg auf Wartburg* 1834) die Ungarnreise mit der Befreiung von Richard Löwenherz verbinden.

Die Dramatisierung gelang erst durch die von Richard WAGNER vollzogene Koppelung mit dem → Tannhäuser-Stoff (1843). Auch dieser Schritt fußte auf philologischer Vorarbeit, einer Bemerkung Ludwig BECHSTEINS (1835) und einer Arbeit von C. T. LUCAS (1838), der die Identität Heinrichs von Ofterdingen und Tannhäusers behauptete. In diesem Falle jedoch führte die Stützung auf eine wissenschaftlich verfehlte These zu einem künstlerisch genialen Griff: die undramatische Motivverdoppelung fiel weg, der Sündenfall des Helden lag nicht zwischen zwei Sängerwettkämpfen, sondern vor dem ersten und einzigen, an die Stelle einer Wiederholung des Streites traten Romfahrt, Verdammung und Sühne. Das in der alten Sängerkriegfabel bereits angedeutete und auch bei Hoffmann wichtige Motiv vom Kampf dämonischer und sittlicher Mächte wurde an die zentrale Stelle gerückt, durch die Umformung der Landgräfin in eine jungfräuliche Nichte Hermanns, die sich selbst für die Erlösung des Sünders opfert, ergab sich noch ein weiteres dramatisches Moment, und mit der Namengebung Elisabeth war ein symbolkräftiger Bezug zu einem dritten Stoffkreis hergestellt worden;

die romantische Eisenacher Landschaft aber hielt alle drei Stoffe zusammen.

Die Folgezeit hat die Gleichsetzung Heinrichs von Ofterdingen mit Tannhäuser häufig wieder gelöst (V. v. SCHEFFEL, *Frau Aventiure, Lieder aus Heinrich von Ofterdingens Zeit* 1863; F. LIENHARD, *Heinrich von Ofterdingen*, Dr. 1903), sogar beide Figuren in einem Werk nebeneinander gestellt (J. F. HUMPF, *Der Tannhäuser*, Dr. 1905). Heinrich von Ofterdingen behielt aber meist die Züge eines dem Liebesgenuß Verfallenen bei (G. H. SCHNEIDECK, *Heinrich von Ofterdingen*, Dr. 1904). Seine Rolle als Vertreter der Volksdichtung und als Verfasser des *Nibelungenliedes*, die er schon in GRABBES Stauferdramen hatte, behielt er bis zu Lienhard, und seine angebliche Aufgabe als Sänger der Staufer hat ihn in der Literatur mit allen staufischen Herrschern von Barbarossa bis zu Manfred in Verbindung gebracht. Besonders amüsant ist die Variante in Julius WOLFFS Versepos *Tannhäuser – ein Minnesang* (1880). Wolff behielt die Wagnersche Personalunion Heinrich von Ofterdingen – Tannhäuser bei und vereinigte in seiner Gestaltung alle Ereignisse und Personen, die durch Forschung und Dichtung je mit Heinrich in Verbindung gebracht worden waren; die Sühne, die der Papst dem sündigen Ritter auferlegt, besteht darin, daß er sich nicht als Verfasser seines Lebenswerkes bekennen darf, sondern das *Nibelungenlied* anonym der Nachwelt überliefern muß.

P. Riesenfeld, Heinrich von Ofterdingen in der deutschen Literatur, 1912.

**Hektor** → Achilleus, Andromache, Helena, Trojanischer Krieg

**Helena.** Helena und ihre Entführung durch den Troerprinzen Paris, bei der Aphrodite aus Dank für Paris' Urteil im Schönheitsstreit der Göttinnen behilflich ist, sind der Ausgangspunkt der göttlichen und menschlichen Konflikte in HOMERS *Ilias*, auch wenn die Handlung selbst sich um den Zorn des → Achilleus bewegt und die Helena-Handlung an den Rand gedrängt ist. Heroische Achill-Handlung und novellistische Helena-Handlung sind durch den Dichter zu einer Einheit verschmolzen, verzahnt vor allem durch die Gestalt des edlen Hektor, der in der einen Handlung als ebenbürtiger Gegner, in der anderen als gegensätzlicher Bruder notwendig ist. Helena, durch ihre Treulosigkeit gegenüber Menelaos Ursache des → Trojanischen Krieges, wird trotzdem weder von Trojanern noch Griechen verflucht, ihre Schönheit besiegt selbst die trojanischen Greise; nur sie selbst klagt sich der Schuld an dem großen Morden an und begreift sich als ihr eigenes und der Männer tragisches Schicksal.

Während die *Odyssee* Helenas späteres Geschick, ihre nach Paris' Tod eingegangene Ehe mit dessen Bruder Deiphobos und die Rückkehr nach Sparta an der Seite des Menelaos mitteilt, nennen die *Kyprien* den in der *Ilias* nur angedeuteten Grund der Entführung. Zum Verderben der Menschheit werden zwei Hochzeiten geplant, aus denen Helena und Achill hervorgehen: der Bund zwischen Zeus und der Göttin Nemesis sowie die Ehe des Peleus mit Thetis. Nemesis flieht vor Zeus in Gestalt einer wilden Gans, aber er erreicht sie in Gestalt eines Schwans. Die in anderen Varianten aus der Verbindung des Zeus mit Leda hervorgehende Helena erscheint also hier deutlich als das der Vergeltung dienende Leid, das in Gestalt einer Frau auf die Welt kommt. Schon als Kind von Theseus und Peirithoos geraubt und von ihren Brüdern, den Dioskuren, wieder befreit, erhält Helena unter zahlreichen Freiern Menelaos von Sparta zum Gatten. Inzwischen ist auf der Hochzeit der Thetis entbrannte Schönheitsstreit von den Göttinnen Hera, Athene und Aphrodite vor Paris gebracht worden, der Aphrodite den Preis zuerkennt, weil sie ihm das schönste Weib verspricht. Paris bricht das Gastrecht und entführt – hier wird das Entführungsmotiv gedoppelt – die Frau seines Gastgebers Menelaos.

Die Ambivalenz der Helena-Gestalt – ihre Untreue auf der einen, ihre sieghafte und entschuldigende Schönheit auf der anderen Seite – veranlaßten schon in der Antike eine zwiefache Entwicklung.

Bereits in der *Odyssee* trägt Helena auch hinterhältige Züge. In Aischylos' *Agamemnon* wird der dämonische Liebreiz der »männerreichen« Helena als eine der Ursachen allen Unheils hingestellt und ihr Ehebruch parallel zu dem ihrer Schwester Klytämnestra gesehen. Sophokles' *Rückforderung Helenas* ist ebenso verloren wie sein Satyrspiel *Krisis* um das Paris-Urteil, aber die in letzterem enthaltene Charakterisierung Aphrodites als Sinnenlust dürfte auch auf Helena gemünzt gewesen sein. Euripides' *Troerinnen* zeigen eine raffinierte ↑ Verführerin, die weiß, daß sie Menelaos, der sie nach der Eroberung Trojas töten will, wieder bestricken wird. Sehr negativ sahen die Römer die Gestalt. Properz stellte Helena als Vorbild leichtfertiger Mädchen dar, Martial kontrastierte sie mit Penelope, Ovid zeichnete sie in den *Heroiden* als Verführerin, und Vergil ließ sie in der *Aeneis* die Trojaner an die Griechen verraten und den wehrlosen Deiphobos der Rache des Menelaos ausliefern; nur durch das Dazwischentreten von Venus wird Helena vor Äneas' Schwert gerettet. Senecas *Trojanerinnen* verstärkten die bei Euripides gegebenen Züge: Helena lockt unter falschen Versprechungen Polyxene ins Lager der Griechen zur Opferung. Der Grieche Lukian erfand schließlich noch eine neue Entführungsepisode, die sich nach Helenas Tod auf der Insel der Seligen abspielt.

Andererseits löste das Lob von Helenas Schönheit eine Veredelung ihres Charakters aus. Von dem Sophisten Gorgias (5. Jh. v. Chr.) ist eine Lobrede erhalten, und der Syrakuser Theokrit schrieb in einem Gedicht, das als Gesang spartanischer Mädchen zu

Helenas Hochzeit aufzufassen ist, ihre Schönheit göttlichem Ursprung zu. Wie es zur Versöhnung von Menelaos und Helena nach der Eroberung Trojas kam, wird im *Troischen Zyklus* nicht berichtet. Die *Odyssee* schildert die Gatten als wiedervereintes Herrscherpaar in Sparta, ebenso die Tragödie *Orestes* des EURIPIDES, in der Helena durch Apoll vor den Nachstellungen des → Orest und der Elektra bewahrt wird. Es bildete sich die Sage heraus, daß die schönste Frau nach ihrem Tode mit dem größten Helden, Achill, auf der Insel Leuke im Schwarzen Meer verbunden worden sei. Des Quintus SMIRNÄUS *Tà meth' Homeron* (4. Jh. n. Chr.) bürden die Verantwortung für Helenas Schuld den Göttern auf und erfanden einen Einzug der gefangenen, tief verhüllten Helena in das Lager der Griechen, die sofort von ihrer Schönheit hingerissen sind und ihr verzeihen; Agamemnon rettet sie vor dem Schwert des Menelaos. Bei DICTYS CRETENSIS gelingt es Menelaos und Odysseus, die Gefangene vor der Rache der Griechen, besonders des Ajax, zu bewahren. Eine bemerkenswerte Neuerung innerhalb des Stoffgefüges ist das schon bei HESIOD auftauchende Motiv eines »Trugbildes«. STESICHOROS (um 600 v. Chr.) scheint es als erster zu Helenas Entlastung verwendet zu haben. Nach Abfassung eines Gedichtes, das Helena als treulose Frau schilderte, soll er erblindet sein und erst nach einer »Palinodie«, in der Helena überhaupt nicht nach Troja kommt, die Sehkraft wiedererlangt haben. Bei HERODOT werden Paris und Helena nach Ägypten verschlagen; Paris wird von König Proteus des Landes verwiesen, Helena für Menelaos zurückbehalten und nach Beendigung des Krieges unversehrt an Menelaos ausgeliefert. Spätere Kommentatoren ließen den Ägypter dem Paris ein Trugbild mitgeben. EURIPIDES kombinierte in seiner Tragödie *Helene* (412 v. Chr.) die Motive von Stesichoros und Herodot. Hera schafft ein Luftgebilde, mit dem Paris nach Troja geht, während Helena von Hermes auf die Insel Pharos zu Proteus geschafft wird. Nach Proteus' Tod erwehrt sich die treue Gattin der Werbungen von dessen Sohn, und seinen Verfolgungen können Helena und Menelaos nur durch eine List entgehen; das Trugbild, das Menelaos von Troja begleitet hat, verschwand, als die Gatten sich fanden. In DION CHRYSOSTOMOS' (1. Jh. n. Chr.) sich auf die Autorität eines ägyptischen Priesters stützender, der Tradition völlig zuwiderlaufender Darstellung der Geschehnisse um Troja kommt es nicht zu einer Entführung der Helena, da sie Paris mit Einwilligung ihres Vaters heiratet, und sie bleibt nach der Landung des Paris in Ägypten zurück.

Für das Mittelalter und seine Troja-Romane bedeutete Helena die Verführung zur Sünde und wurde gern der jungfräulichen → Kassandra gegenübergestellt. In den sagenhaften Geschichten um den Magier Simon verschmolz eine gnostische Gestalt namens Helena allmählich mit der trojanischen Helena (*Clementinische Homilien*). In der *Historia von D. Johann Fausten* (1587), die manche Züge aus der Simon-Magus-Sage übernahm, wird die Partnerin des Teufelsbündners endgültig die antike Helena, deren Geschichte der Humanismus erneut verbreitete, wie die Dramatisierungen von J. LOCHER (*Spectaculum de juridicio Paridis* 1502) und H. SACHS (*Comedi, das judicium Paridis* 1532) beweisen. Die Beschreibung von Helenas Schönheit im Volksbuch stützt sich auf mittelalterliche, in den Troja-Romanen ausgebildete Tradition, und das Motiv der Beschwörung Helenas vor Studenten ist etwa in einer Beschwörung vor Kaiser → Maximilian I. vorgeprägt, von der ein Gedicht des H. Sachs erzählt (*Historia ein wunderbarlich Gesichte Kaiser Maximiliani löblicher Gedechtnus von einem Nigromanten* 1564). In seinen letzten Lebensjahren erhält Faust Helena von Mephistopheles als Konkubine, nach seinem Tode verschwindet sie mit ihrem Sohn. Die so dem → Faust-Stoff eingegliederte Gestalt plante GOETHE schon früh als Erscheinung am kaiserlichen Hof; er entschloß sich jedoch 1800, die »Fratze« in eine »ernsthafte Tragödie« zu verwandeln: aus Troja eben nach Sparta zurückgekehrt, findet Helena in der Burg des nordischen Ritters Faust Zuflucht, und beider Verbindung symbolisiert die Vereinigung des Klassischen und Romantischen. Wie in der Antike wird Helenas Schönheit auch der Adel der Seele zugesellt, ihre Rolle als »Städteverwüsterin« ist ihr selbst kaum mehr erinnerlich. Der Sohn Euphorion hat seinen Namen nach dem geflügelten Sohn des Achill und der Helena.

Die lehrhaft-moralisierende Geschichte von Paris-Urteil und Helena-Raub, bei der die Göttinnen schon in der Antike wie Allegorien wirken, wurde in Renaissance und Barock zur beliebten Parabel, die in Gedichten, Balletten, Zwischenspielen und in der Oper (V. PUCCITELLI, *Il ratto d'Elena* 1634; R. KEISER, *Helena* 1709; GLUCK, *Paride ed Elena* 1770; E.-N. MÉHUL 1803) verwandt wurde.

Ein Ansatzpunkt neuerer Dichtung war das psychologische Problem der Wiedervereinigung der Gatten. P. MARTELLO (*Elena casta* um 1700) folgte dabei in Handlung und Charakteren der *Helene* des Euripides, führte aber die Gestalt von Paris' Jugendgeliebter Önone ein, die den ägyptischen König heiratet. In einem anonymen englischen Spiel *The Siege of Troy* (1707) endet Helena ihr Leben nach dem Tode des Paris durch Selbstmord, während sie in Th. HEYWOODS Drama *The Iron Age* (Anf. 17. Jh.) den mit ihr wieder versöhnten Menelaos überlebt und sich getötet hatte, um ihre Schönheit nicht schwinden sehen zu müssen. Sir Lewis MORRIS' *Epic of Hades* (Gedicht 1867–77) knüpft an eine von PAUSANIAS (*Hellados Periegesis*, 2. Jh. n. Chr.) gegebene Version an: Helena flieht vor den aufständischen Söhnen des Menelaos, aber die Freundin, bei der sie Zuflucht sucht, läßt sie aus Rache für ihren vor Troja gefallenen Mann an einem Baum erhängen. Gleichfalls in Anknüpfung an antike Varianten zeigte der Erzähler BULWER-LYTTON (*Lost Tales of Miletus* 1866) sie mit Achill im Reich der Geister vereint.

In Frankreich wurde Helena, nicht ohne Einwirkung der Goetheschen Gestalt, zwischen Romantik und Symbolismus zum Gegenstand lyrischer Visionen, die das Ideal der reinen Schönheit umschrieben (Ch.-M.-R. LECONTE DE LISLE, *Hélène* 1815), oder auch das ohnmächtige Opfer des Schicksals (LECONTE DE LISLE in

*Poèmes tragiques* 1852), die jenseits und über der Moral stehende erotische Macht (Th. DE BANVILLE in *Les exilés* 1878), deren Erscheinung auch die durch ihre Schuld Sterbenden tröstet (A. SAMAIN, *Hélène* 1897) und der noch die Toten huldigen (H. de REGNIER, *Hélène de Sparte* um 1900), die Zauberin, deren Augen auch im Alter noch jung sind (G. APOLLINAIRE, *Hélène* um 1905) und die sich zwischen Sein und Nichtsein ihres körperlichen Erlebens erinnert (P. VALÉRY, *Hélène ou la reine triste* 1891). Mehr als diese künstlerisch anspruchsvollen Schöpfungen hat J. OFFENBACHS Operette *La belle Hélène* (1864, Text H. MEILHAC / L. HALÉVY), die der Operntradition des Stoffes ein gewisses ironisches Ende setzte, die Gestalt ins Bewußtsein gehoben: Aus dem frivolen Geist des Zweiten Kaiserreichs wurde hier der Ehebruch einer koketten Femme fatale dargestellt, der jedoch von Beginn als Gebot der Venus, also schicksalsgegeben, entschuldigt ist und gegen den sich der ältliche Menelaos vergebens wehrt. Als Reaktion auf den Erfolg des Offenbachschen Werkes ist sowohl die als sittenverderbend gekennzeichnete Aufführung der »Blonden Venus« in E. ZOLAS Roman *Nana* (R. 1880) anzusehen, dessen Heldin die Titelrolle spielt, wie J. LEMAÎTRES Komödie *La bonne Hélène* (1896), die Helena die Funktion eines unschuldigen Opfers des Schicksals zurückgeben wollte.

Die Literatur des 20. Jahrhunderts entsymbolisierte die Gestalt und stellte sie wieder in den Handlungszusammenhang des Mythos. Das Problem des Alterns der göttlichen Schönheit, das Helena bei G. APOLLINAIRE (Gedicht in *L'Enchanteur pourissant* 1904) durch ein Zaubermittel abzuwenden versucht, löste J. LEMAÎTRE in *La vieillesse d'Hélène* (Erz. 1914) durch den aus Kummer über den Verlust der Anziehungskraft vollzogenen Selbstmord. E. VERHAEREN (*Hélène de Sparte* Dr. 1912) zeigte den vergeblichen Versuch der Gatten, gemeinsam in Frieden zu altern; Helenas Schönheit verführt ihren Halbbruder Kastor zur Ermordung des Menelaos, die ebenfalls für Helena entflammte Elektra tötet Kastor, und es gibt für Helena kein Entrinnen aus der sich ihr aufdrängenden Liebe als die Entrückung durch Zeus. H. v. HOFMANNSTHAL (*Die ägyptische Helena* Dr. 1928) psychologisierte das Zaubermotiv der ägyptischen Version: Paris und Menelaos sind nicht durch ein Trugbild genarrt worden, sondern eine hilfreiche Königstochter gaukelt Menelaos, der Helena mit dem Tod bestrafen will, die Entrückung und Unversehrtheit Helenas vor; Helena findet jedoch den Mut zur Wahrheit im Vertrauen auf Menelaos' Liebe, die schließlich auch siegt. Während die Heldin sowohl der ägyptischen Version durch P. CLAUDEL (*Protée* Farce 1913) wie der trojanischen Version durch A. ROUSSIN (*Hélène ou la joie de vivre* Kom. 1952) einen Anflug Offenbachscher Frivolität erhielt, führte J. GIRAUDOUX (*La guerre de Troie n'aura pas lieu* Dr. 1935) die Linie einer gewissen Entlastung Helenas fort: Der Krieg bricht ohne ihr Zutun aus, sie ist sogar willig, zu den Griechen zurückzukehren, aber ihre durch kein Gefühl und kein Mitleid erwärmte Schönheit wird zur unerbittlichen Tyrannis. Ihre völlige Rehabilitierung verdankt Helena W. HILDESHEIMER (*Das Opfer Helena*, Dr. 1955). Sie bleibt zwar die kokette und verführerische Frau, die ihrem Mann und einem langweiligen Leben an seiner Seite entflieht und sich von Paris entführen läßt. Aber während sie die Kriegstreibereien Menelaus' durchschaut, der seine Frau als Köder benutzt, um Paris zur Entführung zu reizen und sich einen Kriegsgrund zu verschaffen, durchschaut sie in ihrer Verliebtheit Paris nicht, der gleichfalls die Maske eines Friedfertigen trägt, während Frauenraub und Krieg längst eine in Troja abgesprochene Sache waren. So wird Helena ganz im Gegensatz zu früheren Darstellungen die einzig Seelenhafte unter lauter Seelenlosen.

Ins Symbolische erhoben erschien der Helena-Stoff erneut bei A. SUARÈS, der sich in einem großen lyrisch-dramatischen Dialog (*Hélène chez Archimède* 1949) mit der Unvereinbarkeit von Schönheit und Geist, die in den beiden Titelgestalten verkörpert sind, auseinandersetzte.

S. R. Nagel, Helena in der Faustsage, (Euphorion 9) 1902; E. Oswald, The Legend of Fair Helen as Told by Homer, Goethe and Others, London 1905; K. Reinhardt, Das Parisurteil, 1938; M. Becker, Helena, ihr Wesen und ihre Wandlungen im klassischen Altertum 1939; D. Brunnhofer, Helena, Diss. Zürich 1941; K. Kerényi, Die Geburt der Helena, Zürich 1945; A. Maniet, Le personnage d'Hélène dans le théâtre européen, Diss. Louvain 1943/44; K. Hamburger, Von Sophokles zu Sartre. Griechische Dramenfiguren antik und modern, 1962; P. Newman-Gordon, Hélène de Sparte. La fortune du mythe en France, Paris 1968.

**Helias** → Schwanritter

**Helmbrecht** → Meier Helmbrecht

**Heloïse** → Abälard und Heloïse

**Herakles.** Herakles, Sohn des Zeus und der Alkmene (→ Amphitryon), wird von Zeus' eifersüchtiger Frau Hera verfolgt, so daß er trotz außergewöhnlicher Kräfte sein Leben in unwürdiger Abhängigkeit verbringen muß und den Lohn seiner Taten nicht genießen darf. Im Auftrage des Eurystheus von Mykenä muß er zwölf Abenteuer bestehen, durch die er die Menschen von Ungeheuern und Plagen befreit, und im Dienste der Königin Omphale Sklavendienste verrichten. Seine Frau Megara, Tochter Kreons von Theben, tötet er mit ihren Kindern in einem Wahnsinnsanfall; bei seiner Bewerbung um Iole wird er von ihrem Vater Eurytos betrogen; nachdem er Deianeira geheiratet hat, besiegt er Eurytos und seine Söhne und führt Iole gefangen fort.

Die eifersüchtige Deianeira schickt ihm als vermeintlichen Liebeszauber ein Opfergewand, das mit dem Blute des von Herakles
getöteten Zentauren Nessus getränkt ist. Das Gift zerfrißt des
Helden Leib, Deianeira tötet sich; Herakles läßt sich auf einem
Scheiterhaufen auf dem Berge Öta verbrennen und schenkt sterbend dem hilfreichen Philoktet seinen berühmten Bogen; er wird
unter die Götter aufgenommen und mit Hebe vermählt.

Die Geschichte des beliebtesten Helden der griechischen Sage hat
der Dichtung zwar eine Menge ornamentaler und episodischer
Motive, aber keinen sehr fruchtbaren Stoff geschenkt. Die Abenteuer waren als reine Kraft- und Mutakte für anspruchsvollere
literarische Gestaltung unergiebig. Die Antike verwandte die
grobsinnlichen Züge des Helden in der Komödie; in der Alkestis-
sage und in der Argonautensage blieb er Nebenfigur. Kern des
Mythos war der gemäß den Metopen des Zeustempels in Olympia
zwölf Arbeiten bewältigende Plagenvertilger (Dodekatlos), dem
jedoch durch den Sophisten PRODIKOS moralische Motive zudiktiert wurden: Der junge Held wählt am Scheidewege statt des
bequemen Weges der Lust den schmalen Pfad der Tugend, der ihn
zur Unsterblichkeit führt.

*Der rasende Herakles* des EURIPIDES zeigt, wie der Held, nachdem
er eben Frau und Kinder aus der Bedrohung durch Lykos gerettet
hat, in Wahnsinn verfällt und die Seinen erschlägt; den aus Umnachtung Erwachenden weiß Theseus davon zu überzeugen, daß es
würdiger sei, ein scheinbar unerträgliches Leben zu bewältigen als
wegzuwerfen. In SENECAS nach Euripides gearbeitetem *Hercules
furens* bleibt Herkules aus Rücksicht auf seinen Vater am Leben.
SOPHOKLES bearbeitete in den *Trachinierinnen* die modernem Gefühl
wesentlich nähere Tragödie der Deianeira, die, über die Rück-
sichtslosigkeit des untreuen Gatten betroffen, ihre Liebe durch ein
Mittel zu schützen sucht, das ihrem Mann und ihr selbst den Tod
bringt. Herakles vertraut sterbend Iole seinem Sohn Hyllos an.
SENECA benutzte auch dieses Drama, um in *Hercules Oetaeus* einen
stoischen Helden darzustellen; die Wut der Deianeira über den
ungetreuen Gatten ist ebenso groß wie die des leidenden Herkules
über die vermeintlich mörderische Gattin; am Schluß erscheint der
Held seiner Mutter als Gott. OVID erzählte in den *Metamorphosen*
die Deianeira-Episode von Herakles' Kampf um Deianeira an bis
zu seinem Tode.

Die Herkules-Tragödien des Sophokles und des Euripides ergriffen die Figur des übermenschlichen Helden da, wo er menschliche, tragische Züge hat: bei seinen beiden Ehen. Beide zeigen den
Unbesiegbaren vom Unglück besiegt, aber von einer sittlichen
Stärke, die ihn das Unglück durchzustehen befähigt. Diese Charakteristik konnte zusammen mit der in anderen Teilen der Herku-
les-Sage und auch in Dramen (EURIPIDES, *Alkestis*; AISCHYLOS, *Der
entfesselte Prometheus*; SOPHOKLES, *Philoktet*) betonten Funktion des
Herkules als Retter und Helfer sowie der durch PRODIKOS' Erzählung herausgestellten Tugendhaftigkeit in der Spätantike das Bild

eines Helden ergeben, der Träger stoischer Philosophie war, wie
Senecas Dramen bezeugen. Unter dem stoischen Einfluß geriet in
das Bild des Herkules ein Element der Selbstüberwindung und
Selbstaufopferung, das der ursprünglichen Vorstellung fremd,
wenn nicht geradezu entgegengesetzt ist. Daher lag die Umwandlung des Plagenbekämpfers in einen christlichen Helden nicht fern.

Die Kirchenväter sahen in Herkules eine Imitation des → Simson. Das damit gegebene Bestreben, den heidnischen Mythos
christlichen Vorstellungen anzupassen, machte sich bei der
Erneuerung des Stoffes in Renaissance und Barock geltend. Herku-
les' Kraft, seine stoische Haltung und die ihm von PRODIKOS
zudiktierte Tugend entsprachen den Idealen der Zeit. Frühester
Niederschlag ist wohl DANTES Kanzone *O alta prole del superbo
Giove,* in der der antike Halbgott wie ein christlicher Nothelfer
angerufen wird, gut hundert Jahre später E. DE VILLENAS Traktat
*Los doce trabajos de Hercules* (1417). Es folgten G. CINZIOS Epos
*Ercole* (1557), F. LOPE DE ZÁRATES *Hercules furente y Oeta* (Dr. 1651),
CALDERÓNS *Fieras afemina amor* (Dr. 1670). In den im 16. Jahrhundert aufkommenden dramatisch-musikalischen Gattungen wie
Opern, Zwischen- und Nachspielen, Balletten und Pantomimen
sind Episoden aus Herkules' Leben vielfach dargestellt worden,
wobei der Bezug zu huldigenden Identifizierungen fürstlicher Personen mit Herkules gewichtig ist. Eigentliche Herkules-Opern
finden sich erst am Ausgang des 17. Jahrhunderts. Den Kampf mit
den Amazonen verarbeitete F. C. BRESSAND (*Hercules unter den
Amazonen,* Mus. J. Ph. KRIEGER 1694), die Erhebung zu den Göttern und die Vermählung mit Hebe C. F. POLLAROLO (*Ercole in
Cielo* 1696), Ch. H. POSTEL (*Die Verbindung des großen Hercules mit
der schönen Hebe,* Mus. R. KEISER 1699), PORPORA (*Le nozze d'Ercole
e d'Ebe* 1744), GLUCK (gl. Titel 1747) und S. MERCADENTE (*L'Apo-
teosi d'Ercole* 1819), die Freundschaft mit Theseus und die Errettung
der Familie vor Lykos verwandte BREYMANN (*Il fido amico* 1708),
Herkules' Liebe zu Omphale TELEMANN (*Omphale* 1724), das Ende
des Helden J. A. KOBELIUS (*Der vergötterte Hercules* 1729) und
HÄNDEL in seinem Oratorium (1744).

Eine gesonderte Entwicklung, die sich mit der dramatischen, an
die antiken Tragiker anknüpfenden Tradition kaum berührt, nahm
seit dem Humanismus der moralische Plot von Herkules am
Scheidewege (S. BRANT, Dr. 1512; P. BERNHAUBT gen. SCHWEN-
TER, *Die Histori Herculis* 1515; P. METASTASIO / Mus J. A. HASSE,
Oper 1760; Ch. M. WIELAND / Mus. A. SCHWEITZER, *Die Wahl des
Hercules,* Singspiel 1773), die auch häufig vom Theater für Vor-
und Zwischenspiele benutzt wurde.

Das Sprechdrama schloß sich an die in der antiken Tragödie
vorgeprägten Situationen an. J. de ROTROU (*Hercule mourant* 1632)
erweiterte die Sophokleische Handlung entstellend durch einen
glücklicheren Nebenbuhler, Ioles Liebhaber Arkas, den Herkules
zuerst zum Tode verurteilt, aber dann, als Gott zurückkehrend,
begnadigt und mit Iole vereint. Bei LA TUILLERIE (*Hercule* 1682)

übernimmt Philoktet die Rolle des Liebhabers; um ihn zu retten, willigt Iole in eine Heirat mit Herkules ein. Die Überreichung des Nessushemdes geschieht im Einvernehmen beider Frauen, die eine Rückkehr Herkules' zu Deianeira erhoffen. Noch MARMONTEL (*Hercule mourant* 1761) benutzte den klassischen Stoff für ein Libretto. SCHILLER feierte die Apotheose des Dulders, der zu den Göttern erhoben wird (*Das Ideal und das Leben,* 1795), und HÖLDER-LIN (*An Herkules*) wählte ihn als Führer zur Unsterblichkeit, den er später (*Der Einzige*) mit Christus und Dionysos zu einem *Kleeblatt* verband. Neuere Zeit machte aus dem Halbgott einen Übermenschen (O. FISCHER, Dr. 1919), der über Lasten und Leiden triumphiert (F. WEDEKIND, Dr. 1917; K. SPITTELER, *Olympischer Frühling,* Epos 1910). Auch in M. DE FALLAS nach der Dichtung des Spaniers J. VERDAGUER geschaffenen, hinterlassenen Oper *Atlantida* (1962) bleibt die mythische Größe des Herkules erhalten; er stößt bis ans äußerste Ende der westlichen Welt vor, sein Werk wird von → Kolumbus fortgeführt.

Mit dem Drama des Jugoslawen M. MATKOVIČ (1958) erfolgte die Entmythisierung: ein altersmüder Heroe wünscht, nichts als ein Mensch zu sein. Die Entmythisierung nimmt parodistische Züge an, wenn bei F. DÜRRENMATT (*Herkules und der Stall des Augias,* Dr. 1963) der Held, um seine Schulden zu tilgen, als Kraftkünstler im Zirkus auftritt und bei P. HACKS (*Omphale,* Oper 1976) in Frauenkleidern ein Ungeheuer überwältigt, wobei die Autoren auf schon in der Antike virulente derbkomische Züge zurückgreifen konnten. Einer weiteren Tradition zuzuordnen sind die Versuche G. KUNERTS (*Große Taten werden vollbracht,* Gedicht 1965) und H. MÜLLERS (*Herakles 5,* Dr. 1966), die Figur als Prototyp des werktätigen Volkes zu deuten. Auch als Symbol eines menschlichen Werdegangs ist der Weg des Heroen interpretiert worden (F. BRAUN, R. 1927).

F. Riedl, Der Sophist Prodikus und die Wanderungen seines »Herakles am Scheidewege« durch die römische und deutsche Literatur, Progr. Laibach 1908; K. Heinemann, Die tragischen Gestalten der Griechen in der Weltliteratur, 1920; W. Tissot, Simson und Herkules in den Gestaltungen des Barock, Diss. Greifswald 1932; F. Brommer, Herakles, Die zwölf Taten des Helden in antiker Kunst und Literatur, 1953; L. Schrader, Herkules-Darstellungen in der spanischen Literatur vom 15. bis 17. Jahrhundert (Mythographie der frühen Neuzeit, hg. W. Killy) 1984; Herakles/Herkules, hg. R. Kray u. St. Oettermann, 2 Bde. 1994.

**Herkules** → Herakles

**Hermann der Cherusker** → Arminius

**Herodes Antipas** → Johannes der Täufer

**Herodes und Mariamne.** Der jüdische Geschichtsschreiber
Josephus berichtet im *Bellum Judaicum* und ausführlicher in den
*Antiquitates* von der Ehe des tyrannischen Königs Herodes von
Judäa (62–4 v. Chr.). Herodes fürchtet die Feindschaft der Familie
seiner Frau Mariamne und läßt deshalb ihren Bruder Aristobulos
töten, worauf seine Frau sich von ihm zurückzieht. Da seine
Schwester Salome Mariamne des Ehebruchs und einer geheimen
Verbindung mit dem Römer Marcus Antonius bezichtigt, gibt
Herodes, als er sich zu seiner Rechtfertigung in das Lager des
Antonius begeben muß, seinem Schwager Joseph den Befehl, die
eifersüchtig geliebte Mariamne im Falle seines Todes umzubringen. Mariamne erfährt von diesem Befehl, empfängt den Zurückkehrenden kalt, Herodes argwöhnt eine unerlaubte Beziehung
zwischen ihr und Joseph und läßt diesen hinrichten. Die Ausgangssituation wiederholt sich, als Herodes nach der Schlacht bei Actium
Octavian um seine Gunst angehen muß; nach der Rückkehr wird
Mariamne verdächtigt, einen Giftmordversuch gegen Herodes
unternommen zu haben, und er läßt sie hinrichten. Reue und
Schmerz führen zu Geistesverwirrung; in den folgenden Jahren
fallen sowohl die Söhne aus der Ehe mit Mariamne wie der aus
erster Ehe stammende Antipater von Herodes' Hand.

Die Gestalt des Herodes war, als Josephus-Übersetzungen den
Stoff im 16. Jahrhundert bekanntmachten, durch ihre Verwendung
in den mittelalterlichen Magier-, Weihnachts- und Mysterienspie-
len vorgeprägt. Der König, der die Flucht des Jesuskindes und den
bethlehemitischen Kindermord veranlaßte, agierte auf dem mittelalterlichen Theater als Bösewicht, dessen Heuchelei, Grausamkeit,
Wutausbrüche und Ruhmredigkeit für typisch galten, so daß noch
Shakespeare im *Hamlet* bombastisches Tyrannenspiel an der Figur
des Herodes veranschaulichte. Diese Tradition setzte sich in den
literarischen Behandlungen des bethlehemitischen Kindermordes
während der Renaissance und des Barocks fort (X. Betulius,
*Herodes sive innocentes*, Dr. 1538; H. Ziegler, *Infanticidium*, Dr.
1552; G. B. Martii, *Herodiade*, Dr. 1594; J. Bidermann, *Herodiados
sive innocentes Christo-Martyres*, Epos 1622; C. Barlaeus, *Rachel
plorans infanticidium Herodis*, Elegie 1631; G. Marino, *Straghe degli
innocenti*, Epos 1632; C. Ch. Dedekind, *Stern aus Jakob und Kindermörder*, Dr. 1670; J. L. Faber, *Herodes der Kindermörder*, Dr. 1675).
Erstmals ließen dabei D. Heinsius (*Herodes infanticida*, Dr. 1621),
nach ihm A. Gryphius (*Dei vindicis impetus et Herodis interitus*, Epos
1635) und J. Klaj (*Herodes der Kindermörder,* Dr. 1645) den Geist
Mariamnes auftreten und Herodes sein schlimmes Ende prophe-
zeien, und auf diese Weise war die Verbindung der Kindermord-
Episode mit dem entwicklungsfähigeren Mariamne-Stoff hergestellt.

Der Stoff zeigte den Tyrannen in der Rolle des liebevollen
Gatten, und dessen Charakter nahm so eine Doppelgesichtigkeit
an, deren die ersten Bearbeiter nicht Herr wurden, die Mariamne
mehr das Opfer eines Wüterichs werden ließen. Als erster schuf

H. Sachs (*Der Wüterich König Herodes* 1552) eine Dramatisierung nach Josephus, die mit Herodes' Abreise zu Octavian beginnt und mit dem Tode des Antipater sowie des Herodes schließt. Wichtiger wurde L. Dolces nach dem Muster Senecas gebaute Eifersuchtstragödie (*Marianna* 1560), die mit Herodes' Rückkehr von Octavian einsetzt; die Schwester Salome hat hier die ihr von nun an zufallende Rolle der Intrigantin; Mariamne liebt ihren Mann nicht, sie will sich an ihm für den Tötungsbefehl rächen. Die klassizistische Tradition des Stoffes wurde in Frankreich von A. Hardy (*Mariamne*, Dr. um 1610) fortgesetzt, der das Interesse von der Verfolgten auf den Verfolger lenkte und Herodes zu einem »gemischten« Charakter machte. Das Drama von Tristan L'Hermite (*La Mariane* 1636) vertiefte diese Problematik: Herodes handelt aus einer höheren Notwendigkeit, die ihn zwingt, nicht nur die Umwelt, sondern sich selbst zu quälen. Von Frankreich griff die Stoffentwicklung auf England hinüber, wo Elizabeth Cary (*Tragedy of Mariam* 1613) Herodes hauptsächlich als Liebenden zeigte und den Stolz Mariamnes verurteilte. W. Goldingham hatte bereits um 1567 eine Tragödie *Herodes* geschrieben, die nur die letzten Lebensjahre des Königs behandelt und in der Mariamnes Geist racheheischend auftritt; W. Sampson/G. Markham (*True Tragedy of Herod and Antipater, with the Death of Faire Mariam* 1622) verwandten zwei Akte auf die Mariamne-Tragödie, die drei letzten auf die Auseinandersetzung mit den Söhnen; die Liebe Mariamnes stirbt, als sie von dem Tötungsbefehl erfährt. F. Peck (*Herod the Great* 1740) zeigte nur den reuigen Herodes, dem die Geister der Ermordeten erscheinen. Ph. Massinger (*The Duke of Milan* 1623) übertrug den Stoff auf Lodovico Sforza (1451–1508); die Liebe der Gatten wird durch Herodes' Befehl zerstört, über den Mariamne allerdings nur zum Schein grollt, doch fordert sie Herodes so stark heraus, daß er sie ersticht.

In Spanien hatte zunächst L. L. de Argensola (*La Alejandra* 1585) Dolces Handlung auf andere Personen übertragen. Dann gab Calderón (*El Tetrarca de Jerusalén* 1636) eine recht freie Dramatisierung des Stoffes, in der die Bedeutung des Tötungsbefehls zum erstenmal eindeutig herausgestellt ist, wenn auch die Zufälle und Requisiten der Schicksalstragödie die Wirkung mindern; der verliebte Octavian wird zum Ritter Mariamnes; er will sie befreien, Herodes kommt dazu, und im Handgemenge wird Mariamne vom Dolch des Herodes getroffen, der sich ins Meer stürzt. Auf Calderón beruhen G. A. Cicogninis Drama *Marina* (1670) und D. Lalli/ T. Albinonis Oper *La Mariane* (1724). Tirso de Molina (*La vida de Herodes* 1636) entwickelte die Liebesgeschichte des Paares von ihrem Beginn an, machte Herodes' Bruder zu dessen Rivalen und endete mit dem bethlehemitischen Kindermord und Herodes' Tod.

Die um die Mitte des 17. Jahrhunderts auftauchende Tendenz, von der Zweipoligkeit des Stoffes in eine Dreieckssituation auszuweichen und Mariamne einen mehr oder weniger platonischen

Liebhaber zu geben, zeigte sich in Spanien zuerst bei C. Lozano (*Herodes Ascalonita y la hermosa Mariana*, Dr. 1658); er ließ eine alte Liebe zwischen Mariamne und Joseph bestehen und gab so Mariamne, die Herodes haßt, eine gewisse Schuld. Von größerer Wirkung war die Einführung des edlen Partherprinzen Thyridates in La Calprenèdes Roman *Cléopatre* (1647–49): der Prinz wird von der treuen Gattin Mariamne abgewiesen und von der eifersüchtigen Salome beschuldigt. J. Ch. Hallmann (*Die beleidigte Liebe oder die großmütige Mariamne*, Dr. 1670) sowie S. Pordage (*Herod and Mariamne*, Dr. 1674) übernahmen Thyridates, der bei Pordage im Zweikampf mit Herodes an Mariamnes Leiche fällt. Auch bei R. Boyle, Earl of Orrery (*Herod the Great*, Dr. 1694) töten sich die Rivalen im Zweikampf an Mariamnes Leiche; hier ist der Gegenspieler Herodes' Sohn Antipater. E. Fentons klassizistisches Drama *Mariamne* (1723) wich dagegen der Eheproblematik durch eine zu starke Einschaltung der Intrige aus. Voltaires *Mariamne* (1724) steht ganz in der Tradition der von La Calprenède geschaffenen Dreieckssituation, nur ist der Parther Thyridates durch den Römer Varus ersetzt, neben dem der zwischen Tyrannen und Liebendem schwankende Herodes verblaßt; Salome ist zu Mariamnes Rivalin geworden, wodurch ihre Intrige zu viel Gewicht erhält. Auf Voltaire beruhen G. Gozzi (*Marianne* 1751), Ch. O. Frhr. v. Schönaich (*Mariamne und Herodes* 1754) und G. A. Bianchi (*Marianne* 1761). Eine nur aus Pflicht treue Mariamne zeigten auch der Abbé A. Nadal (*Mariamne*, Dr. 1725) und Luigi Scevola (*Erode*, Dr. 1815), bei dem Mariamne durch eine Jugendliebe mit Soemus verbunden ist.

Die Konzentration der Handlung auf die von innen her erfolgende Zerstörung des Liebesbündnisses zweier Menschen, die durch das »unter das Schwert Stellen« zum Ausbruch kommt und eine überzeugende Motivierung von Mariamnes Erkalten und Herodes' Bluturteil notwendig macht, ist im 19. Jahrhundert wiederholt angestrebt worden. Lessings *Fatime* (Entwurf 1759) hatte das Problem wohl in geistiger Nachbarschaft zu *Miss Sara Sampson* lösen sollen; für Grillparzer (Plan 1821/22) scheint die durch Mariamnes Kühle bis zum Wahnsinn gesteigerte Leidenschaft des Herodes entscheidend gewesen zu sein. In F. Rückerts zum romantischen Geschichtsbild erweitertem Drama (*Herodes der Große* 1844) gelang die Verdeutlichung trotz der Häufung erprobter Motive nicht. Romantische Historienstücke sind auch W. Wallers Drama *Mariamne* (1839), in dem Mariamnes Tod aus einer Nebenhandlung, der Rache eines Parthers, resultiert, und *Herodes der Große* (1853) von R. Neumeister, bei dem Mariamne vor Herodes in die Einsamkeit flieht, während dieser von Gottes Blitz getötet wird, sowie der *Herodes* (1885) des Holländers D. M. Maaldrink, der die Katastrophe auf die Rache Antipaters für seine von Herodes verstoßene Mutter zurückführt. F. Hebbel (1849) konzentrierte dagegen das Problem auf die Ehetragödie: Die durch den Tötungsbefehl in ihrer Liebe zu Herodes enttäuschte und in ihrer Menschenwürde verletzte Mariamne glaubt in der zweiten Reise die Möglichkeit gekommen, daß Herodes sein Unrecht wiedergutmachen kann; abermals enttäuscht, zwingt sie dann Herodes durch Verstellung in seine Mörderrolle hinein. In St. PHILLIPS' erfolgreichem Drama *Herod* (1900) dagegen ist der Tötungsbefehl ohne Bedeutung, Mariamnes Liebe erkaltet durch die Ermordung ihres Bruders, und der in seiner Leidenschaft von ihr abhängige König bricht nach ihrem Tode zusammen.

Der im 19. Jahrhundert wiederholt unternommene Versuch, die blutige Tragödie menschlichen Mißtrauens mit der Verkündigung christlicher Liebe ausklingen zu lassen und das Wunder von Bethlehem in Gestalt der Könige oder Hirten anzudeuten (Rückert, Hebbel, Neumeister), gewann besonderes Gewicht in des Dänen K. MUNK Tragödie *En Idealist* (1928), in der die Liebe zu Mariamne nur noch Nebenthema ist und das Problem des Gott verachtenden Machtmenschen, der am Schluß durch Maria und das Jesuskind verwandelt wird, zum Hauptanliegen aufrückte. Der Schwede P. LAGERKVIST schrieb einen kleinen Roman um *Mariamne* (1967), ihre erste Begegnung mit dem brutalen Herodes und beider gegenseitiges Sichnähern, Mariamnes Versuche, Herodes menschlicher zu machen, die Entfremdung zwischen Herodes und Mariamne sowie Mariamnes an den bethlehemitischen Kindermord anschließenden Tod.

M. Landau, Die Dramen von Herodes und Mariamne, (Zeitschrift für vergleichende Literaturgeschichte NF 8, 9) 1895, 1896; H. H. Borcherdt, Der Bethlehemitische Kindermord und die Rachelklage in der Literatur, (Gottesminne 6) 1911/12; E. Beckmann, Die Motivierung des Konflikts in den bedeutenderen Herodes- und Mariamne-Dramen, (Die neueren Sprachen 23) 1916; W. E. Tomlinson, Der Herodes-Charakter im englischen Drama, 1934; M. J. Valency, The Tragedies of Herod and Mariamne, New York 1940; M. Schindlbeck, Herodes, Sozialgeschichte einer Theaterfigur, Diss. Wien 1970.

**Herodias** → Johannes der Täufer

**Hero und Leander.** Das kleine Epos *Hero und Leandros* des MUSAIOS (5./6. Jh. n. Chr.) erzählt von dem Jüngling Leander aus Abydos, der sich in die Aphrodite-Priesterin in Sestos verliebt, ihre Liebe gewinnt, aber diese Liebe, weil Hero von den Eltern zur Ehelosigkeit bestimmt worden ist, nur heimlich pflegen kann. Verabredungsgemäß schwimmt er nachts über den Hellespont, wozu ihm die Fackel vom Turm der Geliebten leuchtet, bis sie in einer Sturmnacht erlischt und Leander nur als Toter das Ufer erreicht, worauf sich Hero vom Turm ins Meer stürzt. Eine Anspielung auf die Sage findet sich jedoch schon in den *Georgica* des VERGIL, und OVID hat in seine *Heroiden* ein Briefpaar der Liebenden

aufgenommen, das von der Situation ausgeht, daß der Sturm
Leanders Besuche verhindert, Leander der Geliebten seine Sehn-
sucht schildert und Hero seine Klagen erwidert und ihn warnt, bei
Sturm zu ihr zu schwimmen.

Eine Tradition der Sage ist seit dem dritten vorchristlichen
Jahrhundert erhalten, seit die beiden Leuchttürme, mit denen die
Querströmung und damit die Überfahrtsmöglichkeit über den
Hellespont bezeichnet wurde, der Phantasie die Stützpunkte für
eine Lokalisierung der schönsten und literarisch fruchtbarsten
aller Schwimmersagen boten. Die unzulängliche Motivierung für
die Heimlichhaltung der ↑ Liebesbeziehung hat nicht verhindert,
daß sich viele Dichter vom melancholischen Reiz der Liebesgeschichte angezogen fühlten; Ovid deutet eine Hinderung durch
Leanders Familie an.

Ovids *Heroiden* haben den Stoff im Mittelalter bekanntge-
macht. Die beiden erhaltenen mittelalterlichen Fassungen, ein
mittelhochdeutsches Gedicht aus dem Anfang des 14. Jahrhunderts und ein mittelniederländisches Gedicht von Dirk Potter in
*Der minnen loep* (1409), setzen die Briefe episch um und bauen sie
in die Handlung ein. Während im mittelhochdeutschen Gedicht
Hero beim Anblick des toten Geliebten vor Jammer das Herz
bricht, springt bei Potter die Liebende, hier Adonis genannt, mit
der am Strande gefundenen Leiche des Leander im Arm ins Meer,
ein Schluß, den das niederländische Werk mit dem Volkslied *Es
waren zwei Königskinder* teilt, das offensichtlich in der Zeitspanne
zwischen den beiden mittelalterlichen Fassungen der Hero-Sage
von dieser beeinflußt und an sie angeglichen wurde. Auch bei
Hans Sachs (*Historia Die unglückhafft Lieb Leandri mit Fraw Ehron*
1541) klingt das Volkslied an, obgleich er im übrigen als erster
nach Musaios erzählt, der für die nun einsetzenden Renaissance-
Epen die maßgebende Quelle wurde.

Die sentimentale Übersetzung und Bearbeitung des Musaios
durch den Spanier J. Boscán (*Leandro* 1543) berücksichtigt die auf
Ovid zurückgehende Unterbrechung in der Beziehung der Liebenden, während die wesentlich freiere, ausschmückende und
erweiternde Nacherzählung von Ch. Marlowe und seinen
Fortsetzer G. Chapman (*Hero and Leander* 1598) eine Steigerung
der Liebesbeziehungen verzeichnet und im Stile von Ovids *Metamorphosen* mit der Verwandlung der Liebenden in Vögel schließt;
die Heimlichkeit ihrer Beziehungen wird mit dem ↑ Keuschheitsgelübde der Priesterin begründet. Boscáns Werk ist von L. de
Gongora y Argote (*Fábula de Leandro y Hero* um 1600), das
Marlowe-Chapmans von Th. Nash in *Lenten Stuffe* (1599) travestiert worden. Ein lateinisches Hexameter-Epos von K. Barth
(*Leandris* 1612) läßt die Liebenden eine erste Nacht im Tempel
verbringen. Frhr. v. Hohberg, der den Stoff als Episode in *Die
unvergnügte Proserpina* (Epos 1661) einschob, motivierte das Hindernis der Liebe mit einer Warnung der Venus an Heros Vater, sie
in jenem Jahre nicht zu verheiraten, weswegen der Vater sie in den

Turm sperrte; auch hier stirbt Hero nicht durch Selbstmord, sondern an gebrochenem Herzen.

Den Epen folgten kürzere Romanzen und Balladen. Von zwei erhaltenen spanischen, nach Boscán gearbeiteten Romanzen stellt die eine Leander, die andere Hero in der Unglücksnacht dar. In einem Gedicht LA HARPES führt der eifersüchtige Neptun Leanders Tod herbei. D. SCHIEBELER verbürgerlichte das Thema: der von der Leidenschaft unterrichtete Vater Heros schließt diese in den Turm ein. SCHILLER (1801) betonte das schon bei Barth und v. Hohenberg und auch in einer freien Übersetzung J. B. v. ALXINGERS (1785) auftauchende Motiv, daß Leander sich der stürmischen Flut anvertraut, um der Geliebten sein Wort zu halten: noch als Toter kommt er zu ihr. Als Grund für die Heimlichkeit der Liebe übernahm Schiller aus dem → Romeo-und-Julia-Stoff das Motiv der Feindschaft der Eltern.

Seit dem 17. Jahrhundert ist der Stoff auch dramatisch behandelt worden, und zwar zuerst in verschollenen Dramen der Spanier MIRA DE AMESCUA und LOPE DE VEGA, denen die Franzosen de LA SELVE (*Les amours infortunées d'Héron* 1663) und GILBERT (*Léandre et Héro* 1667) folgten. Der wegen seiner starken Stimmungswerte der Oper mehr als dem Sprechdrama entgegenkommende Stoff ist erstmalig von C. BADOVERO (*Il Leandro* 1679, Musik A. PISTOCCHI) zu einem Libretto verarbeitet worden, das ihn allerdings mit so viel Liebesintrigen belastete, daß das Wagestück Leanders und sein Tod nebensächlich werden. Weitere Opern stammen von LEFRANC DE POMPIGNAN/BRASSAC (1750), A. BOITO/BOTTESINI (1879), F. VETTER/E. FRANK (1884) und L. SCHYTTE (1898); ein Melodram von FLORIAN (2. Hälfte 18. Jh.) besteht aus einem großen Monolog der Hero auf der Spitze ihres Turms und ihrem Todessprung. Romantische Einflüsse zeigt das Epos von Th. HOOD (1827), der die Liebe einer Nixe zu Leander und ihrer Klage um den ihr ungewollt Getöteten in den Vordergrund schob. Während es dem an Musaios' und Schillers Handlungsgang festhaltenden A. J. BRÜSSEL (1822) ebensowenig wie L. F. RATISBONNE (1859) glückte, den episch-lyrischen Stoff in dramatische Handlung umzusetzen, ist GRILLPARZER (*Des Meeres und der Liebe Wellen* 1831) sowohl die Entwicklung eines Gegenspiels wie die Steigerung der Handlung gelungen: der gegnerische Priester bewacht Heros Keuschheit und löscht die Lampe, und an die Stelle sich wiederholender Liebesszenen tritt die Entwicklung des Mädchens Hero zur liebenden Frau. Erstmalig kommt hier Leander nicht auf Verabredung, sondern, nach der ersten abgewiesenen Werbung, überraschend auf den Turm. Hero stirbt wie im mittelhochdeutschen Gedicht den romantischen Liebestod an gebrochenem Herzen. Grillparzers Drama bot die Hauptgrundlage für E. SPIESS' Libretto zu G. BIALAS' Oper *Hero und Leander* (1966), deren betrachtende Chöre nach Musaios gearbeitet wurden.

M. H. Jellinek, Die Sage von Hero und Leander in der Dichtung, 1890; H. Kommerell, Das Volkslied »Es waren zwei Königskinder«, 1931; L. Malten,

Motivgeschichtliche Untersuchungen zur Sagenforschung. 3: Hero und Leander, (Rhein. Museum NF 393) 1950.

**Herzmäre, Das.** Die Geschichte vom gegessenen Herzen dürfte altindischer Herkunft sein, obgleich sie erst durch neuere Volkssänger als Abschluß der Sagen um Radscha Rasalu überliefert wird. Rasalu hat seine Frau Kokilán am Tage ihrer Geburt zur Verlobten erhalten. Kokilán ist später in der Ehe nicht glücklich. Ein Jagdabenteuer deutet symbolisch Rasalus sinkende Kraft und die Liebesfähigkeit der Frau an. König Hodi erlangt Zugang zum Palast und zur Königin und wird ihr Geliebter. Rasalu tötet ihn, reißt dem Toten das Herz aus und bringt es seiner Frau als Speise. Als sie es gegessen hat, sagt ihr der König, daß es das Herz Hodis war; von Schuldgefühl ergriffen beschließt sie, Hodi nachzusterben, und stürzt sich von der Zinne.

Diese älteste Schicht der Erzählung spiegelt die ganz unromantische, magische Vorstellung wider, daß man den Gegner gänzlich vernichte und Rache an ihm nehme, wenn sein Herz verzehrt werde. Die Episode dürfte sich etwa im 10. Jahrhundert an Rasalus Namen geheftet haben, schon im 11. Jahrhundert nach Europa gewandert und von Süden her nach Frankreich gedrungen sein. Der *Lai Guiron*, der den Stoff behandelte, ist nicht erhalten, sein Inhalt aber aus Isoldes Lied in THOMAS VON BRETAGNES Fassung des → *Tristan* ersichtlich; auch auf den aus mehreren Anspielungen bekannten Helden Gralant ist die Geschichte übertragen worden. Die älteste Fassung besitzen wir aus dem 12. Jahrhundert in der provenzalischen Lebensbeschreibung des Troubadours Guilhem de Cabestaing, von dem einige der leidenschaftlichsten Gedichte der provenzalischen Literatur erhalten sind. Zum ersten Male ist hier der Liebhaber nicht nur Ritter, sondern Sänger und Dichter. Guilhem hatte die Liebe der Dame Sermonde gewonnen und verriet sein Glück durch gewagte Lieder. Der Ehemann erschlug ihn, riß ihm das Herz heraus, ließ es braten und enthüllte seiner Frau, nachdem sie es gegessen hatte, den Frevel. Sie antwortete, daß sie nach so schöner Speise keine andere mehr essen könne, und stürzte sich vom Balkon. Diese Vita ist wahrscheinlich die von BOCCACCIO erwähnte provenzalische Quelle seiner Novelle (*Decameron* IV, 9), deren Held Guiglielmo Guardastagno heißt. Das Sängermotiv ist fallengelassen, das Motiv der verletzten ↑ Gattenehre dadurch verstärkt, daß der Mann sich sowohl durch den Ehebruch als auch durch den Treubruch des mit ihm befreundeten Guardastagno gekränkt fühlt. Auf Boccaccios Novelle beruht Hans SACHS' *Tragedi des Fürsten Concreti* (1545). Eine andere Schlußversion findet sich schon im 12. Jahrhundert in der das Thema überspannenden, ironisch wirkenden Fassung des *Lai d'Ignaure*; hier ist der Held Liebhaber von zugleich zwölf Damen, die zusammen mit ihren Ehemännern in demselben Schlosse wohnen und die, nachdem ihnen von ihren Männern das Herz des Liebhabers vorgesetzt worden ist, die Nahrungsaufnahme verweigern. In der auf dem *Lai d'Ignaure* beruhenden Version der *Cento novelle antiche* (1525) gehen die Frauen ins Kloster.

Die schon in der Übertragung auf den Troubadour Guilhem de Cabestaing deutlich werdende Affinität des Stoffes zu den Vorstellungen des Minnedienstes führte im 13. Jahrhundert zu den dichterisch bedeutendsten Gestaltungen, die er erfuhr. Am Ausgang des 13. Jahrhunderts machte eine Volksballade den 1276 erschlagenen Minnesänger Reinmar von Brennenberg, in dessen Gedichten das Gleichnis vom Herzen eine Rolle spielt, das vom Leibe getrennt im Besitz der Geliebten ist, zum Träger der Herzmäre-Fabel; hier stirbt die Herzogin von Österreich, nicht Geliebte, sondern nur verehrte und besungene Herrin des Minnesängers, am zwölften Tage nach dem Genuß des Herzens, da sie keine Nahrung mehr zu sich genommen hat. Ein später Meistergesang, *Ein hübsch lied von des Brembergers endt und todt, in des Brembergers Ton*, erneuerte die Erzählung. Nahezu gleichzeitig erschien der Stoff in KONRADS VON WÜRZBURG *Herzemære* und in der französischen Verserzählung *Le roman du chastelain de Couci et de la dame de Fayel*, in einer wesentlich erweiterten Fassung, die wohl auf eine gemeinsame Quelle zurückgeht. Konrads von Würzburg Werk setzt mit des Ehemannes Ankündigung einer gemeinsamen Pilgerfahrt der Ehegatten ein. Der Liebende will den gleichen Weg einschlagen, aber die (auch hier nur angebetete) Frau bestimmt ihn, um seiner Ehre willen allein zu ziehen. Vor Trennungsschmerz und Sehnsucht stirbt er in der Fremde und befiehlt zuvor seinem Knappen, der Geliebten einen Ring und sein Herz zu bringen. Der Ehemann erwischt den Knappen und setzt das zubereitete Herz seiner Frau vor, die nach der schauerlichen Entdeckung sofort stirbt. Die Geschichte des Kastellans von Couci dagegen berichtet die Vorgeschichte der Liebenden, den mißglückten Versuch des Ehemannes, sie zu ertappen, den vom Ehemann fingierten und rasch wieder zurückgezogenen Plan einer Reise ins Heilige Land, die der Kastellan dann allein unternehmen muß und auf der er an einer Verwundung stirbt. Auch hier folgen die Knappenepisode und der Tod der Dame infolge des Schmerzes. Die Übersendung des Herzens im deutschen und französischen Werk entspricht den Motiven des Minnekultes, die Tat des Herrn von Fayel, der den Gegner nicht mehr tötet und das Herz nicht mehr herausreißt, erscheint weniger grausig, aber inkonsequenter im Poetischen; der Genuß eines einbalsamierten Herzens zeigt mit seiner Unwahrscheinlichkeit den Abstand zu dem ursprünglichen, magischen Motiv. Dennoch wurde die Übertragung des Stoffes auf den Troubadour Châtelain de Coucy, dessen Lieder, unter anderem ein Abschieds- und Kreuzzugslied, in die Erzählung eingeschaltet wurden, und der vielleicht mit Guy de Coucy (1186–1203) identisch ist, der an mehreren Kreuzzügen teilnahm und auf See starb, zur dauerhaftesten Prägung des Stoffes. Eine Prosafassung aus der Zeit um 1380 ist erhalten, niederländische und englische Fassungen zeugen für Fortleben und Verbreitung.

Einem von FAUCHET 1581 veröffentlichten Bruchstück der Prosafassung entnahm Mlle de LUSSAN die Anregung zu ihrer in eine breite Abenteuerhandlung eingebauten Erzählfassung (*Anecdotes de la Cour de Philippe-Auguste* 1733). Hier ist das liebende Paar von Jugend an verbunden, Gabrielle hat jedoch auf Wunsch des Vaters den ungeliebten Herrn von Fayel geheiratet, der sie mit wilder Eifersucht quält; de Coucy muß am Kreuzzug Philipp Augusts teilnehmen. Wichtig für die weitere Stofftradition wurde, daß Mlle de Lussan sich durch die Berührung des Stoffes mit dem → Kastellanin-von-Vergi-Stoff dazu verleiten ließ, die Dame von Fayel zu einer geborenen de Vergi zu machen, als die sie bereits in der reizvollen Ballade des Duc de LA VALLIÈRE (*Les infortunés amours de Gabrielle de Vergi et de Raoul de Coucy* 1752) erneut erscheint. Die erfolgreichste Nutzung des Stoffes wurde de BELLOYS Tragödie *Gabrielle de Vergi* (1770), der die beiden bis dahin zu verschiedenen Fassungen führenden Motive des Stoffes – den Kampf der Nebenbuhler mit dem Herausreißen des Herzens und das Knappenmotiv – miteinander verband: der Knappe kommt mit einem Brief des Sterbenden, dessen Inhalt sich jedoch als Irrtum erweist; Coucy ist am Leben geblieben, und der mörderische Zweikampf findet bei seiner Rückkehr statt; das blutige Herz wird jedoch der Dame nur überreicht, nicht gekocht und gegessen; auch der reuige Ehemann tötet sich zuletzt. De Belloys Stück wurde nicht nur parodiert (IMBERT, *Gabrielle de Passy* 1770), sondern auch im Jahr des Erscheinens nachgeahmt: Baculard d'ARNAUD (*Fayel*, Tr. 1770) behielt das Motiv der irrtümlichen Todesbotschaft bei; Coucy, der Jugendgeliebte Gabrielles, empfängt willig den Todesstreich von Fayel, dieser ersticht seine Frau und sich selbst. Im ausgehenden 18. Jahrhundert gelangte der Stoff durch Übersetzungen der Werke de Belloys (E. C. TURRA 1792) und d'Arnauds (C. GOZZI) nach Italien und wurde hier zur Grundlage von Operntexten (CARAFA, *Gabriella di Vergi* 1816; PROFUMO/TOTTOLA/MERCADANTE *Gabriella di Vergi* 1830), Balletts, Melodramen und Mimodramen. L. UHLANDS Ballade *Der Kastellan von Coucy* wandte den romantischen Stoff noch einmal im Sinne der in den deutschen Bearbeitungen vorherrschenden Unschuld der Frau, die erst durch das grausame Ende des Sängers die Treue zu ihrem Manne aufgibt: »Euer war ich ohne Wanken, aber solch ein Herz genießen wendet leichtlich die Gedanken . . .«

G. Paris, Le Roman du Châtelain de Couci, (Romania 8) 1879; H. Patzig, Zur Geschichte des Herzmäre, (Progr. Berlin) 1891; E. Lorenz, Die »Kastellan von Couci« Sage (in: Lorenz, Die Kastellanin von Vergi) 1909; F. Rostock, Die Brembergersage (in: Rostock, Mittelhochdeutsche Dichterheldensage) 1925; D. Blamires, Konrads von Würzburg ›Herzmaere‹ im Kontext der Geschichten vom gegessenen Herzen (Jb. der Oswald v. Wolkenstein Gesellschaft 5) 1988/89.

**Herzog Ernst.** Das Schicksal des Herzogs Ernst von Schwaben (1007–1030) überdeckt in der nach ihm genannten Sage eine ältere Schicht, die den Aufstand Liudolfs von Schwaben (953) gegen seinen Vater Otto den Großen behandelte. Während der Name Ottos als des größeren und volkstümlicheren Monarchen beibehalten wurde, nahm die Gestalt des ↑ Rebellen die Züge und den Namen Ernsts an, der sich zweimal gegen seinen Stiefvater Konrad II. erhob, treu zu seinem aufständischen Freunde Werner von Kiburg stand und schließlich mit diesem zusammen im Kampf gegen den Kaiser fiel. In einer strophischen Bearbeitung des 15. Jahrhunderts trat an die Stelle Ottos → Friedrich I. Barbarossa, und die Gestalt Herzog Ernsts nahm Züge Heinrichs des Löwen an. Seit der ersten erhaltenen Fassung (um 1180) war der historisch-heroische Kern der Sage mit der Erzählung von unhistorischen fabulösen Abenteuern gekoppelt, die man dem Helden für die Zeit seiner Verbannung (die er in Wirklichkeit in Haft auf dem Giebichenstein verbrachte) andichtete. Diese Orientabenteuer sind z. T. Wiederbelebungen spätantiker Seefahrermotive, z. T. orientalische, den Fahrten Sindbads des Seefahrers verwandte Geschichten, wie sie zur Zeit der Kreuzzüge Eingang fanden.

Der im Mittelalter ungeheuer beliebte Stoff barg einige spannungsreiche Motive: Widerstand eines ↑ Rebellen gegen einen Herrscher, ↑ Vater-(Stief-)Sohn-Konflikt, Stellung der Mutter und Ehefrau zwischen Sohn und Gatten, Freundestreue. Die beiden ersten Motive gelangten in der mittelalterlichen Dichtung mit fortschreitender Entwicklung immer weniger zur Ausprägung, der Konflikt zwischen Vater und Sohn wurde im wesentlichen durch Intrige des Pfalzgrafen herbeigeführt, im späten, für bürgerliche Kreise gedachten Lied schrumpften Staatskonflikt und Bürgerkrieg zur Familienszene zusammen. Der Freund wurde aus einem ritterlichen Helden zu einem Gefolgsmann, dem treuen Wetzel. Mit einer gewissen Liebe ist der Konflikt der Mutter gestaltet worden. Der tragische Schluß wurde in allen Fassungen umgangen: Ernst kehrt heim und versöhnt sich mit seinen Eltern. Durch die Koppelung mit den orientalischen Abenteuern bekam der Stoff ausgesprochen episches Gepräge. Die zahlreichen Bearbeitungen der Sage im Mittelalter haben den Stoff als solchen nicht verändert, sondern spiegeln nur in der Form und in der Herausarbeitung einzelner Motive den Wandel des literarischen Geschmacks von der vorhöfischen über die höfische und gelehrte bis zur bürgerlichen Dichtung und zum Volksbuch (Mitte 16. Jh.).

Eine Erneuerung erfuhr der Stoff durch die Ausgaben und Nacherzählungen der Spätromantik (G. SCHWAB 1836; G. O. MARBACH 1842; K. Simrock 1846). In der vom Mittelalter geprägten Fassung als Abenteuerroman konnte er den 19. Jahrhundert nur mit antiquarischem Interesse sein oder als Jugendlektüre Verwendung finden. L. UHLAND beschnitt ihn daher wieder auf seinen heroischen Kern und legte ihn auf die Zeit Konrads II. fest: sein Drama *Ernst, Herzog von Schwaben* (1817) stellte die Freundestreue in den Mittelpunkt. Seinem Beispiel folgte u. a. Felix DAHN in seiner romanhaften Bearbeitung (1902).

Dagegen griff Peter HACKS im Zeichen des »epischen Theaters« wieder auf das Volksbuch mit seinen Abenteuern zurück und gab in seiner Bilderfolge *Das Volksbuch von Herzog Ernst oder der Held und sein Gefolge* (1957) eine Kritik des Heroischen aus sozialistischer Sicht: Ernst wird zum Helden auf Kosten seiner Gefolgsleute, sein Heldentum nimmt mit seiner Macht ab, eine sozial veränderte Welt läßt ihn allein.

K. Sonneborn, Die Gestaltung der Sage von Herzog Ernst in der altdeutschen Literatur, Diss. Göttingen 1915; E. Hildebrand, Über die Stellung des Liedes vom Herzog Ernst in der mittelalterlichen Literaturgeschichte und Volkskunde, Diss. Marburg 1937; J. Carles, La Chanson du Duc Ernst (XV$^c$ siècle). Etude sur l'origine et l'utilisation d'une matière légendaire ancienne dans le genre tardif du Lied, Paris 1964.


**Herzog von Luxemburg** → Luxemburg, Herzog von


**Herzogin von Amalfi.** Die 26. Erzählung im 1. Teil von M. BANDELLOS *Novelle* (1554) berichtet mit der ausgesprochenen Tendenz, daß die Stellung der Frau eine freiere werden und sie das Recht zur Selbstbestimmung erlangen müsse, die Geschichte eines im Dienste des Königs von Neapel erprobten Edelmannes Antonio, der Majordomus der verwitweten Herzogin von Amalfi wird, die für ihren minderjährigen Sohn die Regentschaft führt. Herzogin und Majordomus verlieben sich ineinander, die Herzogin weiß die Zurückhaltung und die Bedenken ihres Untergebenen durch das Geständnis ihrer Liebe zu überwinden, und es kommt zu einer heimlichen ↑ Heirat. Nachdem die Geburt eines ersten Kindes verborgen bleiben konnte, dringt das Gerücht von der Geburt des zweiten zu den Brüdern der Herzogin, die zur Ermittlung des Vaters Spione an den Hof senden. Antonio flieht nach Ancona, die Herzogin, die ein drittes Kind erwartet, folgt ihm aus Sehnsucht nach und macht ihr Gefolge mit der Tatsache ihrer Ehe bekannt. Ihre Brüder, empört über die Schande, gehen öffentlich gegen das Paar vor, erreichen seine Vertreibung, nehmen die Schwester und zwei Kinder auf der Flucht gefangen und lassen sie ermorden, während Antonio erst ein Jahr danach bei Mailand von beauftragten Häschern erschlagen wird.

Die Wirkung des Stoffes, an dem besonders der Charakter der Herzogin und ihr freimütiges Geständnis der Liebe spätere Bearbeiter fesselte, ist an den Wandel der Rechtsauffassung gebunden; das brutale Vorgehen der Brüder mußte späteren Zeiten unglaubwürdig erscheinen, sofern es nicht durch schwerwiegendere Motive als die rein standesmäßigen begründet werden konnte.

Dennoch haben die auf Bandello fußenden novellistischen Bearbeitungen (BELLEFOREST, *Histoires tragiques* 1559; S. GOULART, *Trésor d'histoires admirables et mémorables de nostre temps* 1600; W. PAINTER, *The Palace of Pleasure* 1566 f.; Th. BEARD, *Theatre of God's Judgements* 1597) in Hinsicht auf die der Geschichte gegebene Moral sogar einen Schritt rückwärts getan und vor den Folgen einer Übertretung der Sitten gewarnt, die gerade bei hochgestellten Persönlichkeiten besonders schwerwiegend seien. Belleforest bezeichnet seine Erzählung als »tragédie« und die einzelnen Abschnitte als Akte, eine Einteilung, auf die später Webster zurückgreifen konnte.

Eng an die Erzählfassung Bandellos hielt sich die *Comedia famosa del mayordomo de la duquesa de Amalfi* (um 1600) LOPE DE VEGAS, der jedoch die zwei Etappen des Schlusses, den Tod der Herzogin und den des Antonio, zeitlich und örtlich zusammenlegte und dadurch eine wirklich dramatische Wirkung erreichte. Nicht dramaturgische, sondern juristische Gründe hatte es, wenn er die heimliche Heirat, die nach spanischem Gesetz ungültig war, in eine durch Verkleidung erlistete Trauung umwandelte. Im Gegensatz zu Lope, der die Fabel lediglich um ihrer Effekte willen dramatisiert zu haben scheint, verband J. WEBSTER (*The Duchess of Malfi* vor 1614) mit ihr eine moralische Idee, nämlich die der Rechtfertigung der Liebe und Ehe der beiden ungleichen Partner: nachdem in den sehr gedehnten beiden Schlußakten erst die Herzogin und zwei Kinder, dann Antonio und seine von Webster sehr stark herausgearbeiteten feindlichen Schwäger den Tod gefunden haben, eröffnet ein Freund Antonios die Aussicht, daß dessen Sohn in die Rechte seiner Mutter eingesetzt werde und so der Frevel an seinen Eltern gesühnt wird, die ihren Verstoß gegen Sitte und Wahrheit allzu schwer büßen mußten. Websters Werk wurde 1733 von L. THEOBALD neu bearbeitet und wirkte noch in dem an elisabethanische Vorbilder anknüpfenden Drama R. H. HORNES (1850) nach. Der Stoff ist auch mehrfach von der Oper genutzt worden (B. PORTA 1787; G. BERTATI/J. WEIGL 1794; L. G. SPONTINI 1802).

K. Kiesow, Die verschiedenen Bearbeitungen der Novelle von der Herzogin von Amalfi des Bandello in der Literatur des 16. und 17. Jahrhunderts, (Anglia 17) 1894.


**Heymonskinder** → Haimonskinder


**Hiesel, Bayrischer.** Die Geschichte des Matthias Klostermayer, genannt der Bayrische Hiesel, eines Wildschützen, der nach Verbüßung einer Zuchthausstrafe nicht mehr in die bürgerliche Gesellschaft zurückfand und der Anführer einer Räuberbande wurde, bis ihn nach langen Fahndungen die Gefangennahme und schließlich 1771 die Hinrichtung ereilte, hat nicht, wie die Schicksale anderer ↑ Outlaws, etwa des → Robin Hood, des → Sonnenwirts oder des Schinderhannes, Eingang in die Kunstliteratur gefunden; das nach der Erzählung von H. Schmid (in der Zeitschrift *Die Gartenlaube* 1865) gearbeitete Drama von F. Kaiser (1868) könnte als Ausnahme gelten. Um so häufiger ist das Schicksal des Räubers in der Volksliteratur vor allem des bayerisch-österreichischen Raumes behandelt worden. Volksbuch und Kolportageroman (über 20 epische Bearbeitungen), Volksstück und Volkslied (annähernd 30 Volksliedfassungen) haben daran Anteil.

Grundlage der epischen und dramatischen Darstellungen war die schon 1772 anonym erschienene, nach den Akten gearbeitete Biographie *Leben und Ende des berüchtigten Anführers einer Wildschützenbande, Matthias Klostermayers oder des Bayerischen Hiesels*, nach der schon der junge Tieck zusammen mit seinem Lehrer Rambach eine Räuberbiographie (in: *Thaten und Feinheiten renomirter Kraft- und Kniffgenies* 1791), die Klostermayers Schicksal besonders auf die schlechten Lebensbedingungen zurückführte, geschrieben hat. Weitere erzählerische Darstellungen erschienen in ähnlichen Sammlungen von Räuberbiographien; seit 1830 gab es Volksbücher in Jahrmarktsausgaben, 1871 wurde eine Fassung in den *Neuen Pitaval* aufgenommen, und schließlich wurde das Leben des bayerischen Wilddiebs um 1910 Thema zweier weitschweifiger Kolportageromane, von denen die eine sich in den Volksbüchern durch Motive aus anderen Räuberbiographien beeinflußte Fabel mit stereotypen Kolportageelementen wie Frauenraub, Gespenstererscheinungen, Schatzfindung, Erbschleicherei, Spionage u. a. aufgebauscht wurde; in der von H. Gronau stammenden Version greift sogar Marie Antoinette in die Handlung ein und ermöglicht dem Verurteilten die Flucht nach Amerika. In den epischen wie dramatischen Bearbeitungen gilt der Hiesel als Freund des Volkes, der die Bauern von der Wildplage befreit. Mit dem Übergang vom Wilderer zum Räuber und Mörder, der von den Genossen erzwungenen endgültigen Absage an die menschliche Gesellschaft, wird die rührselige Erzählung zugleich zu einer Abschreckungsgeschichte. Das Volkslied gibt den Stoff in zwei Varianten wieder: als Rollenlied, in dem Hiesel die Vorzüge des Wildschützenlebens preist und seine Taten aufzählt, und als eine Art Wildschützenballade, in der der Besuch des Wildschützen bei einer Sennerin, ein Überfall durch die Jäger, deren Niederlage und Verspottung sowie der Abschied von der Sennerin dargestellt wird. Das Volkslied hat den sensationellen Stoff am meisten auf das Typische hin gefiltert.

F. Moczygemba, Matthias Klostermayer genannt der Bayrische Hiesel in der deutschen Dichtung, Diss. Graz 1938.

**Hilde** → Gudrun

**Hildebrand und Hadubrand.** Das ursprünglich langobardische, später in Bayern umgedichtete althochdeutsche *Hildebrandslied* (Handschrift um 850) ist die älteste überlieferte Fassung einer im indogermanischen Bereich mehrfach auftauchenden, aber außerhalb davon nicht ausgebildeten Sage. Der alte Hildebrand, der als Gefolgsmann → Dietrichs von Bern jahrzehntelang dessen Schicksal als Landfremder geteilt hat, kehrt heim und trifft an der Grenze auf den Sohn, der ihm mit einem Heer entgegentritt. Die Herausforderungen des Sohnes, der nicht glauben will, daß der Alte der gerühmte, totgeglaubte Vater ist, führen schließlich zum Zweikampf zwischen den beiden.

Der durch die fragmentarische Überlieferung nicht erhaltene tragische Ausgang – der Vater erschlägt den Sohn – ist aus den parallelen nicht germanischen Fassungen des Stoffes und aus germanischer jüngerer Tradition zu ergänzen. Die nichtgermanischen Fassungen – das irische Gedicht von *Cu Chulain und Conla* (9./ 10. Jh.), der liedhafte Einschub von *Rustam und Suhrab* im Königsbuch des Persers FERDAUSI (um 1000) und das in der bäuerlichen russischen Byline von *Il'ja und Sokol'niček* erhaltene russische mittelalterliche Heldenlied –, die alle jünger sind als das *Hildebrandslied*, weisen im einzelnen starke Gemeinsamkeiten mit ihm auf, unterscheiden sich von ihm jedoch durch eine einheitliche Änderung der Grundsituation: nicht der Vater kehrt zurück, sondern der Sohn. Die andersartige Situation beruht auf einer von den drei nichtgermanischen Fassungen miterzählten Vorgeschichte, nach welcher der Vater in der Fremde einen unehelichen Sohn gezeugt und ihm ein Kleinod hinterlassen hatte, an dem er ihn wiedererkennen wollte. Als der Knabe auszieht, um den Vater zu suchen, darf er auf Geheiß der Mutter, die ihre Schande geheimhalten möchte, seinen Namen nicht nennen. Er verrichtet im Lande des Vaters erstaunliche Heldentaten und fordert schließlich auch den Vater zum Zweikampf, dem er die Nennung seines Namens verweigert. Der Vater ahnt den Zusammenhang, scheint zunächst im Kampf zu unterliegen, erschlägt aber schließlich den Sohn, als dieser ihm das Leben nehmen will. Der Sterbende offenbart sich dem Vater, oder dieser erkennt den Sohn an dem mitgeführten Kleinod.

Wie im Irischen, Persischen und Russischen das Motiv der ↑ Vatersuche nachträglich in die Zusammenhänge größerer epischer Dichtungen eingebaut worden ist, so ist es auch der ostgotischen Dietrichsage und der Gestalt des Waffenmeisters Hildebrand angepaßt worden. Die Verknüpfung mit der Heimkehr Dietrichs und seiner Recken aus dem »ellende« erforderte die im *Hildebrandslied* teilweise vorgenommene Vertauschung der Rollen von Vater und Sohn: der landfremde Vater ist hier der Fragende. Da der Sohn zu einem ehelichen geworden ist, entfällt das Motiv der Namensverweigerung. Der Kampf ist jetzt eine Folge des Mißtrauens und des Hochmuts des Sohnes. Das Germanische erreicht die höchste Steigerung der Tragik des Stoffes durch die Beseitigung aller magischen Züge und des Kleinodmotivs; der Konflikt wird ganz in

die Seele des Vaters verlegt, der als völlig Wissender den Sohn
töten und sein eigenes Geschlecht ausrotten muß; die Einfügung
der Vorgeschichte in den Dialog und die dadurch erreichte Einsze-
nigkeit verstärken die Wirkung.

Die nordische *Ásmundar saga kappabana* (14. Jh.) und das färöi-
sche *Snjólskvæði* behielten die tragische Tötung des Sohnes bei, wie
im Norden Hildebrands heroische Züge auch durch eine andere
gotische Hildebranddichtung, die ihn zum Opfer eines tragischen
Bruderkampfes machte, lebendig blieben (*Hildebrands Sterbelied*).
Jedoch hat schon die auf deutscher Tradition beruhende nordische
*Thidrekssaga* (um 1250), die sonst recht alte Züge wie die hartnäk-
kige Namensverweigerung des Sohnes Alibrand und dessen tückischen Schlag nach der unbewehrten Hand des Vaters bewahrte,
den versöhnlichen Ausgang mit der Heimkehr zur Mutter und
Gattin, der dann im *Jüngeren Hildebrandslied* (13. Jh., erhalten in
Fassungen des 16. Jh.) den Stoff als völlig entheroisierte, rührende
Familiengeschichte erscheinen läßt. Versuche, den Stoff in neuerer
Zeit wieder zu beleben, sind bedeutungslos; die Gestalt Hildebrands bewahrte sich jedoch in den Erneuerungen des Dietrich-
und auch des → Nibelungen-Stoffes einen festen Platz.

H. de Boor, Die nordische und die deutsche Hildebrandsage, (Zeitschrift für
deutsche Philologie 49 u. 50) 1923 u. 1924; G. Baesecke, Die indogermanische
Verwandtschaft des Hildebrandsliedes, (Nachrichten v. d. Ges. d. Wiss. zu
Göttingen Fachgr. 4. Neuere Philologie und Literaturgeschichte NF 3, 5) 1940;
J. de Vries, Das Motiv des Vater-Sohn-Kampfes im Hildebrandslied, (Germa-
nisch-romanische Monatsschrift 34) 1953; A. van der Lee, Zum literarischen
Motiv der Vatersuche, Amsterdam 1957.

**Hildegard** → Karl der Große

**Hiob.** Das alttestamentliche *Buch Hiob* zeigt die durch Satan von
Gott geforderte und durch einen Pakt zwischen beiden ins Werk
gesetzte Prüfung eines frommen Menschen. Hiob, ein wohlhaben-
der, kinderreicher, glücklicher und gottesfürchtiger Mann, verliert
zunächst Besitz und Familie, bleibt aber trotz seines Schmerzes fest
im Glauben. Als er dann jedoch noch vom Aussatz befallen wird
und sein Weib sich spottend von ihm abwendet, weiß er dem
»Trost« dreier Freunde, die nach orthodoxer Auffassung in seinem
Leid eine Strafe für seine Sünden sehen und ihn auffordern, sich
schuldig zu bekennen, nichts anderes entgegenzusetzen als die
beharrliche Überzeugung von der eigenen Unschuld und die durch
das Unglück gewonnene Erkenntnis, Gott sei zwar groß, aber dem
Menschen so fern, daß er seine Bitten nicht höre, sondern sinnlos
die Gerechten schlage und die Ungerechten frei ausgehen lasse.
Gottes Stimme weist Hiob auf die Größe der Schöpfung und die
menschliche Nichtigkeit und Unfähigkeit, Gottes Pläne zu erkennen, hin. Hiob lernt Demut, empfängt alles Verlorene doppelt
zurück und bittet für seine Freunde, die für ihre Besserwisserei
bestraft werden sollen, um Nachsicht.

Hiobs wiederholte Anerkennung von Gottes Allmacht und die anfänglich auch an den Tag gelegte Fügung in Gottes Willen – »Der Herr hat's gegeben, der Herr hat's genommen, sein Wille sei gelobt« – haben in der mittelalterlichen Theologie dazu geführt, daß man die Auflehnung gegen Gottes Weltordnung zugunsten der Vorstellung vom frommen Dulder übersah und in Hiob das Symbol eines christlichen Stoizismus verehrte (GREGOR DER GROSSE, *Moralium libri XXXV seu expositio in librum Job* 6. Jh.; NICOLAUS VON LYRA, *Postilla* Anf. 14. Jh.). Aus dem Mann, der Leiden ertragen muß, wurde auf diese Weise ein Gottergebener, der sie gelassen trägt. So sehen Hiobs Gestalt die *Wessobrunner geistlichen Ratschläge,* EGBERTS VON LÜTTICH Schulbuch der Lebensweisheit *Fecunda ratis* (Anf. 11. Jh.) und zahlreiche Zitierungen der mittelalterlichen Literatur (HARTMANN VON AUE, *Der arme Heinrich* um 1195; Elsbeth STAGEL, *Leben der Schwestern zu Tölz* Mitte 14. Jh.). Die Hiobsgeduld wurde genauso sprichwörtlich wie die Bezeichnung Hiobsbotschaft und Hiobspost für Unglücksnachricht. Die Popularität des *Buches Hiob* beruhte auch auf dem Einfluß des in bezug auf seine Entstehung umstrittenen, apokryphen *Testamentum Jobi,* in dem Hiob seinen Kindern sein Leben erzählt. Entscheidend war schließlich, daß die Kirche die neun Lesungen und mehrere Responsorien des Toten-Offiziums dem *Buch Hiob* entnommen hat: diese wurden bis ins 17. Jahrhundert auch in nationalsprachlichen Texten paraphrasiert (Deutschordensdichtung 1388; PIERRE DE NESSON, *Vigiles des morts* 1410/16; R. BELLEAU, *Prières in Bergeries* 1572; I. de BENSERADE, *Paraphrases sur les IX leçons de Job* 1638). Merkwürdig ist, daß die Auseinandersetzung Hiobs mit Gott Kontrafakturen erlebte, in denen der Dialog auf den des Liebenden mit Amor oder mit der Geliebten übertragen wurde (J. DEL ENCINA, *Égloga de Plácida y Vitoriano* 1503; G. SÁNCHEZ DE BAJADOS, *Las liciones de Job apropiados a sus pasiones de amor* Anf. 16. Jh.); auch J. de Benserade verglich in dem Widmungssonett seiner *Paraphrases* sich als einen unglücklich Liebenden mit Hiob.

Bereits im *Mystere du Viel Testament* (1458) bildet der Hiob-Teil ein eigenes kleines Drama. Das personenreichere Spiel *La Pacience de Job* (1529), in dem die Rolle Satans sehr hervortritt, zeigt eine mildere Beurteilung von Hiobs Frau und damit Verwandtschaft zu dem spanischen *Aucto de la paciencia de Job* (15. Jh.). Dieses positive Bild der Frau stammt aus der orientalischen Hiob-Tradition, die sich in Spanien in der morisken *Estoria y recontamiento de Job* niedergeschlagen hatte. Sie wird noch deutlicher in dem Auto *Los trabajos de Job* und dem auf ihm beruhenden gleichnamigen Drama des Felipe GODINEZ (um 1620), in dem Hiobs Frau Gefährtin seiner Leiden ist. Dramatische Gestaltungen des durchaus dialektischen und spannenden Stoffes, dessen himmlische und irdische Szenen schon im biblischen Text vorgeformt sind und nur durch das lange gedankenüberlastete Gespräch Hiobs mit seinen Freunden beschwert werden, häufen sich dann im deutschen bürgerlichen Drama des 16. Jahrhunderts (J. RUOF, *Die Beschreybung Jobs* ...

1535; J. LORICHIUS, *Jobus patientiae spectaculum* 1543; J. NARHAMER, *Historia Jobs* 1546; H. SACHS, *Comedi Der Hiob* 1547). Alle diese Szenierungen des *Buches Hiob* setzen mit der Darstellung des frommen Hiob und dem in seinem Hause stattfindenden Gastmahl ein; dann bricht das Unheil – die Hiobsnachrichten boten sich dem noch jungen, an antiken Mustern ausgerichteten Drama als geradezu vorbildliche »Botenberichte« an – in rascher Folge herein. Hiobs schließlicher Protest wird kaum spürbar, der auch im Unglück Gott preisende Dulder erhält am Ende wunderbaren Lohn. Auch der Dialog zwischen Gott und dem Teufel – später das große Vorbild für den *Prolog im Himmel* zu GOETHES *Faust* – wurde auf die Szene gebracht. Bei Ruof ist der Untergang der Kinder teilweise mit deren Übermut motiviert. Die Rolle des Teufels und sein Eingreifen in Hiobs Geschick ist gegenüber der Vorlage aktiviert, ebenso die Bosheit der Frau. In Frankreich dagegen ist der Stoff kaum dramatisiert worden; von der *Tragicomédie de Job* (1572) des S. DE SAINTE MARTHE, der auch ein Gedicht *Patience de Job* (1633) schrieb, ist nur der Prolog erhalten. Bei J. BERTESIUS (*Hiob Tragicomedia* 1603) und A. R. FUCHS (*Aufgedeckter Spiegel wunderbarer Gottes Regierung* 1714) macht sich der komödiantische Charakter des Barocktheaters in einer Vermehrung der Rollen um volkstümliche Figuren geltend. Im übrigen hat das 17. Jahrhundert wenig Interesse an dem Stoff, dessen spätmittelalterliche Tradition in einem steirischen Volksschauspiel *Der geduldige Job* nachklingt. Ein Exempel für die Allmacht Gottes, die in einem Augenblick stürzen und erheben kann, erstellte B. SCHUPP in einer didaktischen Schrift (*Der geplagte aber geduldige Hiob* 1659), in der ein Mann von seinem Mißmut darüber, daß er seinen Töchtern nicht genug Mitgift hinterlassen kann, kuriert wird.

Im 18. Jahrhundert setzte sich die Auffassung durch, daß Hiob keine historische Person, sondern Dichtung, Exempel für den in Gottes unerforschlichen Ratschluß sich fügenden Menschen sei. Gedichte J. Ch. GÜNTHERS sind ein frühes Zeugnis für die Selbstidentifikation eines Autors mit Hiob. Die Auseinandersetzung mit ihm und dem Theodizeeproblem steht hinter VOLTAIRES *Zadig* (1747) und *Candide* (1759). Dagegen sah die Romantik in Hiob mehr den Rebellen; eine dem Aufbegehren Hiobs verwandte Zeitstimmung wurde in Frankreich als »Jobisme« bezeichnet (P. LEROUX, *Job*, Dr. 1866).

Autoren des mittleren 19. Jahrhunderts, die das biblische Drama zu erneuern suchten, griffen auch diesen Stoff auf (J. W. MÜLLER, Dr. 1850; Ph. ZOPF, dramatisches Bild 1866). Er wurde nun rationalisiert; Gott verschwindet aus der Handlung, an seine Stelle tritt der »Genius« Hiobs, und Satan erscheint als stumme, rotgekleidete Gestalt im Hintergrund; der Pakt ist lediglich in bösen Ahnungen Hiobs angedeutet (B. PÖNHOLZER, *Job, der fromme Dulder*, Dr. 1862). Den Stoff in die modische Gattung des Versepos einzukleiden versuchten mit mehr oder weniger passenden Zusätzen J. J. RIETMANN (*Hiob oder das alte Leid im neuen Lied*,

1843), S. Brunner (*Der deutsche Hiob,* 1846) und H. Köster (1885).

Da die Nacherzählung der bekannten Geschichte wenig ergiebig war, wurden in neuerer Zeit Parallelgestalten Hiobs erfunden, für deren Leiden Hiobs Name als sinnbildlich galt. L. v. Sacher-Masoch wählte dazu das Leben eines galizischen Bauern, A. Polgar (Nov. 1912) und O. Kokoschka (Dr. 1918) die Leiden eines betrogenen Ehemanns, E. Wiechert (*Das Spiel vom deutschen Bettelmann,* 1932), K. Eggers (Dr. 1933) und Th. Haerten (*Die Hochzeit von Dobesti* Dr. 1936) die Bedrückung durch politisch-soziale Mißstände der Zwischenkriegszeit. A. Döblin (*Berlin Alexanderplatz,* R. 1929) begleitete den Leidensweg seines Helden durch *Hiob*-Paraphrasen. Auch in Frankreich wurde Hiobs Name gleichnishaft auf leidvolle Gestalten der Gegenwart angewendet (E. Ned, *Job le glorieux,* R. 1933; A. de la Touche-Espé, *Job,* R. 1938) und der Bezug zum politischen Schicksal des Landes hergestellt (L. Chancerel, *Job 41,* Dr. 1941; R. Icard, *Job,* Dr. 1941).

Das Glaubensproblem des aus der Sicherheit der Existenz gestoßenen Menschen, als dessen exemplarischer Fall Hiob in der Literatur seit den zwanziger Jahren galt, wurde damit erneut fruchtbar (J. Hilbert, *Job,* Dr. 1928; P. Zech, *Zuletzt bleibt Hiob,* Dr. 1928; H.-J. Haecker, *Hiob,* Dr. 1937). Durch Rückgriff auf den jüdischen Ursprung des Stoffes gelang J. Roth (R. 1930) eine besondere Annäherung an seine Problematik; er parallelisierte Hiob mit einem nach Amerika auswandernden Juden, der in seinen Kindern geschlagen, aber durch die wunderbare Heilung eines Sohnes schließlich zu Gott zurückgeführt wird. Die Zeit nach dem Zweiten Weltkrieg empfand sich selbst im Zeichen des Existentialismus als »Hiob-reif« (H. Ehrenberg, *Hiob – der Existentialist* 1952), H. Welti (*Hiob, der Sieger,* Dr. 1954) verglich Hiobs Schicksal mit dem Johannes Keplers. Der Hiob R. Lauckners (Dr. 1955) erkennt, daß Gott weder der gerechte Richter, an den seine Freunde glauben, noch der sinnlos strafende Weltherrscher seiner eigenen Vorstellung ist, sondern daß vor Gott alles einen anderen Sinn und andere Ausmaße annimmt als in den Vorstellungen des Menschen; mit der Magd, die ihm treu geblieben ist, beginnt Hiob ein neues Leben. P. Claudel, der schon 1913/14 eine dichterische Bearbeitung des Toten-Offiziums (*Commemorations des Fidèles Trépassés* 1915) schuf, setzte mit *Le livre de Job* (1947) und *Réponse à Job* (1957) die romantische Auffassung fort: Hiob ist der Zweifler und Ankläger, der den Schöpfer vor das Gericht des Menschlichen Geistes zitiert und doch die Gewißheit von Gottes Güte erfährt. A. MacLeishs *Spiel um Job* (Dr. 1958), das Hiobs Schicksal an einem modernen Menschen wiederholt und am Schluß, unter Dämpfung der wunderbaren Belohnung Hiobs, im Zeichen eines neuen Glaubens auch einen neuen Lebensansatz des Ehepaars sichtbar werden läßt, zeichnet sich durch die von zwei alten Schauspielern gespielten »Rollen« Gottes und des Teufels aus, mit denen sich die Darsteller allmählich identifizieren.

Besondere Betroffenheit durch den Stoff galt für die durch

Verfolgung und Martyrium bedrohten jüdischen Autoren. Die Unmittelbarkeit des Erlebten führte zur Selbstidentifikation mit Hiob in lyrischer Aussage bei Mascha KALÉKO (*Enkel Hiobs* 1938), K. WOLFSKEHL (*Hiob oder die vier Spiegel* 1950), Nelly SACHS (*Fahrt ins Staublose* 1961 u. ö.) und Ivan GOLL (*Traumkraut* 1951).

Rückbesinnung auf die Bibel zeitigte in der deutschen Nachkriegsliteratur bei E. SCHAPER (*Die Söhne Hiobs,* Erz. 1962) die Auseinandersetzung mit der Schuld der Väter, bei H. HEISSENBÜTTEL (*Hiobsbotschaft,* 1990) und F. ZORN (*Mars,* R. 1979) mit der Erziehung. Während G. KUNERT (*Hiob gutbürgerlich,* Erz. 1971) den Ausgang mit Gottes Wiedergutmachung ins Groteske verzerrte, werden Hiobs Fragen von E. KRONEBERG (*Keine Scherbe für Hiob,* R. 1964) und P. HENISCH (*Mir selbst auf der Spur, Hiob,* Gedichte 1977) zwar ernst genommen, aber Antworten nicht gefunden.

J. Hügelsberger, Der Dulder Hiob in der deutschen Literatur, Diss. Graz 1930; H. Maclean, The Job Drama in Modern Germany, (AUMLA 2) Melbourne 1954; A. Hausen, Hiob in der französischen Literatur, 1972; dies., Adaptaciones del oficio de difuntos ›a lo humano‹ (Iberoromania 10) 1979; U. Schrader, Die Gestalt Hiobs in der deutschen Literatur seit der frühen Aufklärung, 1992.

**Hippolytos** → Phädra

**Hofer, Andreas.** Das Schicksal des »Sandwirtes« Andreas Hofer (1767–1810) aus dem Passeiertal, der während der Erhebung Österreichs gegen Napoleon 1809 als gewählter Landeskommandant der Tiroler einen Volkskrieg führte und durch seine beiden Siege am Berge Isel Franzosen und Bayern aus dem Lande vertrieb, den Kampf fortsetzte, als Österreich den Krieg bereits verloren und sich im Waffenstillstand von Znaim zur Räumung Tirols verpflichtet hatte, der Übermacht schließlich weichen mußte, von einem Knecht verraten, gefangengenommen und von den Franzosen in Mantua erschossen wurde, ist schon von zeitgenössischen Patrioten besungen worden. Jedoch waren Lieder auf ihn und die ersten Dramatisierungen des Stoffes, die Trauerspiele von J. K. v. WÖRNDLE (1817) und Ph. B. MAYR (1814) sowie die Oper von A. LORTZING (1833) nicht nur während der Dauer der napoleonischen Herrschaft, sondern auch noch in der Folgezeit verboten; Hofer galt dem Metternich-Regime nicht so sehr als nationaler Kämpfer gegen die Franzosen wie als eigenmächtiger Exponent des Volkswillens, der die Botmäßigkeit gegen den Kaiser verletzt hatte. Diese politischen Gesichtspunkte zu Beginn der Entwicklung des Stoffes zeigen bereits die besonderen Züge, durch die das Motiv des ↑ Rebellen und Freiheitskämpfers im Falle der Hofer-Fabel bestimmt war und die alle Versuche, den Hofer-Stoff nach Art des → Tell-Stoffes zu interpretieren, zum Scheitern verurteilten. Der unglückliche Ausgang war nicht allein durch die Übermacht des Feindes bedingt, sondern vor allem dadurch, daß der Volkskrieg der Tiroler nur ein kleiner Teil einer gesamteuropäischen Auseinandersetzung war, in die Hofer und seine Gefährten eingriffen, ohne die größeren Zusammenhänge zu überblicken. Hofer wollte einerseits nur für Tirol und mußte andererseits auch für Österreich und seinen Herrscher handeln. Sein Verhältnis zum Kaiser, das aus kindlicher Loyalität und überheblichem Stolz seltsam gemischt und durch die Enttäuschung völlig gestört war, gab den Taten Hofers etwas Unfreies, Gehemmtes und fast Passives. Sein Schicksal entscheidet sich außerhalb seines Blickfeldes und Handlungskreises. Auch seine Stellung zu Beratern und Mitkämpfern ist nicht immer eindeutig und unabhängig. B. AUERBACH, K. IMMERMANN, der selbst ein Hofer-Drama schrieb, und F. HEBBEL haben den widerstrebenden Charakter des Stoffes, die Beschränktheit seines Helden und den dadurch bedingten Mangel einer tragischen Wirkung festgestellt. Zwei Hofer-Dramen F. de la Motte FOUQUÉS blieben ungedruckt, Pläne Otto LUDWIGS unausgeführt.

Keines der etwa 80 Hofer-Dramen hat dem Stoff eine künstlerische Gestaltung und den Tag überdauernde Wirkung verleihen können. Die Interpretation schwankt zwischen der Idealisierung Hofers zum entschlossenen heroischen Freiheitskämpfer (J. K. v. Wörndle; Lortzing; K. DOMANIG 1896/97) und den realistischeren, aber deswegen dramatisch nicht überzeugenderen Versuchen, den an seinem eigenen Auftrag und Recht zweifelnden (Ph. B. Mayr), zaudernden und passiven (K. IMMERMANN, *Ein Trauerspiel in Tirol* 1826; L. v. FERRO / E. MOOR, Oper 1902), im Konflikt mit der Dynastie schließlich aufgeopferten (B. AUERBACH, *Andre Hofer* 1850), trotzig verrannten und dann reuig büßenden Hofer (F. KRANEWITTER 1902) zu zeigen. Interessant ist K. SCHÖNHERRS Lösung (*Der Judas von Tirol* 1927), Hofer nicht auftreten, aber seine Ausstrahlungskraft in der Wirkung seiner Gefangennahme auf die Bauern und in der Erbärmlichkeit des Verräters sichtbar zu machen, der durch soziale Ungerechtigkeit in die Judasrolle hineingedrängt wird. G. FRASER (*Prozeß in Mantua* 1955) stellte aus ähnlicher Einschätzung des Stoffes Hofers Offizialverteidiger in den Mittelpunkt der Handlung. Wie Schönherrs Stück, so haben auch andere Bearbeitungen als Volks- und Heimatspiele eine lokal begrenzte, aber immer wieder dankbare Aufnahme gefunden (A. J. LIPPL, *Das Erler Hofer-Spiel* 1927).

Auch die erzählerischen Darstellungen des Stoffes, die vor den dramatischen die Möglichkeit zur Schilderung von Milieu, Volkscharakter und Zeitkolorit voraushaben, sind nicht von großer Bedeutung gewesen (F. LENTNER 1841). Stärkere Wirkung ließ sich auch hier erzielen, wenn die Autoren ihr Interesse dem Verräter Raffl zuwandten (H. DREYER, *Die Kinder des Verräters* 1862; P. ROSEGGER, *Der Judas von Tirol* 1890). In einer wirklich großen epischen Darstellung müßte die Verteilung der Gewichte gewahrt werden und der tirolische Kampf nur ein Rädchen in der großen Auseinandersetzung mit Napoleon und den Ideen der Französischen Revolution sein. An einer auf die Tiroler Vorgänge konzentrierten Darbietung wie der E. H. RAINALTERS (*Der Sandwirt*, R. 1935) wird die Isoliertheit Hofers, der schon vom übrigen Österreich wie durch

eine Wand getrennt und über den Gang der politischen und militärischen Ereignisse nicht genau informiert ist, besonders deutlich.

Am besten hat sich der Hofer-Stoff mit seinen Stimmungswer-
ten und rührenden Akzenten in der volkstümlichen Ballade und im
Rollengedicht bewährt. In ihnen sind alle Stationen von Hofers
Leben, seine Kriegstaten (W. WORDSWORTH, *Hofer* 1809; J. v.
EICHENDORFF, *Die Tiroler Nachtwache* 1810), seine Haltung gegen-
über seinen Anhängern wie gegenüber Kaiser Franz und Napoleon
(M. v. SCHENKENDORF, *Die Studenten*; W. KUCK, *Die Botschaft
Napoleons*; K. v. THALER, *Die Gnadenkette* 1867), sein Tod (Th.
KÖRNER, *Andreas Hofers Tod* 1813; J. MOSEN, *Andreas Hofer* 1831)
und sein Denkmal (F. TREITSCHKE, *Vor Hofers Standbild* 1833; J. ER-
LER, *Vor seinem Standbild*) besungen worden. In J. Mosens »Zu
Mantua in Banden ...« fand diese hauptsächlich von österreichi-
schen Autoren bestrittene Lyrik ihren volkstümlichen Höhepunkt.

A. Dörrer, Andreas Hofer auf der Bühne, 1912; W. Kosch, Andreas Hofer im
Leben und in der Dichtung, 1916; E. Castle, Andreas Hofer bei den neueren
Tiroler Dramatikern, (Österreichische Rundschau 1) 1934/35.

**Hohenstaufen.** Die für die politische und kulturelle Geschichte
des deutschen Mittelalters so glanzvolle Epoche des schwäbischen
Geschlechtes der Hohenstaufen (1138–1254) ist in der Stoffgeschichte der neueren deutschen Literatur ein sehr umfangreiches,
aber ergebnisloses Kapitel geworden. Mit Ausnahme des schon
früh die Gemüter bewegenden Schicksals des auf dem Schafott
geendeten jugendlichen letzten Staufen → Konradin wurde das
Staufer-Thema erst durch die epochemachende historische Darstellung Friedrich v. RAUMERS (*Geschichte der Hohenstaufen* 1824–26)
zum Gegenstand literarischen Interesses; es ist in seiner Entwicklung und Nuancierung aufs engste mit der deutschen Einheitsbewegung und der Erneuerung der Reichsidee verbunden gewesen.

Außer den Versuchen, die beiden bedeutendsten Vertreter des
Geschlechtes, den im 19. Jahrhundert romantisch verklärten →
Friedrich I. Barbarossa und den in neuerer Zeit bevorzugten genialen → Friedrich II., dichterisch zu behandeln, hat man auch immer
wieder danach gestrebt, die politische und menschliche Tragik des
ganzen Geschlechts, das wie kaum ein anderes Herrschergeschlecht
einen einheitlichen Grundzug erkennen läßt und dessen Aufstieg
und Niedergang innerhalb eines Jahrhunderts gleichsam dramatisch vorgeprägt scheinen, in einer zyklischen Darstellung einzufangen. Solche Vorhaben sind von A. Graf v. PLATEN, Ch. D.
GRABBE (Doppeldr. 1829/30), K. IMMERMANN und C. F. MEYER
bekannt, doch ist es meist bei Plänen oder Torsi geblieben; andere
Begabungen, die sich oft durch ihr handwerkliches Geschick, ihre
nationale Begeisterung oder ihren Bildungseifer über die Schwierigkeiten des Unterfangens täuschen ließen, gelangten zum Ziel
(W. NIENSTÄDT, *Die Hohenstaufen*, zyklisches Drama in sieben
Abteilungen 1826; E. RAUPACH, *Die Hohenstaufen*, 16 Dramen

1837; A. KNAPP, *Die Hohenstaufen*, Gedichtzyklus 1839; C. MA-RENCO, *Manfredi, Arnaldo da Brescia, Arrigo di Suevia, Corradino di Suevia*, Dramen 1836ff.; P. ERNST, *Das Kaiserbuch* 1928; B. v. HEISELER, *Hohenstaufen-Trilogie* 1947). Bezeichnend für die mangelnde Stärke der Konzeption ist auch die Tatsache, daß sich die Bearbeiter häufig den letzten Hohenstaufen (D. M. MAINLÄNDER, *Die letzten Hohenstaufen*, dramatische Trilogie 1876) zuwandten, also Persönlichkeiten wie Manfred (F. W. ROGGE 1832; O. MARBACH, *Papst und König* 1836; F. ROEBER / C. REINECKE Oper 1867), Enzio (G. SCHILLING / Th. TÄGLICHSBECK Oper 1843; A. B. DULK / J. J. ABERT Oper 1862) und → Konradin, die nur die Opfer der Politik ihrer Vorfahren wurden und deren Schicksal daher mehr ein rührendes Romanzenthema (C. A. NICANDER, *Konung Enzio*, Romanzenzyklus 1827; W. WAIBLINGER, *Lieder aus Sorrent* 1829; C. F. MEYER, *Die gezeichnete Stirne*; R. LEONHARD, *Enzio und das Weib* Erz. 1918) als ein Vorwurf für ein Drama ist.

Der 1808 von A. W. SCHLEGEL in seinen Wiener Vorlesungen empfohlene Hohenstaufen-Stoff, der im Zeichen der Befreiungskriege in A. v. ARNIMS *Die Kronenwächter* (1817) symbolische Bedeutung erlangte, wurde im 19. Jahrhundert immer stärker zum Gegenstand kritischer und warnender Äußerungen und schließlich zum Schrecken der Verleger und Theaterleiter. Diese Kritik und die veränderten politischen und künstlerischen Anschauungen haben im 20. Jahrhundert ein starkes Zurückgehen des Interesses an dem Stoff zur Folge gehabt. Der Grund für den Mißerfolg dürfte nicht im Thema liegen, dem dramatische Bewegtheit und tragische Qualität nicht abzusprechen sind, sondern in dem inneren Abstand zwischen dem Stoff und dem realistischen und fortschrittsgläubigen 19. Jahrhundert, das dieses Thema oft verkitschte und durch den Historismus gehindert wurde, den Rahmen des Historiendramas zu sprengen; bezeichnend ist der fast durchweg auffallende enge Anschluß an Raumers Darstellung. Ansätze zu einer künstlerischen Überhöhung sind überall da anzutreffen, wo, wie bei Grabbe, eine tragische Geschichtsauffassung das Thema bestimmt oder, wie in manchen Balladen (STRACHWITZ, *Hie Welf* 1842; A. MIEGEL, *Die Staufen*), die Form zu einem Ausleseverfahren zwang, das in knappen Andeutungen und Momentbildern die tragischen Bezüge des Stoffes sichtbar machen kann.

W. Deetjen, Immermanns »Kaiser Friedrich der Zweite«, ein Beitrag zur Geschichte der Hohenstaufendramen, Diss. Leipzig 1901; W. Migge, Die Staufer in der deutschen Literatur seit dem 18. Jahrhundert (in: Die Zeit der Staufer 3) 1977.

## Holger Danske → Karl der Große

**Holländer, Der Fliegende.** Die Sage vom Fliegenden Holländer findet sich erst in Aufzeichnungen aus der ersten Hälfte des 19. Jahrhunderts und zeigt keine einheitliche Überlieferung. Die 1821 niedergelegte, an den holländischen Kapitän van der Decken geknüpfte Fassung erzählt von dem ihm zum Fluch gewordenen Schwur, seinen Versuch einer Umschiffung des Kaps der Guten Hoffnung trotz Gott und Teufel bis zum Jüngsten Tage fortzusetzen; das Erscheinen seines Schiffes kündet den ihm begegnenden Fahrzeugen Unheil an. Die an einen weiteren Seemann des 17. Jahrhunderts, Barend Fokke, anknüpfende Erzählung (1841) läßt den tollkühn und schnell dahinsegelnden Holländer schon zu Lebzeiten zum ↑ Teufelsbündner werden; als er eines Tages von einer Fahrt nicht zurückkehrt, glaubt man, daß er auf Grund des geschlossenen Paktes nun auf ewig verdammt sei, nie mehr einen Hafen anzulaufen und ewig vor dem Kap der Guten Hoffnung zu kreuzen. Eine von A. JAL 1832 veröffentlichte bretonische Fassung erscheint als eine Mischung der Motive: der gottlose Kapitän setzt entgegen den Bitten der Mannschaft die Fahrt um das Kap fort und wirft einen der Meuternden ins Meer; eine überirdische Gestalt erscheint ihm aus einer Wolke und verflucht ihn, ewig bei Sturm zu fahren und den Seeleuten Unglück zu bringen.

Das weitverbreitete Sagenmotiv vom unheilverkündenden Gespensterschiff erhielt durch den Schwur des Holländers und die darauf folgende Verfluchung sowie durch die Verknüpfung mit dem holländischen Ostindienhandel seine besondere, ins 17. Jahrhundert weisende Ausprägung. Die Lokalisierung am Kap der Guten Hoffnung ergibt für die Entstehung der Sage das Jahr 1497, in dem das Kap entdeckt wurde, als terminus post quem, und tatsächlich weist schon die älteste Darstellung von Vasco da Gamas Kapumseglung durch Gaspar CORREIA (*Lendas da India* Mitte 16. Jh.) die Keime der Holländersage auf: die gegen den Willen der Mannschaft durchgesetzte Weiterfahrt, die Drohung, Widerstrebende ins Meer zu werfen; Vasco da Gama läßt den Steuermann gefangensetzen, wirft sämtliche Seekarten ins Meer und verkündet seiner Mannschaft, daß nunmehr Gott der alleinige Steuermann sei. Was hier als äußerstes Gottvertrauen erscheint, wird in der Sage zu Vermessenheit und Teufelsbündnerei. Daß die Darstellung Correias bereits sagenhafte Ausgestaltung war, ergibt sich aus dem inzwischen aufgefundenen Bericht eines Mitfahrenden, nach dem die Kapumseglung in Wirklichkeit ohne besondere Schwierigkeiten verlief. Die sagenhaften Abänderungen erklären sich wahrscheinlich durch den Eindruck, den die schwierige Kapumseglung des Bartolomeu Diaz und dessen bei einer späteren Fahrt vor dem Kap erfolgter Seetod hervorrief. CAMÕES' *Lusiaden* (1572) statteten Vasco da Gamas Kapumseglung schon mit dämonischen Zügen aus: der Geist des Kaps reckt sich drohend vor dem Schiffe und kündet dem Entdecker Rache an; in der düsteren, herrischen Persönlichkeit da Gamas scheint der Charakter des Fliegenden Holländers vorgeprägt.

Während die Sage in der volkstümlichen Überlieferung ihre dämonischen Züge einbüßte, dem allgemeinen Aberglauben an Gespensterschiffe angeglichen wurde und das Interesse sich dem Auftreten des Fliegenden Holländers und seiner Wirkung auf die begegnenden Schiffe zuwandte, haben die etwa gleichzeitig mit der schriftlichen Fixierung der Sage auftauchenden literarischen Bearbeitungen zwar Person und Schicksal des Holländers wieder in den Mittelpunkt gestellt, aber den titanischen Charakter der im Zeitalter der Entdeckungen geprägten Gestalt meist sentimentalisiert.

Die Kenntnis des Gespensterschiff-Motivs wurde durch COLERIDGES visionäres Gedicht *The Ancient Mariner* (1798) und eine Erwähnung in W. SCOTTS *Rokeby* (1812) erneuert und durch HAUFFS orientalisch aufgeputzte Novelle (*Das Gespensterschiff* 1825) sowie MARRYATS Roman (*The Phantom Ship* 1839) verbreitet. V. HUGO (*Les paysans au bord de la mer* 1859) schilderte das Entsetzen beim Erscheinen des Spukschiffs. Der knappe Hinweis in HEINES *Reisebildern aus Norderney* (1827), der die Briefe an längst Verstorbene erwähnt, die das Geisterschiff begegnenden Seglern mitzugeben pflegt, beruht auf M. H. HUDTWALKERS *Bruchstücke aus Karl Bertholds Tagebuch* (R. 1826). Die ausführlichere Erzählung in den *Memoiren des Herrn von Schnabelewopski* (1834) dürfte mit Kenntnis des Schauerdramas *The Flying Duchman or the Phantom Ship* (1826) von E. FITZBALL entstanden sein, der das Motiv der liebenden Frau einführte, das Heine zu einem Erlösungsmotiv ausweitete und das von R. WAGNER dann in seiner nach Heines Skizze ausgestalteten Oper (1843) zum tragenden Thema gemacht wurde: Senta entsagt dem Jugendgeliebten Erik und dem irdischen Glück, um dem unseligen Holländer die ersehnte Rettung zu bringen. J. WOLFFS episches Gedicht (1892) ließ das Erlösungsmotiv zwar wieder fallen, mischte den Stoff jedoch mit frei erfundenen, seinem Charakter noch weniger gemäßen Zügen, während er in KAFKAS *Jäger Gracchus* (1916/17) auf die endlose Fahrt im Todesnachen reduziert wurde.

W. Golther, Der Fliegende Holländer in Sage und Dichtung (in: Golther, Zur dt. Sage und Dichtung) 1911; G. Kalff, De Sage van den Vliegenden Hollander, naar Behandeling, Oorsprong en Zin onderzocht, Zutphen 1923; R. Engert, Die Sage vom Fliegenden Holländer, 1927; H. Gerndt, Fliegender Holländer und Klabautermann, 1971.

**Holofernes** → Judith

**Horatier und Curiatier.** LIVIUS und PLUTARCH berichten, daß unter Tullus Hostilius zwischen Rom und dem rivalisierenden Alba Longa ein Abkommen geschlossen wurde, nach dem der Streit um die Vorherrschaft von jeweils drei Kämpfern jeder Stadt ausgetragen werden sollte. Die Wahl fiel auf beiden Seiten auf drei Brüder, die Horatier in Rom, die Curiatier in Alba Longa. Zwei der Horatier fielen im Zweikampf, der dritte wandte sich scheinbar zur Flucht und gewann so den Vorteil, die ihn verfolgenden, verwundeten Gegner nacheinander besiegen zu können. Die

Schwester des Horatiers, die mit einem der Curiatier verlobt war, trat ihm nach dem Kampf wehklagend entgegen, was seinen Römerstolz so verletzte, daß er sie niederstieß und damit sein Leben verwirkte. Jedoch durch einen Appell an das Volk gelang es dem um Rom verdienten Mann, die Strafe abzuwenden.

Die klassisch klare und harte Fabel scheint sich mit ihrer inneren Dialektik – Römerehre gegen Familienliebe – als Stoff für ein Drama anzubieten, und klassizistisch orientierte Autoren des 17. bis 19. Jahrhunderts haben sie auch dazu genutzt. Als aber das – im Grunde unrömische – Pathos barocker Staatsgläubigkeit erlosch, kühlte sich die leidenschaftliche Handlung zum Mechanismus der typischen »Römertragödie« ab. Es stellte sich heraus, daß der Plot zu glatt aufging, um Ausdeutungen und Wandlungen Raum zu geben. Änderungen und Erweiterungen waren allenfalls an Randmotiven möglich; das Hauptmotiv jedoch blieb starr und konnte nur als Wiederholung von schon Bekanntem eingesetzt und empfunden werden.

Das erste Horatier-Drama, Pietro ARETINOS *L'Horatia* (1546), verengte noch den Konflikt: der Horatier ersticht die Schwester Clelia, die um ihren gefallenen Bruder klagt; der Stolz des Siegers findet sich also schon durch die Klage um den eigenen Bruder, nicht etwa um einen Feind, verletzt. Die in den Anfang des 17. Jahrhunderts gehörende Bearbeitung LOPE DE VEGAS *El honrado hermano* zeigt gegenüber dieser renaissancehaften Strenge eine barocke Anschwellung des Stoffes und zugleich die spanische Unbekümmertheit, mit überkommenem Grundmaterial umzugehen. Erst im dritten und letzten Akt erfolgen der Wettkampf und die Tötung der Schwester Julia, die schon vor dem Kampf ihre Gefühle für den Curiatier geltend und dann das Schwert des Bruders stumpf zu machen sucht. Bis dahin spielt sich eine den Quellen fremde Liebesintrige ab, bei der die Geliebte des Oratio durch die in Männerkleidung auftretende Julia vor einer unerwünschten Heirat bewahrt wird und am Ende des zweiten Aktes beide Parteien in einem Liebesidyll vereint sind. Die Variante, daß der alte Vater der Horatier den ihm verbliebenen Sohn vom Volk freibittet, teilt Lope mit P. CORNEILLE (*Horace* 1640), der eine wesentlich zielstrebigere und stoffgemäßere Komplizierung des Plots durch Verdoppelung der Liebesbeziehungen zwischen den Feinden erfand: der älteste Horatier ist mit der Schwester der Curiatier verheiratet und seine Schwester Camilla mit einem der Curiatier verlobt. Horace, der seine eigenen Familienbindungen um des Vaterlandes willen hintanstellte, darf sich also eher berechtigt fühlen, die Klage der solcher Überwindung nicht fähigen Schwester als unehrenhaft anzusehen. Der von Corneille erstrebten Rechtfertigung des heroisch-politischen Menschen entspricht es, wenn gebührender Raum der berühmten Szene des über die vermeintliche Flucht seines Sohnes empörten Vaters zugewiesen wird, der auf die Frage, was sein Sohn denn gegen drei Feinde hätten tun sollen, lakonisch antwortet: sterben! Zu der Verteidigung des Sohnes vor dem Volk kann er sich erst nach schweren Vorwürfen gegen ihn entschließen. Corneilles klassizistische Mustertragödie hat mehrfach Bearbeiter und Nachahmer gefunden. J. Wetter (*Horatier und Curiatier* 1654) schuf eine freie Bearbeitung im Stil des deutschen Hochbarock und W. Whitehead (*The Roman Father* 1750) eine sehr erfolgreiche englische Version im Stil des englischen Klassizismus des 18. Jahrhunderts. Auch der Text von A. Salieris Oper *Les Horaces* (1786) von N.-F. Guillard ist nach Corneille gearbeitet.

Die letzte Welle des Klassizismus im Gefolge der deutschen Klassik erbrachte die Dramatisierungen von H. J. v. Collin (1811) und C. W. Marschner (1890), die deutlich den Stempel des Epigonentums tragen. Collin zeichnete die Zwistigkeiten zwischen Rom und Alba Longa sowie den Kampf der Brüder als Folge der Machtgelüste des Diktators von Alba Longa, der die Familie der Curiatier schädigen will und bewußt deren Familientragödie heraufbeschwört. Die römische Schwester will ihrem Mann, dem Curiatier, nachsterben, wirft sich zuerst vor des Bruders Triumphwagen und beleidigt ihn dann durch ihren Fluch auf Rom. B. Brecht (*Die Horatier und die Kuriatier* 1958) ging es um ein Lehrstück über den Sieg des Klügeren; die von ihm eliminierte Schwester bezog H. Müller (*Horatier* Dr. 1973) wieder ein und ließ den Schwestermörder zwar mit Lorbeer krönen, aber dann enthaupten.

**Huon de Bordeaux.** Die Sage von Huon de Bordeaux gehört zu den Erzählungen über Auseinandersetzungen → Karls des Großen mit seinen Vasallen. Sie knüpfte sich jedoch ursprünglich an ein Ereignis aus der Zeit Karls des Kahlen: dessen Sohn wurde 864 im Zweikampf tödlich verwundet, der Mörder floh, als er den Sohn des Königs erkannt hatte, außer Landes; die Gestalt des Landflüchtigen wurde verschmolzen mit der Hugos von Bordeaux, der gleichfalls nach einem Zweikampf Frankreich verlassen mußte. Die Sage, deren älteste Fassung aus dem 13. Jahrhundert stammt, erzählt, daß Huon mit seinen Brüdern auf dem Wege zu Karls Hof überfallen wird und dabei unwissentlich Karls Sohn erschlägt. Der König mildert die anfänglich verhängte Todesstrafe in eine Bußfahrt nach Bagdad, wo Huon die Barthaare und vier Backenzähne des Emirs erbitten, einen vornehmen Sarazenen bei Tische erschlagen und der Tochter des Emirs drei Küsse geben soll. Mit Hilfe des Elfenkönigs Auberon gelingen Huon die Aufgaben, er kehrt mit der Tochter des Emirs als seiner Frau an den Hof Karls zurück.

Die Huon-Sage hat, wie aus der *Chronique de France* (14. Jh.) und einem Prolog zu *Lohrainc* (14. Jh.) hervorgeht, ursprünglich ohne Beziehung zu dem magischen Oberon-Motiv bestanden, wuchs jedoch erst durch die Verbindung mit ihm zu einem reizvollen Fabulierstoff heran. Die in germanischer Tradition verwurzelte

Gestalt des Zwergenkönigs Alberich wird schon in der Chronik HUGOS VON TOUL (12. Jh.) erwähnt, begegnet im *Nibelungenlied* als Hüter des Hortes und wird im *Huon*, in eine freundliche, schöne, christliche Gestalt verwandelt, zu einer der tragenden Figuren des Stoffes. In der stark erweiterten Turiner Handschrift (1311) ist dem *Huon-Roman* ein eigener *Auberon-Roman* als Prolog vorangestellt, in dem Auberon als ein Sohn Cäsars und der Fee Morgue, die Cäsar am Hofe des → Artus kennengelernt hat, eingeführt wird. Die Feenwelt der Artus-Sage und morgenländische Märchenmotive entfernten den Stoff von der härteren Welt der Karlssage. Die große Wirkung der Oberon-Gestalt ist an der Nachahmung des Huon-Stoffes in dem zum langobardischen Sagenkreis gehörigen mhd. *Ortnit* (um 1230) und an dem französischen Prosaroman *Ysaïe le Triste* (1552) abzulesen, in dem einem Sohne → Tristans und Isoldes ähnliche Abenteuer mit Auberon zugeschrieben werden. Das auf dem Prosaroman beruhende Spiel *Jeu de Huon de Bordeaux* (16. Jh.) ist nicht erhalten.

In England erlangte der Huon-Stoff durch eine von Lord BERNERS 1525–33 angefertigte Übersetzung des französischen Volksbuches (1513) Beliebtheit; 1593 spielten die Schauspieler des Earl of Sussex einen *Huon de Bordeaux*. Vor allem aber löste man die Gestalt des Elfenkönigs aus dem Stoff heraus und verwandte ihn unabhängig davon, so R. GREENE in seinem Drama *James IV* (1590), SPENSER in seiner *Faerie Queene* (1590–96), SHAKESPEARE im *Sommernachtstraum* (1595) und Ben JONSON in einem Maskenspiel *Oberon the Fairy Prince* (1610); ein Drama über Oberon wurde 1591 vor Königin Elisabeth aufgeführt. Spenser gab Oberon die Feenkönigin Titania zur Seite, deren Zwist mit dem Gemahl dann bei Shakespeare einen der drei Handlungsstränge des Dramas ausmacht. Oberon taucht auch als eine Nachwirkung Shakespeares bei DRAYTON, RANDOLPH und HERRICK auf.

Ch. M. WIELAND schloß sein Versepos *Oberon* (1780) wieder an den altfranzösischen Huon-Stoff an, den er durch einen Auszug in TRESSANS *Bibliothèque des Romans* (1778) kannte; die Bereicherung durch Titania weist auf Wielands Kenntnis des von ihm übersetzten *Sommernachtstraums*. Er erneuerte den Stoff aus dem Geiste der Humanität und stellte ihn unter den Begriff der Prüfung und der Treue, die sich auch bewährt, wenn die Zaubermittel fehlen. Wielands Fassung lockte zur Verwendung als Oper (K. L. GIESECKE/P. WRANITZKY 1781; F. SCHILLER, Entwurf 1787; F. GRILLPARZER, *Der Zauberwald*, Fragment 1808) und erfuhr durch C. M. v. WEBERS Musik (1826, engl. Libretto J. R. PLANCHÉ nach der engl. *Oberon*-Übersetzung von W. SOTHEBY) vertiefte Wirkung.

F. Lindner, Über Beziehungen des Ortnit zu Huon de Bordeaux, Diss. Rostock 1872; J. C. Riedl, Huon de Bordeaux in Geschichte und Dichtung, (Zs. f. vgl. Lit.gesch. NF 3) 1890; F. Lindner, Zur Geschichte der Oberonsage, 1902.

**Hutten, Ulrich von.** Der deutsche Reichsritter, Humanist und Poeta laureatus Ulrich von Hutten (1488–1523), der als junger Mensch dem Kloster entlief, in Köln und Erfurt studierte und seitdem ein Wanderleben in Italien und Deutschland führte, erwarb seinen Ruhm durch die Unerschrockenheit, die Wahrheitsliebe und den Freiheitsdrang, mit denen er in Flug- und Streitschriften hervortrat: für seinen ermordeten Vetter Hans von Hutten, für den Humanismus (2. Teil der *Dunkelmännerbriefe*), für die Stärkung des Kaisers und des Rittertums gegen die Machtansprüche der Fürsten, für die Reformation und die deutschen Belange gegen das Papsttum. Als die kriegerische Unternehmung seines Freundes Franz von Sickingen zusammenbrach, floh er nach Basel, wurde dort von Erasmus von Rotterdam abgewiesen und begab sich in den Schutz Zwinglis, der ihm auf der Insel Ufenau im Zürichsee Asyl gewährte, wo er an der grassierenden Lustseuche starb.

Der vielbearbeitete Hutten-Stoff entbehrt des Mittelpunktes; es ergibt sich weder eine große epische Linie noch ein dramatischer Konflikt, kaum ein paar theaterwirksame Szenen lassen sich Huttens Biographie entnehmen. Die zahlreichen dramatischen Bearbeitungen entstanden aus einer verfehlten Einschätzung des Kämpferischen in Huttens Charakter. Das Kämpferische liegt hier nicht in der Tat, sondern in Wort und Schrift, kann also auf der Bühne nicht sichtbar gemacht werden und erschöpft sich in Zitaten aus seinen Werken. Huttens Leben zersplitterte sich bei Einzelkämpfen und Schicksalsschlägen, an denen er sich aufrieb. Sein Dasein kann daher in den pragmatischen Dichtungsgattungen wohl als Randmotiv wirksam sein, ist aber kaum als Stoff tragfähig. Dagegen kann es durch seinen Gefühlsgehalt und Symbolwert in lyrischepischen oder lyrisch-dramatischen Mischformen zum Thema werden: als Vorbildsgestalt für Preis- und Kampflieder und elegische Betrachtung. Der Hutten-Stoff gewann in Zeiten Bedeutung, die seinen Kampf mit den eigenen Zielen gleichsetzten. Neben deutschen haben auch zahlreiche Schweizer Autoren, für die Hutten durch sein Exil bedeutsam wurde, den Stoff bearbeitet.

Schon nahezu zu Huttens Lebzeiten entstand ein Volkslied von Cunz LEFFEL zu seinem Lobe. Dann geriet Hutten lange Zeit in Vergessenheit und wurde erst von J. G. HERDER wiederentdeckt, der einen begeisterten Aufsatz über ihn schrieb (1776 im *Deutschen Merkur*, abgeändert unter dem Titel *Denkmal Ulrichs von Hutten* 1793 in der 5. Sammlung der *Zerstreuten Blätter*). Durch ihn angeregt, erschienen am Ausgang des 18. Jahrhunderts in der Schweiz mehrere Lebensbeschreibungen Huttens. Ch. J. WAGENSEIL wagte eine Herausgabe seiner Werke, die er aber nach dem 1. Band (1783) wegen mangelnden Zuspruchs einstellen mußte. Wagenseil hat auch als erster neuerer Autor ein Gedicht auf Hutten verfaßt (1785).

Entscheidend für die Eroberung des Hutten-Stoffes durch die Literatur wurden die Burschenschaftsbewegung und die Demagogenverfolgung. Die politische Dichtung des Vormärz erhob Huttens lateinische und deutsche Aussprüche zu politischen Leitworten, vor allem, nachdem die Ausgabe von Huttens Werken durch den Burschenschafter E. J. H. MÜNCH (1821–25) die dazu nötige Kenntnis der Schriften vermittelt hatte. Die Hutten-Dichtungen setzten im Jahre des Wartburgfestes 1817 ein, in dem L. WÄCHTER ein an die deutsche Jugend gerichtetes, als Flugschrift gedrucktes Gedicht im Stil und im Namen Huttens erscheinen ließ; 1828 erschien das erste Hutten-Drama *Ulrich Hutten in Fulda* von Ch. E. K. Graf zu BENZEL-STERNAU, bezeichnenderweise eine Art Laienspiel, dem mit kurzen Abständen andere Dramatisierungen von R. v. GOTTSCHALL (1843), E. HOBEIN (1846), H. KÖSTER (1846) und sogar eine Oper von Th. A. SCHRÖDER und F. SCHMEZER (Musik A. FESCA, 1849) folgten, die Hutten völlig zum Vertreter burschenschaftlicher Ideen machte. In den dreißiger Jahren trug sich LENAU mit dem Plan eines Hutten-Epos, das zu einer Trilogie Hus – Savonarola – Hutten gehören sollte. Der Schweizer A. E. FRÖHLICH verwirklichte diesen Gedanken (1845) mit rhetorischer Breite in Nibelungenstrophen. Neben diesen durchaus unbedeutenden Versuchen am Hutten-Stoff erreichte die Hutten-Lyrik eine gewisse Höhe. Die Huttens Schriften verwandte kämpferische Grundhaltung, ihre Richtung gegen Fürstenherrschaft und Ultramontanismus, das ähnliche Schicksal der politischen Flüchtlinge, das häufig auch in die Schweiz führte, dies alles gab seit G. HERWEGHS *Ufenau und St. Helena* (in *Gedichte eines Lebendigen* 1841) den an die Gestalt Huttens anknüpfenden lyrischen Aufrufen, Klagen, Angriffen und Rollengedichten von F. FREILIGRATH, E. DULLER, HOFFMANN VON FALLERSLEBEN, D. F. STRAUSS, R. PRUTZ u. a. den Ton echten Erlebnisses. Als ein Nachklang dieser Epoche kann die grundlegende Biographie von D. F. STRAUSS gelten (1858); das durch sie vermittelte Detail und der Fortfall des politischen Elans haben dem Stoff dann in der Epoche des Historismus seine tragfähigste Seite, seine Zündkraft, genommen.

C. F. MEYERS aus persönlicher Situation hervorgegangene einzigartige Formung des Stoffes (*Huttens letzte Tage* 1871) hat im Grundsätzlichen Vorgänger: schon W. RUCKMICH (1844), A. SCHLOENBACH (1862) und K. A. TÜRCKE (*Hutten auf Ufenau* 1865) waren auf den Gedanken gekommen, der Meyer von Beginn an der einzig mögliche schien: das Leben Huttens in einem Gedichtzyklus einzufangen. Entscheidend war jedoch, daß Meyer es »wagte, Huttens vergangenes Leben in den Rahmen seiner letzten Tage zusammenzufassen«, so das Diffuse des Stoffes aufhob und ihn kaleidoskopartig in Erinnerungen und symbolhaften Ereignissen, auf den elegischen Grundton gestimmt und schon aus der Sicht von einem anderen Ufer her, vorübergleiten ließ.

Mit den achtziger Jahren sank der Stoff zum Thema von Säkulardichtungen, Festspielen und Volksschauspielen herab. Für die nicht mehr nationalrevolutionären, sondern sozialrevolutionären Ziele des ausgehenden 19. und des beginnenden 20. Jahrhunderts verlor die Gestalt Huttens an Interesse. In der durch F. v. LASSALLES Drama *Franz von Sickingen* (1859) ausgelösten Sickingen-Debatte stellte K. Marx fest, daß Sickingen und Hutten als Vertreter einer untergehenden Schicht ungeeignet für tragische Helden seien und Thomas → Münzer als Stoff einer Tragödie geeigneter gewesen wäre. Dennoch haftete Hutten ein so starker Nimbus an, daß ihn der frühsozialistische Schriftsteller M. Wittich (*Ulrich von Hutten,* Dr.) noch 1887 als Vorbildfigur für das Proletariat feierte. Eine gewisse Belebung erfuhr er durch die politischen Strömungen der dreißiger Jahre dieses Jahrhunderts, so etwa in mehrfachen Bearbeitungen von K. Eggers (Dr. 1933; R. 1934; *Ich hab's gewagt,* Gedichte 1937).

G. Voigt, Ulrich von Hutten in der deutschen Literatur, Diss. Leipzig 1905; E. Korrodi, Ulrich von Hutten in der deutschen Dichtung, (Wissen und Leben 5) 1911/12; A. Becker, Hutten-Sickingen im Zeitenwandel, 1936.

**Inés de Castro.** Die aus einem einflußreichen kastilischen Geschlecht stammende Inés de Castro (gest. 1355) kam als Ehrendame der Gemahlin des Infanten Dom Pedro, Constanze von Kastilien, an den portugiesischen Hof. Als Pedro eine Liebesbeziehung zu ihr anknüpfte, schickte sie König Alfons IV. nach Kastilien zurück, aber Pedro holte sie nach Constanzes frühem Tode wieder nach Portugal und lebte in aller Öffentlichkeit mit ihr zusammen. Aus Besorgnis um die Thronfolge, und um den Einfluß der de Castros einzudämmen, ließ der König Inés in Abwesenheit des Infanten nach einem Beschluß des Staatsrates enthaupten. Pedro erhob sich gegen den König, lenkte dann aber bald ein und übte erst nach dem Tode seines Vaters Rache: die nach Kastilien geflohenen Mitschuldigen an dem Todesurteil holte er im Austausch gegen kastilische Flüchtlinge, die in Portugal Gastrecht genossen hatten, zurück und ließ sie aufs grausamste foltern und töten; 1360 gab er eine Erklärung ab, daß Inés heimlich mit ihm vermählt gewesen sei, und bestattete ihre Leiche feierlich in der königlichen Gruft von Alcobaza. Seine weitere Regierung ist gekennzeichnet durch unbeugsam harte, wenn auch unbestechliche Verwaltung und Rechtsprechung, die ihm den Beinamen »der Grausame« eintrugen.

Das Motiv des herkunftsbedingten ↑ Liebeskonfliktes, den ein Gewaltakt löst, hat mit dem Inés-Stoff und seinen rund 200 literarischen Bearbeitungen (wobei die Opern nicht mitgezählt sind) eine außerordentliche Verbreitung gefunden. Das traurige Schicksal der unschuldig getöteten Frau, der Vater-Sohn-Konflikt, die Stellung des Herrschers zwischen Staatsräson und Menschlichkeit, die Eifersucht der rechtmäßigen Infantin und die Stellung der national empfindenden Ratgeber des Königs lassen den Stoff als ein vielfädiges, aber doch übersichtliches Gewebe erscheinen, dessen Personen sämtlich entwicklungsfähig und dessen Handlungsakzente variabel sind. Sein Gedeihen ist nicht an Epochen oder Nationen gebunden, und seine Entwicklung zeigt daher von der ersten literarischen Fixierung an ein nahezu gleichbleibendes Wachstum. Allerdings ist er hauptsächlich in den romanischen Ländern beheimatet; seine geringe Verbreitung in Deutschland ist wohl auf eine Verdrängung durch den verwandten → Agnes-Bernauer-Stoff zurückzuführen. Einige der dem Stoff bald aufgeprägten poetischen Motive – die Szene zwischen Inés und König Alfons, in der dieser von Mitleid erfaßt, von seinen Räten aber bald wieder umgestimmt wird, und die postume Krönung mit der Huldigung der Untertanen vor der Leiche – sind wohl durch die zu Pedros Lebzeiten entstandenen bildlichen Darstellungen auf den Sarkophagen in Alcobaza zu erklären, durch die König Pedro die Meinungsbildung geschickt im Sinne einer Entlastung seines Vaters und einer Legitimierung Inés' de Castro lenkte und durch die er selbst als der untröstliche Liebhaber und Rächer in die Geschichte einging; die Bedeutung dieser Bildwerke für die Entwicklung des Stoffes ist erst am Ende des 19. Jahrhunderts erkannt worden.

Der Stoff hat die ersten hundertfünfzig Jahre nur in den Chroniken gelebt. Von Fernão Lopes (*Crónica de el-rei D. Pedro I* Anf. 15. Jh.) ist nur die Darstellung der Ereignisse nach Inés' Tode erhalten, die eigentliche Liebesgeschichte findet sich vor allem bei Pedro López de Ayala (*Crónica del Rey D. Pedro*) und Ruy de Pina (*Crónica de el-rei D. Affonso o quarto*), bei letzterem schon mit der Unterredung zwischen dem König und Inés. Bei der Romanze des García de Resende (in *Cancioneiro Geral* 1516), die den Stoff in seinen bestimmenden Umrissen fixierte und vor der eine volkstümliche Tradition nicht erkennbar ist, handelt es sich um einen Monolog der Inés aus dem Jenseits, der die Szene zwischen Alfons IV. und Inés vergegenwärtigt, die ihn zu Mitleid mit seinen Enkeln zu bewegen sucht; die Ratgeber werfen jedoch dem König seine Schwäche und Unentschlossenheit vor, und Inés wird ermordet (nicht hingerichtet), ohne daß den Personen der Mörder in diesem lyrischen Rahmen weiteres Interesse geschenkt würde. Mit dem 3. Gesang von Camões' *Lusiaden* (1572) erreichte das Thema dann seine bedeutendste dichterische Verkörperung und wurde zum portugiesischen Nationalstoff. Pedro verweigert die Wiederheirat und veranlaßt dadurch den Entschluß des Königs, der zwar durch das Mitleid mit den Enkeln wankend gemacht wird, aber dem Drängen des Volkes nachgibt. In den *Lusiaden* wurde vor allem die Szenerie, die landschaftliche Staffage des Stoffes festgelegt: der Garten und die Quelle, an der Inés dem Dolch der Mörder erliegt. Diese Szenerie wurde zu Beginn des 17. Jahrhunderts in einem Gedicht Maria de Lara e Menezes' (*Saudades de D. Ignez de Castro*) durch bukolische Elemente bereichert und durch die elegischen Reflexionen des verlassenen Infanten ergänzt. Das Lyrisch-Monologische herrscht auch in der ersten Dramatisierung des Stoffes, Antonio Ferreiras berühmter Renaissance-Tragödie mit Chören *A Castro* (1587), vor: die Mutterliebe der bedrohten Inés und der Kampf des Königs zwischen Vaterliebe und Herrscherpflicht erreichen wirklich tragische Höhe, und die Ratgeber mit ihrem zweimaligen Einspruch sind ehrenhaft und handeln aus patriotischer Pflicht.

Mit der Dramatisierung des Stoffes war die Brücke zu Spanien geschlagen, dessen Dichter das Thema im 17. Jahrhundert dramaturgisch durchpflügten. Schon die beiden 1577 erschienenen Dramen von Fray Jerónimo BERMÚDEZ, *Nise Lastimosa* und *Nise Laureada*, zeigen sich von Ferreira beeinflußt; das erste schließt sich im Handlungsverlauf eng an diesen an, das zweite gibt als Fortsetzung die Ereignisse nach Inés' Tode, die Bestrafung der auch hier noch als ehrenhaft gezeichneten Mörder, die postume Krönung und Pedros Entwicklung zum blutdürstigen Tyrannen. Von Bermúdez inspiriert wurden zwei Balladen von Gabriel LASSO DE LA VEGA (1587). Unter den Nachfolgern auf dem Felde des Dramas entwickelte sich der Inés-Stoff zur Leidenschaftstragödie. Bei L. MEJÍA DE LA CERDA (1611) wird Inés nicht nur von Pedro, sondern zugleich von dessen Sohn Fernando und schließlich noch von einem abgewiesenen Freier geliebt, der dem König das Geheimnis der heimlichen Heirat verrät und Inés zuletzt umbringt. VÉLEZ DE GUEVARAS viel gespieltes und nachgeahmtes Stück *Reinar después de morir* (1. Hälfte 17. Jh.) führt die Auseinandersetzung der Geliebten mit der rechtmäßigen Verlobten Pedros, Blanca, ein, deren edelmütige Absicht, Inés zu retten, den Mord nicht verhindern kann. In beiden Dramen werden die späteren Ereignisse, der Tod des Königs und die Rache Pedros, der vor Schmerz von Sinnen ist, eng an die eigentliche Inés-Handlung herangezogen. Der König erscheint als milde und gerecht, vom Mord weitgehend entlastet. Ein Inés-Drama LOPE DE VEGAS ist verloren.

Der im Laufe des 17. Jahrhunderts durch die Übersetzungen der *Lusiaden* in ganz Europa bekanntgewordene Stoff, der in Spanien die eben beschriebene dramatische Ausprägung erfahren hatte, eroberte im 18. Jahrhundert auch die übrigen europäischen Literaturen. In Frankreich wurde er von Mlle S. B. de BRILLAC nacherzählt (1688) und von DESFONTAINES (1722) in galanter Version aufbereitet; Inés stirbt hier an Gift. Mit HOUDAR DE LA MOTTES Tragödie (1723) errang er einen Welterfolg, obgleich er in dieser bürgerlich-sentimentalen Version eigentlich seine Eigenart, die unbedingte Leidenschaft seiner Personen und den schicksalhaften Verlauf der Ereignisse, verlor: alle Personen sind ungeheuer edel – der König verzeiht, Constanze und Inés wetteifern in Opfermut, Dom Pedro ist durch Haft aus der Handlung ausgeschaltet; die Intrige ist einzig Pedros Stiefmutter, Constanzes Mutter, zugeschoben, die für die Zukunft ihrer Tochter kämpft. Berechtigung und Nichtberechtigung von Houdar de la Mottes Erfolg spiegeln sich in dem mindestens gleich großen Erfolg der Parodie von LEGRAND/DOMINIQUE (*Agnès de Chaillot* 1723). Die europäische Inés-Dramatik des 18. Jahrhunderts steht im Schatten Houdar de la Mottes, ob es sich nun um die zahlreichen italienischen Opern (u. a. A. GASPARINI/N. ZINGARELLI 1803), die deutschen Bearbeitungen von F. J. BERTUCH (1773) und Ch. L. SEIPP (1775) oder um die

portugiesischen Dramatiker handelt, die sich seit Domingos dos
Reis Quita (*A Castro* um 1765) um eine Erneuerung des Stoffes
bemühten, aber sich dem Einfluß Houdar de la Mottes nicht
entziehen konnten (Nicolau Luis 1772; Manuel de Figueiredo
1774); eine intrigante Frau als Gegenspielerin und der Tod durch
Gift wurden für lange Zeit beibehalten. Auch die geringen Ansätze
in England mit dem sentimentalen Roman von Aphra Behn (*Agnes
de Castro* 1688) und den auf ihr fußenden Dramen (C. Trotter
1696; D. Mallet 1763) stehen der französischen Tradition nahe, da
A. Behn Mlle de Brillacs Version als Vorlage benutzte.

Seine größte Verbreitung, wenn auch durchaus nicht seine
künstlerisch bedeutendste Epoche, erfuhr der Stoff durch die
Romantik, die jene geheimnisvollen und makabren Motive der
heimlichen Heirat und postumen Krönung sowie das südlich-
ritterliche Milieu bevorzugte und den Gegensatz zwischen Staat
und Individuum betonte. Die lyrischen Elemente des Stoffes
kamen erneut zu ihrem Recht, so in den Gedichten der Engländerin
F. D. Hemans (*Coronation of Ines de Castro* Anf. 19. Jh.) und der
Portugiesen M. M. Barbosa du Bocage (*A Morte de D. Ignés* 1824)
und A. F. Castilho (*A Fonte dos Amores*) oder in dem lyrisch-
musikalischen Einakter des Spaniers L. Comella (1799). Bezeichnenderweise hat Victor Hugo im Alter von 15 Jahren ein Inés-
Drama geschrieben, das in der Häufung düsterer Effekte, des
Giftmordes, der Gruftszene, der Erscheinung der Ermordeten,
seine Aufgabe sah; auch Portugals größter romantischer Dichter,
Almeida Garrett, plante ein Inés-Stück, das, nach Inés' Tode
beginnend, ein breites Zeitbild einfangen sollte.

Solcher Historisierung fiel der Stoff im 19. Jahrhundert, das etwa
60 Inés-Bearbeitungen aufweist, meist anheim. Die Fabel wurde
ausgeweitet und mit Nebenwerk belastet, die Möglichkeiten der
Intrigen- und Rachetragödien bis zur Entleerung ausgeschöpft; die
Akzente pendeln zwischen humaner Aufweichung und blutrünsti-
ger Entstellung des Konfliktes (Portugal: J. de Castilho, Dr. 1875;
Spanien: F. L. de Retes, Dr. 1868; Manuel Amor Meilán, *Reinar
después de morir*, R. 1906; Italien: G. Persiani / S. Cammarano,
Oper 1839; Frankreich: A. Poizat, Dr. 1912). Bezeichnend für
diesen Tiefpunkt in der Entwicklung sind die sehr spät einsetzen-
den deutschen Bearbeitungen, unter deren Verfassern sich kein
Name von hohem Rang befindet (Murad Efendi, Dr. 1872;
J. Lauff, Dr. 1893).

Die neueste Zeit scheint ihr Interesse einerseits dem psychologischen Problem zuzuwenden, das der aus Verzweiflung zum »Grausamen« werdende Pedro bietet (Portugal: H. L. de Mendonca, *A
Morta*, Dr. 1891; J. de Sousa Monteiro, *Dom Pedro*, Dr. 1903;
M. Mesquita, *Pedro o Cru*, Dr. 1916; A. Patricio, *Pedro o Cru*, Dr.
1918; der Brasilianer A. Caraco, Dr. 1941). Andererseits hat sie
sich der im Schatten der Ereignisse gebliebenen Constanze angenommen, die Gatten und Freundin verliert (Eugenio de Castro,
*Constança*, Gedicht 1900). Schließlich versuchte man, Alfons IV.

gerecht zu werden, ohne ihn im alten Sinne zu veredeln: der Amerikaner H. BLACK (*A Queen after Death*, R. 1933) sah in ihm einen Gegner laxer Moral und schönfärbender Romantik, der Franzose H. de MONTHERLANT (*La reine morte*, Dr. 1942) charakterisierte ihn als regierungsmüden Mann, der in seinem Sohn keinen würdigen Nachfolger zu haben glaubt, ihm die Idee seines Herrscheramtes auf schmerzvolle Weise deutlich machen will und doch im Tode von Mitwelt und Nachwelt gerichtet ist. Die chronikartige Darstellung von A. LOPES VIEIRA (*Apaixão de Pedro o Cru* 1943) schließlich stellt dem wehmütig-schönen Legendenschicksal der toten Inés die harte Tragik des überlebenden Königs Pedro entgegen.

K. Kreisler, Der Inez de Castro-Stoff im romanischen und germanischen, bes. im deutschen Drama, Progr. Kremsier 1908/09; H. Th. Heinermann, Ignez de Castro, die dramatischen Behandlungen der Sage in den romanischen Literaturen, Diss. Münster 1915; M. Nozick, The Inez de Castro Theme in European Literature (Comparative Literature 3) 1951; S. Cornil, Inès de Castro, Contribution à l'étude du développement littéraire du thème dans les littératures romanes, (Académie Royale de Belgique. Memoires. Cl. des lettres et des sciences morales et politiques 47, 2) Bruxelles 1952; E. Kohler / M.-A. Crusem, L'extraordinaire fortune d'un thème littéraire: Inès de Castro ou La Reine Morte, (Bulletin de la faculté des Lettres de Strasbourg 35) 1956–57; R. Shackleton, La Motte and the theme of »Inès de Castro« (in: Mélanges de Littérature Comparée et de Philologie offerts à M. Brahmex), Warschau 1967.

**Inkle und Yariko.** Die Geschichte von Inkle und Yariko dürfte auf ein wirkliches Geschehnis zurückgehen. In seinen *Voyages en Afrique, Indes orientales et occidentales* (1617) erzählt der Franzose J. MOCQUET als wahres Erlebnis die Geschichte einer schönen Wilden, die einen Schiffbrüchigen vor der Barbarei ihrer Stammesgenossen bewahrt. Er verspricht ihr die Ehe, und sie bekommt von ihm ein Kind. Als die beiden sich jedoch auf ein englisches Schiff retten können, schämt der Weiße sich der Wilden und verläßt sie ohne Abschied. Sie zerreißt ihr Kind in zwei Hälften, wirft die eine ihm nach ins Meer und kehrt mit der anderen in die Wildnis zurück. Der Engländer LIGON berichtet in *True and Exact History of the Island of Barbados* (1657) von seinen Eindrücken in diesem Zentrum des Baumwoll- und Sklavenhandels und von einer indianischen Sklavin, Yariko, die er dort sah und die ihr trauriges Schicksal und die Geburt eines Kindes, dessen Vater gleichfalls ein Sklave war, mit Würde und Sanftmut trug; sie war von einem jungen Engländer in die Sklaverei verkauft worden, den sie an der amerikanischen Küste vor der Gefangenschaft und dem Tod durch ihre Stammesgenossen gerettet und in einer Höhle verborgen hatte und mit dem sie dann auf ein Schiff geflohen war. Die entscheidende Erzählfassung STEELES im *Spectator* (1711) rollte den Stoff von dieser Vorgeschichte her auf; Steele zeichnete den jungen Engländer, jetzt Inkle genannt, als einen ganz im Kaufmannsgeist erzogenen Mann, der den Reizen der Indianerin vorübergehend erliegt; er gestaltete den

Aufenthalt in der Höhle zu einem mehrere Monate währenden schäferlichen Idyll aus, während dessen Inkle der Indianerin ein künftiges gemeinsames Leben in London ausmalt; Steele schilderte die Ernüchterung Inkles auf Barbados, den Gedanken an Geld- und Zeitverlust, und erfand als Pointe die Steigerung des Verkaufsprei- ses, als Yariko verzweifelt gesteht, daß sie schwanger sei.

Steele setzte die Akzente so, wie sie dem Geschmack des Lesers der moralischen Wochenschriften entsprachen: er zeigte die Ver- derbnis durch falsche Erziehung und spielte die Treue des Natur- kindes gegen die Untreue des Zivilisationsmenschen, den Opfer- mut der edlen ↑ Wilden gegen die Gewinnsucht des Pseudochri- sten aus. Der Stoff wurde so zum Vorklang des Rousseauismus und, von diesem gestützt, in der zweiten Hälfte des 18. Jahrhun- derts zur literarischen Mode, die bis in das beginnende 19. Jahrhun- dert hinein anhielt. Rufus DAWES' Gedicht *Yariko's Lament* (1830) dürfte die letzte Behandlung des Stoffes sein.

Die Entwicklung setzte in England ein und hielt sich zunächst im Rahmen von metrischen Nacherzählungen (Anon., *The Story of Inkle and Yarico from the 11th Spectator* 1734; Anon., *A Poetical Version of the Much-Admired Story of Inkle and Yarico* 1792) und von Episteln, in denen die Klage der verlassenen Yariko in bald sehnsuchtsvoll liebenden, bald haßerfüllten Wendungen variiert war (Anon., *Yarico to Inkle* 1736; COMTESS OF . . ., *Yarico to Inkle, after he had left her in Slavery* 1738; J. WINSTANLEY, *Yarico's Epistle to Inkle*; E. JER- NINGHAM, *Yarico to Inkle* 1766). Noch 1802 erschien in einer Zeit- schrift ein ganzer Briefwechsel des Paares, der mit Yarikos frühem Tode und ihrem Bekenntnis zum Christentum schließt. Sogar volksliedähnliche Lieder um den Stoff entstanden. Diese episch- lyrischen Gestaltungen variierten das Thema, entwickelten es aber nicht. Ähnlich haben auch die ersten Bearbeitungen deutscher Autoren, die durch die *Spectator*-Übersetzungen mit dem Stoff bekannt wurden, ihn nur nacherzählt, so Ch. F. GELLERTS berühmte Fassung in den *Fabeln und Erzählungen* (1746) und J. J. BODMERS Hexameter-Gedicht (1756). Die Franzosen BOULENGER DE RIVERY (1754) und SEDAINE (1760) sind wiederum von Gellert angeregt worden.

Erst Bodmers in der letzten Strophe seines Gedichtes gegebene Anregung, man müsse eigentlich den offenen Schluß von Steeles Erzählung füllen und der Indianerin einen freundlicheren Ausgang ihres Schicksals erdichten, führte zur Entwicklung des Stoffes. Beider Hauptpersonen Schicksal war ja mit der Trennung auf Barbados nicht abgeschlossen. Die Weiterführung der Fäden und der Ausbau der Handlung mit Nebenpersonen war den Erzählern und Dramatikern anheimgestellt. S. GESSNER schrieb nach Bod- mers Anregung *Inkel und Yariko, 2. Teil* (1756), in dem der Gouver- neur der Insel Inkle für seine unmenschliche Handlung mit fünf Jahren Sklavenarbeit bestraft, Yariko aber den willig büßenden Inkle nach zwei Jahren freikauft. Ein unbekannter französischer Autor weitete Geßners Erzählung zu einer umfangreicheren

Novelle (1778) aus, die mit der segensreichen Regierung des Paares über die karibischen Indianer ausklingt, und F. C. v. Moser (*Gesammelte moralische und politische Schriften* 1762) schlug vor, Inkle auf der Rückfahrt nach England durch einen Sturm auf die Probe zu stellen. Des Franzosen C. Dorat wieder in die Form der heroischen Epistel gefaßte Bearbeitung ist eine Weiterführung des Stoffes unter Verwendung neuer Namen (*Lettre de Zeila; Réponse de Valcour; Lettre de Valcour à son père* 1764–67): Valcour hat Zeila nicht verkauft, sondern an der Küste bei Konstantinopel verlassen; sie ist in Gefahr, in den Harem des Sultans zu kommen, und wendet sich brieflich an Valcour; der Vater Valcours verstößt seinen Sohn, als er dessen Tat erfährt, und Valcour kommt gerade noch rechtzeitig, Zeila vor den Armen des dann großmütig verzichtenden Sultans zu retten.

Gleichzeitig mit Dorats Gedichten erschien die dramatische Bearbeitung des Stoffes durch seinen Landsmann N.-S. R. de Chamfort (*La jeune Indienne* 1764), der so die Theater-Epoche des Stoffes einleitete. Eine anonyme, 1742 in Covent Garden gespielte englische Dramatisierung, die Inkle eine zweite, in England verlassene Geliebte andichtete, deren Rächer ihn nach seiner zweiten Untat auf Jamaika umbringt, hatte keinen Erfolg gehabt. Chamfort änderte die Namen des Paares in Belton und Betti und stellte Belton vor die Alternative, Betti, die ihm von ihrem sterbenden Vater anvertraut worden ist, treu zu bleiben oder die Tochter des Quäkers Mowbray, mit der er schon als Kind versprochen war, zu heiraten und sich wirtschaftlich zu sanieren; der Quäker selbst erkennt Bettis bessere Rechte an und sorgt für die Heirat des Paares. *Die junge Indianerin* ist besonders in Deutschland in verschiedenen Übersetzungen (G. K. Pfeffel 1766; K. Ekhof 1774; F. L. Schröder 1809) viel gespielt worden und hat größeren Erfolg gehabt als die deutschen Dramatisierungen. An erster Stelle ist hier der Plan des jungen Goethe von 1766 zu nennen. G. K. Pfeffel sah in seinem »Entwurf eines Trauerspiels« (1766) noch einen versöhnlichen Ausgang mit späterem Wiederfinden und dem Verzicht des in Yariko verliebten Selim vor, spätere bevorzugten den tragischen Ausgang durch Tod (Anon. 1768; J. H. Faber 1768) oder Selbstmord Inkles (J. B. Pelzel 1771). Als man das Thema nicht mehr so ernst nahm und es zum Stoff für Duodramen, Singspiele und Ballette absank, herrschten die ausgleichenden Lösungen wieder vor (J. F. Schink/Rust 1777; J. W. Döring 1798). Unter ihnen findet sich sowohl in Deutschland wie in Frankreich der interessante Schluß, daß Yariko Inkle zwar trotz seines Verrates vor ihren Stammesgenossen schützt, aber sich von ihm abwendet und bei den Ihren bleibt (K. v. Eckartshausen, *Fernando und Yariko* 1784; J. F. Mussot, *L'Héroïne américaine* 1786; J. A. Gleich 1807). Die bekannteste Operettenfassung wurde die des Engländers G. Colman (1787), in der die Treue eines Buffopaares der drohenden Untreue Inkles als Folie dient; nur dadurch, daß sich eine andere Heiratsaussicht zerschlägt (Einfluß Chamforts) wird Inkle von seinem Verbrechen abgehalten. In Deutschland hat F. L. SCHRÖDER Colmans Operette als Sprechdrama bearbeitet (1788). Ein Kuriosum der Inkle-und-Yariko-Literatur ist ein weitschweifiger Roman *La Tribu indienne ou Edouard et Stellina* Lucien BONAPARTES (1799), der die Handlung nach Ceylon verlegte, Edouard durch den Dolch eines einheimischen Freiers der Stellina und diese selbst an der Geburt des Kindes sterben ließ. Kritik am Geschäftsgeist und der zivilisatorischen Fehlentwicklung der Europäer bildet den geistigen Hintergrund des Romans, der moralisierend noch einmal das zeitgebundene Anliegen des Stoffes darlegte.

Inkle and Yarico Album, selected and arranged by L. M. Price, Berkeley 1937.

**Iokaste** → Ödipus

**Ion.** Die Ion-Sage, durch die Apollo zum Ahnherrn der Athener wurde und Athen den Vorrang vor den ionischen Städten erhielt, erzählt, daß die attische Königstochter Kreusa den von Apoll gegen ihren Willen empfangenen Sohn Ion in einer Höhle im Burgfelsen der Akropolis gebar und dem Schutze des Gottes anbefahl; Hermes brachte den Knaben nach Delphi, wo er von der Priesterin aufgezogen wurde. Kreusa wurde mit dem Achäer Xuthos verheiratet, und die Gatten wandten sich, als die Ehe kinderlos blieb, an das Delphische Orakel; hier führte Apoll der Mutter den Sohn zu, der die Königswürde in Athen erbte.

Ein Drama *Kreusa* des SOPHOKLES ist verlorengegangen. Der *Ion* (um 420 v. Chr.) des EURIPIDES legte den Akzent auf die geheime Anziehungskraft zwischen Mutter und Sohn, die sich unbekannt im Tempel gegenüberstehen. Das Orakel hat inzwischen dem Xuthos verheißen, daß der, den er am Ausgang des Tempels treffen werde, sein Sohn sei. Xuthos sieht in Ion die Frucht einer früheren Liebesbeziehung und will ihn als Sohn und Erben mit nach Athen nehmen. Kreusa, die auf diese Weise die legale Erbfolge, die nur einem Kind ihres Blutes zukommt, gestört glaubt, will trotz der Sympathie, die sie für Ion hegt, diesen vergiften; der Anschlag mißlingt, sie wird verurteilt, vom Felsen gestürzt zu werden, flüchtet in den Schutz des Altars und erliegt dennoch fast dem Racheschwert des aus verletzter Neigung doppelt zornigen Ion: da tritt die Priesterin mit dem Körbchen hinzu, in dem Ion einst ausgesetzt wurde, und führt so die ↑ Erkennung herbei. Auf Athenes Befehl darf Xuthos die Wahrheit nicht erfahren, Ion wird auch von Xuthos als Sohn anerkannt und zum Thronerben eingesetzt.

Der Stoff weist bei allen menschlich anrührenden Momenten

doch in bezug auf den Betrug an Xuthos und dessen merkwürdige Gutgläubigkeit für modernes Empfinden logisch und moralisch unbefriedigende Züge auf, die neuere Bearbeiter zu Umdeutungen herausforderten. William WHITEHEAD (*Kreusa, Queen of Athens*, Dr. 1754) schaltete den Gott als Vater kurzerhand aus und machte den Sohn der Kreusa zum Kind aus einer ersten, vor der Thronbesteigung gelösten und verschwiegenen Ehe. Der Orakelspruch ist Betrug des inzwischen zum delphischen Priester gewordenen ersten Gatten, der seinem Kinde die Erbfolge sichern will. Kreusa kann den Sohn, den sie zu spät erkennt, nur retten, indem sie selbst das ihm bestimmte Gift trinkt. Die »Erzählung in Hexametern« von J. J. BODMER (*Kreusa* 1777) entfernte sich weniger weit von der antiken Überlieferung, während A. W. SCHLEGELS in Weimar gespieltes Drama *Ion* (1803) im Geist der Humanität den Betrug an Xuthos tilgte und Kreusa ihre Mutterschaft offen bekennen ließ; Apoll selbst erscheint und bestätigt vor dem Sohn, der einstigen Geliebten und dem ihr verzeihenden Gatten Kreusas Aussage. Noch weiter in der Humanisierung ging LECONTE DE LISLE (*L'Apollonide*, Dr. 1888), der auch den anstößigen Punkt der Vergewaltigung Kreusas durch Apoll tilgte und ihre Verführung mit der Unwiderstehlichkeit des Gottes begründete; Kreusa bereut sofort ihren Mordplan, und der Konflikt wird nach der Erkennungsszene durch ein offenes Geständnis der glücklichen Mutter gelöst. Nachdem ein *Ion* (Dr. 1835) des Sir Th. TALFOURD mit dem Stoff im Grunde wenig gemein hatte, transponierte ihn T. S. ELIOT in *The Confidential Clerk* (Dr. 1952) in die moderne englische Gesellschaft und reduzierte ihn unter Tilgung aller Götter und Göttereingriffe auf das Grundproblem, daß die Partner einer kinderlosen Ehe jeder in einem jungen romantischen Menschen auf Grund von Sympathie und Übereinstimmung den vorehelichen Sohn zu erblicken glauben; er gehört jedoch zu keinem von ihnen, und sie müssen sich jeder mit einem durchaus nicht als verwandt empfundenen Menschen als ihrem Kind abfinden.

K. Heinemann, Die tragischen Gestalten der Griechen in der Weltliteratur, 1920; V. Lippa, A. W. Schlegels »Ion« und seine Nachfolger, Diss. Wien 1931.

**Iphigenie.** Die *Ilias*, Ausgangspunkt so zahlreicher literarischer Stoffe, kennt auffälligerweise die Gestalt Iphigenies, der Tochter Agamemnons und Klytämnestras, nicht, aber die Geschichte ihrer Opferung und Apotheose wurde in einer Art von einleitendem Epos zur *Ilias*, den *Kyprien*, überliefert, die den Tragikern als Vorlage dienten. AISCHYLOS, dessen Iphigenie-Drama wir nicht besitzen, erwähnt in seinem *Agamemnon* die Sage von Iphigenie in Aulis, und auch seine *Orestie* weiß von der Opferung der Schwester Orests. EURIPIDES' Drama *Iphigenie in Aulis* (405 v. Chr.), dessen Schluß nur in einer Überarbeitung erhalten ist, zeigt zu Beginn den zwischen vaterländischer Pflicht – d. h. eigentlich seinem militä-

risch-politischen Ehrgeiz – und seinen Vatergefühlen schwankenden Agamemnon. Der Seher Kalchas hat die Windstille, die eine
Weiterfahrt der Griechen verhinderte, als eine Strafe der von
Agamemnon beleidigten Artemis erklärt und die Opferung Iphi-
genies als unerläßliche Buße bezeichnet. Agamemnon ließ daher
Frau und Tochter unter dem Vorwand ins Lager kommen, daß
Iphigenie mit → Achill vermählt werden solle; ein zweiter Bote,
der die Frauen zurückhalten soll, trifft zu spät ein, sie haben bereits
das Lager erreicht. Den Ahnungslosen enthüllt sich nur langsam
Agamemnons furchtbare Absicht. Klytämnestra fleht Achill um
Beistand an, Iphigenie jedoch, die zunächst den Vater um ihr Leben
bat, erkennt, daß sie die Ihren und Achill, der sie zu retten bereit ist,
dem Zorn des Griechenheeres ausliefern würde; sie nimmt um der
griechischen Sache willen das Opfer auf sich und bittet auch die
Mutter für den Vater um Verzeihung. Den Schluß bildet nicht, wie
bei Aischylos, die Opferung Iphigenies, sondern ihre Entrückung
durch Artemis, die statt ihrer eine Hirschkuh auf den Altar legt.
Iphigenies Entrückung war die inhaltliche Voraussetzung für Euripides' schon früher entstandenes Drama *Iphigenie bei den Taurern*
(um 412 v. Chr.), das sehr selbständig die Iphigenie-Sage mit der
Erzählung von der Heilung des Orest verband. Aus der Ver-
schmelzung des Kultes der Artemis Tauropolos, der man früher
Menschenopfer dargebracht hatte, mit dem blutigen Kult einer
taurischen Göttin schuf Euripides die Fabel von dem Kultbild der
taurischen Artemis, dessen Priesterin die nach Tauris entrückte
Iphigenie ist und das nach Griechenland zu holen das Delphische
Orakel dem Orest zu seiner Entsühnung von dem Fluch des
Muttermordes auferlegt hat. Der ehemals göttliche Charakter
Iphigenies – sie war ursprünglich eine Hypostase der dämonischen
Artemis – wird in Gestalt dieser Priesterin, die erst Euripides mit
der Tochter Agamemnons gleichsetzte, noch deutlich. Iphigenie
muß in Tauris alle dorthin verschlagenen Griechen opfern; als
Orest und sein Freund Pylades nach Tauris kommen und von den
Leuten des Königs Thoas gefangen werden, will sie einem der
beiden zur Flucht verhelfen, um den Ihrigen eine Botschaft zukom-
men zu lassen. Die Betrauung des Pylades mit dieser Botschaft löst
die ↑ Erkennung aus. Die Vortäuschung einer Reinigung der
Fremden und des Götterbildes im Meer soll der gemeinsamen
Flucht dienen, die jedoch mißlingt; Thoas will sich an den
Geschwistern rächen, doch Athene gebietet, die Griechen mit dem
Bild ziehen zu lassen, damit Orest in Attika einen Tempel für das
Bild der taurischen Artemis gründet, in dem Iphigenie bis an ihr
Lebensende Priesterin sein soll.

Die Iphigenie-Dramen des Euripides haben die Humanisierung
des Götterglaubens zum Ziel: Iphigenie wird nicht geopfert, sondern von der Göttin entrückt, um mitzuwirken, daß der barbarische Kult der Taurer durch die neue, griechische Art der Götterver-
ehrung überwunden wird. Ebenso ist die ↑ Blutrache des Orest,
die ihn zum Muttermörder werden läßt, Teil einer überwundenen

Göttervorstellung: noch bei Aischylos kann Orest, der den Mord auf Befehl des Gottes ausführte, durch diesen von den Eumeniden befreit werden, bei Euripides fühlt er, daß er gegen eine höhere sittliche Ordnung verstoßen hat, und kann sich von den Vorstellungen, die ihn verfolgen, nicht befreien; erst durch seine Taten gewinnt er das Bewußtsein, gebüßt zu haben, und wird seelisch gesund. Für Euripides ist wichtig, daß das neue Gottes- und somit auch Menschenbild als spezifisch griechische Leistung gekennzeichnet wird. So haben beide Stoffe, die seit Euripides gesonderte Entwicklungen erfuhren – der heroische der Iphigenie in Aulis und der um das Sühnethema komponierte der Iphigenie bei den Taurern –, einen gemeinsamen religiösen und humanitären Kern, der in Zeiten humanitärer Bestrebungen immer wieder fruchtbar wurde, neue ethische Probleme aufwarf und zu neuen Lösungsversuchen führte.

Unter den späteren antiken Iphigenie-Dramen ist die verlorengegangene taurische Iphigenie des POLYEIDOS wegen der Hinauszögerung und Zuspitzung der Erkennungsszene hervorgehoben worden: als Iphigenie schon das Opfermesser gegen Orest hebt, führt sein Ausruf, daß er jetzt das gleiche Schicksal leiden müsse wie seine Schwester, zur Erkennung. Wie dieses Drama sind auch die der Römer NAEVIUS und ENNIUS verloren. OVID hat den Stoff in den *Metamorphosen* und in den *Epistulae ex Ponto* behandelt. Ein gesonderter dritter Iphigenie-Stoff, Iphigenie in Delphi, d. h. die Wiedervereinigung der Geschwister mit Elektra, der in der Antike von dem Römer ACCIUS in *Agamemnonidae* und von LYKOPHRON in *Aletes* behandelt wurde, ist nur durch die *Fabeln* des HYGINUS überliefert; er hat für die Stoffgeschichte geringere Bedeutung und wurde erst im 19. Jahrhundert wiederbelebt.

Die erste freiere Bearbeitung der Euripideischen *Iphigenie in Aulis* dürfte die von L. DOLCE (1543/47) sein. Mit J. de ROTROU (*Iphigénie en Aulide* 1640) beginnt dann die neuere Geschichte des heroischen Stoffes. Rotrou behielt noch das für Euripides aus nationalen Gründen wichtige Motiv des Streites und der Versöhnung der Brüder Agamemnon und Menelaos bei. Das kindhafte Mädchen Iphigenie wurde in eine Heroine verwandelt, die sofort zum Opfer bereit ist, von dem sie auch Achills Liebe nicht zurückzuhalten vermag; die Opferszene ist auf die Bühne verlegt. Das Liebesverhältnis zwischen Achill und Iphigenie trat dann völlig in den Vordergrund bei J. RACINE (1674), der auch ohne die Dea ex machina zu einem versöhnlichen Ausgang zu gelangen wußte: Als Achill bereits für die Geliebte am Opferaltar das Schwert zieht, stellt sich heraus, daß der Orakelspruch nicht die Tochter Agamemnons, sondern eine ursprüngliche Namensschwester Eriphile meint, die aber auch nicht geopfert wird, sondern sich aus unglücklicher Liebe zu Achill den Tod gibt. Agamemnon wird von jeder Schuld an der Opferung entlastet. Ein gegen Racine gerichtetes Drama von M. LECLERC/J. de CORAS (1675), das sich eng an Rotrou hielt, konnte Racines

Werk nicht verdrängen; es wurde 1732 von GOTTSCHED für die deutsche Bühne übersetzt.

Eine besondere Rolle spielte der Stoff in der Oper des 18. Jahrhunderts (H. Ch. POSTEL/R. KEISER, *Die wunderbar errettete Iphigenie* 1699; D. SCARLATTI 1714); das Textbuch von A. ZENO wurde nach der ersten Vertonung von A. CALDARA (1718) noch wiederholt verwendet (G. PORTA 1738; N. PORPORA; T. TRAETTA 1758; N. JOMMELLI 1773), und F. ALGAROTTI benutzte den beliebten Stoff 1755 für ein Mustertextbuch im Sinne der von ihm geplanten Opernreform. Er verschmolz Euripides mit Racine und schied dabei die Eriphile-Handlung aus; Iphigenie ist bereit, den Tod auf sich zu nehmen, weil sie die Schmach, ohne eine Ehe mit Achill nach Argos zurückzukehren, nicht überleben zu können glaubt; die Göttin hindert am Altar Achill, die Geliebte zu verteidigen, und entrückt Iphigenie. Algarottis Textbuch entsprach schon den Forderungen GLUCKS, in dessen Reformprogramm die neue Winckelmannsche Auffassung der Antike wirksam wurde und das eine einfache zielstrebige Handlung und »stille Größe« der Charaktere verlangte. Das unter Glucks Aufsicht von M.-F.-L. DU ROULLET verfaßte Textbuch der *Iphigénie en Aulide* (1774) war darum auch dem Algarottis nahe verwandt, indem es gleichfalls die Fassungen von Euripides und Racine benutzte und auf drei Akte zusammenzog; im 2. Akt, als schon der Hochzeitszug sich sammelt, wird der wahre Grund von Iphigenies Anwesenheit in Aulis entdeckt, im 3. fordert das Heer der Griechen die Erfüllung der göttlichen Forderung, der Agamemnon, hier nur liebender Vater, nicht mehr widerstreben kann. Die Verhinderung des Opfers durch Diana wurde erst durch eine Bearbeitung R. WAGNERS in die Entrückung Iphigenies umgewandelt.

Die Dramatisierungen des 19. Jahrhunderts standen im Schatten sowohl von Glucks Fassung wie des durch Gluck und Goethe vertretenen Humanitätsideals und apollinischen Griechenbildes (C. LEVEZOW 1804; C. della VALLE 1818; F. HALM 1862; A. v. PLATEN, Fragment). T. A. BURGHARDT (1865) steigerte die an Iphigenie gestellten Anforderungen so weit, daß ihre Rettung durch die Göttin davon abhängt, ob sie den Entschluß zum Opfer aus eigenem Willen faßt, während U. R. SCHMIDT (1867) an Racine anknüpfte, die Heldin das Opfer der Namensschwester aber nicht annehmen, sondern freiwillig in den Tod gehen läßt. Eine neue Sicht des Stoffes setzte sich erst seit der von J. Burckhardt und F. Nietzsche eingeleiteten, durch die Betonung des Dionysischen gekennzeichneten Neuorientierung des Griechenbildes durch. So sah G. HAUPTMANN im Menschenopfer die »blutige Wurzel der Tragödie« und zeichnete im ersten Teil seiner *Atriden-Tetralogie, Iphigenie in Aulis* (1944), den von chthonischen Mächten gejagten Menschen, den zwischen Politik und Vaterliebe schwankenden Agamemnon, die ihr Kind verteidigende Klytämnestra und Iphianassa, die sich begeistert, aber doch wie ein armes Opfertier den dunklen Gottheiten überliefert. In gleicher Neuanknüpfung an den

mythischen Grund des Stoffes arbeitete H. Schwarz (1948) in der
Fabel nicht das blutige Verhängnis, sondern die Aufnahme des
göttlichen Willens in die menschliche Seele heraus.

Die erste freiere Bearbeitung der *Iphigenie bei den Taurern*
ist wohl G. Rucellais *Oreste* (1525). Eine erste französische Bearbeitung von M. Leclerc und Abbé C. Boyer (*Oreste* 1681) wurde
nicht gedruckt, scheint aber eine Liebeshandlung enthalten zu
haben, wie sie auch in dem Fragment J. Racines auftaucht, in dem
ein Sohn des Thoas Iphigenie liebt und der Vater diese Liebe zu
unterbinden sucht. Die eigentliche neuzeitliche Entwicklung des
Stoffes beginnt mit La Grange Chancels Drama *Oreste et Pylade
ou Iphigénie en Tauride* (1697): hier ist es Thoas selbst, der die
Priesterin liebt. Die Handlung wird durch die Intrige einer Nebenbuhlerin vorwärtsgetrieben, die Iphigenie entfernen will und
darum den Griechen mit dem Götterbild zur Flucht verhilft; Thoas
fällt bei ihrer Verfolgung. Unterstrichen wird das Motiv der
Freundschaft zwischen Orest und Pylades, die beide in edlem
Wettstreit das Recht beanspruchen, das Opfer der Priesterin, die
nur einen retten kann, zu sein. Von La Grange Chancel abhängig ist
der Deutsche Ch. F. v. Derschau (1747), und in vielem hielt sich
an ihn auch das Textbuch von J. F. Duché de Vaucy zu der Oper
von H. Desmarets und A. Campra (*Iphigénie en Tauride* 1704).
Eine neue Konstellation bringt es jedoch dadurch, daß sich Thoas
in Elektra, die den Bruder und ihren Geliebten Pylades begleitet,
verliebt und die Rettung der Griechen von der Einwilligung Elektras in eine Ehe abhängig macht; wie schon bei La Grange Chancel
beruht hier die Tötung der Griechen nicht auf einem kultischen
Brauch, sondern auf der Angst des Thoas vor Orest, den ein
Orakel ihm als seinen Mörder bezeichnet hat. Die Liebesepisode,
auf die schon der deutsche Klassizist J. E. Schlegel (*Die Geschwister
in Taurien* 1737) verzichtete, fiel mit dem sich wandelnden
Geschmack auch in der bedeutendsten französischen Dramatisierung des Stoffes durch G. la Touche (1757). Die Erkennungsszene
ist bis in den vierten Akt hinausgeschoben und die Schlußszene
dramatisch gesteigert: Iphigenie leistet im Tempel offenen Widerstand gegen das Opfergebot des Thoas und stellt ihren Bruder
unter den Schutz der Priesterinnen; Pylades dringt mit einigen
Griechen ein und ersticht Thoas. Die Aufrichtigkeit der Priesterin,
die Thoas gesteht, daß einer ihrer Schützlinge geflohen ist, deutet
schon auf Goethe hin. Gegenüber dem Werk La Touches war das
im gleichen Jahre erschienene Drama Vauberdrands in seiner
Anlehnung an La Grange Chancel und der Werbung des Thoas,
von deren Erfolg der König das Leben der Fremdlinge abhängig
macht, ein Rückschritt. Der Einfluß La Touches läßt sich auch an
der geistreichen Parodie von Ch.-S. Favart (*La Petite Iphigénie,
Parodie de la Grande* 1757), die er später auch auf Glucks *Iphigenie*
ausdehnte (*Les Rêveries renouvelées des Grecs, Parodie des deux Iphigé-
nies* 1779), ablesen.

Die taurische Iphigenie ist in der Oper des 18. Jahrhunderts nach

Desmarets/Campra durch D. SCARLATTI (1713), G. ORLANDINI (1719), L. VINCI (1725), N. Jommelli (1751) und M. CARAFA (1817) vertreten. Nach der *Iphigénie en Aulide* komponierte GLUCK auch noch eine *Iphigénie en Tauride* auf ein Textbuch von N. F. GUILLARD (1779), das sein Handlungsgerüst von La Touche bezog, das Freundschaftsmotiv betonte sowie die Schlußszene nach Polyeidos gestaltete und in der Erscheinung Dianas gipfeln ließ. Die als Gegenschlag gegen Gluck gemeinte gleichnamige Oper von A. DUBREUIL/N. PICCINI (1781), die gleichfalls auf La Touche fußte und das Freundschaftsmotiv sehr strapazierte, blieb ohne Nachhall.

Höhepunkt der neueren Entwicklung des Stoffes ist die *Iphigenie auf Tauris* (1787) von GOETHE, in der noch stärker, als es in Glucks Oper möglich war, Winckelmanns Griechenbild Gestalt gewann. Durch Goethes *Iphigenie* wurde die des Euripides nicht eigentlich überholt, sondern zu Ende gedacht, da die Humanisierung der Gottesvorstellung, um deren Rettung in ihrer Seele Iphigenie selbst die Götter bittet, da einsetzt, wo Euripides aufgehört hatte: auch der Barbar ist Mensch, und Thoas muß, wenn man ihm mit der einem Menschen schuldigen Wahrhaftigkeit begegnet, human sein und die Geschwister ziehen lassen. Nicht erst in diesem Falle verweigert Iphigenie das Opfer, sondern sie hat diesen Brauch, den Thoas im Zorn wieder einzuführen droht, bereits abgeschafft. Nicht durch einen Bilderraub kann ein vom Gewissen gequälter Mensch geheilt werden, sondern durch Läuterung, Bekenntnis und eine humanere Gottesvorstellung: das Orakel befahl nicht, die Schwester des Apoll heimzuholen, sondern Orests Schwester. Iphigenie soll ihr Leben nicht als Priesterin beschließen, sondern sich der Heimkehr ins Vaterhaus erfreuen. Wofern neuere Bearbeitungen nicht auf Euripides zurückgriffen (J. MORÉAS 1903), blieben sie im Schatten Goethes und bezogen die anhaltende humanitäre Qualität des Stoffes (E. KŘENEK, *Das Leben des Orest*, Oper 1929), auch wo deren harmonisierende Kraft bezweifelt wird (J. BERG, *Im Taurerland*, Dr. 1982; V. BRAUN, *Iphigenie in Freiheit*, Kurzszene 1992). Der Türke SELÂHATTIN BATU (*Iphigenia Tauris'te*, Dr. 1942) nutzte ihn zur Darstellung des für sein Volk neuen Eheideals: Iphigenie, die zunächst die Werbung des Thoas abgewiesen hat, um nicht Nebenfrau zu sein, will sich opfern und damit das Leben Orests und seines Freundes retten. Thoas aber will kein Opfer, sondern Liebe, und gibt verzichtend die Griechen frei; an seinem Verzicht entzündet sich eine wirkliche Neigung Iphigenies.

GOETHES in Italien konzipierter, aber unausgeführt gebliebener Plan einer *Iphigenie in Delphi* (1786) brachte auch den dritten Stoffkomplex um Iphigenie wieder ins Gespräch. Goethes Quelle, Hyginus, gibt den Inhalt des nur fragmentarisch erhaltenen *Aletes* des SOPHOKLES wieder: Nach der falschen Nachricht von der Opferung des Orest bemächtigt sich Aletes, Sohn des Ägisth, des mykenischen Thrones, und Elektra sucht in Delphi Rat. Dort treffen gleichzeitig Iphigenie, Orest und Pylades mit dem Bild ein.

Eine abermalige falsche Nachricht über die Opferung Orests durch
die taurische Priesterin veranlaßt Elektra, die Hand gegen Iphigenie zu erheben, und ein neuer Verwandtenmord wird nur durch das
Dazwischentreten Orests und die nun folgende Erkennung der
Geschwister verhindert; Goethe wollte Elektra voll Zuversicht
nach Delphi ziehen und sie dort erst das vermeintliche Ende des
Bruders erfahren lassen; F. HALM hat Goethes Plan ohne künstlerisches Vermögen ausgeführt (1856). Der Engländer R. GARNETT
(*Iphigenia in Delphi*, Dr. 1890) knüpfte an die Ausgangssituation
des Gesamtstoffes an und vereinte die Schatten Iphigenies und
Achills. In R. PANNWITZ' Zyklus *Dionysische Tragödien* hebt sich
der Schlußteil *Iphigenie mit dem Gotte* (1913) durch den Untertitel
»Ein apollinisches Spiel«, der den Iphigenie-Stoff gewissermaßen
in Goethes humanitäre Sphäre verweist, von dem übrigen ab. Erst
G. HAUPTMANN rückte auch *Iphigenie in Delphi* (1941) in das Zwielicht einer von düsteren Götterbildern verschatteten Zeit: Zwar
finden Orest und Elektra Heilung und Rückkehr ins Leben, aber
Iphigenie ist der Menschenwelt abgestorben und löscht sich selbst
aus, um den Fluch und die Erinnerung an die Schuld zu tilgen.
Dadurch wird Platz für eine neue Welt, und die heimgeholte Göttin
wandelt sich aus Hekate in die olympische Artemis. I. LANGNER
(*Iphigenie kehrt heim*, Dr. 1948) sah in der Rückkehr der Geschwister und ihrem gemeinsamen Neuanfang ein Gleichnis modernen
Heimkehrer-Schicksals. Auch E. VIETTA (*Iphigenie in Amerika*, Dr.
1948) übertrug die Handlung in die Moderne: aus dem europäischen Menschenmord, der schlimmer ist als Muttermord, wird
Iphigenie nach Amerika gerettet.

H. Jansen, Die Sage der Iphigenie in Delphi in der deutschen Dichtung, Diss.
Münster 1911; A. Stamminger, Gestaltungen des Iphigeniedramas, Diss. Erlan-
gen 1945; E. Philipp, Die Iphigeniensage von Euripides bis Gerhart Hauptmann,
Diss. Wien 1948; E. Oberländer, Die Iphigenie-Dramen der französischen Litera-
tur, Diss. Wien 1950; A. v. Gabain, Ein türkisches Iphigenien-Drama, (Westöst-
liche Abhandlungen R. Tschudi zum 70. Geb. überr.) 1954; K. Hamburger, Von
Sophokles zu Sartre. Griechische Dramenfiguren antik und modern, 1962;
L. Blumenthal, Iphigenie von der Antike bis zur Moderne (in: Natur und Idee,
A. B. Wachsmuth zugeeignet) 1966.

**Irene, Die schöne.** Die in BANDELLOS berühmter Novellensammlung (1554) veröffentlichte Geschichte *Maometto Imperador
de' Turchi crudelmente ammazza una sua donna* erzählt, daß nach der
Eroberung von Konstantinopel Offiziere dem Sultan eine gefangene Griechin gebracht hätten, in die er sich so sehr verliebte, daß
er darüber für lange Zeit seine Herrscherpflichten vergaß. Die
Entrüstung der Janitscharen droht zu einem Aufstand zu führen,
bis schließlich Mohammeds Freund Mustapha es wagt, ihm Vor-
haltungen zu machen. Mohammed befiehlt eine Versammlung
seiner Großen und führt ihnen seine Geliebte in ihrer ganzen
Schönheit vor, so daß alle entzückt und ihrem Herrscher zu

verzeihen bereit sind. Er aber beweist ihnen, daß es nichts in der
Welt gibt, was ihn hindern könnte, für die osmanische Größe zu
kämpfen, und schlägt der schönen Irene das Haupt ab.

Das Motiv von dem Helden, der in den Armen einer Frau seine
Pflicht vergißt, erhielt im Irene-Stoff den charakteristischen hero-
isch-grausamen Schluß, der in der Zeit der Türkengefahr zur
Charakterisierung der barbarischen Größe des Feindes erfunden
wurde. Die Handlung ist mit dieser Pointe sehr festgelegt, nur das
Verhältnis Irenes zu dem Herrscher und die Gegnerschaft seiner
Umgebung gegen den Liebesbund lassen sich variieren. Die
Novelle wurde durch Übersetzungen – die französische des Boaistuau (1559), die englische W. Painters (Palace of Pleasure 1566/
67), die lateinischen von Martinus Crusius (1584) und J. Camera-
rius (1598) – rasch bekannt und findet sich in freier Nacherzählung
in vielen Sammlungen des 16. und 17. Jahrhunderts: H. Sachs
brachte sie nach Crusius in deutsche Verse, R. Knolles baute sie in
seine History of the Turks (1603), A. Gryphius in seine Katharina von
Georgien (1651), E. W. Happel in seinen Ungarischen Kriegsroman
(1686) und seinen Thesaurus Exoticorum (1688) ein; sie steht in E.
Fanciscis Trauersaal (1665/81), in J. D. Ernsts Historischer Konfekt-
Tafel (1690), in des Ungarn Benedikt Árkosi Gebetbuch Imádságos
könyo (1660) und in Fables and Stories Moralized von Sir Roger
L'Estrange (1616–1704).

Besonderen Erfolg errang der Stoff im englischen Drama des
17. Jahrhunderts. Eine verlorene Dramatisierung von G. Peele
(The Turkish Mahomet and Hyrin the Fair Greek 1594) hat wahr-
scheinlich auf die entsprechende Episode in J. Ayrers Drama Vom
Regiment und schändlichen Sterben des Türkischen Kaisers Machumetis
(um 1600) eingewirkt, ebenso auch auf die Ballade Hiren or the Faire
Greke (1611) von W. Barksted. Barksted führte das Motiv des
Widerstandes der christlichen Gefangenen ein, die jedoch den
Verlockungen des Ehrgeizes und der Habgier erliegt; Mohammed
tötet mit der Geliebten auch Mustapha und droht der Christenheit
Vergeltung für sein Opfer an. Den Widerstand der Gefangenen
behielten sowohl L. Carlell (The Famous Tragedy of Osmond the
Great Turk 1657), G. Swinhoe (The Tragedy of the Unhappy Fair
Irene 1658) und Ch. Goring (Irene or the Fair Greek 1708) wie auch
der Deutsche Hinrich Hinsch bei, dessen für die Hamburger Oper
geschriebener Mahomet II. (1696, Musik R. Keiser) unter dem
Einfluß der englischen Dramen entstand. Carlell verlegte die
Handlung ins Tatarenreich und gestaltete die Intrige aus, indem er
die Funktion Mustaphas auf drei von verschiedenen Motiven
bewegte Männer verteilte. Swinhoe und Goring verwandten die
Rolle eines griechischen Geliebten der Irene, der sie befreien will;
der Sultan erscheint bei beiden sehr humanisiert: bei Swinhoe, und
nach ihm auch bei Hinsch, tötet er in dem Augenblick, wo die
Aufrührer den Palast stürmen, die Geliebte, um sie nicht in deren
Hände fallen zu lassen; bei Goring stellt er sich sogar ritterlich
Irenes Geliebten zum Zweikampf. S. Johnson (Irene 1749) dagegen

ließ seinen Sultan die hier als leichtfertig gezeichnete Geliebte beseitigen, weil er glaubt, daß sie an dem Aufstand beteiligt sei.

Die Flut der Irene-Dramen griff im 18. Jahrhundert auf Frankreich über. J.-B. V. de CHÂTEAUBRUN (*Mahomet II* 1714) erfand einen Bruder Irenes als Anführer einer Konspiration, wegen der Irene hingerichtet wird. Die bekanntere klassizistische Fassung von De la NOUE (1739) veredelt den Sultan so stark, daß er, als er Irenes Vater bei seinen Entführungsabsichten überrascht, Irene freigeben will und sich dadurch ihre Liebe gewinnt, die er allerdings später dem Verlangen des Volkes opfert. De la Noues Drama wurde sowohl von Ch.-S. FAVART (*Moulinet Premier* 1739) wie von einem anonymen Verfasser travestiert, ähnlich wie das klassizistische Drama des Österreichers C. von AYRENHOFF (*Irene* 1781), in dem Mohammed die Geliebte wegen Konspiration mit den Christen ersticht, sich in der komischen Romanze B. J. ROLLERS (*Mohamed II.* 1789) spiegelt. VOLTAIRES Drama *Irène* (1778) darf wohl nicht in die Stoffgeschichte der schönen Irene einbezogen werden.

Das 19. Jahrhundert hatte zur heroischen Geste kein echtes Verhältnis mehr, daher wurde der Irene-Stoff nur noch von Epigonen des klassizistischen Dramas behandelt, so etwa durch die Ungarn W. BÓLYAI (*Mohamed II.* 1817) und K. KISFALUDY (*Irene* 1820) und den Deutschen S. SCHNETGER (*Mohammed und Irene* 1857). Eine Wendung zum versöhnlichen Ende brachte schon eine französische Romanfassung des für epische Behandlung eigentlich zu schmalen Stoffes (*Bibliothèque universelle des romans* 1776) mit dem Verzicht des Sultans zugunsten eines Paschas, und L. WALLACE (*The Prince of India*, R. 1894) schloß sogar mit der Ehe zwischen dem Sultan und der Griechin. In einem Gedicht von F. COPPÉE (*La Tête de la Sultane* 1878) ist der Stoff zu einem farbenprächtigen, effektvoll gestellten lebenden Bild erstarrt.

M. St. Öftering, Die Geschichte der »Schönen Irene« in den modernen Literaturen, Diss. München 1897; ders., Die Geschichte der »Schönen Irene« in der französ. u. dt. Lit., (Fortsetzung; Zs. f. Vergleichende Literaturgeschichte NF 13) 1899; G. Heinrich, Einleitung zu: W. Bólyai, Mohamed II., Budapest 1899; J. Trostler, Die deutschen Bearbeitungen der Irene-Sage, (Ungarische Rundschau 3) 1914.

**Isolde** → Tristan und Isolde

**Jason** → Medea

**Jaufre Rudel** → Rudel, Jaufre

**Jeanne d'Arc** → Jungfrau von Orleans

**Jedermann.** Die zum Beweis für die Nichtigkeit alles Irdischen erzählte Geschichte von dem Mann, der im Augenblick des plötzlichen Todes und der Berufung vor Gottes Richterthron von den Freunden und Errungenschaften dieser Welt im Stich gelassen wird, findet sich schon unter den Parabeln in → *Barlaam und Josaphat* und in Petrus ALFONSIS *Disciplina clericalis* (12. Jh.). Als künstlerisch ausgestaltetes Drama erscheint sie etwa gleichzeitig am Ausgang des 15. Jahrhunderts in Kärnten, in England als Moralität *The Sumonynge of Everyman* und als *Elckerlijc* (Druck 1495) des Holländers Peter van DIEST (Diesthemius). Die englische Moralität, deren Wesen im Nebeneinander von realistischen menschlichen Gestalten und allegorischen, die Laster und Tugenden verkörpernden Figuren besteht, stellt dar, wie der Tod als Bote Gottes vor Everyman erscheint, um ihn zur Rechenschaft über sein irdisches Handeln vor Gottes Gericht zu rufen. Nachdem Everyman zunächst vergeblich angestrebt hat, eine Frist zu erlangen, sucht er nach Begleitern, die ihm vor dem Gericht beistehen könnten. Freundschaft und Reichtum verlassen ihn, »Gute Taten« ist zu schwach, Wissen weist ihn auf den Weg der Reue und Buße, und während der Bußübungen erstarkt »Gute Taten« und begleitet ihn bis in den Himmel, während Schönheit, Kraft und Klugheit vor der Öffnung des Grabes zurückweichen. Die Erlösung des Sünders vollzieht sich im *Everyman* und *Elckerlijc* auf dem kanonischen Weg der Buße.

Mit den neulateinischen Bearbeitungen des *Elckerlijc* durch Christian ISCHYRIUS (*Homulus* 1536) und Georg MACROPEDIUS (*Hecastus* 1539) dringt humanistischer Geist und zugleich ein größerer Realismus in die abstrakte Formung des Stoffes. Ischyrius löste die Kollektivbegriffe in Einzelpersonen auf und erreichte mit der Fürbitte der Jungfrau → Maria vor Christus größere Farbigkeit. Der Zentralbegriff der »Guten Taten« ist bei ihm zu »Virtus« geworden. Macropedius begann nicht, wie die bisherigen Bearbeiter, mit der Ankündigung des Todes, sondern mit der Darstellung vom Genußleben des Hecastus, so daß ein Bild zeitgenössischen bürgerlichen Daseins entstand. Das Eingreifen Gottes in Gestalt der Botschaft des Todes wird zugleich durch den Ausbruch einer Krankheit des Hecastus sichtbar gemacht. Neben »Virtus« tritt hier als erlösende Macht »Fides«, was dem Verfasser den Vorwurf eines Abweichens von der kanonischen Form der Buße und den der Ketzerei eintrug. Hans SACHS' deutsche Übersetzung des Macropedius (*Comedi von dem reichen sterbenden Menschen* 1549) verbürgerlichte den Stoff noch stärker, wodurch das Ganze weniger allgemeingültig als zufällig wirkte und an Wucht einbüßte. Sachs ließ die kirchlichen Mittel des Bußweges ganz beiseite und betonte den rechten Glauben, der dem Sünder die Furcht vor dem Tode nimmt. Während der Stoff bei ihm außerhalb konfessioneller Bindungen zu stehen scheint, wandte der wohl auch von Macropedius' Werk angeregte Thomas NAOGEORG im *Mercator* (1540) vom protestantischen Standpunkt aus die Tendenz gegen die Werkgerechtigkeit des Katholizismus. Jaspar von GENNEPS deutsche *Homulus*-Übersetzung (1540) bildete schon die später bei Hofmannsthal zentrale Mahl-Szene aus, und der auf ihm fußende *Düdesche Schlömer* (1584) Johannes STRICKERS schließlich führt die ehemaligen Allegorien als Personen vor, die als satirische Porträts bestimmter Menschen und Standesvertreter aufzufassen sind.

Nachdem der Stoff drei Jahrhunderte lang brachgelegen hatte, denn nur D. ROSTOWSKIJ (1651–1709) mit der Pantomime *Der ewige Sünder* ist zu erwähnen, wurde die alte Moralität zu Beginn des 20. Jahrhunderts zunächst auf dem akademischen Theater Englands, dann auch auf deutschen und holländischen Bühnen erneuert. Der Mangel an einer deutschen künstlerisch hochwertigen Fassung ließ zunächst eine Neubearbeitung des *Everyman* durch Wilhelm von GUÉRARD (*Wir alle* 1905) entstehen, die den ganzen Vorgang als inneres Gesicht des vom Schlage Getroffenen faßt und in ihrer Darbietungsweise dem Geschmack des Jugendstils entspricht; dann schrieb H. von HOFMANNSTHAL 1911 seinen *Jedermann*, der einen über den Konfessionen stehenden allgemein menschlichen, weniger mittelalterlichen als modernen Geist bekundet. Jedermann ist schuldig, weil er über dem eigenen Willen keine höhere Ordnung anerkennt. Am Schluß des von einem Dialog zwischen Gott und dem Teufel eingeleiteten Spiels tritt neben die Hilfe von »Glaube« und »Werke« die fürbittende Liebe der Mutter. Während F. HOCHWÄLDERS Exemplifizierung des Stoffs an einem modernen Intellektuellen (*Donnerstag* 1959) nur ein schwacher Ersatz des Salzburger *Jedermann* blieb, traf M. FRISCHS (*Biedermann und die Brandstifter* 1958) Kritik an dem Spießer, der aus Egoismus mit der Macht paktiert, das Thema genauer. Übertragung der Kaufmann-Rolle auf einen Herrscher läßt Macht als Versuchung deutlich werden: E. IONESCO (*Le roi se meurt* 1963) setzt bei seinem frei erfundenen König Behringer I. voraus, daß sein Reich längst zu bestehen aufgehört hat und sein Tod nur noch letzte Konsequenz dieses Verfalls ist. Der König versucht auf jede Weise, dem Verhängnis zu entkommen, aber weder Egoismus noch Altruismus noch Vernichtungsrausch helfen ihm über die letzte Stunde. Bei der gleichen verzweifelten Abwehr der Vergänglichkeit unterliegt auch L. AHLSENS historisch genauer fixierter König → Ludwig XI. (*Sie werden sterben, Sire*, Kom. 1963); alle Personen seiner Umgebung haben einen gangbaren Weg gefunden, den der christlichen Weltüberwindung, den des naturwissenschaftlichen Nihilismus, den kreatürlichen, den mystischen, den des Überdrusses, aber der König findet keinen Halt, und seine Lebensarbeit wird durch den Nachfolger sofort zunichte gemacht. Das Jedermann-Sterben hat nichts mehr mit Strafe, Lohn und Gnade zu tun, es enthüllt nur das Nichts.

K. Goedeke, Every-man, Homulus und Hecastus, 1865; H. Lindner, Hofmannsthals »Jedermann« und seine Vorgänger, Diss. Leipzig 1928; Drei Schauspiele vom sterbenden Menschen, hg. v. J. Bolte, 1927; H. Knust, Moderne Variationen des Jedermann-Spiels (in: Festschr. Helen Adolf) 1968.

**Jenatsch, Jürg.** Der in der Schweiz als Freiheitskämpfer und Staatsmann gefeierte Jürg Jenatsch (1596–1639) war ursprünglich protestantischer Pfarrer im Veltlin, vertauschte aber als erbitterter Kämpfer gegen den österreichisch-spanischen Einfluß das geistliche Amt mit der Waffe und ermordete den Führer der Katholischen Partei, Pompeius Planta. Er holte zur Vertreibung der Spanier die Franzosen unter dem Herzog von Rohan ins Land und vertrieb wiederum diese, als sie das Veltlin für sich behalten wollten, durch Anlehnung an Spanien, nachdem er zuvor zum Katholizismus übergetreten war. Er erreichte sein politisches Ziel unter Aufgabe seiner menschlichen Geltung und wurde am 24. 1. 1639 in Chur ermordet.

Schon zeitgenössische polemische Dichtungen kristallisierten sich um die vier entscheidenden Punkte in Jenatschs Leben, die in der späteren Literatur zu den großen Szenen des Jenatsch-Stoffes werden sollten: seine Teilnahme als protestantischer Geistlicher am Thusner Strafgericht von 1618, die Ermordung Plantas 1621, den Übertritt zum Katholizismus sowie den ↑ Verrat an Rohan und schließlich seinen gewaltsamen Tod. Auch die Anhänger seiner Partei sind zum Teil nicht mit Jenatschs Handlungen einverstanden gewesen, und dies zwiespältige Urteil der Zeitgenossen hat dazu beigetragen, das Geheimnis um seine widerspruchsvolle Gestalt zu vergrößern und dem Stoff eine innere Spannung zu geben, die ihn auch für große literarische Formen geeignet erscheinen ließ. Als spezifisch schweizerisch ist der Stoff allerdings im wesentlichen auf Schweizer Autoren, und zwar sowohl deutscher als auch französischer und vor allem rätoromanischer Sprache, beschränkt geblieben.

Bald nach Jenatschs Tode tauchte im Volksmunde das Gerücht auf, er sei mit der gleichen Axt erschlagen worden, mit der er Planta getötet hatte. Man glaubte also nicht an einen politischen Mord, sondern an Blutrache, ohne dabei zunächst den Vollstrecker zu erwähnen. Erst um die Mitte des 18. Jahrhunderts erschien in historischen Werken und Nachschlagebüchern die Version, daß Jenatsch durch Katharina von Travers, die Tochter Plantas, umgebracht worden sei, wobei sich ihre Rolle von der einer Anstifterin zu der einer Vollstreckerin der Tat steigerte. Dieses Motiv wurde literarisch erstmalig in einer Erzählung im *Revolutionsalmanach von 1793* gestaltet, einprägsamer dann durch H. Zschokke in *Die drei ewigen Bünde im hohen Rhätien* (1798). Während A. v. Tromlitz (*Der Alte von Furnatsch* 1832) an die Stelle der rächenden Tochter einen alten Diener rückte und Karl Spindler in seiner Erzählung mit dem rätoromanischen Titel *Hoz a mai, domoun a tai* (Heute mir, morgen dir, 1848) den Stoff sehr stark veränderte, bemächtigten sich um die Mitte des 19. Jahrhunderts die Dramatiker des Stoffes, wozu einzelne stark theatralische Szenen anregen mochten. Das inzwischen erwachsene historische Bewußtsein und Interesse akzentuierte statt der novellistischen Mordgeschichte die politische Persönlichkeit und das politisch-weltanschauliche Ringen. Der

Schweizer Staatsmann und Historiker P. C. v. PLANTA ließ zwischen 1849 und 1897 vier dramatische Behandlungen des Stoffes mit sehr wechselnden Standpunkten erscheinen. Er versuchte, Jenatsch als einen überkonfessionellen Mann, dem allerdings eine tiefere Beziehung zur Religion fehle, darzustellen; die Rache an Jenatsch vollzieht bei ihm nicht die Tochter des Ermordeten, sondern deren Verlobter.

Plantas spätere Dramatisierungen waren schon durch C. F. MEYERS entscheidende Formung des Stoffes (1874) beeinflußt. Auch Meyer dachte zunächst an eine Dramatisierung, sah sich aber dann doch durch die Weitmaschigkeit und vielfache Verflechtung des Stoffes und seine zeitliche Gedehntheit auf die gemäßere epische Form des Romans verwiesen. Ihm lag daran, Jenatsch auf dem Hintergrund seiner Epoche zu zeigen: als eine typische Renaissancegestalt, die alles dem Machtstreben und einer politischen Idee opfert. Die innere Dialektik erhöhte er wesentlich durch die geniale Erfindung der Liebe zwischen Jenatsch und Lukretia, der Tochter und Rächerin des von ihm ermordeten Planta.

Meyers Gestaltung hat nicht nur eine Reihe unbedeutender Dramatisierungen seines Werkes (u. a. Richard Voss 1893) hervorgerufen, sondern außer P. C. v. Plantas letzten Arbeiten auch die späteren Dramatisierungen des Stoffes beeinflußt; sowohl S. PLATTNERS Trauerspiel (1901) wie G. v. PLANTAS mit der Ermordung Pompeius Plantas abschließendes Drama *Jenatsch und Lukretia* (1914) behielten das Motiv der Liebe zwischen Jenatsch und Lukretia bei. Die schon von Plattner angestrebte Deutung des Stoffes aus katholischer Sicht wurde in dem Roman des Rätoromanen Maurus CARNOT *Die Geschichte des Jürg Jenatsch* (1929) durchgeführt, und in den Dramen R. JOHOS *Jürg Jenatsch oder Gewaltherrschaft* (1930) und Hans MÜHLESTEINS *Der Diktator und der Tod* (1933) ist an dem Stoff das Problem der Diktatur erörtert worden.

Mit der seit dem Ende des 19. Jahrhunderts vor allem in rätoromanischer Sprache recht häufigen lyrischen Verwendung der Jenatsch-Gestalt konnte der Stoff in seiner Breite und Dialektik nicht ausgeschöpft werden; hier wurden Jenatschs weniger selbstlose Züge zugunsten des Bildes eines heroischen Freiheitskämpfers unterdrückt. Bedeutsam ist die rätoromanische Ballade von G. M. NAY *Gieri Jenatsch* (1927). Mehrfach ist der Versuch gemacht worden, dem Stoff durch eine Reihe oder einen Zyklus von Gedichten gerecht zu werden (H. PONTALT 1895; J. R. RIEDHAUSER 1897; Martin SCHMID *Via mala* 1916, *Der nächtliche Ritt* 1936).

B. Gartmann, Georg Jenatsch in der Literatur, Diss. Bern 1946.

**Jephthas Tochter.** Die im 11. Kapitel des *Buches der Richter* des *Alten Testaments* erzählte Geschichte von dem Feldherrn und Richter Jephtha, der im Kriege gegen die Ammoniter Gott gelobt, im

Falle des Sieges das erste Lebewesen, das ihn bei seiner Heimkehr begrüßen würde, zu opfern, und dann die einzige Tochter auf den Altar legen muß, nachdem er ihr einen zweimonatigen Aufschub gewährt hat, damit sie mit ihren Gespielinnen in der Einsamkeit des Gebirges ihr Schicksal beweinen könne, ist in ihrem wesentlichen poetischen Element, der Klage, schon von einem unbekannten jüdischen Dichter des ersten nachchristlichen Jahrhunderts erfaßt worden, der ein elegisches Gedicht *Klage Seilas auf dem Berg Stelac* verfaßte, das in einer lateinischen Version vorliegt. Die Klage um die Tochter Jephthas ist, als Klage des Mädchens, der Gespielinnen oder auch des Vaters, in der Literatur nicht wieder verstummt, seit sie → ABÄLARD im 12. Jahrhundert in Form der in der Bibel angedeuteten Klage der israelitischen Jungfrauen wiederholte (*Planctus virginum Israel super filia Jeptae Galaditae*), und hat besonders in der Lyrik des Barock (A. de RIVAUDEAU, *La fille de Jephté* 1556; R. HERRICK, *The Dirge of Jephthah's Daughter* 1647; G. Ph. HARSDÖRFFER, *Die Betrübte Mara, des Richters Jephte Tochter*; Ch. Hofmann von HOFMANNSWALDAU, *Thränen der Tochter Jephta*; H. v. ASSIG UND SIEGERSDORF, *Freud und Trauren der Tochter Jephta*; C. BARLAEUS, *Oratio Jephtae filiam immolaturi*) und in Gedichten des 19. Jahrhunderts Nachfolge gefunden (Lord BYRON, *Jephtha's Daughter*; A. de VIGNY, *La fille de Jephté*; J. G. WHITTIER, *Jephthah* 1827; A. TENNYSON, *Jephthah's Daughter* 1833; St. PHILLIPS, *The Maiden on the Mountains* 1915).

Die Renaissance erkannte in der Opfertat des Vaters einen heroischen dramatischen Stoff, den als erster der Schotte G. BUCHANAN in seinem lateinischen Schuldrama *Jephthes* (1554) nach dem Vorbild des Euripides und Seneca in einer klassizistischen Mustertragödie erfaßte: es setzt mit einem Dialog zwischen Mutter und Tochter ein, die bald darauf die Nachricht von Jephthas Sieg erhalten, und endet mit einem Botenbericht über den Tod der Tochter. Der Vater weicht nicht einen Augenblick von seiner Verpflichtung, die bald auch die Tochter als die ihre erkennt; das Abraten der Freunde ist nur ein schwaches Gegenspiel; im Zentrum steht die Diskussion über die Notwendigkeit der Erfüllung des Gelübdes. In den Grundzügen verwandt sind B. SEIDELS lateinischer *Jephta* (1568), nur daß hier das Klage-Motiv stärker hervortritt, und der Fuldaer *Jephtes*. Dagegen folgte das griechische Drama *Jephthae* (1544) des John CHRISTOPHERSON genau dem biblischen Bericht, bezog die Vorgeschichte und den Konflikt Jephthas mit seinen Brüdern ein und legte den Akzent auf das Gefühlsleben der Hauptpersonen; die Mutter tritt zum erstenmal als Gegnerin des Opfers auf. Ähnlich episch, aber ungleich hölzerner wirkten H. SACHS' *Der Jephte mit seiner tochter* (1555) und J. POMARIUS' umfang- und personenreiches deutsches Spiel *Votum Jephthae* (1574). Die Einbeziehung der Vorgeschichte drängte den eigentlichen Konflikt mitunter in die letzten beiden Akte (G. DEDEKEN, *Jephtah* 1594).

Wie der strenge Gott Israels dem jungen Protestantismus

zusagte, so kam das Weltentsagungsthema der Märtyrerthematik des katholischen Ordensdramas entgegen. Von dem ältesten spanisch-lateinischen Jesuitendrama *Tragedia quae inscribitur Jeptaea* (vor 1575) an sind bis in die 2. Hälfte des 18. Jahrhunderts etwa 50 Spiele aus dem Bereich des Jesuitenordens zu verzeichnen, und auch der Benediktinerorden ist mit zwei Spielen, dem lyrisch-elegischen *Jephte* (1608) des CORNELIUS A MARCA und dem stärker dogmatischen *Jephte Princeps Galaad* (1629) des Thomas WEISS, vertreten. Das bedeutendste Jesuitendrama ist J. BALDES *Jephtias* (1654, Überarbeitung eines *Jephte* von 1637), in dem zum erstenmal der Opfertod der Tochter mit dem Christi verglichen wird und an Stelle der Mutter der in der weiteren Geschichte des Stoffes nahezu unentbehrliche Liebhaber der Tochter eingeführt ist. In G. GRANELLIS Jesuitendrama *Seila, Figlia di Jefte* (1766) wurde die gleich an zwei Liebhabern demonstrierte Überwindung der irdischen Liebe zum Hauptthema. Auch das weltliche Drama des 17. Jahrhunderts hat den Stoff für die beliebte Dokumentierung der Vergänglichkeit des Irdischen genutzt (A. de KONING, *Jephthahs Ende Zijn Eenighe Dochters Treur-Spel* 1615; J. van den VONDEL, *Jeptha* 1659) oder auch zu einer bunten, mit komischen Elementen versehenen Handlung ausgesponnen (J. B. DIAMANTE, *Cumplirle á Dios la palabra* 1674; Ch. WEISE, *Der Tochtermord* 1680).

Das Klage-Motiv, das auch in Baldes Drama zu lyrisch-musikalischen Einlagen führte, legte eine musikdramatische Behandlung des Stoffes nahe. Er wurde seit O. TRONSARELLIS *La Figlia di Jefte* (1632) und G. CARISSIMIS *Jephte* (1650) zum beliebten Thema für Oratorien, unter denen etwa T. MORELL/G. F. HÄNDELS *Jephtha* (1752) beispielhaft für die stereotype Behandlung des Stoffes genannt sei. Die erste und zugleich wohl beste Oper stammt von G. F. ROBERTI/A. POLLAROLO (*Jefte* 1702); die Handlung wurde hier dadurch stärker auf Wirksamkeit zugeschnitten, daß der Vater der Tochter verschweigt, worin sein Opfer bestehen wird. Für das 19. Jahrhundert ist etwa *Jephtas Gelübde* von A. SCHREIBER/G. MEYERBEER (1811) mit zwei rivalisierenden Liebhabern bezeichnend. Die Zahl aller Oratorien und Opern über den Jephtha-Stoff beläuft sich auf über hundert.

Während im humanitären 18. Jahrhundert die Jephtha-Problematik geringe Beachtung fand, nahm im 19. Jahrhundert das Interesse für den Stoff wieder zu. Da der Überzeugung von der Notwendigkeit des Opfers die religiöse Grundlage entzogen war, wurde das Thema meist als ein Pflichtkonflikt im schillerschen Sinne aufgefaßt und der biblische Gehalt in der Art eines Römerdramas behandelt; die gegen das Opfer wirkenden Kräfte treten stärker hervor. Eine bedeutende Jephtha-Dichtung hat das 19. Jahrhundert nicht hervorgebracht. Marie Thérèse PEROUX d'ABANY zog den Stoff als empfindsamen Roman auf (*Seila, Fille de Jephté* 1801), in dem der Opfermut der heldenhaften Tochter sogar den Liebhaber überzeugt. In F. BELLOTTIS Drama *La Figlia di Jefte* (1834) machen Mutter und Liebhaber vergebliche Versuche zur

Rettung. Bei F. FRACASSINI (*Il Voto di Jefte*, Dr. 1837) will der Vater sein eigenes Leben für die Tochter geben, bei K. DIEZ (*Jephthas Opfer* 1874) versucht er sie vor seiner Ankunft zu warnen, bei José M. DÍAZ (*Jefté* 1845) will er die Begegnung durch eine Lüge ungeschehen machen. L. FREYTAGS *Jephthah* (Dr. 1874) ist wohl die einzige Bearbeitung, die ein Happy-End konstruiert, indem ein Priester Jephtha durch den bloßen Willen zur Tat für entsühnt erklärt und die Braut dem Bräutigam zuführt.

Das 20. Jahrhundert griff auf die religiöse Wurzel des Stoffes zurück und suchte seine »Unmenschlichkeit« durch eine neue Interpretation verständlich zu machen. Nach F. HELDS Epos *Jephtas Tochter* (1894) hat Jephtha das Gelübde nicht Jehova, sondern El, dem Gott der Ammoniter, getan und muß nun erleben, daß der fremde Gott und der fremde Fürst ihm die Tochter rauben. An diese Variante schließt sich ein Drama von H. L. HELD (*Tamar* 1911) an. Schalom ASCHS jiddisches Stück (1915) zeigt gleichfalls ein Mädchen, das sich freiwillig dem Gotte Moloch weiht, dem der Vater sie versprochen hat. R. MENSHICK (Dr. 1929) machte die Katastrophe zur Folge einer Intrige. Ganz auf die Auseinandersetzung der Liebenden stimmten den Stoff J. LINNANKOSKI (*Jeftan Tytar,* Dr. 1911) und E. GIRARDINI (*Jefte,* Dr. 1929) ab. Aus der Sicht des ersten Weltkrieges machte H. v. BOETTICHER (*Jephta,* Dr. 1919) die Opferung zu einem Opfer für den Frieden, und auch in F. RUHS Einakter (1920) bricht mit dem Opfer eine neue Zeit an: Jephtha nimmt den gefangenen Ammoniter und Geliebten der Tochter als Sohn an. Als Prinzip menschlicher Ordnung und Gesetzlichkeit interpretierte E. LISSAUER (*Das Weib des Jephta,* Dr. 1928) Jephthas Haltung, an der seine Frau, deren Gefühl sich empört, zerbricht. Der Roman E. L. G. WATSONS (*A Mighty Man of Valour* 1939) stellte der blinden Unterwürfigkeit Jephthas unter einen unbarmherzigen Gott eine neue Gottesvorstellung gegenüber, und auch bei L. FEUCHTWANGER (*Jefta und seine Tochter,* R. 1957) kommt Jephtha zu der Einsicht, daß die Erfüllung des Gelübdes weniger den Willen Gottes vollzog als dem Bewußtsein der eigenen Untreue gegenüber Jehova entsprang, aber durch die nationale Einigung Israels ihre Sinngebung erhielt.

J. Porwig, Der Jephtastoff in der deutschen Dichtung, Diss. Breslau 1932; W. O. Sypherd, Jephthah and his Daughter, Newark / Delaware 1948.

**Jesus.** Sosehr sich Leben und Lehre Jesu in der abendländischen Literatur, auch in der nicht mehr christlichen, spiegeln, so hat die überkünstlerische, religiöse Bedeutung des Jesus-Stoffes seine freiere Entfaltung verhindert. Die *Evangelien* bieten nicht nur die dem Stoff angemessene und einmalige prägnante Darstellung, so daß alle epischen Nachgestaltungen, die »Evangelienharmonien« seit dem *Diatessaron* des Syrers TATIAN (um 170), dagegen verblassen müssen, wobei allenfalls Nuancen wie die Verwandlung Chri-

sti in einen germanischen Volkskönig durch den *Heliand* (um 830)
bemerkenswert wären, sondern sie sind auch zugleich einzigartige
Quelle, im theologischen Sinne geoffenbarte Wahrheit über das
Leben Jesu, so daß zunächst jede Neudarstellung sich auf die
Zitierung oder Paraphrasierung von Christi Worten beschränken
mußte und höchstens durch die Auswahl der Züge Varianten des
Bildes schaffen konnte. So gibt es den derben, spöttischen Jesus des
*Trierer, Wiener* und *Redentiner Osterspiels*, den lehrhaft-ernsten des
*St. Galler Spiels* und der Frankfurter Spiel-Gruppe, den gerecht-
strengen des *Zehn-Jungfrauen-Spiels*, des *Rheinauer Weltgerichts-
spiels*, des *Künzelsauer Fronleichnamspiels* und des *Theophilus* und
den von der Frauen-Mystik geprägten milden und liebenden Jesus
der Mariä-Himmelfahrt-Spiele des 14. Jahrhunderts, der Tiroler
Spiele und der *Augsburger Passion*. Die Ausweitungen der Spiele in
den großen Passionen, z. B. denen von A. GREBAN und J. MICHEL,
beziehen sich nie auf Jesu Gestalt und Handeln. Eine Problematik
oder ein tragischer Konflikt wurde bis in die Neuzeit hinein nicht
gesehen. Das mittelalterliche Theater war sich bewußt, daß die
Darstellung des Lebens Christi nur die menschliche Seite seiner
Existenz erfaßte und die actio nicht eigentlich »ist«, sondern
»bedeutet«, d. h. für den dogmatischen Hintergrund transparent
bleiben mußte. Diese Gesinnung blieb auch noch da wirksam, wo
es sich, wie bei dem wohl bekanntesten Beispiel des Christus-
Dramas, dem *Oberammergauer Passionsspiel*, theatergeschichtlich
gar nicht mehr um »mittelalterliches« Theater handelt.

Am selbständigsten und künstlerischsten wurde der Stoff daher
dort gefaßt, wo er nicht eigentlich dargeboten wurde, sondern als
stimmungsbetontes lyrisches Motiv in Hymnen, Bitt- und Dank-
gebete einging. Von den frühen lateinischen Hymnen des GREGOR
VON NAZIANZ, AMBROSIUS VON MAILAND (*Veni redemptor gentium*),
VENANTIUS FORTUNATUS (*Pange, lingua, gloriosi*), über die Sequen-
zen NOTKERS bis zu den leidenschaftlich einfühlenden Gedichten
ABÄLARDS, dem geistlichen Volkslied, dem Kirchenlied LUTHERS
und Paul GERHARDTS sind Advent und Passion, Auferstehung und
Himmelfahrt Christi immer wieder besungen worden, und sie
gewannen besonders dort an Umriß und Eindrucksstärke, wo der
Autor im Zuge mystischer oder pietistischer Strömungen um
persönlichen Zugang zu Christus rang (BERNHARD VON CLAIR-
VAUX, Friedrich v. SPEE, ANGELUS SILESIUS, J. HEERMANN, G. TER-
STEEGEN, NOVALIS, C. BRENTANO).

Die gott-menschliche Vollkommenheit Christi lag im Grunde
außerhalb des Bereichs der an das menschlich Nacherlebbare
gebundenen Literatur, besonders der pragmatischen Gattungen.
Bei Luther trat an die Stelle der mittelalterlichen »Bedeutsamkeit«
des Stoffes jene Abneigung gegen eine Darstellung überhaupt, die
etwa noch Boileau aufrechterhielt. Das Schwinden orthodoxer
Gläubigkeit seit der Aufklärung brachte eine rationalisierende Darstellung hervor, die in Christus nur den Tugendhelden und
Tugendlehrer sah (N. de BOHAIRE DUTHEIL, *Jésus-Christ ou la vérita-*

*ble religion*, Dr. 1792), oder gefühlsmäßige Aneignung des Stoffes wie in KLOPSTOCKS *Messias* (1748–73), bei dem die Zentralgestalt hinter Stimmungen, Natureindrücken und Betrachtungen zurücktritt; da nur das Menschliche an Jesus faßbar war, mußte sich auch diese überragende dichterische Gestaltung des Stoffes in der Eindrucksgewalt des Leidens, Sterbens und Überwindens erschöpfen. Auf rationalistischer Basis versuchten die ersten beiden Jesus-Romane (K. F. BAHRDT, *Ausführung des Plans und Zwecks Jesu* 1782; K. H. VENTURINI, *Natürliche Geschichte des großen Propheten von Nazareth* 1800/02), sein Leben als das eines Mitglieds der Essener-Sekte zu erklären, mit deren Hilfe er die Kreuzigung überlebt und seinen Jüngern »erscheinen« kann. Den Ausweg, sich des Stoffes durch Spiegelung Jesu in einer Neben- oder Gegengestalt zu bemächtigen, schlugen die zahlreichen Verarbeitungen des → Ahasver-, → Judas-, → Maria Magdalena-, → Johannes-, → Julian Apostata- und Barabbas-Stoffes des 19. und 20. Jahrhunderts ein, während bedeutendere Pläne zur Bewältigung des eigentlichen Jesus-Stoffes, wie die von R. WAGNER, F. HEBBEL und O. LUDWIG, unausgeführt blieben oder nur Fragmente zeitigten.

Einen entscheidenden Einschnitt brachte die Bibelkritik mit den Werken von D. F. STRAUSS (*Das Leben Jesu* 1835) und von E. RENAN (*Les origines du Christianisme* 1863–83), denn sie lieferten die theoretischen Grundlagen, künftig Jesus nur als Menschen in seinen menschlichen Leiden, Enttäuschungen und Zweifeln darzustellen und seine Gestalt und Biographie zu säkularisieren. Schon DE VIGNYS *Le Mont des Oliviers* (1843) und G. DE NERVALS Zyklus *Le Christ aux Oliviers* (1844) mit ihren von JEAN PAUL angeregten Verkündungen des Gottestodes dürften von Strauss' Jesusbild abhängig sein.

Der Stoff wurde nun zum Thema des historischen Romans und Dramas, die, je nach Weltanschauung des Autors, Jesus als Sozialrevolutionär, als mythisierte Persönlichkeit im Sinne von Strauß oder als pathologischen Fall darstellten. Schon L. X. SAURIAC schuf mit *La mort de Jésus* (Dr. 1849) unter dem Einfluß der Revolution von 1848 ein sozialistisches Tendenzstück. F. SALLET (*Laien-Evangelium* 1842) betonte am »Ecce homo« das zweite Wort. F. A. DULK (*Jesus der Christ* 1865) wies nach Strauß' und Renans Vorbild Joseph von Arimathia die entscheidende Rolle zu: Joseph gibt dem Gekreuzigten einen Trank, der einen Starrkrampf hervorruft, und bringt den Scheintoten in Sicherheit; eine ähnliche Funktion erfüllt Joseph bei G. TRARIEUX (*Joseph d'Arimathie*, Dr. 1898), H. BENZMANN (*Eine Evangelienharmonie*, Epos 1909) und E. LEROU (*Hiésous*, R. 1903). Der weiche, sensible Christus Renans, ein sozialer Reformer, der sich in wachsende Exaltiertheit steigert, aber, zumal in Gethsemane, nicht frei von Zweifeln ist, wirkte nach bei E. THOMAS (*Jésus*, Dr. 1889), Ch. GRANDMOUGIN (*Le Christ*, Dr. 1892), Ch. M. SHELDON, *In his steps* 1897; L.-F. SAUVAGE (*Le prophète Jésus*, Dr. 1901), J. LEPSIUS (*Leben Jesu* 1917f.), F. AVENARIUS (*Jesus*, Dr. 1921), G. PAPINI (*Storia di Cristo*, R. 1924) und E. LUDWIG (*Der

*Menschensohn*, romanhafte Biographie 1928). Weichlich-sentimentale Züge beherrschen auch die Jesus-Gestalt W. v. MOLOS (*Legende vom Herrn* 1927). Bei C. LÖFFLER (*Jesus Christus*, Dr. 1904) will Jesus nur Mensch sein, aber seine Mutter und Petrus geben ihn für einen Gott aus, bei H. v. GUMPPENBERG (*Der Messias*, Dr. 1891) wählt Jesus selbst diese These, um das Volk aufzurütteln, und sühnt sie mit dem Tode. Die schon zur Zeit der bürgerlichen Revolution genutzte Möglichkeit, die sozialistische Komponente in Christi Lehre zur entscheidenden zu machen und wie dann Arno HOLZ in Jesus den »ersten Sozialisten« (*Buch der Zeit* 1885) zu sehen, beherrscht noch das leidenschaftliche Buch der Kriminalroman-Autorin D. L. SAYERS *The Man Born to the King* (1949) und brachte H. BARBUSSE (*Jésus*, R. 1927) sogar dazu, Jesus als atheistischen Kommunisten darzustellen. Säkularisiert ist auch das Jesusbild des Amerikaners J. ERSKINE (*The Human Life of Jesus* 1945) und seines Landsmannes L. C. DOUGLAS (*The Big Fisherman*, R. 1952), der, wohl unter dem Einfluß der Christian Science, in Jesus den Wegbereiter zu einem Leben in Glück und innerer Freiheit zeichnete. Völlig verändert dagegen R. GRAVES (*King Jesus*, R. 1954) die Grundlagen von Jesu historischer und heilsgeschichtlicher Mission, indem er aus dem Sohn Gottes einen legitimen Sohn Antipaters machte, der entsprechend den altjüdischen Messiashoffnungen weltliche Fürstenwürde mit der des Messias verbindet. Sch. ASCHS *The Nazarene* (R. 1950) ist aus jüdischer Sicht erzählt. Aus dem Geist des »Renouveau catholique« entstanden dagegen die Christus-Romane von F. MAURIAC (*Vie de Jésus* 1936) und H. DANIEL-ROPS (*Jésus en son temps* 1945); auch E. SCHAPER (*Das Leben Jesu* 1936) schrieb aus christlicher Gläubigkeit. Die Leben-Jesu-Darstellungen des 20. Jahrhunderts fanden ihren vorläufigen Ausklang bei Rock-Oper (T. RICE / A. L. WEBBER, *Jesus Christ Superstar* 1970) und Musical (St. SCHWARZ / J.-M. TEBELAC, *Godspell* 1971). Den ästhetischen Bedenken gegen eine künstlerische Nachzeichnung der Jesus-Gestalt dadurch auszuweichen, daß man ihren Charakter hauptsächlich durch Spiegelung in den Meinungen ihrer Umwelt wiedergab, wie es schon L. WALLACES Erfolgsroman *Ben Hur* (1880) getan hatte, versuchten außer P. ROSEGGER (INRI, Nov. 1905), der das Evangelium aus der Sicht eines zum Tode Verurteilten erzählte, und der schon erwähnten D. L. Sayers in neuerer Zeit M. BROD (*Der Meister*, R. 1952), aus der Sicht der Römer G. MENZEL (*Kehr wieder, Morgenröte*, R. 1952). F. DÜRRENMATT (*Pilatus* Dr. 1952) und G. von LE FORT (*Die Frau des Pilatus*, Nov. 1956), aus der des Jüngers Matthäus M.-L. KASCHNITZ (*Der Zöllner Matthäus*, Hörsp. 1962), aus der des Nikodemus J. DOBRACZYŃSKI (*Gib mir deine Sorgen. Die Briefe des Nikodemus*, R. 1952), vor allem aber P. LAGERKVIST in *Barabbas* (R. 1950), der Jesu Bild aus dem Eindruck auf die Seele des Raubmörders und Neinsagers, also gleichsam es negativo, entstehen ließ. Ein Neinsager ist scheinbar auch der von P. ROTH (*Riverside, Christusnovelle*, 1991) eingeschleuste Aussätzige, der nach Auffassung der Jünger einst wegen seiner

Gottlosigkeit von Jesus nicht geheilt werden konnte, der sich aber
dann als längst geheilt offenbart, da Christus den Aussatz stellvertretend auf sich genommen hatte.

Eine Beziehung Jesu zum Buddhismus konstruierten E. ARNOLD
(*The Light of Asia*, Epos 1879), der Roman von LEROU und K. WEI-
SER (*Jesus*, Dr.-Tetralogie 1906), eine Verbindung mit dem antiken
Schönheitsideal in Gestalt der → Psyche dagegen R. DEHMEL (*Jesus,
der Künstler*, Gedicht). Mit der Stellung Jesu zu den Tieren beschäf-
tigte sich J. V. WIDMANN (*Der Heilige und die Tiere*, Verserz. 1905).
Volkstümlich wurden S. LAGERLÖFS *Christuslegenden* (1904), die auf
die naive Gläubigkeit mittelalterlicher Legenden zurückgriffen und
Episoden um Leben und Wirken Jesu so schlicht vortrugen, daß
daneben K. RÖTTGERS *Christuslegenden* (1914) verblassten.

Brüderlichkeit, Leiden und Selbstopfer Christi als Symbol
menschlicher Not überhaupt und zugleich als Mahnung und Trö-
stung waren ein bedeutendes Motiv der expressionistischen Dichtung (P. HILLE, *Das Mysterium Jesu* 1921; J. WINCKLER, *Der Irrgarten
Gottes* 1921; S. v. d. TRENCK in *Leuchter um die Sonne* 1924–27;
P. ZECH, F. WERFEL, H. LERSCH, R. J. SORGE, K. HEYNICKE). Ein
typisch expressionistisches Schicksal verleiht A. EINSTEIN (*Die
schlimme Botschaft*, Dr. 1921) seinem Christus, da die Armen, für
die Christi Botschaft bestimmt war, sie ablehnen, so daß er an
seiner Sendung verzweifelt und sich vom Kreuz losreißt.

Um den theologischen und ästhetischen Bedenken, die immer
wieder gegen Jesus-Dichtungen erhoben wurden, zu entgehen und
sich zugleich von der künstlerisch beengenden Kanonik der Evan-
gelienhandlung und der reinen Rekonstruktion des Historischen zu
lösen, suchten zahlreiche moderne Autoren Jesu Schicksal dadurch
sinnfällig zu machen, daß sie es in die Gegenwart versetzten und
Jesus ein zweites Mal Verständnislosigkeit, Untreue und Opfertod
erleben ließen. An GOETHES Plan eines wiederkehrenden Christus
im Rahmen der Geschichte vom → Ewigen Juden reihen sich H. de
BALZACS *Jésus-Christ en Flandre* (Nov. 1831), DOSTOJEWSKIJS *Groß-
inquisitor* (1880), F. HAUSER (*Le Ressuscité*, Dr. 1901), SAINT-GEOR-
GES DE BOUHÉLIER (*La tragédie du nouveau Christ* Dr. 1901),
W. SCHARRELMANN (*Die Wiederkunft Christi*, Dr. 1905), F. TIMMER-
MANS (*Das Jesuskind in Flandern*, Erz. 1925), J. WITTIG (*Das Leben
Jesu in Palästina, Schlesien und anderswo* 1925), R. HUCH (*Der wieder-
kehrende Christus*, Erz. 1926). Sehr bekannt wurde der unter die
Arbeiter Berlins gestellte Christus in M. KRETZERS *Das Gesicht
Christi* (R. 1897). Zu derartigen Aktualisierungen durch Konfron-
tierung mit der Gegenwart gehört auch Diego FABBRIS Drama
*Processo a Gesù* (1955), in dem von einer Truppe jüdischer Schau-
spieler der Prozeß gegen Jesus wiederholt und überprüft wird.

Je zurückhaltender man in der Darstellung des historischen Jesus
geworden ist, desto häufiger tauchen Transfigurationen auf, Wiederholungen von Jesu Lebensweg an einem verwandten Geschick.
Zur Geschichte des Jesus-Stoffes gehören zweifellos Gestalten, die
durch imitatio eine solche Identifikation anstreben und möglicher-

weise in gesteigerter Hingabe an das Vorbild sich selbst für Jesus halten. G. HAUPTMANN, der Christus als Traumerscheinung des sterbenden Hannele in die Armenstube treten ließ, stellte in *Der Narr in Christo Emanuel Quint* (R. 1910) diesen Typus dar, nach ihm R. MICHEL (*Jesus im Böhmerwald*, Erz. 1927), N. KAZANTZAKIS (*Griechische Passion*, R. 1950) und C. COCCIOLI (*Manuel le Mexicain*, R. 1956), der aufzeigen will, daß ein Jesus immer und überall wiedererstehen kann. Auch der Jesus in G. HERBURGERS »Zukunftsroman« *Jesus in Osaka* (1970) hält sich selbst für Jesus, den Sohn Gottes, erkennt aber weder einen außerweltlichen Gott noch die Bedeutung von Kreuz und Opfertod an, verkündet eine Erlösung hier und jetzt und springt vom Kreuz.

Die hier im Extrem exemplifizierte Stellungnahme gegen die institutionalisierte Kirche ist auch der Keim zu solchen Transfigurationen, deren Repräsentanten ein jesusähnliches Schicksal erleiden, ohne es zu wollen. Sie gehören insofern zum Jesus-Stoff, als sowohl das Formmuster des Lebenslaufs wie das Anliegen des Lebens dem von Jesus entspricht. Als eine erste verschlüsselte Jesus-Gestalt kann Fürst Myschkin in DOSTOJEWSKIJS *Der Idiot* (R. 1868/69) bezeichnet werden. Weitere Vertreter dieses Typs sind vom Gedankengut des christlichen Sozialismus und den sozialethischen Schriften Tolstojs bestimmt. F. HOLLÄNDERS Held (*Jesus und Judas*, R. 1895) ist ein sozialer Apostel, der scheitert; der *Nazarín* (R. 1895) PÉREZ GALDÓS' hat eine Botschaft an seine Zeit, die sich im wesentlichen auf Tolstojs Kulturfeindschaft und dessen Lehre von Nichtwiderstreben stützt; er vollbringt Heilungen und erlebt Visionen und wird schließlich auf seinem Wanderleben gefangengenommen und nach Madrid ins Gefängnis gebracht. Ein Kirchenreformer ist A. FOGAZZAROS Held Benedetto (*Il Santo*, R. 1906), dessen Christusähnlichkeit bis in Einzelheiten durchgeführt ist und der von den geistlichen Behörden Roms bei den weltlichen verklagt wird. Der streitbare, rächende Jesus ist Vorbild für L. BLOYS *Le Désespéré* (R. 1886), der einsam und verkannt stirbt. Während A. WILBRANDT in *Hairan* (Dr. 1899) einen Vorläufer Christi erfand, sind weitere jesusähnliche Märtyrer (A. FUA, *Le Semeur d'idéal*, Dr. 1901; H. v. KAHLENBERG, *Der Fremde*, Erz. 1906; G. FRENSSEN, *Hilligenlei*, R. 1906; M. MELL, *Das Nachfolge-Christi-Spiel* 1927) nicht ohne das Vorangehen Christi zu denken. Mehrere dieser selbstlosen Helden, die das Evangelium der Liebe predigen, sind als Priester der Botschaft Christi besonders nahe (G. BERNANOS, *Journal d'un curé de campagne*, R. 1936; I. SILONE, *Bread and Wine*, R. 1936; G. GREENE, *The Power and the Glory*, R. 1940; H. BÖLL, *Die Spurlosen*, Hörsp. 1957; R. HOCHHUTH, *Der Stellvertreter*, Dr. 1963), doch auch ein meuternder oder doch den Befehl verweigernder Soldat (W. BORCHERT, *Jesus macht nicht mehr mit*, Erz. 1947; W. FAULKNER, *A Fable*, R. 1954) oder ein idealistischer Jugendbetreuer (L. GÖRLING, *491*, R. 1962) können kraft menschlicher Leidensfähigkeit Kreuz und Märtyrertum auf sich nehmen.

G. Pfannmüller, Jesus im Urteil der Jahrhunderte, 1908; A. H. Kober, Christus-dichtung, (Zeitschrift für den deutschen Unterricht 31) 1917; D. Lange, Das Christusdrama im 19. und 20. Jahrhundert, Diss. München 1924; H. Spiero, Die Heilandsgestalt in der neueren deutschen Dichtung, 1926; K. Röttger, Die moderne Jesus-Dichtung, 1927; H. Maschek, Die Christusgestalt im Drama des deutschen Mittelalters, (Jahrbuch der österreichischen Leo-Gesellschaft) 1932; H. Petzold, Das französische Jesus-Christus-Drama nach dem Verfall der mittelal-terlichen Mysterienspiele. Diss. Leipzig 1937; E. Widemann-Keldenich, Die Christusgestalt in der neueren deutschen Epik, Diss. München 1948; H. Schirm-beck, Der moderne Jesus-Roman (in: H. Friedmann / O. Mann, Christliche Dichter der Gegenwart) 1955; H. Hinterhäuser, Die Christusgestalt im Roman des »Fin de Siècle«, (Archiv für das Studium der neueren Sprachen und Literaturen 113) 1961; Th. Ziolkowski, Fictional Transfigurations of Jesus, Princeton 1972; K.-J. Kuschel, Jesus in der deutschsprachigen Gegenwartsliteratur, 1978; U. Kächler, Die Jesusgestalt in der Erzählprosa des deutschen Naturalismus, 1993.

**Johanna, Päpstin** → Päpstin Johanna

**Johanna von Orleans** → Jungfrau von Orleans

**Johannes der Täufer.** Das Leben des Wegbereiters → Jesu, Johannes des Täufers, der ein Büßerdasein in der Wüste führte, predigte und taufte, von dem Tetrarchen Herodes wegen der Angriffe auf dessen Ehe gefangengesetzt wurde, im Kerker noch die Gewißheit von Jesu Erlösertum erhielt und auf Befehl des Herodes getötet wurde, empfing durch die bei MARKUS und MAT-THÄUS berichteten besonderen Umstände seines Todes einen dra-matischen Akzent, dem es seine starke und anhaltende literarische Verwertung verdankt. Herodias, die sich von ihrem ersten Manne, Herodes' Bruder, getrennt hatte und des Herodes Frau geworden war, fühlte sich durch Johannes beleidigt und wünschte seinen Tod, vermochte ihre Absicht aber nicht durchzusetzen, da Herodes Johannes schätzte (nach Matthäus fürchtete er das Volk). Auf einem Fest ließ Herodias ihre Tochter vor Herodes und den Gästen tanzen, und der entzückte Fürst schwor dem Mädchen, ihr zu geben, was sie fordere. Auf Geheiß der Mutter verlangte sie das Haupt des Täufers auf einer Schüssel, und der erschrockene Hero-des mußte sein Wort halten. Diese durch Markus für alle Zeit an den Konflikt zwischen Johannes und Herodes geknüpfte Erzäh-lung geht auf eine von LIVIUS nach der Anklageschrift des CATO erzählte Tat des Konsuls Flaminius zurück, der im Jahre 192 v. Chr. während des Krieges gegen die Gallier beim Mahl einen Gefangenen erschlug, um seinem Lustknaben das Schauspiel einer Enthauptung zu bieten. Bei VALERIUS ANTIUS und späteren Auto-ren trat an die Stelle des Knaben eine Geliebte, die Flaminius die Tat abschmeichelt; SENECA berichtet in den *Kontroversien* (34–41), daß die effektvolle Episode von den Rhetorikern aufgegriffen und vielfach variiert worden sei: die Verwandlung des Konsuls in einen Statthalter, die Veränderung der Bluttat in einen Hinrichtungsbe-fehl, der Tanz der Geliebten und das Versprechen des Statthalters erweiterten die Fabel, die dann in der oben erwähnten Johannes-Erzählung auf die sehr geeignete Konstellation in Judäa übertragen wurde, wobei die weibliche Rolle auf zwei Personen, die intrigante Mutter und die bestrickende Tochter, überging. Schon dem Kirchenvater HIERONYMUS war die Ähnlichkeit der Flaminius- und der Johannes-Geschichte bekannt. Der jüdische Historiker JOSEPHUS, der die Familienverhältnisse des Tetrarchen genau darstellte und auch den Tod des Johannes berichtet, erwähnt den Tanz der Prinzessin nicht.

Die Kirchenväter gestalteten den Märtyrertod des Johannes aus. Bei AUGUSTIN wurde Herodias zur bösen treibenden Kraft, und seit ISIDOR VON PELUSIUM (Anf. 5. Jh.) trägt die Tochter den historischen Namen Salome, während sie in der Volkslegende oft unbenannt blieb, fälschlich wie ihre Mutter Herodias hieß oder auch mit ihr zu einer Person verschmolz. Legendäre Berichte über ihr Ende wollen wissen, daß sie beim Tanz in das Eis einbrach und dieses ihr den Kopf abschnitt. In Frankreich wurde sie mit einer Fee oder Hexe identifiziert, in Deutschland dagegen in das Wilde Heer verbannt. Hier gelobte Pharaildis, die Tochter des Herodes, keinem anderen anzugehören als dem Johannes, worauf der erzürnte Herodes diesen enthaupten ließ; das Mädchen wollte das Haupt des Toten küssen, aber es blies sie an, so daß sie von da an ruhelos durch die Luft treibt (NIVARDUS, *Ysengrimus* 12. Jh.).

Die Gestalt des Johannes wurde durch ihre Funktion im christlichen Heilsplan zum notwendigen Bestandteil aller ausführlicheren Darstellungen des Lebens Jesu. Johannes tauft Jesus und weist seine Hörer auf ihn hin, er geht ihm in der Höllenfahrt voran, verkündet den Seelen ihre baldige Erlösung und begrüßt den die Hölle entsiegelnden Christus. In den Prophetenspielen ist er der wichtigste unter denen, die Christus verkünden, in Weltgerichts-Szenen und -Spielen ist er Fürbitter. Johannes' eigene Passion nimmt in den Passionsspielen vor allem Frankreichs (*Passion de Semur*; A. GRÉBAN, *Mystère*) und Deutschlands (*Alsfelder Spiel*; *Frankfurter Spiel* von 1493; *Heidelberger Spiel*; *Kreuzensteiner Passion*, *Künzelsauer Fronleichnamspiel*) als Präfiguratio großen Raum ein, wobei die gegen Johannes gerichtete Intrige unterschiedlich ist: Herodes erscheint entweder als schwacher, von Herodias abhängiger Mann oder, entsprechend der Fassung der *Legenda aurea*, als Intrigant, der die Tanzszene vorher mit Herodias und Salome abgesprochen hat; Salome wird als reines Werkzeug oder auch als Mitschuldige ihrer Mutter dargestellt; das in einen Totentanz ausklingende *Alsfelder Spiel* läßt beide Frauen in der Hölle enden. Selbständige Johannesspiele gibt es in Deutschland im Mittelalter nicht (etwaige Ansätze dazu, wie der *Rigaer Ludus* von 1204, eine *Caena Herodis* und ein *Dresdener Johannesspiel* aus dem 15./16. Jahrhundert, sind verloren). Dagegen haben sich aus Rom zwei kleine Johannesspiele (um 1400) erhalten, in Frankreich das *Mystère de la Passion et de Saint Jean*

*Baptiste* aus Saumur (1462) und besonders das seit Anfang des 16. Jahrhunderts bis 1664 gespielte *Mystère de la Passion de Saint Jean Baptiste* von Chaumont.

Als sich im 16. Jahrhundert unter dem Einfluß neuer dramaturgischer Vorstellungen und der lutherischen Ablehnung der Passionsspiele biblische Einzelstoffe verselbständigten, erlebte der Johannes-Stoff, von dessen kühnem Prediger- und Reformgeist sich der Protestantismus angesprochen fühlte, seine erste literarische Entfaltung. Am Beginn standen die englischen Dramatiker J. BALE (1538) und J. WEDDERBURN (1539), die jedoch von dem lateinisch geschriebenen, mit seiner antityrannischen Tendenz deutlich gegen Heinrich VIII. gerichteten Drama *Baptistes* (1544) ihres Landsmannes G. BUCHANAN in den Schatten gestellt wurden. Eine stark protestantische Tendenz zeigte des Engländers N. GRIMOALDUS Drama *Archipropheta* (1548), das die Intrige der Priester gegen Johannes stark betonte und mit der Vertreibung des Herodes von Thron und Land endete. In Deutschland folgten J. KRÜGINGER (*Tragoedie von Herode und Joanne dem Tauffer* 1545), J. SCHOEPPER (*Johannes decollatus,* Dr. 1546), J. RASSER (*Comoedia vom Koenig, der seinem Sohn Hochzeit machte* 1547), der Schweizer J. AAL (*Tragoedia Joannis des Heiligen Vorläuffers und Täuffers Christi Jesu* 1549), dann H. SACHS (*Tragedi die Enthauptung Johannis* 1550), S. GERENGEL (1553), D. WALTHER (*Historia von der Enthauptung Johannes Baptistan* 1559, abhängig von Krüginger), J. SANDERS (1588), denen sich als Nachzügler noch das Johannes-Drama des C. SCHONAEUS in seinem *Terentius Christianus* (1652) anschloß. Bei ihnen allen ist Herodias die eigentliche Gegenspielerin, während Herodes als schwacher und oft wohlwollender Mann erscheint. Bedeutung haben die genannten Dramen von Krüginger, der mit dem Totentanz-Motiv und der Bestrafung der Schuldigen schließt, Schoepper, bei dem die um Herodes' Neigung besorgte Herodias hohnlachend über ihren Gegner triumphiert, und Aal, der die Motive der *Evangelien* geschickt mit den von Josephus herausgearbeiteten verband.

Das 17. und 18. Jahrhundert zeigten wenig Interesse für den Stoff, keine der Dramatisierungen durch die Jesuiten erlangte Bedeutung, ein Drama RISTS (1638) ist verloren, und das des Niederländers C. BALDWIN (1642) steht ebenso vereinzelt wie ein erster Ansatz auf dem Gebiet des Oratoriums (A. STRADELLA, *San Giovanni Battista* 1676). 1746 demonstrierte GELLERT (*Herodes und Herodias,* Gedicht) am Stoff die bösen Folgen mangelnder Tugend, aber die eigentliche Wiederbelebung des Stoffes begann erst mit einem Drama von L. F. HUDEMANN (*Der Tod Johannes des Täufer* 1771), dem bald das von L. MEISTER (*Johannes der Vorläufer* 1794) und das von F. A. KRUMMACHER (*Johannes* 1813) folgten. Bei allen dreien ist die Handlung auf eine Intrige der Herodias reduziert, die Herodes vergeblich abzuwehren sucht. Die Handlung setzt zu einem sehr späten Zeitpunkt ein, bei Hudemann erst nach Salomes Forderung, wodurch die Johannes-Gestalt zu Passivität verdammt und das Interesse auf das Gegenspiel verlagert ist. In die Nachbarschaft dieser deutschen Dramen gehört S. PELLICOS *Erodiade* (Dr. 1833), der auch noch Herodias durch eine echte und von ihrer Jugend her datierende Liebe zu Herodes zu entlasten sucht.

Nachdem E. SUE in seinem Roman *Der ewige Jude* (1844–45, → Ahasver) die mittelalterliche Vorstellung von der zu ruhelosem Umgetriebensein verdammten Herodias erneuert hatte, nahm der Stoff eine entscheidende Wendung durch H. HEINES Vision des Wilden Heeres in *Atta Troll* (1847): er zeichnete in dem Geisterzuge Herodias mit dem Haupt des Täufers, den sie geliebt und getötet hatte: »Wird ein Weib das Haupt begehren eines Manns, den sie nicht liebt?« K. GUTZKOW stellte in einer philologisch korrekteren, aber farbloseren Fassung (*Die ewige Jüdin* 1869) das Legendenmotiv noch einmal dar, und dann setzte am Ausgang des 19. Jahrhunderts eine erotisch betonte Johannes-Dichtung ein. Aus St. MALLARMÉS Fragmenten einer Tragödie *Hérodiade* (1864) werden die Qualen des Mädchens Hérodiade nach der Tötung des geliebten Mannes deutlich. Zu den Fragmenten kann Mallarmés Gedicht *Cantique de Saint Jean* gestellt werden, den das abgeschlagene Haupt des Täufers spricht. Von Heine und von Mallarmé beeinflußt waren zwei Gedichte Th. de BANVILLES, beide statuarisch und stark von der Farbe bestimmt. Das erste Gedicht *La Danseuse* (Sonett 1870) war inspiriert von dem Salome-Gemälde Henri Regnaults und beschreibt die Tanzende. Das zweite (*Hérodiade* in *Les Princesses* 1875) zeigt die Frau des Herodes mit dem Haupt auf goldenem Teller, lachend und wild wie die Heriodas Heines und dabei kalt und hochmütig wie die Mallarmés. G. FLAUBERT verzichtete in seiner Novelle *Hérodias* (1877) auf das Motiv der Liebe der Mörderin zu ihrem Opfer, stellte dafür die sinnenaufreizende Wirkung der tanzenden Salome auf Herodes in den Mittelpunkt und kontrastierte damit die Stimme des in der Zisterne gefangenen Johannes. Von Flaubert inspiriert ist die Oper *Hérodiade* (1881) von P. MILLIET / H. GRÉMONT / J. MASSENET insofern, als Salome fremd – hier auch der Mutter fremd – an den Hof des Herodes kommt; ganz dem Stoffe ungemäß wirkt das Motiv, daß Johannes und Salome in Liebe verbunden sind, Salome ihn vor ihrer Mutter retten will und diese schließlich tötet; Salomes Tanz fehlt. Durch Heines Jagdszene angeregt wurden drei Gedichte in *La forêt bleue* von J. LORRAIN (1883), von denen *Hérodiade* noch einmal die Wilde Jagd über Europa darstellt. Wie schon die erwähnte Beziehung zwischen Regnault und de Banville erkennen läßt, muß der Wechselwirkung zwischen Dichtung und bildender Kunst beachtet werden, die sich des Stoffes in dieser Epoche gleichermaßen angenommen haben. 1876 waren zwei Bilder G. MOREAUS bekanntgeworden, die den von der Dichtung erarbeiteten Sinngehalt übernahmen und deren grelle Leidenschaftlichkeit auf die Dichtung zurückstrahlte. Der Höhepunkt der Entwicklung in Frankreich wurden wohl J. LAFORGUES *Moralités légendaires* (1887), Geschichten um beliebte Gestalten, in denen Laforgue dem Zeitgeschmack mit beißender Ironie

begegnete. Unter ihnen parodiert *Salomé* die Sensibilität und Eso-
terik Flauberts und besonders Mallarmés. Die Rolle der Mutter
fehlt. Salome, eine ichbezogene Ästhetin, ist für ihre Tat voll
verantwortlich. Ihr Egoismus ist intellektueller Art; Johannes, ein
Sozialist im Exil, stört sie in ihren geistigen Zielen, und darum
fordert sie sein Haupt. Den Tanz ersetzt ein intellektueller Monolog. Nach dieser Häufung aller voraufgegangenen Motive
schwächte J.-K. HUYSMANS mit *À rebours* (R. 1903) den Stoff zu
zeichenhafter Bedeutung ab. Der in die Welt des schönen Scheins
geflüchtete Held sucht Zuflucht bei Moreaus Bildern, die den
durch Orientalismus eingefärbten Prunk- und Machtrausch der
Epoche repräsentieren.

Hinter den französischen Bearbeitungen des Stoffes blieben die
der anderen Literaturen im allgemeinen sowohl an Zahl wie an
Eindrucksstärke zurück. E. EGGERT (*Der letzte Prophet*, Epos 1894)
konstruierte eine innere Beziehung zwischen Johannes und Salome
und schloß gleichfalls mit der Ermordung der Mutter, benutzte
aber auch das von Heine erfundene Motiv einer abgewiesenen
Liebe der Herodias zu Johannes, das bereits P. HEYSE in die in
seinen *Merlin*-Roman (1892) eingebauten Fragmente eines Johan-
nes-Dramas übernommen hatte: bei dem Kuß auf die Lippen des
Toten stirbt Herodias. Mit O. WILDES zuerst in französischer Sprache erschienener *Salomé* (1893, Oper von R. STRAUSS 1905)
erreichte die Stoffentwicklung einen Höhepunkt. In der Grundsituation von Flaubert ausgehend, zeigte Wilde die Bestrickung des
Herodes durch Salomes Tanz; Tanz und Bitte geschehen nicht auf
Wunsch der Mutter, obgleich Herodias glaubt, daß Salome ihr
zuliebe die Forderung stellt, sondern Salome tanzt in eigener Sache,
um sich an Johannes, der sie abgewiesen hat, zu rächen. Als
Herodes sieht, wie Salome die Lippen des Toten küßt, läßt er sie
von seinen Soldaten umbringen. Herodias' Intrige ist getilgt.
Ähnlich verteilte auch ein Epos von R. G. BRUNS (*Der Täufer* 1896)
die weiblichen Rollen, das sehr zuungunsten des Asketen Johannes
verfuhr, der nicht nur fast Salomes Reizen erliegt, sondern sich
auch gleich darauf in die Tochter seines Kerkermeisters verliebt.
Dagegen steht J. LAUFFS Epos *Herodias* (1896) wieder ganz in der
Tradition Heines; Salome ist zwar verderbt, aber nur Werkzeug
der Herodias, die sich nach dem Vollzug der Rache von der Zinne
stürzt. Schließlich ließen H. SUDERMANN (*Johannes*, Dr. 1898) und
K. WEISER (*Der Täufer*, 2. Teil des *Jesus*-Zyklus 1906) Mutter und
Tochter um den Bußprediger werben, nur steht bei Sudermann die
Gier der Tochter, bei Weiser die der Mutter stärker im Vordergrund. Beide Dramen setzen Johannes als Prediger der Buße gegen
das von Jesus verkündete Evangelium der Liebe ab, zu dem Johannes sich erst langsam bekehrt.

Der Wettstreit der beiden Frauen um den Rang der dämonischen
↑ Verführerin, den im Gefolge Heines zuerst die Mutter gewon-
nen zu haben schien, entschied sich seit Wilde eher zugunsten der
Tochter, deren Haßliebe in den Gedichten Th. SUSES (*Salome* 1901),

des Polen J. KASPROWICZ (*Abendlied* 1905) und von G. APOLLINAIRE (*Salomé* 1913) eingefangen ist, während R. SCHAUKAL neben der Wirkung der Tänzerin auf Herodes (*Herodes und Salome* 1897) auch die faszinierende Mutter (*Herodias* 1918) zeigte.

Reimarus Secundus, Geschichte der Salome von Cato bis Oscar Wilde, 1907–08; ders., Stoffgeschichte der Salome-Dichtungen, Neue Ausgabe 1913; O. Thulin, Johannes der Täufer im geistlichen Schauspiel des Mittelalters und der Reformationszeit, 1930; H. Bren, Die Gestalt der Salome in der französischen Literatur, Diss. Wien 1950; I. Rex, Johannes der Täufer in der neueren deutschen Literatur, Diss. Wien 1952; H. G. Zagona, The Legend of Salome and the Principle of Art for Art's sake, Genf 1960.

**Johann von Leyden.** Jan Bockelson, genannt Johann von Leyden (1509–1536), war ursprünglich Schneider, dann Kaufmann und Gastwirt in Leyden, wo er sich als Mitglied einer Rederijker-bühne auch schauspielerisch betätigte. Er kam im Gefolge seines Landsmannes, des Bäckers und Wiedertäufers Johann Matthys, nach der von den Wiedertäufern regierten und im Krieg mit dem Bischof befindlichen Stadt Münster und übernahm nach Matthys' Tode 1534 die Macht. Er ernannte sich zum König eines neuen Zion, setzte die Gütergemeinschaft und die Vielweiberei durch und führte ein Regiment, in dem religiöser Fanatismus, lasterhafte Ausschweifungen und ein vor keiner Grausamkeit zurückschrek-kender Machtrausch sich austobten, bis er nach der Eroberung der Stadt trotz Zusicherung des Lebens durch den Bischof hingerichtet und sein Leichnam in einem Käfig am Turm der Lambertikirche aufgehängt wurde.

Der Charakter des organisatorisch und militärisch nicht unbe-gabten, jedenfalls zur Begeisterung von Massen befähigten schö-nen Jünglings schwankt sowohl in der Geschichtsschreibung wie in der Dichtung. Zeitgenössische Berichte sind sowohl von prote-stantischer (H. GROPIUS 1563) wie von katholischer Seite (H. KERS-SENBROICK 1545) feindlich bestimmt; die erhaltenen Bekenntnisse der einzelnen Verurteilten sind als Selbstanklagen gleichermaßen verzerrt. Die Kernfrage, ob Bockelson an seine göttliche Sendung geglaubt hat, ist daher lange Zeit verneint worden, und selbst die Möglichkeit anfänglichen guten Glaubens, der sich im Laufe der Entwicklung in Genußsucht und Verteidigung der einmal erlang-ten Machtposition gewandelt habe, wurde auch im Zeitalter des erstarkenden Sozialismus nur zögernd angenommen. Betrügeri-scher Schurke, tragisch scheiternder Idealist oder eitler Scharlatan, alle drei Möglichkeiten der Charakterzeichnung wurden in der Literatur erprobt, ohne daß es zu einer eindeutigen und überzeu-genden Lösung gekommen wäre; die zweifellos vorhandenen komischen Möglichkeiten des Stoffes sind dabei zu kurz gekom-men. Die Unfähigkeit der Bearbeiter, den großen Reichtum an überlieferten Motiven auf die notwendigen zurückzuschneiden, wird schon an der stereotypen Verwendung von gleich drei Frauengestalten deutlich: Jans Hauptfrau Divara, die verführerische Witwe des Vorgängers Matthys, wird meist zum intriganten Dämon des Helden; den heroischen Akzent bringt Hilla Feyken, die als eine zweite → Judith den Bischof ermorden will und hingerichtet wird, während das rührende Schicksal der Elisabeth Wandtscherer, die von ihrem Mann, dem »König«, eigenhändig hingerichtet wird, den äußersten Punkt der Hybris des Helden anzeigt.

Den auf Bockelson folgenden Generationen waren die exzentrischen Ereignisse in Münster nur noch eine Farce: sowohl in Th. Nashs Schelmenroman *The Unfortunate Traveller or the Life of Jack Wilton* (1594) wie in Dillingers Jesuitendrama *Bocoldus rex Hircaniae* (1722) ist Bockelson ein Lumpen- und Narrenkönig. Die bei Dillinger auch zutage tretende Tendenz, Abscheu gegen die Wiedertäufer zu erregen, wurde dann im aufklärerischen Zeitalter vorherrschend; der Historiker A. L. von Schlözer schrieb in dieser ausgesprochenen Absicht 1784 eine Jugenderzählung. Die erste neuere Dramatisierung, Chr. B. Schückings *Elisabeth* (1777), zeigt den bewußten Betrüger Bockelson, dessen Herrschsucht über die Liebe zu seiner Frau siegt, während Freiherr v. Nesselrode (Dr. 1786) die Geschichte eines frei erfundenen Liebespaares in den Vordergrund der Handlung stellte, dessen Glück durch die buhlerischen Absichten des Gewaltherrschers gestört wird. Diese Technik der Handlungsführung benutzten nach ihm noch viele (C. F. van der Velde, *Die Wiedertäufer zu Münster*, R. 1821; F. Steinmann, *Die Königsbraut*, Erz. 1824; A. Mützelberg, *Der Prophet*, R. 1854; H. Brinckmann, Dr. 1855; R. Weber, *Die Wiedertäufer von Münster*, Erz. 1877). Interessant sind die, wenn auch künstlerisch völlig unzureichende Dramatisierung C. A. Vulpius' (1793) und der breit ausgesponnene, schon mit Bockelsons Leben in Leyden einsetzende Roman K. Spindlers (*Der König von Zion* 1837); in beiden tritt das Eitle, Komödiantische Wesen des Schneiders, das sicherlich eine wichtige Komponente war, stark hervor.

Entscheidend für die Popularität des Themas wurde die Oper von Scribe / Meyerbeer *Der Prophet* (1849), deren Erfolg besonders dem Interesse der revolutionären Jahre an dem revolutionären Stoff zuzuschreiben ist. Abgesehen davon, daß Scribe die Geschichte der Wiedertäufer mit Motiven des Bauernkrieges vermengte, gelang es ihm erstmals, dem Menschen Bockelson sympathische und tragische Züge abzugewinnen: durch den Raub seiner Braut in seiner Menschenwürde beleidigt, wird er Anwalt des Volkes, erliegt aber der Verführung durch die Macht. Den nächsten Schritt von der Sympathie für den Menschen zur Sympathie mit der durch ihn vertretenen Sache tat schon A. Görling (1859) in einer psychologisch unzureichend motivierten Novelle *Die Wiedertäufer*. Geschickter zeichnete R. Hamerling im Hexameter-Epos *Der König von Sion* (1868) den gläubigen, schwärmerischen Jüngling, der nur aus Menschenverachtung zum Gewaltherrscher wird und die Tragik des zu früh gekommenen Propheten erleben muß. Der von Hamerling herausgestellte edle, aber schwache und passive Charakter und die damit verbundene Verteidigung der lauteren Absichten der Wiedertäufer blieben in den Bearbeitungen des Stoffes nun für längere Zeit bestehen (E. MEVERT, *Der König von Münster,* Dr. 1869; L. SCHNEEGANS, *Jan Bockhold,* Dr. 1877; V. HARDUNG, *Die Wiedertäufer in Münster,* Dr. 1895), wenn auch die Charakterisierung Bockelsons als eines intriganten Betrügers (E. L'ÉPINE, *Légende de la vierge de Munster,* R. 1881; K. R. USCHNER, *Weltwirren,* Dr. 1899; O. WEDDIGEN, *Der König von Sion,* Dr. 1908) und auch die Tendenz gegen die Wiedertäufer aus politischen (N. HÜRTE, Nov. 1856; H. TIEMANN, *Die Wiedertäufer in Münster,* Erz. 1892; A. J. CÜPPERS, *Der König von Sion,* Dr. 1900) oder religiösen Gründen (J. COLLIN DE PLANCY, *Légende du Juif-Errant,* R. 1847; F. WILDERMANN, *Der König der Wiedertäufer,* Dr. 1895) sich daneben erhielten; bei Collin de Plancy ist die ganze Wiedertäuferbewegung ein Zerstörungsfeldzug des Ewigen Juden gegen das Christentum.

Zur Gegenwart hin macht sich in den erzählerischen Bearbeitungen des Stoffes das größere Einfühlungsvermögen in revolutionäre Vorgänge spürbar (L. v. STRAUSS UND TORNEY, *Der Jüngste Tag* 1922; L. HUNA, *Der Kampf um Gott* 1923; G. v. d. GABELENTZ, *Masken des Satans* 1925; H. STRAUCH, *Die tolle Stadt* 1926; F. Th. CSOKOR, *Der Schlüssel zum Abgrund* 1955; H. PAULUS, *Die tönernen Füße* 1954). In Csokors Roman wird eine ganze Skala revolutionärer geistiger Strömungen aufgezeigt. Jan Bockelson jedoch ist ein völlig diesseitiger Gewaltmensch und Frauenverführer und wird von dem Prediger Rothmann, der Gott verlor und darum ein Reich von dieser Welt gründen will, nach Münster gerufen. Die heiteren Gestaltungen des Stoffes knüpften sowohl an die in ihm enthaltenen komischen Elemente wie an gewisse Seiten von Meyerbeers Oper an (G. RAEDER/Th. UHLIG 1850; W. POLLAK/F. WESTHOFF 1884). Der Stoff, vor dessen Abscheulichkeiten und Gemeinheiten A. von DROSTE-HÜLSHOFF zurückschreckte (Dramenplan 1837) und dessen grausige Komik wohl auch G. HAUPTMANNS mitleidender Menschlichkeit nicht gemäß war (Fragment *Die Wiedertäufer* 1909), lieferte auch eine Parallele zu Ereignissen der jüngsten Vergangenheit (F. RECK-MALLECZEWEN, *Bockelson,* R. 1937), die überhaupt den Ausgangspunkt für eine tragische oder satirische Darstellung bilden könnte. Daß der Stoff für das moderne Theater fruchtbar zu machen ist, erwies F. DÜRRENMATT (*Es steht geschrieben,* Dr. 1947), indem er ihn zur »Komödie als Welttheater« formte. Der Schauspieler Bockelson ist getrieben von komödiantischer Lust, den Mächtigen zu spielen. Er und sein Gegner, der Bischof von Waldeck, ein Theaterliebhaber, wissen um die Scheinhaftigkeit der Welt. Während alle, die mit Ideen Ernst machen, umkommen, kann Bockelson von den Fürsten begnadigt werden, weil er seine fürstliche Rolle so gut spielte.

W. Rauch, Johann von Leyden, der König von Sion, in der Dichtung, Diss.

Münster 1912; H. Hermsen, Die Wiedertäufer zu Münster in der deutschen Dichtung, 1913.

## Josaphat → Barlaam und Josaphat

**Joseph in Ägypten.** Die *Genesis* berichtet von Joseph, dem Lieblingssohn des Patriarchen Jakob, der von seinen neidischen Brüdern in die Sklaverei verkauft wird, nach Ägypten in das Haus Potiphars kommt, wegen seiner Schönheit das Wohlgefallen von dessen Frau erregt und, als er ihren Werbungen widersteht, von ihr eines Vergewaltigungsversuchs angeklagt und ins Gefängnis geworfen wird. Der Ruf, den er sich im Gefängnis als Traumdeuter erwirbt, hat zur Folge, daß er auch die Träume des Pharao deutet und ihm kluge Ratschläge für die bevorstehende Hungersnot gibt, worauf er zum Statthalter ernannt wird, die Gesinnung seiner zum Kornkauf nach Ägypten kommenden Brüder prüft, sich mit ihnen versöhnt und seiner Familie eine Zuflucht in Ägypten bietet.

Diese Erzählung von Fall und Aufstieg, von der Bewährung des Tugendhaften, der verschmähten ↑ Frau, der vorsorgenden Klugheit und der verzeihenden Bruderliebe ist einer der dichterischen Höhepunkte des *Alten Testaments*, der im Orient schon früh literarisch ausgestaltet wurde. Aus der Zeit um Christi Geburt stammt die sogenannte *Proseuche Josephs*, eine verlorengegangene jüdische Legende, die entgegen der Überlieferung Schuld und Erlösung Josephs behandelte; da Joseph der Anlaß für die ägyptische Knechtschaft wurde, haben die Juden ihn nur mit Vorbehalt geschätzt: nach PHILO hat er als Mittler zwischen Israel und Ägypten Anteil am Guten wie am Bösen, denn Ägypten galt als Sinnbild der niederen und sinnlichen Welt, in deren Gefangenschaft Joseph sich hatte hinabziehen lassen. Dagegen erweiterte der Islam die Fabel, nachdem sie in den *Koran* aufgenommen und ihr die 12. Sure gewidmet worden war, legendär und sammelte die Legenden in der *Midrasch*. Die älteste unter den zahlreichen persischen Joseph-Dichtungen ist das dem AMĀNĪ zugeschriebene Epos *Yūsuf ū Zuleichā* (nach 1083), in dem die Verführerin Zuleichā später Yūsufs (Josephs) Frau wird, aber nach dem Vollzug der Ehe ein keusches Leben führt. Während hier noch die von Gott vorherbestimmte Familiengeschichte im Mittelpunkt stand, verlagerte sich in dem gleichnamigen Epos des DJAMI (15. Jh.) der Akzent auf die Liebesbeziehung, zu der schon die 12. Sure einen Ansatz geliefert hatte, indem sie festlegte, daß Joseph Potiphars Frau begehrte und seine Keuschheit schwer erkämpft war. Bei Djami verliebt sich Suleicha schon als Mädchen in ein Traumbild Josephs, wird aber mit dem impotenten Potiphar vermählt. Sie büßt ihre Verfüh-

rungsversuche und die Verleumdung sieben Jahre lang als ein
häßliches, blindes Weib und offenbart dann freiwillig vor dem
König Yūsufs Unschuld. Sie wirft sich dem zum Statthalter
ernannten Yūsuf zu Füßen; er erkennt sie nicht, und sie erhält erst,
als sie den wahren Gott anbetet, ihre Schönheit zurück und wird
Josephs frommes Weib, das ihm im Tode folgt.

Bereits die *Proseuche der Aseneth* (2. Jh.), die erzählt, wie Josephs
spätere Frau durch ihre Liebe zu ihm zu seiner Religion bekehrt und
erlöst wird, deutete Joseph als Figura Christi, wie sie seit AMBRO-
SIUS durch die Exegese festgelegt wurde und die Erzählung des
Syrers EPHRAIM *De justo Joseph* (4. Jh.) ebenso bestimmte wie die
karolingischen *Versus de Jacob et Joseph*.

Aus dem Mittelalter sind in den romanischen Ländern Joseph-
Spiele überliefert (*Josephspiel aus Laon* 13. Jh.; *El sueño y venta de José*
13./14. Jh.; *Rappresentatione di Giuseppe figliuolo di Giacobbe* Ende
15. Jh., die Joseph-Episode des *Mistère du vieil testament* Ende
15. Jh., auch selbständig als *Moralité de la vendition de Joseph* 1538).
Das unbeholfene Joseph-Drama des Pandolfo COLLENUCCIO (1504)
wirkt wie ein verbindender Text zu Gebeten, während der Spanier
Micael de CARVAJAL (*Tragedia llamada Josefina* 1546) die Handlung
bereits raffte und die Liebesqual der Frau deutlich machte. Das
lateinische und das deutschsprachige Schuldrama rückten den Stoff
unter pädagogische Aspekte und arbeiteten das Thema der verfolgten und siegenden Unschuld heraus. Das Schicksal des Muster-
jünglings ist in eine bürgerliche Familiengeschichte eingebettet, die
in der Wiedervereinigung von Sohn und Vater gipfelt. Am Beginn
der über 25 Joseph-Dramen des 16. Jahrhunderts stehen die von
G. MAJOR/J. GREFF (1534) und von Cornelius CROCUS (1535); als
wichtig sind ferner zu erwähnen die von G. MACROPEDIUS (1544),
Th. GART (1540) und N. FRISCHLIN (1590). In den Niederlanden
und in Spanien wirkte die moralisierende Deutung des Verfüh-
rungsthemas noch lange nach (Anon., *Triumfos de José*; LOPE DE
VEGA, *Los trabajos de Jacob*; J. C. de la HOZ Y MOTA, *Josef Salvador de
Egipto y triumfos de la inocencia* 2. Hälfte 17. Jh.; J. van den VONDEL
1640; J. CATS, *Selbststreit ... Poetischer Weise abgebildet in der Person
Josephs ...* 1647). In Deutschland übertrug Ch. WEISE den Stoff auf
andere Personen (*Die triumphierende Keuschheit*, Lsp. 1668).

Im übrigen wandelte sich während des 17. Jahrhunderts die
Auffassung; an dem Stoff interessierte weniger die Tugendprobe
als die Staatsaktion und außerdem der Aufstieg des vielgeprüften
Lieblings des Glücks (J. BIDERMANN 1615); N. AVANCINIS Jesuitendrama (1650) ließ sogar die Verführungsepisode fallen und setzte
mit der Traumdeutung Josephs ein, um seine weise Regierung und
seine kluge Prüfung der Brüder zu zeigen. Dem vielschichtigen
Stoff wurde besonders der barocke Roman gerecht. Unter hero-
isch-galantem Vorzeichen erzählte ihn GRIMMELSHAUSEN (*Des vor-
trefflichen keuschen Josephs in Egypten erbauliche ... Lebens Beschreibung* 1667) von der Schenkung des Rockes bis zum Wiedersehen
mit dem Vater und bis zu dessen Tod als »Exempel der unverän-

derlichen Vorsehung Gottes«. Kenntnis orientalischer Quellen
rückte die tugendreiche Aseneth stärker in den Vordergrund; sie
überwindet die dämonisch-verführerische Selicha und rettet
Joseph. Ph. von ZESENS Roman (*Assenat* 1670), in dem Josephs Frau
zur Titelfigur wurde, nahm die Züge einer höfischen Legende an:
Joseph ist Präfiguration Christi, die Verführerin Sefira eine Teufe-
lin; die Handlung beginnt mit dem Einzug Josephs in Ägypten und
holt die Jugendgeschichte in einer eingeschobenen Erzählung nach.
Der höfische Roman wurde dann bei J. MEIER (*Der Durchlauchtig-
sten Hebreerinnen . . . Assenath und Seera Helden-Geschichte* 1697) zur
Palastintrige verengt, wie auch Ch. WEISES Drama *Der keusche
Joseph* (1690) ein Intrigenstück ist. In den Heroiden von Ch. F.
KIENE (1681) vertritt Joseph bürgerliche Moral gegen höfische
Lasterhaftigkeit, in denen von H. A. von ZIGLER UND KLIPHAUSEN
(1700) ist er zum Vertreter des höfischen Ethos geworden. Im
Gegensatz dazu bewahrte ein Gedicht von J. G. de MORILLON
(*Joseph ou l'esclave fidèle* 1679) die theologische Substanz des Stof-
fes.

Die höfische Akzentuierung wurde von einer empfindsamen
abgelöst. Das 18. Jahrhundert nutzte den Stoff für biblische Epen
oder »Patriarchaden« (der längere Zeit Goethe zugeschriebene
sogenannte *Altonaer Joseph* Anf. 18. Jh.; E. ROWE, *The History of
Joseph* 1736). Deutlich wird die Wandlung vor allem an J. J. BOD-
MERS Patriarchade *Joseph und Zulika* (1753), in der die Verführerin
in eine empfindsame Seele verwandelt ist, die das Opfer teuflischer
Einflüsterungen wird; Joseph dagegen erscheint als der harmonische Vorbildmensch der Aufklärung. Auf den gleichen klopstocki-
schen Geist ging auch das »prosaisch-epische« Joseph-Gedicht des
jungen GOETHE zurück. In einem Prosagedicht J. BITAUBÉS (1767)
figuriert Joseph als galanter Schäfer, dem der Widerstand gegen die
Versucherin dadurch erleichtert wird, daß er eine andere Frau liebt,
während eine Heroide C.-J. DORATS (1769) die Briefschreiberin so
entlastete, daß der kalte, mitleidlose Joseph fast zum Angeklagten
wird. Der Name Zulika-Suleika, mit dem man wieder den Stoff an
die islamische Tradition knüpfte, erscheint in GOETHES *West-öst-
lichem Divan* als der von Jussufs und schließlich Hatems Partnerin,
womit ein vorbildliches Liebespaar gemeint ist, dessen ursprüngliche Beziehung zum Joseph-Stoff in den Hintergrund geriet.

Wie schon Avancini, so konzentrierte auch P. METASTASIO seinen Operntext (*Giuseppe riconosciuto* 1733, Musik G. PORSILE) auf
den bereits regierenden Joseph und seine Wiedervereinigung mit
der Familie, die in der Erkennungsszene gipfelt. Den gleichen
Stoffausschnitt boten A. DUVAL / E. N. MÉHULS Oper *Joseph* (1807)
und Ch. J. WELLS' Drama *Joseph and His Brethren* (1823). Zu dem
Verführungsthema kehrten H. v. HOFMANNSTHAL / H. GRAF KESS-
LER / R. STRAUSS mit der Pantomime *Josephs Legende* (1914) zurück:
Der dem Ewigen und Unendlichen zustrebende Jüngling wird
durch einen Engel aus der Gefangenschaft befreit, während die
Verführerin sich mit ihrer Perlenschnur erwürgt. In Anknüpfung

an Goethes Jugendwerk und in Kenntnis früherer Joseph-Dichtungen lotete Th. Mann in seiner Roman-Tetralogie *Joseph und seine Brüder* (1933–43) alle Möglichkeiten des Stoffes in der Absicht aus, den Mythos durch das Mittel der Psychologie »ins Humane umzufunktionieren«. Wie in der frühen jüdischen Überlieferung sind Ägypten und die verführerische Mut-em-enet die Josephs Geistigkeit gefährdenden Mächte, doch erwächst ihm aus der Begegnung mit ihnen die Kraft zu seiner politischen und historischen Mittlerrolle. Dagegen zeichnete der Türke N. Hikmet (*Jusuf ile Menofis*, Dr. 1967) Joseph als einen tyrannischen Verwalter Ägyptens, der durch Ausbeutung zum reichen Mann wird. Das Musical *Joseph and the Amazing Technicolor Dreamcoat* (1982) von A. L. Webber/ T. Rice bot eine traditionelle Szenenreihe.

A. v. Weilen, Der ägyptische Joseph im Drama des 16. Jahrhunderts, 1887; K. Stucki, Grimmelshausens und Zesens Josephsromane, 1933; H. Priebatsch, Die Josephsgeschichte in der Weltliteratur, 1937; M. Nabholz-Oberlin, Der Josephroman in der deutschen Literatur von Grimmelshausen bis Thomas Mann, Diss. Basel 1950; H. Singer, Joseph in Ägypten, (Euphorion 48) 1954; M. Derpmann, Die Josephsgeschichte, Auffassung und Darstellung im Mittelalter, 1974; E. Glassen, Die Josephsgeschichte in der persischen und türkischen Literatur (Paradeigmata 5,1) 1989.

**Judas Ischarioth.** Der zwölfte Jünger → Jesu, der für dreißig Silberlinge seine Dienste den Hohenpriestern verkaufte, seinen Meister durch einen »Judaskuß« den Häschern verriet und sich dann aus Reue und Verzweiflung erhängte, fehlt in keiner mittelalterlichen epischen oder dramatischen Gestaltung der Passion und des Lebens Jesu. Als Motiv der Tat gilt, entsprechend der kirchlichen Interpretation, die ↑ Geldgier. Das Gedicht *Die Erlösung* (1. Hälfte 13. Jh.) vollzog die durch das Johannes-Evangelium nahegelegte Verknüpfung des Judashandels mit der Szene, in der → Maria Magdalena den Herrn salbt und Judas seinen Unmut über die Verschwendung äußert. Die Passionsspiele, besonders die *Tiroler Spiele*, das *Augsburger Spiel* und die *Frankfurter Spiel-Gruppe*, lassen die Szene vor den Hohenpriestern unmittelbar auf die Salbungsszene folgen. Der Kontrastwirkung dient die seit dem *Haller Spiel* häufig verwandte Szene, in der → Maria gerade dem treulosen Jünger ihren Sohn anempfiehlt. Seit dem *Haller Spiel* erscheint Judas auch als Werkzeug des Teufels (*Egerer, Brixener, Alsfelder, Jüngeres Frankfurter Spiel*). Breit ausgeführt wurde die Verzweiflung des Reuigen, dessen größte Sünde der mangelnde Glaube an Gottes Verzeihung ist. Der »Erklärung« von Judas' Verworfenheit diente die erstmals in der *Legenda aurea* (2. Hälfte 13. Jh.) aufgezeichnete Legende, die den → Ödipus-Stoff auf Judas übertrug, aber statt des Verhängnisses die böse Anlage betonte: Durch den Traum der Mutter, ihr Sohn werde dem Teufel ähnlich sein, geängstigt, setzen die Eltern Judas aus; er wird von einer Königin an Kindes Statt erzogen und erschlägt aus Neid den später gebore-

nen echten Prinzen; er wird Diener des Pilatus und mordet, um
diesem gefällig zu sein, unwissentlich seinen eigenen Vater und
heiratet dann seine Mutter; um Vergebung für seine Sünden zu
erlangen, versucht er sich als Jünger Christi.

Jüdische Judas-Legenden (in *Tholdoth Jeschu*) sind aus Widerspruch gegen das Christentum entstanden und verherrlichen Judas
als Christi sieghaften Nebenbuhler, der die Auferstehungslüge der
Jünger entlarvt.

Die theologisch festgelegte Judas-Gestalt blieb auch im Protestantismus erhalten. Th. NAOGEORG (*Judas Iscariot tragoedia nova*
1532) verwandte sie als Anspielung auf jene, die um Ehren und Gut
die evangelische Sache verrieten, und zeichnete das allmähliche
Erliegen des Judas vor der Macht des Satans und des Geldes. Auch
ABRAHAM A SANCTA CLARA (*Judas, der Erzschelm* 1686) ging es um
die Wandlung des zunächst gläubigen Jüngers.

Einen Wendepunkt der Stoffentwicklung brachte KLOPSTOCKS
*Messias* (1748–73). Judas glaubt an eine irdische Messiasherrschaft
Jesu, bei der er selbst zu Macht und Reichtum gelangen werde. Er
will mit dem ↑ Verrat Jesus zwingen, sich in seiner Herrlichkeit zu
offenbaren oder seine Ohnmacht einzugestehen. Auf dieser neuen,
Judas entlastenden Interpretation beruhen nahezu sämtliche Darstellungen der Folgezeit. Den Patrioten Judas, der nicht abtrünnig
wird und auch nicht aus Gewinnsucht verrät, sondern selbst ein
Enttäuschter ist, wollte GOETHE in seinem *Ewigen Juden* (→ Ahasver) zeigen. Als enttäuschten Patrioten zeichneten ihn auch O. F.
GENSICHEN (*Der Messias*, Dr.-Trilogie 1869), E. GEIBEL (Gedicht
1883), P. ADOR (*Jeschua von Nazara*, R. 1888), C. STERNHEIM (Dr.
1901), W. GERMAN (*Jesus von Nazareth*, R. 1904), D. GREINER (*Jesus*,
Dr. 1907), G. v. BASSEWITZ (*Judas*, Dr. 1911), W. NITHACK-STAHN
(*Christusdrama* 1912), Th. KAHLE (*Judas Simon Ischariot*, R. 1916),
F. PHILIPPI (Dr. 1911). Das Motiv des Scheinverrats zur Klärung
der eigenen Zweifel und zur Provokation von Christi Macht
nutzten R. WAGNER (*Jesus von Nazareth*, Dr.-Entwurf 1848), V. v.
STRAUSS (Dr. 1856), H. DRIESMANN (*Das fünfte Evangelium*, Dr.
1898), G. von der GABELENTZ (*Judas*, Dr. 1911), R. G. HAEBLER
(Dr. 1912) und T. EICK (Epos 1916). Stärker menschliche Züge
erhielt der Stoff durch eine seit A. DULK (*Jesus der Christ*, Dr. 1865)
häufig auftauchende Koppelung mit dem → Maria-Magdalena-
Stoff: Judas erscheint als der Liebhaber der schönen Sünderin (M.-
A. DUPONT, *Judas*, Dr. 1899).

Zugleich mit der Verfeinerung und Psychologisierung der
Judas-Gestalt tauchte – zuerst in einem Drama von Elise SCHMIDT
(1848) – die Frage des Determinismus auf: Handelt Judas, dessen
Verrat ja in den göttlichen Heilsplan gehört, frei, und kann er daher
überhaupt tragische Figur sein? Auch GEIBEL und IBSEN (*Kaiser und
Galiläer*, Dr. 1873) berührten diesen Gedanken; in neuesten Gestaltungen ist er eigentlich das Kernproblem des Stoffes, obgleich die
Bearbeiter meist bei einer Zwischenlösung stehenbleiben und
weder konsequent Judas in einen Märtyrer verwandeln, der im

Bewußtsein seiner welthistorischen Aufgabe ein Selbstopfer vollzieht, noch sich mit der traditionellen theologischen Festlegung der
Gestalt und der Interpretation »Da aber fuhr der Teufel in ihn«
zufriedengeben, Judas dementsprechend eine untergeordnete Rolle
zuteilen und ihn als Verkenner und Verräter des Herrn uneinge-
schränkt schuldig sprechen. Unter dem Einfluß von Nietzsche
wurde Judas in einen anmaßenden Übermenschen verwandelt, der
den Anspruch erhebt, durch seinen Verrat als Miterlöser neben
dem Heiland zu stehen (L. ERNAULT, *L'horreur du baiser*, Dr. 1899).
Weniger konsequent mischte P. GURK (*Judas*, R. 1931) Züge eines
notwendigen Verräters mit denen eines enttäuschten Machtpolitikers. K. ROSTWOROWSKI (*Judasz z Kariothu*, Dr. 1913) zeichnete
Judas als kleinbürgerlichen Spekulierer, M. BROD (*Der Meister*,
R. 1952) als nihilistischen Intellektuellen, N. KAZANTZAKIS (*Die
letzte Versuchung*, R. 1953) als einen ehrlichen, grobschlächtigen
Patrioten, der aus Treue Verrat übt und damit zugleich als Gottes
Werkzeug handelt. P. CLAUDEL (*Mort de Judas*, Dr. 1936) sah in ihm
einen zu Glauben und Liebe unfähigen Ehrgeizling, R. MOREL
(*L'Évangile de Judas apokryphe* 1945) einen irrenden Patrioten,
P. RAYNAL (*A souffert sous Ponce Pilate*, Dr. 1939) einen von den
Hohenpriestern hintergangenen wohlmeinenden Diener seines
Herrn. Das seit Klopstock beliebte Motiv des Scheinverrats zur
Provokation von Christi Größe verwandten C.-A. PUGET / P. BOST
(*Un nommé Judas*, Dr. 1954) und M. PAGNOL (*Judas*, Dr. 1955). Die
Umprägung des Verrats in einen Akt äußersten Glaubens änderte
jedoch das vorgeschriebene Ende des »Sünders« selten. Der
Schwede Tor HEDBERG (*Judas*, Erz. 1886) wagte auch in diesem
Punkt eine Abkehr von der Tradition: Judas' Reue führt nicht zur
Verzweiflung, sondern zur Nächstenliebe und Selbstopferung;
W. JENS (*Der Fall Judas* 1975) gab einen fiktiven Bericht über den
Antrag auf Seligsprechung des Judas. W. SPEYER (*Andrai und der
Fisch*, Erz. 1952) geht insofern einer konsequenten Lösung aus dem
Wege, als er zwar mit einem von Jesu Lehre abgefallenen, sich dem
Weinbau widmenden Judas endet, aber auch die Bestätigung von
Christi Lehre durch die Auferstehung wegläßt.

Übertragene und symbolische Anwendung des Namens Judas,
auch in Titeln, findet sich häufig (C. HAUPTMANN, *Judas*, Nov.
1909; L. v. STRAUSS UND TORNEY, *Judas*, R. 1912; K. SCHÖNHERR,
*Der Judas von Tirol*, Dr. 1927; I. IREDYNSKI, *Leb wohl, Judas*, Dr.
1983).

J. Engel, Judas Ischarioth in der erzählenden und dramatischen Dichtung der
Neuzeit, (Deutsch-evangelische Rundschau 1) 1907; A. Luther, Jesus und Judas
in der Dichtung, 1910; A. Büchner, Judas Ischarioth in der deutschen Dichtung,
1920; B. Heller, Judas Ischariotes in der jüdischen Legende, (Monatsschrift für
Geschichte und Wissenschaft des Judentums NF 40) 1932; G. Blöcker, Der
notwendige Mensch. Die literarische Deutung der Judasfigur, (Neue Deutsche
Hefte 1) 1954; D. Bagge, Le mythe de Judas dans la littérature française contemporaine, (Critique 10) 1956.

**Jude, Ewiger** → Ahasver

**Judith.** Die im alttestamentlichen *Buch Judith* erzählte Geschichte von Holofernes, dem Feldhauptmann Nebukadnezars, der trotz der Warnungen des Ammoniters Achior vor dem Geist und Gott der Hebräer es wagte, die jüdische Stadt Bethulia zu belagern, aber von der Witwe Judith, die unter dem Vorwand, ihm die Juden verraten zu wollen, zu ihm kam und ihn bestrickte, nach einem Festmahl auf seinem Lager getötet wurde, ist als heroischer und balladesker Stoff in der germanischen Dichtung früh nacherzählt worden (altengl. Gedicht Anf. 10. Jh.; *Ältere und Jüngere Judith* der Vorauer Handschrift 12. Jh.; mitteldt. Gedicht 13. Jh.). Diese Gedichte konzentrieren sich auf die Gestalt der Heldin, Holofernes ist nur das verhaßte Objekt ihres Handelns.

Von Luthers Ansicht angeregt, das *Buch Judith* gebe »eine gute, ernste, tapfere Tragödien« ab, hat das Theater des 16. Jahrhunderts den Stoff in seiner dramatischen Struktur erkannt und auch die Gestalt des tyrannischen Holofernes in Aktion gesetzt. Die volkstümlicheren Fassungen entfernten sich dabei noch wenig vom epischen Handlungsablauf der Vorlage (W. SCHMELTZL 1542; H. SACHS, *Judith* 1551; ders., *Die Judit mit Holoferne* 1554; M. BÖHME, *Ein schön Teutsch Spiel vom Holoferne und der Judith* 1618), aber auch die an antiken Mustern geschulten Dramatiker J. GREFF (*Tragoedia des Buchs Judith* 1536), Sixt BIRK (lat. 1536, dt. 1539) und C. SCHONAEUS (*Judithae Constantia* 1592) stießen noch nicht zu einer besonders gestrafften Form vor; einer der Reize des Stoffes lag gerade in dem Wechsel zwischen den Szenen in Holofernes' Lager und denen in der ausgehungerten Stadt. Aktuelle Bezüge erhielt der Stoff durch die Gleichsetzung der Assyrer mit den Türken (Birk, Sachs, Schonaeus), während ein Vergleich mit der Bedrückung der Protestanten durch den Papst seltener erfolgte (Greff). Die vom Schultheater eingeschlagene Richtung wurde im 17. und 18. Jahrhundert durch das Jesuitendrama fortgesetzt, dessen Interpretation des Stoffes etwa mit dem Satz »Spes confisa Deo non confusa« ausgedrückt ist und dessen sehr einheitliche Szenenführung etwa an N. AVANCINIS *Fiducia in Deum sive Bethulia liberata* (1642) und an dem späten *Judithae de Holoferne ... triumphus* (1720) abgelesen werden kann: der anmaßende Holofernes inmitten seiner Krieger, Judith ins Lager der Feinde herabsteigend, die Begegnung Judiths mit dem sofort entflammten Holofernes, die Gastmahlszene, die Ermordung und der Triumph der Bethulier. Verwandte Struktur zeigt die formstrenge *Giuditta* (1627) von F. DELLA VALLE. Das Jesuitendrama wirkte in Judith-Spielen des Volks- und Puppentheaters fort.

Das 17. Jahrhundert entwickelte jedoch außerdem eine neue Stofftradition im Bereich des Musikdramas. A. SALVADORI / M. da

GAGLIANOS Oper *Giuditta* (1626) zeigte in Holofernes den schmachtenden Liebhaber, und in OPITZ' hiervon angeregter dreiaktiger *Judith* (1635) ist die Handlung ganz auf das Liebesdrama zugeschnitten, das von der Heldin Seite ja nur auf Verstellung beruht. Von Opitz abhängig sind A. TSCHERNING (1646) und Ch. ROSE (*Holofern* 1648). Die Rolle des Holofernes als eines galanten Liebhabers, die schon in G. DU BARTAS' Epos (1573) vorbereitet war, erreichte mit J. BECCAUS Oper *L'Amor insanguinato* (1720), in der Judith, »eine galante Witwe und Standesperson aus Bethulia«, Gegenstand der Eifersucht mehrerer Anbeter ist, ihren Höhepunkt. Die zahlreichen Judith-Oratorien (seit L. GIUDETTI 1621) hielten sich teils an die heroisch-religiöse Auffassung des Stoffes, teils waren sie von den galanten Motiven der Oper beeinflußt. Am meisten vertont, unter anderem auch von W. A. MOZART (um 1780), wurde das Textbuch P. METASTASIOS (nach 1735). C. WEISFLOG parodierte in *Der wüthende Holofernes* (Prosaskizze 1824) die Judith-Oratorien.

Die in den Opernbearbeitungen spürbare Dissonanz zwischen der Liebeshandlung und der blutigen Mordtat der Judith, an deren Unbeirrtheit orthodox bestimmte Jahrhunderte nicht zu rühren wagten, wurde erst im 19. Jahrhundert einer Lösung zugeführt. Noch mit H. KELLERS Drama (1809) und einem anonymen parodistischen Stück *Judith und Holofernes* (1818) standen sich die Verherrlichung des weiblichen Heroentums und der Abscheu vor dem Betrug an der Liebe unvereinbar gegenüber. F. HEBBEL (1840) vereinte beide Gesichtspunkte, indem er die jungfräuliche Witwe und Patriotin von Liebe zu Holofernes ergriffen werden läßt und aus dem Mord den Racheakt einer in ihrem Wert verschmähten ↑ Frau macht, nach dem die Heldin zusammenbricht (Parodie von J. NESTROY 1849; Versifizierung von J. GROSSE 1869; *Holofernes*, Oper von E. N. v. REZNICEK 1923).

Die folgende Entwicklung ist ohne den Einfluß dieser Neuinterpretation nicht zu denken. Auf der Linie Hebbels bewegte sich A. SCHMITZ (Dr. 1876): Judith verliebt sich in Holofernes, wird aber von dem Hohenpriester gezwungen, ihn zu ermorden, und vereint sich im Tode mit dem Geliebten. In R. WETZ' Oper liebt Judith Holofernes schon, bevor sie zu ihm geht, und tötet ihn dann aus verletzter Ehre. H. BERNSTEIN (Dr. 1922) und S. MATTHUS (Oper 1985) änderten Handlungsverlauf und Psychologie Hebbels nur in Nuancen: Bei Bernstein bedingen Ekel vor der eigenen Leidenschaft und vor dem Mann, dem sie erlag, Judiths Mord, bei Matthus folgt dem Mord der Selbstmord. Bei J. GIRAUDOUX (Dr. 1931) tötet sie Holofernes aus Liebe, um ihn nicht zu verlieren, fügt sich aber in der Erkenntnis, getan zu haben, was Gott von ihr forderte, der heroischen Auslegung durch die Priester. Ins Groteske vorgetrieben ist die psychologische Problematik bei G. KAISER (*Die jüdische Witwe*, Dr. 1911): Auf der Suche nach einem Mann geht Judith ins feindliche Lager, tötet aber Holofernes, als ihr Nebukadnezar besser gefällt, und findet schließlich durch den

Hohenpriester die Erfüllung ihrer Wünsche. Einen anderen Weg
der Motivierung suchte S. MOSENTHALS Textbuch (1870, Musik
F. DOPPLER), das den Heroismus so weit steigerte, daß Judith sogar
den Geliebten Ataniel ihrer Mission opfert. Der Engländer Th. B.
ALDRICH (*Judith and Holofernes*, Epos 1896; *Judith of Bethulia*, Dr.
1904) suchte die Reinheit der Motive und die Weiblichkeit Judiths
zu retten, indem er sie dem Charakter der Charlotte → Corday
anglich, der in etwa auch die moderne Judith R. HOCHHUTHS (Dr.
1984) bestimmt. Neben diesen psychologisierenden Deutungen
blieb auch die bibelgemäße Interpretation in Geltung (R. MORAX /
A. HONEGGER, Oper 1925).

L. Fouret, La »Judith« de Hebbel et la »Judith« de M. Bernstein, (Mercure de
France 186) 1926; E. Purdie, The Story of Judith in German and English Litera-
ture, Paris 1927; O. Baltzer, Judith in der deutschen Literatur, 1930; J. D.
Fitzgerald, La historia de Judit y Holofernes en la literatura española, (Hispania
14) 1931; J. Hein, Aktualisierungen des Judith-Stoffes von Hebbel bis Brecht
(Hebbel-Jahrbuch) 1971/72.

**Jud Süß.** Über das grauenhafte Ende des württembergischen
Hofjuden Joseph Süß–Oppenheimer (1692–1738), der durch Steuern und Ämterverkauf dem Herzog Karl Alexander die Mittel für
seine üppige Hofhaltung verschaffte und sich dabei selbst einem
ausschweifenden Leben hingab, nach dem plötzlichen Tode des
Herzogs aber angeklagt und in einem eisernen Käfig erhängt
wurde, erschien in den Jahren 1737–39 eine Fülle meist anonymer
Berichte, Flugblätter, Gespräche und Spottgedichte (*Letzter
Abschied des Juden Süß an seine Maitressen* 1738; *Untertänigstes Dank-
sagungskompliment sämtlicher Hexen und Unholden an seine jüdische
Hexelentz Jud Süß Oppenheimer* 1738; *Galgengesang Jud Süß Oppenheimers in seinem Vogel-Haus* 1738; *Klaglied der Raben, bei dem großen
eisernen Galgen, worin der Jud Süß in einem Käfig hangt* 1738). Sie
spiegeln den Haß des Volkes, der sich, da die übrigen an seiner
Aussaugung Beteiligten dem Zugriff entzogen waren, ausschließlich gegen Süß richtete.

Die dann aus Anlaß der Hinrichtung erschienenen biographischen Nachrichten (*Leben und Tod des berüchtigten Juden Joseph Süß
Oppenheimers aus Heidelberg* 1738; Arnoldus LIBERIUS, *Vollkommene
Historie und Lebensbeschreibung des fameusen und berüchtigten würtem-
bergischen Aventuriers Jud Joseph Süß Oppenheimer* 1738) gingen in
die am Ende des Jahrhunderts beliebten Sammlungen von Verbre-
cherbiographien ein (*Geniestreiche, Abenteuer und Wagestückchen
berüchtigter Schlauköpfe, Gauner und Beutelfeger* 1793) und bildeten
die Quelle für HAUFFS Novelle (1827), die dem Hofjuden in den
Vertretern der »Landschaft« die Not und die Forderungen des
gepeinigten Volkes gegenüberstellte; der zu ihnen gehörige junge
Lanbeck überwindet seine Liebe zu Lea, der Schwester Oppenheimers. E. F. GRÜNEWALDS Dramatisierung von Hauffs Erzählung
(*Lea* 1847) rückte diese Liebesgeschichte in den Vordergrund,

während die gleichnamige A. Dulks (1848) die Vorgänge stärker aus der Sicht des Vormärz sah, Süß als Märtyrer und seine Gegner als voreingenommen und rachsüchtig schilderte; der junge Lanbeck tritt mit Wort und Tat für den Verfolgten ein. Auch O. Ludwig plante ein Jud-Süß-Drama.

Internationale Verbreitung errang der Stoff mit L. Feuchtwangers historischem Roman (1925; schon 1917 als Dr.). Süß ist hier Sohn einer jüdischen Schauspielerin und eines adligen Abenteurers; seine Ausschweifungen werden stark betont, finden aber ein Gegengewicht in der Liebe zu der behüteten, reinen Tochter Naëmi, deren Entehrung und Tod Süß zusammenbrechen lassen. Politisch steht Süß als Vertreter eines modernen kapitalistisch-absolutistischen Regimes den rückständigen Vertretern des Ständesystems gegenüber. Sein Charakter wie seine Beziehungen zu der Tochter und zum Herzog erinnern an C. F. Meyers → Thomas à Becket. Der Engländer Ashley Dukes unterstrich in seiner Dramatisierung (1929) das Machtstreben, der Israeli M. Avi-Shaul in seinem an Feuchtwanger angelehnten Drama (1933) das Rachegefühl des Emporkömmlings. Unabhängig von Feuchtwanger zeigt das Drama P. Kornfelds (1930) einen einsamen, dem Herzog treu ergebenen Jud Süß. E. Ortner (Volksstück 1933) schloß sich wieder an Hauff an, unterstrich aber die »Umkehr« des zunächst ganz in seiner Leidenschaft befangenen Lanbeck.

H. Hayn, Süß-Oppenheimer-Bibliographie, (Zs. f. Bücherfreunde 8) 1904/ 05; M. Pazi, Jud Süß – Geschichte und literarisches Bild (Literatur u. Kritik 12) 1977.

**Jüdin von Toledo.** Es ist möglich, daß der Erzählung von einer Liebesbeziehung zwischen Alfons VIII. von Kastilien (1158–1214) und der schönen toledanischen Jüdin Fermosa eine historische Tatsache zugrunde liegt; so aber, wie die Geschichte durch den Nachkommen des Königs, Alfons den Weisen, in der *Crónica general* (1284) aufgezeichnet wurde, ist sie bereits sagenhaft und ausgeschmückt: sieben Jahre schloß sich Alfons mit Fermosa ein, vergaß Weib, Reich und alle Pflichten, bis nach dieser Zeit die Granden die Jüdin auf der Estrade ihres Gemaches umbrachten. Volkstümliche Überlieferung brachte das Ereignis zeitlich in Zusammenhang mit der sagenhaften Teilnahme des Königs am dritten Kreuzzug, die ihm die Verbindung zu Richard Löwenherz und die Heirat mit einer englischen Prinzessin eintrug.

Der Stoff ist eine Variante des häufig auftauchenden Motivs vom Helden, der in den Bann einer Frau gerät und darüber für geraume Zeit seine Pflichten vergißt: so wird → Odysseus von Kalypso, → Herakles von Omphale, Rinaldo von → Armida, Mohammed II. von → Irene bezaubert. Die Gewalt, die solche Helden bannt, darf nicht durchaus schlecht sein, doch auch wieder nicht werthaltig genug, um die schließliche »Entzauberung« des Mannes undenkbar zu machen. Die Glaubwürdigkeit der Wandlungen Alfonsos ist von dem Charakter abhängig, mit dem die Dichter die Jüdin von Toledo ausstatten.

Frühestes Denkmal der Romanzendichtung, die den Stoff aufgriff, ist die Romanze des Lorenzo de SEPÚLVEDA (*Romances nuevamente sacados de historias antiguas de la Crónica de España* (1551), die sich noch eng an die Chronik hält und die Entzauberung Alfonsos nach Fermosas Tod durch einen Engel herbeiführt, der ihm Gottes Zorn über seine Sünde verkündet, worauf sich der König sofort einsichtig zeigt. Dieser Romanze nahe steht die Episode im 19. Buch von LOPE DE VEGAS Epos *La Jerusalén conquistada* (1609), das Alfons als Kreuzfahrer verherrlichen will; die Parallele zu der Rinaldo-Armida-Handlung in Tassos *Befreitem Jerusalem* ist offenkundig.

Entscheidend für die tragische Fassung des Stoffes wurde erst LOPES Drama *Las paces de los reyes y judía de Toledo* (Druck 1616). Die eigentliche Handlung setzt mit dem zweiten Akt ein: der eben vermählte König erblickt Rahel beim Bade. Die Gegenhandlung geht von der Königin aus, sie beruft die Granden zur Tilgung des Frevels. Rahel ist bei Lope ein verliebtes, williges Mädchen, dessen Wert der Dichter noch durch ihre Bekehrung erhöht, wodurch er zugleich die Sünde des Königs verringert, dessen »Entblendung« traditionsgemäß durch eine Engelserscheinung herbeigeführt wird. Das Königspaar findet sich bei Gebet in der Kirche.

Wesentlich anders sieht die Rolle Rahels in MIRA DE AMESCUAS *La desgraciada Raquela* (Dr. um 1605) aus: aus dem liebenden Mädchen wurde eine kalt berechnende dämonische ↑ Verführerin, die ihre durch die Liebe des Königs gewonnene Machtstellung für sich und ihre Stammesgenossen ausbeutet, obgleich ihr Vater David sie warnt. Die Handlung ist mit viel Sinn für das theatralisch Wirksame gestrafft: nicht als Badende sieht sie der König zum ersten Male, sondern als Unterhändlerin der Juden, im Trauergewande, als sie die Ausweisung ihrer Glaubensgenossen aus Toledo rückgängig zu machen sucht. Die Gestalt der Königin fehlt, die Ermordung geht von den Granden aus, das Stück schließt mit einem Racheschwur Alfonsos. Mira de Amescuas Werk wurde durch eine Bearbeitung des Juan Bautista DIAMANTE (*La Judía de Toledo* 1667) noch stärker auf Bühnenwirksamkeit zugeschnitten, und es wirkte auch in der episch pomphaften Formung durch Luis de ULLOA PEREYRA nach (*Alfonso Octavo ...* 1650), während ein Gedicht des Hortensio Félix PARAVICINO Y ARTEAGA (*Muerte de la judía Raquel manceba de Alfonso VIII* 1641) nur einen Ausschnitt – Alfonso an der Bahre der Geliebten – darstellte.

Ein Jahrhundert nach Diamante formte Vicente GARCÍA DE LA HUERTA (*Raquel*, Dr. 1778) den Stoff nach dem französischen Klassizismus: er ließ die Handlung erst kurz vor Rahels Tode beginnen und führte sie innerhalb von 24 Stunden zu Ende. Der Charakter Rahels wird hier ähnlich wie bei Diamante aufgefaßt, aber ein Teil der Schuld fällt auf den schlauen Impresario Ruben, der an die Stelle des Vaters getreten ist. Alfonso ist weich und schwankend, er kämpft mit dem Entschluß, die Juden auszuweisen, und läßt sich von Rahel immer wieder bestricken. Diesem Wankelmut entspricht seine rasche «Bekehrung» nach dem Tode der Geliebten. In J. CAZOTTES romantisierender Novelle *Rachel ou la belle juive* (vor 1789) wird Rahel auf Kosten des Magiers Ruben entlastet, der den König Rahel in einem Zauberspiegel sehen läßt und das Paar durch zauberische Talismane aneinander bindet; erst nachdem der König das Bild der Geliebten von sich geworfen hat, erwacht er wie von einem bösen Traum. J. Ch. BRANDES (*Rahel, die schöne Jüdin,* Dr. 1790) mischte Motive Huertas mit solchen Cazottes: er übernahm den Bildzauber und die Magierrolle Rubens, schloß aber nicht wie Cazotte mit einer Versöhnung der Gatten, sondern mit dem Racheschwur des Königs. P.-É. CHEVALIER (*Rachel ou la belle juive,* Dr. 1803) griff in seinen Vorbildern noch weiter zurück und gestaltete den Beginn mit der als Gesandtin ihres Volkes vor den König tretenden Rahel und ihren kalten Ehrgeiz nach Mira de Amescua, andere Züge nach García de la Huerta. Rahel wird nur zu Gefängnis verurteilt. Das Stück endet mit dem Hinweis, daß Könige ihren Leidenschaften und den Einflüsterungen ihrer Höflinge unterworfen seien. Ein Gedicht G. K. PFEFFELS (*Alfons und Rahel* 1809/10) schob die ganze Verstrickung einem Plan des Teufels Asmodi zu, der die liebenden Gatten entzweien will. Von Sepúlvedas früher Romanze inspiriert zeigt sich H. LUCAS mit *Rachel ou la belle juive* (Tr. 1849). Der König verliebt sich in ein Bild Rahels, das ein Jude mit Vorbedacht in den Palast gebracht hat; auch dulden Rahels Eltern die Liaison, damit die Juden Schutz haben. Die Rolle der Königin fehlt. Der Adel plant Rahels Beseitigung, die sie nur durch ihre Konversion abwenden könnte, zu der sie jedoch nicht bereit ist. Sie wird wie bei Chevalier von einem Manne gerettet. Alfons befreit sich danach leicht von seiner Leidenschaft. Bei Lázaro MONTERO (*Doña Fermosa,* Tr. 1849) geht Fermosa das Liebesbündnis unter der Bedingung ein, daß ihr Volk, dessen Passivität sie haßt, geschont werde, und fühlt sich als neue → Judith. Ihr Vater ersticht sie.

Während die »Besinnung« des Königs in allen bisherigen Bearbeitungen der inneren Wahrheit entbehrte und entweder überhaupt nicht dargestellt oder durch Engelserscheinungen, wirkliche Entzauberung oder raschen Stimmungsumschlag motiviert wurde, entwickelte GRILLPARZER (Druck 1872) seine Tragödie auf dieses Ende zu: Alfons, der nie aufgehört hat, in innerem Kampf mit seiner Pflicht zu stehen, und der durch die Kälte seiner Frau zum Teil entlastet wird, erfährt an der Bahre die Seelenlosigkeit einer nur sinnlichen, jenseits moralischer Wertung stehenden Frau, deren Wirkung mit dem letzten Atemzuge vorüber sein muß; das von Cazotte beibehaltene Bildnis-Motiv ist nur äußerliches Zeichen einer inneren Entzauberung. L. FEUCHTWANGER interpretierte in einem Roman (1955) das Thema vom → Esther-Stoff her und gab vor dem breit ausgemalten Hintergrund des mittelalterlichen

Spanien seiner Rahel die Funktion eines Opfers für ihre Glaubensgenossen; in Alfons kennzeichnete er das Verführerische des Krieger- und Rittertums.

W. v. Wurzbach, Die Jüdin von Toledo in Geschichte und Dichtung, (Jahrbuch der Grillparzer-Gesellschaft 9) 1899; E. Lambert, Alphons de Castile et la juive de Tolède, (Bull. Hisp. XXV) 1923; G. Cirot, Alphons le Noble et la juive de Tolède, (Bull. Hisp. XXXIV) 1932; D. A. Murray, Mira de Amescua's La desgraciada Raquela, Diss. Stanford Univ. 1952; J. W. Schweitzer, The Jewess of Toledo. Three unstudied dramatic adaptations of the Raquel-Alfonso Legend, (Romance Notes IV) 1962/63.

**Julia** → Romeo und Julia

**Julian Apostata.** Konstantins des Großen Neffe Julian (331 bis 363) erhielt in Konstantinopel und Athen eine umfassende Bildung und löste sich unter dem Einfluß des Maximus vom Ephesus vom Christentum. Er wurde 355 von Kaiser Constantius zum Cäsar ernannt und in die Provinz Gallien geschickt, die er 357 bei Straßburg vor den andringenden Alemannen rettete. Als Constantius einen Teil von Julians Truppen anforderte, riefen die Soldaten Julian zum Kaiser aus. Constantius starb jedoch vor Beginn der Auseinandersetzung. Julian führte nun den heidnischen Götterkult wieder ein. Er fiel bei einem Feldzug gegen die Perser. Seine philosophischen Schriften sind zum großen Teil erhalten.

Der an der Wende zweier Zeitalter stehende Kaiser, der die Geschichte zurückdrehen wollte, ist noch von seinen heidnischen Zeitgenossen als Feldherr (AMMIANUS MARCELLINUS, *Rerum gestarum libri*) wie als Denker (LIBIANUS) verherrlicht worden, und auch der christliche Dichter PRUDENTIUS pries seine Treue gegen Rom. Für die folgenden christlichen Jahrhunderte wurde jedoch das von GREGOR VON NAZIANZ entworfene Bild des tyrannischen »Apostata« entscheidend. Legendäre Züge hefteten sich an die Gestalt besonders durch die *Vita des heiligen Basilius*, der Julians Gefährte in Athen gewesen war und seinen Abfall verurteilte. Nach der Basilius-Legende hat Basilius den Zorn des Kaisers erregt und fürchtet um den Bestand seiner Gemeinde in Cäsarea; ein Gesicht verkündet ihm, daß Christus den Geist des hl. Mercurius beauftragt habe, Julian zu töten; tatsächlich kommt die Nachricht, daß Julian gefallen sei und sterbend den Sieg des »Galiläers« anerkannt habe. Ein syrischer Roman des 6. Jahrhunderts motivierte den Abfall Julians mit Ehrgeiz, den zu befriedigen er ein ↑ Teufelsbündnis geschlossen habe. Die Julian-Legende drang in das Weströmische Reich und wurde durch die Geschichte von dem durch Julian veranlaßten Märtyrertod des römischen Brüderpaares Johannes und Paulus erweitert.

Als Urheber des Märtyrertodes der Heiligen Johannes und Paulus wie des christlichen Feldhauptmanns Gallicanus erscheint Julian in HROTSVIT VON GANDERSHEIMS *Gallicanus* (Ende 10. Jh.). Die Größe des antiken Cäsaren, bei Hrotsvit noch spürbar, war bereits in der *Kaiserchronik* (1135/50), die aus dem Prinzen Julian einen römischen Höfling machte, ganz verloren: Julian schließt zur Erlangung der Macht einen Teufelsbund, bedroht Basilius, läßt Mercurius enthaupten und wird von dessen Geist getötet. Den Tod durch Mercurius zeigte auch das *Miracle de l'empereur Julien* (14. Jh.); Julians Gegenspieler ist hier der Seneschall Libanius, während das *Miracle de St-Basile* (um 1200) des GAUTIER DE COINCY den hl. Basilius als Antipoden hinstellt. Die Basilius-Julian-Legende verblaßte im Laufe des Mittelalters, doch traten die suggestive Kraft und symbolische Bedeutung des Namens Apostata um so stärker hervor; Julian erscheint in Aufzählungen der großen Bösewichte. In H. SACHS' Komödie *Der hochfertig keiser* (1552) wurde Julian zum Handlungsträger der Geschichte vom »Kaiser im Bade« nach den *Gesta Romanorum*: er bekehrt sich von Hoffart und Heidentum zugleich. In NAOGEORGS *Pammachius* (1538) erinnert fast nichts mehr an den Stoff. Julians Name steht lediglich als Symbol für die Spannung zwischen weltlichem und geistlichem Regiment.

Die mit der Renaissance vordringende Kenntnis des geschichtlichen Julian läßt sich an Lorenzo de' MEDICIS Festspiel zum Fest Santi Giovanni e Paolo von 1489 ablesen; hier ist Julian nicht nur der Unterdrücker der Christen, sondern auch ein Held mit den Tugenden eines Renaissance-Herrschers. J. M. MOSCHEROSCH (*Gesichte Philanders von Sittewald* 1640–43) konnte Julian eine Satire gegen den Machiavellismus in den Mund legen. Dem 17. Jahrhundert, vor allem den Jesuitendramatikern, wurde die kirchliche wie die profane Literatur über Julian durch die *Annales ecclesiastici* (1624) des Caesar BARONIUS vermittelt. Obwohl als Feind der Kirche dargestellt, gewann die Gestalt im Jesuitendrama einen Schimmer tragischer Größe. H. DREXEL (*Summa der Tragödien von Keiser Juliano* 1608) stellte erstmals die Verführung des Jünglings durch die vom Teufel inspirierte Philosophie dar; ein Spiel von 1694, *Litera occidit seu Julianus*, verstärkte diese Motivierung noch. *Julianus Apostata Tragoedia* (Anon., 1659) dagegen spielt erst nach dem Abfall Julians und ein *Julianus Apostata* von 1708 erst im Todesjahr. Als Heuchler erscheint Julian nur in *Julianus Pseudo-Politicus* (1699). Den von Reue gepeinigten Sünder in der Hölle schilderte GRIMMELSHAUSEN in *Des abenteuerlichen Simplicissimi verkehrte Welt* (1673).

Erst die Aufklärung nahm dem Beinamen »Apostat« die mit ihm verbundene Abwertung. G. ARNOLDS *Unparteiische Kirchen- und Ketzerhistorie* (1699), VOLTAIRES Artikel »Julien« im *Dictionnaire Philosophique* und W. WEKHERLINS *Chronologen* (1781) zeichneten ein neues, gerechteres Bild des Kaisers, der nun nicht mehr mit den Bösewichtern, sondern mit den Helden in einem Atem genannt wird. Zu dichterischer Gestaltung des Stoffes kam es im 18. Jahrhundert nicht. SCHILLERS Plan eines Epos (1788) wurde nicht ausgeführt. Dagegen hat besonders die Deutsche Literatur des 19. Jahrhunderts eine große Fülle von Bearbeitungen aufzuweisen. Nicht mehr der legendäre, sondern der historische Julian erlebte die widersprechendsten Ausdeutungen, und er erschien mehr als Problemträger denn als feste Gestalt, da der Stoff wenig prägnante Details bietet. Neben Verherrlichungen des Kaisers (K. v. KETTENBURG, Dr. 1812; A. NEANDER, *Julian*, Dr. 1812; A. MAY, *Zenobia*, Dr. 1853; K. BORUTTAU, *Julian der Abtrünnige*, Dr. 1864; P. SEEBERG, *Kaiser Julian der Abtrünnige*, Dr. 1874; J. C. v. WIESER, *Kaiser Julianus,* Dr. 1876; Kleon RHANGABE, *Joulianòs ho parabátes,* Dr. 1877; M. v. NAJMÁJER, *Kaiser Julian*, Dr. 1904) standen noch immer konfessionell bedingte Verurteilungen (W. MOLITOR, *Julian, der Apostat*, Dr. 1866; J. MAYRHOFER, *Galiläer, du hast gesiegt,* Dr. 1902). Die Liebe Julians zu einer Christin spielt wiederholt eine große Rolle (Wieser; Rhangabe; Najmájer; J. v. MALSEN, *Kaiser Julian*, Dr. 1881). Das einzige Drama, das nicht mit Julians Tod, sondern mit seiner Erhebung zum Kaiser endet, ist É. JOUYS *Julien dans les Gaules* (1823). Die Dramen beginnen oft erst mit der Kaiserherrschaft Julians, einige beziehen auch die Wandlung des Jünglings ein, deren Darstellung den epischen Bearbeitungen gemäßer war (J. v. EICHENDORFF, *Julian*, Epos 1853; F. DAHN, *Julian der Abtrünnige*, R. 1893). Bei den bedeutenderen Bearbeitern behielt die Gestalt den »gemischten« Charakter, den ihr die Geschichte zuspricht: F. de la Motte FOUQUÉ umgab sie mit einem magischen Zwielicht (*Legende von Kaiser Julianus dem Abtrünnigen*, fünf Gedichte 1816; *Geschichten vom Kaiser Julianus und seinen Rittern*, Nov. 1818); in DAHNS Roman verdüsterte sich das Bild des selbstherrlichen Helden, das Dahn früher in Balladen gegeben hatte (*Julian der Apostat*; *Das Gericht zu Sirmium*), und auch in der bedeutendsten Bearbeitung der Neuzeit, IBSENS *Kaiser und Galiläer* (1873), sind Julians Bestrebungen der Widerstand eines begabten, aber nicht schöpferischen Mannes, der die Zeichen der Zeit nicht erkannt hat und durch ein »drittes« Reich überwunden werden muß. Nicht nur Schiller, sondern auch Adam MÜLLER, HEBBEL und GUTZKOW gaben den Gedanken einer Bearbeitung des Stoffes auf. Wo, wie im modernen Roman, ein breites Zeitbild aufgerollt werden kann, mag eine gewisse Faszination von diesem Zwischenspiel der Geschichte ausgehen (D. S. MEREŽKOVSKIJ, *Julian otstupnik* 1896; L. de WOHL, *Julian* 1946), das auch für A. STRINDBERG (*Historiska miniatyrer* 1905) gleichbedeutend mit dem Untergang der Antike war. So fingierte G. VIDAL (*Julian*, R. 1962) Autobiographie und Tagebuchblätter Julians sowie Kommentare seiner zwei Philosophenfreunde Priscus und Libanius. In der ausgedehnten Jugenderzählung werden die frühe Abneigung gegen das Christentum und das sich unter ständiger Todesdrohung entfaltende Selbstbewußtsein geschildert, die beide weniger einem philosophisch betrachtenden als einem mystischen Entrückungen zugänglichen

Temperament entsprechen. Julian wird Opfer römisch-christlicher Verschwörer; das Bekenntnis »Du hast gesiegt« fehlt in diesem Buch.

R. Förster, Kaiser Julian in der Dichtung alter und neuer Zeit, (Studien zur vergleichenden Literaturgeschichte 5) 1905; K. Philip, Julianus Apostata in der deutschen Literatur, 1929.

**Jungfrau von Orleans.** Jeanne d'Arc (1412–1431), Tochter eines wohlhabenden Bauern in Domrémy, folgte mit sechzehn Jahren den »Stimmen«, die ihr schon seit drei Jahren die Rettung des Vaterlandes befahlen, und gab, nachdem sie in Chinon den Dauphin Karl für ihre militärischen Pläne gewonnen hatte, dem bereits nahezu verlorenen Krieg gegen die Engländer durch die Entsetzung von Orleans und die Krönung Karls in Reims eine entscheidende Wendung. Sie setzte trotz der Friedensbestrebungen im eigenen Lager den Krieg fort, wurde aber 1430 bei Compiègne gefangengenommen und 1431 in Rouen unter dem unter der Leitung Cauchons, des Bischofs von Beauvais, stehenden Gericht als rückfällige Ketzerin auf dem Scheiterhaufen verbrannt. In einem erneuten Prozeß wurde sie 1456 rehabilitiert; 1909 wurde sie selig- und 1920 heiliggesprochen.

Der Stoff gehört zu den bedeutendsten der neueren Weltliteratur, vor allem aber wurde er zum französischen Nationalstoff, an dem sich französische Dichter seit den Tagen Jeannes immer wieder versucht haben und dem der Volksglaube eine symbolische Bedeutung verliehen hat. Das Motiv des Empörers und Vaterlandsbefreiers erhielt durch die Tatsache, daß die Befreiung die Tat einer Frau war und diese als Gesandte Gottes auftrat und begrüßt wurde, seine einzigartige Prägung. Die drei Komponenten im Wesen und Schicksal Johannas wurden in den verschiedenen Epochen und bei den verschiedenen Nationen unterschiedlich betont, sind aber nur im Zusammenklang denkbar. Sie sind schon in den frühen chronikalischen Berichten enthalten, die trotz ihrer verschiedenen politischen Färbung in der Betonung des Außerordentlichen von Johannas Erscheinung übereinstimmen und im übrigen ein recht genaues Bild ihres Lebens geben, das durch die 1841 von Quicherat veröffentlichten Prozeßakten noch eindringlicher geworden ist. Es handelt sich um einen heroischen und religiösen, in vielen Zügen romantisch-irrationalen, aber nicht eigentlich um einen tragischen Stoff. Er genügt dem heroischen Epos und der Ballade, aber wegen seiner mangelnden Dialektik zunächst nicht dem Drama. Johannas Stern erlischt mit der Erfüllung ihrer Mission, ihr Ende kann als böser Zufall, aber auch als sinnvoller Abschluß einer den Rahmen des Alltäglichen sprengenden Laufbahn aufgefaßt werden; die vom Volksglauben früh gefundene Deutung, daß Johanna den göttlichen Auftrag überschritt, als sie nach der Krönung weiterkämpfte, genügt modernen Ansprüchen an Tragik nicht. So haben sich die Dramatiker, die sich immer wieder des Stoffes annahmen, um die Findung eines tragischen Motivs für Johannas Untergang bemüht. Seit der Veröffentlichung der Prozeßakten mehrten sich die Versuche, den Prozeß und die Auseinandersetzung Johannas mit ihren geistlichen Anklägern zum eigentlichen Thema zu machen, und so wurde nicht nur die dramaturgische Bewältigung des Stoffes durch die bewährte analytische Technik gelöst, sondern es sind auch die zwei Teile der Handlung, der um die Heroine und der um die ↑ Märtyrerin Johanna, voneinander getrennt worden. Die Neigung zur Entheroisierung und Vermenschlichung historischer Gestalten war an dieser Beschneidung des Stoffes ebenso beteiligt wie dramaturgische Rücksicht. Entscheidend für die Behandlung von Johannas Schicksal war auch die sich wandelnde Stellung zum Wunder und zum Eingreifen überirdischer Mächte in das irdische Geschehen.

Unter den zeitgenössischen oder doch kurz nach den Ereignissen entstandenen Gedichten ragt das Preisgedicht *Ditié de Jeanne d'Arc* (1429) der CHRISTINE DE PISAN hervor, die offensichtlich Johannas Ende nicht mehr erlebt hat; für sie ist Jeanne nicht nur die Friedensbringerin, sondern ein Beweis für die Fähigkeiten und die Größe des weiblichen Geschlechts; sie wird mit → Judith und Debora verglichen. Diese nahezu frauenrechtlerische Tendenz übernahm MARTIN LE FRANC in *Champion des Dames* (1440), während F. VILLON (*Dames du temps jadis* 1461) über das Schicksal der ungekrönten Königin trauerte. Während die Volksdichtung die Befreierin feierte (*Ballade contre les Anglais* um 1430), in Jeanne durchaus die Bauerntochter ohne überirdische Züge sah (*La chanson de Jeanne d'Arc* 15. Jh.) und im groß angelegten Festspiel (*Le mystère du siège d'Orléans* um 1435) ihren von Gott und den Heiligen gelenkten Taten durch die Bewunderung der sie umgebenden Ritter einen wärmeren Glanz verlieh, schuf die von der Kirche kaum geförderte liturgische Dichtung nur eine blasse Märtyrerin-Gestalt. CHASTELLAINS Reimchronik (15. Jh.) zeigte bereits den Keim einer Symbolisierung, der noch für die jüngste Entfaltung des Stoffes von Wichtigkeit wurde; er sah in ihr die verkörperte Sehnsucht des Volkes nach Befreiung vom Kriege und deutete die Hoffnung auf ein Wiedererscheinen Johannas an.

Das lateinische Gedicht eines Anonymus brachte schon im 15. Jahrhundert erstmals den Vergleich mit der ↑ Amazone Penthesilea und spielte damit das Moment der Jungfräulichkeit an, das in der Kunstdichtung der Renaissance und des Barock die Gestalt Johannas bestimmen sollte und das mit seinem menschlich-göttlichen Dualismus noch in Schillers Gestaltung hineinreicht. Das Amazonenhafte Johannas, ihre männlich-kämpferische Seite, die in einem anonymen spanischen Abenteurerroman (*Historia de la Donzella Dorleáns* 1512) ins Picarische verzerrt wurde, erscheint in Valerandus VARANIUS' Epos *De gestis Joannae Virginis Franciae egregiae bellatricis* (1516) als vorbildliche Mischung von Tapferkeit und Frömmigkeit. Da LOPE DE VEGAS *La Doncella de Francia* verloren ist, dürfte FRONTON DU DUCS *Histoire tragique de la Pucelle de Don-Rémy* (1581) die früheste erhaltene Behandlung des Stoffes durch das Kunstdrama sein; mit der Zusammenziehung des Stoffes auf die zwischen Berufung und Tod liegenden Höhepunkte, der typischen Expositionsszene über das Unglück des Landes und der durch verdeckte Handlung dargestellten Hinrichtung steht diese nach dem Muster Senecas geformte barocke Tragödie zugleich für die nicht entscheidend abweichenden Dramen eines Anonymus (*Tragédie de Jeanne d'Arques* 1600) und des Nikolaus VERNULAEUS (*Joanna Darcia vulgo Puella Aurelianensis* 1629). Einen weiteren Schritt in Richtung auf den Klassizismus tat F.-H. d'AUBIGNAC (*Jeanne d'Arc* 1642), indem er die Handlung in den Rahmen der drei Einheiten zwang und sie am Tag der Hinrichtung in Jeannes Gefängnis spielen ließ, wodurch sein Werk in die Nachbarschaft moderner Gestaltungen des Stoffes tritt; auch mit der Einführung einer Neigung zwischen Jeanne und dem englischen Grafen Warwick entsprach er dem klassizistischen Dualismus von Pflicht und Neigung; Jeannes Gegenspielerin ist Warwicks Gattin.

Der englische Feldherr Talbot, den auch das anonyme Drama von 1600 als Gegner Jeannes einführte, wurde in dem nicht ohne Einspruch SHAKESPEARE zugeschriebenen 1. Teil von *Heinrich VI.* (1592) zum Haupthelden. Die wahrscheinlich auf die Sehweise der zugrunde liegenden Chronik HOLINSHEDS (1587) zurückzuführende Zwiespältigkeit in der Gestalt Johannas, die zunächst als Wundertäterin wirkt, nach der Gefangennahme sich aber als gemeine Buhlerin entpuppt und eine Schwangerschaft heuchelt, um vom Gericht Aufschub zu erlangen, kann auch als Versuch einer objektiven Darstellung gedeutet werden, der jedenfalls nicht geglückt ist. Das genannte Drama steht durch seinen politisch-tendenziösen Einschlag genauso abseits der Stoffentwicklung wie die allem politischen Interesse ferne Dramatisierung des Spaniers A. de ZAMORA (*La Doncella de Orléans* 1722), die möglicherweise eine Überarbeitung von Lopes Drama ist. Die Heldin ist hier weich und weiblich, fällt der Rache einer Geliebten des Königs zum Opfer und stirbt in dessen Armen, nachdem er sie im letzten Augenblick vom Scheiterhaufen gerissen hat.

Ein gewisser äußerer Höhepunkt in der Entwicklung des Stoffes ist J. CHAPELAINS Epos *La Pucelle ou la France délivrée* (1656). Johannas Kampf ist nach homerischem Vorbild in den größeren zwischen Himmel und Erde eingespannt, überirdische Mächte greifen ein, die Personen sind zugleich Allegorien; Dunois tritt als Held neben Johanna, die den Intrigen von Rivalinnen weichen muß. Chapelains barocke Fassung des Stoffes war schon zur Zeit ihres Erscheinens geschmacklich überholt und wurde, besonders nach einer Kritik Boileaus, zum Gelächter der jüngeren Generation. So war der Stoff mit seinen übersinnlichen Elementen für die folgende aufklärerische Epoche entwertet und wurde es vollends durch VOLTAIRES Gedicht *La Pucelle d'Orléans* (1759). Es ging Voltaire dabei weniger um eine Verspottung Johannas oder auch sogar Chapelains als um eine Verhöhnung des kirchlichen Wunderglaubens. Er transponierte den erhabenen Stoff auf niedere Charaktere: seine Ritter sind Narren, die Pucelle ist eine derbe Stallmagd und das Ziel der Begierde der Männer; der Kampf um ihre Keuschheit bildet den eigentlichen Inhalt des Werkes.

Die Ehrenrettung des Stoffes ging von England aus, und zwar unter dem Vorzeichen der rationalistischen Haltung Humes sowie des Gedankenguts der Französischen Revolution. R. SOUTHEYS Epos *Joan of Arc* (1796) versuchte, ohne übernatürliche Elemente auszukommen, und seine schon der Romantik zuneigende Sehweise ließ die Möglichkeit einer Inspiration offen; die Heldin ist vor allem Ausdruck des Volkswillens; im Bewußtsein des ihr drohenden Endes opfert sie ihr Glück der heroischen Aufgabe. Seherische und inspirierte Patriotin ist Johanna in S. T. COLERIDGES romantischem Gedicht *The Destiny of Nations* (1796), während in J. BURKS rationalistischerer Darstellung (*Female Patriotism or the Death of Joan of Arc* 1798) nur eine Patriotin und Menschheitsbeglückerin übrigbleibt, deren vorgeblich himmlische Berufung »pious fraud« ist. Das von Southey angespielte, aber nicht zum Hebel des Konflikts gemachte Motiv der Aufopferung des weiblichen Glücks wurde in SCHILLERS Drama (1801) zum entscheidenden tragischen Moment. Die verbotene Liebe der zur Jungfrau bestimmten Johanna – doppelt verboten, weil sie einem Feinde gilt – ist Treubruch und führt zum Verlust der göttlichen Kräfte; erst der Weg der Läuterung, den Johanna mit der Unterwerfung unter die Anklage ihres Vaters antritt, führt zu neuer Gnade; sie überwindet den Dualismus von Idee und Welt.

Der überraschende Bruch mit Geschichte und Überlieferung, der Tod der Schillerschen Johanna auf dem Schlachtfeld, stieß nicht nur in Frankreich auf Ablehnung. Dennoch konnte man sich dem Einfluß von Schillers Fassung nicht entziehen, da er als erster die übernatürlichen und die menschlichen Kräfte der Gestalt in Harmonie gebracht und dem Stoff einen wirklich tragischen Konflikt gegeben hatte. Vor und nach ihm wurde Johannas Untergang häufig mit dem Verstoß gegen ihre Sendung durch Fortsetzung des Krieges nach der Krönung begründet (F. G. WETZEL, Dr. 1817), und meist ließ man sie einfach an der Intrige einer eifersüchtigen Frau oder auch eines abgewiesenen Verehrers (J. G. BERNHOLD, *La Pucelle d'Orléans oder die Heldin von Orleans*, Dr. 1752; W. v. ISING, *Johanna d'Arc*, Dr. 1868) scheitern. Das Bestreben, der überlieferten Fabel neue Varianten zu verleihen, führte dazu, die verschiedensten Personen als Feinde Johannas hinzustellen. Das Motiv der Liebe zu einem Feinde fand starke Nachwirkung. In Frankreich, wo der Stoff in der 2. Hälfte des 18. Jahrhunderts zum Thema von Balletten, Ausstattungsstücken, Melodramen und Opern gedient hatte, gab ihm C. DELAVIGNE in elegischen Versen ohne Änderung der Fabel einen neuen Akzent (*Trois Messéniennes* 1816): nach der Niederlage von Waterloo diente Jeanne als Ansporn nationaler Selbstbesinnung. Sie erschien in den überaus zahlreichen französi-

schen Bearbeitungen des 19. Jahrhunderts in einseitig nationalisti-
schem Licht (A. DUMAS, *Jeanne la Pucelle*, R. 1842; A. SOUMET,
*Jeanne d'Arc*, episch-dramatische Trilogie 1846), bis sie in Th. de
BANVILLES Gedicht *La bonne Lorraine* (1872) geradezu zur Trägerin
des Revanchegedankens wurde.

Mit der Veröffentlichung der Prozeßakten (1841) brach eine
neue Epoche des Stoffes an. Ausschöpfung und Einbeziehung
dieser Quelle entsprach der Tendenz der Zeit zum Historismus
(A. WECHSSLER, *Johanna d'Arc*, Dr. 1871) und führte außerdem zur
Begrenzung der Dramen auf die Haftzeit, die schon früher gelegentlich vorgenommen worden war (d'AVRIGNY 1819; NANCY
1824). Romantische Geschichtsbetrachtung (LAMARTINE, MICHE-
LET) verlegte zudem die Johanna lenkenden göttlichen Kräfte in
deren eigene Brust und sah in ihrer Tat ein Wunder der Liebe zum
Volke und eine Schöpfung vom Geist her, die durch Berührung
mit der Welt ihre Reinheit und Unbedingtheit verliert. Patriotin
und reine, unnahbare Heldin ist Johanna auch in MARK TWAINS als
Erlebnisbericht eines Mitkämpfers gefaßtem Roman *Personal
Recollections of Joan of Arc* (1896), und in Charles PÉGUYS mit der
Stofftradition brechendem, in die Seele des Kindes Jeanne eindrin-
gendem *Mystère de la Charité de Jeanne d'Arc* (1897, endgültige
Fassung 1909, Fortsetzung 1926) vertritt sie eine Art national
bestimmter Imitatio Christi. Péguys psychologischer Feinfühlig-
keit ist F. PORCHÉ mit *La vierge au grand cœur* (Dr. 1925) verwandt.

Für die Bearbeitungen des 20. Jahrhunderts scheinen zwei entgegengesetzte Anschauungen bestimmend zu sein. Anatole FRANCE
mit seiner *Vie de Jeanne d'Arc* (1908) stellt den Höhepunkt der
positivistischen, antilegendären Geschichtsschreibung dar, die
Jeanne von allen mystischen Zügen entkleiden und zu einem
normalen Produkt ihrer Zeit machen wollte. Auf der anderen Seite
wirkte Th. de QUINCEYS schon im Gegensatz zu Michelet befindli-
cher Essay (1847) nach, der die Märtyrerin *Joan of Arc* in den
Mittelpunkt stellte und sie in einer visionären Szene sogar zur
Fürsprecherin ihres Richters Cauchon machte. Auch A. LANG (*The
Maid of France* 1908) sprach in seiner Biographie den Visionen
zumindest eine Realität für Johanna selbst zu. Der Gedanke der
Erlösung durch Opfer gewann vor allem in G. KAISERS Drama
*Gilles und Jeanne* (1932) Gestalt, in dem Jeannes eigentliche Sendung die Erlösung des wegen Lustmordes zum Scheiterhaufen
verurteilten Feldherrn und Kameraden Gilles de Rai ist, der ihren
eigenen Märtyrertod verschuldet hat, während Gilles Verbrecher-
tum in M. TOURNIERS gleichnamiger Erzählung (1983) auf dem
Verlust Jeannes beruht. Die Tendenz zur Vermenschlichung der
Heldin und die Rückführung aller ihrer außergewöhnlichen Taten
auf ihren natürlichen Instinkt tritt am deutlichsten in G. B. SHAWS
berühmtem Drama *Saint Joan* (1924) hervor, das eine Wende in der
Stoffgeschichte bedeutete. Für Shaw ist Johanna ein in ihrer Zeit
vorauseilender, moderner Mensch, Nationalistin und Protestantin;
ihr tragisches Geschick ist ihr Zusammenstoß mit den Kräften der

Reaktion, der Gegensatz zwischen Gewissen und Autorität. Auch der Gedanke der Erlösung klingt auf, aber als pessimistische Frage, ob der Mensch sie überhaupt ernstlich erstrebe und ihrer wert sei. Körperliche und geistige Gesundheit kennzeichnen Johanna auch in den zwei Romanen des Jahres 1925, G. TERRAMARES *Die Magd von Domremy* und J. DELTEILS *Jeanne d'Arc* (Forts.: *La Passion de Jeanne d'Arc* 1927). In beiden bringt die gestellte Aufgabe innere Unsicherheit, Leiden und Verzicht. Zweifel an den »Stimmen«, der dadurch ausgelöste Verlust der göttlichen Eingebung und deren Rückgewinnung sind das Thema des Amerikaners P. MAC-KAYE (Dr. 1928).

In Frankreich setzte nach 1930 geradezu eine Renaissance des Stoffes ein, der wohl mit einem Erstarken der katholischen Dichtung in Zusammenhang zu bringen ist (P.-J. DOUCEUR, *Le Mystère de la passion de Jeanne d'Arc*, Dr. 1930; R. BRUYEZ, *Jeanne et les autres,* Épopée mystique 1938). In der Nachfolge von Péguy steht G. BERNANOS' *Jeanne relapse et sainte* (1934), ein Buch, das die Gewalt des göttlichen Gebots in einem unschuldigen Kinde zeigen will. P. CLAUDELS von A. HONEGGER vertonte Dichtung *Jeanne au bûcher* (1939) faßte vom Höhepunkt ihres Lebens, vom Scheiterhaufen, ihr vergangenes Dasein in einer Vision zusammen, zeigte das Spiel der Kräfte um den Einsatz ihres Lebens und mündete in eine ähnliche Geste der Überwindung wie Schillers Werk: »Il y a la joie, qui est la plus forte.« In die Nachbarschaft von Bruyez stellte sich M. MELL (Dr. 1956), dem die Ausstrahlung der Reinheit auf die Mitmenschen entscheidend ist. Für Th. MAULNIER (*Jeanne et les Juges*, Dr. 1949) war die Entscheidung zwischen Todesfurcht und Treue zum Werk das Entscheidende, während J. AUDIBERTI in seiner *Pucelle* (Dr. 1950) den naturhaft sicheren und in seiner Reinheit unbeirrbaren Menschen zeichnete; allerdings spaltete dieses Drama die beiden Wesensseiten Johannas in zwei Figuren auf: die auf dem väterlichen Hof wirtschaftende Jeannette und die kriegerische, kluge Joannine. Die Diskrepanz zwischen dem naiven Landmädchen und der genialen Heerführerin sollte durch eine Hypothese von A. GUÉRIN/J. PALMER-WHITE (*Operation Shepherdess* 1961, dt. *Johanna sagt Euch ewig Lebewohl* 1963) dadurch erklärt werden, daß Johanna die Tochter der Königin Isabelle und ihres Liebhabers, des Herzogs Karl von Orleans, gewesen und von Jolande von Aragón, der Schwiegermutter Karls VII., für ihre Mission erzogen worden sei. Sie habe das Wappen des Hauses Orleans getragen, sei dem englischen Gewahrsam entflohen und habe später Robert von Armoises geheiratet; statt ihrer sei eine andere Frau in Rouen verbrannt worden. Wenn F. SIEBURGS These (*Gott in Frankreich*, Essay 1929), daß Johanna das Zentrum der Entwicklung des französischen Nationalgefühls sei, wohl auch erst seit dem 19. Jahrhundert gilt, so scheint ihre nationale Symbolkraft für die Gegenwart doch völlig festzustehen. ANOUILH (*L'Alouette* 1953), der rückgreifend das Leben Jeannes vor ihren Richtern spielen läßt, vergleicht sie mit einer Lerche, die über den Soldaten am Himmel Frankreichs singt; die Inquisition verurteilt sie, weil ihr der Mensch zu viel gelte. C. VERMOREL (*Jeanne d'Arc avec nous*, Dr. 1942) gestaltete den Stoff aus dem Geist der Résistance und setzte die Ereignisse in Parallele zu denjenigen im von den Deutschen besetzten Frankreich, ähnlich wie B. BRECHT (*Die Gesichte der Simone Marchard*, Dr. 1956) das Schicksal Johannas an einem halbwüchsigen Mädchen im Jahre 1940 wiederholte, die für ihre patriotischen Taten von ihren Landsleuten in eine Schwachsinnigenanstalt gesteckt wird; in *Die heilige Johanna der Schlachthöfe* (Dr. 1932) hatte Brecht eine allerdings wesentlich gesuchtere moderne Parallele konstruiert. Das von ihm 1952 für die Bühne bearbeitete Hörspiel von A. SEGHERS, *Der Prozeß der Jeanne d'Arc zu Rouen 1431* (1937), hielt sich an die Prozeßakten, interpretierte aber die »Stimmen« Johannas als Stimmen aus dem Volk, Ausdruck ihrer Verbundenheit mit dem einfachen französischen Menschen. Der Amerikaner M. ANDERSON modernisierte als eine Art Über-Shaw die Gestalten gewaltsam und suchte den Stoff durch eine distanzierende Rahmenhandlung zu bewältigen (*Joan of Lorraine* 1946); ins Komödiantisch-Derbe wandte ihn G. SEBESTYÉN (*Agnes und Johanna* 1972).

Das Theater hat einen besonderen Anteil an Bewahrung und Erneuerung des Stoffes gehabt, und bedeutende Darstellerinnen haben nicht nur den großen Dichtungen um Johanna, sondern auch den reißerischen Gestaltungen des Stoffes zum Leben verholfen. Die Oper (R. KREUTZER 1790; SOLERA / VERDI 1845; E. ENOCH / R. GAUL 1887; G. KLEBE, *Das Mädchen von Domrémy* 1976) und seit 1923 auch der Film haben den Stoff mehrfach genutzt.

M. L. de Bradi, Jeanne d'Arc dans la littérature anglaise, Paris 1921; E. v. Jan, Das literarische Bild der Jeanne d'Arc, (Zs. für Romanische Philologie, Beiheft 76) 1928; W. Grenzmann, Die Jungfrau von Orleans in der Dichtung, 1929; G. de Saix, Jeanne d'Arc dans la littérature espagnole (Hispania 2) 1919; E. v. Jan, Das Bild der Jeanne d'Arc in den letzten 25 Jahren, (Romanistisches Jahrbuch 5) 1952; H. M. O'Connor, Jeanne d'Arc dans le théâtre contemporain français, anglais et américain, Diss. Laval Univ. 1956; G. Storz, Jeanne d'Arc in der europäischen Dichtung (Jb. d. dt. Schillergesellschaft 6) 1962; D. Barlow, The Saint Joan Theme in Modern German Drama, (German Life and Letters 17) 1963/64; P. Demetz, Die heilige Johanna (in: Theater der Jahrhunderte, Die heilige Johanna) 1964.

**Kain und Abel.** Das 4. Kapitel der *Genesis* berichtet die Geschichte von den beiden Söhnen des ersten Menschenpaares, von denen der ältere, der Ackerbauer Kain, den jüngeren, den Hirten Abel, erschlug, als Gott sein Opfer nicht annahm, aber das Abels gnädig ansah; Gott verfluchte Kain, daß er unstet und flüchtig sei, und versah ihn mit einem Zeichen, daß ihn niemand erschlüge. Diese älteste Erzählung um das Motiv des ↑ Bruderzwistes führten jüdische (PHILO, Flavius JOSEPHUS) und dann patristische Exegeten genauer aus: die Brüder wurden als ursprüngliche Gegensätze von Gut und Böse charakterisiert und Gottes Ableh-

nung von Kains Opfer damit begründet, daß er nur mindere
Früchte seines Feldes geopfert habe. Dazu trat für die christliche
Auffassung die schon im *Johannesbrief* und im *Hebräerbrief* festge-
legte Bedeutung der Ermordung Abels als eine Präfiguration des
Opfertodes Christi.

Eine Zusammenfassung des Kain-und-Abel-Stoffes durch
PETRUS COMESTOR in der *Historia scholastica* (1172/73) hatte weitrei-
chenden Einfluß auf die epischen und dramatischen Nachgestal-
tungen des Mittelalters. *Altsächsische Genesis, Wiener Genesis* und
*Anegenge* zeigen einen verstockten, heuchlerischen Kain, in LUT-
WINS *Adam und Eva* (13. Jh.) gibt der Teufel Kain den Rat ein, und
in Arnold IMMESSENS *Sündenfall* (Dr. um 1460) ist Kain wie bei den
Exegeten ein reicher Geizhals, der gedroschenes Korn opfert. Rein
präfigurative Funktion hat der Stoff im *Künzelsauer* (1479) und
*Egerer* (1480) sowie im *Freiburger Fronleichnamsspiel* (1599) und im
*Luzerner Osterspiel* (1571). Während sich die deutschen Darstellungen fast ausschließlich an die *Genesis* hielten, zeigen französische
und englische Mysterien realistische Detailgestaltung und Ausweitung des Stoffes. Das *Mystère du Vieil Testament* (15. Jh.) läßt die
beiden Schwestern und Frauen der Brüder auftreten und zeigt das
Weiterwirken der bösen Tat bis zur Tötung Kains durch einen
Nachkommen und das Eintreten der Sintflut. Die gleiche Ausweitung findet sich in England (*Angelsächsische Genesis, Story of Genesis
and Exodus, Cursor Mundi*); die Mysterienspiele haben Freude an der
Ausarbeitung der Psychologie des Kain, die sogar bis zu komischen Zügen führt (*Towneley-Plays*).

Aus größeren biblischen Zusammenhängen und aus der präfigu-
rativen Funktion löste sich der Stoff im 16. Jahrhundert. Man
begann ihn realistisch-moralistisch zu fassen und sah mit Luther
Gottes Ablehnung in der mangelnden Gläubigkeit Kains begrün-
det (Valten VOITH, *Ein schön lieblich Spiel von dem herrlichen
Ursprung, betrübten Fall ... und ewiger Freudt des Menschen* 1538).
Zum erstenmal suchte man auch, Kain nicht als Bösewicht, sondern als Zweifler zu begreifen (MACROPEDIUS, *Adamus*, Dr. 1552;
J. STRICKER, *Ein geistlich Spiel von dem erbermlichen Falle Adams und
Even* 1570; J. FERRUZ, Auto de Cain y Abel). Da sich die biblische
Handlung für ein Drama als zu schmal erwies (Z. ZAHN, *Tragedia
Fratricidij* 1590), auch wenn man sie durch die Gestalten der Frauen
zu beleben trachtete (J. RUOF, *Adam und Eva* 1550), kombinierten
die Autoren sie gern mit der durch einen Brief MELANCHTHONS
(1539) vermittelten schwankhaften Geschichte von den ungleichen
Kindern Evä und der Einsetzung der Stände, die Gott nach einer
Examinierung der Kinder vornimmt. Die sich frühzeitig offenba-
rende Verschiedenartigkeit der Kinder steigert sich dann bis zum
Mord, wobei Abel als der Musterknabe aus den Knabenspiegeln
des 16. Jahrhunderts erscheint (H. KNAUST, *Tragedia von Verord-
nung der Stende ...* 1539; H. SACHS, *Comedi Die ungleichen Kinder
Evä* 1553), aber auch als Protestant dem katholisch gemeinten Kain
gegenübergestellt ist (A. QUITTING, *Kinderzucht*, Dr. 1591).

H. ZIEGLERS *Abel Justus* (Dr. 1559) nahm die barocke Dramaturgie des Stoffes voraus; Kain ist stolz und jähzornig, Abel demütig – Gegensätze, die sich im 17. Jahrhundert zum Gegeneinander von Tyrann und Märtyrer steigern (Lope de VEGA, *La creación del mundo* um 1618; M. JOHANSEN, *Von Cain dem Brudermörder* 1652; C. Ch. DEDEKIND, *Erster Märterer Abel* 1676; A. CLAUS S. J., *Caedes Abelis* 1750). Die präfigurative Funktion Abels wird wieder aufgenommen, die Gewissensqualen und die Verzweiflung des Mörders gewinnen an Gewicht. Ch. POSTEL (*Cain und Abel oder der verzweifelnde Brudermörder* 1689) fügte der durch Johansen ausgearbeiteten Handlung die Gestalten der Frauen hinzu. Während Kains Frau bei ihm eine Mahnerin zum Rechten ist, wird sie in Ch. WEISES *Cains Brudermord an dem unschuldigen Abel* (1704) Anstifterin des Mordes; der seelisch gebrochene Kain tritt die Regierung an seinen Sohn ab.

Im 18. Jahrhundert verlor der Stoff seine dogmatische Gebundenheit und erschien als rein menschliches Problem. Humanität ist bereits die Dramatisierung durch P. METASTASIO (*Der Tod Abels* 1732), nach der Kain sich durch den Mord der Möglichkeit seiner menschlichen Vollendung begeben habe. Der Stoff wurde zum Vorwurf für die im Gefolge Klopstocks aufkommenden Patriarchaden. S. GESSNER (*Der Tod Abels* 1758, Singsp. J. S. PATZKE 1771) näherte Abel der Hirtenidyllik der Anakreontik an und entlastete den düsteren Außenseiter Kain weitgehend von Schuld, indem seine Tat Folge eines bösen, von Anamelech eingegebenen Traumes ist; Geßner wirkte auf J.-B. LEGOUVÉ (*La Mort d'Abel* 1792). Mehr unglücklich als schlecht ist Kain wie in KLOPSTOCKS *Der Tod Adams* (1757) auch in Meta KLOPSTOCKS *Der Tod Abels* (1759). Der Sturm und Drang hatte für die Seelenlage des Mörders größeres Interesse als für den frommen Abel (F. Graf zu STOLBERG, *Kain am Ufer des Meeres*, Gedicht 1774). Bei J. Ch. ZABUESNIG (*Kain und Abel*, Duodr. 1779) zerstört Kains Natur das anfängliche Einvernehmen mit Abel, bei V. ALFIERI (*Abele* 1786) sät Luzifer Zwietracht. Bei Maler MÜLLER (*Adams erstes Erwachen und erste selige Nächte* 1778) sucht Kain in der Geliebten die Erfüllung, die ihm die Familie nicht geben kann; das Bruderzwist-Motiv wurde von Müller in einer früheren Bearbeitung (*Der erschlagene Abel* 1775) fast in das Vater-Sohn-Motiv verwandelt, denn Kains Tat richtet sich stärker gegen den strengen Vater als gegen den bevorzugten Bruder. Der schon bei Immessen und Stricker auftauchende Gedanke, daß Kain Adams Schuld fortsetze, wurde hier zum Leitbild. Den Bearbeitungen der Stürmer und Dränger ist S. T. COLERIDGES Fragment *The Wanderings of Cain* (Prosagedicht 1798) verwandt.

Mit Lord BYRONS berühmtem *Cain* (Dr. 1821; Opernbearbeitung H. BULTHAUPT, Musik E. D'ALBERT 1890) erschien Kain zum Typ des weltschmerzlich zerrissenen Nihilisten, prometheischen Kämpfers gegen Lüge und Unterdrückung, faustischen Suchers nach Wahrheit, aber auch zum Haltlosen und Verbitterten umgeprägt. Der Makrokosmos, den ihm Luzifer vorführt, läßt ihn die eigene Begrenztheit fühlen, und die Tötung des Bruders ist eine

Affekthandlung aus solcher Stimmung. Kain war von Byron zum alleinigen Titelhelden gemacht worden, und bei den Nachahmern verschwand Abel oft ganz aus der Handlung oder wurde sogar negativ als Pharisäer gezeichnet (BAUDELAIRE, *Abel et Caïn*, 1857; E. v. MEYER, *Die Bücher Kains vom ewigen Leben* 1899; P. L. FUHR-MANN, *Kain*, Dr. 1909). Nicht mehr der Mord, sondern die zerris-sene Lebensstimmung des Mörders ist wichtig (F. HEDRICH, *Kain*, Dr. 1851). LECONTE DE LISLES unter Byrons Einfluß gezeichneter *Quaïn* (in *Poèmes barbares* 1862) läßt eine Parallele zu dem Empörer Satan deutlich werden. R. HAMERLING (*Ahasver in Rom*, Epos 1867) identifizierte Kain mit → Ahasver. Am Ausgang des 19. Jahrhun-derts verband sich Kains Nihilismus und Empörertum mit der neuen Natur- und Geschichtsphilosophie (C. HILM, *Kain*, Dr. 1904) und Nietzsches Idee vom Übermenschen (A. v. HANSTEIN, *Kains Geschlecht*, Dichtung 1888; L. SCHRICKEL, *Eva*, Dr. 1909). Selten wurde eine Erlösung des Helden angestrebt (M. WAGENER, *Kains Tod*, Dr. 1895). In der expressionistischen Epoche tauchte dann erneut das Vater-Sohn-Motiv auf (S. LIPINER, *Adam*, Dr. 1913; A. NADEL, *Adam*, Dr. 1917), der Mord entspringt einer fast triebhaften Rivalität (A. WILDGANS, *Kain*, Dr. 1923) oder dem Mißtrauen in die Abel geoffenbarte Wahrheit (A. P. GÜTERSLOH, *Kain und Abel*, Erz. 1924), er ist ein Akt der Auflehnung gegen den ungerechten Gott und löst keine reuevolle Umkehr Kains aus (F. KOFFKA, *Kain*, Dr. 1918). H. E. NOSSACK wollte zwar *Die Rotte Kain* (Dr. 1949) außerhalb der historischen Zeit angesiedelt wissen, doch behandelt sein Schauspiel das Fortwirken des einmal in Gang gesetzten Schicksals: der Enkel Abels wird von dem Sohn Kains erschlagen.

Seit dem Ende des 19. Jahrhunderts ist dem Stoff auch ein erotisches Moment eingefügt und der Bruderzwist mit Eifersucht erklärt worden. G. KASTROPP (*Kain*, Epos 1880) und nach ihm L. WEBER (*Kain*, Dr. 1896) und P. HEYSE (*Kain*, Mysterium 1904) machten den Kampf der Brüder um die gleiche Frau noch dadurch komplizierter, daß sie die Verführerin Lilith einführten, während O. BORNGRÄBER (*Die ersten Menschen*, Dr. 1908), F. v. WEINGART-NER (*Kain und Abel*, Oper 1914) und A. Nadel es bei dem einfachen Eifersuchtskonflikt bewenden ließen.

Die allgemein menschliche Gültigkeit der biblischen Erzählung legte es nahe, Kains Tat und Kains Schicksal an modernen Figuren nachzuvollziehen. Der Gegensatz der Brüder wurde sowohl von dem uruguayischen Autor C. REYLES (*La raza de Caín*, R. 1900) wie von dem Kolumbianer E. C. CALDERÓN (*Caín*, R. 1969) aus der Sozialstruktur des eigenen Landes entwickelt, der sozial Unterle-gene rächt sich an dem Bevorzugten. Dagegen betonte der Mexi-kaner J. REVUELTAS (*Los motivos de Caín*, R. 1957) die Erfahrung, daß jeder Mensch zum Kain an seinem Menschenbruder werden kann. Den größten Erfolg mit einer Nachzeichnung der biblischen Begebenheiten hatte J. STEINBECK mit dem Roman *East of Eden* (1934), in dem in zwei Generationen der ungeliebte Sohn sich an dem bevorzugten Bruder rächt, aber der durch enttäuschte Liebe gelegte Keim zum Bösen schließlich erstickt wird. Eine Verschmelzung des Urtyps mit einem späten Nachfahren erstrebte der Spanier M. VICENT mit *Balada de Caín* (R. 1987), indem er die Zeitebenen ineinander fließen ließ und Kain, der sein Verbrechen leugnet, zugleich als urtümlichen Wüstensohn und Saxophonspieler in New York präsentierte.

H. Dürrschmidt, Die Sage von Kain in der mittelalterlichen Literatur Englands, Diss. München 1918; J. Rothschild, Kain und Abel in der deutschen Literatur, Diss. Frankfurt 1934; A. Brieger, Kain und Abel in der deutschen Dichtung, 1934; G. Blaicher, Byrons *Cain*: Vom »negativen« Typus zum Prototyp der Moderne (Paradeigmata 5,1) 1989; D. Janik, Das Kains-Motiv in spanisch-amerikanischen Romanen des 20. Jahrhunderts (Paradeigmata 5,2) 1989.

**Kandaules** → Gyges

**Karl der Große.** Seit dem Tode seines Bruders Karlmann alleiniger Herrscher des Frankenreiches, machte Karl der Große den fränkischen Staat durch Ausdehnung seiner Herrschaft über alle germanischen Stämme des Festlandes, durch Zurückdrängung der Araber in Spanien und durch Erneuerung der römischen Kaiserwürde zur beherrschenden Macht Europas, deren Ansehen auch durch den Austausch von Gesandtschaften mit Byzanz und Bagdad gefestigt wurde. Reorganisation der inneren Verfassung, Pflege antiker und christlicher Bildung, Gesetzgebung, Stiftung von Kirchen und Klöstern ließen seine Regierungszeit im Gedächtnis des eigenen Volkes und der befreundeten und feindlichen Nachbarn zu einem Markstein in der Entwicklung der abendländischen Geschichte werden. Seine Leistungen und seine Persönlichkeit sind beschrieben in der *Vita Caroli Magni* seines Erzkaplans EINHARD, der den überdurchschnittlichen, aber nicht maßlosen, sondern beherrscht harmonischen Charakter in zahlreichen Zügen festhielt und dessen wenige Retuschen leicht als solche zu erkennen sind. Die auf Wunsch von Karl dem Dicken entstandenen, fragmentarischen *Gesta Caroli Magni* des NOTKER BALBULUS (gest. 912), die auf den Erzählungen eines alten Kriegers und eines Mönches fußen, geben ein lebensvolles Bild des Herrschers, aber mehr durch anekdotische Einzelheiten als durch eine Gesamtdarstellung der politischen Persönlichkeit; sie lassen bereits Ansätze zur Sagenbildung erkennen.

Die Biographie Karls des Großen macht eine überragende Herrscherpersönlichkeit und gewaltige Leistungen sichtbar; sie entbehrt jedoch einer für die dichterische Umformung notwendigen eigentlichen Handlung, eines großen Konfliktes, einer Spannung. Die überlieferten persönlichen Auseinandersetzungen reichen meist nur zur Anekdote oder Erzählung. Zudem ist Karl meist erfolgreich gewesen, es fehlt in seinem Leben an Tragik, die Mitgefühl oder Erregung erwecken könnte; auch die Anekdoten mußten stets den Zug ruhiger Überlegenheit hervorkehren. Auf der anderen Seite waren Erfolg und Glück nicht so überwältigend, daß ihnen etwas Dämonisches anhaftete und sie eine Faszination ausüben könnten. Karls Gestalt scheint geeignet, zum Symbol des vorbildlichen Herrschers schlechthin zu werden, ohne daß sich mit ihr ein eigentlicher Stoff verbände. Im Bereich von Karls Politik gibt es drei Momente, die einen Konflikt enthalten und den Keim zu einer größeren dichterischen Gestaltung in sich tragen: sein Verhältnis zu Papst Leo III., der ihn überraschend zum Kaiser krönte und mit dieser Handlung dem Verhältnis Kaiser – Papst eine bestimmende Form gab, die wechselvollen Kämpfe mit den Sachsen und ihre gewaltsame Christianisierung sowie schließlich der – von Einhard nur schlecht verwischte – Mißerfolg des Spanienfeldzuges.

Der Konflikt mit dem Papsttum ist in der Dichtung nicht behandelt worden, weil die kirchliche Legendenbildung Karl sehr bald als einen Vorkämpfer ihrer Interessen in Anspruch nahm und sein Verhältnis zum Papst als ein brüderliches darstellte; schon das zeitgenössische Bruchstück *Carolus Magnus et Leo Papa* zeigt Leo als den herzlich empfangenen Hilfesuchenden in Karls Residenz Aachen. Die Sachsenkriege haben in der Karlssage, die ja bei den Siegern entstand, nur eine geringe Rolle gespielt; etwaige Ansätze von Gestaltungen aus der Sicht der Unterlegenen sind, wie auch im Falle der Langobarden, durch die veränderte politische Konstellation späterer Jahrhunderte, durch die der einstige Feind zum gefeierten Helden auch der eigenen Nation wurde, verdrängt worden. Einzig der Krieg gegen die Sarazenen in Spanien mit seiner Schlußkatastrophe in Ronceval wurde von den am nächsten betroffenen Westfranken so schmerzhaft empfunden, daß sich daran die Sage von → Roland und damit das Kernstück der Karlssage knüpfte. Zwar ist der Protagonist der *Chanson de Roland* (11. Jh.) nicht Karl, sondern sein Neffe Roland, dessen Gestalt auch in andere Zweige der Karlssage eindrang. Eine frühe Erweiterung des französischen Rolandsliedes setzte die Rolandsschlacht durch eine weitere Schlacht fort, in der Karl den obersten Herrscher der Heiden, Baligant oder Balant, besiegt, dessen Sohn, der Riese Fierabras, sich taufen läßt (*Chanson de Fierabras,* um 1170). Als Beauftragter Gottes vernichtet Karl nicht nur die spanischen Sarazenen, sondern den ganzen heidnischen Orient. In dieser vom Geist der Kreuzzüge beseelten Fassung fand das *Rolandslied* seine europäische Verbreitung.

Während so die volkssprachliche Literatur aus frühen Liedern zur epischen Heldendichtung des 11. Jh. emporgewachsen war, blieben die panegyrischen lateinischen Dichtungen aus dem Kreis von Karls Hofakademie, die ihn mit → David verglichen und als Feldherrn, Freund der Musen und Liebling Gottes feierten, ohne Nachwirkung auf die weitere Stoffbildung. Dagegen hat die schon bei NOTKER sichtbar werdende Legendenbildung durch die Förderung der Kirche eine bedeutende Entwicklung genommen. Die Kirche sah in Karl das Symbol der weltlichen Macht, die sich in ihren Dienst stellt und von Gott bestätigt wird. Karls Krone wandelte sich im Bereich der Legende in einen Heiligenschein, und so galt etwa → Ottos III. Verehrung für Karl ebensosehr dem großen Vorgänger wie dem Heiligen. Unter dem Gesichtspunkt der Legendarisierung erfuhr der Roland-Stoff in Frankreich, das in Karl von jeher nationale und christliche Belange vereint sah, eine Neuinterpretation: die lateinische Prosachronik *Historia Caroli Magni et Rotholandi* (1147/68), die von ihrem geistlichen Verfasser dem Erzbischof TURPIN, einem Zeitgenossen Karls und Helden der alten *Chanson de Roland*, untergeschoben wurde, bot die Fabel des Liedes als Geschichte dar, als die sie dann die Geschichtsschreibung bis hin zur Renaissance bewahrt hat, machte Roland zum bewußten Märtyrer und ließ Gott und die Engel in die Handlung eingreifen. Zur gleichen Zeit erfuhr ein von der Kirche selbst geschaffenes legendäres Abenteuer Karls seine literarische Formung: Karls Orientfahrt. Was bei Notker als unerfüllter Wunsch Karls erwähnt worden war, hatte inzwischen die Chronik des BENEDIKT von St. Andreas auf dem Mons Soracte (um 968) als Wirklichkeit berichtet, indem sie Karl tatsächlich nach Jerusalem und Konstantinopel ziehen und dort wichtige Reliquien erwerben ließ. Diese in der zweiten Hälfte des 11. Jahrhunderts allgemein verbreitete und in Frankreich in einer heroisch-komischen Variante gefaßte Sage (*Pèlerinage de Charlemagne*, 12. Jh.) benutzte die von → Friedrich I. Barbarossa in Auftrag gegebene *Vita Caroli Magni* (1165/66) zur Herleitung des Anspruchs auf das Heilige Land und zum Beweis für die Echtheit der in Aachen aufbewahrten Reliquien. Die unmittelbar nach der auf Barbarossas Betreiben vollzogenen Kanonisation Karls und zu deren Rechtfertigung entstandene *Vita* festigte zusammen mit dem Pseudo-Turpin, den sie bereits benutzte, das Bild Karls als eines Heiligen. Die durch spätere Päpste nicht anerkannte und nur begrenzt wirksame Heiligsprechung Karls hat auch liturgische Texte hervorgerufen (*Urbs Aquensis, urbs regalis; In Caroli Magni laude; O rex, orbis triumphator*).

Der Pseudo-Turpin berichtete von der Einsetzung der zwölf Paladine und trug damit einer Entwicklung Rechnung, die in der französischen Karlsdichtung die Paladine als gleichberechtigt oder doch als gleich interessant neben die Mittelpunktsfigur hatte treten lassen und damit sowohl einer künstlerischen wie einer soziologischen Tendenz gefolgt war. Der Kaiser, Mittler zwischen Gott und den Seinen, Besieger der ganzen Welt und von einem schon übermenschlichen Alter, konnte keine besonderen persönlichen Züge haben. Aber seine mächtige Gestalt zog nach dem künstlerischen Gesetz des Epos stofffremde Personen und Ereignisse an; auf Grund der im Mittelalter beliebten genealogischen Ausgestaltung sproßten neue Stoffe. Soziologisch spiegelte sich in der Karlsepik die Ablösung einer monarchischen durch eine feudalistische Epo-

che, die individualistisch war und den einzelnen Ritter hervortreten
ließ. Der Kaiser blieb nur noch Zuschauer und Anreger der Taten
anderer, schließlich sank seine Rolle zu der eines senilen, zornigen,
eigensinnigen Königs herab, dem seine Vasallen nicht mehr gehorchen und der nur durch seinen Ruhm ein gewisses Gegengewicht
hat.

Am stärksten steht Karl in den Sagen im Vordergrund, deren
historischen Kern seine Kriege bilden und die in der Darstellung
des Kaisers, seiner Freunde und seiner Feinde dem Muster des
*Rolandsliedes* folgen. An die Sachsenkriege knüpft ein Gedicht von
JEHAN BODEL *La chanson des Saxons* (Ende 12. Jh.) an; Baudouin, ein
Bruder Rolands, heiratet Wittekinds Witwe. Dagegen hat der
Krieg mit den Dänen zur Ausbildung der weit bedeutsameren Sage
von *Ogier de Danemarcke* geführt, in der seiner Jugend Karl das
Leben rettet, aber später sein erbitterter Widersacher wird, weil
Karls Sohn, Charlot, Ogiers Sohn beim Spielen getötet hat und
Karl Charlot schützt; die Sage lebte besonders in Dänemark
(Ch. PEDERSEN, *Kong Olger Danskes Krønicke*, 16. Jh.). NOTKER,
dann vor allem die italienische und spanische Tradition banden an
Ogiers Flucht zu dem langobardischen König Desiderius die Sage
von der Vernichtung des Langobardenreiches durch den »eiser-
nen« Karl. Der Krieg in Italien wurde in einen Sarazenenfeldzug
umgewandelt; der Papst wird aus der Gewalt der Heiden befreit.
An die Italienkämpfe knüpft sich die Sage von des Heidenherr-
schers Balant Sohn Fierabras, der von Olivier im Zweikampf
besiegt und Christ wird. Eine Prosakompilation von JEAN BAI-
GNON, *Le Roman de Fierabras le Géant* (1478), gelangte in spanischer
Übersetzung (NICOLAS DE PIAMONTE, *Historia del Emperador Carlo
Magno . . .* 1525) rasch nach Hispanoamerika, wo sie in vielen
Neuauflagen und auf sie gestützten ländlichen Tanzspielen, *Bailes
de Carlemagno,* bis heute überlebt hat. An die Orientreise Karls
schließt sich die Erzählung von *Galien* an, einem Sohn Oliviers und
der Tochter des Kaisers von Konstantinopel; Galien rächt den Tod
seines Vaters an den Heiden und wird Kaiser von Byzanz.

Die der historischen Grundlage entbehrenden, aber in den Chansons de geste besonders stark vertretenen Kämpfe Karls mit den
Vasallen haben geradezu einen Zyklus von Verrätersagen hervorgerufen, die zur *geste de Doon de Mayence* gehören und die einzelnen
Gestalten der ↑ Verräter und ↑ Rebellen in verwandtschaftliche
Beziehungen setzen. Der Zweikampf Karls mit *Doon de Nanteuil*,
ein in Frankreich und Italien beliebter Stoff, wurde im 15. Jahrhundert als *La fleur des batailles* besungen; 1778 gab TRESSANS *Bibliothèque des romans* eine Nacherzählung, und J. v. ALXINGER verarbeitete
sie zu einem Drama *Doolin von Mainz* (1787). Die bekanntesten
Angehörigen des Mainzer Geschlechts sind *Renaud de Montauban*
und seine drei Brüder, in Deutschland als *Die vier* → *Haimonskinder*
bekannt. Zu denen, die mit Karl in einen Zwist geraten, gehören
auch → *Huon de Bordeaux* und Elegast, der in dem in niederländischer, deutscher und skandinavischer Version erhaltenen Gedicht

von *Karl und Elegast* wieder in Gnaden aufgenommen wird, nachdem er durch Karls Verbannung zu einem Räuberleben gezwungen war; Karl, der von einem Engel den seltsamen Befehl erhält, zu stehlen, wird unerkannt Elegasts Genosse und erfährt von Elegast, daß man gegen ihn einen Mordanschlag plane. Die Versöhnung mit den aufständischen Helden, mit der fast alle Chansons de geste enden, erhöht Karls Ruhm, der während des Konflikts nicht immer ungeschmälert ist.

Auch die um Karls Privatleben und das seiner nächsten Angehörigen sich bildenden Sagen, die Erzählungen der *geste du Roi*, haben nur dürftige historische Ansatzpunkte. In die von Einhard im Dunkeln gelassene Jugend Karls wurde durch die Sage die ursprünglich auf Karl Martell bezügliche Geschichte von Karlmeinet verlegt; sie erzählt von der Flucht des jungen Karl vor seinen Halbbrüdern, seinen Aufenthalt unter dem Namen *Mainet* bei dem Sarazenenkönig Galafre und seine Liebe zu dessen Tochter Galienne, die seine Gemahlin wird, nachdem er sein Königreich zurückerobert hat. Die Sage fand ihre Fixierung zum erstenmal im Pseudo-Turpin, dann im *Renaud de Montauban*, aber auch in der spanischen *Crónica*, den italienischen *Reali di Francia* und im deutschen *Karlmeinet*. Die in ihr erwähnten ungeschichtlichen Halbbrüder Karls zogen eine Umgestaltung der Ehegeschichte seiner Eltern in der → Bertasage nach sich. Einhards Angaben über Karls mehrfache Ehen und Liebesverhältnisse und das in WALAHFRID STRABOS *Visio Wettini* (um 830) fixierte Bild von dem im Fegefeuer für seine Sinnlichkeit gepeinigten Kaiser ergaben Ansatzpunkte für sündhafte Züge Karls. In der *Vita S. Aegidii* (10. Jh.) wird ein Verbrechen Karls angedeutet, die *Chanson de Roland* setzt die Kenntnis von Karls inzestuöser Beziehung zu seiner Schwester voraus, und die *Karlamagnussaga* erzählt, daß das Verhältnis, dessen Frucht Roland ist, auf Gottes Befehl durch die Ehe der Schwester mit Milon beendet wurde. Die den ↑ Inzest negierende Liebesgeschichte Bertas (Gilles) mit Milon erfanden italienische Gestalter der Rolandsage. Der deutsche *Karlmeinet* berichtet von der Liebe Karls zu einer toten Frau; ein Bischof entfernt aus dem Munde der Toten einen Zauberstein, und als er sich daraufhin Karls Zuneigung ausgesetzt sieht, wirft er den Stein in eine Quelle bei Aachen, die von da an Karls Lieblingsaufenthalt wird. Diese von PETRARCA 1333 überlieferte Zauberepisode wurde von R. SOUTHEY in einer Romanze (1797) gestaltet; von Niklas VOGT in die *Rheinischen Geschichten und Sagen* (1817) aufgenommen und an Karls Gemahlin Fastrada geknüpft, wurde sie zum Thema deutscher Balladen des 19. Jahrhunderts (F. SCHLEGEL, *Frankenberg bei Aachen* 1807; W. MÜLLER, *Die Sage vom Frankenberger See bei Aachen* 1818; K. SIMROCK, *Der Schwanenring* 1836; H. LINGG, *Fastradas Ring* 1885); in G. HAUPTMANNS Drama um Karls des Großen Altersliebe zu dem verderbten Sachsenmädchen Gersuind (*Kaiser Karls Geisel* 1908) hat sie einen späten Nachklang gefunden. An Karls Ehefrauen – Galiena, Hildegard und → Sibylle –, denen Karl als

strenger Tugendrichter gegenübertritt, knüpfen sich Ehebruchs-
geschichten: an Galiena die von *Morant und Galie*, an die beiden
anderen solche unter ihrem Namen. Hildegard wird von Karls
Bruder Taland umworben. Als sie ihn abweist und einsperren läßt,
beschuldigt er sie bei Karls Rückkehr eines ehebrecherischen
Lebenswandels. Sie wird verstoßen, geht nach Rom und wird dort
eine wundertätige Nonne; unerkannt heilt sie den von Aussatz
befallenen Taland, erbittet Karls Gnade für ihn und stirbt als eine
Art Heilige. Die von VINCENZ VON BEAUVAIS ohne Namensnen-
nung überlieferte Geschichte wurde in den deutschen *Annales
Campidonenses* erstmalig mit Hildegard verbunden. FRISCHLIN
gestaltete den Stoff in einem lateinischen Schuldrama (1579), das
mit der Versöhnung der Gatten schließt; ein schwedisches Volksbuch des 17. Jahrhunderts und PLATENS fragmentarisches Epos *Die
großen Kaiser* nahmen den Stoff auf. Eine breitere Entwicklung als
dieser Stoff fand der von der Königin Sibylle. Karls Töchter, die –
nach Einhard – vom Vater eifersüchtig bewacht wurden und
keinen untadeligen Lebenswandel führten, bereicherten die Sage
mit der Liebesgeschichte von → Eginhard und Emma und mit der
erst spät an die Karlsepik angeschlossenen Freundschaftsgeschichte
von → Amis und Amiles.
    Die französischen Karlsepen, die nach den Häuptern der einzel-
nen Familien in die Geste des Königs, des Doon von Mainz und des
Garin von Monglane eingeteilt waren, wurden im späten Mittelalter zu fortlaufenden Zyklen vereinigt, die Karls Leben nach den
Chansons de geste und den Legenden erzählten, so zu der Reimchronik des PHILIPPE MOUSKÈS (1243) und zu den Prosaauflösungen
des GIRARD D'AMIENS (*Le Roman de Charlemagne* um 1300) und des
David AUBERT (*Conquestes de Charlemaine* 1458). Die Karlsepik
gehört als schöpferische Leistung Frankreich an, die übrigen Literaturen haben den Stoff zwar bereitwillig übernommen und entsprechend den nationalen Gegebenheiten abgewandelt, aber nur
teilweise selbständig weiterentwickelt.
    Die deutsche mittelalterliche Dichtung hat allenfalls ein Karls-
bild, aber nicht einen Karlsstoff entwickelt. Karl wurde zwar als
Vorläufer und Vorbild der römisch-deutschen Kaiser und als religiöser Held gesehen, aber man empfand zu ihm nicht die gleiche
starke nationale Zugehörigkeit wie in Frankreich. So ist Karl in der
*Kaiserchronik* (1135/50) im wesentlichen der Rächer des Papstes,
seines Bruders, an den aufständischen Römern. Im *Rolandslied* des
Pfaffen KONRAD (um 1170) streitet Karl nicht für ein an die Stelle
der »Douce France« tretendes »Deutschland«, sondern für das
Reich und die Christenheit. Der *Karl* des STRICKER (um 1230), der
den Inhalt des eben erwähnten *Rolandsliedes* durch den *Mainet* und
die Berta-Sage ergänzte, läßt die staufische Haltung gegen den
Machtanspruch des Papstes erkennen. Die höfische Dichtung
berührte nur mit WOLFRAMS VON ESCHENBACH *Willehalm* die Karlssagen, und erst der Stoffhunger der Spätzeit, für die Karl nur einer
unter vielen Helden der Vergangenheit war, veranlaßte eine Kom-

pilation der Karlsepen (*Karlmeinet* um 1320) und später auch Übersetzungen von französischen Prosaromanen. Deutschen Ursprungs ist die Sage von der Wiederkehr Kaiser Karls, die übrigens
an mehrere deutsche Herrscher geknüpft wurde, unter denen
schließlich Friedrich Barbarossa den Vorrang gewann; Karl ruht
wartend im Desenberge oder bei Herstelle, im Gudensberg in
Hessen oder auch im Untersberg bei Salzburg. Die Sage spielte bei
der Erneuerung des Karlsstoffes im 19. Jahrhundert eine Rolle.
Während die sich an die französische Tradition anschließende
niederländische Karlsepik bis zur Mitte des 13. Jahrhunderts eine
große Blüte erlebte, war die Entwicklung in England nur spärlich.
Zwar soll TAILLEFER in der Schlacht bei Hastings von den Taten
Karls und Rolands gesungen und so der Stoff zugleich mit den
normannischen Eroberern Einzug gehalten haben, aber die wahrscheinlich seit dem Ende des 12. Jahrhunderts einsetzenden Übertragungen ins Mittelenglische sind erst in Fassungen des 14. Jahrhunderts erhalten und ohne große Originalität. Lediglich Lord
BERNERS' Übertragung des *Huon de Bordeaux* (16. Jh.) ist durch die
Gestalt des Oberon für die englische Literatur bedeutsam geworden. Das geringe Interesse in England erklärt sich vielleicht durch
die dort beheimatete → *Artus*-Epik. Skandinavien dagegen hat
durch die sehr alte Traditionen bewahrende isländische *Karlamagnussaga* (Mitte 13. Jh.) einen wichtigen Beitrag geleistet.

Entscheidender war die Fortentwicklung des Stoffes in den
romanischen Ländern. Spanien, an den Ereignissen in Ronceval
beteiligt und interessiert, hat nicht nur die Roland-Sage umgeschaffen, indem es sich aus Nationalstolz einen Gegenhelden in
Bernardo Carpio schuf, sondern es hat auch in die *Crónica general*
ALFONS' X. (13. Jh.) vor allem den *Mainet* aufgenommen und in der
*Gran Conquista de Ultramar* (13. Jh.) Karls Zug ins Heilige Land
geschildert. Diese »geschichtlichen« Darstellungen und zahllose
Romanzen um die Helden des Karlskreises wurden Quellen für die
Romane und Dramen des spanischen goldenen Zeitalters. Unter
den klassischen spanischen Dramen finden sich rund dreißig mit
Stoffen aus der Karlssage, darunter allein elf von LOPE DE VEGA,
drei von CALDERÓN, eines von CERVANTES, eines von Baltasar
DÍAZ, eines von MORETO, eines von MIRA DE AMESCUA. Die
Autoren schalteten sehr frei mit dem Stoff, der Abstand im Geistigen war jedoch noch größer als der im Tatsächlichen: aus den
Helden wurden galante Abenteurer, Karl war der schwächliche,
unversöhnliche, lächerliche Fürst der französischen Spätzeit und
der italienischen Gedichte, die Kameradschaft der Paladine hatte
sich zu Gezänk und Raufereien verflüchtigt. Behandelt wurden der
Berta-Milon-Stoff (LOPE, *La mocedad de Roldán*), Mainet (LOPE, *Los
Palacios de Galiana*), Ogier von Dänemark (*Romanzen vom Herzog
von Mantua*; LOPE, *El Marqués de Mantua*; DÍAZ, *Tragedia de Marqués
de Mantua* 1665; CÁNCER Y VELASCO, *La Muerte de Baldovinos* 1651),
Renaud de Montauban (L. DOMÍNGUEZ, *Reynaldos de Montalvan*,
R. 1525; LOPE, *Las Probezias de Reynaldos*). In Italien schloß sich die

Stofftradition mit Liedern in franko-italienischer Sprache unmittelbar an die französischen Gestes an. Die Lieder wurden später in Prosa aufgelöst und sind in die große Stoffkompilation der *Reali di Francia* (um 1370) des ANDREA DA BARBERINO eingegangen. Sie führten die fränkischen Könige bis auf Kaiser Konstantin zurück und stellten die für die italienische Gesellschaftsstruktur typische Geschlechterfeindschaft zwischen dem Hause Karls und dem des Doon von Mainz besonders heraus. Die *Reali* dienten einer neuen und sehr selbständigen Entwicklung des Karlsepos in der italienischen Versepik als Ausgangspunkt, in der aber Karl sehr zurücktrat und nur noch als kindischer Greis und grillenhafter Tyrann erschien, während Roland alleinige Vordergrundsfigur wurde.

Das historische Bild Karls des Großen wurde erst durch die humanistische Quellenkritik des Florentiners Donato ACCIAIUOLI (um 1461) von den Sagenelementen gesäubert. Bei den deutschen Humanisten wurde damals der Kaiser zum nationalen Helden (Marcus WAGNER, *Chronikon* 1579). Während die klassische Dichtung der Italiener und Spanier auf der mittelalterlichen Sagentradition aufbaute, hat sich die französische Literatur des 17. und 18. Jahrhunderts kaum um Karl gekümmert. LE LABOUREUR schilderte in einem epischen Gedicht (1666) den Zug Karls nach Rom und die Wiedereinsetzung Leos; das gleiche Thema behandelte gleichzeitig COURTIN in einem Gedicht. Einige Dramen des 17. und 18. Jahrhunderts schlossen sich der italienischen Tradition des Roland-Stoffes an, die leichtsinnige Note der altfranzösischen Fassung der *Pèlerinage* veranlaßte Nachahmungen im galanten Zeitalter (LA CHAUSSÉE 1777, M.-J. CHÉNIER 1820). Die Tatsache, daß Napoleon Karl als »Notre prédécesseur« bezeichnete, rückte ihn dem Nationalbewußtsein wieder näher (MONTFORT, *Charlemagne*, Dr. 1810; H. MONTOL DE SÉRIGNY, *Charlemagne empereur d'Occident*, Oper 1808), und im Gefolge der deutschen Romantik haben auch de VIGNY und V. HUGO Karl in Gedichten gefeiert. Die stärkste Belebung hat der Karlsstoff in Deutschland im Zuge des romantischen Interesses für das Mittelalter und der politischen Erneuerung der Reichsidee erfahren. Jedoch zeigte sich dabei der Mangel einer einheitlichen Handlung. Da in der neueren Literatur das abenteuerliche Moment stark an Interesse eingebüßt hat, zerfiel der Stoff in zahlreiche einzelne Bilder eines großen Bilderbogens, in Anekdoten, Episoden und Genrehaftes, das sich oft an bestimmte Örtlichkeiten knüpft. Die in SIMROCKS *Kerlingischem Heldenbuch* (1847) zusammengefaßten Balladen und Romanzen seiner Zeitgenossen und auch Gedichte und Erzählungen späterer Autoren des 19. Jahrhunderts (GEROK, GREIF, KOPISCH, RIEHL, DAHN) zeigen wohl eine Rezeption und Neuformung, aber keine Weiterführung des Stoffes; am bekanntesten sind UHLANDS Balladen und GEIBELS *Rheinsage* (1836) geworden, die in dem aus der Gruft erstandenen und zur Nachtzeit die Reben segnenden Kaiser eine jüngere volkstümliche Überlieferung festhielt und ausgestaltete. Die neuere deutsche Literatur hat sich für die erstmals im Epos

Ch. H. Postels (*Der große Wittekind* 1698) mit Sympathie behandelte Gestalt des Sachsenherzogs Wittekind interessiert. Niederdeutsches Stammesbewußtsein und eine auf Gegnerschaft zur Kirche beruhende Kritik an der Bekehrungstätigkeit Karls versuchten dem Stoff ein neues Moment abzugewinnen (F. Dahn, *Lied der Sachsen, Die rote Erde*, Gedichte; F. Bartels, *Herzog Widukind*, Dr. 1905; F. Forster, *Der Sieger*, Dr. 1934). Die traditionelle, noch von Platen, Simrock und Halm behandelte Sage von der wunderbaren Bekehrung Wittekinds wurde dadurch verdrängt.

G. Paris, Histoire poétique de Charlemagne, Paris 1863; A. Ludwig, Lope de Vegas Dramen aus dem karolingischen Sagenkreise, 1898; K. Reuschel, Die Sage vom Liebeszauber Karls des Großen in dichterischen Behandlungen der Neuzeit, (Philologische und volkskundliche Arbeiten, Karl Vollmöller zum 16. Oktober 1908 dargeboten) 1908; J. Kirchhoff, Zur Geschichte der Karlssage in der englischen Literatur des Mittelalters, Diss. Marburg 1914; E. Arens, Kaiser Karls Sage in Romanzen und Liedern, 1924; ders., Kaiser Karl segnet die Reben, (Eichendorff-Kalender 16) 1925; J. E. Wick, Karl der Große in der neuzeitlichen deutschen Dichtung, Diss. Wien 1932; P. Lehmann, Das literarische Bild Karls des Großen, vornehmlich im lateinischen Schrifttum des Mittelalters, (Sitzungsbericht der Akademie der Wissenschaften München, Phil.-hist. Abt. 1934, 9) 1934; R. Köster, Karl der Große als politische Gestalt in der Dichtung des deutschen Mittelalters, 1939; R. Folz, Le souvenir et la légende de Charlemagne dans l'Empire germanique médiéval, Paris 1950; Karl der Große, Lebenswerk und Nachleben, Bd. 4 Das Nachleben, hgg. W. Braunfels u. P. E. Schramm, 1967.

**Karl V.** → Moritz von Sachsen, → Don Juan d'Austria

**Karl I. und Cromwell.** Englands republikanische Revolution hat wahrscheinlich ihren menschlich-schicksalhaften Angelpunkt in der Hinrichtung Karls I. Stuart (1649), mit der das Parlament einer Forderung Oliver Cromwells entsprach. Die Frage, ob dieser Ausgang des Kampfes zwischen Parlament und König das Ziel des vom Reiterführer und Parlamentsmitglied rasch zur Macht aufgestiegenen puritanischen Landedelmannes gewesen sei oder ob dieser einer durch des Königs schwankendes und unaufrichtiges Verhalten, seinen Fluchtversuch und sein Paktieren mit den Schotten heraufbeschworenen Notwendigkeit gefolgt sei, ist nur ein Teil des Grundproblems, ob die Diktatur im Wesen Cromwells und des durch ihn vertretenen Prinzips gelegen habe oder ob der seit 1653 als Lordprotektor fungierende Alleinherrscher durch den Widerstand und die Unfähigkeit des Parlaments zur Militärdiktatur gedrängt wurde. Karl Stuart, dessen moralische Untadeligkeit selbst durch Cromwell anerkannt wurde, hat in seiner von der Idee des Gottesgnadentums geprägten Selbstsicherheit geglaubt, seine Feinde, Presbyterianer und Independenten, gegeneinander ausspielen zu können, und dabei die Gefährlichkeit der Fanatiker unterschätzt. Den Tod hat er in stoischer Gelassenheit und fester

Überzeugung von seinem Recht erlitten, genau wie sich Cromwell als Werkzeug Gottes empfand und auch aus seiner Todesstunde weder Reue noch Zweifel überliefert sind.

Für die literarische Bearbeitung bedeutete der Königsmord ein Gleichnis des gesamten revolutionären Geschehens. Auch Dichtungen, die das ganze Leben Cromwells umfassen, mußten in diesem Augenblick den kritischen sehen, aus dem viele andere spätere Ereignisse, etwa die Ablehnung der Königskrone durch Cromwell, resultierten. Bis zum Ausgang des 18. Jahrhunderts, bis zur Zeit der Französischen Revolution also, wandten sich dabei Interesse und Sympathie ausschließlich dem als ↑ Märtyrer aufgefaßten König zu, während Cromwell – von einigen Huldigungsgedichten seiner Parteigänger und Zeitgenossen abgesehen (A. MORWELL, J. MILTON, E. WALLER, J. DRYDEN) – als Intrigant und Bösewicht erscheint. Der Grund dazu lag sowohl im Charakter des Königs wie in der Tatsache, daß umstürzlerische Gedankengänge dem 17. und 18. Jahrhundert weithin fremd waren, schließlich aber auch in der Romantik, mit der Anhänger und Nachwelt das Geschlecht der Stuarts umgaben: als kühnes, stolzes, ritterliches Geschlecht, deren Leichtsinn und Liebesabenteuer den Reiz noch erhöhten, gingen die Stuarts in das allgemeine Empfinden ein und hatten so im Bereich der Poesie einen Vorsprung, den der unansehnliche, schwerfällige, nüchtern und bigott wirkende Cromwell nur schwer einholen konnte. Denken und Handeln des Puritanismus jener Tage ist zudem modernem Empfinden ein Rätsel, und zwar kein besonders reizvolles.

Die frühesten englischen Darstellungen des Konflikts im Drama (Anon., *The Famous Tragedy of King Charles I* 1649) und Dialog (Anon., *The Tragical Actors or the Martyrdom of the Late King Charles* 1660; A. COWLEY, *Discours by Way of a Vision Concerning the Government of Oliver Cromwell* 1661) verzichteten darauf, den König selbst auftreten oder sprechen zu lassen, stellten jedoch Cromwell und seine Anhänger im schlechtesten Lichte dar. Zum erstenmal erschien die Gestalt des Königs auf der Bühne in A. GRYPHIUS' berühmtem Trauerspiel *Carolus Stuardus* (1650), und zwar als christlich stoischer Held; eine nach der Rückkehr der Stuarts auf den Thron angehängte visionäre Schlußszene stellte die Rache an den Mördern dar. Dem bei Gryphius verwandt, wenn auch etwas sentimentaler gezeichnet, ist der König in A. FYFES Drama *The Royal Martyr or King Charles the First* (1705); die Gelassenheit, mit der hier der König die letzten Stunden vor dem Tode in philosophischem Gespräch verbringt, wurde zum durchgehenden Zug der Karl-Dramen. Es entspricht der Struktur der barocken und klassizistischen Märtyrerdramen, daß sie nur die letzten Ereignisse aus dem Leben des Königs, meist von der Einsetzung des Gerichtshofes an, zur Gestaltung brachten (W. HAVARD, *King Charles the First* 1737; A. MORESCHI, *Carlo I Re d'Inghilterra* 1783); Cromwell fungiert als Gegenspieler in dem Sinn, daß seine Ränke zum Sturze des Königs führen und seine schlechten Eigenschaften die edlen des

Königs um so deutlicher werden lassen. Dem Problem seines Charakters nachzugehen empfand man kein Bedürfnis, er ist der stereotype Ehrgeizling und Heuchler, wie ihn auch die zeitgenössische Geschichtsschreibung (CLARENDON, HUME) darstellte, sein Diktatorentum dient allenfalls dem Spott als Zielscheibe (M. PRIOR, *Dialogues of the Dead* um 1715).

Erst das mit der Französischen Revolution einsetzende Verständnis für revolutionäre Vorgänge und die durch die Romantik hervorgerufene Aufgeschlossenheit für die Zwiespältigkeit der menschlichen Seele hat auch die Gestalt Cromwells dem Interesse der Schriftsteller nähergerückt. In P. B. SHELLEYS Tragödien-Fragment (*Charles I* 1824) kündigt sich die schicksalhafte Beziehung beider Gestalten dadurch an, daß der König die Amerika-Auswanderer zurückhalten läßt, unter denen sich der unbekannte Cromwell befindet; das Scheitern des Werkes ist möglicherweise darauf zurückzuführen, daß Shelley die Figur Cromwells nicht zu fassen wußte. Die politische Hintergrundshandlung in W. SCOTTS Roman *Woodstock* (1826) aber entzündete sich geradezu an dem kontradiktorischen Charakter Cromwells, der einerseits ein arglistiger Intrigenschmied, auf der anderen Seite ein krankhafter Melancholiker ist; das Motiv einer überraschenden Begnadigung tauchte von da an sehr häufig in Behandlungen des Stoffes auf. Eine solche nicht nur gerechtere, sondern auch interessantere Darstellung des Charakters (H. H. HERBERT, *Oliver Cromwell,* R. 1840; E. BULWER-LYTTON, *Cromwell's Dream,* Gedicht 1841; G. W. MELVILLE, *Holmby House,* R. 1860) setzte sich gegen die herkömmliche Intrigantengestalt nur langsam durch (M. R. MITFORD, *Charles the First,* Dr. 1834; E. ROBINSON, *Whitehall,* R. 1845); als die eigentlich tragische Gestalt erscheint immer noch der König. In Deutschland dagegen hat man die zwiespältige Persönlichkeit in ihrer tragischen Verstricktheit schon seit Beginn des 19. Jahrhunderts im Drama zu erfassen versucht, ohne daß allerdings gewandte Theaterautoren wie A. KLINGEMANN (1809), G. A. v. MALTITZ (1831), E. RAUPACH (Trilogie 1829–33), H. LAUBE (*Montrose, der schwarze Markgraf* 1859) und A. E. BRACHVOGEL (*Der Usurpator* 1860) ihm gerecht werden konnten. In Frankreich hat V. HUGO in seinem *Cromwell* (1827) nicht nur ein Manifest der französischen Romantik, sondern das bisher bedeutendste Cromwell-Drama überhaupt geschaffen. Er griff aus dem Stoff nicht den Königsmord, sondern das Angebot der Königskrone heraus, das Cromwell in Erkenntnis der ihm sowohl von den Royalisten wie von den Puritanern drohenden Verschwörung ablehnt, indem er so auf den Traum seines Lebens verzichtet. Der französische Dichter konzentrierte sich auf die Komplexität des Charakters, der eine Mischung von Tiberius und Dandin, ↑ Tyrann Europas und Spielball der Familie ist. Hugo hat die Cromwell-Dichtungen des 19. Jhs. stark beeinflußt, soweit sie nicht in die seit der Verteidigung CARLYLES (*Letters and Speeches of Oliver Cromwell* 1845) einsetzende Idealisierung verfielen.

Die meisten Cromwell-Dramen sind zugleich Karl-Dramen.

Cromwells sonstiger Lebenslauf besitzt eine gewisse Sprödigkeit, die ihn für dramatische und balladeske Gestaltung ungeeignet erscheinen läßt und ihn der epischen Bearbeitung oder dem Stationenstück zuweist. In diesen Karl-Cromwell-Dramen behielt der geopferte König auch im 19. Jahrhundert noch das poetische Schwergewicht (F. BERMOTH, *Karl der Erste, König von Großbritannien* 1840; A. Th. GURNEY, *King Charles the First* 1846; W. G. WILLS, *Charles the First* 1872; P. LOHMANN, *Karl Stuarts I. Ende* 1875; M. AURELI, *Carlo I e Olivero Cromwell* 1875), auch da, wo sie versuchten, die guten Absichten Cromwells und die Unfreiheit seiner Entscheidungen deutlich zu machen (A. B. RICHARDS, *Cromwell* 1870; A. G. BUTLER, *Charles I.* 1874) oder die Schwäche und Unentschlossenheit des Königs zu dessen Belastung in die Waagschale zu werfen (S. HECKSCHER, *König Karl der Erste* 1908). H. HEINE (*Karl I.*, Gedicht 1851) sah, damit der allgemeinen Tendenz weit vorgreifend, in Karl den Inbegriff des Königtums, das in einer Zeit abzutreten habe, in der das Volk nicht mehr an Gott und König glaubt. Sonst jedoch behielt in einer Periode, während der in ganz Europa die Auseinandersetzungen zwischen Parlament und Königtum die politische Bedeutung des Stoffes ungleich näher rückten, das Stuart-Thema gegenüber dem Cromwell-Thema das poetische Übergewicht. Dies zeigt sich z. B. beim Vergleich der farblosen Cromwell-Gedichte etwa C. F. MEYERS (*Der sterbende Cromwell*), FONTANES (*Cromwells letzte Nacht*) oder K. BLEIBTREUS (*Cromwell bei Marston Moor* 1889) mit den Stuart-Balladen FONTANES (*Die Hamiltons; James Monmouth*), der *Marie* Agnes MIEGELS und F. Th. CSOKORS *Karl Stuarts Todesgang*.

Der historische Roman konnte dem Porträt Cromwells, der Entwicklung seiner Leistung auf dem Hintergrund einer unruhvollen Zeit, eher gerecht werden als das Drama; im Roman tritt dagegen der König in die Episodenrolle (A. PATERSON, *Cromwell's Own* 1899; M. BOWEN, *The Governor of England* 1910; S. R. CROCKETT, *Hal o' the Ironsides* 1915). J. DRINKWATER hat in Gedichten (1913) und im Drama (1921) die wichtigsten Momente aus dem Leben des Lordprotektors bewundernd nachgezeichnet. In Deutschland belebten verwandte politische Ereignisse das Interesse an dem Stoff und verliehen der Gestalt Cromwells nicht nur für den Historiker (H. ONCKEN), sondern auch für den Schriftsteller symbolische Bedeutung. So rechtfertigte M. JELUSICH (R. 1933, Dr. 1934) Cromwell als Verkörperung des Führertums und als Ausdruck des Volkswillens, dem weder das Königtum noch der Parlamentarismus gerecht werden kann, und J. TRALOW (*Gewalt auf der Erde*, R. 1933, 1947 unter dem Titel *Cromwell, Der Untergang einer Diktatur*) sah in ihm den Inbegriff des Diktators, der letztlich an die eigene Macht denkt und, wenn Gott sich ihm versagt, auch mit dem Satan paktiert. Auch Ch. HEIN (Dr. 1978) zeichnete die innere Konsequenz des Weges vom Antimonarchisten zum Fastmonarchen.

R. Fertig, Die Dramatisierungen des Schicksals Karls I. von England besonders in A. G. Butlers Tragödie »Charles the First«, Diss. Erlangen 1910; K. T. Parker, Cromwell in der schönen Literatur Englands, Diss. Zürich 1919–20.

**Karl XII. von Schweden.** Der Lebensweg des schwedischen Königs Karl XII., der 1700 als Achtzehnjähriger aufbrach, um das gegen ihn gerichtete Bündnis der Ostseestaaten zu zerbrechen, nach einem raschen, überlegen geführten Kriegszug jedoch bei Poltawa (1709) von Peter dem Großen geschlagen wurde, dem Gegner mit Mühe entging und sich dann, um ein Bündnis bemüht, fünf Jahre in der Türkei aufhielt, von dort 1714 in einem sechzehntägigen Ritt Schwedisch-Vorpommern und das belagerte Stralsund erreichte und schließlich in einem Feldzug gegen Norwegen vor der Festung Fredrikshald durch eine wahrscheinlich aus den eigenen Reihen abgefeuerte Kugel umkam, ist in seinem meteorhaften Verlauf schon bei den Zeitgenossen umstritten gewesen und ist es in seiner literarischen Spiegelung immer geblieben. Der Begeisterung für einen jugendlichen Heroen, der ohne Zweifel neben Feldherrnbegabung und kriegerischer Tüchtigkeit die Tugend persönlicher Anspruchslosigkeit, Ausdauer und Festigkeit im Unglück besaß, tritt immer wieder die Frage nach dem Sinn eines solchen Daseins gegenüber, das zahllose Menschenleben und Schweden die Großmachtstellung kostete. Im Vergleich mit der sich kühler verhaltenden sonstigen europäischen Literatur macht sich in der schwedischen Dichtung das Übergewicht der glänzenden Persönlichkeit Karls XII. bemerkbar, den, nach Goethes Worten, jeder ehrliche Schwede verehre, obgleich er der schädlichste der Könige des Landes gewesen sei.

Schweden selbst und das protestantische Deutschland haben vor allem dem Sieger der Schlacht bei Narwa (1700) gehuldigt; man begrüßte ihn in den Jahren seiner Erfolge als den neuen → Gustav II. Adolf. Das bekannteste zeitgenössische schwedische Gedicht ist G. Dahlstiernas *Giöta Kiämpa-Wisa om Kåningen å Herr Pädar*, das im Stil der älteren Volkslieder Karls Sieg, seine Kämpferkraft und Milde gegenüber den Besiegten darstellt und zugleich ein treffsicheres Bild von Zar → Peter und seinem Hof entwirft. Auch ein deutsches Drama feierte schon 1707 den Heldenkönig (B. Feind, *Der heldenmütige Monarch von Schweden, Carolus XII.*). Dem demokratischen England dagegen erschien Karl als Inbegriff des Diktators und als Schrecken Europas (*An Epistle to the King of Sweden, from a Lady of Great-Britain* 1717).

Nachdem während der neun unglücklichen letzten Jahre des Königs die Stimmung auch in Schweden zurückhaltender gewesen war, gab erst sein früher gewaltsamer Tod dem Helden den romantischen Nimbus zurück, den seine Niederlagen ihn fast gekostet hatten. Der Glaube an eine göttliche Mission des Königs, der schon nach der Schlacht bei Narwa aufgetaucht war, erwachte wieder, und die Hoffnung auf eine Wiederkehr Karls ist lange im schwedischen Volk lebendig geblieben. Die Kunstdichtung pries ihn als den durch Leiden Erhöhten (verschiedene Gedichte von O. v. DALIN 1730/50 und Hedvig Charlotta NORDENFLYCHT); nationalistische Kreise sahen in ihm einen Nachfahren der alten »Göten«, ein Symbol der Revanchehoffnungen gegenüber Rußland (A. ODEL, *Sinclairslied* 1739). Die deutschen Haupt- und Staatsaktionen haben sich den sensationellen Tod nicht entgehen lassen (Anon., *Der unglückselige Todesfall Caroli XII.*).

Die schwedische Literatur dieser Jahre war noch unbeeinflußt von dem Bild, das VOLTAIRE 1731 in seiner *Histoire de Charles XII* entwarf und das für die literarische Gestalt des Königs im 18. Jahrhundert maßgebend wurde. Voltaire zeigte sich zwar fasziniert von Karls imponierenden und interessanten Zügen, doch war der rein kriegerische Held für ihn ein Anachronismus, demgegenüber das Ideal des ersten Dieners des Staates den Vorzug hatte. So wurde Karls Heldentum in die Nähe des →Don Quijote gerückt. Ähnlich führte A. POPE den König als Beispiel kriegerischer Größe an (*Essay on Man* 1734), die hinter der des Philosophen zurückstehe. Diese Auffassung spiegelt sich etwa in dem anonymen englischen Drama *The Northern Heroes* (1748), in dem Karl im Vergleich zu dem väterlich herrschenden Zaren Peter als Abenteurer wirkt. In S. JOHNSONS Lehrgedicht *The Vanity of Human Wishes* (1749) ist er das Beispiel für die Vergänglichkeit kriegerischen Ruhms, und der republikanisch gesinnte R. SOUTHEY sah in ihm den ↑Tyrannen, der für seine Unbarmherzigkeit gestraft wird (*The Battle of Pultowa*, Gedicht 1798).

Die Genie- und Heldenverehrung des ausgehenden 18. und beginnenden 19. Jahrhunderts brachte, zunächst in Schweden, größeres Verständnis für den König. Bei BELLMAN und WALLENBERG ist ein deutliches Interesse für Karl und die Veteranen seiner Kriege, die »Karoliner«, zu spüren. In seiner Romanze *Carl der Zwölfte* (1811) erhob GEIJER den König zum gottgesandten Helden und Rächer, der im Sturz sein Land mit in den Untergang reißt und unsterbliche Ehre erringt, und TEGNÉR (*Carl XII.*, Gedicht 1818) pries den Helden als lebendige Macht im Bewußtsein Schwedens.

Aus der Romantisierung erwuchs allmählich eine eigentliche Stoffentwicklung. J. R. PLANCHÉS harmloses Theaterstück *Charles XIIth or the Siege of Stralsund* (1828), das auch in den USA, sogar in deutscher Übersetzung (*Karl XII. auf Rügen* 1843), viel gespielt worden ist, zeigt den inkognito nach Pommern zurückkehrenden König als treuen und humanen Herrscher, der einem fälschlich verbannten Offizier Gerechtigkeit widerfahren läßt. Die romantische Heldenverehrung, mit der man die »Karoliner« seit den zwanziger Jahren des 19. Jahrhunderts umgab (TOPELIUS, *Fältskärns berättelser* 1851–66; SNOILSKY, *Svenska bilder* 1886), ließ allmählich den Mann, dem die Treue und der Opfermut der Soldaten gegolten hatte, in das Zentrum der Darstellung rücken: V. v. HEIDENSTAMS großer Novellenzyklus *Karolinerna* (1898) fing das Porträt des Königs vor allem in der Wirkung auf seine Mitkämpfer ein und stellte den heroischen Untergang dar, der die besten Eigenschaften weckte und aus Bauern, Bürgern und Soldaten Märtyrer und Heilige machte; der Ausnahmemensch, der von seinem Sendungsbewußtsein gefangen und für die Stimme des Mitleids taub ist, wird dennoch geliebt. Etwas von dieser Kraft der Persönlichkeit, vor der jeder Haß erlahmt, strahlt auch der müde und enttäuschte König der letzten Kämpfe aus, dem A. STRINDBERG eines seiner historischen Dramen widmete (1902), ebenso der nur umrißhaft sichtbar werdende Besiegte von Poltawa in P. NISSERS Roman *Slaget* (1957), in dem das leidende schwedische Volk vor die Gestalten der großen Politik gestellt ist.

Eine Wiederbelebung erfuhr der Stoff durch die »nordischen« Interessen der deutschen Dichtung in den 30er Jahren des 20. Jahrhunderts. G. BASNER (*Der Thron im Nebel*, Dr. 1936) ließ den politischen Kampf des nordischen Königs gegen Rußland an der Maßlosigkeit seiner Herrschaftsabsichten und seines Ehrgefühls scheitern. Ähnlich zeichnete H. LILIENFEIN (*Die Stunde Karls XII.*, Dr. 1938) die letzte Stunde des Wikingernachfahren, dessen Tod erst den Helden über den Abenteurer siegen läßt. W. DEUBEL (*Der Ritt ins Reich*, Dr. 1937) dagegen stellte den jungen König dar, der als Nachfolger Gustavs II. Adolf in Sachsen einmarschiert, um die Idee eines germanischen Reiches zu verwirklichen, dem sich aber das deutsche Reich, das im Gefolge des Sonnenkönigs steht, versagt.

K. Baumbauer, Karl XII. im neuen deutschen Drama, (Die Westmark 4) 1936/37; H. Wright, Some English Writers and Charles XII., (A Philological Miscellany Presented to Eilert Ekwall) Uppsala 1942; A. B. Benson, Charles XII. on the American Stage, (Scandinavian Studies 17) Lincoln 1943; O. Westerlund, Karl XII i svensk litteratur från Dahlstierna till Tegnér, Lund 1951; W. Mitzka, Niederdeutsche Preisgedichte auf Karl XII. von Schweden (in: Festschr. f. Ludwig Wolff) 1962.

**Kassandra.** Des Troerkönigs Priamos schöne, seherische Tochter Kassandra spielt in der Sage vom → Trojanischen Krieg die Rolle der Warnerin; vergebens verkündet sie den Untergang der Stadt, umsonst rät sie von der Aufnahme des hölzernen Pferdes ab. Die Lieblingstochter des Vaters wacht angstvoll auf der Burg, als er nachts Achilleus im Lager der Feinde aufsucht. HOMERS *Odyssee* erzählt, daß sie als Sklavin von Agamemnon mit nach Mykenä genommen wird und mit ihm dem Mordanschlag von Ägisth und Klytämnestra erliegt. KALLIMACHOS fügt hinzu, daß Kassandra bei der Plünderung Trojas durch Ajax von dem schützenden Standbild der Athene fortgerissen und vergewaltigt wird.

Das Motiv von Kassandras Sehertum erhielt bereits bei PINDAR etwas Symbolisches, wenn er betonte, ihr Schicksal sei es gewesen, daß ihren Prophezeiungen niemand glaubte, und AISCHYLOS gab diesem Zug einen mythischen Hintergrund: Apoll liebt Kassandra und verleiht ihr die Sehergabe unter der Bedingung, daß sie ihm ihre Liebe gibt. Nachdem sie aber die Sehergabe empfangen hat, verweigert sie sich ihm und wird dadurch gestraft, daß ihre Prophezeiungen keinen Glauben finden. Sie schaut das Ende Agamemnons und ihr eigenes sowie die Rache Orests und geht wissend in den Tod (→ Agamemnons Tod). EURIPIDES versah Kassandras Tod in den *Troerinnen* mit einem nationalistischen Einschlag: in wildem Triumph verkündet sie der gefangenen Mutter, daß sie Troja an Agamemnon rächen werde, verschweigt jedoch rücksichtsvoll, daß sie diesen Triumph mit ihrem Leben bezahlen werde; die Liebe Agamemnons zu ihr wird deutlich.

So gewinnt die Gestalt der Seherin in Epos und Tragödie der Griechen eine symbolische Funktion: der Tod der Verschleppten in Mykenä ist der Abschluß des Trojanischen Krieges; er begann mit der Entführung → Helenas, Kassandras Gegenbild. Die Seherin, die widerwillig, unter innerem Zwang den Menschen, die sie nicht hören wollen, Unglück verkünden muß, wird zur Zentralgestalt in dem Epos *Alexandra* (= Kassandra, um 295 v. Chr.) des LYKOPHRON, das hauptsächlich aus einer Orakelrede Alexandras über Trojas Geschichte besteht; den Rahmen bildet ein Dialog zwischen Priamos, der seine Tochter für wahnsinnig hält und sie in einen Turm hat einsperren lassen, und ihrem Wächter. CICERO übertrug bereits Kassandras Namen auf andere seherische Personen, und die Spätantike verschmolz ihre Gestalt mit der der Sibylle. Die Handlungselemente wurden bis ins 19. Jh. durch SENECAS (Mitte 1. Jh.) *Agamemnon* und *Troades* (ohne die Figur Kassandras) tradiert.

Das Mittelalter mit seiner Achtung vor dem biblischen Prophetentum vermochte es, der farblosen Darstellung Kassandras in den für die Tradierung der Trojasage grundlegenden Romanen von DIKTYS und DARES die Würde des Außerordentlichen zu geben. Ihre Schönheit, Jungfräulichkeit und Weisheit werden in den mittelalterlichen Trojaepen der Sündhaftigkeit der buhlerischen Helena entgegengestellt, gegen die sich auch der Zorn der Seherin richtet. In HERBORT VON FRITZLARS *Lied von Troja* (um 1190) prophezeit Kassandra sogar den Messias und die Weltgeschichte bis zum Jüngsten Gericht. Im späten Mittelalter wird die Gestalt durch Verknüpfung mit gelehrtem Wissen veräußerlicht (J. LYDGATE), in J. MILETS *Mystère de la destruction de Troye* (1450/52) trägt sie hexenhafte Züge, R. BARNFIELD (*Legend of Cassandra* 1595) betont ihre Hinterlist gegenüber Apollo.

Die Erneuerung der Figur ging von BOCCACCIO aus, der sie einerseits in *De claris mulieribus* (um 1370/75) einer historisch-kritischen Betrachtung unterzog und die mythische Vorgeschichte als Erdichtung hinstellte, andererseits in seinem *Filostrato* (Mitte 14. Jh.) das künstlerisch-poetische Element des Stoffes zu eigenem Leben erweckte: Kassandra will durch ihre Warnung ihren Bruder Troilus von seiner Liebestorheit retten; das Moment einer höheren Sendung ist getilgt. Seitdem lebte die Gestalt innerhalb des → Troilus-und-Cressida-Stoffes weiter, ähnlich wie sie innerhalb des Stoffes von Agamemnons Tod einen festen Platz einnahm.

Ein erstes deutsches *Kassandra*-Gedicht (F. L. GRAF ZU STOLBERG,

1796) gilt, wie ein späteres von A. v. Platen (1832), nicht der Person, sondern bedeutet einen »Kassandra-Ruf« angesichts von Gefahr. Charakterliche Umrisse als Rache-Prophetin bekam sie erstmals in den an Euripides angelehnten *Trojanerinnen* (1745) von J. E. Schlegel. Auf den troischen Schauplatz situiert ist auch die langhin wirkende *Kassandra* (1802) Schillers, eine tragische, durch ihr Sehertum von dem normalen Frauenschicksal ausgeschlossene Gestalt. Der hier angespielte Konflikt zwischen göttlichem Auftrag und irdischer Liebe bestimmte schon J. v. Collins Tragödie *Polyxena* (1804), mehr noch die an Äschylos anschließenden klassizistischen Dramen wenig bedeutender Autoren in der zweiten Hälfte des 19. Jh.s, die den Konflikt der → *Jungfrau von Orleans* einbrachten und der reinen Heldin die skrupellose Klytämnestra gegenüberstellten (H. Zirndorf, 1856; E. Tempeltey, *Klytämnestra* 1857; G. Siegert, *Klytaemnestra* 1857; Th. Seemann, *Agamemnon* 1872; F. Gessler, 1877; A. Ehlert, *Klytämnestra* 1881; G. Kastropp, *Agamemnon* 1890; E. König, *Klytämnestra* 1903, H. Pischinger 1903; H. Eulenberg 1903).

Seit dem durch Nietzsche veränderten Antike-Bild verblassen die stoischen Züge der Heldin, ihre Beziehung zu Apoll wird stärker diskutiert. Bei P. Ernst (1915) wendet sich der Gott von der nicht hingabefähigen Kassandra ab, – schon die Heroiden A. v. Platens (1828) beklagten ihre mangelnde Liebesfähigkeit. H. Schwarz (1941) läßt sie ihre Liebe zu Agamemnon als Frevel büßen; bei G. Hauptmann (1947) gehört die Troerin dem chthonischen Bereich an und bezahlt ihre Sehergabe mit dem Leben. In den beiden neueren Erzählfassungen von E. Mitterer (*Die Seherin* 1942) und H. E. Nossack (1987) steht gleichfalls das gestörte Verhältnis von Gott und Priesterin im Zentrum. Ch. Wolfs entmythisierende Erzählung greift die von Äschylos vorgeprägte, schon von dem Engländer G. Meredith (Gedicht 1861) übernommene Situation Kassandras in Mykenä auf: In Vorausschau des Todes läßt sie ihre Vergangenheit an sich vorüberziehen und bekennt sich zur Emanzipation von männlichen Denk- und Gefühlszwängen; feministische Ansätze übernahm M. Zimmer Bradley (*The Firebrand*, R. 1987).

K. Heinemann, Die tragischen Gestalten der Griechen in der Weltliteratur, 1920; K. Ledergerber, Kassandra. Das Bild der Prophetin in der antiken und insbesondere der älteren abendländischen Dichtung, Diss. Fribourg 1941; Th. Epple, Der Aufstieg der Untergangseherin Kassandra, 1993; S. Müller, Kein Brautfest zwischen Menschen und Göttern, 1994. St. Jentgens, Kassandra, 1995.

**Kastellan von Couci** → Herzmäre, Das

**Kastellanin von Vergi.** Die – wohl kaum auf historische Personen und Ereignisse zurückgehende – Geschichte der Kastellanin von Vergi wird zum erstenmal in der altfranzösischen Reimdichtung (vor 1288) eines nicht näher bekannten Dichters erzählt. Ein Ritter hat eine Liebesbeziehung zur Kastellanin von Vergi, die

ihm stets durch ein Hündchen, das ihm im Garten entgegengelaufen
kommt, ein Zeichen gibt, daß sie ihn erwartet; der Gemahl der
Kastellanin wird kaum erwähnt. Die Herzogin von Burgund liebt
den gleichen Ritter, und als er sie abweist, verklagt sie ihn bei ihrem
Gemahl, seinem Freund, daß er ihr nachstelle. Der Ritter gibt, um
dem Herzog seine Unschuld zu beweisen, sein Geheimnis preis und
nimmt ihn mit bis in den Garten, wo der Herzog bis zum nächsten
Morgen auf den Ritter wartet. Als die Herzogin das Einverständnis
der Männer sieht, dringt sie in ihren Mann, bis er ihr sein Wissen
verrät. Die Herzogin stellt ihre Nebenbuhlerin auf einem Fest durch
anzügliche Reden bloß, die Kastellanin sinkt in Scham tot zu Boden,
der Liebhaber tötet sich an ihrer Seite, der Herzog erschlägt seine
Frau und büßt auf einer Fahrt zum Heiligen Land.

Das Motiv der heimlichen ↑ Liebesbeziehung sowie das an
Potiphars Weib (→ Joseph) gemahnende der verschmähten ↑ Frau
und ↑ Nebenbuhlerin vereinigen sich in dem Stoff zu einer anmu-
tig-traurigen Erzählung, die sich in Frankreich mit geringen
Varianten bis ins 15. Jahrhundert erhielt und deren Verbreitung aus
zahlreichen Anspielungen hervorgeht. Entscheidende Veränderungen hat der Stoff überhaupt nicht erfahren, da er kaum hand-
lungsmäßige oder psychologische Lücken und Unklarheiten aufweist. So bieten die niederländischen Fassungen leichte Änderungen der Tendenz: Die »Sproke« *Die Borchgravinne van Vergi* (1315)
und Dirk POTTER (in *Der Minnen Loep* um 1410) betonen den Wert
der Verschwiegenheit, das Volksbuch von 1550 predigt die Entsagung von fleischlicher Lust. In Italien ersetzte eine Fassung des
14. Jahrhunderts die Stimmung durch eine effektvolle Handlung;
die Kastellanin tötet sich mit einem Schwert. Eine gewisse
Bereicherung der Handlung zeigt erst BANDELLOS Fassung *La
Dama del Verziero* im 4. Teil seiner *Novellen* (1573). Die »teuflische«
Herzogin heuchelt Schwangerschaft, um ihrem Mann das Geheimnis abzulisten; des Ritters Verrat wird durch seine Freundschaft
und Verpflichtung gegenüber dem Herzog motiviert; die Liebesbeziehung ist in eine nach dem Tode des Gatten der Kastellanin vollzogene heimliche Heirat verwandelt. MARGARETE VON
NAVARRA (*Heptaméron* 1545/49) verzichtet auf eine Schilderung
des ungestörten Liebesglückes und setzt gleich mit dem Liebesan-
trag der Herzogin ein. Später wurde Bandellos Novelle durch F. de
BELLEFORESTS Übersetzung (*Histoires tragiques* 1580) in Frankreich
bekannt. Eine großzügige Erweiterung des Stoffes brachte LOPE DE
VEGAS frühes Drama *El Perseguido*. Hier ist der Graf heimlich mit
Leonora, der Schwester des Herzogs, verheiratet, die Herzogin
findet als Bundesgenossen einen eifersüchtigen Freier Leonoras
und stiftet ihn zu einem Anschlag auf des Grafen Leben an; das
Stück schließt mit der Verbannung der Herzogin und der Einsetzung des Grafen und seiner Familie zu Thronerben. Schließlich ist
der Stoff noch als Kernstück eines weitschweifigen ritterlich-
abenteuerlichen Romans des Comte de VIGNACOURT (*La Comtesse
de Vergi* 1722) benutzt worden, in dem der liebende Ritter, Raoul de

Vaudray, durch eine lange Vorgeschichte entlastet wird, nach der die Kastellanin von ihrem sterbenden Mann dem Jugendfreunde anvertraut wurde; die Herzogin sucht Vaudray zunächst durch Drohbriefe einzuschüchtern und beseitigt schließlich die Nebenbuhlerin durch ein vergiftetes Bukett. Ein Neudruck des Jahres 1766 (*La Comtesse de Vergi et Raoul de Coucy*) ersetzte den Namen de Vaudray durch de Coucy und stellte so eine allerdings rein äußerliche Beziehung zu dem → Herzmäre-Stoff her. Mit der freien Wiedergabe der alten Erzählung durch LE GRAND (1779) wurde der Stoff dem neueren Lesepublikum zugänglich gemacht.

E. Lorenz, Die Kastellanin von Vergi in der Literatur Frankreichs, Italiens, der Niederlande, Englands und Deutschlands, 1909.

**Katharina die Große** → Peter der Große

**Katte** → Friedrich der Große

**Kephalos und Prokris.** Die mythologische Erzählung von Kephalos und Prokris ist im wesentlichen durch OVIDS *Metamorphosen* und HYGINS *Fabeln* überliefert worden. Die Göttin Aurora verliebt sich in den mit Prokris verheirateten Kephalos und entführt ihn auf den Olymp. Er aber sehnt sich nach seiner Frau und darf zurückkehren, will jedoch – nach Hygin auf Anraten von Aurora – die Treue von Prokris prüfen. In Verkleidung naht er sich ihr und bringt sie durch Geschenke zum Ehebruch. Als sie den Gatten erkennt, flieht sie und wird eine Nymphe der Diana, die ihr einen Hund und einen nie sein Ziel verfehlenden Speer schenkt. Die Gatten versöhnen sich jedoch, und Prokris gibt die wunderbaren Gaben an Kephalos weiter. Gerüchte über seine Jagdabenteuer erregen ihren Argwohn, sie folgt ihm und verbirgt sich lauschend im Gebüsch; im Glauben, daß ein wildes Tier lauere, wirft Kephalos den immer treffenden Speer und tötet so seine Frau.

Im Mittelalter wurde der Stoff durch die moralisierenden und allegorisierenden Auslegungen des Ovid-Textes (Pierre BERSAIRE, *Ovidius moralizatus* 14. Jh.) zu einem Lehrfall für Verhalten in der Ehe umgedeutet. Diese Auffassung wirkt noch in den Wiedergaben durch BOCCACCIO (*Genealogia Deorum; De claris mulieribus*) nach; er bedauert und tadelt Prokris, weil sie einmal der Habsucht, das andere Mal der Eifersucht erlegen sei; bei Boccaccio taucht zuerst die Verkleidung Kephalos' als Kaufmann auf. Ebenso ordnete sich das erste, bei einer Fürstenhochzeit in Ferrara aufgeführte Drama *Cefalo* (1487) von Niccolò da CORREGGIO diesem Leitgedanken der Ermahnung zur rechten Ehe unter. Im 5. Akt wird Prokris, der ein in sie verliebter Faun den Argwohn gegen ihren Mann eingeflößt hat, von Artemis wieder dem Leben zurückgegeben und mit Kephalos vereint: eine auf Grund von Reue und Buße erfolgende Erlösung im christlichen Sinne. Die Zweiteilung des Stoffes in die Aurora-Handlung und die tragische Jagdgeschichte führte in der weiteren Entwicklung des Stoffes mehrfach dazu, daß einer der beiden Teile vernachlässigt wurde. G. Chiabrera (*Il Rapimento di Cefalo* 1600) dramatisierte nur die Entführung Cefalos als ein Beispiel für die Allgewalt Amors. In Lope de Vegas *La bella Aurora* (1635) ist die antike Göttin des Morgens in eine Zauberin verwandelt, die Kephalos in ihrem Palast gefangenhält; der Geist des Stückes ist schäferlich, die Fabel aber sonst kaum verändert.

Calderón (*Celos aún del aire matan* vor 1662) ist wohl der erste, der auf die etwas peinliche Treueprobe und Verführung der Frau durch den eigenen Mann verzichtete und nur Prokris' ungerechtfertigte Eifersucht behandelte; im letzten Augenblick wandelt sich hier die Eifersucht in selbstlose Liebe, Prokris wirft sich zwischen den Gatten und ein wildes Tier und wird von dem todbringenden Speer getroffen. Auf diese schäferlich-sentimentale und wenig entwicklungsfähige Fabel beschränkt, findet sich der Stoff im 18. Jahrhundert bei F. C. Dancourt (1711, Musik Gilliers), bei J. F. Marmontel (1773, Musik A. Grétry), bei dem die abtrünnige Nymphe Prokris nach dem Willen der gekränkten Diana den Tod durch den eigenen Mann findet, in einem Melodram K. W. Ramlers (1778) und in einer Kantate J. E. Schlegels (1767). Die häufige Inanspruchnahme der Musik zur Ausgestaltung des Stoffes beweist seine begrenzte literarische Verwendbarkeit, während andererseits seine optischen Stimmungswerte durch zahlreiche bildkünstlerische Darstellungen belegt sind. In neuerer Zeit hat E. Křenek ihn in einer Oper (1933/34, Text R. Küfferle) wiederzubeleben versucht. Ein Dramenfragment von H. Lange (1948) reicht nur bis zur Trennung des Kephalos von Aurora, deren Rache sich nicht im Tode der Prokris, sondern in der moderneren Lösung des Ehebundes erfüllen sollte.

H. M. Martin, Notes on the Cephalus-Prokris Myth as Dramatized by Lope de Vega and Calderon, (Modern Language Notes 66) 1951; I. Lavin, Cephalus and Procris, (Journal of the Warburg and Courtauld Institutes 17) 1954.

## Kindermord, bethlehemitischer → Herodes und Mariamne

## Kleist, Heinrich von.
Das Schicksal des Dichters Heinrich v. Kleist (1777–1811) entspricht dem tragischen Lebensgefühl seiner Dichtungen. Der maßlose Ehrgeiz, mit dem er nach dem Lorbeer griff, auf der anderen Seite sein Ungenügen an sich selbst, seine sich wiederholenden Zusammenbrüche, die Unscheinbarkeit

der äußeren Existenz, der Widerstreit mit seiner Zeit und Umwelt sowie das romantische Ende im gemeinsamen Freitod mit einer Frau waren neben dem Werk für Wissenschaftler und Dichter immer wieder Anreiz, sich mit Kleist zu beschäftigen. Auch bleibt vieles in seinem Wesen und seinen Absichten undeutlich; seine Vita und sein Itinerar weisen – eine Seltenheit bei den neueren Dichtern – Lücken auf; der Phantasie wäre demnach Raum zum freien Gestalten gegeben.

Dennoch hat man gesagt, es gebe nicht eine Tragödie, sondern fünf Tragödien Kleist. Der Zusammenbruch seines naiven Lebensplanes, das Scheitern überspannter Zielsetzungen, der Verzicht auf Selbstbestimmung des künstlerischen Wollens, das Erlöschen der vaterländischen Hoffnungen und die ausweglose Verzweiflung des Staatsdieners seien Schicksalsschläge, die nicht in einer inneren Folge stünden und nicht Wendepunkte in einer Entwicklung darstellten, die mit zwingender Konsequenz auf das Ende zuführe. Wenn man – was gewaltsam scheine – das Leben Kleists unter dem früh auftauchenden Leitgedanken eines gemeinsamen Freitodes sehen wolle, so sei damit eher ein fatalistischer lyrischer Grundakkord oder ein episches Leitmotiv gegeben als ein Motiv streng verknüpfender dramatischer Kausalität. Tatsache ist, daß sich in der Reihe der Kleist-Dramen keines findet, das befriedigen kann; jedoch läßt sich damit die Unausführbarkeit eines Kleist-Dramas nicht beweisen. Im Wege steht der dramatischen Gestaltung sicher, daß die Kräfte, an denen Kleist sich zerrieb, im Grunde nicht faßbar sind und nur in wechselnden, stellvertretenden Gestalten sichtbar gemacht werden könnten. Überhaupt scheint der Wechsel seiner Beziehungen zu Dingen, Orten und Menschen ihn, den Schöpfer streng gebauter Dramen, zum Helden eines Stationenstückes abzustempeln. Die zweite Schwierigkeit ist die sprachliche Formgebung. Kleist hat sein tragisches Grundgefühl, die tragische Position seines Lebens, sowohl in seinen Werken als auch in seinen Briefen unübertrefflich formuliert, so daß sich das Zitat wie von selbst anbietet; wiederholte Zitate wirken jedoch ebenso peinlich wie die Neuformulierung des bereits gültig Gesagten. Der Erzähler, der Kleist mehr handeln und leiden als reden lassen kann, ist in einer glücklicheren Lage, und für die Entfaltung des Hintergrundsraumes, der für Kleists Geschick so wichtig ist, bieten sich im Roman ebenfalls bessere Möglichkeiten.

Das Los des Verkannten und weitgehend auch Unbekannten, das Kleist im 19. Jahrhundert beschieden war, spiegelt sich auch in dem geringen Echo in der Dichtung. Die Nachricht von seinem Tode hat einzig den Freund FOUQUÉ zu einem Gedicht *Abschied von Heinrich von Kleist* veranlaßt, das in der »Preußischen Zeitung« nicht veröffentlicht werden durfte. Ihm folgten erst 1842, als Kleists Ruhestätte restauriert wurde, mehrere Gedichte auf dieses Grab, darunter das Sonett HEBBELS, der in Kleist den Dichter sah, dem seine Zeit das Dasein abgesprochen hatte. Erst wieder zu Kleists 100. Geburtstag und danach tauchten erneut Gedichte auf ihn auf (E. v. WILDENBRUCH 1876; A. BARTELS 1885; H. LÖNS 1890).

Als sich im Gefolge dieser Hundertjahrfeier und durch die künstlerischen Konzeptionen des Naturalismus ein größeres Verständnis für Kleist Bahn brach (O. BRAHM, Vorkämpfer des Naturalismus, schrieb 1884 eine Kleist-Biographie), setzten auch größere Kleist-Dichtungen ein. Diese ersten Versuche sind, noch unbelastet von der wissenschaftlichen Kleist-Forschung, oft verblüffend frei im Umgang mit dem Stoff. Schon in einer satirischen Komödie des Jahres 1836 (K. M. RAPP, *Wolkenzug*), in der Kleist nur als Episodenfigur fungiert, war sein Tod mit dem Versuch, sich die ideale Frau aus den Wolken zu holen, und der Enttäuschung durch sie erklärt worden; das erste Kleist-Drama von K. LIEBRICH (1888), das mit der Lösung von Wilhelmine v. Zenge beginnt, schließt damit, daß sich Kleist bei der Nachricht von dem in Tilsit geschlossenen Frieden erschießt. Ein Drama von E. v. BERGE (1895, Druck 1902) zeigt Wilhelmine v. Zenge und Henriette Vogel als Rivalinnen, Kleist faßt den Entschluß zu sterben nach der Ablehnung der *Hermannsschlacht* und des *Prinzen von Homburg*, er erfüllt jedoch Henriettes Bitte um einen gemeinsamen Tod nicht und ertränkt sich im Wannsee. Das handlungsreichste der Kleist-Dramen aus der Zeit der Jahrhundertwende stammt von O. H. HOPFEN (1900). Es setzt 1807 mit Kleists Aufenthalt in Dresden ein, in den schon eine erste Begegnung mit Henriette eingebaut wird, und führt über die Enttäuschung durch Goethes Aufführung des *Zerbrochenen Kruges* bis zum Verbot der *Berliner Abendblätter* und zum Entschluß zu sterben. Zur Bescheidung in der Stofferfassung entschieden sich F. SERVAES (*Der neue Tag* 1903), der die Periode nach dem Pariser Zusammenbruch und Kleists Genesung in der Pflege einer Pfarrerstochter behandelte, von der er zu einem recht fraglichen »neuen Tag« aufbricht, und W. v. POLENZ (1891), der nur den aufgebenden Kleist der letzten zwei Jahre und die Umstrickung durch Henriette Vogel zeigte. Bei Polenz und bei Hopfen ist Adam Müller Kleists böser Genius. Ein erdachtes Gespräch zwischen Goethe und Wieland nach Kleists Tod in H. EULENBERGS *Schattenbildern* (1909ff.) darf als Mißgriff bezeichnet werden. Zu den Bemühungen um eine dichterische Erfassung von Kleists Tod gehört auch R. M. RILKES Gedicht *An Heinrich von Kleists winter-einsamem Waldgrab am Wannsee* (1898), das den Lyriker im Nacherleben den Tod in der eigenen Brust überwinden läßt.

Mit Kleists 100. Todestag und dem ersten Weltkrieg beginnt eine neue Epoche der künstlerischen Beschäftigung mit Kleist. Im Zusammenhang mit der Erneuerung politischer Lyrik wurde Kleist während des Krieges in Gedichten als politischer Dichter gefeiert (H. EULENBERG, P. ZECH, E. LISSAUER, J. BAB, J. R. BECHER, M. BERNSTEIN, R. MARWITZ, R. SCHAUKAL). Es mehrten sich erzählerische Werke, Skizzen, Stimmungsbilder, die Brennpunkte im Leben des Dichters darzustellen versuchten. R. HOHL-

BAUMS Novelle *Der zerbrochene Krug* (1915) konzentrierte den Stoff auf zwei Tage um die mißglückte Lustspielaufführung, der Kleist hier beiwohnt; als merkwürdige Überbetonung der Abhängigkeit Kleists von den Frauen wirkt das abschließende Liebesbündnis mit der Weimarer Eve-Darstellerin, in der das Urbild des Käthchens von Heilbronn gesehen wird.

Das Urbild des Käthchens beschäftigte auch B. WINKLER (*Die Liebesprobe* 1927) und H. SCHOENFELD (*Der Ritt zum Käthchen von Heilbronn* 1937), das Guiscard-Problem behandelten A. R. MEYER (*Der Kampf des Endlichen mit dem Unendlichen* 1927) und S. MIHLEN (*Zwei Geburtstage Heinrichs von Kleist* 1927), F. DEML verlegte mit *Kleist in Würzburg* (1937) den Durchbruch zum Dichtertum in diese vieldiskutierte Lebensstation, den politischen Wegen Kleists in Böhmen ging E. EMMERLIN nach (*Kleist in Prag* 1936), und A. v. HEINEMANN umriß den Aufenthalt bei Wieland (*Begegnung der Gestirne* 1958). Schließlich kreisten die dichterischen Interpretationen immer wieder um das Ende am Wannsee: E. PROSSINAG (1916) überbewertete entschieden die Bedeutung Henriette Vogels, in der Kleist das Leben gesucht und den Tod gefunden habe, J. BAXA (*Vor dem Ende* und *Dunkle Stunde* 1927) verharrte im Stimmungshaften, J. BUCHHORN (*Letzte Frage an das Schicksal* 1935) betonte die Verzweiflung an der Politik vor allem Hardenbergs, M. O. STRAUSS' Roman *Ein Stern erlischt* (1938) ließ Zitate aus den Werken und Dokumente sprechen, K. RÖTTGER (in *Das Buch der Sterne* 1948) schilderte die sich häufenden Enttäuschungen der letzten Wochen.

Unter den dramatischen Versuchen scheint der Torso A. SCHAEFFERS (*Szenische Fragmente einer Tragödie Kleist* 1925), der den Plan eines Dramas ähnlich wie G. KAISER nach langem Bemühen aufgab, am bedeutendsten. In diesem Traumspiel enden alle Szenen in Kleists Leutnantstube in Potsdam, »wo er scheinbar die äußerlich zuerteilte Lebensform zerbrach um einer selbst zu schaffenden willen«; sie symbolisiert die im Gegensatz zu Kleists Verwandlungswillen stehende Gefangenschaft im eigenen Ich. Dagegen wirken die weiteren Kleist-Dramen weniger selbständig. K. LIEBMANN (1932) wob die beiden tragischen Erlebnisse Kleists – Dichtertum und Vaterland – in zwei Szenenreihen ineinander und versuchte sie durch allegorische Personen zu überhöhen. W. KAPELKE (1942) verkündete wortreich die politischen Postulate seiner eigenen Zeit. J. KÜHN (*Der Sprung ins All* 1942) bot eine pathetische, teils surrealistische Darstellung des kaum motivierten Selbstmordes, H. REHBERG (1958) gleichfalls eine Schilderung des Endes, als dessen innere Ursache die Allianz zwischen Napoleon und Preußen, als dessen Inszenatorin aber Henriette Vogel hingestellt wird. D. WENTSCHER (1956) reihte den ganzen Stoff dramatisch auf.

Die romanhaften Gesamtdarstellungen von Kleists Leben standen in zunehmendem Maße unter dem Einfluß der wissenschaftlichen Kleist-Biographik. Der erste derartige Versuch durch H. v. MEERHEIMB (d.i.M. Gräfin v. BRÜNAU, *Die Toten siegen* 1917), der

das Leben Kleists im Stil eines Familien- und Gesellschaftsromans
überholten Genres beschrieb, wurde bereits von G. Baronin v.
Brockdorff (*Das Mal der Sehnsucht* 1928) weit in den Schatten
gestellt, die als zentrales Thema das Ringen Marie v. Kleists gegen
Kleists Todeswillen herausstellte; Marie schien der Autorin in der
heiligen Cäcilie von Kleists Novelle symbolisiert. R. Elsners *Ringender Dämon* (1937) gab in einer Kette von Einzelbildern mehr den
äußeren Ablauf des Lebens, und G. Haupts *Der Empörer* (1938) sah
ihn weitgehend unter dem Blickpunkt aktueller politischer Ideen.
J. Handl (1938) unternahm den Versuch, eine fiktive Selbstbiographie Kleists zu präsentieren, in der dieser in der Nacht vor seinem
Tode blättert und mit der er Zwiesprache hält, ehe er sie vernichtet;
die Selbstzeugnisse Kleists sind in einer oft wenig kleistischen
Hülle verpackt. In dem dritten Kleist-Roman von 1938, W. v.
Molos *Geschichte einer Seele*, wurde zumindest die Gefahr vermieden, Kleists Sprache und kleistische Zitate vorherrschen zu lassen;
das Literarhistorische ist zurückgedrängt, erst mit dem letzten
Wort des Buches wird der Name Kleist genannt. Ch. Wolf führte
in *Kein Ort, nirgends* (1979) Kleist und die Günderode als zwei
Außenseiter ihrer Zeit zu kurzer Begegnung zusammen. H. Lange
(*Im November* Nov. 1984) skizzierte die Stunden vor dem Selbstmord.

Gedichte an Kleist sowie über Kleist und das Rätsel seines
Daseins schrieben in neuerer Zeit W. Harlan (1929), H. Burte
(1930), H. Rogge (1937), H. E. Nossack (1947) u. a.

G. Minde-Pouet, Heinrich von Kleist als Bühnenheld, (Bühne und Welt 7)
1904/05; J. Petersen, Heinrich von Kleist im Roman, (Jahrb. d. Kleist-Ges. 18)
1938; R. Lepuschitz, Heinrich von Kleist in der Dichtung, Diss. Wien 1949;
E. Rothe, Kleist, in der Dichtung, (Bibliographie, Jahrb. d. Schiller-Ges. 5) 1961.

**Kleopatra.** Die ägyptische Königin Kleopatra (69–30 v. Chr.)
floh 48 in den Schutz → Cäsars, lebte mehrere Jahre in Rom und
hatte mit Cäsar einen Sohn, Cäsarion, beseitigte ihren zweiten
Bruder und Gemahl Ptolemäus XIII. durch Gift und wußte den als
Richter auftretenden Marcus Antonius durch ihre Schönheit zu
bestricken. Als sich die Auseinandersetzung zwischen Antonius
und Octavian, dessen Schwester Octavia Antonius den Scheidebrief geschickt hatte, in der Schlacht bei Actium zuungunsten ihres
Liebhabers wendete, entfloh sie in ihr Mausoleum zu Alexandria
und ließ das Gerücht von ihrem Tode verbreiten, auf das hin
Antonius sich umbrachte. Es gelang ihr nicht, den Sieger Octavian
günstig zu stimmen, und sie entging der Mitführung in seinem
Triumphzuge dadurch, daß sie sich durch den Biß einer Giftschlange tötete.

Cäsar hat in seinen Schriften sein Verhältnis zu Kleopatra aus
nationalpolitischen Gründen verschwiegen. In der augusteischen
Dichtung und Geschichtsschreibung – die Zeugnisse der Dichter

sind älter als die der meisten Historiker – steht das zwielichtige Bild
der Königin im Schatten des zum Kaiser aufgerückten Siegers
Octavian, der nicht nur ihren Tod indirekt verschuldete, sondern
auch ihren und Cäsars Sohn hinrichten ließ. Während jedoch in den
Gedichten des HORAZ und OVID und in VERGILS Darstellung der
Schlacht bei Actium die Größe der Königin unverzerrt deutlich
wird, erscheint Kleopatra bei PROPERZ, LUKAN, PLINIUS d. Ä. und
vor allem bei PLUTARCH schon als eine männerumgarnende, heuchlerische und ehrgeizige Buhlerin. Das negative Urteil, das zuerst
mit Kleopatras antirömischer Politik begründet wurde, entsprang
immer mehr moralischen Wertungen. LUKAN stellte das skrupellose Paar Cäsar-Kleopatra dem tugendhaften Paar Pompejus-Cor-
nelia gegenüber. Der Charakterzug der Luxuria wurde hauptsächlich durch PLINIUS und seine Erzählung von den Perlen unterstrichen, die Kleopatra in Wein aufgelöst und getrunken habe; Plinius
bezeichnet Kleopatra als Dirne. Die Berichte über die Art des
Selbstmords schwanken zwischen Schlangengift und dem Biß
einer Schlange; wegen ihres Selbstmordes ist Kleopatra in der
Antike nie negativ beurteilt worden. Den antiken Autoren hat an
der Schwelle der Neuzeit BOCCACCIO in *De claris mulieribus* (1356-
64) Kleopatras Leben nacherzählt. Renaissance und Barock erhoben die Gestalt zum Inbegriff der dämonischen ↑ Verführerin, der
die durch den schwächlich wirkenden Antonius repräsentierte
Männerwelt zu Füßen liegt; wie in der Antike, so schwankt auch
die neuere Darstellung dieser Frau zwischen groß empfindender
Königin und kalt berechnender Egoistin.

Die Reihe der Kleopatra-Dramen beginnt im Jahre 1552 mit zwei
in Inhalt und Aufbau sehr ähnlichen Tragödien im Stil des Seneca,
der *Cleopatra* des C. DE'CESARI und E. JODELLES *Cléopâtre captive*.
Beide bieten in klassizistischer Konzentration nur die Endphase des
Stoffes nach Antonius' Tod, als der Todesentschluß der Königin
feststeht und Octavian nur als der leidenschaftslose Vollstrecker
des Fatums erscheint; bei Jodelle tritt der Schatten des Antonius auf
und befiehlt Kleopatra, ihm im Tode zu folgen, während bei de'
Cesari diese Erscheinung nur berichtet wird. In G. B. GIRALDI
CINZIOS 1555 aufgeführter *Cleopatra* ist die gefälschte Todesnach-
richt ein äußerstes Mittel der Königin, sich der Treue Antonios zu
versichern. Das gleiche Stoffschema verwandten sowohl C. PISTO-
RELLI (*Marc Antonio e Cleopatra* 1576) wie N. de MONTREUX (*Cléopâtre* 1595), wenn hier auch Octavian ein wirklich versöhnlicher
Gegner ist. Dagegen setzt bei R. GARNIER (*Marc-Antoine* 1578) die
Handlung nach der Schlacht bei Actium ein und umfaßt die letzten
Wirren in dem Verhältnis der beiden Liebenden, Antonius' Verdacht der Untreue, Kleopatras Angst, seine Liebe zu verlieren, und
den trotz ihrer Mutterpflichten durchgeführten Entschluß, dem
Geliebten nachzusterben. Auf diesen beiden in Frankreich ausgebildeten Konzeptionen beruhten die ersten englischen Bearbeitungen: die Gräfin PEMBROKE übersetzte 1592 Garnier, und ihr Schützling S. DANIEL schrieb 1594 eine freie Bearbeitung Jodelles, die er

um einige Motive aus Garnier, so das des Abschiedes von den Kindern, bereicherte. Dem Garnierschen Schema steht die Tragödie von I. DE BENSERADE (1635) nahe.

Während in den Bearbeitungen des 16. Jahrhunderts eine positive Zeichnung der Heldin vorherrschte, drangen im 17. Jahrhundert negative Züge ein. Vorläufer einer moralisierenden Beurteilung ist der erste deutsche Bearbeiter Hans SACHS (*Die Königin Cleopatra mit Antonio dem Römer* 1560), der Hochmut, Wollust und Treulosigkeit der Königin herausstrich. Eine aus der Perspektive der verlassenen Gattin Octavia unternommene Darstellung der Ereignisse mußte das Bild Kleopatras ungünstig beeinflussen (S. BRANDON, *The Tragicomedy of the Virtuous Octavia* 1598). An der Scheide beider Auffassungen und zugleich über beide erhaben steht SHAKESPEARES im wesentlichen aus Norths Übersetzung des Plutarch schöpfendes Drama *Antony and Cleopatra* (1607). Die von Antonius' erstem Aufenthalt in Alexandria an dargestellte Geschichte des Paares ist die einer gegenseitigen dämonischen Anziehung, die sich mit dem Sinken seines Glückssterns immer mehr von eigennützigen Motiven reinigt; dabei sind gute und böse Züge Kleopatras zu einem hemmungslos leidenschaftlichen Charakter vereinigt; eine Konfrontierung mit Octavia ist vermieden.

Nach Shakespeare erfolgte im Drama eine Verengung der Charakterzeichnung Kleopatras in veredelndem Sinne, wie sie sich bei Th. MAY (*The Tragedy of Cleopatra, Queen of Egypt* 1626) und vor allem bei DRYDEN (*All for Love* 1678) findet, der die politischen Momente des Stoffes zugunsten einer reinen Liebestragödie eliminierte und in Kleopatra eine treue, opferbereite Geliebte darstellte, oder in einem zum Schlechten hin verzerrenden Sinne, wie bei Ch. SEDLEY (*Antony and Cleopatra* 1677) oder bei dem Deutschen D. C. v. LOHENSTEIN (1661), wo Kleopatra nicht nur gegenüber Octavian, sondern auch gegenüber Antonius als heuchlerische Komödiantin erscheint. Ferner blieb die Möglichkeit neuer Stoffausschnitte und neuer Personenkonstellationen. F. BEAUMONT / J. FLETCHER (*The False One* 1620) behandelten Kleopatras Liebe zu Cäsar, die nach Cäsars Lösung des Verhältnisses in Haß umschlägt. Das gleiche Thema verarbeitete P. CORNEILLE (*La Mort de Pompée* 1644); er stellte der ehrgeizigen, galanten Königin die tugendhafte Gattin des Pompejus, Cornélie, gegenüber, wie schon J. MAIRET (*Le Marc-Antoine ou la Cléopâtre* 1630) die Wirkung seines Stückes im wesentlichen auf dem Gegensatz zwischen Kleopatra und der verlassenen Octavia aufgebaut hatte. C. CIBBER mischte in *Caesar in Egypt* (1724) Handlungselemente aus Beaumont / Fletcher und Corneille. Auch LA CHAPELLE (1680) stützte die Handlung im wesentlichen auf die Versöhnungs- und Rettungsversuche Octavias, während der Italiener G. DELFINO (1660) noch bei Jodelles Schema blieb und die Handlung nach Antonius' Tode einsetzen ließ; auch Octavian erliegt hier den Reizen der Königin. In dem berühmten Barockroman LA CALPRENÈDES (1647–56) ist die eigent-

liche Heldin eine angebliche Tochter aus der Verbindung Kleopatras mit Antonius.

Das Drama des 18. und 19. Jahrhunderts zehrt von der bis dahin
herausgearbeiteten Motivfülle des Stoffes, ohne ihm Wesentliches
zuzufügen. Das Opernlibretto von N. F. HAYM (*Giulio Cesare in
Egitto* 1724) hielt sich an Cibber, H. BROOKES *Anthony and Cleopatra*
(1778) übernahm weite Partien aus Shakespeare, moralisierte und
dämpfte jedoch. Die Franzosen BOISTEL D'WELLES (*Antoine et Cléopâtre* 1741) und MARMONTEL (1750) veredelten Kleopatra zu einer
entsagungsbereiten Heldin, und auch die Deutschen C. A. HORN
(*Antonius und Cleopatra* 1797) und C. H. v. AYRENHOFF (*Kleopatra
und Antonius* 1803) unterstrichen die edlen Züge der großen Liebenden, die allenfalls durch ein Mißverständnis zur Verräterin an
Antonius wurde (J. Graf v. SODEN 1793). Der Italiener ALFIERI
(*Antonio e Cleopatra* 1775) dagegen sah in ihr eine verräterische
Egoistin, die an Skrupellosigkeit nur noch durch Octavian übertroffen wurde; sein Landsmann MARESCALCHI (gl. Titel 1788)
ahmte ihn nach. In die Nähe dieser Auffassung rückt das wieder aus
der Perspektive Octavias gezeichnete Kleopatra-Bild KOTZEBUES
(*Octavia* 1799) und das des Franzosen A. SOUMET (1824), der Kleopatra sogar zur Mörderin Octavias werden läßt.

Ein lyrisch-stimmungshaftes Element, das im 19. Jahrhundert in
den Kleopatra-Stoff eindrang, hat seinen Ursprung in einer
Novelle Th. GAUTIERS *Une nuit de Cléopâtre* (1845), die von einer
Liebeständelei der grausamen Königin mit einem Sklaven berichtet, der ihm geschenkte Nacht mit dem Tode bezahlen muß.
Dieses Motiv ist nicht nur als Episode in die für die Schauspielerin
Rachel geschriebene Szenenfolge der Mme de GIRARDIN (1847)
eingegangen und zweimal als Oper behandelt worden (FREUDEN-
BERG 1881; J. BARBIER / V. MASSÉ, *Une nuit de Cléopâtre* 1885),
sondern spiegelt sich auch in dem Bild ihrer tödlichen Schönheit,
das SWINBURNES Gedicht *Her Mouth is Fragrant as a Wine* (1866)
entwirft. P. HEYSE (Nov. 1865) entlieh ihren Namen für einen
zeitgemäß dämonischen Typ. Lyrisch grundiert sind auch die Szenenfolge W. S. LANDORS (*Antony and Octavius* 1856) und ein Einakter
des Prinzen GEORG VON PREUSSEN (1868). Kleopatra fehlt nicht unter
den Romanheldinnen des Ägyptologen G. EBERS (1894).

Am Ausgang des 19. und Beginn des 20. Jahrhunderts macht
sich, wie bei vielen Stoffen, ein Bestreben geltend, neue Hand-
lungskomplexe herauszuarbeiten. H. R. HAGGARD (Dr. 1889) gab
der Königin als Gegenspieler einen liebenden und verschmähten
ägyptischen Priester, A. SYMONS (*Cleopatra in Judaea*, Dr. 1916)
zeigte sie bei dem Versuch, → Herodes als neuen Liebhaber zu
gewinnen und ihn von Mariamne zu lösen, G. B. SHAW schließlich
griff auf das Thema *Caesar and Cleopatra* (Dr. 1899), das auch der
Pole C. NORWID (*Caesar i Kleopatra*, Dr. 1872) behandelt hatte,
zurück und zeigte ein halbreifes, katzenhaftes Geschöpf, das zwar
an Cäsars Überlegenheit scheitert, aber schon die künftige Verderberin Antonius' ahnen läßt. Daß der herkömmliche Gegensatz von

orientalischer Hemmungslosigkeit und römischer Tugend auch als
derjenige von griechischer Kultur und römischer Barbarei gesehen
werden kann, zeigen die *Scenes from the Life of Cleopatra* (1935) von
Mary Butts.

G. H. Möller, Die Auffassung der Kleopatra in der Tragödienliteratur der
roman. und german. Nationen, Diss. Freiburg 1888; ders., Beiträge zur dramatischen Cleopatra-Literatur (in: Progr. Schweinfurt 1906/07) 1907; M. Lederer,
Zu »Antonius und Cleopatra« in Deutschland, (Jb. d. dt. Shakespeare-Ges. 43)
1907; W. Traub, Auffassung und Gestaltung der Cleopatra in der engl. Literatur,
1938; J. Rees, S. Daniel's »Cleopatra« and two French Plays, (Modern Language
Review 47) 1952; I. Becher, Das Bild der Kleopatra in der griechischen und
lateinischen Literatur, 1966; M. Morrison, Some Aspects of the Theme of
Antony and Cleopatra in Tragedies of the Sixteenth Century (Journal of European Studies 4) 1974.

**Klytämnestra, Klytaimestra** → Agamemnons Tod, Atreus
und Thyestes, Iphigenie, Kassandra, Orests Rache

**Königin Luise** → Luise, Königin

**Königin Sibylle** → Sibylle, Königin

**Königsmarck, Graf** → Ahlden, Prinzessin von

**König von Sion** → Johann von Leyden

**Kohlhaas, Michael.** Nach der märkischen Chronik des Peter
Haftiz (Ende 16. Jh.) wurden dem Kaufmann Hans Kohlhase aus
Kölln an der Spree im Jahre 1532 auf der Reise zur Leipziger Messe
durch die Bauern des sächsischen Junkers von Zaschwitz zwei
Pferde beschlagnahmt. Die von Kohlhase gegen den Junker vor
den sächsischen Gerichten vorgebrachte Klage wurde abgewiesen,
worauf Kohlhase dem Junker und ganz Sachsen die Fehde ansagte,
eine Schar unzufriedener Elemente um sich sammelte und dann
raubte und brandschatzte. Wiederholte Verhandlungen um eine
Einigung und auch die Ermahnungen Luthers hatten keinen
Erfolg, da Sachsen dem Kaufmann die geforderte Entschädigung
verweigerte. Der Kurfürst von Brandenburg, der Kohlhase
zunächst auf seinem Gebiet Schutz gewährte, erlaubte schließlich,
nachdem die Fehden auf sein Gebiet übergriffen, daß sächsisches
Militär in Brandenburg nach Kohlhase fahndete. Kohlhase wurde
in Berlin gefangengenommen und, nachdem er die ehrenvolle
Hinrichtung durch das Schwert aus Rücksicht auf einen mitgefangenen Kameraden ausgeschlagen hatte, durch das Rad hingerichtet.
Der 1731 veröffentlichte Stoff, der das Thema des ↑ Rebellen,
der Entwicklung eines in seiner Ehre gekränkten rechtlichen Menschen zum Verbrecher, an einem exemplarischen, durch das Motiv

des Standesunterschiedes noch zugespitzten Falle darstellt, wurde von H. v. KLEIST (*Michael Kohlhaas,* Nov. 1810) für die Literatur entdeckt. Die Übersteigerung des Rechtsgefühls und des Rechtsanspruches, die zum Konflikt mit den staatlichen Gesetzen führt, wird vom Entstehen an verdeutlicht und besser begründet: nicht Bauern, sondern der Junker selbst tut Kohlhaas das Unrecht an, die Beschimpfungen und Mißhandlungen sind verstärkt. Kohlhaas' Frau, in der Geschichte seine Begleiterin bis zur Gefangennahme, stirbt bei Kleist früh an den Folgen der bei Hofe erlittenen Mißhandlungen; Kohlhaas geht also seinen blutigen Weg allein, ohne den Rückhalt, den er anfänglich in der Billigung seiner braven Gefährtin hatte. Die Straffung des Zickzackkurses der Ereignisse zu einer geradlinigen Handlung, die den Kurfürsten von Brandenburg als rechtlichen, Luther als sittlichen Gegenspieler verwendet, und die Umwandlung des grauenvollen Endes in ein ehrenvolles formten den Stoff zu einer klassischen Charakternovelle, deren Dialektik wiederholt zu Dramatisierungen anregte, die aber die Höhe der Kleistschen Schöpfung nicht erreichten.

Die älteren Dramatisierungen sind meist reine Szenierungen von Kleists Novelle (W. v. ISING 1861, R. PROELSS 1863, W. P. GRAFF 1871, E. GEYER 1910) unter Beibehaltung des epischen Handlungsganges. Gelegentlich wurde eine außerhalb des Rechtsstreits liegende Motivierung mit herangezogen: der Kurfürst hat ein Liebesverhältnis zu Kohlhaas' Schwester (G. A. Frhr. v. MALTITZ, *Hans Kohlhas* 1828), der Junker stellt Kohlhaas' Frau nach (A. L. SCHENK 1866). Kohlhaas wurde für jede Art von Rebellion gegen obrigkeitliche Macht ideologisierend in Anspruch genommen (C. WEITBRECHT, *Schwarmgeister,* Dr. 1900; A. STRAMM, *Die Bauern,* Dr. 1905; A. BRONNEN, Dr. 1929 und 1948; A. DRESEN, Dr. 1977; Y. KARSUNKE, Dr. 1979; E. PLESSEN, R. 1979). Stärker von Kleist lösten sich W. GILBRICHT (Dr. 1935), der den Tod von Henkershand durch ein Ende in Gewissensqual ersetzte, M. GEISENHEYNER (Dr. 1935), der Luther als Versöhner einsetzte, O. F. BEST (*Die drei Tode des Michael Kohlhaas,* Erz. 1971), der den begnadigten Kohlhaas nach Amerika auswandern und seine Ideen in der russischen Revolution nachwirken ließ, der Engländer J. SAUNDERS (*Hans Kohlhaas,* Dr. 1972) und D. EUE (*Ein Mann namens Kohlhaas,* Nov. 1983), die Rechtsgefühl und Rechtslage erneut diskutierten, und St. SCHÜTZ (Dr. 1978), dessen anarchistischer Held aus Ekel vor der Mitwelt resigniert.

P. A. Merbach, Michael-Kohlhaas-Dramen, (Brandenburgia 24) 1916; H. Papajewski, »If Justice had not been Meddled with«, Kleists Michael Kohlhaas in Saunders Dramatisierung (Neophilologus 64) 1980.

**Kolumbus.** Charakter und Leistung des Entdeckers von Amerika schwanken in der Geschichte. Der Genuese Cristoforo Colombo, der am portugiesischen Hof kein Interesse für seine

Westindienfahrt gefunden hatte, gewann erste Anhänger in dem
spanischen Kloster La Rábida, mußte aber, nachdem ihn das Konzil
von Salamanca abgelehnt hatte, noch Jahre warten, ehe nach der
Eroberung von Granada die Entscheidung der Königin Isabella zu
seinen Gunsten fiel. Seine drei Schiffe gingen von Palos in See und
erreichten am 12. 10.1492 bei der Insel Guanahaní die Neue Welt.
Seine zweite Reise brachte Fehlschläge in der Kolonisation, und
während der dritten gewannen seine Feinde am Hofe Oberwasser.
Isabella entsandte F. de Bobadilla mit Vollmachten nach Hispa-
niola (= Haiti), und Kolumbus und seine Brüder wurden in Fesseln nach Spanien gebracht. Er gewann zwar die Gnade des
Königspaares zurück, wurde jedoch nicht wieder zum Gouverneur
und Administrator eingesetzt. Seine vierte Reise führte nach Mit-
telamerika, wo er endlich Gold in größerer Menge fand: er kehrte
erst nach dem Tode Isabellas (1504) zurück. König Ferdinand
ignorierte seine Bitten und Beschwerden, und er starb 1506 vereinsamt in Valladolid.

Geschichtsschreibung und Dichtung der Folgezeit stützten sich
auf die Biographien von Kolumbus' unehelichem Sohn Fernando
COLÓN (1571) und des Priesters LAS CASAS. Mit ihnen setzte bereits
eine Mythifizierung ein, die Kolumbus zu einem gottgeführten
Helden und Genius vergrößerte. Zahlreiche von der Dichtung
immer wieder benutzte Züge sind bereits hier festgelegt: Ein
unbekannter Seefahrer hat, ehe er starb, Kolumbus die Position des
neuen Landes angegeben; auf dem Konzil zu Salamanca verharren
die Gegner bei der Meinung, daß die Erde flach sei, und Kolumbus'
Sieg ist der des ungelehrten Idealisten über beschränkte Fachleute;
Isabella verkauft ihre Juwelen, um Kolumbus' Flotte auszurüsten;
die Mannschaft der Santa María meutert, wird von Kolumbus mit
dem Versprechen beruhigt, daß er nach drei Tagen umkehren
werde, wenn sich kein Land zeige, und am dritten Tag wird Land
gesichtet; Kolumbus stirbt in äußerster Armut.

Das Leben des Entdeckers stellt sich als Reise dar: Warten,
Geduldüben, immer erneute Versuche, die Menschen zu überzeu-
gen und das ersehnte Land zu erreichen, sowie Abhängigkeit von
Politik und Macht, Fehlschlägen, Enttäuschungen und Intrigen,
die ohnmächtig hingenommen werden müssen. Mit diesen Cha-
rakteristika ist der Kolumbus-Stoff von ähnlich epischer Struktur
wie der → Odysseus-Stoff. Dennoch entstanden neben der großen
Zahl epischer Darstellungen wohl ebenso viele dramatische
Behandlungen, etwa 50 allein in den romanischen Literaturen.
Auch ihnen prägte sich der epische Charakter auf: es sind meist
Bilderreihen, die nahezu stereotyp die gleichen Höhepunkte aus
der Lebensbahn herausgreifen. Einige Versuche, Kolumbus'
Schicksal von seinem Ende her aufzurollen, gelangen damit keines-
wegs zu einer analytischen Tragödie, sondern zu einer elegischen
Rückschau. Bezeichnend wirkt, daß eine überwiegende Gruppe
von Kolumbus-Dramen die Musik zu Hilfe nimmt, obgleich die
Zahl der reinen Opern gering ist. Zum epischen Grundcharakter

stößt so ein melodramatischer Zug, der auch in den zahlreichen lyrischen Behandlungen des Stoffes zum Ausdruck kommt (A. Chénier, C. Delavigne, Quevedo, Meléndez Valdés, R. de Campoamor, A. v. Platen, G. Heym u. a.).

Noch dem 16. Jahrhundert gehören die ersten epischen Behandlungen des Stoffes durch die Italiener G. C. Stella (*Columbeis* 1589) und G. Giorgini (*Nuovo Mondo* 1596) an, denen im 17. Jahrhundert die national und religiös betonten Werke von E. Pauntino (*Colombus*) und O. Ermessio (*L'Ammiraglio delle Indie*) folgten. Schon vor 1604 entstand das erste Kolumbus-Drama, Lope de Vegas *El Nuevo Mundo descubierto por Colón*, das den Charakter eines Volksschauspiels trägt, mit der Ablehnung des Helden durch Portugal und England beginnt, im zweiten Akt die Landgewinnung zeigt und im dritten mit dem prunkvollen Empfang in Spanien endet. Es enthält bereits alle Züge der kolumbinischen Legende und feiert Kolumbus' Tat als Sieg des Christentums über das Heidentum. Dennoch ist ein erst später zur Entwicklung kommendes Thema, die mit Heuchelei verbrämte Brutalität der Spanier gegenüber den Eingeborenen, bereits angeschlagen. Ein Opernlibretto des italienischen Kardinals P. Ottoboni (*Il Colombo ovvero l'India scoperta* 1690, Musik A. Scarlatti) degradiert den Entdecker zum eifersüchtigen Rivalen eines farbigen Königs, während ein anonymer Commedia-dell'arte-Text (1708) die der Zeit gemäße religiöse Perspektive wahrt: Böse Geister, Feinde des Christentums, wollen Kolumbus' Fahrt verhindern. Auch das lateinisch geschriebene Epos des Deutschen A. Mickl (*Plus ultra* 1730) weist in Stil und Auffassung noch ins 17. Jahrhundert zurück.

Im 18. Jahrhundert rückte der Stoff in das Zeichen des Rousseauismus und des Interesses für Naturvölker. Rousseau selbst stellte ins Zentrum eines frühen Librettos (*La découverte du nouveau monde* 1740) eine indianische Liebesgeschichte, zu deren Klimax das Erscheinen des Kolumbus dient; durch das edle Auftreten des Kaziken besiegt, gibt ihm Kolumbus den Thron zurück. Unter dem Einfluß Miltons wurde der Held in J. J. Bodmers Epos *Die Colombona* (1753) zum Helfer und Werkzeug Gottes, bei J. H. Campe (*Die Entdeckung Amerikas,* Erz. 1780/81) ein wider Willen zu Gewalt gezwungener Pädagoge. Näher an Rousseau rückte F. Cerlone mit *Colombo nelle Indie* (Dr. 1769); hier ist die Gestalt des Kolumbus mit der des Cortez verschmolzen, Montezuma wird zum edlen Gegner und späteren Freund des Eroberers, gegen den sich spanische Verräter und eingeborene Verschwörer verbünden. L. F. Comella y Villamitjanas Melodram (1790) setzte erstmals mit der Rückkehr in Ketten ein, endete aber mit der Entdeckung von Kolumbus' Unschuld und der Verzeihung der Königin.

Das 19. Jahrhundert brachte eine Hochflut von Kolumbus-Dichtungen, die mit zunehmendem Historismus immer einförmiger und uninteressanter wurden. Die das Geschichtsbild bestimmenden Darstellungen, W. Robertsons *History of America* (Bd. 2, 1777) und W. Irvings *Life and Voyages of Christopher Columbus* (1828), behielten die romantisch-legendären Züge bei, und für das beginnende Jahrhundert war Kolumbus der Genius und Phantasiemensch, den SCHILLER in seinem Distichon und ebenso IRVING und LAMARTINE zeichneten. Selbst in der seinerzeit volkstümlichen Kolumbus-Ballade der Luise BRACHMANN (1807), die das Motiv von der dreitägigen Frist verarbeitete, ist das Geniethema angeschlagen, das die bahnbrechende Dramatisierung des Franzosen N. LEMERCIER (1809) bestimmte. Die ihm vom Stoff her aufgezwungene Verletzung der klassizistischen Einheiten diente hier dem Durchbruch des romantischen Kunstideals. Die Auswahl aus den historischen Personen und Szenen – der wartende Kolumbus, die Entscheidung in Granada, die Meuterei auf der Santa María – wurde typisch für die Kolumbus-Dramen mit ansteigender Linie, obgleich schon kurz darauf R.-Ch. de PIXÉRÉCOURTS »mélodrame historique« *Christophe Colomb ou la découverte du Nouveau Monde* (1815) die allzu kühne Neuerung zurückzog und die Ereignisse in die Endphase vor und nach der Landung verlegte, so daß die Einheit der Zeit gewahrt blieb; das rettende edle Indianermädchen fehlte nicht. Ein wesentlich interessanteres Thema, des Kolumbus Sturz durch Bobadilla und sein durch einen Indianeraufstand gewecktes Verantwortungsgefühl, ist von A. KLINGEMANN (Dr. 1811) künstlerisch nicht gelöst worden. Ein musterbildendes fünfaktiges Stück, das die von Lemercier gegebene Kurve noch durch die Stationen Salamanca und Palos bereicherte, schrieb 1830 G. GHERARDI D'AREZZO. Eine angehängte Szene mit der Rückkehr nach Barcelona führte zu der episch reihenden Abrundung, die schon Lope gab. Als Erzählung wurde diese Szenenfolge etwa in dem Roman J. F. COOPERS (*Mercedes of Castile* 1840) dargestellt. Abgesehen von einigen Dramatikern, die aus Vorliebe für Liebesintrigen Kolumbus im wesentlichen als Liebhaber darstellten (P. de la ESCOSURA Y MORROGH, *La Aurora de Colón* 1838; A. RIBOT Y FONSERÉ, *Cristóbal Colón o las glorias españolas* 1840) und sogar eine Leidenschaft Isabellas für ihn erfanden (Ch. L. DAVESIES DE PONTÈS 1869), schwollen die Kolumbus-Epen (J. BARLOW, *The Columbiad* 1807; B. BELLINI, *Columbiade* 1826; L. COSTO 1846; C. PASCARELLA, *Scoperta dell'America* 1893; R. de CAMPOAMOR, *Colón* 1853; S. TOBLER 1846) und die Kolumbus-Dramen zu immer umfangreicheren Gebilden an. Der Historismus mit seinem Bestreben, zahlreiche Einzelheiten unterzubringen, förderte Riesenfresken zutage, die trotz Zuhilfenahme von Musik und Tanz keine Deutung gaben und die Handlung aus dem Wissen um das Geschehen, nicht aus der den Geschehnissen eigenen Spannung entwickelten. Es seien genannt: P. GIACOMETTI (1841); G. BRIANO (1842); K. v. WERDER 1842; F. RÜCKERT 1845; L. MANCINI (1846); J. MÉRY / Ch. CHAUBET / S. ST-ÉTIENNE / F. DAVID (1847); P. A. de la AVECILLA (1851); J. de Dios de la RADA Y DELGADO (1860); G. PRADELLE (1867); G. BIROCCINI (1868). Als Besonderheit sei erwähnt, daß in den deutschen Bearbeitungen oft der Gedanke der historischen Schuld des Entdeckers an der blutigen Frühgeschichte des Landes auftaucht

(L. A. Frankl 1836; A. Milo 1838; H. Schmid 1857). Interessante Einzelgänger sind der Zweiakter des jungen E. Sánchez de Fuentes (*Colón y el judío errante* 1843), der Kolumbus in der Neuen Welt dem → Ewigen Juden begegnen läßt, und die monologischen Gestaltungen von Kolumbus' Tod von L. Mariano de Larra (*La agonía* 1861) und V. Balaguer (*L'última hora de Colón* 1868).

Am Ende des 19. Jahrhunderts, um die Zeit des Jubiläumsjahres 1892, bemächtigte sich die religiöse Literatur des Stoffes, und Kolumbus wurde als von Gott geleiteter Mensch und Missionar dargestellt (K. Kösting, Dr. 1891; R. P. L'Hermite, *Colomb dans les fers*, Dr. 1892). Man bemühte sich in jenen Jahren um eine Heiligsprechung des Entdeckers. Dem Abgleiten in eine rein konfessionelle Literatur wirkten die Ergebnisse der historischen Forschung entgegen, die ein wesentlich nüchterneres Kolumbus-Bild vermittelten. Auf der anderen Seite griff der Expressionismus den religiösen Gedanken auf, befreite die Gestalt aber von konfessioneller Verengung. Die entheroisierende Tendenz und die Vermenschlichung des Kolumbus erfolgte in den Romanen von E. Lucka (*Inbrunst und Düsternis* 1927) und J. Wassermann (1929), die in ihm einen → Don Quijote sehen, in A. Zweininger / E. Dressels Oper *Armer Columbus* (1928), die den goldgierigen Abenteurer am Anfang seiner Laufbahn vorführt, in H. Kysers Drama (1929), in dem die Lustseuche als einziges Ergebnis der Entdeckung erscheint, in der Komödie von W. Hasenclever / K. Tucholsky (1932), in deren Verlauf der Abenteurer Kolumbus die Zustimmung Isabellas als »Mann« gewinnt, oder in der Féerie dramatique M. de Ghelderodes (1929), in der Columbus in seine Statue eingeht. Auch die Dichtungen, die des Kolumbus Größe bejahten, zeigten nun seine Zwiespältigkeit (V. Blasco Ibáñez, *En busca del Gran Kan*, R. 1929), und während man früher das Thema des verkannten Helden und Wohltäters betont hatte, meldete sich jetzt die Skepsis gegenüber dieser Wohltat. Der Sturz des Entdeckers wird als Strafe Gottes angesehen (F. J. Weinrich, Dr. 1923), seine innere Entwicklung als gegenläufig zu seiner äußeren dargestellt (J. Muron, *Die spanische Insel*, R. 1926–28), der durch Stolz hervorgerufene Verlust der göttlichen Inspiration gezeigt (F. Benítez, Dr. 1951), der Gegensatz zwischen dem Optimismus des Kolumbus und der seitherigen Entwicklung der westlichen Kultur auf die Bühne gebracht (G. Raeders, *La découverte du nouveau monde*, Dr. 1944) und die unlösbare Verquickung von wissenschaftlichem Fortschritt und wirtschaftlicher Ausbeutung in dem durch Kolumbus eröffneten Zeitalter behauptet (P. Hacks, *Die Eröffnung des indischen Zeitalters*, Dr. 1955). M. Ghisalbertis Roman schlug schon im Titel *L'Oro e la croce* (1950) die innere Dialektik des Themas an; bei W. Egk (*Columbus*, Oper 1942) hat Habgier das verheißene Paradies besudelt und entvölkert; ein moderner Diktator in Südamerika führt seine Machtbefugnisse auf Kolumbus zurück (G. García Márquez, *El otoño del patriarca* 1975). Der Grieche N. Kazantzakis (Dr. 1954) zeichnete den Ent-

decker als Verkörperung des Übermenschen. Dagegen erscheint er
bei Ch. BERTIN (Dr. 1952) als Erfüller göttlicher Mission, ähnlich
wie in dem Doppeldrama P. CLAUDELS (1930, Musik D. MIL-
HAUD), in dem der Sterbende sein eigenes Epos an sich vorüberziehen sieht; wie eine Taube habe er den Heiligen Geist in ein neues
Land getragen und dem Menschen die wirklichen Ausmaße der
Schöpfung offenbart.

C. Oyuela, Colón y la poesía, (Anales de la Academia de Filosofía y Letras IV)
Buenos Aires 1915; E. Wetzel, Der Kolumbus-Stoff im deutschen Geistesleben,
1935; H. Bédarida, Christophe Colomb, Héros de quelques drames françaises de
Rousseau à Claudel, (Annales de l'Université de Paris 21) 1951; P. Carboni,
Cristoforo Colombo nel teatro, Mailand 1892; W. Flint, The Figure of Christo-
pher Columbus in French, Italian and Spanish Drama, Diss. Univ. of North
Carolina 1957; ders., Colón en el teatro español, (Revista Estudios Americanos)
Sevilla 1961.

**Konradin.** Das Schicksal Konradins, des letzten → Hohenstaufen, der auf Aufforderung der Gibellinen 1267 mit seinem Freunde
Friedrich von Baden nach Italien zog, um das Erbe seiner Vorfahren von Karl von Anjou zurückzugewinnen, von diesem in der
Schlacht bei Tagliacozzo durch eine List besiegt, auf der Flucht von
Johannes Frangipani gefangengenommen, an Karl ausgeliefert und
1268 auf dem Marktplatz zu Neapel hingerichtet wurde, ist der von
der Literatur am meisten umworbene, aber sich ihr immer versa-
gende Stoff aus der staufischen Geschichte. Die grausige Enthauptung eines Sechzehnjährigen, mit dem zugleich ein hervorragendes
Herrschergeschlecht und eine glanzvolle Epoche untergingen, hat
die Dichtung beschäftigt, lange ehe die Staufer literarische Mode
wurden. Der Konradin-Stoff erweckt Rührung und Schauder; er
ist ein elegisches Thema, der Ballade, dem Stimmungsbild, der
Erzählung gemäß. Will man ihn jedoch zu tragischer Größe steigern, so scheint er dafür nicht die nötige Tragfähigkeit zu besitzen.
Konradin ist nur das Opfer der Politik und der Schicksale seiner
großen Ahnen, er selbst trägt die Ideen nicht, für die er sterben
muß, die Tragik, in die sein Leben mündet, ist nicht die seine,
sondern die seines ganzen Geschlechts. Grabbes Spott von dem
»Sekundaner« Konradin sollte diese mangelnde tragische Qualität
des Stoffes ausdrücken.

Die früheste Bearbeitung findet sich in dem Nördlinger Schuldrama K. Ch. BEYERS, *Comedia von der Histori Herzog Konrads von
Schwaben* (1585), dem sich etwa ein Dutzend Jesuitendramen anschließen (N. VERNULAEUS 1628; J. ARNOLD 1685; P. SPILLER 1752),
die den Stoff sämtlich benutzten, um den Sieg der Kirche über die
weltlichen Herrscher und die Bestrafung Konradins für die sündhafte Politik seiner Vorfahren zu demonstrieren; sie lassen die Handlung meist mit dem Abschied von der warnenden Mutter einsetzen.

Bald nach dem Erscheinen des letzten dieser Jesuitendramen,
deren Wirkung ja begrenzt war, griff J. J. BODMER aus seinem
Interesse für das schwäbische Zeitalter heraus den Stoff in einer

Hexametererzählung (1771) auf, und H. P. Sturz empfahl ihn 1776 zusammen mit anderen Themen aus der nationalen Geschichte, die der Dramatisierung wert seien. Unter den rund 25 Dramatisierungen aus dem Ende des 18. und dem Beginn des 19. Jahrhunderts, die fast alle unter den Begriff des Ritterschauspiels fallen, sind das Fragment von Leisewitz (1776) sowie die Dramen von K. Ph. Conz (1782) und Klinger (1784) bemerkenswert; Klinger setzt mit Tagliacozzo ein und dehnt die folgenden Ereignisse, die Konradin nur noch in einer passiven Rolle zeigen, über weitere vier Akte. Wichtig für die spätere Entwicklung des Stoffes wurden zwei anonym erschienene Dramen (1792 und 1796), die eine Liebesgeschichte Konradins mit Laura Mollise, der Tochter eines Feindes, einführten; das Mädchen versucht vergebens, als Mann verkleidet, den Gefangenen zu retten.

Seit Raumers *Geschichte der Hohenstaufen* (1824–26) das Interesse an dem Stoff neu entfacht hatte, trat dies Liebesmotiv, das nun fast ausschließlich auf die Tochter Frangipanis festgelegt wurde, in den Mittelpunkt der Handlung. Das Abenteuerliche der Mädchengestalt, das Verkleidungsmotiv, wurde beibehalten, aber sonst traten die ritterlich-phantastischen Elemente hinter den nationalen Akzenten zurück, die das Treue- und Freundschaftsmotiv, verkörpert in Friedrich von Baden, häufig der welschen Verschlagenheit Frangipanis und anderer Italiener gegenüberstellten. Auch ein Dramenplan Platens hebt sich von diesem Schema wenig ab. Als Ursachen für Konradins Untergang wurden seine Weltfremdheit und Phantasterei (W. Nienstädt, Dr. 1827; K. Graf Dyhrn, *Konradins Tod*, Dr. 1827; F. v. Maltzahn, Dr. 1835; E. Raupach, Dr. 1837), nach der Reichsgründung 1871 sehr häufig seine von den Vorfahren übernommene Italienpolitik gesehen (P. M. Mainländer, *Conradino*, Dr. 1876; M. Greif, Dr. 1889; G. Ruseler, Dr. 1893; Raoul Konen, *Der junge König*, Dr. 1918), ein Motiv, das schon Uhlands Dramenfragment vorsah. Bezeichnend für die Geschichte des Konradin-Stoffes und vor allem der Dramatisierungen ist es, daß ihn Chr. F. Weisse, Schiller, Uhland, Platen, Immermann, H. Kurz, Laube und G. Hauptmann nach anfänglichen Plänen wieder beiseite legten. Das Stationenstück modernen Gepräges konnte mit seinen nur lose gereihten Situationsbildern dem Stoff schon eher gerecht werden (Erbprinz Reuss 1922; F. Lützkendorf, *Alpenzug* 1936; K. Weiss 1938; H. Baumann 1941) und seinem Romanzencharakter nachgehen, den auch C. F. Meyers Ballade *Konradins Knappe* und O. Gmelins Erzählung *Konradin reitet* (1933) trafen.

Der Konradin-Stoff ist seit dem 17. Jahrhundert auch in Italien wiederholt als Drama (G. Mollo 1790; S. Pellico 1834; C. Marenco 1856) und Oper (F. Morlacchi 1808; St. Pavesi 1810; F. Ricci 1841) bearbeitet worden.

A. L. Jellinek, Konradin-Dramen, (Studien zur vergleichenden Literaturgeschichte 2) 1902; W. Sauer, Konradin im Drama, 1926.

**Kreidekreis, Der.** Des chinesischen Dichters Li Hsing-Tao (um 1300) Singspiel vom Kreidekreis erzählt von der schönen Haitang, die als Teehaus-Mädchen die Mutter unterhält und dem Bruder das Studium ermöglicht, bis der reiche Herr Ma sie als Nebenfrau in sein Haus führt. Nach der Geburt eines Knaben versucht die erste, kinderlose Frau, Haitang durch Verleumdung dem Gatten zu entfremden, vergiftet diesen schließlich mit Hilfe ihres Liebhabers, des Gerichtssekretärs Tschao, beschuldigt aber Haitang der Tat und beansprucht deren Kind als das ihre, um sich Mas Erbe zu sichern. Das bestochene Gericht verurteilt Haitang, aber der Oberrichter in Peking findet die Wahrheit: er stellt das Kind in einen Kreidekreis und spricht es derjenigen der Frauen zu, die es zu sich hinüberzuziehen vermag; als Haitang auf Gewaltanwendung verzichtet, um dem Kind nicht wehe zu tun, erkennt er an der Liebe die wahre Mutter.

Das altchinesische Drama, dessen Kernmotiv schon in Salomos Urteil (*1. Könige 3*) und einer Erzählung des indischen *Jataka* auftaucht, wurde im 19. Jahrhundert mehrfach ins Französische übersetzt. Die fremdartigen soziologischen Voraussetzungen der Handlung verhinderten zunächst eine Verbreitung, und erst durch Änderung der kriminalistischen Fabel konnte deren ethische Pointe genutzt werden. A. Wollheim da Fonsecas deutsche Bearbeitung (1876) setzt mit der Neigungsheirat zwischen Ma und Haitang ein, die von der Gewinnsucht der Mutter abhängig ist. Unter der Folter gibt Haitang die ihr vorgeworfenen Verbrechen zu. Für den Freispruch Haitangs durch den Oberrichter sind die Aussagen von Haitangs reuigem Bruder von maßgeblicher Bedeutung. Klabund (1925) gab der Handlung durch ein märchenhaftes Motiv die nötige Abrundung: die eben ins Teehaus verkaufte Haitang hat eine Liebesszene mit einem Prinzen, der später Kaiser wird, als höchster Richter den Prozeß leitet und der Vater des Kindes ist; Haitangs Bruder erscheint als politischer Aufrührer. Mit Klabunds Gestaltung hat die J. v. Guenthers (1942) das Motiv eines früheren Liebhabers Haitangs, der später ihr Richter wird, gemeinsam; beide Theaterstücke zeigen auch, wie aus der Abneigung Haitangs gegen Ma Verehrung und Neigung erwachsen. Bei J. v. Guenther ist Haitang jedoch kein Teehaus-Mädchen, sondern ihr Bruder verkauft sie an Ma, um seine Schulden zu decken. Einen starken Eingriff in das Kreidekreis-Motiv nahm B. Brecht in seinem Drama *Der kaukasische Kreidekreis* (1948) und in der Erzählung *Der Augsburger Kreidekreis* (in *Kalendergeschichten* 1949) vor: in beiden Fällen läßt die leibliche Mutter ihr Kind in Kriegsgefahr im Stich und holt es erst in der Hoffnung auf eine Erbschaft zu sich zurück. Die Magd, die das Kind rettete und unter Entbehrungen aufzog, offenbart jedoch bei der Kreidekreis-Probe ihre Mütterlichkeit, die nunmehr nicht biologisch, sondern sozial bestimmt erscheint.

**Kresphontes** → Merope

**Kreusa,** Mutter des Ion, → Ion; Tochter König Kreons von Korinth, → Medea

**Krieg, Trojanischer** → Trojanischer Krieg

**Kudrun** → Gudrun

**Kurfürst, Der Große.** Kurfürst Friedrich Wilhelm von Brandenburg (1620–1688), der die Herrschaft während der Wirren des Dreißigjährigen Krieges antrat, legte durch innere Reformen die Grundlage des preußischen Staates und errang seinem Lande in verschiedenen Kriegen, in die er hineingezogen wurde, auch militärische Bedeutung. Wegen der Aufnahme der französischen Hugenotten nach Aufhebung des Ediktes von Nantes galt er als Stütze des Protestantismus. Das elsässische Volkslied sang von dem Großen Kurfürsten, und in Paris staunte man über den grand électeur, noch ehe der Hofpoet BESSER ihm als Friedrich Wilhelm dem Großen huldigte; Simon DACH richtete bei vielen Anlässen Gedichte an ihn und erwarb sich seine persönliche Gunst.

Eine eigentliche Stoffbildung um seine Person und seine Taten begann erst, nachdem sein Nachfahre → Friedrich der Große Preußen groß gemacht hatte, und setzte sich dann im 19. Jahrhundert, als das Haus Hohenzollern immer bedeutender wurde, fort. Die Literatur hat den Großen Kurfürsten immer als den Bildner seines Staates und den Erzieher seiner Untertanen dargestellt, der das Land aus Unordnung und Willkür zu Ordnung und Gesetz führte. Er ist hier der kraftvolle, sichere, streng richtende und doch milde strafende Fürst. Das bedeutet für seine literarische Rolle eine gewisse Starre: es fehlt der Zweifel, das Ringen, die Entwicklung, die Tragik, es fehlt meist auch der Gegenspieler; Friedrich Wilhelm eignet sich zum Deus ex machina. So sahen ihn vor allem die Gestalter seiner populärsten Tat, des Feldzuges gegen die Schweden mit der Befreiung Rathenows und dem Sieg bei Fehrbellin, an die sich die frühesten und häufigsten Darstellungen knüpfen. Schon bei J. Ch. BLUM (*Das befreite Ratenau*, Dr. 1775) findet sich eine fest umrissene Fabel: der Bürgermeister des von den Schweden besetzten Rathenow und ein Herr von Briest arbeiten dem mit einem Heer heranziehenden Kurfürsten in die Hände, indem sie den schwedischen Offizieren ein Bankett geben und ihre Aufmerksamkeit ablenken; nach der Eroberung durch Derfflinger erscheint am Schluß der Kurfürst als Befreier; den tragischen Akzent gibt der Tod eines jungen schwedischen Offiziers, der die Bürgermeisterstochter liebt. Die dramatische Tradition des Stoffes läßt sich bis an das Ende des 19. Jahrhunderts verfolgen (F. E. RAMBACH, *Der*

*Große Kurfürst vor Rathenau* 1795; F. DE LA MOTTE-FOUQUÉ, *Die Heimkehr des Großen Kurfürsten* 1813; E. WEHRMANN, *Rathenows Errettung* 1826; E. v. WEITRA, *Kurfürst und Landesherr* 1898). Der Sieg bei Fehrbellin dürfte durch das von FRIEDRICH II. (*Mémoires pour servir à l'histoire de la maison de Brandebourg,* 1751) eingeschleuste Motiv der Subordination Anreiz für KLEISTS *Prinz Friedrich von Homburg* (1821) gewesen sein. Kleist löste den Kurfürsten aus seiner statuarischen Rolle, gab ihm im Prinzen einen geistigen Gegenspieler und machte ihn zu einer mitleidenden, sich entwickelnden Gestalt. Die Überlegenheit des Menschenerziehers, sonst nur festgestellt, ist hier aus Charakter und Erlebnis entwickelt. Kleists Werk hat in einigen Fällen auf die Tradition dieses Stoffkomplexes, allerdings nur in der Handlung, eingewirkt (H. KÖSTER, *Der Große Kurfürst* 1851; R. BENEDIX, *Brandenburgischer Landsturm* 1862). Die Funktion des Retters und Einrenkers übernahm der Kurfürst auch in den Darstellungen der Hugenotten-Aufnahme (L. KRAFT, *Im Horste des schwarzen Adlers,* Dr. 1896) und in den Stücken, die sein Eingreifen zugunsten Simon Dachs zum Thema wählten (L. WOHLMUT 1862). Selbst literarische Verarbeitungen der Frühzeit des Kurfürsten (H. HERRIG, *Der Kurprinz,* Dr. 1876), vor allem der Auseinandersetzung mit seines Vaters Minister Schwarzenberg (W. v. SCHÜTZ, *Graf Schwarzenberg,* Dr. 1819; A. LINDNER, *Friedrich Wilhelm der Kurprinz oder das Erwachen des Adlers,* Dr. 1871; ders., *Das Erwachen des Adlers,* Nov. 1881; E. v. WILDENBRUCH, *Der neue Herr,* Dr. 1891) zeigen ihn schon als den überlegen Erkennenden, als Lenker seiner Umwelt; Kleists Vorbild-Gestalt ist oft bis in die Sprache hinein spürbar.

In einem einzigen Fall bieten die historischen Fakten einen wirklich dramatischen Konflikt, da hier Recht gegen Recht stand und der Kurfürst einen Gegenspieler hatte: in seinem Streit mit dem Königsberger Schöppenmeister Rhode, der als Vertreter der Stände die Souveränität des Fürsten in dem bis dahin als polnisches Lehen verwalteten Lande nicht anerkannte. Der liberale Max RING (*Der Große Kurfürst und der Schöppenmeister,* R. 1852) war geneigt, den Kurfürsten als Vertreter des despotischen Prinzips und Rhode als Märtyrer darzustellen; spätere Gestalter haben das Recht auf beiden Seiten erkannt und Rhode mehr als einen tragisch Verrannten gesehen (E. WICHERT, *Der Große Kurfürst und der Schöppenmeister,* Dr. 1869; ders., *Der Große Kurfürst in Preußen,* R. 1887; ders., *Aus eigenem Recht,* Dr. 1893; M. BÖHEIMB, *Herzog und Schöppenmeister,* Dr. 1881; A. HOBRECHT, *Fritz Kannacher,* R. 1885).

Umfassendere Darstellungen der Regierungszeit Friedrich Wilhelms (W. ALEXIS, *Dorothee,* R. 1856; L. MÜHLBACH, *Der Große Kurfürst und seine Zeit,* R. 1865; G. KLEINJUNG, Dr. 1891; K. MICHAELIS, Dr. 1902) haben natürlich auch die Schatten geschildert, die durch den Zwist zwischen dem Kronprinzen Friedrich und seiner Stiefmutter Dorothea auf die letzte Lebenszeit des schon kranken Herrschers fielen. Dramatische Darstellungen der Vorgänge um die unter Dorotheas Einfluß vorgenommene Testamentsänderung mußten den Kurfürsten zu einer hilflosen oder passiven Rolle verurteilen (H. Köster, *Der Tod des Großen Kurfürsten*, Dr. 1865; H. Rehberg, Dr. 1934).

E. Belling, Der Große Kurfürst in der Dichtung, 1888; H. Stümcke, Hohenzollernfürsten im Drama, 1903.

**Lanzelot.** Der Minneritter und »wîpsælige« Held Lanzelot, der keine Trübsal kennt, von einer Meerfrau erzogen wird und nach dem Verlassen des Feenreiches von Abenteuer zu Abenteuer und von Frau zu Frau zieht, bis er sich Iblis, die Dame seines Herzens, und das ihr gehörige Reich erkämpft, ist eine der glänzendsten und beliebtesten Gestalten der mittelalterlichen → Artus-Epik. Die reihende Komposition in der frühen Fassung Ulrichs von Zatzikhofen (1195 / 1200) läßt noch deutlich das Zusammenwachsen des Stoffes aus verschiedenen Erzählungen erkennen, und die Verbindung zum Artus-Stoff erscheint noch locker: Lanzelot befreit zwar Artus' Frau Guinevere aus der Hand eines Entführers, aber das entscheidende Motiv, das Chrétien de Troyes in den Mittelpunkt seiner *Romans del Chevalier de la Charrette* (um 1190) stellte, daß nämlich Lanzelot selbst zum Geliebten der Königin wird, fehlt bei Ulrich von Zatzikhofen. Mit dem ↑ Ehebruch, durch den er Artus zum ↑ Hahnrei macht, und dem ruhmlosen Krieg, den Lanzelot nun gegen den Herrn der Tafelrunde führt und in dem vor allem Gawain als sein Gegner auftritt, drang ein Moment der inneren Auflösung in die Artus-Epik, das, ähnlich wie das Thema → Tristan und Isolde, gerade der späteren Zeit interessant war. Lanzelot bekam die Züge eines unwiderstehlichen, nahezu dämonischen ↑ Verführers. Während er selbst wegen seiner Verstrickung in das irdische Leben außerhalb der Gralswelt bleiben muß, wird sein mit der Tochter des Königs Pelles gezeugter Sohn Galahad ähnlich wie → Parzival zum Gralssucher und geistlichen Ritter. In einigen Versionen erscheint Lanzelot als Rächer Tristans an Marke und wird schließlich Eremit. Die toskanische Liebeslyrik des 13. Jahrhunderts spiegelt mit ihren häufigen Zitierungen Lanzelots dessen exemplarische Bedeutung als Typ des ritterlichen Liebhabers, und auch für Dante war er in dieser Rolle bezeichnender als Tristan: → Francesca da Rimini und Paolo finden sich über der Lektüre des *Lanzelot*.

Für die Verbreitung des Lanzelot-Stoffes und seine Aufnahme in die zyklischen Zusammenfassungen der Artus-Sage wie Malorys *Morte d'Arthur* (um 1470) und die italienische *Tavola ritonda* (1391) wurde besonders die große französische Prosakompilation des *Lanzelot* (um 1225) wichtig, die bald ins Deutsche übertragen wurde (um 1250) und auf der z. B. auch der schottische *Lancelot of the Laik* beruht. Die umfangreichste deutsche Fassung ist der *Prosa-Lanzelot* Ulrich Füetrers, der den Stoff auch für sein *Buch der Abenteuer* in Verse umsetzte. Mehrere Fassungen zeugen von der

Beliebtheit des Stoffes in Italien, und auch in den Niederlanden, in Spanien und Portugal entstanden Übersetzungen. Während der Frauenheld im 18. Jahrhundert bei Ch. M. WIELAND (*Geron der Adlige* 1777) noch Gegenstand moralischer Entrüstung war, erarbeitete die englisch-amerikanische Literatur des 19. Jahrhunderts seit TENNYSONS *Idylls of the King* (1859–1888) die tragische Rolle des zwischen dem Königspaar stehenden Helden und verengte den Artus-Stoff geradezu auf die Ehebruchsthematik (R. HOVEY, *Launcelot and Guenevere, A Poem in Dramas* 1891–1907; J. COMYNS CARR, *King Arthur*, Dr. 1895; E. A. ROBINSON, *Lancelot*, Dr. 1920: L. BINYON, *Arthur*, Dr. 1923). Auch für O. ROQUETTE war er vor allem Held galanter Abenteuer, und E. STUCKEN (Dr. 1909) gab der Königin in Elaine, der Tochter des Königs Amfortas, eine Gegenspielerin, an der Lanzelot schuldig wird. Oft erscheint jedoch der großherzige, verzeihende Artus, der den Verfall der Tafelrunde verhüten will und ihr sein Glück opfert, als die bedeutendere Gestalt (E. MOSCHINO, *La Regina Ginevra*, Dr. 1925; J. COCTEAU, *Les chevaliers de la Table Ronde*, Dr. 1927). J. ERSKINE (*Galahad, Enough of His Life to Explain His Reputation*, R. 1926) stellte den alten Stoff ironisch auf die Probe, indem er das Liebesleben Lanzelots, besonders seine Stellung zwischen der geliebten Königin und der ungeliebten Mutter seines Sohnes Galahad, so schilderte, als spielten die Geschehnisse in unserer Zeit.

Auch die neuesten Gestaltungen des Artus-Stoffes kommen ohne den glänzendsten Helden der Tafelrunde nicht aus, sei es, daß er bei P. VANSITTART (R. 1978) sogar ein negatives Bild des 5. Jahrhunderts und seines barbarischen Fürstenpaares entwirft oder bei Ch. HEIN (*Die Ritter der Tafelrunde*, Dr. 1989) desillusioniert und gebrochen von der Gralssuche zurückkehrt und die Tafelrunde darüber aufklärt, daß ihre Zeit vorbei ist.

E. G. Gardner, The Arthurian Legend in Italian Literature, London 1930; J. Klapper, Lanzelot, (Verfasser-Lexikon der deutschen Literatur des Mittelalters 3) 1943; C. Minis, Lancelot (ebda. 5) 1955.


**Leander** → Hero und Leander


**Lear.** GEOFFREY OF MONMOUTH erzählt in seiner *Historia regum Britanniae* (um 1135) von Leir, einem frühen König Britanniens, er habe drei Töchter gehabt, von denen er die jüngste, Cordeilla, besonders liebte. Um die Töchter zu erproben, legte er ihnen die Frage vor, welche von ihnen ihn am meisten liebe. Die älteste, Gonorilla, und die zweite, Regan, überboten sich in Beteuerungen ihrer Liebe, während die jüngste erkannte, wie sehr der Vater sich durch diese Antworten beeindrucken ließ, ihn versuchen wollte und sagte: daß man nur im Scherz behaupten könne, einen Vater mehr zu lieben, als man eben einen Vater liebe; der Vater solle nicht in sie dringen; »quantum habes, tantum vales, tantumque te diligo«. Der Vater war erzürnt und schwor, daß er ihr nichts vererben und sie nicht standesgemäß verheiraten werde. Die beiden anderen Töchter verheiratete er, gab ihnen je ein Drittel des Reiches und bestimmte, daß sie nach seinem Tode sich in das Reich teilen sollten. Cordeilla wird trotz ihrer Armut vom König von Frankreich zu seiner Frau und Königin erhoben. Als Leir alt geworden ist, nehmen ihm die beiden Schwiegersöhne das Reich fort. Leir selbst lebt mit seinen Rittern bei der ältesten Tochter, die ihm aber bald das Gefolge auf dreißig Ritter kürzt. Empört zieht er zu Regan, doch sie schränkt ihm nach einem Jahr den Hofstaat auf fünf Ritter ein, und als er es wieder bei Gonorilla versucht, muß er sich mit einem Ritter zufriedengeben. Mit diesem macht er sich auf den Weg zu Cordeilla; bei der Überfahrt hält er eine große Klagerede über die Wandelbarkeit des Glücks. Cordeilla stellt ihrem Vater sofort einen Hofstaat zur Verfügung, ehe sie ihn zu ihrem Manne führt und ihm dann mit dessen Hilfe sein Reich zurückerobert. Nach drei Jahren Regierung stirbt Leir, auch Cordeillas Mann Aganippus, die Regierung fällt an Cordeilla, die aber durch einen Aufstand ihrer Neffen entthront und gefangengesetzt wird; aus Verzweiflung über den Verlust des Reiches begeht sie im Kerker Selbstmord.

Für die Erzählung Geoffreys gibt es keine historische Grundlage. Sie verschmilzt zwei volkstümliche Motive miteinander. Das erste ist das Märchenmotiv von der Prüfung der töchterlichen Liebe, bei der die jüngste und geliebteste Tochter antwortet, sie liebe den Vater wie Salz, und der erzürnte Vater die Antwort der Tochter erst zu begreifen vermag, als er den Wert des »Salzes« kennengelernt hat. Zu diesem Märchentyp gehören die verschiedenen Aschenbrödel-Varianten. Die bildlich einprägsame Antwort erscheint bei Geoffrey schon in rationalisierter, schwerverständlicher Fassung; gerade an ihr haben spätere Autoren viel geändert und gedeutet und ihr aus Sympathie zu der Heldin oft die Schroffheit genommen. Das zweite Motiv ist das der kindlichen Dankbarkeit – die verstoßene Tochter hilft dem Vater in der Not –, das in die moralischen Erzählungen gehört und bei den Nachfolgern Geoffreys häufig das schwerverständliche erste Motiv in den Schatten stellte. Beide Motive, die in ihrer Verschmelzung das Charakteristikum des Lear-Stoffes ausmachen, hat Geoffrey, soweit wir wissen, als erster an den Namen einer Gestalt aus der keltischen Mythologie, Llyr, den Seegott der Briten, geknüpft, den er in einen britischen König umwandelte.

Der Lear-Stoff ist jahrhundertelang in nahezu allen Berichten über die britische Geschichte nacherzählt worden; für die spätere Wiederbelebung des Stoffes wurden vor allem HOLINSHEDS Chronik (1577) und W. WARNERS Gedicht *Albion's England* (1586) wichtig. Es finden sich jedoch keine Anzeichen für eine volkstümliche

Ausgestaltung und ein allgemeines Interesse an dem Stoff. Während andere Erzählungen Geoffreys, vor allem die Geschichte → Artus', von späteren Bearbeitern ausgesponnen wurden, ist Geoffreys Lear-Erzählung von ihnen eher verkürzt worden. Der Stoff zeigt kein eigentliches Wachstum, wenn auch viele Änderungen in den Details. Manche Fassungen weichen darin von Geoffrey ab, daß in ihnen Lear den Töchtern drei gleiche Teile des Reiches geben will; in anderen Fassungen teilt Lear das Reich sofort unter seine beiden älteren Töchter, so daß der spätere Aufstand der Schwiegersöhne wegfällt. Das Hin- und Herziehen Lears zwischen beiden Töchtern wird häufig schon zu einer Szene zusammengezogen. Mehr oder weniger deutlich wird auf eine Geistesverwirrung Lears nach den Schicksalsschlägen angespielt; er erscheint häufig als gebrochener, jammernder Greis, dem man die erneute Regierungsübernahme nicht zutraut. Der Stoff drang auch in die englischen Handschriften der *Gesta Romanorum* ein; hier wurde er jedoch meist auf den römischen Kaiser Theodosius übertragen und der jüngsten Tochter – entsprechend einer in den Stoff hineingelegten Moral, daß Gott das Gute belohne und das Böse bestrafe – ihr tragisches Ende genommen. Diese Moral bestimmte auch andere Fassungen, in denen die Handlung nur bis zu ihrem vorläufigen glücklichen Abschluß, der Wiedereinsetzung Lears, berichtet wird. So findet sie sich in der Erbauungsliteratur (*Sermones discipuli* 1470; Gottschalk HOLLE, *Preceptorium novum* 1481; Valerius HERBERGER, *Sirachs hohe Weisheit und Sittenschule* um 1600).

Erst Ende des 16. Jahrhunderts erwachte ein eigentlich poetisches Interesse an dem Stoff. 1574 rollte J. HIGGINS (*The Mirour for Magistrates, containing the falles of the first infortunate Princes of this lande*) ihn vom Schicksal Cordelias her auf, das als »Tragödie« gefaßt ist: ihr Geist erzählt die Geschichte ihres Lebens, der Akzent liegt auf ihrem düsteren Ende. E. SPENSER widmete in *Faerie Queene* (1590–96) dem Schicksal Lears und Cordelias sechs Stanzen; hier taucht zum erstenmal Lears sofortiger Verzicht auf das Reich zugunsten der älteren Töchter auf. Auf der Wiedergabe der Fabel bei Spenser, Higgins und Warner beruht im wesentlichen die erste, anonyme Dramatisierung des Stoffes, die in einem Druck von 1605 erhalten ist (*The True Chronicle History of King Leir and His Three Daughters Gonorill, Ragan and Cordella*) und mit einem schon 1593 und 1594 gespielten Lear-Drama identisch sein dürfte. Das Schauspiel setzt mit einer Szene ein, in der Lear mit seinen Edlen über die Thronfolge und über die Verheiratung der Töchter berät, und endet mit dem Sieg Cordelias und ihres Mannes, der Flucht der Schwestern und der Wiedereinsetzung Lears; die Bosheit der Schwestern, die als »Schlangen« bezeichnet werden, ist gesteigert und geht bis zum Mordversuch an Lear; die Reise nach Frankreich wird zur Flucht in Seemannskleidung. Der moralisierende Charakter des Stückes ließ auch hier den tragischen Ausgang fortfallen.

SHAKESPEARE dagegen (1606) sah den Stoff als Tragödie: der Lebensweg Lears kann nach allem, was er an seinen Kindern erlebt hat, nicht zu einer glücklichen Wiedereinsetzung führen; die Franzosen werden geschlagen, Lear und Cordelia in den Kerker geworfen, Cordelia auf Befehl des Intriganten Edmund erhängt; Lear stirbt an ihrer Leiche. Die Einbeziehung von Cordelias Tod in die Lear-Handlung ist nicht nur eine Folge der dramatischen Raffung und hat nicht nur die Funktion eines Gnadenstoßes für Lear, sondern Cordelia hat ihre eigene Tragödie: durch den kleinen Fehler einer nicht ganz töchterlichen Haltung ins Unglück geraten, geht sie ihren Märtyrerweg zu Ende und wird Opfer ihrer Kindespflicht. Zum erstenmal in der Geschichte des Stoffes war auch das Schicksal der Schwestern zu Ende geführt. Goneril vergiftet aus Eifersucht Regan und nimmt sich selbst das Leben. Die Fabel ist durch die parallele Gloucester-Handlung wirkungsvoll erweitert: selbstisch in seiner Liebe wie Lear, verstößt Gloucester auf Einflüsterungen des Bastards Edmund hin den echten Sohn Edgar und erfährt ebenso den Undank des heuchlerischen wie die Anhänglichkeit des wirklich liebenden Kindes.

Eine 1620 in *The Golden Garland of Princely Pleasures* ... gedruckte Ballade ist ohne Zweifel in zwei wichtigen Motiven, Lears Wahnsinn und seinem Tod an der Leiche Cordelias, von Shakespeare beeinflußt, greift jedoch in anderem, wie dem Sieg Lears über das Heer der Schwiegersöhne, wieder auf die historische Überlieferung zurück; um die Belastung der Ballade mit der Gloucester-Handlung zu vermeiden, erfand der Verfasser als neues Motiv Cordelias Tod in der Schlacht. Die mit volkstümlichen Zügen durchsetzte Ballade ist dem von Geoffrey angeschlagenen und von Shakespeare durchgeführten tragischen Charakter des Stoffes näher als die Shakespeare-Bearbeitungen des 17./18. Jahrhunderts (G. Colman, J. F. Ducis, F. L. Schröder), die den tragischen Ausgang in einen freundlichen umbogen; N. Tate (1681) griff dabei auf den Anonymus von 1605 zurück. – G. Bottomley gab in *King Lears's Wife* (Dr. 1913) eine Art Vorgeschichte. J. F. Cooper (*The Pioneers*, R. 1823) transponierte die Handlung Shakespeares unter Änderung der Motivierung in die Grenzerwelt Nordamerikas. Außerdem wurde der Name König Lears auch zur Charakterisierung verwandter Schicksale benutzt (I. S. Turgenjew, *Ein König Lear der Steppe*, Erz. 1870; L. Tügel, *König Lear auf der Mole*, Erz. 1948; J. Smiley, *A thousand acres*, 1991).

W. Perrett, The Story of King Lear from Geoffrey of Monmouth to Shakespeare, 1904; E. Bode, Die Learsage vor Shakespeare, 1904; D. E. Nameri, Three Versions of the Story of King Lear, 1976.

**Leben ein Traum** → Bauer, Der träumende

**Leicester** → Elisabeth von England

**Lenz, Jakob Michael Reinhold.** Das Bild des Sturm- und Drang-Dichters J.M.R. Lenz (1751–1792) ist für lange Zeit durch GOETHES in *Dichtung und Wahrheit* niedergelegtes Urteil über ihn bestimmt worden: »Lenz, . . . als ein vorübergehendes Meteor, zog nur augenblicklich über den Horizont der deutschen Literatur hin, und verschwand plötzlich, ohne im Leben eine Spur zurückzulassen«. An der mit diesem Satz schließenden, eingehenden Charakterisierung des Jugendgefährten, in der nicht nur die Abkehr vom eigenen Jugendprogramm, sondern auch eine spätere Verletztheit und Verärgerung mitschwingen, hat die Literaturgeschichte mehr die Negativa als die doch auch angeführten Positiva berücksichtigt: »Aus wahrhafter Tiefe, aus unerschöpflicher Produktivität ging sein Talent hervor, in welchem Zartheit, Beweglichkeit und Spitzfindigkeit miteinander wetteiferten«. Auch die äußere Erscheinung des jugendlichen Autors »klein, aber nett von Gestalt, ein allerliebstes Köpfchen, dessen zierlicher Form niedliche, etwas abgestumpfte Züge vollkommen entsprachen . . . Ein Betragen, das, zwischen Zurückhaltung und Schüchternheit sich bewegend, einem jungen Manne gar wohl anstand«, ist wohl kaum verzeichnet. Die Charakterisierung als »Meteor« allein bedeutet ja etwas Außerordentliches, Glänzendes. Und gerade das Meteorische von Lenz' Auftreten und Verschwinden ist es wohl, was nachfolgende Generationen von Dichtern angezogen und allmählich zur Herausbildung eines Lenz-Stoffes geführt hat.

Vieles an seinem Charakter und Werdegang konnte für dichterische Verarbeitung zum Anknüpfungspunkt werden: Die Loslösung von seinem Vater, die ein lebenslanges Schuldgefühl auslöste; die fünf glänzenden fruchtbaren Straßburger Jahre im Kreise der Stürmer und Dränger und vor allem neben Goethe, der ihm geistige und praktische Unterstützung zuteil werden ließ; Lenz' durch pietistische Erziehung verklemmte Haltung gegenüber dem Eros, die den Liebebedürftigen mehrfach in die Rolle eines die Frau verklärenden Ersatzliebhabers treten ließ, im Falle von Goethes verlassener Geliebten Friederike Brion, gegenüber der Verlobten seines Brotgebers v. Kleist, Cleophe Fibich, gegenüber Henriette v. Waldner, die er zunächst nur aus ihren Briefen kannte, gegenüber Cornelia Goethe und sogar gegenüber Charlotte v. Stein. Attraktiv als eine der »Lücken« in der Vita ist für den Nachzeichnenden auch Lenzens exzentrische Rolle am Weimarer Hof mit jener »Eselei«, die ihn für immer von Goethe und Weimar trennte, dann die Periode rastlosen Umherschweifens, während der die krankhaften Züge der Schizophrenie immer deutlicher wurden, der mißglückte Heilaufenthalt bei Pfarrer Oberlin im Steintal, die demütigende Rückkehr ins Vaterhaus 1779, und schließlich sein durch Lehrtätigkeit und Übersetzungen gefristetes, von reformerischen Plänen wahrscheinlich kaum erhelltes Leben in Moskau bis zum ungeklärten Tode auf offener Straße. Alle diese Ansatzpunkte sind innerlich verbunden durch die sozialkritischen Aspekte von Lenz' Dichten und Trachten.

Die detaillierten Aufzeichnungen, die Pfarrer OBERLIN über den Aufenthalt des kranken Lenz bei ihm im Jahre 1778 gemacht hatte, gelangten in den Besitz der Brüder AUGUST und ADOLF STÖBER und wurden auszugsweise neben anderen Lenziana von AUGUST STÖBER 1831 in Cottas *Morgenblatt* veröffentlicht. Dadurch wurde Stöbers Freund GEORG BÜCHNER der Stoff nahegelegt. Büchner arbeitete seit 1835 an einer für Gutzkows *Deutsche Revue* geplanten Novelle *Lenz*, die aber erst nach Büchners Tod 1839 von GUTZKOW im *Telegraph für Deutschland* veröffentlicht wurde. Büchner benutzte unter Anreicherung durch Fakten aus dem Leben und den Werken des Sturm-und-Drang-Dichters Oberlins Aufzeichnungen, indem er den Ich-Erzähler Oberlin in einen neutralen Erzähler umwandelte, der den Pfarrer und seinen Schützling aus gleicher Distanz sieht, wobei die Erzählperspektive die Grenze zwischen Innen- und Außenwelt mitunter fließend werden läßt. Es entsteht eine Mischung von exaktem Krankheitsbild und dichterischer Vision, bei der die subjektiv erfaßte Natur entscheidend mitspielt. Es wird ein fortschreitender Zustand von Welt- und Selbstentfremdung protokolliert, ein Schwanken zwischen dem Glauben an die eigene Sendung und dem Zweifel an ihr, zwischen religiöser Inbrunst und Atheismus aufgezeigt. Eingebaut ist eine gegen den »Idealismus« gerichtete Verteidigung einer naturalistischen Kunstauffassung, mit der Büchner, an gewisse Postulate von Lenz anknüpfend, den eigenen Kampf gegen das klassische Kunstideal auf seinen Helden überträgt. Die Novelle ist nicht unbedingt als fragmentarisch anzusehen.

Es ist bezeichnend für den Geschmack des mittleren 19. Jahrhunderts, daß nach diesem bedeutenden Einstieg in den Stoff eine vordergründigere Episode einige weniger ranghohe Autoren beschäftigte: Lenz' seit der Entdeckung des sog. *Sesenheimer Liederbuchs* (1835) bekannt gewordenes Verhältnis zu Friederike Brion, das zunächst A. GRÜNS Schauspiel *Friederike* (1859) behandelte. Wenig später zeigte F. GESSLERS Drama *Reinhold Lenz* (1867) den Dichter, unter Einbeziehung einiger Szenen aus Lenz' *Die Soldaten* als abgewiesenen Liebhaber, der sich, im Einklang mit den auch bei Büchner auftauchenden Selbstmord-Anwandlungen, in einen Teich stürzt, und dessen Wahnsinn dann den Heimatlosen aus der Gesellschaft der Gesunden ausgrenzt. In einer umfassenden Novelle von W. BENNECKE (*Reinhold Lenz*, 1871) entstand, an Goethes Urteil angelehnt, das Bild eines genialen, aber exzentrischen Außenseiters. In diesen Zusammenhang gehört noch die erfolgreiche Operette *Friederike* von L. HIRZER / F. LÖHNER-BEDA / F. LEHÁR (1928), in der Lenz abermals die Rolle des erfolglos Liebenden spielen mußte.

Naturalismus und Expressionismus erkannten, großenteils durch Vermittlung von Büchners Novelle, in Lenz einen ihrer theoretischen und praktischen Vorläufer. Bleibtreu, die Brüder Hart, Wilhelm Arent, Halbe und Hauptmann stellen ihn neben und sogar über den Konkurrenten Goethe. ARENTS Interesse und Identifikation mit dem ihm durch Wahnsinnsschübe verwandten Dichter ging so weit, daß er *Lyrisches aus dem Nachlaß* (1884) von Lenz veröffentlichte und das Bild des Dichters mit dieser Fälschung in seinem Sinne zu vertiefen suchte. Das zeitgenössische Interesse an psychischen Krankheitssymptomen wurde durch Büchners Novelle gestützt, der junge Wedekind, Marie-Luise Fleißer und die jungen Expressionisten Trakl, Döblin und Heym bekannten sich zu Lenz als ihrem Vorbild. ROBERT WALSER schrieb 1912 ein Fragment gebliebenes Szenario über Lenz, das auf die Straßburger Zeit zurückgriff und in dem die Konkurrenz von Lenz und Goethe, den Walser schon als Klassiker kennzeichnete, aus einem tiefgreifenden Wesens- und Denkunterschied entwickelt wird. PETER HUCHEL nahm in seinem Gedicht *Lenz* (1927) zentrale Themen aus Büchners Novelle auf: Des Dichters Identifikation mit den Armen, die Not der kleinen Leute in einer Ständegesellschaft, die enttäuschte Sehnsucht nach Naturgenuß: »Lenz, dich friert in dieser Welt«. Im Zusammenhang mit der formalen Anlehnung an Lenz' Dramentechnik und dem Interesse an der Wahnsinnsproblematik kann W. BURGGRAFS reißerisches Stationendrama *Weh um Michael* (1929) gesehen werden, in dem erbbiologische Faktoren und die Ablehnung durch Goethe den Ausbruch des schon früh angelegten Wahnsinns veranlassen; Lenz treibt am Ende auf einer Scholle der Moskwa »ins Nichts«. Nicht ohne Anspielungen auf die Formulierungen von Büchner und Huchel und P. CELANS hermetischen Prosatext *Gespräch im Gebirg* (1960) sowie dessen Rede anläßlich der Verleihung des Büchner-Preises (1961) bezieht auch J. BOBROWSKIS Gedicht (*J.M.R. Lenz*, 1963) den Tod in Moskau ein, vor allem aber den Petriturm in Riga, Symbol der väterlichen Gewalt, der der Dichter erliegt.

Seit 1950 war durch B. BRECHTS Bearbeitung des Lenzschen Dramas *Der Hofmeister*, bei der Brechts Anteil den des Lenzschen Textes überwiegt und die, aus der Gegenwartsperspektive das Lenzsche Original umfunktionierend, ein Bild der »deutschen Misere« und der versagenden, sich anpassenden Intellektuellen entwirft, der Sturm-und-Drang-Autor zum Kronzeugen für sozialkritischen Realismus in Anspruch genommen worden. Weitere, nicht so tief eingreifende Bearbeitungen Lenzscher Werke folgten, auch die Originale wurden gespielt. Zitierungen von und Anspielungen auf Lenz wurden im intertextonalen Bezug der Literatur in den siebziger und achtziger Jahren geradezu modisch. Ein Gedicht K. KÖRNERS *J.M.R. Lenz in Moskau* (1975), das an Huchel und Bobrowski anknüpft, schob dem »Alten in Weimar« die Schuld an der Verkennung des Dichters und seinem Untergang zu. Gerade für die Formulierung der Resignationsstimmung unter den Fortschrittlichen konnte der scheiternde Lenz Verwendung finden. Büchners Biographie-Ausschnitt diente P. SCHNEIDER (*Lenz*, Erz. 1973) als paraphrasierbare Folie für die psychische Lage eines jungen Intellektuellen nach der Studentenrevolte. H. KIPPHARDT, der Lenz' *Die Soldaten* bearbeitet hatte, erfand in dem

Roman *März* (1976) einen seelisch Verwandten des Sturm-und-Drang-Autors, an dem er die Beziehung zwischen Genie und Wahnsinn diskutierte und der Gesellschaft und ihrer Reaktion auf alles Anormale den größeren Teil der Schuld zuschob, und auch J. BEYSE (*Der Aufklärungsmacher*, Nov. 1985) erdachte eine Parallele zu dem Generationsproblem im Leben von Lenz, indem er dem Aufklärer Nicolai einen an Lenz orientierten Sohn gegenüberstellte, der jedoch letztlich vor der Konsequenz zurückschreckt und sich wieder seinem Vater zuwendet; der geistige Untergang, hier in Anpassung, nicht in Krankheit begründet, wird durch den von Büchner übernommenen Schlußsatz »So lebte er hin« deutlich.

Weiterhin entwickelt sich der Lenz-Stoff durch das Medium von Büchners Erzählung. Der Film *Lenz* von GEORGE MOORE (1970) hielt sich eng an Büchners Text, der durch zeitgeschichtliche Illustrationen unterbaut wurde, und stellte die Gestik und Mimik des schizophrenen Außenseiters in der winterlichen Landschaft des Elsaß mit Intensität dar. Gleichfalls nach Büchnerschen Motiven arbeitete die Kammeroper *Jakob Lenz* (1974) von M. FRÖHLICH / W. RIHM, der es darum ging, Lenz' Leben als »Chiffre von Verstörung«, seine Einsamkeit und seinen Verfallsprozeß aufzuzeigen. J. AMANNS Hörspiel *Büchners Lenz* (1983) bekennt schon im Titel die Beziehung zu dem Vermittler des Stoffes, läßt jedoch, da der vermittelnde Erzähler ausgeschieden ist, den Helden seine Situation selbst formulieren, wodurch er bewußter wirkt und, ein verlorener Sohn, seine Abkehr vom Patriarchat klar bekennt. Während bei Amann die soziale Grundierung fehlt, tritt sie in H. KLEINS Szenar *Ein Mann namens Lenz* (1984) stärker hervor.

Von dem Büchnerschen Lebensausschnitt löste sich H. OTTOS Schauspiel *Lenz oder die nutzlose Wertschätzung nutzloser Geschäftigkeit* (1984) mit den Stationen Straßburg, Weimar, Steintal, Basel, Riga, auf all denen sich der mangelnde Wille und die mangelnde Fähigkeit, sich der Gesellschaft anzupassen, zu erkennen gibt und besonders im Verhältnis zu Goethe und zu dem Vater Lenz krankhafte Züge annimmt. H. U. WENDLERS »dramatische Grille« *Lenz oder die Empfindsamen* (1986) beschränkt den Stoff auf die Auseinandersetzung mit Goethe. Dagegen geht G. HOFMANN mit *Die Rückkehr des verlorenen Jakob Michael Reinhold Lenz nach Riga* (1981) den entscheidenden Schritt über Büchner und den von ihm gebotenen Lebensabschnitt hinaus: Lenz kehrt in das Elternhaus, krank, gedemütigt, ohne Amt und ohne Lebensunterhalt, zurück, wird von dem Vater, der gerade Generalsuperintendent von Livland geworden ist, eine zweite Frau geheiratet und eine große Wohnung in Riga bezogen hat, nahezu übersehen, beiseite geschoben und schließlich, als der Sohn sich immer stärker dem gottähnlichen Vater aufdrängt, aus dem Hause gewiesen. Zwei Matrosen, denen er Geld schuldet, erschlagen ihn auf der Straße noch am gleichen Abend. Der Untergang des Dichters hat kafkaeske Züge angenommen.

I. Stephan / H.-G. Winter, »Ein vorübergehendes Meteor«?, 1984; H.-G. Winter, J. M. R. Lenz, 1987; D. Schmidt, Lenz im zeitgenössischen Musiktheater, 1993.

**Libussa.** Die Sage von Libussa erscheint zuerst im ältesten Quellenwerk zur Geschichte des böhmischen Volkes, der lateinischen Chronik des Domdechanten Cosmas (um 1125). Sie benutzte Elemente der Volkstradition zu bewußter Geschichtserfindung, um die Herkunft des Herrschergeschlechts der Přemysliden und die Gründung Prags auf den Plan göttlicher Mächte zurückzuführen. Cosmas' Chronik setzt an den Anfang der tschechischen Geschichte ein Goldenes ↑ Zeitalter, in dem es keine Gewalt, kein Eigentum, keine Ehe, keine Herrschaft der Männer über die Frauen gibt. In dieser Epoche steigt Krok zu einer Art Gaurichter auf, seine Weisheit verschafft ihm auch in anderen Gegenden Macht. Von seinen drei Töchtern Tetka, Kascha und Libussa wird die jüngste seine Nachfolgerin. Die Tschechen mißachten jedoch Libussas Richterspruch und wünschen eine männliche Regierung. Libussa warnt das Volk vor dem kommenden Fürsten, den ihr Seherblick schon kennt, er werde es unterdrücken, und sie verkündet, daß ihr weißes Roß den zukünftigen Fürsten und Gemahl finden werde, dem sie durch eine Gesandtschaft ihre fürstlichen Gewänder schicken wolle. Die von ihr geweissagten Kennzeichen erfüllen sich: das Roß hält vor einem Bauern, der mit zwei Ochsen pflügt. Primislav folgt dem Ruf, nimmt aber seine Bastschuhe als Zeichen seiner bäuerlichen Abkunft mit. Er zwingt das Volk unter sein Zepter und gründet auf Libussas Rat die Stadt Prag, deren große Zukunft sie voraussieht. Mit der Libussa-Erzählung locker verknüpft ist die ↑ Amazonen- oder Mägdekrieg-Sage: die Mädchen haben unter der Frauenherrschaft Libussas eine eigene Truppe und eine Stadt gegründet, werden jedoch von den Jünglingen durch List überwunden. Nach Libussas Tode sind die Frauen den Männern untertan.

Nachdem die tschechische Reimchronik des Domherrn Dalimil (1308/14) die Sage um einige Züge bereichert und den Mägdekrieg als eine Art Aufstand gegen die Männerherrschaft nach Libussas Tode zeitlich umgestellt und ihm im Untergang der Führerinnen einen tragischen Akzent verliehen hatte, wurde die böhmische Chronik des Hajek von Libotschan (1541) die entscheidende Quelle für spätere Bearbeiter des Stoffes. Hajek legte die Fakten zeitlich fest, gab Mythos als Geschichte, so daß sein Werk bis zum Ende des 18. Jahrhunderts als historisch galt, während man im 19. Jahrhundert hinter seinen Erzählungen uralte Mythen vermutete. Außer Einschaltungen lieferte er vor allem die Vorgeschichte für Krok und seine Töchter und führte die übermenschlichen Gaben der drei Schwestern auf deren Mutter, die Nymphe Niva, zurück.

Der Reiz des Stoffes liegt außer in der mehr vordergründigen romantischen Liebesgeschichte bzw. Ehe zwischen der Fürstin und dem Bauern – Cosmas hat die Beziehungen zwischen den beiden vor der Berufung Primislavs offengelassen – in der Dialektik menschlicher Urprinzipien: Weib und Mann, organische Bindung und staatliche Gewalt, Mythos und Geschichte. Der Stoff besitzt

schon in seiner einfachsten Erzählfassung eine Tendenz zur dramatischen Auseinandersetzung und zur geistigen Überhöhung.

Von Hans SACHS in einem referierenden Versgedicht *Über den
Ursprung des Behemischen Land- und Königreichs* (1537) in die schöne
Literatur eingeführt, wurde der Stoff im 17. und frühen 18. Jahr-
hundert von den Komödiantentruppen (Auff. 1666 in Dresden,
1680 in Torgau u. a.) und von der Oper (Auff. 1703 und 1734 in
Prag) aufgegriffen und zu einer Haupt- und Staatsaktion um das
Thema der Mesalliance gemacht. Unter dem Gesichtspunkt der
»Volksdichtung« wurde er von HERDER wiederentdeckt, der aus
Hajeks Erzählung ein balladenhaftes »böhmisches« Volkslied schuf
(*Volkslieder*, Teil 2, 1779), das die Handlung von der Gerichtsszene
bis zur Einholung Primislavs umfaßt. Durch Herder angeregt,
nahm MUSÄUS den Stoff in seine *Volksmärchen der Deutschen*
(1782–86) auf. Poetisch wertvoll ist in dieser neuen Fassung ist die
Liebesgeschichte des Krok und der Nymphe Niva, die sich bei der
Besitzergreifung Böhmens durch die Tschechen nicht von ihrem
Sitz in einer Eiche trennen wollte und deren ritterlicher Beschützer
Krok wird; für die weitere Entwicklungsgeschichte des Stoffes
wurde die Einführung zweier eifersüchtiger adeliger Freier Libussas bedeutsam. Musäus' *Libussa* wurde etwa 1788 als Volksbuch
verarbeitet. Die bei Musäus vollzogene Verritterlichung Primis-
lavs verschaffte dem Stoff Eingang in den Ritterroman (Anon.,
*Libussa, Herzogin von Böhmen* 1791; J. F. E. ALBRECHT, *Die Töchter
Kroks* 1792) und das Ritterdrama (Ritter v. STEINSBERG 1779;
N. KOMAREK, *Přemisl* 1793), denen auch das Motiv der unkonventionellen Ehe entgegenkam.

Das schon in den Bearbeitungen seit Herder bemerkbare Interesse an den durch die Chroniken gegebenen mythischen Motiven
wurde zu Beginn des 19. Jahrhunderts durch einige berühmt
gewordene Fälschungen von böhmischen Chroniken (*Königinhofer
Handschrift* 1813; *Grüneberger Handschrift* Anf. 19. Jh.) noch gesteigert.

In Clemens BRENTANOS epischem Drama *Die Gründung Prags*
(1815) überwuchert das mythische Motiv vom Kampf der weißen
gegen die schwarze Magie, der mit dem Sieg der lichten Götter
endet, geradezu das Libussa-Primislav-Thema, das außerdem von
dem Motiv des Mägdekrieges in seiner Entwicklung gestört wird;
Vlasta, die Anführerin der Mägde, liebt Primislav und wird aus
einer Vertrauten zur Feindin Libussas. Die parallel mit dem Kampf
der mythischen Mächte laufende Libussa-Handlung führt zur
Flucht des Weibes unter den männlichen Schutz, zur Heirat der
Fürstin mit dem Mann aus dem Volke, zur Überwindung der mit
dem Mägdekrieg und dem Streit der Freier Libussas entstandenen
Anarchie durch die staatliche Ordnung. Demgegenüber schnitt
GRILLPARZERS *Libussa* (entst. seit 1819/20, ersch. 1872) den Stoff
auf die Libussa-Handlung zurück und konzentrierte die Problem-
stellung auf den Grillparzer selbst naheliegenden Konflikt zwischen einer kontemplativen Lebenshaltung und der Notwendig-

keit des Handelns, das zur Tragik führt. Die private Neigung zu Primislav weitet sich zur Liebe zum ganzen Volke, die Libussa mit dem Verlust ihrer Sehergabe und schließlich, als sie ihre übermenschlichen Kräfte noch einmal zum Segen für Prag gesammelt hat, mit dem Leben bezahlt.

Neben Grillparzers gedanklicher und dramaturgischer Durchdringung des Stoffes sind andere im 19. Jahrhundert entstandene Bearbeitungen des Themas (E. Frhr. v. LANNOY, Oper 1818; J. C. BERNARD / C. KREUTZER, Oper 1823; J. WENZIG / B. SMETANA, Oper 1881) wie auch des gesondert behandelten Mägdekrieg- oder Vlasta-Stoffes (K. E. EBERT, Heldengedicht 1829; F. C. SCHUBERT, R. 1875 u. a.), die an der Sage die Ideen der Frauenemanzipation demonstrieren wollten, von untergeordnetem Rang.

E. Grigorowitza, Libussa in der deutschen Literatur, 1901; G. Thal, Die Libussa- und Wlastasage in ihren Quellen und deutschen Bearbeitungen, Diss. Wien 1902; G. Müller, Die Libussa-Dichtungen Brentanos und Grillparzers, (Euphorion 24) 1922.

**Lieber Augustin** → Augustin, Der liebe

**Lilith** → Adam und Eva

**Liszt, Franz.** Franz Liszt (1811–1886), eines der musikalischen Wunder des 19. Jahrhunderts, hat seine Zeitgenossen nicht nur als genialer Klavierspieler und zumindest anregender Komponist, als Dirigent, als Theaterleiter und als Bahnbrecher für Chopin, Schumann, Cornelius, Berlioz, Smetana und vor allem Wagner in Erstaunen gesetzt, sondern ihnen auch durch seine zahlreichen Liebesabenteuer, besonders seine jahrelangen, die Gesellschaft schockierenden Beziehungen zu so außergewöhnlichen Frauen wie Marie Gräfin d'Agoult und Karoline Fürstin Sayn-Wittgenstein, Rätsel aufgegeben und Gesprächsthemen geliefert.

Schon kurz nach der gemeinsamen Flucht Liszts und Marie d'Agoults aus Paris in die Schweiz im Jahre 1835, der dort zusammen mit der Schriftstellerin George Sand, zu der Liszt seit 1834 in Beziehung stand, unternommenen Reise und dem Aufenthalt des Liebespaares bei George Sand in Nohant offerierte diese das Dreiecksverhältnis als literarisches Material dem mit ihr befreundeten H. de BALZAC. Er formte daraus den ersten Teil seines Romans *Béatrix* (1839), in dem der Sänger Conti (= Liszt) als eitler, verführerischer, posiert diabolischer Künstler Liebhaber der Schriftstellerin Félicité des Touches (= George Sand) ist, der er dann durch die intrigante, kokette Béatrix de Rochefide (= Marie d'Agoult) weggenommen wird, die im zweiten Teil des Romans, von Conti

verlassen, als Kurtisane in Paris lebt. Das Verhältnis zwischen Liszt
und Marie d'Agoult wurde für Balzac zum Beispiel der »Amours
forcés«, der Liebenden, die trotz innerer Entfremdung wie Galee-
rensklaven aneinandergekettet sind, weil eine Frau mit Selbstachtung sich nur einmal einen Ehebruch erlauben kann. Dieses Problem dürfte, von den Nuancen der Gestaltung abgesehen, für die
weitere literarische Darstellung dieser Liebesbeziehung maßgebend geworden sein, obgleich Liszt selbst auf dem Höhepunkt
seines Verhältnisses zu Marie in einem Brief an den Schriftsteller
Louis de Ronchaud von der Schweizer Reise als von dem Stoff zu
einer »ergreifenden Liebesgeschichte« mit dem Titel »Am Gestade
des Comer Sees« gesprochen hat. G. Sand schilderte die Reise im
10. Brief ihrer *Lettres d'un voyageur*, und der spätere Sprachforscher
A. Pictet gab über sie einen amüsanten Bericht in *Une course à
Chamounix* (Erz. 1838). Nicht ohne Abwehr der Balzacschen Interpretation, aber vor allem aus Rache an dem ihr entfremdeten Liszt
schrieb Marie d'Agoult selbst unter dem Pseudonym Daniel
Stern den Schlüsselroman *Nélida* (1846), in dem sie ihre Beziehungen zu Liszt als die des Schloßfräuleins Nélida zu dem Gärtners-
sohn darstellte, der später ein bekannter Maler wird. Sich selbst
porträtierte sie als erhabene, vornehme Märtyrerin, die ihre Verlobung um des Geliebten willen löst und zu immer neuen Opfern
bereit ist, den Maler dagegen als bestrickenden, aber letztlich
gewissenlosen, höherer Gedanken und Gefühle unfähigen Plebejer, der nur auf äußeren Glanz bedacht ist, sich in aristokratischer
Gesellschaft sonnt, Nélida jedoch schnöde verläßt, als Künstler
versagt und schließlich, von Gewissensbissen gefoltert, in ihren
Armen stirbt.

Ein zweites Mal wurde Liszt Zielscheibe von in Romanform
gekleideten Schmähungen einer verlassenen Geliebten, als Olga
Janina unter dem Pseudonym Robert Franz die *Souvenirs d'une
cosaque* (1874) schrieb und gleich danach auch noch eine Entgegnung Liszts unter dem Titel *Souvenirs d'un pianiste ou Réponse aux
souvenirs d'une cosaque* (1874) fingierte, in denen der vorgebliche
Autor alles zugab, was die Angreiferin als gemein und schlecht an
ihm getadelt hatte.

So stand die Liszt-Dichtung einerseits im Zeichen von Sensa-
tionsmache und Kolportage, andererseits in dem der begeisterten
Huldigungen, die dem Künstler von seinen Zeitgenossen auch in
Form von Gedichten zuteil wurden (F. Grillparzer, *Du gleichst
dem Engel* 1844; F. Schober 1839; M. Vörösmarty, *An Liszt*,
Hymnen auf den Besuch Liszts in Ungarn 1839; Fürst F. Lich-
nowsky, *Die Zelle von Nonnenwerth*; G. Herwegh 1856; H. v. Fallersleben; P. Cornelius; F. Dingelstedt; R. Wagner; W. Jordan; H. v. Wolzogen), obgleich kritische Anspielungen auf den
Liszt-Enthusiasmus nicht fehlen (Grillparzer, *Liszt*, Epigramm
1838; A. Glasbrenner, *Berlin, wie es ißt und trinkt* 1842).

Berichte zeitgenössischer Musikkenner wie Rellstab, Schumann, Wagner und die seit 1877 erschienenen Memoiren der

Gräfin d'AGOULT (1877 und 1927), die das haßerfüllte Bild aus dem früheren Roman dämpften und Liszt mehr Gerechtigkeit widerfahren ließen, freilich auch der eigenen Selbstüberschätzung viel Raum gaben, trugen mit dazu bei, daß die ersten dichterischen Versuche der Nachwelt das Sensationelle vermieden. Dem deutschen Leser wurde Liszt vor allem im Rahmen von Darstellungen des zweiten weimarischen Musenhofs unter Großherzog Karl Alexander nahegebracht. E. v. WOLZOGENS einst vielgelesener Roman *Der Kraft-Mayr* (1897) spiegelte Liszts Bild vor allem in der liebevollen Verehrung der Schüler, Adele ELKAN (*Im Drei-Engel-haus*, Erz. 1927) sentimentalisierte diese Epoche für jugendliche Leser, K. LINZEN (*Der Zauberer*, Essay 1924) zeigte an den beiden Weimarer Perioden und der römischen Periode Liszts sein Doppelgesicht: das katholisch-fromme des Abbés und das weltlich-elegante des Virtuosen. Gleichfalls in kulturgeschichtlichem Rahmen präsentierte W. LANGEWIESCHE (*Wolfs*, R. 1919) Liszt als den Hauptspender des Bonner Beethoven-Denkmals. A. O. v. POZSONY (*Franz Liszt und Hans von Bülow* 1903) behandelte die Beziehungen Liszts zu seinem Schüler, Anhänger und Schwiegersohn H. v. Bülow, die durch Cosimas Ehebruch und Scheidung überschattet werden. Mit den Augen eines früheren Kammerdieners des Musiker sah H. EULENBERG Liszt in einem »Traumgewoge« (*Liszt*, Nov. 1926). Die Beziehung zu der exzentrischen Dichterin G. Sand behandelten D. DUNCKER (*George Sand*, R. 1913) und E. GRAUTOFF (*Aurore – Geliebte, Mutter, Dichterin*, R. 1937). W. PÜTZ (*Die Wasserspiele der Villa d'Este*, Erz. 1941) zeichnete den gealterten Liszt, der in der Villa d'Este die Nachricht vom Tode Marie d'Agoults erhält.

Im Zusammenhang mit dem Erscheinen des letzten Bandes der Memoiren der Gräfin d'AGOULT (1927), ihres Briefwechsels mit Liszt (1933/34), des Lebensbildes Liszts von G. de POURTALÈS (1925) und der Monographie von P. RAABE (1931) sind die großen Liszt-Romane der letzten Jahrzehnte zu sehen. J. A. LUX verfolgte in *Himmlische und irdische Liebe* (1929) vor breitem kulturhistorischen Hintergrund den Widerstreit beider Neigungen in Liszts Leben von der Jugend bis zu den letzten Erlebnissen, wobei die Fülle der Ereignisse die psychologische Deutung überwucherte. Zs. HARSÁNYIS international verbreitete *Ungarische Rhapsodie* (1941) zeigt gleichfalls einen grundlegenden Dualismus – zwischen der Sehnsucht nach Versenkung in Gott und der nach Ruhm und Frauenliebe –, dessen Liszt zeitlebens nicht Herr wird. Dagegen sah St. KÁROLYI (*Franz Liszts Liebesträume* 1952) als zentrales Erlebnis das mit Marie d'Agoult an und glaubte, Liszts Abenteuer seien weniger einem unüberwindlichen Eroberungsdrang als der Enttäuschung über diesen Liebesbund entsprungen, die erst in der Liebe zur Fürstin Wittgenstein überwunden wird. F. WINWAR (*The Last Love of Camille* 1954, dt. *Franz Liszt und die Kameliendame* 1956) behandelte die Liebe zwischen Liszt und der von A. Dumas als »Kameliendame« gefeierten Pariser Kurtisane und Modeköni-

gin Alphonsine Plessis (Duplessis). Alphonsines überraschende
Verheiratung mit einem französischen Diplomaten in England
sollte ihr nach Winwar einen adligen Namen verschaffen und ihr
die vornehme Welt Liszts erschließen, dem die Musik die erste
Geliebte ist. Der Tod hindert sie an der Verwirklichung dieser
Hoffnung oder verbirgt ihr deren Fehlschlag; Liszt schließt seinen
Bund mit der Fürstin Wittgenstein.

K. Th. Bayer, Franz Liszt in der Dichtung, (Deutsche Musikkultur I) 1936/37.


**Lohengrin** → Schwanritter


**Lorelei.** Die Gestalt der Lorelei ist keine Sagenfigur, sondern
eine Erfindung Clemens BRENTANOS, dessen unter dem Eindruck
einer Rheinfahrt entstandene Ballade in seinem Roman *Godwi* 1801
erschien. Lore Lay ist hier eine »Zauberin«, eine dämonische
↑ Verführerin, die, selbst durch die Untreue eines Mannes im
Tiefsten zerstört, die Männer anzieht und ihnen Unheil bringt. Sie
will sterben, um diesen magischen Fluch zu brechen; der Bischof,
der ihr gleichfalls verfallen ist, läßt sie in ein Kloster bringen, aber
sie stürzt sich, mit einem letzten Gedanken an den ungetreuen
Geliebten, von einem Felsen in den Rhein. In dem verhallenden
dreifachen Ruf »Lore Lay« klingt das Motiv an, das Brentanos
Thema der erotischen Verstrickung und Berückung mit der Wirklichkeit des Lorelei-Felsens verband: der gewaltige Felsen über dem
Rhein war schon im Mittelalter als Echo-Felsen bekannt. Die
*Kolmarer Liederhandschrift* (1546) überliefert entsprechende Echo-
Verse. CELTES in seinen *Libri amorum* (1502) schrieb davon. Man
dachte sich Zwerge als Urheber des Echos und glaubte, daß der
Berg hohl sei; auch erwähnt der MARNER, daß der Nibelungenhort
bei dem Felsen im Rhein liege, aber es findet sich kein Beleg, daß
man den Berg mit einer zauberischen Frau in Beziehung setzte.

In den ersten drei *Rheinmärchen* (entst. 1810–16, gedr. 1846–47)
hat Brentano, der sich inzwischen auch mit den sich an den Berg
knüpfenden Erzählungen beschäftigt hatte, das Thema in verschiedenen Variationen weiter ausgesponnen. Lorelei ist nun nicht mehr
das Mädchen von Bacharach, sondern eine Fee oder Wasserfrau
von ewiger Jugend und Schönheit, ihr Schloß ist der Felsen am
Rhein oder auch das Innere des Felsens, in dem sie den Nibelungenhort hütet. Sie heiratet einen Menschenfürsten und muß jeden
siebenten Tag in ihr Element zurückkehren. Auch sie wird betrogen, aber da sie eine Fee ist, kann sie nicht sterben. Wichtig für die
Weiterentwicklung des Stoffes wurde die Szene aus den *Ahnen des
Müllers Radlauf*, wo die Mühlknappen Lureley während der Über-

fahrt über einen See oben auf einem Berge sehen, wie sie ihr blondes Haar kämmt und weint; als die Mühlknappen sie verhöhnen, kentert das Boot im Sturm, und die Insassen ertrinken.

Die trotz der wiederholten Behandlung durch Brentano unklar bleibenden Umrisse der Gestalt, von deren bestrickendem Reiz im Zusammenklang mit der Gewalt der Naturkräfte, vor allem des Wassers, aber eine starke Stimmung ausgeht, bieten keine Grundlage für eine wirkliche Handlung; der Stoff scheint nur für Lyrik, Ballade und erzählerische Kleinformen geeignet. Dadurch, daß der zum Brentano-Kreis in Frankfurt gehörige Niklas VOGT den Stoff 1811 in einer Zeitschriftveröffentlichung und 1817 in *Rheinische Geschichten und Sagen* (Bd. 3) unter die Rheinsagen zählte, wurde er für eine alte Rheinsage gehalten und drang als solche in die dritte Auflage (1818) von Aloys SCHREIBERS *Handbuch für Reisende am Rhein* und weitere ähnliche Veröffentlichungen ein.

Unter direkter Einwirkung des *Godwi* und der sonstigen Gestaltungen Brentanos entwickelten EICHENDORFF und sein Freund O. H. v. LOEBEN, die beide 1809 in Berlin mit Brentano bekannt geworden waren, den Stoff weiter. In Eichendorffs *Ahnung und Gegenwart* (R. 1815) singt Leontin »über ein am Rhein bekanntes Märchen« ein Lied, das später den Titel *Waldgespräch* erhielt. Die Verstrickung des Ritters durch die Dämonie der Hexe Lorelei erscheint hier als Ablenkung vom rechten Wege, die Szene ist vom Wasser in die Eichendorff näher liegende Ausweglosigkeit des Waldes verlegt. Loebens Erzählung *Loreley, eine Sage vom Rhein* (1821) versucht, die verschiedenen Brentanoschen Gestalten zu einer zu verschmelzen; ihre Züge schwanken daher zwischen denen einer unschuldig Liebenden, eines gefühllosen Naturwesens und einer tückischen Verführerin; Loreleys Opfer ist der Sohn des Pfalzgrafen vom Rhein, von dem sie sich verraten glaubt und den sie im Tode nach sich zieht. Wichtiger als diese Erzählung wurde das sie einleitende Gedicht, das die bei Brentano gegebene Szene der sich kämmenden dämonischen Wasserfrau auf dem Felsen ausgestaltet und mit einem moralisierenden Schluß versieht. Heinrich HEINES Gedicht (entst. 1823, ersch. 1824) griff Loebens Vision auf, schmolz den unruhig kunstvollen Rhythmus in eine volksliedhaft schlichten um und erreichte durch die Projizierung des Erzählten in die Vergangenheit und durch den ironisch distanzierenden Schluß die Entleerung des Stoffes von allem Selbsterlebten und menschlich Rührenden; sein Gedicht vermittelt ein betörendes elbisches Wesen ohne persönliches Schicksal und beeindruckt durch die melancholische Stimmung des »Es war einmal . . .«.

Merkwürdigerweise löste die romantische deutsche Erfindung in Frankreich ein verhältnismäßig starkes poetisches Echo aus, und zwar weniger durch den naheliegenden Einfluß Heines als durch den Brentanos. In F. DELACROIX' *Fleurs d'Outre-Rhin* (1843) findet sich ein Gedicht auf die Lorelei, das an Brentanos Ballade angelehnt ist. 1852 schwärmte G. de NERVAL, Heines Freund und Übersetzer, in der Vorrede zu *Loreley, souvenirs d'Allemagne* mit Anspielung auf

Heine von der Fée du Rhin, dem Symbol der Verführung, der Täuschungen, der Träume, aus denen er traurig erwachte. Eine ganz aus dem Geist des Fin de siècle geschriebene Prosaerzählung von J. LORRAIN (*Loreley* 1897) griff wieder auf Brentano zurück und erzählt von einem verlorenen Mädchen, das des Mordes an zehn jungen Männern angeklagt ist und vom Bischof in ein Kloster gewiesen wird. Sie will sterben und gibt auf dem Wege dorthin den Rittern ihren Goldschmuck, um noch einmal die Heimatstadt sehen zu können. Gleichfalls von Brentano inspiriert, aber vielleicht auch durch Lorrain beeinflußt ist G. APOLLINAIRES Gedicht *La Loreley* (1904), das die bösen Kräfte des Mädchens, die von ihren zauberischen Augen ausgehen, auf die Untreue des einstigen Geliebten zurückführt.

Spätere deutsche Bearbeiter suchten Brentanos Balladengestalt und Heines Fee auf dem Felsen zu vereinigen. Beide Motive divergieren aber im Grunde und sind, nachdem sie ihre klassische Prägung gefunden haben, unveränderbar. Epos, Novelle, Roman, Drama und Oper, die sich alle des Stoffes bemächtigten, konnten nur Vor- oder Nachspiele zu dem Bild der lyrisch stereotypen Gestalt auf dem Felsen oder zur Geschichte des Mädchens von Bacharach erfinden. Das Motiv des treulosen Liebhabers – seit Loeben ist es der Sohn des Pfalzgrafen – wurde ausgebaut, ein treuer dazuerfunden u.a.m. Die für solche Versuche beispielhaften Versionen GEIBELS (*Die Loreley*, Dr. 1860, Opernbearb. M. BRUCH 1863) und J. WOLFFS (*Lurlei, eine Romanze* 1886) zeigen, wie mit der Auswalzung, kausalen Unterbauung und historischen Festlegung des Stoffes dessen märchenhafter Zauber verflog. Folgerichtiger erscheint die Rückbildung des nicht mehr entwickelbaren Stoffes zum lyrischen Motiv, wie sie bereits in EICHENDORFFS *Still bei Nacht fährt manches Schiff* (1841) und in MÖRIKES *Zauberleuchtturm* (um 1830) vorliegt.

E. Beutler, »Der König in Thule« und die Dichtungen von der Lorelay (in: Beutler, Essays um Goethe Bd. 2) 1947; R. Ehrenzeller-Favre, Loreley. Entstehung und Wandlung einer Sage, Diss. Zürich 1948; R. Derche, Quatre Mythes poétiques: Œdipe – Narcisse – Psyché – Lorelei, Paris 1962.

**Lorenzaccio.** Als der seinen Zeitgenossen als Dichter bekannte Lorenzino de'Medici 1537 seinen Vetter und Gönner, den 1531 von Karl V. zum Herzog von Florenz eingesetzten Alessandro de' Medici, ermordete, wurde er von den im Exil lebenden, republikanisch gesinnten Florentinern als Tyrannenmörder und neuer toskanischer Brutus gefeiert. Er selbst stellte sich in seiner *Apologia* (Druck 1723) so dar, während zeitgenössische Historiographen (H. CARDANUS, *De sapientia* 1544; P. GIOVO, *Historia sui temporis* 1550–52) in ihm den ↑ Verräter sahen, dem allerdings B. VARCHI (*Storia Fiorentina* Druck 1721) sehr ambivalente Züge verlieh: Es gebe eine Anzahl möglicher Motive, von denen keines allein zur Erklärung der hinterlistigen Tat ausreiche, die aber zusammen den schwermütigen Dichter aktiviert haben könnten. Als eine auf persönlicher Kenntnis Lorenzinos beruhende Quelle ist die Erzählung der MARGUERITE DE NAVARRE (*Heptaméron II, 12* 1559) zu werten, die in dem Tyrannenmörder vor allem den Bewahrer seiner Schwester vor ↑ Nötigung durch den Herzog darstellte. Diese verschiedenen Ansätze gaben die Akzente des Stoffes ab, bei dem die Beurteilung der Tat und die des Täters häufig in Widerstreit liegen.

Die ältesten Lorenzino-Dichtungen hielten sich an Giovos Verräterbild. Bei JIMÉNEZ DE ENCISO (*Los Medicis de Florencia* Dr. 1622) wurde die Staatsaffäre zum romantischen Ringen dreier Medici um eine Frau: der intrigante Lorenzo tötet Alexander, wird aber von der Rache Cosimos ereilt. Bei J. SHIRLEY (*The Traitor* Dr. 1631) facht der doppelzüngige Lorenzino einerseits des Herzogs Begierde nach Amidea an und reizt andererseits deren Bruder Sciarrha zum ↑ Tyrannenmord, den er dann selber ausführt; an der Thronfolge hindert ihn die Rache Sciarrhas, der Amidea zum Schutze ihrer Ehre tötete.

Im 18. Jahrhundert herrscht das Tyrannenmord-Motiv vor, wobei die Tat von konservativer Seite verurteilt (M. RASTRELLI, *La morte d'Alessandro de'Medici*, Dr. 1780; W. ROUGH, *Lorenzino de Medici*, Dr. 1797), von fortschrittlicher verherrlicht wird (V. ALFIERI, *L'Etruria vendicata*, Verserz. 1789). Die Heroisierung Lorenzinos durch Alfieri, die bis zur Umwandlung des Mordes in ein ehrenhaftes Duell geht, fand im 19. Jahrhundert vor allem in der italienischen Literatur im Zuge des Risorgimento Nachfolger (L. LEONI, *Lorenzino de Medici*, Tr. 1829; A. GHIGLIONE, *Alessandro Medicis*, Tr. 1835; G. REVERE, *Lorenzino de'Medici*, Dr. 1839; V. SALMINI, *Lorenzino dei Medici*, Dr. 1873).

Dem »Problematischen« im Charakter des Helden konnte erst die Romantik gerecht werden. George SAND fand bei Varchi das ideale Rohmaterial eines literarischen Stoffes, dessen Interpretation dem Gestalter überlassen blieb. Im Stil der damals beliebten »scène historique« setzte sie die Ereignisse in sechs dramatische Bilder um (*Une Conspiration en 1537* 1831/32), von denen nur die ersten beiden frei erfunden sind. Die Handlung umfaßt die unmittelbare Vorbereitung und die Ausführung des Mordes und spielt sich in einem Zeitraum von noch nicht 24 Stunden ab. Lorenzino, der nur den einen Gedanken an die Ermordung des Unterdrückers kennt, hat die Maske eines Gleichgesinnten aufgesetzt, um das Vertrauen des Lüstlings Alessandro zu gewinnen; er erscheint ungefährlich, weil er, der Homo litteratus, schon vor dem Anblick einer Waffe zurückschreckt. Des Herzogs Begehren nach Lorenzinos Schwester führt die Tat herbei. Die bei Varchi undeutliche Gestalt gewinnt Konturen: Lorenzino verübt die Tat nur aus Haß; er vertritt keine politischen oder menschlichen Ideale, denn er verachtet die Menschen. Aus der dramatischen Skizze wurde jedoch erst unter der Hand A. de MUSSETS, dem George Sand ihr Manuskript überließ, ein reifes, psychologisch fest gegründetes Werk (*Lorenzaccio* 1834; Opernbearb. S. BUSSOTTI 1972). Das Gegenspiel der

Republikaner mit der Familie Strozzi an der Spitze tritt in Aktion, die Liebesaffären des Herzogs sind in die notwendige Beleuchtung gesetzt, und das florentinische Volk füllt in seiner ganzen Indifferenz und Wankelmütigkeit den Hintergrund. Die Entwicklung zur Mordnacht hin ist wesentlich verlängert, und auch die Ereignisse nach dem Mord bis zur Ermordung des verfemten Lorenzaccio sind einbezogen. Statt der etwas abrupten späten Lebensbeichte erfolgt bei Musset die psychologische Enthüllung in der Auseinandersetzung Lorenzaccios mit dem Idealisten Philippe Strozzi; Lorenzaccio, der einmal rein und gläubig war, hat durch den Plan des Mordes und die Maske, die er dafür wählte, den Glauben an die Menschen und die Ideale verloren; er ist Skeptiker und Zyniker geworden, die Rolle des Lüstlings und Verführers ist ihm auf die Haut gewachsen. Den Mord diktiert nicht mehr der Haß und die Verteidigung einer Schwester (die hier Tante ist), sondern lediglich Lorenzaccios Gedanke, daß sonst seine ganze Entwicklung sinnlos gewesen wäre. Er steht weniger dem antiken Brutus als → Hamlet nahe.

Die der Lorenzaccio-Gestalt durch Musset verliehenen romantisch-byronischen Züge bleiben ihr auch in den schwächeren Geschichtsdramen der Folgezeit (DUMAS père, *Lorenzino*, Dr. 1842; P. WEIGAND, *Lorenzino* 1897) bis hin zu D. ECKARTS *Lorenzaccio* (Dr. 1933) erhalten; ihre Widersprüchlichkeit und Ambivalenz ist bei Eckart durch das Künstlertum unzureichend erklärt; die Handlung umfaßt auch den Aufenthalt Lorenzaccios in Rom, und aus dem Mädchen, nach dem der Herzog die Hand ausstreckt, ist hier die Angebetete Lorenzaccios geworden, so daß die Tat schließlich durch Rivalität ausgelöst wird.

P. Dimoff, La genèse de Lorenzaccio, Textes publiés avec introduction et notes, Paris 1936; J. G. Bromfield, De Lorenzino de Médicis à Lorenzaccio, Paris 1972.

**Lorenzino** → Lorenzaccio

**Louis Ferdinand** → Luise, Königin

**Lucretia.** Nach LIVIUS belagerten unter dem tyrannischen König Tarquinius Superbus die Römer die Stadt Ardea, und es kam zwischen den Söhnen des Königs und ihrem Vetter Collatinus zu einer Wette über den Besitz der tugendhaftesten Frau; ein überraschender Besuch bei den Frauen führt zum Sieg Collatins, denn seine Frau Lucretia ist noch um Mitternacht mit den Mägden beim Wollespinnen beschäftigt, während die Prinzessinnen bei einem Gelage angetroffen werden. Ein Sohn des Königs, Sextus

Tarquinius, hat sich jedoch in Lucretia verliebt, kehrt nach Collatins Landsitz Collatium zurück und wird als Verwandter des
Mannes freundlich empfangen. Durch die Drohung, Lucretia zu
töten und einen nackten, ebenfalls getöteten Sklaven neben sie zu
legen, um den Anschein des Ehebruchs zu wecken, gelingt es
Sextus, sie sich gefügig zu machen. Sie enthüllt jedoch bald darauf
ihrem Vater, ihrem Mann und dessen Freunden das Verbrechen
und tötet sich selbst. L. Junius Brutus, ein mißliebiger Verwandter
des Königshauses, der seine politischen Pläne bis dahin unter der
Maske der Narrheit verbarg, wiegelt nun das Volk gegen die
Königsherrschaft auf; Brutus und Collatin werden die ersten Kon-
suln. Später setzt Brutus seinen Mitkonsul wegen dessen Verwandtschaft zu den Tarquiniern ab und verurteilt seine eigenen
Söhne zum Tode, als sie die Rückkehr der Tarquinier betreiben. Er
sucht und findet den Tod in einer Schlacht gegen die Tarquinier.

Die einprägsame Fabel, die in einer Motivkette von der harmlosen Wette bis zu tragischer Verstrickung in Leidenschaft, ↑ Schän-
dung und Selbstmord führt und mit Revolution ausklingt, hat vor
allem eine erotische und eine sozialpolitische Komponente, die in
sittlichen Werten einer heroisch-tragischen Lebensauffassung ver-
wurzelt sind. Die Betonung der erotischen Komponente konzentriert die Handlung auf die mehr private Lucretia-Sextus-Hand-
lung, während die politische Thematik durch eine stärkere Einbeziehung der ↑ Tyrannei des Tarquinier-Geschlechtes und der
Rebellion des Brutus herausgearbeitet werden kann.

Schon die von Livius unabhängige Wiedergabe der Ereignisse
durch Dionysios von Halikarnassos zeigt statt der heroischen
Gefaßtheit mehr die seelische Erschütterung der Frau. Ein Bericht
des Florus (*Epitomae libri II*) knüpft die Rollen des Brutus und der
Lucretia enger aneinander. Die *Fasti* des Ovid gestalten das erotische Moment aus und zeichnen sowohl die Nuancen in der
Gefühlsentwicklung der Frau wie mit einer gewissen Einfühlung
die steigende Leidenschaft des Sextus.

Die Tradition des Lucretia-Stoffes führt im Grunde ohne Unterbrechung von der Antike ins Mittelalter. Zwar hat die Verurteilung des auf Ruhmsucht und mangelnder Geduld beruhenden
Selbstmordes durch Tertullian und Augustin die sittliche Funktion des Stoffes bedroht, doch ist die Wirkung dieser Thesen nur in
wenigen und unbedeutenden Wiedergaben zu spüren (Konrad
von Ammenhausen, *Schachzabelbuch* 1337). Die Version der *Gesta
Romanorum* (13. Jh.) gab im Gegenteil der Erzählung eine geistliche
Ausdeutung, nach der Lucretia die sündige Seele schlechthin und
der Selbstmord die Buße, die zur Erlösung führt, darstellt. Die
erste dichterische Verarbeitung des Stoffes im Mittelalter liegt
schon in der *Kaiserchronik* vor. Möglicherweise nach einer lateinischen Vorlage ist hier die Handlung zu einer geschlossenen höfischen Novelle ausgestaltet, deren Hauptgestalt Collatin, ein aus
Trier vertriebener Fürst, ist, der im Dienst des Kaisers (!) Tarquinius steht und am Ende heimatlos wird. Der Kaiser ist selbst der

Ehebrecher, der durch seine eigene eifersüchtige Frau zur Vergewaltigung der tugendhaften Heldin angestiftet wird.

Die nationalpolitische Stoßkraft des Stoffes entdeckte PETRARCA
(*Africa III* um 1341), für den Lucretia in erster Linie Freiheitsheldin
ist, deren Ringen mit dem Selbstmordentschluß gezeigt wird.
Auch DANTE versetzte die Römerin trotz ihres Selbstmordes zu den
Helden der nationalen Geschichte in die Vorhölle. BOCCACCIOS
Erzählung (*De claris mulieribus*) ist geprägt vom Glauben an die
Tugend der Frau und an den Ruhm und die Vorbildlichkeit Lucretias. Einen interessanten Schritt zur psychologischen Ausdeutung
tat C. SALUTATI (*Vindicta illatae violentiae, quam de se extorsit Lucretia
Romana speculum pudicitiae* um 1370): Lucretia weiß um die Untilg-
barkeit ihres Makels im Gefühl ihres Mannes und auch in sich
selbst, denn sie ist ihrer Tugend im Falle künftiger Verführung
nicht mehr sicher. Im Zeichen der Wiedergeburt Ovids hat in
England CHAUCER (*Legenda Lucrecie Rome Martiris* um 1386) den
unritterlichen Königssohn verurteilt und den Tod aus Liebestreue
gefeiert, und GOWER (*Confessio amantis* um 1390) steigerte die
Innigkeit und dämpfte das Rohe: die Vergewaltigung geschieht
während einer Ohnmacht Lucretias. Im Deutschland des 16. Jahrhunderts dagegen, das den Stoff in erster Linie durch Boccaccio
(Übs. STEINHÖWEL 1473) kannte, sah man an ihm vor allem das
Moralisch-Lehrhafte. Man betonte die hausfrauliche Tüchtigkeit
Lucretias (Spinnstubenszene) und ihre Demut dem Gatten gegenüber. Von dem volkstümlichen Lied L. BINDERS um 1520 bis zur
Dramatisierung J. AYRERS am Ende des Jahrhunderts zieht sich die
Moral: eine Frau lasse keinen fremden Mann zu sich ins Haus. Der
erste Dramatisierungsversuch des Hans SACHS (1527) hat noch mit
der Ordnung und Szenierung des Stoffes zu kämpfen; besser
gelingt es, wo man die Brutus-Handlung betont (H. BULLINGER
1533) oder Aufstieg und Sturz des Tarquinius als Rahmen verwendet (AYRER, *Von Servii Tullij Regiment . . .*), wodurch zugleich die
dem 16. Jahrhundert naheliegende sozialpolitische Komponente
des Stoffes fruchtbar gemacht wird. Italien betonte im gleichen
Zeitraum das erotische Moment: die in manchen Motiven mit der
*Kaiserchronik* verwandte Versnovelle *Historia di Lucretia* (um 1500)
steigert die Gefühlswelt Lucretias, die zum erstenmal aus ihrer
Passivität heraustritt und mit dem Verführer in Rede und Antwort
ringt. Dagegen entwickelte die Novelle des BANDELLO (1554) die
Leidenschaft des als unritterlich verdammten Verführers.

An diesem Punkt der Verfeinerung des Gefühlslebens setzte das
Barock ein: der scharfe Gegensatz zwischen Tugendheldin und
Verbrecher verschwindet, beider Menschen innerer Kampf und ihr
Leiden nach der Tat werden sichtbar gemacht. SHAKESPEARE (*The
Rape of Lucrece*, Epos 1594) wählte als Ausgangspunkt den Ritt des
Sextus, dessen Begierde allein durch die Schilderung des Collatin
erweckt worden ist. Nach der Tat empfindet er Schauder vor sich
selbst und geht an seiner Tat zugrunde, während Lucretia racehei-
schend unter die Ritter tritt. Th. HEYWOODS Drama (*The Rape of*

*Lucrece* 1603/08) beginnt wie Ayrers mit dem Thronraub durch Tarquinius; die Roheit grenzt ans Burleske, aber die Erotikergestalt in der Qual ihrer Leidenschaft wird glaubhaft gemacht. Von Ekel und Reue geschüttelt zeigt sich auch der Sextus in der nach dem Muster Senecas gearbeiteten Tragödie von Giovanni Delfino (um 1656), die das Geschehen als Verhängnis interpretiert: Wahn und Verblendung treiben die Menschen zu Fehlhandlungen, während die Constantia Lucretias die Versuchungen überwindet. Auch die Dramatisierungen im deutschsprachigen Raum konzentrieren sich auf das erotische Thema (W. Rot 1625/37). Einige versuchen ähnlich wie die Engländer den erotischen Verbrecher tragisch zu gestalten (S. Junius, lat. 1599) sowie seine Wollust in Schmerz und Begierde darzustellen (J. P. Titz 1642/47). Neben der Oper, deren Stofftradition mit N. Minato / A. Draghi (1675) beginnt, bemächtigte sich auch der Barockroman des Stoffes. Mme de Scudéry fügte ihn als Erzählung ihrem Roman *Clélie* (1654–60) ein. Das dem galanten Geschmack nicht gemäße Thema der ehelichen Liebe und Tugend wurde abgebogen, Lucretias Liebe gehört Brutus, sie hat Collatin nur geheiratet, um Brutus vor Tarquinius zu schützen; nicht ein Streit um die tugendhafteste Frau, sondern die anzüglichen Bemerkungen der unverheirateten Prinzen über Collatins im verborgenen lebende Gattin veranlassen diesen, seine Freunde zu ihr zu führen. Die Leidenschaft des Sextus ist zur Liebelei abgekühlt.

Die Aufklärung, die sich vom heroischen Ideal abwendete und Lucretias Selbstmord als etwas Unvernünftiges ablehnte, drohte die sittliche Lebenskraft des Stoffes zu ersticken. Parodistische und komische Abwandlungen tauchen im Drama auf (B. Feind, *Die kleinmüthige Selbst-Mörderin Lucretia . . .* 1705; C. Goldoni, *Lugrezia Romana in Constantinopoli* 1737). Die sozialpolitische Komponente jedoch, an der das 18. Jahrhundert Interesse hatte und die eine Verlagerung des Akzentes auf Brutus mit sich führte, verhalf dem Stoff wieder zu Würde. Bei Du Ryer (Dr. 1638) waren die revolutionären Elemente noch abgedämpft; die Rationalisierung verrät sich in der Umwandlung der Verführung in Intrige und der Leidenschaft in die kalte Berechnung eines durch Abweisung in seiner Eitelkeit gekränkten Fürsten; ebenso kühl wertet Lucretia ihre Schande politisch aus. Bei J. E. Schlegel (Dr. 1740) wird trotz der nicht ganz unsympathischen Verführergestalt das soziale Aufbegehren unüberhörbar, und in Lessings Szenar *Das befreite Rom* (1756/57) flammt es zu einer wilden Szene auf, in der Lucretia als rasende Rächerin das Volk aufwiegelt und sich ersticht. Die Bearbeitungen der Revolutionszeit sind Dokumente republikanischer Gesinnung (R. Piquénard, *Lucrèce ou la royauté abolie*, Dr. 1793; H. Tollens, *Lukretia of de verlossing van Rome*, Dr. 1805).

Die Historiographie des 19. Jahrhunderts, die den bis dahin für historische Wahrheit gehaltenen Stoff ins Reich der Sage verwies (Niebuhr, Mommsen), hat sein Weiterleben, wenn auch zunächst in einer skeptischen Zeit nur als oft zitiertes Wunschbild, nicht verhindert. Ein Plan Grillparzers (1819) deutet den zukünftigen Weg an: Vertiefung der Psychologie (Sextus ist durch den verbrecherischen Vater erblich belastet) und Erweiterung der Heroinen-Geschichte um die aktivere Brutus-Handlung (Brutus und Lucretia lieben sich). Die wirksamste Gestaltung vom 19. Jahrhundert stammt von dem Franzosen F. Ponsard (Dr. 1843). Lucretia, die als einzige Brutus unter der Narrenmaske erkennt und seine Pläne erfährt, ist ausersehen, für das Heil der Gesamtheit zu sterben. Auch bei K. Hugo ist das Paar *Brutus und Lucretia* (Dr. 1845) ebenbürtig in Erkenntnis der sittlichen Pflicht; Lucretia wirkt in der Erkenntnis ihrer Verantwortung gegenüber sich selbst nicht nur Sextus, sondern auch ihrem Manne überlegen – die Frauenemanzipation macht sich bemerkbar. Die Psychologisierung des Stoffes führte in der Dramatik des ausgehenden 19. Jahrhunderts zu einer ähnlichen Neigung zum Grausigen und Verruchten wie im Barock. Bei A. Lindner (*Brutus und Collatinus* 1865), dessen Drama die ganze Stoffmasse vom Thronraub des Tarquinius bis zu Brutus' Verurteilung seiner eigenen Söhne umgreift, hetzt die eigene Mutter aus Eifersucht den Sextus zur Notzucht, bei A. Offermann (1875) erschlägt der Gatte den Ehebrecher, bei F. Kummer (1889) ist die Entehrung zugleich Blutschande, da Sextus einem ehebrecherischen Verhältnis seines Vaters entstammt. Das auf die Überhitzung des Themas folgende geringe Interesse des 20. Jahrhunderts dürfte wohl mit einer Wandlung der sittlichen Anschauungen in Zusammenhang zu bringen sein. In den Handlungselementen an Shakespeare, im Formalen an der griechischen Tragödie orientiert, schrieb der Franzose A. Obey das mit Chor und Kommentator versehene Drama *Le viol de Lucrèce* (1931), das von Th. Wilder auf englisch bearbeitet wurde und in der Libretto-Fassung von R. Duncan der Oper *The Rape of Lucretia* (1946) von B. Britten zugrunde liegt.

F. Koch, Geschichte der dramatischen Behandlung des Brutus-Lucretia-Stoffes (in: Koch, Albert Lindner als Dramatiker) 1914; H. Galinsky, Der Lucretia-Stoff in der Weltliteratur, 1932.

**Ludwig XI.** Ludwig XI. von Frankreich (1423–1483) hat, nach Ranke, »ein Königreich groß gemacht, aber ohne alle eigene persönliche Größe«. Nach zähen Kämpfen mit den mächtigen Vasallen, vor allem Burgund, hinterließ er ein geeintes Frankreich und ein starkes Königtum. Der Weg zu diesem Erfolg führte über kluge Verhandlungen, bei denen er auch Demütigungen einsteckte, sowie über Ränke, List, Treulosigkeit und eine ungeheure Grausamkeit. Ludwig stützte sich auf die unteren Stände, und seine Helfer, der Minister Necker, der Kardinal Balue und der Henker Tristan l'Hermite stimmten in ihrer Skrupellosigkeit mit ihm überein. Für die dichterische Stoffbildung sind zwei Ereignisse besonders wichtig geworden. Erstens Ludwigs Treubruch an Karl

dem Kühnen von Burgund, der dem Dauphin Zuflucht geboten
und geglaubt hatte, mit der Anhänglichkeit und Willfährigkeit des
Königs rechnen zu können. Die Beziehungen der beiden gegen-
sätzlichen Charaktere haben ihren Höhepunkt in den Verhandlun-
gen von Péronne, in deren Verlauf der von Ludwig angestiftete
Aufruhr der flandrischen Städte gegen Burgund ausbrach, so daß
Ludwig von Karl gefangengesetzt und zur Annahme ungünstiger
Bedingungen gezwungen wurde. Zweitens haben die durch den
Historiographen Ph. de COMMYNES festgehaltenen letzten Lebens-
jahre des Königs, als er in seiner von Galgen umgebenen Residenz
Plessis-lez-Tours als Gefangener des eigenen Mißtrauens, des
Aberglaubens, der Todesfurcht und der ausbeuterischen Gewalt
seines Arztes Coitier qualvoll dahinsiechte, der Dichtung ein dank-
bares Motiv geliefert.

Schon die zeitgenössische Dichtung, besonders von burgundi-
scher Seite, entwarf das Bild eines ↑ Tyrannen; der Vergleich mit
einer in ihrem Netz lauernden Spinne wurde von CHASTELLAIN
(gest. 1475) geprägt. Das Volk hat Spott- und Haßlieder auf den
König gesungen, und positive Stimmen wie die F. VILLONS (*Grand
Testament*), der dem König seine Amnestierung verdankte, sind
Ausnahmen.

In einigen Novellen des BANDELLO (1562) und in den Dramen
SHAKESPEARES (*Henry VI, 3. Teil* 1592) und Th. HEYWOODS (*Edward
IV* 1599) bleibt die Gestalt des Königs noch ohne individuelle
Züge, oder sie ist aus nationalen Gesichtspunkten entstellt. In den
französischen Dichtungen des 16. und 17. Jahrhunderts wird die
Unterdrückung des Volkes entweder auf die Herrschaft der Günst-
linge zurückgeführt (P. GRINGORE, *Sotye nouvelle des Croniqueurs*
1515) oder erscheint als das Werk eines exemplarisch ruchlosen
Tyrannen (FÉNELON, *Dialogues des morts* 1700–18). Während das
Jahrhundert der Aufklärung an dem Gewaltherrscher keinen
Geschmack fand, hat sein zwiespältiger und düsterer Charakter das
Interesse der Romantik erweckt. Der eigentliche Entdecker des
Stoffes ist W. SCOTT, der in *Quentin Durward* (R. 1823) einen jungen
Schotten an den Hof und in den Dienst des Königs gelangen ließ;
Ludwigs diplomatisch kalte Überlegenheit wird vor allem an dem
Gegensatz zu dem ritterlichen Karl von Burgund aufgezeigt.
Sowohl der Franzose MÉLY-JANIN (*Louis XI à Péronne* 1827) wie der
Deutsche J. v. AUFFENBERG (*Ludwig XI. in Péronne* 1827) haben den
Höhepunkt des Scottschen Romans dramatisiert. Etwa auf den
gleichen psychologischen Grundlagen baute V. HUGO (*Notre-Dame
de Paris*, R. 1831) die Gestalt seines Ludwig auf; die Beschränkung
der Handlung auf die letzten Jahre des Königs begünstigte das
Hervortreten der grausigen und skurrilen Züge, vor allem der
Todesfurcht, die vor Hugo schon MERCIER (*La mort de Louis XI*
1783) und nach ihm mit großem Erfolg C. DELAVIGNE (*Louis XI*
1832) zum Thema von Dramen machten. Delavignes auf Stim-
mungseffekte gestelltes Werk bewegte die Handlung um den
Versuch des jungen Grafen Nemours, seinen hingerichteten Vater

an dem König zu rächen; der Graf verzichtet auf den Mord, als er begreift, daß das qualvolle Leben für den König die größere Strafe ist. Auch ein Gedicht BÉRANGERS (1820) zeichnete den alten, kranken König, und eine Erzählung von H. MOREAU (*La souris blanche*) verglich die Leiden des gefangenen jungen Nemours mit denen des in seinen eigenen Ängsten gefangenen Königs. Diese Darstellungen vom Ende eines Tyrannen reichen über STRINDBERGS historische Miniatur (*Das Werkzeug* 1908) bis zu Dichtungen der Gegenwart. Im Jüngling schon die teuflischen Züge des künftigen Herrschers zu zeigen, unternahm J. LACROIX (*La jeunesse de Louis XI*, Dr. 1859).

Die literarischen Gestaltungen des Stoffes leiden – wohl infolge des Mangels an einer einprägsamen Fabel – an einer gewissen Einförmigkeit. Auch wenn man versucht, der Persönlichkeit des Königs positivere Seiten abzugewinnen (H. de BALZAC, *Maître Cornélius*, Erz. 1831; G. FLAUBERT, *Loys XI*, Dr. 1838) und vor allem dem um die nationale Einheit verdienten, seiner Zeit vorauseilenden Politiker gerecht zu werden (P. FORT, *Roman de Louis XI*, R. 1898; ders., *Les compères du roi Louis*, Dr. 1922; ders., *Louis XI, curieux homme*, Dr. 1923; H. DUPUY-MAZUEL, *Le miracle des loups*, R. 1924), konnte man die von der Romantik geprägten Züge nicht entscheidend ändern. Auch die bedeutendste neuere Gestaltung des Stoffes, R. NEUMANNS Roman *Der Teufel* (1927), der, wie schon hundert Jahre früher ein Drama von CORDELLIER-DELANOUE (*Le Barbier de Louis XI* 1832), Olivier Necker zur Hauptperson machte, lebt aus der romantischen Sicht, die der Verfasser durch das Bündnis der beiden dämonischen Männer noch stärkte und auch bereicherte: ist zunächst die Anziehungskraft des Königs, der Necker sogar seine Frau opfert, die größere, so wächst der Helfershelfer allmählich zur Stimme des Gewissens empor und belädt sich selbst mit den schlimmsten Untaten, um seinen König und Freund zu entlasten. In einer Epoche vielfältigen Anlasses zu Reflexionen über das Phänomen der Macht, über ihre Wirkung auf die, die Macht ausüben, und die, an denen sie ausgeübt wird, lag es nahe, das Motiv vom Tode des Tyrannen erneut zu behandeln. R. SCHNEIDER schrieb die Novelle *Der Tod des Mächtigen* (1946), und L. AHLSEN dramatisierte des Königs Todesstunde in *Sie werden sterben, Sire* (Kom. 1963). Der König weigert sich zu sterben; er will nicht begreifen, daß mit dem Fleisch auch die schöpferische Kraft, die aus Frankreich einen Nationalstaat machte, in nichts zergeht. Seine Angst gebiert seine Grausamkeit. Er befragt seine Umgebung: Jeder hat seinen Weg der Todesbegegnung gefunden. Der König glaubt allenfalls an sein Werk, in dem er überleben könnte, aber diese Hoffnung wird von seinen Erben zerstört.

Eine am Rande des Stoffes liegende Gruppe bilden die Darstellungen von frei erfundenen Episoden, in denen die Grausamkeit des Königs eine katzenhaft spielerische Note erhält. Sie gestalten des Königs Beziehungen zu Dichtern, ein Motiv, das erstmals in Th. de BANVILLES *Gringoire* (Dr. 1866) auftauchte: der zum Tode verurteilte Dichter kann sein Leben durch eine Heirat retten. Später hat J. H. McCarthy die alte Fabel vom träumenden → Bauern auf Ludwig und François Villon übertragen und den aufrührerischen Dichter in ähnlicher Art sein Leben freikaufen lassen (*If I were King*, Nov. 1901, Dr. 1902); in seiner Nachfolge stehen eine Komödie von L. Lenz (*François Villon* 1909) und auch ein Film *Der Bettelpoet* (1927). Die Funktion eines listenreichen, skrupellosen Politikers, der hinter den Kulissen die Geschicke lenkt, erhielt der König in P. Hacks' Komödie *Margarete von Aix* (1969).

W. Dehne, Die Darstellung der Persönlichkeit Ludwigs XI. von Frankreich in der Literatur, 1929.

**Luise, Königin.** Seit ihrem Einzug in Berlin 1793 als Braut des späteren Königs Friedrich Wilhelm III. von Preußen ist Luise, Prinzessin von Mecklenburg-Strelitz (1776–1810), Gegenstand zahlloser dichterischer Huldigungen gewesen. Schon Novalis' Fragmente (1798) knüpften Erwartungen an sie. Die glückliche Ehe und das herzliche, unzeremonielle Verhältnis zu dem Gatten und den Kindern, Luises Anmut und Natürlichkeit, ihre Volkstümlichkeit und Mildtätigkeit sind in zahlreichen Anekdoten und genrebildhaften Gedichten festgehalten worden, die zu ganzen Zyklen anwuchsen (J. G. Görnandt, *Königin Luise, ein Preußenbuch in Gedichten* 1855; P. Schönemann, *Bilder aus dem Leben der Königin Luise* 1886). Bewegt und bewegend und dadurch Kristallisationspunkt eines literarischen Stoffes wurde ihr Leben erst durch die Leiden des Krieges, das Erlebnis der Niederlage bei Jena, die Flucht nach Tilsit, das von ihr zur Milderung der Friedensbedingungen übernommene Gespräch mit → Napoleon und ihren infolge der Leiden und Erschütterungen zeitig eingetretenen Tod. Sie wurde im Volksglauben und in der Dichtung zur ↑ Märtyrerin, zu einer durch Leiden gereiften Frühvollendeten. So hat sie das schönste der ihr gewidmeten Gedichte, von H. v. Kleist an ihrem letzten Geburtstage (1810) an sie gerichtet, gezeichnet. In den zahlreichen, dichterisch z. T. wertvollen Totenklagen (A. v. Arnim, C. Brentano, Fouqué, Z. Werner, M. v. Schenkendorf) klingt vereinzelt schon der Gedanke auf, daß ihr Tod nicht vergebens sein werde. Für die Dichter der Befreiungskriege (Körner, Rückert, Schenkendorf) wurde Luise dann zum Symbol der Wiedergeburt Preußens. Ihr Mausoleum mit Rauchs Sarkophag in Charlottenburg gab sogar dem Franzosen Chateaubriand das Thema, und der Patriotismus der siebziger Jahre bekannte sich zu Luise als einer Verpflichtung und dem Schutzgeist des neuen Reiches (Geibel, Dahn, Heyse, Gerok). Einige Dramen (C. Schulz, *Königin Luise* 1873; E. Wichert, *Die gnädige Frau von Paretz* 1878; H. v. d. Mark, *Königin Luise oder der Friede zu Tilsit* 1892) und Romane (L. Mühlbach, *Napoleon und Königin Luise* 1858) des späteren 19. Jahrhunderts sind nicht frei

von huldigender Idealisierung. Sein poetisches Eigengewicht
bewies der Stoff erst, als nach dem Ende der preußisch-deutschen
Monarchie jeder Opportunismus, aber auch jede Rücksichtnahme
bei seiner Gestaltung wegfielen und er sich dennoch in den zwanziger und dreißiger Jahren des 20. Jahrhunderts als tragfähig für die
pragmatischen Dichtungsgattungen zeigte. Selbst der Film hat
wiederholt nach ihm gegriffen. Von seinen idyllischen Zügen
weitgehend befreit, wurde er auf das Thema der Standhaftigkeit im
Leiden, auf den Kontrast zwischen weiblicher Würde und der in
Napoleon verkörperten männlichen Gewalt konzentriert (W. v.
Molo, *Luise*, R. 1920; S. Hoechstetter, *Königin Luise*, Erz. 1926;
E. v. Naso, *Die Begegnung*, Erz. 1930; W. G. Klucke, *Verrat in
Tilsit*, Dr. 1936; E. Mikeleitis, *Die Königin*, R. 1950). Abgesehen
von den zahlreichen Literaturwerken, deren Handlung in die Zeit
der Befreiungskriege fällt und ein Auftreten der Königin nahelegt,
spielt sie wegen ihrer menschlichen und politischen Beziehungen
zu dem Prinzen Louis Ferdinand in Gestaltungen seines Schicksals
eine besondere Rolle (F. v. Unruh, Dr. 1912; H. Schwarz,
Dr. 1935).

E. Belling, Die Königin Luise in der Dichtung, 1886; H. Dreyhaus, Die
Königin Luise in der Dichtung ihrer Zeit, 1926.

**Lukretia** → Lucretia

**Luther, Martin.** Gestalt und Leben des deutschen Reformators
Martin Luther (1483–1546) sind schon unmittelbar nach seinen
ersten entscheidenden Schritten gegen Mißbräuche der Kirche und
gegen den Papst – dem Thesenanschlag 1517, der Verbrennung der
Bannbulle 1520 und der Rechtfertigung auf dem Reichstag zu
Worms 1521 – zum Thema der Literatur geworden. Neben vielen
anonymen Volksliedern gibt Hans Sachs' *Wittenbergisch Nachtigall*
(1523) die Aufbruchsstimmung aller Anhänger wieder, spiegelt der
Dialog *Karsthans* (1521) als ein Vorklang der Bauernkriege die
Zustimmung des Volkes und spricht Murners satirisches Epos
*Von dem großen lutherischen Narren* (1522) die Besorgnisse der
Altgläubigen um die Zerstörung der Kirche aus; das Drama, etwa
Naogeorgs *Pammachius* (1538), wagte zu Luthers Lebzeiten nur
eine verschlüsselte Darstellung in Gestalt des Gottesstreiters Theo-
philus. Während der ersten Heftigkeit des Streites war Luther
Gegenstand huldigender Glorifizierung oder haßerfüllter Verzer-
rung, so daß von einem eigentlichen Luther-Stoff nicht die Rede
sein kann.
    Erst zur Zeit der Festigung der lutherischen Orthodoxie, zu
Beginn des 17. Jahrhunderts, versuchte man auf protestantischer

Seite, Leben und Taten Luthers in fast ängstlicher Anlehnung an die quellenmäßige Überlieferung literarisch zu gestalten, während auf katholischer Seite etwa das Jesuitendrama mit der Darstellung des vom Teufel zerrissenen Luther noch die Tradition des 16. Jahrhunderts fortsetzte. Beherrschende Form für diese frühen Versuche wurde das Drama und ist es, abgesehen von einigen Versepen (C. F. v. Derschau 1760; L. Hyneck 1817; F. A. Hergetius 1817; R. Hagenbach 1838), bis in die Mitte des 19. Jahrhunderts geblieben; auch späterhin behielt das Drama den Vorrang vor den erzählerischen Bearbeitungen. Schon die Luther-Dramen von N. Frischlin (*Phasma* 1592) und dem von ihm abhängigen Z. Rivander (*Luther redivivus* 1593), von A. Hartmann (1600), M. Rinckart (*Der eislebische christliche Ritter* 1613) und H. Hirtzwig (1617) neigten aus Pietät zur vollständigen Wiedergabe von Luthers Leben, d. h. zu einer Reihung der Höhepunkte seines Daseins – Eintritt ins Kloster, Thesenanschlag, Leipziger Disputation, Verbrennung der Bannbulle, Reichstag zu Worms, Aufenthalt auf der Wartburg, Auseinandersetzung mit den Bauern, Marburger Religionsgespräch, Augsburger Konfession –, obgleich sie noch nicht, wie das Drama des 19. und 20. Jahrhunderts, die Kindheit und das Familienleben Luthers in den Stoff einbezogen (O. Devrient 1883; A. Natorp 1905; Th. Scharahl 1910). Die Kette der Gipfel des Lebens aufzuzeigen, die bis auf die Auseinandersetzung mit den Bauern nahezu den gleichen Inhalt wie die Absage an Rom haben, bedeutete einen Verzicht auf dramatische Steigerung, die man durch Theatralik wettzumachen suchte. Der epische Charakter solcher Dramatisierungen des Luther-Stoffes offenbart sich auch in den häufig verwendeten genrehaften Untertiteln der einzelnen Akte oder Bilder, in deklamatorischen Bindegliedern oder erzählerischen Durchbrechungen der Handlung. Besser geglückt scheinen die Dramen, die nur einen Höhepunkt dieses Lebens herausgriffen (M. Hobrecht, *Luther auf der Feste Coburg* 1893; F. Lienhard, *Luther auf der Wartburg* 1906; A. Graf, *Der Prophet* 1921; H. Johst, *Propheten* 1922; E. Lissauer, *Luther und Thomas Münzer* 1929), jedoch erwecken sie den Eindruck einer Verengung des Lutherbildes, das aus Geschichte und Theologie zu bekannt und durchleuchtet ist. Der für den Dichter verbleibende, subjektiv gestaltbare Raum ist zu eng, um eine wirkliche Poetisierung des Stoffes zu gestatten, und die Veränderung des allgemein bekannten historischen Verlaufs in Z. Werners *Weihe der Kraft* (1806) oder eine gewaltsam subjektive Interpretation im Sinne eines haßerfüllten Rebellentums, wie sie Strindberg vornahm (*Näktergalen i Wittenberg* 1900), wirkt befremdend und dem Stoff nicht gemäß. Der Luther-Stoff ist fast durchweg im Schauspiel und Festspiel, gelegentlich auch im Lustspiel verwendet worden; er feiert Kampf und Sieg der Reformation, tragische Akzente wurden selten gesetzt, da die Tragik Luthers nicht in seinem Leben, sondern in dem Verhältnis seiner reformatorischen Tat zu der erst später sichtbar werdenden geschichtlichen Entwicklung liegt und daher im Rahmen eines Dramas schwer darstellbar ist. So erhoben sich von den rund anderthalbhundert Dramen, in denen Luther im Mittelpunkt der Handlung steht, nur wenige über den Bereich des Dilettantismus, und bei kaum einem anderen so häufig bearbeiteten Stoff finden sich unter den Verfassern so wenig bedeutende Namen. Am bekanntesten wurde wahrscheinlich Z. WERNERS *Weihe der Kraft*, und das auch weniger wegen des künstlerischen Wertes als wegen des Widerrufs in *Die Weihe der Unkraft* (1814). Im neueren Luther-Drama schob sich neben die religiöse Thematik eine nationale (W. MÜLLER-EBERHARD, *Luther der Lebendige* 1927; J. BUCHHORN, *Wende in Worms* 1933; K. EGGERS, *Revolution um Luther* 1935). Auch der Engländer J. OSBORNE (*Luther*, Dr. 1961) sieht in Luther ein spezifisch deutsches Phänomen, einen Katalysator deutscher Wesenszüge und Begründer des modernen Deutschland. Von sozialistischer Seite wurde Luther als Mann der halben Reformen und Unterdrücker der Bauernkriege (B. LASK, *Thomas Münzer*, Dr. 1925), sogar als Werkzeug von Fürsten und Kapitalisten (D. FORTE, *Martin Luther und Thomas Münzer oder die Einführung der Buchhaltung*, Dr. 1971) dargestellt. Die Bauernkriege sind auch eine der vielen peinigenden Erinnerungen, die Luther im Drama L. AHLSENS (*Der arme Mann Luther*, Hörsp. 1965, Dr. 1967) auf dem Totenbett überfallen. Die Beziehung zu → Faust, die schon Strindberg und A. BARTELS (1903) aufgriffen, ist auch zum Hauptthema gemacht worden (W. HERBST, *Luther und Faust* 1950). Th. MANN starb über einem Dramenplan *Luthers Hochzeit*.

Ein Teil der Einwände gegen die poetische Brauchbarkeit des Luther-Stoffes gilt auch für Roman und Erzählung, die sich mit ihm erst seit der Mitte des 19. Jahrhunderts beschäftigten. Für die Behandlung im Roman, die mit K. L. HÄBERLINS *Wittenberg und Rom* (1840) einsetzte, fällt die Notwendigkeit der dramatischen Konzentration des Stoffes fort, es bleibt jedoch die Schwierigkeit der konfessionellen Vorgeprägtheit; von katholischer Seite ist der Stoff nur durch K. v. BOLANDEN (*Eine Brautfahrt* 1857) und L. SCHÜCKING (*Luther in Rom* 1870) gestaltet worden. Es bleibt vor allem das Problem des zu schmalen subjektiven Bereichs und daher die Frage, wieweit der Roman (W. v. MOLO, *Mensch Luther* 1928) neben der Biographie und der geistigen Interpretation (R. HUCH, *Luthers Glaube* 1917) als legitime Gestaltung des Stoffes bestehen kann. Auch bei der erzählerischen Darbietungsweise hat sich die Herausnahme eines geschlossenen Abschnittes aus dem Gesamtstoff als günstig erwiesen, wie sie der Däne J. KNUDSEN in seiner Darstellung des jungen Luther (*Angst* 1914) und des Überwinders der religiösen Krise (*Mut* 1914) vornahm. In die sozialistisch-gesellschaftskritische Betrachtungsweise ordnen sich die beiden Romane von H. LORBEER (*Das Fegefeuer* 1956, *Der Widerruf* 1959) ein. Bei der Kleinerzählung ist ähnlich wie bei der Luther-Lyrik, die beide zu Zyklenbildungen neigten (J. DOSE, *Luther-Geschichten* 1908; E. KLEIST, *Luther-Lieder* 1883;

J. Kähler, *Unser Luther*, Liederkranz 1925; P. Ernst 1935), die
Nähe zur Erbauungsliteratur spürbar.

A. Brunnemann, Luther in der erzählenden Dichtung, (Zeitschrift für deutschen Unterricht 31) 1917; W. Kühlhorn, Luther in der dramatischen Dichtung, (ebenda); G. Herzfeld, Martin Luther im Drama von vier Jahrhunderten, Diss. Köln 1922; G. Hildebrant, Luther-Dramen 1937; K. Aland, Martin Luther in der modernen Literatur, 1973; Luther-Bilder im 20. Jahrhundert, hg. F. van Ingen / G. Labroisse, Amsterdam 1984.

**Luxemburg, Herzog von.** François Henri de Montmorency-
Bouteville, Herzog von Luxemburg (1628–1695), tat sich als
Anhänger Condés in den Frondekriegen hervor und wurde im
zweiten Koalitionskrieg berüchtigt durch den gewalttätigen Vor-
marsch auf dem Eis der Kanäle, den er 1672 von Utrecht aus
vollzog. Einen ähnlichen Ruf erwarb er sich 1676 als Oberbefehlshaber im Elsaß durch die Verheerung des Breisgaus. Die Giftmordprozesse des Jahres 1680 enthüllten seine Beziehungen zu
verbrecherischen Pariser Kreisen, durch die er Verbindung mit
dem Teufel gesucht haben soll. Nach einer Haftzeit in der Bastille
wurde er jedoch freigesprochen und schon 1690 wieder mit dem
Oberbefehl in Flandern betraut; er brachte Wilhelm von Oranien
schwere Niederlagen bei.

Während des Giftmordprozesses entstand in Paris das Gerücht
von einem Teufelspakt des Herzogs, das in der Folgezeit zwar in
Frankreich wieder verstummte, aber in Holland der Gestalt des
verhaßten Feindes um so eifriger angehängt wurde. Auf einem mit
starken Farben arbeitenden Bericht über die Greueltaten des Jahres
1672, dem *Advis fidelle aux véritables Hollandois* (1673), baute eine
Anzahl holländischer Pamphlete auf, unter denen *L'Esprit de
Luxembourg* (1693) auch den Teufelspakt mitteilte und des Herzogs
Siege der Schwarzen Kunst zuschrieb. 1694 nahm sich die *Histoire
des Amours du Maréchal Duc de Luxembourg* des Herzogs Ausschweifungen zur Zielscheibe, und unmittelbar nach seinem Tode
erschien die satirische Tragikomödie *Le Maréchal de Luxembourg au
lit de la mort* (1695), in der der Herzog sein lasterhaftes Leben
beklagt, der Teufel in Gestalt eines Magiers ihm die Höllenstrafe
ankündigt und der Sterbende auf Anraten des Beichtvaters den
Teufelspakt verbrennt.

Während in Frankreich die schwarzen Seiten im Bilde des siegreichen Feldherrn verblaßten und sie in Holland eher verzerrt
wurden, war in dem weniger beteiligten Deutschland der Boden
für die Aufnahme der Sage schon durch die im Umlauf befindlichen verwandten ↑ Teufelsbündner-Sagen bereitet. Wie Züge solcher Teufelsbündner-Sagen auf den auch durch das Volkslied
bekannten Verwüster des Breisgaus und Hollands übertragen wurden, zeigen die verschiedenen Drucke von *Pacta und Verbündnus des
zu Paris in Verhaft sitzenden Herzogs von Luxemburg* (1680), die 28
Punkte aufführen, deren wichtigste des Herzogs Forderungen auf

Gunst des Königs, Erfolg bei den Frauen und Unbesiegbarkeit
sind. Könnten bei den *Pacta* französische Vorbilder denkbar sein,
so ist die nach dem Tode des Herzogs entstandene Sage von der
Erfüllung des Paktes trotz des in schlechtem Französisch abgefaß-
ten Titels *Histoire très véritable de la mort du Maréchal de Luxembourg
arrivé à Paris dans son Palais* offenbar deutsche Erfindung und läßt
die Nähe zum → Faust-Stoff deutlich erkennen. Der Herzog
versammelt in einer Anwandlung von Traurigkeit seine Freunde
um sich, ein Fremder läßt sich melden, der den verstörten Herzog
auffordert, ihm in sein Zimmer zu folgen; die Lauscher hören, daß
der Teufel dem Herzog die Einlösung des Paktes ankündigt und
keinen Aufschub gewährt und daß er nur noch einen Brief an den
König schreiben soll; nach einem furchtbaren Knall findet man nur
die Perücke, die Kleider des Herzogs und den Brief. Diese nach der
Geschichte vom Teufelsbündner Canope gebildete Erzählung vom
Ende des Herzogs wurde in weiteren Fassungen mit den *Pacta* und
mit einer nach dem *Advis fidelle* geschriebenen Schilderung der
holländischen Greuel verbunden und erhielt 1716 die endgültige
Fassung als Volksbuch, das bis in die ersten Jahrzehnte des 19. Jahrhunderts fortlebte. Jahrmarkts- und Marionetten-Aufführungen
des Stoffes um 1720 sind belegt. Ein von Daniel FASSMANN (*Gespräche im Reiche der Toten* 1718 ff.) unternommener Versuch, die Sage
rationalistisch zu entkräften, wurde mit umgekehrter Tendenz
erwidert: ein ernst gemeintes *Totengespräch … zwischen dem ehemaligen französischen Generalfeldmarschall Franz Heinrich von Luxenburg
und Doct. Johann Fausten* (1733), in dem sich die beiden Sünder ihre
Untaten vorwerfen, übermittelt auch die Sage von einer Welt-
Luftfahrt Luxemburgs mit dem Teufel während der Zeit seiner
Haft. Im Zusammenhang mit einer satirischen Abfertigung der
Totengespräche wurde der Teufelsbündner Luxemburg auch noch
zur Possenfigur (Anon., *Das Reich der Toten* um 1725).

Als I. F. CASTELLI 1820 das französische Drama von DUPETIT-
MÉRÉ / BOIRIE *Le Maréchal de Luxembourg* (1812) übersetzte, das in
der französischen Tradition stand und den Herzog nicht als Teufelsbündner, sondern als edelmütigen Feldherrn darstellte, dürfte
auch in Deutschland die Sage nicht mehr lebendig gewesen sein.

A. Kippenberg, Die Sage vom Herzog von Luxemburg, 1901.

**Luzifer** → Satan

**Lysistrata.** ARISTOPHANES' Komödie *Lysistrate* (411 v. Chr.)
wollte auf die Beendigung des Peloponnesischen Krieges hinwir-
ken. Der Dichter erfand zur Bändigung des männlich-kriegeri-

schen Unverstandes die Verweigerung der ehelichen Pflichten durch die Frauen, ein Motiv, das in dem pseudohesiodischen *Schild des Herakles* mit anderer Tendenz verwandt wurde: Alkmene verweigert sich dem Amphitryon, bis er einen Familienzwist durch die Rache an den Gegnern beendet hat. Bei Aristophanes verkündet die Athenerin Lysistrate den von ihr am Fuße der Akropolis zusammengerufenen griechischen Frauen ihren Plan, sich den Männern bis zum Abschluß eines Friedens zu verweigern, und der Vorschlag gelangt durch die Unterstützung der Spartanerin Lampido zur Ausführung. Lysistrate besetzt mit ihren Frauen die Burg und lehnt den belagernden Männern die Herausgabe des Staatsschatzes ab. Sie kann jedoch ihre Anhängerinnen nur mit Mühe daran hindern, zu den Männern und Liebhabern zurückzukehren. Da aber die Männer die gleiche Entbehrung leiden, kommt es zu Verhandlungen, die mit dem Friedensschluß und der Wiedervereinigung der Paare enden.

Das Stück hat im Altertum nur geringe Verbreitung gefunden. Mittelalterliche Analogien zum Thema gehen möglicherweise auf Vermittlung durch byzantinisches Erzählgut zurück. Die erste wirkliche Wiederaufnahme des Stoffes findet sich bei J. FLETCHER (*The Woman's Prize or the Tamer Tamed* vor 1625). Hier geht es zunächst um eine Familienfehde, und die Heldin gewinnt für ihren Streik vorerst die weiblichen Verwandten, dann erklären sich auch die Land- und Stadtfrauen solidarisch; nach sechs Tagen sind die Männer bezwungen. Der englische Dramatiker übernahm für das Stück auch Züge aus ARISTOPHANES' *Ekklesiazusai* (392/1 v. Chr.), die das Thema der Frauenherrschaft und der durch sie herbeigeführten Güter- und Frauengemeinschaft behandelte.

Nach der ersten deutschen Übersetzung durch A. Ch. BORBECK (1806) entstand 1819 J. F. CASTELLIS Singspiel-Einakter *Die Verschworenen,* der den Stoff auf die Zeit der Kreuzzüge übertrug und als Gegenschachzug einen Streik der Ritter erfand; mit dem späteren Titel *Der häusliche Krieg* verwandte F. SCHUBERT den Text für ein Singspiel (1823) und verlieh ihm dadurch höhere Bedeutung (Neubearbeitung von R. LAUCKNER / F. BUSCH als *Die Weiberverschwörung* 1920). 1872 setzte L. ANZENGRUBER mit den *Kreuzlschreibern* den Stoff in bäuerliches Milieu um und ließ den Streik der Frauen durch einen Beichtvater inspiriert sein, der dadurch eine der Geistlichkeit unangenehme Eingabe der Bauern rückgängig machen will. A. WILBRANDT (*Frauenherrschaft* 1892) bereicherte erneut den Lysistrata-Stoff durch Motive aus den *Ekklesiazusen*; Lysistrata übernimmt zugleich die Funktion der Wortführerin Praxagora aus der zweiten Komödie, und erst nachdem sich die Frauen in den Besitz der Herrschaft gesetzt haben, führen sie den Frieden herbei. In W. GILBERT / A. SULLIVANS Operette *Princess Ida* (1884) siegt die Liebe schließlich über die Männerfeindschaft der Prinzessin und der von ihr geleiteten Frauenuniversität. 1892 stellte M. DONNAY eine Fassung für das »Chat noir« her, die R. LOTHAR ins Deutsche übersetzte.

Hofmannsthals *Prolog zur Lysistrata des Aristophanes* (1908), der die Unsterblichkeit des Stoffes unterstrich, leitete gleichsam eine neue Epoche ein. Zu den zahlreichen Transponierungen und Bearbeitungen gehören R. Mischs *Das ewig Weibliche* (1902) und P. Linckes popularisierende Ausstattungsoperette *Lysistrata* (1902, Text H. Bolten-Baeckers / M. Neumann). F. Kommissar-tschewsky bearbeitete die Komödie für das Memorial-Theater in Moskau. Mit den beiden Weltkriegen gewann der Stoff an Aktualität und Beliebtheit, die sich an der schwankhaften Bearbeitung von P. Mochmann (1948), an der schon im Vokabular aktualisierenden von H. J. Rehfisch (1952), an R. Mohaupts Tanzkomödie (1955) und schließlich an F. Kortners Fernsehbearbeitung (1960) ablesen läßt, der dem Stoff eine das Antikriegsthema diskutierende Rahmenhandlung gab.

O. Weinreich, Zur Geschichte und zum Nachleben der griechischen Komödie (in: Aristophanes, Sämtliche Komödien Bd. 2), Zürich 1953.

**Magelone, Die schöne.** Die Sage von Magelone und Peter von Provence verherrlicht die Entstehung einer Kirche auf der Mittelmeerinsel Maguelone, die von der Heldin der Erzählung zur Erinnerung an ihren totgeglaubten Geliebten gestiftet sein soll. Die Fixierung der Erzählung auf die Provence ist jedoch späte Übertragung eines alten Stoffes. Ihre spezifische Motivkombination findet sich schon in *1001 Nacht* in der *Geschichte des Prinzen Kamaralzaman von Khaledan und der chinesischen Prinzessin Budur.* Die Jungvermählten machen im Walde Rast, der Prinz wacht neben seiner schlafenden Frau, Begierde überkommt ihn, doch als er seine Frau berührt, entdeckt er an ihrem Leib einen Talisman. Ein Vogel entreißt ihm diesen, der Prinz wird bei seiner Verfolgung weit von seiner Frau entfernt, gewinnt den Talisman zurück und entdeckt zugleich einen Schatz, den er in Ölkrügen nach seiner Heimat Khaledan verschiffen läßt. Er wird von seinem Schiff getrennt; der Schatz erreicht ohne ihn die Heimat, wo ihn seine Frau, die in Männerkleidung dorthin gelangt ist, entgegennimmt und verwahrt, bis der Prinz kommt.

Daß die Erzählung noch innerhalb des orientalischen Raumes umgestaltet worden ist, lassen zwei türkische Erzählungen, der Roman *Abdulselam und Chelnissa* und ein in Südsibirien aufgezeichnetes tatarisches Märchen *Das gekaufte Mädchen*, erkennen, die den europäischen Fassungen näherstehen als der arabischen. Hier finden sich das Vogelmotiv und das Schatzmotiv; der Ort des Wiedersehens ist ein Wirtshaus für Karawanenreisende. Außerdem gibt es eine Anzahl mittelalterlicher Erzählungen, in denen gleichfalls eine Frau, die auf der Reise von ihrem Mann getrennt wurde, durch ein Wunder ihrem Manne unberührt erhalten bleibt (*Sir Isambrace* um 1150; Chrétien de Troyes, *Guillaume d'Angleterre; Die gute Frau* um 1250; *L'Escoufle* 13. Jh.; *Der busant* 1300/10). Sie

alle sind von der Eustachius-Placidus-Legende abgeleitet, in die
auch Elemente des spätgriechischen Romans übergegangen waren;
ein Teil der Motive der späteren Magelone-Sage wurde in diesen
Erzählungen vorgeformt.

Um die Mitte des 15. Jahrhunderts muß das orientalische Märchen nach Italien und der Provence gelangt sein. Etwa gleichzeitig
traten zwei europäische Fassungen ans Licht, das italienische
Gedicht *Ottinello e Giulia* (15. Jh.) und der französische Roman
*Pierre de Provence et la belle Maguelonne* (1453). Beide haben als ein
neues Motiv, daß der Held an seiner schlafenden Frau die ihr von
ihm selbst geschenkten drei Ringe entdeckt, bei der Verfolgung des
Vogels von Seeräubern gefangen und als Sklave verkauft wird;
während er den Schatz in der italienischen Fassung ebenso findet
wie in den orientalischen Fassungen, erhält er ihn im französischen
Roman vom Sultan für treue Dienste geschenkt. Das italienische
Gedicht läßt wie das tatarische Märchen das Wiedersehen in einer
Herberge stattfinden, die von der Geliebten inzwischen gebaut
wurde. Die Ausgestaltung der Geschehnisse um die unerkannt in
der Heimat ihres Geliebten lebende Frau sowie überhaupt den
ganzen erweiternden romanhaften Rahmen verdankt die französische Fassung dem Bestreben, die Erzählung mit der Kirche auf
Maguelone zu verknüpfen. Peter, Sohn des Grafen von Provence,
zieht aus, um in Neapel unerkannt um die schöne Prinzessin
Magelone zu werben, die mit ihm flieht, nachdem er sich ihr
entdeckt hat. Plötzlich verlassen, zieht Magelone in Pilgerkleidung
nach der Provence und gründet dort ein Spital für kranke Fremdlinge in der Hoffnung, den Geliebten wiederzufinden. Obgleich
seine drei im Bauch eines Fisches gefundenen Ringe auf Peters Tod
schließen lassen, hält Magelone in Treue und Frömmigkeit an
ihrem Glauben fest und wird belohnt, als Peter krank und verarmt
bei ihr einkehrt.

Die zum Volksbuch gewordene, sehr beliebte französische
Erzählung, die sich vor anderen Rittergeschichten durch Vermei-
dung von Zaubermotiven sowie durch Zartheit und Frische auszeichnet, wurde in fast alle europäischen Sprachen übersetzt. Die
erste deutsche Übersetzung eines Nürnberger Anonymus (um
1470) hatte wenig Erfolg. Eine weitere von Veit WARBECK (1535),
an Luthers Sprache geschult und konsequent in der Tilgung katholischer Elemente, bildete die Grundlage für drei Dichtungen des
Hans SACHS, die Dramatisierung eines Leipziger Studenten (1539)
und des S. WILD (1566) sowie die Erzählung in Valentin SCHU-
MANNS *Nachtbüchlein* (1559), der die Handlung nach England verlegte und die Namen änderte (*Von Christoffel von Mömpelgart und der
schönen Feronica*). In Italien begann die Stofftradition mit dem
Gedicht *Ottinello e Giulia*, das z. B. F. BELLO in seiner *Storia di Orco e
Pulicastra* (in *Il Mambriano* 1509) variierte, das A. Cinzio DELLI
FABRIZI in Terzinen umgegossen hat (*Libro della origine delli volgari
proverbi* 1526) und das auch sonst mehrfach nacherzählt wurde. An
den französischen Roman schloß sich S. degli ARGIENTI (*Filoconio e*

*Eugenia* 1475) an, und eine Mischung der beiden Prägungen vollzog der Spanier J. DE TIMONEDA in seinem *Patrañuelo* (1567). LOPE
DE VEGAS Dramatisierung (*Los tres diamantes* 1609) folgte dem
Handlungsverlauf des Volksbuches und bereicherte ihn um die
Gestalt des treuen Freundes Enrique, der zugunsten des Helden auf
die Geliebte verzichtet, sowie durch unglücklich liebende Partner
in der Zeit der Trennung. Mit der klassizistischen Heroide (C. MA-
ROT, *Maguellone à son ami Pierre de Provence* 1517) und einem
burlesken Ballett (Paris 1638) waren die künstlerischen Möglich-
keiten des Stoffes bereits überschritten. Die romantische Erneue-
rung, nicht Weiterentwicklung, des Stoffes geschah durch L.
TIECK (1796). Im 19. Jahrhundert entstanden ein Epos von H.
SCHAUENBURG (*Die schöne Magelona* 1856) und ein Versdrama von
H. PÖHNL (*Die schöne Magelone* 1880).

J. Bolte, Einleitung zu: Die schöne Magelone, aus dem Franz. übers. v. Veit
Warbeck 1527, 1894; G. Klausner, Die drei Diamanten des Lope de Vega und Die
schöne Magelone, 1909; R. Paulli, Einleitung zu: Den skønne Magelona, Kopenhagen 1918; H. Nusser, Die Dramatisierungen des Magelonenstoffes im 16. Jahrhundert, Diss. Wien 1964.

**Mai und Beaflor.** Mit Mai und Beaflor ist eine deutsche Version eines im Mittelalter in ganz Europa verbreiteten volkstümlichen Stoffes herausgegriffen, der in seinen Motiven und seiner
Fabel große Konstanz aufweist, in seiner Lokalisierung und
Namengebung jedoch ständig wechselt. Die älteste erhaltene Fassung der *Vita Offae primi* (Ende 12. Jh.) läßt die Handlung in
England spielen und verknüpft sie mit Offa I., dem König der
Westangeln. Die Tochter des Königs von York ist von ihrem Vater
im Walde ausgesetzt worden, nachdem er vergeblich versucht hat,
sie zu verführen. Offa findet das Mädchen, nimmt es mit sich und
heiratet es. Als er sich nach Jahren auf einem Kriegszug befindet
und der Königin in einem Brief seinen Sieg meldet, fälscht sein
Schwiegersohn den Brief so, daß die Nachricht lautet, der König
sei geschlagen und befehle, seine Frau und Kinder in die Wildnis zu
führen und ihnen Hände und Füße abzuhacken. Durch das Mitleid
der Schergen wird die Verstümmelung nur an den Kindern vollzogen, die aber durch das Gebet eines Einsiedlers, bei dem die
Vertriebenen Zuflucht finden, geheilt werden. Der heimgekehrte
König straft die Schuldigen und findet später seine Familie wieder.

Der Stoff zeigt eine deutliche Zweiteilung. Der erste Teil hat ein
↑ Inzest-Motiv, wie es etwa in dem *Märchen von Peau d'âne* oder
von *Allerleirauh* oder in den verschiedenen Fassungen des → Apol-
lonius-von-Tyrus-Stoffes auftaucht, zum Thema, der zweite das
im Mittelalter außerordentlich verbreitete Motiv der verstoßenen
verleumdeten ↑ Gattin. Diese Zweiteilung bleibt in allen Fassungen des Stoffes erhalten. Das Inzest-Motiv wird in anderen Fassungen unter gewisser Entlastung des Vaters benutzt; er ist willens

oder hat sogar seiner ersten Frau versprochen, nur eine ihr ähnliche Frau zu heiraten, und verfällt bei der Suche nach einer solchen schließlich auf die Tochter. Dieses veredelnde Motiv taucht zuerst in Philippe de Beaumanoirs *Manekine* (um 1270) auf und findet sich auch in der von Jansen Enikel in seiner *Weltchronik* (um 1277) erzählten Geschichte von der *Tochter des Königs von Rußland*, in der spanischen *Historia del Rey de Hungaria* (14. Jh.) und in Bartolomeo Fazios lateinischer Novelle *De Origine inter Gallos et Britannos belli historia* (15. Jh.). In Basiles Novelle *La Penta Manomozza* (1637) ist es ein Bruder, der die Heldin mit unsittlichen Wünschen verfolgt. Nur in der *Geschichte von Constanze*, die in der anglonormannischen Chronik (1334–47) des Nicolas Trivet berichtet wird und aus der J. Gower (*Confessio amantis* 1390) und Chaucer (*Man of Law's Tale*) ihre Constanze-Geschichten schöpften, treten an die Stelle des Inzest-Motivs eine erste Ehe mit einem Sultan, Verleumdung und Vertreibung. In den meisten Fassungen wird das Motiv von den abgehackten Händen in den ersten Teil der Handlung gelegt und steht hier wohl auch an der richtigen Stelle: die Tochter hackt sich die Hand ab, um ihre Schönheit zu zerstören (so Ph. de Beaumanoir, die *Historia del Rey de Hungaria* und die *Novella della figlia del Re di Dacia* 14. Jh.); bei Jansen Enikel ist die Selbstverstümmelung auf Abschneiden der Haare und Zerkratzen des Gesichts abgeschwächt. Als Episode der *Fille sans Mains* ist die Geschichte auch in dem französischen Roman *Herpin* und entsprechend im deutschen Volksbuch enthalten. Die Entfernung aus dem Vaterhaus taucht als Vertreibung und auch als Flucht auf; häufiger als die Waldszenerie ist dabei – im Zusammenhang mit den entfernten Ländern, in die der Stoff verlegt wurde – die Flucht oder Aussetzung in einem Boot oder Faß, so etwa in dem französischen Roman *La belle Hélène de Constantinople* (13. Jh.) und in der englischen Verserzählung *Emaré* (14. Jh.). Bei der Vertreibung aus dem Haus des Gatten wird entweder die gleiche Szenerie wie bei der ersten benutzt, oder Wald und Meer wechseln.

Die Intrige des zweiten Teiles geht nur in der Offa-Fassung von einem Schwiegersohn aus, sonst ist es ausnahmslos die Mutter des Ehemannes, die jene ihr unwillkommene Ehe mit der – in vielen Fällen unerkannten und verstümmelten – Frau zerstören will. Die Lügennachricht ist ein konstantes Motiv, nur geht meist eine erste Brieffälschung voraus: statt der Geburt eines Kindes meldet die Mutter dem fernen Gatten, die Frau habe zwei Hunde (*La belle Hélène*), ein Ungeheuer (Beaumanoir) oder ein uneheliches Kind (*Mai und Beaflor*) geboren. Die Vertreibung der schuldlosen Gattin und das Mitleid der Schergen zeigt eine starke Ähnlichkeit mit dem → Königin-Sibylle-, dem → Crescentia- und dem → Genovefa-Stoff. Statt bei einem Eremiten finden die Vertriebenen vielfach auch bei einem weltlichen Herrn, dessen Sitz oft in Rom ist, Zuflucht.

Von einer eigentlichen Entwicklung des Stoffes im Sinne eines inhaltlichen Anwachsens oder einer Neuinterpretation kann nicht

gesprochen werden; es handelt sich um ein nicht entscheidend
variiertes Motivgefüge, das an die verschiedensten pseudohistorischen Personen geknüpft wird. Der Vater ist König von England,
Kaiser von Konstantinopel, König von Rom, von Ungarn, von
Rußland, von Dazien, Herzog von Anjou, römischer Kaiser. Nur
einmal findet sich die Beziehung zu einer wirklich historischen
Person, dem Kaiser Tiberius Konstantin (Nicolas Trivet), und die
*Ystoria regis Franchorum et filie in qua adulterium comitere voluit* (1370)
machte die Heldin zur Tochter des Königs von Frankreich, was
sich von da an häufiger findet (G. FIORENTINO, *Pecorone* 1378; HANS
VON BÜHEL, *Des Königs Tochter von Frankreich* 1401), ohne sich
durchsetzen zu können. Von Hans von Bühel stammt die Verknüpfung des Stoffes mit dem Ausbruch des Hundertjährigen
Krieges, die auch B. Fazio hat. Die wunderbare Heilung der abgehackten Hände bahnte den Weg in die Legendenliteratur (*Historia
de la regina Oliva* 15. Jh.; *Miraculi de la gloriosa verzene Maria* 1475).
Schon Beaumanoirs *Manekine*, aber auch die beiden Legendenfas-
sungen sind dramatisiert worden.

Die in ganz Europa verbreiteten, z. T. stark veränderten und mit
anderen Stoffen verschmolzenen Märchenfassungen des Stoffes
lassen sich zum kleinen Teil auf bestimmte mittelalterliche künstlerische Vorlagen zurückverfolgen, ähnlich wie die Hélène-Fassung
der Ausgangspunkt für die entsprechenden, in vielen Sprachen
überlieferten Volksbücher gewesen ist. Zum größeren Teil bezeugen die Märchen jedoch das Weiterleben der märchenhaften
Grundschicht des Stoffes, aus der er für die Dauer von drei
Jahrhunderten in die Bezirke der Kunstdichtung emporwuchs.

H. Suchier, La Manekine, (Einleitung zu Œuvres poétiques de Beaumanoir,
Bd. 1) Paris 1884.

**Maître Pathelin.** Die berühmte französische *Farce de maistre
Pierre Pathelin* (um 1464), deren Autor trotz der Bemühungen der
Forschung nicht ermittelt worden ist, stellt in ihrem ersten Teil
dar, wie der Advokat Pathelin gemeinsam mit seiner Frau den
wucherischen Tuchhändler Joceaume um die Bezahlung von sechs
Ellen Tuch prellt. Pathelin lädt den Kaufmann zum Essen ein und
sagt ihm zu, ihm dabei das Geld zu geben; als der Geladene kommt,
erklärt Pathelins Frau, ihr Mann sei seit Wochen krank, und führt
den schwer Fiebernden vor, so daß der Händler glaubt, der Teufel
müsse ihm in Pathelins Gestalt das Tuch abgelistet haben, und auf
seine Ansprüche an den Advokaten verzichtet. Der zweite Teil
zeigt den Prozeß, den Joceaume gegen seinen Schafhirten Agnelet
wegen der Verluste in seiner Herde führt. Als der Kaufmann den
vermeintlich kranken Pathelin als Anwalt des Hirten erblickt, ist er
so verwirrt, daß er seine Klage nicht ordentlich vorbringen kann,
sondern die Tuchaffäre mit der Hammelaffäre vermengt. Agnelet,
dem Pathelin geraten hat, auf alle Fragen des Richters mit »Bée« zu

antworten, wird freigesprochen und prellt zuletzt noch den Advokaten: als Pathelin sein Honorar einfordern will, antwortet Agnelet auch ihm mit »Bée«.

Die Komödie um das Motiv des betrogenen Betrügers stellt den durch gewissen Charme ausgezeichneten Pathelin in den Mittelpunkt und weiß auch die beiden Handlungsstränge – Tuchbetrug und Hammelbetrug – geschickt in der Gerichtsszene zusammenzufassen. Da die Forschung glaubte, in den Gestalten die Figuren der Commedia dell'arte wiederzufinden, schloß sie auf eine italienische Vorlage, die aber nicht nachzuweisen ist. Eher dürfte der *Maître Pathelin* eine auf verbreiteten volkstümlichen Motiven aufbauende französische Originalschöpfung sein. Für die Szenen des Tuchbetruges kann man literarische Parallelen in dem englischen Spiel *Make the Thief* aus den *Towneley Plays* (Anfang 15. Jh.) finden. Das für die Farce bezeichnendere Motiv ist jedoch der schlaue Advokat, der von einem noch schlaueren Klienten überlistet wird, wie es E. DESCHAMPS (Ende 14. Jh.) in seiner *Farce de Maître Trubert et d'Antroignart* verwandte. Auch die speziellere Fixierung der List durch den Rat, vor Gericht »Bée« oder etwas Entsprechendes zu sagen, ist alt und findet sich in deutschen, dänischen, italienischen, balkanesischen, hebräischen und indischen volkstümlichen Erzählungen.

In direkter oder indirekter Abhängigkeit vom *Maître Pathelin* steht die lateinische Komödie *Henno* (1497) des Humanisten REUCHLIN, deren Stoff sein Neffe Melanchthon eine »Fabula Gallica« nannte. Das Schwergewicht ist von dem Advokaten auf den überlistenden Knecht Dromo verlegt. Eigenschaften wie Funktionen Pathelins sind zum Teil auf Dromo übertragen, der nicht mehr Tölpel, sondern verschlagener Betrüger ist; auf der anderen Seite übernimmt der Bauer Henno, Dromos Herr, einen Teil der Funktionen des Advokaten, vor allem den Plan zum Tuchkauf, zu dem er seiner Frau Geld gestohlen hat. Die Hammelgeschichte fehlt, die Handlung ist auf den Tuchbetrug konzentriert, dem auch die Gerichtsszene gilt; Dromo betrügt seinen Herrn und den Anwalt, erhält schließlich noch Hennos Tochter zur Frau und steht sogar als eine Art rächender Engel dar, indem er seine Betrügereien als gerechte Bestrafung der übrigen Betrüger hinstellt. Eine satirisch gegen die Astrologen gerichtete Szene ist Reuchlins Erfindung. Eine deutsche Bearbeitung des *Henno* wurde bereits 1502 in Frankfurt gespielt; später haben Hans SACHS (1531) und J. BETZ (1546) ihn ins Deutsche übersetzt. Auf der Frankfurter Bearbeitung könnte das Luzerner Fastnachtspiel *Der kluge Knecht* (Anfang 16. Jh.) beruhen, das die Humanistenkomödie in eine bäurische Schweizer Sphäre verlegt, die Heiratsgeschichte ausscheidet und als Ausgangspunkt der Handlung die Prophezeiung eines Zigeuners setzt, der Bauer Ruedi werde Amtmann werden, wenn er sich besser kleide; in dem Zigeuner hat der Astrologe aus Reuchlins Stück seine Entsprechung. In der erzählenden Literatur des 16. Jahrhunderts fand *Henno* Nachhall etwa in der Erzählung

*Von einem, der den Fürsprecher überlistet und hat ihn der Fürsprech das selbst gelehrt* von J. Wickram (*Rollwagenbüchlein* 1555) und einer ähnlichen Geschichte in G. Rollenhagens *Froschmäuseler* (1595). Ch. Weise mag für sein Lustspiel *Der betrogene Betrug* (1690) *Henno* benutzt haben, doch ist die Fabel bis zur Unkenntlichkeit verändert.

Der Pathelin-Stoff gelangte auch nach Italien. Er taucht im 16. Jahrhundert in einer Anekdote des L. Domenichi (*Le Facezie* 1564) und als Episode in dem Lustspiel *L'Arzigogolo* von A. F. Grazzini auf. In Frankreich wurde Pathelin zu einer volkstümlichen, sagenhaften Gestalt, die als eine Art geistiger Verwandter des Dichters François Villon aufgefaßt wurde. Der zu Anfang des 16. Jahrhunderts erschienene Schwank *Le nouveau Pathelin*, der an den Tuchbetrug anknüpft, verschmolz Pathelin mit Villon, und das gleichzeitige *Testament Pathelin* läßt den zu Tode erkrankten Advokaten ein ironisch-humorvolles Testament nach dem Vorbild der Testamentdichtungen Villons aufsetzen.

In der Gegenwart griff H. U. Wendler den Stoff wieder auf (*Wer zuletzt lacht*, Einakter 1948) und bot damit die Textgrundlage zu einer Oper *Maître Pathelin oder die Hammelkomödie* (1969) von R. Kunad.

S. Oliver, Some Analogues of Maistre Pierre Pathelin, (Journal of American Folk-Lore 22) 1909; F. Rauhut, Fragen und Ergebnisse der Pathelin-Forschung, (German.-Roman. Monatsschrift 19) 1931; R. Kraft, Reuchlins Henno. Geschichte eines Komödienstoffes, (Wilhelm-Diehl-Festschrift) 1941.

**Manfred** → Hohenstaufen

**Marat** → Corday

**Maria.** Die Entwicklung des Maria-Stoffes, d. h. die Ergänzung des in den *Evangelien* über die Mutter → Jesu Berichteten, erfolgte in den ersten nachchristlichen Jahrhunderten. Das griechische *Protevangelium Jacobi* (2. Hälfte 2. Jh.), das in Westeuropa in dem lateinischen *Pseudo-Matthäus-Evangelium* und dem *Evangelium de nativitate Mariae* (5. Jh.) verbreitet war, erzählt von den Eltern Marias, Marias Geburt und Jugend, ihrer Verbindung mit Joseph durch ein Staborakel, dem Beweis ihrer Keuschheit durch ein Gottesurteil und dem Zeugnis der Hebamme nach der Geburt Jesu über ihre unverletzte Jungfräulichkeit. Ergänzt wurde dieser Stoff durch das *Evangelium von der Kindheit Jesu* (7. Jh.) und die Erzählung des Pseudo-Melito vom Tode und der Himmelfahrt Mariä (4. Jh.). Aus dem *Pseudo-Matthäus-Evangelium* schöpfen die frühen Marienleben der Hrotsvit von Gandersheim (nach 962) und des Priesters

WERNHER (1172). Die apokryphen Quellen wurden im 13. Jahrhundert auf deutschem Boden zusammengefaßt in der *Vita beatae virginis et salvatoris rhythmica*, die nicht nur stofflich, sondern zugleich auch in ihrem lyrisch-emphatischen Stil Vorbild für die lateinischen und volkssprachlichen Marienleben des Mittelalters wurde (*Grazer Marienleben*, Mitte 13. Jh.; Marienleben des Kartäusers PHILIPP, Mitte 13. Jh., des WALTHER VON RHEINAU, Ende 13. Jh., und des Schweizers WERNHER, 14. Jh.). Das verbreitete Marienleben des Kartäusers Philipp diente schließlich noch der Prosafassung eines Volksbuches als Grundlage. Eine selbständige Entwicklung machte im Anschluß an Pseudo-Melito und die entsprechende Erzählung der *Vita rhythmica* die Geschichte der Himmelfahrt Mariä durch, die als eine Art Gegenszene zu der für das Mariendogma zentralen Verkündigungsszene ausgebaut und gleichfalls mit dem Auftritt eines Engels eingeleitet wurde (KONRAD VON HEIMESFURT 1225/50; Anon., *Die Erlösung* Anf. 14. Jh.; *Ludus de assumptione beatae Mariae virginis* 14. Jh.).

Während die Entwicklung des Maria-Stoffes, soweit er das irdische Leben Marias betrifft, sich mit den großen Marienviten des Mittelalters erschöpfte, wuchs ein jüngerer Zweig des Stoffes, die Marienlegenden oder Marienmirakel, die das Eingreifen der zur Regina coeli erhobenen Gottesmutter in die Geschicke der Menschen behandeln, bis in die Gegenwart fort. Die Marienlegenden stehen im Zusammenhang mit dem seit dem Konzil zu Ephesus (431) sich entwickelnden Marienkult, da in den Marienpredigten zu den Marienfesten Legenden als Predigtmärlein verwandt wurden. Die Erzählungen sind vielfach von anderen Heiligen auf Maria übertragen worden, und die volkssprachlichen Marienlegenden haben fast immer lateinische Vorbilder. Reihungen von Marienlegenden finden sich zum Beispiel in KONRADS VON FUSSESBRUNNEN *Kindheit Jesu* (um 1200), in den fünfundzwanzig Marienlegenden des GONZALO DE BERCEO (*Milagros de Nuestra Señora* um 1200), in den 360 Legenden der *Cantigas de Santa Maria* (um 1250) ALFONS' DES WEISEN, in GAUTIER DE COINCYS *Miracles de Nostre Dame* (um 1220), einem Zyklus von Marienlegenden, die Marias Gnadenakte gegenüber reuigen Sündern schildern, dann, im Rahmen einer Marienvita, im *Passional* (um 1300) und in der Sammlung *Der maget crône* (14. Jh.). Die wohl verbreitetsten Marienlegenden sind die Legende von → Theophilus und die von Marias Stellvertretung für die Nonne → Beatrix. Häufig taucht auch die vom Bischof Bonus und die Legende vom Jüdel auf (zuerst in GREGOR VON TOURS' *Gloria martyrum* 6. Jh.). In Frankreich erlangte die Legende *Le Tombeur de Notre-Dame* Berühmtheit, die Geschichte eines armen Jongleurs, der seine Künste als Akrobat dem Dienst der Jungfrau weiht; Anatole FRANCE hat sie unter dem Titel *Le Jongleur de Notre-Dame* (in *L'Étui de nacre* 1892) wiederbelebt. Die Legenden mit den in ihnen behandelten menschlichen Schicksalen lassen der dichterischen Phantasie mehr Spielraum als die Marienviten. Schon in DANTES *Göttlicher Komödie* (Anf. 14. Jh.) ist Maria im Sinn der

Legende Fürsprecherin des sündigen Dichters vor Gott. Die *Legenden* L. KOSEGARTENS (1804) griffen nach Herders Anregung auf mittelalterliche Vorbilder zurück. G. KELLER (*Sieben Legenden* 1872) ließ vier Marienlegenden aus realistischem, weltzugewandtem Geist neu erstehen. Wie Keller setzte später G. BINDING in der *Keuschheitslegende* (1914) humorvoll das Irdische in sein Recht ein. Dagegen schuf P. CLAUDEL aus dem Geist des »Renouveau catholique« in *L'Annonce faite à Marie* (Dr. 1901, 2. Fassung 1912) ein modernes Legendendrama, das Marias Einwirken auf das Schicksal zweier gegensätzlicher Schwestern zeigt.

Die künstlerisch größte Bedeutung unter den Gattungen der Mariendichtung hat die Marienlyrik, in der freilich das Stoffliche nur in einzelnen Zügen und Motiven wirksam wurde. Dogmatisches Zentrum der Marienlyrik ist die Jungfräulichkeit der Gottesmutter, und die zu dichterischer Verwendung lockenden Beiworte und Vergleiche sind bereits in der frühpatristischen Literatur formuliert worden. Seit der Mitte des ersten nachchristlichen Jahrtausends entwickelte sich die lateinische Marienhymnik, deren hervorragendste Beispiele (SEDULIUS, *A solis ortus cardine* um 450; ENNODIUS, *Ut virginem fetam loquar* um 500; VENANTIUS FORTUNATUS, *Quem terra, pontus, aethera* 6. Jh.; Anon., *Ave, maris stella* 8./9. Jh.; NOTKER BALBULUS, Mariensequenzen Ende 9. Jh.; Anon., *Salve regina* 11./12. Jh.; ADAM VON ST. VICTOR, Mariensequenzen 12. Jh.; Anon., *Stabat mater dolorosa* 13. Jh.) der sich seit dem 12. Jh. entwickelnden nationalsprachlichen Marienlyrik als Vorbild gedient haben (Eingangslied zum *Leben Jesu* der Frau Ava um 1130; *Melker Marienlied* um 1160; Mariensequenzen aus St. Lambrecht 1150/60). Thema war von Beginn an die Lobpreisung, neben der später auch die Bitte hervortrat (*Arnsteiner Marienleich* 1150). In der höfischen Epoche verfaßte der Provenzale PEIRE CARDINAL Mariengedichte im Stil des Minnesangs, und es kam zu einer gegenseitigen Beeinflussung von Marien- und Minnelyrik (RUTEBEUF, GUILLAUME LE CLERC, KONRAD VON WÜRZBURG, REINMAR VON ZWETER, FRIEDRICH VON SUNBURG, ALFONS DER WEISE von Kastilien). Besonders gepflegt wurde die Mariendichtung von den deutschen Meistersingern, bei denen jedoch das lehrhafte, rationalistische Element, etwa die dialektische Spielerei mit den Begriffen Mutter – Jungfrau und Gottes Tochter – Gottes Mutter, hervortrat (FRAUENLOB, HEINRICH VON MÜGELN, MUSKATPLÜT, FOLZ). Das volksmäßige Marienlied wurde von HEINRICH VON LAUFENBERG (15. Jh.) gepflegt. Eine besondere Rolle spielte das Motiv des Englischen Grußes, das besonders seit der franziskanischen Bewegung immer neue dichterische Paraphrasen erfuhr. Ave-Gedichte wurden in Rosarien oder Marienpsalterien gesammelt, und noch Sebastian BRANT dichtete einen *Rosenkranz* (1498) in fünfzig sapphischen Strophen. Aus der Ave-Dichtung hervorgegangene Großformen sind unter anderem das *Niederrheinische Marienlob* (um 1230), KONRADS VON WÜRZBURG *Goldene Schmiede* (Ende 13. Jh.) und Bruder HANSENS Marienlieder (14. Jh.).

Gleichfalls lyrischen Ursprungs ist die Marienklage – die Klage Marias unter dem Kreuz –, als deren erster Verfasser der Syrer EPHREM (4. Jh.) gilt und die zum Bestandteil der byzantinischen Liturgie und Predigt wurde. In Westeuropa tritt sie erst im Zuge des aufblühenden Marienkults am Ausgang des 12. Jahrhunderts in Gestalt von GOTTFRIEDS VON BRETEUIL *Planctus ante nescia* auf. Dieser aus der Mystik der Viktoriner hervorgegangenen Sequenz ist ein Lobgesang über die Erlösung, die Sequenz *Super magnificat*, vorangestellt, und die Klage der Mutter über den Tod des Sohnes und das Verderben der Menschheit klingt dann schließlich in die Hoffnung auf die Auferstehung aus. Von der Klage *Planctus ante nescia*, die wiederholt auf lateinisch, aber auch in den Nationalsprachen nachgeahmt wurde (*Niederrheinische Marienklage* Anf. 13. Jh.), ist ein fälschlich Bernhard von Clairvaux zugeschriebener Traktat abhängig, der die Klage in eine Art epischer Handlung – die Bitte des Predigers an die Jungfrau, über den Leidensweg des Herrn und ihre eigenen Schmerzen Auskunft zu geben – einbaute; auf den Schmerzensausbruch der Mutter folgt die Schilderung von Kreuzabnahme, Beweinung, Grablegung und Heimkehr der Trauernden. Dem Aufbau dieses Traktates verwandt ist die Form der Marienklage am Schluß des 1. Teiles von Heinrich SEUSES *Horologium sapientiae* (1334); hier dient Marias Klage dazu, zwischen Mensch und Christus zu vermitteln und den Menschen über die Compassio zur Unio mystica zu führen. Die bei Seuse auftauchende Pietà-Vorstellung unterstützte die Entstehung der dramatischen Marienklage, die im Bernhardtraktat keimhaft enthalten ist, die Bausteine zu Marias großem Monolog jedoch aus *Planctus ante nescia* bezieht. Während das Klagemotiv innerhalb der Passionsspiele (zuerst im *St. Galler Spiel* um 1330) nur vertiefend und ausmalend auf die Gestaltung des biblischen Berichts wirkte, wuchsen die selbständigen dramatischen Marienklagen zu umfangreichen Karfreitagsspielen an, die nach einem verhältnismäßig festen Schema aufgebaut sind: Bericht von der Kreuzigung, Aufbruch der Trauernden nach Golgatha, Klage und Bitte Marias vor dem Gekreuzigten um Erlösung, Stiftung des geistigen Mutter-Sohn-Verhältnisses zwischen Maria und Johannes, Tod Christi und Sinngebung dieses Todes (*Liechtenthaler Marienklage; Erlauer Marienklage; Bordesholmer Marienklage* um 1475; *The Burial of Christ* Anf. 15. Jh.). Aus dem Monolog Marias wurde ein Dialog mit Christus und Johannes, den Frauen und Kriegsknechten fielen Nebenrollen zu, die Handlung wurde häufig bis zur Grablegung durchgeführt. *Planctus ante nescia* wurde jedoch auch in lobpreisende und epische Mariendichtungen eingebaut.

Die Abschaffung des Marienkults im Protestantismus reduzierte den Maria-Stoff in der reformatorisch bestimmten Dichtung auf das in den *Evangelien* Berichtete. Die katholische Dichtung des Barocks hat den Stoff sowohl im Legenden- und Bekehrungsdrama der Jesuiten (Anon., *Maria auxiliatrix* 1613; J. BIDERMANN, *Jacobus usurarius* 1617; G. STENGEL, *Deiparae Virginis triumphus* 1617) wie vor allem in der Marienlyrik weitergeführt: die Oden J. BALDES und N. AVANCINIS, die dialektischen Distichen des ANGELUS SILESIUS, die geistliche Schäferpoesie F. v. SPEES und Laurentius von SCHNÜFFIS' (*Mirantische Mayen Pfeiff* 1692) und die lehrhaft-dogmatischen Gedichte Prokop von TEMPLINS (*Mariale Concionatorium* 1667; *Der . . . Mutter Gottes Mariae-Hülff-Lob-Gesang* 1659) variieren alte Motive in neuen Formen und Tönen.

Für die Wiederaufnahme des Stoffes durch die romantischen Dichter, auch die protestantischen, wurde der Hinweis HERDERS auf die Gestalt der Maria als einer »eigenen Idee« des Mittelalters (*70. Humanitätsbrief* 1795) ebenso wichtig wie die Entdeckung des Madonnen-Motivs durch die romantische Malerei. Auch Goethes Einfühlungsvermögen in die Gläubigkeit des mittelalterlichen Menschen, wie sie Gretchens »Ach neige, du Schmerzensreiche« ausdrückt, kennzeichnet eine Wende in der Haltung der protestantischen Dichter zum Maria-Stoff. Der Schöpfer der romantischen Marienlyrik ist A. W. SCHLEGEL, der in Maria die Entsühnung des weiblichen Geschlechts sieht und dessen Madonnen-Gedichte (1798) eigentlich versifizierte Beschreibungen von Gemälden sind. Friedrich SCHLEGEL (*Klagelied der Mutter Gottes*) feierte Maria als die Verkörperung seiner synthetischen Auffassung von der Liebe, für HÖLDERLIN (*Entwurf einer Hymne an die Madonna* um 1803) ist Maria Symbol der Liebe in einer gottfernen Zeit. Am bedeutendsten wurde das Madonnen-Thema in NOVALIS' *Hymnen an die Nacht* (1800) mit der mystischen Gleichsetzung von Madonna und verstorbener Geliebter und in seinen beiden persönlich-stimmungshaften *Marienliedern* (1802). Von Novalis abhängig sind die frühen Mariengedichte EICHENDORFFS, während die späten (seit 1823) in der Form mehr dem Kirchenlied, im Gehalt der orthodoxen Vorstellung von Maria als einer Mittlerin zwischen Gott und Mensch nahekommen; auch die Mariengedichte des Grafen von LOEBEN (in *Guido*, R. 1808; *Reisebüchlein eines andächtigen Pilgers* 1807) sind von Novalis beeinflußt. An die romantische Erneuerung der Mariengestalt und ihre Funktion in Dantes *Göttlicher Komödie* anknüpfend, konnte GOETHE die Mater gloriosa am Schluß des *Faust* als Symbol des Ewigweiblichen, als Mittlerin und Erlöserin erscheinen lassen. Während G. GÖRRES' *Marienlieder* (1843) im Konventionellen verharrten, bedeuteten BRENTANOS *Romanzen vom Rosenkranz* (1852) mit ihrer Verehrung der Gnadenkraft Marias und der Läuterungsmacht der Liebe einen zweiten Höhepunkt romantischer Marienlyrik.

Nachdem der Stoff in der Dichtung des 19. Jahrhunderts nur vereinzelt aufgetaucht war (H. HEINE, *Die Wallfahrt nach Kevlaar* 1826), knüpfte die Neuromantik an die romantische Renaissance des Motivs an, das sie ästhetisch erlebte; bezeichnenderweise ging die Mutter Gottes in der Dichtung häufig durch das Medium der bildenden Kunst ein. St. GEORGES Mariengedichte (in *Sagen und Sänge* 1895) bedeuten eine mehr oder weniger ästhetische Renaissance des katholischen Kultus in der Dichtung, und für die Charon-

tiker O. zur Linde und R. Paulsen verflüchtigte sich die religiöse
Bedeutung der Mutter Gottes zum Symbol der Frau. Auch Rilke
(*Marienlieder* 1899; *Das Stundenbuch* 1905; *Marienleben* 1912) besang
mehr das Sinnbild des Mädchenhaft-Mütterlichen oder der größt-
möglichen Annäherung des Menschen an Gott. War Rilke vielfach
durch Abbildungen der Madonna inspiriert, so R. A. Schröder
durch die auch schon in der Romantik besungene Sixtinische
Madonna (*Sonette an die Sixtinische Madonna* 1907–28). J. Schlaf
(*Die Mutter* 1927) sah ähnlich wie L. Derleth (*Der Fränkische Koran*
1932) in der Madonna die mütterlich-schöpferische Urkraft.

Eine mehr auf religiösem als ästhetischem Erleben beruhende
Madonnendichtung setzte wohl mit J. Sorge ein, der in *Mutter der
Himmel* (1918) die eigene Konversion und geistige Wiedergeburt
mit dem Lob der Mater coeli darstellte und in *Metanoeite* (1917) die
Tradition des Christi-Geburt-Spiels fortsetzte. Ähnlich an traditionelle Vorstellungen knüpften R. Schaumann (*Der Rebenhag* 1927;
*Das Passional* 1950) und E. Bockemühl (*Die Ebene* 1932) an, während G. v. Le Fort (*Hymnen an die Kirche* 1924), K. Weiss (*Das Herz
des Wortes* 1929) und R. Schneider (*Mariensonette*) das kirchlich-
orthodoxe Marienbild bekennerisch erneuerten und F. Werfel
(*Das Lied von Bernadette*, R. 1945) für das Wirken der Himmelskö-
nigin im Wunder von Lourdes dichterisch Zeugnis ablegte.

M. J. Schroeder, Mary-Verse in Meistergesang, Washington 1942; M. E.
Goenner, Mary-Verse of the Teutonic Knights, Washington 1943; M. Hend-
ricks, Die Madonnendichtung des 19. und 20. Jahrhunderts, Diss. Marburg 1948;
H. Gaul, Der Wandel des Marienbildes in der deutschen Dichtung und bildenden
Kunst vom frühen zum hohen Mittelalter, Diss. Marburg 1949; G. Seewald, Die
Marienklage im mittellateinischen Schrifttum und in den germanischen Literaturen des Mittelalters, Diss. Hamburg 1953; Th. Meier, Die Gestalt Marias im
geistlichen Schauspiel des deutschen Mittelalters, 1959; H. Fromm, Mariendichtung (in: Reallexikon der deutschen Literaturgeschichte 2) 2. Aufl. 1960.

**Maria Magdalena.** Keimzelle des Maria-Magdalena-Stoffes ist
die im Lukas-Evangelium, Kap. 7, geschilderte Szene, in der im
Hause des Pharisäers Simon eine Sünderin vor → Jesus niederfällt,
seine Füße mit Tränen netzt und mit ihren Haaren trocknet, sie
küßt und salbt und Christus ihr trotz des Unwillens seines Gastgebers ihre Sünden vergibt. Für die Legende des westlichen Abendlandes wurde entscheidend die Verschmelzung dieser Gestalt mit
zwei anderen im *Neuen Testament* auftauchenden Frauen. Zunächst
handelt es sich um die Gleichsetzung mit der in den anderen Evangelien erwähnten Frau, die kostbares Öl über das Haupt Christi
gießt und wegen dieser Verschwendung das Mißfallen der Jünger
erregt; das Johannes-Evangelium nennt sie Maria, die Schwester
der Martha und des Lazarus, wodurch sich ihre Rolle um die Szene
als fromme Zuhörerin Christi und um die bei der Erweckung des
Lazarus erweitert. Eine zweite Gleichsetzung mit der in allen
Evangelien erwähnten Maria Magdalena, die durch Jesus von

Dämonen geheilt wurde, dann als Jüngerin am Kreuz steht, am Ostermorgen dem Auferstandenen begegnet und von ihm mit der frohen Botschaft zu den Jüngern geschickt wird, ergab auch die Übertragung des Namens. Die so abgerundete Geschichte der bekehrten ↑ Sünderin wurde seit den *Magdalenenhomilien* GREGORS DES GROSSEN (gest. 604) Grundlage der Legendenbildung, die sich allerdings zunächst den nachbiblischen Schicksalen der Heiligen zuwandte. Man übertrug in Italien im 10. Jahrhundert das Büßerleben der Maria Aegyptiaca auf Maria Magdalena, und in Südfrankreich entstand durch den Magdalenenkult in Vézelay ein eigener Legendenkreis, nach dem Maria Magdalena zusammen mit St. Maximin von Palästina nach Südfrankreich gefahren sein und dort Wunder verrichtet haben soll. Beide Traditionen wurden dann einander angepaßt, und diese nachbiblischen Erlebnisse sind schließlich seit dem 12. Jahrhundert durch die im *Sermo de Maria Magdalena* des ODO VON CLUNY zusammengefaßten biblischen Ereignisse ergänzt worden. In dieser Form ging die Legende in die große Sammlung des VINZENZ VON BEAUVAIS (gest. 1264) und die des JACOBUS DE VORAGINE (1266/83) ein. In des JACOBUS DE VO-RAGINE *Legenda aurea* ist Maria Magdalena die verlassene Braut des Jüngers Johannes, ebenso in *Der sælden hort* (1298), ein Moment, das noch L. KOSEGARTEN (*Legenden* 1804) verwendete.

Die ältesten Belege für das Auftauchen der Heiligen in der geistlichen Lyrik stammen aus dem 9. Jahrhundert, Gedichte zu ihren Ehren setzen im 10. Jahrhundert ein. Maria Magdalena bezeugte in erster Linie dem Gläubigen Jesu Kreuzigung und seine Auferstehung. Durch ihre Anwesenheit bei der Kreuzigung erhielt sie eine Funktion in der Osterliturgie (WIPO, *Victimae paschali* 11. Jh.). In einem höheren Sinne veranschaulichte sie die Erlösbarkeit des Menschen von Sünde und die durch diese geschenkte neue Beziehung zu Gott. Sie wurde ein Gegenbild zu dem unerlösten Menschen des *Alten Testaments*, vor allem zu Eva (*Jesu Christe, auctor vitae; Votiva cunctis orbita*). Schließlich verkörperte sie das zu Christus bekehrte Heidentum und war Ecclesia (GOTTSCHALK v. LIMBURG, *Laus tibi Christe* 11. Jh.; HERMANN v. REICHENAU, *Exurgat totus almiphonus*). Später setzte eine stärkere Vermenschlichung ein, die große Sünderin wandelte sich in die vorbildliche Büßerin (MARBODE, *Peccatrix quondam femina*; GOTTFRIED v. VEN-DÔME) und erschien dann später unter dem Einfluß der Mystik als die vorbildlich Liebende, die Jesus suchende Seele (ALANUS v. LILLE, *Lauda, mater ecclesia*; PETRUS VENERABILIS, *Magdalenae Mariae meritis; Consonis Christum veneramus odis; Fulget dies praeclara; Domum oboedientiae*). ABÄLARDS Hymnus *Peccatrix beatae solemnitas* rühmt die selige Sünderin. Eine besondere Gattung bilden die als Rollengedichte dargebotenen Magdalenenklagen (WALTER v. CHÂTILLON, *Planctus Magdalenae ad pedes Jesu, Surgit Christus cum tropheo, Stabat iuxta virginem*), die seit dem 14. Jahrhundert auch in den Volkssprachen entstanden. Im ausgehenden Mittelalter trat die ursprüngliche Sündhaftigkeit der Magdalena mehr in den

Vordergrund, z. B. in dem in 38 Versionen bekannten Volkslied des 16. Jahrhunderts, in dem Maria Magdalena nach langer Bußzeit nicht erlöst wird, sondern sieben weitere Jahre büßen muß, weil sie mit undemütigem Blick ihre nun nicht mehr weißen Hände betrachtet.

Mit der Einführung der Erscheinung Christi vor Maria Magdalena begann die Ausgestaltung ihrer Rolle im geistlichen Spiel. Deutlich wird die Wechselwirkung zwischen Lyrik und Schauspiel bei der Klage unter dem Kreuz. Das *Osterspiel von Muri* zeigt die erlösungsbedürftige Sünderin, im *Benediktbeurer Passionsspiel* wird erstmals eine Weltleben-Szene entwickelt. In der *Passion d'Arras* von E. MERCADÉ (um 1430) ist Maria Magdalena ein Freudenmädchen, das sich nicht für Geld, sondern aus Lust hingibt, die *Passion de Paris* von A. GRÉBAN (15. Jh.) zeigt ihren Weg von der irdischen zur himmlischen Liebe, und in der *Passion d'Angers* von J. MICHEL (1486) erscheint sie als reiche Kurtisane. Ein in den Niederlanden und Deutschland entwickeltes Motiv von der Bekehrung der Sünderin durch ihre Schwester Martha im 14. Jahrhundert hat in die Passionale Eingang gefunden und seit dem *Wiener Spiel* (14. Jh.) die breit ausgebauten Magdalenenszenen der Passionsspiele bestimmt (*Augsburger, St. Galler, Maastrichter, Erlauer, Alsfelder Spiel; Rappresentatione della conversione di Santa Maria Maddalena*, 15. Jh.).

Nach dem Erlöschen der Passionsspiele übernahmen die Oratorien in gewissem Umfange deren Aufgabe und teilten Maria Magdalena eine wichtige Stimme zu (E. del CAVALIERE, *L'Anima ed il corpo* 1600; Passionen von H. SCHÜTZ 1666, J. SEBASTIANI 1672, BUONONCINI 1701, CALDARA 1713, STÖLZEL 1714, BACH, *Matthäus-Passion* 1731). Außerdem hat das Barockzeitalter Maria Magdalena in Gedichten gefeiert (A. GRYPHIUS, *Am Tage Mariae Magdalenae*, 1639; C. HOFMANN v. HOFMANNSWALDAU, *Die erleuchtete Maria Magdalena*, 1679; D. C. v. LOHENSTEIN, *Tränen der Maria Magdalena zu den Füßen Unsers Erlösers*, 1680). Von dem kroatischen Dichter I. DJURDJEVIĆ stammt ein ganzer Gedichtzyklus (*Uzdasi Mandaljene pokornice*, 1728, dt. *Die Seufzer der Büßerin Magdalena*), in dem auf die Darstellung ihres sündigen Lebenswandels ins Ekstatische übergehende Bußmonologe folgen.

Die neuere Dichtung hat sich mit der Gestalt nur zögernd beschäftigt. Im 2. Teil von GOETHES *Faust* ist sie die Magna Peccatrix im Chor der Büßerinnen. Wo sich jedoch die modernen pragmatischen Dichtungsgattungen an den → Jesus-Stoff wagten, fehlt Maria Magdalena als Nebenfigur nicht, und in der zweiten Hälfte des 19. Jahrhunderts tauchen dann auch Maria-Magdalena-Dichtungen auf. Bei W. MOLITOR (Dr. 1863) sieht sie der von der Schwester bekehrten Gestalt der mittelalterlichen Spiele noch sehr ähnlich. Wiederholt erscheint sie in Liebesbeziehungen zu Römern (J. SCHLAF, *Jesus und Mirjam*, Nov. 1901; ROCHEFLAMME, *Maria Magdalena, Courtisane et amie du Nazaréen Jésus* 1903; D. VORWERK, Epos 1902; A. v. KRANE, *Magna Peccatrix*, R. 1908) oder kunstfreudigen Griechen (L. v. PLÖNNIES, Dr. 1870). Sie entflieht der Ehe mit einem ungeliebten Juden (R. CONRATH, R. 1931) und ist, in Anknüpfung an eine alte talmudische Überlieferung, die Frau eines Rabbiners sowie Geliebte eines Soldaten und wird durch die Römer vor der Steinigung gerettet (M. de WALEFFE, *La Madeleine amoureuse*, R. 1907). Das Motiv ihres Verlöbnisses mit Johannes taucht erneut auf (Renée ERDÖS, *Johannes der Jünger*, Dr. 1911); in anderen Bearbeitungen erscheint sie als Geliebte oder Braut des Judas, der dann hinter einer höheren Liebe zurücktreten muß und dessen Verrat zum Teil von Eifersucht bestimmt ist (K. J. OSTROWSKI, *Marie-Madeleine, ou Remords et Repentir*, Dr. 1861; A. DULK, *Jesus der Christ*, Dr. 1865; O. F. GENSICHEN, *Der Messias*, Dr.-Trilogie 1869). Das Motiv der Steinigung wurde durch die Verschmelzung der Magdalenengestalt mit der samaritischen Ehebrecherin (*Johannes 4*) in den Stoff hineingetragen, die das späte Mittelalter bereits in dem weitverbreiteten Volkslied *Magdalena hin zur Quelle geht* vollzogen hatte. Die wirkungsvolle Szene mit Christi Worten »Wer unter euch ohne Sünde ist . . .« nutzte schon Gensichen, dann die Oper von L. GALLET / J. MASSENET (1873), vor allem aber das seinerzeit den Zensurbeamten verdächtige Drama *Maria von Magdala* (1899) von P. HEYSE, der auch die Beziehung zu Judas einbezog und zur dramatischen Steigerung einen Römer einführte, der Christi Rettung von der Hingabe Maria Magdalenas abhängig macht; um Christus geistig treu zu bleiben, versagt sie sich und liefert ihn so ans Kreuz. M. MAETERLINCK (Dr. 1913) wandelte die Beziehung zwischen ihr und dem Römer in eine echte Liebe, die scheitert, als er ihr Verhältnis zu Christus mißdeutet und Hilfe ablehnt. E. di RIENZI (*La Magdaléenne*, Dr. 1924) machte Christi Schicksal von der Willfährigkeit der Jüngerin gegenüber Herodes abhängig. Dagegen ist L. RINSERS *Mirjam* (R. 1983) ein Bericht über das Leben Christi nicht aus der Sicht einer Sünderin, sondern einer Emanzipierten.

Auch außerhalb der Entwicklung des biblischen Stoffes hat die Gestalt Maria Magdalenas dem Motiv von der reuigen Sünderin Namen und Prägung verliehen und symbolische Bedeutung erlangt (HEBBEL, *Maria Magdalene* u. a.).

G. v. Rüdiger, Magdalenenliteratur vom Mittelalter bis zur Gegenwart, (Die Frau 18) 1911; F.-O. Knoll, Die Rolle der Maria Magdalena im geistlichen Spiel des Mittelalters, 1934; H. Hansel, Die Maria-Magdalena-Legende, 1937; H. M. Garth, St. Mary Magdalene in Mediæval Literature, Baltimore 1949; W. aus der Fünten, Maria Magdalena in der Lyrik des Mittelalters, 1966; K. Kunze, Studien zur Legende der heiligen Maria Aegyptiaca im deutschen Sprachgebiet, 1969; R. Bäumer / L. Scheffczyk (Hrsg.), Marienlexikon, 1988 ff.

**Mariamne** → Herodes und Mariamne

**Maria Stuart.** Maria Stuart (1542–87), Königin von Schottland, machte, als sie nach dem Tode ihres ersten Gemahls, Franz' II. von Frankreich, in die Heimat zurückkehrte, auch Ansprüche auf den englischen Thron und bestritt als Katholikin Elisabeths Legitimität. Sie heiratete in zweiter Ehe ihren Vetter Lord Darnley, mit dem sie aber bald, besonders nachdem er ihren Sekretär, den Sänger Riccio, getötet hatte, in Spannung geriet, und ihre nach Darnleys Ermordung mit dem Mörder Bothwell geschlossene dritte Ehe ließ ein Einverständnis mit dem Mordplan annehmen. Als der schottische Adel sich aus politischen und konfessionellen Gründen gegen sie erhob und sie gefangennahm, floh sie nach England, wo sie jedoch von → Elisabeth auf Schloß Fotheringhay in Haft gesetzt wurde und nach einer Verschwörung Babingtons gegen Elisabeth zum Tode verurteilt und hingerichtet wurde.

Ihr Leben bietet schon in seinem äußeren Ablauf zwei verschiedene Seiten ihres Wesens; es zeigt sie als verführerische, ihren Leidenschaften bis zum Verbrechen nachgebende Frau und als standhafte Märtyrerin für Politik und Religion. Die Entrüstung der Zeitgenossen über den Gattenmord spiegelt sich etwa in der Klytämnestra von J. Pickeryngs *History of Horestes* (Dr. 1564/67), und möglicherweise verdankt die Gestalt der Königin Gertrud in Shakespeares *Hamlet* manche Züge der schottischen Königin. Das zwielichtige Bild der schönen ↑ Verführerin wurde jedoch bald verdrängt durch die Gestalt der ↑ Märtyrerin, als die sie von der gesamten katholischen Welt gesehen wurde.

Maria Stuart entwickelte sich zu einem der Musterstoffe für die Märtyrertragödien des 16. und 17. Jahrhunderts. Dabei wurde die Vorgeschichte unwesentlich, wichtig dagegen das Exemplum, das sich in der Schlußkatastrophe seit der Flucht nach England vollzog. Die dialektische Diskussion über Marias Schicksal war bedeutsamer als die Entfaltung des Schicksals selbst. Für die frühe Entwicklung des konfessionell bestimmten Stoffes sind zwei Stränge bezeichnend: die mit Adrian de Roulers' *Stuarta Tragoedia* (1593) einsetzenden Bearbeitungen durch das Ordensdrama und die künstlerische Renaissancetragödie. Das dozierende, synthetisch verfahrende Ordensdrama breitet sein Anschauungsmaterial vor dem Zuschauer mit Spiel und Gegenspiel aus, es setzt der größeren Spannung halber sogar mit dem Gegenspiel am Hof Elisabeths von England ein, und es endet mit einer Szene, in der das abgeschlagene, vom Leiden ergraute Haupt der Hingerichteten ihrem trauernden Gefolge gezeigt wird. So wie bei Roulers, nur nicht auf seiner künstlerischen Höhe, hielt sich der Stoff in einer Reihe gleichbleibender Ordensdramen bis ins 18. Jahrhundert (Jesuitendrama in Prag 1644; Jesuitendrama in Krems 1651; Jesuitendrama in Neuburg 1702; P. Franziskus Lang, *Maria Stuarta* 1727); auch ein Riccio-Drama befindet sich unter ihnen (K. Kolczawa, *Riccius* 1705). Die Tradition wurde von Volksschauspielen aufgenommen.

Das künstlerisch anspruchsvollere Renaissancedrama zog den

weitgespannten Stoff noch enger auf die letzten Tage Marias zusammen und enthüllte die Vorgeschichte in analytischer Technik. Das Gegenspiel Elisabeths tritt nicht in Erscheinung, Maria ist ganz Typus der Märtyrerin, das Schema bietet keinen Platz für individuelle Züge und Gefühlsregungen. Das erste Drama dieser Art dürfte die verlorene *Maria Stuarda* (1598) T. CAMPANELLAS gewesen sein. Bei C. RUGGIERO (*La Reina di Scotia* 1604) ist Maria geradezu eine streitbare Sophistin, während bei DELLA VALLE (*La Reina di Scotia* 1628) die Hilflosigkeit der verfolgten und gealterten Frau stärker zum Ausdruck gelangt. Auch Joost van den VONDELS *Maria Stuart of gemartelde Majesteit* (1646) ist mehr eine dramatisierte Elegie.

Bei dem Ronsard-Schüler und Hugenotten A. DE MONTCHRÉTIEN (*L'Écossaise ou le Désastre* 1601) trat mit dem Bestreben nach einer objektiveren, tendenzlosen Haltung gegenüber den Vorgängen auch das Gegenspiel in Aktion, und statt der strengen Märtyrerin zeigte der Franzose zum erstenmal die schöne Frau. Der tendenzfrei gewordene Stoff, begründet auf die Gegnerschaft zweier Frauen, von denen die eine schuldlos geopferte Schönheit ist, wurde durch REGNAULTS Erfindung des ↑ Mannes zwischen diesen Frauen (*Marie Stuart, reine d'Écosse* 1639) in dramatische Bewegung gesetzt: Graf Norfolk, den Elisabeth liebt und den sie zum König machen will, ist heimlich mit Maria verlobt, will sie befreien und zettelt eine Verschwörung gegen Leben und Thron Elisabeths an, deren Entdeckung zur Katastrophe führt. Ist auch die Einheit der Handlung nicht gelungen und wendet sich das Interesse bis zur Hinrichtung Norfolks im dritten Akt vorwiegend ihm und erst in den letzten beiden Akten Maria zu, so prägt die Norfolk-Handlung doch von hier an die Maria-Stuart-Dramen. In Spaniens sehr freier Weiterentwicklung des Stoffes (J. B. DIAMANTE, *La Reina María Estuardo* um 1660) behielt zwar Maria den Nimbus der Märtyrerin bei, und Eduardos (= Norfolks) Liebe blieb nicht unerwidert, aber die italienischen Fassungen (G. F. SAVARO DI MILETO, *La Maria Stuarda*, Oper 1663; H. CELLI, *La Maria Stuarda Regina di Scotia e d'Inghilterra*, Dr. 1665) gaben die Maria-Norfolk-Handlung als Geschichte einer unglücklichen Liebe. Bei E. BOURSAULT (1683) traten Norfolk und seine Verschwörung so in den Vordergrund, daß Maria nur noch eine passive Rolle einnahm; der Engländer J. BANKS (*The Island Queens* 1684) gab die Handlung als das Gegeneinander zweier von ihrem Recht überzeugter, gleich sympathischer Heldinnen; Maria erscheint nicht als Märtyrerin und nicht nur als liebende Frau, sondern auch als Herrscherin, ähnlich wie bei dem Franzosen F. TRONCHIN (1734), der den Stolz der Ungebeugten dem Trotz des Grafen Essex annäherte.

Nach Deutschland kam der nicht so naheliegende Stoff zunächst nicht in der Norfolk-Variante, sondern in den stark verändernden deutschen Bearbeitungen der Tragödie von Joost van den Vondel. Ch. KORMART (*Maria Stuart oder gemarterte Majestät* 1673) paßte die Handlungsführung der synthetischen Technik der deutschen

Haupt- und Staatsaktionen an und bezog das Gegenspiel ein,
ebenso J. Riemer (*Vom Staatseifer* 1681). Als Vorgeschichte zum
Untergang der Königin schrieb Riemer vorher ein erstes deutsches
Originalschauspiel um die Gestalt Maria Stuarts (*Von hohen Ver-
mählungen* 1679), das die durch Intrige zerstörte Ehe mit Darnley
behandelte. Mittelbar, über Gryphius' *Carolus Stuardus,* hängt
auch A. von Haugwitz' *Schuldige Unschuld oder Maria Stuarda*
(1683) von Vondel ab und bildet eine deutsche Spielart der barok-
ken Märtyrertragödie. In der Norfolk-Variante erschien der Stoff
in Deutschland durch die sentimentale Fassung von Ch. H. Spiess
(1784), der mit Schillers *Maria Stuart* (1800) allerdings schon das
Motiv von der Rechtmäßigkeit der Thronansprüche Marias gemeinsam hat. In Schillers Werk erreichte das Thema von der
weltanschaulich-moralischen Auseinandersetzung der beiden
Herrscherinnen – unter Beibehaltung der analytischen Technik –
seinen künstlerischen Höhepunkt: Maria wird im politischen Sinne
zu Unrecht verurteilt, aber sie nimmt ihr Schicksal an, weil sie sich
durch den Gattenmord moralisch schuldig weiß. Das überwu-
chernde Norfolk-Thema ist auf die Mortimer-Episode zurückge-
schnitten. Das Maria-Elisabeth-Thema vererbte seit Schiller in
wenig bedeutenden Nachklängen (Doigny du Ponceau, Dr.
1805; H. Cornelius, Dr.-Trilogie 1908; H. Tullius, Dr. 1921;
J. petithuguenin, R. 1930; W. Hildesheimer, *Mary Stuart*, Dr.
1970).

Schon V. Alfieri hatte sich von dem nahezu ausgeschöpften
Stoffkomplex abgewandt und ihm kurzerhand die dramatischen
Möglichkeiten abgesprochen. Seine *Maria Stuarda* (Dr. 1789), in
der die Zerrüttung der Ehe mit Darnley behandelt war, ist zwar
künstlerisch durchaus unbefriedigend, deutet aber die bezeichnende Wende in der Stoffgeschichte an, für die W. Scotts beliebter
Roman *The Abbot* (1820) entscheidender wurde als Alfieris Drama;
deutsche, englische und französische Dramatisierungen, u. a. von
G. de Pixérécourt (*Le château de Lochleven* 1822), unterstützten
seine Wirkung. Mit Scotts Schilderung der romantischen Flucht
Marias aus Lochleven wandte sich das Interesse dem zwielichtigen,
von erotischen Abenteuern erfüllten Thema Maria in Schottland
zu, das nun auch die nächsten Dramen sowie die historischen
Romane und Erzählungen des 19. Jahrhunderts beschäftigt hat. Es
entstanden verschiedene Riccio-Dramen (H. Koester 1840;
N. Graf Rehbinder 1849), die alle einen mehr lyrischen und fragmentarischen Charakter haben, weil sie nur den Auftakt einer
größeren Tragödie bilden. Dramatisierungen der Ehe mit Darnley
und der Beziehungen zu Bothwell zeigten Maria als bestrickende
Frau, als Sünderin und Schuldige (J. Słowacki 1830; J. Bamme,
*Maria Stuart oder die Reformation in Schottland* 1860; L. Schneegans
1868; W. v. Wartenegg 1871; J. Grosse, *Bothwell* 1881). Auch
Otto Ludwigs Plan sah ein »Überweib« vor, das, ein ähnlicher
Charakter wie Lady Macbeth, Bothwell bei seinem Mord zur Seite
stehen sollte. Sirenenhaft, zerstörerisch, jenseits von Gut und Böse

erscheint Maria in B. Bjørnsons Drama *Maria Stuart i Skotland* (1864). Um ihrem vielseitigen Charakter und Geschick gerecht werden zu können, griff Swinburne zur Form der Trilogie: auch bei ihm ist sie die Männerverderberin, die schließlich von ihrem Schicksal eingeholt wird. Der erste Teil gilt *Chastelard* (1865), der seine tollkühne Liebe zu Maria auf dem Schafott büßt, der zweite *Bothwell* (1874), an dessen Tat sie mitschuldig ist, der dritte (*Maria Stuart* 1881) der Auseinandersetzung mit Elisabeth. Auch bei J. Drinkwater (Dr. 1921) ist Maria die große Liebende. Swinburnes Versuch einer Gestaltung des ganzen Lebens ist im modernen Bilderbogenstück noch mehrfach wiederholt worden (G. Marfond, *Marie Stuart et Élisabeth* 1929; M. Anderson, *Mary of Scotland* 1933), blieb aber im wesentlichen dem historischen Roman und der romanhaften Biographie vorbehalten (C. Oman, *The Royal Road* 1924; M. Baring, *In My End Is My Beginning* 1931; St. Zweig 1935). Situationen aus Marias Leben sind auch wiederholt in Balladen und Rollengedichten behandelt worden (R. Burns, W. Wordsworth, P.-J. de Béranger, Th. Fontane, A. Ch. Swinburne, A. Miegel).

K. Kipka, Maria Stuart im Drama der Weltliteratur, vornehmlich des 17. u. 18. Jahrhunderts, 1907; J. E. Phillips, Images of a Queen, Mary Stuart in Sixteenth-Century Literature, Berkeley u. London 1964.

**Marie Antoinette** → Halsbandaffäre

**Masaniello.** Der Fischer Tommaso Aniello wurde 1647 bei einem Aufstand des neapolitanischen Volkes gegen den spanischen Vizekönig, der es entgegen den Privilegien mit Steuern bedrückte, zum Anführer gewählt. Er erreichte auch die Zusage von Steuernachlässen, begann aber, nachdem sein Freund Perrone mit bewaffneten Söldnern einen Anschlag auf ihn versucht hatte, ein offenbar von ausbrechendem Wahnsinn diktiertes Schreckensregiment und legte trotz eines ursprünglichen Entschlusses die Macht nicht nieder. Er wurde von seinen eigenen Anhängern, die wahrscheinlich vom Vizekönig gedungen waren, erschossen, und seine Leiche ist, nachdem man sie zuerst durch den Straßenschmutz gezerrt hatte, einige Tage später feierlich bestattet worden.

Der revolutionäre Stoff entbehrt nicht der menschlich anrührenden und pittoresken Züge: Masaniello muß sein Mobiliar verkaufen, um seine bei einem Schmuggel ertappte Frau auszulösen; bei der Siegesfeier im Dom will Masaniello abdanken und reißt sein silbernes Festkleid entzwei, kann aber den Verzicht nicht über sich bringen. Der soziale Konflikt wird durch nationale, antispanische Tendenzen verstärkt. Für sozialrevolutionäre Zeiten gewann der

Stoff an Interesse, und so läßt sich an seiner Geschichte die Entwicklung revolutionären Geistes ablesen. Dem Aufstand haftet jedoch etwas Zufälliges und Planloses an, und der Held ist mehr von primitiven Impulsen als von einer Idee geleitet.

Eine Relation des Nescipio LIPONARI (1648) fand im 6. Teil des *Theatrum Europaeum* (1663) Aufnahme. Bereits Ch. WEISE gestaltete hiernach ein Schuldrama (1682), das nach Masaniellos Machtergreifung einsetzt und seinen Sturz zeigt, durch den »Recht und Macht den Platz behält«. Bei gewisser Sympathie für den ↑ Rebellen ist Weise doch eindeutig auf seiten des Vizekönigs; Masaniello ist schon vor Ausbruch des Wahnsinns ein blutgieriger Tyrann, so daß das Volk es unter ihm schlechter hat als unter den legitimen Herren; der Wahnsinn wird, nach der italienischen Tradition, durch das Gift des Vizekönigs hervorgerufen. Gleichfalls auf dem *Theatrum Europaeum* fußte der Operntext B. FEINDS (*Masagniello furioso oder die Neapolitanische Fischer-Empörung* 1706, Musik R. KEISER), der das Revolutionsgeschehen jedoch nur als düsteren Hintergrund zu einer höfischen Liebesaffäre benutzte und den Revolutionär wie Weise das »wohlverdiente« Ende finden ließ. Diese Hamburger Oper hatte zugleich eine aktuelle lokalpolitische Bedeutung, denn sie wandte sich gegen aufrührerische Demagogen in Hamburg, gegen die Feind auch in mehreren anderen Schriften aufgetreten ist. Mit *Masagniello* wollte er zeigen, daß Aufruhr kein gutes Ende nehme, sondern scharf bestraft werde. J. R. RICHTER klitterte aus den Texten Weises und Feinds ein Spiel für die Wandertruppen zusammen: *Die große neapolitanische Unruhe durch den Fischer Thomas Agniello Masaniello* (1714).

Die beginnende Rechtfertigung des Revolutionärs ist an dem 166. der *Gespräche in dem Reiche der Toten*, zwischen → Tell und Masaniello, von D. FASSMANN (1732) abzulesen, der zwar den gescheiterten Revolutionär von Tell ziemlich geringschätzig behandelt, ihn aber doch als »Rute in der Hand des Schicksals« gelten läßt, die zwar nach Gebrauch ins Feuer geworfen worden sei, aber ihre Aufgabe, die Großen zu züchtigen, erfüllt habe. LESSING gestand seinem Bruder, daß er den Plan eines Masaniello-Dramas erwogen habe und daß daran vor allem das Moment des Wahnsinns reize, den er sich aus ganz natürlichen Ursachen erkläre, so daß man an Masaniello den antiken Stoff des rasenden → Herkules modernisieren könne. Der Schritt zur Idealisierung der Gestalt im Sinne der empfindsamen Zeitströmung ist in der Biographie A. G. MEISSNERS (1784) und im Drama J. F. E. ALBRECHTS (*Masaniello von Neapel* 1789) vollzogen. Bei Meißner unterliegt einfach das Gute im Kampf gegen das Schlechte, Albrecht unterstrich den Seelenadel des Helden und seiner Frau noch durch ihre rousseauische Sehnsucht nach dem früheren einfachen Leben; Masaniellos Wahnsinn ist Folge des Giftes, das ihm seine Feinde eingegeben haben.

Mit A. FRESENIUS' Dramenfragment *Thomas Aniello* (hg. Fouqué 1818) trat der Stoff in sein romantisches Stadium, in dem Schillers

*Don Carlos* und *Wilhelm Tell* nachwirkten. Fresenius gab mit der Anerkennung der Privilegien Neapels und dem Weiterleben von Masaniellos Werk der Handlung einen versöhnlichen Abschluß; der Däne B. S. INGEMANN (Dr. 1815) machte aus dem Fischer einen visionären Fanatiker, der nach dem Genuß des Giftes in Raserei verfällt, vor seinem Tode seinen Irrweg erkennt und seinen Mördern verzeiht. W. Frhr. v. BLOMBERG (*Thomas Aniello*, Dr. 1819) ließ Masaniello durch seine Liebe zu Maria Carafa an seiner Frau schuldig werden, die er schließlich im Wahnsinn ersticht. Dagegen führte der wohl nach dem Roman *Masaniello ou Huit jours à Naples* (1822) von A. J.-B. DEFAUCONPRET gearbeitete Text von MOREAU/ LAFORTELLE zu M. CARAFAS Oper *Masaniello ou le pêcheur napolitain* (1827) Masaniellos Eifersucht auf seine Frau ein, die einem jungen Grafen Schutz gewährt hat. AUBERS zwei Monate später aufgeführte Oper *Die Stumme von Portici* (1828, Text SCRIBE/DELAVIGNE) war Höhepunkt der Romantisierung. An die Stelle des Motivs der Steuern trat das der Verführung von Masaniellos stummer Schwester durch des Vizekönigs Sohn. Der Wahnsinn ist wie in den meisten vorhergehenden Bearbeitungen nicht psychologisch begründet, sondern durch Gift hervorgerufen, das allerdings ein Freund reicht, der die Sache des Volkes durch Masaniello verraten glaubt. In der patriotischen Motivierung des Aufstandes zeigt sich der Einfluß des *Wilhelm Tell*, der auch das Drama W. ZIMMERMANNS (*Masaniello, der Mann des Volkes* 1833) bestimmte. Goethe tadelte an der Oper, daß »eigentlich gegründete Motive zu einer Revolution gar nicht zur Anschauung gebracht« würden. Die Verführung der Schwester durch einen Adligen behielt das Drama Adelheid REINHOLDS bei (1831), das in der Wiederaufnahme der Revolution durch das Volk ausklingt. Zukunftshoffnungen stehen auch am Schluß des wohl besten Masaniello-Dramas der liberalistischen Epoche, A. FISCHERS *Mas'Aniello* (1839), das den Helden scheitern läßt, weil er und das Volk seiner Aufgabe nicht gewachsen sind, und das dieses Versagen am allmählich ausbrechenden Wahnsinn Masaniellos deutlich macht. Ähnlich wie Frhr. v. Blomberg stellte P. LOHMANN (*Tommaso Aniello*, Dr. 1855) Masaniello zwischen die Adlige und das Mädchen aus dem Volke, dessen Vater ihn vergiftet. Aubers Verführungsmotiv wandelte K. F. Frhr. v. FIRCKS (1857) insofern, als das verführte Mädchen nicht die Schwester, sondern die Geliebte Masaniellos ist; der seines Glückes Beraubte verzagt vor seiner politischen Aufgabe und ersticht das Mädchen und sich selbst.

Die Wandlung in der Auffassung des Stoffes ist an der kulturgeschichtlichen Ergänzung A. GLASERS (1888) ablesbar, die Masaniello als einen seiner Rolle nicht Gewachsenen und darum nicht genügend Radikalen hinstellt. Als einen an zeitgebundenen Mängeln scheiternden Vorläufer moderner Revolutionen sah ihn sowohl die kommunistisch orientierte Erzählung H. O. HENELS (*Masaniello, Geschichte einer Volksherrschaft* 1930) wie die ihn mit Mussolini vergleichende Abenteuergeschichte H. HEUERS (*Masa-

*niello, der Fischerkönig von Neapel* 1935). Für R. Schneider (*Das getilgte Antlitz* 1953) ist die kurze Herrschaft Masaniellos teuflische Verirrung.

R. Kohlrausch, Masaniello, (Bühne und Welt 15,2) 1913; R. Hallgarten, Alexander Fischer, (Abhandlungen zur dt. Literaturgeschichte, Franz Muncker z. 60. Geb. dargebracht) 1916; E. S. Gilmore, Masaniello in German Literature, Diss. Yale Univ. 1950.

**Maximilian I.** Kaiser Maximilian I. (1459–1519) war durch die Ehe mit Maria von Burgund in Konflikte an der westlichen Reichsgrenze verwickelt worden, aus denen Frankreich, nachdem Karl VIII. dem Kaiser durch seine Eheschließung mit der diesem schon per procuram angetrauten Anna von Bretagne zuvorgekommen war, zumindest an Prestige gestärkt hervorging. Der Weg zur Kaiserkrönung nach Rom wurde dem Kaiser von den Venezianern verlegt, und die Schweizer Eidgenossen lösten sich aus dem Verband des Reiches; auch der Unbotmäßigkeit der Fürsten und der sozialen und religiösen Probleme vermochte er infolge unkluger Politik und mangelnder Geldmittel nicht Herr zu werden. Dennoch lebte er in der zeitgenössischen Dichtung sowie in späteren Sagen als eine der glänzendsten Kaisergestalten, als Kaiser Max, als kühner Jäger und letzter Ritter, fort.

Die Humanisten, die in Maximilian ihren Förderer und Mitstreiter sahen, feierten ihn in Oden und Panegyrika (J. Locher 1492; V. Longinus 1502; H. Glareanus 1512; J. Stabius 1515), die jedoch nur das mit den üblichen Epitheta ornantia versehene Bild eines Musterfürsten bieten. Das historische Volkslied (Peter Frey, Jörg Graff) erwähnt Maximilian häufig, allerdings meist als Hintergrundsfigur zu speziellen Ereignissen, die Spruchdichtung (Hans Schneider) behandelte Ereignisse aus dem Leben des Kaisers. Zahlreiche Gedichte und Flugblätter unterstützten seine Absicht eines Türkenfeldzuges oder forderten ihn zu einem solchen auf (S. Brant, P. Gengenbach, H. Sachs). Aus der für den Kaiser peinlichen Heirat Karls VIII. mit Anna von Bretagne wurde im Volkslied die Trennung zweier Liebenden durch einen Gewaltstreich (H. Ortenstein, *Vom Fräulein von Britanien* 1491). Die dichterischen Nekrologe hoben die Schlichtheit des Kaisers und seine Würde im Tode hervor. Die Zeit wünschte einen starken und erfolgreichen Herrscher, zeichnete Maximilian auch unter Verkennung der Wirklichkeit als solchen und feierte schon seine Pläne und Absichten als Siege.

Die Flugblätter, historischen Lieder und Sprüche entstanden häufig auf Veranlassung des Kaisers und waren Mittel seiner Propaganda. Noch stärker als sie dienten Maximilians eigene oder von seinen Helfern nach seinen Plänen geschaffene »autobiographische« Dichtungen dem Bestreben des Renaissance-Fürsten, sein Bild bei der Nachwelt zu sichern. So sind *Freydal*, der den jungen

Helden beim Turnier zeigt, *Teuerdank*, der die Abenteuer bei der Brautfahrt zu Maria von Burgund verherrlicht, und *Weißkunig*, der die Ausbildung des jungen Königs und seinen Kampf mit den Feinden schildert, Werke der Selbstrechtfertigung und Selbstverherrlichung, bei denen sich die erdichteten Selbstporträte von dem historischen Maximilian entfernten. Nur *Teuerdank* (1517) erschien zu Lebzeiten des Kaisers und hat mit seinen Jagd- und Kriegsabenteuern den Maximilian-Stoff in Gehalt und Form bestimmt. Maximilian ist hier der untadelige Ritter, den natürliche Gaben und erarbeitete Bildung und Fertigkeiten gleichmäßig auszeichnen, ein leutseliger Volksfürst, Verehrer der Frauen und maßvoller, großmütiger Regent und Kriegsherr. Dennoch ergibt sich aus der Kette der Abenteuer keine geschlossene Fabel, keine zentrale Tat oder leitende Idee; das Bild des Kaisers besteht aus einem Anekdotenmosaik, das den Stoff bestimmt und eine eigentliche Stoffbildung verhindert hat. Spätere *Teuerdank*-Ausgaben (B. WALDIS 1553) fügten weiteres umlaufendes Anekdotengut, wie es etwa in LUTHERS *Tischreden* (1566) greifbar wird, ein, und die *Teuerdank*-Ausgabe von M. SCHULTE (1679) übernahm noch Material aus dem von J. FUGGER und S. v. BIRKEN verfaßten *Ehrenspiegel* (1668). Im 17. Jahrhundert waren der historische Maximilian und sein poetisches Selbstporträt bereits völlig verschmolzen.

Die Verknüpfung der Gestalt mit der → Faust-Sage erfolgte durch die mehrfach überlieferte Anekdote, daß ein Schwarzkünstler vor Maximilian die Geister Abgeschiedener habe erscheinen lassen, unden zuerst W. BÜTTNER diesen Geisterbeschwörer mit Faust identifizierte (1576). Das *Faust*-Volksbuch von 1587 machte diese Stoffverknüpfung dann zwar rückgängig, indem es Maximilian durch Karl V. ersetzte; doch erschien bei R. WIDMANN (1599) wieder Maximilian. GOETHE, der die Rolle ursprünglich Maximilian zudachte, hat sich mit der Person des Kaisers (*Faust II. Teil*) nicht festgelegt. Schon im *Götz von Berlichingen* hatte er, seiner Quelle folgend, einen dem Ritter zugetanen, leutseligen, humorvollen Monarchen gezeichnet und eine gewisse Anziehungskraft Maximilians innerhalb der Ritterromantik damit begründet. J. Frhr. v. HORMAYR lieferte in seinem *Österreichischen Plutarch* (1807) das Material für die zahlreichen episodischen Auftritte, die Maximilian in Ballade, Roman und Drama des 19. Jahrhunderts übernehmen sollte. Zunächst gab er die große, aber durchaus traditionelle Hintergrundsgestalt in A. v. ARNIMS Roman *Die Kronenwächter* (1817) ab und erwuchs dann völlig aus dem alten Anekdotengut in A. GRÜNS Romanzenkranz *Der letzte Ritter* (1827–29) sowie einem ähnlichen Zyklus von F. TRAUTMANN (*Kaiser Maximilians Urstand* 1840). Verarbeitungen einzelner, offenbar beliebter Episoden waren *Kaiser Max auf der Martinswand in Tirol* (H. J. v. COLLIN, Ballade), die von Maximilian selbst dichterisch vorgeprägte Brautfahrt (J. L. DEINHARDSTEIN, *Erzherzog Maximilians Brautzug*, Dr. 1832; H. SCHMID, *Theuerdank*, Lsp. 1853; G. v. MEYERN-HOHENBERG, *Teuerdanks Brautfahrt*, R. 1878; G.

HAUPTMANN, *Kaiser Maxens Brautfahrt,* Verserz. 1923), die auch
G. FREYTAGS Lustspiel *Die Brautfahrt oder Kunz von der Rosen* (1843)
als Handlungsgerüst nutzte, sowie Maximilians Gefangennahme
durch die Bürger von Brügge (A. PANNASCH, *Maximilian in Flan-*
*dern,* Dr. 1835; A. v. TROMLITZ, *König Maximilian in Brügge,*
Erz. 1837).

Erst als durch die neuere Geschichtsforschung Maximilian seinen romantischen Nimbus zum Teil verlor, konnte die Gestalt aus
ihrer anekdotisch-episodischen Funktion erlöst werden, und Erzählung wie Roman zeigten den zwiespältigen Charakter eines
rückwärts gewandten und sich selbst und den Zeitgenossen die
Wirklichkeit romantisch verschleiernden Mannes (W. JENSEN, *Auf*
*der Ganerbenburg,* R. 1896; F. W. BEIELSTEIN, *Maximilians letzter*
*Traum,* Erz. 1936; F. WIBMER-PEDIT, *Der erste Landsknecht,* R. 1940;
E. BREITNER, *Maximilian I. – Der Traum von der Weltmonarchie,* R.
1950; A. T. LEITICH, *Der Kaiser mit dem Granatapfel,* R. 1955).

R. Pick, Kaiser Maximilian I. in den epischen Dichtungen der Österreicher am
Anfang des 19. Jahrhunderts, Diss. Wien 1908; W. Krogmann, Vom Fräulein aus
Britannia, 1940; G. E. Waas, The Legendary Character of Kaiser Maximilian,
New York 1941; C. Laetzig, Die Gestalt Kaiser Maximilians I. in der deutsch-
sprachigen Dichtung seiner Zeit, Diss. Wien 1955.

**Mazeppa.** Der Ukrainer Ivan Stepanovič Mazeppa (1644–1709)
diente als Page am Hof des Polenkönigs Jan Kasimir, wo er durch
Schönheit und Klugheit allgemein gefiel. In die Heimat zurückgekehrt, zeichnete er sich in Kämpfen gegen die Türken und Tataren
aus und wurde zum Hetman der ostukrainischen Kosaken gewählt.
Er trat den Absichten → Peters des Großen, die selbständige
Ukraine zur russischen Provinz zu machen, mit dem Ziel entgegen, die Ukraine zu einigen und von der russischen Vorherrschaft
zu befreien. Er bot daher dem in Rußland eingefallenen Schweden-
könig → Karl XII. seine Hilfe an, erlitt mit diesem die Niederlage
bei Poltava und folgte ihm nach Bender, wo er starb.

Das Leben und die Kämpfe des stolzen, brutalen und auch
wieder großherzigen Reiterführers sind ein begrenzter, aber stim-
mungsvoller Stoff für balladisch-epische Behandlung. Die literarische Gestaltung nahm von Verserzählungen der Romantik ihren
Ausgang und konzentrierte sich um zwei voneinander unabhängige Stoffkomplexe. Lord BYRON (Gedicht 1819) benutzte zwar die
Flucht der Schweden und Kosaken als Rahmen, erzählte aber ein
Jugenderlebnis Mazeppas: der junge Mazeppa wird bei der Frau
eines polnischen Magnaten entdeckt, auf den Rücken eines wilden,
bis zur Raserei angestachelten Pferdes gebunden und auf diesem in
die Steppe hinausgejagt; es trägt ihn bis in die Ukraine, wo ihn
Bauern von dem zusammengebrochenen Tier befreien. V. HUGO
hat in zwei Gedichten seiner *Orientales* (1829) den grausigen Ritt
des Todgeweihten nachgezeichnet, die in der Vision seiner zukünf-

tigen Größe ausklingen. Der Pole J. SŁOWACKI gab in einem Drama (1840) die Vorgeschichte des Rittes, die Liebeshandlung, in deren Verlauf der edle Mazeppa die Frau vor den Entführungsabsichten des Polenkönigs schützt und stellvertretend für ihren wirklichen Geliebten die Strafe erleidet; R. KOCZALSKI benutzte den Text für das Libretto seiner Oper (1908). Ein Roman von A. MÜTZELBERG (2 Bde. 1860) weitete den Liebeskonflikt sowie den Ritt in die Steppe durch Intrigen und Verwicklungen zu einem Abenteuerroman aus, in dem der Held schließlich mit der – hier unverheirateten – Geliebten in Warschau zusammengeführt wird. Ein Gedicht B. Brechts (in *Die Hauspostille* 1927) stellt die Stimmung des Todgeweihten dar.

Dagegen hat PUSCHKIN in seinem Versepos *Poltawa* (1829) ein tragisches Liebeserlebnis des alten Mazeppa geschickt mit dessen politischer Niederlage verbunden: er liebt die Tochter seines Freundes Kotschubej und entführt sie, als dieser sie dem alten Mann nicht zur Frau geben will. Kotschubej verrät darauf Mazeppas politische Pläne dem Zaren, dieser vertraut jedoch Mazeppa und schickt ihm den Angeber als Gefangenen zu. Über der grausamen Behandlung, die Mazeppa dem Vater seiner Frau zuteil werden läßt, zerbricht seine Ehe, seine wahnsinnig gewordene Frau stirbt auf dem Schlachtfeld von Poltawa, er selbst geht einer ungewissen Zukunft entgegen. In der Dramatisierung dieser Vorgänge durch A. MAY (*Der König der Steppe* 1849) endet Mazeppa durch ein russisches Standgericht, bei R. v. GOTTSCHALL (*Mazeppa,* Dr. 1860) vergiftet die Frau sich und ihn. P. I. TSCHAIKOWSKI hat Puschkins Epos für das Textbuch seiner Oper *Mazeppa* (1884) benutzt. Ein neuerer Roman (M. WYNNE, *A Prince of Intrigue* 1920) berichtet das gesamte Leben Mazeppas. Mazeppas Bündnis mit Karl XII. hat veranlaßt, daß er als Episodenfigur auch in Werken um den schwedischen König vorkommt, so etwa in V. v. HEIDENSTAMS *Karolinerna* (1897–99).

W. Lewickyj, Der Hetman Iwan Mazepa in der deutschen Literatur, (Ruthenische Revue 2) 1904.

**Medea.** Die Geschichte von Medea ist ein Teil der Argonautensage. Nach ihr verliebt sich die zauberkundige Medea, Tochter des Königs Aietes in Kolchis, in den Argonautenführer Jason und hilft ihm, das von ihrem Vater gehütete Goldene Vlies zu gewinnen; auf der gemeinsamen Flucht ermordet sie ihren Bruder Absyrtos und wirft die Leiche zerstückelt ins Meer. Auch ihr weiterer Weg nach und durch Griechenland ist von Verbrechen gekennzeichnet, durch die sie Jason den Weg zu ebnen sucht. In Korinth verstößt Jason Medea, um König Kreons Tochter zu heiraten. Medea schickt der Prinzessin ein vergiftetes Gewand, durch das sie und Kreon verbrennen; um Jason das Letzte zu nehmen, tötet sie ihre beiden Knaben und entflieht auf einem Drachenwagen, den ihr Großvater Helios ihr schickt.

Die Argonautensage wurde im Altertum von APOLLONIUS RHO-
DIUS in den *Argonautica* (3. Jh. v. Chr.) dichterisch behandelt, die
jedoch den tragischen Ausgang der Liebe zwischen Jason und
Medea nicht enthalten, dem die Literatur ihr Interesse vor allem
zugewandt hat. Es ging dabei zunächst um das Problem der Kin-
dermörderin, neben dem sich erst langsam aus der Rolle des
treulosen Jason das Motiv des ↑ Mannes zwischen zwei Frauen
entwickelte und das der im antiken Drama nicht auftretenden
↑ Nebenbuhlerin Kreusa Gestalt gewann. Dennoch ist die von
EURIPIDES geprägte Form des Stoffes (431 v. Chr.) so maßgebend
geblieben, daß die Zufügungen und Varianten der in den 2000 Jahren entstandenen rund 200 Bearbeitungen gering sind.

Euripides hat möglicherweise Medea erst zur Mörderin der
Kinder gemacht; in älteren Fassungen wurden die Knaben von den
Korinthern aus Haß gegen die Barbaren oder aus Rache für Kreon
erschlagen. Zu Beginn der Tragödie ist Jason schon mit Kreusa
vermählt, Medea brütet Rache und wird von Kreon mit ihren
Kindern des Landes verwiesen. Im Gespräch mit dem Athenerkö-
nig Ägeus und im nachprüfenden Gespräch mit Jason gewinnt
Medea die Erkenntnis, daß sie einen Mann in seinen Kindern am
empfindlichsten treffen könne. In gespielter Mäßigung schickt sie
die Knaben mit den tödlichen Geschenken zu Jasons Frau, die sie
bitten sollen, bei ihrem Vater und in Korinth bleiben zu können;
das Unheil nimmt seinen Lauf.

Unter den verlorenen antiken Bearbeitungen des Medea-Stoffes
(ENNIUS, ATTIUS, NEOPHRON) hat das im Altertum berühmte
Drama des OVID, der den Stoff auch in seinen *Metamorphosen* und
*Heroiden* behandelt, wohl Spuren in der *Medea* des SENECA hinterlassen, vor allem in der breiten Darstellung von Medeas Zauber-
künsten. Senecas Werk setzt Euripides voraus. Es beginnt vor
Jasons neuer Ehe; Medea hofft noch auf seine Umkehr. Jason wird
entlastet: er war vor die Wahl gestellt, mit seinen Kindern zu
sterben oder Medea zu verlassen. Die Ägeus-Szene ist gefallen. Die
entscheidende Änderung, daß die Knaben bei Jason bleiben sollen,
daß Medea also mit dem Manne auch die Kinder verlieren soll,
wird zwar von Seneca noch nicht voll ausgenutzt, aber sie wurde
für den Ausbau des Stoffes nach der Seite der verzweifelten Mutterliebe hin wichtig. Senecas Medea vollzieht den Mord, der zugleich
ein Akt der Selbstbestrafung für alte Schuld ist, vor Jasons Augen
auf dem Dach des Hauses.

Seneca war der Vermittler des Stoffes an die Neuzeit. Das
nachgelassene Drama des Ronsard-Schülers J. P. de LA PÉRUSE
(gest. 1556) ist im großen ganzen eine Bearbeitung Senecas. Züge
aus Euripides erhalten bei CORNEILLE (1635) Eingang, der die
schmale Handlung mehrsträngig auflöste. Jasons Antrieb ist nicht
das Streben nach Sicherheit oder Macht, sondern Liebe zu Kreusa,
einer habgierigen Schönen, die Medeas Kleid zu besitzen wünscht.
Im Zorn über die Ermordung Kreons und Kreusas will Jason
Medea und die Kinder töten, kommt aber zu spät und ersticht sich;

so wird das Kindermord-Motiv sinnlos. Eine Nebenhandlung um Ägeus, der Kreusa liebt, ergibt das Bündnis zwischen ihm und Medea, der er seinen Schutz verspricht. Der Baron DE LONGEPIERRE (1694) ahmte Corneille nach, gab aber Kreusa die von nun an geltenden Züge der Sanftheit und des Mitleides. Die Begegnung Medeas mit Jason in Kolchis wurde schon von J.-B. ROUSSEAU (*Jason ou la toison d'or* 1696), neuerdings von F. MAYRÖCKER (*Medea und Jason* 1956) herausgelöst. Stärkere Eingriffe in die Handlung unternahm der Engländer R. GLOVER (Dr. 1761), bei dem Medea, ein blindes Werkzeug Hekates, ihre Kinder in einer Art Wahnsinnsanfall umbringt und Jason sich zu spät von Kreusa lossagt.

In Deutschland wurde der Stoff erst spät fruchtbar. LESSING wandte seinen Gehalt in dem bürgerlichen Trauerspiel *Miß Sara Sampson* (1755) vom Heroischen ins Christlich-Bürgerliche. F. W. GOTTER (1775) versuchte, den dialektischen Stoff in ein Monodrama zu zwingen, sah sich aber dadurch zu entstellenden Auslassungen gezwungen; er endet nach französischem Muster mit Jasons Selbstmord. Ein Machtweib im Stil des Sturm und Drangs schuf F. M. KLINGER (*Medea in Korinth* 1787): nur durch die Liebe zu Jason und die Kinder mit Erde und Menschen verbunden, wird Medea durch Jasons Untreue auf ihre barbarisch-dämonische Urart, auch Zauberei und Bluttat, zurückverwiesen, während Jason glaubt, durch die sanfte Kreusa, der selbst die Kinder sich zuneigen, wieder den Anschluß an die Menschen zu finden; er stirbt beim Anblick der Kinderleichen. Klingers *Meda auf dem Kaukasos* (1791) stellte Sühne und Erlösung Medeas dar, die, unter ein Naturvolk versetzt, vergebens sucht, es zu veredeln. Eine gewisse Zusammenfassung der bis dahin erarbeiteten Motive unter Betonung der Linie Seneca-Corneille bietet N. E. FRAMERYS Textbuch zu CHERUBINIS Oper (1797). Dagegen lehnte J. Graf v. SODEN sein Drama (1814) wieder an Euripides an, verbog allerdings die Charaktere ins Rührselige; sowohl Medea wie der erbärmlich wirkende Jason schwanken in ihren Entschlüssen.

GRILLPARZER verwob zwar in seiner Trilogie *Das goldene Vlies* (1821) den Medea-Stoff mit der Argonautensage, aber der 3. Teil *Medea* hat stofflich wie künstlerisch das Übergewicht. Grillparzer kontrastierte in Medea und Kreusa die Barbarin und die Griechin. Medea hat der Zauberei entsagt und will sich ihren Mann zurückerobern, aber der Bann der Amphiktionen und die Treulosigkeit Jasons lassen die dunklen, wilden Instinkte in ihr wiedererstehen. Die Kräfte des Blutes und der Herkunft bestimmen ihr Schicksal, das unter dem unglückbringenden Symbol des Vlieses steht. Entgegen dem in französischen Fassungen häufigen Selbstmord Jasons wird Jason hier wie bei Euripides zu leidvollem Weiterleben verdammt. Einige Züge Grillparzers übernahm E. LEGOUVÉ (1870), folgte aber in der Ausgangssituation, daß Medea erst nach Jasons Vermählung in Korinth anlangt, einer alten von Glover, Gotter und Framery herrührenden Tradition.

Im Zuge der Wiederbelebung und Neuinterpretation antiker

Stoffe hat sich auch die jüngste Zeit wiederholt an einer so gültigen Tragödie wie der *Medea* des Euripides versucht. Bezeichnenderweise haben die Dramatiker die Handlung kaum, eher Geist und Charakter der Personen geändert und das Mythologische stark beschnitten. Am einschneidendsten änderte wohl H. H. Jahnn (1920) das traditionelle Gefüge: Jason, durch die Liebe seiner Frau mit ewiger Jugend begabt, wendet sich von der gealterten »Negerin« ab und vergißt sich in seinem Lebenshunger so weit, daß er um die Auserwählte seines ältesten Sohnes freit. Medea tötet die Kinder nicht vorsätzlich, sondern ersticht sie, als der enttäuschte Ältere, halb in Brunst, halb in Mordlust, über den Jüngeren herfällt. Sehr eng an Euripides hielt sich R. Jeffers (1946), der nur die psychologischen Motivierungen stärker herausarbeitete und besonders das zerstörerische Vergelten von Bösem mit Bösem betonte. Nach psychologisch-realistischer Ausdeutung tendiert auch Corrado Alvaros *Lunga notte di Medea* (1949). Anouilh (1946) versinnbildlichte Medeas Schicksal in dem Zigeunerwagen, in dem sie gekommen ist und schließlich sich und ihre Kinder verbrennt. Ihm ging es weniger um das Problem des Kindermordes als um die Bindungen zwischen Medea und Jason, die Jason vergessen möchte und von denen Medea weiß, daß nur der Tod sie löschen kann. Auch bei Mattias Braun (*Die Medea des Euripides* 1958) ist Jason eine tragische Persönlichkeit, die neuen Boden zu gewinnen sucht und sich von Medea als Vertreterin des chaotischen Prinzips abwendet; Medea endet im Selbstmord. F. Th. Csokor (*Medea postbellica* 1947) gab dem Stoff eine Antikriegstendenz, und M. Anderson (*The Wingless Victory* 1936) transponierte ihn auf das Schicksal eines Amerikaners, der mit einer Südsee-Prinzessin als Frau in die Heimat zurückkehrt und erkennt, daß er nur ohne sie seine bürgerlichen Ziele erreichen kann. Eine humorvoll entmythisierende moderne Nacherzählung der Sage gab der Engländer R. Graves in *The Golden Fleece* (R. 1944). Gegenüber der kaum erwähnenswerten Szene von H. Müller (*Medeaspiel* 1974) ist Ch. Wolfs Versuch (*Medea-Stimmen* R. 1996), Medea von ihren Morden zu entlasten und als Opfer feindlicher Diskriminierung darzustellen, stoffgeschichtlich reizvoll.

Medeas späteres Schicksal an Ägeus' Hof ist schon in einem verlorenen Drama *Aigeus* des Euripides und später in Behandlungen des Theseus-Stoffes (→ Ariadne, → Phädra) z. B. von J. Puget de la Serre (*Thésée* 1644) und Quinault/Lulli (*Thésée*, Oper 1675) behandelt worden. In diesem Zusammenhang ist Medea nur episodische Gestalt.

L. Mallinger, Médée, Étude de littérature comparée, Louvain 1897; R. Ischer, Medea, Vergleichung der Dramen von Euripides bis Grillparzer, Progr. Bern 1900; N. F. Harter, A Literary History of the Legend of the Argonautic Expedition through the Middle Ages, Diss. Pittsburgh 1954; A. Block, Medea-Dramen der Weltliteratur, Diss. Göttingen 1958; W. H. Friedrich, Medeas Rache (in: W. H. F., Vorbild und Neugestaltung) 1967; C. Rambaux, Le Mythe de Médée, d'Euripide à Anouilh, ou l'originalité psychologique de la Médée de Sénèque (Latomus 31) 1972; K. O. Kenkel, Medea-Dramen. Entmythisierung und Re-mythisierung: Euripides, Klinger, Grillparzer, Jahnn, Anouilh, 1978.

**Meier Helmbrecht.** Die vor dem Hintergrund einer großen sozialen Umschichtung entstandene, von dem nicht näher zu identifizierenden Dichter WERNHER DER GÄRTNER verfaßte Verserzählung von *Meier Helmbrecht* (1250/80), dem Bauernburschen, der über seinen Stand hinausstrebt und ein Ritter werden möchte, trotz des Vaters Drohungen und bösen Ahnungen auf Abenteuer auszieht, in das Gefolge eines verarmten, zum Raubritter abgesunkenen Adligen gerät und als ein Räuber und Wegelagerer auf dem väterlichen Hof einkehrt, seine gleichfalls geltungssüchtige Schwester an einen seiner Kumpane verheiratet, aber mit dem Raubgesindel von dem Richter und seinen Schergen erwischt, geblendet und verstümmelt, vom eigenen Vater von der Tür gewiesen und von den aufgebrachten Bauern erschlagen wird, wurde erst in den zwanziger Jahren des 19. Jahrhunderts wiederentdeckt und ist durch Editionen seit 1839 und außerdem durch wiederholte Übersetzungen und Nachdichtungen zugänglich und bekannt geworden.

Die soziale und generationsmäßige Problematik des Stoffes und die steigende und wieder fallende Kurve der Handlung haben mehrfach dazu verlockt, die eindrucksvolle Fabel zu dramatisieren, wobei sich allerdings erwies, daß die Entwicklung, vor allem der Ausbruch des Helden aus dem väterlichen Hause, der sich auf Grund einer den ↑ Vater-Sohn-Konflikt auslösenden Schwärmerei vollzieht, sowie die passive Haltung des Gegenspieles der Eltern, doch stark epischen Charakter trägt. Die grausame Bestrafung des Helden erschien außerdem moderner Sehweise zu hart, so daß die ethischen Akzente des Stoffes häufig verschoben und das Ende fast immer gemildert wurden.

Die verhältnismäßig junge Geschichte des Stoffes setzte ein mit drei Dramatisierungen kurz nach 1900. K. FELNERS mit Helmbrechts Rückkehr beginnender Einakter (1905) steht mit der negativen Zeichnung der Titelgestalt, eines Nichtsnutzes, der schließlich geblendet und in einer Art Gottesgericht vom Blitz erschlagen wird, dem Original am nächsten; interessant ist die Einführung eines Bruders des Helden, auf den die positiven Seiten des Bauerntums übertragen worden sind, die dem alten Helmbrecht als einem Vergötterer des Sohnes hier weitgehend fehlen. E. EGE (1906) zeichnete in Helmbrecht einen ursprünglich weichen Träumer, dessen Ausbruch aus der angestammten Umgebung und dessen moralischer Fall mit der Abweisung und Schmähung durch den Vater der geliebten Friederun motiviert werden; Helmbrechts Mordtat an dem stolzen Bauern wird von Friederun gerächt, indem sie Helmbrecht den Häschern ausliefert. Die bei Ege auftauchenden melodramatischen Elemente treten in der Oper *Der junge Helmbrecht* (1906) von E. u. P. REINHARDT / ZAICZEK-BLANKENAU noch mehr in den Vordergrund: hier ist Helmbrecht vollends zu einem edlen Toren umgestempelt, der die Räuber zunächst für ideale Ritter hält und erst durch die Liebe zu einem unwürdigen Mädchen in Gegensatz zu seinem Vater und auf die schiefe Bahn gerät; dementsprechend endet er nicht ehrlos, sondern fällt im Kampf.

F. Feldigl (Dr. 1925) schob die Schuld ganz dem ehrgeizigen, reichen Vater zu, der es mit Edlen und Grafen aufnehmen möchte und den Sohn in einen Dünkel hineinsteigert; der schwache Sohn gerät auf die schiefe Bahn und wird gehenkt, den Vater aber als den eigentlich Schuldigen und Verblendeten trifft die Strafe der Blendung. Auch E. Ortner (Dr. 1928) griff wieder zu dem Mittel, Helmbrechts Charakter zu heben. Helmbrecht sinkt, weil seine Ideale zerstört werden: höfischer Herren- und Frauendienst werden ihm schlecht gelohnt, er wird, weil er Bauer ist, mit Peitschenhieben davongejagt und gerät nun erst in die Gesellschaft von Räubern, obwohl er immer noch am Besseren festhalten möchte. Von seinem Dasein angeekelt, stellt er sich schließlich selbst, und der Vater übergibt den Sohn der Gerechtigkeit. Die bei Ortner stärker verwendeten, bis dahin kaum genügend berücksichtigten sozialen Momente des Stoffes konnten durch erzählerische Darbietung besser zur Geltung gebracht werden (H. Rieder, R. 1936). Sie bestimmten dann teils infolge eines betonten Interesses am Bauerntum, teils infolge der Zuwendung zu gesellschaftlichen Fragen die mehr oder weniger aktualisierenden Bearbeitungen des Stoffes (K. Bacher, Bauerndr. 1939; P. Otte-Landertinger, R. 1938; J. M. Bauer, Spiel 1939; F. Hochwälder, Schausp. 1946; H. Mostar, Dr. 1947; R. Landa-Sonnheim, Festsp. 1950).

F. Scholz, Meier Helmbrecht im neueren deutschen Drama, Diss. Wien 1938.

**Melusine.** Die früheste erhaltene Fassung der Melusinen-Sage ist die *Histoire de Lusignan* des Jean d'Arras, der sie im Auftrag des Schloßherrn Jean de Berry 1387–94 aufzeichnete. Nach dieser Chronik ist Melusine die Tochter der Fee Persine, die von ihrem Gatten beleidigt wurde und sich von ihm getrennt hat; der Versuch Melusines, die Tat des Vaters zu sühnen, wird von der Mutter damit bestraft, daß Melusine sich jeweils sonnabends in ein Schlangenweib zurückverwandelt, bis sie einen Gatten finde, der ihr verspricht, sie sonnabends zu meiden; bricht er das Versprechen, ist sie auf ewig verdammt. Der auserwählte Gatte ist der Ritter Raimund, der ihr im Walde begegnet. Melusine und Raimund heiraten, gründen an der Stätte ihrer ersten Begegnung das Schloß Lusignan, und Melusine schenkt ihrem Manne Glück, Ansehen und zehn Söhne, die sich kriegerisch auszeichnen, aber gewisse Zeichen ihrer nichtmenschlichen Abkunft tragen. Raimund belauscht eines Sonnabends seine Frau im Bade und sieht, daß ihr Unterkörper die Gestalt eines Fischschwanzes hat. Nun flieht ihn das Glück, besonders der gewalttätige Sohn Geoffroy gibt Anlaß, daß Raimund im Unmut seine Frau beleidigt und ihren Makel erwähnt. In Drachengestalt entweicht sie klagend und erscheint nur noch einige Male nachts, um die jüngeren Söhne zu säugen. Raimund tritt die Regierung seinen Söhnen ab, wird Einsiedler auf Montserrat, und Geoffroy à la grand' dent, von dessen Heldentaten der zweite Teil der Chronik berichtet, wird sein Nachfolger.

Bald nach dem Werk des Jean d'Arras entstand im Auftrage des Guillaume de Parthenay eine metrische Fassung der Geschlechtersage durch den Troubadour COULDRETTE (1401); die höfische Erzählung konzentrierte die Ereignisse stärker auf die eigentliche Melusinen-Handlung, deren Wiedergabe sich von der des Jean d'Arras nur durch einen kompositorischen Unterschied abhebt: die Vorgeschichte Melusines wird erst lange nach der Katastrophe enthüllt, so daß die Spannung der Entdeckungsszene nicht leidet.

Die Melusinen-Sage, die in ihrer Fixierung auf das Geschlecht von Lusignan dazu diente, die Meerfee mit dem Fischschwanz, die das Geschlecht im Wappen führte und als Ahnherrin verehrte, zu verherrlichen und sie wohl auch von dem Verdacht der Unchristlichkeit zu reinigen, ist ein Abkömmling eines weltweit verbreiteten Märchens: der Geschichte von der Verbindung eines übernatürlichen Wesens, meist einer dämonischen ↑ Verführerin, mit einem Menschen und von deren Lösung, die nach der Verletzung des Geheimnisses erfolgt, also einer Parallele zu dem Märchen vom Tierbräutigam (→ Schwanritter). Daß dieses Märchen gerade in Frankreich verbreitet war, beweisen die älteren verwandten Erzählungen bei GUALTERIUS MAPES (*De nugis curialium distinctiones quinque* 1180), HELINANDUS (um 1200) und GERVASIUS VON TILBURY (*Otia imperialia* 1211); dieser kennt schon die spezifische, novellistische Prägung des Stoffes durch die Bedingung, unter der die Meerfrau die Ehe eingeht. In Angleichung an die Feenromantik der Ritterepen wurde aus dem Schlangenweib eine Fee gemacht, und diese muß in einer sowohl Jean d'Arras wie Couldrette zugänglich gewesenen Quelle, die dem Werk des Gervasius von Tilbury nahestand, mit dem Geschlecht von Lusignan verknüpft worden sein. Die Sage übernahm dann aus den Berichten über die aus den Kreuzzügen bekannten Vertreter dieses Geschlechtes ritterlich-heldische Episoden.

Während die Fassung des Couldrette in Frankreich ziemlich unbekannt blieb, aber die des Jean d'Arras zum Volksbuch wurde und auch spanische, holländische und englische Versionen erhielt, verwandte der Schweizer THÜRING VON RINGOLTINGEN Couldrettes Versepos als Vorlage für eine Prosaübersetzung (1456) und schuf damit den Ausgangstext zu einem deutschen Volksbuch, das auch in den slawischen Literaturen Aufnahme fand. Er idealisierte Melusine auf Kosten ihres Mannes und gab dem Ganzen durch Tilgung des Wunderbaren den Charakter einer wahren Geschichte. H. SACHS (1556) und J. AYRER (1598) haben das Volksbuch ohne wesentliche Eingriffe dramatisiert. F. NODOTS Bearbeitung (1698) machte aus dem französischen Volksbuch einen galanten Roman, der den Stoff in seine beiden ursprünglichen, nur lose verbundenen Bestandteile, das Märchen und die Ritterabenteuer, aufteilte. Die

erste neuere deutsche Nachdichtung stammt von F. W. ZACHARIAE
(1772), dessen triviale Verserzählung mit dem Abschied Melusines
von Raimund schloß und als Grund der Trennung einen Streit über
Melusines Lieblingskätzchen angab. L. TIECK gestaltete das Volksbuch zu einer Art Chantefable aus (1800), seine Dramatisierung
blieb Fragment (1807). GRILLPARZERS Operntext *Melusina* (Musik
C. KREUTZER 1833) kehrte das Hauptmotiv um, indem nicht Melusine in die Menschenwelt, sondern Raimund in das Feenreich
übersiedelt, aber dann von dort und von Melusine flieht, bis er sich
schließlich reuig in den Brunnen stürzt; Raimund wurde so dem →
Tannhäuser angenähert. Ein Dramenfragment C. DELAVIGNES galt
dem Schicksal der Tochter Melusines. W. JENSEN baute in seinen
Roman *Eddystone* (1872) eine Variante des Stoffes als Bericht der
Heldin über ihre Vorfahren ein. FONTANES Bemühen um das
Melusine-Thema galt weniger dem Stoff als einem gefühlsarmen
Frauentyp. Ein Versspiel C. ZUCKMAYERS (1920) blieb Fragment.
Der Belgier F. HELLENS schrieb einen von der deutschen Romantik
mitbestimmten hermetischen Roman (1921, endg. Fassung 1952),
in dem Melusine Symbol des Lichts, zugleich aber zeitgenössische
Frau ist, ähnlich wie Y. GOLLS (Dr. 1922; Oper C. H. HENNEBERG /
A. REIMANN 1971) Heldin, die ihre naturbezogene Sendung aus
Liebe zu einem Menschen verrät.

GOETHES *Neue Melusine,* schon in Sesenheim erzählt und in
*Wilhelm Meisters Wanderjahre* aufgenommen, schlägt das alte
Thema nur an, um es ins Heitere abzuwandeln: der selbst zum
Zwerg gewordene Liebhaber einer Zwergin zerbricht die Fessel
und die Bindung an die Dämonenwelt.

O. Floeck, Die Elementargeister bei Fouqué und anderen Dichtern der roman-
tischen und nachromantischen Zeit, 1909; R. Paulli, Einleitung zu: Melusina,
Kopenhagen 1918; L. Hoffrichter, Die ältesten französischen Bearbeitungen der
Melusinensage, 1928.

**Menächmen.** Durch PLAUTUS' Komödie *Menaechmi* hat das
↑ Doppelgängermotiv mit allen seinen Verwechslungsmöglich-
keiten die klassische komische Prägung erfahren. Der in Epidamnus ansässige Menächmus, der gerade einer Predigt seiner Frau
entronnen ist und sich bei seiner Geliebten, Erotium, angesagt hat,
wird mit seinem soeben in der Stadt angekommenen Zwillingsbruder Menächmus aus Syrakus verwechselt, der sich auf der
Suche nach eben diesem als Kind vermißten Bruder befindet. Der
Syrakuser nimmt zunächst heiter die ihm zufallende Rolle des
Geliebten auf sich, weigert sich aber dann, als treuloser Ehemann
zu gelten. Der Arzt, den des in Epidamnus ansässigen Menächmus'
Frau und Schwiegervater dem scheinbar Wahnsinnigen auf den
Hals hetzen, gerät nun wieder an den ersten Menächmus, auf den
sich der ganze Zorn der durch die Verwechslungen in Mitleiden-
schaft Geratenen entlädt, bis sich die Brüder gegenüberstehen und
der Sklave des zweiten Menächmus die Verwirrung aufklären hilft.

Der seit der Renaissance bekannte Stoff ist am häufigsten in Italien bearbeitet worden. Außer in reinen Nachahmungen (G. Trissino, *I Simillimi* 1548; A. Firenzuola, *I Lucidi* 1549) findet er sich zum Beispiel durch Kontamination mit der Fabel von Terenz' *Andria* in mehr episodischer Funktion bei G. M. Cecchi (*La moglie* 1550); die Personen des Stückes ahnen hier sofort, daß eine Verwechslung vorliegt. Später Ausläufer der zahlreichen Szenare der Commedia dell'arte, deren Komik auf der Verwechslung zweier ähnlicher Brüder beruht und die allenfalls mittelbar mit Plautus zusammenhängen, ist C. Goldonis Lustspiel *I due gemelli* (1790).

Auf der anderen Seite hat der Stoff schon früh einen Seitenzweig getrieben, indem Kardinal Bibbiena in *Calandria* (1513) einen der Zwillinge in eine Schwester verwandelte, wodurch der Stoff für erotische Effekte weit verwendbarer wurde. Auch hier hängt die spätere Entwicklung nur noch mittelbar über die *Calandria* mit Plautus zusammen, und das Doppelgänger- und Verwechslungsmotiv wurde oft zum Nebenmotiv herabgedrückt. So dient in einem anonymen Stück *Gl'Ingannati* (1527/31) die Zwillingsschwester, als Page verkleidet, einem geliebten Mann und ist Liebesbote zwischen ihm und seiner Angebeteten, die sich wiederum in den Pagen verliebt. Der Weg führt von hier zu Ch. Estienne (*Les Abusez* 1540), Montemayor (*La Diana enamorada* 1542), Lope de Rueda (*Los engañados* 1567), dem Calderón zugeschriebenen Lustspiel *La Española en Florencia* und vor allem zu Shakespeares *Was ihr wollt*; novellistisch haben Bandello und G. B. Giraldi Cinzio (*Gli Hecatommithi*) diese Variante verarbeitet.

Der echte Menächmen-Stoff wurde in Spanien von Juan de Timoneda (*Comedia de los Menecmos* 1559) in engem Anschluß an Plautus und von Lope de Vega (*El palacio confuso*) unter Vermischung mit fremden Stoffelementen benutzt; der als Landmann erzogene Zwillingsbruder und Doppelgänger eines tyrannischen Königs neutralisiert mit Hilfe der Königin dessen Handlungen. Die bedeutendste Erneuerung des Stoffes ist Shakespeares *Komödie der Irrungen* (1589/93), als deren Quelle ein verlorenes Stück *The Historie of Error* (1577) und das Manuskript von W. Warners Übersetzung der *Menächmi* (ersch. 1595) in Frage kommen. Shakespeare wiederholte das Zwillings- und Doppelgängermotiv in den beiden Dienern und motivierte die eheliche Untreue des Antipholus (= Menächmus) besser, indem dieser erst zu der Geliebten geht, als die eigene Frau ihm nach der Ankunft des Zwillingsbruders das Haus verweigert; Shakespeare drängt überhaupt die Kurtisane zurück und hält für den zweiten Bruder die Schwägerin des ersten als Liebhaberin bereit.

Dagegen hat die erste französische Bearbeitung durch J. de Rotrou (1636) die Beziehung zwischen dem zweiten Bruder und der Kurtisane von vornherein so angelegt, daß daraus am Schluß eine Ehe werden kann. In dem wesentlich schwächeren Stück von E. Boursault (*Les Nicandres ou les menteurs, qui ne mentent point*

1664) laufen zwei Mädchen den beiden verwechselten Brüdern nach. REGNARDS *Les Ménechmes ou les Jumeaux* (1705) entwertet den Stoff zum Intrigenspiel, indem der eine Zwillingsbruder von Anfang an die Situation erkennt und den anderen bewußt um Geliebte und Erbschaft betrügt, noch dazu auf Betreiben des Dieners, der als eigentlicher Rector agiert. Weder *Clerval et Cléon ou les nouveaux Ménechmes* (1785) von Ch. PALISSOT DE MONTENOY noch PICARDS *Encore des Ménechmes* haben etwas mit dem Stoff zu tun.

Deutschland hat nur die popularisierende Szenierung von Hans SACHS (*Menechmo* 1548) und die etwas freiere, aber wenig geschickte J. AYRERS (*Comedia von zweyen Brüdern aus Syracusa* 1618) zur Stoffgeschichte beigetragen. Des Dänen A. OEHLENSCHLÄGER *Trillingbrödrene fra Damask* (1830) klingt nur in den durch das Auftauchen zweier Drillingsbrüder hervorgerufenen Ehewirrnissen des dritten Bruders an den Stoff an.

K. v. Reinhardstoettner, Plautus. Spätere Bearbeitungen plautinischer Lustspiele, Bd. 1, 1886; W. Pischl, Die Menächmen des Plautus und ihre Bearbeitung durch Regnard, Progr. Feldkirch 1896; C. H. Stevens, Lope de Vega's El palacio confuso, together with a study of the Menaechmi in Spanish literature, New York 1939.

**Mephisto** → Satan

**Merlin.** Die Sage vom Zauberer Merlin geht nicht auf eine keltische Tradition zurück, sondern ist die bewußte Schöpfung des angelsächsischen Klerikers GEOFFREY OF MONMOUTH, der einen ihm vorliegenden anekdotischen Erzählkern mit nationalbretonischen Hoffnungen verknüpfte, die sich auf Prophetien eines Barden Myrddin beriefen, der wahnsinnig im Walde gehaust habe.

Ambrosius, ein schon bei Gildas und Beda genannter römischer Anführer der Bretonen gegen die angelsächsischen Eroberer, wird zum erstenmal ausführlicher erwähnt in dem NENNIUS zugeschriebenen *Historia Britonum* (um 796), die folgendes berichtet: Der bretonische Gewaltherrscher Vortiger hatte zur Bekämpfung der Pikten und Skoten die Sachsen ins Land gerufen, die sich dort festsetzten. Zur Verteidigung ließ Vortiger einen Turm bauen, der jedoch immer wieder einstürzte. Seine Magier erklärten, daß nur das Blut eines vaterlosen Knaben helfen könne. Ein solches Kind wurde gefunden und erklärte, daß unter den Mauern zwei Drachen lägen. Man grub nach und fand die Drachen, die einander sofort bekämpften. Der Knabe weissagte, daß der Kampf der Drachen den Kampf der Bretonen mit den Angelsachsen symbolisiere und daß die Bretonen siegen würden. Ambrosius, der Knabe rätselhafter Abkunft (die ursprünglich römische Abkunft der Gestalt wird jedoch auch noch erwähnt), wurde in der *Historia Britonum* als ein Gesandter Gottes empfunden, der der Nation den Glauben an ihre Zukunft wiedergibt.

Diese Figur eines Nationalhelden, eines Garanten ursprünglich der bretonischen, nun auch der englischen Hoffnungen, beschrieb Geoffrey of Monmouth in seiner *Historia regum Britanniae* (1132/35) und gestaltete sie aus. Die Erinnerung an die römische Abkunft wurde getilgt. Ambrosius heißt bei Geoffrey Merlin, d. i. gälisch Myrddin (die Formulierung »Merlin, qui et Ambrosius dicebatur« läßt noch deutlich die Tradition erkennen), und ist der Sohn einer bretonischen Königstochter und eines Inkubus. Die entscheidende Stelle, an der Merlin den Endsieg Britanniens weissagt, ist zu einer breiten Prophezeiung der englischen Geschichte bis zum Zeitpunkt der Abfassung der *Historia* und darüber hinaus ausgeweitet. Geoffrey gibt an, daß er während der Niederschrift der *Historia* eine Reihe von Prophezeiungen des Merlin »herausgegeben« und diese später in sein Geschichtswerk aufgenommen habe. Er hat also wohl im Anschluß an die Drachenprophezeiung des Nennius Prophezeiungen zusammengestellt und schon vor der *Historia* ediert, die zum Teil vielleicht in mündlicher Überlieferung vorlagen und an die Gestalt des Myrddin anknüpften, zum Teil aber Geoffreys eigene Schöpfung waren. Die Prophezeiungen sind, von Geoffrey aus gesehen, vaticinationes post eventum. Geoffrey konnte in den folgenden Abschnitten der britischen Geschichte die Handlung aus den Prophezeiungen heraus entwickeln und die Gestalt des Merlin zum Begleiter und Berater der britischen Könige werden lassen: Merlin gibt dem Besieger Vortigers, Aurelius, den Rat zur Errichtung der Stonehenge, seine Gestalt wurde also mit einem bedeutenden vorgeschichtlichen Denkmal Englands verknüpft, und er leiht seine Hilfe zu einem dem → Amphitryon-Stoff nachgebildeten Liebesabenteuer des nächsten Königs Uterpendragon mit der Herzogin Ygerne, deren Frucht → Artus ist. Merlin steht also als Lenker der britischen Geschicke auch hinter der wichtigsten Sagengestalt der Matière de Bretagne.

Auf Geoffrey of Monmouth gehen demnach zwei durch den Namen Merlins gekennzeichnete Vorstellungen zurück: die vom Propheten Merlin und die eigentlich stoffliche vom Zauberer Merlin, dem Aktor in der britischen Frühgeschichte und im Sagenkreis um König Artus. Beide Stränge liefen vom 13. bis zum 19. Jahrhundert parallel und meist unabhängig voneinander. Die einzeln und im Zusammenhang mit Geoffreys *Historia* verbreiteten Prophezeiungen genossen großes Ansehen und trugen den Namen Merlins, ihres fiktiven Verfassers, in weite Kreise. Sie wurden erweitert, übersetzt, kommentiert und hatten eine ähnliche Geltung wie die Sibyllinischen Weissagungen, besonders auch in Italien zur Zeit der Gibellinenkämpfe (*Verba Merlini* 1251/54). Während ihre Wirkung in England bis in die Neuzeit hinein anhielt, wurden sie auf dem Kontinent nach dem Konzil von Trient, das sie auf den Index setzte, nur noch selten zitiert.

Der eigentliche Merlin-Stoff, also die romanhafte, von den Prophezeiungen her entwickelte Vita des Verfassers der Prophetien, wurde nach Geoffrey nicht mehr im Bezirk historisch-politischer Mythenbildung, sondern im Bereich des höfischen Romans ausgebaut. Im Bezirk der Dichtung verdrängte der Weise und Magier den Propheten. Zwar verfolgte die 1148 in Hexametern verfaßte *Vita Merlini* Geoffreys, die die Darstellung der englischen Geschichte im Anschluß an die *Historia* fortsetzte, mit ihrer Erweiterung der Prophetien durch Weissagungen auch kosmogonischen und naturwissenschaftlichen Charakters noch die gleichen Absichten wie diese, aber sie zeigt auch schon das Bestreben, den Menschen Merlin interessant zu machen, ihn als Weisen und Wundertäter vorzuführen, ihm anekdotische Züge zu geben. Am wichtigsten für das Weiterwirken des Stoffes ist die an die keltische Tradition vom wilden Waldmann anknüpfende Wandlung Merlins in eine Art Anachoreten: er wendet sich von den Menschen, selbst von seiner Frau, ab und zieht sich in die Einsamkeit des Waldes zurück. Kleinere kymrische und bretonische Gedichte des 12. Jahrhunderts spiegeln Einzelzüge dieser *Vita.*

Die französische metrische Umsetzung der *Historia* durch WACE (um 1155) ließ dann bereits die Prophetien weg und arbeitete die romanhaften Züge heraus. Auf ihr fußte ROBERT DE BORON (um 1210), der die Gestalt des Merlin als des Erziehers von Artus fest mit der Artussage verband und diese wieder in seinen Zyklus über die Geschichte des Grals einbaute. Die geheimnisvolle Geburt Merlins wird hier auf einen Plan des Teufels zurückgeführt, die christliche Welt des Grals zu stürzen und sich selbst einen Sohn zu zeugen, der als Antichrist die Herrschaft des Teufels in der Welt befestigen soll. Der Plan schlägt fehl, Merlin wird vielmehr als Initiator der Tafelrunde der Vorkämpfer für die Wiedergewinnung des Grals, die bei Roberts Fortsetzern dann dem Artusritter → Parzival zugeschrieben wird. In den französischen Prosa-Auflösungen und Fortsetzungen des Werkes von Robert de Boron erscheint Merlin dann als Artus' ständiger Begleiter, Lenker und Helfer, bis er sich nach dessen Tode in die Einsamkeit zurückzieht. Der offene Schluß dieses geheimnisvollen Lebens wurde schließlich durch das erstmals im *Prosa-Lancelot* (um 1226) enthaltene *Enserrement Merlin* ausgefüllt: Merlin, hier ein teuflischer Verführer, begegnet im Walde von Brocéliande einer feenartigen Frau, Nimiane (auch Viviane), die den weisen Mann so bestrickt, daß er ihr seine Zauberkünste verrät, obwohl er weiß, daß sie diese Künste zu seinem Verderben anwenden wird. Während er schläft, versenkt sie ihn unter einem Weißdornbusch in ewigen Schlaf, der ihm dauernde Vereinigung mit der Geliebten vortäuscht. Vergeblich harrt die Tafelrunde, bis Gawain im Vorüberreiten Merlins Stimme erkennt und sein Schicksal erfährt.

1261 übertrug JACOB VAN MAERLANT den Stoff nach de Boron und später LODEWIJK VAN VELTHEM die Fortsetzung ins Mittelniederländische; beide sind in einer mittelniederdeutschen Fassung von 1425 erhalten. Ebenfalls auf de Boron geht die Merlin-Fassung von ULRICH FÜETRER (1473/78) zurück, der sich auf das Werk eines ALBRECHT VON SCHARFENBERG beruft. In England unterstrich MALORYS für das Fortleben der Gestalt wichtige Kompilation (*Morte d'Artur* 1485) die Warnerrolle Merlins. Der Ausbau des Stoffes erschöpfte sich bereits mit dem französischen *Prosa-Lanzelot,* dann schrumpfte die Fabel auf die stereotype Gestalt eines weisen Magiers zusammen, die als Deus ex machina eingesetzt werden konnte, um eine Handlung vorwärtszutreiben. Noch RABELAIS konnte Merlin in *Gargantua* (1534) bei seinem Helden eine ähnliche Beschützerfunktion zuweisen, wie er sie bei Artus gehabt hatte, und auch CERVANTES ließ den Zauberer im 2. Teil des → *Don Quijote* (1614) eine Rolle spielen. W. ROWLEY (*The Birth of Merlin,* Dr. 1662) wagte eine komische Variante seiner Geburt. Stärkere Verbreitung fand der Stoff in Italien. Außer dem fragmentarisch überlieferten *Storia di Merlino* (um 1324) des Paolino PIERI zeugen besonders die fünf Bücher der *Vita di Merlino con le sue profetie* (Druck 1480) von dem Interesse an der Gestalt, deren Prophetien hier politisch verwendet wurden.

Der romantisierende Blick auf das keltische Altertum, der in Merlin Spuren eines alten Mythus zu erkennen glaubte, veranlaßte eine Wiederbelebung. Jedoch die Zugänglichmachung des Stoffes durch WIELAND (1777), Dorothea SCHLEGEL (1804), Friedrich von der HAGEN (1823) führte nicht zu einer Erneuerung der uneinheitlichen, mit der englischen Frühgeschichte verknüpften Fabel. Merlin wurde allenfalls als dekorative Nebenfigur in Neubearbeitungen des Artus-, des Gral- und des Parzival-Stoffes (BULWERLYTTON, TENNYSON, VOLLMOELLER, SCHAEFFER, COCTEAU) und auch anderer sagenhafter Stoffe (ARNIM, *Die Päpstin Jutta;* TIECK, *Leben und Taten des kleinen Thomas, genannt Däumchen*) benutzt. Nur zwei Motive aus dem Merlin-Stoff waren prägnant genug, um sich einen dauernden Platz zu erobern: das lyrisch bestimmte, auch novellistisch verwendbare Motiv vom weisen alten Merlin im Grab unter dem Weißdornbusch und das dramatische vom ↑ Teufelssohn, der einen höllischen Auftrag erfüllen soll.

Das Motiv vom Grab Merlins findet sich schon in ARIOSTS *Orlando furioso* (1504–14), dann in WIELANDS Gedicht *Merlins weissagende Stimme aus seiner Gruft* (1810) und GOETHES erstem *Kophtischen Lied.* Es wurde in der Lyrik des 19. Jahrhunderts zu einer ungemein häufig, oft nur andeutend verwandten Formel für den Seelenzustand erotischen Gebanntseins, der Weltklage, weiser Absonderung von den Menschen und mystischer Naturverbundenheit, so im dritten Katherinengedicht HEINES (1835), in LENAUS *Waldliedern* (1843), in UHLANDS *Merlin der Wilde,* bei v. SCHÖNAICH-CAROLATH (1907), Paul GURK (1924), APOLLINAIRE (*L'Enchanteur pourrissant* 1909, *Merlin et la vieille femme* 1912, *La maison de Cristal*) bis hin zur völlig symbolistischen Verwendung in Louis ARAGONS *Brocéliande* (1942). Die Viviane-Episode ist seit TENNYSONS 6. Idylle (*Vivien* 1859) auch zum Stoff erzählender (E. A. ROBINSON 1917; S. v. d. TRENCK 1926;

M. Robbins, *Nimues Tale* 1988) und dramatischer (R. v. Kralik 1913; D. Tumiati, *Merlino e Viviana* 1927; G. Bottomley, *Merlins Grave* 1929) Darstellungen geworden; neben den Italienern Asta-ritta, Gazzaniga u. a. hat auch K. Goldmark das Viviane-Erlebnis zum Thema einer Oper (1886) gemacht. P. Heyse benutzte es in einem Roman (1892) nur als Gleichnis für einen modernen Stoff.

Das Viviane-Erlebnis erhielt seinen festen Platz auch in den Merlin-Dichtungen, die vom Thema des Teufelssohnes her den Stoff neu interpretierten und umschufen. Am Beginn dieser Reihe meist symbolschwerer Werke steht Immermanns »Mythe« *Merlin* (Dr. 1832), die bezeichnenderweise in dem den Widerspruch zwischen Himmel und sinnlich-satanischer Welt zu lösen suchenden Merlin einen Repräsentanten modernen Geistes darstellen wollte. Für E. Quinet (*Merlin l'Enchanteur,* Prosaepos 1860) ist Merlin Inbegriff des menschlichen, besonders des französischen Geistes, für R. v. Gottschall (1888) das widergöttliche Prinzip, für W. Müller von Königswinter (1871) eine Art Naturgott. Einen Höhepunkt erreichte der Merlin-Stoff in der Neuromantik mit ihrer Vorliebe für Kosmisch-Mystisches. Bei F. Lienhard (*Merlin, der Königsbarde,* Nov. 1900; *König Arthur,* Dr. 1900) erhielt Merlin eine gewisse völkisch-heroische Färbung, bei F. W. v. Ostéren (Epos 1900) Züge von Nietzsches Übermenschen. Eduard Stucken baute seine Dramen-Tetralogie (1913–24) um das Motiv der Erlösung Satans, die trotz Merlins Hilfe mißlingt. G. Renner schrieb eine Tragödie (1912) um das Schicksal des kontemplativen Menschen, der sich in der Welt nicht zurechtfindet und in Schuld verstrickt. Symbolisch verwandte G. Hauptmann den Namen Merlins in dem nachgelassenen mystischen Erziehungsroman *Der neue Christophorus,* dessen erstes Kapitel 1932 unter dem Titel *Merlins Geburt* erschien; Merlin figuriert als Symbol des neuen Menschen, der menschlicher und zugleich teuflischer Herkunft ist. Als Kämpfer für das Gute erscheint er bei C. S. Lewis (*That hideous strength,* R. 1945), in neun Erzählungen kontrovers gespiegelt bei J. Yolen (*Merline's Book* 1986), aus der Sicht seines Dieners bei dem Spanier A. Cunqueiro (*Merlin y familia,* R. 1969).

Die unklaren Konturen des Stoffes verlangen, seit er seinen nationalpolitischen Gehalt verloren hat, nach neuen geistigen Kristallisationspunkten. Er wurde neuerdings zum Anreiz für Großgemälde der ma. Welt und des Artus-Friedensreiches. M. Stewart (*The Cristal Cave* 1970, *The Hollow Hills* 1973, *The Last Enchantment* 1979, *The Wicked Day* 1983) kleidete den Artus-Stoff in eine Autobiographie Merlins; phantastischer erscheint der Magier in der Trilogie von St. Lawhead (1987–1989). T. Dorst (*Merlin oder das wüste Land,* Dr. 1981) sah in ihm den Erfinder einer Friedensutopie, der seinem teuflischen Erzeuger abtrünnig wird, seine Zauberkräfte für die christliche Welt einsetzt und mittels der Tafelrunde einen Wall gegen die Anarchie errichtet, der zusammenbricht, als die Folgegeneration die Ideale ablehnt. Bei dem Polen T. Slobodzianek (Dr. 1993) scheitert die Utopie schon an Merlins Sendboten.

E. A. Schiprowski, Merlin in der deutschen Dichtung, Diss. Breslau 1933; H. Wallner, Moderne deutsche Merlindichtungen, Diss. Wien 1936; P. Zumthor, Merlin le Prophète, un thème de la littérature polémique, de l'historiographie et des romans, Diss. Genf 1943; J. Vielhauer, Merlin in der neueren deutschen Dichtung (in: Castrum Peregrini 62/63) 1964; S. Brugger-Hackett, Merlin in der europäischen Literatur des Mittelalters, 1991; Ch. Dean, A Study of Merlin in English Literature from the Middle Ages to the Present Day, Lewiston/Queenston 1992.

**Merope.** Die Geschichte der Merope ist von PAUSANIAS, HELIO-DOR und am ausführlichsten von HYGIN erzählt worden: Poly-phontes ermordet den König von Messene, Kresphontes, sowie zwei seiner Söhne und zwingt seine Witwe Merope zur Ehe. Es gelingt ihr aber, den dritten Sohn in Sicherheit zu bringen. Der Herangewachsene kehrt als Rächer nach Messene zurück und gibt sich unter dem Namen Telephontes als Mörder des dritten Königs-sohnes, Kresphontes d. J., aus. Nach einigen Verwirrungen er-kennt ihn seine Mutter, er tötet Polyphontes und tritt die Herr-schaft an.

Von der fragmentarisch erhaltenen Tragödie *Kresphontes* des EURIPIDES hat besonders die bei PLUTARCH zitierte Stelle, nach der die Mutter durch das Dazwischentreten des Dieners an der Ermor-dung ihres Sohnes, den sie für dessen Mörder halten muß, gehin-dert wird, spätere Dichter zur Nachgestaltung angeregt. Die Er-neuerung des Stoffes geschah in Italien im Zeichen des klassizisti-schen chorischen Renaissancedramas. In A. CAVALLERINOS *Tele-fonte* (1582) steht die Wiedererlangung des Thrones durch den rechtmäßigen Erben Kresphontes im Mittelpunkt, während das Thema der Mutterliebe erst bei G. LIVIERA (*Cresfonte* 1583) in Erscheinung trat. P. TORELLI (*La Merope* 1589) hielt sich wie seine Vorgänger eng an Hygin, gab dem Stoff aber insofern ein neues dramatisches Moment, als die Ehe zwischen Polifonte und Merope noch nicht vollzogen ist, sondern der Tyrann vergebens um sie wirbt, als der Sohn zwischen beide tritt; auch das Requisit, mit dem der Sohn sich als Mörder des Thronerben ausweist, hier ein Ring, wurde von Torelli eingeführt.

Das französische Barockdrama infiltrierte dem Stoff ein ihm völlig fremdes Liebesmotiv. Bei G. GILBERT (*Philoclée et Téléphonte* 1642) wartet nicht nur die Mutter, sondern auch die Gattin auf den fernen Rächer; beide stürzen sich im letzten Akt auf den vermeintli-chen Mörder, der eben auch den Tyrannen erschlagen hat und der nun zuerst von der Gattin, dann von der Mutter erkannt wird. J. de la CHAPELLE (*Téléphonte* 1682) machte aus der Gattin eine Geliebte, die zugleich die Tochter des Usurpators ist, wodurch der Held in den für die französische Tragödie typischen Konflikt zwischen Liebe und Rachepflicht gerät; auch hier ist der Usurpator nicht der Gatte, sondern der Freier Meropes. J. de CHANCEL DE LA GRANGE (*Amasis* 1701) transponierte die Fabel nach Ägypten: Amasis, der Rächer, gibt sich für einen Sohn des Usurpators aus und wird nicht nur von seiner Geliebten, sondern auch von dem Tyrannen selbst vor dem Mordanschlag der Mutter gerettet. Ein nach einem Plan RICHELIEUS von COLLETET, BOIS-ROBERT, DESMARETS und CHAPELAIN ausgearbeiteter *Téléphonte* (1641) ist nicht erhalten. Der französischen Tradition in gewissem Sinne zuzurechnen ist das Melodram *Merope* (1712) von A. ZENO, das zuerst von F. GASPARINI und bis zur Mitte des 18. Jahrhunderts mehrfach vertont wurde. Die bei Gilbert angedeutete Rivalität zwischen Mutter und Gattin spitzte Zeno zu, indem der Tyrann die Geliebte des Thronerben, die er als Geisel festhält, gegen die von ihm vergeblich umworbene Merope aufhetzt. Die bisher »verdeckte« große Abrechnungs-Schlußszene wurde zum erstenmal auf offener Bühne vorgeführt.

Den Bruch mit der französischen Tradition brachte die das Thema der Mutterliebe betonende *Merope* (1714) des Italieners F. S. MAFFEI. Er erfand das dramatisch sehr fruchtbare Motiv, daß der junge Cresfonte ohne Kenntnis seiner ↑ Herkunft aufwächst und ohne Racheabsicht nach Messene kommt, aber unterwegs aus Notwehr einen Mord begeht und wegen des bei ihm gefundenen Ringes in den Verdacht gerät, Mörder des Thronerben zu sein. Er ist deshalb dem Polifonte willkommen, der auch die Mordtat der Mutter verhindert; nach der ↑ Erkennung willigt nun Merope scheinbar in eine Heirat mit Polifonte, und am Altar vollzieht der Sohn die ↑ Blutrache. VOLTAIRES ursprünglich als Übersetzung Maffeis geplante, dann zu einer Bearbeitung ausgewachsene *Mérope* (1743) strich Motive und Effekte wirksamer heraus. Erst in der Erkennungsszene erfährt Merope, daß Polyphonte der Mörder ihres Gatten und ihrer Söhne ist; dieser aber benutzt den in seiner Hand befindlichen letzten Sohn als Mittel, sie zur Heirat zu zwingen, vor der sie dann freilich die Gewalttat des Sohnes bewahrt.

Das Handlungsgefüge Maffei/Voltaires hat zunächst die Stoffentwicklung beeinflußt. FRIEDRICHS DES GROSSEN Opernbearbeitung von Voltaires Text (1756, Musik K. H. GRAUN) stellte die im Original als Bericht gegebene Schlußkatastrophe auf die Bühne. P. CLÉMENT (*Mérope* 1749) flocht die traditionelle französische Liebesgeschichte des Sohnes wieder ein. ALFIERI (1798) brachte nur kleine Änderungen des Handlungsganges und arbeitete mehr die königlich stolze als die schmerzlich liebende Mutter heraus. Der Portugiese J. B. d'ALMEIDA GARRETT (1856) hielt sich eng an Maffei/Voltaire. In Deutschland dagegen verursachte die scharfe Kritik LESSINGS in der *Hamburgischen Dramaturgie* ein Abrücken von Maffei/Voltaire, das sich bei F. W. GOTTER (1773) nur in der Änderung des beanstandeten Schlußaktes, bei P. WEIDMANN (1772) aber in einer völligen Rückkehr zu Hygin und stellenweise zu einem Anschluß an Torelli bemerkbar machte: der Sohn ist wieder der von Anfang an als Rächer des Vaters auftretende und die Mutter aus einem verhaßten Ehejoch befreiende Held. Unter den Bearbeitungen des 19. Jahrhunderts ist lediglich des Engländers M. ARNOLD antikisierendes, aber auch humanisierendes Drama (1858) zu nennen: Merope will keine Rache, sondern sucht den Sohn von der Tat zurückzuhalten. Unter den deutschen Dramen

(H. Hersch 1858; P. V. F. Wichmann 1860) ist das M. Remys (1860) lediglich der Kuriosität halber zu erwähnen, weil es als einziges auch den Tod Meropes für notwendig hält, die von dem sterbenden Polyphontes erstochen wird.

R. Schlösser, Zur Geschichte und Kritik von F. W. Gotters Merope, Diss. Leipzig 1890; G. Hartmann, Merope im italienischen und französischen Drama, 1892; R. Payer von Thurn, Paul Weidmanns Merope, (Studien zur vergleichenden Literaturgeschichte 3) 1903.

## Mexiko, Eroberung von.

Als der kubanische Grundbesitzer Hernando Cortez (1485–1547) im Jahre 1518 mit einer Expeditionsflotte nach dem noch weitgehend unbekannten amerikanischen Festland in See ging, tat er dies nicht mehr mit dem Willen des Gouverneurs Diego Velázquez, der Cortez zwar ursprünglich wegen dessen Finanzkraft zu diesem Unternehmen ausersehen hatte, dann aber mißtrauisch und eifersüchtig geworden war. Deswegen suchte Cortez unter Umgehung seines Vorgesetzten die Anerkennung des spanischen Königs zu erlangen, und er erhielt sie schließlich auch. Die durch seine zwiespältige Stellung wachsende rebellische Gesinnung eines Teils seiner Gefolgschaft, die Cortez nach der Landung durch Zerstörung der Schiffe unterdrückte, blieb verdeckt bestehen und konnte nur durch Erfolge erstickt werden. Cortez' erste und auch viele spätere Erfolge wurden dadurch ermöglicht, daß die Eingeborenen die Spanier für weiße Götter und Cortez für den nach einer Prophezeiung in sein Land zurückkehrenden Friedensgott Quetzalcoatl hielten. Der Zufall führte ihm auch zwei Dolmetscher zu, den in indianischer Gefangenschaft gewesenen Spanier Aquilar, der zwar nicht das Aztekische, aber die Sprache eines südlicheren Volkes kannte, und eine vornehme Aztekin, die bei ebendiesem Stamme in Gefangenschaft gewesen war. Diese Marina, die sich in Cortez verliebte, ihn für einen Gott hielt und glaubte, ihrem Lande Gutes zu tun, hat zwischen Spaniern und Azteken vermittelt und so geholfen, das Aztekenreich dem Untergang auszuliefern. Die den Azteken tributpflichtigen Tlaxcalteken gewann Cortez, nachdem er sie unterworfen hatte, zu Bundesgenossen. Entscheidend für seine Eroberung Mexikos wurde aber vor allem, daß der Aztekenherrscher Montezuma (1466–1520) die Spanier nur auf unkriegerische Weise von seinem Reich fernzuhalten suchte. Er ließ sie in das Tal von Anahuac und seine Hauptstadt Tenochtitlan einziehen, begrüßte sie als Gäste und gab sich später sogar ohne Gegenwehr als Geisel gefangen. Ob er sich so aus Schwäche, aus Glauben an die Göttlichkeit der Spanier oder aus stolzer Überzeugung von der eigenen Unverletzlichkeit sowie der Unzerstörbarkeit seines Reiches verhielt, bleibt ein Rätsel. Er geriet durch seine Handlungsweise in Gegensatz zu seinem Volk und seinen Heerführern, die sich jedoch, solange er lebte, seinem Willen kaum zu widersetzen wagten.

Cortez dagegen besiegte den Widerstand in den eigenen Reihen endgültig, als er ein ihm von Velázquez nachgesandtes Heer unter Narváez schlug und auf seine Seite brachte. Während seiner Abwesenheit von Tenochtitlan erhoben sich die Azteken. Montezuma, der sein Volk zum Frieden aufforderte, starb an einer Verwundung, die ihm aus den eigenen Reihen beigebracht worden war. Der nach seiner Rückkehr in seinem Palast eingeschlossene Cortez floh mit seinen Truppen in der berühmten »Noche triste« aus der Lagunenstadt auf das Festland, wobei die mit Schätzen beladenen Soldaten zum großen Teil niedergemacht wurden oder ertranken; ein anderer Teil fiel unter den Opfermessern der aztekischen Priester. Cortez' Rachefeldzug im nächsten Jahr führte zur völligen Zerstörung des prächtigen Tenochtitlan, das sich unter dem Befehl Guatemozins, eines Verwandten des Montezuma, hartnäckig wehrte, sowie zum Untergang des Aztekenreiches und seiner Kultur (1521). Die Fakten des Eroberungszuges waren durch die Briefe des Cortez an den spanischen König, die noch auf Augenzeugenberichte gestützte *Crónica de la Conquista de la Nueva España* (1552) des LÓPEZ DE GÓMARA und durch diesen angeregte lebensnahe *Verdadera historia de los sucesos de la conquista de Nueva España* (Druck 1632) von Cortez' Mitkämpfer Bernal DÍAZ verhältnismäßig bald bekannt.

Mit den wichtigsten Episoden des Feldzuges sind zugleich die Situationen angegeben, die innerhalb des Gesamtstoffes poetisch attraktiv wurden. Er ist selten lyrisch, auch nicht häufig mit den Mitteln der Ballade, aber sehr oft mit denen der großen Epik erfaßt worden. Zu dramatischer Gestaltung reizte der Gegensatz zwischen den Spaniern mit ihrer ↑ Goldgier und Bekehrungswut und den Azteken, die fast human wirken; die Gegensätzlichkeit scheint symbolisch in den Charakteren der beiden Führer ausgedrückt. Das exotische Element und die Farbigkeit des Ganzen lieferten zusätzlichen Anreiz und ließen den Stoff vor allem für die Oper geeignet erscheinen.

Die spanischen Autoren wohl nur mit Ausnahme LAS CASAS' (*Brevísima relación de la destruyción de las Indias* 1552) stimmten jahrhundertelang in dem Grundgefühl des Stolzes überein, einem Volk anzugehören, das eine neue Welt erobert hat. Cortez galt ihnen als Inbegriff zähen Zielbewußtseins, politischer Klugheit und strenger Soldatentugend. Die Ausrottung oder Zwangsbekehrung des Feindes wurde vor allem durch den Hinweis auf den von ihm geübten Brauch des Menschenopfers gerechtfertigt. Fernando de HERRERA (um 1570) stellte Cortez' Eroberung über alle Taten der Antike; die Leistungen, die er seinen nur auf sich selbst gestellten Soldaten abzwang, hätten das Universum erschreckt. Aus der gleichen Haltung entstanden Versepen, die jedoch mit der Metaphorik des Klassizismus arbeiteten und daher wenig spezifische Farbe zu geben vermochten (Gabriel LOBO LASSO DE LA VEGA, *Cortés valeroso y Mexicana* 1588, vermehrte Ausg. unter dem Titel *La Mexicana* 1594; Antonio de SAAVEDRA GUZMÁN, *El peregrino indiano;* Juan de Castellanos, *Elegías de Varones illustres de Indias;* Gaspar de Villagra, *La conquesta de Nuovo Mexiko* 1610).

Auch im Drama wurde die eigentliche Dialektik des Stoffes wegen mangelnder künstlerischer Beachtung des Gegners nicht spürbar; es werden nur innerspanische Gegensätze aufgezeigt, über die Cortez glorreich triumphiert. Lope de Vegas Beitrag zur Dramatisierung des Stoffes ist nicht überliefert; es scheint sich um zwei Werke gehandelt zu haben (*La Conquista de Cortés* und *El marqués del Valle*). Fernando de Zárate (*La conquista de Mejico*) unternahm es, den Gesamtstoff in fünf Akten unterzubringen. Der Kampf beider Völker wird überhöht in einem Dialog zwischen Versuchung und Religion; Heilige greifen zugunsten der Spanier in die Handlung ein, während die Indianer Apoll anrufen. Die Schlußapotheose zeigt die Religion auf einem Triumphwagen mit den gefangenen Heidengöttern. Cortez ist bei Zárate als Feind des Goldes und als Beschützer der Indianer vor der Habsucht seiner Soldaten dargestellt; um moralischen Komplikationen auszuweichen, wird Marina mit Aquilar verheiratet. Zweimal hat die Gestalt des Cortez auch den Helden frei erfabelter höfischer Komödien abgeben müssen (Gaspar de Avila, *El valeroso Español y primero de su Casa, Hernán Cortés;* José de Cañizares, *El pleito de Hernán Cortés con Pánfilo de Narváez* 1762), in denen es um die Heirat mit Doña Diana de Zuniga und die Durchfechtung der Rechtsansprüche des Cortez am spanischen Hofe geht.

Die Azteken, ihre Kultur und ihr Herrscher, die in den spanischen Dichtungen nur als Feinde und Heiden betrachtet wurden, dürften in den an der Eroberung Mexikos nicht beteiligten Ländern, besonders den protestantischen, auf ein anderes Interesse gestoßen sein. Es ist bezeichnend, daß das erste Montezuma-Drama im Zuge der aus Frankreich kommenden exotisch-heroischen Tradition in England mit J. Drydens *The Indian Emperour* (1667) entstand. Es zeigt den Empfang der Nachricht vom Eintreffen der Spanier am Hof Montezumas, die Landung der Spanier und den ersten Zusammenstoß beider Völker, bei dem Montezuma den Übertritt zum Christentum ablehnt und die Machtansprüche der Spanier auf sein Land stolz zurückweist, gleitet danach jedoch sehr schnell in ein Gewirr von Liebesintrigen zwischen den Kindern und Stiefkindern Montezumas ab. Als die Lage der Azteken hoffnungslos geworden ist, tötet sich Montezuma, und sein Sohn lehnt die Teilung der Herrschaft mit den Spaniern ab, um statt dessen fern von Mexiko arm, aber frei zu leben. Das Drama ist auch später noch bearbeitet und aufgeführt worden (F. Hawling 1728; H. Brooke, *Montezuma,* Tr. 1778).

Die Sympathie mit dem »edlen Wilden«, die sich schon bei Dryden andeutet, begründete im 18. Jahrhundert eine besondere Beliebtheit des Stoffes, die außerdem durch die hervorragende historische Darstellung von Antonio de Solís (*Historia de la conquista de México* 1685) gefördert wurde. Das heroische Epos des F. Ruiz de León (*Hernandia* 1755) war eigentlich nichts anderes als

eine Umsetzung des von Solís gebotenen Materials in zwölf Can-
tos, wobei das Heroentum der Spanier ins Gigantische gesteigert
wurde und Cortez in vorbildlicher Weise politische Klugheit und
Tüchtigkeit vertrat, obwohl auch seine Eitelkeit und Ruhmsucht
angemerkt wurden. Ähnlich traditionell verhielt sich noch
J. F. W. ZACHARIAES Epos *Ferdinand Cortez* (1766), das den Eroberer als christlichen Helden im Stile von BODMERS *Colombana* beschrieb. Demgegenüber bedeutete die im gleichen Jahr wie die
*Hernandia* entstandene Oper FRIEDRICHS DES GROSSEN (*Montezuma*
1755; der franz. Text wurde von TAGLIAZUCCHI in ital. Verse
umgesetzt, Musik K. H. GRAUN) eine bewußte Wendung gegen die
»Barbarei« der christlichen Religion. Cortez ist der typische Tyrann, Montezuma der tolerante Herrscher, dessen Macht sich auf
die Liebe seiner Untertanen stützt und der glaubt, den Fremden
Noblesse und Geschenke zu schulden und ihnen ohne Betrug
begegnen zu müssen. Cortez dagegen will durch Ränke und Verstellung siegen und setzt Montezuma gefangen. Montezumas Verlobte versucht, die Azteken zu seiner Befreiung aufzuwiegeln und
dringt selbst bis in seinen Kerker vor; Montezuma wird hingerichtet, sie gibt sich den Tod, nachdem sie die Niederbrennung der
Stadt befohlen hat. In dieser Oper, die trotz der Liebesintrige eng
am Stoff bleibt, sind zum erstenmal spezifische Motive ausgeformt
und Montezumas Charakter mit seiner edlen Schwäche erfaßt
worden. Das wiegt um so schwerer, als kurz zuvor die erste Oper,
die den Stoff behandelte, G. GUSTI / A. VIVALDIS *Montesuma* (1733),
nach allen Intrigen und Morden in einen versöhnlichen Schluß
ausklang: Cortez' jüngerer Bruder und die Tochter Montezumas
werden ein Paar. Aus der Sicht der Eroberer, aber doch mit einem
gewissen Maß von Objektivität verfuhr die auf Solís gestützte
Oper *Montezuma* von V. Amadeo CINGA-SANTI / F. DI MAJO, die
den Handlungsabschnitt von der Ankunft der Spanier an der
großen Lagune bis zum Tode Montezumas wiedergab. Von der
Beliebtheit der mexikanischen Expedition als Opernstoff zeugen
weiterhin: Anon., *Valor que admiran dos mundos, se engendra sólo en
España y Hernán Cortés sobre México* 1768; J. MYSLIVEČEK, *Montezuma* 1771; G. PAISIELLO, *Montezuma* 1773; A. M. G. SACCHINI,
*Montezuma* 1775; N. A. ZINGARELLI, *Montezuma* 1781; G. GIODANI,
*Fernando nel Messico* 1786; Marino BERNER Y BUSTOS, *Hernán Cortés
en Tabasco* 1790; Marcos Antonio PORTUGAL, *Fernando in Messico*
1797. Der Engländer E. JERNINGHAM ließ in seinem Drama *The Fall
of Mexico* (1775) geradezu Las Casas auftreten und Sprachrohr
seiner Sympathien für die Indianer sein.

  Das Interesse der spanischen Autoren an dem Stoff erhielt 1777
noch einmal neuen Anstoß durch einen von der Real Academia
Española ausgeschriebenen Wettbewerb zur Erlangung poetischer
Behandlungen der verbrannten Schiffe des Cortez; von den 43 Autoren, die teilnahmen, wurden vierzehn zur endgültigen Prüfung
zugelassen. Es ist interessant, daß die Schiffe in Wirklichkeit gar
nicht verbrannt wurden. Cortez soll fünf Schiffe haben anbohren

und sich öffentlich die Nachricht bringen lassen, daß sie seeuntüchtig seien; danach habe er vier weitere Schiffe auf die gleiche Weise zerstört. Als sich nun Unruhe unter den Soldaten erhob, soll er ihnen freigestellt haben, auf dem einzigen unversehrten Schiff nach Kuba zurückzukehren, doch da die Abstimmung erwies, daß Cortez' Gegner weit unterlegen waren, habe er auch das letzte Schiff vernichten lassen. Nach anderen Berichten wurden die Schiffe auf Sand gesetzt. Noch Lobo Lasso de la Vega spricht von Versenkung. Das Motiv der Verbrennung wurde von antiken Helden wie Äneas, Agathokles von Syrakus, Quintus Fabius Maximus und Kaiser → Julian auf Cortez übertragen und gewann besonders durch die Darstellung des Historikers Suárez de Peralta (1589) Popularität, wurde aber durch das Preisausschreiben von 1777 erst richtig installiert. Den Preis erhielt ein Gedicht in 60 Ottaverimen von José María Vaca de Guzmán *Las naves de Cortés destruidas*: die Göttin Amerika zeigt dem Dichter im Traum die Küste von Vera Cruz mit den zerstörten Schiffen und Cortez, der seinen Soldaten den Sieg voraussagt. Als eigenhändigen Zerstörer mit der Fackel in der Hand schildert ihn ein weiteres der eingesandten Gedichte: *Hernán Cortés echa a pique todas sus naves en las costas de Nueva España* (1777). Nicht ausgezeichnet und erst 1785 veröffentlicht wurde N. Fernández de Moratíns Gedicht *Las naves de Cortés destruidas*. Hier inspiriert Satan selbst den Verräter Escudero, unter den Spaniern Zwietracht zu säen und den Wunsch nach Heimkehr zu wecken; Cortez wirft seine Lanze auf der Wasserlinie in das Flaggschiff, seine Getreuen folgen seinem Beispiel, zum Teil mit brennenden Lanzen. Die gleiche Szene zeigte zwanzig Jahre später das Epos des Juan Escóiquiz *Mexico conquistada* (1798) als Orgie der ruhmestrunkenen, mit Fackeln um die Schiffe tanzenden Soldaten. Auch bei ihm trat noch der klassizistische Apparat in Funktion, griffen Heilige und allegorische Gestalten in die Handlung ein. Die Sympathie Europas für die Indianer fand am Ausgang des 18. Jahrhunderts auch in Spanien ein gewisses Echo. In den Fragmenten von Francisco de Terrazas Epos *Nuevo mundo y conquista* taucht eine indianische Idylle auf. In den beiden dramatischen Trilogien über die Eroberung von Mexiko, die des Augustín Cordero (nur der mittlere Teil erhalten: *Cortés triunfante en Tlascala* 1780) und Fermín del Rey (*Hernán Cortés en Cholula, Hernán Cortés en Tabasco, Hernán Cortés victorioso y paz con los Tlaxcaltecas* 1790) erhalten die Indianer und vor allem die Indianerin Marina den gebührenden Raum. Bei Fermín del Rey ist Marina die Geliebte des Cortez und schwankt zwischen Vaterland und Geliebtem. In einer ersten spanischen Montezuma-Tragödie (Bernardo María de Calzada um 1785) wurde Mexikos Herrscher zum Typ des »edlen Wilden« umgeprägt, der eine Neigung für die christliche Lehre zeigt und Menschenopfer ablehnt, aber enttäuscht im Tode sein Volk um Verzeihung bittet.

Das Marina-Motiv wurde zu Beginn des 19. Jahrhunderts von G. Spontini (*Fernando Cortez,* Text V.-J. E. de Jouy 1809), der die

Operntradition des Stoffes weiterführte, in den Mittelpunkt der Handlung gestellt. Marina ist – zur Entlastung des Cortez auch in diesem, seinen berechnenden Charakter enthüllenden Punkt – seine Ehefrau und will durch Selbstauslieferung an Montezuma die Befreiung von Cortez' Bruder Alvaro erreichen; Cortez rettet sie vom Opferaltar. Der willensschwache Montezuma unterliegt dem willensstarken Cortez. Marina figuriert auch als die weibliche Heldin in A. KLINGEMANNS Schauspiel *Ferdinand Cortez oder die Eroberung von Mexiko* (1818). Klingemann machte sie ebenfalls zur Gattin seines sehr sentimentalisierten Cortez, dem es nur um die Christianisierung Mexikos geht. Genau wie bei Spontini droht Marina das Opfermesser; da sie nicht will, daß Cortez ihretwegen seine Ziele aufs Spiel setzt, tötet sie sich selbst. Montezuma ist der Friedensherrscher, der im Vertrauen auf seine Unberührbarkeit den Spaniern am Altar entgegentritt und gefangengenommen wird; seines Reichs und seines Glaubens verlustig, sehnt er den Tod herbei und stirbt verzweifelt an einem Pfeilschuß. In Spanien wurde der Stoff im Zeichen der Romantik zum Thema der Romanzendichtung. Der Herzog de RIVAS (*La buena ventura* 1841) zeigte den jungen Cortez in Spanien, dem eine Wahrsagerin sein Schicksal verkündet. Antonio HURTADO (*Romancero de Hernán Cortés* 1847) schilderte in 29 Romanzen die Vita des Helden und sah seine Sünde in der Preisgabe Marinas. In der letzten Romanze steht Cortez in Spanien im Vorsaal des Kaisers, der grußlos an ihm vorübergeht.

Im Zusammenhang mit dem Befreiungskampf Mexikos (1810 bis 1867) und der Ablösung der südamerikanischen Staaten vom Mutterland entstand ein negatives Bild des Eroberers und ein romantisches vom alten Mexiko. Als neue Grundlage der Dichtungen bot sich das auf eingehenden Forschungen beruhende Geschichtswerk W. H. PRESCOTTS (*The Conquest of Mexiko* 1843) an. Obwohl dieses Buch als direkte Quelle für Heine nicht nachzuweisen ist, spiegeln sich Kenntnisse wie die von Prescott vermittelten in HEINES Zyklus *Vitzliputzli* (in *Romanzero* 1851), der die »Noche triste« und das anschließende Opferfest schildert und mit der Wiedererstehung des blutigen Gottes als rächender Teufel in Europa schließt. Sehr eng an die historischen Ereignisse hielt sich F. SCHNAKE in seinem Drama *Montezuma* (1870): Montezuma, von dem göttlichen Auftrag der Spanier überzeugt, rät immer wieder zum Frieden, Cortez zeigt sich zunehmend macht- und blutgierig, so daß sich Marina schließlich von ihm abwendet. Auch der Roman von E. ANCONA *Los Martires de Anáhuac* (1870) zehrte von Prescotts Werk. Besonders deutlich wird dessen Einfluß in dem Roman von L. WALLACE *The Fair God* (1873), der die Geschichte Anahuacs von Cortez' Landung bis zur »Noche triste« aus aztekischer Sicht – nämlich fingiert als Aufzeichnungen eines vornehmen Tezcucan in kastilischer Sprache – berichtet. Das kulturgeschichtliche Detail wurde von Prescott übernommen, aber der berühmte Romanautor schreckte nicht vor der freien Erfindung einer Intrige zurück: Montezumas Tochter wird die Geliebte des schönen Spaniers Alvarado und verrät ihren Vater und ihre Landsleute. Montezuma steht unter dem Einfluß eines besessenen Priesters, der die Rückkehr des strafenden Gottes Quetzal und zugleich den Untergang Anahuacs prophezeit und vom Widerstand abrät. Treibende Kraft der Gegenwehr wird Guatemotzin, dem Montezuma selbst befohlen hat, ihn zu töten, wenn die Spanier ihn zwingen sollten, zum Frieden zu reden. Cortez ist hier erstmalig als die zwiespältige Konquistadorengestalt erfaßt, die in den Indianern nur »Hunde« und Sklaven sieht und für Montezumas Tragik kein Gefühl hat. In der Akzentsetzung nahm Wallace bereits vieles von E. STUCKENS berühmtem Prosa-Epos *Die weißen Götter* (1918) vorweg: den Konquistador Cortez, der immer seine besseren Einsichten und Absichten zugunsten seiner Erobererziele und seines Ehrgeizes aufgibt und der durch die Folterung der gefangenen Könige Marina verliert; den feinsinnigen, aber überzüchteten Montezuma, der den Feind durch allerlei Listen abhalten möchte, aber, zum Teil aus Aberglauben, nicht zuzuschlagen wagt. Montezuma wird bei Stucken von den flüchtenden Spaniern erwürgt, nachdem er seit seiner Gefangennahme den Mut und durch die Abwendung des eigenen Volkes das Selbstvertrauen verloren hat. Die heroische Komponente ist durch seinen Vetter Guatemoc vertreten, der nur noch kämpft, um das Ansehen seines Volkes vor der Nachwelt zu erhalten. Eine Ballade KLABUNDS (*Montezuma* 1919) zeigt einen Aztekenkaiser, der jenseits von Gut und Böse nur seiner unbegrenzten Macht und seiner Lust gelebt hat, dem aber bei der Ermordung einer Geliebten seine Sündhaftigkeit ins Bewußtsein getreten ist und der daher den Spaniern bereits als innerlich gebrochener, zur Demut bereiter Mensch entgegentritt.

Ohne den Einfluß Stuckens sind weitere deutsche Bearbeitungen des Stoffes nicht zu denken. Unmittelbar durch Stucken inspiriert wurde G. HAUPTMANN (*Der weiße Heiland*, Dr. 1920). Montezumas weiche Züge sind hier bis zu Kränklichkeit, Melancholie, Leiden an der Welt gesteigert; er wartet auf die Erlösung durch den Friedensgott Quetzalcoatl und sieht sich in den Spaniern getäuscht. Es gelingt nicht, den Sterbenden zu bekehren, so daß ein Schauer der Verantwortung sogar die Seele des harten, inhumanen Cortez streift; der Sohn Guatemotzin geht Montezuma im Tode voran. Hauptmann verwandte das Motiv des Weißen Gottes noch einmal in dem Drama *Indipohdi* (1920), dessen mit Shakespeares *Sturm* verwandte Fabel jedoch nichts mit der Eroberung Mexikos zu tun hat. Nach H. COUBIERS Interpretation (*Die Schiffe brennen*, Dr. 1937) wird Cortez wider seine Absicht durch menschliche Enttäuschungen und die Demoralisation seines Expeditionsheeres dazu getrieben, sich und den Soldaten das Gesetz des Handelns durch Verbrennung der Schiffe aufzuzwingen. Den allgemeinen Tenor des Stoffes traf auch R. SCHNEIDERS Erzählung *Las Casas vor Karl V.* (1938), in der er die Summe der westindischen Eroberungen zog: die tiefe Enttäuschung der Indios über die vermeintlich vom Himmel gesandten, aber durch

ihre Goldgier zu brutalen Menschenräubern herabgewürdigten
Eroberer.

Den deutschen Dichtungen in der Akzentsetzung verwandt ist
die Versdichtung von A. MacLeish *Conquistador* (1932), die sich
auf den Bericht des Bernal Díaz stützt und als stimmungsgesättigte
rückschauende Vision eines Teilnehmers der Expedition gibt. Aus
Unsicherheit, Angst und Fremdheitsgefühl entsteht der Entschluß,
sich der Person Montezumas zu versichern. Mit diesem Schritt,
den der lächelnde Azteke den Spaniern als Erfüllung einer Weissagung deutet, wendet sich das Glück von den Eroberern, die
»Noche triste« und darauf die Zerstörung Tenochtitlans sind die
Folge, und der alternde Kämpfer ersehnt im europäisierten Neu-
spanien die zauberhafte Schönheit des Zerstörten zurück. Des
Ungarn L. Passuth (*Esöisten siratja Mexikót,* R. 1939, dt. *Der
Regengott weint über Mexiko* 1950) Bewunderung gilt trotz alles
menschlichen und kulturhistorischen Interesses für die Azteken
doch der Persönlichkeit des Eroberers Cortez, der bei ihm stark
veredelt erscheint: er ist ein aufrichtiger Freund nicht nur des
leidend-untätigen Montezuma, sondern der Indianer überhaupt,
die er auf viele Weise zu schützen und zu heben sucht und deren
Untergang er nicht will; was er tut, geschieht zum höheren Ruhme
seines Kaisers und der christlichen Kirche. Während S. Shellaber-
ger in einem spannungsreichen Abenteurerroman (*Captain from
Castile* 1945) noch einmal die durch frei erfundene Erlebnisse eines
jungen Hidalgo ausgestalteten Taten der Konquistadoren feierte,
ohne dem unterworfenen Volk viel Beachtung zu schenken, haben
neuere Monographien (S. de Madariaga, *Hernán Cortés* 1941;
M. Collis, *Cortés and Montezuma* 1954, dt. *König, Priester und Gott,
Montezumas Vision und Schicksal* 1956), die sich auf die Forschungen
über die mittelamerikanische Glaubens- und Vorstellungswelt
stützen, weitere Schritte getan, um Montezuma als mindestens
gleichwertige, wenn nicht interessantere Gegenfigur des Cortez
zur Geltung zu bringen. Montezuma, ein tragischer Herrscher, ist
auf Grund mythologischer Überlieferung und magisch-astrologi-
scher Lehren der Überzeugung, daß Cortez als Inkarnation Quet-
zalcoatls wiederkam, um den Azteken und ihrer Krone den Untergang zu bringen; als einem Gott darf Montezuma Cortez nicht
kriegerisch entgegentreten, ohne kosmische Gewalten gegen die
Menschheit zu entfesseln. Der weit zurückreichenden, nach Spontini durch H. Rowley Bishop (*Montezuma* 1822), I. X. Ritter v.
Seyfried (*Montezuma* 1825), G. Pacini (*Amazilia* 1825), L. Ricci
(*L'Heroina del Messico* 1832), J. Ovejero (*Hernán Cortés o la conquista
de Messico* 1848), M. Bernal Jiménez (*Tata Vasco* 1941), A. Ar-
taud / W. Rihm (*Die Eroberung Mexikos* 1992) fortgesetzten Operntradition führte R. Sessions (*Montezuma,* Text G. Antonio Bor-
gese 1964) neues Blut zu, indem er der Cortez-Marina-Monte-
zuma-Handlung durch eine Rahmenhandlung, den Bericht des
Bernal Díaz, eine zweite Dimension gab. Die Position des Rah-
menerzählers ist ähnlich der in MacLeishs Epos. Wie dort stirbt

Montezuma, der bis zuletzt den Frieden predigt, unter den Steinen seines Volkes.

H. R. Kahane, Historia mexicana en la literatura alemana neoromántica (in: Memoria del segundo Congreso . . . de Lit. Iberoamericana 1940), Berkeley 1941; J. Subira, Hernán Cortés en la Musica Teatral, (Revista de Indias 9,1) Madrid 1948; J. Campos, Hernán Cortés en la Dramática Española, ebda.; J. Delgado, Hernán Cortés en la poesía española, de los siglos XVII y XIX., ebda.; W. Reynolds, Hernán Cortés in Heroic Poetry of the Spanish Golden Age, Diss. Univ. of Southern California 1956; ders., The Burning Ships of Hernán Cortés, (Hispania 42) 1959.

**Miles gloriosus.** Der ruhmredige Soldat, eine zeitlose und übernationale literarische Figur, ist nur eine der Ausprägungen des »Alazon«, des Prahlers, der von THEOPHRAST in seinen *Charakteren* fixiert wird; Prahlerei wird von Theophrast auch an anderen Typen der menschlichen Gesellschaft nachgewiesen. Der Sondertyp des prahlerischen Soldaten fand Eingang in die neuere griechische Komödie zu einem Zeitpunkt, als Athen im Abstieg begriffen war und sich vom kriegerischen Geist seiner Anfänge abwandte. Erst im Rom des Plautus, das von militärischen Erfolgen gekennzeichnet war, konnte der Typus, den man hier als den eines verächtlichen Graeculus empfand, zur Modefigur werden. Die Fabel zu seinem *Miles gloriosus* hat PLAUTUS (gest. 184 v. Chr.) dem *Alazon* (um 281) eines unbekannten griechischen Dichters entnommen. Sie zeigt den Maulhelden Pyrgopolinices, der einem jungen Athener, Pleusicles, in dessen Abwesenheit die Geliebte nach Ephesus entführt hat. Palästrio, der treue Sklave des Pleusicles, der durch Zufall auch in die Hand des Pyrgopolinices geraten ist, hat seinen Herrn kommen lassen und zu dem Nachbarhaus, in dem dieser wohnt, eine Wand durchgebrochen, so daß die Liebenden ungestört zueinander gelangen können. Einem neugierigen Diener des Gloriosus wird vorgespielt, daß die im Nebenhaus erkannte junge Frau nicht Philocomasium, sondern deren Zwillingsschwester sei, und um den Soldaten zur Hergabe seiner Beute zu bewegen, läßt Palästrio von seinen Helfern eine Intrige aufführen, nach der sich die Frau des Nachbarn in den unwiderstehlichen Pyrgopolinices verliebt habe; rasch schiebt Gloriosus die bisherige Geliebte samt dem Sklaven Palästrio ab, wird aber von dem eifersüchtigen angeblichen Gatten der Nachbarsfrau ertappt und von dessen Dienern verprügelt, kann sich nur mit Mühe davon loskaufen, entmannt zu werden, und erfährt schließlich, wie sehr er auf den Leim gegangen ist.

Der Plautinische Stoff fand nur verhältnismäßig geringe Weiterentwicklung, wohl weil die Intrige nicht eigentlich auf dem Maulhelden, sondern auf dessen Eitelkeit als Liebhaber beruht. Den Typus, leicht variiert, aber nicht so einprägsam, brachte Plautus selbst in anderen seiner Komödien erneut unter. Die verwandte Gestalt des Thraso aus TERENZ' *Eunuchus* verstärkte zwar mit ihrer

Selbstgefälligkeit und Feigheit den literarischen Typ als solchen, ließ aber die Fabel noch unwesentlicher erscheinen. Spanische und französische Übersetzungen traten um die Mitte des 16. Jahrhunderts an die Öffentlichkeit; die erste etwas freiere Nachdichtung des L. DOLCE (*Il Capitano* 1560) verlegte die Handlung in das zeitgenössische Rhagusi. Ebenso begnügte sich der Franzose J.-A. de BAÏF (*Le Brave* 1567) damit, den Schauplatz nach Orleans zu verlegen und die knappe Handlung zu verbreitern. Dagegen hat die erste bekannte englische Komödie überhaupt, N. UDALLS *Ralph Roister Doister* (um 1553) die Fabel sehr frei abgewandelt und die Titelfigur bei ihrem vergeblichen Werben um die Gunst einer Witwe, der Braut eines abwesenden Kaufmanns, gezeigt, die den Prahlhans abweist und mit ihren Mägden verprügelt. Herzog HEINRICH JULIUS VON BRAUNSCHWEIG (*Vincentius Ladislaus* 1594) machte aus dem simplen Bramarbas einen phantasievollen Aufschneider vom Typ → Münchhausens, während A. MARÉCHAL (*Le Capitan Fanfaron* 1640) sich eng an Plautus' Handlung hielt, aber Anstößiges milderte und aus dem Ruhmredigen mit gutem Instinkt einen Gascogner machte. A. GRYPHIUS (*Horribilicribrifax* 1663) versuchte, das Motiv zu beleben, indem er zwei Figuren des gleichen Typs auf die Szene stellte und die »Katastrophe« aus ihrer Haupteigenschaft, der feigen Prahlsucht, hervorgehen ließ; die verlassene Geliebte hetzt Horribilicribrifax auf ihren treulosen Liebhaber Daradiridatumtarides, so daß ein Zweikampf droht. In die Nähe von Gryphius gehört L. HOLBERGS Komödie *Jacob von Tiboe eller den stortalende Soldat* (1722/24), die auch mit einem Zweikampf der Nebenbuhler, des Soldaten und des Gelehrten, endet; die Handlung ist weitgehend in eine Werbungsgeschichte abgewandelt. Seit Holberg wird der Maulheld als »Bramarbas« bezeichnet. Auch P. CORNEILLES *L'Illusion comique* (1636) zeigt den Prahlhans in einem mißglückten Liebeshandel, der ihn er aus Angst vor dem Nebenbuhler verzichtet. Schließlich hat M. R. LENZ in *Der großprahlerische Offizier* (1772, umgearbeitet als *Die Entführungen*) die Plautinische Komödie zu erneuern gesucht und sie auf Goethes Rat weitgehend modernisiert: der Entführer ist ein preußischer Werbeoffizier, der ein Mädchen aus Hamburg nach Stockholm bringt.

Während die Fabel des *Miles gloriosus* sich als nicht besonders fruchtbar erwies, erfuhr die Figur eine ungeheure Nachfolge in allen Literaturen, wobei hier freilich ein menschlicher Typ auch unabhängig von dem Plautinischen Vorbild literarische Gestaltung gefunden haben könnte. Immerhin hat die Kopplung des aufschneiderischen Kriegers mit dem aufschneiderischen Liebhaber nachgewirkt, und die Szene des vor dem Parasiten oder dem Diener prahlenden Soldaten ist oft nachgeahmt worden. Ein Nachkomme des Miles ist der Capitano der Commedia dell'arte, der auch in die italienische Kunstkomödie, nach Spanien und als Capitan Matamore nach Frankreich drang. F. ANDREINI schrieb ein Kompendium für die Darstellung dieses Typs in 105 verschiedenen

Szenen (*Le bravure del Capitano Spavento* 1607). Vom 16. bis zum 18. Jahrhundert, von Orazio Vecchi (*Anfiparnasso* 1597) bis zu Goldoni (*L'Amante militare* 1752), von J. A. de Baïf (*Le Brave* 1567) über P. Scarron (*Jodelet duelliste* 1647) und S. C. Bergerac (*Le pédant joué* 1654/58) bis zu Molière (*Les Fourberies de Scapin* 1671), bei J. Lyly (*Endimion* 1591), Ben Jonson (*Every Man in his Humour* 1598), Shakespeare (→ Falstaff), G. Chapman (*May-Day* 1611), den Holländern G. A. Bredero (*Spaanschen Brabander* 1618) und P. Langendijk (*De Zwetser* 1712) und dem Dänen L. Holberg (*Ulysses von Ithacia* 1723 und *Diderich Menschen-Skræk* 1722/24) taucht der Capitano, Bramarbas, Braggart in vielen Abschattierungen auf, die immer wieder bewußt oder unbewußt auf den großen Plautinischen Vorgänger zurückweisen.

K. v. Reinhardstoettner, Plautus. Spätere Bearbeitungen plautinischer Lustspiele, 1886; H. Graf, Der Miles gloriosus im englischen Drama bis zur Zeit des Bürgerkrieges, Diss. Rostock 1892; O. Fest, Der Miles gloriosus in der französischen Komödie vom Beginn der Renaissance bis zu Molière, 1897; J. P. W. Crawford, The Braggart Soldier and the Ruffian in the Spanish Drama of the Sixteenth Century, (Romanic Review 2) 1911; K. Urstaedt, Der Kraftmeier im deutschen Drama von Gryphius bis zum Sturm und Drang, Diss. Gießen 1926; D. C. Boughner, The Braggart in Italian Renaissance Comedy, (Publications of the Modern Language Association 58) 1943; ders., The Braggart in Renaissance-Comedy. A Study in Comparative Drama from Aristophanes to Shakespeare, Minneapolis 1954; C.-G. Böhne, Der Bramarbas. Ein Beitrag zur Differenzierung und Bestimmung des Miles-Typus, Diss. Köln 1968; W. Hofmann / G. Wartenberg, Der Bramarbas in der antiken Komödie, 1973.

**Milon von Anglers** → Karl der Große, → Roland

**Mohammed.** Der Begründer des Islams (570–632), der in seinem vierzigsten Lebensjahre aus einem Kaufmann zum Propheten und zum Vernichter des heidnischen Glaubens der arabischen Stämme wurde, nannte sich, seit er 622 vor seinen Gegnern von Mekka nach Medina fliehen mußte, Mohammed (= der Gepriesene). Nachdem er in Medina eine starke Anhängerschaft gefunden hatte, eroberte er 630 Mekka, das durch ihn zur heiligen Stadt und zur Pilgerstätte seiner Anhänger wurde; er starb in Medina. Für das christliche Abendland wurde seine Gestalt besonders dadurch problematisch, daß er bei aller echten Begeisterung für das Gute doch in seiner Lebensführung von Leidenschaften beherrscht blieb und Beziehungen zu zahlreichen Frauen unterhielt; vor allem aber scheute er nicht davor zurück, im Kampf für die Durchsetzung seiner Idee zu brutalen und unlauteren Mitteln zu greifen.

In der orientalischen Dichtung seiner Glaubensanhänger ist Mohammed nicht zum Gegenstand bedeutender Werke geworden, wahrscheinlich weil sein Bild konfessionell festgelegt und Gegen-

stand religiöser Verehrung war. Allerdings dürfte bei den in allen
islamischen Sprachen vorhandenen historischen Darstellungen die
Grenze zwischen Historie und Dichtung mitunter verwischt worden sein. Lediglich die volkstümliche Dichtung hat sich, wenn
auch nicht allzu häufig, des Gegenstandes bemächtigt und Mohammeds Gestalt, allerdings fern von aller Problematik und meist auch
ohne tieferes Eindringen in die religiöse Thematik, behandelt. So
verherrlichen z. B. persische Dramen, die sog. *Taʿziye*, das Andenken Mohammeds und seiner Familie; Hauptpersonen in diesen
Dramen sind Hasan und Husain, zwei Söhne Alis, also Enkel
Mohammeds, aber es findet sich auch eines, das den Tod des
Propheten zum Thema hat, und ein anderes, das davon handelt,
wie Mohammed gegen den Willen seiner Eltern in die Einsamkeit
geht. Unter den seltenen arabischen Volksepen beschreibt ein Lied
Mohammeds Werbung um Chadidscha, eine in ihrem Auftrag
vollführte Karawanenfahrt nach Damaskus, seine kaufmännischen
Erfolge, die Gewinnung der ersten Anhänger für seine religiösen
Lehren und die schließliche Vereinigung mit der umworbenen
Chadidscha.

Das Abendland kam zunächst durch die Kreuzzüge mit dem
Islam in Berührung. Der französische *Roman de Mahomet* (um 1258)
stellt Mohammed als einen von Epilepsie befallenen Betrüger dar,
und ähnlich abschätzig erwähnt ihn auch die deutsche mittelalterliche Literatur. DANTE verbannte ihn in die untersten Kreise des
Inferno. Die Zeit der Türkeneinfälle erneuerte den Haß gegen die
Mohammedaner und ließ ihren Propheten in den Türkenliedern als
eine Art → Antichrist erscheinen. Noch in den Einleitungen zu den
ersten Übersetzungen des *Korans*, etwa in der des Italieners MA-
RACCIUS (1698) und der deutschen von D. D. NERETTER (1703), ist
Mohammed als Heuchler und geiler, niedriger Mensch dargestellt.

Mit dem religionsgeschichtlichen Interesse und der Textkritik
der Aufklärung trat eine Änderung ein. Seit BOULEINVILLIERS Biographie (*La vie de Mahomet* 1730) brach sich die Meinung Bahn, daß
das, was Mohammed sage, wahr sei, daß er aber nicht alles gesagt
habe, was wahr sei. Dennoch ist die erste große und nachhaltig
wirkende europäische Prägung des Stoffes durch VOLTAIRE (*Le
Fanatisme ou Mahomet le Prophète*, Dr. 1742), der zwar als Historiker und Dichter die große Persönlichkeit Mohammeds ahnte und
die über ihn umlaufenden Fabeln ablehnte (*De l'Alcoran et de
Mahomet* 1748), aber als Gegner aller Religion in ihm nur einen
dreisten Betrüger der Menschheit sehen wollte, eine völlige Verzerrung der Gestalt. Die Handlung spielt, wie in den meisten
Mohammed-Dramen, während der Belagerung von Mekka. Dem
Scherif von Mekka sind vor langer Zeit seine zwei Kinder geraubt
und bei Mohammed aufgezogen worden; als er sich weigert, für
die Rückgabe der Kinder Mohammed die Tore der Stadt zu öffnen,
läßt Mohammed den Scherif durch dessen eigenen, von seiner
Verwandtschaft nichts ahnenden Sohn umbringen und diesen dann
vergiften. Des Scherifs Tochter Palmire, die von Mohammed

geliebt wird, gibt sich selbst den Tod, und Mohammed bricht in Erkenntnis seiner Missetaten zusammen.

So sehr Voltaires *Mahomet* (mehrfach ins Deutsche übersetzt, vor allem von GOETHE 1800; ins Englische von J. MILLER 1770) schon von den Zeitgenossen als Verzerrung der historischen Überlieferung betrachtet wurde, gab er doch einerseits mit dem Problem der Heuchelei den dichterischen Bearbeitungen des Stoffes in der Folgezeit ein in Ablehnung und Nachahmung umkreistes Zentralthema und hatte andererseits eben durch die Vergewaltigung der Geschichte den Vorzug einer Konzentration auf eine straffe Handlung. Durch stärkere Einbeziehung der historischen Fakten erlagen die späteren Bearbeiter nämlich dem epischen Grundcharakter des Stoffes, dem Zerfließen im Episodischen, dem Reichtum der Handlung, deren bewegte Geschehnisse sich schlecht in Kongruenz mit der inneren Entwicklung des Helden bringen lassen; es fehlt eine einprägsame Fabel, in der sich das innere Erlebnis manifestiert. So blieb das Grundthema des Stoffes für die abendländische Dichtung der Dualismus von Sinnengenuß und religiöser Schwärmerei, von ethischem Wollen und betrügerischer, gewalttätiger Durchsetzung dieses Wollens. Der Stoff wurde tragisch, aber auch tragikomisch, und im Falle einer positiven Darstellung des Helden auch mit einem glücklichen, sieghaften Ausgang gefaßt.

Die deutsche Übersetzung des *Korans* von E. BOYSEN regte L. GLEIM zu einer Umsetzung in deutsche Verse an (*Halladat oder das rote Buch Koran in Versen* 1774). Im gleichen Jahre erschien des jungen GOETHE Zwiegesang zwischen Ali und Fatima, der später als *Mahomets Gesang* berühmt geworden ist und der Mohammed als den Typ des begnadeten, gotterfüllten Menschen und Religionsstifters feiert. Er steht im Zusammenhang mit dem in *Dichtung und Wahrheit* skizzierten Dramenplan Goethes, der sich außerdem noch in einer Hymne und in einer daran anschließenden Prosaszene niedergeschlagen hat. In ihnen handelt es sich um den jungen Mohammed, der an einer religiösen Wende steht und sich im Gebet zum Monotheismus durchringt; in der Prosaszene folgt eine erste Erprobung des neu gewonnenen Glaubens an der Pflegemutter Halima. Goethe wollte die Verstrickung Mohammeds durch Anwendung irdisch zweckbedingter Mittel darstellen und sah einen versöhnlichen Schluß vor.

Von Goethes *Mahomet*-Fragmenten, seiner Übersetzung Voltaires, die mit den eigenen Versuchen am Stoff nicht in Zusammenhang steht und ihre Entstehung nicht stofflichen, sondern formalen und theaterpädagogischen Gründen verdankt, sowie seiner Beschäftigung mit dem Islam im Zusammenhang mit dem *Westöstlichen Divan* führt der Weg zu der orientalisierenden Dichtung des 19. Jahrhunderts, die den Islam häufig romantisierte und das Orientalische als Stimmungsmittel benutzte. Unabhängig von Goethe verarbeitete schon Karoline von GÜNDERODE den Stoff in einem Gedicht (*Mahomets Traum in der Wüste* 1804) und dann in einem wenig gelungenen Drama (*Mahomed, der Prophet von Mekka*

1805). Während das Gedicht Mohammeds Ringen um Klarheit
wiedergibt, zeigt das Drama eine christlich eingefärbte, sanfte,
asketische, völlig unerotische Lichtgestalt, die nach Überwindung
der Feinde in Mekka einzieht; das Diffuse der historischen Stoffelemente wird hier deutlich. Ein mehr klassizistisches Drama
G. Ch. BRAUNS (*Mahomeds Tod* 1815) stellt den Propheten zwischen zwei Frauen, von denen ihn die eine vergiftet, weil sie an
seinem Prophetentum zweifelt. Diese Todesart entspricht einer
alten sagenhaften Überlieferung. Auch der Orientalist J. v. HAM-
MER-PURGSTALL ging den Stoff mehrfach an: ein Gedicht schildert
den Prediger des Heiligen Krieges (*Die Posaune des Heiligen Krieges*
1806), und ein Drama (*Mohammed oder die Eroberung von Mekka*
1823) stellt die Eroberung Mekkas und des Propheten zahlreiche
Liebesbeziehungen dar; der Wille zu historischer Genauigkeit zerstörte jedoch jede Einheitlichkeit der Handlung.

Die jungdeutsche Kritik am Christentum führte dem Stoff neu-
erliches Interesse zu. G. F. DAUMER (*Mahomed und sein Werk*, Gedichtzyklus 1848) setzte dem geistigen Hochmut des Christentums
die Einfachheit und Natürlichkeit der islamischen Religion entgegen, E. DULLER (*Historische Novellen* 1844) gab eine romanhafte
Nacherzählung von Mohammeds Entwicklung zum Propheten,
Ida FRICKS griff aus dem Gesichtspunkt der Frauenemanzipation
abermals den betrügerischen Propheten an, der sein höheres Ich
verraten hat und schließlich von einer Frau dekuvriert wird (*Mohammed und seine Frauen*, R. 1844). Wie schon Hammer-Purgstalls
Drama, so entstand auch das von A. SCHAFHEITLIN (1892) und das
von O. v. d. PFORDTEN (1898) im Widerspruch zu Voltaire; beide
enden mit einer Läuterung des Propheten, der erkennt, daß durch
Betrug und durch Beseitigung der Mitwisser die Lehre nicht
verteidigt werden könne. Näher an Voltaire rückte Ph. H. WOLFF
(Dr. 1860) in seiner Ablehnung des religiösen Fanatismus, während F. v. HORNSTEIN (Dr. 1906) mit seiner rationalen Kritik an der
Gestalt des Propheten, der zuletzt von seinen Anhängern verlassen
und innerlich vernichtet ist, Voltaire gleichkommt und nur noch
von dem völlig negativen Bild in der Erzählung P. E. v. HAHNS
(1931) übertroffen wird, das aus Mohammed einen Konjunkturrit-
ter macht, dessen Büste in den Handelsakademien aufgestellt werden sollte. Die hier anklingenden tragikomischen Elemente wurden schon in einer französischen Tragikomödie von L. LEFLOCH
(1867) ausgespielt. Historisch getreuere Dramatisierungen wiederum (F. KAIBEL 1907; E. TRAMPES 1907; M. v. STEIN 1912) wurden durch das Überwuchern des Episodischen beeinträchtigt. Die
an der Wende vom 19. zum 20. Jahrhundert enstandenen Bearbeitungen sind zudem geprägt durch den Führungsanspruch und das
Erlösungspathos von NIETZSCHES Zarathustra.

Dagegen scheint die von kulturhistorischem Ballast freie Dar-
stellung der Expressionisten in allen literarischen Gattungen dem
Stoff günstig gewesen zu sein. A. SCHAEFFERS Novelle *Die Rose der
Hedschra* (1926), die Mohammeds Zwiesprache mit dem Himmel

ins Lyrische steigert, wußte das Wesen des Propheten ähnlich eindrucksvoll festzuhalten wie die sehr einseitige Darstellung Mohammeds als eines Asketen und Predigers der Gewaltlosigkeit, der an der primitiven Wundersucht des Volkes zu scheitern droht, in F. WOLFS Drama (1924) und wie vor allem KLABUNDS Roman (1917), der eine in nur losem biographischen Zusammenhang stehende Reihe von Bildern auswählt und den alten Dualismus des Themas in dem Zwiespalt zwischen Erkennen und Handeln faßt. Auch hier schlägt die Darbietungsweise ins Lyrische um und begegnet sich so mit dem wesentlichsten Zeugnis des Mohammed-Stoffes, dem *Koran*. Mit der Behauptung, daß sich in diesem heiligen Buch des Islam, den Offenbarungen Mohammeds, auch teuflische Verse befänden, hat der Inder S. RUSHDIE (*The Satanic Verses*, R. 1988) den alten Vorwurf des Betruges, den er zur Rechtfertigung von Glaubensabfall nutzte, wieder aufgenommen.

H. Krüger-Westend, Mohammed-Dramen, 1914; L. Leixner, Mohammed in der deutschen Dichtung, Diss. Graz 1931; P. A. Merbach, Mohammed in der Dichtung, (Moslemische Revue 11) 1935; E. Littmann, Mohammed im Volksepos, (Det Kgl. Danske Videnskabernes Selskab, hist. filol. Meddelelser 32) 1951; K. Bohnen, Der Mohammed-Stoff und die ästhetische Repräsentanz der Bearbeitung F. V. Hornsteins (1906) (Text und Kontext 5) 1977.

**Mohammed II.** → Irene, Die schöne

**Montezuma** → Mexiko, Eroberung von

**Morant und Galie** → Karl der Große

**Mord am Sohn.** Die Geschichte von der Heimkehr des unerkannten, reich gewordenen Sohnes, der einem Mordanschlag seiner Eltern zum Opfer fällt, hat sich im Laufe seiner nun fast vierhundertjährigen Geschichte nicht mit festen Namen verbinden können, wird immer wieder als »wahres« Ereignis berichtet, aktualisiert sowie lokalisiert, und bewahrte insofern den Memorabile-Charakter, unter dem sie antrat. Volkstümliche und künstlerische Fassungen stehen in ständiger Wechselwirkung nebeneinander. Ohne faßbare ältere Tradition – denn eine erst Ende des 19. Jahrhunderts von einem französischen Marineoffizier überlieferte chinesische Erzählung von dem geizigen Li-Ti-Fo, der im Gastfreund den heimgekehrten Sohn tötet, kann kaum als Vorbild angesehen werden – taucht die Geschichte zuerst 1618 in der englischen Fassung *News from Perin in Cornwall* und in der französischen *Histoire admirable et prodigieuse* auf. Die beiden Fassungen unterscheiden sich im wesentlichen dadurch, daß es sich in der englischen Fassung um einen verlorenen, aber reuigen Sohn, einen guten Vater und eine habgierige Stiefmutter, in der französischen um einen tugendhaften Sohn, einen harten, geizigen Vater, der die Flucht des Sohnes aus dem Elternhaus veranlaßte, und eine liebevolle, schuldlos bleibende Mutter handelt. Ein weiterer Traditionsstrang beginnt bei dem belgischen Jesuiten A. DE BALINGHEM und seinem »Exemplum« (1621) vom polnischen Soldaten, das der französischen Version verwandt ist und eine Schwester als Vertraute des Heimkehrers einführte, der dann die traurige Aufgabe bleibt, das Verbrechen der Eltern aufzudecken. Balinghem beeinflußte den deutschen Jesuiten G. STENGEL (De iudiciis divinis 1651), dessen Erzählung ganz auf die Mörder und Opfer gleichermaßen beherrschende ↑ Goldgier abgestellt ist.

Mit zwei ersten künstlerischen Fassungen des Jahres 1736, der Dramatisierung der Stengelschen Version durch den Polen P. KWIATKOWSKI und dem wesentlich bedeutenderen Drama The Fatal Curiosity von G. LILLO begann die lange Reihe von Dramen um den Stoff. Das im englischen Memorabile angeschlagene Thema vom verlorenen Sohn ist bei Lillo zurückgedrängt und die Mörderrolle auf die Mutter übertragen, von der jedenfalls der Anstoß zur Tat ausgeht. Auch hier herrscht wieder die innere Verbindung beider Parteien durch das Geld, in Form der Geldgier bei den notleidenden Eltern, in Form von Protzen mit dem Geld auf seiten des Sohnes; zusätzlich wirkt jedoch beim Sohn zu dessen Verhängnis die »fatale« Neugier mit, die ihn versucht, die Eltern unerkannt zu beobachten und zu prüfen. Lillos Drama wurde später von G. COLMAN (1782) und H. MACKENZIE (The Shipwreck or Fatal Curiosity 1784) nachgeahmt, in Deutschland mit glücklichem Ausgang von H. BRÖMEL (Stolz und Verzweiflung 1780) und mit einem fraglich gemachten Ausgang von K. Ph. MORITZ (Blunt oder der Gast 1780) bearbeitet. Moritz präsentierte eine doppelte Lösung, indem er die Handlung nach dem Mord zurückdrehen ließ und ihr einen zweiten glücklichen Ausgang gab, der den ersten als bösen Traum erscheinen ließ; in einer zweiten Fassung haben Moritz' Freunde die Schrecken der ersten getilgt (1781). Der italienische Abate V. ROTA baute die Elemente der französischen Überlieferung 1794 zu einer formgerechten Novelle (ohne Titel) aus, in der ein unschuldiger Sohn von seinen Eltern beseitigt wird, denen dann ein Geistlicher als der Vertraute des Sohns die Aufklärung über das Opfer ihrer Tat bringt.

Die nächste literarisch bedeutsame Station des Stoffes bildet die Schicksalstragödie Der 24. Februar (1810) von Z. WERNER, dem der Stoff von Goethe mit der Auflage mitgeteilt worden war, daß er bei der Dramatisierung die Personenzahl nicht vermehren dürfe. Die Anpassung des Stoffes an das Gesetz der modischen Schicksalstragödie brachte als bestimmende Faktoren den Dies fatalis und das schicksalsträchtige Requisit eines Dolches, die beide der fluchbeladenen Familie seit je Unglück gebracht haben. Der Sohn, der einst im Spiel seine Schwester erstach, benutzt das verhängnisvolle Inkognito in dem Wunsch, Sicherheit über die Verzeihung der

Eltern zu erlangen. Er trifft in dem Augenblick ein, als der Vater wegen seiner wirtschaftlichen Lage Selbstmord machen will und nun zum Mord an dem reichen Gast verführt wird. Die Mutter ist an dem Mord unbeteiligt, auch gibt es keine aufklärenden Vertrauten oder Zeugen, die Worte des Sterbenden enthüllen seine Identität, so wie es die deutschen *Balladen von den Mordeltern* überliefern. V. Ducange (*Trente ans ou la vie d'un joueur* 1827) koppelte den Stoff mit dem ↑ Spieler-Motiv und baute den dritten Akt seines Melodramas nach Werners Einakter. Es endet mit der Festnahme des mehrfachen Mörders durch die Gendarmerie, während in H. H. Milners englischer Übersetzung (1827) der Vater sich selbst tötet. A. Dumas père hat sich in seiner Bearbeitung (1850) des Wernerschen Dramas eng an das Original gehalten.

Die weitere Entwicklung führt von G. Robins Drama *The Home-Coming* (1913), in dem die Mutter den Gast, der sich für einen Freund des Sohnes ausgibt, tötet, um das Geld ihrem vermeintlich in der Fremde notleidenden Sohn zu schicken, zu R. Brookes *Lithuania* (Dr. 1915), bei dem Mutter und Schwester den Gast töten, als der Vater Ausreden findet und zögert, und danach der Besitzer der nahen Gastwirtschaft die Zusammenhänge aufdeckt. An Brookes lehnte sich der Engländer G. Graveley mit *A Knock in the Night* (1925) an; hier zieht der durchaus schuldige Sohn es vor, den verbitterten Eltern zunächst den Tod von Sohn und Schwiegertochter mitzuteilen: Nicht die Hoffnung auf Reichtümer, sondern der Zorn über eine abfällige Bemerkung des Gastes veranlaßt den gereizten Vater zum Totschlag. Auch K. H. Rostworowski (*Die Überraschung* Dr. 1929) stützte sich auf *Lithuania*, verschmolz jedoch Züge daraus mit solchen aus dem Drama von Robins: Die Mutter ermordet den unerkannt heimgekehrten Sohn, um dem zweiten Sohn, der daheim blieb, Geld zum Studium zu verschaffen.

A. Camus (*Le Malentendu* Dr. 1944), der nach eigenen Angaben keine Kenntnis seiner literarischen Vorgänger hatte und den Stoff erneut als »wahre« Begebenheit aufgriff, schuf dessen vorläufig letzte bedeutende Dramatisierung. Er führte den Stoff wieder auf das tragische Grundmotiv des Verkennens zurück, das für ihn eine Komponente der absurden menschlichen Existenz ist, in der es keine echte Verständigung gibt. Die Person des Vaters wurde von ihm ausgeschieden, Mutter und Schwester sind seit langem verbrecherische Komplizen, die einsam reisende Gäste ermorden und ausplündern. Das Erkennen des diesmaligen Opfers weckt bei der Mutter die verschüttete Gefühlswelt wieder, und sie stirbt dem Sohn nach. Die Schwester dagegen bleibt kalt, fühlt sich von der Mutter im Stich gelassen, um ihr kümmerliches Lebensziel gebracht und erhängt sich.

O. Görner, Vom Memorabile zur Schicksalstragödie, 1931; H. Moenkemeyer, The Son's Fatal Home-Coming in Werner and Camus (Modern Language Quarterly 27) 1966; M. Kosko, Le fils assassiné (Academia Scientiarum Fennica F. F. Communications Bd. 83 Nr. 198) Helsinki 1966; M. Frauenrath, Le fils assassiné. L'Influence d'un sujet donné sur la structure dramatique, 1974; L. Petzoldt, Der absurde Mord (ders., Märchen, Mythos, Sage) 1989.

**Mordeltern** → Mord am Sohn

**Moritz von Sachsen.** Herzog Moritz von Sachsen (1521–1553) ist eine der zwielichtigsten Gestalten aus dem Zeitalter der Religionskriege. Obwohl Protestant, stellte er sich in den Kämpfen des Schmalkaldischen Bundes auf die Seite Karls V., wodurch er nach der Schlacht bei Mühlberg die seinem Vetter Johann Friedrich von Sachsen abgesprochene Kurwürde und die Kurländer gewann. Danach rüstete er jedoch, empört über die Gefangenhaltung seines Schwiegervaters Philipp von Hessen und die Versuche des Kaisers zur Machteinschränkung der Landesfürsten, heimlich gegen den Kaiser, der nur durch einen Zufall dem Anschlag Moritz' auf Innsbruck entging. Im Bündnis mit Heinrich II. von Frankreich, dem er Metz, Toul und Verdun zugesagt hatte, konnte Moritz den Kaiser im Vertrag von Passau zur Zusicherung eines Religionsfriedens zwingen, der später auf dem Augsburger Reichstag festgesetzt wurde. Im Kampf gegen seinen ehemaligen Bundesgenossen Albrecht Alcibiades von Brandenburg wurde Moritz bei Sievershausen schwer verwundet und starb.

Das Bild einer glanzvollen Persönlichkeit, eines geschickten Diplomaten und guten Feldherrn wird getrübt durch den skrupellosen Machthunger, dem jeder Frontwechsel und jeder ↑ Verrat recht ist. Moritz von Sachsen würde in der literarischen Gestaltung den Typ des genialen politischen Vabanquespielers auf dem Hintergrund einer revolutionären Zeit abgeben. Die Entwicklung einer solchen Darstellung wurde jedoch für lange Zeit verhindert durch die fast zufälligen oder doch für seine Handlungsweise nicht entscheidenden Erfolge, die Moritz der protestantischen Sache einbrachte. Man sah weniger den Treubruch gegenüber dem Schmalkaldischen Bund als den Zug nach Innsbruck, durch die er den Kaiser in eine kritische Situation brachte; man betonte weniger die verhängnisvolle Abtretung deutschen Gebietes als die durch das Bündnis mit Frankreich erreichte Machtkonstellation, durch die Karl in die Knie und zum Abschluß eines Religionsfriedens gezwungen wurde. So feierte J. VOGELS Drama *Clausensturm* (1622) die Einnahme der Ehrenberger Klause, und F. SCHLENKERTS Roman (1789) schilderte in einem deutschen Geschichtsbild in der Art des Ritterromans Moritz als Helden des Protestantismus. Auch nationalsächsische Dichtung glorifizierte den Ahnherrn der albertinischen Linie des Hauses Wettin bis zur Geschichtsfälschung: Moritz erschlägt im Zweikampf Albrecht von Brandenburg (G. HERRMANN, Dr. 1828).

Besondere Bedeutung verlieh der Gestalt die Zeit der bürgerlichen Revolution, die in Moritz den Empörer gegen die absolutistische Macht des Kaisers, einen Vorkämpfer der deutschen Einheit sah. Schon der Titel der ersten Dramatisierung des Stoffes in dieser Epoche, *Kaisermacht und Männerkraft* (F. v. PACZKOWSKA 1833) läßt diese Stellungnahme erkennen, die dann in den Dramen von R. PRUTZ (1844), R. GISEKE (1859) und sicher auch in dem nicht erhaltenen Werk des jungen H. LAUBE (1830) vorherrschte.

Erst in dem Drama E. WICHERTS (1873) wurde, wenn auch ohne Glück, die Leidenschaft des politischen Ehrgeizes zu dem Thema, das sich bei der Behandlung des Stoffes immer stärker durchsetzte (H. HÖLTY 1884; E. HEINRICH, *Karl V.* 1887). Ein Glanz des Abenteuerlichen und damit eine gewisse Sympathie machte Moritz von Sachsen bei aller Verurteilung seiner verhängnisvollen Rolle in der konfessionellen und nationalen Entwicklung Deutschlands auch in den neuesten Bearbeitungen erhalten (W. SPEYER, *Karl V.*, Dr. 1919; A. LIEBOLD, *Der Held im Labyrinth*, R. 1939; R. KREMSER, *Der Komet*, Dr. 1939; K. ZUCHARDT, *Held im Zwielicht*, Dr. 1941). Eine wirklich dichterisch belangvolle Darstellung hat der Stoff, an dem sich vor allem Dramatiker versuchten, bisher nicht gefunden; die Gestalt wurde auch in literarischen Werken um Karl V. und Johann Friedrich von Sachsen als Gegenspieler verwendet.

P. A. Merbach, Kurfürst Moritz von Sachsen im deutschen Drama, (Der Zwinger 5) 1921.

**Moses.** Moses war für die Israeliten nicht nur der Befreier aus dem Joch Ägyptens, der Führer durch das Rote Meer und auf der vierzigjährigen Wanderschaft durch die Halbinsel Sinai, der Mann, den Gott sich auserwählt hatte durch die wundersame Errettung des Knaben aus dem Nil und zu dem er gesprochen hatte aus dem brennenden Busch, auf dem Berg Sinai und dem Berg Nebo, der Stifter des Jahweglaubens und des Gesetzes, sondern er galt auch als Verfasser von vier Büchern des *Pentateuch*, die somit als eine Art Selbstbiographie aufgefaßt wurden. In den weiteren Büchern des *Alten Testaments* wird bereits ein typologischer Gebrauch von der Gestalt Moses' gemacht: Moses war der Mittler zwischen Gott und Mensch, er dokumentierte, was Gott für sein Volk getan hatte und was er später noch tun werde. Das in der *Bibel* Niedergelegte wurde durch eine große Anzahl von Legenden weitergebildet, die sich in apokryphen Texten aufgezeichnet finden. So berichten die *Midraschim* von Moses' Himmel- und Höllenfahrt, der *Judasbrief* von dem Streit zwischen St. Michael und dem Teufel über Moses' Leiche und eine *Adscensio Mosis* von seiner Himmelfahrt. Auch im *Neuen Testament* spiegeln sich die Moses-Sagen. Nach der *Apostelgeschichte* ist Moses ein Schüler ägyptischer Priester, und nach dem *Hebräerbrief* wurde ihm seine Weisheit von Gott selbst auf dem Sinai mitgeteilt. Das *Neue Testament* nimmt auch mehrfach Bezug auf die Verheißungen Mosis, die durch Christus wirklich wurden. Im Sinne einer Präfiguration entstehen Parallelen zwischen Moses in der Wüste und der Versuchung Christi in der Wüste, zwischen dem Manna, das die Kinder Israel in der Wüste ernährte, und der Speisung der Fünftausend, zwischen dem Zug durch das Rote Meer und Christi Wandeln auf dem See sowie zwischen Moses' Begegnung mit Gott und der Verklärung Christi auf dem Berg.

Entscheidend für die Ausgestaltung des Moses-Stoffes wurde das Bestreben hellenistisch-jüdischer Schriftsteller, das Judentum den Heiden in einer hellenistischen Maske darzustellen. PHILO ALEXANDRINUS' (1. Jh. n. Chr.) *Leben Mosis* arbeitete die Geschehnisse des *Pentateuch* zum Roman aus, vor allem die Geschichte von Moses' Jugend am Hofe Pharaos, dessen kinderlose Tochter Moses adoptierte. Moses hat nicht nur ägyptische, sondern auch griechische Lehrer, er lernt mehr, als seine Lehrer ihn lehren können. Der in der Bibel so jähzornige wurde zu einem besonnenen, vernunftgeleiteten Mann umgeschaffen. Er steigt vom Viehhirten zum Volksführer auf und vereinigt die Eigenschaften des Königs mit denen des Philosophen und Propheten. Flavius JOSEPHUS (37 bis um 100 n. Chr.) gab in der *Judaike archaiologia* gleichfalls eine Lebensgeschichte des Moses, in der seine Jugend mit den wunderbaren Zeichen seiner Sendung – er wirft dem Pharao die Krone vom Haupt – sowie sein Aufstieg zum ägyptischen General beschrieben werden. In der *Schrift gegen Apion* konstatiert Josephus, daß der Beginn menschlicher Rechtsentwicklung bei den Juden gelegen habe, daß Moses' Gesetz älter sei als die Gesetze der Griechen und dieser im Gegensatz zu den griechischen Philosophen eine Theokratie geschaffen habe. Frühchristliche Autoren haben diese Gedankengänge übernommen und ausgesponnen. AUGUSTINUS behauptete, Plato habe Moses' Schriften gelesen. EUSEBIUS VON CAESAREA nennt Moses in *Praeparatio evangelica* den Erfinder der Philosophie, den Gesetzgeber Gottes und Historiographen der heiligen Geschehnisse der Frühzeit; er verschmilzt ihn mit der Gestalt des Dichters Musaeus, eines sagenhaften Schülers des Orpheus. GREGORIUS VON NYSSA (geb. 330) mit *Das Leben Moses'* steht unter dem Einfluß der griechischen Tradition und gibt in dem auf die kurze Vita folgenden zweiten Teil seines Werkes eine allegorische Auslegung der Taten des Moses.

Während bereits im Altertum ein Moses-Drama entstand, das von EUSEBIUS erwähnt wird und bei CLEMENS VON ALEXANDRIA in Fragmenten erhalten ist, die Gott selbst als Dialogpartner von Moses zeigen, hat das Mittelalter Moses zwar viel genannt, aber nicht selbständig dichterisch behandelt. Er fehlt weitgehend in der Bibelepik und im biblischen Drama. Es scheint in seinem zwiespältigen, komplizierten Charakter, dem das vordergründig Heroische fehlte, keine Anziehungskraft gelegen zu haben. Erst die Renaissance hatte für seine dunkle Größe Verständnis. DU BARTAS baute in sein Alexandrinerepos *La Semaine* (1579–93) ein kleines Moses-Epos ein, das Moses' ganzes Leben umfaßt. Pharaos Tötungsbefehl für die erstgeborenen Söhne der Israeliten wird zum Anstoß für Moses' Schicksal: der renaissancehaft fürstliche Moses, der aus der ägyptischen Erziehung hervorgeht und ein geeigneter Nachfolger Pharaos wäre, wandelt sich durch das Dornbusch-Erlebnis in einen tugendhaften Streiter Gottes, der als Gesetzgeber Vorläufer des Erfüllers Christus ist. Ein zweites Epos schon barocker Prägung schrieb M. DRAYTON (*Moses, his birth and miracles* 1630). Es stellt in drei Büchern Geburt und Jugend, die zehn Plagen und den Zug durch die Wüste dar, ist in seinem ersten Teil am besten gelungen und stützt sich vor allem auf Josephus: während des im Auftrag Pharaos geführten Feldzuges gegen die Äthiopier heiratet Moses eine äthiopische Prinzessin. Sein Aufenthalt in Midian als Hirte seines Schwiegervaters ist im Stil der Pastourelle dargestellt. Das erste neuere Moses-Drama schrieb, gestützt auf du Bartas, J. van den VONDEL (*Pascha* 1612). Auch hier hat die Eingangsszene, in der Gott dem Hirten Moses im Dornbusch erscheint, pastoralen Charakter. Dem Menschenhirten, der von Gott selbst auserwählt und gekrönt wird, steht Pharao als der typische Tyrann des Barock gegenüber. Wie du Bartas betonte auch van den Vondel die präfigurative Funktion Moses'. Der gleiche Moses kehrt in einem Gedicht Vondels (*De Helden Godes des Ouwden Verbonds* 1620) wieder, das eine kurze Lebensgeschichte entwirft, während im fünften Buch von *Bespiegelingen van Godt en Godtsdienst* (1662) der Akzent auf die Größe Moses' als Prophet und Gesetzgeber gelegt wird. Ein lateinisches Schuldrama *Moyses* (1621) des Caspar BRULOVIUS zeigte mit großem Personen- und Prachtaufwand den Sieg über die Tyrannei des Pharao. Mit A. G. DE SAINT-AMANTS heroischer Idylle *Moïse sauvé* (1653) hielt sich zum erstenmal eine Dichtung an das stimmungsvoll rührende Thema von der Errettung des Knaben aus dem Nil, das später z. B. V. HUGO (*Moïse sur le Nil,* Gedicht 1820, dt. Übs. F. Freiligrath) anregte, und auch J. J. HESS mit seinem im Stil der idyllischen Patriarchaden geschriebenen *Der Tod Mosis* (1767) fand mehrere Nachfolger.

Eine neue Auffassung der Person und Leistung Moses' brach sich mit HERDER Bahn, der 1769 selbst den Plan hatte, das Leben Moses' darzustellen. Herder wandte sich sowohl gegen die mystische als auch gegen die christlich-dogmatische Interpretation und wollte in Moses einen der großen Genien im Entwicklungsgang der Menschheit gesehen wissen, der sein Leben für eine ihm von Gott gebotene Tat opferte. Moses gilt ihm als Gesetzgeber, als Sammler der ältesten Sagen seines Volkes; Abkunft und Erziehung haben ihn geprägt, die Weisheit der Ägypter, Chaldäer und Griechen ließ ihn reifen (*Die älteste Urkunde des Menschengeschlechts* 1774–76; *Vom Geist der ebräischen Poesie* 1782/83). GOETHE, der unter dem Einfluß des Fräuleins von Klettenberg für die mystischen Züge der Moses-Gestalt empfänglich gewesen war, schloß sich der Vorstellung Herders an (*Zwo ... biblische Fragen* 1773) und faßte später während der Zusammenarbeit mit Schiller die Idee, die Reise der Kinder Israel durch die Wüste in einem Aufsatz zu behandeln (1797):

Moses wurde ihm der Mann der Tat, nicht des Rates, der von seinem Wege, aber nicht von seiner Idee abzulenken war und der seinem Zweck alles unterordnete, daher in der Behandlung des Volkes oft ungeschickt gewaltsam vorging (der Aufsatz wurde 1819 redigiert und in die *Noten und Abhandlungen zum west-östlichen Divan* aufgenommen). SCHILLER dagegen (*Die Sendung Mosis* 1790) legte den Akzent auf die Befreiungstat, die nicht nur in der äußeren Abschüttelung der Knechtschaft, sondern auch in der denkerischen Befreiung von den ägyptischen Mysterien gelegen habe.

G. ROSSINIS Oper *Moses in Ägypten* (Text A. L. TOTTOLA, Auff. Neapel 1818), in der Pariser Fassung nur *Moses* betitelt (Text E. de JOUY und L. BALOCCHI (1827), die den Stoffkomplex Moses in Ägypten für das Drama erfolgreich durchsetzte, will Moses als religiösen Heros in der Auseinandersetzung mit Pharao zeigen, während der er die Anbetung der Göttin Isis entrüstet ablehnt. Der eigentliche religiöse Konflikt liegt jedoch in der Nebenhandlung um seine Nichte Anaide, die den ältesten Sohn des Pharao liebt, aber trotz dessen Drängens und Drohung auf ihn verzichtet, um ihr Leben der Befreiung ihres Volkes und Gott zu weihen. Den Vorstellungen Schillers stand im 19. Jahrhundert das Drama A. KLINGEMANNS (1826) nahe, das die Ereignisse von der Berufung in Midian bis zum Durchzug durch das Rote Meer umfaßt; der Streiter Gottes ist dadurch befleckt, daß er seinen Kampf mit Mitteln aus den koptischen Mysterien und dem Magiertum führt, die er überwinden will. Auch der Moses von H. HARRING (*Moses zu Tanis,* Dr. 1844) ist Mitwisser der koptischen Geheimlehre, seine Leistung wird allerdings nur in der des nationalen Befreiers und Einigers gesehen. Der Briefroman *The Pillar of Fire* (1859) des Amerikaners J. H. INGRAHAM stellt das Schicksal des ägyptischen Prinzen Remeses, der erst durch einen Rivalen erfährt, daß er der Israelit Moses ist, aus dem Gesichtswinkel eines tyrischen Prinzen dar; das Buch ist eine Mischung von kulturhistorischer Beschreibung Ägyptens und theologischer Unterbauung des Monotheismus.

Während Epos und Drama, besonders dieses, lange Zeit ihr Interesse dem heroischen Thema der Befreiung Israels zugewandt hatten, wurde in der zweiten Hälfte des 19. Jahrhunderts, vor allem im Gefolge der Geschichtsphilosophie Herders, die Wüstenwanderung, d. h. die Religions- und Gesetzschaffung, die in Auseinandersetzung mit den widerstrebenden Kräften des eigenen Volkes durchgesetzt werden mußte, zum Schwerpunkt des Moses-Schicksals. S. v. MOSENTHAL / A. RUBINSTEIN (*Moses* 1892) verzichteten auf die äußerlich wirksame nationale Befreiungstat noch nicht, sondern boten einen Bilderbogen, der von der Aussetzung des Kindes im Nil bis zu Moses' Apotheose reicht und über der Fülle des Faktischen Moses' innere Konflikte schuldig bleiben mußte; die lyrisch akzentuierten Szenen, in denen der Religionsstifter erfaßt werden sollte, weisen dem Werk eine Stellung zwischen Oratorium und geistlicher Oper zu. H. HARTS epische

Dichtung *Das Lied der Menschheit* (1887–96, Fragment) betont, daß
Moses' Leistung nicht in der Befreiung vom ägyptischen Joch,
sondern in der geistigen Freiheit gelegen habe, die Moses dem Volk
brachte. Moses' Gesetz ist jedoch dadurch belastet, daß er um der
Glaubwürdigkeit willen vorgibt, es von Gott empfangen zu haben;
dieser Betrug führt zu innerer Unfreiheit und Buchstabengläubig-
keit. Der durch seine Lüge zermürbte Moses bereut sterbend. Auch
C. HAUPTMANN (Dr. 1906) führte in fünf Stationen, vom Auszug
aus Ägypten bis zum Tod auf dem Hebro, Moses' Ringen mit dem
Volk um sein Werk vor; Moses ist hier selbstlos und rein, seine
Strenge mildert ein träumerischer Zug. Die religiöse Sendung
Moses' und sein persönliches Verhältnis zu Gott boten Ansatz-
punkte, den Stoff ins Mythisch-Nebulose zu steigern. So ordnete
E. STUCKEN (*Astralmythen*, 5. Teil: *Moses* 1907) Moses' Lebensge-
schichte in Vergleichsreihen mit anderen Mythen ein; E. LISSAUER
(*Der Weg des Gewaltigen*, Dr. 1931) überhöhte die irdische Hand-
lung durch ein in ewigen Zonen spielendes Vorspiel und ein
Nachspiel, in dem Moses Gott bittet, ihn noch einmal zur Hilfe der
Menschen auf die Erde zu lassen. Der archäologisch unterbaute
Roman von V. ZAPLETAL (*Mose, der Gottsucher* 1925, *Mose, der
Volksführer* 1926) verteilte Befreiungstat und Wüstenwanderung
auf zwei Teile.

Die erstaunliche Herauslösung der jüdischen Kultur und Religion aus dem ägyptischen Kult, die in der Dichtung nur am Rande
behandelt worden war, wurde durch S. FREUD (*Moses und der
Monotheismus* 1939, mit anderen Aufsätzen zusammengefaßt als
*Der Mann Moses und die monotheistische Religion* 1964) ins Zentrum
der Betrachtung gerückt. Durch eine psychoanalytische Interpretation des Aussetzungsmythos gelangte Freud zu der Behauptung,
daß Moses nicht Jude, sondern Ägypter gewesen sei, dessen Monotheismus der gescheiterten Religion Amenhoteps IV. ent-
stamme. Während der Wüstenwanderung sei dieser Monotheismus, nachdem Moses von seinem eigenen Volk erschlagen worden
sei, mit der Jahwereligion eines anderen Moses, des Schwieger-
sohns des medianitischen Priesters Jethro, verschmolzen worden.
In seiner von Freud beeinflußten Erzählung *Das Gesetz* (1944)
arbeitet Th. MANN mit dem Motiv, daß Moses der Sohn der
Pharaonentochter und eines Juden gewesen sei. Er hat es merkwürdigerweise mit dem Roman W. JANSENS gemeinsam (*Die Kinder
Israel* 1927), nach dessen Schilderung die Hebräer eine Gefahr für
Ägypten bedeuteten. Manns skeptisch-rationalistische Darstellung
sieht in Moses den Gesetzgeber, der sein Volk die Grundformen
der Sittlichkeit gelehrt hat. Moses' menschliche Schwäche ist mit
seiner Bindung an die Mohrin aus seiner Fluchtzeit angedeutet,
durch die er in einen Konflikt mit seiner Familie gerät. Die mehr
aus orthodox-jüdischem Gesichtspunkt geschriebene Darstellung
Sch. ASCHS (R. 1951) macht die Mohrin zu einer von der ägyptischen Pflegemutter für Moses bestellten Schützerin, die Moses
zum Weibe nimmt, um sie vor dem Zorn der Israeliten zu bewah-

ren. Die Romantrilogie des Dänen P. HOFFMANN (*Den brændende tornebusk* 1956, *Den evig ild* 1957, *Kobberslangen* 1958; dt. *Der brennende Dornbusch, Das ewige Feuer, Die eherne Schlange*) erzählt mit kulturhistorischer Akzentuierung die Ereignisse von der Jugend Moses' als ägyptischer Priester bis zu Josuas Einzug ins Gelobte Land. Zu einprägsamer Konzentration gelangte das Thema vom Gesetzgeber in dem Drama E. BACMEISTERS (*Maheli wider Moses* 1932) und der Oper A. SCHÖNBERGS (*Moses und Aaron* 1957). Beide Autoren erfanden einen Widersacher des Moses. Bei Bacmeister versteht es die Gegenfigur des Jünglings nicht, ihr mystisches Gottesbild dem Volk in einer reduzierten, begreifbaren Form zu vermitteln, und Moses schuf den Zwang des Gesetzes und das Lockbild des Gelobten Landes, um das Volk zu erziehen; Maheli versucht Moses' Gottesbild zu untergraben, scheitert und gibt sich selbst den Tod. Wenn dann bei Schönberg Moses' Gottesbild als das reine, unbedingte erscheint, dem der realistische Bruder das Götzenbild des Goldenen Kalbes entgegenstellt, dessen Wirkung Moses' Werk und Glauben an seine Berufung zu vernichten droht, so zeigt sich hier die Spannweite und Deutungsfähigkeit des Moses-Stoffes. Ch. FRY (*The Firstborn*, Dr. 1952) griff wieder auf den altbewährten Stoff der Befreiung in Ägypten zurück, gab dieser Tat aber einen tragischen Akzent, indem ihr der von allen geliebte erstgeborene Sohn des Pharao zum Opfer fällt, den Moses vergeblich zu retten sucht; jeder Weg und jede Tat, auch die Gottes, ist von Opfern begleitet. Bei I. DREWITZ (*Moses*, Dr. 1953) erwachsen Moses die Gegner im biblischen »Rotte Korah«, mit der die von ihm geliebten eigenen Neffen sympathisieren, die des unsichtbaren Gottes müde werden und sich nach dem mißglückten Versuch, Moses zu töten, selbst umbringen.

Zwei kleinere Abschnitte des Stoffes sind mehrfach gesondert behandelt worden: die Berufung und der Tod. Die Berufungsgeschichte, im 18. Jahrhundert Thema von Patriarchaden, hat ihren Reiz in dem Gegensatz zwischen dem göttlichen Auftrag und der Hirten- und Liebesidylle des bei seinem Schwiegervater dienenden Moses. Bei J. V. WIDMANN (*Mose und Zippora*, Idylle 1874) ist Moses von seiner Liebe zu erfüllt, um sogleich für die Erscheinung Jehovas zugänglich zu sein; erst nach einem Ehestreit ist er für Gott bereit und scheidet aus der Idylle. Auch A. WILDGANS (*Die Berufung*, Tr. entst. 1910/20) läßt Moses sich gegen den Anruf Gottes wehren, dagegen weist Moses bei W. EIDLITZ (*Der Berg in der Wüste*, Dr. 1923) die Liebe Ziporahs von sich, weckt den hinter einem Steinwall schlafenden Gott und zwingt ihn, für sein Volk zu handeln. Bei dem Franzosen E. FLEG (d. i. Flegenheimer, Erz. 1928) überwiegt die mystische Schau dessen, der die Thora aus Gottes eigener Hand empfängt.

Moses auf dem Nebo ergibt ein elegisches Thema von dem Mann, der das von Gott verheissene Ziel nur von fern sehen darf. Bei HOUDAR DE LA MOTTE (*La mort de Moyse*, 1711) noch um die Zukunft des Volkes besorgt, ist Moïse bei A. de VIGNY (*Ge-*

dicht 1822) ein einsamer, müder Mann, der seiner großen Aufgabe
müde wurde und sie aus der Hand legen möchte; er kehrt vom
Nebo nicht zurück, und schon fühlt Josua auf dem Weitermarsch
die Bürde des Auserwähltseins. Der Moses G. ELIOTS (*The Death of
Moses*, Gedicht) dagegen liebt das Leben und will nicht sterben.
Gottes Engel weigern sich, Moses' Seele zu holen. Sein Tod
hinterläßt eine große Lücke, aber er lebt als Gesetz weiter. W. EID-
LITZ (*Kampf im Zwielicht*, Gedicht 1928) griff das alte Motiv des
Judasbriefs vom Kampf zwischen Satan und St. Michael um
Moses' Seele wieder auf: der Sterbende sieht, wie dieser Kampf das
künftige Schicksal seines Volkes und aller Menschen bestimmen
wird und wie aus diesem Kampf die Sehnsucht nach Erlösung
erwächst.

S. Schächter, Moses in der deutschen Dichtung seit dem 18. Jahrhundert, Diss.
Wien 1935; J. D. P. Warners, Mozes-Mozaïek, Utrecht 1963; F. Humbel, Das
Schicksal des jüdischen Volkes und seiner großen Gestalten in der alttestamentlichen Zeit im Spiegel der Dichtung der Gegenwart (1900–1961), Aeschi/Schweiz
1963; M. u. M. Roshwald, Moses: Leader, Prophet, Man, New York 1969.

**Mozart.** Das aus der Biographie erschließbare Bild Wolfgang
Amadeus Mozarts (1756–1791), der bereits von seinem sechsten
Lebensjahr an als Wunderkind durch die europäischen Musikzen-
tren reiste, als junger Mann zunächst vergeblich versuchte, sich aus
der Enge Salzburgs und dem erzbischöflichen Dienst zu lösen, und
schließlich seit 1781 in Wien seine großen Bühnenwerke schrieb,
bis er frühzeitig in Armut und Siechtum starb, scheint in der
liebenswerten Schlichtheit einiger Perioden mit dem Ernst der
Musikwerke nicht in Einklang zu bringen. Mozarts Briefe und die
Schilderungen seiner Zeitgenossen liefern eine Fülle gewinnender
und rührender Züge – das Heranwachsen in der Schule des Vaters,
den Ausbruchsversuch nach Paris zusammen mit der Mutter, die
unglückliche Liebe zu Aloysia Weber und die spätere auch nicht
immer glückliche Ehe mit deren Schwester Konstanze, das Aufbegehren gegen die erniedrigende Position am bischöflichen Hof, die
Auseinandersetzungen mit dem bürgerlich strengen Vater –, aber
die große Linie, das Ringen eines Genies, von dem die Kompositio-
nen zeugen, spricht aus den äußeren Lebensfakten nicht. Insofern
bleibt der Mensch Mozart auch dem wissenschaftlichen Biographen ein Geheimnis.

Dieses Doppelgesicht zeigt sich auch in den literarischen Gestaltungen von Mozarts Leben, aus dem sich kein eigentlicher Stoff hat
entwickeln können. Abgesehen von den Huldigungsgedichten, die
schon dem Knaben gewidmet wurden (PUFFENDORF, *Auf den kleinen sechsjährigen Clavieristen aus Salzburg* 1762), setzt die Bearbeitung des Themas Mozart mit E. T. A. HOFFMANS Novelle *Don Juan*
(1814) ein, die nicht der Person des Komponisten, sondern seiner
Oper gilt. Auch ein großer Teil der weiteren literarischen Gestal-

tungen beschritt diesen Weg und behandelte nicht den Künstler, sondern seine Werke, und scheidet so für die eigentliche Geschichte eines Mozart-Stoffes aus. Wo die Autoren sich ihm selbst zuwandten, blieb man meist im Bereich des Episodischen, dem die Kleinform der Erzählung gemäß ist. Mozart wurde um die Mitte des 19. Jahrhunderts zum Novellenthema und blieb es bis in das 20. Jahrhundert hinein. Wo sich die kleinen Erzählstoffe zu ganzen Novellenkränzen zusammenschlossen, handelt es sich nicht um strenge Zyklen, sondern um nur lose verbundene, beliebig vermehrbare Beiträge zum Thema (J. P. Lyser, *Mozartiana* 1856; C. Belmonte, *Mozart-Novellen* 1895; A. Schurig, *Sieben Geschichten vom göttlichen Mozart* 1923; L. Maasfeld, *Mozart-Novelletten* 1932); der fruchtbarste Autor auf diesem Gebiet war R. H. Bartsch, dessen Erzählungen jedoch auch häufig die Wirkung von Mozarts Musik zum Thema haben (*Die Schauer des Don Giovanni* 1907; *Die kleine Blanchefleure* 1921). Das Verhältnis zu den Librettisten (J. Grosse, *Da Ponte und Mozart,* R. 1874; S. Trautwein, *Zauberflöte* 1928; G. Andrees, *Mozart und Daponte oder Die Geburt der Romantik,* R. 1936; H. Rosendorfer/H. Eder, *Mozart in New York,* Oper 1991), zu → Casanova (P. Nettl, *Mozart und Casanova,* Erz. 1929; J. Mühlberger, *Casanovas letztes Abenteuer,* Erz. 1931), zu seinem Konkurrenten Salieri (G. Nicolai, R. 1838; R. Genée, *Der Tod eines Unsterblichen* 1891; H. Nüchtern, *Der große Friede* 1922), zu Konstanze und anderen Frauen (H. J. Moser, *Süßmayer* 1926; O. Brües, *Mozart und das Fräulein von Paradies* 1952) und vieles Arabeskenhafte ist behandelt worden. Die wenigen Gedichte weisen in die gleiche Richtung (F. K. Ginzkey, *Klein Mozarts Morgengang*). Weit überragt werden diese erzählerischen Versuche von Mörikes Novelle *Mozart auf der Reise nach Prag* (1855), die zwar auch dem Typ des historischen Genrebildes angehört, der es aber gelingt, an einem Tag aus Mozarts Leben den Künstler auf dem Gipfel des freilich bereits von dem frühen Tod überschatteten Ruhmes und der Lebensfreude darzustellen. Ein Jahrhundert später behandelte L. Fürnberg (*Mozart-Novelle* 1947) erneut Mozarts Reise nach Prag, zeichnete Mozart allerdings im Gegensatz zu Mörike mit einem antiaristokratischen, revolutionären Akzent, vor allem in der Auseinandersetzung mit Casanova.

Ein einziges Ereignis aus Mozarts Leben hat eine Art stoffbildende Kraft gehabt: die Entstehung des *Requiems* und Mozarts Tod, den man mit diesem Werk in Zusammenhang brachte und an dessen Ursachen man herumdeutete, besonders solange das Geheimnis um den Besteller des *Requiems*, also das Auftreten des »grauen Boten«, noch nicht gelüftet war; man hat in ihm den Mörder Mozarts oder dessen Beauftragten gesehen. Dieses etwas spannungsreichere Thema ist vor allem von den wenigen Mozart-Dramen benutzt worden: der graue Bote ist einmal ein italienischer Musiker, der Mozart umbringt (D. J. Hoffbauer 1823), ein andermal der Entehrer seiner Schwester (A. v. Schaden, *Mozarts Tod* 1825), dann Salieri, der den Konkurrenten vergiftet (A. Puschkin,

*Mozart und Salieri,* Kurzoper von RIMSKI-KORSAKOW 1898) oder ruiniert (P. SHAFFER, *Amadeus* 1979). Auch nachdem man wußte, daß der graue Bote ein Diener des Grafen Walsegg gewesen ist, der dessen Kompositionsauftrag übermittelte, erscheint er als Ankündigung des nahen Todes (L. WOHLMUTH / F. v. SUPPÉ, Operette 1854; E. ILLE, *Kunst und Leben* 1862; W. v. WARTENEGG, 1893; H. SCHOEPPL 1903, K. SOEHLE 1907; L. KALSER, *Der Tod eines Unsterblichen* 1916). Auch Gedicht (IMMERMANN, *Requiem* 1820), Novelle (R. GENÉE, *Der Tod eines Unsterblichen* 1891; G. MASSÉ, *Das Requiem* 1925) und Roman (C. NICOLAI, *Der Musikfeind* 1838) haben das *Requiem*-Motiv aufgegriffen. Neben diesem ernsten Thema ist die auch in den Novellen des 19. Jahrhunderts zum Ausdruck kommende Vorstellung von Mozart als ewig tändelndem Musikus besonders durch L. SCHNEIDERS Umtextierung von Mozarts *Schauspieldirektor* (1845) verbreitet worden, mit der die Rolle des leichtsinnigen Kurschneiders Mozart selbst zudiktiert wurde. Die heitere Seite Mozarts hält auch S. GUITRYS Singspiel (Musik R. HAHN 1925) fest.

Das Bemühen um eine dichterische Gesamtdarstellung von Mozarts Leben, das in den Novellenkränzen, in Gedichtzyklen (G. FINKE 1925) und als dramatischer Versuch etwa in LORTZINGS *Szenen aus Mozarts Leben* (Singspiel, 1832) zum Ausdruck kommt, wurde vor allem Aufgabe des Romans, der sich des Stoffes erst spät, im Zuge der historisierenden Verarbeitung fast aller einigermaßen interessanten Lebensläufe, angenommen hat. Selbstverständlich sind daneben auch speziellere Themen aus Mozarts Leben romanhaft verarbeitet worden (E. BREIER, *Die Zauberflöte* 1850; H. WATZLIK, *Die Krönungsoper* 1935; E. v. KOMORZYNSKI, *Pamina, Mozarts letzte Liebe* 1941; E. BÜCKEN, *Don Juan oder das Genie der Sinnlichkeit* 1950). Bei den romanhaften Gesamtdarstellungen von Mozarts Leben ist ein immer stärker werdendes Bemühen um wissenschaftliche Vertretbarkeit zu verzeichnen, die den Mozart-Roman (H. RAU 1858; O. JANETSCHEK 1924; F. HUCH, *Mozart, der Roman seines Werdens* 1941 und *Mozart, der Roman seiner Vollendung* 1948; E. SOFFÉ, *Das Herz adelt den Menschen* 1948; V. TORNIUS, *Wolfgang Amadé* 1957) schließlich kaum mehr von der künstlerisch geschriebenen Mozart-Biographie (etwa A. KOLBS 1938) unterscheidet. Der Roman ist damit allerdings der »Vermozärtlichung«, der die Novelle oft anheimfiel, entgangen. Im Bemühen um mehr erzählerischen Freiraum schalteten H. RICHTER-HALLE (*Mein Bruder Wolfgang Amadeus* 1936) und B. GRUN (*The Golden Quill* 1956) als Erzähler von Mozarts Lebensgeschichte dessen Schwester vor, während W. HILDESHEIMER (1980) einen Gegenentwurf zum »domestizierten Helden« Mozart vorlegte. Als nur bedingt zur Geschichte des Mozart-Stoffes gehörig ist die symbolhafte Verwendung von Mozarts Gestalt in HESSES *Steppenwolf* (R. 1927) zu vermerken.

E. W. Böhme, Mozart in der schönen Literatur, 1932; ders., Mozart im neueren Roman, (Musica 5) 1951; J. Mühlberger, Mozart in der Dichtung (in: P. Schaller / H. Kühner, Mozart) 1956.

**Münchhausen.** Karl Friedrich Hieronymus Freiherr von Münchhausen (1720–1797), Teilnehmer an zwei Türkenkriegen, lebte nach seinem Ausscheiden aus dem Militärdienst auf seinem Gut Bodenwerder in Westfalen. Er versammelte dort gleichgestimmte Jagd- und Zechfreunde um sich und pflegte nach dem Abendessen bei Pfeife und Grog Geschichten vorzutragen, die ihn in der Gegend als amüsanten Plauderer und liebenswürdigen Aufschneider bekannt machten. Nach dem Tode seiner ersten Frau heiratete er als Siebzigjähriger noch einmal, geriet durch die zweite Frau in wirtschaftliche Schwierigkeiten und verstarb verbittert und einsam.

In der Literatur wurde seine Gestalt zum erstenmal verwendet durch einen unbekannten Verfasser, der im *Vademecum für lustige Leute* (1781) den »Herrn von M-h-s-n« 17 Schnurren, »eine eigene Art sinnreicher Geschichten, ... die nach seinem Namen benannt wird«, erzählen ließ. 1786 erschien dann anonym die englische Sammlung R. E. Raspes, die im gleichen Jahre von G. A. Bürger ins Deutsche übersetzt und künstlerisch abgerundet wurde (*Baron Münchhausens Erzählungen seiner wunderbaren Reisen und Kriegsabenteuer in Rußland*). Diese Sammlung anekdotischer Erzählungen machte Münchhausen zum Typ des Aufschneiders, der teils aus Freude an der Komik, teils als »Lügenstrafer« und Übertrumpfer der Aufschneidereien anderer seine Geschichten erzählt. Während der erste Teil, der sich um die ursprünglichen 17 Münchhauseniaden gruppiert, mit Kriegs- und Jagdgeschichten der historischen Gestalt noch verhältnismäßig nahe blieb, lehnte sich der zweite Teil mit den Seeabenteuern eng an Lukians *Wahre Reise* an und übersteigerte den Abstand zwischen Realem und Erdachtem.

Die Gestalt wurde im Werk Raspe/Bürgers zum Kristallisationspunkt einer alten Tradition von Lügengeschichten, wie sie bei Lukian, in den Facetien- und Schwankbüchern, im Volksbuch von → Eulenspiegel (1515) und vom Finkenritter (1559/60), bei Rabelais und Swift, in Gestalten wie Gryphius' Horribilicribrifax (1663), Ch. Reuters Schelmuffsky (1696) und Zacharias Renommist (1744) ihren Niederschlag gefunden hatten. Das Zusammentreffen der persönlichen Eigenart des historischen Münchhausen mit der soziologischen Situation des ausgehenden 18. Jahrhunderts, in der der unabhängige Landjunker wie kein anderer geschaffen schien, Repräsentant von Kriegs-, Reise- und Jagdabenteuern zu sein, ermöglichten eine Verlebendigung und charakteristische Abwandlung alten Schwankgutes. Münchhausen wurde zum Typus des vitalen, lebensfrohen und überlegenen Kavaliers, an dem jedoch weniger die Person, die kaum individuelle Farbe erhielt, als die Abenteuer interessierten. Die einzelnen Erzählungen waren assoziativ gereiht und ließen sich leicht beliebig vermehren, ohne daß dadurch der Charakter des Helden eine Änderung erfuhr. In der unmittelbaren Nachfolge entstanden zahlreiche Übersetzungen, Bearbeitungen und Nachträge, darunter ein weibliches Pendant (H. T. L. Schnorr, ... *Abenteuer des Fräuleins Emilie von Bor-*

*nau* ... 1801), und Nachahmungen, die den Namen Münchhausens auch auf andere, verwandte Stoffe übertrugen.

Für die Weiterentwicklung des Stoffes wurden die schon in Raspe/Bürgers Werk mitwirkenden satirischen Züge bedeutungsvoll, die bereits A. G. F. REBMANN (*Leben und Taten des jüngeren Herrn von Münchhausen* 1795) zu nutzen strebte und die dann in K. L. IMMERMANNS *Münchhausen* (R. 1838–39) zu einer großen Zeit- und Literatursatire ausgebaut wurden. Immermann mischte die Züge Münchhausens mit den proteischen und schnorrerhaften des Abu Said aus den von Rückert übersetzten *Makamen des Hariri* und den spleenigen und dekadenten des literarischen Glücksritters Fürst Pückler-Muskau, dessen Einfluß Immermann bekämpfte. Bei Immermann wurde Münchhausen zum heimat- und besitzlosen Hasardeur, der seine Lügenkünste zu egoistischen Zwecken benutzt und von seinen Zuhörern als Idealmensch und Prophet angestaunt wird, bis das Interesse an ihm wieder erlischt, als die Traumschlösser sich nicht verwirklichen. Entfernte sich hier auch die Gestalt von ihrem ursprünglich nobel-ritterlichen Charakter, so lag doch in der psychologischen Motivierung des Aufschneidertums ein Ansatz zur Individualisierung und Entwicklung der Gestalt.

Eine Wiederaufnahme des Stoffes erfolgte jedoch erst, als nach dem Ausgang der realistischen Epoche die Freude am literarischen Überspielen der Wirklichkeit wiedererwachte. Dramatisierungen konnten zwar der episch reihenden Technik des Stoffes nicht gerecht werden, aber doch durch die Schilderung eines einzelnen Abenteuers dem Charakter der Münchhausen-Gestalt nahezukommen suchen (F. KEIM, *Münchhausens letzte Lüge* 1899; O. LENGERKEN, *Münchhausen in Göttingen* 1909). Eine neue, dem Stoff ursprünglich fremde Variante des Charakters brachte H. EULENBERGS Drama (1900), in dem sich Münchhausen als empfindsamer Schwächling über die Mängel der Wirklichkeit hinweglügt, so daß er schließlich die Erfüllung seiner Träume gar nicht ertragen kann. Ähnlich scheitert auch der einsame Held H. v. GUMPPENBERGS, ein Abenteurer und Lügner aus enttäuschter Liebe (*Münchhausens Antwort*, Kom. 1901). Die Gleichsetzung des Aufschneidens mit dichterischer Phantasie, die schon Eulenberg vollzog, wurde zum Thema einer Komödie F. LIENHARDS (1914), der den Helden über die Erkenntnis seiner Verantwortung zu Mäßigung und Bändigung führte. In P. SCHEERBARTS Romanen (*Münchhausen und Clarissa* 1906; *Das große Licht, ein Münchhausen-Brevier* 1912) kamen wieder die zeitkritischen Züge des Stoffes zum Vorschein: Münchhausen, der als Hundertachtzigjähriger, aber körperlich und geistig Rüstiger in einem Berliner Salon zu Beginn des 20. Jahrhunderts auftaucht, erfindet Geschichten, die nicht als Narreteien, sondern als ernsthafte Utopien gedacht sind und mit denen er sich über das europäische Philistertum erhebt; seine Weltreise macht er gemeinsam mit der achtzehnjährigen Clarissa, in der er die ebenbürtige geistige Frau gefunden hat. Das Münchhausensche Lügenspiel, in

der Literatur meist als Überwindung der engen Wirklichkeit begrüßt, ist jedoch auch in seiner Ichbezogenheit und Überhebung
über die dem Menschen gesetzten Grenzen als Gefahr gedeutet
worden (E. G. KOLBENHEYER, *Münchhausen über uns*, Erz. 1912).
Die Schatten der Melancholie und des Zweifels, mit denen das
20. Jahrhundert Münchhausen bedachte, verdunkeln sein Bild auch
in W. HASENCLEVERS Schauspiel (1948). Hier heiratet der Siebzig-
jährige eine schöne junge Frau, die ihn zwar liebt, aber wirtschaftlich ruiniert und schließlich auch betrügt. Münchhausen belügt
noch sterbend sich und die Nachwelt, indem er schriftlich festlegt,
daß seine Ehe glücklich gewesen sei.

C. Müller-Fraureuth, Die deutschen Lügendichtungen bis auf Münchhausen,
1881; F. v. Zobeltitz, Münchhausen und Münchhausiaden, (Zeitschrift für Bücherfreunde 1) 1896/97; W. R. Schweizer, Münchhausen und Münchhausiaden
(m. Bibliographie), 1969.


**Münzer, Thomas.** Der Theologe Thomas Münzer (1489–1525)
radikalisierte die Lehre Luthers zu einem christlichen Kommunis-
mus, nutzte die von der Reformation in den unteren Volksschichten ausgelöste freiheitliche Stimmung zu revolutionären Erhebun-
gen, zunächst in Zwickau, dann in Böhmen und Allstedt, und
stellte sich schließlich in Mühlhausen in Thüringen an die Spitze
der unzufriedenen Bauern, Bergleute und der städtischen Unter-
schicht. Der auf ganz Thüringen übergreifenden Bewegung wurde
durch Münzers Niederlage und Gefangennahme bei Frankenhausen und die wenige Tage darauf erfolgende Hinrichtung ein Ende
gemacht.
    Der Thomas-Münzer-Stoff wurde in seiner Entwicklung lange
Zeit durch die ablehnende Haltung der protestantischen Kirche
gehindert, die, um eine Mitschuld abzuweisen, in Münzer ähnlich
wie in → Johann von Leyden, → Florian Geyer und anderen
Revolutionären und Schwarmgeistern teuflisch inspirierte falsche
Propheten zeichnete (MELANCHTHON, *Die Histori Thome Muntzers*
1525). Mit den neulateinischen Gedichten von E. CORDUS (*Antilu-
theromastix* 1525) und H. E. HESSUS (*Bellum Servile Germaniae* 1528)
und schließlich M. RINCKARTS Drama *Monetarius seditiosus oder
Tragödia von Thomas Müntzern* (1625), das ihn als Werkzeug des
Papsttums darstellte, war Münzers literarisches Gesicht festgelegt.
    Die tragischen Züge im Leben des Mannes, der, vom Evange-
lium ausgehend, für die Unterdrückten und Armen eintrat, zum
↑ Rebellen gegen die Obrigkeit wurde und die Schuld an Verwü-
stungen und Bluttaten auf sich lud, konnten erst gesehen werden,
als im Zeichen des Vormärz in Deutschland zum erstenmal die
soziale Frage in den Gesichtskreis trat; die aus revolutionärem Geist
geschriebene *Allgemeine Geschichte des großen Bauernkrieges* (1841)
von W. ZIMMERMANN lieferte den Dichtern das historische Material. Der Jungdeutsche Th. MUNDT hat die Gestalt als erster aufge-

griffen (R. 1841) und ihn bereits als Rebell im Namen Christi gezeichnet. Episodisch blieb die Gestalt auch in den folgenden Romanen F. TANNES (*Die Schlacht bei Frankenhausen* 1842), L. KÖHLERS (*Thomas Münzer und seine Genossen* 1844), Th. KÖNIGS (*Luther und seine Zeit* 1859) und Th. MÜGGES (*Der Prophet* 1860). Dabei sah Tanne den Stoff noch romantisch-ritterlich, Köhler bereits in seinen Beziehungen zur kommunistischen Bewegung der eigenen Zeit.

Die beiden ersten – aus dem Geist von 1848 entstandenen – Münzer-Dramen, die den Weg des Volksführers von Allstedt bis Frankenhausen begleiteten (R. GOTTSCHALL 1844; H. ROLLET 1851), sind kennzeichnend für den Typ des reihenden Stationen-Stückes, zu dem sich der Münzer-Stoff, ähnlich wie der Florian-Geyer-Stoff, einem innewohnenden Gesetz nach am besten zu ordnen scheint und das sein Vorbild zunächst in Goethes *Götz von Berlichingen*, später in Hauptmanns *Florian Geyer* hatte. Diese der soziologischen und psychologischen Verdeutlichung des Themas dienende »epische« Technik hat ihr Gegenstück in der Neigung zum »Zeitbild« schon der ersten Münzer-Romane und der breiten kulturhistorischen Hintergrundsmalerei des historischen Romans etwa P. SCHRECKENBACHS (*Die Mühlhäuser Schwarmgeister* 1926). Die Konzentration des Stoffes und seine zeitliche Einengung auf die Ereignisse um Mühlhausen, wie sie dann in spätrealistischen Dramen begegnen (H. SCHLAG 1883; C. ALBERTI, *Brot* 1888), sind seltener. Münzer wurde in ihnen aus einem stürmischen Revolutionär zu einem mehr passiven naturalistischen Helden, einem Zweifler und Schwankenden; die von Alberti eingeführte Gegenüberstellung mit → Luther blieb dem Stoff grundsätzlich erhalten.

Formal lockerte der Expressionismus den Stoff wieder zur Szenenfolge auf (schon J. BRANDT 1889). Von dem Gedanken, daß die Zeit und die Mitkämpfer nicht reif für Münzers Idee gewesen seien (W. LUTZ 1914; P. GURK 1922; E. KOHLRAUSCH 1926), gelangte man einerseits zur Rechtfertigung Münzers als eines Vorläufers des modernen Klassenkampfes (E. F. HOFFMANN 1923; Berta LASK 1925; F. WOLF, Dr. und Filmszenarium 1953; schon 1922 geplant), andererseits zu einer Verurteilung seines Versuchs, dem Geist durch Gewalt zum Recht zu verhelfen (E. LISSAUER, *Luther und Thomas Münzer* 1929). Die innere Beziehung des Expressionismus zum Thomas-Münzer-Stoff, die im Erbarmen mit dem Menschenbruder und in der Hoffnung auf eine Erneuerung des Menschen liegt und die sich in zwei Möglichkeiten, der des Mit-Leidens (W. FLEX, *Der Schwarmgeist,* Nov. 1910; C. LIEBLICH, *Münzer und sein Krieg,* Erz. 1923; C. LEYST, Dr. 1931; H. EULENBERG, Dr. 1932) und der einer Kampfansage gegen das Bestehende, äußern kann (M. DORTU, R. 1922), wird wohl am deutlichsten in der Gegenüberstellung des Gedichtes *Die Bauernführer* von L. von STRAUSS UND TORNEY (1925), das Münzers Weg zum Tode schildert, und des aufrührerischen *Thomas Münzer segnet die Waffen* von E. LISSAUER (1919). Noch W. SCHAEFERDIEKS Roman *Rebell in Chri-*

*sto* (1953) kann als Nachklang des Interesses der expressionistischen Generation, der Schaeferdiek angehört, und der durch sie ausgelösten neuen Blütezeit des Münzer-Stoffes angesehen werden.

P. A. Merbach, Thomas Münzer in Drama und Roman. (Mühlhäuser Geschichtsblätter 31) 1932; W. Wunderlich, Die Spur des Bundschuhs, 1978.

**Mustapha.** Die Nachricht, daß Soliman II., der machtvolle Beherrscher des Südostens, der Eroberer Ungarns und der Bedroher Wiens, im Jahre 1553 seinen erstgeborenen begabten und beliebten Sohn Mustapha umbringen ließ, weil ihn die Sultanin Roxelane und der Großwesir Rustan bezichtigt hatten, er wolle die Herrschaft an sich reißen und habe mit dem feindlichen Perserkönig Verhandlungen angeknüpft, löste im Abendland Erstaunen und Schaudern aus. Schon der im Jahre 1555 erschienene Bericht *Soltani Solymanni Turcorum Imperatoris horrendum facinus* ... des mit den türkischen Verhältnissen vertrauten Nicolas a MOFFAN zeigt das Bestreben, die Ereignisse auszuschmücken und die romanhaften Zutaten zu berücksichtigen, mit denen man im Orient die Geschichte inzwischen ausgestattet hatte. Bei Moffan steht im Mittelpunkt die ehrgeizige Roxelane, ihr Aufstieg zur Sultanin und ihr Bestreben, statt des von einer anderen Frau Solimans stammenden Mustapha einen der eigenen Söhne zum Thronerben zu machen, zumal die Gefahr bestand, daß nach türkischem Brauch Mustapha seine Brüder bei seiner Thronbesteigung beseitige. Mustapha wird beschuldigt, um die Tochter des Perserkönigs geworben zu haben: der mißtrauische und enttäuschte Soliman ruft den Sohn nach Aleppo, Mustapha erscheint trotz Warnungen und böser Träume und wird, ohne sich rechtfertigen zu können, von den »Stummen« umgebracht. Auch die Ermordung seines Söhnchens setzt Roxelane durch. Der wenig später erfolgte Tod Zeangirs, des dritten Sohnes der Roxelane, wird von Moffan in Beziehung zu der Ermordung Mustaphas gebracht: Zeangir tötet sich vor Schmerz an der Leiche des Bruders.

Die Geschichte des ↑ Vater-Sohn-Konflikts am Fürstenhof und der Beseitigung des Prinzen, die durch den Ehrgeiz der Stiefmutter und den Neid eines Höflings herbeigeführt wird, enthält eigentlich mehr eine Tragödie Solimans als seines Sohnes. Dennoch spielt Soliman in fast allen Bearbeitungen des Stoffes allenfalls die zweite Rolle. Dem Geschmack des Klassizismus und Barocks lag die ränkevolle Frauengestalt näher als die des mißtrauischen Sultans; ihr und allenfalls dem Intriganten Rustan fiel der aktive Part zu, und der stets unschuldige und vertrauensvolle Mustapha spielte eine ausgesprochene Märtyrerrolle. Die Partei Mustaphas erhielt die notwendige Verstärkung durch Berater und Helfer, im Laufe der Stoffentwicklung dann vor allem durch die Gestalt des jugendlichen Halbbruders Zeangir, dessen Treue und Selbstlosigkeit das Heldentum Mustaphas übertreffen, so daß an einem bestimmten

Punkt der Stoffentwicklung – bei LESSING – Zeangir zum eigentlichen Helden wird. Das Interesse an dem fast ausschließlich von
Dramatikern bearbeiteten Stoff mußte zurückgehen, als die Gegenüberstellung von stoischen Helden und intriganten Bösewichtern den dramaturgischen Ansprüchen nicht mehr genügte; der
letzte Akt mit der Aufdeckung der Intrige und dem großen Aufräu-
men unter den Schuldigen ist von jeher der schwache Punkt der
Mustapha-Dramen gewesen.

Stilistisch an Senecas *Medea* orientiert, aber durch den engen
Anschluß an die bunte Fabel Moffans nicht völlig klassizistisch
beschnitten, tritt der Mustapha-Stoff zum erstenmal bei G. BOU-
NIN (*La Soltane* 1561) auf den Plan: die Intrige der Sultanin durch
Fälschung eines Briefes, der Schreck und Schmerz des Sultans, der
Tod des unschuldigen Mustapha folgen rasch aufeinander. Den
gleichen stilistischen Gesetzen folgt das anonyme lateinische Renaissance-Drama *Solymannidae* (1581). Die Partei der Sultanin wird
hier durch deren schwächlichen Sohn Selym unterstützt, der den
Thron für sich gewinnen möchte. Auf der anderen Seite wird die
historische Gestalt des Wesirs Ibrahim mit der Sache Mustaphas
verbunden; er fällt noch vor Mustaphas Tod den Ränken der
Sultanin zum Opfer. Der hier erstmals verwendete Tod Zeangirs,
der sich an der Leiche des Bruders tötet, hat wenig Gewicht, da er,
entsprechend der Geschichte, noch nicht als der Sohn hingestellt
wird, um dessentwillen die Mutter ihre Untaten begeht. Das
Zeangir-Motiv ist bei dem Italiener P. BONARELLI (*Il Solimano*
1619) zunächst wieder fortgefallen; bei ihm gewinnt die Liebesgeschichte Mustaphas mit der Perserin Despina an Gewicht. Vor
allem aber hat Bonarelli den Stoff durch das Motiv der Kindesver-
tauschung verwickelter und abenteuerlicher gemacht: Mustapha
ist der eigene erste Sohn, der als Kind vertauscht wurde und den
Roxelane um eines anderen Sohnes willen umbringt; zu spät
erkennt sie das Verhängnis und tötet sich an seiner Leiche. Sowohl
des Italieners A. M. COSPI (*Il Mustapha* 1636) wie des Franzosen
J. de MAIRET (*Le grand et dernier Solyman ou la mort de Mustapha* 1639)
Bearbeitungen folgen im Handlungsgang Bonarelli, während
Vion d'ALIBRAY auf die nicht ganz abwegige Idee kam, den bei
Bonarelli so besonders grausigen Verlauf in ein glückliches Ende zu
verkehren und Roxelane in letzter Minute zu Einsicht und Umkehr
gelangen zu lassen: seine Tragikomödie (*Le Soliman* 1637) ist die
einzige Bearbeitung mit versöhnlichem Ausgang.

In England wurde der Stoff schon 1575 durch eine wörtliche
Übersetzung Moffans in PAINTERS *Palace of Pleasure* und dann durch
KNOLLES' romanartige Darstellung in *History of the Turcs* (1603)
bekannt. Auch bei Fulke GREVILLE Lord Brooke (*Mustapha,*
Dr. 1609) steht die grausame Sultanin im Mittelpunkt, ihre negativen Züge werden sogar noch dadurch verstärkt, daß sie ihre eigene
Tochter, die Mustapha retten will, umbringt. Zum erstenmal in
der Geschichte des Stoffes ist Zeangir Thronerbe nach Mustapha,
sein freiwilliger Tod an der Leiche des Bruders wiegt daher um so

schwerer und macht die ehrgeizigen Pläne seiner Mutter zunichte. Roger Boyle Earl of Orrery (*Mustapha, the Son of Soliman the Magnificent* 1665) veredelte in seiner Tragödie Roxelane, indem er sie anderen gegenüber Großherzigkeit beweisen läßt; ihre Intrige gegen Soliman erwächst lediglich aus der Zärtlichkeit für Zeangir und ist außerdem auf die Einflüsterungen Rustans zurückzuführen. Der Verfasser verlegte die Handlung nach Ungarn, machte die edle Freundschaft der Brüder zum Hauptthema und steigerte sie noch durch die Tatsache, daß sie nicht nur Rivalen in der Thronfolge, sondern auch in der Liebe sind: beide lieben die ungarische Königin Isabella.

Der Earl of Orrery hat sich an Knolles und Greville angeschlossen und die inzwischen erschienene, weitverbreitete Erzählfassung *Giangir et Mustapha,* die Mme de Scudéry in ihren Roman *Ibrahim Bassa* (1641) einschob, wenn sie ihm bekannt war, kaum genutzt. Bei der Scudéry steht wie in der älteren Tradition des Stoffes zunächst die ehrgeizige Roxelane im Mittelpunkt, deren Aufstieg zur Sultanin ausführlich entwickelt wird. Daneben tritt eine komplizierte Liebeshandlung, nach der sich der Sultan Soliman selbst in die Tochter des Perserkönigs verliebt und sie entführen läßt; sie wird bei einem Schiffbruch von dem gleichfalls entflammten Giangir gerettet und an den Hof Mustaphas gebracht; dieser gerät dadurch in den Verdacht, dem Vater die Geliebte vorenthalten zu haben. Roxelanes Intrige dient der eigenen Herrschsucht, nicht der Fürsorge für den Sohn. An die Scudéry schließen sich eine Reihe französischer Dramatisierungen an. M. F. Bélin (*Mustapha et Zéangir* 1705) übernahm jedoch aus der englischen Tragödie Zeangirs Anwartschaft auf den Thron und die Rivalität in der Liebe; allerdings ist bei ihm Mustapha der von der Perserin Begünstigte. Soliman verlangt von Mustapha, daß er die Geliebte nicht wiedersieht, aber ein Augenblick des Argwohns gegen Zeangir, dem er sie anvertraut hat, führt Mustapha zum Verstoß gegen dieses Gebot und hat seinen Untergang zur Folge; Zeangir ersticht sich, um Sophie zu beweisen, daß er am Tode des Bruders keinen Anteil hat. Der bei Bélin in Ursache und Wirkung besser fundierte Stoff hat seinen Schwerpunkt nicht mehr im Ehrgeiz Roxelanes, sondern in der Freundschaft der Brüder, ein Zug, der im 18. Jahrhundert vorherrscht. Noch stärker tritt diese Freundschaft in der sich eng an Bélin anschließenden Tragödie *Mustapha et Zéangir* (1776) von N.-S. R. de Chamfort hervor, in der die Liebeshandlung mehr zurücktritt. Der Engländer D. Mallet (*Mustapha* 1739) und J. S. B. de Maisonneuve (*Roxelane et Mustapha* 1785) ließen das Motiv, daß Zeangir um die gleiche Frau wie Mustapha wirbt, wieder fallen; bei Mallet ist Mustapha bereits mit der Perserin heimlich verheiratet und hat tatsächlich durch seine Verbindung mit den Persern eine gewisse Schuld gegenüber seinem Vater auf sich geladen. In dem – älteren – Drama des Italieners P. J. Martello (*La Perselide* 1709) liebt nicht Mustapha, sondern Zeangir die Prinzessin Perselide.

In Deutschland war der Mustapha-Stoff zum erstenmal in dem *Hohen Trauersaal* des Erasmus FRANCISCI (1665) aufgezeichnet worden. Eine niederländische Haupt- und Staatsaktion von Frans ZEEGERS (*Mustaffa Soliman of de verwoede wraaksugt* 1719) verzerrte ihn völlig ins Grausige: Mustapha wird wahnsinnig und tötet seine eigene Tochter, die Thronerbin, um sich an Soliman zu rächen. Während hier Zeangirs Funktion fehlt, hat Zeegers' Landsmann Ch. BRANDT (*Mustapha en Zeanger* 1756) das Motiv der konkurrierenden Liebhaber wieder aufgenommen und ließ – der einzige Fall in der Geschichte des Stoffes – Zeanger auf Wunsch des sterbenden Mustapha Herrschaft und Braut übernehmen. In seiner Leipziger Studienzeit gewann LESSING gleichzeitig mit dem befreundeten Ch. F. WEISSE durch die Beschäftigung mit Mallet Interesse an dem Stoff. Seine Titelgebung *Giangir oder der verschmähte Thron* (1748) läßt erkennen, daß der Selbstmord Zeangirs das eigentliche Thema werden sollte; die drei ausgeführten Szenen führen ein aus der → Phädra entnommenes Motiv ein: Roxelane beschuldigt den Stiefsohn, ihrer Ehre nachgestellt zu haben. Nach der Familientragödie hin tendiert auch Weisses 1761 vollendetes Drama *Mustapha und Zeangir:* Frau und Sohn des verheirateten Mustapha dienen Soliman als Geiseln, aber weder der Opferwille der Frau noch Zeangirs gutgläubige Vermittlungsversuche können die Pläne Roxelanes vereiteln.

Während sich die französischen Mustapha-Tragödien des 18. Jahrhunderts ausgesprochener Beliebtheit erfreuten, ging das Interesse an dem Intrigenstoff zur Zeit der Romantik rasch zurück und hat sich seitdem nicht wieder belebt. Der Engländer H. J. CLINTON (*Solyman* 1807) machte den Versuch, dem Stoff durch Streichung Zeangirs, aber Einführung einer Schwester Mustaphas eine neue Variante zu geben. Glücklicher war die Lösung eines englischen Anonymus (*Mustapha* 1814), Mustaphas Bruder Achmet zur Partei seiner Mutter Roxelane hinüberzuziehen; er wird erst am Ausgang der Tragödie von Reue ergriffen und enthüllt das Komplott, ehe er durch Rustans Dolchstoß stirbt. Seit diesem letzten Mustapha-Drama wurde der Stoff nur im Zusammenhang mit einer Gesamtdarstellung des Lebens der Roxelane (J. TRALOW, *Roxelane, Roman einer Kaiserin* 1948) behandelt, die auch außerhalb des Mustapha-Stoffes Gegenstand literarischer Darstellung gewesen ist (MARMONTEL, *Solyman II* in *Contes Moreaux* 1716; FAVART, *Les trois Sultanes,* Dr. 1771).

A. Streibich, Mustapha und Zeangir, die beiden Söhne Solimans des Großen, in Geschichte und Dichtung, Diss. Freiburg 1903; A. Lehmann, Das Schicksal Mustaphas, des Sohnes Solimans II., in Geschichte und Literatur, Diss. München 1908.

**Napoleon.** Der Korse Napoleon Bonaparte (1769–1821), der, nachdem er 1796 als Oberbefehlshaber in Italien die französischen Truppen zum Siege geführt hatte, einen in der neueren Geschichte unerhörten Siegeszug durch Europa antrat und dem von der Revolution erschütterten Regierungsapparat Frankreichs unter seine Herrschaft brachte (1799 Erster Konsul, 1804 Kaiser der Franzosen), 1810 durch die Heirat mit der Habsburgerin Marie Louise sein Geschlecht unter die Dynastien des alten Europa einzureihen hoffte, aber 1812–13 am Widerstandswillen der Preußen und Russen scheiterte und schließlich nach seiner Flucht von der Insel Elba 1815 bei Waterloo endgültig geschlagen und nach St. Helena verbannt wurde, hat selbst wiederholt Hinweise zur Deutung seiner Persönlichkeit gegeben. Er empfand sich als Überwinder der Revolution, als einen außergewöhnlichen Menschen, der »die Grenzen des Ruhmes hinausgerückt« habe und auf den »die Gesetze der Moral und Konvention ... nicht angewandt werden« könnten, als einen Meteor, »dazu bestimmt, zu verbrennen, um die Jahrhunderte zu erleuchten«.

Die Geschichte seiner literarischen Verkörperung scheint diesen Aussprüchen recht zu geben. Schon mit seinem Tode erlosch oder verminderte sich der Haß der feindlichen Völker – mit Ausnahme der Engländer – und machte einem noch heute anhaltenden künstlerischen Gespräch über sein Genie, seine jenseits von Gut und Böse stehende Dämonie Platz. Er wurde zum klassischen Beispiel des ↑ Tyrannen aus der neueren Geschichte, entwuchs trotz der sehr genauen Kenntnis, die wir von seiner Vita haben, in der künstlerischen Darstellung sehr oft der positivistisch–realistischen Ebene und wurde mit schicksalhaften, symbolischen Zügen ausgestattet. Die Beziehung des Stoffes zu den literarischen Gattungen ist schwierig festzustellen und scheint noch im Fluß. Nachdem die Epoche unmittelbarer Erschütterungen, die sich in der Lyrik manifestierte, abgeklungen war, warben sowohl Epos wie Drama um den Stoff. Sein entwicklungsmäßiger Zug und die Tatsache, daß Napoleons Lebenskurve ohne die Einbeziehung der allgemeinen politischen Entwicklung nicht sinnfällig zu machen ist, scheinen zum Epos zu drängen und haben die Dramatisierungen teilweise zu Monstreformen anschwellen lassen oder zur Zerstückelung des Stoffes in Momentbilder gezwungen. In den hundert Tagen zwischen der Flucht von Elba und Waterloo erscheint allerdings Napoleons Schicksal gleichnishaft zusammengedrängt.

Im Frankreich der Ära Napoleons sorgte die Zensur dafür, daß sich die Gestalt des Diktators nur in bestellter Hofpoesie spiegelte. Napoleons Gegner, Bourbonentreue, Liberale und Anhänger der Revolution, kamen nicht zu Worte, und die Anklagen der enttäuschten Liberalen Mme de STAËL (*De l'Allemagne* 1810), die Napoleon als Immoralisten und Renegaten, als Attila und Tamerlan bezeichnete, wurden unterdrückt. In Deutschland blendete der Aufstieg des Generals zunächst die Autoren (WIELAND, *Gespräch unter vier Augen* 1798; J. GÖRRES, *Ode auf Napoleon* 1798; A. W.

SCHLEGEL, *In lode di Buonaparte* 1800; HÖLDERLIN, *Dem Allbekannten* und *Buonaparte* 1798, umstritten der Bezug von *Die Friedensfeier* 1801/02). Als sich dann Napoleon die europäischen Nationen in immer stärkerem Maße unterwarf, blieb die Begeisterung etwa des Dänen J. I. BAGGESEN (*Til Napoleon* 1798) und des Schweden E. TEGNÉR (*Hjälten* 1813; *Den vaknande örnen*, Gedichte 1815) eine Ausnahme; im allgemeinen stellte man den Kaiser in düsteren Farben dar; GLEIM warnte 1802 »Setze die Krone nicht Dir, setze dem Werke sie auf« (*An Napoleon, den Erhabenen, zu St. Cloud*). In Preußen-Deutschland entwickelte sich dieses negative Napoleon-Bild durch die Lyriker der Befreiungskriege – KÖRNER, ARNDT, KLEIST, RÜCKERT, SCHENKENDORF – zu einer gewissen literarischen Dämonisierung und zu schärferen Umrissen, behielt aber die einseitig gesteigerten Züge des Nationalfeindes und Tyrannen, des Gotteslästerers und Menschenverächters, dessen militärischer Größe man nach Kleist erst Bewunderung zollen könne, wenn er gestürzt sei. Von ähnlich heftiger Abneigung getragen sind die dichterischen Äußerungen des Engländers WORDSWORTH, und der englische Haß auf Napoleon ist noch in W. SCOTTS Biographie (1827) unvermindert erhalten. Gesichtspunkte und Programmworte hatte dieser Haß in gewissem Ausmaß durch das Buch des nach England emigrierten L. GOLDSMITH *Histoire secrète du Cabinet de Napoléon Bonaparte* (1810) erhalten, das mit dem Vorwurf geringer und nichtfranzösischer Herkunft, des Komödiantentums und der Grausamkeit arbeitete. Einflüsse dieser Propaganda auch auf Frankreich zeigen sich in CHATEAUBRIANDS Pamphlet *De Buonaparte et des Bourbons* (1814), in dem als entscheidender Akt der Tyrannei die Hinrichtung des Herzogs von Enghien bezeichnet wurde. Ergänzende negative Züge lieferten Mme de STAËLS postum veröffentlichte *Dix Années d'Exil* (1821). Auf der gleichen Linie royalistischreaktionärer Kritik liegen die Wesensmerkmale, die das satirische Gedicht *L'Idole* (in *Jambes* 1832) von H. A. BARBIER anprangert. Auch der Held von A. de VIGNYS *La vie et la mort du Capitaine Renaud* (1835) entdeckt sie als die wahren Charakteristika des Kaisers: Gefühllosigkeit, Scharlatanerie, Tyrannei, Größenwahn. Unter dem Niveau solcher Abwertungen Napoleons bewegten sich die von billigen Hohn- und Triumphgefühlen getragenen Theaterstücke, Possen und Festspiele, in denen sich nach der Niederwerfung des Tyrannen der Haß entlud. Zu nennen sind KOTZEBUES sechs Possen (*Der Flußgott Niemen und Noch Jemand* 1813 u. a.), die mit den Termini der politischen Publizistik arbeiteten, des Italieners M. LEONI Drama *Il duca d'Enghien* (1815), das den Geist des erschossenen Herzogs von Enghien auf die Bühne brachte, und RÜCKERTS Versuch, den gesamten Napoleon-Stoff in eine politisch-allegorische Komödie zu drängen (1815–18), wobei Napoleon selbst allerdings nicht komisch, sondern eher als fluchbeladener Träger einer Schicksalsfügung dargestellt ist.

Diesem schablonierten, negativen Bild wirkten entgegen das

zwischen Geniekult und Tyrannenhaß schwankende Napoleon-Porträt Lord Byrons – »Du mehr als Mensch, im Schlimmen wie im Guten« – (*Ode to Bonaparte* 1814) sowie Goethes Auffassung von dem Bändiger der Revolution und einem der »produktivsten Menschen«, die zwar nicht durch Goethe selbst dichterische Gestalt gewann, aber die späteren Bearbeiter des Stoffes beeinflußte.

Mit der Nachricht vom Tode Napoleons schlug die Stimmung um. Das einsame Ende des gestürzten und verbannten Titanen rührte die Gemüter an und machte den Blick für seine großen Leistungen frei. Manzonis spontan entstandene Ode *Il Cinque Maggio* löste eine Flut von mehr oder weniger abhängigen Gedichten auf den großen Toten aus (F. Grillparzer 1821; A. v. Chamisso, *Napoleons Tod* 1821; A. de Lamartine, *Bonaparte* 1821, A. Puschkin 1821; L. Lorquet 1822; V. Hugo, *Buonaparte* 1822 und *Lui* in *Les Orientales* 1829). Die kahlen Felsen von St. Helena wurden zum sentimentalen lyrischen Motiv, und das Gefühl wandte sich nun gegen die kleinen Geister, die den überragenden Toten dorthin verbannt hatten (A. v. Platen, *Colombos Geist* 1818, *Ode an Napoleon* 1825; K. A. Nicander, *Napoleon på St. Helena* 1825; V. Biadelli, *All'Isola di Sant'Elena;* P. Costa, *Per la morte di Napoleone* 1825; S. Pellico, *Per Napoleone;* H. Wergeland 1829; W. Bilderdijk 1837; J. Frhr. v. Zedlitz, *Totenkränze* 1828). C. Delavignes berühmter elegischer Zyklus *Les Messéniennes* (1818–30) identifizierte Frankreichs Größe mit der des gestürzten Kaisers. Der von Byron (*Ode to Bonaparte* 1814 und *The Age of Bronce* 1823) benutzte Vergleich Napoleons mit dem an den Felsen geschmiedeten → Prometheus ist häufig wiederholt worden. Die dem Tod Napoleons folgende Herausgabe seines in St. Helena geschriebenen *Mémorial* (1823), in dem der Kaiser sein eigenes Bild im Sinne der Liberalisten umzeichnete und behauptete, die Ideen von 1789 gegen ihre revolutionäre Entartung und gegen das Ausland verteidigt zu haben, rief zusammen mit der Enttäuschung über die Bourbonenherrschaft in Frankreich auch bei Napoleons Gegnern eine Milderung der Kritik hervor. A.-M.-L. de Lamartine (*Buonaparte* in *Nouvelles méditations* 1823) konnte ihm die Anerkennung der Größe nicht versagen, obgleich er den Vorwurf der Seelenkälte und Tyrannis aufrechterhielt. Chateaubriands so negatives Bild erhielt in den *Mémoires d'outre-tombe* (1849ff.) hellere Farben. Napoleons Ende hatte versöhnend gewirkt; noch ist er Attila, aber doch schon Heroe. Auch außerhalb Frankreichs hat die Abneigung gegen die kleinliche Gegenwart der Restaurationsepoche die Überhöhung des Napoleon-Bildes fördern helfen, wie besonders an dem Napoleon-Kult H. Heines (*Buch Le Grand* 1827; *Nordseebilder* 1827) deutlich wird. Während Heine Napoleon verehrte, weil er den Juden seiner Heimat die bürgerliche Gleichberechtigung gebracht hatte, ist die anhaltende Napoleon-Begeisterung in der Dichtung Italiens und Polens darauf zurückzuführen, daß Napoleon diesen Völkern vorübergehend nationale Freiheit und Einheit bescherte; in Italien wurde daher Napoleon förmlich zu einem der Symbole des nationalen Freiheitskampfes.

Festere Umrisse als in der verherrlichenden Oden- und Hymnendichtung gewann der Kaiser in BÉRANGERS seit 1821 erscheinenden Chansons, die den eigentlichen patriotischen Mythos von dem kleinen Mann im grauen Überrock und dreieckigen Hütchen schufen, der ein Herz für das Volk und besonders für seine getreuen Grenadiere und Invaliden hat. Das so plastisch gewordene, aber vereinfachte Bild des Volkskaisers, des »petit caporal«, an den sich allerlei anekdotische Züge heften, wurde dann im mittleren 19. Jahrhundert in Erzählung (W. HAUFF, *Das Bild des Kaisers* 1828), Ballade (H. HEINE, *Die beiden Grenadiere* 1827; Frhr. v. ZEDLITZ, *Die nächtliche Heerschau*; F. v. GAUDY, *Kaiserlieder* 1835), in Verserzählungen (A. BARTHÉLEMY / F.-J. MÉRY, *Napoléon en Égypte* 1828; E. QUINET 1836), großangelegten Epen (G. BALLERINI, *Storia di Napoleone* 1841), lyrisch-zyklischen Darstellungen (G. de NERVAL, *Napoléon ou la France guerrière* 1826; E. ANTONUCCI, *Le sventure di Napoleone* 1841; G. PRATI, *Gli ultimi giorni di Napoleone a Sant'Elena* 1846) und Romanen (F. STOLLE, *Napoleon in Ägypten* 1813; *Elba und Waterloo* 1838–44) verbreitet. Etwa um 1840, als die Asche Napoleons nach Paris überführt wurde, war der Höchststand der Napoleon-Lyrik, der sich auch in zwei Spezialanthologien (E. BRINCKMEYER, *Napoleon-Album* 1842; E. ÖRTLEPP, *Napoleonlieder* 1843) niederschlug, erreicht worden. Dem in den episch-lyrischen Kleinformen oft treffend eingefangenen Bild des Kaisers mittels Aneinanderreihung solcher episodischer Bilder einen großen Zug zu geben, gelang jedoch nicht. Die Gestalt wechselte mit den Bildern das Gesicht, war bald sieghafter General, grimmiger Unterdrücker oder einsamer Träumer. Die gedankliche Prägung, von der die formsprengende Fülle des Stoffes hätte zusammengefaßt werden können, fehlte.

Neben den überwiegenden lyrisch-epischen Bearbeitungen fanden sich auch Ansätze zu dramatischer Gestaltung. In den ersten Jahrzehnten des 19. Jahrhunderts hatten die Dramatiker teils aus Rücksicht auf die Zensur, teils wegen des mangelnden Abstandes den Stoff nur in historischer Verkleidung oder Verschlüsselung darzustellen gewagt (Z. WERNER, *Attila* 1808; A. MÜLLNER, *Yngurd* 1817; F. GRILLPARZER, *König Ottokars Glück und Ende* 1825; I. PINDEMONTE, *Arminio* 1804; U. FOSCOLO, *Aiace* 1811; G. NICCOLINI, *Nabucco* 1819; A.-V. ARNAULT, *Germanicus* 1816). Als erste wesentliche Dramatisierung des Stoffes leistete GRABBES *Napoleon oder die hundert Tage* (1831) sogleich in Stoffausschnitt und Technik Mustergültiges. Sie fing in dem Zeitraum der hundert Tage die Gesamtheit des Napoleon-Schicksals ein, kontrastierte die Napoleon-Handlung mit Volksszenen aus Paris und dem alliierten Lager und gab zugleich dem Stoff ein umklammerndes geschichtsphilosophisches Thema: Napoleon ist nicht Gestalter und Lenker seiner Zeit, sondern nur das Fähnlein am Mast, auch er nur ein Steinchen im großen Umbau der Revolution. Hinter dieser ersten dramatischen Fassung blieben Grabbes Nachfolger weit zurück, sie ließen entweder im Bemühen um einen Grundgedanken den Stoff zu einer Reihe von Gesprächen einschrumpfen (P. CECCONI, *La morte di Napoleone* 1840) oder zu einem großen historischen Bilderbogen anwachsen (DUMAS père, *Napoléon Bonaparte* 1831; A. ABATE, *Napoleone il Grande* 1872). Nicht umsonst verzichtete HEBBEL nach langem Durchdenken des Stoffes auf eine Gestaltung; er glaubte nicht, dem »Unüberwindlich-Nüchternen« des Stoffes »ideellen Gehalt« einimpfen zu können. Die Hochflut vor allem der deutschen Napoleon-Dramen der Jahre 1860–90, die sich besonders auf Dumas' Vorbild stützten und von denen kein einziges den Tag überdauerte, holten ihre Wirkung aus dem Theatereffekt, der Faszination des Namens, bekannter Zitate und Posen, vermittelten historisches Anschauungsmaterial und nicht die Aufrollung von Problemen. Napoleons Charakter wurde zur Schablone, er war herrischer Feldherr oder, wenn das Stück antifranzösisch bestimmt war, ein falscher, listiger Despot; vaterländische Verpflichtung zur Verurteilung Napoleons und Heroenkult gingen häufig einen Kompromiß ein.

Um das Jahr 1850 hatte sich in Frankreich der positive Napoleon-Mythos soweit stabilisiert, daß er nur noch nuancierbar war: die Vorstellung vom Giganten hatte die vom »monstre« der Mme de STAËL besiegt. Schon Napoleons frühe Kritiker unter den Dichtern hatten ihre ungewollte Anerkennung des Kaisers mit der Feststellung verteidigt, daß Napoleons Genie eine Wendung zum Diktatorentum durchgemacht habe (CHATEAUBRIAND, LAMARTINE). Seit dem Erscheinen von STENDHALS *La vie de Napoléon* (1876) mehrten sich die Dichtungen, die sich mit der Hilfskonstruktion eines jungen Idealisten Napoleon und eines späteren, vom Cäsarenwahnsinn besessenen Napoleon behalfen, wobei die Wende für Stendhal bereits bei der Besetzung Venedigs 1797, für spätere Interpreten erst bei dem Staatsstreich oder bei der Kaiserkrönung und der Verstoßung Josephines lag. Sie erhielten neue Anregung durch den Sturz des Nachfahren, Napoleons III. V. HUGO, noch als Republikaner Anhänger Napoleons als des Trägers von Frankreichs größtem nationalen Ruhm, sah den großen Napoleon in dem kleinen für den Staatsstreich vom 18. Brumaire gestraft (*L'Expiation*, Gedicht 1852). Wichtig für die Neuakzentuierung wurde die philosophische Auseinandersetzung mit dem Problem der Gewalt. Während sowohl die katholische Kirche (BARBICINTI, *Napoleone I e Pio VII*, Epos 1890; BONSIGNORE-CUTRONI, *Poema Napoleoneidos*, lat. Epos 1901) wie die etwa in dem Drama des Engländers R. W. BUCHANAN (*The Drama of Kings*, Chorische Trilogie 1871) repräsentierte puritanisch-protestantische Kirche Napoleon bei aller Anerkennung seiner Leistungen verurteilten und TOLSTOJ, der Apostel christlicher Gewaltlosigkeit, seine Größe als Scheingröße kennzeichnete, weil in ihr »nicht auch Schlichtheit, Güte und Wahrheit« seien, sah NIETZSCHE in ihm eine Verkörperung seines Übermenschen-Ideals und wirkte mit dieser These nachhaltig. K. BLEIBTREUS Tragödie *Schicksal* (1886; in letzter Fassung *Der Übermensch* 1896) zeigte Napoleons Sendung auf, deren glückhaftes Zeichen die Verbindung mit Josephine ist; die Trennung von ihr bringt die Wende seiner Laufbahn.

Im Impressionismus klingen die von Nietzsche gegebenen Akzente zusammen mit der Neigung für Stimmung in Gebärde und lyrischem Erguß und mit der Verselbständigung der Einzelszene. Als sentimentaler Schwärmer präsentiert sich der Übermensch Napoleon bei R. Voss (*Wehe dem Besiegten*, Dr. 1888), als tragischer, in den Gegensatz von politischem Genie und leidendem Menschen aufgespaltener Dulder bei E. LUDWIG (Dr. 1906), als seelenvoller, die Kraft durch die große Geste ersetzender Einsamer bei C. HAUPTMANN (*Bürger Bonaparte; Kaiser Napoleon*, zwei Dramen 1911). Th. HARDYS dreiteiliges Monstredrama *The Dynasts* (1903–08), in das zur Bewältigung der Stoffmasse Pantomimen eingebaut sind, demonstrierte die Ohnmacht auch des größten Mannes vor dem Schicksal und der Vergänglichkeit. G. PASCOLIS Gedichtzyklus *Napoleone* (1913) stellte den Einsamen von St. Helena zu dem Riesen Atlas und dem Titanen Prometheus. G. B. SHAW dagegen (*The Man of Destiny*, Dr. 1898) entmythifizierte den Sieger von Marengo und ließ ihn eine unwürdige Rolle in der Hand einer Frau und Spionin spielen.

Die Entidealisierung, aber nicht Entmythisierung der Gestalt vollzog im 20. Jahrhundert der Expressionismus, der als Verkünder der Brüderlichkeit und Menschlichkeit in Napoleon nur den Unterdrücker und Räuber der menschlichen Freiheit und den Verhöhner sittlicher Werte sehen konnte und sich so dem Napoleon-Bild Tolstojs näherte. H. ESSIGS Drama *Napoleons Aufstieg* (1912), das die Handlung bis zur Kaiserkrönung als dem Anbruch der eigentlichen Schreckenszeit führt, sah in Napoleon den Stellvertreter des Teufels, F. v. UNRUH (*Bonaparte*, Dr. 1927) glaubte Napoleons Wendung durch Josephines Treulosigkeit hervorgerufen und fixierte sie mit der Erschießung des Herzogs von Enghien, der Engländer H. TRENCH (Dr. 1919) zeigte Napoleons unhumanes Zweckdenken im Ringen mit einem jungen Engländer auf, der Napoleon vor seinem eigenen Dämon und zugleich sein Vaterland und Europa retten will. B. BLUMES mit deutlicher Antikriegs-Tendenz geschriebenes Drama (1926) suchte das Böse weniger in Napoleons Charakter als in dessen Wirkungen. A. ZWEIG (*Bonaparte in Jaffa*, Dr. 1939) zeigte den Kaiser als Verräter an den Ideen der Französischen Revolution, J. ROTH (*Die hundert Tage*, R. 1936) einen schon zu Beginn des Interims brüchigen Menschen, und schließlich spielte J. ANOUILH (*La foire d'Empoigne*, Dr. 1960) sogar Ludwig XVIII. als landesväterlich handelnden, legitimen Monarchen gegen das posierte Cäsarentum Napoleons aus.

Die Neigung zur Versachlichung des Themas und zugleich das steigende Interesse an dem Problem der Diktatur überhaupt ist an der Zunahme der apologetischen (B. VALLENTIN 1923; E. LUDWIG 1925; D. S. MEREŽKOVSKIJ 1928), aber auch der verurteilenden

(W. Hegemann, *Napoleon oder der Kniefall vor dem Heros* 1927) Napoleon-Biographien abzulesen. In Italien knüpfte der Faschismus in mancher Hinsicht an die napoleonische Ära an (B. Mussolini/G. Forzano, *Campo di Maggio,* Dr. 1932).

Neben der echten Diskussion des Problems Napoleon betrieb die Literatur auch gern die Schilderung der privaten menschlichen Züge des großen Mannes und griff aus dem Gesamtstoff die Beziehungen zu den Frauen heraus (K. Biesenthal, *Der Stern des Korsen,* Dr. 1890; H. Bahr, *Josefine,* Dr. 1898; R. H. Bartsch, *Wenn Majestäten lieben,* R. 1949; K. Bartz, *Benimm dich, Paulette,* R. 1952), oder sie umspielte die Gestalt von einem anderen Handlungszentrum her ironisch (W. Hasenclever, *Napoleon greift ein,* Dr. 1929; G. Kaiser, *Napoleon in New Orleans,* Dr. 1941; H. Menzel, *Noch einmal Napoleon?,* Dr. 1943). Der Erfolg eines thematisch neuartigen Romans wie *Désirée* von A. Selinko (1951) ist zum Teil darauf zurückzuführen, daß hier das meteorische Schicksal Napoleons aus dem Blickwinkel einer naiven, herzhaften und herzlichen Frau gesehen und mit dem verantwortungsvollen Weg des Generals Bernadotte kontrastiert wird. Die Zahl der Werke, in denen Napoleon als Rand-, Neben- und Hintergrundsfigur auftritt, ist kaum erstellbar.

M. Dell'Isola, Napoléon dans la poésie italienne à partir de 1821, Paris 1921; M. Schömann, Napoleon in der deutschen Literatur, 1930; J. Dechamps, Sur la Légende de Napoléon, Paris 1931; K. Lehmann, Die Auffassung und Gestaltung des Napoleon-Problems im englischen Drama, Diss. Erlangen 1931; F. Stählin, Napoleons Glanz und Fall im deutschen Urteil, 1952; E. Kreihanzl, Napoleon im französischen Drama des 19. Jahrhunderts, Diss. Wien 1953; M. Descotes, La légende de Napoléon et les écrivains français du 19ᵉ siècle, Paris 1967; W. Wülfing, Napoleon-Bibeln (Wege der Literaturwissenschaft, hg. J. Kolkenbrock-Netz u. a.) 1985; E. Kleßmann, Das Bild Napoleons in der deutschen Literatur, 1995.

**Narziß.** Der griechische Mythos von dem schönen Jüngling Narziß, der für seine Ablehnung aller Liebe, besonders der ihm von der Nymphe Echo entgegengebrachten, dafür bestraft wird, daß er im Spiegel einer Quelle sein Bild erblickt, sich in sich selbst verliebt und vor Sehnsucht stirbt, während am Ort seines Todes die Blume Narzisse emporsprießt – auch die Verwandlung des Lebenden in eine Narzisse und der Selbstmord des Verzweifelten sind als Varianten belegt –, ist von Ovid (*Metamorphosen III*) dadurch unterbaut worden, daß er eine ↑ Prophezeiung des Teiresias einführte, nach der Narziß ein hohes Alter erreichen werde, wenn er sich selbst nicht kennenlerne; während die verschmähte Nymphe zu Stein wird, stirbt Narziß, vom Widerhall seiner Klagen durch Echo verhöhnt. Die Verbindung des Narziß-Mythos mit dem Schicksal der Nymphe Echo findet sich nur bei Ovid und den von ihm beeinflußten Autoren. Ebenso gehört zur ovidischen Tradition die so wichtige Unterteilung der Spiegelbild-Episode in ein Stadium des Irrtums, in dem Narziß glaubt, einen schönen Knaben im

Wasser zu erblicken, und sich in ihn verliebt, und ein Stadium der Bewußtheit, nachdem Narziß erkannt hat, daß der Knabe im Wasser das eigene Spiegelbild ist und seine Liebe daher nie Erfüllung finden wird. Die neuplatonische Philosophie interpretierte Narziß als Symbol der Seele, die durch Hingabe an das Scheinbild der Sinnenschönheit in geistige Finsternis versinkt.

Da die Entwicklung des Narziß-Stoffes im Mittelalter und in der frühen Neuzeit im wesentlichen auf der Ovid-Pflege dieser Jahrhunderte beruht, wurde der Irrtum des Narziß zum entscheidenden Motiv. Wie die meisten von Ovid überlieferten Gestalten als Exemplum benutzt, war Narziß ein Beispiel für hoffnungslose Liebe, für ein durch Illusion getäuschtes Opfer, für die gefährliche Hingabe an zeitliche, vergängliche Schönheit und für einen wegen Lieblosigkeit Gestraften. Niemals wird er in den früheren Jahrhunderten als Beispiel für bewußte Liebe zum Ich benutzt oder mit der Idee der Selbsterkenntnis oder dem Problem der Identität verbunden.

Die älteste Adaption des Narziß-Stoffes gehört dem 12. Jahrhundert an. Der französische *Alexander-Roman* enthält die ins höfische Milieu transponierte Erzählung *Narcisus*, in der die Königstochter Dané sich in den Jäger Narcisus so sehr verliebt, daß sie ihn frühmorgens im Walde abpaßt, obgleich sie weiß, daß dies gegen die Schicklichkeit verstößt, und ihm ihre Liebe anträgt. Er macht sie auf das Ungeziemende ihres Tuns aufmerksam und weist ihre Liebe zurück. Sie ruft Venus um Hilfe und Rache an: er möge lernen, was unerwiderte Liebe ist. Narcisus hält das Bild im Wasser für eine Nymphe, Göttin oder Fee (das homoerotische Moment fehlt hier und in allen folgenden Fassungen), dann erkennt er, daß es sein Spiegelbild ist, wünscht verzweifelt Dané, die er so kränkte, herbei und zeigt ihr sterbend, daß er bereut. Auch sie bereut ihren Rachewunsch und würde am liebsten mit ihm sterben. Die Geschichte ist als Warnung vor maßloser Liebe (Dané) und vor der kaltherzigen Verschmähung der Liebe anderer (Narcisus) erzählt. Sehr ähnlich im Handlungsgang und in der Tendenz ist die Narziß-Erzählung im *Roman de la Rose* des GUILLAUME DE LORRIS (13. Jh.), doch sind hier sämtliche Relikte der antiken Mythologie eliminiert. Ein richtiger Ritterroman entstand mit ROBERT DE BLOIS' *Floris et Liriope* (um 1250), der das stolze, minnefeindliche Verhalten des Narziß aus einer ähnlichen Haltung seiner Mutter Liriope ableitet. Wohl auf der Narcisus-Erzählung des *Alexander-Romans* beruht die erste französische Dramatisierung (2. Hälfte 15. Jh.), in der ein Narr eine kommentierende und kritisierende Funktion ausübt und Narziß darüber aufklärt, daß er sich nicht in ein schönes Mädchen, sondern in sein Spiegelbild verliebt hat, und daß darin die Strafe für seine Zurückweisung Echos bestehe. Die Tradition des *Roman de la Rose* reicht bis zur Narziß-Erzählung in der *Epître d'Othéa* (1400) der CHRISTINE DE PISAN und der *Complainte de Eco* des GUILLAUME DE COQUILLART (15. Jh.). Anspielungen auf Narziß als den hoffnungslos und töricht Liebenden sind in der Liebeslyrik des 12. bis

14. Jahrhunderts ebenso häufig anzutreffen (BERNARD VON VENTA-
DORN, HEINRICH VON MORUNGEN) wie der Vergleich des abgewiesenen Liebhabers mit Echo (Gebet an Venus im R. *Perceforest* 1340;
PETRARCA, *Trionfo d'Amore* 1338; Fernán PÉREZ DE GUZMÁN, *El
gentil niño Narciso* 1. Hälfte 15. Jh.; A. CAULIER, *L'Hospital d'amours*
um 1430). Frühe allegorische Auslegungen des Mythos im Sinne
des Vanitas-Gedankens (ARNOLPH V. ORLÉANS 12. Jh.; ALEXANDER
NECKAM 12. Jh.) wurden durch den *Ovide moralisé* (1316–28) und
den *Ovidius moralizatus* (1342) intensiviert, die beide das Motiv des
bestraften Stolzes heraushoben.

BOCCACCIO (*Genealogia Deorum* um 1360) gab als erster der
Erzählung wieder ihren originalen mythischen Rahmen und Hintergrund, seine Deutung trug jedoch wie die mittelalterlichen
Adaptionen den Vanitas-Akzent. Die Wiederaufnahme der neupla-
tonischen Interpretation durch MARSILIUS FICINUS (*Commentarium
in Convivium Platonis* 1469) bedeutete eine Erweiterung, aber keine
Negierung der mittelalterlichen Kommentare. Erst nach der Editio
princeps der *Metamorphosen* (1471) begannen im 16. Jahrhundert
rationalistisch-allegorische Ausdeutungen des Mythos, die in den
Gestalten Verkörperungen von Tugenden und Lastern sehen wollten (G. A. DELL'ANGUILLARA; J. CLAPHAM, lat. 1591). Auch für die
Renaissancelyrik bot der Stoff Symbole hoffnungsloser Liebe,
wobei es gleichgültig war, ob dem Liebenden die Position des
Narziß oder Echos zugewiesen wurde (RONSARD, *Le Narssis* 1554
und *Que laschement vous me trompez* 1552; TH. WATSON 1582;
M. SCÈVE; Ph. DESPORTES; E. SPENSER). Eine Ausnahme bildet
Th. EWARDS Gedicht *Narcissus* (1595), das den Stoff zur Satire
gegen Stil und Themen sentimentaler zeitgenössischer Dichtung
verwendete.

Auf breiter Linie setzte die travestierende Behandlung des Stoffes im 17. Jahrhundert ein; sie richtete sich gegen das Allegorisieren
klassischer Mythen (L. RICHER, *L'Ovide bouffon* 1649; I. de BENSE-
RADE, *Métamorphoses d'Ovide en rondeaux* 1676). Durch BACON
wurde Narziß nunmehr zum Symbol der Selbstliebe. Im übrigen
transponierte das 17. Jahrhundert den Stoff in die Hirtenwelt und
legte das Gewicht erneut auf die abgewiesene und klagende Echo
(R. BRATHWAIT, *Narcissus' Change* 1611; P. de MARBEUF, *Flos Narcissus,* lat. 1628; J. BERMÚDEZ Y ALFARO, *El Narciso* 1618; M. de
FARÍA Y SOUSA, *Eco y Narciso* 1620; J. TAMAYO DE SALAZAR, *Fábula
de Eco* 1631; Miquel de BARRIOS: *A Narciso y Eco* 1665). J. SHIRLEY
(*Narcissus or the Self-Lover* 1618) arbeitete noch immer mit Zügen
der mittelalterlichen Tradition, bot aber die Erzählung als reine
unmythologische Liebesgeschichte und ohne didaktischen Einschlag dar; die reuige Echo fängt des Narziß letzten Seufzer auf und
stürzt sich ins Wasser, das sie seither gefangen hält. Als Teil des
Lehrgedichts *Laurel de Apolo* (1630) trägt die Narziß-Geschichte
dagegen bei LOPE DE VEGA wieder Exemplum-Charakter; Narziß'
Kälte wird bestraft. Häufig taucht der Stoff in den Dichtungen
MARINOS auf; in *L'Adone* (Epos 1623) wird die Strafe für abgewie-

sene Liebe betont, die Kanzone *Echo* zeigt die klagende Nymphe in der Natur. Die Mode des Bildgedichts brachte eine Anzahl beschreibender Gedichte über bildliche Darstellungen von Narziß und Echo hervor (MARINO, *La Galeria* 1620; G. de SCUDÉRY, *Le Cabinet* 1646). Verwandt damit sind Gedichte um das Motiv des Spiegelbildes, in denen die Schönheit sich spiegelnder Frauen beschrieben wird (TRISTAN L'HERMITE, P. FLEMING, *An Anna, die Spröde* 1639). Das Moment der Selbstliebe des Narziß fungiert in Gedichten von G. CHAPMAN und H. MORE. MILTON (*Paradise Lost* 1667) übertrug das Spiegelbild-Abenteuer auf → Eva; die Mutter des Menschengeschlechts erkennt jedoch, daß die Liebe zu Adam größer ist als die Liebe zum Ich und zur eigenen Schönheit. Das Moment der Selbstliebe ließ sich jedoch auch zu mystischer Selbstschau und zum Selbstgenügen uminterpretieren (J. BALDE; ANGELUS SILESIUS), und auch im weltlichen Bereich war Narziß' Haltung positiv deutbar, so daß er als »keuschester aller Liebenden« (J. PUGET DE LA SERRE, *Les Amours des Déesses,* Heroiden 1627) erscheinen konnte.

Als eine sehr selbständige Fassung des Stoffes wirkt CALDERÓNS pastorale, durch Gesang und Tanz unterstützte Comedia palaciega *Eco y Narciso* (1661). Hier fällt eine bedeutende Rolle der Mutter des Narziß zu, die den Sohn vor der Erfüllung des Orakels bewahren möchte und fern von der Welt erzogen hat; das Motiv erinnert an *La vida es sueño.* Narziß wird durch Echos Gesang angezogen und verliebt sich in sie; die Mutter will ihn vor ihrer Stimme schützen, warnt ihn und beraubt die Nymphe ihrer Stimme. Sein Spiegelbild erkennt Narziß erst nach den Erklärungen der Mutter. Sowohl er wie Echo geraten vor Liebe von Sinnen, beide werden verwandelt. JUANA INÉS DE LA CRUZ hat Calderóns Spiel in ein Auto sacramental *El divino Narciso* (um 1680) transponiert, in dem Narziß mit Christus und Echo mit der menschlichen Natur gleichgesetzt wird. Noch C. GOZZI hat 1772 Calderóns Stück nachgeahmt, allerdings den tragischen in einen heiteren Ausgang umgewandelt. Die Operntradition des Stoffes beginnt mit O. PERSIANI / F. CAVALLI, *Narciso ed Eco immortalati* 1642 und nahm im 17. und 18. Jahrhundert eine breite Entwicklung (F. de LEMENE / G. BOZZIO, *Narciso* 1676; G. FIEDLER / J. S. KUSSER, *Narcissus* 1692; G. F. STÖLZEL *Narcissus* 1711; C. S. CAPECI / D. SCARLATTI, *Amor d'un ombra* 1714, späterer Titel *Narciso*; J.-B. de TSCHUDI / W. GLUCK, *Echo et Narcisse* 1779). Nahezu alle diese Opern haben einen glücklichen Ausgang.

Das 18. Jahrhundert blieb im wesentlichen der im 17. Jahrhundert begonnenen burlesken Behandlung des Stoffes verhaftet. Narziß wurde untragisch gesehen (FONTENELLE; O. DALIN; HÖLTY). Gewisse Ähnlichkeit mit Calderóns Auffassung zeigt ein Gedicht von J.-Ch.-L. MALFILÂTRE, *Narcisse dans l'île de Vénus* (1769), in dem Narziß und Echo ein liebendes Paar sind, aber durch das Schicksal getrennt und ins Unglück gestürzt werden, wobei Juno die Rolle der feindlichen, ränkespinnenden Göttin zufällt. In den

Rahmen einer modernen Sittenkomödie steckte J.-J. ROUSSEAU die überkommene Fabel (*Narcisse ou L'Amant de lui-même* 1752). Ein junges Mädchen will ihren Bruder von seiner Eitelkeit heilen und ihn durch ein Porträt, das ihn in Mädchenkleidern darstellt, verspotten. Der junge Mann erkennt sich nicht, verliebt sich statt dessen in das Bild und wendet sich von seiner Verlobten ab. Erst als diese seine Eifersucht erregt, wird er Herr über seine Neigung zu der Unbekannten auf dem Bild, und nach seiner Wandlung klärt ihn seine Schwester auf. Es gilt als falsch, aus der Feminisierung des Bildes zu weit gehende psychologische Schlüsse auf den Verfasser und seinen Helden zu ziehen; die Täuschung des Narziß, der sich selbst nicht erkennt, sondern ein Frauenbild zu sehen glaubt, gehört seit dem Mittelalter zur Tradition des Stoffes, die trotz Ovid auch im 18. Jahrhundert noch gültig war. Das glückliche Ende, die Heilung des Narziß, findet sich schon bei LA FONTAINE (*L'Homme et son image*).

Durch HERDER, der Ovid als überkultiviert kritisierte, Mythen als solche aber als unerläßlich für die Poesie betrachtete, erhielt die Entwicklung des Narziß-Stoffes neue Impulse. Das am Ausgang des 18. Jahrhunderts vielverwendete Spiegelsymbol, das unter anderem die Seele des Künstlers als Spiegel der Welt symbolisierte, sollte das Problem des künstlerischen Subjektivismus aufzeigen, das auch die Gefahr der Selbstbespiegelung einschließt. Der Künstler als Narziß wird zum romantischen Motiv, das zuerst bei A. W. SCHLEGEL auftaucht: »Dichter sind doch immer Narzisse.« In *An die Rhapsodin* (1788) ist das Kunstwerk Abbild der Seele, auf das der Dichter entzückt schaut. In dem Sonett *Narcissus* (1800) sehnt sich der Dichter nach dem Spiegelbild und will sich darein ergießen, er weiß aber, daß das Bild im Augenblick der Vereinigung hinschwindet und dann eine erneute Sehnsucht nach dem Gegenbild sowie der Wunsch, es wieder herzustellen, entsteht. Die Metapher von der über ihr Spiegelbild im Wasser geneigten Blume wurde in der Dichtung des 19. Jahrhunderts mehrfach wiederholt; F. SCHLEGEL benutzte sie als zentrales Symbol in *Lucinde* (1799). Je mehr Narziß zum Symbol und zum Problem wurde, desto mehr trat das erzählerische Rahmenwerk und die »Metamorphose« zurück und desto stärker wurde die kausale Kette des Sinnzusammenhangs gedehnt. In dieser Epoche der Symbolisierung erneuerte außerdem F. CREUZER auf eigenen Wegen in *Symbolik und Mythologie der alten Völker, besonders der Griechen* (1810–12) die neuplatonische Interpretation: Die suchende Seele findet statt des Seins den Schein, und der durch Selbstüberhebung und Ichsucht beleidigt Eros verlangt Sühne. Creuzers Deutung klingt an in des Schweden P. D. A. ATTERBOM Gedicht *Narcissen* (1811), in dem die Blume Symbol des Künstlers ist, der sein wirkliches Selbst verloren hat und es nur in der Traumwelt der Dichtung wiederfinden kann. Ähnliches sagt das Narziß-Ballett des schwedischen Romantikers E. J. STAGNELIUS aus. Das Blumenmotiv klingt an bei J. KEATS (*I stood tip-toe upon a little hill* 1817) und P. B. SHELLEY (*The Sensitive*

*Plante* 1820) und bei F. Rückert (*Narcissus,* Gedicht 1823), der es sentimentalisierte und verflachte: der Liebende will in eine Blume verwandelt werden, um der Geliebten näher zu sein. Grillparzer machte – ohne den Namen Narziß zu nennen – das Kriterium des In-sich-selbst-verliebt-Seins für Zacharias Werner geltend: »O unglücksel'ge Frucht der Selbstbeschauung, Du hast dich auch geschaut und bist gestorben« (*Nachruf auf Zacharias Werner* 1823). Das erfolgreiche Drama von A. Brachvogel (1857) übertrug den Namen Narziß auf den Typ des eitlen, gescheiterten und schließlich rebellierenden Schriftstellers, den er aus Diderot/Goethes *Rameaus Neffe* übernahm.

Als Symbol des Lebensgeizes und des Egoismus hatte der Narziß-Stoff in der Epoche der Décadence zentrale Bedeutung. O. Wilde (*The Picture of Dorian Gray,* R. 1890) wandelte das Thema des in sein eigenes Bild verliebten Mannes ab: Narziß-Gray gibt seine Seele dafür hin, daß statt seiner sein Bild altere; unbarmherzig hält nun das Bild die Selbstschändung des Verkommenden fest. Als lyrisches Symbol des Ästhetizismus trat Narziß in Gedichten von H. de Régnier (*L'Allusion à Narcisse* 1906), V. Ivanov und des jungen P. Valéry (*Narcisse parle* 1891) auf. Doch entwickelte sich nach A. Gide (*Le Traité du Narcisse* 1891) bei R. M. Rilke (*Narziß* 1913) und dem reifen Valéry (*Fragments du Narcisse* 1926) eine Sublimierung des egoistischen Narziß zum Symbol des zuchtvollen, verzichtenden, meditierenden Geistes, für den die Einung in der Liebe Verschwendung und Verminderung des Ich ist; bei Rilke saugt der sich spiegelnde Narziß die von ihm ausgestrahlte Schönheit wieder in sich ein. Der asketische Narziß-Begriff wirkt etwa in den Namen von H. Hesses *Narziß und Goldmund* (R. 1930) nach.

Etwa gleichzeitig mit der latenten Wirkung einer vorherrschenden Ichbezogenheit und Selbstbespiegelung in der Dichtung der Neuromantik und des frühen 20. Jahrhunderts (Dostojewskij, *Raskolnikow;* Spitteler, *Imago;* Hofmannsthal, *Der Tor und der Tod;* Werfel, *Spiegelmensch;* Kafka, *Der Prozeß;* Musil, *Der Mann ohne Eigenschaften*) liegen die Wortprägung »Narzißmus« durch den Psychologen P. Näcke 1899 und die durch S. Freud (*Zur Einführung des Narzißmus* 1914) begründete psychoanalytische Anwendung des Begriffes im Sinne einer gewissen Perversion, die den eigenen Leib ebenso behandelt wie sonst den eines Sexualobjektes. R. Kassners philosophische Interpretation (*Narziß* 1928) stellte vor allem die auf Lieblosigkeit und Sichversagen beruhende Ich-Trunkenheit heraus. Der Begriff »Narzißmus« spielte zweifellos eine Rolle für die nach Freuds Buch liegenden literarischen Behandlungen des Narziß-Stoffes (J. Gasquet, *Narcisse,* Teil I *La Maison* 1931). Die Geschichte des Stoffes widerlegt die Berechtigung der Annahme, bei den Bearbeitern des Stoffes müßten Narziß-Tendenzen existiert haben oder die älteren Autoren hätten den Mythos im Bewußtsein von der Existenz des Phänomens Narzißmus benutzt.

H. Mitlacher, Die Entwicklung des Narzißbegriffs, (Germanisch-romanische

Monatsschrift 21) 1933; R. Mühlher, Narciß und der phantastische Realismus (in: Mühlher, Dichtung der Krise) 1951; R. Derche, Quatre Mythes poétiques: Œdipe – Narcisse – Psyché – Lorelei, Paris 1962; L. Vinge, The Narcissus Theme in Western European Literature up to the Early 19th Century, Lund 1967; H. Esselbo-Krumbiegel, Das Narziß–Thema in der symbolistischen Lyrik (Arcadia 15) 1980.

**Nausikaa.** Die zarte, idyllische Episode von dem an den Strand von Scheria verschlagenen → Odysseus mit der Königstochter Nausikaa, die als einzige der ballspielenden Gefährtinnen Würde und Klugheit gegenüber dem nackten Helden bewahrt, ihn kleiden läßt und ihm den Weg zu ihren Eltern und damit die Hilfe zur Heimfahrt eröffnet, ist in HOMERS *Odyssee* nur ganz knapp gezeichnet. Nausikaa äußert zwar zu einer Vertrauten, daß sie sich einen solchen Mann zum Gatten wünsche, und Odysseus versichert ihr auf ihre Bitte, daß er in der Heimat an sie denken werde, aber beide Äußerungen brauchen nicht mehr als große Achtung vor dem anderen zu bedeuten. Nachhomerische Tradition ließ, wohl aus dem Empfinden, daß an Nausikaa etwas gutzumachen sei, Odysseus eine Heirat mit Telemachos vorschlagen, und DIKTYS Cretensis und die mittelalterlichen Troja-Romane verbanden Nausikaa und Telemach tatsächlich in einer Ehe. Diese Tradition wurde dann in neueren Versepen fortgesetzt (J. J. BODMER, *Telemach und Nausikaa* 1776; K. L. KANNEGIESSER, *Telemachos und Nausikaa* 1846). Der Inhalt der verlorenen Tragödie *Nausikaa* oder *Die Wäscherinnen* des SOPHOKLES läßt sich ebensowenig wie der seiner *Phäaken* rekonstruieren, doch scheinen als Schauplatz der Strand mit den ballspielenden Mädchen und die tragende Rolle der Nausikaa, die Sophokles selbst spielte, gesichert.

Der Anstoß zu einem dramatischen Eigenleben des Nausikaa-Stoffes ging von GOETHE aus, der bei seinem Aufenthalt auf Sizilien die entrückte Stimmung des gastlich aufgenommenen Fremdlings so stark nachempfand, daß der bereits fixierte Plan eines *Odysseus auf Phäa* korrigiert und zu dem Szenar einer *Nausikaa* entwickelt wurde, von dem Goethe jedoch nur 150 Verse ausführte (1786–88). Das fruchtbare Moment für die Umsetzung des Episch-Idyllischen ins Dramatische sah er in der unerwiderten Liebe Nausikaas zu dem Fremdling, der seinen Namen verbirgt, aber durch seine Erzählungen und durch Waffentaten am Hofe des Alkinoos die Tochter so sehr in seinen Bann zieht, daß sie sich durch ein öffentliches Bekenntnis ihrer Neigung kompromittiert und damit den Helden zur Preisgabe seines Namens zwingt; während er und Alkinoos in einem Verlöbnis Nausikaas mit Telemach einen Ausweg sehen, tötet sich die beschämte verschmähte ↑ Frau.

Die Verstrickung des gereiften Mannes und das Entsagungsthema, die Goethe bewegten und auch A. STIFTERS Beschäftigung mit dem Nausikaa-Stoff, der im *Nachsommer* anklingt, zugrunde liegen, wurden von den zahlreichen Dramatisierungen des 19. und 20. Jahrhunderts nicht bewältigt. Die idyllische Handlung erwies sich, erweiterte man sie nicht wesentlich, als nicht tragfähig. Odysseus wirkte durch seine Vorsicht und seine Unaufrichtigkeit als ein recht frostiger Held, der sich auch mit dem Motiv der Gattentreue, das er sehr spät ins Spiel setzt und dem die lebendige Verkörperung durch Penelope fehlt, nicht hinlänglich zu rechtfertigen vermochte. H. VIEHOFF (1842) und H. SCHREYER (1884) fühlten sich lediglich als Fortsetzer Goethes, wobei Schreyer den Selbstmord Nausikaas durch einen etwas abrupten Tod an gebrochenem Herzen ersetzte. Auch H. HELGE (*Odysseus auf Scheria* 1907) verarbeitete Teile aus Goethes Fragment. Bei A. WIDMANN (1855) stürzt Nausikaa sich ins Meer, um Poseidon zu versöhnen und dem Geliebten die Heimkehr zu ermöglichen. Diesen Schluß übernahmen sowohl H. HANGO (1879) wie O. WEDDIGEN (1909). Bei Hango kämpft Nausikaa um Odysseus und sucht ihn sogar durch eine Intrige zurückzuhalten. Weddigen blieb die Wandlung des Odysseus aus dem scheinbar ungebundenen sorglosen Mann der ersten Akte in den heimwärts Strebenden der letzten schuldig. Dieser Bruch und Odysseus' Hinterhältigkeit sind beseitigt, falls auch Odysseus eine Neigung zu Nausikaa zugestanden wird. E. ROSMER (1906) ließ ihn sogar einer Hochzeit zustimmen, aber Nachrichten über die Zustände auf Ithaka mahnen Odysseus an Penelope und entreißen ihn dem phäakischen Idyll, wobei ihm die opfermütige Nausikaa hilft, die dann im Meer den Tod sucht. Auch bei R. FAESI (*Odysseus und Nausikaa* 1911) wird erst durch Nachrichten aus der Heimat in Odysseus, der hier als bewußter, ruheloser Abenteurer dargestellt ist, der Wunsch nach Heimkehr wachgerufen. Außerdem erreichte Faesi eine dramatische Zuspitzung dadurch, daß er Odysseus zum Auslöser politischer Spannungen auf Scheria machte, die er durch die Ehe mit Nausikaa zu lösen hofft. Neuere Bearbeitungen des Nausikaa-Stoffes stammen von K. GRASSBERGER (Epos 1930), W. BECKER (Dr. 1939), S. BERGER (R. 1941), E. PETERICH (Dr. 1943) und E. SCHNABEL (*Der sechste Gesang*, R. 1956). Das Schwanken zwischen der wartenden Ehefrau und der lockenden jungen Schönheit ist auch zu einem lyrischen Thema geworden (R. SCHLÖSSER, *Die Geburt des Homer,* Gedichtzyklus 1943). Dagegen schließt bei K. MICKEL (Dr. 1974) der Wille zur Heimkehr jede Neigung des Irrfahrers aus; Nausikaa hofft vergebens auf seine Rückkehr. R. GRAVES erfand in seinem Roman *Homer's Daughter* (1955) »historische« Vorgänge als Quelle des Nausikaa-Stoffes; sein Werk diente der Amerikanerin P. GLANVILLE-HICKS als Textgrundlage für die Oper *Nausikaa* (1961).

Die Nausikaa-Episode bildet auch eine Station in musikdramatischen (P. GRAFF/M. BRUCH, *Odysseus,* Oratorium 1873; A. BUNGERT, *Die Homerische Welt,* Opernzyklus 1901) sowie in den epischen und romanhaften Behandlungen des Odysseus-Stoffes.

E. Horner, Nausikaa-Dramen, (Bühne und Welt 13) 1910/11; J. Heilborn, Nausikaa in der deutschen Dichtung, Diss. Breslau 1921; H. Höllriegel, Odysseus und Nausikaa im deutschen Drama der Jahrhundertwende, Diss. Wien 1936.

**Necker, Olivier** → Ludwig XI.

**Neidhart.** Der mittelalterliche Lyriker Neidhart (um 1180 – um 1240), dem die Forschung des 19. Jahrhunderts nach einem in seinen Liedern auftauchenden, auf die Ärmlichkeit des Orts deutenden Namen »von Reuental« (Jammertal) beilegte, hielt mit seinem Werk den Ritualen des Minnesangs und einer postulierten Norm höfischen Verhaltens einen parodistischen Spiegel entgegen. Er erfuhr das seltsame Schicksal, daß er in den folgenden Jahrhunderten mehr als Sagenfigur und literarischer Stoff denn als Dichter lebendig war. In Erzählung und Drama wurde er mit seiner Kritik an den unhöfischen »Dörpern« zu einem dem Selbstverständnis des Adels angepaßten Bauernfeind umstilisiert, der am Hof in Wien gewirkt haben soll; dabei ist eine Vermengung mit einer späteren hist. Gestalt denkbar. Um seine Person entstand schließlich die Schwanksammlung *Neidhart Fuchs* (um 1490); als der große Bauernfeind trat Neidhart auch in dem satirischen Epos *Der Ring* (Ende 14. Jh.) des HEINRICH WITTENWEILER auf.

Unter den Neidhart-Schwänken hat der von *Neidhart mit dem Veilchen* eine besondere literarische Entwicklung erfahren. Er stammt nicht von Neidhart selbst, ist aber in einer noch höfisch wirkenden handschriftlichen Fassung aus dem Ende des 14. Jahrhunderts erhalten, die einen schlichten epischen Bericht gibt. Neidhart zieht aus, um das erste Veilchen zu suchen, und deckt, als er es gefunden hat, seinen Hut darüber. Er geht zum Hof und holt die Herzogin, aber als diese den Hut hochhebt, um die Blume zu pflücken, ist das Veilchen verschwunden; die Bauern haben Neidhart einen Streich gespielt. Entrüstet wendet die Herzogin sich von Neidhart ab, der in Klagen ausbricht. Eine später angehängte Strophe erzählt, wie Neidhart die Bauern verprügelt. Die gröberen gedruckten Versionen des *Neidhart Fuchs* berichten, daß zum Ersatz für das Veilchen Menschenkot unter dem Hute liegt und daß die Bauern um das gestohlene Veilchen einen Tanz aufführen; die Herzogin verzeiht Neidhart.

Volkstümliche Frühlingsbräuche wie Veilchensuche und Tanz sowie die Bestimmung, daß das Mädchen, welches die Blume pflücken durfte, die »Maibuhle« des Finders wurde, rückten die Fabel in die Nähe der Fastnachtsbräuche, und so erlebte der Schwank im Fastnachtspiel seine literarische Blüte. Die Fabel des Schwankes ist begrenzt und mußte, wenn die ihm zugrunde liegenden Bräuche an Bedeutung verloren, nur mehr als ein grober Schabernack erscheinen. Und das Motiv der Bauernverspottung, mit dem Neidharts Gestalt steht und fällt, ging seiner Pointe in dem Augenblick verlustig, in dem sich die soziale Stellung des Bauerntums änderte.

Die Neidhart-Spiele zeigen die begrenzte Entwicklungsmöglichkeit des Stoffes. Das *St. Pauler Spiel* (Mitte 14. Jh.) hielt sich unbeholfen an den epischen Vorgang, das *Große Tiroler Neidhart-Spiel* (1. Hälfte 15. Jh.) führte zwar den Herzog als Auslöser der Handlung ein, erweiterte die eigentliche Fabel aber nicht, sondern schmückte sie nur durch Tänze der Ritter und Bauern aus und hängte eine Anzahl von Schwänken an, in denen Neidhart den Bauern Streiche spielt und die mit der Veilchen-Handlung nichts zu tun haben. Das *Sterzinger Szenar* (Mitte 15. Jh.) und das *Kleine Neidhart-Spiel* (Ende 15. Jh.) kürzten die Schwankzutaten wieder; die Vorstellung, daß Neidhart ein Dichter ist, war in ihnen bereits völlig geschwunden. Hans SACHS, der in drei Meistergesängen Neidhart-Schwänke behandelte, darunter in einem die Veilchen-Geschichte (1556), hat diese schließlich auch zu einem Fastnachtspiel verwandt (1557) und mit einem anderen Schwank, der den Herzog als geprellten Liebhaber von Neidharts Frau darstellt, verbunden. Die Bauernsatire hatte im Reformationszeitalter Sinn und Anziehungskraft verloren.

Die schon in den Neidhart-Spielen genutzten, zu pantomimischer Darstellung lockenden Elemente der Handlung mögen die Grundlage zu einem Ballett *Das wiedergefundene Veilchen* von Salvatore VIGANO gebildet haben, das 1795 im Wiener Kärntnertortheater aufgeführt wurde. 1850 verwendete Anastasius GRÜN in dem Neidhart-Teil des »Gedichtes« *Der Pfaff vom Kalenberg* die Veilchengeschichte; seine Absicht, es zu einer Versöhnung zwischen Neidhart und seinen Gegnern kommen zu lassen, hat die Bauernschwänke von vornherein gedämpft und ihrer ursprünglichen kulturkritischen Absicht die Spitze genommen.

K. Gusinde, Neidhart mit dem Veilchen, 1899.

**Neoptolemos** → Achilleus, Andromache, Kassandra, Philoktet

**Nero.** Die Gestalt Neros (37–68), der durch den Mord seiner Mutter Agrippina an seinem Stiefvater Claudius auf den Thron gelangte, die Regierung zunächst ihr und seinem Lehrer Seneca überließ, Agrippina aber 53 auf Betreiben seiner Geliebten Poppäa Sabina vergiftete, dann, um Poppäa heiraten zu können, auch seine Frau und Stiefschwester Octavia beseitigte, 64 zur Anregung seiner dichterischen Phantasie Rom in Brand stecken ließ, die Schuld den Christen zuschob und sie grausam verfolgte, die Mitglieder einer gegen ihn gerichteten Verschwörung unter C. Calpurnius Piso hinzurichten befahl und sich schließlich bei einem Aufstand der Soldaten von einem Freigelassenen töten ließ, ist als Inbegriff eines grausamen und entarteten ↑ Tyrannen in das Gedächtnis der Menschheit eingegangen und hat zahllose Dichtungen inspiriert; die Zahl der Dramatisierungen allein beträgt etwa hundert.

Eine römische Volkssage über Neros Wiederkehr ist bereits bei Tacitus, Sueton und Augustinus bezeugt und verschmolz später mit auf Nero bezogenen → Antichrist-Prophezeiungen der *Apokalypse* zu einer Nero-Antichrist-Sage, die von Commodian im *Carmen apologeticum* (5. Jh.) dichterisch geformt wurde und bis ins 8. Jahrhundert bekannt war. Sagenhafte Erzählungen über Neros Beziehungen zu seiner Mutter, zu Seneca und dem Magier Simon, die in der *Kaiserchronik* (1135/50), im *Moriz von Craûn* (1210/20), in der *Legenda aurea* (um 1270), im *Roman de la Rose* (um 1300) und in Eustache Mercadés Mysterienspiel *Vengeance de notre Seigneur* (1396) auftauchen, gehen auf eine verlorene Sammlung römischer Kaisersagen zurück.

Auch die antike Kunstdichtung hat den Stoff bereits gestaltet. Eine früher Seneca zugeschriebene Tragödie *Octavia* zeigt den zynischen Herrscher, der weder die Götter noch das Volk fürchtet, die Szene mit einem Blutbefehl betritt und sie mit einem anderen – dem Befehl zur Hinrichtung Octavias – wieder verläßt. Auch spätere Bearbeiter haben gern eine der Frauen um Nero zur Hauptgestalt gemacht, da Nero, wie Schiller anläßlich des Plans einer Agrippina-Tragödie feststellte, »durchaus nichts Großes und Edles in seiner Natur« hat, das ihn zum tragischen Helden geeignet erscheinen ließe. An Nero hat die Ungeheuerlichkeit der Verbrechen, der Kontrast des Sittenlosen zu den Christen oder die Wandlung des wohlmeinenden Seneca-Schülers zum Tyrannen die Dichter gereizt. Die Vielfalt der Ereignisse und Konflikte machte dem Dramatiker die Herausschälung einer Episode oder des Endes zur Pflicht, legte aber eine epische Gestaltung des Gesamtstoffes nahe.

Im 16. Jahrhundert machten Übersetzungen der *Octavia* den Stoff bekannt; C. Rouillet übernahm aus *Octavia* die Gestalt des Nero für sein lateinisches Drama *Petrus* (1556). Die große Zeit des Stoffes war das Barock. Die englische Dramatik setzte mit einem lateinischen Drama des M. Gwinne (1603) ein, das in einem Monstre-Schauspiel die ganze Regierungszeit Neros sichtbar macht. Die anonyme, bislang Th. May zugeschriebene *Tragedy of Nero* (1624) beschränkt sich auf die letzte Zeit Neros, in der sich die Vergeltung dem schauspielerhaft eitlen, größenwahnsinnigen Cäsaren langsam nähert. Die hier vorherrschende Neigung, dramatisierte Geschichte statt eines historischen Dramas zu geben, charakterisiert auch Lope de Vegas die ganze Regierungszeit umfassendes Drama *Roma abrasada* (1629). Zu der Entfaltung des Stoffes trugen auch die Dramen um den Märtyrertod der Apostel Petrus und → Paulus bei, in denen Nero die Rolle des tyrannischen Gegenspielers zufiel.

Dramaturgisch weiter führt das Textbuch G. F. Busenellos für Monteverdis Oper *L'incoronazione di Poppea* (1642), die am Anfang der großen Zahl barocker Nero-Opern steht und die Grausamkeiten und Exzesse noch dämpft, in denen dann Oper und Drama des Hochbarocks in Italien, Frankreich und Deutschland schwelgten. Unter ihnen sind vor allem G. F. HÄNDELS *Nero* (Text F. Ch. FEUSTKING 1705), *Octavia* (Text B. FEIND 1705) und *Agrippina* (1709) bekanntgeworden. Der deutsche Beitrag besteht ferner in zwei Dramen D. C. von LOHENSTEINS, *Agrippina* (1665), worin die Mutter aus Eifersucht gegen Nebenbuhlerinnen ihren Sohn mit Liebesanträgen verfolgt, aber im Tode die Haltung einer Märtyrerin einnimmt, sowie *Epicharis* (1665), dessen Heldin die Seele der Verschwörung der Pisonen ist, und in ANTON ULRICHS VON BRAUNSCHWEIG Roman *Octavia* (1677), in dem die von Nero verschmähte edle Gattin durch den Armenierkönig Tyridates vom Tode gerettet wird. In verwandter Sphäre bewegt sich der Franzose G. GILBERT mit dem Drama *Les Amours de Néron* (1660), während J. RACINE in *Britannicus* (1669) eine für lange Zeit vorbildliche Nero-Rolle schuf, obwohl die Hauptgestalt des Werkes Neros Stiefbruder Britannicus ist, den Nero als Rivalen in der Liebe und möglichen Gegenkaiser vergiften läßt. Die Britannicus-Episode als »underplot« übernahm N. LEES »heroic-play« *Nero* (1675); er erfand dazu ein edles Gegenspiel in Gestalt von Poppäas erstem Mann Otho und ihrem Bruder Piso.

Dramatikern des 18. Jahrhunderts lag die Gestalt Neros ferner; sie tauchte seltener (N. PÉCHANTRÉS, *La mort de Néron* 1703; J. F. CAMERER, *Octavia* 1748; J. J. BODMER 1769) und oft im Gefolge von der dem Zeitgeist gemäßeren Gestalt Senecas auf (F. K. Frhr. v. CREUTZ, *Der sterbende Seneca* 1754; Ch. E. v. KLEIST, Entwurf). LESSINGS Plan, den Tod Neros darzustellen, bleib unausgeführt.

Dagegen hat das 19. Jahrhundert eine erneute Blüte des Stoffes aufzuweisen. Das mit → Napoleons Wirken verknüpfbare Bild eines Diktators, der sich in Nero dokumentierende Pessimismus und Nihilismus, das erwachende Interesse am Abnormen und das Problem des Narzißmus machten den Cäsarenwahnsinn geradezu zum Modethema und erbrachten sogar einen tragischen Zug: die Phantasie, der keine Wirklichkeit mehr entspricht und die sie deshalb zertrümmert, um sich ein Fest zu bereiten. K. GUTZKOWS Drama (1835) sah in Nero die Bestätigung der menschlichen Doppelnatur und vereinte Roms Brand und Neros Tod in der Schlußszene. R. HAMERLINGS Epos *Ahasver in Rom* (1866) stellte der Todessehnsucht des → Ahasver Neros Lebensinbrunst gegenüber, die schließlich in Zweifel, Lebensangst und Selbstmord endet. Während Hamerling Neros Grausamkeit mit der enttäuschten Hoffnung auf mütterliche Liebe erklärte, kommt in A. WILBRANDTS Drama (1876) der Tyrann zum Durchbruch, als das Volk den Tod eines von ihm Begnadigten fordert. Im Mittelpunkt der Dramen des Italieners P. COSSA (*Nerone artista* 1871) und des Engländers St. PHILLIPS (1906) wie in dem von H. SIENKIEWICZ' berühmten Roman *Quo vadis?* (1895) steht Neros Überschätzung seiner künstlerischen Befähigung. Viele Nero-Dichtungen des spä-

ten 19. Jahrhunderts beruhen auf reiner Intrige (M. GREIF,
Dr. 1877; C. WEISER, Dr. 1881), archäologischem Interesse, dem
Gefallen an der Kulisse des dekadenten Rom oder den Liebesbezie-
hungen des Kaisers (A. DUMAS, *Acté*, R. 1847; W. WALLOTH, *Em-
press Octavia*, R. 1883; E. ECKSTEIN, R. 1889; Hugh WESTBURY,
*Acte*, R. 1890; A. J. CHURCH, *The Burning of Rome*, R. 1892;
F. W. FARRAR, *Darkness and Dawn*, R. 1891; J. BARBIER / RUBIN-
STEIN, Oper 1879; F. NYCANDER, Dr.-Trilogie 1904).

A. BOITOS Oper (1901) griff mit der Einbeziehung des Magiers
Simon, der hier schuld am Brande Roms ist, auf eine alte römische
Sage zurück, ähnlich wie dann L. FEUCHTWANGER (*Der falsche Nero*
R. 1936) die alte Wiederkehr-Sage mit dem Kronprätendenten-
Motiv verband. Der Ungar D. KOSZTOLÁNYI (*A véres költö*,
Dr. 1922) zeigte den Neid des Dilettanten. H. GRESSIECKER (*Die
goldenen Jahre*, Dr. 1951) stellte dem Komödianten Nero den Phi-
losophen Seneca, L. DURELL (*Actis*, Dr. 1961) ihm die Patriotin
Actis gegenüber. Im Geiste der schockierenden Absichten jüngster
Dramatik zeichnete F. MARCEAU (*L'étouffe chrétien* 1960) einen die
Abgründe seiner Seele bewußt auslotenden Nero, der aus Scham
über sein Versagen in der Liebesszene mit der eigenen Mutter diese
beseitigen läßt.

R. v. Gottschall, Die Cäsaren-Dramen, (in: Gottschall, Studien zur neuen
deutschen Literatur) 1892; J. Engel, Kaiser Nero in der Dichtung, (Preuß. Jahrb.
105) 1901; E. Muellbach, Die englischen Nero-Dramen des 17. Jahrhunderts,
Diss. Leipzig 1910; J. F. F. Fluch, Nero-Darstellungen, insbes. in der deutschen
Literatur, Diss. Gießen 1924.

**Nibelungen.** Der Nibelungen-Stoff ist aus verschiedenen Stoffkomplexen erwachsen, die sich ursprünglich getrennt voneinander
entwickelten, erst allmählich zueinander in Beziehung gebracht
und schließlich vereinigt worden sind. Die beiden wichtigsten
Stoffkerne sind die von Siegfrieds Tod und Kriemhilds Rache.

Die Möglichkeiten für eine historische Fixierung der Gestalt
Siegfrieds, des beherrschenden Helden der deutschen und nordischen Heldensage, sind umstritten. Überholt scheinen Versuche,
in ihm ein Fortleben des Baldur-Mythos oder des historischen
→ Arminius zu sehen. Vermutlich sind die Konflikte, die sich
durch Einheirat eines merowingischen Fürsten in das burgundische
Königshaus ergaben, als Ansatzpunkt für die Geschichte von Siegfrieds Tod zu betrachten, über die möglicherweise im 5./6. Jahrhundert ein burgundisch-fränkisches Heldenlied entstand.

Schriftliche Fixierungen des Siegfried-Stoffes sind erst das deutsche *Nibelungenlied* (um 1200) und die eine etwas ältere deutsche
Fassung nacherzählende und sie mit nordischer Tradition vermi-
schende *Thidrekssaga* (um 1260) sowie die Lieder der *Älteren Edda*
(Hs. um 1270), die Prosa-Nacherzählungen der nordischen *Völsungasaga* und die knappen Zusammenfassungen in Snorri STURLU-
SONS *Jüngerer Edda* (Anf. 13. Jh.).

Als älteste Schicht des Stoffes erschloß die Forschung etwa folgendes: Zu den burgundischen Fürsten Gunther, Godomar und Guttorm kommt ein vertriebener fränkischer Fürst vom Niederrhein, Siegfried (Sigurd), und gewinnt durch Taten ihre Gunst, ihre Blutsbrüderschaft und ihre Schwester Kriemhild (Gudrun). Gunther (Gunnar) begibt sich mit seinen Brüdern und Siegfried auf Werbungsfahrt zu Brünhild, die sich nur dem mächtigsten Manne ergeben will. Sie glaubt, daß Siegfried der Werber sei, und ist enttäuscht über Gunthers Antrag. Gunther kann die von Brünhild gestellte ↑ Freierprobe nicht bestehen. Daher tritt Siegfried in seiner Gestalt für ihn ein, legt aber in der Brautnacht ein Schwert zwischen sich und Brünhild, bis Gunther seine Stelle einnimmt. Den Ring, den Siegfried Brünhild abgenommen hat, schenkt er Kriemhild. Jahre später geraten die beiden Frauen während eines Bades im Rhein in einen Rangstreit, während dessen Kriemhild Brünhild vorwirft, die Buhle ihres Mannes gewesen zu sein, und zum Beweis den Ring vorweist. Brünhild verweigert darauf Gunther die eheliche Gemeinschaft, weil sie »nicht zwei Männern in einer Halle« angehören will; sie bezichtigt damit Siegfried des Treubruchs an Gunther. Guttorm, der außerhalb der Blutsbrüderschaft steht, übernimmt es, Siegfried zu ermorden. Der Schmerzensschrei, den Kriemhild bei der Nachricht vom Tode ihres Mannes ausstößt, entlockt Brünhild ein gräßliches Lachen; sie erklärt, daß Siegfried unschuldig war, daß aber nunmehr die Burgunden die Treue gebrochen hätten. Sie will sich im Tode mit Siegfried vereinen und durchbohrt sich mit dem Schwert.

Der Urfassung des Siegfried-Stoffes steht das *Alte Sigurdlied* der *Edda* am nächsten. Es muß jedoch in der deutschen wie in der nordischen Überlieferung sehr bald Parallellieder und Ausgestaltungen des Stoffes gegeben haben, die der Einheitlichkeit der Fabel abträglich waren und einzelne Züge bis in die spätesten Fassungen hinein zwiespältig gemacht haben. Das Verhältnis Brünhilds zu Siegfried (betrogene oder auch verschmähte ↑ Frau), der Ort der Mordtat (im Walde oder im Ehebett), die Stellung Hagens zu den Königen (Halbbruder, Verwandter oder Vasall) bleiben unklar. Die unbekannte Herkunft Siegfrieds lockte zur Ausgestaltung seiner Jugendgeschichte mit märchenhaften Motiven. Siegfried wurde zum Zögling eines Schmiedes, er erschlägt einen Drachen, durch dessen Blut er unverwundbar wird, er gewinnt einen Hort und eine Tarnkappe. Diese Jung-Siegfried-Geschichten sind in frühen (*Reginsmál, Fafnismál*), aber auch in späten Fassungen des Stoffes (*Lied vom hürnen Seyfried* 16. Jh.; *Volksbuch vom gehörnten Sigfrid* um 1700) bewahrt. Eine um das zentrale, heroische Thema bemühte Gestaltung mußte sie, wie schon das *Nibelungenlied*, beiseite drängen.

Der derbere Geschmack einer späteren Zeit gefiel sich in der Ausgestaltung von Brünhilds Brautnacht, wie sie in der *Thidrekssaga* überliefert ist. Hier ebnet nicht mehr eine Kraftprobe den Weg zu Brünhild, vielmehr wird die Überwindung ihrer selbst, ihrer

Jungfräulichkeit, zur Kraftprobe. Da Gunther diese Aufgabe nicht lösen kann, wird Brünhild nun tatsächlich mit Gunthers Zustimmung für eine oder mehrere Nächte Siegfrieds Kebsweib. Die Szene des *Nibelungenliedes*, in der Brünhild Gunther an einen Nagel an der Wand hängt, stellt ein Relikt solcher vorhöfischer Fassung dar, die auch die russischen Stellvertreter-Märchen widerspiegeln. Unter den neuen Voraussetzungen bestehen Kriemhilds Vorwurf, Brünhilds Schande und die Zweifel der Burgunden an der legitimen Nachkommenschaft Gunthers zu Recht. Der Vorwurf gegen Siegfried muß sich darauf beschränken, daß er das Geheimnis nicht gehütet hat, und zur Unterstreichung des Skandalösen wird der Streit der Königinnen in die Öffentlichkeit der Königshalle verlegt. Brünhilds Aktivität bei Siegfrieds Ermordung geht bis zu dem Rat, die Leiche Siegfrieds in Kriemhilds Bett zu werfen.

Die Erzählung in der *Thidrekssaga* ist teilweise auch durch die Umwandlung des Verhältnisses Siegfried–Brünhild beeinflußt, die der Stoff in der jüngeren nordischen Dichtung erfahren hatte und die am lückenlosesten in der *Völsungasaga* wiedergegeben wird. Ehe Siegfried zu den Burgunden kam, durchritt er die Lohe um Brünhilds Burg und verlobte sich der Schildjungfrau mit Eid und Ring. Die Burgunden gaben ihm einen Zaubertrank, der ihn die frühere Bindung vergessen ließ. Der Siegfried-Stoff war auf diese Weise zu einem Treubruch-Drama geworden, in dem der Betrug bei der Werbung und der Streit der Frauen die Wirkung nur noch steigern. Die Vereinigung im Tode auf einem gemeinsamen Scheiterhaufen stellte den ursprünglichen Bund wieder her.

Während im Norden Brünhild zur Protagonistin des Siegfried-Stoffes wurde, rückte in Deutschland Kriemhild in den Vordergrund. Schon die Blickrichtung auf Kriemhilds große, veränderte Rolle in der nunmehr als Fortsetzung empfundenen Geschichte von Kriemhilds Rache bedingte diese Akzentuierung. Für die große Rächerin brauchte man die große Liebende Kriemhild, auf deren Ehe nicht der Schatten eines Treubruchs durch Siegfried fallen darf, der sich im *Lied* vor Brunhild als Vasall Gunthers ausgibt. Man brauchte die große Trauernde, die schon am Schluß der Vorformen des 1. Teiles des *Nibelungenliedes* gestanden haben muß. Bei seinen epischen Erweiterungen des Siegfried-Stoffes hat das *Nibelungenlied* nicht alle Spuren eines älteren Brünhildbildes ausmerzen können, aber es strich sie energisch aus den Schlußszenen und umgab Kriemhild und Siegfried, der nun ein niederländischer Königssohn und kein fahrender Recke mehr ist, mit dem Farbenglanz höfischer Dichtung.

Der Siegfried-Stoff besitzt, das zeigen schon seine frühen Ausprägungen, trotz der festen Grundfabel, deren Kern der Werbungsbetrug ist, Wandlungsmöglichkeiten, sofern die Akzente verlagert und die einzelnen Motive ausgestaltet wurden. Jede der fünf tragenden Personen – Siegfried, Gunther, Hagen, Kriemhild, Brünhild – hat ein tragisches Schicksal, das mit dem der anderen unlösbar verbunden ist. Treue und Treubruch, Arglosigkeit und

Betrug, Liebe und Haß sind gleichzeitig in einer Person und in einer Situation beschlossen. Der Stoff läßt sich zu heroischer Höhe aufsteilen und bis auf das Motiv des ↑ Mannes zwischen zwei Frauen oder sogar auf ein Frauenrechtsproblem einengen. Die Skala der Gefühle ist schon in den frühen Fassungen erstaunlich breit. Die dialektische Situation aller Personen ermöglicht sowohl eine dramatische Gestaltung wie eine epische, die im *Nibelungenlied* auf höchster Ebene gelang.

Die erste, lediglich das *Lied vom hürnen Seyfried* szenierende Dramatisierung des Siegfried-Stoffes durch Hans SACHS (*Tragedi des hürnen Sewfried* 1557) ist künstlerisch belanglos. Die Geschichte der Aneignung des Stoffes durch das Drama begann erst im 19. Jahrhundert und erfolgte fast ausschließlich im Zusammenhang mit der Dramatisierung des gesamten Nibelungen-Stoffes.

Der historische Kern der Sage von Kriemhilds Rache oder der Nibelungen Not ist deutlicher erkennbar als der des Siegfried-Stoffes. Zwei Ereignisse dürften als Angelpunkte zu gelten haben: die Überwältigung des mittelrheinischen Burgundenreiches in der Hunnenschlacht des Jahres 437, bei der König Gundahari und seine ganze Sippe untergingen, und der 453 erfolgte Tod des Hunnenkönigs Attila in der Hochzeitsnacht mit einem germanischen Mädchen namens Hildiko. Schon früh berichteten byzantinische Geschichtsschreiber, daß Attila von dem Mädchen ermordet worden sei, und die wahrscheinlich im südosteuropäischen, gotischen Raum geprägte erste Fassung des Stoffes interpretierte diesen Mord als einen Akt der Sippenrache. So und mit dem feindlich gesehenen Atli-Bild aus der Zeit der Hunnenkämpfe bewahrte die *Edda* im *Alten Atli-Lied* den Stoff: Gudrun (Kriemhild) ist mit dem Hunnenkönig Atli (Etzel) verheiratet, der den Schatz der Burgunden an sich bringen möchte und seine Schwäger zu sich einlädt. Kriemhild versucht, die Brüder durch den Boten zu warnen, aber sie kommen dennoch. Als sie Atli die Herausgabe des Schatzes verweigern, werden sie von den Hunnen überwältigt, Gunnar (Gunther) und Högni (Hagen) gefangengenommen. Gunnar will das Versteck des Schatzes nicht angeben, solange noch einer von den Seinen lebt. Högni wird das Herz aus dem Leibe geschnitten, aber Gunnar triumphiert: niemand außer ihm wisse jetzt den Schatz und niemand werde ihn erfahren. Gunnar wird in den Schlangenturm geworfen und endet dort. Während des Siegesmahles bietet Gudrun dem Gatten die Herzen ihrer und seiner Söhne als Speise an und durchbohrt den berauschten König mit dem Schwert. Sie läßt die Halle in Flammen aufgehen und verbrennt so die hunnischen Krieger und sich selbst.

Diese auf dem Motiv der ↑ Blutrache aufgebaute Fabel war zunächst nur durch die Namen der Königsfamilie mit dem Siegfried-Stoff verbunden. Spätere nordische Überarbeiter versuchten eine Verbindung beider Komplexe vor allem durch das Hortmotiv: der Schatz der Niflunge wird gleichgesetzt mit Siegfrieds Hort, dessen Gold Verderben bringt. Aber die Überbrückung der Kluft zwischen der trauernden Witwe Siegfrieds und der ganz auf seiten ihrer Brüder stehenden Frau Atlis gelang nicht.

Eine Angleichung der beiden Teile des Nibelungen-Stoffes vollzog sich in Deutschland erst in dem Augenblick, als unter veränderten kulturellen und religiösen Verhältnissen das Motiv der Gattenliebe das der Sippenbindung verdrängen konnte. Mit dieser zentralen Umwertung wurde Kriemhild als Liebende und Rächerin zur führenden und verbindenden Gestalt des Gesamtstoffes. Begünstigt wurde diese Änderung durch die Tilgung des altgermanisch-nordischen Atli-Bildes zugunsten des inzwischen in Deutschland heimisch gewordenen Bildes des milden, gastlichen Gefolgschaftsherrn Etzel, das in spätgotischer Zeit zusammen mit der Gestalt des »ellenden« → Dietrich von Bern geschaffen worden war und sich besonders in Bayern durchgesetzt hatte. Der Etzel des Nibelungen-Stoffes wurde dem des Dietrich-Stoffes angeglichen: nicht er, sondern die zur Rachedämonin gewandelte Kriemhild ist den Burgundenkönigen feindlich, lockt sie an Etzels Hof und besteht auf Auslieferung Hagens und Herausgabe des Nibelungenhortes, dessen Name nun von dem Geschlecht der Burgundenkönige auf die frühen elbischen Besitzer von Siegfrieds Hort überging. Jetzt ist Hagen der letzte, der nach seines Königs Tod den Hort verschweigt; Kriemhild selbst bringt ihn um und wird dann von dem alten Hildebrand getötet. Die Geschichte von Attilas Ermordung fehlt in der deutschen Sage. Die wohl schon im 8./ 9. Jahrhundert vollzogene Umgestaltung des zweiten Teiles des Stoffes ist erst im *Nibelungenlied* (um 1200) faßbar; eine epische Vorstufe, die sogenannte *Ältere Not*, läßt sich aus einer Vergleichung des *Nibelungenliedes* mit der eine frühere Stufe repräsentierenden *Thidrekssaga* (um 1260) erschließen.

Während die oft nicht klaren Konturen des Siegfried-Stoffes und seine psychologische Differenzierung eine Anzahl bedeutender Neugestaltungen hervorriefen, hat die heroisch strenge und eindeutige Fabel von der Nibelungen Not weniger dazu angeregt. Sie war auch für spätere Bearbeiter nicht mehr vom Siegfried-Stoff zu lösen und trat nur noch im Zusammenhang mit diesem auf, während der Siegfried-Stoff auch für sich allein bestehen konnte. Die einmalige Größe der mittelalterlichen Fassung hat zudem epische Bearbeiter gewarnt, sich an mehr als eine sprachliche Neufassung oder eine Nacherzählung für Jugendliche zu wagen. Dem Dramatiker bietet der ausgesprochen epische Stoff, dessen Wirkung in der immer größeren Steigerung einer von Beginn an festliegenden Haltung der Charaktere besteht, weniger Anreiz als der Siegfried-Stoff; doch ist der Untergang der Nibelungen meist in eine Dramatisierung des Gesamtstoffes einbezogen worden.

Während die Wiederentdeckung des *Nibelungenliedes* 1755 zunächst kein großes Echo hervorrief, entstand in der Ära Napoleons im Zusammenhang mit der patriotischen deutschen Bewegung seine Wertschätzung als Dokumentation des deutschen Nationalcharakters und seine Inanspruchnahme als Nationalepos.

F. DE LA MOTTE-FOUQUÉS dreiteiliges Heldenspiel in Blankversen und partienweise eingebauten alliterierenden Versen, *Der Held des Nordens* (1808–10), mit dem die dichterische Rezeption des Nibelungen-Stoffes begann, lehnte sich eng an den Bericht der *Völsungasaga* und der *Snorri-Edda* an und machte zugleich die eddische Fassung in Deutschland heimisch. Fouqués Bestreben, den gesamten Stoff seiner Quellen zu bieten und Paralleles in ein Nacheinander aufzulösen, führte zu Dehnungen und Widersprüchen. Der Schicksalstrotz der alten Helden kam jedoch der Moderichtung des Schicksalsdramas entgegen, und so läßt sich als durchgehendes Thema von Fouqués Werk das Schicksalsbewußtsein seiner Personen bezeichnen, die dem Tode nicht auszuweichen suchen, sondern ihm bewußt entgegengehen. Das gilt auch für Sigurd, der, nachdem die Wirkung des Zaubertrankes vorüber ist, seine Schuld durch Verstoßung Gudruns wiedergutmachen will; Brünhild weist ihn ab, da Gunnar ihr Wort habe, sie weiß, daß hier nur der Tod sühnen kann. Der Untergang der Burgunden durch Atle ist die Wirkung von Sigurds Fluch, Gudrun büßt schließlich mit dem Tod im Meer. Fouqué hängte jedoch noch einen versöhnlichen Abschlußteil *Aslauga* an, indem er eine Interpolation der *Völsungasaga* und den Bericht der *Lodbrókar-Saga* ausgestaltete, nach denen die Tochter Sigurds und Brünhilds, Aslauga, die Frau des Ragnar Lodbrog und damit die Ahnherrin des norwegischen Königshauses wurde.

In einzelnen Teilen der Handlung, besonders den Schmiede- und Drachenszenen, schloß sich R. WAGNER (*Der Ring des Nibelungen* 1863) an Fouqué an, stellte jedoch in dieser Tetralogie (*Das Rheingold, Die Walküre, Siegfried, Götterdämmerung*) das Schicksal Siegfrieds und seine Verstrickung in Schuld in den größeren Rahmen des Götterunterganges, der durch sittlichen Verfall herbeigerufen wird. Hagen ist ein Angehöriger des Albengeschlechts, dem die Götter den Zauberring stahlen, den dann Siegfried zuerst Brünhild schenkt, in Gunthers Gestalt aber wieder abnimmt und den Hagen zurückzugewinnen trachtet. Das aus den eddischen Liedern stammende Motiv vom Fluch des Goldes, das Fouqué Wagner vermittelte, bekam bei diesem tragenden Charakter. Jedoch ist sich Siegfried bei Wagner im Gegensatz zu Fouqué bis kurz vor seinem Tode seiner Schuld nicht bewußt. Er stirbt schuldlos für die Schuld der Götter, die er übernommen hat.

Die Fassung des *Nibelungenliedes* hat als erster E. RAUPACH (*Der Nibelungen Hort*, Dr. 1834) als Grundlage benutzt. Er verzichtete jedoch wie Fouqué und wie nach ihm Hebbel nicht auf die Jung-Siegfried-Handlung und verwandte sie zu einem Vorspiel, wobei er Züge aus der *Edda* und solche des *Hürnen Seyfried* mischte. Raupach versuchte, den Stoff der Gefühlswelt seiner Zeitgenossen anzupassen. Brünhild haßt Kriemhild, weil sie die reichere und schönere ist, und sie kann es nicht dulden, von Kriemhild als Frau zweier Männer beschimpft worden zu sein. Hagen repräsentiert die Nibelungentreue im vormärzlichen Sinn: er handelt selbstlos zum Besten seines Königs und hat vor dem Mord ein Gespräch mit

Siegfried, in dem er sich rechtfertigt. Aus der klagenden Kriemhild
wird eine Rächerin erst, als man sie zur Heirat mit Etzel zwingt. Sie
ersticht schließlich Etzel – hiermit wurde das nordische Motiv in
die deutsche Sage einbezogen – und wird selbst durch die Hunnen
erschlagen. Die Übernahme des Reiches durch Dietrich von Bern,
die sich schon Fouqué nicht hatte entgehen lassen, bekam bei
Raupach die dann durch Hebbels Fassung bekanntgewordene
christliche Note.

Aus der Kritik an Raupachs Werk und auch im Gegensatz zu
GEIBELS weichlichem Trauerspiel *Brünhild* (1861), in dem Siegfrieds Ermordung nichts als ein Akt verschmähter Liebe ist, erwuchs die bisher dichterisch wertvollste Lösung einer Dramatisierung des Epos, HEBBELS Trilogie *Die Nibelungen* (1862). Hebbel
hielt sich an die Motivierungen des *Nibelungenliedes* und vermied
wie Raupach und Geibel das Motiv eines früheren Verlöbnisses
zwischen Siegfried und Brünhild. An dessen Stelle trat ein Plan des
Schicksals, der die beiden füreinander bestimmte und den Brünhild
erkannte, indem sie Siegfried als vermeintlichen Werber begrüßte.
Siegfried aber hat Brünhild »verschmäht und dann verschenkt,
verhandelt für Kriemhild«. Sie muß sich zwar davon überzeugen,
daß Gunther der gewünschte stärkste Mann ist, aber es bleibt in ihr
der Stachel zurück, daß Siegfried zumindest der Herrlichere
scheint, und so verlangt sie seinen Tod, längst ehe der Betrug
offenbar wird: »Du hast den Kern, das Wesen, er den Schein und
die Gestalt! Zerblase den Zauber, der die Blicke der Toren an ihn
fesselt.« Hagen wird mit dem Makel des Neides behaftet. Hebbel
interpretierte den Stoff aus seiner Vorstellung von der tragischen
Schuld und dem notwendigen Untergang dessen, der sich über den
Durchschnitt erhebt, sowie aus dem Gedanken, daß jede Zeiten-
wende für das Werden eines Neuen das Opfer des Alten fordere.

Die Schwäche von Hebbels Fassung, daß sie dem epischen
Handlungsgang folgte und nur die dramatischen Szenen heraus-
schälte, prägte noch K. GJELLERUPS *Brünhild* (1884) und wurde erst
durch die analytische Technik neuerer Bearbeiter überwunden.
Sowohl Paul ERNST (*Brunhild* 1909; *Kriemhild* 1918) wie Max MELL
(zwei Teile, 1943 und 1951) setzten erst unmittelbar vor Ausbruch
des Konfliktes, nach der Eheschließung beider Paare, ein. Während
jedoch Paul Ernst mit dem Motiv der ursprünglichen Verlobung
arbeitet und eine Tragödie der »oberen Menschen« Siegfried und
Brunhild, die durch ihre Verbindung mit Kriemhild und Gunter
ins Niedere verstrickt sind, gestaltete und in Hagen das Schicksal
des subalternen, wider besseres Wissen dienenden Mannes sah,
verteilte Mell Licht und Schatten gleichmäßig auf die tragisch
verstrickten Gestalten und ließ den Konflikt in einer Aussprache
zwischen Brünhild und Siegfried gipfeln, in der Brünhild ihre
Liebe gesteht und Siegfried für sich fordert. Siegfried aber, der
starke Mann, sucht nicht die harte Kriegerin, sondern hat seine
Erfüllung in der zarten Kriemhild gefunden; er weiß, daß er mit
dieser Entscheidung den Tod wählte, denn er trägt die Schuld, eine

Frau durch Trug in ein qualvolles Leben gestoßen zu haben. Das Doppeldrama mündet auch bei Mell in der Erhöhung Dietrichs von Bern, der als Repräsentant der Ordnung das Chaos überwindet. Wie bei Hebbel und P. Ernst gehören bei R. SCHNEIDER (*Die Tarnkappe*, Dr. 1951) Brunhild und Siegfried einem mythischen Bezirk an. Es geht dem Dichter jedoch darum, daß Siegfried den Weg zum Christentum findet, während Brunhild ihrem Urwesen treu bleibt und die Burgunden, ein sündenbeladenes, heidnisches Geschlecht, reif für den Untergang durch die Hunnen sind. Siegfried gelingt es, seine Schuld an Brunhild zu sühnen, sich von übermenschlichen Kräften, deren Inbegriff die Tarnkappe ist, zu befreien, und er stirbt den ihm bestimmten Tod. Hagen, sein elbischer Bruder, erwirbt sich durch den Mord, durch den er die Tarnkappe zu erringen glaubte, die Aufnahme in die Schicksalsgemeinschaft der Burgunden.

Epische Nachdichtungen (GEIBEL, *König Sigurds Brautfahrt* 1846) und Modernisierungen (W. JORDAN, *Nibelunge* 1869) sind ohne Bedeutung geblieben. Für die dichterische Wiederbelebung und allgemeine Kenntnis des Stoffes waren die balladenhafte Herausarbeitung von Szenen (L. UHLAND, *Siegfrieds Schwert*; B. v. MÜNCHHAUSEN, *Hagen und die Donaufrauen*; A. MIEGEL, *Die Nibelungen*) und Rollengedichte (E. GEIBEL, *Volkers Nachtgesang*; F. DAHN, *Hagens Sterbelied*; B. v. MÜNCHHAUSEN, *Lied Volkers*) weit wichtiger. A. GRÜNS kecker Titel *Nibelungen im Frack* (1843) deutet nicht auf eine stoffliche Beziehung, sondern lediglich auf die mit dem unheroischen Inhalt kontrastierende und so den humoristischen Charakter der Verserzählung erhöhende Verwendung der Nibelungenstrophe. Das 19. Jahrhundert erhob den Begriff der Nibelungentreue zu einem nationalen Symbol, das dann in beiden Weltkriegen eine Rolle spielte. Als Antwort auf eine Durchhalterede H. Görings vom Januar 1943 hat H. MÜLLER (*Germania Tod in Berlin*, Dr. 1978) die Sinnlosigkeit und Unmenschlichkeit des Kampfes um Stalingrad an vier hierher transponierten Nibelungen-Figuren aufgezeigt. Die gleiche Abrechnung mit dem »Nationalepos« vollzog V. BRAUN (*Siegfried Frauenprotokolle Deutscher Furor*, Dr. 1986), als er »alle Vorgänge in ihrem Alter und in ihrer Gegenwärtigkeit« erkennbar machen wollte und damit deutlich wurde, daß in einer Welt der Gewalt immer die Frauen die Leidtragenden sind und als Trümmerfrauen dienen.

M. Kämmerer, Der »Held des Nordens« von de la Motte-Fouqué und seine Stellung in der deutschen Literatur, Diss. Frankfurt 1910; A. Heusler, Nibelungensage und Nibelungenlied, 1921; A. v. Löwis of Menar, Die Brünhildsage in Rußland, 1923; H. W. van Krues, Untersuchungen über das Lied vom hürnen Seyfried mit besonderer Berücksichtigung der verwandten Überlieferungen, 1924; H. de Boor, Das Attilabild in Geschichte, Legende und heroischer Dichtung, Bern 1932; G. Schütte, Siegfried und Brünhild, 1935; G. Fricke, Die Tragödie der Nibelungen bei F. Hebbel und P. Ernst, (Hebbel-Jb. 2) 1940; H. Schönfeld, A. Miegels »Nibelungen« und verwandte Gedichte, (Niederdt. Welt 17) 1942; H. Schneider, Die deutschen Lieder von Siegfrieds Tod, 1947; H. de Boor, Einleitung zu »Das Nibelungenlied«, 1949; H. Schulz, Der Nibelungenstoff auf dem deutschen Theater, Diss. Köln 1972; J. Williams, Etzel der rîche (European University Studies 364) 1981; J. Heinzle u. A. Waldschmidt (Hrsg.), Die Nibelungen, Ein deutscher Wahn, ein deutscher Alptraum, 1991; B. R. Martin, Nibelungen-Metamorphosen, 1992.

**Niobe.** Die Sage von Niobe, Tochter des Tantalos und Frau des Königs Amphion von Theben, die sich ihres Kinderreichtums gegenüber der Göttin Leto rühmte, dafür von Letos Kindern Apoll und Artemis mit dem Verlust ihrer blühenden Kinderschar bestraft wurde und schließlich in ihrer Heimat Lydien zu einem Fels am Berge Sipylos versteinte, von dem ewig die Tränen rinnen, ist wahrscheinlich auf einen menschenähnlichen Felsen zurückzuführen, der die Phantasie der Bevölkerung anregte. Im Altertum ist diese Geschichte von der furchtbaren Rache der neidischen Götter an dem im Glück sich überhebenden Sterblichen wiederholt dichterisch behandelt worden. Der Hybris-Thematik des AISCHYLOS ist der Stoff besonders gemäß; die erhaltenen Bruchstücke seiner Tragödie konnten vor einigen Jahrzehnten durch neue Funde ergänzt werden. Von einem Drama des SOPHOKLES sind gleichfalls Fragmente erhalten, der Titel eines parodistischen Werkes von ARISTOPHANES ist bekannt, Nero trat in einem Niobe-Drama auf, und der Nachwelt wurde die Fabel vor allem durch die *Metamorphosen* des OVID überliefert.

Für die moderne Literatur hat der Stoff mit seinem so stark in der antiken Göttervorstellung wurzelnden Schuldbegriff an tragischer Wirkung verloren, und dem Strafgericht der göttlichen Pfeile, das Niobe aufrecht trotzend, aber doch passiv über sich ergehen läßt, fehlt die eigentliche Dramatik. Die wenigen Dramatisierungsversuche, die nach Hans SACHS' schlichter Szenierung (*Nioba, die Königin zu Theba* 1557) dem Stoff Tragik abzugewinnen trachteten, Niobes Hybris als Selbstvergottung und Gotteslästerung darstellten (MALER MÜLLER 1778; L. TIECK 1790; Ch. W. v. SCHÜTZ 1807; K. WEICHSELBAUMER 1821), Niobe nach der Bitte um das Leben der letzten Tochter in Trotz verharren ließen oder auch schließlich zur Anerkennung der göttlichen Allmacht führten (J. Körner 1819), sind nie aufgeführt worden und haben satirische Angriffe herausgefordert (WIELAND, *Die Abderiten* 1774/80; J. F. SCHINK, *Die Schriftstellerin* 1810). Dagegen ist die Niobe-Gestalt als Symbol großen Schmerzes und lyrisches Motiv verwendbar (R. HUCH, Sonett 1912). Auch die Oper, der die stimmungshaften und an vielen bildkünstlerischen Darstellungen ablesbaren optischen Wirkungen des Stoffes eher entsprechen, hat sich seiner mit mehr Erfolg als das Drama angenommen (L. ORLANDINI / A. STEFFANI, *Niobe, regina di Tebe* 1688; G. PACINI 1826; M. PASZTOR, Optte. 1902; P. SUTERMEISTER / H. SUTERMEISTER, Monodr. 1946).

F. Schopper, Der Niobemythus in der deutschen Literatur, (Progr. Landskron / Böhmen 41) 1913.

**Oberon** → Huon de Bordeaux

**Octavia** → Nero

**Octavian** → Kleopatra

**Odysseus.** Die Gestalt des »listenreichen« Odysseus, der in HOMERS *Ilias* die Funktion des schlauen Unterhändlers und beredsamen Vermittlers, in der *Odyssee* als der wichtigsten der *Nostoi*-Erzählungen die zentrale Rolle des zehn Jahre lang umhergetriebenen, innere und äußere Gefahren überwindenden Dulders und schließlich siegreichen ↑ Heimkehrers einnimmt, ragt aus einer märchenhaften, volkstümlichen literarischen Schicht in die des heroischen Epos hinein. In der *Ilias* tritt sein Außenseitertum kaum hervor, und seine spezifischen Fähigkeiten erscheinen ins Positive gewendet, in den anderen Teilen des Troischen Zyklus sind seine Listen stärker betont. Als die griechischen Gesandten Odysseus zur Teilnahme am → Trojanischen Krieg auffordern, stellt er sich geistesgestört und wird erst durch eine List des Palamedes veranlaßt, seine Verstellung aufzugeben. Er lockt Klytämnestra und → Iphigenie ins Lager von Aulis, holt → Achilleus von Skyros und → Philoktet und seinen Bogen von Lemnos. Die nicht näher motivierte Ermordung des Palamedes zeigt Odysseus von der negativen Seite. Trojas Eroberung ist seiner Erfindung des hölzernen Pferdes zuzuschreiben. Seine Beredsamkeit gewinnt ihm vor Ajax die Waffen des toten Achill.

Die *Odyssee*, der großangelegte Abenteurer-Roman der Heimfahrt, verwendet eine Fülle meist volkstümlicher episodischer Erzählstoffe, von denen manche reines Märchengut sind. So ist das Abenteuer mit dem Riesen Polyphem in vielen Fassungen unabhängig von der Homers belegt, die ihrerseits wieder auf die Weiterentwicklung des Märchens gewirkt hat; Odysseus' Überlistung des Menschenfressers ist schon früh in der griechischen Komödie behandelt worden (EPICHARM; KRATINOS; EURIPIDES, *Kyklops* 438 v. Chr.). An literarisch entwickelbaren Stoffkomplexen ragen aus der Vielfalt die großen menschlichen Begegnungen hervor: Odysseus bei der Zauberin Circe, die ihn für ein Jahr bestrickt und die Heimfahrt vergessen läßt; Odysseus als Schiffbrüchiger bei der Nymphe Kalypso, die ihn gegen seinen Willen sieben Jahre festhält und erst auf Befehl der Götter weiterziehen läßt; Odysseus' Begegnung mit der phäakischen Königstochter → Nausikaa, die ihm die endgültige Heimkehr ermöglicht; schließlich die Heimkehr nach Ithaka mit der Aufnahme durch den Schweinehirten Eumaios, dem Wiederfinden des Sohnes Telemachos, der gemeinsamen Überwältigung der um Penelope werbenden Freier und der Wiedererkennung durch die Gattin. Bei seiner Hadesfahrt war Odysseus ein

Tod »von der See« geweissagt worden. Ein später Teil des Troischen Zyklus, die *Telegonie,* schildert Odysseus' Ende durch seinen mit Circe gezeugten Sohn Telegonos, der seinen Vater sucht und ihn unwissentlich tödlich verwundet.

Die Ambiguität der Odysseus-Gestalt liegt in ihren Eigenschaften selbst und in der Haltung der anderen ihnen gegenüber. Bei Homer ist keine der Listen und Lügen gegen einen Kameraden gerichtet, die Klugheit wirkt sogar im Gegensatz zum Trotz des Achilleus und zum Stolz des Agamemnon für das Beste der Gesamtheit. Insofern ist die Gestalt human gemeint, der glückliche Ausgang belohnt Zähigkeit, Klugheit und Frömmigkeit, Athene selbst beschützt Odysseus wegen seiner maßvollen, beherrschten Art. Dennoch ist der Kluge unter den Helden der *Ilias* und unter den Gefährten der *Odyssee* ein Einsamer; keine menschliche Schwäche erregt Teilnahme, nur sein Unglück und sein Heimweh fordern Mitgefühl heraus. Die nachhomerische Tradition hat den Charakter verengt und vereinseitigt, zumal sie auch den Stoff zunächst nur in Episoden erneuerte. In der Geschichte der mit dem Trojanischen Krieg verbundenen Stoffe spielt Odysseus eine – wenn auch charakteristische – Nebenrolle; die Erneuerung der Heimkehrer-Erzählung erfolgte später.

Den ersten Angriff gegen die Odysseus-Gestalt bedeuteten die Oden PINDARS; er schilderte, wie im Streit um die Waffen Achills der aufrechte Held Ajax durch den listigen Betrüger Odysseus überwunden wird. Die zweite umstrittene Episode aus der Vita des Helden, die Tötung des Palamedes, griff der Sophist GORGIAS in seiner *Verteidigung des Palamedes* (um 420 v. Chr.) auf, in der Odysseus als neidischer Schurke erscheint. In den erhaltenen Dramatisierungen durch die griechischen Tragiker spielt Odysseus eine Intrigantenrolle. Die *Odysseia* des AISCHYLOS ist verloren, in SOPHOKLES' *Ajax* wird für diesen starken Helden Partei ergriffen, doch erhält auch die Gestalt des Odysseus durch ihre versöhnliche und großherzige Haltung nach des Gegners Tod sympathischere Züge. Im *Philoktet* des Sophokles ist Odysseus ein feiger Ränkeschmied, der den jugendlichen → Neoptolemos zu unlauterem Vorgehen verführt. In EURIPIDES' *Hekuba* (424 v. Chr.) wird Odysseus die Verantwortung für die Opferung → Polyxenes zugeschoben; SENECA übernahm die Gestalt so in seine *Trojanerinnen.* In Euripides' *Iphigenie in Aulis* tritt Odysseus zwar nicht auf, aber aus dem Gespräch zwischen Agamemnon und Menelaos geht hervor, daß sie seine Intrigen und seinen Ehrgeiz fürchten.

Dem Tugendideal der Zyniker und später der Stoiker mußte Odysseus dagegen vorbildlich erscheinen. Schon ANTISTHENES (5. Jh. v. Chr.) stellte dem brutalen und hitzköpfigen Ajax Odysseus gegenüber. Ähnlich erscheint er als Vertreter der Virtus im 1. Buch von HORAZ' *Episteln,* und CICERO interpretierte in gleichem Sinne die Sirenen-Episode, die seitdem symbolische Bedeutung erlangte. Diese Auffassung wirkte bei PLUTARCH und MARC AUREL weiter und wurde von den Kirchenvätern übernommen, die den an den Mast gefesselten Dulder sogar mit dem Gekreuzigten verglichen. Eine solche philosophische Einordnung des Odysseus legt eine allegorische Ausdeutung der Gestalt als der eines immer Strebenden nahe, wie sie schon in der allegorischen Homer-Interpretation des HERAKLEITOS (1. Jh. n. Chr.) auftaucht und seitdem häufig wiederkehrt. Während OVID bei seiner Darstellung des Ajax-Streites (*Metamorphosen*) mit Odysseus sympathisierte und STATIUS (*Achilleis*) bei der Schilderung des Achill auf Skyros der Klugheit des Odysseus gerecht wurde, hat die aus troischer Sicht gezeichnete Gestalt des grausamen, neidischen Machtpolitikers in VERGILS *Aeneis* die Tradition besonders des Mittelalters sehr beeinflußt. Fügt man zu dieser Skala noch die lyrische Selbstidentifizierung OVIDS (*Tristia ex Ponto*) mit dem Heimatfernen, so sind schon in den antiken Versionen die meisten Töne angeschlagen, die in der späteren Entwicklung des Stoffes zum Klingen kommen sollten.

Das Mittelalter hat die Fahrten des Odysseus nur als Nachspiel und Abrundung der Ereignisse um Troja behandelt, sie nach der Hauptquelle, dem Kreter DIKTYS, weitgehend geändert und bis zum Tode des Odysseus durch Telegonos fortgesetzt. Odysseus gilt in dieser Tradition als klug, aber unedel, als verantwortlich für die Opferung Iphigenies und Polyxenes, als Mörder nicht nur des Palamedes, sondern auch des Ajax, und seine Irrfahrten sind die Strafe eines ruhelos umgetriebenen Mörders. Bei BENOÎT DE SAINTE-MORE (*Roman de Troye* 12. Jh.) findet sich dann der interessante Zug, daß Odysseus ungebunden bleiben will. Den Höhepunkt der Abwertung bildet die Höllenstrafe des Odysseus in DANTES *Inferno*, die eine Folge seines Handelns gegen Deidameia und seiner List mit dem hölzernen Pferde ist. Zugleich gab Dante dem Stoff eine völlig neue Wendung, indem er das bei Benoît anklingende Motiv der gewollten Ungebundenheit ausbaute: Odysseus ist nie nach Hause zurückgekehrt, sondern aus Wissensdrang von Circes Insel weiter nach Westen gefahren, bis ein Sturm sein Boot in die Tiefe riß; aus dem Heimatsucher ist ein ewig Ruheloser geworden, der aber als destruktive Kraft aufgefaßt wird. Auch der Engländer J. GOWER (*Confessio amantis* 1390) schrieb Odysseus unstillbaren Wissensdrang zu, der hier zu Zauberei und ins Unglück führt.

Ein anderer Interpretationsstrang geht auf die Stoa zurück, die in Odysseus das Sinnbild des Weisen sah, der zwischen Tugend und Laster zu unterscheiden und sich selbst zu überwinden weiß. Schon bei HORAZ (*Epistolae I*,2) findet sich der paradigmatische Charakter der Odysseus-Figur, als Gegenspielerin des Weisen und Tugendhaften wird Circe als verführerische Buhlerin hingestellt. Stoische Tradition, Kirchenväter (CLEMENS ALEXANDRINUS) und mittelalterliche Kommentare zu OVIDS *Metamorphosen*, in deren 14. Buch das Circe-Abenteuer nacherzählt worden war, hielten diesen Aspekt aufrecht. Außerdem sorgte das Interesse an Telegonos dafür, daß gerade Odysseus' Aufenthalt bei dessen Mutter besondere Berücksichtigung erfuhr. Als Verführerin rückte sie neben

Kalypso und die Sirenen. Auf dieser Tradition beruht, vermittelt vor allem durch die Ovid-Exegese, die Entwicklung des Stoffausschnitts in der spanischen Literatur. In LOPE DE VEGAS Epos *La Circe* (1624) ist die Tugendhaftigkeit des Seefahrers so betont, daß er, entgegen Homer, der Inselherrin überhaupt nicht verfällt, wodurch sein Verweilen auf der Insel unmotiviert erscheint; in dem auf drei Jornadas und drei Autoren verteilten Drama *Polifemo y Circe* (1633) von A. MIRA DE AMESCUA/J. PÉREZ DE MONTALBAN/ P. CALDERÓN dagegen erliegt der labile Held der mehr zauberischherrischen als verführerischen Circe, die sich, weil sie durch die Liebe ihre Zauberkraft verlor, nach der Flucht des Odysseus ins Meer stürzt. CALDERÓNS *El mayor encanto, amor* (1637) ist eine verfeinerte Wiederholung dieser Gemeinschaftsarbeit: Odysseus gerät für eine Weile in den Bann der ihn leidenschaftlich liebenden Circe; durch seine Kameraden und eine Erscheinung des → Achill ermahnt, stiehlt er sich in Abwesenheit der Geliebten davon, sein Schritt vom Wege kostet ihn die ihm vererbten Waffen Achills; Circe sinkt, eine zweite → Dido, vor Liebesschmerz tot um. CALDERÓNS Drama diente noch W. EGK als Textbuchvorlage (*Circe* 1948). Den Weg einer Umsetzung des antiken Plots in symbolischen Ausdruck christlicher Glaubenselemente hatte bereits Luis DE LÉON in der Ode *Las Serenas* (um 1580) beschritten: Circe ist, wie die Sirenen, der gottlosen Hure der Bibel gleichgesetzt, ohne daß auch eine Aufwertung des Odysseus im Sinne der stoischen sieghaften Tugend erfolgt wäre, wie sie dann in dem Auto *La navigación de Ulyses* (1621) des J. ALCEO erfolgte, in dem Odysseus als Hombre, Circe als Lascivia auftritt, was dann CALDERÓN in dem Auto *Los encantos de la Culpa* (um 1645) mit dem allegorischen Gegeneinander von Hombre und Culpa wiederholte, das sich in einer Art Paradiesgarten abspielt. Nur mit Gottes Hilfe kann sich der Mensch von der diabolischen Macht der Culpa befreien. Eine verwandte Auffassung bezeugt das lateinische *Ulysses*-Drama (1680) des Benediktiners S. RETTENPACHER, das in der Heimkehr des Odysseus den »Sieg der Klugheit« feiert. Ähnliche Gedankengänge verfolgt auch der Kommentar zu CHAPMANS *Odyssee*-Übersetzung (1616), und noch Ch. LAMBS Jugenderzählung *The Adventures of Ulysses* (1808) ist von dem Versuchungsthema beherrscht.

Für die Oper war die Episode bei Circe vor allem durch die Zaubermotive attraktiv (G. ZAMPONI, *Ulisse errante nell'isola di Circe* 1650; A. BUNGERT, *Homerische Welt*. 2. Teil 1898; H. TRANTOW, *Odysseus bei Circe* 1938). Die leidenschaftliche Zerstörungswut der enttäuschten Circe hielt sich bis zu M. COLTELLINI/ W. GLUCKS *Il Telemaco* (1765): als Odysseus sie verlassen hat, verwandelt sie die Insel in eine Wüstenei und fährt, ein Rachelied singend, auf einem Drachenwagen davon.

Eine gewisse Entmythisierung des Odysseus setzte mit der Wiederentdeckung Homers in der Renaissance ein. Das klassizistische Drama übernahm zunächst die im antiken vorgeprägte Figur des Diplomaten Odysseus innerhalb der Geschehnisse um Troja. In R. GARNIERS *La Troade* (1579), Joost van den VONDELS *Palamedes oder die ermordete Unschuld* (1625) und RACINES *Iphigénie* (1674) wirkt der Typ des mitleidlos unschuldige Menschen aufopfernden Politikers nach. Die Oper griff schon früh die Geschichte des heimkehrenden Odysseus (G. BADOARO / C. MONTEVERDI, *Il ritorno d'Ulisse in patria* 1640) auf. Erst in SHAKESPEARES *Troilus and Cressida* (1602) ist die Odysseus-Gestalt wieder dem Homerischen Urbild mit seiner faszinierenden Mehrschichtigkeit ähnlich. Welcher Entstellung des Odysseus-Stoffes die Haupt- und Staatsaktionen des 17. Jahrhunderts fähig waren, zeigt deren parodierende Spiegelung in L. HOLBERGS *Ulysses von Ithacia* (1723): Ulysses zieht mit einem Heer vor Troja, um seine Ritterpflicht gegenüber der gewaltsam entführten → Helena zu erfüllen. Großzügig und ehrenhaft erscheint Odysseus in METASTASIOS *Achille in Sciro* (1736), doch erst die Konzeption von GIRAUDOUX (*La guerre de Troie n'aura pas lieu* 1935) ließ seine Funktion als Unterhändler in einer aussichtslosen Sache, der Verhinderung des Trojanischen Krieges, in ihrer gerade durch das Wissen um dessen Unabwendbarkeit hervortretenden humanen Größe sichtbar werden: Der Unsinn nationaler Vorurteile und Rivalitäten, Kriegshetze und von Priestern unterstützte Fanatisierung werden über Hektors Friedensbemühungen den Sieg davontragen.

Auf mehr privater Ebene wird der Vergleich des Odysseus-Schicksals mit dem menschlichen Leiden dort vollzogen, wo der Odysseus-Stoff als lyrisches Motiv auftaucht. Schon der vertriebene Ovid hatte sich mit dem Heimatlosen verglichen, und das gleiche hatten nach ihm J. DU BELLAY in dem Sonett *Heureux qui comme Ulysse* ... (1558), F. LIENHARD (*Auch ein Ithaka* 1914), George SEFERIS (*On a Foreign Line* 1931). Das in den allegorischen Verarbeitungen deutlich werdende »faustische« Element des Stoffes, das, negativ gesehen, schon bei Dante anklang, wurde im 19. Jahrhundert mit dem gleichfalls von Dante stammenden Motiv des nicht heimkehrenden Odysseus verknüpft und dadurch verstärkt. TENNYSONS *Ulysses* (Gedicht 1833) zeigt einen Byronschen Typ, der weiter ins Unbekannte segelt. P. HEYSES *Odysseus* (Gedicht 1872) spürt nach der Heimkehr den Anruf des Meeres und kann das ruhige Glück schwer ertragen, und der PASCOLIS (*Ultimo viaggio* 1904) bricht im nächsten Frühjahr erneut von Ithaka auf, aber die alten Abenteuer lassen sich nicht wiederholen, und als Toter wird er an Kalypsos Insel angespült. Kolumbus-ähnliche Züge trägt Odysseus bei Arturo GRAF (*L'Ultimo viaggio di Ulisse* 1905), und bei G. D'ANNUNZIO (*Laus vitae*) ist sein Bild zu dem eines solipsistischen Übermenschen gesteigert.

Neben dieser lyrisch-symbolischen Entwicklungslinie entstand im 19. Jahrhundert eine Reihe von Dramen, die einzelne Stationen des Seefahrers behandelten, von denen die bei Homer zwar einprägsame, aber episodisch gefaßte Begegnung mit → Nausikaa sich erst zu einem Tragödienstoff entwickeln mußte, während die

im Epos fast schon szenisch vorgeprägte Heimkehr nach Ithaka
sich bereits als geschlossene Handlung anbot. Der Engländer
N. ROWE (*Ulysses* 1706) hatte seinerzeit die Ereigniskette noch
durch stärkeren Anteil des Telemach erweitert, einer seit FÉNELONS
Erziehungsroman (*Télémaque* 1699) in Europa bekannten Gestalt:
aus Gutgläubigkeit durchkreuzt er die Pläne seines Vaters, so daß
Penelope von dem Freier Antinoos geraubt wird, jedoch kann er
mit Hilfe der Truppen seiner Geliebten einen glücklichen Ausgang
herbeiführen; die Tat kostet ihn die Geliebte, deren Vater er töten
mußte. Vorbildlich wurde im 19. Jahrhundert F. PONSARDS *Ulysse*
(1851), eine Komprimierung der Homerischen Handlung auf drei
Akte nebst Prolog und Epilog, zu deren Chören GOUNOD die
Musik schrieb. Sentimentaler war das gleichfalls eng an Homer
anschließende Drama von R. BRIDGES (*The Return of Ulysses* 1890),
in dem der humane Held die Rache nur auf Befehl Athenes
vollzieht. St. PHILLIPS (*Ulysses* 1902) bezog den Aufenthalt bei
Kalypso und den Besuch im Hades mit ein und war von Ponsard
beeinflußt. Traditionell ist auch F. LIENHARDS *Odysseus auf Ithaka*
(1911). Penelope, deren aus Tugend und Klugheit erwachsene
Überlegenheit von Oper und Drama selten überzeugend herausgestellt wurde (G. SALIO, *Penelope* Anf. 18. Jh.; F. C. BRESSAND/
R. KEISER, *Ulysses,* Oper 1702; R. REIMAR, *Penelope,* Dr. 1854;
K. WEISER, *Penelope,* Lsp. 1895), schied in G. HAUPTMANNS Drama
*Der Bogen des Odysseus* (1914) völlig aus der Handlung aus: das
Stück spielt durchgehend bei Eumaios, und Odysseus gebraucht
den Bogen gegen die Freier, um seinen Sohn zu schützen, der auf
ihren Beschluß durch den Bogen seines Vaters sterben soll; Odysseus' langsam aus Bettlertum, geistiger Verwirrung, Hoffnungslosigkeit und Verstellung auftauchende Größe ist eine fesselnde
psychologische Studie. B. STRAUSS' *Ithaka* (Dr. 1996) betonte mehr
den Prozeß der Entsühnung des Inselstaates. In neuerer Zeit haben
außerdem St. WYSPIAŃSKI (*Powrót Odysa,* Dr. 1907) sowie
L. H. MORSTIN (*Penelope,* Dr.), der Spanier A. B. VALLEJO (*La
tejedora de sueños,* Dr. 1952) sowie G. TERRAMARE (*Des Odysseus
Erbe,* Dr. 1913), R. J. SORGE (*Odysseus,* Dr. 1925), R. HEGER (*Bettler Namenlos,* Oper 1931), H. STAHL (*Die Heimkehr des Odysseus,*
Erz. 1940), H. W. GEISSLER (*Odysseus und die Frauen,* Nov. 1948),
H. STROBEL / R. LIEBERMANN (*Penelope,* Oper 1954) und I. MERKEL
(*Eine ganz gewöhnliche Ehe,* R. 1987) das Odysseus-Penelope-
Thema behandelt. F. Th. CSOKOR schrieb eine *Kalypso* (Dr. 1942).

Das Bestreben, das gesamte Schicksal des Seefahrers dramatisch
einzufangen, mußte in der Regel scheitern oder ergab allenfalls eine
lockere, musikalisch gebundene Bilderreihe (P. GRAFF / M. BRUCH,
*Odysseus,* Chorwerk 1872; A. BUNGERT, *Die Homerische Welt,* vier
Musikdramen 1896). Erfolge fielen eher, wie in der Urform des
Stoffes, epischer Behandlung zu, dem zum Teil sehr umfangrei-
chen Versepos (A. SCHAEFFER, *Der göttliche Dulder* 1920; N. KA-
ZANTZAKIS, *Odisia* 1938) wie dessen literarischem Nachfahren, dem
Roman. Dabei weitete der Kreter Kazantzakis den Mythos aus,

indem er an das Motiv des ewigen Wanderers anknüpfte: Odysseus bricht zu neuen Abenteuern auf, entführt dem trägen Menelaos Helena ein zweites Mal und setzt sie zur Begründung einer neuen Kultur auf Kreta ein; er fährt zu den Quellen des Nil, gründet einen kommunistischen Stadtstaat, der scheitert, wendet sich dann von solchen Aktionen ab, wird eine Art Heiliger und stirbt als innerlich freier, heiterer Mensch auf einem Eisberg in der Südsee. Mit diesem Roman fand die alte stoisch-allegorische Interpretation des Stoffes eine späte Nachblüte. Die Oper, die bessere Möglichkeiten als das Schauspiel besitzt, Episch-Schweifendes in ausschnitthafte Bilder zu bannen, spannte mit L. DALLAPICCOLAS *Odysseus* (1968) die Stationen des Heimkehrers und die Begegnungen mit fünf Frauen – Kalypso, Nausikaa, Circe, Antikleia, Penelope – in einen dramatischen Bogen, in dem die äußeren Abenteuer transparent werden für den Weg des Suchenden und Fragenden zu Gott: inquietum est cor nostrum, donec requiescat in te. Mit anderen modernen Bearbeitungen teilt Dallapiccolas Oper das Motiv, daß Odysseus von Ithaka erneut aufbricht; erst im Epilog ist Odysseus am Ziel.

Die Übertragung des Stoffes und der einzelnen Stationen auf den Durchschnittstag eines modernen Durchschnittsmenschen in der irischen Hauptstadt Dublin durch J. JOYCE (*Ulysses* 1922) und dessen großer Einfluß auf die Form des modernen Romans begünstigten trotz der inneren Ferne zu dem heroischen Stoff die Entstehung weiterer Odysseus-Romane, ebenso wie es die innere Nähe des Stoffes zum Schicksal der Menschheit nach zwei Weltkriegen tat. Während J. GIRAUDOUX die Abenteuer aus der Sicht eines Matrosen des Odysseus parodierte (*Elpénor*, R. 1919), setzte J. GIONO in *La naissance de l'Odyssée* (1938) ein ironisches Fragezeichen hinter den Mythos, der hier von dem leichtsinnigen und betrügerischen Seefahrer Odysseus selbst erfunden wird, um die Gunst Penelopes wiederzugewinnen. In W. JENS' Roman *Das Testament des Odysseus* (1957) beichtet Odysseus seinem Enkel, daß ihm die Abenteuer nur durch ein Mißverständnis zugeschrieben worden seien. Ähnlich stellte der Schwede Eyvind JOHNSON (*Strändernas svall* 1946) nicht nur den Heroismus und die Willenskraft des zermürbten Odysseus in Frage, sondern auch das Verhältnis zu Penelope, die das Ende ihrer Freiheit bedauert und sich die Möglichkeit der Entscheidung zurückwünscht, die so lange ihr schönster Besitz war. Eine ähnliche Entmythisierung der Heimkehr des Umgetriebenen und vor allem der Gestalt Penelopes vollzog H.-Ch. KIRSCH (*Bericht für Telemachos*, R. 1964), während R. HAGELSTANGE (*Der große Filou* R. 1976) den schillernden Charakter des Odysseus im Sinne des »Listenreichen« vereinseitigte. Um Übertragungen des Stoffes und des Namens handelt es sich bei C. P. RODOCANACHI (*Ulysse, fils d'Ulysse*, dt. Übs.: *Odysseus, Sohn des Odysseus*, R. 1962) und G. HARTLAUB (*Nicht jeder ist Odysseus*, R. 1967).

Die Schicksale des Odysseus nach seiner Rückkehr sind sowohl in erzählende wie in dramatische Form gefaßt worden. Zur Infragestellung des Mythos gehört die von L. FEUCHTWANGER (*Odysseus und die Schweine oder das Unbehagen an der Kultur,* Erz. 1948) erfundende Rückkehr des alten Odysseus auf die Insel der Phäaken, wo er das Eisen und die Schrift kennenlernt und in Zweifel gerät, ob er um dieser Errungenschaften willen bleiben oder nach dem rückständigen Ithaka zurückkehren soll. Er muß erfahren, daß der Mensch zum Verharren neigt, so wie einst seine in Schweine verwandelten Gefährten nicht zur Rückkehr in das beschwerliche Menschsein zu bewegen waren; er gibt auf und fährt wieder nach Ithaka. K. KLINGER (*Odysseus muß wieder reisen,* Dr. 1954) griff das Motiv des ewigen Wanderers auf, bei H.-J. HAECKER (*Der Tod des Odysseus,* Dr. 1948) richtet der gealterte Odysseus die eigenen sittenlosen Enkel und sühnt ihre Vernichtung mit dem Tode.

A. Gilde, Die dramatische Behandlung der Rückkehr des Odysseus bei Nicholas Rowe, Robert Bridges und Stephen Phillips, Diss. Königsberg 1903; P. Gaude, Das Odysseus-Thema in der neueren deutschen Literatur, besonders bei Hauptmann und Lienhard, Diss. Greifswald 1916; R. B. Matzig, Odysseus. Studie zu antiken Stoffen in der modernen Literatur, bes. im Drama, St. Gallen 1949; W. B. Stanford, The Ulysses Theme. A Study in the Adaptability of a Traditional Hero, Oxford 1954; B. Paetz, Kirke und Odysseus, Überlieferung und Deutung von Homer bis Calderón, 1970.

**Ödipus.** Die sagenhafte Gestalt des Königs Ödipus von Theben hat im Laufe der frühen Ausgestaltung des Stoffes mythische und märchenhafte Motive angezogen und ist zur Zentralfigur des thebanischen Sagenkreises geworden. König Laios läßt seinen und Iokastes Sohn mit durchbohrten Füßen auf dem Berge Kithairon aussetzen, weil das Delphische Orakel ihm geweissagt hat, der Sohn werde den Vater töten und die Mutter heiraten. Hirten bringen den Knaben zu dem korinthischen König Polybos, als dessen Sohn er aufwächst. Als Ödipus von dem Orakel die gleiche bedrohliche Auskunft über seine Zukunft erhält, kehrt er nicht mehr zu seinem vermeintlichen Vater zurück; unwissend erschlägt er an einer Wegenge Laios, befreit durch die Lösung eines Rätsels die Stadt Theben von der Sphinx und erhält zum Lohn den Thron und die Hand der verwitweten Königin, mit der er vier Kinder, Eteokles, Polyneikes, → Antigone und Ismene, hat. Als die Pest ausbricht, befiehlt das Delphische Orakel, den Mörder des Laios zu bestrafen. Der Seher Teiresias bezichtigt Ödipus der Tat, und durch Beibringung des einzigen Zeugen, der früher auch mit der Aussetzung des Laiossohnes beauftragt gewesen ist, sowie des Hirten, der Ödipus nach Korinth brachte, werden Ödipus' Verbrechen enthüllt. Iokaste erhängt sich, Ödipus sticht sich mit ihrer Spange die Augen aus, der Blinde wird von seinem Schwager Kreon mit Zustimmung von Eteokles und Polyneikes ausgewiesen, verflucht seine Söhne und zieht mit Antigone nach Kolonos, wo ihm Theseus Aufnahme gewährt und er am Ende seiner Tage

von den Göttern entrückt wird. Nach anderer Version überlebt er
in Theben noch das Ende seiner einander im Zweikampf tötenden
Söhne (→ Sieben gegen Theben).

Schon HOMER ließ Epikaste (= Iokaste) in der Unterwelt ihr
Schicksal erzählen; dabei wird erwähnt, Epikaste habe sich erhängt
und ihren Gatten in unendlichem Kummer zurückgelassen. Über
das weitere Schicksal des Ödipus unter dieser Voraussetzung
dürfte die *Oedipodeia*, ein verlorenes Epos, berichtet haben; in der
gleichfalls verlorenen *Thebais* dagegen bleibt Iokaste am Leben.
Von den zahlreichen antiken Dramatisierungen durch AISCHYLOS,
EURIPIDES, XENOKLES, ACHAIOS von Eretrea, MELETOS, NIKOMA-
CHOS u. a. sind als einzige der *König Ödipus* (428 v. Chr.) und der
*Ödipus auf Kolonos* (406 v. Chr.) des SOPHOKLES erhalten, von denen
besonders das erste Werk den Stoff zu Weltgültigkeit erhoben hat.
Es repräsentiert mit seiner analytischen Methode, in der dieser
stolze, glückliche Herrscher durch seinen unerbittlichen Erkenntnisdrang binnen Stunden seine Verbrechen aufdeckt und sein
Unglück heraufbeschwört, für Jahrhunderte das Muster der antiken »Schicksalstragödie«. Die grellere, pompösere und plumper
motivierte Nachahmung des SENECA brachte an Stelle von Teiresias' Seherspruch die Beschwörung von Laios' Schatten; Iokaste
ersticht sich nach der Blendung des Ödipus auf offener Bühne.

Für die Bekanntschaft des Mittelalters mit dem Stoff zeugt außer
einer lateinischen Ödipus-Klage des 11. Jahrhunderts der *Roman de
Thèbes* (1150/55), an dessen einleitender, kurzer Ödipus-Erzählung
hervorzuheben ist, daß Ödipus von seiner Mordtat weiß und sie
vor der Heirat Iokaste gesteht; die Narben an seinen Füßen führen
zur Entdeckung des Vatermordes und des ↑ Inzests. Die Renaissance und in abgeschwächtem Maße auch die Folgezeit nahmen
den Sophokleisch-Senecaschen *Ödipus* so sehr als Muster vor allem
auch in formaler Hinsicht, daß die Anzahl der Übersetzungen und
unselbständigen Bearbeitungen überwiegt (A. dei PAZZI 1520;
G. A. dell'ANGUILLARA 1565; J. PRÉVOST 1605; N. de SAINT-MARTE
1614); G. A. dell'Anguillara schloß dabei der Ödipus-Handlung im
4. und 5. Akt den Streit der Brüder an und endete mit dem
Selbstmord Iokastes. Ein fünfszeniges Drama des Elisabethaners
W. GAGER (um 1580) stellt einen interessanten, modern anmuten-
den Konzentrationsversuch des Stoffes dar, der schon die Sieben
gegen Theben umgreift. Hans SACHS (*Die unglück hafftig Königin
Jocasta* 1550) gibt den Stoff nach der Erzählversion von BOCCAC-
CIOS *De claris mulieribus*.

Auch selbständigere Gestaltungen des Themas kamen an dem
Sophokleischen Schema nicht vorbei, waren aber meist bestrebt,
die Einsträngigkeit durch eine Nebenhandlung aufzulockern und
zu bereichern. Als erster unternahm P. CORNEILLE (1659) den Versuch, dem Stoff durch eine Liebesbeziehung zwischen Theseus und
Dircé, der Tochter des Laios, die zugleich als Kronprätendentin
auftritt, die klassische französische Konfliktsituation aufzuzwingen. Da das Orakel in die Formel »ein Laios-Nachkomme muß

geopfert werden« abgeändert ist, ergibt sich für das Liebespaar die Möglichkeit gegenseitigen Opfers, das jedoch durch die Aufdeckung von Ödipus' ↑ Herkunft überflüssig wird. Durch Trennung der Mord-Entdeckung von der Inzest-Entdeckung suchten Corneille und die meisten seiner Nachfolger dem Stoff eine Steigerung zu verleihen; Ödipus dankt nur ab, um die Bedingungen der Götter für die Beendigung der Pest zu erfüllen, lehnt aber im übrigen jede moralische Verantwortung für das Unheil ab und blendet sich, um den ungerechten Himmel nicht mehr sehen zu müssen. Von Corneille abhängig sind N. LEE / J. DRYDEN (1679), doch vermehrt bei ihnen das Liebespaar die Zahl der Toten am Schluß. VOLTAIRE (1718) suchte eine stärkere Annäherung an die Antike, ließ aber das Opfer- wie das Liebesmotiv nicht ganz fallen. Ein einstiger Geliebter Iokastes gerät in den Verdacht des Laios-Mordes; wie bei Seneca ersticht sich Iokaste auf offener Szene. Nicht ohne Voltaire als Vorbild denkbar sind das Ödipus-Drama des Jesuiten M. de FOLARD (1722), bei dem ein Sohn des Kreon für die Errettung der Stadt geopfert werden soll, das des A. HOUDAR DE LA MOTTE (1726), in dem Ödipus selbst und auch seine Söhne zum Opfer bereit sind und Iokaste in einem hinterlassenen Brief Ödipus über seine Herkunft aufklärt, sowie das des Comte DE LAURAGUAIS (*Jocaste* 1781), das die Handlung bis zur Reise des Laios erweiterte und mit dem stoffwidrigen Selbstmord des Ödipus schloß. F. HÖLDERLINS sehr freie Adaption der Sophokleischen Tragödie (*Ödipus der Tyrann* 1804) zeigt gleich zu Beginn einen Ödipus, dessen Inneres durch die vergangene Blutschuld verdüstert ist.

Am Ausgang des 18. Jahrhunderts haben sich sowohl J.-F. DUCIS (*Œdipe chez Admète* 1778) wie N. GUILLARD / A. SACCHINI (*Œdipe à Colone,* Oper 1786) mit dem zweiten Teil des Stoffes beschäftigt. Ducis verknüpfte ihn mit dem → Alkestis-Stoff und ließ Ödipus sich für Admet opfern, die Oper erfand einen glücklichen Ausgang mit Ödipus' Verzeihung für Polyneikes und dessen Heirat mit Theseus' Tochter. M.-J. CHÉNIER unternahm den neoklassizistischen Versuch, beide Dramen des Sophokles zu erneuern (1818). Interessant ist eine italienische Variante des Kolonos-Themas: in G. B. NICCOLINIS *Edipo* (1823) erscheint Ödipus als abschreckendes Beispiel eines Tyrannen, den der Blitz am Altar der Erinnyen trifft, während der Sohn vom alten Haß bestimmt bleibt und in den Bruderkrieg zieht. Dagegen ließ R. PANNWITZ (*Die Befreiung des Ödipus* 1913) den gleichen Stoff mit dem Verzeihen des Ödipus und dem Anbruch eines humaneren Zeitalters ausklingen.

Während das 19. Jahrhundert dem Stoff wenig abzugewinnen vermochte, nimmt das Interesse an ihm in der Gegenwart ständig zu. A. KLINGEMANNS *Ödipus und Jokasta* (1820) hat ebensoviel von Voltaire wie von dem als Vorlage zitierten Sophokles. A. v. PLATEN (*Der romantische Ödipus,* Dr. 1828) benutzte den Stoff als Mittel einer Literatursatire, in der Immermann als Verfasser eines Sophokles verbessernden »Vorzeitfamilienmordgemäldes« erscheint. G. PRELLWITZ (1898) rationalisierte die Handlung durch

Tilgung der Orakel und ließ Ödipus die Ehe in dem Bewußtsein eingehen, Iokastes Gatten erschlagen zu haben. Der Spanier Don F. Martínez de la Rosa (1832) übernahm die stufenweise Enthüllung von den Franzosen; Laios' Geist erscheint dem Ödipus und trennt ihn von Iokaste, ein Motiv, das schon bei dem Comte de Lauraguais auftauchte. Angeregt durch das Drama von J. Péladan (Œdipe et le Sphinx 1903) hat H. v. Hofmannsthal (Ödipus und die Sphinx 1905) die Vorfabel der eigentlichen Tragödie gestaltet und die geheimnisvolle Anziehung zwischen Mutter und Sohn in der scheinbar glückhaften Heirat des Sphinxbezwingers gipfeln lassen. Der Heros der französischen Vorlage wandelte sich dabei in eine zwischen Mensch und Gott schwankende, zwiespältige Gestalt; sein Hauptwesenszug ist der Zorn, der ihn blind macht und vorwärts reißt. Dieses Kennzeichen für einen Gewalttätigen unterscheidet das Werk von S. Freuds Motivierungen von Vatermord und Inzest, obwohl es im übrigen an den Wiener Gelehrten denken läßt. Drei bedeutende französische Neugestaltungen beugten sich der Autorität des Sophokleischen Dramas, von dem sie stofflich nicht abweichen. Saint-Georges de Bouhélier versuchte, die antike Tragödie im Stil des Volksstückes aufzuschwemmen, J. Cocteau gab in der französischen Grundlage zu dem ins Lateinische übersetzten Textbuch von I. Strawinskijs Oratorium Oedipus Rex (1928) ein von aller »altmodischen« Rhetorik befreites Konzentrat, A. Gide verlegte die Enthüllung des Lebensirrtums und die Selbsterkenntnis von der Ebene des Botenberichts in die geistige einer langsamen Erschütterung des Selbstgefühls (1930).

Die bei Gide sich abzeichnende Tendenz zu einer inneren Klärung machte sich auch in einer zweiten, selbständigeren Fassung Cocteaus, dem Drama La machine infernale (1934), geltend. Wie bei Seneca und im Renaissance-Drama erscheint der Schatten des Laios als Warner; Ödipus gerät zwar in das Getriebe einer Höllenmaschine von Notwendigkeiten, aber beugt sich schließlich dem Prinzip des Mütterlichen in Gestalt des Geistes der Iokaste, das ihn von seiner Ichbezogenheit löst und erst den Blinden wirklich sehend macht. Bei H. Ghéon (Œdipe ou le Crépuscule des Dieux 1938) wird sogar das christliche Erlösungsmotiv angeschlagen: zu Füßen des Denkmals eines künftigen Gottes der Liebe bereitet Ödipus den gefallenen Söhnen und sich selbst das Grab. In diesem Zusammenhang kann auch T. S. Eliots Transponierung des Ödipus-auf-Kolonos-Stoffes auf Menschen der Gegenwart (The Elder Statesman, Dr. 1958) gesehen werden, in der ein greiser Staatsmann am vorbestimmten Orte seines Todes den inneren Frieden findet. Dagegen ist das Drama des Niederländers M. Croiset (Oidipoes en zijn moeder 1950), in dem Ödipus wissend die Ehe mit der Mutter eingeht, durch den von S. Freud aus dem Stoff abgeleiteten Begriff des »Ödipus-Komplexes« – Liebe zur Mutter, Haß auf den Vater – bestimmt, jener berühmten psychoanalytischen Interpretation der Sage, die jedoch die Weiterentwicklung des Stoffes wenig geprägt hat. W. Rihm (Musikdr. 1987) reicherte ihn dagegen durch Nietz-

SCHES *Oedipus, Reden des letzten Philosophen mit sich selbst* (1872/73) an.

C. Robert, Ödipus. Geschichte eines poetischen Stoffes im Altertum, 1915; W. Jördens, Die frz. Ödipus-Dramen, Diss. Bonn 1933; M. Delcourt, Œdipe ou la légende du conquérant, Liège 1944; R. H. Bowers, William Gager's Oedipus, (Studies of Philology 46) 1949; B. M. P. Leefmans, Modern Tragedy: Five Adaptations of Oresteia and Oedipus the King, Diss. Columbia Univ. 1954; W. Asenbaum, Die griechische Mythologie im modernen französischen Drama: Labdakidensage, Diss. Wien 1956; K. Hamburger, Von Sophokles zu Sartre, 1962; W. H. Friedrich, Ein Oedipus mit gutem Gewissen (in: Friedrich, Vorbild und Neugestaltung) 1967; K. Kerényi, Ödipus (in: Theater der Jahrhunderte, Ödipus) 1968.

**Ogier von Dänemark** → Karl der Große

**Oldcastle** → Falstaff

**Orests Rache.** Die Greuel des Tantalidengeschlechts erreichen im Muttermord des Orest ihren Höhepunkt. Schon HOMERS *Odyssee* weiß von seiner Ermordung des Ägisth. In der *Telemachie* wird berichtet, daß Orest im achten Jahr nach → Agamemnons Tod in seine Vaterstadt zurückkehrt, Ägisth tötet und einen Leichenschmaus für Ägisth und Klytämnestra, über deren Tod nichts Näheres gesagt wird, richten läßt. Erst als die Sage die Schuld an Agamemnons Tod Klytämnestra zuschob, trat das Problem des Muttermordes in Erscheinung. Um den Muttermord als göttliches Gebot zu rechtfertigen, brachte man die Fabel in Verbindung mit dem Delphischen Orakel: Pylades, der Sohn des Phokerkönigs Strophios, bei dem Orest aufwächst, geht nach Delphi, um den Gott über die Zukunft seines Freundes zu befragen, und bringt den Befehl zum Muttermord zurück. Dieses Motiv und auch die Gestalt der in Argos verbliebenen Schwester Elektra, der Hüterin des Rachegedankens, sind wahrscheinlich in Dichtungen des frühen Lyrikers STESICHOROS enthalten gewesen.

Der zweite Teil von AISCHYLOS' *Orestie* (458 v. Chr.), die *Choëphoren,* setzte mit der Ankunft von Orest und Pylades in Argos ein. Orest legt eine seiner Locken auf das Grab seines Vaters, die von der dort opfernden Elektra gefunden wird; die Erkennung der Geschwister erfolgt. Als Orest vor der grausigen Tat zurückschreckt, macht sich der lange aufgestaute Haß der eben noch verängstigt erscheinenden Elektra Luft; sie schildert die grausige Tat der Mutter und treibt den Bruder in den Palast, wo er sich als Boten von Orests Tod ausgibt. Orest tötet Ägisth und scheut dann vor den Bitten der Mutter zurück; als er aber hört, daß sie den Vater nur um ihrer sündhaften Lust willen umgebracht hat, tötet er auch sie. Während er vor dem Volke seine Tat verteidigt, fallen ihn

Zweifel und Reue an. Im dritten Teil, den *Eumeniden*, erfolgt die Entsühnung Orests vor dem Areopag in Athen, wo Athene selbst den Vorsitz führt. Die Stimmengleichheit der Abstimmenden deutet an, daß die Frage nach Recht und Unrecht der Tat von Menschen nicht zu lösen ist und nur der Täter sie vor seinem Gewissen entscheiden oder eine höhere Macht wie die Götter ihn freisprechen kann.

Für SOPHOKLES (*Elektra* um 415 v. Chr.) gab es diese Frage nicht: Was die Götter befehlen, ist gut, und Orest und Elektra sehen nach vollbrachter Tat einem friedlichen und glücklichen Leben entgegen. Daher wird sowohl an der ins Wollüstig-Grauenhafte gesteigerten Gestalt Klytämnestras wie an der durch seelische Qualen und Mißhandlungen auf ihren Haß verwiesenen Elektra die Berechtigung der Tat dargelegt. Als ein Bote die gefälschte Nachricht von Orests Tod bringt, will die verzweifelte Elektra selbst Ägisth umbringen und sucht ihre Schwester Chrysothemis vergeblich zur Mithilfe zu bewegen. Dann folgt die Erkennungsszene mit Orest, den Elektra zur Tat anstachelt; die Ermordung Klytämnestras vollzieht sich als verdeckte Handlung im Palast, erst danach, und darum in ihrer Wirkung vermindert, die des Ägisth.

EURIPIDES (*Elektra* um 413 v. Chr.) schloß sich mehr an Aischylos an, dessen Zweifel an der Berechtigung des Mordes verstärkt sind. Daher ist hier Klytämnestra weicher und schwächer gezeichnet, die Rachsucht Elektras erscheint dagegen ins Unmenschliche gesteigert, um das Verwerfliche der ↑ Blutrache zu zeigen. Elektra ist aktiv an dem Mord beteiligt und hält das Schwert, das der Bruder sinken läßt. Die Handlung ist in die Hütte eines armen Landmannes verlegt, mit dem Elektra auf Befehl Ägisths verheiratet wurde, und Klytämnestra wird durch die Nachricht, Elektra habe einen Sohn geboren, dorthin gelockt und erschlagen, nachdem Orest vorher Ägisth im Tempel erschlagen hat. Auch Euripides bringt den Muttermord nicht auf die Bühne. Die Reue der Geschwister nach der Tat wird durch das Urteil der Dioskuren – ewige Verbannung aus der Heimat und Trennung voneinander – unterstrichen. Im *Orestes* (408 v. Chr.) entwickelte Euripides das Schicksal der Geschwister weiter. Die Volksversammlung hat beide zum Tode verurteilt; Orest ist wahnsinnig und krank, Elektra pflegt ihn aufopfernd; ihre Hoffnungen, daß Menelaos für sie eintreten werde, werden enttäuscht, und in der Ausweglosigkeit ihrer Situation kommt der blutige Geist des Geschlechts wieder über sie, und sie beginnen einen Rachefeldzug gegen Menelaos und seine Familie, dem jedoch Apoll Einhalt gebietet, der Orest die Herrschaft über Argos zuspricht; das Thema der Freundschaft mit Pylades ist hier zum erstenmal breit entwickelt. Als Euripides' eigentliche Lösung des Schuldproblems ist die → *Iphigenie bei den Taurern* anzusehen.

Schon an den Lösungen der drei griechischen Tragiker wird sichtbar, daß der Stoff von Orests Rache und die mit ihm aufgerollten Fragen von Schuld und menschlicher und göttlicher Gerechtigkeit ohne Verankerung in der Religion nicht denkbar sind. Für das Christentum gab es überhaupt keine Rechtfertigung des Muttermordes, und so ist der seit dem 16. Jahrhundert durch Übersetzungen bekannte Stoff erst spät erneuert und dabei zunächst von diesem seinem zentralen Motiv entlastet worden. Da der verlorene *Orestes furens* (1599) von Th. DEKKER wohl nur eine Übersetzung war, beginnt die neue Entwicklung des Stoffes mit P.-J. de CRÉBILLON (*Électre* 1708), der zwar von Sophokles ausging, aber die Handlung im Geschmack der Zeit mit Verhüllungen und Erkennungen verkomplizierte und mit Liebesbeziehungen spickte: Elektra liebt Ägisths Sohn, Orest, der seine eigene Abkunft nicht kennt, dessen Schwester; beide würden fast ihrer Mission untreu, wenn nicht der Ziehvater klärend eingriffe. Orests Racheplan richtet sich nur gegen Ägisth, der als der eigentliche Tyrann und Intrigant Klytämnestra in den Schatten stellt, bei der Ermordung Ägisths tötet Orest jedoch versehentlich seine Mutter. VOLTAIRES gegen Crébillon gerichteter *Oreste* (1750) merzte zwar klassizistisch die Liebesepisoden aus, behielt aber das entscheidende Motiv der unbeabsichtigten Tötung Klytämnestras bei: sie will den Schlag gegen Ägisth aufhalten und wird getroffen. Ein zweites von Crébillon übernommenes Motiv, daß sich Orest seiner Schwester zunächst nicht zu erkennen gibt, wird zur dramatischen Zuspitzung der Erkennungsszene genutzt: Orest hat nicht nur den Tod Orests gemeldet, sondern sich auch als seinen Mörder ausgegeben; die verzweifelte Elektra will ihn töten, da gibt Orest sich zu erkennen. Orest wird gefangengenommen, vom Volk befreit, das nun Ägisth gefangensetzt, den Orest auf Befehl der Erinnyen tötet. Genau an Voltaire hielt sich F. W. GOTTERS *Orest und Elektra* (1772), und auch ALFIERI, dessen *Oreste* (1786) als Fortsetzung des *Agamemnone* angesehen werden muß, übernahm von Voltaire das Motiv der versehentlichen Tötung Klytämnestras und die Rettung Orests durch das Volk. Klytämnestra, die schon in den eben genannten Bearbeitungen als schwach und weich dargestellt war, schwankt zwischen der Liebe zu Ägisth, der sie enttäuscht hat, und der Mutterliebe. Elektra ist seit Crébillon eine liebende Tochter. Von Alfieri abhängig ist wiederum M. MÉLY-JANIN (*Oreste* 1821), bei dem sich die Rache auch der unterdrückten Elektra noch immer nur gegen Ägisth richtet und Orest die Ermordung der Mutter, die ihn nach Ägisths Ende selbst um den Tod bittet, in einer Art von Außer-sich-Sein vollzieht.

Die erste neuere Bearbeitung, die den bewußten Muttermord darzustellen wagte, war J. J. BODMERS Tragödie *Elektra oder die bestrafte Übeltat* (1760). Obwohl von Voltaire in der Erkennungsszene abhängig und in der empfindsam-humanen Zeichnung der Geschwister ein Kind seiner Zeit, setzte Bodmer den Muttermord ein, zu dessen Vollzug er Apoll befehlend erscheinen läßt. Klytämnestra, die nicht von der Hand eines Sklaven, sondern lieber von der des Sohnes fallen will, gewinnt etwas von ihrer Härte zurück. Auch ein Melodram *Elektra* (1780) von

W. H. v. DALBERG umging die Tat nicht; die Geschwister knien zum Schluß am Altar und flehen die Götter um Erbarmen an. Die Haltung Orests und der Mutter bei A. SOUMET (*Clytemnestre* 1822) ist der bei Bodmer verwandt: Orest will ihr verzeihen, wenn sie ihm den Weg weist, Ägisth zu töten; sie weigert sich und bietet sich lieber dem Todesstreich dar. Ein Jugenddrama M. BEERS (*Klytemnestra* 1820) verschmolz die moderne Tradition von der Entfremdung zwischen Klytämnestra und Ägisth – Klytämnestra beabsichtigt selbst, Ägisth zu beseitigen – mit dem antiken Motiv des Muttermordes: die des Lebens Überdrüssige vergibt sterbend dem Sohn.

Das mittlere 19. Jahrhundert wagte aus seinem Historismus heraus selten Freiheiten gegenüber den klassischen Vorlagen. LECONTE DE LISLES *Les Erinnyes* (1837) und A. DUMAS' *L'Orestie* (1865) sind freie Nachdichtungen des Aischylos mit Übernahmen aus den anderen griechischen Tragikern. Im Unterschied zur Antike steht jedoch Orest bei Leconte de Lisle am Schluß mit seiner Gewissenslast allein, Elektra wendet sich von ihm ab. Dumas dagegen änderte nur Sekundäres und führte die Handlung sogar bis zur Freisprechung Orests in Athen. Während Leconte de Lisle den Muttermord mit aller Brutalität auf der Bühne vor sich gehen ließ, milderte Dumas, indem Orest die Tat mit geschlossenen Augen vollzieht. Auch G. SIEGERT (*Klytaemnestra* 1870) und A. EHLERT (*Klytämnestra* 1881) gaben den gesamten Atriden-Stoff, jedoch in einem einzigen Drama. Bei Ehlert bricht die reuige Mutter, die den Tod herbeisehnt, in dem Augenblick, da Orest zum Schlage ausholt, tot zusammen. Eine weniger bequeme Lösung fand Siegert: Klytämnestra bereut und hat innerlich gebüßt, Orest vermag sie nicht zu töten, und sie nimmt ihm seine Pflicht durch Selbstmord ab.

Je mehr das human geprägte 18. und 19. Jahrhundert das Muttermord-Motiv zu verdrängen, den primitiven Haß durch psychologische Begründung zu heben und Orest an → Hamlet anzunähern suchten, desto öfter erschien Orest als ein schon vor der Tat Verwirrter und Wahnsinniger, und um so geringere Bedeutung bekam die Gestalt Elektras. Sie nahm allmählich die ihrer ursprünglichen Funktion entgegengesetzte einer Vermittlerin und Beruhigerin des Bruders ein und rückte in die Nachbarschaft ihrer Schwester → Iphigenie, wie überhaupt die im Iphigenie-Stoff gegebene Lösung des Atriden-Problems diese Epoche weit mehr anzog. Die Säkularisierung des Muttermord-Problems hörte auf, als sich das von J. Burckhardt und Nietzsche eingeleitete neue Griechenbild von der »stillen Größe« abwandte und die dionysischen, chthonischen, ungebändigt wilden Züge aufspürte. So wurde der Stoff im 20. Jahrhundert erstaunlich fruchtbar. H. v. HOFMANNSTHAL (*Elektra* 1904, Mus. R. STRAUSS) hat zuerst das antihumane Griechenbild dichterisch verwirklicht. Wenn er auch in der Reue Klytämnestras und in ihrer Entfremdung von dem sie betrügenden Ägisth die moderne Tradition fortsetzte, griff

er doch in den Grundzügen der Elektra-Gestalt auf Sophokles
zurück und steigerte sie mit modernen psychologischen Mitteln bis
ins Krankhafte: Bei der Nachricht von Orests Tod will sie selbst die
Mutter umbringen, und nachdem Orest, der nur ihr Werkzeug ist,
die Tat vollbracht hat, wird sie von orgiastischer Freude gepackt
und beginnt einen Tanz, bei dem sie, innerlich aufgezehrt, tot
zusammenbricht. E. KŘENEKS Oper *Das Leben des Orest* (1929), die
das Geschehen vom Ausbruch des → Trojanischen Krieges bis zu
Orests Entsühnung in Athen umfaßt, springt mit der Fabel sehr frei
um und bezieht auch das Schicksal Iphigenies mit ein, der die
traditionelle Funktion einer reinen Erlöserin zufällt. Bei der Ur-
teilsfindung, bei der die Richter versagen, wird der Wille der
Gottheit durch ein Kind kundgetan. In R. JEFFERS' Tragödie *The
Tower Beyond Tragedy* (1925) findet Orest den Weg zu sich selbst,
indem er nicht nach dem Willen Elektras die Herrschaft seines
Geschlechts in Mykenä fortsetzt, sondern sich in die Einsamkeit
der Berge zurückzieht, wo ihn eine Natter tötet. E. O'NEILL
(*Mourning Becomes Electra* 1931), der den Stoff in die Zeit des
Amerikanischen Bürgerkrieges verlegte, erklärte ihn gleichfalls
aus Inzestkomplexen: Lavinia-Elektra liebt den Verführer ihrer
Mutter und veranlaßt aus Eifersucht ihren Bruder, der an der
Mutter hängt, deren Liebhaber zu töten. Die Nachricht von dessen
Ermordung führt zum Tode der Mutter. Als Lavinia dem Bruder
nicht die verlorene Liebe ersetzen will, tötet er sich, und Lavinia
bleibt einsam mit den Geistern der Toten zurück. J. GIRAUDOUX
(*Électre* 1937) und J.-P. SARTRE (*Les mouches* 1943) machten den
Stoff unter weitgehender Reduzierung der Fabel zur Diskussions-
basis für moderne Existenzprobleme. Bei Giraudoux führt der
Wahrheits- und Gerechtigkeitsfanatismus Elektras, die im Augenblick kriegerischer Bedrohung Geständnis und Sühne von Ägisth
und Klytämnestra fordert, den Untergang der Stadt und den Tod
von Tausenden herbei; Ägisth, der innerlich überwunden hat und
sich seinem Schicksal nicht entgegenstellen will, gibt selbst den
gefangenen Orest frei. Ähnlich verkörpert bei Sartre Orest die
Forderung auf absolute Freiheit: er wagt, dem Zwang heuchleri-
scher Selbstverleugnung und Schuldvorstellung, durch den Ägisth
das Volk im Zaum hält, entgegenzutreten, und zieht durch die
Freiheit seiner Tat die Fliegen – die Gewissensbisse – auf sich, die
sogar Elektra nicht zu ertragen imstande ist. G. HAUPTMANNS
*Elektra* (1947), dritter Teil der *Atriden-Tetralogie,* rückt wieder
näher an Fabel und Gedankenwelt der antiken Vorlagen: der Haß
der seelisch vergifteten Schwester und die Atmosphäre des düsteren Heiligtums, in dem der Vater fiel, bewegen den knabenhaften
Orest zum Mord; als er die Mutter zur Rechenschaft zieht, fällt
diese ihn würgend an; mit der Tat ist auch er den dunklen Gottheiten, die den Fluch über sein Geschlecht brachten, verfallen.

I. Magnani, Il dramma di Oreste ed Elettra nel suo valore religioso ed umano,
Milano 1934; J. M. Burian, A Study of Twentieth-Century Adaptations of the
Greek Atreidae Dramas, Diss. Cornell University 1950; Diss. Abstr. 15, 1955,

2524; G. Fuhrmann, Der Atridenmythos im modernen Drama, Diss. Würzburg 1950; J. Busch, Das Geschlecht der Atriden in Mykene. Eine Stoffgeschichte der dramatischen Bearbeitungen in der Weltliteratur, Diss. Göttingen 1951; R. W. Corrigan, The Electra Theme in the History of Drama, Diss. Univ. of Minnesota 1955; W. Jens, Hofmannsthal und die Griechen, 1955; O. Seidlin, Die Enthumanisierung des Mythos. Die Orestie heute, (Dt. Rundschau 83) 1957; N. Soule-Susbielles, Le développement du thème d'Électre dans le drame depuis Eschyle jusqu'à O'Neill, Diss. Paris 1958; K. Hamburger, Von Sophokles zu Sartre. Griechische Dramenfiguren antik und modern, 1962.

**Orpheus.** Die mythische Gestalt des thrakischen Sängers Orpheus ist in der griechischen Literatur seit dem 6. vorchristlichen Jahrhundert nachgewiesen. Sein Gesang und sein Saitenspiel bringen Sitte und Ordnung unter die Menschen und bändigen selbst die wilden Tiere. Orpheus ist Teilnehmer der Argonautenfahrt; eine spätantike, Orpheus als Verfasser zugeschriebene *Argonautica* machte ihn zum Helden des Zuges. Als seine Frau Eurydike durch den Biß einer Schlange gestorben ist, steigt Orpheus in den Hades hinab und rührt durch seine Musik selbst den Beherrscher der Unterwelt, vor allem dessen Frau → Persephone. Er darf Eurydike in die Oberwelt zurückführen, sich aber auf dem Wege nicht nach ihr umsehen. Als er, von Sehnsucht und Neugier getrieben, doch zurückblickt, sinkt sie zu den Schatten zurück. Orpheus' weiteres Leben steht im Zeichen der Trauer; Frauen und Liebe bedeuten ihm nichts mehr. Zornige Mänaden zerreißen ihn, sein Haupt mit der Leier wird vom Fluß fortgespült und in Lesbos angeschwemmt, wo die äolische Lyrik aus ihm entsteht.

Von den an Orpheus' Namen sich knüpfenden Mysterien zeugen 87 orphische Hymnen, die lange Orpheus zugeschrieben worden sind, in ihrer uns erhaltenen Fassung aber erst aus hellenistischer Zeit stammen; sie haben mit ihrem pantheistischen Gehalt, ihrer Vorstellung von der Reinigung der Seele im Tode und ihrem zentralen Begriff der Liebe die Geschichte der Religion und Philosophie beeinflußt. Das Schicksal des liebenden Gatten und Dichter-Sängers Orpheus fand als literarischer Stoff eine außerordentliche Fülle von Bearbeitungen, die sich jedoch nur selten und erst in neuerer Zeit mit dem geistesgeschichtlichen Nachleben der Orphik berührten. AISCHYLOS' *Bassarai,* nur fragmentarisch erhalten, gestalteten den kultisch bedeutsamen Tod des Helden. Aber schon die lateinischen dichterischen Fassungen des Mythos zeigen kaum mehr etwas von dem religiösen Hintergrund der Gestalt. VERGIL (*Georgica IV*) faßt den Stoff als Erzählung des Hirten Aristeus, vor dessen Gier Eurydike floh und dabei auf die Schlange trat; Vergil bringt zwar Orpheus' Abstieg in den Hades, aber nicht die Bittszene vor Plutos Thron, sondern nur den erneuten Verlust der Gattin und den Tod des Helden. OVID stellte in den Mittelpunkt seiner Eurydike-Erzählung (*Metamorphosen X*) die Wirkung von Orpheus' Gesang auf die Bewohner der Unterwelt, in einem zweiten Gedicht (*Metamorphosen XI*) die Zerfleischung des vor den

Tieren musizierenden Sängers, des Verächters der Frauen, durch die Mänaden.

Schon Boëthius (*De consolatione philosophiae* 523/4) moralisierte den Stoff: Orpheus ist ein warnendes Beispiel für einen fleischlicher Lust verfallenen Menschen. Das Christentum, dem die Gedanken der Orphik wie die harmonisierende, Liebe ausstrahlende Gestalt des Helden nahestanden, betrachtete Orpheus als eine gewisse Präfiguration Christi und setzte ihm den »verus Orpheus« Christus entgegen; das einer solchen Taktik zugrunde liegende Gefühl der Bedrohung durch die Orphik ist etwa bei Clemens Alexandrinus (um 200 n. Chr.) deutlich zu erkennen. Dennoch hat sich die Gestalt des Orpheus als Verkörperung der Macht des Gesangs im Mittelalter durchgesetzt, wie Zitierungen z. B. bei Jean de Meung, Dante, Boccaccio, Guillaume de Machaut, Christine de Pisan und F. Villon beweisen. Die einzige mittelalterliche Bearbeitung und echte Einverleibung des Stoffes ist die englische Verserzählung *Sir Orfeo* (1330), die nach Art der Feenmärchen Orpheus zu einem König macht, dem der Feenkönig die Gattin Heurodis raubt. Der untröstliche Orfeo übergibt sein Reich einem Stellvertreter und zieht sich mit der Leier in die Einsamkeit zurück; er erkennt Heurodis im Gefolge des Feenkönigs, folgt ihr auf dessen Schloß und rührt den König durch sein Saitenspiel. Die Rückkehr der Frau wird ihm bewilligt, er begibt sich wieder in sein Reich zurück und übernimmt die Herrschaft, nachdem er den Stellvertreter als treu befunden hat.

Während ein umfangreiches englisches Gedicht des 15. Jahrhunderts, R. Henrysons *Orpheus and Eurydice,* sich zwar in der Fabel an die lateinischen Autoren anschließt, in der über ein Drittel des Werkes betragenden Moralisation gegen fleischliche Lust aber noch ganz mittelalterliche Züge zeigt, trägt die erste eigentlich renaissancehafte Bearbeitung des Stoffes, A. Polizianos *Festa di Orfeo* (kurz nach 1470), Zeichen des wiedererstehenden Neuplatonismus und besingt die Liebe als die Macht, die das Schicksal überwindet. Das Werk leitet die neue Kunstgattung der Oper ein, die damit zugleich den exemplarischen Stoff empfing. Eine erweiterte, fünfaktige Fassung des Werkes gab bereits die dramaturgische Aufteilung des Stoffes, aus der die zahllosen Orpheus-Opern der folgenden Jahrhunderte lebten: die Klagen des Orpheus und die der Eurydike mit den dazugehörigen Chören, den mutigen ↑ Unterweltsbesuch des Orpheus, den endgültigen Verlust der Gattin und die Bacchantischen Chöre der Mörderinnen; einer Andeutung bei Ovid folgend, machte Poliziano den Helden zum Verteidiger der Knabenliebe.

Die eigentliche Operntradition beginnt nach diesem Vorläufer mit der *Euridice* von O. Rinuccini / G. Peri (1600), die bezeichnenderweise den tragischen Schluß in eine Wiedervereinigung des Paares änderten. Striggio / Monteverdis *Orfeo* (1607) behielt zwar das tragische Ende bei, fand aber einen versöhnlichen Ausklang dadurch, daß Orfeo mit Apoll zu den Sternen aufsteigt; auch

St. LANDIS *La Morte d'Orfeo* (1619) hatte diesen Schluß. Die Ermordung des Helden, die von den meisten späteren Opern weggelassen wurde, brachte noch BUTI/ROSSIS *Orfeo*, der 1647 in Paris aufgeführt wurde. Frankreich hat nur eine Orpheus-Oper, die der Söhne LULLIS (1690), hervorgebracht, England die von J. HILL (1740) und den Text des L. THEOBALD. Die breite italienische Tradition, die sich seit CHIABRERA/D. BELLI (*Il pianto d'Orfeo* 1616) auf das Motiv der Gattentreue konzentrierte, wurde in Deutschland von A. BUCHNER/H. SCHÜTZ (1638), Herzog ANTON ULRICH v. BRAUNSCHWEIG/J. J. LOEWE (*Orpheus aus Thracien* 1659), R. KEISER (*Die verwandelte Leier des Orpheus* 1699), K. H. GRAUN (*Orfeo* 1752), J. Ch. BACH (1762) fortgeführt und erlangte ihren Höhepunkt mit der berühmtesten Orpheus-Oper überhaupt, CALZABIGI/GLUCKS *Orpheus und Eurydike* (1762). R. DI CALZABIGI führte Amor als handelnde Person ein; dieser fordert im Namen des Zeus den Trauernden zu Eurydikes Befreiung auf, deren Bedingung Zeus gestellt hat; Eurydikes Klage über seine mangelnde Zärtlichkeit veranlaßt Orpheus, sich umzuwenden; als sich Orpheus neben der abermals Entseelten den Tod geben will, erweckt Amor sie zum Leben zurück und vereint die Liebenden. Unter den zahlreichen in Glucks Gefolge entstehenden Parodien und Travestien hat J. OFFENBACHS *Orphée aux enfers* (1858) Weltruhm erlangt.

Während das Musikdrama dem Stoff und seinem musikalischen Element voll gerecht werden konnte, ist das Sprechdrama dem im Grunde undramatischen Stoff aus dem Wege gegangen. CALDERÓN schrieb ein Auto *El divino Orfeo* (1663), das der moralisierend allegorisierenden Stoffbehandlung des Mittelalters folgte und Orfeo Christus gleichsetzte, der die »Naturaleza humana«, die durch den Genuß des von der Schlange vergifteten Apfels dem Herrn der Finsternis verfiel, wieder auf das Schiff des Lebens zurückholte. In LOPE DE VEGAS dramatischer Behandlung der Eurydike-Geschichte (*El marido mas firme* 1630) nennt sich Orfeo den ewigen Wanderer der Liebe, während A. de SOLIS Y RIVADENEIRA (*Eurídice y Orfeo* 1681) den Stoff ins Komödienhafte abbog: beim Aufstieg aus der Unterwelt wird Eurydike von Aristeus geraubt. Solchen wenigen Beispielen gegenüber ist der Dichter-Sänger als Stoff, Motiv und Symbol ein wichtiges Ingredienz der neueren europäischen Lyrik. In Frankreich griff P. RONSARD mit *Orphée en forme d'Élégie* auf die spätantike *Argonautica* zurück und ließ, unter zeitlicher Umstellung der Ereignisse, den Sänger auf der Argonautenfahrt den Gefährten sein Schicksal vortragen. Englische Gedankenlyrik von SPENSER über MILTON bis POPE verwandte das Motiv des treuen Gatten wiederholt. Ebenso haben spanische Gedichte von LOPE DE VEGA, J. de JÁUREGUI, PÉREZ DE MONTALBÁN und QUEVEDO Orpheus' Treue gepriesen.

In Deutschland hat die wissenschaftliche Entdeckung der Orphik (J. M. GESNER, *Prolegomena Orphica* 1759; G. HERMANN, *Orphica* 1805) dazu geführt, daß seit dem Ende des 18. Jahrhunderts nicht so sehr die Gestalt und die sich um sie spinnende Fabel,

sondern die Idee Orpheus für die Lyrik fruchtbar wurde. Nach
dem Einfluß orphischen Gedankengutes auf HAMANN, HERDER und
GOETHE (*Urworte Orphisch* 1820) haben NOVALIS, HÖLDERLIN und
RILKE das Gedankliche wieder mit der Gestalt des Orpheus ver-
schmolzen; Wesen und Amt des Dichters, in Orpheus verkörpert,
wurde durch sie zum Thema der Dichtung. Die Hadesfahrt des
Orpheus, die auch Goethe ursprünglich durch Fausts Gang in die
Unterwelt wiederholen wollte, sollte zum zentralen Erlebnis des
zweiten Teiles von Novalis' *Heinrich von Ofterdingen* werden.
Hölderlin pries in *Dichtermut* den Sänger, der das Dasein seinem
Beruf opfert und, freudig sterbend, im Lied der Natur weiterlebt.
In England besang SHELLEY (*Orpheus* 1820) den Bändiger der
Natur, dem die Pflanzen einen natürlichen Tempel bauen.

Am Ausgang des 19. Jahrhunderts wurde Orpheus zum Symbol
des Künstlers. Dichtungen um ihn stellen Selbstdeutungen des
Autors und Bekenntnisse über sein Schaffen dar. Der am meisten
entstofflichte, symbolisierte Mythos hatte durch Nietzsches Gegenüberstellung des Dionysischen und Apollinischen eine neue
geistige Mitte und Dialektik erhalten. Orpheus repräsentierte einen
neuen Dichtertyp, den RILKE von dem überwundenen → Narziß-
Typ absetzte (*Narziß* 1913). Orpheus steht zwischen Apoll und
Dionysos und wird von einigen Autoren diesem, von anderen
jenem zugewiesen. Bei dem frühen RILKE (*Orpheus. Eurydike.
Hermes* 1905), bei F. WERFEL (*Fragment der Eurydike* 1919) und
O. KOKOSCHKA (*Orpheus und Eurydike*, Dr. 1919) siegt das in
Eurydike verkörperte chthonische Element, an dem der Sänger
scheitert. In G. BENNS zu Anfang der zwanziger Jahre des 20. Jahrhunderts entstandenem Gedicht *Orphische Zellen* ist Orpheus
gleichsam ein zweiter Dionysos, dessen »Zellen« nach seinem
Tode in künftigen Generationen fortwirken. Bei A. NADEL (*Der
weissagende Dionysos,* 1. Teil 1942, vollständig 1959) wurde er zum
inkarnierten Dionysos, der Wesenszüge Christi trägt. Dagegen
zeigte Lord TABLEY (*Orpheus in Thrace* 1901) den Dichter, der sein
Unglück durch Gesang überwindet. Bei C. A. BERNOULLI (*Orpheus. Ein Morgenlied in sieben Gesängen* 1911) fungiert Orpheus
förmlich als Märtyrer für Apollo und Stifter einer neuen Religion,
bei C. SPITTELER (*Olympischer Frühling* 1919) und I. GOLL (*Der neue
Orpheus,* Dithyrambe 1918, Neufassung 1924) als Repräsentant
Apollos, Seher und Erlöser. In Th. DÄUBLERS *Nordlicht* (1910,
Neufassung 1921) bringt es der Christus angenäherte Sohn Apollos
zu einer Synthese mit dem dionysisch-chthonischen Element.
RILKE (*Sonette an Orpheus* 1923) machte ihn zum apollinischen
Rühmer der Dinge, den erst die Überwindung egoistischer Ziele
für den Beruf befreit: »Sei immer tot in Eurydike – singender
steige, preisender steige zurück in den reinen Bezug.« Für K. ED-
SCHMID (*Orpheus,* Gedicht 1916) endete die Kunst mit Orpheus'
Tode; J. WEINHEBER sah sich als *Orpheide* (Anf. 20er Jahre) mit dem
Glauben an die ordnungstiftende Macht des Gesanges als letzten
Vertreter so beschaffener Kunst. Noch G. BENNS spätes Rollenge-

dicht *Orpheus' Tod* (1946), in dem Orpheus sich gegen die lockend anstürmenden Mänaden wehrt, um sich Eurydikes Bild rein zu erhalten, bedeutet ein Bekenntnis zum Apollinischen. Die Vorstellung der Epoche von der apollinisch heilenden Kunst hat sich auch in L. v. KUNOWSKIS Buch *Orpheus, Philosophie der Kunst und Kunsterziehung* (1925) niedergeschlagen. Das Versagen des apollinischen Ideals, das sich schon in der zweiten Fassung von I. GOLLS *Orpheus* (1924) ankündigt, wird in H. BROCHS Epos *Der Tod des Vergil* (1945) als Überwindung des »Rauschbringers« durch den Heilsbringer Christus interpretiert und stellt sich bei W. LEHMANN (*Orpheus* in *Der grüne Gott* 1948) als Gefährdung des Dichters durch die Mänaden, panische Kräfte, dar. E. LANGGÄSSER (*Der Laubmann und die Rose*, Gedichtzyklus 1949) wollte durch Verschmelzung des Orpheus mit Christus einen neuen Mythos dichterisch fruchtbar machen. Modernste Dichtung gab das apollinische Ideal, nach dem der Dichter durch das Gedicht Herr der Dinge wird, auf (C. BREMER, *Orpheus-Gedicht* 1954; E. MEISTER, *Nicht Orpheus* 1958; K. OTTEN, *Orphische Wanderung* 1961).

Auch da, wo in neuerer Dichtung weniger das Orpheus-Symbol als die Geschichte von Orpheus' Liebe zu Eurydike, sein Unterweltsabstieg und sein Tod behandelt werden, schwingt die Auseinandersetzung zwischen Apollinischem und Dionysischem mit. Bei RILKE (*Orpheus. Eurydike. Hermes* 1905) ist der Verlust Eurydikes unvermeidlich, da Orpheus gegen das Gesetz der Harmonie zwischen Tod und Leben verstieß; Eurydike lebt jedoch im Lied fort. Seelenlosigkeit ist in einem Dramenfragment K. WOLFSKEHLS (*Orpheus* 1909) das Schicksal des Sängers, der in Eurydike seine Seele verlor. Wie bei Rilke trägt er auch bei G. TRAKL (*Passion*, 2. Fassung 1915) eine Schuld; er bringt nicht Erlösung, sondern bedarf ihrer. Die tröstende Macht des Gesanges dringt jedoch zu Eurydike. Die Bindung Eurydikes an die Unterwelt und ihren Herrscher wird hervorgehoben (E. LORENZ, *Die Einweihung des Orpheus,* Gedicht 1943), andererseits auch eine Beziehung des Orpheus zur Unterweltsgöttin angedeutet (H. E. NOSSACK, *Orpheus und . . .,* Nov. 1948), der Gedanke einer Rückkehr oder Wiedergeburt verworfen (D. WYSS, *Totenklage,* Gedicht 1956), die Verflechtung von Liebe und Tod beklagt (I. BACHMANN, *Dunkles zu sagen,* Gedicht 1957). Das Unterwelt-Motiv, durch das sich die Grenzen zwischen Diesseits und Jenseits öffnen, hat den Stoff im Zeitalter der Existentialphilosophie und des Surrealismus auch für das Drama wieder interessant werden lassen (L. HOUSMAN, *The Death of Orpheus* 1921; Sem BENELLI, *Orfeo e Proserpina* 1928; R. LINDEMANN, *Orpheus und Eurydike* 1941; M. MODENA, *Orpheus und Eurydike* 1951). J. ANOUILH (*Eurydice* 1941) transponierte den Stoff in die Gegenwart und ließ die Wiedervereinigung der zu kurzem Glück Bestimmten scheitern, weil der Blick des Mannes sich auf die Vergangenheit der Frau richtet. J. COCTEAUS Film (1949), der an eine ältere Dramatisierung (1926) anschließt, ist nicht die Geschichte der Liebe zwischen Orphée und Eurydice, sondern zwi-

schen Orphée und dem – weiblichen – Tod, dem umworbenen und
geheimnisvollen Jenseits; der Dichter muß mehrere Tode sterben,
um leben zu können, und der Tod vernichtet sich selbst, um
Orphée Unsterblichkeit zu geben. In der Art Anouilhs übertrug
Vinícius Mello de MORAES (*Orfeu da Conceiçao*, Tr. 1956) die Fabel
in das Negerviertel von Rio de Janeiro und seinen Karneval, bei
dem erst das Mädchen und dann der Negersänger Opfer der
Eifersucht werden; das Drama diente dem Film von M. CAMUS
(*Orfeo* 1958) als Handlungsgrundlage. Zum Symbol sublimiert
erscheint der Name Orpheus in T. WILLIAMS' Drama *Orpheus
Descending* (1957), das ursprünglich einen anderen Titel trug und
nichts mit dem Stoff zu tun hatte; der mit Orpheus bezeichnete
moderne Dichter ist Außenseiter in einer feindlichen Welt, gegen
die Musik und Liebe nichts vermögen und hinter der keine zweite
Welt liegt, mit der Verbindung zu suchen Sinn hätte. Wenn
B. STRAUSS in seinem Bühnenstück *Kalldewey Farce* (1981), das sich
um den Konflikt zwischen rationaler Ordnung und der Entfesse-
lung der mühsam gebändigten Triebnatur bewegt, den Orpheus-
Mythos als Folie für moderne Probleme benutzt und die mythischen Urbilder durch die zeitgenössische Gesellschaft durchschei-
nen läßt, in der Kallwey/Bacchus eine bacchantische Stimmung
hervorruft, so klingt hier wieder der Gegensatz von Apollinischem
und Dionysischem an.

Auch die Oper hat sich dem Orpheus-Stoff nach längerer Pause
wieder zugewandt (O. KOKOSCHKA/E. KŘENEK 1926; A. LUNEL/
D. MILHAUD, *Les Malheurs d'Orphée* 1926; A. CASELLA, *La Favola
d'Orfeo* 1932; I. STRAWINSKIJ, Ballett 1947).

J. Wirl, Orpheus in der englischen Literatur, 1913; P. Cabañas, El mito de
Orfeo en la literatura española, Madrid 1948; M. O. Kistler, Orphism and the
Legend of Orpheus in German Literature of the 18th Century, Diss. Univ. of
Illinois 1948; W. Rehm, Orpheus, 1950; K. Ziegler, Orpheus in Renaissance und
Neuzeit (in: Form und Inhalt, Festschrift O. Schmitt) 1950; E. Kushner, Le mythe
d'Orphée dans la littérature française contemporaine, Diss. MacGill Univ. 1956;
G. Freden, Orpheus and the Goddess of Nature, (Acta Universitatis Gothobur-
gensis LXIV) 1958; E. Sewell, The Orphic Voice, Yale 1960; M. O. Lee, Orpheus
and Eurydike: Some Modern Versions, (Classical-Journal 56) 1960/61; R. Kabel,
Orpheus in der deutschen Dichtung der Gegenwart, Diss. Kiel 1964; J. B. Fried-
man, Henryson's Orpheus and Eurydice and the Orpheus Tradition in the
Middle Ages, (Speculum XI) 1966.

**Ortnit** → Huon de Bordeaux

**Otto III.** Der vierte deutsche Herrscher (980–1002) aus dem
sächsischen Kaiserhaus, der schon als Dreijähriger nominell die
Nachfolge seines Vaters Ottos II. antrat, erlangte unter der Vormundschaft seiner Mutter und seiner Großmutter vor allem durch

Bernward von Hildesheim eine hervorragende Erziehung, die seine leicht entflammte Phantasie mit einerseits überschwenglichen Ideen von seiner künftigen Weltstellung, andererseits mit schwärmerisch asketischen Gedanken an Weltentsagung und Selbsterniedrigung nährte und ihn der Realität entfremdete. Als Kaiser versuchte er, nachdem er den Aufstand des Römers Crescentius gegen die deutsche Herrschaft niedergeworfen hatte, zusammen mit seinem Lehrer Gerbert, den er zum Papst (Sylvester II.) eingesetzt hatte, seine Pläne von einem christlichen Weltreich mit Rom als Mittelpunkt zu verwirklichen. Die Richtpunkte seines Herrscherlebens sind gekennzeichnet durch die Pilgerfahrt zum Grabe seines als Märtyrer geendeten Freundes Adalbert von Gnesen und zur Gruft seines großen Vorgängers → Karls des Großen, die er sich öffnen ließ. Bei erneuten kriegerischen Auseinandersetzungen starb er überraschend in Oberitalien.

Die Gestalt des den Wissenschaften und Künsten aufgeschlossenen, zu den größten Hoffnungen berechtigenden Jünglings, der an seiner Willensschwäche und falschen Einschätzung der historischen Situation scheiterte und frühzeitig zugrunde ging, besitzt den melancholischen Zauber derer, bei denen Seelenanlage und Schicksal des frühen Todes eine Einheit zu bilden scheinen. Seine Person ist gleichsam der Spiegel des geistlich-weltlichen Dualismus seiner Zeit, den er nicht überwinden konnte. Als romantische Jünglingsgestalt ist er ein Thema für Ballade und Rollengedicht, als Opfer welthistorischer Auseinandersetzungen kann er Mittelpunktsfigur epischer Behandlung werden. Das Drama, dem er am häufigsten zum Gegenstand gedient hat, hat weder seinen schwankenden Charakter noch das Gedankliche der Auseinandersetzung ins Bild umschaffen können; die Verwendung von stereotypen Intrigenmotiven scheint gegenüber der Weite des Stoffes verengend.

Im Gegensatz zu der historischen Gestalt, wie sie sich in zeitgenössischen Gedichten Leos von Vercelli und im *Modus Ottinc* spiegelt, hat die Sage schon sehr früh (Gottfried von Viterbo Ende 12. Jh.) ein Bild des jungen Kaisers entwickelt, das mit seinem weichen, phantasievollen Wesen nichts mehr zu tun hat. Sie berichtet erstens von einem Ehekonflikt Ottos mit seiner Gemahlin Maria von Aragonien, die in Ottos Abwesenheit einen Ritter verführen will und, von diesem abgewiesen, ihn vor dem Kaiser wegen versuchter Gewalt anklagt. Nach der Hinrichtung des Ritters bringt ein Gottesurteil die Schuld der Kaiserin an den Tag. Die Witwe des Verurteilten wird entschädigt, die Kaiserin mit dem Tode bestraft. Diese Sage behandelte Hans Sachs in einem bühnenwirksamen Stück *Die falsch keyserin mit den unschuldigen Grafen* (1551). Die zweite, für die Weiterentwicklung des Otto-Stoffes wichtige Sage verbindet den geheimnisvollen Tod des Kaisers mit seinem Bluturteil gegen Crescentius; sie läßt Otto von Crescentius' Witwe, mit der er in eine Liebesbeziehung getreten ist, ermordet werden. Beide Sagen verband Ayrer zu einer chronikartigen Szenenfolge *Tragödie vom Ende Ottos III. und seiner Gemahlin* (um 1600).

Erst das Drama des Sturm und Drangs hat den Stoff wieder aufgenommen, nachdem HERDER und Helferich Peter STURZ auf ihn und andere als auf geeignete Stoffe der Nationalgeschichte hingewiesen hatten. Empfindsame Ritterdramen machten Otto zum Opfer seines unentschiedenen Charakters und seiner Liebe zur Witwe des Crescentius (V. RAMDOHR 1783; G. A. v. SECKENDORF 1805; A. F. FURCHAU 1809). Das sagenhafte Motiv der Ermordung durch die Witwe des Feindes wurde auch von nahezu allen folgenden Dramatisierungen beibehalten, doch traten mit der wissenschaftlichen Erforschung des Mittelalters die historisch-politischen Züge des Stoffes stärker in den Vordergrund (F. v. UECHTRITZ, *Rom und Otto III.* 1823; E. RAUPACH, *Der Liebe Zauberkreis* 1824). Die Kritik der nationalliberalen Geschichtsschreibung des 19. Jahrhunderts, die Ottos Rompolitik und religiöse Haltung als nationales Unglück ansah, spiegelt sich in der Darstellung Ottos als eines schwächlichen, unsicheren, überspannten Mannes (J. MOSEN 1842; J. L. KLEIN, *Maria* 1860; F. K. BIEDERMANN 1863; H. KREBS 1880), während die Dramatiker des Jahrhundert-Endes die Fin-de-siècle-Stimmung in den zarten, schönheitsdurstigen Jüngling hineinsahen (A. v. PUTTKAMER 1883; F. v. HINDERSIN 1887; St. WELZHOFER 1902). Diese vom Ästhetizismus her empfundene Stimmung der Lebensmüdigkeit um die Gestalt des Kaisers hatte schon PLATEN in seinem *Klaglied Kaiser Ottos III.* (1833/34) eingefangen, das den Stoff auf die einprägsamste Formel zusammengedrängt hat. Roman und romanhafte Biographie der neueren Zeit bemühten sich um ein objektives Bild des tragischen Scheiterns eines zwiespältigen Charakters in einer zwiespältigen Welt (F. HERWIG, *Wunder der Welt* 1910; G. BÄUMER, *Der Jüngling im Sternenmantel* 1947; H. BENRATH 1951).

M. Morgenroth, Kaiser Otto III. in der deutschen Dichtung, Diss. Breslau 1922.

**Otto der Schütz.** An die Person des Landgrafen Otto von Hessen, der seit 1340 Mitregent seines Vaters Heinrichs des Eisernen war, etwa im gleichen Jahre Elisabeth von Cleve, die Tochter des Grafen Dietrich von Cleve, heiratete und 1377 starb, knüpft sich eine Sage, die erst rund hundertfünfzig Jahre nach seinem Tode in der *Hessischen Chronik* des Johannes NUHN erstmalig, aber als bereits völlig ausgebildete Geschichte erschien. Die Ursache zur Entstehung der Sage ist unbekannt, es läßt sich kein Kristallisierungsprozeß beobachten; wahrscheinlich begünstigte das hessische Herrscherhaus als Auftraggeber Nuhns die Aufnahme der Erzählung und pflegte ihre Tradierung in der weiteren hessischen Geschichtsschreibung.

Die Sage berichtet entgegen der historischen Wahrheit, daß Otto der zweite Sohn gewesen und vom Vater zum Geistlichen bestimmt worden sei. Auf dem Wege zur Universität Paris entfloh er und trat unerkannt als Schütze in die Dienste des Grafen von Cleve.

Ein durchreisender hessischer Adliger, Heinrich von Homburg, erkannte den Prinzen; der Graf, durch die ehrfürchtige Begrüßung aufmerksam geworden, erfuhr die Herkunft seines Schützlings und zugleich den Tod von dessen älterem Bruder, der damit seine Rechte auf den Thron Otto hinterließ. Ohne Angabe dieser Hintergründe überraschte der Graf seine Frau und die Stände mit dem Plan, seine Tochter Elisabeth mit Otto zu vermählen. Erst nachdem er seinen Willen durchgesetzt, den Gehorsam und das Gefühl seiner Tochter auf die Probe gestellt und die Demütigung des Bräutigams, der sich verhöhnt glaubte, bis zur Grenze getrieben hat, lüftet er das Geheimnis zum Wohlgefallen aller Beteiligten.

Der Stoff trägt einen freundlichen, beschaulichen Charakter, alle etwa angespielten Konflikte, wie die Empörung gegen die Konvention oder der Kampf zwischen Neigung und Pflicht, sind nur Scheinkonflikte, da die niedere Stellung Ottos nur vorgetäuscht ist. Der Graf von Cleve kommt auf den Einfall der Heirat erst, nachdem er Ottos wahre Herkunft erfahren hat, er treibt mit seiner Umwelt nur ein Spiel. Der einzige ernsthafte Konflikt, der zwischen Vater und Sohn Hessen, wird durch den willkommenen Tod des älteren Bruders gelöst. Die Fabel bietet also, will man nicht ihre Grundlage zerstören, einen sehr engen und durch neue Motive kaum zu erweiternden Rahmen für eine idyllische Liebesgeschichte oder eine Spieloper.

Der Stoff ist im Laufe zahlreicher Bearbeitungen auch kaum wesentlich bereichert oder verändert worden. Die erste Bearbeitung, die Dramatisierung durch den Landgrafen MORITZ VON HESSEN (Entwurf, um 1600), war mit ihren acht Akten nicht mehr als eine Szenierung der Sage zum Zwecke der Verherrlichung des eigenen Hauses. Erst das ausgehende 18. Jahrhundert interessierte sich nach einem Abdruck der Sage in der *Hessen-Darmstädtischen privilegierten Land-Zeitung 1777* wieder für den Stoff. Das Ritterdrama, dem auch das Thema des Standesunterschiedes entgegenkam, machte ihn sich zu eigen (E. Ch. G. SCHNEIDER 1779, F. G. HAGEMANN 1791); es setzte an die Stelle der Ständeversammlung das theatralisch wirksamere Turnier, dessen Sieger Elisabeth ihre Hand reichen wird. Der Ritterroman bedurfte einer Dehnung des Stoffes, die G. H. HEINSE (1792) vornahm, indem er das Motiv des unerkannten Dienens und Werbens einfach verdoppelte und Otto erst nach Mähren, dann nach Cleve gehen ließ. Er führte ein Preisschießen ein, in dem Otto sich hervortut, und steigerte dessen Verdienste um Cleve dadurch, daß er Otto zum Lebensretter Elisabeths machte. Beides wurde von späteren Bearbeitern aufgenommen, mitunter erschien Otto auch als Retter des Grafen.

Die bedeutendste Gestaltung des Stoffes, Achim von ARNIMS »Geschichte in vier Handlungen« *Der Auerhahn* (1813), drängte das Kernmotiv, Ottos Dienen in Knechtsgestalt, ganz zurück, ließ nicht nur Otto, sondern auch seine Schwester Jutta vor dem Willen des unbeugsamen Vaters fliehen, führte das heitere Abenteuer durch Verwicklungen und durch Steigerung der Charaktere zu einem tragischen Ende und spannte das Ganze, dem Stil der Schicksalstragödie gemäß, in den Rahmen einer düsteren ↑ Prophezeiung.

Mußte das romantische Lebensgefühl den idyllischen Stoff sprengen, so fand das späte Biedermeier in der Verserzählung eine dem Stoff gemäße, modische Form. Gustav SCHWAB mit einem Zyklus von zehn Romanzen (1837) und dann vor allem Gottfried KINKEL mit seiner »Rheinischen Geschichte in zwölf Abenteuern« (1843) haben dem Stoff zu größter Popularität verholfen. Schwab war die Vorlage für die einzige wesentliche ausländische Bearbeitung des Stoffes, den Roman *Othon l'Archer* (1840) von DUMAS dem Älteren. Er übernahm von Schwab vor allem das romanhafte Motiv einer Feindschaft zwischen Vater und Sohn, die auf der Verleumdung, Otto sei ein Bastard, beruht, und erweiterte den Stoff dahingehend, daß Otto die Hand der clevischen Prinzessin in Gestalt eines zweiten Lohengrin erringt. Als matter Nachklang der schon recht süßlichen Verserzählungen erschienen in der zweiten Hälfte des 19. Jahrhunderts eine Anzahl Singspiele und Spielopern, unter deren Verfassern als erste Kinkels spätere Frau Johanna MOCKEL (1841) zu nennen ist. Die Textbücher schlossen sich meist eng an Kinkels Formung der Sage an (E. PASQUÉ / C. REISS 1856; R. BUNGE / V. NESSLER 1887 u. a.).

G. Noll, Otto der Schütz in der Literatur, 1906.


**Ottokar von Böhmen.** König Ottokar II. von Böhmen (1230–1278) sicherte sich in der Zeit des Interregnums durch Heiraten, Eroberungen und politische Intrigen zahlreiche österreichische Gebiete und versuchte, den Plan eines böhmischen Großreiches, das bis zur Adria reichen sollte, zu verwirklichen. Nach der Wahl Rudolfs von Habsburg zum deutschen König mußte er die Gebiete mit Ausnahme von Böhmen wieder herausgeben (1276), bei erneuten kriegerischen Auseinandersetzungen mit Rudolf fiel er 1278 in der Schlacht auf dem Marchfeld.

Der Ottokar-Stoff, der das Thema vom Aufstieg und Sturz eines rücksichts- und gewissenlosen ↑ Usurpators sinnfällig demonstriert, ermangelt sowohl der einprägsamen spezifischen Situationen wie eines poetisch und vor allem dramatisch brauchbaren Gegenspielers. Die Gegenüberstellung mit dem rechtlichen, aber etwas farblos-braven Rudolf konnte leicht zu einer moralisierenden Schwarzweißzeichnung führen, an der die dramatischen Bearbeitungen des Stoffes seit dem Schuldrama (N. VERNULAEUS, *Ottocarus Bohemiae Rex* 1626; G. CALAMINUS, *Rodolph-Ottocarus* 1694) kranken. Auch LOPE DE VEGA (gest. 1635) gelang keine wirklich dramatische Größe der Charaktere (*La imperial de Otón*). Rudolfs Größe beruht bei ihm mehr in der von → Merlin geweissagten Zukunft des habsburgischen Hauses als in Rudolfs Charakter, und bei Ottokar sind an die Stelle echter Stärke Überheblichkeit und Renommisterei getreten; Ehrgeiz und politische Aktivität liegen bei Ottokars Frau.

Die deutschsprachigen Dramatisierungen setzten im Zuge des Ritterdramas mit F. WERTHES' *Rudolph von Hapsburg* (1775) ein und sind häufig schon durch ihren dynastisch-habsburgischen Standpunkt auf eine Huldigung für Rudolf eingeengt (A. v. KLEIN, *Rudolf von Habsburg* 1787, ursprünglich als Textbuch für MOZART gedacht; K. H. HEMMERDE 1790; A. POPPER, *Rudolf von Habsburg* 1804; M. H. MYNARD, *Rudolf von Habsburg* 1812). Rudolf von Habsburg ist in der Dichtung immer ausgezeichnet durch die Tugenden der Demut und Frömmigkeit, für die er der Sage nach von Gott durch seine Erhebung zum König belohnt wurde (CALDERÓN; TSCHUDI; SCHILLER, *Der Graf von Habsburg*) und die sich zum Thema von Preisgedichten und anekdotischen Dichtungen, aber nicht von Dramen eignen. Die Versuche KOTZEBUES (*Rudolf von Habsburg und König Ottokar* 1815, gespielt in SCHREYVOGELS Bearbeitung unter dem Titel *Ottokars Tod* 1815) und C. Ch. L. SCHÖNES (*Rudolf von Habsburg* 1816), durch Herausstellung der negativen Seiten Ottokars die Gestalt Rudolfs dramatisch zu heben, mußten mißlingen; das Stück Schönes zeigt zudem, wie entgegen dem Titel Ottokar allein durch seine stärkere dramatische Komponente den Gang der Handlung bestimmte und zum Helden des Stückes wurde, der den passiven Moralprediger Rudolf beiseite drängte.

Erst GRILLPARZER (*König Ottokars Glück und Ende* 1825) erreichte eine Ebenbürtigkeit der Kräfte, indem er Ottokar aus einem »Kinderschreck« in einen zu tragischer Wirkung fähigen, seines Selbstvertrauens schließlich beraubten und zur Besinnung gelangten Menschen verwandelte und andererseits Rudolf als den sich zur Selbstäußerung durchringenden Diener des Staates zu nicht nur moralischer, sondern auch künstlerischer Höhe erhob; Ottokars Schicksal war für Grillparzer gleichbedeutend mit dem → Napoleons. Vom tschechischen Standpunkt ist Uffo HORNS nur einmal in einer mildernden Linzer Bearbeitung 1858 gespieltes Ottokar-Schauspiel (1845) geschrieben, ein Versuch zu einem Nationaldrama, den F. ZAVREL nach der Gründung des selbständigen tschechischen Staates wiederholte (*Král Přemysl Otakar II.* 1921).

In der erzählenden Dichtung hat die Einbeziehung von Ottokars Konflikt mit dem böhmischen Adelsgeschlecht der Rosenberg dem Stoff ein breiteres Handlungsfeld gegeben (A. PETERS, *Zawisch von Rosenberg*, R. 1860; J. WIESER, *Zawisch der Rosenberger*, Erz. 1864). Auch vaterländische Balladen haben den Ottokar-Stoff mehrfach behandelt (J. LANGER, *Die Marchfeld-Schlacht*; M. v. COLLIN, *Rudolf verschmäht den Verrat*; L. PYRKER, *Rudolphias*).

E. Dorer, Rudolf von Habsburg in Chronik und Dichtung 1886; E. Soffé, Rudolf von Habsburg im Spiegel der dt. Dichtung, Progr. Brünn 1893; C. Glossy, Zur Geschichte des Trauerspiels »König Ottokars Glück und Ende«, (Jahrbuch der Grillparzer-Gesellschaft 9) 1898; E. Kilian, König Ottokar im Drama, (Baden-Badener Bühnenblätter 3) 1923.

**Päpstin Johanna.** Die Sage, daß eine durch Intelligenz und Wissensdrang ausgezeichnete Frau sich als Mann ausgegeben habe und schließlich Papst wurde, als sie dann bei einer Prozession mitten unter dem römischen Volk ein Kind gebar, von der wütenden Menge auf der Stelle getötet worden sei, kann ihre Erklärung in dem mittelalterlichen Deutungsversuch zweier nicht mehr verstandener Denkmale älterer Zeit finden. In einer Straße Roms befand sich eine antike Statue, wahrscheinlich einen Priester mit einem Knaben darstellend, die aber wegen der weiten Gewänder für das Standbild einer Frau mit Kind gehalten wurde; eine in derselben Straße angebrachte Inschrift, deren Wortlaut in »Papa pater patrum peperit papissa papellum« umgedeutet wurde, setzte man in Beziehung zu der Statue. Die erste Angabe über die Sage findet sich 1261 bei STEFAN DE BOURBON, der die Sage in einer Chronik gelesen hatte. Die Chronik des MARTINUS POLONUS (13. Jh.) erwähnt den Namen des Papstes, Johannes Angelicus, seine Herkunft aus Mainz, die Schwängerung durch einen »familiarem« und als Ort der Geburt den Weg zwischen dem Kolosseum und der Kirche des hl. Clemens. TOLOMEO VON LUCCA (1312) gibt als Regierungszeit des weiblichen Papstes das 9. Jahrhundert an. Von da an wurde die Sage in vielen Chroniken überliefert, die nur geringfügig, etwa in der Todesart Johannas, voneinander abweichen. Wichtig ist, daß als Vater des Kindes häufig der Teufel angegeben wird, wodurch das Frevelhafte der Amtsanmaßung Johannas unterstrichen wird. Auch wird berichtet, daß sie, vor die Wahl zwischen irdischer Schande und ewiger Verdammnis gestellt, die erstere gewählt habe. Die Sage wurde im 15. und 16. Jahrhundert für historische Wahrheit gehalten und ist erst durch die Forschungen von A. BIANCHI-GIOVINI (1865) und I. v. DÖLLINGER (*Papstfabeln des Mittelalters* 1890) als Fabelei erkannt worden.

Die Päpstin-Johanna-Sage gehört wie die Geschichten von → Faust, → Theophilus, Cyprian und Cenodoxus zu den ↑ Teufelsbündnersagen. Eine sündige Leidenschaft oder Wissensdrang führen zum Bündnis mit dem Teufel, der mit höchsten irdischen Ehren lohnt, aber die Seele einfordert. Weibliche Helden erhielt das Motiv schon in der Geschichte der hl. Eugenia von Alexandrien, die CALDERÓN in dem Drama *El Josef de las mujeres* (1660) verarbeitete, andererseits in dem Spiel *Mariechen von Nymwegen* (1513), das die Lebensnot einer Dienstmagd darstellte. Das Vermessene menschlichen Erkenntnisdranges wird durch die Verkörperung in einer Frau besonders deutlich und der Teufelsbündner durch Ausübung des höchsten Amtes der Christenheit besonders gefährlich.

BOCCACCIO (*De claris mulieribus* 1370/75) erfand oder übernahm eine versöhnliche Schlußvariante: die Päpstin entsagt und zieht sich in das Privatleben zurück. Aber weder Boccaccio noch Hans SACHS (*Historia von Johanna Anglica der Päpstin* 1558) erheben sich über das von den Chroniken geschaffene referierende Niveau. Nur Dietrich SCHERNBERG (*Spiel von Frau Jutten* um 1490) stellte die Jungfrau in einen Kampf zwischen göttlichen und teuflischen Mächten, der von der einleitenden Versammlung der Teufel geplant wird. Marias Fürbitte veranlaßt Jesus, Johanna vor die Wahl zwischen irdischer Schande und ewiger Verdammnis zu stellen, und nachdem sie im Angesicht des Todes zu Maria gebetet hat und bei der Geburt des Kindes gestorben ist, wird die in der Hölle Leidende durch abermalige Fürbitte aus der Gewalt des Teufels befreit. Das Fürbitte-Motiv schafft deutlich die Verbindung zu anderen Teufelsbündner-Sagen. Auch das elisabethanische Drama hat den Stoff aufgegriffen (Anon., *The female prelate being the history and the life and death of Pope John*, Auff. 1591, Druck 1689).

In der Neuzeit erkannte als erster GOTTSCHED (*Nöthiger Vorrat . . . 1757–65*) die dichterischen und tragischen Werte des Stoffes, den das 18. Jahrhundert jedoch, nachdem er schon im 15. Jahrhundert Anlaß zu derben Reimen und Epigrammen gewesen war, als erotisch-zweideutig oder als komisch empfand (P. A. LÉGER, *La papesse Jeanne*, Opéra comique 1793; FAUCOMPLÉT, *La papesse Jeanne*, Opera buffa 1795; Abbé CASTI, *La papessa Giovanna*, Galantes Epos 1793; P. A. WINKOPP, *Die Päpstin Johanne*, R. 1783; F. W. BRUCKBRÄU, *Der Papst im Unterrock*, R. 1832).

Erst A. von ARNIM verarbeitete den Stoff wieder im Sinne des Teufelsbündner-Themas zu einem postum 1848 veröffentlichten, schon 1813 in Versen vorliegenden, dann aber in Prosa umgeschriebenen, sehr frei fabulierten Epos. Der Teufel will mit einem künstlich geschaffenen Kind, das nichts von Gottes Schöpfertum in sich trägt, den Päpstlichen Stuhl und damit die Weltherrschaft gewinnen. Er glaubt, dieses teuflische Wesen in einem ihm, d. h. seiner Retorte untergeschobenen Mädchen gefunden zu haben, das er als Mann erziehen und schließlich zum Papst wählen läßt. Das Mädchen Johanna, das in sinnverwirrter Liebe einen als Mädchen verkleideten Jüngling liebt, von der heidnischen Antike angezogen und im Kampf zwischen Pflicht und Trieb zermürbt wird, befreit sich schließlich von seiner Zwitterhaftigkeit, kehrt zum Christentum zurück und heiratet den Geliebten, während ihr Vater Oferus-Christopherus den Päpstlichen Stuhl besteigt. Fern von solcher Romantisierung des Stoffes nutzte das 19. Jahrhundert ihn als geeigneten Vorwurf für den historischen Roman und das historische Drama und ließ die Handlung vor dem kulturhistorischen Hintergrund einer Verfallszeit der Kirche spielen (Anon., *Juana la papesa*, R. 1843; F. LÜDECKE, *Die Päpstin Johanna*, Dr. 1874; E. RHOIDIS, *Die Päpstin Johanna*, R. 1876; E. MEZZABOTTA, *La papessa Giovanna*, R. 1885; A. BARTELS, *Die Päpstin Johanna*, Dr. 1900).

Stärker traten die Konfliktmomente des Teufelsbündner-Motivs wieder im 20. Jahrhundert in das Blickfeld, vor allem hat R. BORCHARDT (*Verkündigung, Die Päpstin Jutta Teil I* 1920) den Stoff, von allem Historismus gelöst, ganz auf den faustischen Dialog zwischen der um Gott ringenden Jungfrau und dem »falschen Boten« abgestellt, den sie zunächst von Gott gesandt glaubt. Die auf das Verführungsmotiv begrenzte Handlung kann nur als Vorspiel zum eigentlichen Johanna-Stoff angesehen werden. Das alte Spiel

Schernbergs bearbeitete R. ZOOZMANN bereits 1885; G. REICKE (*Päpstin Jutta*, Dr. 1924) nahm in die Fabel Elemente aus dem *Mariechen von Nymwegen* auf: Johanna wird von einem Prinzen verführt und ruft in ihrer Not den Teufel; er stellt die Bedingung, daß sie nie mehr weinen darf. Als die Kardinäle ihr Kind töten, weint sie und rettet damit ihre Seele, auch wenn ihr Leib auf dem Scheiterhaufen die Verfehlung büßen muß.

W. Kraft, Die Päpstin Johanna, eine motivgeschichtliche Untersuchung, Diss. Frankfurt 1925.

**Palm, Johann Philipp.** Der Buchhändler Johann Philipp Palm (1766–1806), Inhaber der Steinschen Verlagsbuchhandlung in Nürnberg, ließ 1806 anonym eine Broschüre *Deutschland in seiner tiefen Erniedrigung* erscheinen, in der das Auftreten des französischen Militärs in Süddeutschland, aber auch die Politik Preußens getadelt und England gepriesen wurde. Ein Befehl Napoleons ordnete an, die Beteiligten vor ein Standgericht zu stellen und binnen 24 Stunden zu erschießen. Palm, der erst geflohen war und sich dann in Nürnberg versteckt hielt, wurde durch einen Spitzel, der sich als Bettler ausgegeben hatte, verraten und in Braunau am Inn durch ein Kriegsgericht unter Vorsitz des Kommandanten Binot zum Tode verurteilt. Er gab den Namen des Verfassers der Broschüre nicht preis, wahrscheinlich ist er selbst der Inspirator, wenn nicht gar der Autor gewesen. Seine imponierende Haltung vor dem Kriegsgericht hat weithin, auch in England, Sympathien erweckt.

Der typische Empörer-Stoff erhält seinen spezifischen Akzent durch die ungleiche Verteilung der Kräfte bei dem Gegeneinander von Weltherrscher und Buchhändler und die dadurch bedingte Opferrolle des Helden, der nur als Vorläufer, als Fanal künftiger Freiheit fungieren kann. Der Stoff ist vornehmlich dramatisch behandelt worden. L. ECKARDT (1860) versah den Helden mit dem doktrinären Pathos eines Liberalen von 1848 und ließ das Stück mit der Nachricht von der preußischen Kriegserklärung an Frankreich und einer entsprechenden Vision Palms enden; ähnlich starb auch der Palm A. EBENHOCHS (1906) in der Gewißheit, sich nicht vergebens geopfert zu haben. Die Ausweitung des Konfliktes und Stoffes auf die Vorgänge in Preußen erwies sich besonders für die Gestaltung im Roman als günstig (G. H. HUNOLD 1909; F. BAUER, *Der Rebell von Nürnberg* 1938; K. H. VOIGT, *Fanal der Freiheit* 1939), während im Drama die Einbeziehung der Schicksale von Mitgefangenen Palms die Einheit der Handlung störte (A. RINGLER 1860; F. BRINKMANN 1898). Vergleichsweise groß ist die Zahl von Dramen (J. WENTER 1935; G. BARTHEL, *Gewalt* 1938; J. PERGHER, *Der Opfergang des Johann Philipp Palm* 1939; G. STRAUCH, *Buchhändler Palm* 1942) wie Romanen und Erzählungen (K. LINZEN, *Glühen und Sterben* 1937; C. H. WATZINGER, *Denk es, o Deutschland* 1942) in den

Jahren zwischen 1933 und 1945, was außer an der Thematik und ihrer Überzeitlichkeit bei den nur aktuellen Werken auch daran gelegen haben dürfte, daß der Hinrichtungsort Palms die Geburtsstadt Hitlers war.

P. Holzhausen, Palm im Leben und auf der Bühne, (Bühne und Welt 8) 1906.

**Pandora.** Nach der wohl ältesten griechischen Version, die das Mittelalter vor allem in der lateinischen Fassung des FULGENTIUS kannte, ist Pandora die von → Prometheus aus Wasser und Erde geschaffene Figur einer schönen Frau, die durch ihren Schöpfer mit dem vom Himmel gestohlenen Feuer belebt wurde. HESIODS berühmte Erzählung in *Werke und Tage* gestaltete die Sage insofern um, als Pandora nicht mehr das Geschöpf des Prometheus, sondern ein von Hephästus auf Zeus' Befehl geschaffenes Werkzeug der Rache an dem Feuerräuber ist, das, von den Göttern mit allen Gaben versehen, durch Hermes auf die Erde geleitet wird, um Prometheus zu verderben; von Prometheus abgewiesen, wird Pandora die Frau von dessen Bruder Epimetheus und bringt durch Öffnen eines Gefäßes, eines Pithos, in dem alle Übel enthalten sind, Unglück über die Geschöpfe des Prometheus; nur die Hoffnung kann Pandora in dem Gefäß festhalten. Die spätgriechische Fassung des BABRIUS (3. Jh. n. Chr.) überlieferte im Gegensatz zu Hesiod, daß das Gefäß alle guten Dinge enthielt und von Zeus den Menschen überlassen wurde. Ein Mensch öffnete es aus Neugier, und die guten Dinge flogen zurück zu den Göttern, nur die Hoffnung blieb.

Die für Pandora und ihre Büchse bezeichnende Mehrdeutigkeit läßt sich vielleicht damit erklären, daß Pandora, die »Allesgebende«, ursprünglich sowohl mit Gutem als auch Bösem verknüpft war und daß dann im Zuge der Entwicklung vom Matriarchat zum Patriarchat Zeus zu dem Schöpfer aller Dinge aufgewertet wurde, während die aus ihrer Rolle verdrängte Pandora zur dämonischen ↑ Verführerin und Übelbringerin absank. In der Dichtungsgeschichte behielt Pandora ein wechselndes und vielgesichtiges Wesen.

Entscheidend für die Tradierung des Mythos wurde die Interpretation der Kirchenväter, die in ihm eine heidnische Parallele zum Sündenfall sahen, Pandora selbst mit → Eva und das Gefäß mit der verbotenen Frucht verglichen. Durch des ERASMUS VON ROTTERDAM Übersetzung von »pithos« mit »pyxis« (*Adagiorum chiliades tres* 1508), bei der wahrscheinlich die Vorstellung von jener Büchse, die → Psyche von Persephone aus der Unterwelt holt, mitspielte, und dadurch, daß in Erasmus' Fassung Pandora die Büchse auf Geheiß des Zeus auf die Erde bringt und Epimetheus dazu verführt, sie zu öffnen, wurde diese Parallele zu der Verführerin Eva noch deutlicher. Die »Büchse der Pandora« wurde sprich-

wörtlich und lieferte den Titel für Romane und Dramen, in denen
die Verführung durch das Weib leitender Gedanke ist (F. WEDE-
KIND, *Die Büchse der Pandora* 1902; J. A. MITCHELL *Pandora's Box*
1911; P. FRANK, R. 1920; J.-M. de BATNA, R. 1935; H. EDINGA,
*Adieu, Pandora* 1954).

Das in der Lyrik der Renaissance, etwa bei den Vertretern der
Plejade und bei SPENSER, häufig auftauchende Pandora-Motiv hat
viele Schattierungen, von der durchaus positiv gemeinten »Allbe-
gabung« über die Ambivalenz der Verlockung bis zur bewußten
Verführung. Ungehorsam und Verführung bekämpfte L. CUL-
MANNS *Ein schön weltlich Spiel von der schönen Pandora* (1544), in dem
Pandora das Unglück unter die Menschen bringt und ihnen nur den
Trost der Hoffnung läßt. Als lustspielhaften Stoff verwandte wohl
zuerst J. LYLY (*The Woman in the Moone* 1597) den Pandora-Mythos
in der Welt des Schäferspiels: den Hirten von Utopia, die um eine
Frau zur Erheiterung ihres einsamen Lebens gebeten haben, schickt
Natur ihr Geschöpf Pandora, das die Eigenschaften der sieben
Planeten besitzt und durch seine wechselnden Launen und Taten
Wirrwarr unter den Hirten anrichtet.

Das von Fulgentius überlieferte Motiv der ↑ Statuenbelebung
entwickelte sich selbständig weiter und lieferte besonders dem
Theater wirkungsvolle Szenen. Es rückte Pandora in die Nähe des
→ Pygmalion-Stoffes. Bezeichnenderweise taucht es schon in einem höfischen Festspiel von Th. CAMPION *The Lord's Masque*
(1613) auf, in dem Prometheus die Ballett tanzenden Statuen mit
dem Feuer der Liebe belebt. In einem anonymen spanischen Gedicht *Eccos de la Musa Transmontana o Prometheo* (17. Jh.) schildert
Prometheus auf dem Kaukasus die Geschichte seiner Liebe zu der
Statue, die er mit Minervas Hilfe belebte und Pandora nannte; die
gekränkte Venus erreicht bei Jupiter seine Bestrafung. Das
18. Jahrhundert, das ja auch den Pygmalion-Mythos zu einem
galanten Thema umschuf, wendete sich diesem Aspekt Pandoras
hauptsächlich zu. I. ZANELLI (*Prometeo*, Höf. Festsp. 1728) feierte
Prometheus als den Schöpfer der Frau, MEUSNIER DE QUERLON (*Les
Hommes de Prométhée* 1748; Versifizierung durch COLARDEAU)
zeigte das Erwachen eines soeben von Prometheus belebten Menschenpaares zu Leben und Liebe, AUMALE DE CORSENVILLE (*Pandore*
1792) schrieb ein Melodrama in der Art von ROUSSEAUS *Pygmalion*
(1770), das Prometheus als Liebhaber und Ehemann der von ihm
geschaffenen Pandora zeigt, während PIGEON DE SAINT-PATERNE
(*Pandore* 1784) die Liebe zwischen Epimetheus und der zum Leben
erwachten Pandora zum Thema hat.

Noch eine zweite Seite gewann das Jahrhundert der Aufklärung
dem Stoff mit vorwiegender Tendenz zum Galanten ab. Th. PAR-
NELL (*Hesiod or the Rise of Women,* Verserz. 1721) erzählte mit
galanter Verbeugung vor der Macht der Frau von Pandora, die den
Mann verführt und ihn durch Öffnen der Büchse zum Bösen
anstiftet. Eine Komödie von P. de SAINT-FOIX (*Pandora* 1721)
zeigte Epimetheus als Opfer der Umgarnung. Die Neugier als

verhängnisvolle weibliche Eigenschaft belegten an Pandoras Geschichte lehrhaft-scherzhaft HOUDAR DE LA MOTTE und F. HAGE-
DORN in Fabeln, D. SCHIEBELER (1769) in einem bänkelsängerischen
Gedicht. Breiter ausgeführt findet sich dieser Zug in der Comédie
lyrique von A. PEPOLI (1787), in der Pandora zuerst Prometheus,
dann mit Erfolg Epimetheus zu umgarnen sucht. Quelle allen
Übels ist Pandora und mit ihr die Frau überhaupt für F. SAYERS
(Monodram 1792) und P.-A. VIEILLARD (*La Boîte de Pandore,* Erz.
1802). Zur Gesellschaftskritik erweitert wurde die Frauenkritik in
dem Schäferspiel von A.-R. LESAGE (*Boîte de Pandore,* Dr. 1721),
das Pandoras Eindringen in eine unschuldige Schäferwelt vorführt,
in der ihre Büchse die Leidenschaften der Menschen erweckt und
dadurch Unheil stiftet, ohne daß sie selbst schuldig ist. Dagegen
wird die verhängnisvolle Büchse in einem Comédie-ballet von
P. de SAINT-FOIX (*Les Hommes* 1753) entlastet: die von Prometheus
belebten Menschen sind von Beginn an schlecht, sie folgen der
Dummheit. Noch WIELANDS Lustspiel mit Gesang (1779) steht in
der komödienhaft frauenkritischen Tradition, die sich bis in das 19.
und 20. Jahrhundert erhielt (H. J. BYRON, *Pandora's Box, a Mytholo-
gical Extravaganza* 1866; R. NEILL, Dr. 1888; A. R. DAVAL, Vaudeville 1913).

Eine Beziehung zwischen Pandora und den kulturellen Kräften
der Menschheit stellte bereits CALDERÓNS Schauspiel *La estatua de
Prometeo* (1679) her, das im übrigen auf die nicht-hesiodische
Tradition zurückgriff und in Pandora ein Geschöpf des Prometheus sieht: sie ist Ebenbild der Minerva und erregt die Eifersucht
der Pallas, die durch die personifizierte Zwietracht das Gefäß
sendet, das die Feindschaft der Brüder Prometheus und Epimetheus hervorruft, die beide Pandora lieben; die Verzeihung der
Götter und die Vereinigung von Prometheus und Pandora beenden
das Stück. Diese Grundkonzeption übernahm ein Operntext von
VOLTAIRE (1740; Musik J.-B. de LABORDE 1766), in dem Zeus der
Eifersüchtige und Neider ist, aber der Gewalt der Liebe, die
Pandora und Prometheus verbindet, weichen muß. Auch hier ist
nicht Pandora selbst die Versucherin, sondern, von Zeus geschickt,
kommt Nemesis mit der Büchse und reizt Pandora, sie zu öffnen.
Waren es bei Voltaire Hoffnung und Liebe, die den Menschen zum
Trost verheißen werden, so zeigt sich Pandora in WIELANDS *Traum-
gespräch mit Prometheus,* das dem Aufsatz *Über die von J. J. Rousseau
vorgeschlagenen Versuche, den wahren Stand der Natur des Menschen zu
entdecken* (1770) angehängt ist, als Trägerin des Fortschritts, durch
den die Menschheit den von Rousseau gepriesenen Urzustand
notwendigerweise überwand. Die lockenden und zugleich gefährlichen Trugbilder der Büchse sind schon der Auffassung GOETHES
verwandt. Vollends fungiert Pandora als Bildungsmittlerin in dem
schon oben erwähnten Lustspiel Wielands: die von Zeus als Verderberin der Geschöpfe des Prometheus auf die Erde geschickte
Pandora bringt zwar mit ihrer Büchse die Leidenschaften unter die
Menschen, aber deren schlimmste Auswirkungen werden durch

die Göttin des Friedens, die Musen und die Hoffnung, die als
Tochter aus der Verbindung zwischen Prometheus und der zurückkehrenden Pandora hervorgehen wird, verhindert. Das Fest-
spielartige, in das Wielands kleines Spiel ausklingt, nahm HERDER
in den Szenen des *Entfesselten Prometheus* (1802) auf, in denen die
wiedergekehrte Pandora als Verkörperung der Humanität dem
befreiten Erzieher der Menschen beigesellt wird.

Konnte GOETHE in dem Festspiel *Pandoras Wiederkunft* (1807) mit
dem festlich getragenen Charakter des Werks und der kulturellen
Funktion der Titelgestalt auf Wieland und Herder aufbauen, so hat
er zugleich mit der Neufassung der Prometheus-Gestalt an Herders
Gespräch *Voraussicht und Zurücksicht* (1795) und damit an einen weit
zurückreichenden Entwicklungsstrang anknüpfen können, der
von Plato über Bacon führt und durch den der Kulturbringer
Prometheus eine Abwertung und Einengung, sein Bruder Epimetheus aber eine Wertsteigerung als Bewahrer der Hoffnung erfuhr.
In Herders Gespräch stehen sich die Brüder bereits ähnlich wie in
Goethes Festspiel gegenüber: Prometheus als personifizierte Vernunft, der Bruder als Leichtsinniger und Träumer, der sich jedoch
auf das Festhalten der Hoffnung als sein Verdienst berufen kann.
Während das *Prometheus*-Fragment des Stürmers und Drängers
Goethe (1773) dem Empörer und Genie galt, neben dem Pandora
nur die Nebenrolle des töchterlich vertrauten Lieblingsgeschöpfes
spielte, scheint in *Pandoras Wiederkunft* der nüchterne Tatmensch
Prometheus hinter dem künstlerisch empfindenden Epimetheus
zurückzutreten, der von der Erinnerung an sein in Pandora dahin-
geschwundenes Glück lebt. Ihre Wiederkehr soll ein neues Zeitalter einleiten; nicht böse Leidenschaften, sondern liebliche Träume
und Bilder enthält ihre Büchse, und die Allegorien der Wissenschaften und Künste, die einer sich öffnenden »Kypsele« entstei-
gen, deuten die echten Gaben Pandorens an. Der sich mit Pandora
Verschwinden verbindende Entsagungsgedanke klingt nach in den
Zeilen der *Elegie* von 1828: »Sie prüften mich, verliehen mir
Pandoren, so reich an Gütern, reicher an Gefahr«, die zugleich das
Verführungsthema anschlagen. Die Bedeutsamkeit, die Goethe
der Gestalt Pandoras beilegte und die P. HACKS (1980) in seiner
Fortschreibung zu wahren suchte, wirkte bei C. SPITTELERS erneu-
ter Auseinandersetzung mit dem Prometheus-Mythus fort (*Prome-
theus und Epimetheus. Ein Gleichnis* 1880/81).

D. Panofsky / E. Panofsky, Pandora's Box. The Changing Aspects of a Mythi-
cal Symbol, New York 1954; W. Kohlschmidt, Goethes Pandora und die Tradition (in: Kohlschmidt, Form und Innerlichkeit) 1955; R. Trousson, Le Thème de
Prométhée dans la littérature européenne, Genf 1964; J. T. McCullen jr. / L. E.
Bowling, Literary Corruptions of an Ancient Myth, (Southern Folklore Quarterly XXVIII) 1964.

**Paracelsus.** Das Für und Wider um den Arzt und Naturforscher
Theophrastus Bombastus von Hohenheim (lat. »Paracelsus«, 1493
bis 1541), der als Professor in Basel die Werke des Galen und

Avicenna verbrannte, wegen Quacksalberei angeklagt wurde, floh, durch Europa wanderte, zahlreiche medizinisch-naturphilosophische Schriften publizierte und früh in Salzburg starb, spiegelt sich in frühen Spott- und Huldigungsgedichten, unter denen das 1639/40 entstandene *Encomium* P. FLEMINGS das bedeutendste ist. Während die Geltung des Paracelsismus in England am Werk von Th. NASHE, SHAKESPEARE, Ben JONSON und J. DONNE ablesbar ist, kennt die deutsche Volkssage mit ersten anekdotischen Ansätzen zur Stoffbildung nur einen Scharlatan oder den mit unheimlichen Kräften begabten Erfinder eines Lebenselixiers.

Die Märchendichtung (Ch. M. WIELAND, *Die Geschichte vom Prinzen Biribinker* 1764; FOUQUÉ, → *Undine* 1811; E. T. A. HOFFMANN, *Der goldene Topf* 1814) machte dann Paracelsus' Lehre von den Elementargeistern poetisch fruchtbar. NOVALIS wollte die Gestalt im *Heinrich von Ofterdingen* (1802) verwerten, und gewisse Züge an GOETHES → Faust haben wohl R. BROWNINGS *Paracelsus* (1835) mit angeregt. Trotz geringen Aufgebots an historischen Fakten ist in diesem dramatischen Gedicht die revolutionierende Persönlichkeit mit ihrem faustischen Erkenntnisdrang und dem Sendungsbewußtsein erfaßt; Paracelsus scheitert, weil er über den Verstandeskräften die Liebe und das Mitgefühl mit den Menschen verkümmern ließ. Brownings Werk ausgenommen, wurde der Stoff lange Zeit nur auf der Ebene abenteuerlich-phantastischer Unterhaltungsliteratur behandelt. Bezeichnend ist gleich A. FABRE D'OLIVETS Roman *Un médecin d'autrefois* (1830): der Held wird in die Kämpfe der Sektierer unter Thomas → Münzer und in die Bauernkriege verwickelt, er liebt die Frau eines Feindes, den er im Kampf erschlägt, so daß er auf die Geliebte verzichten muß; aus Kummer wird er zum Trinker und stirbt vereinsamt. Ein Gedichtzyklus von C. A. BRUHIN (1857) verwertete Motive dieses Romans. Noch phantastischer ist die Handlung in einem Roman C. SPINDLERS (*Das Diamantenelixier* 1855): ein Schüler des Wunderarztes vergißt, diesem in seiner Todesstunde das verjüngende Diamantenelixier einzugeben, nimmt es statt dessen selbst und wird unglücklich, weil es nur dem Reinen und Starken bestimmt war.

Die Figur der Volkssage lebte wieder auf in der episodischen Rolle eines Zauberers und Scharlatans (J. NESTROY, *Lumpazivagabundus,* 2. Teil 1834; F. GRÄFFER, *Kleine Wiener Memoiren zur Charakteristik Wiens und der Wiener* 1845; K. GUTZKOW, *Hohenschwangau,* R. 1867; C. CROME-SCHWIENING, *Die Wunderkur,* Schwank 1898) oder eines trinkfesten Zechers (H. WITTMANN/J. BAUER/C. MILLÖCKER, *Die sieben Schwaben,* Oper 1888; F. KEIM, *Paracelsus von Hohenheim,* Gedicht 1912). Noch bei C. F. MEYER (*Huttens letzte Tage* 1871) ist Paracelsus ein suspekter Prahlhans, bei A. SCHNITZLER, dessen *Versspiel* (1890) Hofmannsthal zu einem Dramenplan anregte, ein frivoler Abenteurer, bei R. KRALIK (Volksschauspiel 1925) ein Wunderdoktor und Zauberer. Das ernste Paracelsus-Drama behandelte wiederholt die Auseinandersetzung mit wissenschaftlichen Gegnern, die meist als Abwehr bösartiger Intrigen aufgefaßt wurde (V. P. WEBER 1851; A. J. SCHINDLER 1858; Th. CURTI 1894). C. HEPP (Dr. 1907) machte seinen Helden zum Freigeist, A. MÜLLER (*Paracelsus und der Träumer,* Traumspiel 1910) zum Vertreter brüderlich-pazifistischer Haltung.

Vita und Gedankengut des Paracelsus haben auch im 20. Jahrhundert zu Gestaltungen angeregt. Eine dichterische Überhöhung, wenn wohl auch eine weltanschauliche Überforderung erfuhr der Stoff durch E. G. KOLBENHEYERS Romantrilogie (1917–25). Paracelsus ist hier nicht nur Vorkämpfer für die Lösung der Medizin aus dogmatischer Enge, sondern einer neuen geistesgeschichtlichen Epoche. Kolbenheyers wissenschaftlich fundiertes, neu akzentuierendes Paracelsusbild bestimmte außer unmittelbar abhängigen Werken (G. MÜLLER, Dr. 1925; G. W. PABST / K. HEUSER, Film 1942) auch biographische Romane, die sich von Mystifizierung und Archaisierung freimachten (M. v. HAGEN, *Landfahrer sind wir* 1939; P. PETERNELL, *Der König der Ärzte* 1941; R. SCHUDER 1955; R. HARMS 1961; J. L. BORGES, *La rosa de Paracelso,* Erz. 1977). Das moderne Theater hat die wissenschaftliche und soziale Kampflage (H. REITZ, *Das Wunder des Parazelsus* 1942; R. BILLINGER 1943; Mika WALTARI, *Paracelsus Baselissa,* finnisch 1953; C. BRESGEN, Oper 1959; M. MELL, *Paracelsus und der Lorbeer,* 1964), die Lyrik seit Ezra POUNDS *Paracelsus in excelsis* (1909) mehr den Denker und Gottsucher behandelt (E. SPANN-RHEINSCH, *Parazelsus und sein Jünger* 1921; H. F. BLUNCK, *Parazelsus singt* 1931; G. BEER, *Paracelsus in Salzburg* 1941; M. Mell 1952).

H. Müller, Die Gestalt des Paracelsus in Sage und Dichtung, Wien 1935; E. H. Reclam, Die Gestalt des Paracelsus in der Dichtung, Diss. Leipzig 1938; K.-H. Weimann, Paracelsus in d. Weltliteratur, (Germ.-Rom. Monatsschr. NF 11) 1961.

**Paris** → Achilleus, Helena, Trojanischer Krieg

**Parzival.** Die Gestalt des Gralssuchers Parzival gehört ausschließlich der Sage und Dichtung an. Sie erscheint in der Literaturgeschichte zuerst in der *Conte del Graal* (1180/90) des CHRÉTIEN DE TROYES und dürfte im wesentlichen auch dessen Erfindung sein. Perceval wird von seiner Mutter in der Einsamkeit des Waldes erzogen, damit er vor dem ritterlichen Leben und Tode seines Vaters bewahrt bleibt. Aber das Blut des Vaters regt sich in ihm, die Mutter muß ihn ziehen lassen. Er gelangt an König Arthurs (→ Artus) Hof und zeigt im formlosen, aber tapferen Kampf mit dem Roten Ritter (Ither), seinem Verwandten, den er erschlägt, daß er ein großer Ritter werden wird. Gornemant de Goort unterweist ihn in den Formen höfischen Lebens und warnt ihn vor neugierig taktlosen Fragen. Diese Warnung verhindert den jungen Ritter, auf der Gralsburg, auf der er die Herrlichkeit des Grals, die blutende Lanze und den leidenden Fischerkönig (Amfortas) sieht, nach dem Sinn dieser Erscheinungen zu fragen. Er verscherzt so die Möglichkeit, den König durch seine Frage zu erlösen und sich selbst die Gralsherrschaft, die ihm bestimmt ist, zu erwerben. Er wird daher, nachdem er bei Arthur in die Gemeinschaft der Tafelrunde aufgenommen worden ist, von der Gralsbotin verflucht. Er schwört, nirgends länger als eine Nacht zu rasten, bis er den Gral wiedergefunden habe; Gauvain, sein Freund, zieht gleichfalls auf Abenteuer aus. Perceval durchstreift jahrelang die Länder, ohne die Gralsburg wiederzufinden, bis er an einem Karfreitag zu einem Einsiedler gewiesen wird, der ihn über seine ↑ Herkunft, seine Verwandtschaft mit den Gralskönigen – der Einsiedler selbst ist ein Onkel Percevals – und über die Geheimnisse des Grals aufklärt. Während der sich hier anschließenden Darstellung der Abenteuer Gauvains bricht das unvollendete Werk Chrétiens ab.

Abgesehen von der nach Art eines Dümmlingsmärchens erzählten Jugendgeschichte, entspricht die Geschichte Percevals ganz dem Schema der übrigen Artus-Romane Chrétiens. Die auch in diesen Epen vorherrschende Konzentration auf die innere Entwicklung des Helden wird hier jedoch verstärkt durch den geheimnisvollen und als Instrument sittlicher Läuterung fungierenden Gralsbezirk. Die Verbindung des rein weltlichen Artus-Stoffes mit dem Gral-Motiv, ja überhaupt die Schaffung einer Gralslegende geht zurück auf ROBERT DE BORONS *Estoire del Graal* (1170/80), die Fragment blieb und von deren späterer Prosabearbeitung nur die ersten beiden Teile mit Sicherheit auf Robert de Boron zurückgehen. Im ersten Teil, dem *Joseph*, gestaltete er vor allem das *Evangelium Nicodemi* aus und erzählte die Geschichte des Abendmahlskelches, in dem das Blut Christi aufgefangen und der von Joseph von Arimathia zum Kultgefäß einer christlichen Gemeinde gemacht wurde; Robert de Boron konnte sich darin auf mystische Vorstellungen Bernhard von Clairvaux' stützen. Der zweite Teil, *Merlin*, berichtet von einem teuflischen Plane zum Sturze des Grals und des Christentums, der aber durch → Merlin und seinen Zögling Artus zunichte wird; Artus wird eine große Aufgabe in der Geschichte des christlichen Rittertums zufallen. Der fehlende Schluß von Robert de Borons Werk mit der Rettung und Wiedereinsetzung des Grals dürfte Chrétien angeregt haben, die Rolle dieses Retters dem Artusritter Perceval zu übertragen. Die späteren Fortsetzer Robert de Borons haben die Perceval-Handlung benutzt, um dem Torso des Gralsromans einen dritten, abschließenden Teil anzufügen. Bei Chrétien sind Gral und Gralsburg eine neue, den Artusrittern bis dahin unbekannte Welt, in späteren Artus-Romanen werden der Gral und seine Wirkungen als etwas Bekanntes vorausgesetzt. Dem Parzival-Stoff aber wurde durch das Gral-Motiv eine selbständige, mit dem Artus-Stoff manchmal nur noch lose verknüpfte Entwicklung zuteil.

In WOLFRAMS VON ESCHENBACH auf Chrétien aufbauendem *Parzival* (1200/10) wurde der Gral zum zentralen Thema; Parzivals ganzer Weg ist auf die Erwerbung des Gralskönigtums ausgerichtet, und auch die Geschichte seiner Eltern Gahmuret und Herze-

loyde, seines Halbbruders Feirefiz und der beiden Kinder Lohenan-
grin (→ Schwanritter) und Johannes ist auf dieses Thema abge-
stimmt. Der religiöse Weg über »zwîfel« und Gottestrotz zu der
durch die Begegnung mit Trevrizent ausgelösten Reue und Demut, die dann zu Gnade und »saelde« im Besitz des Grals und der
geliebten Frau Condwiramurs führt, erscheint gegenüber Chrétien
wesentlich vertieft. Vor dem geistlichen Rittertum des Grals, das
jedoch nicht weltverneinend, sondern heilig und weltlich zugleich
ist, verblaßt der Glanz der nur weltlichen Artusritter.

Bei Chrétien und Wolfram zeigt sich der Parzival-Stoff als
exemplarisch epischer Stoff, dessen motorisches Element die Suche nach einem verheißenen Glück ist; diese Suche ermöglicht die
typisch epischen Umwege, Abschweifungen und retardierenden
Momente. Da diese Suche zugleich sittliche Bewährung bedeutet,
verlangt sie seelische Entwicklung, die in der Entfaltung vorbe-
stimmter Qualitäten eines Menschen dargestellt wird. Abenteuerliche Buntheit der äußeren, seelische Bewegtheit der inneren
Handlung verbinden sich. Die Gefahr des Abgleitens in das rein
Abenteuerliche war schon durch die Verknüpfung der Parzival-
Handlung mit der Gawan-Handlung gegeben und führte zum
Anschwellen des Stoffes in den Bearbeitungen des späten Mittelalters. Die Gefährdung der Handlung durch eine Übersteigerung des
geistigen Gehalts zeigte sich erst in der neueren Literatur.

Außer Weiterbildungen von Gawans Abenteuern haben die bald
folgenden französischen Fortsetzer Chrétiens (GAUCHER DE DE-
NAIN, MANESSIER, GERBERT, alle 1220/30) lediglich die Parzival-
Handlung zu Ende geführt. Auch norwegische (*Parcevalssaga*),
englische (*Sir Perceval* Mitte 14. Jh.) und kymrische Übersetzer
blieben von Robert de Boron unbeeinflußt. Die späteren französischen Prosaversionen versuchten die Parzival-Handlung jedoch
wieder in die von diesem angestrebte Geschichte des Grals einzubauen (*Joseph-Merlin-Perceval* um 1230; *Estoire del saint Graal* 1260);
man übertrumpfte Parzivals Gestalt sogar durch einen zweiten
makellosen Gralssucher, Lanzelots Sohn Galahad (*Queste del saint
Graal* 1250), ähnlich wie in Deutschland der *Jüngere Titurel* (um
1270) eine Geschichte des Gralskönigtums gab.

Die Erneuerung des Parzival-Stoffes begann in Deutschland mit
BODMERS auszughaften Nachdichtungen *Der Parcival* (1753) und
*Gamuret* (1755) sowie mit seinem Gedicht *Jestute* (1781) und in
Frankreich mit dem Abdruck in Graf TRESSANS *Bibliothèque universelle des romans* (1775). Empfehlungen A. W. SCHLEGELS in seinen
Berliner Vorlesungen (1803/04) und eine Abhandlung BÜSCHINGS
(1809) wiesen die Romantiker auf den Stoff hin, jedoch bedeuten
ein Plan UHLANDS (1812), ein ungedrucktes Drama FOUQUÉS und
die Verwendung des Gral-Motivs in IMMERMANNS *Merlin* (1832)
kaum Ansätze. Erst die Ausgabe LACHMANNS (1833) und vor allem
die Übersetzungen SAN MARTES (1836–41) und SIMROCKS (1842)
machten den Stoff bekannt, der dann durch WAGNERS Musikdrama
(1877) allgemeines Interesse gewann. Der geschichte und von

historischen Rücksichten nicht belastete Griff nach dem dramatisch Verwendbaren, der Wagner bei der Dramatisierung mittelalterlicher Sagen auszeichnete, ließ ihn den gesamten Artus-Komplex und damit die Gawan-Handlung ausschalten und Gawans verführerische Abenteuer in Klingsors Schloß auf Parzival übertragen, der ihnen widersteht. Orgeluse und die Gralsbotin Kundrie verschmolzen zu einer Gestalt, die, Verführerin und Büßerin zugleich, durch Reinheit und Mitleid Parzivals von einem Fluch erlöst wird, Tugenden, die ihn auch zur Erlösung des Amfortas und der Gralsburg befähigen. Der Gral als Abendmahlsheiligtum hat eine ähnliche Funktion wie bei Robert de Boron.

TENNYSON (*The Holy Grail* in *Idylls of the King* 1869) hatte dagegen, auf MALORYS *Morte Darthur* (1470) fußend, Galahad zum Gralserben gemacht; Parzival darf nur Zuschauer sein und muß in die Welt zurückkehren, die er jedoch nur noch hinter Klostermauern erträgt. H. St. CHAMBERLAINS drei an Wagner orientierte *Parsifalmärchen* (1892–1894) leiten über zur Neuromantik, die den Stoff gern als typisch deutsch in Anspruch nahm, in Parzival das Sinnbild der »deutschen Seele« oder des deutschen Gottsuchertums sehen wollte. Der Parzival A. SCHAEFFERS (1922) findet erst nach lebenslangem Irren durch die Welt zum Gral, der S. v. d. TRENCKS (1926) gelangt durch das Bild des leidenden Heilands zur Erkenntnis. Nacherzählungen, auch in Versen (R. v. KRALIK, *Die Gralssage,* 1907), oft als Jugendlektüre gedacht, sorgten für Popularisierung (F. SIKING 1907, W. VESPER 1911, H. v. WOLZOGEN 1922); G. HAUPTMANNS *Parzival* (1914) erfährt die Wunder des Grals durch Bücherstudium; er dient als Knecht, bis ihn Gornemant zum Gral holt. Stationen auf Parzivals Weg sind im Einzelgedicht (E. STADLER, *Parzival vor der Gralsburg* 1914; F. LIENHARD, *Parsifal und der Büßer* 1926) und auch in zyklischen Dichtungen (K. VOLLMÖLLER, 1897–1900) festgehalten worden. An Übertragungen auf moderne Sucherfiguren versuchten sich E. G. KOLBENHEYER (*Monsalvatsch,* R. 1911) und F. LIENHARD (*Der Spielmann,* R. 1913).

In der Gegenwart erscheint ein wesentlich härter gezeichneter Parzival, dessen tölpelhafte, gewaltsame Züge betont werden und der an der Epochenschwelle zur Neuzeit den Gralshoffnungen ein Ende setzt (A. MUSCHG, *Der rote Ritter,* R. 1993), ähnlich wie er bei T. DORST (*Merlin oder das weite Land,* Dr. 1981) und Ch. HEIN (*Die Ritter der Tafelrunde,* Dr. 1989) unter den Vertretern der verfallenden Tafelrunde fungiert. P. HANDKES *Das Spiel vom Fragen* (1989) greift das Motiv der unterlassenen Frage auf.

W. Golther, Parzival in der deutschen Literatur, 1929; M. Pertold, Die Parzivalgestalt in der neuen Dichtung, Diss. Wien 1935; H. Adolf, Visio Pacis, Philadelphia 1960; C. Wasielewski-Knecht, Studien zur deutschen Parzival-Rezeption in Epos und Drama des 18.–20. Jahrhunderts, 1993.

**Pathelin** → Maître Pathelin

**Paulus.** Aus dem Leben des Apostels Paulus (gest. um 64 n. Chr.), der als strenggläubiger Jude Saulus an den Christenverfolgungen teilnahm, vor Damaskus seine Bekehrung erlebte, dann weitreichende und gefahrvolle Missionsreisen unternahm, bei einem Aufenthalt in Jerusalem verhaftet und auf eigenen Wunsch vor das kaiserliche Gericht nach Rom gebracht wurde, wo er zwei Jahre in Untersuchungshaft verbrachte, haben vor allem zwei Ereignisse die Dichtung angezogen: seine Bekehrung und sein Tod, nach legendärer Tradition eine unter Nero erfolgte Hinrichtung.

Die frühchristliche Paulus-Dichtung entwickelte sich aus der liturgischen Feier zum Fest von Pauli Bekehrung (25. Januar). Die *Conversio beati Pauli apostoli* (13. Jh.) umriß das Ereignis in unverbundenen Szenen mit der Verfolgung der Christen, dem Blitz, der Paulus vor Damaskus vom Pferde wirft, und der Stimme Christi, der Rückkehr des Bekehrten unter die Christen Jerusalems, während die *Conversion of St. Paul* (Ende 15. Jh.), in der die Verfolgungswut des Paulus als Ausdruck der Superbia erscheint, die Vorgänge realistisch ausgestaltet. In Frankreich stellte *La Conversion S. Pol* (15. Jh.) die Bekehrung in den größeren Zusammenhang mehrerer Mysterien, die sich zu einer Paulus-Vita zusammenschlossen, und eine solche bezog dann das großangelegte *Mystère des Actes des Apôtres* (entst. 1450/1500, Druck 1537) der Brüder A. und S. GRÉBAN in eine ganze Apostelgeschichte ein.

Die Renaissance entdeckte auch die epische Komponente des Stoffes und poetisierte die Reisen des Apostels (Marcus JORDANES 1512), wobei Paulus als eine Art christlicher Äneas und Überwinder des heidnischen Götterglaubens dargestellt werden konnte (P. ROSETTUS, lat. Epos 1522). Für die protestantische Literatur gewann LUTHERS Sympathie für Paulus Bedeutung. Bekehrung im Sinne der Reformation wurde vor der Folie einer Ständesatire (V. BOLTZ, *Sant Pauls bekerung,* Dr. 1546) und zur Verdeutlichung moralischer Lehrsätze sichtbar gemacht (J. STRUTHIUS, *Die Bekerung S. Pauli,* Dr. 1572; J. BRUMMERUS, *Tragicomoedia Actapostolica* 1592) und sogar als Strafe für Paulus' Irrtum aufgefaßt (Achatius CURAEUS, *Historia Conversi Pauli,* Epos 1562).

Mit dem beginnenden Barock verlagerte sich das Interesse von der Moralisierung auf die Demonstrierung der Affekte, der teuflischen Zerstörungswut des Christenverfolgers, der Verzweiflung des von Gott geschlagenen Blinden und schließlich der stoischen Ruhe des Erleuchteten (C. REPPUSIUS, *Conversio D. Pauli Apostoli,* Epos 1581). Um den »Tyrannen« Paulus zu zeigen, verlegte man sogar die Bekehrung in den 5. Akt (C. SCHONAEUS, *Saulus,* Dr. 1591). Vielfach, vor allem im Drama der Jesuiten, rückte das anfänglich noch behandelte Bekehrungsthema (J. GRETSER, *De Conversione S. Pauli* 1592, verloren) nicht nur in den Rahmen einer allegorisierenden Gesamtdarstellung der Paulus-Vita (*Die teutsche Comoedi von dem H. Apostel Fürsten Paulo,* Ingolstadt 1631), sondern trat hinter dem ↑ Märtyrer-Motiv zurück, das den Tod der Apostel Paulus und Petrus verband. Die ↑ Tyrannen-Funktion übernahm dabei der

Gegenspieler Nero, während der Magier Simon die teuflischen Gewalten vertrat (J. van den VONDEL, *Peter en Pauwels* 1641; *Petrus und Paulus*, Augsburg 1659; *Tyrannus Sibi ipsi Tyrannus*, Amberg 1721; *Petrus et Paulus*, Köln 1736). Im 18. Jahrhundert schob sich das dem aufklärerischen Läuterungsgedanken näherstehende Bekehrungsthema wieder in den Vordergrund (*Saulus Christi fidem amplectens*, Ypern 1743; F. X. SCHERER, *S. Paulus* 1772).

Erst im Gefolge der Romantik erwachte das Interesse an dem Stoff erneut. Bezeichnenderweise schien jetzt aber der genialische, von weltschmerzlicher Langeweile angekränkelte Nero die interessantere Figur, während zur »Vermenschlichung« des Apostels ein Liebes- und Heimatkonflikt eingebaut wurde (S. WIESE, Dr. 1836) und man ihn sogar nicht als Märtyrer, sondern von der Hand eines jüdischen Nationalisten sterben ließ (W. ANGELSTERN, Dr. 1836). In der zweiten Hälfte des 19. Jahrhunderts tritt Paulus nur noch im Schatten der Nero-Figur als Repräsentant des christlichen Zeitalters auf (R. BUNGE, *Nero*, Dr. 1875; K. WEISER, *Nero*, Dr. 1881; F. v. HINDERSIN, *Nero*, Dr. 1886). W. BÖLSCHE schrieb einen Paulus-Roman (1885) vom Standpunkt der Naturphilosophie.

An der Neubelebung des in dem Stoff beschlossenen religiösen Gehalts dürfte die symbolische Verwendung des Damaskus-Erlebnisses durch STRINDBERG (*Nach Damaskus*, Dr. 3 Teile 1898 ff.) beteiligt gewesen sein. Sowohl der Impressionismus als auch der Expressionismus huldigten der Vorstellung von einem »neuen Menschen«, für die das Damaskus-Erlebnis als Augenblick der Sprengung alter Fesseln galt (M. GREIF, *Pauli Bekehrung*, Epos 1909; H. MUCH, *Zwei Tage vor Damaskus*, R. 1913; K. CHRISTIANSEN, *Saulus*, R. 1914; W. GERMAN, *Der Paulusjünger*, Dr. 1922). Bei F. WERFEL (*Paulus unter den Juden*, Dr. 1926) war das Motiv der Wandlung und des Generationskonfliktes entscheidend, er sah in Damaskus die tragische Stunde des Judentums. Die Lösung vom Dogma konnte sich jedoch im Gefolge von Nietzsches Kritik, der in Paulus den dogmatischen Vergewaltiger von Jesus' Botschaft sah, auch als Abwendung von Paulus darstellen (W. WALLOTH, *Der neue Heiland*, R. 1909). Im Fahrwasser rationalistischer Bibelkritik bewegte sich G. MOORE mit *The Apostle* (Dr. 1911), dessen Held den Glauben an den auferstandenen Jesus aufgibt, wogegen F. NABOR (*Mysterium crucis*, R. 1912) ihn als Zeugen des historischen Christus einsetzte, R. HENZ (*Die große Entscheidung*, Dr. 1954) seine Auseinandersetzung mit dem Judenchristentum behandelte, R. LAUCKNER (*Der Sturz des Apostels Paulus*, Dr. 1948) erneut den Gott suchenden und erkennenden Paulus des Damaskus-Erlebnisses zeigte. Statt der bühnenmäßigen Repräsentation dieses mystischen Erlebnisses brachte die Oper *Damaskus* von O. STURM / W. RADEKE (1989) dessen Umsetzung in eine Gerichtsverhandlung, in der die Richter durch Zeugenbefragung zu erkunden suchen, wie der Verfolger einer dubiosen Sekte zu ihrem Vorkämpfer wurde. Der moderne Roman schilderte die Wege des Heidenbekehrers vor dem zeitgeschichtlichen Hintergrund (H. ESCHELBACH, *Der unbe-*

*kannte Gott* 1936; Sch. Asch, *The Apostle* 1943; G. Ellert, *Paulus aus Tarsos* 1951), den auch die romanhafte Biographie D. Hilde-brandts (*Saulus/Paulus. Ein Doppelleben* 1989) einbezieht, während sie den Leidensweg des oft zwiespältig wirkenden Missionars verfolgt, der durch seine Trennung vom jüdischen Gesetz zum Begründer der christlichen Kirche wurde, deren paulinischen Cha-rakter wiederum G. Messadié (*Ein Mann namens Paulus,* R. 1991) unter Einfluß Nietzsches als Fehlentwicklung auffaßt, die Christi Botschaft zu einer Ideologie pervertiert habe.

W. Emrich, Paulus im Drama, 1934.

**Pedro der Grausame.** Das Leben Pedros I. (1334–1369), Königs von Kastilien, der nach seinem Regierungsantritt die Geliebte seines Vaters hinrichten ließ, dadurch in Feindschaft zu seinen Halbbrü-dern Enrique, Tello und Fadrique geriet, seine eigene Frau, Blanca von Bourbon, wegen angeblichen Ehebruchs, in Wahrheit aus Leidenschaft zu Maria de Padilla, beseitigte, exkommuniziert wurde und schließlich dem Bündnis Enriques mit Aragón unterlag, 1369 bei Montiel besiegt und von seinem Bruder Enrique getötet wurde, ist durch die zeitgenössische *Crónica* des Pero López de Ayala (1332–1407) überliefert worden. Ayala schildert aus guter Kenntnis und in farbiger, eingehender Darstellung den König als grausamen, lüsternen und skrupellosen ↑ Tyrannen, auf dessen böses Ende Prophezeiungen hinweisen. Die frühen Romanzen über den König sind nahezu sämtlich von Ayala inspiriert (*Romancero del Rey Don Pedro,* hg. A. Pérez Gómez 1954). Seit der *Cuarta Crónica general* setzte jedoch im 16. Jahrhundert eine Rehabilitierung des Königs ein, die der Sympathie des Volkes für dessen Härte gegen-über dem Adel entsprach: aus dem grausamen wurde ein gerechter König.

Die Umfärbung in einen gerechten König ist zum großen Teil das Werk des klassischen spanischen Dramas des 17. Jahrhunderts, das jedoch nicht auf Ayala als unerschöpfliche Quelle dramatischer Motive und auf die düsteren, unheimlichen Züge verzichtete, mit denen die Gestalt Pedros nur interessanter wurde. Das Drama spiegelt so den anhaltenden Widerspruch zwischen Ayala und der Volkstradition und überliefert in vielen Fällen ein zwiespältiges Bild des Königs. Seine zahlreichen, vor keiner Gewalt und Unehr-renhaftigkeit zurückschreckenden Frauenabenteuer (Lope de Vega, *Lo cierto por lo dudoso* 1630; ders., *La Carbonera* 1635; A. de Claramonte, *Deste agua no beberé* 1630; A. E. Gómez, *A lo que obliga el honor* 1642; J. de la Hoz y Mota, *El Montañés Juan Pascual* Ende 17. Jh.; J. de Cañizares, *Yo me entiendo y Dios me entiende* Anf. 18. Jh.) führen zu Auseinandersetzungen mit Brüdern und Vasal-len. Auf der anderen Seite erscheint Pedro als gerechter Richter und vorbildlicher Ahnder von Ehrvergehen (Lope/Calderón, *El mé-dico de su honra* 1633 und 1641; Lope oder Tirso de Molina, *El Rey Don Pedro en Madrid ó el Infanzón de Illescas* 1633; Lope, *Audiencias del Rey Don Pedro;* J. Ruiz de Alarcón, *Ganar amigos* 1634; A. Moreto, *El valiente justiciero* 1657; J. de la Hoz y Mota, *El Montañés Juan Pascual*). Andere Autoren geben nur einen neutralen Bilderbogen seines Lebens (J. Pérez de Montalbán, *La puerta Macarena* um 1630). Zu tragischer Wirkung kommt die Zwiespältigkeit der Königsgestalt in dem häufig Lope zugeschriebenen *El Rey Don Pedro en Madrid ó el Infanzón de Illescas* (1633), das von Moreto als *El valiente justiciero* (1657) nachgeahmt worden ist: während sich der König als unbeugsamer Gerechtigkeitseiferer betätigt, wird er durch die Erscheinung eines von ihm gemordeten Priesters daran gemahnt, daß er selbst einer höheren Gerechtigkeit verfallen ist, deren Vollstrecker sich in Enrique anzeigt. J. Zorrilla (*El Zapatero y el Rey*, Dr. 1841) hat die Königsgestalt in dieser Zwiegesichtigkeit erneuert.

Als im 18. Jahrhundert das spanische Drama unter den formalen Einfluß des französischen Klassizismus geriet, drangen gleichzeitig spanische Stoffe nach Frankreich. De Belloy (1727–1775) schrieb ein dem geregelten französischen Geschmack nicht zusagendes Drama um den als grausame Bestie erscheinenden König (*Pierre le Cruel*). 1730 griff Voltaire den Stoff auf (*Don Pèdre*) und gestaltete ihn entgegen der historischen Überlieferung um: ein sentimentaler, philosophierender König ist hier der Verteidiger der öffentlichen Freiheit und fällt der Intrige Don Enriques und der Unduldsamkeit der Kirche zum Opfer; mit Enrique erst gelangen Tyrannis und Verbrechen auf den Thron. Das klassizistische Drama Spaniens dagegen machte die unschuldige, sanfte Dulderin Doña Blanca zur Heldin (D. de Villanueva y Solís, *Blanca de Bourbón*; J. M. Iñiguez, *Doña Blanca* 1806; A. Gil y Zárate, *Blanca de Bourbón* 1835; J. de Espronceda, *Doña Blanca de Borbón* 1870). Neben den grausamen König trat hier als Mithelferin meist die stolze intrigante Geliebte Maria de Padilla. Grillparzers Jugenddrama *Blanka von Kastilien* (1807–09) machte den des Ehebruchs mit Blanka angeklagten Halbbruder des Königs Fedriko (= Fadrique) zum eigentlichen Helden und näherte ihn und den gesamten Konflikt Schillers *Don Karlos* an. Leconte de Lisle hat das Ende Blancas in einer Romanze nachgedichtet (*La Romance de Doña Blanca*). Die spanische Romantik kehrte zu der hier traditionellen Bühnengestalt eines Frauenjägers zurück (P. Sabater, *Don Enrique el bastardo* 1841; A. Lasso de la Vega, *La juglaresa* 1867). Mehrfach ist das Schicksal der Doña Maria Coronel dramatisiert worden, die sich entstellte, um den Werbungen des Königs zu entgehen (L. A. de Cueto 1844; L. de Retes / F. Pérez y Echevarrya 1872). H. Heine (*Spanische Atriden* 1851) und Leconte de Lisle (*La romance de Don Fadrique*) haben die Ermordung des unglücklichen Don Fadrique in Romanzen besungen; der Zusammenhang, in den Heine dieses Schicksal stellte, bringt zum Ausdruck, daß die Bluttaten des Don Pedro sich in den Racheakten seiner Nachfolger fortsetzten.

J. R. Lomba y Pedraya, El Rey D. Pedro en el Teatro, (Homenaje á Menéndez

**Pedro der Grausame von Portugal** → Ines de Castro

**Pelayo** → Rodrigo, der letzte Gotenkönig

**Penelope** → Odysseus

**Penthesilea** → Achilleus

**Persephone.** Die den Vegetationsmythos versinnbildlichende Erzählung von Persephone (lat. Proserpina), die ihrer Mutter, der Fruchtbarkeitsgöttin Demeter (lat. Ceres) von Hades (lat. Pluto), dem Herrn der Unterwelt, geraubt wird und auf Bitten der Mutter, die ihre Tochter auf der ganzen Erde verzweifelt sucht und schließlich aus Groll die Erde verdorren läßt, von Zeus für die Hälfte des Jahres der Mutter, für die andere ihrem Gatten Hades zugesprochen wird, ist der europäischen Literatur vor allem in den dichterischen Fassungen Ovids überliefert worden. In den *Fasti* stellte Ovid entsprechend dem elegischen Charakter der Dichtung den Leidensweg und die Stationen der Ceres bei der Suche nach ihrem Kinde dar. Gegenüber dem Homerischen Hymnos, der das gleiche Thema behandelte, ist es aus dem mythischen Gefilde von Nisa in das Zentrum des Kornlandes Sizilien verlegt. Die Suche der Ceres bildet in den *Metamorphosen* nur einen Einschub in die Handlung, die mit dem Preise der Göttin und ihres Geschenkes an die Menschheit, des Ackerbaues, einsetzt. Plutos ↑ Frauenraub ist eine Folge der Herrschsucht von Venus, die ihre Macht auch an dem Herrn der Unterwelt und an der keuschen Proserpina beweisen will und Amor befiehlt, Pluto mit dem Pfeil zu verletzen. Ceres findet am Quell den Gürtel der Tochter und erfährt von der Nymphe Arethusa den Sachverhalt. Jupiter macht die Rückgabe Proserpinas davon abhängig, daß jene bei den Unterirdischen keine Speise genossen hat; da Proserpina aber sieben Körner eines Granatapfels aß, gehört sie den Unterirdischen zu und kann nur immer für die Hälfte des Jahres in die Oberwelt zurückkehren. Nach einer wahrscheinlich alexandrinischen Quelle schrieb der letzte bedeutende Vertreter der lateinischen Sprache, Claudius Claudianus (370 bis 404), ein mit dem 3. Buch und der Klage der Ceres abbrechendes Hexameterepos *De raptu Proserpinae*.

Der poesievolle Stoff, der in der elegischen Beziehung zwischen Mutter und Tochter sowie der dramatischen zwischen Proserpina und Pluto zwei – oft getrennt behandelte – Aspekte bietet, zog die

Literatur in zunehmendem Maße an, wobei seine mythischen
Urgründe nie völlig verlorengingen. Die Kenntnis der orphischen
Literatur, die den Kult der eleusischen Demeter spiegelt, hat in
neuerer Zeit diese Urgründe vertieft.

Sowohl Ovid wie Claudianus sind im Mittelalter bekannt gewesen. Proserpina bekommt in den Auslegungen des Mittelalters ein
Doppelgesicht. Durch die Dämonisierung der alten Götter wird sie
die Herrscherin der Hölle, die Frau des Pluto-Luzifer. Nach dem
*Ovide moralisé* (1291/1328) und dem *Ovidius moralizatus* (1342/43),
deren Texte 1484 kompiliert wurden, ist Proserpina die menschliche Seele, die von Pluto-diable in die Hölle, von Jupiter–Christus in
den Himmel gezogen wird. Sie wird Raub des Teufels, weil sie sich
blumenpflückend an die Eitelkeit der Welt verloren hat. Ceres ist
die Mittlerin Kirche. In ihren erotischen Andeutungen geht die
mittelalterliche Auslegung weit über Ovid hinaus: Pluto in domo
sua defloravit Proserpinam. Ein vielleicht von PIERRE DE NESSON
stammendes französisches Versepos *L'Enlèvement de Proserpine* (um
1430) ist eine freie Bearbeitung des Claudianus, reicht jedoch nur
bis zum Raub der Proserpina und behandelt hauptsächlich in
humorvoller Weise die Beratung der Götter über den von Pluto
erhobenen Anspruch auf eine Frau. Das Urteil über die leichtfertige
Proserpina ist hart: sie wird in eine schreckliche Teufelin verwandelt und bleibt ewig Plutos Beute. Neben dieser negativen Beurteilung Proserpinas blieb auch im Mittelalter die Vorstellung von
dem schönen göttlichen Mädchen und sogar eine antike Tradition
erhalten, nach der Proserpina in ihrer Ehe glücklich war. Dadurch
wurde sie eines der vielen Sinnbilder für den Sieg Amors (BOCCAC-
CIO, *Amorosa visione* 1342; G. CHAUCER, *The Merchant's Tale* um
1387; J. GOWER, *Confessio amantis* 1390).

In dem Maße, wie sich die antiken Götter allmählich der mittelalterlichen Moralisation und Dämonisierung entziehen konnten,
verwandelten sich Proserpina aus einem negativen erotischen Sinnbild in ein verherrlichtes und das Höllen-Herrscherpaar in ein
klassisches Liebespaar. Dieses gelangte in das Zentrum höfischer
Feste. Plutos Wagen wurde zu einem der Triumphwagen der
Umzüge, wobei eine wechselseitige Befruchtung von bildender
Kunst und Dichtkunst stattfand. Das J. DU BELLAY zugeschriebene, anonyme *Ravissement de Proserpine* (1556) spielt mit der
Doppeldeutigkeit des Wortes ravissement (Raub, Entzücken),
wendet sich gegen die Liebesauffassung des Petrarkismus und zeigt
eine liebesglückliche Königin. Ceres' Klage und Jupiters Richterspruch sind weggelassen. In TASSOS Proserpina-Kanzone wird das
Thema der Keuschheit und ihres Verlustes vielfältig variiert und
Proserpina als Sinnbild der Liebeserfüllung dargestellt. MARINOS
*Proserpina* (Epos 1620) lehnt sich wieder an Claudianus an und
behandelt Ceres' Suche und Jupiters Richterspruch nicht; Pluto
und Proserpina werden als Musterliebespaar gefeiert. Im Mittelpunkt von A. HARDYS *Ravissement de Proserpine* (entst. um 1611,
Druck 1626) steht das Thema des Raptus virginitatis. Proserpina

widersetzt sich allerdings Plutos Drohungen und Versprechungen, und sie fühlt in der Unterwelt Sehnsucht nach ihrer Mutter. Aber Hardys ironische Schlußwendung will den eigentlichen Charakter der unterirdischen Gefangenschaft aufdecken: die beiden Hälften des Jahres, von denen Proserpina eine bei ihrer Mutter, die andere bei ihrem Mann zubringt, sind so zu verstehen, daß sie tags der Mutter, nachts dem Manne gehört. In dieser Wendung lag der Ansatz für zukünftige Burlesken. Mit C. MONTEVERDIS *Proserpina rapita* (1630, verloren, Mus. G. STROZZI) beginnt die Reihe der Proserpina-Opern, bei denen Musik und Bühnenapparat mit allen Effekten eingesetzt wurden, um einen Raub zu verhindern, der dann doch mit der liebenden Vereinigung des Paares endete. Unter den theatralischen Effekten unterstützte die auch für die Anziehungskraft des → Orpheus- und → Alkestis-Stoffes bezeichnende Motivik des ↑ Unterweltbesuchs die Beliebtheit des Plots. Nach Hardy gearbeitet war das Drama *Le Ravissement de Proserpine* (1639) von J. CLAVERET, das wiederum als Vorlage für QUINAULTS Textbuch zu LULLIS Oper (*Proserpine* 1680) diente, das als die berühmteste Opernbearbeitung des Stoffes anzusehen ist. Auch hier ist der Raub der Jungfräulichkeit Zentralthema, ohne daß jedoch die Sphäre des Burlesken berührt würde. Alles vollzieht sich mit Jupiters Einverständnis, ohne Tragik und mit Würde, als deren Sinnbild Pluto gilt. Um die Klagen des Frauenlosen zu beschwichtigen, wird ihm nach dem Ratschluß der Götter Proserpina, Sinnbild der Schönheit, zugesprochen.

Travestierend griff dagegen Ch. COYPEAU, SIEUR D'ASSOUCI, auf Hardy als Vorlage zurück (*Le Ravissement de Proserpine* 1653), indem er das Erotische nüchtern eindeutig behandelte und burleske Ansätze Hardys steigerte. Schon vorher war der Stoff burlesk behandelt worden (Ch. SOREL, *Le Ravissement de Proserpine,* eingebaut in den R. *Le Berger extravagant* 1627; Anon., *Rencontre du Gros Guillaume et de Gaultier Garguille en l'autre monde* 1634). D'Assouci wirkte bis zu F. RAIMUND (*Pluto und Proserpina oder Der Simandl aus der Unterwelt* 1821) und B. DISRAELI (*The Infernal Marriage,* R.-Burleske 1833). Dagegen war W. H. v. HOHBERGS Barockepos *Die unvergnügte Proserpina* (1661), in dem mehrere Olympier um Proserpina werben und Venus aus Angst, ihren Gatten Mars zu verlieren, die Unterwelt aufbietet, um die Nebenbuhlerin nach dort entführen zu lassen, im Grund ernst gemeint; es geriet freilich durch zu starke Rationalisierung in die Nähe der Parodie. Das Epos, das den Gesamtstoff erzählt, schilderte in Proserpina das weibliche Tugendideal im Sinne des Petrarkismus. Proserpina ist vor jeder Liebesregung gefeit, erwacht aber durch den Raub aus der Einfalt und gelangt zur Bejahung ihres Geschicks. Auch in den mythologischen Fabeln oder Verserzählungen des 18. Jahrhunderts klingt das Burleske nach (A. HOUDAR DE LA MOTTE, *Pluton et Proserpine* 1719; J. A. SCHLEGEL, *Proserpina und Pluto* 1769; D. SCHIEBELER 1769). Bei Schlegel gibt Pluto seine Frau gern nach zwei Wochen an ihre Mutter zurück, da er ihrer überdrüssig ist.

Dem lange Zeit in Vergessenheit geratenen Ernst des Stoffes, der Verflechtung von Abscheu und Verlangen, von Eros und Tod erinnerte man sich erst wieder am Ausgang des 18. Jahrhunderts. In K. W. RAMLERS *Ode an einen Granatapfel* (1772) wird der Verlust der Jungfräulichkeit als bewußte Tat begriffen, denn Proserpina aß die Frucht mit »Lust und Wollust« (in der 2. Fassung des Gedichtes sogar »mit Lust ohne Reue«), sie akzeptiert ihr Schicksal. Durch seine Beschäftigung mit → Tasso angeregt, empfand kurz danach W. HEINSE (*Die Schöpfung Elysiums,* Gedicht 1774) die Vereinigung des in unerlöster Sinnenlust in der Hölle lebenden Pluto mit Proserpina als Erlösungsakt, als Umschaffung der Hölle in Elysium. Auch in GOETHES Monodrama *Proserpina* (1776) hat der an den Eva-Mythos gemahnende »Apfelbiß« symbolische Bedeutung. Theatralisch-bildhafte Wirkungen spielten mit, als Goethe das kleine Werk, das er zunächst in den satirischen *Triumph der Empfindsamkeit* (1778) »freventlich eingeschaltet« hatte, 1815 als selbständiges Werk in einer für seinen Bühnenstil repräsentativen Inszenierung aufführen ließ. Im Anschluß an Ovids *Metamorphosen* stellt das Werkchen einen Monolog der in der Felsenlandschaft des Tartarus umherirrenden, seine Opfer bemitleidenden, auf Wiedervereinigung mit der Mutter hoffenden Proserpina dar, die dann nach dem Genuß des Granatapfels enttäuscht erkennen muß, daß sie der Unterwelt verfallen ist. Goethes Stimmungsbilder setzte eine dreiaktige »Frühlingsfeier« (*Der Raub der Proserpina* 1818) von W. SCHÜTZ in eine den Theaterabend füllende Handlung um. Den anderen von Ovid gegebenen Aspekt griff SCHILLERS *Klage der Ceres* auf. Sein Gedicht und ein Gedichtfragment A. CHÉNIERS (*Chant pour Proserpine*), das zum erstenmal die Nachtseite des Eros am Proserpina-Stoff deutlich machte, stehen am Beginn einer langen Reihe themenverwandter Gedichte. SHELLEY schrieb 1839 ein Gedicht über die blumenpflückende Proserpina, das für das Drama von M. SHELLEY (1820) bestimmt war; in diesem Drama ist der Raub wirklich als solcher aufgefaßt, und Proserpina findet Trost in den Träumen von der Rückkehr. Bei A. Ch. SWINBURNE (*Hymn to Proserpine* 1866 und *The Garden of Proserpine* 1866) herrschen melancholische Trauer und der Gedanke an ewigen Schlaf ohne Wiedergeburt, der mehr ist als ein Leben bei Ceres. D. G. ROSSETTI (*Proserpine* 1881) betrauerte die unglückliche Proserpina, die mit dem Verlust von Licht und Leben auch das eigene Selbst verloren habe. Dem Holländer A. VERWEY (Gedicht 1885) diente der Mythos als Sinnbild für das Dauernde im Wechsel der Leidenschaften und für die Unvergänglichkeit des Lebens; schon vor dem Raub ist Proserpina ahnungsvoll mit dem Hades verbunden. Die Stirb-und-werde-Metaphorik des Stoffes wurde immer wieder analysiert (G. MEREDITH, *The Day of the Daughter of Hades* 1883 und *The Appeasement of Demeter;* TENNYSON, *Demeter and Persephone in Enna* 1887; W. S. LANDOR, *Hymn to Proserpine* 1897; W. LEHMANN 1957; Ossip MANDELSTAM; G. BENN, *Nacht* 1923). H. HEINE setzte in dem Gedichtzyklus *Unterwelt* (1844), in dem er die Ehestandsqualen Plutos und den Ärger der gelangweilten Proserpina schildert, die burleske Tradition des Stoffes fort.

Zur Gegenwart hin nahmen sich des Stoffes wieder stärker die pragmatischen Dichtungsgattungen an. Im Mittelpunkt von R. BRIDGES Drama *Demeter* (1905) steht die Rückkehr der Geraubten in die Oberwelt als einer Wissenden, die das Dunkel des Daseins kennt, das unter allem Hellen und Guten verborgen liegt. A. SCHAEFFERS Verserzählung (*Der Raub der Persefone* 1919) folgte Ovid, zeigte jedoch die magische Anziehungskraft des Unterirdischen auf Proserpina und ihre freiwillige Bindung durch den Genuß des Granatapfels. Freiwillige Aufgabe des Anspruchs an das Leben – hier mit Rücksicht auf die ihrer Herrschaft Anvertrauten – kennzeichnet auch A. GIDES vierteiliges Melodrama (*Perséphone* 1934, Musik I. STRAWINSKIJ). In seinem schon 1912 entstandenen Dramenfragment *Proserpine* hatte GIDE das Raub-Motiv, die Vermählung mit dem Tode ohne Wiedergeburt, nach Goethes Vorbild gestalten wollen. 1934 deutete er die Handlung entsprechend der Interpretation neuerer Mythologen um: Proserpina pflückt die Narzisse, um in die Hades hinabzusteigen, ohne Pluto in der Unterwelt zu verfallen. Gides Unterwelt scheint als der ästhetische Bezirk gemeint zu sein, den schon vor Gide G. D'ANNUNZIO mit seiner in *Il fuoco* (R. 1900) eingebauten Proserpina-Hymne und nach Gide M. TINAYRE (*Perséphone*, R. 1920) zu dem Mythos in Beziehung gesetzt hatten. P. GURK (Dr. 1922) und P. ROSSO DI SAN SECONDO (*Il ratto di Proserpina* 1954) transponierten den Stoff schließlich in die moderne Welt: in dem italienischen Drama entschließt sich Proserpina, der Werbung eines Amerikaners zu folgen, um kulturelle und politische Mittlerin zwischen Amerika und Sizilien zu sein; Gurk gab dem Stoff einen sozialen Akzent, indem er Pluto zu einem Grubenbesitzer machte, dessen Angestellten und Arbeitern Persephone das Leben erhellt. Lediglich symbolische Bedeutung hat der Titel *Proserpina* (Erz. 1932) bei E. LANGGÄSSER.

E. Schmidt, Proserpina (in: Schmidt, Charakteristiken Bd. 2) ²1912; A. Lipari, Il De raptu Proserpinae di Claudio Claudiano e il mito del rapimento nelle sue origini e nel suo sviluppo, Trapani 1936; H. Heter, Ovids Persephone-Erzählungen und ihre hellenistischen Quellen, (Rheinisches Museum für Philologie 90) 1941; A. Piaget, L'Enlèvement de Proserpine, Poème français du XVe siècle, (Mélanges offerts à M. Niedermann) Neuchâtel 1944; Ch. Siegrist, Proserpina. Ein griechischer Mythos der Goethe-Zeit, Diss. Zürich 1962; H. Anton, Der Raub der Proserpina. Literarische Traditionen eines erotischen Sinnbildes und mythischen Symbols, 1967.

**Peter der Große.** Zar Peter I. von Rußland (1672–1725), Sohn Zar Aleksejs aus erster Ehe, sollte nach dem Tode seines Stiefbruders Feodor Zar werden; seine Stiefschwester Sofia setzte es jedoch durch, daß er nur zweiter Zar neben seinem unfähigen Stiefbruder Ivan wurde. Die Regentin Sofia stützte sich auf die Strelitzen; sie wurde aber 1689 gestürzt, und die Bedrohung durch die Strelitzen ist nach wiederholten Aufständen 1699 endgültig ausgeschaltet worden. 1697–99 unternahm Peter eine Bildungsreise durch Europa und begann nach der Rückkehr mit unnachsichtig durchgeführten militärischen und innerpolitischen Reformen, die eine Angleichung Rußlands an das westliche Europa und seine Großmachtstellung zum Ziel hatten. Diese Großmachtstellung erkämpfte Peter in dem siegreichen Krieg gegen → Karl XII. von Schweden, und durch die Gründung Petersburgs gewann er den Zugang zur Ostsee. Die Reform des Beamtenwesens machte Rußland zu einem Polizeistaat. Peter, der bei der Rückkehr nach Rußland seine Frau Eudoxia in ein Kloster geschickt hatte, heiratete nach dem unglücklichen Ende einer Liebesbeziehung zu Anna Mons die litauische Bauerntochter Katharina, die Geliebte seines Günstlings Menšikov, der sie ihm abtrat. Sein Sohn aus erster Ehe, Aleksej, der sich mit der altrussischen Partei gegen ihn verschwor, wurde 1718 zum Tode verurteilt.

In den literarischen Gestaltungen von Peters Leben und Charakter spiegelt sich der Zwiespalt zwischen dem genialen Staatsschöpfer und dem brutalen, bis zur Grausamkeit strengen Menschen. Peters Schlichtheit in Wesen, Gewohnheiten und Kleidung, seine Neigung für das einfache Volk und dessen Arbeit sowie seine Ablehnung der russischen Aristokratie hätten ihn zum Inbegriff des Volksherrschers machen können, wenn seine Grausamkeit besonders gegenüber dem Sohn sein Bild nicht verdüstert hätte. Die negativen Züge an Peter kamen jedoch zunächst allenfalls in der westeuropäischen Literatur zum Ausdruck, während er in der russischen, durch die Zensur eingeengten, als Nationalheld von nahezu stereotyper Erscheinung figurierte.

Das 18. Jahrhundert feierte Peter in und außerhalb Rußlands in der Form des Heldenepos (KANTEMIR, *Petrida* 1730; M. V. LOMONOSOV, *Petr velikij* 1760; G. S. Chevalier de MAINVILLERS, *La Pétréade ou Pierre le Créateur* 1762). Auch zahlreiche »Totengespräche« widmeten sich ihm. Der Kampf mit den politischen Gegnern und deren Niederwerfung wurde Gegenstand des Dramas. P. de MORANDS Tragödie *Menzikof* (1739) ließ den Günstling sich gegen seinen Herrscher verschwören, aber im letzten Augenblick sich vor diesen stellen und Gnade erlangen. Selbst außerhalb Rußlands galt FONTENELLES Drama *Pierre le Grand* (1766) für nicht aufführbar, da es den Monarchen als grausamen Vater zeigte, und C.-J. DORATS Werk *Amilka ou Pierre le Grand* (1763), das die Niederwerfung der Revolte des Amilka darstellte, mußte zunächst mit veränderten Namen gespielt werden. Von den zahlreichen Episodenstücken um Peter am Ausgang des 18. und zu Beginn des 19. Jahrhunderts, in denen er immer als Überwinder seiner Feinde, als Rächer und Belohner auftritt (Ch. G. HAMPEL, *Peter der Große, Kaiser von Rußland* 1780; P. WEIDMANN, *Peter der Große* 1781; M. DESFORGES, *Féodor et Lisinka ou Novogorod sauvée* 1780; A. DUVAL, *Le menuisier de Livonie ou les illustres voyageurs* 1805; K. MEISL, *Czar Peter der*

*Große in Paris* 1842), behandelte F. KRATTERS *Die Verschwörung wider Peter den Großen* (1790) erneut die Amilka-Verschwörung; der gleiche Verfasser machte Peters Verbindung mit Katharina, die hier als Tochter eines deutschen Pfarrers und als Gesellschafterin der Fürstin Menšikov erscheint, zum Gegenstand eines Rührstücks (*Das Mädchen von Marienburg* 1795) und glorifizierte der Zarin kluge Hilfe bei der Niederlage durch die Türken (*Der Friede am Pruth* 1799); den gleichen Stoff behandelte auch C. FEDERICI (*La pace del Pruth* 1804). J. M. BABO (*Die Strelitzen* 1790) zeigte den unerschrockenen Helden inmitten der Verschwörer, und M. FRÉ-DÉRIC / BOIRIE / L. A. PICCINI (*La bataille de Poltawa* 1808) feierten melodramatisch den Sieger über die Schweden. Besonders häufig vertreten ist die lustspielhafte Episode vom Aufenthalt des jungen Peter in Zaandam, wo er den Schiffsbau erlernte. Sie taucht zum erstenmal auf in der Oper *Pierre le Grand* (1790) von J.-N. BOUILLY / M. GRÉTRY und danach in einem Lustspiel von MÉLESVILLE / BOIRIE / MERLE, *Le bourgmestre de Sardam ou les deux Pierres* (1818), das die Hauptquelle für LORTZINGS Spieloper *Zar und Zimmermann* (1837) wurde, deren Erfolg auch SCRIBE / MEYERBEERS komische Oper *L'Étoile du Nord* (1854) nicht verdunkeln konnte.

Das Ereignis, an dem die Problematik von Peters Charakter am deutlichsten hervorstach, war der Konflikt mit Aleksej, dessen Opferung an römische Vorbilder oder, wenn man in Peter den Tyrannen sah, an → Don Carlos erinnerte. Die interessantere Gestalt des ↑ Vater-Sohn-Konflikts mußte, auch bei Veredelung des haltlosen Zarewitsch, die überragende Persönlichkeit des Vaters bleiben. Der *Oriantes* (1790) M. KLINGERS, der die Handlung nach Thrakien verlegte, zeichnete in der Sehweise des Sturm und Drangs den König als Verstandes-, den Thronfolger als Gefühlsmenschen, auf dessen Befreiungstat das Volk hofft; der Prinz stirbt noch vor seiner Hinrichtung durch das eigene Schwert, der König bricht seelisch vernichtet zusammen. Die folgenden Aleksej-Dramen nutzten meist die reißerisch-sentimentalen Momente des Stoffes (F. HERRMANN, *Alexei, Prinz Peters des Großen* 1790; A. EUSTAPHIEVE, *Alexis, the Czarewitsch* 1812; T. SZUMSKI, *Piotr Wielki* 1819; J. CRADOCK, *The Czar* 1824). M. CARRION-NISAS (*Pierre le Grand* 1804) verband den Fall mit dem Strelitzen-Aufstand. F. J. BERTUCH (*Alexei Petrowitsch* 1812) ließ, wie später E. OTTO (*Alexei Petrowitsch* 1843), den Prinzen durch den Dolch → Mazeppas sterben, und E. GEHE (*Peter der Große und Alexei* 1821) rechtfertigte die Strenge des Vaters, indem der Zarewitsch bei einer falschen Nachricht von Peters Tod die Vernichtung von dessen Werk versucht. IMMERMANN (*Alexis* 1832) setzte die Entwicklung in der von Klinger eingeschlagenen Richtung fort, idealisierte aber den Prinzen, dessen Zerwürfnis mit dem Vater durch die Intrigen Menšikovs und die Heuchelei Katharinas entsteht, während der »Aufklärer« Peter seine Lebenskraft und seinen Sohn einem Irrtum opfert und am Schluß von Reue überwältigt wird. Die weiteren Bearbeitungen sind von Immermann abhängig (A. SCHWARZ, *Alexei* 1856;

E. Schmidt, *Peter der Große und sein Sohn* 1856), hielten sich an die Theatereffekte und bereicherten das Thema nicht (P. Foucher, *L'Héritier du Czar* 1849; M. Canuel, *Le fils du Czar* 1858; F. van Eeden, *De Broeders* 1894). W. Wolfsohn (*Zar und Bürger* 1857) rückte statt des Prinzen die unzufriedenen Bürger in den Vordergrund.

Einen Nebenzweig des Aleksej-Stoffes bildet die Sage, die sich an die unglückliche Ehe des Prinzen mit einer braunschweigischen Prinzessin knüpft, von der erzählt wird, daß sie ihren Tod (1715) nur gespielt habe und mit ihrem Jugendgeliebten d'Auban geflohen sei; die Geschichte ist in rührseligen und heiteren Varianten mehrfach behandelt worden (H. Zschokke, *Die Prinzessin von Wolfenbüttel,* Nov. 1804; Ch. Birch-Pfeiffer / Ernst II. von Sachsen-Coburg-Gotha, *Santa Chiara,* Oper 1853).

Das durch das Drama nur in seinen Krisen erfaßte Ringen des Zaren mit seinem Volke darzustellen war Aufgabe des Romans. Der historische Roman des 19. Jahrhunderts beschränkte sich jedoch von seinen ersten Erprobungen des Stoffes an (G. C. Claudius, *Peter der Große* 1798) gleichfalls meist auf Anekdotisches, zumal zunächst der Mangel an Quellenmaterial ein genaues und objektives Bild des Zaren unmöglich machte. Der erste bedeutende russische Bearbeiter des Stoffes war Puschkin, dessen lyrische Begabung sich an dem bewunderten Zaren in stimmungsbetonter Dichtung entzündete (*Der Mohr Peters des Großen,* Erz. 1828; *Poltawa* 1829; *Der eherne Reiter* 1837), der aber die Gestalt als die eines Siegers, schlichten Arbeiters und Volksbeglückers für die russische Literatur festlegte. Um sich nicht mit dem Problem der Gewaltherrschaft auseinandersetzen zu müssen, bevorzugte man die leidvolle Jugend Peters (J. Lazhechnikov, *Poslednii Novik* 1836; K. Masalskij, *Streltsy* 1844; R. Zotov, *Tainstvennyi Monakh* 1882) und benutzte die Gestalt im übrigen nur als effektvolle Hintergrundsfigur und als Deus ex machina (N. Kukolnik, *Novyi God* 1852; ders., *Chasovoi* 1852; A. Arsen'ev, *Arisha Utochka* 1889; M. Zagoskin, *Russkie v Nachale Osm'nadtsatago Stoletiia* 1889). Eine gewisse kritische Einstellung war die Folge inzwischen veröffentlichter Quellen und der panslawistischen Bewegung am Ausgang des Jahrhunderts. Literarischer Vertreter dieser Richtung ist Mordovtsev, der die Gestalt Peters in mehrere Romane einbezog (*Zar Peter und der Hetman; Idealisten und Realisten; Der gekrönte Zimmermann*) und das Motiv der Grausamkeit Peters in der russischen Literatur zum erstenmal diskutierte. Entscheidend wurde D. Merežkovskijs Werk *Der Antichrist – Peter der Große und sein Sohn Aleksej* (1902), der erste um Peter als Zentralgestalt geschriebene Roman. Des Autors Sympathie ist auf der Seite der Altgläubigen und des Prinzen, der sterbend dem Vater verzeiht; Peter verzeiht als Vater, opfert jedoch als Staatsmann den Sohn seiner politischen Idee. Nach 1917 ist Peter in der russischen Literatur als typischer Vertreter des Zarentums, also als grausamer, zügelloser Tyrann, dargestellt worden, obgleich man für seine Außenpolitik Sympathie zeigte (K. Shildkret, *Spas na Zhiru* 1931; I. Kostylev, *Pitirim* 1936; I. Tynjanov, *Voskovaia Persona* 1935; B. Pil'niak, *Ego Velichestvo Kneeb Piter, Kommandor* 1935); nach dem Einsetzen des nationalen Kurses (1937) nahm Peter dann annähernd wieder die Züge an, die er im mittleren 19. Jahrhundert gehabt hatte (E. Fedorov, *Demidovy* 1946; D. Petrov-Biriuk, *Dikoe Pole* 1946). Ähnlich wie Merežkovskij nimmt A. N. Tolstoj mit seinem realistisch-psychologischen Roman *Petr Pervyj* (= *Peter der Erste* 1929–34) eine Sonderstellung ein; ohne die abstoßenden Züge des Zaren zu vertuschen, läßt er dessen tragische Einsamkeit im Kampf um sein Werk und die große Idee deutlich werden, um derentwillen die Anwendung barbarischer Methoden entschuldbar erscheint.

In Deutschland hat Klabund (*Pjotr* 1923) das Leben des Zaren romanhaft behandelt; der Italiener G. Forzano (*Pietro, il grande*, Dr. 1929) stellte in ihm den Former einer Nation dar.

R. Minslow, Pierre le Grand dans la Littérature étrangère, Petersburg 1872; A. Leffson, Geschichte des (Alexis-) Stoffes in der dramatischen Literatur (in: Leffson, Immermanns Alexis) 1904; Z. Grzebieniowska, Peter the Great in Russian Historical Novel, Diss. Univ. of California 1949.


**Peter Schlemihl** → Schlemihl

**Petrus** → Paulus

**Petrus de Vinea** → Friedrich II.


**Phädra.** Das Phädra-Drama des Sophokles ist verloren, und auch die erste Bearbeitung des Stoffes durch Euripides ist nicht erhalten. Die zweite dieses Dichters, *Hippolytos* (428 v. Chr.), zeigt Phädra, die Schwester der → Ariadne, als zweite Frau des Theseus. Sie liebt ihren Stiefsohn Hippolytos, einen Jäger, Frauenfeind und Anbeter der Artemis, und liefert so der beleidigten Aphrodite den Grund, ihn ins Unglück zu stürzen. Ein werbender Antrag durch Phädras Amme veranlaßt Hippolytos zu Schmähungen gegen Phädra; er verpflichtet sich jedoch, Schweigen zu bewahren. Phädra tötet sich und hinterläßt einen Brief, in dem sie Hippolytos anklagt, ihr Gewalt angetan zu haben. Da ihn sein Schwur bindet, kann Hippolytos den Vater nicht von seiner Unschuld überzeugen. Durch Eingreifen des Poseidon, den Theseus um Rache angefleht hat, stürzt er am Strande mit seinem Pferdegespann und versöhnt sich sterbend mit dem Vater, den Artemis über den wahren Sachverhalt aufklärt.

Für Euripides, der in seinem ersten Hippolytos-Drama die verworfene Phädra sich selbst dem Stiefsohn hatte antragen lassen, war Hippolytos, der in Troizen und Athen kultische Verehrung genoß, der tragische Held: der reine Jüngling, der Aphrodite den Tribut verweigert, geht an seinem Hochmut zugrunde. Euripides bahnte jedoch mit dem Motiv von der verschmähten ↑ Frau, die den geliebten Stiefsohn aus Rache für die erhaltene Abweisung verleumdet, eine Entwicklung an, die diesem interessanten Teil des Stoffes langsam das Übergewicht gab. Die Liebe zum Stiefsohn taucht in Orient und Antike z. B. im → Stratonike-Stoff, das Verleumdungsmotiv im biblischen → Joseph-Stoff auf.

Im näheren und ferneren Orient findet sich die Dreiecks-Situation des Phädra-Stoffes in verschiedenen, der griechischen Fassung sehr nahe stehenden Varianten, deren Beziehung zu der europäischen Stoffentwicklung nicht festzulegen ist. Das älteste indische Beispiel liefert *Mahāpatuma Jātaka*. Paduma, Sohn des Königs Brahmadatta von Benares, lehnt das Liebesverlangen seiner Stiefmutter mit der Begründung ab, daß sie ihren Mann betrüge und ihre eigene Ehre verletze. Darauf bezichtigt die Stiefmutter den Sohn beim König, er habe ihr Gewalt antun wollen. Brahmadatta befiehlt Padumas Hinrichtung, dieser wird jedoch vom Drachenkönig gerettet, der Vater erfährt die Wahrheit und läßt seine Frau von einer Klippe hinunterwerfen. Eine weitere indische Version erzählt von *Kunāla*, dem Sohn des Königs Asoka, daß er durch seine schönen Augen die Liebe seiner Stiefmutter erregt, aber ihre Anträge und Zärtlichkeiten zurückgewiesen habe. Die Stiefmutter weiß sich die Dankbarkeit des Königs, ihres Mannes, zu erwerben, erbittet für eine Woche die absolute Macht und befiehlt den Einwohnern der Stadt, in der sich Kunāla aufhält, ihm die Augen auszustechen. Er erduldet es und verdient sein Brot, indem er mit seiner Frau im Lande herumzieht und auf der Laute spielt. Der König erkennt eines Tages das Spiel seines Sohnes, lädt ihn zu sich, erfährt die Wahrheit und läßt seine Frau trotz der Prinzen Bitten lebendig verbrennen. Die Kunāla-Erzählung ist wahrscheinlich die Quelle für das orientalische *Buch von Sindibad* und für die abendländische Erzählung *Die sieben Weisen von Rom* (10. Jh.), deren Rahmenhandlung von der Stiefmutter berichtet, die den Stiefsohn verführen will, um ihn ins Unglück zu stürzen. Sie beschuldigt ihn des Versuchs, ihr Gewalt anzutun, bricht aber dann zusammen und gesteht; der Kaiser läßt sie lebendig verbrennen. Außerdem wurde die Kunāla-Erzählung von SENG HUI (3. Jh. n. Chr.) in das Chinesische übersetzt, wobei er die Vatertreue des Prinzen unterstrich. Die Stiefmutter, deren Bosheit ins Sadistische steigerte, schmuggelt unter die Briefe des Königs an seinen Sohn den von diesem ausgeführten Befehl, daß er sich die Augen auszustechen habe. Die Bestrafung der Frau des Königs ist nicht minder grausig. In einer anderen chinesischen Fassung erhält Kunāla durch die Tränen derer, die sein Lautenspiel hören, die Sehkraft zurück. In Japan wirkte die Kunāla-Erzählung in verschiedenen Nô-Spielen nach, die das Motiv vom blinden Knaben benutzten, den sein Vater wiedererkennt und heimholt. Deutlichere Abhängigkeit von der indischen Vorform zeigt die *Geschichte von Aigonowaka*, die das vergebliche Werben der Stiefmutter schildert. Die Intrige gegen den Jüngling liegt aber hier in den Händen einer Dienerin; beide Frauen werden bestraft. Die *Geschichte von Aigonowaka* ist mehrfach dramatisiert worden. Am bekanntesten wurde das Puppenspiel von SUGA SENSUKE *Sesshū Gappō ga Tsuji* (vor 1773), das japanische Motive in das Handlungsschema verwebt. Die rachsüchtige Stiefmutter gibt dem Sohn einen Trank, von dem er Lepra bekommt, wird aber wegen ihrer Untat von ihrem eigenen Vater erstochen. Sterbend bittet sie den Kranken, ihr Blut zu trinken, und daran gesundet er.

Die europäische Entwicklung des Stoffes führt von Euripides zu SENECA, der sich an Euripides' erste Fassung hielt und Züge der 4. Heroide des OVID einarbeitete. Er entschuldigte Phädra dadurch, daß sich der untreue Theseus in die Unterwelt begeben hat, um Proserpina zu rauben; sie trägt sich selbst dem Stiefsohn an, er flieht vor ihr und läßt sein Schwert zurück. Der Einfall der Amme ist es, daß man das Verbrechen nur durch ein größeres vertuschen könne; auf das Schwert als Corpus delicti gestützt, verleumdet sie gemeinsam mit Phädra den Hippolytos vor Theseus. Beim Anblick der Leiche gesteht sie die Wahrheit und ersticht sich. Des Hippolytos religiöse Bedeutung und der Zusammenhang zwischen seinem Charakter und Schicksal ist aufgegeben worden.

Der Neuzeit wurde der Stoff durch die Italiener vermittelt, die Senecas Drama nacherzählten (Boccaccio), später übersetzten und aufführten. Die ersten Seneca-Nachahmungen stammen von O. ZARA (*Hippolito* 1558), von TRAPOLINI (*Thesida* 1567), der im Anschluß an Euripides seine Phädra schon vor Theseus' Rückkehr sterben, die Verleumdung aber von der Amme aussprechen ließ, und von F. BOSZA (1578). Wichtigsten Anteil an der Entwicklung des Stoffes haben die Franzosen. R. GARNIER (*Hippolyte* 1573) und Guérin de la PINELIÈRE (*Hippolyte* 1635) folgten in der Fabel noch ganz Seneca, machten aber aus der Leidenschaft Phädras eine galante Liebe. Den ersten Schritt zur Veränderung der Fabel tat G. GILBERT (*Hippolyte ou le garçon insensible* 1646), der das anstößige Inzestmotiv dadurch beseitigte, daß er Phädra zur Verlobten des Theseus machte; in der Verleumdung durch die Amme wird nur der Vorwurf der Verführungsabsicht erhoben. M. BIDAR (*Hippolyte* 1675) behielt Phädra als Verlobte bei und verwischte durch Einführung einer Geliebten des Hippolytos, der Prinzessin Cyane, völlig dessen ursprünglichen Charakter als den eines keuschen Jünglings. Die Eifersucht wird nunmehr zum treibenden Motiv für Phädras Verleumdung, die hier wieder der negativ gesehenen Phädra selbst zugeschoben ist. PRADONS im gleichen Jahre wie die Racines erschienene *Phèdre* (1677) führte die Linie Bidars weiter, indem die Eifersucht zum Hauptthema erhoben wurde. Das für die bisherige Stoffgeschichte entscheidende Verleumdungsmotiv entfiel. Pradon wollte Phädra von dieser Tat entlasten, konnte sie aber der Vertrauten nicht zuschieben, da diese zugleich die heimliche

Geliebte des Hippolytos ist; er erfand statt dessen eine verfängliche Situation – Hippolytos vor Phädra kniend und um Gnade für seine Geliebte bittend –, und der eifersüchtige Theseus überrascht das Paar. War bei Pradon der Stoff ganz aus dem Bereich tragischer Schuld genommen, so wagte es RACINE (1677; dt. Bearbg. von SCHILLER 1805), eine schuldige und zugleich menschlich anrührende Phädra zu zeigen: sie ist bei ihm wieder die Frau des Theseus, der ihr untreu war und dessen Tod gewisse Nachrichten verbürgen; die Scham über ihr vergebliches Werben um den Stiefsohn veranlaßt Phädra im Augenblick von Theseus' unerwarteter Rückkehr zur Einwilligung in die Verleumdung durch die Vertraute; durch Theseus erst erfährt sie von Hippolytos' Liebe zu Aricie, macht ihrem Leben durch Gift ein Ende und gesteht sterbend ihre Schuld. Die Konstellation der vier Personen erinnert an den auch auf dem Verleumdungsmotiv aufbauenden → Kastellanin-von-Vergi-Stoff, den Racine vielleicht durch LOPE DE VEGAS El Perseguido kannte. Es ist interessant, daß die Eigenbewegung des Stoffes schon sechzehn Jahre vor Racine in Japan zur Erfindung einer Dienerin führte, die das Rad der Intrige in Gang setzt und so die Tat der Stiefmutter entschuldbarer macht.

Durch Racine waren die Elemente des Stoffes neu konstituiert worden, seine Nachfolger mußten sich mit ihm auseinandersetzen. Das 18. Jahrhundert zeitigte nur einige Operntexte. Die Gewichtsverlagerung zeigt sich bei dem Abbé PELLEGRIN schon im Titel Hippolyte et Aricie (1733): nach dem Tode Phädras verkündet Neptun dem Theseus, daß sein Sohn nicht tot sei, sondern mit Aricie vereinigt werde, daß der Vater ihn aber nicht wiedersehe. F.-B. HOFFMANN (1786) und M. de CUBIÈRES-PALMÉZEAUX (Hippolyte 1805) zogen Vorteil aus der an Racine geübten Kritik und schieden die Aricie-Episode wieder aus. Im 17. und 18. Jahrhundert entstanden auch eine Anzahl Parodien.

Das 19. Jahrhundert hat die Gegenliebe des Hippolytos eingeführt (O. MARBACH, Hippolytos 1846; GEORG VON PREUSSEN Dr. 1868; U. BOZZINI Dr. 1909; S. LIPINER, Hippolytos 1913; K. REXROTH Dr. 1951). Die Gestalt des → Don Carlos mag dabei mitgewirkt haben. Auch E. ZOLA verwendete die Gegenliebe in seinem den Stoff ins Moderne übertragenden Roman La Curée (1872) und dem danach geschriebenen Bühnenstück Renée (1887), in dem er allerdings die verbrecherische Liebe dadurch milderte, daß die von der Heldin geführte Ehe nur eine Scheinehe ist. Auch H. BANG (R. 1883), A. WEILL (La nouvelle Phèdre, R. 1889) und M. H. DEBERLEY (Le Supplice de Phèdre, R. 1926) haben den Stoff in modernes Gewand gekleidet und wie Zola nur Wert auf die Liebe der Stiefmutter zum Stiefsohn gelegt; das Verleumdungsmotiv fiel weg.

Erneuerungsversuche der antiken Tragödie im 20. Jahrhundert zeigen sich trotz der Abhängigkeit von der lateinisch-französischen Tradition schon bei M.-J. BOIS (Hippolite couronné 1904). Während M. DE UNAMUNO (1918) die Charaktere humanisierte, hielt sich

R. Jeffers (*The Cretan Woman* 1954) enger an Euripides, betonte aber die intellektuelle Überheblichkeit von Phädra und Hippolytos, die durch Verstand und Willen die triebhaften Kräfte überwinden möchten. Das Verleumdungsmotiv ist nach Seneca gestaltet. Das Außenseitertum der Kreterin Phädra innerhalb der griechischen Welt, das Jeffers anspielte, findet sich schon bei G. D'Annunzio (1909), der auch das Moment der erblichen Belastung der erotisch haltlosen Heldin verwandte; A. Gide (*Thésée* 1946) ist ihm mit dieser Charakterisierung in seiner fingierten Autobiographie des Theseus gefolgt. C. Terron (*Ippolito e la vendetta,* Dr. 1958) stellte mehr die Vater-Sohn-Beziehung in den Vordergrund. In Frankreich lebt der Stoff auch in Anspielungen und Analogien (M. Proust, P. Valéry).

G. Wiese, Die Sage von Phädra und Hippolytos im deutschen Drama, Diss. Leipzig 1923; E. Amodeo, Da Euripide a d'Annunzio. Fedra e Ippolito nella tragedia classica e nella moderna, Rom 1930; W. Newton, Le Thème de Phèdre et d'Hippolyte dans la littérature française, Diss. Paris 1939; K. Hamburger, Von Sophokles zu Sartre, 1962; H. E. Barnes, The Hippolytus of Drama and Myth (in: Euripides, Hippolytus, a New Translation by D. Sutherland), Lincoln 1960; D. Keene, The Hippolytus Triangle, East and West (Yearbook of Comparative and General Literature XI) 1962; C. Francis, Les Métamorphoses de Phèdre dans la littérature française, Quebec 1967; H.-J. Tschiedel, Phädra und Hippolytos, Variationen eines tragischen Konflikts, Diss. Erlangen 1969.

**Philemon und Baucis.** Ovid erzählt in den *Metamorphosen* die Geschichte von Philemon und Baucis, jenen alten Eheleuten, die als einzige den müden Wanderern Zeus und Hermes Gastfreundschaft gewähren und dafür von der über die ungastlichen Bewohner des Landes verhängten Flutstrafe ausgenommen werden; von einem Berge herab, auf den die Götter sie führen, sehen sie die Überschwemmung hereinbrechen und ihre arme Hütte sich in einen Tempel verwandeln. Sie bitten, in diesem Tempel als Priester dienen und beide gleichzeitig sterben zu dürfen. Hochbetagt werden sie in eine Eiche und eine Linde verwandelt, die kultische Verehrung genießen.

Die Dichtung, in der sich das bei vielen Völkern anzutreffende Sagenmotiv von einem ↑ Gott oder mehreren Göttern auf Erdenbesuch, die ihren Gastgebern einen Wunsch erfüllen, mit dem ebenfalls weitverbreiteten Motiv der Sintflut verbindet, erhält durch den dritten Bestandteil, das gemeinsame Altern des frommen, liebenden Paares und ihre sanfte Verwandlung, das eigentliche Charakteristikum. Hier unterscheidet sich Ovid auch von den verwandten biblischen Erzählungen über die Einkehr Gottes bei Abraham und der Engel bei Lot. Das Ganze stellt sich als eine ätiologische, in Phrygien beheimatete Tempelmythe dar, von der nicht bekannt ist, ob sie mit dieser Zusammenfügung der Motive schon vor Ovid existiert hat; nur für die Gastmahlszene ist als Quelle die bei Kallimachos erzählte Bewirtung des Theseus durch Hekale anzusetzen. Der idyllische Stoff erfuhr in seinem Handlungsablauf wenig Veränderungen, aber seine Absicht, einen Glaubenslosen von der Allmacht der Götter zu überzeugen, ist später verwischt, ja in das Gegenteil verkehrt worden.

Das Mittelalter benutzte den Stoff wie viele andere antike Stoffe als moralisches und theologisches Beweismaterial, dessen Argumente am vollständigsten im *Ovide moralisé* (1291/1328) und im *Ovidius moralizatus* (1342/43) zusammengetragen sind.

Variationsmöglichkeiten des Stoffes zeigte zunächst J. de LA FONTAINES Nacherzählung (1685) auf, die Philemon als einen wahren Weisen lobte, der das Glück im einfachen Leben und in der Ehe sucht, während J. DRYDENS Nachdichtung (1700) auf eine neue Deutung verzichtete. Ein zweiter Neuansatz ergab sich durch satirische Infragestellung der Idylle, die sich zum erstenmal bei M. PRIOR (*The Ladle,* Gedicht 1704) findet: die Eheleute sind nicht arme, sondern ansehnliche Bauern, deren Wünsche so unüberlegt sind, daß sie sich gerade noch durch den dritten Wunsch von den Ergebnissen der ersten beiden befreien können. J. SWIFT formte 1706 in einer noch gemäßigten, 1708 in einer zugespitzten Version (*Baucis and Philemon*) die fromme Geschichte in eine Satire gegen die Geistlichkeit um. Nicht zwei Götter kehren ein, sondern zwei heilige Eremiten, die Philemon auf seinen Wunsch in einen Pfarrer verwandeln, der nun den von Swift angegriffenen Typ des faulen, eigennützigen Pfarrers repräsentiert; aus dem gleichen Nützlichkeitsdenken fällen dann die nachfolgenden Pfarrer die beiden Eiben, in die das Ehepaar verwandelt wurde. Von Swift abhängig ist HÖLTYS Ballade *Töffel und Käthe* (1773): auch hier eine Verwandlung in ein Pfarrerehepaar, allerdings ohne die Nachgeschichte, da die Metamorphose weggelassen ist. In einem anderen Sinne »ungläubig« ist F. v. HAGEDORNS Variation des Stoffes (1738): die Götter werden von ihrer allzumenschlichen Seite gezeigt, und die beiden Bäume bilden nicht eine heilige Stätte, sondern einen beliebten Ort für Stelldicheine und Liebesszenen. J. H. Voss' Idylle (1785) bringt nur die geringe Änderung, daß das Paar bis zu seinem Ende in ungeschmälerter Jugend lebt.

Die Verwandlungseffekte des Stoffes haben seine Behandlung in Festspielen und Schäferopern nahegelegt (M. de MALEZIEU/Mus. MATHAU 1703; W. GLUCK/FRUGONI, *Le Feste d'Apollo* 1769; CHABANON DE MAUGRIS/Mus. GOSSEC, heroische Schäferoper 1775; G. MARTINELLI/Mus. João CORDEIRO DA SILVA, *Bauce e Palamone,* Oper 1789). Auch in diesen Gattungen wurden burleske Elemente gern verwendet worden; in P. Ch. ROYS Schäferballett *Le Ballet de la Paix* (1738) besteht das einzige dramatische Motiv darin, daß Baucis die Werbung Jupiters standhaft abwehrt. G. K. PFEFFELS Dramatisierung (1763) erweiterte die schmale Handlung durch den plötzlichen Tod des einzigen Sohnes und seiner Braut, die von den Göttern wieder zum Leben erweckt werden; an die Stelle der Flut tritt die Hochzeit der Jungen und die Verzeihung für die ungastlichen Nachbarn. Auf Pfeffel beruht Ph. G. BADERS Libretto für HAYDN (1773). O. ZWIER VAN HAREN (*Pietje en Agnietje of de Doos van Pandora* 1779) fand die notwendige Handlungserweiterung für sein nationales Festspiel durch Verknüpfung mit dem → Pandora-Stoff. L. DA PONTES Gedicht (1781) griff auf die Jugend des Paares zurück; Baucis ist eine schöne Nymphe, Philemon ein junger Hirt. Eine besondere Rolle spielt das Philemon-und-Baucis-Motiv bei GOETHE, in dessen Werk es elfmal auftaucht, ausführlicher jedoch nur in dem Vorspiel *Was wir bringen* (1802) und vor allem im 2. Teil des *Faust* (1832), wo der Name des Paares als Symbol frommer und bescheidener Zweisamkeit eingesetzt ist; der gemeinsame – allerdings gewaltsame – Tod vollendet auch hier das Schicksal der beiden Alten.

Zur Zeit der Französischen Revolution drangen auch sozialrevolutionäre Töne in den Stoff ein (J. Ch. v. ZABUESNIG, *Philemon und Baucis oder Gastfreiheit und Armut,* Operette 1792). Die idyllische Tradition setzten im 19. und 20. Jahrhundert die Oper von BARBIER/CARRÉ/GOUNOD (1860), die Novelle von E. Prinz von SCHÖNAICH-CAROLATH (1894), die Verserzählung von F. DIETTRICH (1950) fort. Die Nacherzählung von N. HAWTHORNE (*The Miraculous Pitcher* 1851) hat Kindermärchen-Charakter. In einem idyllisch-lyrischen Drama des Polen M. GAWALEWICZ (1897) werden der letzte Tag des alten Paares, für den es sich die Rückkehr in die Jugend erbeten hat, und ihr Abschied vom Leben gezeigt. Die ironische Infragestellung der Idylle ist zwar nicht zu überhören, unverhüllt dominiert dagegen das seit dem Rokoko immanente burleske Element in R. GRAVES' *An Idyll of Old Age* (Gedicht 1922) ebenso wie in K. WACHES Komödie (1954). Es klingt auch an, wenn sich in M. FRISCHS Roman *Mein Name sei Gantenbein* (1964) Gantenbein und Lila mit Philemon und Baucis identifizieren. L. AHLSEN (Dr. 1956) übertrug die Namen auf ein altes griechisches Ehepaar, dessen opfermütiger Tod während des zweiten Weltkrieges ihr gemeinsames Leben besiegelt, und der Ungar T. DÉRY (Nov. 1961) stellte, den Stoff gleichfalls aktualisierend, die Zeitunruhe gegen die Idylle, die hier zerstörerisch wirkt.

M. Landau, Die Erdenwanderungen der Himmlischen und die Wünsche der Menschen, (Zeitschrift für vergleichende Literaturgeschichte 14) 1900; W. Zindema, Nachtrag zum Vorigen, ebda; L. Malten, Philemon und Baucis, (Hermes 74 und 75) 1939 und 1940; B. R. Coffmann, F. v. Hagedorn's Version of Philemon and Baucis, (Modern Language Review 48) 1953; M. Beller, Philemon und Baucis in der europäischen Literatur, Stoffgeschichte und Analyse, 1967.

**Philipp II. von Spanien.** Philipp II. (1527–1598), Sohn Kaiser Karls V. und dessen Nachfolger auf dem spanischen Thron, wurde durch sein unbedingtes Eintreten für die katholische Kirche, die Verfolgung der Ketzer im eigenen Lande, die Bekämpfung der Ungläubigen auf der Iberischen Halbinsel und im Mittelmeer, die Unterdrückung der niederländischen Protestanten und, nach dem Tode seiner zweiten Gemahlin, der katholischen Mary Tudor, durch den Kampf gegen → Elisabeth von England schon zu seinen

Lebzeiten zu einer legendären, nahezu symbolischen Figur. Wenn sich auch sein Grundsatz, lieber Land zu verlieren als über Ketzer zu herrschen, in diesem Sinne an ihm erfüllte, so haben diese Mißerfolge die finstere Größe seiner Gestalt nicht zu mindern vermocht. Allerdings ist sein Bild durch Gunst und Haß der Parteien auch verschieden gefärbt worden: für das katholische Spanien blieb er »el Rey prudente«, für den protestantischen Teil Europas wurde er zum Inbegriff eines tyrannischen, dämonischen Herrschers. Die Gerüchte um seine Verbrechen, die ihren Ursprung zweifellos in Spanien selbst hatten, wurden in Spanien und Italien niedergeschlagen, in den Niederlanden, in Frankreich und England aber durch spanische Flüchtlinge verbreitet und in Pamphleten, pseudohistorischen Werken und Romanen ausgestaltet.

Philipp selbst wünschte nicht, daß auf dem spanischen Theater Könige dargestellt wurden. Kein zeitgenössischer spanischer Dramatiker hat ihn daher zum Gegenstand eines Dramas gemacht. Erst zu Beginn des 17. Jahrhunderts beginnt die Gestalt Philipps in spanischen Dramen aufzutauchen, jedoch steht er – außer im Don-Carlos-Stoff – nie im Mittelpunkt der Handlung. In solchen Nebenrollen, die ihm oft die Funktion eines Deus ex machina zuweisen, ist er der Typ des gütigen, gerechten und großen Herrschers, der insofern jedoch der historischen Wahrheit entsprechend individuelle Züge erhält, als er nicht als heroischer, kriegerischer König, sondern als gewissenhafter, bedächtiger, den Wissenschaften und Künsten zugewandter Herrscher dargestellt wird: sein Arbeitsplatz ist der Schreibtisch; Denken, Planen und Rechnen sind seine Betätigung. Schon der Infant erscheint als der würdige Nachfolger seines großen Vaters: er erweist sich als gerechter Richter (G. de Avila, *El valeroso Español y primero de su casa* 1638), er fördert die Gelehrten ohne Rücksicht auf ihre Herkunft (D. Salucio del Poyo, *El premio de las letras por el Rey Don Felipe el Segundo* 1615), er ist ein respektvoller, doch selbständiger Sohn (D. Ximénez de Enciso, *La mayor hazaña del Emperador Carlos V* 1642). Als König sorgt Philipp dafür, daß tapfere Krieger belohnt werden (A. de Claramonte y Corroy, *El valiente negro en Flandes* 1638; L. Vélez de Guevara, *El Hércules de Ocaña* vor 1644), er kümmert sich selbst um die Taufe eines bekehrten Mohammedaners (Lope de Vega, *Tragedia del Rey Don Sebastián y bautismo del Príncipe de Marruecos* 1603), er schützt die Schwachen und straft die Gewalttätigen (Lope de Vega, *El Alcalde de Zalamea* nach 1638; Calderón, *El Alcalde de Zalamea* 1651), er berät und warnt den jungen König von Portugal (L. Vélez de Guevara, *El Rey Don Sebastián* Anf. 17. Jh.; F. de Villegas, *El Rey Don Sebastián y Portugués más heróico*).

Gegenüber diesem spanischen, teils aus aufrichtiger Loyalität, teils aus Furcht positiv gezeichneten Philipp-Bild hat sich in den protestantischen Ländern schon früh ein anderes, negatives, aber auch farbigeres Bild entwickelt. Von den frühen englischen Dramen, die den König negativ darstellten, ist nichts erhalten (*Philip of Spain* 1602; *A Larum for London* 1602); in Frankreich deutet ein bald nach Philipps Tode entstandenes Sonett »Il est donc mort, ce grand, ce tyran, ce monarche ...« die Haltung an. Das geistig freiere Klima in den nicht von Spanien abhängigen Ländern war auch dem Wachstum wirklicher Stoffkomplexe um Philipp günstiger, die besonders an vier Ereignisse seiner Regierungszeit anknüpften: 1. an die Einkerkerung und den Tod des Infanten Don Carlos, mit dem meist der Tod von Philipps Frau Elisabeth von Valois in Beziehung gebracht wurde; 2. an seines Halbbruders → Don Juan d'Austrias frühen Tod, den man Philipp zur Last legte; 3. an das Ende von Don Juans Sekretär Escovedo, der verschiedentlich auch als Marquis de Posa auftaucht; er soll Philipps Frau den Hof gemacht und seine Eifersucht erregt, andererseits sich durch Unterstützung des Ehrgeizes Don Juans mißliebig gemacht haben; Escovedos Mörder, Philipps Günstling Antonio Pérez, soll mit des Königs Auftrag zugleich eine persönliche Rache an Escovedo vollzogen haben. Die Escovedo-Affäre hängt zusammen mit 4. den Beziehungen des Königs zu Anna de Mendoza, Prinzessin Eboli, bei der Pérez möglicherweise als Rivale des Königs fungierte und sich in Escovedo einen unbequemen Mitwisser vom Hals schaffen wollte. Angelpunkt für die Verbreitung und Ausgestaltung all dieser legendären Züge war ohne Zweifel der Don-Carlos-Stoff, von dem her die anderen Motive befruchtet und zum Wachstum angeregt wurden. Das mit dem ↑ Vater-Sohn-Konflikt verknüpfte Motiv der ↑ Rivalität, das den ↑ Tyrannen als einen schwachen und verwundbaren Menschen dekuvriert, hat die übrigen Stoffkomplexe beeinflußt, denn bei allen handelt es sich darum, daß Philipp einen Nebenbuhler oder Rivalen beiseite schafft. Die einzelnen Stoffkomplexe und die in ihnen auftretenden Personen erscheinen in vielen Fällen miteinander verkoppelt.

Philipps Sohn und Thronerbe Don Carlos war ein durch Anlage und Erziehung geistig und körperlich verkümmerter Mensch, so daß der Vater ihn von der Heirat mit der österreichischen Prinzessin Anna sowie von politischer Tätigkeit abhielt und ihn von der Thronfolge ausschließen wollte. Er versagte ihm den Oberbefehl in den Niederlanden und kam einem Fluchtversuch des Prinzen durch Inhaftierung zuvor. Don Carlos starb 1568 im Kerker. Als Ursache wurde körperliche Zerrüttung durch unregelmäßige Nahrungsaufnahme angegeben. Philipps Gemahlin Elisabeth, die einige Monate nach Carlos' Tod starb, war die Verlobte des Infanten gewesen, ehe der König selbst aus politischen Gründen die Ehe einging; auf ein Liebesverhältnis der ehemals Verlobten zu schließen, bietet sich keine Handhabe, wenn es auch nicht außerhalb des Möglichen liegt.

Schon als Don Carlos 1568 gefangengesetzt wurde, berichtete Cosimo de' Medici von dem Geschwätz, das sich um die Inhaftierung erhob. Obwohl man Carlos' Unzulänglichkeiten kannte, war man aus Abneigung gegen Philipp geneigt, die entstellenden Fabeleien zu glauben. Der Gesandte Venedigs meldete, Carlos solle durch Gift gestorben sein. Wie entschieden man in Spanien solchen

Gerüchten entgegentrat, zeigt die Tatsache, daß eine einfache Darstellung der letzten Tage des Infanten und der Bestattungsfeierlichkeiten verboten wurde (G. LÓPEZ, *Relación de la muerte y honras funebres del S. Príncipe Don Carlos* 1568). Die offizielle spanische Version, der sich auch die meisten Gesandtenberichte anschlossen und die der Wahrheit nahekommen dürfte, ist die, daß Philipp gezwungen war, den närrischen, grausamen und aufrührerischen Infanten in Gewahrsam zu setzen. Eine Reihe von frühen Historikern schließt sich dieser Version an (G. ADRIANI, *L'Istoria dei suoi tempi* 1583; T. BOCCALINI, *Bilancia politica* 1615; P. MATTHIEU, *Histoire de France* 1631; F. STRADA, *Storia della rivoluzione delle Fiandre* um 1700). Bei einigen von ihnen bekommt Philipp bereits die tragischen Züge eines durch die Herrscherpflicht in seiner Sohnesliebe getroffenen Königs, wie ihn das spanische Drama darstellt. Da das Don-Carlos-Drama LOPE DE VEGAS verloren ist, kann man den frühesten poetischen Niederschlag des großen Stoffes erst in Diego XIMÉNEZ DE ENCISOS Drama *El Príncipe Don Carlos* (entst. um 1621, Druck 1634) fassen. Carlos ist hier ein launenhafter, trotziger Wüstling, der den Vater beleidigt, die Tochter Albas verführen und andererseits die Heirat mit Anna von Österreich erzwingen will. Er erlebt zwar im Kerker eine Läuterung durch eine Vision, in der er erkennen muß, daß er in der Reihe der künftigen Könige Spaniens fehlt, aber sein bevorstehender Tod kann dem Zuschauer nur wie eine glückliche Fügung erscheinen. Das Schicksal des Königs, der gegen den eigenen Sohn einschreiten muß, wirkt in der an Enciso angelehnten Tragödie des J. PÉREZ DE MONTALBÁN *El segundo Séneca de España* (1632) noch bedauernswerter; der schon bei Enciso vorhandene Gegensatz zu Alba wird durch die Rivalität in der Frage des Oberbefehls noch zugespitzt, und Carlos' Nebenbuhler in der Liebe ist hier Don Juan d'Austria. Spätere Bearbeitungen konnten das Ende des Prinzen nicht mehr offenlassen: eine Redaktion des Dramas von Enciso von 1689 läßt Carlos in der Haft am Fieber sterben, und auch die Bearbeitung von J. DE CAÑIZARES (*El Príncipe Don Carlos* um 1700) änderte den Schluß: Carlos wird von der Thronfolge ausgeschlossen, weil er der Ketzerei zuneigt, er stirbt jedoch mit Gott und dem Vater versöhnt. Das Motiv vom gefangenen Prinzen wirkte in der Prägung durch Enciso sogar auf die Gestaltung der aus der polnischen Geschichte stammenden Fabel von CALDERÓNS *La vida es sueño* (1635). Noch ein Drama aus der zweiten Hälfte des 19. Jahrhunderts, NÚÑEZ DE ARCES *El haz de leña* (1872), schloß sich der alten spanischen Tradition an, wenn es dem Prinzen auch sympathischere Züge verlieh und andererseits in Philipp weniger den besorgten Vater als den unerbittlichen Verfolger der Ketzer darstellte: die tragische Tat des Königs und das traurige Ende seines Sohnes beruhen hier auf dem Racheakt eines Jünglings, der den Tod seines von Philipp hingerichteten Vaters rächen will und Carlos' hochverräterische Pläne dem König verrät.

In den spanischen Versionen spielt das Motiv der Liebe zwischen

Sohn und Stiefmutter, der Eifersucht des Vaters und seiner Rache, keine Rolle. Es ist allerdings gut möglich, daß LOPE DE VEGA, ähnlich wie er wahrscheinlich in dem Drama *La estrella de Sevilla* (vor 1617) Philipps Werben um die Prinzessin Eboli und seine Gegnerschaft zu Escovedo in einen fremden Stoff verhüllt darstellte, in *El castigo sin venganza* (1632) die Rache des fürstlichen Vaters an dem Sohn und der untreuen Frau nun zur Distanzierung auf einen von BANDELLO übernommenen Stoff übertrug, dem eine historische Begebenheit im Italien des 15. Jahrhunderts zugrunde liegt, denn die Abweichungen von Bandello sind zweifellos Anpassungen der Fabel an die Ereignisse am spanischen Hofe. Eine solche verschlüsselte Darstellung würde auf eine frühe allgemeine Verbreitung der Liebesgeschichte auch in Spanien schließen lassen, die sich später vor allem in Frankreich entwickelte. Eine Spiegelung spanischer Sagen um Don Carlos ist auch der französische Roman *Le pâtissier de Madrigal en Espagne* (1596), der erzählt, daß Don Carlos durch die Barmherzigkeit seiner Schergen entkommen sei und als Bäcker in Madrigal gelebt habe, aber sein Geheimnis erst nach Philipps Tode habe lüften dürfen.

Den Ausgangspunkt für die französische Ausgestaltung des Don-Carlos-Stoffes, der von hier auch in die anderen europäischen Länder gelangte, dürften zwei Veröffentlichungen des Jahres 1581 bilden, WILHELMS VON ORANIEN *Apologie ou défense ...,* in der der Niederländer seinen Feind Philipp anklagt, die eigene Frau und den Sohn getötet zu haben, weil er Anna von Österreich, die bereits mit Carlos verlobt war, habe heiraten wollen, und das anonyme Gedicht *Diogène ou du moyen d'establir ... une bonne et assurée paix en France ...,* das die Anklagen Oraniens wiederholt und noch hinzufügt, der König habe seine Tat durch eine ansteckende Krankheit seiner Frau zu motivieren gesucht. Von hier an entwickelte sich die Sage im historisch-politischen französischen Schrifttum rasch. L. de MAYERNE-TURQUET (*Histoire générale d'Espagne* 1586) faßte die Fabeleien fast schon zu einem Roman zusammen: Carlos ist edel, aber seinem Vater gegenüber hochmütig; Philipps Beichtvater lenkt dessen Argwohn gegen Elisabeth und Carlos, eine Dame dagegen verdächtigt den Marquis de Posa einer Beziehung zur Königin; der Marquis wird erschlagen, Carlos im Gefängnis mit einer seidenen Schnur erwürgt, die Königin stirbt an einer ihr vom König aufgezwungenen Medizin. Agrippa d'AUBIGNÉ (*Histoire universelle depuis 1550 jusqu'en 1601*) erzählt, daß die Inquisition den Prinzen zum Gifttod verdammte, F. EUDES DE MÉZERAY (*Histoire de France depuis Faramond ... 1643*) betont besonders die Gestalt Elisabeths und die Eifersucht Philipps, die sich vor allem gegen den Marquis de Posa richtet, der Abbé de BRANTÔME (*Vies des Hommes Illustres, Vies des Dames Illustres* 1665–66) erzählt von dem eifersüchtigen Haß des Sohnes gegen den Vater. Wie stark die Gestalten des spanischen Königsdramas am Ende des 17. Jahrhunderts schon poetisch geprägt waren, bezeugt etwa der Versuch der Mme d'AULNOY, die in einem spanischen Schlosse besichtigten Porträts der wichtigsten Personen in diesem Sinne zu interpretieren (*Mémoires de la Cour d'Espagne* 1690; *Relation du voyage en Espagne* 1691). Entscheidend wurde jedoch C. V. SAINT-RÉALS »Nouvelle historique« *Don Carlos* (1672), die jene in den historischen Berichten oft unverbundenen und auseinanderstrebenden Motive vereinigte, ihnen eine empfindsame Tönung verlieh und sie unter das Gesetz einer gemeinsamen großen Intrigenhandlung zwang. Saint-Réals Roman ist ganz auf der empfindsamen Liebe des um die verlorene Braut trauernden Prinzen zu seiner edlen schönen Stiefmutter und der daraus folgenden Eifersucht des grausamen Monarchen und herzlosen Vaters aufgebaut, woraus nicht nur das tragische Ende der beiden Liebenden, sondern auch Don Juans, der Prinzessin Eboli, Escovedos und schließlich auch Philipps selbst resultierte. Saint-Réals Werk ist die umfassendste Bearbeitung des Philipp-Stoffes, in dem fast nur die Einbeziehung → Elisabeths von England fehlt. Es wurde die Hauptquelle für die Carlos-Dramen des 18. und 19. Jahrhunderts.

So hatte sich aus der Tragödie von der Ausschaltung eines unfähigen Thronerben ein Leidenschaftsdrama entwickelt, in dem sich um den zentralen Konflikt als Randmotive die Intrige der verlassenen oder abgewiesenen Geliebten, die Treue eines Freundes, die politische Rivalität, die Verschwörung gegen tyrannische Unterdrückung, das Eingreifen der kirchlichen Macht gruppieren. Die romanhafte Breite der Fassung Saint-Réals bot dem konzentrierenden Zugriff des Dramatikers eine Fülle von Möglichkeiten der Akzentuierung an. Selbst in der zeitgenössischen Modegattung des Heldenbriefes zeigt sich, daß man die großen Liebenden sowohl in Philipp und der Prinzessin Eboli (D. C. von LOHENSTEIN 1673) wie in Carlos und Elisabeth (J. B. MENCKE 1693) sehen konnte.

Unter den Dramatikern griff Th. OTWAY (1676) nach dem von Saint-Réal geprägten Stoff. In klassizistischer Manier auf den Zeitraum von 24 Stunden zusammengezogen, spannt sich der dramatische Bogen von Elisabeths Hochzeit bis zu ihrem Tode; vieles ist in verdeckte Handlung verdrängt. Die Liebschaften der Eboli, die erst, nachdem sie des Frauenhelden Don Juan d'Austria überdrüssig geworden ist, an Carlos Interesse gewinnt, ihre Intrigen und ihre Strafe sind das dunkle Gegenspiel zu der reinen Liebe Elisabeths und Carlos', an dessen Seite zum erstenmal der Freund Marquis Posa steht. Die politisch-weltanschauliche Thematik fehlt vollkommen. 1685 behandelte J. G. de CAMPISTRON den Stoff unter verändertem Namen (*Andronic*); er verlegte den Schauplatz nach Byzanz und konzentrierte die Handlung einerseits auf die verbotene Neigung des Prinzen, andererseits auf seine unerwünschten politischen Pläne; Carlos öffnet sich in der Haft die Adern, die Königin nimmt Gift, der König ist von Kummer gebrochen; die Eboli-Handlung fehlt. In die Nähe von Campistron ist F. BECATTINIS Drama *Don Carlo, Principe di Spagna* (1773) zu stellen; allerdings wird die Gestalt Philipps nach italienisch-spanischer Tradition

heller gezeichnet: er schwankt im Zwiespalt zwischen Herrscherpflichten und Sohnesliebe, denn er fürchtet vor allem die politischen Absichten des Sohnes und bereut zu spät seine Unterschrift
unter das Todesurteil; der Sohn versöhnt sich vor dem Tode mit
dem Vater. Auch das bedeutendere Werk V. ALFIERIS (1. Fassung
in französischer Prosa 1775, letzte Fassung in italienischen Versen
1789) betont die politischen Verfehlungen des Prinzen, die bis zur
Bedrohung des Vaters gehen, stärker als die französischen Bearbeitungen. Philipp überrascht seine Frau im Kerker des Prinzen, dem
sie zur Flucht verhelfen will; beide töten sich selbst. Philipp erscheint zum unmenschlichen Tyrannen gesteigert, der er auch bei
L.-S. MERCIER (*Portrait de Philippe second* 1785), in geringerem
Maße aber in dem Drama des Conte A. PEPOLI ist, trotz des Titels
*La gelosia snaturata o sia Don Carlo infante di Spagna* (1784); Alba und
Don Juan d'Austria, der auf den Thron hofft, liefern den Infanten
der Rache des Königs aus, der, um sich nicht mit Blut zu beflecken,
das ganze Schloß in die Luft sprengt.

Bei SCHILLER (1787) entwickelte sich der Stoff während einer
fünfjährigen Arbeitszeit aus einem Leidenschafts- oder Familienge-
mälde zum Weltanschauungsdrama. Die Gestalt des edlen, aber
von seiner Leidenschaft ganz gefangenen Prinzen tritt zurück
hinter der des Marquis Posa, der aus einem Freund und Berater
Carlos' zu dem eigentlich dramatisch führenden Vertreter freiheitlicher und humanitärer Ideen emporwächst und mit dem zugleich
der Gegner Philipp aus einem Despoten zu einem tragisch gesehenen Menschenverächter und großen Einsamen wird, der sich
schließlich als bloßes Werkzeug in der Hand der übermächtigen
Kirche erkennen muß.

Die meisten Don-Carlos-Dramen des 19. Jahrhunderts stehen
im Schatten Schillers. Philipp wurde im Zeitalter der Demokratie
zum Inbegriff eines Unterdrückers geistiger Freiheit (M.-J. CHÉ-
NIER, *Philippe II* 1801), und man empfand die Einengung des
Stoffes auf die Familientragödie (J. W. ROSE, *Carlos und Elisabeth*
1802; Doigny de PONCEAU, *Elisabeth de France* 1838) als ein Absinken des Stoffes von der erreichten geistigen Höhe. Der Rückgriff
auf den wilden, aufsässigen Prinzen Enciso (F. de la Motte FOU-
QUÉ, *Don Carlos, Infant von Spanien* 1823) befremdete. Die mehrfach auftauchende Einbeziehung des ursprünglich mit dem Stoff
lose verknüpften Don Juan d'Austria befruchtete die Entwicklung
ebensowenig wie die Vorschaltung der Jugenderlebnisse des Infanten in Alcalá (E. M. CORMON, *Philippe II Roi d'Espagne* 1846). In
den meisten Fällen endet die Tragödie mit der Kerkerszene, in der
häufig die beiden Liebenden den Tod finden. Das berlinische
parodistische Puppenspiel *Don Carlos, der Infanterist von Spanien,
oder das kommt davon, wenn man seine Stiefmutter liebt* (1852) zeigt
einen äußersten Punkt in der Entwicklung an. Als Auseinandersetzung zweier weltanschaulicher Haltungen, der mönchischen und
der heidnisch-lebensbejahenden, faßte den Stoff erst wieder
E. VERHAEREN (*Philippe II* 1904), der sich völlig von der seit Saint-

Réal bestehenden Tradition löste und die Liebesbeziehung Carlos–Elisabeth strich: für seine revolutionären Absichten und sein dem Sinnengenuß offenes Leben wird der Prinz im Auftrage seines Vaters durch die Inquisition beseitigt. Der Stoff ist im 19. Jahrhundert auch wiederholt für Opern verwendet worden. Am bekanntesten wurde VERDIS *Don Carlos* (Text nach CORMON von MÉRY und DU LOCLE 1867, Umarbeitung von F. WERFEL).

Die Gestalt Philipps II. taucht außerhalb des Don-Carlos-Stoffes in zahlreichen Dichtungen auf, die sich mit den religiösen Kämpfen des 16. Jahrhunderts befassen, so vor allem im Zusammenhang mit den Befreiungskriegen der Niederlande und mit → Elisabeth von England. Mittelpunktsgestalt wurde sie in J. MASEFIELDS Drama *Philip the King* (1914), das die Stunden darstellt, in denen Philipp den Ausgang der Seeschlacht gegen England erwartet. Eine Vision zeigt ihm die Geister der von ihm Getöteten, die gegen ihn und sein Lebenswerk zeugen. Einem ähnlichen Verdammungsurteil gleicht der historische Roman H. KESTENS (*König Philipp der Zweite* 1938), in dem Philipp wieder als Inbegriff des Tyrannen erscheint.

E. Levi, Storia poetica di Don Carlos, Pavia 1914; F. W. C. Lieder, The Don Carlos Theme in Literature, (Harvard Studies and Notes in Philology and Literature 12) 1930; P. Oldengott, Philipp II. im Drama der romanischen Literaturen (16. und 17. Jahrhundert), Diss. Münster 1938.

**Philoktet.** Philoktet ist der Freund des → Herakles, entzündet dessen Scheiterhaufen und erbt Bogen und Pfeile. Beim Zug gegen Troja zeigt er den Griechen den Weg nach der Insel Chryse, damit sie in dem dortigen Heiligtum beten; dabei wird er von einer giftigen Schlange gebissen, und seine Schmerzanfälle sind so gräßlich, daß die Griechen ihn auf Rat des Odysseus, während er schläft, auf der Insel Lemnos aussetzen. Als die Griechen neun Jahre vor Troja liegen, wird ihnen geweissagt, daß die Stadt nur mit dem Bogen des Herakles erobert werden könne. → Odysseus und Neoptolemos, Sohn des → Achill, fahren nach Lemnos und bringen Philoktet nach Troja, wo er geheilt wird und durch Tötung des Paris zum Siege beiträgt.

HOMER streift die Episode nur, indem er berichtet, daß Philoktet sich mit sieben Schiffen am Kriegszug beteiligt und sich dann in der Stunde der Not mit dem Bogen vor Trojas Mauern einfindet. Die Tragiker richteten ihr Interesse auf das Problem, wie der durch den an ihm verübten Betrug verbitterte Held zu seiner Griechenpflicht zurückfindet. Außer den drei großen griechischen Tragikern haben noch PHILOKLES, KLEOPHON, ANTIPHON, THEODEKTES und ACCIUS Philoktet-Dramen geschrieben; erhalten ist nur der *Philoktet* des SOPHOKLES. Das Drama setzt mit der Ankunft der beiden Boten auf Lemnos ein. Neoptolemos wird von Odysseus vorgeschickt und soll durch eine List – er habe sich mit den Atriden verfeindet und kehre in die Heimat zurück – Philoktet zur Mitfahrt bewegen.

Philoktet betreibt erfreut selbst die Abfahrt, aber ein Anfall überkommt ihn; er bittet Neoptolemos, ihn nicht in seiner Ohnmacht zu verlassen und seinen Bogen zu bewahren. Erschüttert
von den Leiden des Helden beichtet Neoptolemos dem Erwachenden die Wahrheit; Philoktet glaubt sich verraten. Odysseus
erscheint und weist darauf hin, daß Philoktet ohne den Bogen,
der ja nun in den Händen der Griechen sei, verhungern müsse,
wenn er auf der Insel bleibe. Neoptolemos will jedoch den
Ruhm eines Troja-Bezwingers nicht mit einer unedlen Tat erkaufen und gibt den Bogen an Philoktet zurück, der lieber
Schmerzen erleiden als die ihm vor Troja verheißene Heilung
finden will. Das Erscheinen des göttlichen Herakles, der Philoktet befiehlt, nach Troja zu ziehen, bringt die Wendung.

Der heroische Konflikt zwischen persönlicher Rache und patriotischer Pflicht bei Philoktet sowie zwischen Menschlichkeit
und patriotischer Pflicht bei Neoptolemos konnte dem galanten
Zeitalter nicht genügen. So fügte CHÂTEAUBRUN (Dr. 1756) eine
Tochter des Philoktet, die mit ihm auf der Insel lebt und in die
sich Neoptolemos verliebt, in die Handlung ein; das schließliche
Nachgeben Philoktets hat weniger den Zweck der Eroberung
Trojas als der Vereinigung der Liebenden. Während LA HARPE
(1783) die Ex-machina-Lösung des Dramas dadurch besonders
kraß erscheinen ließ, daß Herakles in dem Augenblick auftritt,
als Philoktet schon den tödlichen Pfeil auf Odysseus abschießen
will, nahm HERDERS »Szene mit Gesang« *Philoktetes* (1774/75)
dem Helden die Antwort auf die großmütige Geste des Neoptolemos durch das Erscheinen des Gottes ab und endete mit der
humanitären Weisheit »Wer sich unter's Schicksal schmiegt,
hat's besiegt«.

A. GIDE (*Philoctète,* Traktat 1899) erkannte dem zum abgeklärten Dulder gewandelten Philoktet die größte Tugend zu: er opfert seine individuellen Ansprüche auf Rache und trinkt bewußt
den von Odysseus bereiteten Schlaftrunk, um ihm die Möglichkeit zu geben, den Bogen zu stehlen. Auch bei K. v. LEVETZOW
(*Der Bogen des Philoktet,* Dr. 1909) überwindet Philoktet den
Gegner durch seinen inneren Adel, so daß dieser auf seinen Betrug verzichtet; dann liefert Philoktet den Bogen freiwillig Neoptolemos aus und stürzt sich ins Meer. Ganz ähnlich läßt
R. PANNWITZ (Dr. 1913) seinen Helden den Bogen ausliefern und
sich mit dem Bewußtsein begnügen, der eigentliche Eroberer
Trojas zu sein. Aus zeitgenössischer Erfahrung nutzte B. v. HEI
SELER (Dr. 1948) den Stoff, um den Anspruch des einzelnen auf
Freiheit und Wahrheit auch gegenüber politischen Notwendigkeiten zu verteidigen. Bei H. MÜLLER (Dr. 1965) geht es nicht
mehr um den siegbringenden Bogen des Philoktet, sondern um
dessen Truppen, die sich weigern, ohne ihren Führer vor Troja
zu kämpfen. Als es den beiden Abgesandten nicht gelingt, Philoktet zu überreden, ihnen um der gemeinsamen Sache willen zu
folgen, stößt Neoptolemos, der anfänglich sogar jede List und

Lüge ablehnte, ihm das Schwert in den Rücken. Eine zweckdien-
lich formulierte Darstellung seines Todes wird seine Truppe zur
Teilnahme am Kampf bewegen.

K. Heinemann, Die tragischen Gestalten der Griechen in der Weltliteratur,
1920.

**Polyneikes** → Sieben gegen Theben

**Polyxene** → Achilleus

**Prinz Eugen** → Eugen, Prinz

**Prinzessin von Ahlden** → Ahlden, Prinzessin von

**Prokris** → Kephalos und Prokris

**Prometheus.** Prometheus, Sohn eines Titanen und einer Göttin, ist nach Hesiods Erzählung in der *Theogonie* ein Frevler, der
Zeus beim Opfer betrügt und den Menschen das ihnen von dem
Gott entzogene Feuer wieder zurückholt; er wird dadurch zum
Wohltäter und Erzieher der Menschheit. Zeus versucht ihn zuerst
durch Übersendung der → Pandora ins Unglück zu bringen, dann
läßt er ihn durch Hephaistos an einen Felsen des Kaukasus schmie-
den, wo ein Adler an seiner Leber frißt, die ihm nachts immer
wieder nachwächst. Er weiß um eine Gefahr, die den Göttern
droht, verweigert aber Zeus sein Geheimnis und wird mit dem
Felsen in den Tartarus gestürzt. Nach Jahrtausenden wird der
Felsen emporsteigen, Zeus wird sich mit Prometheus versöhnen,
Herakles den Adler töten und Cheiron statt seiner das Leiden auf
sich nehmen. Nach der Dichterin Erinna ist Prometheus nicht nur
Wohltäter, sondern auch Schöpfer der Menschen, die er aus Ton
formte. Neben den »vorausdenkenden« Prometheus tritt sein
»nachträglich erkennender« Bruder Epimetheus, so daß am Anfang der Zeiten bereits zwei ungleiche Brüder dem Menschenge-
schlecht vorstehen.

Aischylos' Trilogie, die den Empörer, den gefesselten und den
befreiten Prometheus behandelte und von der nur der *Gefesselte
Prometheus* vollständig erhalten ist, gestaltete den Trotz des Men-
schenfreundes, der das Feuer raubte, sich Zeus' Plan, nach den
Titanen auch die Menschen zu vernichten, widersetzt hat, an den
Felsen geschmiedet nicht sein Geheimnis preisgibt und noch größerer Qual entgegensieht, weil er weiß, daß er unsterblich ist und
eine bessere Ordnung sich durchsetzen wird. Die Tragödie hat den
Stoff maßgebend geformt, wenn auch daneben noch Hesiods

Erzählung weiterwirkte. Ein Drama des Römers Accius ist verloren. In der Spätantike behandelte Lukian in einem Dialog *Prometheus oder der Kaukasus* die gleiche Situation wie Aischylos. Hier rechtfertigt Prometheus klagend sein Handeln zum Wohle der Menschen. Er hat sie geschaffen, weil die Götter sie brauchen, doch sind sie den Göttern gefährlich, denn sie sind Kinder seines Geistes.

Das christliche Mittelalter hat Prometheus weitgehend negiert. Es wußte mit dem ↑ Rebellen gegen Gott nichts anzufangen und kam nicht auf den Gedanken, ihn mit → Satan gleichzusetzen, zu dem auch seine positiven Züge nicht passen. Die in der wissenschaftlichen Literatur vielzitierte Gleichsetzung des Prometheus mit Christus beruht auf einer einzigen Stelle bei Tertullian, die von H. Stanley (1663) mißverstanden und von E. Quinet (Vorrede zu *Prométhée* 1838) mit diesem falschen Sinn in Umlauf gesetzt wurde. Die Tertullian-Stelle zielt darauf ab, daß der griechische Mythos die christliche Wahrheit entstelle und Gott-Schöpfer der eigentliche, echte Prometheus sei.

Suchte Tertullian die Göttlichkeit des Prometheus zu widerlegen, so spürte die Renaissance der Bedeutung des Mythos nach. Boccaccio (*Genealogia Deorum* 1373) kennt zwei verschiedene Versionen des Mythos: Prometheus als Schöpfer und als Weisen, der nach dem Sündenfall die Menschen Künste und Wissenschaften lehrte. Das Feuer deutete Boccaccio als das Licht der Wahrheit. Als großen Künstler und Lehrer betrachtete ihn auch Marsilius Ficinus (Mitte 16. Jh.): der Wunsch des Menschen, sich zu erheben, sei an seiner materiellen Konstitution und seiner Unvollkommenheit gescheitert. F. Bacon (*De sapientia veterum* 1691) legte den Mythos allegorisch aus: Prometheus sei Symbol für Wesen und Geist des Menschen, das Feuer Symbol für den technischen Fortschritt. Prometheus' Sünde bestehe darin, die vom Himmel gesetzten Grenzen des Wissens überschritten zu haben. Für G. Bruno (*Cabala del cavallo Pegaseo con l'aggiunta dell'asino cillenico* 1585) rebellierte Prometheus gegen die Enge der Dogmen und behauptete sein Recht auf Wahrheitssuche. Die eigentliche Dichtung dieser Epoche rückte jedoch eine ganz andere Seite des Mythos ins Licht. Für sie war der auf dem Kaukasus angeschmiedete Prometheus Symbol des unerlösten Menschen (Ronsard), des unerlöst Liebenden (Ronsard, J. Du Bellay, M. Scève), ein Klagender (R. Belleau), Inbegriff des Poeten und Künstlers (M.-J. Vida, G. Chapman), und der Feuerraub war für sie eine Art Sündenfall (Ronsard, L. de' Medici, Camões).

Das 17. Jahrhundert verwendete den Stoff erstmalig auf dem Theater, zunächst als anspruchsloses Festspiel. Bei Th. Campion (*The Lord's Masque* 1613) tanzen die durch das Feuer der Liebe belebten Statuen ein Ballett, in einem akademischen Festspiel von A. Catulle (*Prometheus sive de origine scientiarum drama* 1613) tritt der Held als Spender des wissenschaftlichen Geistes auf, eine Oper von G. A. Bergamori (*Prometeo liberato* 1683, Mus. G. Bassani) endete mit der Verwandlung des wüsten Felsens in einen Garten, ein anonymes spanisches Schäferspiel, das sich an Lukian anlehnte, schloß mit der Befreiung durch Herkules. Nur in CALDERÓNS Drama *La Estatua de Prometeo* (1679), das die Gegensätzlichkeit der Brüder Prometheus und Epimetheus als Handlungsmotor benutzt, zeichnet sich eine tiefere Auffassung des Prometheus ab: er erscheint als Sinnbild des edlen Strebens der Menschheit; der Feuerbringer und der Menschenschöpfer sind dadurch verschmolzen, daß das vom Himmel geholte Feuer den Statuen Leben und Wissen vermittelt.

Erst dem 18. Jahrhundert wurden Prometheus' Tat und Prometheus' Charakter zum Problem. Die Frage, ob der Feuerraub Segen oder Unglück für die Menschen war, konnte auf Grund der Kulturkritik ROUSSEAUS (*Discours sur les sciences et les arts* 1750), der in Prometheus den Erfinder der Wissenschaften und damit den Vorkämpfer der Dekadenz sah, bis in das Lustspiel hinein diskutiert werden. P. de SAINT-FOIX (*Les Hommes* 1753) kritisierte die von Prometheus erweckten Menschen als dumm und schlecht von Beginn an, ein anonymes Drama *Prometheus or the Rise of Moral Evil* (1775) sah im Feuerraub den Beginn allen sozialen Übels, Père BRUMOY (*La Boëte de Pandore ou la curiositée punie* 1741) urteilte ähnlich, bei LEFRANC DE POMPIGNAN (*Prométhée*, Tr. 1784) zerstört Jupiter zu Recht die durch Unglauben entartete Zivilisation, bei G. Ch. TOBLER (*Der befreite Prometheus*, Dr. 1792) erkennt und bereut Prometheus seinen Irrtum. M. SHELLEY zeigte an einem modernen Parallelfall (*Frankenstein or the Modern Prometheus*, R. 1818), wie bald die Menschen korrumpiert wurden und wie der moderne Prometheus sein Werk wieder vernichten möchte. G. LEOPARDI (*La scomessa di Prometeo* 1827) läßt Prometheus eine Weltreise machen, auf der er sich überzeugt, daß er die Menschen in hoffnungslose Leiden und in Schlechtigkeit gestürzt hat.

War man dagegen im Sinne der Aufklärung von Nutzen und Sinn des Feuerraubes überzeugt (K. Ph. CONZ, *Prometheus und die Ozeaniden*, Szene 1793; D. FALK, *Prometheus*, Dr. 1803), so mußte die Bejahung von Prometheus' Auflehnung – wie schon, wenn auch satirisch, bei Lukian – zur Kritik an Jupiter führen. VOLTAIRE schuf als erster ein in diesem Sinne »prometheisches« Drama (*Pandore* 1740). Bei ihm ist Jupiter die Ursache allen Übels: er will Pandora für sich gewinnen, wirft den Titanen in den Tartarus, und er schenkt auch das verderbliche Kästchen. Die Menschen jedoch könnten auf die Götter verzichten und die Erde gegen den Himmel verteidigen; die Übel in der Büchse waren ein notwendiges Mittel, dem Menschen zu sich selbst zu verhelfen. Wenn der Prometheus des jungen GOETHE (Gedicht 1773) ebenfalls auf die Götter verzichten will, so drückt sich darin weniger metaphysisch-religiöse Rebellion als das Ringen um Selbstverständnis des Künstlers aus, der, entsprechend der Ästhetik SHAFTESBURYS (*Soliloquy or Advice to an Author* 1710), prometheusgleich wie Gott schafft; über sich und den Göttern erkennt Prometheus nur die Macht des Schicksals an. Die von Prometheus geschaffenen Menschen in GOETHES Dramen-

fragment (1773) haben, weder aufklärerisch noch rousseauistisch
bestimmt, sowohl gute als auch böse Anlagen, und Pandora bringt
nicht schlimme, sondern »ergötzliche« Gaben. In Goethes spätem
Festspiel *Pandora* (1809) sind die Züge des schöpferischen Titanen
auf Prometheus und seinen Bruder Epimetheus verteilt: Prometheus ist auf einen nüchternen Tatmenschen reduziert, das künstlerische Moment ist seinem Bruder Epimetheus, einem untätigen
Träumer, vorbehalten. Herder stellte in den Szenen seines *Entfesselten Prometheus* (1802) den Erlöser der Menschen dar, der durch
Dulden und Selbstüberwindung der Menschheit innere Befreiung
bringt. Die Läuterung des Dulders steht auch im Mittelpunkt eines
Gedichtes von E. v. Feuchtersleben (1828).

Die europäische Romantik mit ihrer Diskussion über die Existenz und die Notwendigkeit des Bösen rechtfertigte neben → Kain
und → Satan auch Prometheus. Er wurde für sie das Urbild
menschlichen Daseins. Die gleichzeitig erfolgende Aischylos-Re-
naissance und Aischylos-Adaption betonte nicht die Perspektive
der Prometheus-Dichtung, die Versöhnung und die Einsicht in den
Willen des Zeus, sondern den zu Unrecht bestraften Empörer, den
man zu einem Vorkämpfer gegen das von Jupiter vertretene oder
doch zugelassene Prinzip des Bösen erhob. Nicht Tertullian, sondern die Romantik identifizierte Prometheus mit Christus. Eine
epische Versdichtung A. W. Schlegels (1797) zeigte den trotzigen
Empörer, der weiß, daß die Götter sein Werk schließlich anerken-
nen müssen. Unter den englischen Lyrikern hat zuerst Byron
(1816) den stolzen Dulder als Symbol des Menschen überhaupt
hingestellt. Abhängig von ihm führte Longfellow das Bild des
triumphierenden Dulders aus, während Shelley (*Prometheus unbound,* Dr. 1820) nicht nur den stolzen Aufrührer, sondern auch
den schließlichen Sieger zeigt, der nach dem Sturz von Jupiters
Tyrannis den Menschen ein neues paradiesisches Zeitalter bringt.
Auch ein Fragment H. Coleridges (1820) läßt die trotzige Anklage
des Titanen hören, deutet aber die Versöhnung mit Jupiter an. Bei
E. Quinet (Dr. 1838) wird erst mit dem Erscheinen Christi Jupiter
überwunden und Prometheus erlöst; das Wissen um dieses »anderen Prometheus« war des Titanen Geheimnis, das er nicht preis-
gab. Auch A. Paquet (Dr. 1838) und E. Grenier (*Prométhée délivré,* Dr. 1857) ließen Prometheus sein Leid in der Gewißheit eines
kommenden neuen Gottes ertragen. Es war naheliegend, daß die
Kritik an Jupiter nicht immer in seiner Überwindung durch Christus ausklang, sondern daß Jupiter mit dem christlichen Gott
gleichgesetzt wurde, dessen Überwindung man ebenfalls aus dem
Prometheus-Mythos herauslas. Bei F. v. Sallet spricht Prometheus in einem Monolog (1835) die Hoffnung auf den Sieg der
Vernunft aus, und auch L. Schefers (*Prometheus und der Nachtwäch-
ter* 1848) sowie J. St. Blackies (1857) Prometheus glaubte an die
Macht der Vernunft, die den Menschen Gott ähnlich gemacht hat
und die Welt ändern kann, wenn sie sich nicht unterwirft. Eine
Szene A. des Essarts (1835) gipfelt in dem Glauben, daß Gott

durch Wissen zu vernichten sei. Ähnlich richteten sich Th. L. de
LALAIRE (1838), P. DEFONTENAY (*Prométhée délivré* 1854) und
R. H. HORNE (*Prometheus the Firebringer* 1864) gegen die Bevormundung durch ein bestehendes Dogma. Was K. MARX meinte,
wenn er Prometheus den Töter der Götter nannte, hat L. MÉNARD
in einem Gedicht (*Prométhée délivré* 1843) mit einer scharfen Wen-
dung gegen die Religion auszudrücken gesucht: die Hoffnung auf
Befreiung von ihr liege bei dem Fortschritt durch Wissenschaft und
durch Umsturz. Eine soziale Interpretation des Stoffes ist nur in
England, und auch dort nur selten anzutreffen (Th. K. HERVEY,
Gedicht 1832; J. L. BRERETON, *Prometheus Britannicus* 1840; J. E.
READE, *Record of the Pyramids,* Dr. 1842).

Um die Mitte des 19. Jahrhunderts war der Prometheus-Stoff
zunächst geistig ausgeschöpft, die Bearbeitungen der Folgezeit
haben ihn nur variiert und nuanciert. Im Laufe des 19. und 20. Jahrhunderts wurde er immer wieder von Richtungen und Persönlichkeiten aufgegriffen, die eine Neigung zum Mythisch-Kosmischen
hatten und zugleich gedankliches Empörertum bekunden wollten.
Der vieldeutige, stellenweise widersprüchliche, sogar ambivalente
Stoff verführte zu gedanklicher Überbelastung, und man sah in
Prometheus bald Adam, bald Luzifer, bald Christus, einen Helden
und Künstler, Rebellen und Kulturstifter (eine übertragene Verwendung des Namens Prometheus ist daher häufig); auch eine
gewisse Affinität zwischen dem Stoff und dem Protestantismus
konnte festgestellt werden. Im ganzen lassen sich drei Tendenzen
unterscheiden. Eine Anzahl Dichtungen setzte die Interpretation
des Prometheus im antikonfessionellen und auch atheistischen
Sinne fort (L. ACKERMANN, Gedicht 1865; Ch. GRANDMOUGIN,
dram. Gedicht 1878; A. SCHAFHEITLEIN, *Das Zeitalter der Cyklopen,*
Dr. 1899; B. DREW, *Prometheus Delivered* 1907; P. REBOUX, *Prométhée triomphant* 1909). Diese Gruppe erhielt neue Impulse durch die
Wissenschaftsgläubigkeit der Zeit (R. CORNUT, *Les Noces de Prométhée* 1867; E. v. JAGOW, Allegorie 1893; E. SIGNORET, *Chant pour
Prométhée* 1898). Eine zweite Gruppe strebte der von Aischylos
angedeuteten Versöhnung zwischen Prometheus und Jupiter zu, da
der Mensch zu schwach sei, ohne Glauben nur aus Vernunft und
Wissen zu leben (R. PAUL, *Der entfesselte Prometheus* 1875; S. LIPI-
NER, *Der entfesselte Prometheus,* Epos 1876; A. SAINT-YVES, *Le My-
stère du progrès,* Tr. 1878; R. SCHELLWIEN, *Der entfesselte Prometheus,*
Dr. 1880; R. BRIDGES, *Prometheus the Firegiver,* Dr. 1883; R. W. DI-
XON, *Mercury and Prometheus* 1887; Ch. v. EHRENFELS, *Der Kampf des
Prometheus,* Dr. 1895; J.-G. DELARUE, *Le Prométhée le l'avenir,* Epos
1895; M. HEWLETT, 1896; J. GILKIN, Gedicht 1899; J. LORRAIN /
A.-F. HÉROLD / Mus. G. FAURÉ, Oper 1900; M. GOLBERG, *Prométhée
repentant* 1904; E. DELEBECQUE, *La Mort de Prométhée* 1905). Sie
nahm zum Teil die romantische Vorstellung von Prometheus als
Präfiguration Christi wieder auf (U. R. SCHMID 1867; J. PÉLADAN,
*La Prométhéide,* Dr. 1895; S. MILLET, *Prométhée libérateur,*
Dr. 1897). Ganz besonderer Beliebtheit erfreute sich der Stoff bei

den Mythen-Erneuerern um die Wende zum 20. Jahrhundert. K. SPITTELER nahm in seinem Epos *Prometheus und Epimetheus* (1880/81) Nietzsches Übermenschen voraus, der nur das Gesetz der Treue gegen sich selbst kennt und dem Bruder, der seine Seele verkaufte, verzeiht; dem Epos vom Empörer folgte später *Prometheus der Dulder* (1924). F. LIENHARDS Prometheus (in *Helden* 1900) nennt Zeus einen »verfrühten Gott«, prophezeit ihm den Untergang und besiegt ihn durch sein Werk. In Spittelers Nähe gehören E. BOURGES' riesiges metaphysisches Gedicht *La Nef* (1904), das den Weg des Prometheus mit einer skeptischen Synthese schließt, und auch A. GIDES symbolische Groteske *Le Prométhée mal enchaîné* (1899). Gide faßt den peinigenden Adler als Symbol des menschlichen Gewissens auf, dem man selbst das Maß setzen muß, d. h. man muß »seinen Adler essen«. Auch V. I. IVANOVS *Prometej* (Tr. 1919) und noch N. KAZANTZAKIS' Drama (1945) stehen unter dem Einfluß der Übermenschenthese.

Im 20. Jahrhundert wurde das Thema vollends entstofflicht und zum Symbol sublimiert, das »Prometheische« erdrückte Prometheus. Die Vielheit an überkommenen Bedeutungen des Prometheischen scheint auf »Rebellion« reduziert zu sein. Wissenschafts- und Zukunftsglauben sowie Religionsablehnung verkünden M. H. GARETH (Dr. 1908), R. PÉREZ DE AYALA (Nov. 1916), H. ALLEN (*The Fire Thief* 1925), A. CAMUS (*Le mythe de Sisyphe,* Essay 1942, *Prométhée aux enfers* 1946, *L'Homme révolté,* Essay 1951), R. HEUBNER (1942), R. v. KRAATZ-KOSCHLAU (1944), J. TARDIEU (*Tonnère sans orage ou les dieux inutiles* 1944), Befreiung des Sexuallebens von den Fesseln eines korrumpierenden Besitz- und Familiendenkens fordert O. MAINZER (R. 1989). Dagegen bedeutet die Emanzipation des Menschen von jedem Glauben eine Gefahr für P. CLAUDEL (*Tête d'Or,* Dr. 1891), W. V. MOODY (*The Fire Bringer,* Dr. 1904), L. BAYLE (*Prométhée* 1942), G. MONTAGNA (*Prometeo* 1951), E. BROCK (1954), B. WILLOUGHBY (1958), und als Vorläufer Christi sahen den Titanen Ch. FOIX (Tr. 1921), H. BURTE (Dr. 1932), M. GARRIC (*Prométhée olympien* 1947), E. MUIR (1954), E. WOHLFAHRT (*Die Passion des Prometheus* 1955), R. DESAISE (*Prométhée foudroyé* 1961). Eine Wiederbelebung von Aischylos' Drama durch das Medium der Musik unternahm C. ORFF (Oper 1968), während H. MÜLLER in seiner Bearbeitung (*Prometheus,* Dr. 1969) den Akzent auf den Kampf zwischen etablierter Macht und revolutionärem Fortschritt setzt und die innere Freiheit und Überlegenheit des äußerlich Unterlegenen betont.

H. Driesmans, Die Prometheus-Dichtung, (Literarisches Echo 11) 1908/09; O. Walzel, Das Prometheussymbol von Shaftesbury bis Goethe, 2. Aufl. 1932; L. Awad, The Theme of Prometheus in English and French Literature, Diss. Princeton 1954; M. Lebel, Le Mythe de Prométhée dans la littérature ancienne et dans la littérature contemporaine, (Revue de l'Université Laval 16) 1961/62; R. Trousson, Le Thème de Prométhée dans la littérature européenne, Genf 1964.

**Proserpina** → Persephone

**Psyche** → Amor und Psyche

**Pygmalion.** Die in Ovids *Metamorphosen* erzählte Geschichte von dem Bildhauer Pygmalion, der ehelos bleiben will, sich aber in eine von ihm verfertigte Elfenbeinstatue verliebt und durch die Gunst der Venus die Belebung der Figur und ihre Liebe erlangt, ist mit der Kenntnis Ovids immer lebendig gewesen und in sehr verschiedenem Sinne interpretiert und verwendet worden.

Bereits in dem von Jean de Meung stammenden zweiten Teil des *Roman de la Rose* (1275/80) wird die Geschichte Pygmalions als Beispiel von Liebestorheit und Liebesverhexung angeführt. J. Gower dagegen erzählte sie in *Confessio amantis* (1386/90) aus dem Geist des Minnedienstes als Beispiel für einen Liebenden, dem es gelingt, die Hilfe der Venus zu erlangen. J. Marston bearbeitete den Stoff zu einem empfindsamen elisabethanischen Liebesgedicht (*The Metamorphoses of Pygmalion's Image* 1598). Ein gleichfalls aus England stammendes einaktiges lateinisches Drama aus der ersten Hälfte des 17. Jahrhunderts erweiterte die Handlung phantasievoll durch neue Personen und endete mit der Belebung der Figur im Tempel der Venus und der Freude Pygmalions über die gewonnene Gattin. Die ersten Pygmalion-Libretti schrieben N. Minato (*Pigmaleone in Cipro* 1689) und Ch. H. Postel (*Der wunderbarvergnügte Pygmalion* 1693). Diesen Bearbeitungen und zahlreichen Anspielungen sowie Zitierungen war die Belohnung des treuen Liebhabers, der das Wunder der Verwandlung erreicht, das Entscheidende. Im 17. Jahrhundert entstanden ferner einige bedeutende Übersetzungen und Paraphrasen der Dichtung Ovids (La Fontaine, *Le Statuaire et la Statue de Jupiter* in *Fables* 9, 1678/79; J. de Benserade 1676; J. Dryden, *Fables, ancient and modern* 1700).

Eine Neuinterpretation erfuhr die Fabel erst um die Mitte des 18. Jahrhunderts, der sich dann die Blütezeit des Stoffes anschließt. Rokoko und Empfindsamkeit nutzten das überkommene Thema zur Illustrierung eines Grundanliegens, der Bändigung und Verschönerung der rohen Natur; die anbrechende Geniezeit fügte noch das Moment des künstlerischen Schöpfertums hinzu. Schon Voltaire betonte in seinen Versen an Adrienne Lecouvreur um 1719 das Wunder der Belebung des künstlichen ↑ Menschen, die der Liebesglut des Künstlers gelingt. A. F. Boureau-Deslandes änderte in *Pigmalion ou la statue animée* (1742) die Elfenbeinfigur in eine Marmorstatue um, die im Prozeß der Selbstfindung durch Berührung eines Marmorblocks die eigene nunmehrige Andersartigkeit erkennt. Bodmers als Antwort darauf konzipierte Prosaerzählung *Pygmalion und Elise* (1747) schilderte, wie die belebte Figur ihre einzelnen Sinne zu gebrauchen lernt, und erfand als neuen Zug ihre

Neugier hinzu. Etwa gleichzeitig fügte J. Thomson die Pygmalion-Geschichte den Trugbildern und Träumen der Einwohner seines *Castle of Indolence* (Gedicht 1748) ein und schrieb A. Houdar de la Motte ein Libretto für J.-P. Rameau (1748). Dem in der Oper frei werdenden melodramatischen Element des Stoffes entsprach ebensosehr die Kantate von J. E. Schlegel (1766), der Pygmalions Zweifel und Erstaunen über die Belebung darstellte, sowie die Ramlers (1768), der von Bodmer den Namen Elise übernahm; dieser Entwicklung schloß sich als Krönung J.-J. Rousseaus 1770 (Musik Benda 1772) veröffentlichte melodramatische »scène lyrique« an, die in kunstvoller Steigerung das aus Liebe entstehende Belebung und die Wirkung auf den erstaunten Künstler darstellte. Der Meißel, mit dem Pygmalion einen Fehler ändern will, trifft auf lebendes Fleisch, und der langsam die Stufen herabsteigenden Galathée entringt sich die Erkenntnis des »moi«. Ihr Name bedeutet Absage an Tändelei und Frivolität, und in Pygmalion lebt die Sehnsucht des einsamen Künstlers, der in seinem Werk zu leben hofft. Pygmalions liebende Haltung gegenüber seinem Geschöpf drückt geradezu das Programm einer neuen Literaturepoche aus, die den antiken Mythos zum Symbol einer durch Gefühl möglichen Weltbemächtigung erhob. In diesem Sinne wurde er von J. G. Hamann (Vorrede zu *Sokratische Denkwürdigkeiten*) und von dem jungen Schiller zitiert (*Semele,* Singsp. 1779/80; *Triumph der Liebe,* Gedicht 1781; abwertend in *Die Ideale,* Gedicht 1795). Demgegenüber bedeutete A. W. Schlegels Romanze in 35 Strophen (1796) einen Rückfall in den Klassizismus. Poultier (1795, Musik Bruni) setzte die melodramatische Linie fort. Eine Erweiterung und Veränderung der Fabel brachte dagegen G. Jacobis rationales Gedicht (*Der neue Pygmalion* 1774): Pygmalion hat die Geliebte Rosette verlassen und schnitzt in der Einsamkeit an einer Magdalenenstatue, die Rosettes Züge trägt; als er, von Neigung überwältigt, das Bild umarmen will, ist es die Geliebte, die ihm gefolgt ist. Auch bei C. Herklots (*Pygmalion oder die Reformation der Liebe,* Singsp. 1794) stellt sich die verlassene Geliebte an den Platz der von den Gegnern Pygmalions geraubten Statue; der melodramatische Charakter wird durch die choreographische Ausgestaltung unterstrichen.

Die Möglichkeit, den Stoff komisch zu wenden und in Pygmalion einen verliebten Narren darzustellen, ergriff man gleichfalls bereits im 18. Jahrhundert. Fontenelles schon vor Rousseaus Melodram entstandenes Drama *Le Prince de Tyr* (1790) machte Pygmalion zum Opfer eines Komplotts von Amor, Hymen und Ruhm, deren Zorn er sich durch seine Frauenfeindschaft zugezogen hat. Ähnlich erschien er als bekehrter Weiberfeind in dem Lustspiel von Poinsinet de Sivry (1760), das F. W. Grossmann (1776) auf deutsch bearbeitete. Besonders die heitere Bänkelsängerromanze des 18. Jahrhunderts nutzte diese Spielart des Stoffes und sah in der marmornen Statue zugleich ein Symbol für die Gefühllosigkeit der Frauen (J.-B.-J. Villart de Grécourt,

D. SCHIEBELER). In diese Reihe gehört GOETHES Romanze im *Liederbuch Annette* (1767), in der ein misogyner Hagestolz bestraft wird, indem er sich zunächst in die Statue verliebt, seine Liebe dann auf das käufliche Mädchen überträgt, durch das seine Freunde das Bild ersetzen, und dieses Mädchen sogar heiratet.

Das 19. Jahrhundert gab den Stoff sowohl in Form der Oper (A. S. SOGRAFI / S. VESTRIS / L. CHERUBINI 1809; P. HENRION / F. V. SUPPÉ, *Die schöne Galathée*, Optte. 1865) wie als gefühlvolle Liebesgeschichte (W. MORRIS in *The Earthly Paradise* 1868–70; Andrew LANG) und als Komödie (W. Sh. GILBERT *Pygmalion and Galathea* 1871), in der sich Galathea aus Rücksicht auf Pygmalions Ehe in Marmor zurückverwandelt. Wichtig wurde als neue Variante eine pädagogisch-soziologische Auslegung: die Statue versinnbildlicht die Frau als Geschöpf des Mannes und Objekt seines Bildens. Schon G. SMOLLET hatte in *Peregrine Pickle* (1751) von einem pädagogischen Versuch erzählt. IMMERMANN (*Der neue Pygmalion*, Nov. 1825) ließ einen Baron eine Försterstochter zu seiner Frau heranbilden. Eine Art Umkehrung des Mythos gab H. de BALZAC in *Le Chef-d'œuvre inconnu* (1831). Die auf dem Meisterwerk dargestellte Frau wird nicht in eine Lebende verwandelt, und sie ist nicht einmal Wirklichkeit auf dem Bild; sie ist nur Wirklichkeit in der Phantasie des alten Meisters, der so lange an dem Bild korrigiert hat, bis niemand mehr etwas darauf erkennen kann. Als ihm Freunde den Glauben an seine meisterhafte Frauengestalt nehmen, stirbt er. Bei G. B. SHAW (Dr. 1912) verliebt sich der Professor in das Objekt seines gelehrten Experiments; das satirische Motiv vom bekehrten Hagestolz wirkt hier nach (Textgrundlage für A. J. LERNER / F. LOEWE, *My Fair Lady*, Musical 1956). Die immanente Tragik des Stoffes entdeckte G. KAISER (Dr. 1948): Durch das Verschwinden der Statue, deren Verwandlung ihm niemand glaubt, ist der Künstler in größte Bedrängnis versetzt; er erkennt, daß das Gestalt gewordene Ideal nicht zugleich Werk und Geliebte sein kann, und findet sich mit der Rückversteinerung durch Athene ab.

W. Buske, Pygmalion-Dichtungen des 18. Jahrhunderts, (Germanisch-romanische Monatsschrift 7) 1915/19; R. H. Bowers, An Anonymous Renaissance Pygmalion Playlet, (Modern Philology 47) 1949/50; H. Schlüter, Das Pygmalion-Symbol bei Rousseau, Hamann, Schiller. Drei Studien zur Geistesgeschichte der Goethezeit, Zürich 1968; H. Dörrie, Die schöne Galathea, 1968; ders., Pygmalion, 1974; H. Sckommodau, Pygmalion bei Franzosen und Deutschen im 18. Jahrhundert, 1970.

**Pyramus und Thisbe.** Im vierten Buch der *Metamorphosen* erzählt OVID die Liebesgeschichte von Pyramus und Thisbe, die in Babylon in benachbarten Häusern wohnen, sich durch vertrauten Umgang lieben lernen, aber durch das Gebot der Väter getrennt werden. Sie entdecken einen Spalt in der trennenden Wand der Häuser, durch den sie sich ihre Liebe gestehen und schließlich ein nächtliches Stelldichein am Grabe des Ninus neben einem Brunnen unter einem Maulbeerbaum verabreden. Die wartende Thisbe wird durch einen Löwen verscheucht, der seinen Durst löscht und den zurückgelassenen Schleier Thisbes mit dem vom geschlagenen Rinde blutigen Maule zerfetzt. Pyramus entdeckt bei seiner Ankunft den Schleier und ersticht sich. Thisbe kehrt zurück, glaubt zuerst auf Grund der vom Blute rot gefärbten, vorher weißen Maulbeeren fehlgegangen zu sein, entdeckt dann den sterbenden Geliebten und folgt ihm im Tode nach, im Gebet die Väter um ein gemeinsames Grab bittend.

Die rührend und fast etwas forciert wirkende Geschichte eines herkunftsbedingten ↑ Liebeskonflikts, die weniger durch große Spannungen als durch eine Fülle kleiner poetischer Züge ihren spezifischen Charakter erhält, erfuhr in der Literatur des Abendlandes zahlreiche Neufassungen, ohne daß die Fabel entscheidend verändert oder erweitert worden wäre. Die Überspannung des sentimentalen Elements konnte jedoch zum Umschlagen ins Komische und Groteske führen.

Seit der moraltheologischen Interpretation durch AUGUSTINUS galt der Stoff weithin als Beispiel für verdammungswürdige sinnliche Liebe, die zur Sünde des Selbstmords führt. Diese Einordnung ist abzulesen an J. GOWERS *Confessio amantis* (1386/90), der sich möglicherweise an die Wiedergabe durch BOCCACCIO in *De claris mulieribus* (1370/75) anlehnte. Sie spricht auch aus CHRISTINE DE PISANS *Epitre d'Othéa* (um 1400), die den Verstoß gegen den den Eltern geschuldeten Gehorsam unterstrich, aus Dirk POTTERS *Der Minnen Loep* (1. Hälfte 15. Jh.), wo die Liebenden sich nicht durch einen Spalt, sondern durch ein Fenster unterhalten, und aus einem anonymen deutschen Schuldrama von 1581, in dem der Teufel in Gestalt des Löwen triumphiert. Christliche Interpretation hat dem antiken Stoff außerdem eine im Gegensatz zur moraltheologischen stehende Akzentuierung verliehen: Die geistliche Allegorese, die etwa in den *Gesta Romanorum* (um 1300) und im *Ovide moralisé* (1316/28) zum Ausdruck kommt, deutete Pyramus als Gottes Sohn, Thisbe als die christliche Seele und fand so ein Sinnbild für Passion und Erlösung. Die allegorische Ausdeutung findet sich noch in Rederijkerspielen des 16. Jahrhunderts.

Dieser positiven Beurteilung des Liebespaares standen die Bearbeitungen der weltlichen mittelalterlichen Literatur nahe. Liebestreue und Liebestod entsprachen dem Minneideal der ritterlichen Zeit. Zwar verstieß der doppelte Selbstmord gegen das höfische Ideal der »mâze«, und so kann man die Episode in CHRESTIENS VON TROYES *Érec* (1165/70), in der Enide Érec für tot hält und sich umbringen will, für eine Kontrafaktur der Ovidischen Szene ansehen; im allgemeinen aber diente der Stoff als Beleg für die Macht der Liebe und konnte bis zur Apotheose des Liebespaares geführt werden. Zwei lateinische Versbearbeitungen des späten 12. Jahrhunderts (MATTHAEUS VON VENDÔME; TIDERICUS) erweiterten die Klagen der Liebenden und beseitigten wie fast alle mittelalterlichen

Fassungen die antiken Charakteristika, so das Grab des Ninus. Recht selbständig verfuhr ein altfranzösisches Fabliau, das den Beginn der Liebe nach dem Geschmack der Minnedichtung bis ins siebente Jahr des Paares zurückverlegte; ein Diener zeigt die beiden bei der Mutter Thisbes an; Thisbe entdeckt den Spalt und steckt das Ende ihres Gürtels hindurch. Ein engverwandtes mittelhochdeutsches Gedicht hat gleichfalls das Motiv der Kinderliebe; ein ritterlicher Zug ist die Tötung des Löwen durch Pyramus. Die Eltern pflegen das gemeinsame Grab, aus dem eine Rebe wächst, die sich auf der anderen Seite wieder in die Erde senkt und so von einem Körper in den anderen wächst – ein an den Schluß des → Tristan erinnerndes Symbol. Enger an Ovid schließt sich ein mittelniederländisches Gedicht an; hier war das Maulbeer-Motiv getilgt, das wohl in nördlichen Landstrichen nicht so verständlich und einprägsam wirkte. Zwei deutsche Volkslieder (in *Des Knaben Wunderhorn*) entwickelten den Stoff frei. In dem einen sind das Paar ein Ritter und eine Königstochter, die sich Briefe schreiben; die Löwin hat auf den Mantel der Prinzessin Junge geworfen und ihn besudelt. In dem anderen wird die Herzogin bei dem Stelldichein von einem Zwerg entführt, und bei ihrer Rückkehr hat sich der Ritter getötet. Chaucers Erzählung in *The Legend of Good Women* (1372/78) hat den antiken Charakter abgestreift und rückt mit seinem Lob Thisbes als einer Liebesheiligen in Parallele zur christlichen Allegorese.

Seit der Renaissance ist der Stoff in zahlreichen, Ovid mehr oder weniger paraphrasierenden Gedichten nacherzählt worden. Einen gewissen Höhepunkt erreichten diese sentimentalen, mit mythologischen Ornamenten ausgeputzten Werke im 17. Jahrhundert. In England sind aus dieser Zeit mehrere rührselige Gedichte belegt (Tomson, *A New Sonet of Pyramus and Thisbie* 1584; A. Cowley, *The Tragical History of Pyramus and Thisbe* 1628), in Italien schmückte B. Tasso (*Favola di Piramo e di Tisbe* 1534) Ovids Erzählung aus. In Spanien schrieb C. de Castillejos 1528 eine Versbearbeitung (*La historia de Píramo y Tisbe*), die den Ausgang als schicksalhaft erklärte, G. Sylvestre (*La fábula de Píramo y Tisbe* 1540/60) ließ schon das kindliche Paar von Amors Macht ergriffen werden, J. de Montemayors über 1200 Verse langes, mythologisch überladenes Gedicht *Historia de los muy constantes y infelices amores de Píramo y Tisbe* (In *Diana* 1561) feierte das gleichfalls von Kindheit an verbundene Paar als Muster echter Liebe, A. de Villegas (*Historia de Píramo y Tisbe* 1565) schloß mit der Apotheose des Paares, ebenso Tirso de Molina in der Verserzählung *El Bandolero* (1635). Montemayors Werk beeinflußte G. Marinos der gleichen Stilrichtung angehörende Idylle *Piramo e Tisbe* in dem acht Nachdichtungen antiker mythischer Stoffe vereinenden Band *Sampogna* (1620).

Nach allegorisch bestimmten Rederijker-Spielen des 16. Jahrhunderts traten mit Beginn des 17. modernere Dramatisierungen des Stoffes hervor. In Deutschland erschien 1604 eine personenreiche *Sehr lustige newe Tragedj von der großen unaussprechlichen Liebe zweyer Menschen Pyrami und Thyspes* von S. ISRAEL, deren Beeinflussung durch das Volkslied unter anderem im Fehlen des Wand-Motivs deutlich wird. 1610 wurde in Schweden ein Schuldrama des Rektors M. O. ARBOGENSIS, gen. ASTEROPHERUS, aufgeführt. Das Drama des Holländers M. de CASTELEIN steht in der nationalen allegorisierenden Tradition. Bezeichnend für die französische Art der Stoffentwicklung ist ein Drama Th. de VIAUS (*Pyrame et Thisbé* 1623), in dem das Stelldichein in eine Flucht des Paares umgewandelt wird, und zwar als Folge einer eifersüchtigen Liebe des Königs zu Thisbe, der Pyramus beseitigen will; der Verzicht des Königs und die Einwilligung der Mutter kommen zu spät. PRADON (1674) entlehnte die Grundkonzeption von Viau; der hauptsächliche Faktor ist jedoch die Liebe der Königin zu Pyramus, und Pyramus' Vater, der seinen Sohn auf dem Thron sehen will, trennt die Liebenden; Thisbe wiederum wird von dem Sohn der Königin geliebt, und so arbeitet alles an der Trennung des Paares und an der Katastrophe. Die erste Opernbearbeitung des Stoffes dürfte die von C. SCHRÖDER / J. S. KUSSER (1694) gewesen sein, in der das liebende Paar tatsächlich zum Himmel auffährt.

Auf diesem Hintergrund wird SHAKESPEARES Verwendung des Stoffes im *Sommernachtstraum* (1594/95) zur Verspottung des Handwerkertheaters und der bombastischen Zwischenspiele verständlich. In Tomsons Sonett ist das Versmaß des Spieles vorgeprägt, und den komischen Akzent konnte Shakespeare in der Ovid-Übersetzung GOLDINGS finden. Aus ähnlicher Absicht wie Shakespeare hat der Spanier L. de GÓNGORA nahezu gleichzeitig eine burleske Ballade *La Tisbe* (um 1600) geschrieben, in der die Wand die Liebenden seit ihrer Kindheit belauscht und die Väter am Schluß Trauergewänder mit grotesk langen Schleppen tragen. Pedro ROSETE NIÑO verfaßte 1652 eine Posse *Piramo y Tisbe – Los dos amantes mas finos.* Shakespeare wirkte direkt oder über einen Spieltext der englischen Komödianten auf den Holländer M. GRAMSBERGEN (*Kluchtige Tragoedie of den Hartoog van Pierlepon* 1650) und auf GRYPHIUS (*Herr Peter Squentz* 1657). Ch. WEISE ließ 1682 eine *Parodie eines neuen Peter Squenzens* erscheinen.

Der komische Aspekt, den Shakespeare dem Stoff verliehen hatte, wirkte sich in späterer Zeit sehr aus. Als ernstes Thema ist der Stoff nur noch in den musikalischen Gattungen verwendet worden (J.-L. I. de la SERRE / F. REBEL / F. FRANCŒUR 1726; M. COLTELLINI / J. A. HASSE 1768, der gleiche Text vertont von V. RAUZZINI 1769; Anon., *Piramo e Tisbe,* Intermezzo tragico 1770; F. A. F. BERTRAND, Text für ein Duodrama 1787; E. TRÉMISOT 1904), sonst taucht er nur als Komödie auf (C. J. MATHEWS, *Pyramus and Thisbe or the Party Wall* 1833).

G. Hart, Ursprung und Verbreitung der Pyramus- und Thisbe-Sage, Programm Passau 1889; ders., Die Pyramus- und Thisbe-Sage in Holland, England, Italien und Spanien, 1891; A. Schaer, Die dramatischen Behandlungen der Pyramus- und Thisbe-Sage in Deutschland im 16. und 17. Jahrhundert, 1909; F. Schmitt-von Mühlenfels, Pyramus und Thisbe. Rezeptionstypen eines Ovidischen Stoffes in Literatur, Kunst und Musik, 1972.

**Raffael.** Das Bild des Malers Raffaello Santi (1483–1520) ist durch die dreißig Jahre nach seinem Tode erschienene Biographie Vasaris frühzeitig festgelegt worden. Außer Raffaels künstlerischem Werdegang, der aus der Schule Peruginos zur inneren Befreiung in Rom unter dem neuen Ideal der Antike und zum höchsten Ruhm führte, schildert Vasari vor allem Raffaels liebenswerten Charakter und seine Anmut und Schönheit, die er dem finsteren Wesen Michelangelos gegenüberstellt. Er kennzeichnet ihn als Liebling und Liebhaber der Frauen, der eine von dem Kardinal Bibbiena geplante Ehe mit dessen Nichte immer wieder hinauszuschieben wußte; er habe sich bei seinen Abenteuern auch das Fieber zugezogen, an dem er mit noch nicht vierzig Jahren überraschend starb. Seinem Diener sei die Sorge für eine Frau zugefallen, die Raffael bis an das Ende seines Lebens geliebt habe. An diese unbekannte Geliebte sind fünf Sonette gerichtet, die sich auf Entwürfen zur »Disputa« finden. Die von Vasari geprägte Überlieferung wurde im 17. Jahrhundert durch eine Sage ergänzt, nach der Raffael eine Liebschaft mit einer Bäckerin, der bella fornarina, gehabt habe.

Mit den seit → Winckelmann gültigen klassizistischen Maßstäben wurde Raffael zum Inbegriff des Malers überhaupt; in Goethes Lob »er gräzisiert nirgends, handelt, fühlt, denkt aber wie ein Grieche« hat die Auffassung Raffaels als eines antikischen Künstlers ihren höchsten Ausdruck gefunden. Wenn Goethe das Männlich-Ernste in der Art Raffaels betonte, so wandte er sich damit gegen das romantische Raffael-Bild, das um die Wende zum 19. Jahrhundert in den Vordergrund trat. Auch den Romantikern galt Raffael als größter aller Maler, aber sie bewunderten weniger den in Rom vollendeten Erneuerer klassischer Ausgewogenheit als den frommen Maler von Madonnen, den jungen Mann mit der Arbeitsweise Peruginos, der gefühlsmäßig schafft. Die Romantik entdeckte neben dem Künstler den Menschen Raffael, dessen Persönlichkeit nun mythenbildende Kraft gewann. In den kunsttheoretischen Aufsätzen der Brüder Schlegel, vor allem aber in Wackenroders *Herzensergießungen eines kunstliebenden Klosterbruders* (1797), in Tieck-Wackenroders *Phantasien über die Kunst* (1799) und in Tiecks Roman *Franz Sternbalds Wanderungen* (1798) wurde Raffael zum Heiligen der romantischen Kunstauffassung, zu dem schönen, sanften Jüngling, dem von der Jungfrau Maria selbst die Geheimnisse der Kunst offenbart werden.

Für die Dauer dieses romantischen deutschen Raffael-Bildes wurde nun das Leben Raffaels, das in seiner durchaus gerade aufsteigenden Kurve und frühen Vollendung kaum Spannungen und entwicklungsfähige Motive aufweist, zum literarischen Stoff. Die von Vasari vorgeprägten anekdotenhaften Züge und die Liebesgeschichten blieben beherrschend. Es ist bezeichnend, daß sich der Raffael-Stoff in Gedicht, Erzählung und Einakter nahezu erschöpfte; die umfangreicheren dramatischen Bearbeitungen versuchten ihn durch Häufung von Intrigen gewaltsam aufzubau-

schen, und der einzige, späte Roman, der sich gegen das romantische Raffael-Bild richtete, schwemmte den Stoff kulturhistorisch
auf und bezog sein Bestes doch von den traditionellen romantischen Motiven. Gegenüber den frühen Impressionen Wackenroders und Tiecks zum Thema wirkt der von den späteren Bearbeitern entwickelte Raffael-Stoff trivial.

Bezeichnend für die romantisierende und katholisierende Geisteshaltung, die den Raffael-Stoff entstehen ließ, ist der Beginn der
Entwicklung mit F. L. von STOLBERGS Elegie *Rafael* (1792), die
noch die Verschmelzung antiker und christlicher Vorstellungen
feiert, und mit Z. WERNERS Kanzone *Rafael Sanzio von Urbino*
(1811), in der bereits die verklärende Haltung der Romantik voll
zum Durchbruch kommt. Die dramatischen und novellistischen
Bearbeitungen haben meist den Verzicht des Künstlers auf das
Glück der Liebe zum Thema (F. HEBBEL, *Der Maler*, Nov. 1832;
W. GRIEPENKERL, *Die sixtinische Madonna*, Epos 1836; E. SILESIUS,
Dr. 1847; A. E. WOLLHEIM DA FONSECA, Dr. 1848; P. HEYSE, Nov.
in Versen 1863; R. VOSS, Dr. 1883; A. KELLNER, *Im blühenden
Cinquecento* 1894); manchmal wird jedoch der Verzicht durch einen
freundlichen Ausgang wieder aufgehoben (J. F. CASTELLI,
Dr. 1810; G. Ch. BRAUN, Dr. 1819; Th. PYL, *Raphaels Brautfahrt*
1876). Die von der Romantik auf einen frommen, schwärmerischen Jüngling festgelegte Gestalt und die von Vasari überlieferte
Neigung zu Liebesabenteuern gaben dem Stoff von Anfang an eine
Widersprüchlichkeit, die zunächst und von wenig selbständigen
Bearbeitern zugunsten des musterhaften Jünglings unterdrückt
wurde (G. Ch. Braun; K. FÖRSTER, Gedichte 1827; E. Silesius;
Griepenkerl; K. F. RUMOHR, *Lehr- und Wanderjahre des Raphael
Santi von Urbino*, Nov. 1840). Als erster stellte A. v. ARNIM in der
Novelle *Raphael und seine Nachbarinnen* (1824) den Konflikt des
Künstlers heraus, der bestimmt ist, Unsinnliches zu verkünden,
und doch eine reiche Anschauung vom Sinnlichen haben muß,
dem er leicht zum Opfer fällt. Die beiden Mächte werden symbolisiert durch die fromme Töpferstochter, zu der sich der junge
Raphael hingezogen fühlt und für die sogar ein Marmorbild in die
Handlung eingreift, sowie die dreiste Bäckerstochter, die den
erwachsenen Raphael verdirbt. In der ersten hat Arnim die unbekannte, lebenslang ersehnte Geliebte mit der Tochter des Kardinals
vereinigt, in der zweiten das Motiv von der Fornarina ausgeführt.
Diese drei Frauengestalten durchziehen die gesamte Raffael-Dichtung, wobei die Fornarina sowohl mit der unbekannten Geliebten
gleichgesetzt wurde (Braun; Wollheim; H. v. SCHOELER, R. 1911)
wie die Rolle der Verführerin übernahm (R. Voß, Kellner). Die
Bindungen an die verschiedenen Frauen wurden häufig in Parallele
zu Raffaels künstlerischer Entwicklung gesetzt. Die Rivalität zu
Michelangelo wurde als Motiv verwandt, aber in keiner der Bearbeitungen zu einem wirklich tragenden Thema entwickelt.

Der sanfte, schwärmerische, von göttlichen Eingebungen geleitete Jüngling ist mit dem beginnenden Realismus durch die Renaissance-Gestalt eines unbeirrbar seiner Kunst nachstrebenden, dem sinnlichen Genuß offenen Künstlers verdrängt worden, doch blieben der Fabel und dem Charakter des Helden eine Anzahl romantischer Züge erhalten, und Hebbel, Heyse und Kellner sind mit ihrer realistischeren Gestaltung im Grunde nicht über die dämonische Fassung des Stoffes durch Arnim hinausgekommen.

W. Hoppe, Das Bild Raffaels in der deutschen Literatur von der Zeit der Klassik bis zum Ausgang des 19. Jahrhunderts, Diss. Frankfurt/M. 1935.

**Reichstadt, Herzog von.** Napoleons I. Sohn, Napoleon Franz (1811–1832), der bei seiner Geburt vom Vater den stolzen und poetischen Titel »König von Rom« erhielt, nach der Niederlage im Jahre 1814 der Mutter ins Exil nach Wien folgen mußte, wo er nach Aberkennung seines Namens und Titels Franz Herzog von Reichstadt genannt und auch auf dem Grabstein so bezeichnet wurde, hat durch seine in Einsamkeit und Halbgefangenschaft verbrachte Kindheit und Jugend, seine zarte Schönheit und schließlich seinen frühen Tod das Mitgefühl der Zeitgenossen und späterer Generationen erregt. Da sowohl die Umstände, unter denen er lebte, als auch sein Charakter sowie seine Begabung durch die Abschirmung, die ihn umgab, und die Zensur, die auch nach seinem Tode über ihm wachte, unklar blieben, bis nach einem Jahrhundert die Archive sich öffneten und wenigstens eine teilweise Abrundung der Kenntnis zuließen, boten sich zur Romantisierung dieses Schicksals viele Möglichkeiten. Die Passivität jedoch, zu der ihn die Verhältnisse in seinem kurzen Leben zwangen, war auch von der Dichtung nicht wegzuphantasieren, und so blieb der Stoff auf die Enge der Elegie verwiesen, ob sie sich nun als lyrischer Erguß oder als wehmütiger biographischer Nachruf gab. Die stärksten Akzente erhielt das Bild des Herzogs von Reichstadt immer durch die Kontrastierung mit der Größe und den Taten seines Vaters oder durch die Parallele zu ihm, der in den gleichen Jahren wie der Sohn ein Gefangener war.

Das Aufsehen, das A. Barthélemys 1829 erschienenes Gedicht *Le Fils de l'homme* in ganz Europa auslöste, hatte wohl in erster Linie politische Gründe: am Vorabend der Julirevolution, als die Bonapartisten zum zweitenmal bemüht waren, den Sohn Napoleons auf den Thron zu erheben, mußten Barthélemys Anklage gegen die Bewacher des Herzogs und der Verdacht, daß die »Locusta unserer Zeit« ihn vergiftet habe, ihre Wirkung tun. Dennoch hat der politische Fanatismus des Mannes, der nach Wien gefahren war, um dem Herzog sein zusammen mit Mercy verfaßtes Heldengedicht *Napoléon en Égypte* zu überreichen, jedoch nicht vorgelassen wurde und den Herzog nur von fern in seiner Theaterloge zu Gesicht bekam, poetische Worte und Bilder gefunden, die die spätere Dichtung entscheidend beeinflußten: Napoleons Sohn, dessen tödliche Blässe von dem an seinem Körper zehrenden geheimen Gift künde, ein Gefangener und politischer Märtyrer, werde einst seine Fesseln sprengen und den Thron seines Vaters einnehmen, obwohl er heute nichts sei als »le fils de l'homme«, Sohn desjenigen »Mannes«, den die Bourbonen mit solcher Bezeichnung abzuwerten suchten und dessen Name in Frankreich nicht genannt werden durfte.

Auch die zweite Welle der Erregung, die der Tod des Herzogs 1832 auslöste, schlug sich in Gedichten nieder, von denen V. Hugos Zyklus *Napoléon II* (1832) am bekanntesten wurde. Napoleon, der bei der Geburt seines Sohnes vermessen sagen konnte: »die Zukunft gehört mir«, lernt, daß die Zukunft Gott gehört, und auf St. Helena bleiben ihm von seinen Illusionen nur die Karte der Welt und das Bild des Sohnes. In Italien, wo die Napoleon-Verehrung besonders lebendig war, erschienen volkstümliche Gedichte, die den ungekrönten König von Rom, die Hoffnung der Jugend Europas, den Verwaisten, auch von seiner Mutter Verstoßenen und Enterbten, beweinten (Anon., *Il figlio di Napoleone*; P. Costa, *In morte del Duca di Reichstadt*; Conte G. Marchetti, *Per Napoleone Francesco vicino a morte* 1832). Zu des Herzogs 50. Geburtstag wies G. Mazzini (*Ai poeti del secolo XIX* 1861) die Dichter auf sein Schicksal hin, und R. Castelvecchio (*Il duca di Reichstadt* 1861) ersann die kühnen Träume des jungen Mannes, die nie Wirklichkeit werden sollten. Noch am Ende des ersten Weltkrieges benutzte E. v. Handel-Mazzetti (*Die Blumen des Herzogs von Reichstadt*) den Schatten des Herzogs, der einst auf dem Sterbebett durch Blumen den kleinen Franz Joseph in seinem Haß gegen Habsburg besänftigt wurde, dazu, den alten Kaiser von der Schuld am Blutvergießen der Jahre 1914 bis 1918 freizusprechen.

Die romanhaften Nacherzählungen des Lebens setzten mit M. Rings *Der Sohn Napoleons* (1860) ein, der sich an die damals bekannten historischen Fakten hielt und, weit ausholend, auch eine politische Geschichte der Zeit zu geben versuchte, hinter der die Schicksale des Herzogs streckenweise verschwinden. Der Akzent liegt auf der Einsamkeit des verlassenen und unterdrückten Kindes, das sich früh zu beherrschen und zu verstellen lernt und später unter seiner Machtlosigkeit und Entscheidungsunfreiheit leidet, wodurch sein Schwanken zwischen Hoffnungslosigkeit und kühnen Plänen bedingt ist. Das Eingreifen Metternichs in sein Schicksal ist positiv als zum Wohle eines konservativen Österreich dargestellt. Noch stärker um Entlastung Österreichs bemühte sich K. J. Braun v. Braunthal (Pseud. J. Charles, *Napoleon II.*, R. 1863), in dessen Roman selbst Metternich als Freund des Herzogs erscheint. Im Vordergrund steht die erdachte Geschichte seiner Liebe zu einer jungen französischen Emigrantin, deren Vater vergeblich eine Entführung des Herzogs plant. Die Geliebte, von der sich der Herzog auf Wunsch seines Großvaters trennt, steht im Gefolge seiner Mutter an seinem Sterbebett.

Einen Umschwung der Haltung brachte E. Rostands Drama *L'Aiglon* (1900), das, vielleicht nicht ohne Einfluß von Castelvecchios Gedicht, die nach außen unterdrückten Hoffnungen des als uninteressierter Elegant auftretenden Jünglings ins Zentrum stellte. Der Herzog will nur Napoleons Sohn sein, bekämpft das Österreichische, Blonde, Zärtliche in sich und flieht vor der Verständnislosigkeit des Großvaters und der vernichtenden Taktik Metternichs. Auf dem Schlachtfeld von Wagram erlebt er in Fieberdelirien die Schlacht und fühlt sich selbst als Opfer für den Ruhm seines Vaters, der mit dem Tod der Soldaten nicht bezahlt war. Solche Steigerung des ruhmlos Gestorbenen ins Heroische haben vor allem dramatische Darstellungen (O. v. d. Pfordten, *Der König von Rom* 1900; H. Franck 1910; F. Dhünen, *Traumspiel von St. Helena* 1937) selten vermieden. Dhünens *Traumspiel,* das Visionen des Sohnes in Schönbrunn über die Vergangenheit des Vaters und Fiebervorstellungen des Vaters auf St. Helena über die Zukunft des Sohnes nebeneinanderstellt, läßt den Herzog von Reichstadt auf machtpolitisches Eingreifen im Stil des Vaters verzichten und dafür ein legales Ziel wählen: die Verteidigung des Thrones der Mutter in Parma gegen italienische Aufständische. Auf der anderen Seite mußte der Herzog zum Helden süßlicher Alt-Wiener Genrebilder und Liebesgeschichten (H. Schaffelhofer, *Armer kleiner Korporal* 1941; A. Kment, *Die Söhne Napoleons* 1947; P. Schuck, *Der Gefangene von Schönbrunn* 1947) herhalten. Die in Frankreich verständliche Stellungnahme gegen die österreichische Politik setzte sich in neuerer Zeit auch in den deutschsprachigen Bearbeitungen des Stoffes durch. So ist O. Janetscheks *Der König von Rom* (1929) eigentlich die Geschichte der Intrigen Metternichs, der in dem Herzog eine Geisel für den Frieden Europas sieht. Die Entfernung der Mutter, das Auslöschen der Erinnerung an den Vater, die Ausschaltung der Erbfolge nach der Mutter in Parma, die Brechung des Willens, die Unterdrückung der soldatischen Interessen, die Überforderung mit Lern- und Stubenarbeit, die Betäubung durch den Umgang mit Frauen und schließlich die an dem schon Kranken vorgenommene militärische Ertüchtigung, alles, was zu des Herzogs Untergang beiträgt, gilt hier als Metternichs Werk. Wie populär die zarte Gestalt des verbannten Herrschersohnes noch heute in Frankreich ist, zeigt ein wirklich auf das Kind und seine Leiden abgestelltes Jugendbuch (Th. Lenôtre, *Le Roi de Rome* 1948). Es schildert Napoleons Sohn als Opfer der Politik, zunächst zwar der Metternichs, darüber hinaus aber der Österreichs, das noch die Leiche als Pfand behält, bis sie 1940 in den Invalidendom heimkehren durfte. Der wissenschaftlichen Klärung, die erstmalig die auf das Material der Archive gestützte Biographie von J. de Bourgoing *Le Fils de Napoléon* (1932) brachte, verdankt der Roman von M. v. Metzradt (*Napoleons Sohn* 1952) den Vorteil einer objektiveren und zugleich eingehenderen Darstellung. Keine Person und keine Partei hat hier die Schuld an des Herzogs sinnlosem Leben und frühem Untergang; seine Stellung in der Welt war vielmehr von seiner Geburt her zu belastet und zu schwierig, als daß er eine seinen Gaben und seinen

Ansprüchen entsprechende Stellung hätte erlangen können, ohne den Frieden und die Ordnung Europas zu stören. Er hinterließ keine Lücke, denn niemand entbehrte ihn als vielleicht sein Großvater, der mit schmerzlicher Ironie formuliert: er tat gut daran, zu sterben.

**Reineke Fuchs.** Schon die indische Fabeldichtung kannte als Helden den listigen Schakal, den die europäische Tiergeschichte dann durch den Fuchs ersetzte, und ebenso kannte sie als Gegenspieler den Löwen und den Wolf. Nach indischem Vorbild finden sich die Tierpaare Löwe–Fuchs und Fuchs–Wolf in den Fabeln ÄSOPS (um 550 v. Chr.), dessen Prosaerzählungen durch PHÄDRUS (um Chr. Geburt), BABRIOS (2.–3. Jh. n. Chr.) und AVIANUS (4.–5. Jh. n. Chr.) in lateinische Verse übertragen wurden und so die Grundlage der europäischen Fabeldichtung bildeten. Der Langobarde PAULUS DIAKONUS (um 785) gestaltete als erster mittelalterlicher Autor Äsops Geschichte vom kranken Löwen nach, der auf Anraten des Fuchses durch die Haut des Wolfes geheilt wird. Als eingeschobene Erzählung erscheint diese Fabel auch in dem anonymen allegorischen Tierepos *Ecbasis captivi* (930/40). Nach Äsop sind außerdem ALKUINS *Versus de gallo* und SEDULIUS SCOTUS' Fuchsgeschichte *De falsidico teste* abhängig; aus dem 11. Jahrhundert stammt die Fabel *Gallus et vulpes,* aus der Zeit um 1100 die Erzählung vom Wolfsmönch *De lupo.*

Den wichtigen Schritt von der Einzelfabel zum Tierepos tat der flämische Magister NIVARDUS in seinem *Ysengrimus* (um 1150). Er stellte aus Äsops Werk und volkstümlichen Tiermärchen zwölf Fabeln zusammen, benannte die Tiere individualisierend (den Löwen Rufanus, den Wolf Ysengrimus, den Fuchs Reinardus) und konzentrierte die Handlung auf das Leiden des Wolfes durch die Ränke des Fuchses. Von einem Triumph des brutalen Wolfes über den Fuchs ausgehend, werden die Racheakte des Fuchses und – als Einschaltung – die vorangegangenen Listen des Fuchses erzählt. Das Ganze endet mit dem grausigen Tode des Wolfes, der von Schweinen zerfleischt und aufgefressen wird. Diesen Abschluß dürfte Nivardus zur Abrundung der Handlung erfunden haben, die er auch sonst durch die Erfindung von Verwandtschaften und Patenschaften unter den Tieren enger fügte. Eine über das rein Unterhaltsame hinausgehende Sinngebung erfuhr das Epos durch seine satirische Tendenz gegen die Geistlichkeit: das Laientum in Gestalt des Fuchses siegt über die Unwissenheit und Gier der Kleriker.

Kurz nach dieser Strukturierung des Stoffes im lateinischen Epos wurden die Fabeln vom Fuchs in dem französischen *Roman de Renart* (um 1200) zusammengefaßt, dessen 24 »Branches« untereinander jedoch oft weniger fest verknüpft sind als die Fabeln des Nivardus. Das Interesse des »spielmännischen« Autors lag offenbar weniger bei dem Untergang des Wolfes als bei dem Triumph des Fuchses; so ist parallel zu der Verurteilung des Wolfes eine Verurteilung des Fuchses eingeführt, der wegen Ermordung einer Henne, der Dame Coppé, erhängt werden soll, dem Tode aber dadurch entgeht, daß er vorgibt, zur Buße eine Pilgerfahrt ins Heilige Land unternehmen zu wollen. Herrscht hier die Satire gegen die Geistlichkeit vor, so ist der wohl auf Branchen einer Vorstufe des französischen *Roman de Renart* beruhende *Reinhart Fuchs* (um 1200; nur in Bruchstücken des Originals sowie in einer Bearbeitung des 13. Jh. überliefert) des Elsässers HEINRICH DER GLÎCHEZAERE mehr durch politische Anspielungen gekennzeichnet, die sich gegen die höfische Weltauffassung richten: der Löwe, der hier nicht, wie im *Roman*, Nobel, sondern Frevel heißt, wird am Schluß vergiftet, während sich Reinhart triumphierend auf seine Burg zurückzieht. In der französischen Satire *Renart le Bestourné* des RUTEBEUF (13. Jh.) symbolisiert der Fuchs das Bettelmönchstum: er erlangt auf den König einen Einfluß, der zur Zerstörung des Reiches führt. Bei dem Flamen WILLEM (*Reinaert de Vos* um 1250) wird der trotz seiner Missetaten zu bewundernde Schelm zwar geächtet, aber erst eine westflandrische Überarbeitung des *Reinaert* (um 1375) verdammt ihn als Sünder. Auch in Frankreich blieb man bei der Satire auf den Triumph von Habgier und Heuchelei (*Le couronnement de Renart* Ende 13. Jh.); bei Jacquemart GELÉE (*Renart le Nouvel* 2. Hälfte 13. Jh.) endet ein Konflikt zwischen Nobel und Renart mit Versöhnung, und der allegorisch-didaktische *Renart le Contrefait* (14. Jh.) stellte Renart halb als Ursache, halb als einen durch Schaden belehrenden Bekämpfer der Unmoral dar.

An englischen Bearbeitungen des Stoffes erhielten sich aus dem Mittelalter nur die wohl auf der 2. Branche des *Roman de Renart* beruhende Geschichte von dem Fuchs und dem auf seinen Gesang eingebildeten Hahn Chantecler in CHAUCERS *The Nun's Priest's Tale* (um 1387). Die den gleichen Gegenstand behandelnde Fabel der MARIE DE FRANCE (13. Jh.) fußt auf einer verlorenen älteren englischen Fabelsammlung. Erst nachdem 1480 der Niederländer HINREK VAN ALKMAR einen älteren niederländischen *Reinaert* auf die sozialen und kirchlichen Verhältnisse seiner Zeit visiert und die einzelnen Abschnitte mit moralisierenden Kommentaren versehen hatte, wurde der Gesamtstoff durch eine Übersetzung CAXTONS (1481) auch in England populär. Auf Hinrek van Alkmar beruht auch die populärste Fassung des Stoffes, das Lübecker niederdeutsche Versepos *Reinke de Vos* (1498), das den Stoff als Zeit- und Ständespiegel nutzte, sich vor allem gegen die weltlichen Herren und die Hofgeistlichkeit wandte und Reinke als Bösewicht, Todsünder und Figura diaboli verurteilte. Das Werk wurde ins Hochdeutsche, Lateinische, Dänische und Schwedische übersetzt.

1752 gab GOTTSCHED den niederdeutschen *Reinke de Vos* neu heraus und übertrug zugleich eine hochdeutsche Fassung des 16. Jahrhunderts in Prosa. Auf seine Ausgabe stützte sich GOETHES berühmtes Hexameterepos *Reineke Fuchs* (1794), eine »Verlegenheitsarbeit« des unruhevollen Revolutionsjahres, das in der Wandlung Reinekes vom höfischen Schmeichler in einen Demagogen spürbar wird; Goethes ironische Haltung entspricht den ambivalenten Zügen seines Schelms. Von Goethe angeregt sind die in England entstandenen Versionen nach dem niederdeutschen Epos (S. NAYLOR, *Reynard the Fox* 1844), die sich dann auch auf die hochdeutsche Nachdichtung von K. SIMROCK (1847) stützten (E. W. HOLLOWAY, *Reynard the Fox* 1852). Der Name von Reinekes Gegner, des Hahns Chantecler, klingt nach in E. ROSTANDS satirisch-allegorischem Tierdrama *Chantecler* (1910), in dem der Hahn von dem Wahn geheilt wird, sein schöner Gesang veranlasse die Sonne aufzugehen. Eine moderne amerikanische Version des Stoffes stammt von G. OWENS (*The Scandalous Adventures of Reynard the Fox* 1945).

H. Büttner, Der Reinhart Fuchs und seine Quelle, (Büttner, Studien zu d. Roman de Renart u. d. Reinhart Fuchs 2) 1891; L. A. Willoughby, Samuel Naylor and »Reynard the Fox«, London 1914; J. C. Lecompte, Chaucer's Nonne Prestes Tale and the Roman de Renard, (Modern Philology 14) 1917; vgl. auch die einschlägigen Stichworte in: Verfasser-Lexikon der deutschen Literatur des Mittelalters, 1931 ff.; L. Schwab, Vom Sünder zum Schelmen. Goethes Bearbeitung des Reineke Fuchs, 1971.

**Reinold von Montalban** → Haimonskinder

**Renaud de Montauban** → Haimonskinder

**Riccio** → Maria Stuart

**Rienzi.** Eine der staunenswertesten Persönlichkeiten an der Schwelle der Neuzeit ist der römische Gastwirtssohn Cola di Rienzo (oder Rienzi; 1313–1354), der zunächst als öffentlicher Notar und als Mitglied der Volkspartei im Kampf gegen die Willkürherrschaft des Adels hervortrat. Als Gesandter beim Papst in Avignon gewann er die Freundschaft Petrarcas und begeisterte sich für die römische Vergangenheit. Nach seiner Rückkehr rief er im Jahre 1347 die Herrschaft des römischen Volkes aus, wurde zum Volkstribunen gewählt und vertrieb den Adel aus Rom. Durch zu extreme politische Maßnahmen verscherzte er sich aber die Gunst der Massen, und seine Gegner konnten ihn zur Abdankung zwingen. Nach einer Exilzeit am Prager Hof, während der er vergebens Karl IV. für seine Pläne einer römischen Republik zu gewinnen suchte, kehrte er 1354 als Senator nach Rom zurück, erlag aber einem von Adel und Volk gemeinsam getragenen Aufstand. Er wollte fliehen, wurde erfaßt und getötet; sein Leichnam wurde verbrannt.

Als Stoff wurden dieser Mann und sein Schicksal von der mit römisch-republikanischen Einrichtungen sympathisierenden Französischen Revolution entdeckt. Der Jakobiner François LAIGNELOT schrieb als erster ein Rienzi-Drama (1791), das dann während des Kaiserreiches verboten wurde. Die Epoche nach dem Sturz Napoleons hat den ↑ Rebellen erneut gefeiert (G. DROUINAU, Dr. 1826). Schon diese frühen französischen Dramen wurden der geistigen Persönlichkeit Rienzis in keiner Weise gerecht, sondern wandten ihr Interesse den großen pathetischen Szenen seines Lebens und allerlei episodischen Ereignissen zu, so der Auseinandersetzung mit dem mächtigen Söldnerführer Gualtiero di Monreale, den Rienzi zum Tode verurteilte (Drouinau).

Entscheidend wurde für die Stoffentwicklung der phantastisch-romantische Roman von Earl LYTTON BULWER (1835), der die zahlreichen um den Helden gruppierten Personen durch Leidenschaften und Intrigen miteinander verknüpfte und vor allem die verschiedensten Liebesbeziehungen in die Handlung einbaute. So erfand er die Liebe zwischen Rienzi und der einem Adelsgeschlecht entstammenden Nina Raselli, durch deren Hilfe Rienzi nach Rom zurückkehren kann. Die breit ausgesponnene Handlung umfaßt das ganze Leben Rienzis, setzt einen entscheidenden Wendepunkt mit der Ermordung seines Bruders und gibt dem Volkstribunen als Gegenspieler Monreale, der sein heimlicher Rivale im Kampf um die Macht in Italien ist und durch seinen eigenen Sohn verraten wird, der, ohne von seiner Abkunft zu wissen, zum Parteigänger Rienzis wurde. Bulwers Roman hat die italienischen, deutschen und französischen Dramatisierungen des 19. Jahrhunderts in Konfliktstellung und Personenverzeichnis beeinflußt. F. ENGELS (entst. 1840), J. MOSEN (1842), K. GAILLARD (1846) und J. GROSSE (1851) haben aus ihm geschöpft, und auch die Oper Richard WAGNERS (1842), durch die der Stoff nach Bulwer die bekannteste Fassung erfahren hat, stützt sich auf ihn. Wagner griff als fruchtbares Motiv aus der Handlung die Liebe zwischen der Schwester Rienzis und dem jungen Adligen Colonna heraus, der Rienzi seine Ergebenheit für die römische Sache zusichert, dann aber doch zwischen dem Volkstribunen und den Standesgenossen, besonders seinem Vater, schwankt. Als der päpstliche Legat die Exkommunikation Rienzis verkündet und das Volk ihn steinigen will, versucht Colonna vergeblich, die Geliebte von dem Bruder zu trennen; er wird mit dem Geschwisterpaar unter den Trümmern des zusammenstürzenden Campidoglio begraben. Auch die Italiener G. CIPRI (Dr. 1873) und R. VILLARI (Dr. 1883) haben die Konflikte, die Gestalt der Nina und die der Schwester Rienzis von Bulwer bezogen, während E. di MONTALTO (Dr. 1873) statt Rienzis Schwester seine Frau zur Geliebten des Colonna machte. Als unglücklicher Ehegatte fungiert Rienzi auch in dem Opernlibretto von BOTTURA (Musik L. RICCI 1879), bei dem der päpstliche Legat als Liebhaber der Frau Rienzis auftritt. Als Opernstoff hat Rienzi auch dem Russen W. KASCHPEROW (1863) und dem Italiener A. PERI (1867) gedient.

Von Bulwer löste sich erst P. Cossa (*Cola di Rienzo,* Dr. 1873), ohne damit jedoch das Genre der Haupt- und Staatsaktion, das dem Rienzi-Stoff anhaftet, zu verlassen: er fügte dem einen Gegner Rienzis, Monreale, noch einen zweiten, Martino da Porto, hinzu, dessen Frau die Funktion der rächenden Nemesis übernimmt; nachdem sie vergebens um das Leben ihres Mannes gefleht hat, setzt sie ihre Kraft und ihren Besitz dafür ein, Rienzi zu stürzen; einer der nächsten Anhänger stößt dem Tribunen das Schwert in die Brust, damit er nicht seinen Gegnern in die Hände fällt. Der nicht sehr würdevolle Tod des Tribunen wurde in allen Bearbeitungen in ein heroisches Ende verwandelt. Den Polen A. Asnyk (Dr. 1874) reizte zweifellos die sozialrevolutionäre Thematik des Stoffes, und der Tscheche P. Chocholoušek schrieb um die Episode von Rienzis Aufenthalt am Hofe Karls einen kulturhistorischen Roman vor dem Hintergrund des mittelalterlichen Prag (*Cola di Rienzo* 1856). Die Biographie G. D'Annunzios (*La vita di Cola di Rienzi* 1905) ist von der Abneigung des aristokratisch empfindenden Dichters gegen den Volkstribunen bestimmt.

Seit die germanistische Forschung (K. Burdach) die Bedeutung Rienzis als Humanist und als einer seiner Zeit weit vorauseilenden Persönlichkeit erkannte, haben sich auch Autoren gefunden, die diese Gestalt vom Bombast des Theaterheroen befreiten und zu den geistigen Grundlagen ihrer politischen Konzeption vordrangen (H. Namneck, *Der Wegbereiter,* Dr. 1938; M. Stebich, *Rienzi in Prag,* Erz. 1941; ders., *Komet über Rom,* R. 1947; H. Franck, *Der Tribun,* R. 1952). Schon in dem Drama *Cola Rienzi* (1912) des Holländers A. Verwey werden die politischen Träume des Joachim da Fiore und Petrarcas als die eigentliche Triebkraft Rienzis dargestellt, dessen Tragik darin liegt, daß der Tatmensch die Ideen nicht in voller Reinheit verwirklichen kann.

A. Gabrielli, Cola di Rienzo e il Teatro, (Nuova Antologia 136) 1908.

**Robert der Teufel.** Die französische Volkssage von Robert dem Teufel, die in ihrer ältesten überkommenen Fassung, der lateinischen Prosaerzählung des Etienne de Bourbon (1. Hälfte 13. Jh.), noch ohne Fixierung auf den Namen Robert und die Normandie, sondern lediglich als Beispiel für die heilkräftige Wirkung der Buße erzählt wird, erscheint bereits wenig später, in dem Versroman *Robert le Diable* (2. Hälfte 13. Jh.), als Geschichte Roberts, Sohnes des Herzogs Hubert von der Normandie. Verzweiflung über ihre Kinderlosigkeit treibt die Herzogin, dem Teufel das von ihr erflehte Kind zu versprechen. Robert, böse und gewalttätig von Geburt an, wird trotz ritterlicher Erziehung ein Frauenschänder, Priestermörder und Räuberhauptmann. Plötzlich jedoch überkommt ihn die Erkenntnis seiner Schlechtigkeit. Auf seine Fragen enthüllt ihm die Mutter das Geheimnis, er pilgert nach

Rom, der Papst verweist ihn an einen Eremiten, und dieser legt ihm die Buße auf, sich stumm und närrisch zu stellen und mit den Hunden zu leben. Er lebt als Bettler unter den Hunden des kaiserlichen Hofes. Der Seneschall, dessen Werbung um die stumme Tochter des Kaisers dieser abgewiesen hat, verbündet sich mit den Ungläubigen und bedroht den Kaiser mit einem Heer. Dreimal bewahrt Robert unerkannt auf Gottes Befehl den Kaiser vor einer Niederlage, nur das stumme Mädchen hat sein Tun beobachtet. Man hofft, ihn an einer Verwundung zu erkennen. Als der Kaiser dem Unbekannten Thron und Tochter verspricht, erscheint der Seneschall als der gesuchte weiße Ritter und mit einer Wunde, die er sich selbst beigebracht hat. Doch vor der Trauung löst Gott dem Mädchen den Mund, es entlarvt den Verräter und entdeckt den Erretter, den der Eremit für entsühnt erklärt. Robert aber entsagt der Welt.

Schon im 14. Jahrhundert änderte ein »Dit« den asketischen Schluß in einen weltlichen um: Robert heiratet die Kaiserstochter, kehrt in seine Heimat zurück und rächt später den Kaiser an dem ungetreuen Seneschall. Dieser Fassung folgten das *Miracle de Nostre Dame de Robert le Diable* (1340/50) und das Volksbuch (1496), das noch 1769 eine dem Zeitgeschmack entsprechende Überarbeitung erfuhr. Die asketische Version behielt nur die Prosafassung der *Chroniques de Normandie* (1487) bei. Bearbeitungen des Volksbuches trugen den Stoff nach Spanien, Holland, England und auch Deutschland. Interessant ist die englische Volksballade von *Sir Gowther* (15. Jh.), die den Schauplatz nach Österreich und Deutschland verlegt und den Teufel selbst in Gestalt des Gemahls das Kind zeugen läßt. Dagegen ist Th. LODGES *The Famous, True and Historicall Life of Robert II Duke of Normandie* (1591) nur eine gelehrte Überarbeitung der Fassung der *Chroniques de Normandie*. Die von GÖRRES erwähnte Fassung der Sage (*Volksbücher* 1807), nach der Robert ein Zauberer gewesen und schließlich vom Teufel aus der Luft herabgestürzt worden sei, geht auf das → *Faust*-Buch von WIDMANN zurück und ist nicht volkstümlich geworden.

Die Forschung betrachtet als Kern des Robert-Stoffes ein Märchenmotiv vom Typ des Eisenhans-, Werweiß- und Grindkopfmärchens: ein Held dämonischer Abkunft dient in niederer Stellung am Fürstenhof, gewinnt die Prinzessin und entlarvt den Nebenbuhler. Das Märchen wurde in eine Büßer-Legende umgewandelt, an deren Beginn das ↑ Teufelsbündner-Motiv gesetzt und der ein erbaulich-asketischer Schluß gegeben wurde. Im Zuge einer erneuten Verweltlichung wurde der Stoff historisch fixiert, wobei jedoch die Festlegung auf Robert II. von der Normandie, der auf dem Rückweg von einer Pilgerfahrt 1035 starb, eine sehr späte Zutat ist. Für die Weiterentwicklung des Stoffes wurde entscheidend, daß das zentrale Bußthema für die neuere Literatur an Überzeugungskraft verloren hat, so daß Erneuerungen des Stoffes entweder unverbindliches Spiel mit romantischen Effekten blieben oder die Kernmotive verschoben. Für Dramatisierungen war der Auseinanderfall des Stoffes in den teuflischen und den büßenden Robert ein schwer zu überwindendes Hindernis; die im Volksbuch unzureichend motivierte Umkehr Roberts hat die meisten Varianten erfahren.

Schon 1652 wurde in Paris ein *Ballet de Robert le Diable* getanzt. Die frühesten Dramatisierungen finden sich auf dem spanischen Theater, wo Roberts Umkehr einmal durch einen an einen Baum gehefteten Brief (Anon., *El loco en la penitencia* um 1700), ein anderes Mal durch die mystische Wirkung eines Bildes der Prinzessin bewirkt wurde (F. Viceno, *Roberto el Diablo* 1751). Verwandlungen und Zaubereffekte herrschen in dem Vaudeville von M. Franconi vor (*Robert le Diable ou le criminel repentant* 1815). Etwa gleichzeitig erschien der Stoff als Schauerroman (Anon., *The fiend of Normandy or the repentant criminal* 1821) und als ernsthafte Ballade verarbeitet (A. le Flaguais, *Le château de Robert le Diable* 1823). In Deutschland erwog Uhland die Verwendung als Ballade und regte Schwab zu seinen *Romanzen von Robert dem Teufel* (1820) an, die den Stoff verharmlosen und als einzig interessante Erfindung Roberts Umkehr aus dem Anblick seines Spiegelbildes hervorgehen lassen. Dies Motiv übernahm K. v. Holtei s Drama (1830), das die beiden Teile des Stoffes durch die Gestalt des von Robert in den Fluß gestürzten Lehrers, der im zweiten Teil als Eremit wiederkehrt, und durch die des Landmädchens Beate, das durch Roberts Schuld stirbt und ihm später als Engel erscheint, zu verbinden sucht. Die Gestalt des erlösenden Mädchens geht vielleicht auf Kenntnis der im Entstehen begriffenen Oper Meyerbeers zurück (1831, Texts G. Delavigne / E. Scribe), die sich völlig von Handlung und Idee des ursprünglichen Stoffes abwandte. Umkehr, Buße und Dienen fehlen; Robert erscheint in Begleitung seines teuflischen Vaters Bertram, der ihn der Hölle ausliefern soll und von dem er sich auch zu sündigen Taten verführen läßt, um die Liebe der Königstochter Isabella zu gewinnen. Aber ehe ein Pakt sein Schicksal besiegelt, rettet ihn eine Warnung seiner Mutter, die ihm sein guter Geist, das Mädchen Alice, überbringt. Der außergewöhnliche Erfolg der Oper spiegelt sich sowohl in der Parodie Nestroys (*Robert der Teuxel* 1833) wie in den Robert-Dichtungen der Folgezeit. Ch. Birch-Pfeiffers Drama (*Robert der Tiger* 1832) ist verschollen, das von Raupach versucht (1834), es dem Operntext an Häufung phantastischer Motive gleichzutun, ohne sich allzusehr von der überlieferten Handlung zu entfernen: die Umkehr wird durch ein Wunder hervorgerufen, Held und Prinzessin sind nicht stumm, und zwei der Sarazenenschlachten sind durch Rettungen der Prinzessin ersetzt. Ein ähnliches Gemisch überkommener und frei erfundener Motive zeigt das Monsterdrama von E. Jourdain (*La Comédie Normande* 1858). Ein Versepos von A. Böttger (*Dämon und Engel* 1848) gibt die Volksbuch-Handlung im unverbindlichen Ton der Romantikerepigonen, während die zwölf Gesänge von V. v. Strauss (1854) den religiösen Grundcharakter betonen: die Besiegung durch einen Gralsritter bildet den Beginn von Roberts Umkehr, und der Schluß ist ein Kompromiß aus asketischem und weltlichem Ausgang. Robert verzichtet und kehrt erst auf dreimalige Aufforderung eines Engels nach Rom zurück, um Aweline zu heiraten. In A. WILBRANDTS Drama *Der Herzog* (1898) wählt Robert die Buße – am Hofe des Landgrafen und seiner Tochter Elisabeth – selbst und spricht sich gleichfalls selbst frei und erobert sein Land aus der Hand eines pflichtvergessenen Vormundes zurück. Der Läuterungsgedanke erscheint so schließlich rationalisiert und säkularisiert.

K. Breul, Sir Gowther, 1886; H. Tardel, Die Sage von Robert dem Teufel in neueren dramatischen Dichtungen und in Meyerbeers Oper, 1900; ders., Neuere Bearbeitungen der Sage von Robert dem Teufel, (Studien zur vergleichenden Literaturgeschichte 4) 1904; A. Kippenberg, Die Sage von Robert dem Teufel in Deutschland und ihre Stellung gegenüber der Faustsage, (ebenda) 1904.

**Robespierre.** Unmittelbar nachdem Maximilien de Robespierre (1758–1794), der sich aus einem Provinzadvokaten zu einem der radikalsten und machtvollsten Führer der Französischen Revolution entwickelt und dabei maßgebend am Ende Ludwigs XVI. und an der Beseitigung der Girondisten, Hébertisten und seines Gegenspielers Danton mitgewirkt hatte, am 9. Thermidor II (= 1794) einer gegen ihn und seine Bluterrschaft gerichteten Verschwörung zum Opfer gefallen war, hat der junge englische Romantiker COLERIDGE, vom Glauben an die Revolution erfüllt, in einem rhetorischen und handlungsarmen Drama *The Fall of Robespierre* (1794) den Sturz des Tyrannen begrüßt und durch den Mund von dessen Gegner Barrère die Republik gefeiert.

Coleridges Auffassung entspricht der nach Robespierres Tode einsetzenden feindlich gestimmten Kritik, mit der die Revolutionäre selbst sich von einem entarteten Vertreter ihrer Ideen distanzierten und die Revolutionsgegner einen für sie typischen Vertreter dieser Revolution brandmarkten. Noch die historischen Werke von THIERS und MIGNET spiegeln diese Stimmung wider und zeichnen Robespierre als einen ehrgeizigen Schleicher. Erst CARLYLE (1837) versuchte dem seltsamen Dualismus im Wesen Robespierres, der Diskrepanz zwischen seinem Einsatz für die Humanität und seinen zahlreichen Todesurteilen, zwischen sozialem Denken und Machtstreben, gerecht zu werden, und sah in Robespierres Bestreben, über dem Blut seiner Opfer ein Reich der Tugend und Freiheit zu errichten, einen tragischen Zug. Entscheidend wurde die Interpretation LAMARTINES (1847), der Robespierres Selbstlosigkeit und sein Mitgefühl mit den unterdrückten Schichten betonte; die radikalsozialistischen Geschichtsschreiber der Folgezeit haben ihn zu einem Märtyrer des sozialen Gedankens gemacht. Zwischen ähnlich extremen Urteilen schwankt Robespierres Bild bis in die Gegenwart. Deren Erfahrungen scheinen freilich zu lehren, daß die Gegensätze im Wesen des Diktators nicht so unvereinbar sind, wie die im Geist der Aufklärung und der Humanität erzogenen Autoren des 19. Jahrhunderts geglaubt haben.

Die Entwicklung eines Robespierre-Stoffes wurde zunächst durch das Auftreten des weit größeren und auch faszinierenden Diktators → Napoleon für Jahrzehnte verhindert. Überhaupt ist der zwiegesichtige Charakter Robespierres zwar interessant, aber in seiner Trockenheit und Tugendhaftigkeit keineswegs faszinierend. Die Dichtung benutzte ihn daher gern als Kontrastfigur, vor allem zu dem vitalen Danton, und wußte ihm nur schwer ein menschlich anrührendes Schicksal abzugewinnen. Als Exponent der Revolution ist er in der Literatur nicht ohne das Mitspielen ihrer anderen Vertreter und Statisten zu denken, er ist wirkungsvolle Episodenfigur, etwa in Werken um Charlotte → Corday, aber eine etwas unergiebige und meist doch negativ wirkende Hauptgestalt. Die Stoffaufteilung ist durch die historischen Ereignisse gegeben und führt im Drama fast zwangsläufig zu einer Gliederung, bei der die Hinrichtung des Königs oder besser die Auseinandersetzung mit Danton am Anfang steht; bei Robespierres Tode taucht häufig schon Name oder Gestalt Napoleons auf.

Der Stoff wurde nach der französischen Julirevolution literarisch fruchtbar. Noch bei GRABBE verdrängte der Napoleon-Stoff den Robespierre-Stoff, aber Georg BÜCHNER hat in *Dantons Tod* (1835) der Gestalt erstmals feste, unübertroffen genial entworfene Umrisse gegeben: wohl ist Robespierre als fanatischer Dogmatiker in erster Linie Gegenfigur zu dem genialen Genußmenschen Danton, aber in dem Monolog nach der großen Szene mit diesem zeichnet sich doch schon die Tragik dessen ab, der die Sünden der Revolution auf sich nimmt, und die Moral erscheint für ihn genauso zwangsmäßig wie die Sinnenlust für Danton. Auch Büchners lockere Szenenfolge und die mit Zynismen durchsetzte Sprache sind aus den Robespierre-Dramen der Folgezeit nicht wegzudenken. Sehr ähnlich, aber ungleich farbloser tauchen diese Elemente bei R. v. GOTTSCHALL (*Maximilian Robespierre*, Dr. 1845) auf, der lediglich den Gegner Danton durch Tallien ersetzt, dann bei dem schon von Lamartine beeinflußten R. GRIEPENKERL (*Maximilian Robespierre*, Dr. 1850), der die Danton- und die Robespierre-Tragödie zu verschmelzen trachtete. Th. MUNDTS Roman (1859) zeigt Robespierre als Beschützer der Unterdrückten, der sich jedoch im Kampf mit den Gegnern zu Unerbittlichkeit entwickelt. Auch revolutionsfeindliche Autoren wie W. v. ISING (Dr. 1859), K. KLAUSA (*Berg und Gironde*, Dr. 1862) und ein anonymer Leipziger Student (Dr. 1868) haben den Stoff, abgesehen von dem sentimentalen Zug einer bußfertigen Gesinnung Robespierres bei v. Ising und Klausa, nicht bereichert. Karl F . . . (*Die beiden Loizerolles und Maximilian Robespierre*, Dr. 1838), E. v. HEINEMANN (*Maximilian Robespierre*, Dr. 1850), H. WELCKER (*Es war ein Traum*, Dr. 1896) suchten dem Stoff durch Familienkonflikte und stärkere Beteiligung von Nebenpersonen mehr Farbe zu geben. Auch R. HAMERLING (*Danton und Robespierre*, Dr. 1870) hat die Antipoden nur rein denkerisch als Vertreter von idealistischer und materialistischer Weltanschauung stärker gefaßt und glaubte, in Robespierre das Werkzeug der Idee zu erkennen: nicht er, sondern die Idee ist unerbittlich. Im Zeichen des Historismus führten die Bemühungen um die künstlerische Bewältigung der Französischen Revolution zu ganzen Dramenzyklen, in denen das Schicksal Robespierres nur eine, wenn auch wesentliche Station bildet (O. F. GENSICHEN, *Danton* 1870, *Robespierre* 1874; K. BLEIBTREU, *Weltgericht*, zwei Teile 1888; Th. ALT, *Freiheit* 1895; V. SARDOU 1899; R. v. KRALIK, *Die Schreckensherrschaft* 1908). Interessant ist, daß in neueren Darstellungen von einiger Bedeutung das positive Robespierre-Bild vorherrscht: im Versepos der M. E. DELLE GRAZIE (1895) ist er ein Schwärmer und Menschheitsbeglücker, der allerdings glaubt, um der sozialen Idee willen die Menschlichkeit preisgeben zu müssen; noch bezeichnender ist es, daß R. ROLLAND nach dem dogmatischen Fanatiker Robespierre in seinem frühen Drama *Danton* (1900) in seinem Spätwerk (Dr. 1938) Robespierre als den »Gerechten« und »Unbestechlichen« sah, der, ein »Gewissen der Revolution«, von seinen verblendeten Mitkämpfern geopfert wird. Auch A. TOLSTOJ hob das Bild Robespierres in der Neufassung (1923) von *Smert' Dantona* (Dr. 1919). Saint-Georges de BOUHÉLIERS Drama in 25 Bildern *Le sang de Danton* (1931) umspannt die Zeit von der Verurteilung Dantons bis zur Verurteilung Robespierres, dessen Blut von dem durch ihn vergossenen gefordert wird, und stellt einen sensiblen, nervösen, von Ängsten und Gesichten verfolgten Robespierre auf die Bühne, der schließlich die gleiche Abneigung gegen Blutvergießen hat wie ehemals Danton.

M. Lehn, Robespierre in der deutschen Literatur, Diss. Wien 1915; G. P. Knapp, Robespierre (in: Elemente der Literatur, Festschr. E. Fenzel) 1980.

**Robin Hood.** Die ältesten Fixierungen von Balladen über den englischen Volkshelden Robin Hood stammen aus der Zeit zwischen 1450 und 1500. Neben den insgesamt 37 Volksballaden ist das um 1495 gedruckte Gedicht von 456 Strophen *Lytell Geste of Robin Hoode* das wichtigste und früheste Zeugnis des Stoffes. Diese Volksdichtungen erzählen von einem ↑ Outlaw, der zusammen mit einer Schar Gleichgesinnter – Little John dem Nagelschmied, Much dem Müller, Tuck dem Mönch und George-a-Green – in den Wäldern um Nottingham von Jagd und gelegentlichem Raube lebt, die Armen, Schwachen und Frauen schützt, die Reichen und die üppigen Pfaffen plündert und dennoch ein loyaler Untertan des Königs und frommer Christ ist. Robins Geliebte, Maid Marion, nach einigen Fassungen die Tochter des Lord Fitzwater, ist ihm in sein Abenteuerleben gefolgt. Seine ärgsten Feinde sind der Sheriff von Nottingham und der Abt von St. Mary's in York, aber der Meisterschütze entkommt jeder Verfolgung. Als Robin Hood

jedoch im Alter ärztliche Hilfe braucht und die Priorin von Kir-
kleys bittet, ihn zur Ader zu lassen, läßt diese ihn verbluten, und
der gefürchtete Bandenführer endet so durch die Tücke einer Frau.

Die Vorgänge, die hinter dieser volkstümlichen Überlieferung
stehen, sind dunkel. Frühe unkritische Geschichtsschreibung und
der gläubige Sammel- und Forschereifer etwa J. RITSONS (1795)
haben einen detaillierten Lebenslauf Robin Hoods herausgearbeitet, nach dem er um 1200 gelebt und ein Zeitgenosse von Richard
Löwenherz, nach anderen auch von Edward I., gewesen sein soll,
in Wirklichkeit Robert Fitzhood hieß und ein Earl of Huntington
war, der sein Erbe durch ein ungezügeltes Leben durchgebracht
hatte und in die Wälder fliehen mußte. Mit mehr Wahrscheinlichkeit ist Robin Hood eine Schöpfung der Volksphantasie, die sich
auf gewisse Fakten und wohl auch Personen der Zeit nach der
normannischen Eroberung stützen konnte, als viele sächsische
Männer vor der Unterdrückung in die Wälder flohen und den
Eindringlingen durch Kleinkrieg zu schaffen machten. In der
Schatzkammerrolle wird für Yorkshire und das Jahr 1230 ein
»Robertus Hood fugitivus« erwähnt. Der sozialrevolutionäre Tenor der Robin-Hood-Dichtungen stimmt zum Geist der Lollarden
und der revolutionären Unruhen im England des 14. Jahrhunderts.
Die Robin-Hood-Sage zeigt auch Ähnlichkeit mit der Outlaw-
Geschichte in *Tale of Gamelyn* (um 1350) und wird jedenfalls in
W. LANGLANDS *Piers the Plowman* (1377) sowie bei CHAUCER bereits
erwähnt. Um 1400 berichten Chroniken von Robin Hood als einer
historischen Gestalt, und in der Geschichtsschreibung des 16. Jahrhunderts gilt seine Existenz allgemein als beglaubigt. Die neuere
Kritik an der historischen Echtheit der Gestalt hatte zur Folge, daß
man sie – wegen ihres Auftauchens im Weihnachts- und Frühlings-
brauchtum – für mythisch erklärte und sogar auf Wodan zurückführte. Auf der anderen Seite ist die Herkunft der Sage von *Robin
Hood and Maid Marian* aus der französischen Balerie *Robin et Marion*
behauptet worden, die ADAM DE LA HALLE in seinem *Jeu de Robin et
Marion* (1285) ausgestaltete.

Tatsächlich scheinen volkstümliche Spiele um den Stoff aus den
dörflichen Maifeiern hervorgegangen zu sein. Robin Hood war
Schutzpatron des Schützenwesens, der 1. Mai war Robin Hood's
Day, und bis zum Ende des 16. Jahrhunderts beging man diesen
Tag mit Spielen, in denen Robin und Marian die Stelle von
Maikönig und Maikönigin eingenommen hatten. Auch die be-
kannte Ballade *Robin Hood and Sir Guy of Guisborne* ist dramatisiert
worden.

Das Kunstdrama der elisabethanischen Epoche griff den Stoff
auf: Anthony MUNDAY schrieb *The Downfall of Robert, Earle of
Huntington* (1601) und *The Death of Robert, Earle of Huntington,*
Dramen, in denen Robin mit dem Grafen identifiziert wird. 1632
erzählte M. PARKER *The True Tale of Robin Hood* in Versen, um
1670 erschien die Balladensammlung *Robin Hood's Garland* und
1678 eine Prosaerzählung der Abenteuer in Art der Volksbücher.

Nachdem Percys *Reliques of Ancient English Poetry* (1765) und Ritsons Spezialsammlung (1795) den Stoff allgemein zugänglich gemacht hatten, verwandte zuerst W. Scott die Gestalt in seinem Roman *Ivanhoe* (1819) unter dem Namen Locksley als Parteigänger des Sachsen Ivanhoe und des Königs Richard Löwenherz; bald danach erschien sie in der Erzählung *Forest Days* des Scott-Nachahmers G. P. R. James. Th. L. Peacock parodierte in *Maid Marian* (1822), einem Roman, der die Gleichsetzung Robins mit dem Earl of Huntington und Marians mit Matilda Fitzwater annahm, die mittelalterlichen Romanzen, denen in Deutschland etwa Th. Fontanes (1852) und A. Grüns Nachdichtungen (1864) huldigten. 1860 erschien der romantische Stoff als Oper von Macfarrens, und noch 1892 hat ihn der greise Tennyson in seinem Drama *The Foresters* nicht gerade erfolgreich behandelt.

A. Brandl, Robin Hood (in: Brandl, Engl. Volkspoesie, in: H. Paul, Grundriß der germanischen Philologie 2) 1893; P. Verrier, Robin Hood, (Romania 62) 1936; P. V. Harris, The Truth about Robin Hood, London 1951.

**Robinson.** Die Geschichte Robinson Crusoes, ein nach Kapitän Rogers' Bericht über den fünfjährigen Aufenthalt des schottischen Matrosen Selkirk auf einer Insel des Juan-Fernandez-Archipels von Daniel Defoe frei ausgesponnener Roman (*The Life and Strange Surprising Adventures of Robinson Crusoe of York, Mariner* 1719), ist die berühmteste Formung eines alten Themas, das allerdings erst in ausgesprochenen Zivilisationsepochen bewegend werden konnte: die freiwillige oder erzwungene Rückversetzung des zivilisierten Menschen in einen Naturzustand durch Weltflucht, Einsiedelei, Schiffbruch, Aussetzung. Die zu Beginn des aufgeklärten Jahrhunderts erschienene Geschichte eines Menschen, der nüchtern und überlegen Schritt für Schritt über die Wildnis siegt und sich ein geregeltes, sinnvolles Leben schafft, auch die Freundschaft eines Wilden, Freitag, und diesen der europäischen Kultur und Humanität gewinnt, kam dem rationalistischen wie dem sentimental Rousseauischen Strömungen der Zeit entgegen, wurde von Rousseau selbst als »Grundbuch aller Erziehung« angesehen und fand durch Umarbeitung des Pädagogen J. H. Campe in ein Gespräch zwischen Erziehern und Kindern (*Robinson der Jüngere* 1779) Eingang in die Jugendliteratur, zu deren Grundbestand es, von der dozierenden Form Campes allerdings wieder befreit, noch heute gehört.

Verbreitung und Wirkung des Robinson-Stoffes geschah jedoch nicht in Form einer Stoffentwicklung, sondern wie bei manchem anderen, vom Zeitgeschmack besonders bestimmten Erfolgsbuch (→ Don Quijote, → Werther) in Form der Nachahmung, durch die sogenannten Robinsonaden (vor allem: J. G. Schnabel, *Die Insel Felsenburg* 1731–43; J. R. Wyss, *Der schweizerische Robinson* 1812–13). Die Robinsonade ist nicht eine Neuinterpretation des Robinson-Stoffes, entzündet sich nicht an der spezifischen Robinson-Fabel, am Plot, sondern ist Wiederholung einer gleichen Grundsituation – ↑ Inseldasein eines Schiffbrüchigen – an ganz anderen Personen; noch in G. Hauptmanns *Insel der großen Mutter* (1924) klingt das Robinson-Motiv nach. Überträgt man den Begriff auf Werke ähnlicher Thematik früherer Zeit, so kann man sogar von »vordefoeschen« Robinsonaden sprechen (z. B. Grimmelshausen, *Continuatio des abenteuerlichen Simplicissimi* 1669). Eine Geschichte der Robinsonaden ist Gattungs- oder auch Motiv-, aber nicht Stoffgeschichte.

Defoe selbst gab mit seinen Fortsetzungen des Romans, *The Farther Adventures of Robinson Crusoe* (1719), die den erneuten Besuch Robinsons und Freitags auf der Insel, den Kampf mit Eingeborenen und Freitags Tod erzählen, und *The Serious Reflections . . . of Robinson Crusoe* (1720) mit seiner Vision der Welt der Engel, Ansätze zu einer Stoffgeschichte. Das Theater hat, abgesehen davon, daß es, wie der Roman, die Robinson-Situation auf andere Personen übertrug (K. v. Holtei, *Staberl als Robinson* 1845; L. Feldmann / Bertram, *Der neue Robinson oder das goldene Deutschland* 1852; L. Fulda, *Robinsons Eiland* 1895), die farbige, aber ausgesprochen epische Handlung für Ballette, Pantomimen, Maskenzüge und Opern verwandt (L. A. Piccini, Melodram; H. Schmidt / M. Hoguet, Pantomimisches Ballett 1837; F. Fortescue, Operatic Drama 1822; E. M. Cormon / H. Crémieux / J. Offenbach 1867). Dramatiker haben das Thema mehrfach umspielt, so etwa A. G. Oehlenschläger in *Robinson i England* (1819), einem Lustspiel, das die Auseinandersetzung des heimgekehrten Selkirk mit Defoe wegen dessen vermeintlicher Unterschlagung des Tagebuches behandelt, F. Forster (*Robinson soll nicht sterben* 1932), der eine Revolte der Jugend gegen den Tod ihres unsterblichen Helden in Szene setzte, und J. Supervielle (1949), in dessen Märchenkomödie der junge Robinson aus Verzweiflung über die vermeintliche Untreue eines Mädchens die Heimat verläßt und bei der Rückkehr deren Tochter gewinnt. Zu den Weiter- und Umdichtungen der ursprünglichen Handlung gehört auch die Dichtung Saint-John Perses *Images à Crusoé* (1909), die einen in die Großstadt zurückgekehrten, in einer Dachstube hausenden Robinson vorführt, der viel verlassener ist als auf seiner Insel; dort war er mit Gott allein, hier gibt es keinen Gott mehr. H. v. Hofmannsthal ließ seinen Filmentwurf *Defoe* in der Begegnung Defoes mit Robinson, in dem er sich selbst wiederzuerkennen glaubt, und in der Niederschrift von Robinsons Erzählungen ausklingen (postum 1935). Der Franzose M. Tournier (*Vendredi, ou Les Limbes du Pacifique,* R. 1967, Neufassung 1972) stellte Freitag in den Mittelpunkt, der die von Robinson gegebene Ordnung des Inseldaseins zerstört. Robinson entdeckt durch ihn kosmische Energien, läßt ihn allein nach Europa fahren und lebt als Insulaner weiter mit einem neuen Gefährten: Donnerstag.

H. Ullrich, Robinson und Robinsonaden, Bibliographie, Geschichte, Kritik, 1898; ders., Nachträge, (Zeitschrift für Bücherfreunde 11) 1907/08; L. Brandl,

Vor-Defoesche Robinsonaden, (Germanisch-Romanische Monatsschrift 5) 1913;
F. Brüggemann, Utopie und Robinsonade, 1914; H. Ullrich, Defoes Robinson
Crusoe, die Geschichte eines Weltbuches, 1924.

**Rodensteiner, Der.** Die Sage und Dichtung vom Rodensteiner
knüpfte anfänglich nicht an einen Angehörigen des seit 1293 nach-
weisbaren und 1671 im Mannesstamme ausgestorbenen Geschlechtes der Herren von Rodenstein an, sondern sie bezog sich
ursprünglich auf eine unheimliche Erscheinung, die auf dem nahe
der Ruine Rodenstein im Odenwald gelegenen Schnellertsberge
lokalisiert war und als der »Schnellertsherr« bezeichnet wurde: der
Schnellertsherr mit seinem Gefolge zieht bei drohendem Krieg
unter lautem Getöse durch die Lüfte vom Schnellertsberg nach
dem Rodenstein und kehrt, wenn der Friede naht, ebenso wieder
dorthin zurück. Die auf ein akustisches Phänomen zurückzuführende Volkssage ist also nichts anderes als eine Variante der Sage
vom Wilden Heere.

Erst zu Beginn des 19. Jahrhunderts ersetzte man im Zeichen der
Ritter- und Gespensterromantik den Führer des Wilden Heeres
durch einen Angehörigen des Rittergeschlechtes von Rodenstein;
der ruhelose, mit einer so bösen Mission betraute Geist wurde zum
Gespenst eines wilden, kriegslustigen Ritters, der um des Kampfes
willen Weib und Kind, nach anderen Versionen den Kaiser im Stich
gelassen hat und verflucht ist, bei Kriegszeiten aus dem Grabe
aufzustehen. Seit der ersten literarischen Gestaltung in einer Ballade A. F. Langbeins *Der Kriegs- und Friedensherold* (1807) wurde
der Stoff vor allem in der ersten Hälfte des 19. Jahrhunderts zum
Gegenstand zahlreicher Balladen, Epen, Romane, Erzählungen,
Dramen und Opern. Eine besondere Variante des Stoffes brachte
die nach den Befreiungskriegen auftauchende nationale Sinngebung: der Ritter ist nicht ein verfluchter Raufbold, sondern ein
kaisertreuer Kämpfer, der eine politische Mission erfüllt. Der Stoff
wurde zur Domäne der Sagen- und Heimatforscher, denen es nicht
gelang, ihm einprägsame, feste Motive zuzuordnen. Werner Bergengruen hat versucht (*Das Buch Rodenstein* 1927), das Erzählgut
zu einem Zusammenklang zu bringen.

Wichtig wurde die Entromantisierung und Entpathetisierung
der Sagenfigur durch J. V. v. Scheffel, der in mehreren Gedichten
(seit 1855) aus dem unheimlichen Rächer und Warner einen handfesten Saufkumpan machte, der umgeht, weil ihm der letzte Schop-
pen fehlte, und der seinen Durst dem deutschen Studenten vermacht hat. Die so abgewandelte Gestalt bürgerte sich zwar nicht in
der Heimat des Sagenhelden, aber im deutschen Studentenlied ein.

Th. Meisinger, Der Rodensteiner, 1954.

**Rodrigo, der letzte Gotenkönig.** Nach der zeitgenössischen *Crónica mozárabe del año 754* lassen sich die Verhältnisse in Spanien, die zum Untergang des Westgotenreiches führten, wie folgt rekonstruieren: Der milde, aber sittenlose König Witiza (701–709) hatte bereits als Kronprinz den Fürsten Fáfila in einem Streit um dessen Frau erschlagen und verbannte als König dessen Sohn Pelayo. Dieser wurde Anhänger Rodrigos, der Witizas unmündige Söhne vom Thron verdrängte. Rodrigos Herrschaft fand ihr Ende durch den Frontwechsel des christlichen Berberhäuptlings Olian von Ceuta, der sich mit den Arabern unter Muza verbündete und mit dessen Feldherrn Tarik nach Spanien übersetzte, sowie durch den Treubruch der Söhne Witizas, die gemäß einer Verabredung mit Tarik in der Schlacht bei Jerez de la Frontera zu ihm übergingen. Rodrigo fiel, Pelayo zog sich nach Asturien zurück, Rodrigos Witwe wurde Gattin Muzas, des neuen Beherrschers von Spanien.

Bereits in der *Chronica Gothorum* (Anf. 11. Jh.) ist das sagenhafte Motiv entwickelt, das den ↑ Verrat des Grafen Julian (= Olian) von Ceuta erklären soll: seine Tochter ist durch eine List von Witiza entehrt worden. Die Strafe für diese Tat, der Einfall der Araber, trifft jedoch erst seinen Nachfolger Rodrigo, dessen Untergang durch den Treubruch der Witiza-Söhne vollendet wird. Im Bericht des Bischofs Pedro Pascual (13. Jh.) wird Julian vollends zum Intriganten: er verbirgt seinen Haß und gibt dem vertrauensvollen König den Rat, alle Waffen in Spanien zu vernichten, so daß die Goten den einfallenden Mauren waffenlos ausgeliefert sind. Eine Zusammenziehung der Gestalt des Witiza und des Rodrigo zu einer ist schon bei Ben Alkutiya (9. Jh.) nachlesbar; Rodrigo ist zugleich Schänder des Mädchens und Usurpator des Throns, der Verrat Julians und der Witiza-Söhne also eine entschuldbare Rache; die anmaßenden Züge Rodrigos werden verstärkt durch sein gewaltsames Eindringen in den verschlossenen Tempel des Herkules in Toledo, in dem ihm sein Untergang prophezeit wird. Etwa gleichzeitig taucht auch die Sage von einem rätselhaften Verschwinden des Königs nach der Schlacht (maurischer Chronist Rasis 9. Jh.) und von seinem Grab in Portugal (*Crónica de Alfonso III* um 880) auf. Die Bestrafung der Verräter durch die sieghaften Mauren fügten die *Crónica Silense* (1115) und die *Crónica Tudense* (1236) hinzu. Eine Variante des ↑ Schändungsmotivs brachte die französische *Chanson de Anseis de Cartage* (13. Jh.), in der sich das Mädchen selbst unerkannt zum König begibt, und unter dem Einfluß lateinischer und germanischer Sagen ist das geschändete Mädchen auch in die Gattin Julians verwandelt worden (*De rebus Hispaniae* 1243). Der zusammenfassende Bericht der *Crónica de 1344* gibt der Geliebten, die hier selbst die Rache betreibt, zum erstenmal den Namen Alacaba. Die sogenannte *Refundición* dieser Chronik schildert den büßenden, entthronten König, der sich in einer Höhle von einer selbst gezogenen Schlange auffressen läßt.

Den so entwickelten Stoff gestaltete Pedro Corrals *Crónica Sarracina* (1430) zu einem abenteuerlichen umfangreichen Ritterroman mit nationalspanischem Akzent um, in dem sich der kühne, leidenschaftliche Rodrigo, der unerbittliche Rächer Julian und die tragisch gesehene Caba (= Alacaba), die eine Ausweitung ihrer persönlichen Schande zum nationalen Unglück vergeblich zu verhindern sucht, gleichwertig gegenüberstehen. Aus der *Crónica Sarracina* schöpfte die spät einsetzende, aber reiche Romanzendichtung (1440–1550); sie vermehrte die Motive nicht, sondern gestaltete nur einzelne Höhepunkte aus, so den Abschied des Königs von seinem Reich nach der Schlacht und seine Buße in der Schlangengrube. Eine Ode des Fray Luis de LEÓN (1527–91) verglich den Untergang Spaniens mit dem Trojas und wies die schuldhafte Rolle Helenas Caba zu. Auch in Miguel de LUNAs phantastischem Roman *Historia verdadera del rey don Rodrigo* (1589) ist die in Florinda umgetaufte Geliebte des Königs eine schlechte, verführerische Frau. In BRITTOS *Segunda Parte da Monarchia Lusitana* (1609) ist die Mutter der Caba und Gattin Julians, die Rodrigo für sich selbst begehrt, die Urheberin allen Unheils. Lunas Roman war Quelle für LOPE DE VEGAS epische (*Jerusalén conquistada* 1609) wie dramatische (*El último godo* 1615) Nachgestaltung. Die Rodrigo-Sage faßte im übrigen im klassischen Theater der Spanier nicht Fuß, weil die Gestalt des königlichen Verführers dem Zeit- und Nationalgeschmack nicht genehm war; MORETO behandelte die Verführungsgeschichte in parodistischen Komödien. Dagegen hat das englische Theater den Stoff übernommen, wobei W. ROWLEY (*All's Lost by Lust* 1633) den Schluß änderte: der siegreiche heidnische König verlangt Julians Tochter, sie verschmäht ihn, der Vater verteidigt sie, und Vater und Tochter verlieren durch den wütenden Heiden ihr Leben.

Die Zensur der absolutistischen Epoche führte in Spanien dazu, daß die Gestalt Rodrigos zugunsten von Pelayo (N. FERNÁNDEZ DE MORATÍN, *Hormesinda*, Dr. 1770; M. J. QUINTANA, *Pelayo*, Dr. 1805) oder von Rodrigos Witwe Egilona, die sich auf dem Thron Spaniens behauptete (A. VALLADARES Y SOTOMAYOR, *Egilona, vidua del rey don Rodrigo*, Dr. 1785; J. ZORRILLA Y MORAL, *El Puñal del Godo*, Dr. 1842), beiseite gedrängt wurde.

Die europäische Romantik hat schließlich das Schicksal des leidenschaftlichen und hochfahrenden Königs, der von der Höhe des Glücks ins Nichts stürzt, von niedrigen Motiven zu reinigen gesucht. Schon M. R. GÁLVEZ (*Florinda*, Dr. 1804) brachte die Version, daß der König sich scheiden lassen und die Geliebte zur rechtmäßigen Frau erheben will. W. S. LANDORS Lesedrama *Count Julian* (1812) enthält den gleichen Zug und zeigt die Rache des Schicksals an dem unbeugsamen Julian: seine Söhne werden ermordet, seine Frau stirbt darüber, und sein Vaterland fällt unter maurische Herrschaft. Den Sturz des Königs, den schon die Romanzen eindringlich gestalteten (Nachdichtungen von E. DESCHAMPS, V. HUGO, E. GEIBEL), stellte W. SCOTT in einer visionären Beichte Rodrigos dar (*Vision of Roderick* 1811). W. IRVING erzählte die Sage nach Corral und Luna (*Legends of the Conquest of Spain*

1826). Eine liebende Florinda und einen edleren, büßenden König, der in der Schlacht bei Covadonga die Reste der Goten für den Freund Pelayo zum Siege führt, zeigt R. SOUTHEYS Gedicht *Roderick, Last of the Goths* (1814). Auch die von Telesforo de TRUEBA in England veröffentlichten Prosaerzählungen *The Gothic King* und *The Cavern of Covadonga* (1830) arbeiten mit einer liebenden Florinda, die sich für die erkaltende Leidenschaft des Königs rächt und später bereut. Unter den deutschen Dramatikern des 19. Jahrhunderts erwärmten sich nur Epigonen für den Stoff (K. J. BRAUN V. BRAUNTHAL, *Graf Julian,* Tr. 1831; E. GEIBEL, *König Roderich,* Tr. 1844); Geibel bezeichnete später sein Jugendwerk, das die Gewichte gleichmäßig auf Roderich, Julian, Pelayo und Florinde verteilt, als verfehlt und nahm es nicht in seine gesammelten Werke auf. Eine völlige Idealisierung des Germanenkönigs vollzog F. DAHN (*König Roderich,* Dr. 1875): im Zeichen des Kulturkampfes wandelte er Rodrigo in einen glühenden Hasser der Kirche um, der sein Land von deren Vormacht befreien will und Caba nicht entehrt, sondern vor dem Betrug durch den Bischof und vor dem Kloster rettet.

R. Menéndez Pidal, El rey Rodrigo en la literatura, (Boletín de la R. Academia Española 11) 1924.


**Roland.** Hruodlandus, Graf der Bretagne, fiel 778 mit der Nachhut des fränkischen Heeres auf dem Rückzug aus Spanien im Tale von Roncesvalles in den Pyrenäen. Die Sage machte ihn zum ersten Helden → Karls des Großen, und der um ihn sich bildende Stoff wurde und blieb Kernstück der Karlsdichtung, wenn er auch schließlich eine sehr selbständige Entwicklung nahm.

In der altfranzösischen *Chanson de Roland* (Ende 11. Jh.) erscheint Roland als Neffe Karls und Stiefsohn Ganelons; das Epos verschweigt die von der späteren *Karlamagnussaga* berichtete inzestuöse Beziehung zwischen Karl und seiner Schwester, deren Frucht Roland ist, setzt aber die Kenntnis dieser Vaterschaft voraus. Rolands Liebe zu der schönen Aude hat weniger Gewicht als die Freundschaft zu Olivier, die der Verhaltenheit des Epos einen Hauch größerer Gefühlsstärke verleiht. Vorbildlicher Vasall, Patriot und Gottesstreiter, ist Roland doch durch Hochmut und Unbesonnenheit gefährdet. In verletzender Form schlägt er Ganelon zu einer gefährlichen Mission bei dem Heidenkönig Marsile vor; um sich zu rächen, verrät Ganelon in einem Scheinfrieden das fränkische Heer, das nach Frankreich zurückkehrt, wobei die von Roland geführte Nachhut von den Sarazenen überwältigt wird. Roland lehnt den Rat Oliviers, durch den Ton seines Hornes Olifant Karl zurückzuholen, ab, und ruft erst im Tode den Rächer herbei. Ein früher Bearbeiter erweiterte Karls Rache zu einem Feldzug, in dem Karl den obersten Herrscher der Heiden, Baligant, und damit den gesamten Orient schlägt. Von der in dieser Fassung erhaltenen *Chanson de Roland* stammen sämtliche vorhandenen Versionen, lateinische, deutsche, isländische, französische, franko-italienische, ab.

Die sich in der Baligant-Episode bereits abzeichnende Kreuz-zugsidee drang in der mhd. Fassung des Pfaffen KONRAD (um 1170) noch deutlicher durch: Die Liebe zum Vaterland, der »douce France«, tritt zurück, der Gottesstreiter dominiert. Die lateinische Prosafassung des PSEUDO-TURPIN, *Historia Karoli Magni et Rotho-landi* (1147/68) ordnete den Stoff völlig religiösen Zwecken unter: Roland stirbt als bewußter ↑ Märtyrer, sein Leichnam liegt in Kreuzesform am Boden. Der Einfluß des Pseudo-Turpin auf die Tradition der volkssprachlichen französischen Roland-Dichtung war nicht groß; an der altenglischen Fassung lassen sich jedoch aus ihm stammende Einschübe feststellen. Bei der langsamen Umset-zung des alten Zehnsilblers in den zeitgemäßen Alexandriner ist auch der Stoff der *Chanson de Roland* durch Beiwerk – etwa die Flucht und Bestrafung des ↑ Verräters Ganelon und die Todesnot der Aude – erweitert worden, so daß sich der Stoff allmählich dem Abenteuerroman näherte. In der Gunst des Publikums wurde er zudem am Ende des Mittelalters durch die Sage von Galien, die den Roland-Stoff mit Karls Orientzug verschmolz, verdrängt.

Italien hat den Roland-Stoff allen anderen Karlssagen vorgezo-gen und selbständig weiterentwickelt. Bereits in den frankoitalie-nischen Gedichten der Venezianer Sammlung ist der Stoff mit *L'Entrée d'Espagne* und *La Prise de Pampelune* vertreten. Roland, mehr höfischer Ritter als Vasall, erscheint im Vergleich mit den französischen Fassungen besonnen und maßvoll, während Karl ein zorniger und eigensinniger Fürst ist. Roland verläßt deswegen den Hof und zieht auf Abenteuer aus, kehrt aber schließlich zurück und unterwirft sich. In *Berta e Milone* und *Orlandino* wird die den ↑ Inzest negierende Liebesgeschichte von Rolands Eltern erzählt: Berta und Milon von Anglers fliehen vor Karls Zorn, Roland wächst in Italien unter Bauernkindern auf und macht sich anläßlich eines Aufenthalts Karls in Sutri dem König durch sein keckes Auftreten bemerkbar, so daß es zu einer Versöhnung des Kaisers mit seinen Eltern kommt. Diese Erzählung ging mit der gesamten Karlsepik in die große Kompilation der *Reali di Francia* (um 1370) ein und wurde auch gesondert in einem Epos von Lodovico DOLCE *Le prime imprese del Conte Orlando* (1572) behandelt; UHLAND hat sie in seiner Ballade *Klein Roland* (1808) erneuert. In dem tragikomi-schen Epos *Morgante* (1483) des Luigi PULCI ist dann die italienische Physiognomie des Stoffes schon sehr ausgeprägt: die Roncesvalles-Schlacht wird zum letzten Abenteuer des irrenden Ritters Roland, der Karls Hof wegen einer Beleidigung verlassen hat und die Heiden, u. a. Morgante, besiegt und bekehrt. Nach spanischem Vorbild setzte Pulci die Gestalt Rolands in Beziehung zu der des Renaud de Montauban, verband also den Roland-Stoff mit dem der → Haimonskinder. Den stolzen und leidenschaftlichen, aber noch etwas groben Helden Pulcis machte Matteo Maria BOIARDO in seinem *Orlando Innamorato* (1487–95) zu einem höfischen Ritter im Stile der → Artus-Epen, der sich nicht mehr für Vaterland und Glauben, sondern für die kokette heidnische Prinzessin Angelica schlägt, die ihn zum besten hat. Boiardos Fortsetzer ARIOST steigerte den Liebeshelden schließlich zu einem *Orlando Furioso* (1516), der aus Liebesgram und Eifersucht in Raserei verfällt: Der Wahnsinn ist eine Strafe für seine unerlaubte Liebe, von der ihn schließlich der Evangelist Johannes heilt. Auch Ariosts Epos ist fortgesetzt worden (Luis BARAHONA DE SOTO, *Las lágrimas de Angélica* 1586; LOPE DE VEGA, *La belleza de Angélica* 1602), und in seinem Gefolge haben barocke und klassizistische Dramen und Opern den liebestollen Roland dargestellt (R. GREENE 1591; MAIRET 1635; QUINAULT/J.-B. LULLI, Oper 1685; G. FIEDLER/A. STEFFANI, Oper 1696; G. BRACCIOLI/A. RISTORI, Oper 1713; HÄNDEL 1733 u. a.). Die in Ariosts Epos enthaltene Liebesgeschichte von Ruggiero und Bradamante ist verschiedentlich dramatisiert worden (R. GARNIER, *Bradamante* 1582; La CALPRENÈDE 1637; Th. CORNEILLE 1695; J. v. COLLIN 1812).

Spanien hat den Roland-Stoff, an dessen historischen Ereignissen es Anteil hatte, früh übernommen (Fragment *Roncesvalles* Mitte 12. Jh.) und seine französische Version in Romanzen des 14. und 15. Jahrhunderts bewahrt. Jedoch erfand man sehr bald einen halbspanischen Helden – Sohn einer Schwester Karls und eines spanischen Adligen –, der an Rolands Seite in Roncesvalles kämpfte. Die spanische Geschichtsschreibung (LUCAS VON TUY, *Chronicon mundi* um 1240; Rodrigo JIMÉNEZ DE RADA 1243; *Crónica general* Alfons' X., 1270/80) verschmolz diesen Bernardo mit dem sagenhaften aufständischen Neffen Alfons' des Großen, Bernardo Carpio, der sich Alfons' Plan, Karl zum Erben des spanischen Reiches einzusetzen, widersetzt und im Bündnis mit den Sarazenen Roland und die französischen Eindringlinge schlägt. Die Sage ist in das klassische spanische Drama eingegangen (Juan de la CUEVA, *Libertad de España por Bernardo del Carpio* 1588; LOPE DE VEGA, *El Casamiento en la Muerte* 1600/03). Neben dieser aus nationalem Protest entstandenen Abwandlung des Stoffes fällt die schon in dem Roncesvalles-Fragment vollzogene Verknüpfung mit Renaud von Montauban (→ Haimonskinder) auf und die häufige Bearbeitung der von Italien übernommenen Liebesgeschichte Bertas und Milos (Enrique de CALATAYUD, *Historia del nacimiento y primeras empresas del Conde Orlando*, R. 1585; LOPE DE VEGA, *La mocedad de Roldán*, Dr.; Antonio de ESLAVA, *Los amores de Milon de Anglante con Berta y el nacimiento de Roldán y sus niñerías*, R. 1604).

Nach der reichen Entwicklung des Stoffes in früheren Jahrhunderten sind die Wiederbelebungsversuche des 19. Jahrhunderts in Romanzen und Balladen (FOUQUÉ, *Romanzen vom Tale Ronceval* 1805; F. SCHLEGEL 1806; A. de VIGNY, *Le Cor* 1825; M. GRAF v. STRACHWITZ, *Rolands Schwanenlied* 1842) bescheiden, auch wenn UHLAND der Geschichte des jungen Roland eine neue Episode (*Roland Schildträger* 1841) zufügte und FREILIGRATH mit den dichterischen Bearbeitungen der erst im 19. Jahrhundert entstandenen sentimentalen Sage um die Burg Rolandseck ein *Rolands-Album* (1840) füllte. Der spezifisch epische Stoff wurde auch dramatisiert (K. IMMERMANN, *Das Tal von Roncesvalles* 1819; A. MERMET, *Roland à Ronceveaux*, Oper 1864; R. v. KRALIK, *Rolands Tod* 1898).

C. Wichmann, Das Abhängigkeitsverhältnis des altengl. Rolandsliedes zur altfranz. Dichtung, Diss. Münster 1889; Th. Eicke, Zur neueren Literaturgeschichte der Rolandsage in Deutschland und Frankreich, Diss. Leipzig 1891; G. Armelin, Roland en Espagne, Paris 1931; F. Th. A. Voigt, Roland-Orlando dans l'épopée française et italienne, Leiden 1938; H. Petriconi, Das Rolandslied und das Lied vom Cid, (Romanist. Jb. I) 1947/48; J. Horrent, La chanson de Roland dans les littératures française et espagnole au moyen âge, Paris 1951; R. Menéndez Pidal, La Chanson de Roland y el neotradicionalismo, Madrid 1959.

**Romeo und Julia.** Der Romeo-und-Julia-Stoff findet sich zum ersten Male, wenn auch mit anderen Namen, im *Novellino* (1476) des Italieners MASUCCIO. In Siena, so erzählt Masuccio, liebten sich der Jüngling Mariotto und die Jungfrau Gianozza, und da die Umstände sie hinderten, sich öffentlich zu ihrer Liebe zu bekennen, ließen sie sich heimlich von einem Mönch trauen. Wenig später gerät Mariotto mit einem Bürger in Streit, erschlägt ihn, wird verbannt und flieht nach Alessandria; sein Bruder soll ihm über das Ergehen von Gianozza Nachricht geben. Inzwischen will der Vater Gianozzas diese zu einer Heirat zwingen, und sie erhält von dem hilfreichen Mönch, der sie getraut hat, einen Trank, nach dessen Genuß sie entschläft, für tot gehalten und in der Familiengruft beigesetzt wird. Der Mönch holt sie nachts aus der Gruft, und sie flieht als Mönch verkleidet nach Alessandria. Inzwischen hat Mariotto zwar nicht den Brief, in dem ihn Gianozza von ihrem Plan unterrichtete, aber seines Bruders Nachricht über ihren Tod erhalten. Im Gewand eines Pilgers kehrt er nach Siena zurück, dringt in die Gruft ein, wird ergriffen, erkannt und zum Tode verurteilt. Gianozza, die ihn vergebens in Alessandria gesucht hat, erfährt bei ihrer Rückkehr von seiner Hinrichtung und zieht sich in ein Kloster zurück, wo sie nach kurzem vor Schmerz stirbt.

Die tragische Liebesgeschichte findet sich 1524, nun mit dem seither geläufigen Ort der Handlung, Verona, sowie mit den Namen Romeo Montecchi und Julia Cappelletti, als Novelle des Luigi da PORTO *Historia novellamente ritrovata di due nobili amanti*. L. da Porto führte als Motivierung der heimlichen ↑ Heirat und der unüberbrückbaren Kluft zwischen den Liebenden einen herkunftsbedingten ↑ Liebeskonflikt, die Feindschaft der Familien ein, deren Namen als die zweier Parteien er aus Dante (*Purg.* VI) kannte, und verstärkte die Kluft noch dadurch, daß Romeo nicht irgendeinen Bürger, sondern Julias Vetter Tebaldo erschlägt. Die Handlung setzt mit einem Fest im Hause Capulet ein, zu dem Romeo erscheint. Statt der Flucht Julias an den Zufluchtsort Romeos wird die Einheit des Ortes dadurch herbeigeführt, daß Romeo auf die

Nachricht von ihrem Tode zurückkehrt, sich an ihrer Leiche vergiftet und in den Armen der gerade Erwachenden stirbt. Julias Tod folgt unmittelbar: sie lehnt Pater Lorenzos Rat, in ein Kloster zu gehen, ab, will nicht von dem Geliebten lassen und stirbt vor Schmerz.

Möglicherweise liegt zwischen der Fassung des Masuccio und der des da Porto noch eine weitere, so daß die dem Stoff Gestalt gebenden Neuerungen nicht da Portos Erfindungen sind; gewisse Eigenheiten der französischen und spanischen Fassungen lassen eine solche Zwischenform als Vorlage denkbar erscheinen. Unmittelbar auf da Porto gehen drei italienische Fassungen zurück. Luigi GROTOS klassizistisches Trauerspiel mit Chören *La Hadriana* (1578) verlegte den Stoff in eine vorrömische Welt, ließ die Liebe zwischen einem belagernden Fürstensohn und der Tochter des belagerten Königs entstehen, setzte an die Stelle eines erschlagenen Vetters den Tod des leiblichen Bruders der Heldin und ließ diese sich an der Leiche des Geliebten mit einer Nadel erstechen. Im Gegensatz zu diesen gattungs- und stilbedingten Änderungen folgte das Gedicht der CLITIA (d. i. Gherardo BOLDIERI) *L'Infelice Amore de due Fedelissimi amanti Giulia e Romeo* (1553) genau da Porto, während BANDELLO (*Novelle* T. 2 1554) die Erzählung nur in Einzelheiten rundete, Unwahrscheinlichkeiten ausmerzte, das romantische Stelldichein der Liebenden vor der Trauung in Julias Zimmer erfand, in das Romeo auf einer Strickleiter gelangt, und Julias Gedanken vor dem Trank zu einem Monolog ausspann. Die Liebenden kennen bei ihrer ersten Begegnung die Herkunft des anderen nicht.

Die Bandello-Übersetzung BOAISTUAUS (*Histoires tragiques* 1559ff.), Ausstrahlungspunkt von Bandellos Wirkung für Nordeuropa, wollte die zerstörerische Macht der Leidenschaft demonstrieren. Sie strich das Stelldichein vor der Hochzeit und die Anregung Julias zu der heimlichen Trauung – wahrscheinlich aus Gründen der Moral. Wichtig wurde, daß Julia Romeo bei ihrem Erwachen aus dem Scheintod schon tot findet – daß also der seit da Porto übliche letzte Dialog der Liebenden fehlt – und daß Julia nicht mehr den romantischen Tod aus Liebesschmerz stirbt, sondern sich mit Romeos Dolch ersticht. G. da CORTE hat auf Grund der Novellenfassungen die Geschichte Romeos und Julias als wahre Begebenheit in seine *Istoria di Verona* (1594) aufgenommen.

In Frankreich hatte schon vor Bandello-Boaistuau Adrian SEVIN (*Le Philocole de Messire Jehan Boccace* 1542) eine recht abweichende, vielleicht auf alte Vorlagen zurückgehende Variante erzählt. Wie bei Masuccio fehlt die Feindschaft der Familien, die Liebenden wachsen im Gegenteil miteinander auf, aber der Bruder des Mädchens ist gegen die Verbindung und wird von dem Geliebten im Zweikampf getötet; am Schluß läßt sich die Heldin die zweite Hälfte des Giftes geben. Nach Boaistuau dramatisierte CHÂTEAU-VIEUX (*Roméo et Juliette* 1560) die Geschichte in engem Anschluß an diesen, und L. GUYON (*Diverses Leçons* 1604) gab den Stoff unter

Zurückführung auf die einfachsten Linien wieder; die Amme,
Mercutio und die Verwicklung der Briefbestellung ließ er fort.
Guyons Erzählung gehört in eine jener moralisierenden Exempel-
sammlungen, in denen auch in Deutschland der Stoff, nach den
Übersetzern des Boaistuau gestaltet, auftaucht (J. CAESAR, *Glücks-
und Liebeskampf*... 1615; J. Ph. HARSDÖRFFER, *Die verzweifelte Liebe*
in *Der große Schauplatz jämmerlicher Mordgeschichte* 5./6. Teil 1649;
W. J. SCHÜTZ, *Reflexiones politico-consolatoriae* 1661; Anon., *Schauplatz der Verliebten* 1669; J. F. S. MERCURIUS, *Keuscher Liebe Sitten-
Schule* 1671). Der *Schauplatz der Verliebten* hat sogar mit Guyon das
ältere Motiv gemeinsam, daß der Mönch beabsichtigt, Julia in
Männerkleidung Romeo nachzuschicken. Auch der Jesuitendra-
matiker J. MASEN (*Palaestra eloquentiae ligatae* 1654/57) empfahl den
Stoff als moralisches Exempel für die zerstörerische Leidenschaft
der Liebe.

Eine merkwürdige Änderung erfuhr der Stoff im Drama Spaniens, wo zuerst LOPE DE VEGA (*Castelvines y Monteses* 1602) der
Handlung Bandellos einen versöhnlichen Ausgang gab. Zunächst
erscheint allerdings der Konflikt noch zugespitzt: der von Roselo
(= Romeo) erschlagene Gegner ist der Freier Julias, und Julia
begeht, von Roselo getrennt, Selbstmord mit dem Gift, das der
Mönch ihr schickt. Roselo, als leichtsinniger Abenteurer gezeichnet, erfährt auf seiner Flucht von der bevorstehenden Heirat Julias
mit dem Grafen Paris, hält sie für treulos und wendet sich schon
einer nächsten Schönen zu, als der Mönch ihn von ihrem Scheintod
benachrichtigt und zurückruft. Denn das vermeintliche Gift war
ein Schlaftrunk. Julia flieht mit Roselo auf ein Gut ihres Vaters und
weiß diesem, der sie zunächst für eine Erscheinung hält, die
Einwilligung zur Heirat abzulisten. Bei F. de ROJAS ZORRILLA (*Los
Bandos de Verona* 1650) ist der Stoff geradezu in Farce entwertet.
Sein Drama weiß nichts von einer heimlichen Heirat, sondern Julia
bekennt sich zu Romeo und nimmt Gift, als der Vater sie vor die
Wahl zwischen Dolch und Gift stellt. Doch der Diener hat statt des
Giftes ein Schlafpulver gekauft. Julia wird durch Romeo aus dem
Grab und schließlich unter Androhung von Gewalt aus dem väter-
lichen Gewahrsam befreit.

In England war dagegen BROOKES gelehrte, moralisierende
Verserzählung (*The Tragicall Historye of Romeus and Juliet* 1562)
Boaistuau gefolgt und hatte dabei die Gestalt der Amme derb
naturalistisch ausgebildet, und PAINTERS Übertragung (*Palace of
Pleasure* 2. Bd. 1567) hatte sich sklavisch an die Vorlage gehalten.
Ein bei Brooke erwähntes sowie 1562 und 1582/83 in England
gespieltes vorshakespearisches Drama, das wohl der klassizistischen, Seneca nachahmenden Stilrichtung angehörte, läßt sich
vielleicht in einigen Zügen in der deutschen *Tragödie von Romio und
Julietta* (Anf. 17. Jh.) wiedererkennen: die Ankündigung der von
den Eltern Julias geplanten Ehe erfolgt vor der Brautnacht und vor
der Flucht Romeos, so daß Julia von Beginn ihrer Ehe an zur
Heuchelei gegenüber den Eltern gezwungen ist; Romeo ersticht

sich beim Anblick der toten Julia, der Giftkauf unterbleibt also. Die moralisierende Tendenz, mit der in Deutschland der Stoff belastet ist, zeigt sich darin, daß nicht die Liebenden zusammen bestattet werden, sondern der approbierte Schwiegersohn Paris neben Julia bestattet wird. Im übrigen aber ist in diesem Drama der Wandertruppen dem älteren Szenar der Shakespeare-Text aufgepfropft. SHAKESPEARE schrieb sein Werk (1595) in Anschluß an Brooke, für eine Kenntnis Painters spricht nur die Tatsache, daß Shakespeare ihm mehrere andere Stoffe verdankt. Er zog den Vorgang auf die kurze Spanne von nicht ganz fünf Tagen zusammen, steigerte und variierte das Liebeserlebnis von Szene zu Szene und erfand nach den Andeutungen der Erzählfassungen die Balkonszene. Die Eingangsszene mit dem Kampf Tybalt-Benvolio bekommt eine alles Spätere überschattende Funktion, Romeos blutige Tat wird gemildert, indem zuerst sein Freund Mercutio von Tybalt erschlagen wird, die Wucht der Tragik ist durch die realistisch-komischen Gestalten gedämpft. Wie in der Vorlage findet Julia Romeo beim Erwachen schon tot, so daß ein nochmaliges Liebesgespräch entfällt, das zu steigern nach der Abschiedsszene der Brautnacht auch kaum denkbar ist. 1750 hat der Schauspieler GARRICK in seiner Bühnenfassung einen solchen Dialog geschaffen. Auch weitere Bearbeitungen wie die Ch. F. WEISSES (1767), die auf da Porto und Bandello zurückgriff, und die des Franzosen J.-F. DUCIS (1772), der das gemeinsame Aufwachsen des Paares und den Tod von Julias Bruder durch Romeos Hand von Sevin übernahm, haben Shakespeare »verbessern« wollen, und nicht zuletzt sah die von GOETHE vorgenommene Bühnenbearbeitung in der Streichung der komischen Szenen eine Verbesserung. Das »Schauspiel mit Gesang« von F. W. GOTTER (*Romeo und Julia* 1776, Mus. G. BENDA) folgte Weiße nahezu Szene für Szene und konnte über dessen letzten Auftritt, in dem Romeo bei Julias Erwachen noch lebt, mit Leichtigkeit zu einem singspielhaft glücklichen Ausgang gelangen.

KELLERS das Urthema im Titel anspielende Novelle *Romeo und Julia auf dem Dorfe* (1856) übernahm nur das erste Motiv, das des Liebespaares zwischen den feindlichen Familien; der gemeinsame Tod ist nicht tragisches Verhängnis, sondern der als einzig ehrenhaft erkannte und gesuchte Ausweg aus einem hoffnungslos gewordenen Dasein.

K. P. Schulze, Die Entwicklung der Sage von Romeo und Julia, (Jahrbuch der Shakespeare-Gesellschaft 11) 1876; L. H. Fischer, Die Sage von Romeo und Julia in den deutschen Prosadarstellungen des 17. Jahrhunderts, (ebenda 25) 1890; L. Fränkel, Untersuchungen zur Entwicklungsgeschichte des Stoffes von Romeo und Julia, (Zeitschrift für vergleichende Literaturgeschichte 3, 4) 1890, 1891; ders., Neue Beiträge zur Geschichte des Stoffes von Romeo und Juliet, (Englische Studien 19) 1894; M. J. Wolff, Die Tragödie von Romio und Julietta, (Jahrbuch der Shakespeare-Gesellschaft 47) 1911; H. Singer, Romeo und Julia. Person und Figur (in: Festschr. f. R. Alewyn) 1967.

**Rosamond, Fair.** Schon zeitgenössische Chroniken, etwa *De principis instructione* des GIRALDUS CAMBRENSIS und die *Gesta Regis Henrici Secundi* berichteten, daß König Heinrich II. von England (1133–1189), der mit Eleonore von Aquitanien verheiratet war, eine Geliebte, Rosamunde de Clifford, gehabt und sich auch öffentlich zu ihr bekannt habe, nachdem er seine Frau wegen ihrer Beteiligung an dem Aufstand seiner Söhne 1173 hatte gefangensetzen lassen; Rosamunde sei bald darauf (um 1176) gestorben, im Kloster Godstow beerdigt und ihr Grab von den Nonnen des Klosters verehrt worden.

Bis zum Anfang des 16. Jahrhunderts hielten sich englische Chroniken frei davon, diese Liebesgeschichte zu dramatisieren; sie berichteten lediglich, daß Heinrich die Geliebte durch ein eigens dafür im Park des Schlosses Woodstock geschaffenes Labyrinth verborgen gehalten habe und ihr eine prächtige Grabstätte mit Inschrift errichten ließ. Nur die französischen *Chroniques de Londres* (Mitte 14. Jh.) spiegeln ein neues Motiv der Sage, das sich sehr bald in mündlicher Tradition gebildet haben muß: hier erschien erstmals die Königin Eleonore als Mörderin Rosamundes. Die Sage erwuchs offensichtlich aus dem Bestreben, Rosamundes raschen Tod und die Gefangensetzung der Königin in einen kausalen Zusammenhang zu bringen. Aus der Untreue des Königs und den Gerüchten um das Labyrinth erschloß man eine Eifersucht der Frau und ein Bestreben, die ↑ Rivalin zu beseitigen; Rosamundes Tod wurde einem Anschlag der Königin zur Last gelegt, die daraufhin – hier änderte man die Chronologie der Ereignisse entscheidend – von ihrem Mann mit lebenslänglichem Kerker bestraft wurde.

Der Stoff von »Fair Rosamond« bildet eine der zahlreichen Variationen, die das Motiv der heimlichen ↑ Liebesbeziehung eines Herrschers erfahren hat. Er ist besonders charakterisiert durch die Rolle der eifersüchtigen Ehefrau und besitzt von Anfang an ein ziemlich klares und festes Motivgefüge, das sich zur balladesken Gestaltung anbietet, aber durch seine politischen Bezüge auch Ansätze zur Ausweitung für größere literarische Formen aufweist.

Die künstlerische Festlegung des Stoffes vollzog sich im elisabethanischen Zeitalter, und zwar in lyrisch-epischer Form. Im Jahre 1592 erschien der Stoff sowohl als Versnovelle in William WARNERS *Albion's England* (3. Aufl.) wie als Monolog, der dem Geist der verstorbenen Rosamunde in den Mund gelegt wurde, in Samuel DANIELS *The Complaint of Rosamond*, bald darauf als Ballade von Thomas DELONAY *Whenas king Henry rul'd this land* (1593), die später in Percys Sammlung Aufnahme fand, als fingierter Briefwechsel zwischen Heinrich und Rosamunde in Michael DRAYTONS *England's Heroical Epistles* (1597) und schließlich im Zusammenhang mit den politischen Geschehnissen der Regierung Heinrichs in der versifizierten Chronik von Thomas MAY *Reigne of King Henry the Second* (1633). Diese elisabethanischen Autoren schufen dem Stoff durch mancherlei verbindende und schmückende Mo-

tive eine feste Tradition. Sie erfanden die Verkleidung des Königs,
in der er sich Rosamunde naht, seine Verführungskünste und
Rosamundes Sträuben, einen zweiten, abgewiesenen Liebhaber,
das Gift, das Eleonore ihre Rivalin in der entscheidenden Szene zu
trinken zwingt, die Gestalt eines Hüters von Woodstock; May
kennt auch schon das immer wieder auftauchende Motiv, daß
Rosamunde sterbend ihrer Mörderin verzeiht. Rosamunde erscheint als sentimentale Heldin, die sich ihrer Sünde schämt und
lieber büßend in ein Kloster ginge.

   Die Tradition der Verserzählung und des betrachtenden Gedichtes erlosch um die Mitte des 17. Jahrhunderts, wenige lehrhafte
Gedichte des 18. Jahrhunderts (William PATTISON 1728) und eine
Gruppe von Lokalgedichten, denen die Szenerie von Woodstock
oder Godstow als Ausgangspunkt sentimentaler Betrachtung
diente (William HARRISON 1706; Gilbert COOPER 1759), können als
ihre Ausläufer betrachtet werden. Für die Ausgestaltung des Stoffes durch die pragmatischen Dichtungsgattungen, Drama und
Roman, war es wichtig, daß schon Thomas May die Liebesro-
manze mit dem an Verwicklungen reichen politisch-historischen
Geschehen verbunden hatte. Die Volksbücher, die im 17. Jahrhundert die Tradition übernahmen und bis ins 19. Jahrhundert hinein
den literarischen Bearbeitern immer wieder als Anregung und
Grundlage gedient haben, knüpften dieses Band noch enger; sie
machten Eleonores Aufwiegelung der Söhne gegen den Vater zu
einem Racheakt der Königin für Heinrichs Untreue.

   Das politische Motiv wurde durch John BANCROFT in der ersten
dramatischen Behandlung des Stoffes (*Henry the Second*, Auff.
1692, Druck 1693) aufgegriffen. Er verband den Rosamunde-Stoff
mit dem gleichfalls die Gestalt Heinrichs enthaltenden → Thomas-
à-Becket-Stoff, indem er die Anhänger des ermordeten Becket zu
Verbündeten Eleonores gegen den König machte. Nach dem
durch Bancroft gegebenen Auftakt standen während des 18. Jahrhunderts dramatische Bearbeitungen des Stoffes im Vordergrund.
Ebenso wichtig wie die Stofferweiterung durch Bancroft wurde
für die Folgezeit die Motivveränderung durch Joseph ADDISON in
der Oper *Rosamond* (1707). Halb um der historischen Wahrheit
willen, halb in travestierender Absicht gab er dem Stoff eine
überraschende Wendung zum Versöhnlichen: die Königin reicht
Rosamunde nur einen Schlaftrunk und läßt sie ihr Leben im Kloster
beschließen. Dieser Ausgang ist vielfach, besonders von dem um
historische Treue bemühten Roman des 19. Jahrhunderts (MILLER,
EGAN), übernommen worden. Er wirkte auch in Ch. M. WIELANDS
Singspieltext (*Rosamunde* 1778) fort, nur daß hier nicht die Königin
zur Milde gestimmt ist, sondern der doppelseitig intrigierende
Belmont statt des von ihr befohlenen Giftes einen Schlaftrunk
reicht. Henry verstößt seine Frau als Mörderin und heiratet Rosamunde, die dann bei der Krönungsfeier von der Königin erstochen
wird. Gleichfalls schon im 18. Jahrhundert ersetzte der Shake-
speare-Nachahmer William Henry IRELAND (*Henry the Second* 1799)

auf der von Bancroft begonnenen Linie die auch bei Thomas HULL
(*Henry the Second or The Fall of Rosamond* 1774) in Aktion tretenden
Anhänger Beckets durch Becket selbst, der nun als Intrigant auf der
Seite Eleonores stand. Das Drama und der historische Roman des
19. Jahrhunderts änderten dann die Rolle Beckets so weit, daß der
Erzbischof schließlich in Alfred TENNYSONS Drama *Becket* (1884),
das eine vollkommene Verschmelzung beider Stoffe darstellt, der
aufopfernde Freund und Beschützer Rosamundes wurde. Die
deutsche Dramatisierung durch Theodor KÖRNER (1812) führte
statt Becket die rebellischen Söhne des Königs zur Ausweitung des
Stoffes ein, vor allem Richard Löwenherz, der zugleich die Funktion des abgewiesenen Liebhabers übernahm. Ein Drama *Rosamunde Clifford* gehört auch zu den frühen Plänen GRILLPARZERS
(1808).

Im 19. Jahrhundert trat bei der Behandlung des Stoffes der
historische Roman in den Vordergrund. Er brachte vor allem Züge
zu Rosamundes Entlastung, sentimentalisierte das Thema in gewissem Grade. So erfand Thomas MILLER (*Fair Rosamond* 1839)
eine heimliche Heirat Heinrichs und Rosamundes, die u. a. Pierce
EGAN (1844) und E. O. BROWNE (1932) in ihren Romanen übernahmen, und die in Deutschland schon bei Körner auftretenden zwei
Söhne des Paares. Die negativen Züge Eleonores wurden verschärft. Eine vom Gefühl der Sünde freie, stolze Rosamunde zeigte
auch SWINBURNES lyrisches Drama (1860). Körner und Browne
führten zur Entlastung der Heldin das alte Motiv von der Verkleidung so weit durch, daß Rosamunde erst im Augenblick ihres
Zusammenstoßes mit Heinrichs Familie erfährt, wer ihr Mann ist;
ihre Absicht, ins Kloster zu gehen, ist nicht eine Folge der Drohungen Eleonores, sondern dieser Enthüllung.

Um die Mitte des 19. Jahrhunderts ist der Stoff auch in Pantomi-
men und Burlesken, in neuerer Zeit in Einaktern, Novellen und
Kurzgeschichten behandelt worden. Th. FONTANE schrieb einen
Romanzen-Zyklus *Von der schönen Rosamunde*, in dem sich die
Heldin, durch gefälschte Nachrichten über des Königs Untreue zur
Verzweiflung gebracht, im See von Woodstock ertränkt. Jüngste
Bearbeitungen wie Brownes Roman, Russel G. PRUDENS Einakter
(1938) und John MASEFIELDS an die volkstümliche Ballade anknüp-
fendes Gedicht *Rose of the World* (1931) zeigen jedoch, daß der Stoff
mit seinen Kernmotiven eine dreieinhalb Jahrhunderte alte Tradition in allen dichterischen Gattungen ohne entscheidende Veränderungen überstanden hat.

V. B. Heltzel, Fair Rosamond, a Study in the Development of a Literary
Theme, Evanston 1947.

**Rosamunde** → Alboin und Rosamunde

**Rosenberg, Rosenberger** → Ottokar von Böhmen

**Roxelane** → Mustapha

**Rudel, Jaufré.** Von dem provenzialischen Troubadour Jaufré Rudel de Blaia, der in seinen Liedern eine ferne, unnahbare Geliebte besang und wahrscheinlich am Kreuzzug von 1147 teilgenommen hat, berichtet die provenzalische »Vida«, daß er die ihm unbekannte Prinzessin von Tripoli in Liedern gefeiert habe und schließlich in den Orient gezogen sei, um sie zu sehen; todkrank sei er in Tripoli angekommen, aber die Prinzessin habe von seiner Ankunft erfahren, er sei in ihren Armen gestorben, und die Prinzessin habe den Schleier genommen. Diese wohl teilweise auf Anspielungen in den Gedichten aufbauende Biographie übertrug das in den älteren Literaturen, vor allem im Bereich des Märchens, weitverbreitete Motiv des ↑ Fernidols, die Entstehung der Liebe eines Mannes durch Hörensagen, durch einen Traum oder einen Gegenstand, auf den Troubadour und gestaltete es im Geist des Minnesanges romantisch aus.

Erst die Romantik hat den ihr gemäßen Stoff wiederentdeckt. In *Franz Sternbalds Wanderungen* (1797) benutzte ihn L. Tieck als warnendes Beispiel für den Helden der eingeschobenen Erzählung von dem Ritter Ferdinand, der sich in eine ihm unbekannte Frau, deren Bild er gefunden hat, verliebt. Nachdem die alte Erzählung als »Stoff zu einer Romanze« 1812 in der Zeitschrift *Iris* zur Diskussion gestellt worden war, griff L. Uhland (*Rudello*, Romanze 1814) ihn auf und erweiterte ihn in dem Sinne, daß die Frau im Kloster bei der Lektüre der Lieder Rudels von der gleichen unstillbaren Sehnsucht ergriffen wird, die ihn bis zu seinem Tode in Bann geschlagen hatte. H. Heine gab ein Gespräch der Liebenden (*Geoffroy Rudèl und Melisande von Tripoli* in *Romanzero* 1851) und verglich Rudels tragisches Geschick mit der tragischen Gottesliebe Jehuda ben Halevys (*Jehuda ben Halevy* ebd.). Unter den übrigen balladischen Verarbeitungen (J. N. Vogl, *Melisunda* 1846; R. Browning, *Rudel to the Lady of Tripoli* 1841/46; A. Ch. Swinburne, *The Triumph of Time* 1909), bei denen die Fabel in der Sterbeszene zusammengerafft erscheint, ist die G. Carduccis (1898) als besonders eindrucksvoll und farbig hervorzuheben. Der Ausweitung zu einer breiteren Handlung setzt der romanzenhafte Charakter des Stoffes Schwierigkeiten entgegen. Am ehesten kommen die lyrisch-statischen Elemente noch der Textgrundlage für eine Oper entgegen (H. Brody, *La Légende de Rudel* 1904). E. Rostands Versdrama (*La Princesse lointaine* 1895) verzichtete auf die Darstellung der undramatischen Vorgeschichte und dehnte dafür gewaltsam das schließliche Zusammentreffen: Mélissende liebt Rudels Freund Bertrand, bringt diese Liebe aber dem Sterbenden zum Opfer. A. Döblin (*Die Prinzessin von Tripoli* in *Hamlet oder die lange Nacht nimmt ein Ende,* R. 1956) nahm eine Entmythi-

sierung vor. Seine Fassung präsentierte in Rudel einen mit einem
Bauernmädchen verbundenen Sänger, der die ferne Geliebte erfindet, um die lästigen Minnedienstpflichten loszuwerden, auf seiner
Fahrt nach Tripoli entdeckt, daß die Besungene eine alte Hexe ist,
die für ihren Ruhm ein Propagandabüro unterhält und schließlich
der Rache der Ritter zum Opfer fällt; Rudel kehrt heim und heiratet
seine dörfliche Geliebte, aber die Legende, die ihm einen romantischen Liebestod andichtet, ist stärker als die Wirklichkeit.

P. Blum, Der Troubadour Jaufre Rudel und sein Fortleben in der Literatur,
Programm Brünn 1912; L. Zade, Der Troubadour Jaufre Rudel und das Motiv
der Fernliebe in der Weltliteratur, Diss. Greifswald 1920.

**Rudolf von Habsburg** → Ottokar von Böhmen

**Sängerkrieg auf der Wartburg** → Heinrich von Ofterdingen,
Tannhäuser

**Salisbury, Gräfin** → Eduard III. von England

**Salome** → Johannes der Täufer

**Salomo** → David, Salomon und Markolf

**Salomon und Markolf.** Im Anschluß an die *Sprüche Salomos*
und im Ausbau des bei dem Besuch der Königin von Saba angeschlagenen Motivs einer Prüfung von Salomos Weisheit durch
Rätselfragen entstand eine talmudisch-orientalische Sage, nach der
Salomo sich mit Dämonen im Streitgespräch mißt. Schon im
Orient scheint der Dialogpartner den Namen des Gottes Mercurius
bekommen zu haben, der später in die Formen Marcoli oder
Marcolfus abgewandelt wurde. Das früheste Zeugnis eines solchen
Gesprächs stellt der angelsächsische Dialog *Salomon und Saturnus*
dar; Saturnus ist ein mit übermenschlichen Kenntnissen ausgestatteter Chaldäerfürst und Bruder Salomos. Das Streitgespräch Salomos wurde unter dem Einfluß der Äsopsage ins Humoristisch-Satirische umgebogen, und in dem lateinischen *Dialogus Salomonis
et Marcolfi* (12. Jh.) erscheint der Gesprächspartner als ein dem
niedrigen Stande angehöriger Halbbruder Salomos, der den Weisen durch Schlagfertigkeit und Mutterwitz besiegt. In der deutschen Literatur ist die Figur dieses volkstümlichen ↑ Schelms,
Markolf, wie schon NOTKER bezeugt, alt; das früheste erhaltene
Zeugnis liegt jedoch erst mit dem Spruchgedicht *Salomo und
Markolf* aus dem Ende des 14. Jahrhunderts vor. Auf eine erzählende Einleitung über die Begegnung der beiden folgen Salomos

Sentenzen, dann die humoristischen Entgegnungen Markolfs und schließlich die Beweise für seine Behauptungen in einer Anzahl von Schwänken. Für seine Frechheit soll Markolf schließlich gehenkt werden, doch entgeht er der Strafe dadurch, daß er den geeigneten Baum, den er sich aussuchen darf, nicht findet.

Eine Versbearbeitung Gregor HAYDENS (2. Hälfte 15. Jh.) milderte die größten Grobheiten, während das in viele Sprachen übersetzte *Volksbuch von Salomon und Markolf* (1487) dem Grobianismus seiner Entstehungszeit entsprach. Nach diesem Volksbuch wurden gearbeitet: ein Fastnachtsspiel von Hans FOLZ (*Von dem kunig Salomon und Marckolffo und einem narrn* 1513), ein Luzerner Fastnachtsspiel (*Marcolfus* 1546), Hans SACHS' *Comedi juditium Salomonis* (1550) und *Fastnachtsspiel von Joseph und Melisso auch König Salomon* (1550) sowie Ch. WEISES *Comoedie vom König Salomo* (1685) und noch A. PAQUETS Spiel *Marcolph oder König Salomo und der Bauer* (1924). Aus einer italienischen Übersetzung des oben genannten lateinischen *Dialogus* ging eines der beliebtesten italienischen Volksbücher, Giulio Cesare CROCES *Bertoldo* (Ende 16. Jh.) hervor, das die Rolle Salomos auf den Langobardenkönig → Alboin übertrug.

Aus dem gleichen Ausgangsmotiv vom dämonischen Widersacher Salomos entwickelte sich außerdem ein abenteuerlicher Erzählstoff, dessen erste Entwicklungsstufe mit der jüdisch-orientalischen Sage von der Entthronung Salomos durch den Dämonenkönig Aschmedai vorliegt: Aschmedai nimmt Salomo den Ring ab, durch den er Macht über die Geister hat, ergreift von seinem Reich und seinen Frauen Besitz, wird aber schließlich von Salomo, der den Ring zurückgewinnt, wieder entmachtet. Der biblische Bericht über Salomos Liebe zu seinen heidnischen Frauen und über seinen Streit mit dem aufrührerischen Bruder Adonai wegen einer Frau beeinflußte die weitere Geschichte des Stoffes in dem Sinne, daß an die Stelle des Ringraubes und der Entmachtung als Handlungskomponente eine Entführungsepisode trat, die über byzantinische Vermittlung nach Europa drang und in ihrer ältesten erhaltenen Fassung durch russische Bylinen und Prosaerzählungen wiedergegeben wird: Salomos Bruder Kitovras entführt die Frau Salomos durch eine List. Salomo selbst verfolgt den Entführer mit Heeren von Fabelwesen und geht allein als Pilger in das Schloß des Kitovras, wo er von seiner früheren Frau erkannt und daraufhin gefangengesetzt wird; er soll erhängt werden, aber auf sein Hornblasen, das er sich als letzte Gnade ausbedungen hat, eilen seine Heere herbei und befreien ihn; der Bruder und die Frau werden mit dem Tode bestraft.

Die deutsche Entwicklung des Stoffes, dessen früheste Gestalt erst mit dem Epilog zu dem erwähnten Spruchgedicht von *Salomo und Markolf* greifbar wird, zeigt die Einführung der Schwankgestalt Markolf auch in diesen Bereich der Salomo-Sage: Markolf hat die Rolle eines hilfreichen und zauberkundigen Bruders übernommen, der als Kundschafter Salomos auszieht und dessen mit ihrem

Einverständnis von dem Verführer geraubte Frau im Schlosse des
feindlichen heidnischen Königs Fore entdeckt. Eine wesentlich
veränderte und ausgeweitete Fassung stellt das ältere spielmännische Epos *Salman und Morolf* (Ende 12. Jh.) dar. Der Entführer ist
hier ein Gefangener Salomos, und die ganze Fabel erscheint verdoppelt, indem die Königin Salme nach ihrer Rückführung und
Versöhnung mit Salomo sich noch einmal von dem Heiden Prin-
cian entführen läßt; die hilfreiche Schwester des ersten Entführers
Fore wird schließlich Salomos Frau. Der Einbau von Abenteuern
Morolfs zeigt noch stärker als der Epilog des Spruchgedichts die
Verschmelzung mit dem anderen Strang des Salomo-Stoffes.

F. Vogt, Die deutschen Dichtungen von Salomon und Markolf, Bd. 1, 1880;
G. L. Biagioni, Marcolf und Bertoldo und ihre Beziehungen, Diss. Köln 1930;
E. Kölb, Markolf in den mittelalterlichen Salomondichtungen und in deutscher
Wortgeographie, Diss. Marburg 1952; H. F. Rosenfeld, Salman und Moralf,
(Verfasser-Lexikon der deutschen Literatur des Mittelalters 4) 1953; E. Catholy,
Das Fastnachtspiel des Spätmittelalters, 1961.

**Samson** → Simson

**Sappho.** Sappho, die berühmteste Dichterin des Altertums,
lebte im 7. vorchristlichen Jahrhundert auf Lesbos, von wo sie aus
politischen Gründen nach Sizilien ausgewandert zu sein scheint.
Wahrscheinlich war sie verheiratet und besaß eine Tochter namens
Kleïs. Sowohl aus Sapphos Gedichten wie aus antiken Quellen geht
hervor, daß die Beziehungen der Dichterin zu ihren Schülerinnen
nicht nur geistig-freundschaftlicher Art waren. Die attische Komödie schrieb ihr eine Liebe zu dem Schiffer Phaon zu, der sie
verließ, worauf sie ihm nach Sizilien nachreiste und sich dort vom
Leukadischen Felsen ins Meer stürzte. Wir besitzen als Fragment
ein Gedicht des ALKAIOS an Sappho. OVID fingierte in seiner
15. *Heroide* einen Brief der Dichterin an Phaon, in dem sie ihrer
Trauer, ihrer Sehnsucht und dem Zweifel Ausdruck gibt, ob der
Sprung ins Meer ihr die verheißene Erlösung von ihrer Liebe
bringen werde. Die Spätantike und ihre Ausläufer (SUIDAS um
1000) verteilten die von Sappho überlieferten Züge auf zwei Personen, die Liebhaberin des Phaon und die Dichterin, die um ihrer
Freundinnen willen unzüchtiger Liebe bezichtigt wurde.

Dem Mittelalter und der Frührenaissance galt Sappho als die
Erfinderin des sapphischen Versmaßes, von ihrer Vita war kaum
etwas bekannt; BOCCACCIO (*De claris mulieribus* 1370/75) deutete
nur ihre Liebe zu einem Jüngling an. Erst im 15. Jahrhundert wurde
Ovids *Heroide* entdeckt, und seit der Mitte des 16. Jahrhunderts trat
durch Ausgaben der erhaltenen Texte eine Kenntnis von Sapphos
Werk hinzu. Die beste dichterische Würdigung Sapphos findet sich

in einem Gedicht J. C. SCALIGERS. 1584 erschien als erste Dramatisierung des mit der antiken Dichterin verbundenen Stoffes J. LYLYS *Sapho and Phao*, in der möglicherweise auf das Verhältnis zwischen Elisabeth und Graf Leicester angespielt wurde. Dem Deutschland des 17. Jahrhunderts (LAUREMBERG, RACHEL) galt Sappho als abschreckendes Beispiel einer dichtenden, moralisch anrüchigen Frau. Gleichzeitig unternahm in Frankreich eine Frau die erste Ehrenrettung: Anne DACIER (Sappho-Ausgabe 1682) sah in Sappho die unglücklich Liebende, deren Unsittlichkeit eine Erfindung neidischer, literarisch unterlegener Feinde gewesen sei. P. BAYLES Sappho-Artikel im *Dictionnaire* (1695) machte aus dem Leben der Dichterin die Liebeshändel einer lüsternen Witwe.

Der Durchbruch des Stoffes fällt erst in das 18. Jahrhundert. B. FONTENELLES *Dialogues des Morts* (1683) brachten einen Dialog zwischen der Dichterin und Petrarcas Laura, in dem die erstere den Frauen das Recht auf Aggressivität zusprach. WIELAND behandelte in seinen *Gesprächen im Elysium* (1782) das Thema ironisch: Sappho wurde für ihren Selbstmord damit bestraft, daß ihr täglich sieben schöne Jünglinge den Hof machen; sie sieht ihren Irrtum ein und weist den Stutzer Phaon von sich. Von Legende und Klatsch fort führten den Sappho-Stoff HEINSES Porträt (1775) und HERDER in einer Abhandlung über die Ode (1764), in der Sappho als Genie und Sinnbild der innerlichsten Dichtungsgattung erschien. F. SCHLEGEL erkannte (1794/98) das dionysische Element in der Dichterin und schied die legendären Züge aus ihrem Bilde aus. Der Name Sappho war im mittleren 18. Jahrhundert zum Epitheton ornans für Schriftstellerinnen geworden, besonders für Anna Luise KARSCHIN, die in ihren Gedichten in sapphischen Situationen posierte. Dichterische Gestaltungen blieben der Phaon-Sage verpflichtet. Das erste deutsche Gedicht über die Sappho stammt von G. F. STÄUDLIN (1788), und nach ihm haben verschiedene kleinere Talente, vor allem Frauen, das Liebesleid der Dichterin besungen und das stereotyp werdende Thema eines Konflikts zwischen Kunst und Leben herausgearbeitet; bedeutendere lyrische Fassungen des Stoffes stammen von A. v. PLATEN (*Sappho an Phaon* 1812), LAMARTINE (1823) und G. LEOPARDI (1824). Deutsche Gedichte nach 1818 standen unter dem Einfluß von Grillparzers noch näher zu besprechendem Drama.

Der von Ovid vorgeprägte monologische, elegisch-melodramatische Zug wirkte hinüber auf die seit Ende des 18. Jahrhunderts entstehenden Bühnenfassungen des Stoffes. Ein erstes Melodram (J. J. H-b-r 1790) läßt Sappho ihr Kind verstoßen, weil es die Züge des treulosen Vaters trägt. F. v. KLEIST kombinierte 1793 die Liebe der Alternden zu dem eitlen Phaon mit dem Werben des redlichen Alkaios, dessen Liebe Sappho nicht erwidert. In Frankreich wurde das Werk der Constance Marie PIPELOT (Musik J. P. E. M. SCHWARZENDORF, 1794) ein großer Erfolg: an die Stelle einer schicksalhaften Entscheidung trat die Intrige einer Nebenbuhlerin in Liebe und Ruhm; sie entführt den schon zur Heirat mit Sappho entschlosse-

nen Phaon und sein Mädchen auf einem Schiff, das in einen Sturm
gerät; Sappho stürzt sich den Untergehenden nach ins Meer. Sonst
war der Stoff eine Domäne dramatischer Kleinformen oder musik-
gebundener Dramen (H. J. Vigano / Hummel, *Sappho von Mytilene
oder Die Rache der Venus*, Ballett 1812; St. Marchisio, Dr. 1808;
L. Scevola, Dr. 1815). Mme de Staël dramatisierte die Phaon-
Sage für ihr Privattheater (1821), F. W. Gubitz paraphrasierte in
einem Melodram (1815) Ovids *Heroide*. Auch in Grillparzers
Drama (1818) schlägt das monologische Element durch. Obgleich
er nicht die Künstlerin, sondern die liebende Frau darstellen wollte,
ist die Tragik der Gestalt doch durch die Antithetik von Kunst und
Leben bestimmt. Die dichterische Leistung liegt in der psychologischen Entwicklung der Gestalt. Den Zug, daß Sappho Phaon beim
sportlichen Wettkampf sieht, verdankt der Dichter vielleicht einem
weitverbreiteten Roman des Grafen Verri (*Le avventure di Saffo,
poetessa di Mitilene* 1782), den S. Mereau (1806) nach einer englischen Übersetzung ins Deutsche übertragen hatte. Ein deutscher
Roman von F. Buchholz (*Sappho und Phaon* 1807), der Sapphos
Liebeserlebnis in Briefen ihrer Schülerinnen spiegelt, ließ den
unschuldigen Phaon von Aufständischen getötet werden.

Nach Grillparzer lebte die Phaon-Sage in der Oper weiter
(A. Kanne 1820; A. Reicha 1822; G. Ferrari 1842; Cammarano /
G. Pacini 1842; Grillparzer / H. Kaun 1917). Am erfolgreichsten
war Ch. Gounods Oper (1851), deren Textbuch 1858 und 1884
von E. Augier umgearbeitet wurde; wie bei Mme Pipelot ist auch
hier eine Intrigantin die Ursache von Sapphos Unglück. Nach
unbedeutenden Dramatisierungen (C. A. Gruber 1819; Prinz Georg von Preussen 1887) und erzählerischen Versuchen (Carmen
Sylva, Versnovelle 1882; J. Flach, Nov. 1886) wurden Rilkes
Epistelpaar *Eranna an Sappho* und *Sappho an Eranna* sowie seine
Weiterbildung des Sapphischen Fragments *Sappho an Alkäos* bedeutsamer; er suchte die Gestalt ins Mythische zu heben und in ihr
ein Symbol schrankenloser Liebe und Hingabe darzustellen. Im
20. Jahrhundert haben der Amerikaner P. MacKaye (*Sappho and
Phaon* 1908), den der Sklaven Phaon aus Sapphos Bann zu seiner
Frau zurückkehren läßt, der Ire L. Durrell (1950), der die verheiratete Sappho zwischen drei Männer stellt, die Schweizerin
M. Modena (1951), die Sapphos menschliche Einsamkeit betont,
und der Österreicher R. Bayr (*Sappho und Alkaios* 1952), der
Sappho als Führerin eines politisch-künstlerischen Frauenbundes
darstellt, den Stoff dramatisiert. Romane über Sappho schrieben in
neuerer Zeit der Franzose J. Germain (*Sappho de Lesbos* 1954), der
die Liebe zu Phaon und ihr Scheitern behandelt, und der Engländer
A. Krislov (*No Man Sings* 1956), der die Wendung der Dichterin
zur Frauenliebe schildert; Sappho nimmt Gift, als sie wegen ihres
Alters von ihren Freundinnen verlassen wird.

Daudet verwandte den Titel *Sappho* (1884) nur symbolisch für
einen modernen Kurtisanenroman, den ein Sittenstück von Belot
und eine Oper von Massenet (1897) verarbeiteten. Der schlüpfrige

Roman der Mme de CHABRILLAN (um 1860) stehe stellvertretend für eine umfangreiche Literatur mit mehr oder weniger erotischer Zweckbestimmung, die Sapphos Namen im Titel mißbraucht.

W. Widmann, Sappho in der dramatischen Dichtung und Musik, (Der Merker 9) 1918; H. Rüdiger, Sappho. Ihr Ruf und Ruhm bei der Nachwelt, 1933.

**Satan.** Die Legende von Satan, dem klügsten und schönsten unter den Engeln, den Stolz und Hochmut zu Widerstand und Aufruhr gegen Gott trieben und der deswegen vom Erzengel Michael in den ihm von Ewigkeit an bestimmten Abgrund gestürzt wurde, hat keine biblische Grundlage. Die Juden brachten die Sage aus der Babylonischen Gefangenschaft mit, und sie wurde in nichtkanonischen Büchern des *Alten Testaments*, besonders im *Buch Enoch*, überliefert. Eine Anspielung auf sie findet sich im *Evangelium des Lukas* 10,18; Satan wird im *Neuen Testament* auch mit Beelzebub, einer phönizischen Gottheit, identifiziert. Nach dem *Talmud* ergab sich Satans Sünde aus dem Neid auf den Menschen, die neue Schöpfung Gottes. Nach der Tradition der christlichen Kirche (die Kirchenväter setzten Satan auch durch eine Fehlinterpretation von Jes. 14,12 mit Luzifer, dem Morgenstern, gleich) erfolgte die Schöpfung des Menschen erst nach Satans Sturz; der Mensch sollte Ersatz für den ↑ Rebellen sein, und dies erweckte erst recht Satans Haß und veranlaßte ihn zur Rache, indem er Eva dazu verführte, die verbotene Frucht zu essen, und seither versucht, die Menschen von Gott abzuziehen. Mit dem Sieg Christi über den Tod verliert Satan seine Macht über die Erde und wird in der Hölle angekettet. Einige Kirchenväter, ORIGINES, GREGOR VON NYSSA und HIERONYMUS, glaubten, daß Christus auch Satan vor ewiger Verdammnis bewahrt habe.

Satan assimilierte sich in Europa nach und nach die Charakteristika der entthronten heidnischen Götter, und aus einer Mischung verschiedenster Elemente entstand der Teufel des Mittelalters. Den Satan-Stoff stellte nicht das allgemeinere Motiv vom Teufel oder die Gruppe von Teufeln als Verkörperung des Bösen dar, sondern das Schicksal jenes in urweltlicher Zeit gestürzten Engels, der von diesem Ereignis her individuelle Züge trägt. Der Stoff besteht aus zwei strukturell unterschiedlichen Situationen: dem Aufruhr Satans mit dem Höllensturz und seiner späteren durch Gottes Macht eingeschränkten Lage als Höllenfürst. Während die erste geeignet ist, die Entwicklung von Dialektik und Psychologie anzuregen, ist die zweite mit ihrer festgelegten Rolle des Gottesgegners und Menschenverführers dazu angetan, zwar die Ränke und Masken des Versuchers, nicht aber sein Schicksal darzubieten.

Durch die Paradies-Geschichte wurde Satan Bestandteil aller Schöpfungserzählungen und Weltchroniken, durch die Episode von Christi Höllenfahrt auch der Darstellungen des *Neuen Testaments*, vor allem der Oster- und Passionsspiele. Das starke Bewußtsein vom Siege Gottes und des Christentums wies ihm in allen diesen Darstellungen die stereotype Rolle des Unterlegenen zu, die im wesentlichen komisch gesehen wurde; der schönste der Engel verwandelte sich in einen häßlichen, in eine tierähnliche Gestalt erniedrigten, betrogenen Betrüger. Die mehrfach auftauchende große Klagescene des Verdammten nach dem Höllensturz hielt sich ebenfalls im Rahmen auch sonst üblicher Sündenklagen; eine Ausnahme bildet das *Egerer Fronleichnamspiel*, in dem der einst ruhmreiche Rebell seiner Reue und Verzweiflung Ausdruck gibt.

Im Zeitalter der Reformation finden sich neben dem fortbestehenden komischen dummen Teufel, gegen dessen Ränke der Mensch durch den Glauben gefeit ist, Ansätze zu einer psychologischen Durchleuchtung Satans. Der Katholik H. Ziegler scheint sich in *Protoplastus* (Dr. 1545) die Frage vorzulegen, wie es möglich war, daß der Engel das Böse wählte, und der Protestant B. Krüger zeigte in der *Action von Anfang und Ende der Welt* (Dr. um 1579) einen leidenden Teufel, der darüber klagt, daß es für die Hölle keinen Erlöser gebe. Die Renaissancedichtung übernahm für Satan die düstere Würde des Unterweltsherren Pluto, der in T. Tassos *Das befreite Jerusalem* (Epos 1581) unter der Erinnerung an seine ehemalige Größe und seine Niederlagen leidet und daher die Intrigue gegen das christliche Kreuzfahrerheer in Gang setzt und bei G. Marino (*Der bethlehemitische Kindermord*, Epos 1632), der von Tasso einen Teil der Charakteristika übernahm und den Zug der Schwermut unterstrich, Herodes zu seiner Bluttat anstiftet. Die Situation Satans nach dem Höllensturz ist zentrales Anliegen der neulateinischen Tragödie *Parabata vinctus* (1595) des J. A. de Thou, einer Adaption von Aischylos' *Der gefesselte Prometheus*, in der die Personen des antiken Mythos durch biblische und allegorische Gestalten ersetzt sind: Nach der Auferstehung Christi fesselt Erzengel Michael den Ordnungs- und Friedensfeind in der Hölle an einen Felsen; Parabata zeigt keine Reue, er habe alles aus Liebe zu den Menschen getan; erst als er allein in der brennenden Hölle zurückgeblieben ist, gesteht er.

Eine Art literarischer Emanzipation des Bösen und damit eine Entwicklung der Satansgestalt zu einer gewissen Würde und Eigenständigkeit fand zum erstenmal im Barock statt. Sie bahnt sich schon an in Du Bartas' Schöpfungsepos *La Semaine ou Création du monde* (1579); als Widerpart des Göttlichen gewinnt Satan Größe in H. Grotius' Tragödie *Adamus exul* (1601) und vor allem im *Lucifer* (Tr. 1654) des J. van den Vondel. Vondel nutzte die dramatische Ausgangssituation in ihrer talmudischen Version: Lucifer und die Seinen wehren sich gegen die Absicht Gottes, den neugeschaffenen Menschen über die Engel zu stellen. Die Einsicht, zur Wahrung der alten Ordnung eine höhere verletzt zu haben, kommt Lucifer erst dann, als er keine Möglichkeit mehr sieht, sich zu korrigieren. Lucifer ist kein Bösewicht, auch kein überheblicher Ehrgeiziger, sondern ein mit sich ringender, im Irrtum befangener großer Engel. Grotius' Tragödie dürfte Milton bekannt gewesen sein, als er sein Epos *Paradise Lost* (1667) schrieb. Er steigerte den gefallenen Engel zu einem beklagenswerten Wesen, einem Helden, der schon während des Kampfes weiß, daß er nicht siegen kann, und dessen Selbstverurteilung sowie sein Mitleid mit den Kampfgefährten und den Menschen größer ist als die Höllenstrafe, zu der er verdammt wird. Während im teufelfeindlichen aufklärerischen Jahrhundert die wichtigsten Teufelgestalten wie im Mittelalter hauptsächlich Mittel zum Zweck, d. h. Versucher, Verführer, Reisebegleiter und Belehrer des Menschen ohne eigenes Schicksal waren, z. B. der Teufel Asmodée (angeblich Amor in wahrer Gestalt) in LESAGES *Le Diable boiteux* (R. 1707) und Luzifer in CAZOTTES *Le Diable amoureux* (R. 1772), installierte am Beginn einer neuen deutschen Literaturepoche KLOPSTOCK, an Milton anknüpfend, im *Messias* (1748–73) Satan erneut als gefallenen Engel, dessen Pläne jedoch durch das Erscheinen Christi scheitern müssen.

Klopstock hatte Satan noch im Glauben an den Teufel eingesetzt, für die Romantik war er weniger geglaubte Wahrheit als ästhetisches Attraktivum. Mit der Verminderung des Teuflischen an Satan ging seine Erlösung, Rettung, Rechtfertigung Hand in Hand, bis sich schließlich am Ende des 19. Jahrhunderts der Gegenspieler Gottes als der Göttlichere von beiden erwies. Schon in Maler MÜLLERS Faust-Fragmenten (1776 u. 1778) liebt Mephistopheles sein Opfer und empfindet sein Teufelsein als Qual; der Klopstockschüler F. L. Graf zu STOLBERG (in *Jamben* 1784) feierte Luzifer als Morgenstern und Lichtbringer, dem die Menschen Wahrheit und Aufklärung verdanken. Etwa gleichzeitig sprach in England R. BURNS in dem Gedicht *Address to the Devil* (1785) die Hoffnung auf Satans Rettung aus. Auch GOETHES Mephisto (*Faust I. Teil* 1805) gehört als Geist, »der stets das Böse will und stets das Gute schafft«, in die sich anbahnende Rehabilitierung, und diese war im 5. Akt von *Faust II* (1832) durch die dort sichtbar werdenden tragischen Züge der Gestalt noch unterstrichen. Die Publikumswirkung des literarischen Teufels wurde außerdem seit dem Ausgang des 18. Jahrhunderts in der englischen Gothic novel erprobt, und so konnte 1802 F.-R. de CHATEAUBRIAND in *Le Génie du Christianisme* behaupten, der christliche Satan sei eine poetischere Gestalt als die heidnisch-antiken Götter. Mit dem Roman *Les Martyrs* (1810), in dem Satan der Protagonist des Heidentums in seinem Kampf gegen das Christentum des 3. Jahrhunderts und gleichzeitig der Inspirator der Französischen Revolution ist, zeigte Chateaubriand seinen Zeitgenossen dann die poetischen Möglichkeiten der Satansfigur, und er wiederholte sein Programm in *Les Natchez* (entst. 1797/1800, Druck 1826) am Beispiel des Kampfes der Indianer gegen das Christentum. 1813 setzte Lord BYRONS Teufelspoesie mit *The Devils Drive* ein; in dieser Dichtung trägt der Teufel noch die gefühlskalten Züge eines blasphemischen Spötters, und seine Inspektionsreise auf Erden dient der Gesellschaftssatire. Während Byron in *Manfred* (1816) die Überlegenheit des guten Prinzips über das böse wahrte, ist Satan in *Cain* (1821) der eigentliche Freund des Menschen, ein Lichtbringer und Aufklärer, dessen Rebellion gegen Gott dem Zweifel an dessen Gerechtigkeit und Allgüte entspringt. Als den Engeln ebenbürtig gilt auch der Satan in *The Vision of Judgement* (1821), indem er als Verteidiger der Gerechtigkeit auftritt. Den prometheischen Zug erhielt Byrons Satan dann in der Dichtung *Heaven and Earth* (Fragment 1821), in der Satan der → Prometheus-Gestalt in SHELLEYS *Prometheus Unbound* (1820) nahesteht.

Mit der Idee einer Erlösung des Teufels, deren literarische Gestaltung zuerst A. de VIGNY plante (Gedichte: *Eloa*, 1824; *Satan sauvé*, 1867), wurde der Stoff über den Rahmen erweitert, der von der Mehrzahl der Kirchenlehrer durch die These gezogen worden war, Satan sei in Ewigkeit verdammt. In Th. GAUTIERS Drama *La Larme du Diable* (1839), in dem Satan durch die Güte und Unschuld junger Mädchen zu einer Träne bewegt wird, schiebt Gott die Entscheidung über Satans Erlösung auf; dagegen wird er in A. SOUMETS *Divine Epopée* (1840) wieder unter die Erzengel aufgenommen, nachdem Christus sich zum zweitenmal, diesmal für die Verdammten der Hölle, geopfert hat. Auch J.-P. de BÉRANGER (*La Fille du Diable*, Gedicht 1841/43) setzte als Vermittler von Satans Restituierung Christus ein, der eine Träne weint, nachdem die unschuldige Tochter Satans für den Vater gebeten hat. Bei E. QUINET (*Merlin l'Enchanteur* 1869) wiederum erwirkt der Sohn des Teufels, → Merlin, ihm Verzeihung. V. HUGO, der auch in zwei Gebete eine Fürbitte für Satan einschloß (*La Prière pour tous* 1830, *La Pitié suprême* 1879), verwandte ebenfalls das Motiv der Erlösung Satans durch dessen eigenes Kind, und zwar ein Kind, das von Gott und dem Teufel zugleich stammt: eine Feder vom Flügel des Erzengels Satan wird durch einen Blick Gottes in einen weiblichen Engel – die Freiheit – verwandelt; sie vermag Satans Haß zu schmelzen und befreit zuerst die Menschen, dann die gefallenen Engel aus ihren Ketten; Satan stirbt und ersteht von neuem als Erzengel (*La Fin de Satan* 1854–86). Andere Möglichkeiten zur Erlösung Satans sind seine Bekehrung (J. BOIS, *Les Noces de Satan,* Dr. 1890) oder seine Selbstvernichtung (LECONTE DE LISLE, *La Tristesse du Diable*, Gedicht 1866; P. VERLAINE, *Crimen amoris,* Gedicht 1873). Auch bei Th. J. BAILLY (*Festus,* Gedicht 1839) und W. Sc. BLUNT (*Satan Absolved* 1899) wird Satan erlöst. Dagegen läßt M. LERMONTOV (*Der Dämon*, Verserz. 1856) die Erlösung durch die Liebe einer Frau an der Selbstsucht von Satans Sehnsucht scheitern.

Bei anderen Autoren verharrt Satan in seinem Trotz, und er wird zu einer göttlichen Größe und Güte emporgesteigert, die eine Erlösung überflüssig zu machen scheinen. Für Ch. BAUDELAIRE (*Fleurs du mal* 1857) ist Satan die Zuflucht und der Trost der Verdammten, an den er ein *Gebet* richtet. In M. RAPISARDIS Epos *Lucifero* (1877) verbinden sich Prometheus und Luzifer, um die Dunkelheit von der Erde zu vertreiben, in R. DEHMELS Drama *Lucifer* (1899) wird Luzifer als Lichtbringer und Muterwecker glorifiziert, in CARDUCCIS *Inno a Satana* (Gedicht 1865) ist er Bannerträger der Neuerer aller Zeiten, dessen Glanz in die Knie zwingt, bei G. B. SHAW (*Man and Superman*, Dr. 1905) Vorkämpfer für die Souveränität des individuellen Geistes. Mit Überlegenheit lehnt Satan in A. FRANCES *La Révolte des anges* (R. 1914) die Gelegenheit zu einer zweiten Revolte ab: er will nicht hart und intolerant wie Jehova werden und lieber Unterdrückter statt Unterdrücker sein. A. STRINDBERG (*Luzifer oder Gott*, Dr. 1877) vertauschte die Rolle Gottes und Satans; Gott wird Teufel, Luzifer dagegen Apoll, Prometheus, Christus. Zur Umwertung der Satansgestalt trug auch die Tatsache bei, daß die theosophische und anthroposophische Bewegung sie als Symbol geistiger Macht verwandte (Zs. *Lucifer* 1885–1906; L. FAHRENKROG, *Lucifer* 1913; R. STEINER, *Gesang an Luzifer* 1918).

Daneben trat Satan seit Lesage immer wieder als der die irdischen Zustände glossierende Begleiter des Menschen, als Kritiker und Satiriker der Gesellschaft auf, eine Rolle, die ihm z. B. auch in GOETHES *Faust*, in F. M. KLINGERS *Fausts Leben, Taten und Höllenfahrt* (1791), in GRABBES *Scherz, Satire, Ironie ...* (1827), in M. TWAINS *The Mysterious Stranger* (R. 1916) und L. ANDREJEWS *Tagebuch des Satans* (R. 1920) zufällt und in der er im Moskau M. A. BULGAKOVS (*Der Meister und Margarita* R. 1966–67) »das Gute schafft«.

Bis in die Gegenwart hinein finden sich jedoch Autoren, die den Satan nicht als Symbolgestalt, sondern noch bzw. wieder als reale Inkarnation des Bösen auffassen und darstellen. Der konservative französische Schriftsteller J.-A. BARBEY D'AUREVILLY bekannte sich in der Vorrede zu seiner Novellensammlung *Les Diaboliques* (1874) zum Teufelsglauben und stellte in den sechs Novellen von teuflischen, animalischen Mächten getriebene Menschen dar; er wollte mit der Präsenz des Teufels den Fortschrittsglauben seiner Zeit ad absurdum führen. Auch in den Rahmen des Renouveau catholique fügte sich das Wirken Satans als des Gegenspielers von Gott bruchlos ein. G. BERNANOS (*Sous le soleil de Satan*, R. 1926) stellte die Entwicklung des Kaplans Donissan dar, dem das personifizierte Böse eines Nachts in Gestalt eines Pferdehändlers begegnet und der von da an in ständigem Kampf gegen die Versuchungen Satans einen heiligenmäßigen Lebenswandel erreicht. In neuester Zeit hat die Österreicherin I. MERKEL (*Die letzte Posaune*, R. 1985), die in ähnlicher Weise dem religiösen Weltbild verbunden ist, die Wiederkehr des Teufels in die Literatur als notwendige Folge einer Abkehr vom Vernunftglauben erklärt. Die Vorstellung, daß der Mensch, als er glaubte, Herr des Bestehenden zu sein, stattdessen den Teufel zum Herrn der Geschichte gemacht hat, erstreckt sich auch auf die nicht-abendländische Dichtung. In einem märchenhaften Schauspiel *Der Teufel ermahnt* (1979) stellte der ägyptische Autor NAGUIB MAHFOUZ Satan in der volkstümlichen Gestalt des Flaschenteufels vor, wie er warnend den Untergang einer Stadt vorführt, dessen Königin sich zum Gott der Erde aufwirft. Für den

Schweizer A. Muschg (*Das Glockenspiel*, Erz. 1982) bedeutet das Wirken eines Buhlteufels im Pfarrbezirk eines katholischen Geistlichen für diesen die Erschütterung seiner aufgeklärten Haltung gegenüber dem Irrationalen. Die Bekenntnisse einer Frau über ihren Umgang mit dem Teufel, die auch als Ausgeburt der sexuellen Phantasien des Priesters aufgefaßt werden können, ziehen ihn so in ihren Sog, daß er in einer Art Stellvertretung des satanischen Liebhabers einem sinnlichen Rausch verfällt; der Kontinuitätsbruch in seinem Leben und in dem der Gemeinschaft ist ein Indiz für die Auflösung aller Ordnung, die das Herannahen der Französischen Revolution anzeigt. Das Wiederauftauchen eines realen Satan in der neuesten Literatur hat mit einem pessimistischen Geschichtsbewußtsein zu tun, das sich vom Rationalismus abkehrt und in der phantastischen, subjektiven Dichtung der jüngsten Zeit und der Enttäuschung über den sich als Irrtum herausstellenden Fortschrittsglauben deutlich wird. In T. Dorsts Drama *Merlin oder das wüste Land* (1981) behält der Teufel, Vater Merlins, recht, wenn er dessen Bemühungen um eine Verbesserung des menschlichen Zusammenlebens von Beginn an für vergeblich erklärt: Die Tafelrunde scheitert wie alle Utopien und führt die Menschen dem Teufel und der Hölle zu. Bei St. Heym (*Ahasver*, R. 1981) verneint Satan / Leuchtentrager als Gegenspieler Ahasvers Veränderungsmöglichkeiten: »Gott ist das Bestehen, Gott ist das Gesetz.« Lucifer will durch Einsatz für das Bestehende die Welt dahin bringen, daß sie sich selbst vernichtet. Alle revolutionären Ansätze münden in einer sich festigenden Gewaltherrschaft. Der Geschichtspessimismus wird am Umschlagen der Reformation in ein Zwangssystem demonstriert; schon Christus hat die Welt nicht zum Besseren verändern können.

M. J. Rudwin, Der Teufel in den geistlichen Spielen des Mittelalters und der Reformationszeit, 1915; ders., Romantisme et Satanisme, (La Grande Revue 123) 1927; ders., The Devil in Legend and Literature, London 1931; U. Müller, Die Gestalt Lucifers in der Dichtung vom Barock bis zur Romantik, 1940; G. Pallasch, Die Satansgestalt in Byrons Dichtung, Diss. Berlin (FU) 1952; I. Spatz, Die französische Teufelsdarstellung von der Romantik bis zur Gegenwart, Diss. München 1960; K. L. Roos, The Devil in 16th Century German Literature, Bern 1972; E. Osterkamp, Lucifer, Stationen eines Motivs, 1979; W. Falk, Des Teufels Wiederkehr, 1983; J. Bleicher, Die Wiederkehr des Teufels in der deutschsprachigen Gegenwartsliteratur (Zs. f. Literaturwissenschaft und Linguistik 17) 1987.

**Saul.** Die Geschichte Sauls, der aus der Mitte des jüdischen Volkes zum König erhoben wurde, in Konflikt mit dem Priester Samuel geriet, wegen Ungehorsams von Gott durch den Mund des Priesters verworfen wurde, dem von Samuel gesalbten Nachfolger → David, dem Freund von Sauls Sohn Jonathan, in einer Art von Haßliebe gegenübertrat, die sich zu Verfolgungswahn und Mordversuchen steigerte, schließlich im Kampf gegen die Philister, dem Jonathan zum Opfer fiel, unterlag und sich ins eigene Schwert stürzte, ist im *1. Buch Samuelis* aufgezeichnet. Die diesem Buch zugrunde liegenden, von verschiedenen politischen Standpunkten geprägten Quellen lassen das Bild Sauls schon im biblischen Bericht in wechselnder Beleuchtung erscheinen. In nachbiblischer Zeit, bei den beiden jüdischen Historiographen des 1. Jahrhunderts, ist Saul im einen Fall (PHILO, *Liber Antiquitatum Biblicarum*) ein vom Volkswillen Gott aufgenötigter, feiger und Gott ungehorsamer König, im anderen (JOSEPHUS, *Antiquitates Judaicae*) die Verkörperung männlicher Tugenden, vor allem einer sich noch im Tode bewährenden Tapferkeit. Die daraus resultierenden gegensätzlichen Möglichkeiten, in Saul einen von Gott zu Recht Gestraften, einen von Eifersucht und Haß Verzehrten oder ein Opfer der Priester und ihres geschickten Werkzeuges David zu sehen, haben den König, den Ranke »die erste tragische Gestalt der Welthistorie« nannte, zu einem vielumworbenen dramatischen Stoff gemacht.

Das ausgehende Mittelalter (*Mistère du viel Testament* Mitte 15. Jh.) und die anbrechende Neuzeit faßten entsprechend der kirchlichen Lehrmeinung Saul als den für die Sünde des Ungehorsams mit Wahnsinn und Untergang Bestraften auf, während ihre Sympathien dem frommen David galten (W. SCHMELTZL, *Samuel und Saul*, Dr. 1551; H. SACHS, *Tragedi König Sauls mit Verfolgung Davids* 1557; L. DES MASURES, *David combattant, David triomphant, David fugitif* 1566); bei Des Masures ist Saul förmlich ein Werkzeug des Teufels, und David verkörpert hier den aufsteigenden Protestantismus. Gerade das konfessionell gebundene lateinische Schuldrama hielt auch im 17. Jahrhundert an dieser Vorstellung von dem gerecht bestraften Unbotmäßigen fest (M. VIRDUNG 1596; W. SPANGENBERG 1606; Th. RODE, *Saulus Rex* 1615; J. C. LUMMENAEUS 1628; C. SCHONAEUS 1629; J. L. PRASCH, *Saulus desperans* 1662). Die von Virgilius MALVEZZIS Abhandlung *Il Davide perseguitato* (1634) angeregte politische Auffassung und Kontrastierung der beiden Gestalten veränderte Saul; er wurde zum Vertreter des für den Barock typischen Tyrannen, der aus Hochmut nicht nur gegen Gott frevelt, sondern auch sein Volk durch Kriege ins Unglück stürzt (J. van den VONDEL, *Gebroeders,* Dr. 1640; J. Ch. v. GRIMMELSHAUSEN, *Ratio Status* 1670).

In Frankreich hatte schon 1572 Jean de LA TAILLE den Stoff auf die vierundzwanzig Stunden vor Sauls Tode zusammengedrängt: sein nach dem Muster von Senecas *Hercules furiens* entworfener, melancholischer, heroisch mit dem Schicksal ringender *Saül le furieux* bedeutete nicht nur den Beginn einer formalen Tradition des Stoffes, sondern auch den seiner Emanzipation aus der kirchlichen Interpretation, die Verwandlung eines bösen Helden in einen tragischen. Auf La Taille aufbauend, belebte C. BILLARD (1610) die Handlung durch starkes Hervortreten Davids und machte aus dem Wahnsinnigen einen Aufrührer gegen Gott, während P. DURYER (1639/40) unter dem Einfluß P. Corneilles Saul veredelte und humanisierte und die Ausweglosigkeit seiner Konflikte mit dem Volk, dem Rivalen und seinen Kindern zeigte. Schwankend und beeinflußbar wirkt der Charakter bei A. NADAL (Dr. 1705), bei

dem nach der Manier Racines die Liebeshandlung zwischen David
und Michal stark hervortritt. N. HAMILTON (Dr., Musik G. F.
HÄNDEL 1738) holte mit der Handlung weiter aus und stellte die
allmähliche Verdüsterung durch Neid und Haß dar.

Einen neuen Akzent gab dem Stoff 1763 VOLTAIRE in einem von
Haß gegen die Kirche diktierten Drama, in dem Saul als Opfer der
Priesterherrschaft und David, dessen gesamtes Leben in die Handlung einbezogen ist, als deren williges und korruptes Werkzeug
erscheint. Diese tendenziöse Verwertung des Stoffes kehrt dann
später z. B. bei K. GUTZKOW (*König Saul,* Dr. 1839) und J. G.
FISCHER (Dr. 1862) wieder; sie wirkte jedoch auch auf das für die
Folgezeit bedeutendste Saul-Drama, das von V. ALFIERI (1784), der
sich in der Stoffkonzentration an die klassizistische französische
Tradition anschloß und eine psychologische Studie des vergebens
um Gott ringenden, verworfenen Königs gab, dessen Leben von
der Angst vor den Priestern und seinem Nachfolger beherrscht ist
und dessen Sympathie für David mit Verfolgungswahn wechselt.
Die Saul-Dramen des Prinzen de LIGNE (1809) und noch A. POIZATS
(1910) sind freie Bearbeitungen Alfieris. Der Lyrismus der eingebauten Psalmen in Alfieris Drama pflanzte sich besonders in den
romantischen Gestaltungen des Stoffes fort, in denen die phantastischen und übernatürlichen Elemente des Stoffes (z. B. die Hexe
von Endor) sowie die psychologische Zwiespältigkeit des Schwermütigen unterstrichen wurden (Lord BYRON, 4 Gedichte in *Hebrew
Melodies* 1815; Ch.-H. MILLEVOYE, Dr. 1816; A. v. PLATEN, *Saul
und David,* Romanze 1816; A. LAMARTINE, Dr. 1818). Bezeichnenderweise fand die Romantik auch zu der Vorstellung des Sünders
Saul zurück, den der Haß versehentlich sogar zum Sohnesmörder
werden läßt (A. SOUMET, Dr. 1822).

Das 19. Jahrhundert brachte, besonders in Deutschland, eine
Fülle von Saul-Dramen hervor, von denen keines in seiner Zeit
Erfolg gehabt, geschweige denn den Tag überdauert hat. Die
klassizistische Zusammendrängung des Stoffes wurde meist aufgegeben und die Entwicklung Sauls zum Haß und zum Wahnsinn
dargestellt (A. L. W. JACOB 1828; K. BECK 1840; F. RÜCKERT, *Saul
und David* 1843; H. BULTHAUPT 1869; M. E. DELLE GRAZIE 1885;
E. KÖNIG 1903; K. WOLFSKEHL, 1905; P. HEYSE 1909). Die Stellung
von Jonathan und Michal zwischen den beiden Gegnern diente
häufig einer sentimentalen Erweiterung des Konflikts (H. KETTE
1856; A. GEORGI, *Saul und Jonathan* 1892; J. WOLFF, *Die Töchter
Sauls* 1917). Die Abkehr von der geschlossenen Form führte auch
bei diesem Stoff zur Erprobung der Form des reihenden Bilderbo-
genstücks (A. de GRAVILLON 1895) sowie des expressionistischen
Stationenspiels (F. SEBRECHT 1919). Neue Gedanken trugen in den
Stoff A. GIDE (1903), der den Grund für Sauls Wahnsinn in der
Verstrickung durch seine hemmungslose Leidenschaft für David
sah, und H.-J. HAECKER, der in *David vor Saul* (Dr. 1951) das
Thema der Legitimation der Macht zu demonstrieren suchte.
Glaubensverlust, Verlust der Führung Gottes durch Eigenwillen

ist die Ursache von Sauls Schwermut und Niedergang auch bei
M. Zweig (Tr. 1961).

L. Hirschberg, Saul-Tragödien, (Allgemeine Zeitung des Judentums 74) 1910;
M. A. Thiel, La Figure de Saül et sa représentation dans la littérature dramatique
française, Diss. Amsterdam 1926; F. Böhl, Die Gestalt Sauls in der frühen
jüdischen Überlieferung (Paradeigmata 5,1) 1989.

**Saulus** → Paulus

**Savonarola.** Gestalt und Lehre des Dominikanermönches Girolamo Savonarola (1452–1498), der als Prediger bereits 1485 Züchti-
gung und Erneuerung der Kirche verkündete, seit 1491 als Prior
des Klosters San Marco in Florenz als Reformer auftrat und nach
der Vertreibung der Medici auch in die politischen Geschicke der
Stadt eingriff, erbitterter Gegner des Papstes Alexander VI. war,
dessen Exkommunikationsspruch er ignorierte, dessen Machtpolitik er aber schließlich unterlag, so daß er als Ketzer verbrannt
wurde, sind seit → Luthers Stellungnahme als Vorboten der Reformation angesehen worden. Diese nahezu dogmatische Festlegung
bestimmte die Haltung der protestantischen Literatur, die den Stoff
vor allem aufgriff, bis gegen Ende des 19. Jahrhunderts. Der
antipapistische Standpunkt beherrschte schon die gereimte *Historia
Hieronymi Savonarole* (1556) des Cyriacus Spangenberg und kehrte
wieder in dem »historisch-dramatischen Gemälde« J. F. E. Albrechts (*Die Familie Medici in ihren glänzendsten Epochen* 1795), das
allerdings aus der Sicht der Aufklärung auch im Fall Savonarolas
dem Geschlecht der Medici größere Gerechtigkeit widerfahren
ließ.

Fruchtbar wurde der Stoff jedoch erst in dem Augenblick, wo zu
dem antipapistischen das sozialrevolutionäre Interesse trat, das sich
den theokratischen Vorstellungen Savonarolas zuwandte. Antikle-
rikale und antiaristokratische Tendenzen mußten Savonarola den
Jungdeutschen anziehend machen, während seine ablehnende Haltung gegenüber Renaissance und Humanismus und sein asketi-
sches Sittenideal kaum ihre Billigung fanden; den Gegnern des
Liberalismus kamen andererseits gerade die letzteren Momente
entgegen, während sie Savonarolas Übergriffe auf die Politik
ablehnten. So arbeiteten, nachdem Nikolaus Lenau den Stoff in
seinem Epos *Savonarola* (1838) entdeckt und vielfach schon in
einzelnen Motiven festgelegt hatte, Roman und Drama ein ziemlich konstant bleibendes Handlungsgerüst heraus, bei dem nur die
Wesenszüge des Helden entsprechend dem weltanschaulichen
Standpunkt des Verfassers variierten. Besonders in den epischen
Gestaltungen (J. Scherr, *Der Prophet von Florenz*, R. 1845) setzte

sich das Motiv der enttäuschten Jugendliebe als Begründung für
Savonarolas Wandlung zum Reformer durch; die dramatischen
Bearbeitungen beginnen häufig erst mit dem Tode Lorenzos de'
Medici oder mit der Vertreibung der Medici. Fest steht bei fast allen
Bearbeitern das Sendungsbewußtsein des Mönchs, das sogar pro-
phetische Gaben für sich in Anspruch nimmt (J. Frhr. v. AUFFEN-
BERG, *Der Prophet von Florenz*, Dr. 1838; P. LOHMANN, Dr. 1856;
K. HEPP, *Der Prior von San Marco*, Dr. 1898; H. v. WILLEMOES-
SUHM, Dr. 1902; F. BACHMANN, Dr. 1907; L. HUNA, *Der Mönch von
San Marco*, R. 1931). Verschiedenartiger erscheint bei den einzelnen
Bearbeitern die Auseinandersetzung mit der Renaissance, die meist
durch die Familie Medici oder einen der großen Renaissance-
Künstler repräsentiert wird. Die zu keiner Einigung führende
Szene, die den Mönch am Sterbebett Lorenzos de' Medici zeigt, fällt
bei den einen zugunsten (Willemoes-Suhm), bei anderen zum
Nachteil des sterbenden Kunstmäzens aus (Lenau, Hepp). Die
überzeugende Kraft der Persönlichkeit Savonarolas, die sich in
nahezu allen Bearbeitungen des Stoffes in stereotypen Bekehrungsszenen dokumentiert, wurde häufig an der »Bekehrung« der
eines Renaissance-Künstlers deutlich gemacht (Lenau; I. KURZ, *Der
heilige Sebastian*, Nov. 1890; G. TRARIEUX, 3. Teil der Dr.-Trilogie
*Les vaincus* 1899). Die Frage nach dem Grund des Scheiterns wird je
nach dem weltanschaulichen Standpunkt des Bearbeiters verschieden beantwortet. Lenau fand für Savonarolas Ende das Gleichnis mit
dem Hammer, den Gott brauchen, aber auch wieder nach seinem
Gutdünken wegwerfen kann. Auffenberg begründete den Sturz mit
Savonarolas zu hoher Auffassung von den Menschen, Scherr mit der
mangelnden Reife der Zeit, Hepp wie Bachmann mit der machtpolitischen Überlegenheit seiner Feinde. In weltfremder Einseitigkeit
sah K. FRENZEL (*Schönheit*, Nov. 1887), in Überhebung R. VOSS (Dr.
1875), später E. HAMMER (Dr. 1899), in Unduldsamkeit P. LOH-
MANN (Dr. 1856) den Fehler Savonarolas.

Zu einem Wendepunkt in der Entwicklung des Stoffes wurde die
historische Erkenntnis, daß Savonarola nicht als Protestant betrachtet werden kann, da er durchaus innerhalb der Lehre der katholischen Kirche verharrte und nicht die Kirche, sondern die Menschen
ändern wollte. Für den katholischen Standpunkt spitzte sich daher
der Fall Savonarola zu der Frage zu, ob er auch dem unwürdigen
Papst Gehorsam schuldig gewesen sei. Die Engländerin G. ELIOT
(*Romola*, R. 1863) hat sie zum erstenmal dahingehend beantwortet,
daß Savonarola um der Einheit der Kirche willen hätte gehorchen
müssen und sich nicht kraft eines angemaßten Prophetentums hätte
überheben dürfen. Auch GOBINEAU (*Renaissance* 1877) sah in Savonarola einen Sittenreformer und Katholiken mittelalterlicher
Prägung. Der Tendenzroman K. v. BOLANDENS (1882) zeichnete ihn
sogar als Märtyrer, der um der Einheit der Kirche willen fällt, und
änderte dessen übliche Ankündigung Luthers in eine Warnung vor
dem kommenden Sohn des Verderbens.

Mit dem Zurücktreten des protestantischen Moments trat die

Auseinandersetzung mit der Renaissance in den Vordergrund.
Auch hier war die Haltung Gobineaus von Einfluß, der in der
Renaissance das zukunftsträchtige Element sah und dem daher die
Gegnerschaft Savonarolas als Einseitigkeit erscheinen mußte. Im
Zuge des Ästhetizismus der Jahrhundertwende wurden zum ersten
Male savonarolafeindliche Stimmen laut: für W. UHDE (Dr. 1901)
ist er ein machthungriger Betrüger, der die Medici nur bekämpft,
weil er an ihrer Stelle herrschen will. Ähnlich entscheidet auch
Th. MANN (*Fiorenza*, Dr. 1906) die Szene Savonarola-Lorenzo
zugunsten des Medici, der in dem Gegner die unterbewußten
selbstischen Triebe entdeckt und seine das Leben ertötende Moral
ablehnt. Bei D. S. MEREŽKOVSKIJ (*Leonardo da Vinci*, R. 1902) ist der
Prophet abhängig von den Eingebungen eines Geisteskranken.
Entgegengesetzte, von der Reinheit seines Wollens überzeugte
Dichtungen sehen Savonarola mit der Skepsis des Modernen, der
an der Möglichkeit einer Weltveränderung durch idealistische
Kräfte zweifelt (H. BERGMAN, R. 1908; W. THARANN, Dr. 1926)
oder um die Gefährdung auch des reinsten Wollens durch Ausübung von Gewalt und Macht weiß (G. TRARIEUX, *Les vaincus*, Dr.
1899; K. DELBRÜCK, *Papst Alexander VI. und Savonarola*, R. 1921).
Bei A. SALACROU (*La Terre est ronde*, Dr. 1938) greift Savonarola in
der Überzeugung von seiner Auserwähltheit zu Machtmitteln, die
mit der reinen Quelle seines Wollens unvereinbar sind: zu Zwang,
unmenschlichen Strafen und einem Spitzelsystem, das aus den
Menschen Heuchler und selbst aus Kindern gefährliche Denun-
zianten macht.

A. Teichmann, Savonarola in der deutschen Dichtung, 1937.

**Schiller.** Der dichterischen Anverwandlung von Friedrich
Schillers (1759–1805) Biographie sind ähnlich wie im Falle der →
Goethes Grenzen gesetzt durch die wissenschaftliche Erforschung
des Lebenslaufes, die dem künstlerischen Bearbeiter kaum subjektiv ausdeutbare Bereiche übrigläßt und entweder zu unselbständi-
ger Klitterung bekannter Fakten und Zitate oder zu unhistorischer
Verfälschung veranlaßt. Dennoch hat der kämpferische und zugleich leidende Grundzug im Leben Schillers die Autoren angezogen und sowohl Epiker wie Dramatiker vor Aufgaben gestellt, die
wenigstens einige diskutable Lösungen erfahren haben. Die Gestaltung des Schiller-Stoffes war zugleich abhängig von den Wandlungen des Schillerbildes in Forschung und Geistesgeschichte.
   Die Verehrung, mit der die liberalen Dichter des Vormärz den
Freiheitsdichter Schiller zu dem ihren erklärten, spiegelt sich in der
Huldigungslyrik, die in *Schillers Album* (1837) gesammelt vorliegt.
Über die hier abgedruckten Gedichte der Zeitgenossen CHAMISSO,
G. PFIZER, A. FOLLEN, A. A. Graf AUERSPERG, FREILIGRATH und
anderer hinaus griff der Gedenkband *Schillerlieder* (1839, hgg.

E. Ortlepp) zurück bis zu den Totenfeiern des Jahres 1805 und bezog etwa Seumes *Nekropompe auf Schillers Tod* und Goethes *Epilog zu Schillers Glocke* mit ein. Dieses von der Lyrik nur statisch dokumentierbare freiheitliche Schillerbild wurde in den nächsten beiden Jahrzehnten durch die pragmatischen Dichtungsgattungen zum Stoff erweitert, und zwar wandte man sich, dem politisch-kämpferischen Geist dieser Jahre entsprechend, ausschließlich dem jungen Schiller zu. 1843 erschien H. Kurz' Roman *Schillers Heimatjahre*, der die Gestalt Schillers wohlweislich nur am Rande erscheinen ließ und die Abenteuer eines Lehrers der Karlsschule sowie die nicht ohne Faszination gezeichnete Figur des Herzogs Karl Eugen in den Mittelpunkt stellte. H. Kurz wurde zum Anreger für Heinrich Laubes Drama *Die Karlsschüler* (1846), das trotz aller Kritik an seiner reißerisch simplifizierenden Handlungsführung und Charakterzeichnung die bekannteste Gestaltung des Schiller-Stoffes geblieben ist. Vereinfachung und Raffung machten den Dichter hier zu dem Schiller, den die Zeit sehen wollte: sein Freiheitsdrang gipfelt in der offenen Aussprache mit dem Herzog, der dichterische Auftrag fordert die Opferung des persönlichen Glücks; Abrechnung mit dem Herzog, drohende Haft, Flucht und *Räuber*-Aufführung ereignen sich in zeitlich unmittelbarer und wirklich dramatischer Folge. J. Scherr versuchte in seiner sechsbändigen kulturhistorischen »Novelle« *Schiller* (1856), die gesamte Zeit der Wanderjahre Schillers darzustellen, aber die Stuttgarter Zeit blieb bestimmend. Auch in der Handlungsführung, die nicht Schiller, sondern einen jungen Amerikaner in den Vordergrund stellte, erinnert Scherrs Erzählung an Kurz. Neben diesen ernsthaften Bemühungen kann der Versuch einer dramatischen Bewältigung von Schillers Leben durch F. Fränkel (1853) nur als Kuriosum genannt werden.

Das Jubiläumsjahr 1859 mit seinen Festreden, Prologen und Gedichten (Holtei, Fontane, Keller), über das sich W. Raabe in seinem *Dräumling* (1859) lustig machte, wurde auch das Geburtsjahr der Schiller-Festspiele (F. J. v. Münch-Bellinghausen, L. Schücking, R. v. Gottschall); in ihnen wurden nun neben den freiheitlichen auch die nationalen Qualitäten Schillers gefeiert. Von 1859 bis zum nächsten Jubiläum 1905 trat die Schiller-Lyrik zurück (C. F. Meyer, *Schillers Bestattung*), die erzählerische Behandlung verschwand so gut wie völlig, statt ihrer herrschte das Episodenstück in der literarischen Verwertung des Stoffes vor. Die Stuttgarter Zeit mit der Flucht stand unter den herausgegriffenen Situationen weiterhin an erster Stelle (A. Auerbach, *Der Herr Regimentsfeldscher* und *Schiller auf der Solitude* 1905; G. Reinhardt, *Schillers Flucht* 1905; F. Vetter, *Schillers Flucht* 1905). Daneben trat die Liebesgeschichte mit Charlotte von Wolzogen (J. Eberwein, *Schiller in Bauerbach* 1859; M. v. Ebner-Eschenbach, *Doktor Ritter* 1869), die zu Henriette von Arnim (Th. Apel, *Dichters Liebe und Heimat* 1859), das Motiv der »Doppelliebe« zu den Schwestern Lengefeld (S. Schlesinger, *Die Schwestern von Rudolstadt* 1875;

W. Henzen, *Schiller und Lotte* 1891) und schließlich auch eine erdichtete heitere Liebelei (S. Schlesinger, *Die Gustel von Blasewitz* 1860). Die bedeutendste Frucht des Schillerjahres 1905 brachte zugleich einen neuen Einsatz der epischen Bewältigung des Stoffes mit Th. Manns Novelle *Schwere Stunde*, die den Dichter im Ringen mit dem Wallenstein-Stoff und in seiner Haßliebe zu dem so viel leichter produzierenden Goethe zeigt. Das Motiv des Verhältnisses zu Goethe schlug in ähnlichem Sinne auch W. v. Molo in der ersten Gestaltung der gesamten Biographie des Dichters, dem *Schiller-Roman* (1912–16), an; Molo zeigte in einer Reihung vieler Szenen die wichtigsten Augenblicke aus dem Leben des Dichters und gab in einer Mischung von Realismus und dichterischer Überhöhung den Weg des großen Menschen zur Selbsterfüllung. Ein Seitenzweig auf diesem Stamm war sein Drama *Der Infant der Menschheit* (1912), das den Dichter in der Krise nach dem Durchfall des *Fiesko* und seinen Weg zu Altruismus und Entsagung darstellt. Neuere erzählerische Versuche sind zur Methode des Lebensausschnittes zurückgekehrt und haben die erprobten Themen – die Doppelliebe (S. Hoechstetter, *Karoline und Lotte* 1938), die Auseinandersetzung mit Karl Eugen (N. Jacques, *Leidenschaft* 1939), das Verhältnis zu Goethe (W. Heuer, *Ruf der Sterne* 1948) – wiederholt, ohne ihnen entscheidend Neues abzugewinnen. Ein Roman, der Schiller als Opfer von Giftmordanschlägen des Illuminatenordens darstellte (P. Schulze-Berghof, *Schiller, der Geopferte* 1933), zollte zeitbedingten weltanschaulichen Thesen Tribut.

F. E. Hirsch, Schiller in Roman und Drama, (Zeitschrift für Bücherfreunde NF 1) 1910; A. Pappenscheller, Schillers Gestalt in der Dichtung, Diss. Wien 1936; E. Hilscher, Schiller in der deutschen Dichtung, (Weimarer Beiträge 2) 1956.

**Schlemihl.** A. v. Chamissos 1814 erschienene Novelle *Peter Schlemihls wundersame Geschichte* hat nicht nur dem in der Literatur häufig anzutreffenden Typus des ungeschickten Pechvogels durch die jüdische Bezeichnung »Schlemihl« einen prägnanten Namen verliehen, sondern ihn vor allem mit einer Fabel verbunden, die den Pechvogel in einen Schuldigen verwandelte: um des Reichtums willen verkauft Peter Schlemihl dem »Grauen« einen – wenn auch unscheinbaren – Bestandteil seines Menschtums, den Schatten, wird von Hohn und Grausen der Menschen verfolgt, denen er erst nach Verzicht auf den Wunschsäckel durch das Geschenk der Siebenmeilenstiefel entfliehen kann, und sühnt sein Vergehen einsam im Dienst der Wissenschaft.

Chamissos Geschichte weiterzuspinnen, haben nur wenige Autoren gewagt. In F. Försters Erzählung *Peter Schlemihls Heimkehr* (1843) gewinnt Schlemihl durch die opferbereite Liebe einer Frau sein Schattenbild wieder, und L. Bechstein (*Die Manuskripte Peter Schlemihls*, Erz. 1851) stellte das Schicksal des Erben Schlemihls dar, auf den nicht nur dessen wissenschaftliche Werke, sondern auch sein Fluch, der Mißerfolg, übergehen. H. WETTE (*Peter Schlemihl*, Dr. 1910) übertrug Schlemihls Schicksal auf einen modernen christlich-sozialistischen Idealisten, der für seine Reformideen stirbt.

Wichtiger wurde die Entfaltung des Schattenverkauf-Motivs, das in der Romantik großen Widerhall fand. E. T. A. HOFFMANN (*Die Geschichte vom verlorenen Spiegelbilde* in *Die Abenteuer der Sylvesternacht* 1815) setzte an die Stelle des Schattens das Spiegelbild, das dem Helden durch einen dämonischen Doktor und eine Kurtisane abgelistet wird. Hoffmanns Einfall fand später in J. OFFENBACHS Oper *Les Contes d'Hoffmann* (1881) und in H. H. EWERS' Drehbuch *Der Student von Prag* (1912) Verwendung. In einer Erzählung K. W. CONTESSAS (*Das Schwert und die Schlangen* 1816) wird das Spiegelbild lebendig und knechtet sein Urbild, ähnlich wie F. WERFELS *Spiegelmensch* (Dr. 1920) und der Schatten in H. C. ANDERSENS Märchen *Skyggen* (1847), das von H. REINHART (1921) und J. SCHWARZ (1948) dramatisiert wurde. Als Strafe für Hartherzigkeit erscheint der Verlust des Schattens in einer Legende von S. W. SCHIESSLER (*Der Mann ohne Schatten* 1827). Th. GAUTIER übersteigerte das Motiv zur Charakterisierung eines romantisch überspannten Jünglings (*Onuphrius*, Erz. 1833); dieser bildet sich ein, kein Spiegelbild und keinen Schatten mehr zu haben, und endet im Wahnsinn. W. HAUFF gab dem Motiv eine etwas sinnfälligere Wendung, indem er an die Stelle des Schattens das Herz setzte (*Das steinerne Herz* in *Das Wirtshaus im Spessart* 1828), das ein Leichtsinniger für die Rettung vor dem Bankrott hingibt. Der glückliche Ausgang, der durch das Eingreifen eines Waldgeistes herbeigeführt wird, machte den von Hauff umgeprägten Stoff für Volksstück und Volksoper geeignet. Zu den acht Dramatisierungen gehört C. HAFFNERS Volksstück *Das Marmorherz* (1841), in dem der Held durch das Opfer eines Dienerehepaares von seiner »Herzlosigkeit« erlöst wird. In P. H. HARTIGS *Das Lied der Königin* (Dr. 1916) verkauft die Prinzessin ihr Herz um den Preis der Schönheit.

Im Verlauf des 19. Jahrhunderts taucht der Verkauf eines Bestandteiles der Persönlichkeit, durch dessen leichtsinnige Hergabe der Verkäufer unglücklich wird, in vielen Varianten auf: als verkaufter Schlaf (F. BRUNOLD, d. i. A. F. MAYER, *Waldgeist*, Märchen 1845; M. G. SAPHIR, *Der verkaufte Schlaf*, Gedicht 1846; C. HAFFNER, gl. Titel, Dr. 1870), als verkaufter Magen oder Appetit (A. v. UNGERN-STERNBERG, *Die Erzählung des dicken Herrn* in *Das Buch der drei Schwestern* 1847; W. BESANT/J. RICE, *The Case of Mr. Lucraft*, Erz. 1876), als verkaufter Name (K. SPINDLER, *Der Mann ohne Namen*, Erz. 1833), als verkauftes Talent (A. v. PERFALL, *Das verkaufte Genie*, Erz. 1900), als um Ruhm dahingegebene Jugend (H. G. WELLS, *The Story of the Late Mr. Elvisham* 1900) oder als verkaufte Erinnerung (M. JUNGNICKEL, *Gäste der Gasse*, R. 1919).

Das romantische Märchenmotiv trat schon in der zweiten Hälfte des 19. Jahrhunderts zurück oder wurde rationalisiert. Erst die Neuromantik griff es wieder auf und knüpfte bei seiner Urform, dem Verkauf des Schattens, an. In O. WILDES Märchen *The Fisherman and His Soul* (1892) trennt der Fischer sich aus Liebe zu einer Nixe von seinem Schatten, d. h. seiner Seele, die nun ein herzloses Eigenleben führt und ihn unterjocht; erst im Tode, der ihn mit der Geliebten vereint, verschmilzt auch die Seele wieder mit seinem Herzen. In H. v. HOFMANNSTHALS Märchen und Operntext *Die Frau ohne Schatten* (1919) symbolisiert der Schatten im Anschluß an eine auch von N. LENAU (*Anna*, Ged. 1838) bearbeitete und von S. GRUNDTVIG (*Den tabte skyggen* in *Danske Folkeæventyr* 1876–83) aufgezeichnete skandinavische Sage die Nachkommenschaft, die des Färbers Frau verkauft, um ihre Schönheit zu erhalten.

Die Verengung des Schlemihl-Typs auf den ursprünglichen Bereich des Wortes, den Pechvogel, ist besonders prägnant in H. HEINES Gedicht *Jehuda ben Halevy* (1851) formuliert. Rein komisch gezeichnet ist der Typ in F. Th. WANGENHEIMS Geschichte *Der Schlemihl* (1838) und D. KALISCHS Posse *Peter Schlemihl* (1850), während L. KOMPERT an seinem jüdischen *Schlemiel* (Erz. 1848) die liebenswert-rührenden Züge betonte und R. SCHAUKAL in den Gestalten seiner drei Erzählungen *Schlemihle* (1908) Repräsentanten eines zeitgenössischen lebensunfähigen Menschentyps schilderte. F. RIEDEL verwandte den Namen von Chamissos Helden zu einer Schmähschrift gegen einen jüdischen Spekulanten (*Peter Schlemiel und sein Sohn* 1839), während D. MENDL (*Ein jüdischer Peter Schlemihl*, Erz. 1864) das bei Chamisso mitspielende Problem des Vaterlandsverlustes aufgriff und einen Talmudschüler zeigte, der aus Ehrgeiz seinem Glauben abtrünnig wird; ähnlich sah J. G. MEYER (*Der neue Schlemihl*, R. 1905) Schlemihl als Symbol des zwischen den Nationen stehenden Heimatlosen. Symbolisch ist auch die Verwendung in A. ZINNS Drama *Schlemihl* (1909), in dem ein Dichter seinen Schatten, d. h. sein besseres Ich, verkauft, als er Nachtredakteur einer Zeitung wird. Einen ähnlichen Selbstverrat bedeutet der Spiegelbildverkauf des Studenten in H. SCHNIGE / Ch. RATEUKES Musical *Schlemihl* (Mus. W. D. SIEBERT, 1987), die den Stoff in das Berlin der Roaring Twenties verlegten.

A. Ludwig, Schlemihle (Archiv für das Studium der neueren Sprachen und Literaturen, Deutsches Sonderheft) 1920; ders., Nachträge zu den »Schlemihlen« (ebd. 142) 1921; G. v. Wilpert, Der verlorene Schatten, 1978.


**Schöne Magelone** → Magelone, Die schöne


**Schwanritter.** Die Sage vom Schwanritter fand ihre charakteristische Fassung zur Zeit der Kreuzzüge als Geschlechtsage des gräflichen Hauses Boulogne und später des Hauses Brabant; man dichtete mit ihr dem gefeierten Eroberer von Jerusalem, Gottfried von Bouillon, eine wunderbare Herkunft an. Die Chanson *Le Chevalier au Cigne et les Enfances de Gaudefroi* (1170/90), die in mehreren Fassungen vorliegt und in der spanischen *Gran Conquista de Ultramar* (13. Jh.) auch in Prosa wiedergegeben wurde, berichtet, daß die Witwe eines Herzogs von Bouillon von ihrem Schwager Renier von Sachsen des Ehebruchs angeklagt und ihrer Länder beraubt wird. Während eines Gerichtstages vor Kaiser Otto in Nimwegen erscheint auf dem Rhein ein von einem Schwan gezogener Nachen, in dem ein Ritter liegt. Der Ritter rettet die bedrängte Fürstin, indem er den Gegner in einem als ↑ Gottesurteil angesehenen Zweikampf überwindet. Er wird der Gemahl der Tochter der Fürstin und der Vorfahr Gottfrieds von Bouillon. Die vor der Eheschließung gestellte Bedingung, nie nach der ↑ Herkunft des Ritters zu fragen, durchbricht die Ehefrau eines Tages, und der Ritter muß nun Familie und Land verlassen, der Schwan erscheint und bringt ihn dorthin zurück, woher er gekommen war. An diese Fabel, die durch Berichte über Kämpfe mit den Sachsen wesentlich erweitert ist, schließt sich die Jugendgeschichte Gottfrieds von Bouillon. In einigen Fassungen wird ihr als Vorgeschichte das *Märchen von den Schwankindern* vorangestellt, nach dem die sieben Kinder des Königs Oriant und der Nixe Beatrix von ihrer Großmutter verfolgt werden und dabei sechs zu Schwänen werden, während nur eins, eben der spätere Schwanritter Helias, menschliche Gestalt behält; er erlöst später seine Geschwister bis auf einen Bruder, der dann als Schwan den Nachen des Helias zieht. Dieses Märchen ist dem *Dolopathos* des JOHANNES VON ALTA SILVA (um 1300) entnommen.

Abgesehen von dieser deutlich als spätere Zutat erkennbaren Verknüpfung mit dem Schwankindermärchen, ist der Werdegang des Stoffes auch sonst umstritten. Kurze, auszughafte Wiedergaben des Stoffes in verschiedenen Chroniken (HELINAND, *Weltchronik* 1200/27; *Chronik von Brogne* 1211) sowie die Fassung der Sage in der norwegischen *Karlamagnussaga* (1230/50), die das Motiv des Zweikampfes und das des Frageverbots nicht erwähnen, die Handlung nach Mainz verlegen und Kaiser Karl an die Stelle Ottos treten lassen, haben zur Hypothese eines verlorenen Karlsepos um Girard le Cigne geführt, wobei der Schwan als Weiterbildung einer den Helden schützenden Schwanjungfrau aufzufassen, und das Frageverbot erst als eine spätere poetische Zutat anzusehen wäre. Andererseits haben die chronikalischen Fassungen, besonders aus dem Brabanter Raum, die berichten, daß der Ritter sich nach der verhängnisvollen Frage in einen Schwan verwandelte und verschwand (WILHELM VON TYRUS vor 1173; PHILIPP MOUSKET 1244; JACOB VAN MAERLANT, *Spiegel Historiael* 1286/90; van BOENDALE, *Brabantsche Yeesten* 1316), die These gestützt, nach der die Schwanritter-Sage eine Variante des verbreiteten Märchens vom Tierbräutigam darstelle, wie es vor allem in der Sage von → Amor und

Psyche Gestalt gefunden hat. Für diesen Märchentyp ist das Frage-
verbot, auf das der Bestand der Ehe sich gründet, typisch; die
Übertretung des Verbots hat Trennung und Rückverwandlung in
Tiergestalt zur Folge.

Die auch für andere Sagenstoffe wesentliche Frage, ob die Entwicklung sich vom Historischen, Einmaligen zum Märchenhaften
hin vollzog, oder ob ein Märchenmotiv durch Aufpfropfung historischer Ereignisse belebt wurde, scheint sich bei der Geschichte des
Schwanritters zugunsten des zweiten Weges zu lösen, da sie mit der
geheimnisvollen Herkunft des Ritters und dem damit zusammen-
hängenden Frageverbot und der Trennung ihre prägnante Formel
einbüßen würde. Im *Chevalier au Cigne* ist zwar die grundlegende
Auffassung von der dämonischen, tierischen Abkunft des Ritters
bereits geschwunden – der aus der Eingangsszene übernommene
Schwan holt hier den Ritter wieder ab –, aber die ursprüngliche
Fabel ist noch aufrechterhalten, während in der *Karlamagnussaga*
das überflüssig gewordene Frageverbot und die Trennung und
schließlich im *Brabon Silvius* (in HENNEN VAN MERCHTENEN, *Cro-
nicke van Brabant* 1414) sogar die Ankunft im Schwanennachen im
Zuge fortschreitender Rationalisierung gefallen sind. Es muß mit
der historischen Fixierung und Ausgestaltung eines Märchenstof-
fes gerechnet werden, der zunächst Anschluß an die Sagen um →
Karl den Großen fand – wobei die Ausbildung eines größeren Epos
um das Thema der Sachsenkriege nicht ausgeschlossen ist –, der
dann später mit dem deutschen Kaiser Otto verknüpft und vor
allem in Beziehung zu Gottfried von Bouillon gesetzt wurde.
Gleichzeitig wurde der Kampf des Tierbräutigams um den Preis
der Prinzessin zu einem ritterlichen Zweikampf umgestaltet und
das beliebte Romanmotiv von der verleumdeten ↑ Gattin eingeschaltet. Die mit diesen letzteren Elementen verwandte Erzählung
von der Rettung einer lothringischen Herzogin in Julian de CASTIL-
LOS *Historia de los réyes Godos* (1582) ist wahrscheinlich aus der
Schwanritter-Sage abgeleitet.

Der fragmentarisch erhaltene *Schwanritter* (1260/70) KONRADS
VON WÜRZBURG, der den Ritter zum Ahnherrn des Klevischen
Hauses machte, bedeutete in der Entwicklung der Sage nahezu
einen Rückschritt, nachdem WOLFRAM VON ESCHENBACH in seinem
→ *Parzival* das seines Sinnes entleerte Frageverbot neu begründet
hatte; Wolfram übertrug die Fabel auf Loherangrin, den Sohn
Parzivals: durch eine auf dem Gral erscheinende Schrift wird er zur
Rettung der Herzogin von Brabant berufen, die sich nur einem ihr
von Gott erwählten Gatten vermählen will und sich dadurch die
Feindschaft der Fürsten zugezogen hat. Das Frageverbot erschien
nun erneut berechtigt, weil es der Wahrung des Gralsgeheimnisses
diente. Auf Wolframs skizzenhaftem Handlungsumriß beruhen
sowohl die ausführlichere Darstellung des *Jüngeren Titurel* (um
1270), der die Geschichte einer zweiten Ehe Loherangrins und
seines Todes anfügte, wie der *Lohengrin* (1283–90) eines thüringischen Dichters, der die Erzählung als Teil des Rätselstreites im

Wartburgkrieg Wolfram in den Mund legte. Hier erscheint als
Name des Kaisers der Heinrichs I., als derjenige der Fürstin der
Name Elsa und als der ihres Gegners, der sie eines gebrochenen
Eheversprechens anklagt, der Name Friedrich von Telramund.
Das Gedicht ist als Ganzes nur in einer bayerischen Überarbeitung
erhalten.

Der *Lohengrin* fand im 15. Jahrhundert eine Meistersingerbear-
beitung (*Lorengel*) und ging in Ulrich Füetrers *Buch der Abenteuer*
(1470/90) sowie in das *Dresdener Heldenbuch* (1472) ein. Der französische *Chevalier au Cigne* erfuhr zur gleichen Zeit seine letzte
Redaktion; sie schied die Schilderung der Sachsenkriege aus und
wurde Grundlage der zahlreichen Volksbücher vom Schwanritter.

Die Herausgabe des *Lohengrin* durch Görres (1813) und von
Konrad von Würzburgs *Schwanritter* durch Wilhelm Grimm (1816)
ermöglichte eine Wiederbelebung des Stoffes, die im wesentlichen
R. Wagner (*Lohengrin*, Musikdr. 1847) zu danken ist. Wagner hat
die Handlung gestrafft und durch geschickte Motivverknüpfung
und Personenverschmelzung, die auf einer guten Kenntnis der
verschiedenen Überlieferungszweige beruht, ein dramatisches Gegenspiel geschaffen: er zog die Gestalten des Telramund und des
Herzogs von Kleve aus dem mittelalterlichen *Lohengrin* zu einer
zusammen und schuf aus der Randfigur der Herzogin von Kleve
die Intrigantin Ortrud, die zugleich Repräsentantin des sterbenden
Heidentums ist; der Raub eines Stücks Fleisch von Lohengrins Leib
ist ein Motiv, das der *Jüngere Titurel* verwandte; der Schwan wurde
aus einem verzauberten Bruder Lohengrins zu einem Bruder Elsas,
den Lohengrin erlöst und der Gattin zum Trost zurückläßt; statt
seiner zieht die Gralstaube den Nachen mit dem Ritter zurück nach
Monsalvat. Neben Wagners Werk sind die anderen Erneuerungsversuche, auch der G. Hauptmanns (1913), bedeutungslos.

J. F. D. Bloete, Das Aufkommen der Sage von Brabon Silvius, dem brabanti-
schen Schwanenritter, Amsterdam 1904; A. G. Krüger, Die Quellen der Schwan-
ritterdichtungen, 1936; W. Krogmann, Die Schwanrittersage, (Archiv für das
Studium der neueren Sprachen und Literaturen 171) 1937.

**Scudéry, Fräulein von** → Cardillac

**Seila** → Jephthas Tochter

**Semiramis.** Semiramis, die Frau des assyrischen Königs Samsi-
Adad V., die 810–805 v. Chr. für ihren minderjährigen Sohn die
Regierungsgeschäfte führte und wohl auch nach dessen Regie-
rungsantritt in hohem Ansehen stand und zu deren Zeit eine starke
Expansion des Assyrerreichs stattfand, ist schon im Altertum zur

sagenhaften, überlebensgroßen Gestalt geworden und hat durch
Verschmelzung mit der Göttin Ischtar starke erotische Züge erhalten.

Die um Semiramis sich bildenden Sagen wurden um 400 v. Chr.
von KTESIAS zusammengefaßt, dessen Werk in der ausweitenden
Bearbeitung DIODORS von Sizilien (60 v. Chr.) erhalten ist. Semira-
mis, Tochter einer Göttin und eines Sterblichen, wächst in der
Einsamkeit auf und kommt als Frau des königlichen Beamten
Onnes nach Ninive. In Männerkleidung begleitet sie ihren Mann
im Kriege und erregt durch die von ihr bewerkstelligte Eroberung
Baktras das Interesse des Königs Ninos, der sie zur Frau begehrt
und Onnes dafür seine Schwester anbietet. Aus Furcht vor den
Drohungen des Königs verfällt Onnes in Wahnsinn und erhängt
sich. Ninos bestimmt seine nunmehrige Frau vor seinem Tode als
Regentin für seinen Sohn Ninyas. Sie wird durch ihre Siege und
Bauten berühmt; ihre zahlreichen Liebhaber läßt sie töten, wenn sie
ihrer überdrüssig ist. Ninyas versucht, sie umzubringen, sie verzeiht ihm, tritt die Herrschaft ab und zieht sich von den Menschen
zurück. Andere antike Schriftsteller bringen wichtige Varianten
und Zusätze. Nach DEINON (um 340 v. Chr.) überredet Semiramis
Ninos, ihr die Herrschaft auf fünf Tage zu überlassen, und diese
Zeit benutzt sie, ihn gefangenzusetzen und sich die Alleinherrschaft
zu sichern. Das Verkleidungsmotiv ist bei Pompeius TROGUS
(1. Jh. v. Chr.) dahin abgewandelt, daß Semiramis nach Ninos'
Tode sich für ihren Sohn ausgibt, unter seinem Namen regiert und
erst nach ihren Erfolgen ihren Betrug offenbart, der ihr beim Volke
noch größere Achtung verschafft. Sie wird schließlich von ihrem
Sohn getötet, dem sie einen blutschänderischen Antrag gemacht
hatte. Die erotischen Züge wurden besonders in der armenischen
Version des MOSES VON CHORENE (5. Jh. n. Chr.) herausgestellt. Im
ägyptischen *Ninos-Roman* (1. Jh. n. Chr.) erscheint die Liebe zwischen Ninos und der von ihm begehrten Prinzessin als sentimentale
Liebesgeschichte, die nichts mit der eigentlichen Fabel zu tun hat.

In DANTES *Göttlicher Komödie* (1307/20) gehört Semiramis neben
→ Dido und → Kleopatra zu den wegen Wollust zur Hölle
Verdammten. Der erste, der den viele Gestaltungsmöglichkeiten
bietenden Stoff zu einem Drama verwandte, war M. MANFREDI (*La
Semiramis* 1593). Die meist durch Botenberichte wiedergegebene
Handlung hat die widernatürliche Liebe der Mutter zum Thema:
sie hat schon ihren Gatten Ninos getötet und bringt nun, heuchle-
risch Wohlwollen vortäuschend, die Frau des Sohnes und seine
zwei Kinder um; Ninos tötet die Mutter und dann sich selbst.
Entgegen diesem klassizistischen Ansatz suchte das spanische
Drama die fruchtbarsten Motive des Stoffes zu einer Handlung
zusammenzuschweißen. C. de VIRUÉS (*La gran Semíramis* 1609)
setzt mit der Werbung des Ninos und dem Selbstmord des Menon
(= Onnes) ein, bringt dann Semiramis' Bitte um Abtretung der
königlichen Macht, die Beseitigung des Königs, die Ausübung der
Herrschaft in Gestalt des eigenen Sohnes und schließlich die Liebe

der Königin zu ihrem Sohn, der sie umbringt. Eine Bearbeitung des LOPE DE VEGA ist verlorengegangen. Die bedeutungsvollste Formung in der ganzen Geschichte des Stoffes schuf 1653 CALDERÓN mit dem zweiteiligen Drama *La Hija del Aire*, das, von Virués angeregt, den Fluch der Schönheit zeigen will, gegen dessen Kraft die dämonische ↑ Verführerin selbst anzugehen sucht. Der 1. Teil bringt die erzwungene Abtretung durch Menon und die gleich daran anschließende Beseitigung des Ninos durch die Herrschsüchtige. Der 2. Teil spielt zwanzig Jahre später: statt der Herrschaft zu entsagen, setzt Semiramis den eigenen Sohn gefangen, stirbt jedoch auf dem Schlachtfelde, von den Schatten der Ermordeten geplagt; das ↑ Inzest-Motiv fehlt. Unter den Übersetzungen und Bearbeitungen sind die E. RAUPACHS (1829), K. IMMERMANNS (1839), B. v. HEISELERS (1948) und H. v. HOFMANNSTHALS (Fragment, postum 1937) hervorzuheben.

Von einheitlicherer Wirkung waren die Dramatisierungen der Italiener und Franzosen, die nur einen oder zwei Komplexe aus dem Stoff herausgriffen. N.-M. DESFONTAINES (*La véritable Sémiramis* 1647) entlastet die Königin sowohl in bezug auf die Ermordung des Ninos, weil sie ihn gegen ihren Willen als den Besieger ihres Vaters hat heiraten müssen, wie auch in bezug auf die Liebe zu ihrem Sohn, da sie von der Verwandtschaft zu ihm nichts weiß und sich, nachdem seine Herkunft enthüllt ist, selbst den Tod gibt. G. GILBERT (*Sémiramis* 1647) stellte die wirksame Episode von der Werbung des Ninos und der Abtretung durch Menon in den Mittelpunkt; die Gatten stehen hier jedoch treu zueinander, und die Beseitigung des Ninos ist ein Racheakt der Semiramis für den durch Selbstmord geendeten Menon; den gleichen Konflikt behandelte unter Abwandlung der Charaktere A. ZENOS Operntext (*Semiramide* 1701, Musik A. ALDOBRANDINI). Menon erweist sich hier als unwürdig, indem er die früher von ihm umworbene Schwester des Königs für Semiramis eintauschen will; er verfällt, von beiden Frauen verschmäht, in Raserei, und Semiramis gibt dem König, als sie den Gatten durchschaut hat, ihr Jawort. Auf das dritte zur Bearbeitung verlockende Motiv konzentrierte P. METASTASIOS Libretto *Semiramide riconosciuta* (1729, Musik L. VINCI) den Stoff: die sich als ihren eigenen Sohn ausgebende Semiramis wird durch Liebe und Eifersucht gezwungen, ihr Geheimnis zu lüften, hat aber sowohl die Liebe des begehrten Mannes wie das Vertrauen des Volkes gewonnen. 15 weitere Komponisten, unter ihnen W. GLUCK (1748) haben in den folgenden 200 Jahren Metastasios Text vertont, zuletzt MEYERBEER (1819). Das Inzest-Motiv bearbeitete 1717 P.-J. DE CRÉBILLON und gab nach dem Muster der →
Phädra der Königin durch eine Geliebte des Ninyas eine Nebenbuhlerin, deren Beseitigung der Königin mißlingt; nach Aufklärung des Verwandtschaftsverhältnisses zu dem von ihr Umworbenen stirbt Semiramis von eigener Hand. In VOLTAIRES gegen seinen Konkurrenten verfaßter *Sémiramis* (1748) erwacht das Muttergefühl der Königin nach der Entdeckung des Sohnes, und sie sühnt

den Gattenmord, indem sie den Sohn schützen will und dabei
irrtümlicherweise von ihm erstochen wird. Mit leichten Varianten
verarbeitete GLUCK Voltaires Schlußakt, in dem der Sohn auf
Geheiß der Götter in die Gruft des Vaters steigt und dort die Mutter
tötet, zu einem Ballett (1765), und auch der Text G. ROSSIS zu
ROSSINIS Oper (1823) folgte im wesentlichen Voltaires Handlungsverlauf. Im ganzen haben etwa 40 italienische Opern den Semira-
mis-Stoff behandelt.

Als in der zweiten Hälfte des 19. Jahrhunderts durch archäologi-
sche Funde die für eine mythische Gestalt gehaltene Königin als
historische Persönlichkeit ans Licht trat, nahmen sich der historische Roman und die Erzählung des Stoffes an (P. HILLE 1901; O. v.
HANSTEIN 1925; O. ENKING 1938). In einem Drama von J. PÉLADAN
(1897) dagegen sind die spezifischen Motive des Stoffes getilgt:
Semiramis ist bereit, aus Liebe zu einem Gefangenen ihrer politischen Aufgabe untreu zu werden, findet aber nach dessen Tod zu
ihrer Heroinenrolle zurück und wird zu den Göttern entrückt.
Lediglich übertragene Bedeutung hat der Name in einem modernen Roman (1904) von E. v. WILDENBRUCH.

H. Haun, Semiramis in den romanischen Literaturen, Diss. Wien 1949.


**Seneca** → Nero


**Shakespeare.** Das nur sehr lückenhaft bekannte Leben des
englischen Dramatikers William Shakespeare (1564–1616), der aus
seiner Heimatstadt Stratford wegen eines ihm zur Last gelegten
Jagdfrevels floh, in London Schauspieler wurde, als Theaterprinzi-
pal und Dramatiker zu Ehren und Wohlstand aufstieg, 1597 ein
Haus in Stratford erwerben konnte und dort seit 1611 seine letzten
Jahre verbrachte, hat als literarischer Stoff nur eine recht kümmer-
liche Rolle gespielt.

Nach J. F. SCHINKS Verwendung der Gestalt in dem satirischen
Vorspiel *Shakespeare in der Klemme* (1780), das sich gegen den
französischen *Hamlet*-Bearbeiter J.-F. Ducis richtete, schuf der
Franzose A. DUVAL mit *Shakespeare amoureux ou la Pièce à l'étude*
(1804) das erste Shakespeare-Lustspiel, das den Dichter in der
völlig unspezifischen Rolle eines eifersüchtigen und triumphierenden Liebhabers vorführt; K. LEBRUN (1818) und F. A. v. KURLÄN-
DER (*Shakespeare als Liebhaber* 1819) bearbeiteten dieses Stück für
die deutsche Bühne. Ähnliche anekdotische Stücke tauchten im
19. Jahrhundert immer wieder auf (H. DORN, *Im Globus* 1853;
M. TAMAYO Y BAUS, *Un drama nuevo* 1867; H. VAN OFFEL, *La nuit de
Shakespeare* 1913), und auch manche Shakespeare-Romane be-

schränkten sich im wesentlichen auf Anekdoten, die in ein Kultur-
bild eingelassen sind (Clémence ROBERT, *William Shakespeare*
1844).

Den dichterischen Höhepunkt der Stoffentwicklung bildet
L. TIECKS Novellenkomposition *Dichterleben* (1825). Während der
Prolog den Knaben Shakespeare und die für seinen Dichterberuf
entscheidenden Eindrücke schildert, zeigt die erste Novelle den
Schauspieler unter seinen Londoner Kollegen und Konkurrenten
sowie die Freundschaft mit Graf Southampton und die zweite
Novelle deren Verrat durch den Grafen, der Shakespeare mit
dessen Geliebter Rosaline betrügt. Tiecks kulturgeschichtliches
Erzählwerk wurde von K. J. BRAUN V. BRAUNTHAL (*Ritter Shakespeare* 1836) und K. v. HOLTEI (*Shakespeare in der Heimat* 1840)
dramatisiert, und noch E. v. WILDENBRUCH lehnte sich in *Christoph
Marlow* (1884) daran an. Das Motiv der Freundschaft zu Southampton beherrschte die Shakespeare-Dichtungen der ersten Hälfte
des 19. Jahrhunderts: immer wieder erscheint der Graf als des
Dichters Nothelfer, Entdecker und Förderer sowie als sein Rivale
in der Liebe (H. KÖNIG, *William Shakespeare*, R. 1839; L. STEIN, *Des
Dichters Weihe*, Dr. 1864; G. HICK, *Shakespeare und Southampton
oder die letzten Jahre der großen Königin*, Dr. 1863). Bevorzugter
Lebensabschnitt waren die unter dem Druck des Vaters verlebte
Jugend mit der obligaten Wilddiebaffäre und der Ausbruch in die
Kunstwelt Londons (K. STEIN, *Shakespeares Bestimmung*, Dr. 1820;
K. J. BOYE, *William Shakespeare*, dän. Dr. 1826; Ch. KEMBLE,
*Shakespeare's Early Days*, Dr. 1829; H. RAU, *William Shakespeare*,
R. 1864; W. GIBSON, *A Cry of Players*, Dr. 1969). Zur Erfindung
von Liebeserlebnissen hat die »schwarze Dame« seiner *Sonette*
Anregung gegeben, so für F. HARRIS' *Shakespeare and his Love* (Dr.
1910) und SHAWS als Entgegnung gemeinte Farce *The Dark Lady of
the Sonnets* (1910), in der Shakespeare versehentlich mit Königin →
Elisabeth zusammenkommt, die dem Stoff oft eine effektvolle
Szene verleiht. Eine Sonderstellung haben Bearbeitungen, die sich
mit der Entstehung eines Shakespeareschen Werkes befassen oder
das Urbild für eine seiner Gestalten zu finden suchen (E. BOAS,
*Shakespeare oder Gaukeleien der Liebe*, Dr. 1848; ROSIER/de LEUVEN/
A. THOMAS, *Der Sommernachtstraum*, Oper 1850; A. E. BRACHVO-
GEL, *Hamlet*, R. 1876; R. v. LILIENCRON, *Die siebente Todsünde*,
Nov. 1877; L. A. DAUDET, *Fahrten und Abenteuer des jungen Shakespeare*, R. 1898). Würde, Bewährung und Selbstüberwindung des
reifen Dichters stellten R. F. WILLIAMS (*Shakespeare and His Friends*,
R. 1838), A. LINDNER (Dr. 1864), K. KÖSTING (Dr. 1864), H. HORN
(*Shakespeares Wandlung*, Dr. 1906), H. SCHREYER (*William Shakespeare*, Dr. 1895) und W. SCHÄFER (*Wilhelm Shakespeare*, Dr. 1900)
dar. Mit weniger realistischen Mitteln näherten sich die Skizzen
von P. ENDERLING (*Shakespeare-Novelle* 1916) und S. v. d. TRENCK
(in *Leuchter um die Sonne* 1925) Shakespeares Dichtertum.

Die Vorliebe des ausgehenden 19. Jahrhunderts für Renaissance-
milieu trug zur häufigeren Verwendung des Stoffes bei (H. v.

STEIN, *Denker und Dichter* 1863; H. Frhr. v. BECHTOLSHEIM, *Dreikönigsabend*, Kom. 1904; E. KAISER/G. KIESAU, *Die Befreiung*, Dr. 1906). Ein bereicherndes Motiv lieferte eine Zeitlang die von der Shakespeare-Forschung aufgestellte Bacon-Theorie, mit der sich Schreyer, Horn und Schäfer im pro-Shakespeareschen Sinne auseinandersetzten, während R. v. MEERHEIMB (*Shakespeares Beichte in der Westminster-Abtei*, Monodrama 1879) und E. BORMANN (*Der Kampf um Shakespeare*, Dr. 1897) sich für Bacon als den Dichter entschieden und K. BLEIBTREU (Tragikomödie 1907) beide ablehnte, um den Grafen Rutland als das wirkliche Genie hinstellen zu können. Der Streit um die Identität Shakespeares ist aus den neueren biographischen Romanen wieder ausgeklammert. Dagegen bilden die politische Beziehung zu Essex, die Freundschaft zu Southampton, das Verhältnis zu Dramatikern und Schauspielern, das Kolorit des elisabethanischen London den Kanevas, den die Erfindungsgabe mit Leben und Charakter Shakespeares zu füllen trachtet. Dabei ermüden in K. HAEMMERLINGS von der Jugend bis zur Entstehung des *Sturm* führendem Roman *Der Mann, der Shakespeare hieß* (1938) langatmige, mit Zitaten gespickte Bemühungen, die Dramen aus der Vita entstehen zu lassen. Im Vordergrund von O. WILDES *The Portrait of Mr. W. H.* (1921) und R. PAYNES *The Roaring Boys* (1955, dt. *Aufruhr der Komödianten* 1956) steht die Truppe Shakespeares, besonders seine Schüler, bei Payne auch sein Bruder, der Narrenspieler Edmund; Paynes in den Jahren 1603–07 spielender Roman versucht, Shakespeares zunehmende Schwermut und seinen Entschluß, sich nach Stratford zurückzuziehen, zu motivieren.

A. Ludwig, Shakespeare als Held deutscher Dramen, (Jahrbuch der Shakespeare-Gesellschaft 54) 1918; P. A. Merbach, Shakespeare als Romanfigur, (ebd. 58) 1922; M. Hecker, Shakespeares Bild im Spiegel deutscher Dichtung, (ebd. 68) 1932; S. Schoenbaum, Shakespeare Lives, Oxford 1970.

**Shylock.** Die Fabel von der Verpfändung eines Pfundes Menschenfleisch, die einen der Handlungsstränge in SHAKESPEARES *Kaufmann von Venedig* bildet, hat bis zu Shakespeare hin eine mehrhundertjährige Entwicklung durchgemacht. Die Hingabe des eigenen Fleisches, im Bezirk des Religiösen von magischer Bedeutung und Ausdruck stellvertretenden Opfers, wird im weltlichen Bereich und als Forderung eines böswilligen Gegners zum grausamen Spiel mit dem Leben des zum Blutzoll verpflichteten Opfers.

Die älteste Fassung des Stoffes liegt im *Dolopathos* des JOHANNES VON ALTA SILVA (um 1300) vor. Ein Ritter wirbt um eine Schöne, die von allen Freiern, denen es nicht gelingt, sie in der gewährten Liebesnacht zu erobern, eine Geldsumme verlangt. Da er im Bett der Dame sofort in Schlaf verfällt, muß er die Buße zahlen; er borgt sich für einen erneuten Versuch das Geld bei einem Vasallen, dem er einmal den Fuß abgehauen hat und der sich durch die Schuldforderung auf ein Pfund seines Fleisches an ihm rächen will. Der Ritter zerstört den Zauber, durch den die Jungfrau ihre Freier einschläfert, gewinnt sie und vergißt über seinem Glück die Zahlung. Der Vasall besteht auf seinem Recht, die Klage gelangt vor den König, aber die Dame des Ritters spricht, als Richter verkleidet, das Urteil: der Vasall darf ein Pfund Fleisch aus dem Körper des Ritters schneiden, aber nicht mehr und nicht weniger, sonst ist sein Leben verwirkt. Der Vasall nimmt Abstand von seiner Forderung. Schon hier hat die Geschichte eine rechtskritische Funktion; sie illustriert den Satz »Summum ius summa iniuria«, kritisiert die wortwörtliche Erfüllung des Gesetzes und verlangt ein Urteil nach Maßgabe der Billigkeit.

Durch die dem *Dolopathos* nahestehenden Wiedergaben in den verschiedenen Fassungen der *Gesta Romanorum* (14. Jh.) erlangte die Erzählung weite Verbreitung. Der Verleiher des Geldes wurde zum Kaufmann, der keinen persönlichen Grund zur Feindschaft gegen seinen Schuldner hat, und der Schiedsspruch wurde mitunter dahin abgeändert, daß der Gläubiger bei seiner Operation kein Blut vergießen darf. Fast alle Fassungen koppeln die Verpfändung mit einer Liebesgeschichte und einer weiblichen Richterin. Nur eine englische Version des 14. Jahrhunderts übertrug den Rechtsstreit auf zwei Brüder, von denen der eine durch das Mitleid und die List eines Königssohnes vor der Forderung des bösen Bruders gerettet wird. Die Einsetzung eines jüdischen Wucherers in die Rolle des Geldverleihers findet sich zuerst in einem englischen Gedicht *Cursor mundi* (Anf. 14. Jh.) und dann in wirkungsvoller Form im *Pecorone* (1378) des G. FIORENTINO; in dem einen Falle muß als politischer Hintergrund für diese Änderung die Vertreibung der Juden aus England gesehen werden, im anderen Falle sind es die Judenpogrome im Anschluß an die große Pestepidemie. Deutliche Beziehungen zu dem Volksglauben der Zeit zeigt auch die lateinische Komödie *Moschus* (1599) des Jenaers J. ROSEFELDT. Hier wird von zwei Brüdern berichtet, der eine Kaufmann, der andere Student. Der Kaufmann gerät durch die bekannte Schuldverschreibung in die Gewalt des Juden Moschus. Sein Bruder wird unter dem Verdacht, ein Kind ermordet zu haben, in den Gerichtssaal geführt, kann durch sein gelehrtes Wissen den Rechtsfall des Bruders lösen und erkennt zugleich in Moschus den Mörder des Kindes, das einem Ritualmord zum Opfer fiel. Im 15. und 16. Jahrhundert ist der Stoff auch als juristischer Paradefall (*The Orator* 1596) oder zur Verherrlichung der Rechtsprechung → Karls des Großen (*Kaiser Karls Recht*, Meistergesang 1443) oder des Papstes Sixtus V. (G. LETI, *Vita di Sixto Quinto* 1587; hier ist der Jude der Schuldner) verwandt worden.

Im England des 16. Jahrhunderts erlebte der Stoff seine reichste Blüte. Zwei Volksballaden sind erhalten (*The Ballad of the Jew Gernutus or the Jew of Venice* und *The Northern Lord*), von denen die erstere mit dem Eigennamen auf ein Drama hinweist, in dem ein

Jude als Gläubiger eines Christen auftaucht (W. Wilson, *The Three Ladies of London* 1584). Aus dem Jahre 1579 ist der Titel eines Stückes *The Jew* überliefert, das wahrscheinlich die Vorlage für Th. Dekkers gleichfalls verschollenes Drama *Josef, the Jew of Venice* (1592/94) oder sogar mit diesem identisch war. Im Umriß ist dieses Werk durch die deutschen Fassungen der Englischen Komödianten erhalten, in deren Repertoire es unter verschiedenen Titeln auftaucht. Die alte Fabel ist mit einer politischen Vorgeschichte oder Rahmenhandlung versehen worden. Der Prinz von Zypern schlägt seinem Vater vor, die Juden zu vertreiben und ihre Güter einzuziehen; der Jude Barrabas will sich an ihm rächen und begleitet ihn, als Veteran verkleidet, auf einer politischen Reise nach Venedig, wo der Prinz durch ein Liebesabenteuer in die Schuld des sich nunmehr Josef nennenden Barrabas gerät und ihm das Pfund Fleisch verschreibt. Während Ch. Marlowe die politischen Elemente dieser Handlung aufgriff und aus dem Juden Barabas, in dessen Gestalt vielleicht die Person des jüdischen Finanzgewaltigen am türkischen Hof, Herzog von Naxos Josef Mendez-Nassi, ihre Spiegelung gefunden hat, den mächtigen politischen Verbrecher in seinem *Juden von Malta* (1591) machte, behielt Shakespeare im *Kaufmann von Venedig* (1594/96) die Grundzüge der Handlung von Dekkers Stück bei, dessen Thema durch den Hochverratsprozeß gegen den jüdischen Arzt der Königin Elisabeth, Rodrigo Lopez, besonders aktuell geworden war. Der Schuldner Antonio ist jedoch nicht selbst der Liebhaber, der sein Fleisch um eines Abenteuers willen verpfändet, sondern er bürgt mit seinem Fleisch für den verliebten Freund Bassanio; die Geliebte Portia ist nicht nur die energische und gescheite Frau, die durch ihren Rechtsspruch den Angeklagten rettet, sondern sie zeigt sich schon durch die Freierprobe mit den drei Kästchen als die Verkörperung der unmaterialistischen und humanitären Gesinnung, mit der sie in der Gerichtsszene Shylock entgegentritt. Die Isolierung der düsteren Shylockgestalt in der Lustspielwelt wird vervollständigt durch die Tochter Jessica und ihren christlichen Liebhaber, die Shylock betrügen und in Portias Sitz Belmont Zuflucht finden. Shylock selbst ist über die herkömmliche Wucherergestalt hinausgewachsen und zum Sinnbild einer durch Leid tragisch in Haß und Geiz verstrickten, unerlösten Seele geworden.

H. H. Graetz, Shylock in der Sage, im Drama und in der Geschichte, 1899; H. Sinsheimer, Shylock, the History of a Character or the Myth of the Jew, London 1947; ders., Shylock, die Geschichte einer Figur, 1960.

**Sibylle, Königin.** Unter den Sagen um das Motiv der verstoßenen Frau, die auffallend häufig im Zusammenhang mit → Karl dem Großen auftauchen – den Sagen von → Berta, → Eginhard und Emma, Hildegard, Morant und Galie, Milon und Berta (→ Roland) –, hat die Geschichte von der Königin Sibylle, der Frau Karls und Tochter des Kaisers Konstantin, eine eigenartige Entwicklung durchgemacht. Sie geht von der gleichen Grundsituation aus wie die von Karls anderer Gemahlin Hildegard und ist vielleicht nur eine Abwandlung des Stoffes unter gleichzeitiger Änderung der Namen: Die Gattin wird von einem abgewiesenen Liebhaber bei dem Ehemann eines Ehebruches bezichtigt und daraufhin von Karl verstoßen. Im Falle von Sibylle begehrt ein Zwerg die Frau und kriecht, als sie ihn abweist, unbemerkt in ihr Bett. Karl entdeckt ihn dort, glaubt ihm, verstößt die verleumdete ↑ Gattin und verbrennt den Zwerg. Sibylle, die vor der Geburt eines Kindes steht, bekommt zum Schutz den Ritter Aubry de Montdidier mit, der aber unterwegs von dem Verräter Macaire, der selbst Sibylle besitzen will, erschlagen wird. Der Hund des Aubery, der seinem toten Herrn Lebensmittel bringen will und sie bei Hofe entwendet, vermittelt die Entdeckung des Mörders, der zur Strafe von Pferden durch Paris geschleift wird. Sibylle reist zu ihrem Vater, gebiert unterwegs einen Sohn und versöhnt sich schließlich, nachdem ihr Vater mit Heeresmacht gegen Karl gezogen ist, durch Fürsprache des Papstes mit ihrem Ehemann.

Die bei AUBRY DE TROIS-FONTAINES (1. Hälfte 13. Jh.) erwähnte Sage wurde später zu dem aus dem Ende des 14. Jahrhunderts stammenden spanischen Roman *Historia de la Reyna Sebilla* (Druck 1532) und zu einem niederländischen Volksbuch (Anfang 16. Jh.) verarbeitet. Durch ELISABETH VON NASSAU-SAARBRÜCKEN ist eine französische Chanson de geste in einen deutschen Prosaroman (*Sibille* um 1437) aufgelöst worden.

In Deutschland wurde der Stoff, von seinem historischen Namen befreit, zu dem spätmittelalterlichen Roman *Die unschuldige Königin von Frankreich* oder *Die Königin von Frankreich und der ungetreue Marschall* entwickelt, der u. a. in einer Fassung des SCHONDOCH (um 1465) erhalten ist. Der Zwerg und der Verräter Macaire sind hier zu einer Person zusammengezogen oder der Gestalt des Liebhabers Talant aus dem Hildegard-Stoff angenähert; an die Stelle der Orientreise der Königin ist das aus der Berta-Sage übernommene demutvolle Waldleben der Königin getreten; die Episode mit dem treuen Hund blieb jedoch erhalten. Dieser Roman wurde dann durch einen geistlichen Bearbeiter zur → Genovefa-Legende umgearbeitet. Der Bearbeiter strich den in den legendären Rahmen nicht passenden Hund, verwendete aber das sentimentale Motiv des Nahrung bringenden Tieres unter Erfindung einer Hirschkuh, die im Auftrage der Mutter Gottes die Dulderin versorgt und ihr schließlich den Gatten zuführt; Ansätze zu dem Hirschkuhmotiv sind schon in manchen Fassungen der Berta-Sage zu finden. Hans SACHS verwandte den Sibylle-Stoff in der *Comedi die Königin aus Frankreich mit dem falschen Marschalk* (1549).

Der plumpere Geschmack des Ritterdramas griff gerade die Hundeepisode heraus und lieferte der verwickelten Geschichte des Stoffes ein farcenhaftes Nachspiel. Der Franzose PIXÉRÉCOURT schrieb eine Féerie *Le chien de Montargis ou la forêt de Bondi* (1814), in der Karl der Große gar nicht mehr vorkommt. Das in CASTELLIS Übersetzung (*Der Hund des Aubri de Mont-Didier oder Der Wald bei Bondy* 1815) erfolgreiche Stück wurde durch das Gastspiel des mit seinem dressierten Hund Deutschland bereisenden Wiener Schauspielers Karsten zum Anlaß für Goethes Rücktritt von der Leitung des Weimarer Theaters im Jahre 1817.

G. Paris, Histoire poétique de Charlemagne, Paris 1863.

**Siddharta** → Barlaam und Josaphat

**Sieben gegen Theben.** Die Geschichte vom Kampf der Sieben gegen Theben bildet in der thebanischen Sage das kriegerische Mittelstück zwischen der → Ödipus- und der → Antigone-Tragödie. Sie ist im Altertum durch den verlorenen epischen Zyklus *Thebais* bekannt gewesen, von dem des Römers STATIUS *Thebais* (1. Jh. n. Chr.) ein Abglanz ist. Hier setzt die Handlung mit dem Fluch des Ödipus gegen die Söhne ein, die sich dann nach seiner Verbannung um die Herrschaft streiten. Der ältere Eteokles vertreibt Polyneikes, der nach Argos zu König Adrastos flieht, dessen Tochter Argeia heiratet und seine Hilfe gegen den Bruder gewinnt. Sieben Heerführer ziehen vor die Stadt, nur der Seher Amphiaraos weiß, daß außer Adrastos keiner zurückkehren wird. In Theben fordert der Seher Teiresias zur Rettung der Stadt das Leben von Kreons Sohn Megareus / Menoikeus, der sich opfert. Eteokles und Polyneikes fallen im Zweikampf, so daß der Fluch des Vaters Erfüllung findet.

Des AISCHYLOS Drama *Sieben gegen Theben* (467 v. Chr.), der einzig erhaltene Teil und Abschluß seiner Theben-Trilogie, gab wohl zuerst den Ödipus-Kindern zur Erklärung ihres fluchwürdigen Handelns Iokaste zur Mutter. Polyneikes tritt nicht auf. Eteokles ist der starke Mann und Regent, der jedem der feindlichen Helden den Gegner bestimmt, dem von Kind an gehaßten Bruder Polyneikes sich selbst. Die Klage an den Leichen der Brüder beschließt das Stück, das einen großen Teil der Handlung nur im Botenbericht gibt. In EURIPIDES' *Phönikerinnen* (410/09 v. Chr.) werden die harten Züge des Eteokles ins Böse und Tyrannische gesteigert, der Bruder dagegen als edel und gefühlvoll hingestellt. Neu ist die Rolle der – hier noch lebenden – Iokaste, die vergeblich zu vermitteln sucht; Eteokles entschließt sich, den Kampf um die Herrschaft durch Zweikampf mit seinem Bruder zu entscheiden. Die auf das Schlachtfeld eilende Iokaste findet die schon Sterbenden; sie erreicht noch, daß Polyneikes Abschied von seinem Bruder nimmt; dann stürzt sie sich ins Schwert. Ödipus wird nun erst von Kreon verbannt, und Antigone folgt ihm in die Fremde.

Ein Phönikerinnen- oder Theben-Drama des SENECA ist nur fragmentarisch erhalten. Das Mittelalter kannte den Stoff im wesentlichen nach Statius. Auf ihm beruhen die kurze Erwähnung am Eingang von CHAUCERS *Knight's Tale* und vor allem der französische *Roman de Thèbes* (12. Jh.), der allerdings den Ödipus-Stoff vorschaltete und von dem wiederum J. LYDGATES *Story of Thebes* (um 1420) abhängig ist, die sich aber schon auf BOCCACCIOS Wiedergabe in der *Genealogia Deorum* stützen konnte.

1545 bearbeitete L. DOLCE Euripides' *Phönikerinnen* in einer Tragödie *Giocasta* und verschärfte die Gegensätzlichkeit der Brüder. Das ↑ Bruderzwistmotiv erschien den neueren Bearbeitern nicht tragfähig genug. A. DELL'ANGUILLARA (*Edippo* 1565) benutzte es im 4. und 5. Akt für die Erweiterung der Ödipus-Tragödie. Folgenreicher war die Koppelung mit dem Antigone-Stoff, die zuerst R. GARNIER (*Antigone ou la piétée* 1580) vollzog: der 1. und 2. Akt sind nach den *Phönikerinnen*, der 4. und 5. nach SOPHOKLES' *Antigone* gearbeitet, der 3. ist eine Dramatisierung des Zweikampfes nach Statius' *Thebais*. Besser glückte diese Verschmelzung bei ROTROU (*Antigone* 1638), der Polyneikes als den besseren der Brüder zeichnete und die verzweifelte Iokaste sich noch vor dem Bruderkampf umbringen ließ. Diese Züge übernahm RACINE in *La Thébaïde ou les Frères ennemis* (1663): Iokaste ist hier der härteren Gestalt des Sophokles angenähert, sie schmäht den Gatten wegen der Erzeugung der von Kindheit an bösen Söhne. Der eigentliche Spiritus rector ist Kreon, der den Zwist der Brüder schürt, um nach ihrem Tod den Thron zu erben. ALFIERI (*Polinice* 1782) steigerte die Unversöhnlichkeit des Eteokles bis zu einem Giftmordversuch; nach dessen Fehlschlagen entbrennt der Bruderkampf, der damit endet, daß Eteokles auf Bitten der Mutter den Bruder sterbend umarmt, ihm jedoch dabei den Dolch ins Herz stößt; auch hier fungiert Kreon als Intrigant, während Polyneikes ein nahezu makelloser Held ist. Alfieris Drama folgt das des J.-B. LEGOUVÉ (*Etéocle et Polynice* 1799), der jedoch die Gestalt des Kreon ausschied und dafür den Sturz des Ödipus mit einbezog. F. H. BOTHE (*Der Ödipiden Fall oder die Brüder* 1822) hielt sich teilweise mit übersetzerischer Genauigkeit an Euripides, steigerte aber den Haß des Eteokles bis zum Verbot der Bestattung für Polyneikes; Kreon läßt sich zur Aufhebung des Verbots bewegen, so daß Antigones Tat wegfällt. Max MELLS Versuch (*Die Sieben gegen Theben* 1932), auch noch den Ödipus- und den Antigone-Stoff miteinzubeziehen, führte zu einer thematischen Überfrachtung seines Dramas.

K. Heinemann, Die tragischen Gestalten der Griechen in der Weltliteratur, 1920; P. J. Yarrow, The Theben Brothers in Italian Tragedy, (Orpheus 1/2) 1954/55; W. Asenbaum, Die griechische Mythologie im modernen französischen Drama: Labdakidensage, Diss. Wien 1956; D. Beyerle, Die feindlichen Brüder von Aeschylus bis Alfieri (Hamburger Romanist. Studien 48 u. Romanist. Jb. 16) 1965.

**Siegfried** → Nibelungen

**Sigismund von Polen** → Bauer, Der träumende

**Simson.** Im 13. bis 16. Kapitel des alttestamentlichen *Buches der Richter* wird die Geschichte von dem Richter Simson erzählt, der durch seine ihm von Gott verliehene Stärke dazu ausersehen ist, die feindlichen Philister zu schlagen, aber durch seine Schwäche für die Frauen – er heiratet eine Philisterin, entgeht bei einem weiteren Liebesabenteuer nur mit Mühe den Feinden und erliegt schließlich der List der Delila, die ihm das Geheimnis seiner Kraft entlockt und ihm die Stärke verleihenden Haare abschneidet – von dem ihm vorgezeichneten Wege abirrt und erst in der Gefangenschaft seine Fehler sühnt, indem er bei einem Fest den Tempel der Philister einreißt und zusammen mit den Feinden unter den Trümmern ein Ende findet. Die Erzählung gehört nach neuerer Forschung zu den Märchen um das Motiv »Körper ohne Seele«: Der Übermenschliche wird seiner Seele, d. h. seiner Besonderheit, beraubt, wenn man ihm den Talisman, hier die Haare, nimmt. Das Simson-Märchen dürfte ursprünglich von den Philistern ausgebildet worden sein, deren Sympathien auf seiten Delilas waren, während Simson als ein Unhold von übernatürlicher Herkunft erschien. Mit der Übernahme des Märchens durch die Juden vollzog sich ein Frontwechsel zugunsten Simsons; der Kette seiner Erlebnisse wurde nun die Rache angegliedert, und die Erzählung von seiner wunderbaren Geburt sowie deren Verkündigung durch einen Engel sollte Simsons ursprünglich mythischen Charakter verdecken; die beiden anderen erotischen Episoden sind analog zum Kernmotiv hinzugefügte Motivverdoppelungen.

Der Stoff, der seine Dialektik sowohl aus dem noch national akzentuierten Widerstreit von männlicher Kraft und weiblicher List wie aus dem von göttlicher Sendung und sinnlicher Verstrickung bezieht, hat schon in der kirchlichen Interpretation Widersprüche veranlaßt. Auf der einen Seite galt Simson seit AUGUSTIN als Präfiguration Christi; die Parallele, die an der wunderbaren Geburt und dem Opfertode aufgezeigt und bis in viele Einzelzüge durchgeführt wurde, taucht so im geistlichen Schauspiel des Mittelalters (*Künzelsauer Fronleichnamsspiel, Heidelberger Passion, Oberammergauer Passion*) bis zu den Jesuitendramen und Ch. Weise auf. Auf der anderen Seite war Simson ein Beleg für den der Sünde in Form einer dämonischen ↑ Verführerin erlegenen Mann, der in den Moralsatiren besonders des späten Mittelalters zitiert wurde (S. BRANT, *Narrenschiff* 1494; Th. MURNER, *Gäuchmatt* 1519; J. WICKRAM, *Weiberlist* 1543).

Während aus dem Mittelalter nur spärliche Ansätze zu einer selbständigeren Bearbeitung des Stoffes bekannt sind (*Mystère du*

*Viel Testament*, episodisch; mittelniederdeutsches Dramenfragment), hat das moralisierende Drama des 16. Jahrhunderts den Stoff entfaltet und ihn vor allem dazu genutzt, das Weib als Verderberin darzustellen. Das Kernproblem, die Motivierung von Delilas Verrat, wurde daher durchaus vordergründig und eindeutig gelöst, unabhängig davon, ob man – wofür der biblische Text keinen genauen Anhalt gibt – Delila als Ehefrau oder als Geliebte Simsons darstellte. Mit nahezu gleicher Akteinteilung dramatisierten H. ZIEGLER (*Samson*, lat. Schuldr. 1547) und H. SACHS (*Der Richter Simson* 1556) die gesamte Fabel der vier Kapitel, nur daß Ziegler nach antikem Vorbild große Partien der Handlung in Berichte verlegte. Sachs, der den Stoff schon 1547 in einem Meisterlied (*Simson mit seinem untrewen Weib*) behandelte, zeichnet Delila als Verführerin im Stil des Fastnachtspiels, der die Männer auf den Leim gehen, während Ziegler der antiweiblichen Tendenz mehr Schärfe gibt und Simson am Schluß zur Erkenntnis seiner Schuld gelangen läßt. Wesentlich dramatischer setzt A. FABRICIUS (*Samson*, lat. 1568) erst mit der Handlung des 15. Kapitels ein, die er bis zur Begegnung Simsons und der raffinierten Delila im 3. Akt steigert; die leibliche Buhlerei Simsons wird von dem katholischen Autor mit der Neigung zu häretischen Lehren verglichen. Nach ähnlichem Konzept setzte der Protestant J. MAJOR in der Auslegung seines lateinischen Hexameterepos (*Simson* 1612) das auserwählte Volk den Protestanten und die Philister den Türken gleich. Zwei weitere lateinische Dramen aus dem Umkreis des Straßburger Schultheaters, von A. WUNST und Th. RHODIUS, fallen in das Jahr 1600. Die sehr selbständige Behandlung durch Wunst rückt statt der Delila-Handlung den Kampf der Mutter um ihren sündigen Sohn in den Mittelpunkt. Das personen- und handlungsarme Stück wurde für die Aufführung (1604) durch »Episodien« erweitert, die der von Wunst abhängige Rhodius dann weitgehend übernahm. Seine an Senecas → *Phädra* ausgerichtete Tragödie vermochte weder Simsons Verfallenheit an Delila noch seinen letztlichen inneren Sieg deutlich zu machen, da sie mit Delilas Triumph und der Gefangennahme des sich in Rachedrohungen ergehenden Helden schließt.

Zu diesen moralisierenden Simson-Dramen gehören auch noch das lyrische Dreipersonenstück mit Chören des Genters J. LUMMENAEUS (*Sampson*, lat. 1628), das sich auf die Delila-Handlung beschränkt und Delila als gemeine, auch von den Philisterfürsten verachtete Buhlerin darstellt, sowie der deutsche *Simson* (1678) des Deutschungarn P. MICHAELIS, bei dem Delila von den Philistern mit Geld bestochen wird und Simson ein gefallener Held und büßender Sünder ist. Ebenso lehrhaft-moralisierend stellt des Italieners Ferrante PALLAVICINI Roman *Sansone* (um 1640) den Helden als trauriges Beispiel menschlicher Schwäche dar; Ph. v. ZESEN gab in seiner Bearbeitung des italienischen Romans (1679) den umrißhaften Gestalten deutlichere Züge, machte Delila zur bestochenen Buhlerin und Simson zu einem ins Überlebensgroße gesteigerten

Empörer gegen Gott. Außer Zesen war auch Benedetto FERRARIS Oratorium *Sansone* (um 1660) von Palavicini abhängig.

Das in Zesens Simson–Gestalt hervortretende Verständnis des Barocks für die Bedeutung der Leidenschaften im Leben des Menschen hatte inzwischen eine völlig neue Interpretation des Simson-Problems und der weiblichen Hauptgestalt angebahnt. Schon Juan PÉREZ DE MONTALBÁN (*Il divino Nazareno Sanson*, Dr. 1619/35) setzte an die Stelle von Delilas Bestechlichkeit und Käuflichkeit deren berechtigte Eifersucht als Motiv des Verrats. Eine ähnliche echte Neigung zwischen Simson und Delila haben dann im humanen 18. Jahrhundert sowohl Jean-Antoine ROMAGNÉSI (*Samson* 1730) wie VOLTAIRE in seinem Operntext *Samson* (1730, Mus. RAMEAU; erneut vertont von J.-B. Th. WECKERLIN 1890) konstruiert und dabei Delila noch weitgehender entlastet: sie wird zum ahnungslosen Werkzeug in den Händen der Philister, verrät den Geliebten, ohne zu wissen, was sie tut, und ist über Simsons Mißhandlung verzweifelt; bei Romagnési büßt sie ihre Tat sogar mit dem Tode.

Dem dialektischen Lebensgefühl des Barocks blieben besonders die Bearbeitungen nahe, die in Delila nicht die sentimentale Liebhaberin, sondern die Heroine zeichneten. In J. MILTONS klassizistischem Drama *Samson Agonistes* (1671) verübt Delila den Verrat aus patriotischen Gründen und sucht sich dann mit dem Gatten zu versöhnen; als sie jedoch von ihm zurückgewiesen wird, bricht ihr alter Haß wieder hervor. Enttäuschungen in der eigenen Ehe haben Milton zu dieser Charakterzeichnung veranlaßt. Sein alle anderen an Bedeutung wohl überragendes Simson-Drama endet mit einem Botenbericht über Simsons Ende an dessen Mutter. Bei dem Schuldramatiker Ch. WEISE (1703), der das Kernmotiv in eine personen- und episodenreiche Handlung stellte, opfert die tugendhafte und mit einem Philister verlobte Delila ihre Ehre bewußt dem Vaterland, und im Operntext von B. FEIND (*Der Fall des großen Richters in Israel, Simson . . .* 1709), der die Liebesgeschichten von vier wechselseitig einander zugetanen Paaren verknüpft, ist Delila in einen anderen verliebt und vernichtet Simson aus patriotischen Gründen. In der nicht weniger empfindsamen Liebestragödie von L. RICCOBONI (*Samson* 1717) will Delila sich um ihr Vaterland verdient machen. Textlich von Milton abhängig ist G. F. HÄNDELS Oratorium *Samson* (1741).

In den genannten Dramen des 17. und frühen 18. Jahrhunderts war – mit Ausnahme von Milton – der religiöse Konflikt des Simson weitgehend von der Liebesintrige verdrängt. Simson galt dieser Zeit sichtlich weniger als Gottesheld und taucht bezeichnenderweise auch in den modischen »Heldenbriefen« als verliebter Briefschreiber auf (A. v. ZIGLER UND KLIPHAUSEN, *Helden-Liebe* 1691). Zwar hat sich das Theater immer wieder an den moralisierenden, erhebenden Schluß des Stoffes, den die Säulen des Tempels über sich und den Feinden einreißenden Simson, erinnert, dabei aber hauptsächlich den szenischen Effekt eines pathetischen Boten-

berichts oder einer Arie und die Verwandlungskünste der Bühnen-
technik im Auge gehabt. Die Anspielungen dieser Dramen auf die
präfigurative Bedeutung Simsons wirken gesucht, denn der Stoff
hatte sich in ihnen bereits zu weit von seiner heilsgeschichtlichen
Interpretation entfernt. Diese war in jener Zeit wohl nur noch in
Spanien lebendig (F. de ROJAS ZORRILLA, Auto 1641), und die
traditionelle Perspektive von Simson auf Christus bestimmte vorwiegend Passionsmusiken (G. Ph. TELEMANN 1728 u. a.). Nicht
um die sekundäre präfigurative Bedeutung, sondern den ursprünglichen religiösen Kern des Stoffes herauszustellen, hatte schon ein
auf vier Rollen verteilter »Dialogo per Musica« der V. GIATTINI (*Il
Sansone* 1638) nur den Büßer in der Mühle gezeigt, dem Gott die
alte Kraft gewährt, damit er die Feinde vernichten kann. In ähnlicher Weise beschnitt der Holländer J. van den VONDEL seine analytische Tragödie *Samson af Heilige Wraeck* (1660) auf die letzte
Lebensstation des Helden, den geblendeten und gefangenen Dulder, der büßend Gottes Gnade wiedergewinnt und heldisch sühnt
und siegt. Delila tritt überhaupt nicht auf. C. Ch. DEDEKIND
entwarf nach Vondels Handlungsgerüst und Dialog ein Libretto
(1676), fügte jedoch eine Szene mit der reuigen Delila ein.

Die deutsche Literatur des 18. und frühen 19. Jahrhunderts hat
keinen erheblichen Beitrag zu der Stoffentwicklung geleistet. Lediglich das spezielle Teilmotiv des durch Frauen besiegten Helden
klingt in M. KLINGERS Schauspiel *Simone Grisaldo* (1776) an. GOE-
THE ließ den durch Voltaires Text angeregten Plan einer Simson-
Oper (1812) wieder fallen, und eine Skizze GRILLPARZERS (1819)
blieb unausgeführt. Während der Franzose A. DE VIGNY in seinem
späten Gedicht *La Colère de Samson* (1864) noch einmal das alte
Motiv der Warnung vor dem verräterischen Charakter der Frauen
anschlug, summierten sich in Deutschland seit der Mitte des
19. Jahrhunderts die Bearbeitungen unbedeutenderer Schriftsteller, die das Thema verbürgerlichten und die Beziehungen zwischen
Simson und Delila als »reine Liebe« erscheinen ließen (E. MÜLLER
1853; J. H. SCHIFF 1877; Marie ITZEROTT, *Delila* 1899; A. LEMBACH
1911). Bei M. Itzerott tötet sogar nicht Delila selbst, sondern ihre
Schwester den Helden. Das Motiv der Eifersucht, das sich zuerst
bei Montalbán fand, verwandten F. LEMMERMAYER (Dr. 1893),
H. WETTE (Dr. 1904) und G. A. MÜLLER (*Die Priesterin von Astarot*,
Erz. 1922). Bei A. DULK (Dr. 1859) wird die intrigante Delila durch
Simsons Edelmut und Furchtlosigkeit besiegt. Dem nationalistischen Zeitgeist entsprechend, ist dem patriotischen Moment des
Konfliktes wiederholt, so schon bei W. BLUMENHAGEN (Dr. 1815),
stärkere Beachtung geschenkt worden. W. GÄRTNER (Dr. 1849)
näherte die Frauengestalt dem Typ des Machtweibes an, und in der
vielgespielten Oper von SAINT-SAËNS (*Samson et Dalila* 1877, Text
F. LEMAIRE) ist sie wieder, wie im beginnenden 17. Jahrhundert,
eine Heroine, die Simson aus Nationalhaß verrät. In die Spuren
Miltons trat in dramaturgischer Beziehung P. HEYSE mit einem
Einakter (1884), der nur das Schicksal des geblendeten Simson

wiedergab und ihn zwischen die Mutter und Delila stellte, die den Geliebten durch den Raub des Haares ganz an sich fesseln möchte. Symbolische Verwendung fanden die biblischen Namen in C. VIEBIGS Novelle *Simson und Delila* (in *Kinder der Eifel*, R. 1897).

Eine gewisse Wendung in der Behandlung des Stoffes trat zu Beginn des 20. Jahrhunderts ein. Simson wurde einerseits dem zeitgemäßen Typ des schwankenden, zwischen Geist und Sinne gespaltenen Helden angepaßt, der sich egozentrisch von jeder überpersönlichen Pflicht entfernt (H. EULENBERG, Dr. 1907) oder zum reinen Triebwesen umgeformt, das der Gewalt des Weibes erliegt (H. BERNSTEIN, *Samson*, Dr. 1907; F. WEDEKIND, Dr. 1913). Auf der anderen Seite wurde im Zusammenhang mit der Wiederbelebung religiöser Impulse der Gott suchende und Gott herausfordernde Simson wiederentdeckt. Von Vorurteilen und abergläubischen Vorstellungen frei, wünscht er selbst den Verlust seines Haares (E. EGGERT, Dr. 1910); er vermißt sich, die Bindungen an sein Volk durchbrechen zu können, und kommt zu der Einsicht, daß nicht Überhebung, sondern Hingabe an Gott seine Stärke ausmache (H. BURTE, Dr. 1917), oder er weiß sich als ein Werkzeug Gottes, das der Herr zerbrechen kann, wenn es eigenmächtig handelt (K. RÖTTGER, Dr. 1921).

K. Gerlach, Der Simson-Stoff im deutschen Drama, 1929; W. Tissot, Simson und Herkules in den Gestaltungen des Barock, Diss. Greifswald 1932; A. H. Krappe, Samson (Revue archéologique, 6ᵉ série, vol 1, 2) 1933; W. Kirkconnel, That Invincible Samson: The Theme of Samson Agonistes in World Literature, Toronto 1964.

**Skanderbeg.** Georg Castriota, genannt Skanderbeg, wurde im frühen 15. Jahrhundert als Sohn eines albanischen Adligen geboren, der beim Türkeneinfall 1423 zwangsweise Vasall Amuraths II. wurde und seine Söhne an den Hof des Sultans nach Adrianopel geben mußte, wo sie zu türkischen Untertanen erzogen wurden. Georg, der den Namen Iskander (= Alexander) erhielt und zum Islam übertreten mußte, stieg als Günstling des Sultans rasch zum Rang eines Sanjak Beg (daher: Iskander Beg) auf. Dennoch blieb Amurath mißtrauisch und zog nach dem Tode des alten Castriot dessen Besitz ein; Skanderbegs Brüder sollen vergiftet worden sein. Nach der Niederlage der Türken durch die Ungarn bei Nisch 1443 verließ Skanderbeg das türkische Heer und zwang den Sekretär des Belerbeg von Roumelia, im Namen des Beg den Vizegouverneur von Croia anzuweisen, daß der Befehl über diese albanische Stadt an Skanderbeg zu übergeben sei. In den nächsten Jahren sicherte er seine Position in Croia durch ein Bündnissystem und heiratete 1451 Andronica, die Tochter seines Verbündeten Arianites Comnenus. Er stellte sich als König an die Spitze einer albanischen Fürstenliga und vertrieb die Türken aus Albanien. Alle Kriege Amuraths und Mohammeds II. gegen ihn sowie die Belagerungen Croias mißlangen. Als Skanderbeg 1468 in Alessio, wohin er die albanischen Fürsten wegen der Fortsetzung des Kampfes berufen hatte, starb, hatte er zwar nur noch wenige Stützpunkte, war aber unbesiegt. Nach seinem Tode machte sich Mohammed II. zum Herrn des Landes.

Der Skanderbeg-Stoff gehört wie der → Arminius-Stoff und der → Wilhelm-Tell-Stoff zu den Stoffen, in deren Zentrum das Motiv eines nationalen Befreiers steht. Da Skanderbegs Tat weitgehend gelang und er eines natürlichen, untragischen Todes starb, wandte sich das dichterische Interesse außer einzelnen episodischen Ereignissen, die in Anekdote und Volkslied behandelt wurden, hauptsächlich der entscheidenden Wende in seinem Leben, der Loslösung von Amurath, zu und steigerte diesen Schritt mit mancherlei mehr oder weniger frei erfundenen Konflikten, Intrigen und Hindernissen zu heroischer Größe.

Skanderbegs Befreiungstat ist als nationales Ereignis in albanischen Heldenliedern besungen worden; noch im späten 19. Jahrhundert konnte sie als Thema eines Epos *Istori e Skënderbeut* (1898) von Naim FRASHËRI den Unabhängigkeitsbestrebungen der in der Diaspora lebenden Albaner Impulse geben. Ein Teil des in den alten Heldenliedern Dargestellten ging bereits in die frühe Biographie des Marinus BARLETIUS (*Historia de vita et gestis Scanderbegi epirotorum principis* 1520) ein, so daß in dieser Vita Skanderbegs, auf die sich die Forschung stützen muß, Historie und Sage nahezu unentwirrbar verschmolzen sind. Barletius' Biographie wurde in verschiedene Sprachen übersetzt und machte auch die vom Türkenkonflikt weniger betroffenen Länder mit Einzelheiten aus dem Leben des Vaterlandsbefreiers bekannt. So hielt Skanderbeg als Beispiel eines Volks- und Glaubenshelden, der es wagte, mit geringen Mitteln den Europa und die Christenheit bedrohenden Türken entgegenzutreten, Einzug in die abendländische Literatur. Die erweiternde französische Übersetzung des Barletius von J. de LAVARDIN (1576), die mit einem Sonett von RONSARD und einer Ode von A. JAMIN geschmückt war, fand ihren Niederschlag wohl bereits im ersten Buch von MONTAIGNES *Essays* (1580), in dem eine Geschichte von Skanderbegs Zorn und zugleich Großmut erzählt wird.

Lebhaftes Interesse für Skanderbeg herrschte vor allem in Italien, das teilweise im Bündnis mit Skanderbeg gestanden hatte. Um die Wende zum 17. Jahrhundert entstanden dort zwei heroische Epen von B. SCARMELLI (*Due canti del poema heroico di Scanderbeg* 1585) und M. SARROCHI (*La Scanderbeide* 1606, erweitert 1623), die den Stoff an Tassos *Befreitem Jerusalem* orientierte. In Spanien zentrierte ihn L. VÉLEZ DE GUEVARA (*El príncipe Escanderbey* u. *El príncipe esclavo* vor 1629) um die Ränke Amuraths, J. PÉREZ DE MONTALVAN (*Escanderbech* Auto 1629) um Skanderbegs Konversion.

In der Form des modischen heroisch-galanten Romans wurde der Stoff dann im 17. Jahrhundert in Frankreich von U. CHEVREAU (*Scanderberg* 1644) verarbeitet. In diesem zweibändigen Roman, der

starkes Interesse an der Geschichte des Osmanischen Reiches bekundet und die Erfolge der Türken der Uneinigkeit und Schwäche
der europäischen Staaten zuschreibt, ist Skanderbeg mehr der
Kreuzungspunkt vieler sich überschneidender Schicksale, als daß
er selbst handelnd und leidend in die Konflikte einbezogen würde.
Der Autor wagt kaum, die bekannte Lebensgeschichte Skanderbegs, die im Rückgriff von mehreren Figuren erzählt wird, romanhaft zu verfälschen; er füllt vielmehr eine Art weißen Fleck in dieser
Biographie aus, indem er die eigentliche Handlung während der
Abwesenheit des Helden von Albanien spielen läßt, als er in Italien
um Bundesgenossen wirbt. Der Roman endet mit Skanderbegs
Rückkehr, der Besiegung der Türken vor Croia und der Wiedervereinigung mit der stets in makelloser Treue geliebten Arianite.
Man muß diese strenge, enthaltsame und ziemlich blasse Skander-
beg-Gestalt voraussetzen, wenn man Mlle de La Roche-Guilhems
Novelle *Le grand Scanderberg* (1688) verstehen will, deren Vorrede
ausdrücklich hervorhebt, daß Skanderbeg als Liebesheld gezeigt
werden soll. Die Erzählung setzt ein, als Skanderbeg bereits in
Croia ist, das von den Türken belagert wird. Er fürchtet, daß die
geliebte Arianisse, eine Sklavin im Serail des Sultans, die er in
Adrianopel zurücklassen mußte und die von nicht weniger als drei
Nebenbuhlern bedrängt wurde, durch den eifersüchtigen Amurath
getötet worden ist. Zwar lebt sie noch und befindet sich sogar in
des Sultans Feldlager, aber während der Kämpfe gerät ihr Vater
Aranit in türkische Gefangenschaft, und Amurath glaubt in ihm
eine Handhabe zu besitzen, die Tochter zur Liebe zu zwingen.
Vater und Tochter bleiben jedoch standhaft, und Skanderbeg
gewinnt sie schließlich einem der anderen Nebenbuhler, der sie
entführte, ab. Die Novelle wurde 1690 ins Englische übersetzt und
diente, nachdem schon 1601 eine mitunter Marlowe zugeschriebene Tragödie *The True Historye of George Scanderbarge* aufgeführt
worden war, den klassizistischen heroischen Tragödien von
W. Havard (1733), G. Lillo (*The Christian Hero* 1735) und Th.
Whincop (1747) als stoffliche Grundlage. Lillos und Whincops
schon vor 1730 entstandenes Drama setzen beide wie die Quelle
nach Skanderbegs Rückkehr nach Croia ein und stellen die vergeblichen Versuche Amuraths, durch den mit dem Tode bedrohten
Vater auf Arianissa einzuwirken, in den Mittelpunkt. Lillo verstärkt die heroisch-christliche Haltung Skanderbegs, indem er ihn
dem Versuch des Sultans widerstehen läßt, für die Herausgabe der
Geliebten die Unterwerfung Croias einzuhandeln.
Auch die bekannteste dichterische Bearbeitung des 18. Jahrhunderts, A. Houdar de la Mottes Tragödie mit Musik (1735), steht
noch in der von Mlle de La Roche-Guilhem geschaffenen Stofftradition. Der Dramatiker baute ein bei der Erzählerin »blind« gebliebenes Motiv aus: die Verliebtheit Selimanes, der Lieblingsfrau des
Sultans, in Skanderbeg. Houdar de la Motte stellte den Helden
zwischen die hier Roxane genannte Frau des Sultans und Servilie,
eine Geisel am türkischen Hof. Roxane ist bereit, aus Liebe zu

Skanderbeg den Sultan zu beseitigen; als er aber ihre Liebe abweist, entdeckt sie dem Sultan die Liebesbeziehung zwischen Skanderbeg und Servilie, in die sich der Sultan verliebt hat. Der Sultan droht Skanderbeg den Tod an, dem dieser nur durch den Selbstmord Servilies entgeht. Eine Tragödie von P.-U. Dubuisson (1786), die eine tragisch scheiternde Liebe Skanderbegs zu Amuraths Tochter Atalide zeigte, hatte keinen Erfolg.

Als die Türkengefahr im 18. Jahrhundert langsam in Vergessenheit geriet, ging das Interesse an dem Stoff zurück; türkische Motive in Drama und Roman verschwanden. Die wissenschaftlich umstrittene Biographie von G. Biemmi (1742) blieb auf lange Zeit die letzte größere Arbeit über Skanderbeg. Erst durch die griechischen Freiheitskämpfe belebte sich das Interesse wieder. F. Krug von Niddas farbloses, mit übermenschlichen Figuren aufgeputztes »heroisches Gedicht in zehn Gesängen« (1823–24), das sich in der Handlungsführung an Barletius anlehnte, richtete sich mit der Anprangerung der schablonenhaften »Tyrannei« der Sultane gegen Tyrannen der eigenen Zeit. Es endet unhistorisch mit einem Zweikampf Skanderbegs und Mohammeds, nach dem Skanderbeg den Besiegten begnadigt, der Urfehde schwört. Unter den weiteren Bearbeitungen des 19. Jahrhunderts ist nur H. W. Longfellows balladeske Gestaltung der listig-gewalttätigen Inbesitznahme Croias (in *Tales of a Wayside Inn* 1837) hervorzuheben. Die Prosaerzählung seines Landsmanns C. C. Moore (*George Castriot, surnamed Scanderbeg, King of Albania* 1850) sowie die Dramen des Deutschen J. v. Auffenberg (1844), des Schweden T. G. Rudbeck (1853) und des Franzosen G.-C. Pertus (1870) sind ohne Bedeutung.

G. Petrovitch, Scanderbeg (Georges Castriota), Essai de bibliographie raisonnée, Paris 1881; B. B. Ashcom, Notes on the Development of the Scanderbeg Theme, (Comparative Literature 5) 1953; W. Steltner, Zum Geschichtsbild des albanischen Nationalhelden Georg Kastriota genannt Skanderbeg, (Zs. f. Geschichtswissenschaft 4) 1956; Povest' o Skanderbege. Izd. podgotovki N. N. Rozov, N. A. Čistjakova, (Akademii nauk SSSR) 1957.

**Sohn, Der verlorene.** Die im *Lukas-Evangelium* erzählte Parabel vom verlorenen Sohn, der sein Erbteil von seinem Vater fordert, in die Welt hinauszieht, sein Gut verpraßt, bis ihm nur noch übrigbleibt, sich als Schweinehirt zu verdingen, schließlich reuig zum Vater zurückkehrt, der ihn liebevoll wieder aufnimmt und den daheimgebliebenen braven älteren Sohn beschwichtigt, ist schon in der mittelalterlichen Dichtung nacherzählt worden, so in einem halbdramatischen französischen Gedicht, dem *Courtois d'Arras* (um 1200), in Rudolfs von Ems → *Barlaam und Josaphat* und in *Der saelden hort* (um 1300). Sie ist als Gegenbeispiel spürbar in Wernhers des Gärtners Erzählung von *Meier Helmbrecht* (1250/80), dem statt der erbarmenden Liebe strenges Gericht und Verstoßung durch den Vater zuteil wird.

Literarisch fruchtbar wurde die Parabel jedoch erst, als Moralkatechese und Ständesatire des späten Mittelalters sich des Stoffes bemächtigten (Th. Murner, *Schelmenzunft* 1512; ders., *Die Mühle von Schwindelsheim* 1515), das werdende moderne Drama in seinen Motiven und Gestalten die Verwandtschaft mit den Musterkomödien des Plautus und Terenz entdeckte und der junge Protestantismus die Ausspielung von Glauben und Gnade gegen die Werkgerechtigkeit zu seinem besonderen Anliegen erklärte. Zu der im biblischen Bericht vorgeprägten Heimkehrszene trat die Forderung auf Herausgabe des Erbteils, die meist in den Einleitungsszenen motiviert wurde. Die theatralische Ausgestaltung des Prasserlebens muß schon frühzeitig stattgefunden haben, denn bereits eine italienische *Rappresentazione del figliuol prodigo* in einer anonymen Fassung aus dem Anfang des 16. Jahrhunderts zeigt die immer wieder verwandten Trinkszenen, die in späteren Bearbeitungen durch entsprechende Szenen mit Buhldirnen ergänzt wurden. Das anonyme Szenar läßt in der einleitenden Streitszene zwischen guten und bösen Jugendlichen die Beziehung zur pädagogischen Literatur der Zeit, zu Knaben- und Schulspiegeln und Studentenkomödien deutlich erkennen. Die polemisch-didaktischen Bearbeiter des Stoffes nutzten das Motiv der gegensätzlichen Brüder; sie brauchten den älteren Sohn als Gegenspieler und führten ihn daher schon früh in die Handlung ein, während die Dramatiker, von denen die Handlung auf das Thema des reuigen Sünders und verzeihenden Vaters konzentriert wurde, die Beschwichtigung des älteren Sohnes wie ein Nachspiel behandelten oder diese Episode ganz beseitigten.

Früheste Belege über Dramatisierungen der Parabel sind Berichte von italienischen und französischen Aufführungen am Ende des 15. Jahrhunderts, und vielleicht ist an ein lateinisches Zwischenglied zwischen den italienischen Szenierungen und den ersten Dramatisierungen auf deutschem sowie niederländischem Boden zu denken. G. Macropedius' lateinisches Drama *Asotus*, das zwar schon um 1510 entstanden, aber erst 1537 veröffentlicht wurde und daher auf die Entwicklung des Stoffes keinen entscheidenden Einfluß mehr nahm, versuchte den Stoff unter das Gesetz der Einheit des Ortes zu beugen. Es ließ den Sohn schon im Vaterhaus sowie vor der Erbauszahlung ein liederliches Leben führen; seine Abwesenheit und sein Scheitern vollziehen sich hinter der Szene und werden zu Beginn des 5. Aktes von dem älteren Sohne berichtet. Gleich darauf kehrt Asotus bereits zurück. Die Prasserszenen verdecken fast den geistlichen Sinn der Handlung. Ohne formale Ziele, lediglich wegen der protestantischen Tendenz gegen die Werkgerechtigkeit entstand B. Waldis' *De parabell vam verlorn Szohn* (1527), die in zwei Akten die Aufsässigkeit des Sohnes, den Aufenthalt bei einem Hurenwirt und die Rückkehr wiedergibt, dann aber in einem merkwürdigen Anhang den vom neuen Glauben ergriffenen reuigen Hurenwirt und den auf seinem asketisch-werkgerechten Standpunkt verharrenden älteren Sohn als Zöllner und Pharisäer einander gegenüberstellt. Die wohl einflußreichste Fassung schrieb G. GNAPHAEUS mit *Acolastus, de filio prodigo* (1529), eine humanistische Verskomödie nach Art des Terenz, die mit einem Monolog des bekümmerten Vaters beginnt, bis zum Zusammenbruch des Acolastus im 4. Akt die Handlung steigen läßt und mit der Rückkehr im 5. Akt schließt, wobei die Auseinandersetzung mit dem älteren Sohn entfiel. Die verbreiternde deutsche Übertragung des *Acolastus* durch G. BINDER (1530) hängte die Beschwichtigung des älteren Sohnes noch an, und in allen auf Gnaphaeus fußenden Bearbeitungen wirkt sie daher wie ein Nachtrag (A. SCHARPFENECKER 1544; W. SCHMELTZL 1545). J. ACKERMANN (1536) führte die den jüngeren Sohn verwöhnende Mutter ein, ebenso N. RIESLEBEN in einem personenreichen Bürgerspiel (1586). Durch klare Herausarbeitung der geistlichen Bedeutung zeichnet sich das Drama des Hans SACHS (*Comedia ... Der verlorn Sohn* 1556) aus, das sich im wesentlichen an Waldis anschloß, während J. WICKRAM (1540) die Handlung durch zahlreiche innerlich nicht mit der Handlung verbundene Personen auf die für ein Bürgerspiel nötige Schauentfaltung brachte. Der Katholik H. SALAT (1537), der in der Handlungsführung Elemente des Waldis und Gnaphaeus mischte, leitete die Rechtfertigung seines verlorenen Sohnes aus beispielhafter Reue, Beichte und Buße ab. Der Stoff wirkte außerdem im 16. und 17. Jahrhundert thematisch und motivisch auf die Schul- und Knabenspiegeldramen und die Studentenkomödien ein.

Eine zwischen 1534 und 1540 entstandene *Moralité de l'enfant prodigue* und eine holländische Version, die erzählende Prosa mit dramatischen Szenen wechseln läßt, zeigen Verwandtschaft zu Gnaphaeus, können aber ebensogut auf dessen mögliche Quelle zurückgehen. Die weitere holländische Tradition zeigt meist Gnaphaeus' Wirkung (P. D. HOOFT, *Den hedendaegsche verloren soon* 1630; C. de BIE, *Den verlooren Soone Osias* 1678). In England erschien 1540 eine Übersetzung des *Acolastus*, und die englischen Versionen des Stoffes im 16. Jahrhundert (Anon., *Nice Wanton* 1560; Anon., *Misogonus* um 1560; G. GASCOIGNE, *The Glasse of Government* 1575; Th. INGELEND, *The Disobedient Child* um 1570) knüpften an die humanistische Tradition des Festlandes an. Dagegen beruhten die italienischen Bearbeitungen, etwa die der Antonia PULCI (Anf. 16. Jh.) oder des G. CECCHI (1. Hälfte 16. Jh.), der aus dem Stoff nur die Rückkehr verwendet und ihn mit anderen Komödienmotiven mischt, und das eng an die *Bibel* anschließende rhetorische Drama des M. MORO (1585) auf einer einheimischen Tradition. Ebenso stehen die spanischen Autos sacramentales mit dem Titel *El hijo pródigo* (LOPE DE VEGA 1604; J. de VALDIVIESO 1622; M. VIDAL Y SALVADOR) sowie L. de MIRANDAS *Comedia pródiga* (1554) für sich und sind in ihrer Stoffauffassung den deutschen Bearbeitungen des 17. Jahrhunderts nahe, in denen sich das Überwuchern neuer, meist komischer Personen, die Entwicklung von Pracht in den Gelageszenen (L. HOLLONIUS 1603; J. NENDORF,

*Asotus* 1608; M. Böhme 1618) sowie das Vorherrschen der Allegorie (N. Locke 1619) bemerkbar macht. Allegorische Personen hat auch das durch seine starken dramatischen Akzente – die Verzweiflung des verlorenen Sohnes geht bis zur Selbstmordabsicht – bemerkenswerte Drama der Wandertruppen, das als 2. Stück der *Englischen Komödien und Tragödien* (1620) veröffentlicht ist. In den stark typisierenden Dramatisierungen der Jesuiten vertritt der Prodigus die sündige und büßende Seele schlechthin (L. de la Cruz, *Comoedia de filio prodigo* 1589; Anon., *Cosmophilus*, Linz 1633; Anon., *Acharistus,* Hall 1650; Du Cerceau, Ende 17. Jh.).

Das Jesuitentheater vollzog auch die Überführung des Stoffes ins Musikdrama (Anon., *Il figlio prodigo*, Oratorium, Hall 1711; Pamfili/C. Cesarini, Oratorium, Hall 1715). Diese musikdramatische Tradition reicht bis zu den Opern von D.-F. Auber (1850) und P. Serrao (1868). Das Sprechdrama dagegen nahm sich erst nach größerer Pause in der 2. Hälfte des 19. Jahrhunderts des Stoffes wieder an (J. Grau, *El hijo pródigo* 1877). Eine fruchtbare Weiterentwicklung erfuhr er durch A. Gides *Le retour de l'enfant prodigue* (1907); hier handelt es sich um die Lösung aus dem Vaterhaus zur Gewinnung der inneren Freiheit. Der Sohn findet das ersehnte Glück nicht und kehrt enttäuscht und mutlos in die alte Ordnung zurück, aber sein jüngerer Bruder entschließt sich nun seinerseits zum Aufbruch, um vielleicht nicht wiederzukehren. In Kenntnis von Gides Werk inkorporierte R. M. Rilke den Stoff den *Aufzeichnungen des Malte Laurids Brigge* (1910; *Der Auszug des verlorenen Sohnes* Gedicht 1907).

Eine symbolische Verwertung des vielzitierten verlorenen Sohnes findet sich in der Dichtung wiederholt, so in dem pseudoshakespeareschen Drama *The London Prodigal* (1605), in dem der Sünder durch die Treue seiner Frau auf den rechten Weg zurückgebracht wird, oder in Voltaires *L'enfant prodigue* (1736), der von den beiden ungleichen Söhnen den als liederlich verleumdeten in Wirklichkeit den besseren sein ließ, ähnlich wie Schiller in *Die Räuber*; das Motiv der verfeindeten ↑ Brüder legt Anspielungen auf die Parabel nahe. Auch in der Mutter-Sohn-Beziehung von Ibsens *Peer Gynt* hat der Stoff nachgewirkt.

F. Spengler, Der verlorene Sohn im Drama des XVI. Jahrhunderts, 1888; A. Schweckendiek, Bühnengeschichte des Verlorenen Sohnes in Deutschland, 1930; K. Michel, Das Wesen des Reformationsdramas, entwickelt am Stoff des verlorenen Sohnes, Diss. Gießen 1934; Th. C. van Stockum, Das Jedermann-Motiv und das Motiv des Verlorenen Sohnes im niederländischen und im niederdeutschen Drama, (Mededelingen der Koninklijke Nederlandse Akademie van Wetenschappen, Afd. Letterkunde, N. R., Deel 21 No 7) 1958; W. Bretschneider, Die Parabel vom verlorenen Sohn, 1978.

**Sokrates.** Wesen und Schicksal des griechischen Philosophen Sokrates (469–399 v. Chr.), der seine Mitmenschen zur Selbsterkenntnis erziehen wollte, von seinen Gegnern wegen Leugnung der Götter und Verführung der Jugend verklagt und nach seiner Weigerung, von seinem Bestreben abzulassen, zum Tode verurteilt wurde, ist durch PLATON und XENOPHON so reich überliefert, daß die Nachwelt an diesen Quellen weder vorbeigehen konnte noch sie dichterisch übertroffen hat. Gegen das von ihnen überlieferte Bild kam das satirische des ARISTOPHANES nicht an, der Sokrates für den Repräsentanten der Sophisten hielt und in der Komödie *Die Wolken* (423 v. Chr.) mit ihm als einem geistigen Falschmünzer abrechnete.

Mit der Umsetzung von Quellen, hier von THEOPHILOS' Paraphrase des *Phaidon*, in ein Drama *Sterbender Socrates* (1679) ging HOFMANNSWALDAU den Autoren der Aufklärung voran, die sich dem Vernunftphilosophen als dem Kämpfer gegen Orthodoxie nahe fühlten. Nachdem DIDEROT 1758 in *De la poésie dramatique* eine Sokrates-Tragödie skizziert hatte, schrieb VOLTAIRE 1759 einen antikirchlichen *Socrate*, dem weitere Dramen meist unbedeutender Autoren folgten (E.-L. BILLARDIN DE SAVIGNY 1763; S.-N.-H. LINGUET 1764; F. PASTORET 1789; BERNARDIN DE SAINT-PIERRE Dialog 1808; W. F. HELLER, *Socrates, der Sohn des Sophronikus* R. 1790). LESSINGS *Alkibiades* (um 1760) blieb Fragment, und GOETHES und HÖLDERLINS Pläne zu Sokrates-Dramen wurden nicht ausgeführt. In WIELANDS Briefroman *Aristipp und einige seiner Zeitgenossen* (1802) ist Sokrates Nebenfigur. Häufig war Socrates Dialogpartner in den beliebten »Totengesprächen«.

Die in ihrer Darstellung des Helden recht heterogenen Sokrates-Dichtungen des 19. und 20. Jahrhunderts betonen die Antithetik von ethischem und ästhetischem Prinzip, die schon in Hölderlins Ode *Sokrates und Alkibiades* (1797) anklingt und um deren Verwandtschaft es A. de LAMARTINE in seinem christlich akzentuierten Gedicht *La Mort de Socrate* (1823) ging. Die von dem Dänen A. OEHLENSCHLÄGER (Dr. 1836) erstrebte Versöhnung mit dem ästhetischen Prinzip, verkörpert in Aristoteles, der Sokrates' Tochter liebt, ist nur äußerlich vollzogen. Bei L. ECKARDT (Dr. 1858) dagegen erscheint Sokrates als tragisches Opfer des menschlichen Fortschritts, dem zuliebe er den Athenern ihre Götter rauben muß. Zum Hauptthema wurde die Auseinandersetzung mit dem ästhetischen Prinzip in R. HAMERLINGS Roman *Aspasia* (1876); Sokrates' Ablehnung durch die geliebte Aspasia bringt ihm seine Häßlichkeit zum Bewußtsein und führt ihn auf den Weg der Resignation. In Hamerlings Augen ist die Wendung zum ethischen Prinzip des Sokrates, die auch Perikles vollzieht, eine Verfallserscheinung der griechischen Kultur. Verwandtschaft mit Hamerling zeigt der 1. Teil des Romans von F. LORENZ (1938), in dem sich Sokrates' Auseinandersetzung mit Perikles ähnlich als ein Weg der Selbstüberwindung vollzieht. Nicht als Ergebnis einer inneren Wunde, sondern als echte Kraft erscheint Sokrates' Philosophie in der Komödie *Die große Hebammenkunst* (1927) von R. WALTER, in der Sokrates glaubt, erst sein Tod werde die Menschen von ihrem Irrweg abbringen, und in V. KOPPS Roman *Sokrates träumt* (1946), in dem der Träumer Sokrates als ewiger Ankläger erscheint, der die unrecht Handelnden ihrer Taten nicht froh werden läßt. Die Dramen von E. HERMANN (1888) und J. KNITTEL (1941) begnügen sich mit dem Nachzeichnen der antiken Quellen.

Die seltsame Gegensätzlichkeit zwischen den geistigen Fähigkeiten und Zielen des Philosophen und den Situationen und Verhaltensweisen, die ihm das Leben aufzwang – die kriegerische Tüchtigkeit des Friedfertigen, die Trinkfestigkeit des Mäßigen und das häusliche Dilemma des Überlegenen, das durch die von späteren antiken Schriftstellern erzählten Anekdoten über seine Frau Xanthippe beleuchtet wird –, hat dazu verlockt, der ernsten Gestalt komische Seiten abzugewinnen. Schon CHAUCER und J. GOWER arbeiteten eine Erzählung des DIOGENES LAERTIUS um die an Xanthippe geübte Geduld aus, die auch dramatisiert wurde (J. U. KÖNIG, *Der geduldige Sokrates* 1721; L.-S. MERCIER, *La Maison de Socrate le Sage* 1809; Th. de BANVILLE *Socrate et sa femme* 1885). Im Jahre 1884 unternahm F. MAUTHNER (*Xanthippe*, R.) einen Rechtfertigungsversuch der Frau, der freilich auf Kosten eines zum Besserwisser und verantwortungslosen Familienvater herabgedrückten Sokrates ging. Auch der 2. Teil des Romans von LORENZ behandelt Sokrates' Versagen als Ehemann. Die Ehe mit Xanthippe ist in diesen Romanen, wie schon bei Hamerling, eine Notlösung nach dem Verzicht auf die geliebte Aspasia, um den H. HÖMBERG eine Komödie (*Der tapfere Herr S.* 1941), schrieb. Alkibiades, zu dessen Gunsten Sokrates bei Hömberg entsagt, ist des Philosophen Kontrahent in G. KAISERS Stück *Der gerettete Alkibiades* (1920), das seine Tragikomik auch der Widersprüchlichkeit im Leben des Sokrates entnimmt; dreimal rettet der Philosoph den Tatmenschen, d. h. er verzichtet freiwillig-unfreiwillig zu seinen Gunsten, und muß am Schluß mit dem Leben für die Schuld des Landesflüchtigen einstehen; so zollt er, dem nur der Geist gilt, zugleich dem Leibe, den er verachten möchte, Tribut. Held und Stratege wider Willen ist Sokrates, der sich einen Dorn in seinen Fuß eintrat und dadurch an der Flucht gehindert wird, in B. BRECHTS Erzählung *Der verwundete Sokrates* (1949). Der Grund der vermeintlichen Tapferkeit droht anläßlich einer öffentlichen Ehrung offenbar zu werden; Sokrates vertraut sich daher dem Alkibiades an, der darauf das Urteil fällt, daß Sokrates dennoch tapfer sei: kein Mann in der gleichen Situation hätte seine Schwäche zu bekennen gewagt.

W. Hertel, Sokrates in der deutschen Dichtung der Aufklärung, Diss. München 1921; O. Gigon, Sokrates. Sein Bild in Dichtung und Geschichte, Bern 1947; E. Abma, Sokrates in der deutschen Literatur, Nijmwegen 1949.

**Soliman II.** → Mustapha

**Sonnenwirt.** Der Gastwirtssohn Johann Friedrich Schwan (1729–1760) aus Ebersbach gehört zu den berühmten Räubergestalten der neueren Geschichte. Von der leiblichen Mutter verzogen, später von der Stiefmutter unterdrückt, kam der intelligente, aber hemmungslose Bursche nach einem Diebstahl bei seinem Vater 1746 das erstemal in Haft, knüpfte nach seiner Entlassung Liebesbeziehungen zu der Bürgerstochter Christine Müller an und wurde für sie und sein Kind zum Räuber, als der eigene Vater und auch die Kirche die Eheerlaubnis nicht gaben. Immer wieder entkam er dem Gefängnis und schloß sich 1757 einer Räuberbande an, bei der er die »Schwarze Christine« kennenlernte, die die Gefährtin seiner Straftaten wurde; seinen Verfolger Hohenecker erschoß er aus dem Hinterhalt. Schließlich gerieten zuerst Christine, dann Schwan in Gefangenschaft, und beide wurden 1760 zum Tode verurteilt, nachdem Schwan ein Geständnis abgelegt hatte.

Das stufenweise Absinken eines bürgerlichen und sicher ursprünglich nicht schlechten, aber ausgesprochen haltlosen Menschen konnte in der zweiten Hälfte des 18. Jahrhunderts, als man psychologischen Vorgängen und besonders psychisch abwegigen Erscheinungen gesteigertes Interesse entgegenbrachte und für Kraftnaturen und erhabene Verbrecher Sympathie empfand, zum willkommenen Stoff werden. Obwohl Schwan im Grunde den Weg des gewöhnlichen Verbrechers vom kleinen zum schweren Vergehen ging und seine Anstrengungen zur Umkehr gering waren, mochte eine wohlwollende Betrachtungsweise in ihm eine Verkörperung des Motivs vom Verbrecher aus verlorener Ehre sehen, als den ihn Schiller aufgefaßt hat und als der er auch in den korrigierenden Gestaltungen von dessen Nachfolgern fortlebt.

SCHILLER, der in der Gegend der Ereignisse um Schwan aufgewachsen war, wurde auf die menschliche Problematik des Stoffes durch seinen Lehrer J. F. Abel hingewiesen, dessen Vater den berühmten Verbrecher gefangengenommen hatte. Der zunächst durch die Gestalt des Räubers Moor verdrängte Stoff gewann in der Erzählung *Verbrecher aus Infamie* 1786 seine erste Fassung (2. Fassung 1792 *Der Verbrecher aus verlorener Ehre*). Schiller wertet die Entwicklung seines Wolf (= Schwan) als Ergebnis der »unveränderlichen Struktur der menschlichen Seele« und der »veränderlichen Bedingungen der Umwelt«; er hob daher planmäßig den Charakter des Helden und verschlechterte die äußeren Umstände: Wolf ist ohne Vater aufgewachsen, er ist häßlich, sein Opfer Robert ist zugleich der Nebenbuhler bei der Geliebten Hannchen. Schiller schließt mit dem Geständnis des Verhafteten und plädiert für ein größeres Verständnis der Menschen untereinander. Im Zuge der durch Schiller erweckten Teilnahme an dem Stoff hat zunächst ABEL selbst in der *Geschichte eines Räubers* (in *Sammlung und Erklärung merkwürdiger Erscheinungen aus dem menschlichen Leben* 1787) die Fakten historisch strenger gefaßt; ihm ging es darum, die Unsterblichkeit der menschlichen Seele aus den letzten Tagen und der reuigen Umkehr des Verbrechers zu beweisen. Dann haben geringere Talente die Räubergeschichte in ein Räuberdrama umzusetzen versucht: während sich G. I. WENZEL (*Verbrechen aus Infamie* 1788) eng an Schiller hielt und besonders die Rivalität Wolf-Robert als dramatisches Mittel benutzte, putzte ein Anonymus (*Der Sonnenwirt* 1794) den Stoff durch fremde Motive auf: Wolf erfährt zu spät, daß er das verlorengegangene Kind einer adligen Familie ist.

Die in der Epoche des poetischen Realismus durch H. KURZ (*Der Sonnenwirt* 1854) unternommene, auf genauem Aktenstudium fußende Darstellung löste sich trotz der breiten Umweltschilderung, die den novellistischen Stoff zum Roman erweiterte, und trotz des als gesetzmäßig erfaßten Absinkens des Helden nicht von der Schillerschen These des Verbrechers aus verlorener Ehre. Auch Kurz milderte den Charakter Schwans und entlastete ihn besonders durch die Widerstände, die seinem ehrlichen Bemühen um eine Ehe mit Christine entgegentreten und durch die Rivalität zum Fischerhanne. Einer Dramatisierung (W. CRAMER, *Der Sonnenwirt* 1854), die der Handlung ein Happy-End mit Begnadigung durch den Herzog und Auswanderung Schwans und Christines nach Amerika aufpfropfte, suchte Kurz durch eine eigene Dramatisierung zu begegnen, die jedoch Fragment blieb. Schon vor Kurz hatte eine auf Korrektur Schillers abzielende, Aktenmaterial und sagenhafte Überlieferung klitternde und reißerisch aufgemachte Erzählung (H. E. LINCK 1850) dem Stoff den Weg in die Kolportageliteratur gewiesen, der sich die moritatenhafte Wiedergabe von W. F. WÜST (*Der Sonnenwirthle oder Leben und Taten des berüchtigten Räubers und Mörders Johann Friedrich Schwan von Ebersbach* 1854) näherte und die in den 20-Pfennig-Heften des Romans von A. SÖNDERMANN (1881) endgültig erreicht wurde.

W. Stoeß, Die Bearbeitungen des Verbrechers aus »verlorener« Ehre, 1913; W. Heynen, Der »Sonnenwirt« von Hermann Kurz, 1913.

**Sophonisbe.** Die Geschichte der Sophonisbe, der Tochter des Karthagers Hasdrubal, ist schon von der antiken Geschichtsschreibung in zwei Varianten überliefert worden. Nach LIVIUS machte Sophonisbe ihren Mann, den greisen König Syphax von Westnumidien, aus einem Anhänger zum Feinde der Römer und beeindruckte nach dessen Niederlage den Bundesgenossen Roms, den von Syphax vertriebenen König Massinissa von Ostnumidien, so stark, daß sie ihr versprach, sie nicht Rom auszuliefern, und sie zum Schutze heiratete. Der gefangene Syphax warnte Scipio vor der Romfeindschaft seiner Frau, so daß dieser auf der Auslieferung bestand. Durch Versprechungen nach zwei Seiten gebunden, sah Massinissa den einzigen Ausweg in Gift, das er seiner Frau schickte und das sie trank. APPIAN von Alexandria motivierte die zweite Ehe Sophonisbes durch ein früheres Verlöbnis zwischen ihr und Massinissa, das der Bündnispolitik Karthagos zum Opfer gefallen sei.

Die gut dreißig Bearbeiter, die der Stoff in der neueren Literaturgeschichte gefunden hat, ließen sich durch eine an Leidenschaften
und Wandlungen reiche Fabel und das heroische Ende der Heldin
bestechen, scheiterten aber meist an dem unbefriedigenden Charakter der drei Hauptpersonen und an der unklaren Position der
Heldin. Syphax bleibt, trotz aller Versuche, ihn als eifersüchtigen
Intriganten oder auch als biederen Ehemann zu zeichnen, ein
betrogener Ehemann, der sich nach seiner Niederlage als klein und
rachsüchtig erweist. Massinissa, für den man jugendliche Leidenschaft geltend machte, bleibt ein auf den Leim gegangener Gimpel
oder ein Heißsporn, dessen Art, sich durch den Tod seiner Frau aus
dem Konflikt zu ziehen, nichts Großes hat. Sophonisbes Handlungsweise, vor allem ihre Bigamie, kann mit fanatischem Patriotismus wie auch mit dem Durchbruch einer alten Leidenschaft
erklärt werden, Motive, die sich gegenseitig nicht ausschließen,
aber auch nur schwer eine Mischung eingehen.

Die dichterische Geschichte des Stoffes beginnt in der italienischen Renaissance mit der *Sofonisba* des Jacopo CASTELLINO
(15. Jh.) und der bilderbogenhaft gereihten Dramatisierung des
Galeotto del CARRETTO (um 1500). Vorbildlich wurde G. G. TRIS-
SINOS Drama *Sofonisba* (1515), das Motive aus Livius mit denen des
Appian mischte und zuerst die entscheidenden Stationen der Handlung auswählte; Sophonisbe, hier auch Mutter eines Sohnes, ist
mehr rührend als heroisch. BANDELLO erzählte die Geschichte in
seinen *Novellen* (1554–73). Nach Trissino gearbeitet sind die Tragödien des Mellin de SAINT GELAIS (1559) und Claude MERMET
(1584), die im Palast der Sophonisbe und mit der Niederlage des
Syphax beginnen, aber für den Umschwung der bisherigen Feinde
die frühere Liebe noch nicht recht zu nutzen wissen. Dagegen
stützte sich A. de MONTCHRÉTIEN mit *La Carthaginoise ou la liberté*
(1596) ausschließlich auf Livius und ließ zum erstenmal die Gewis-
senskrise des Massinissa anklingen. N. de MONTREUX (1601) motivierte die Geschehnisse mit der Liebe und dem Wunsch Massinissas, Sophonisbe zurückzugewinnen, die Giftübersendung wird als
»königlicher Ausweg« gewertet.

Die nichtfranzösischen Bearbeitungen des beginnenden 17. Jahrhunderts gingen freier mit dem Stoff um und verlegten den Beginn
der Tragödie in die Vorgeschichte, in der Sophonisbe ihre Liebe
opfern muß. John MARSTON (1606) fußte auf PAINTERS (*Palace of
Pleasure* 1566/67) Nacherzählung von Bandellos Novelle und gab
sie als Eifersuchtsdrama, in dem Sophonisbe nie die Frau des
eifersüchtigen und liebestollen Syphax wird und schließlich ihr
Leben opfert, um den geliebten Massinissa aus seinem Konflikt zu
befreien. Der Spanier Gaspar de AGUILAR (*Los Amantes de Cartago*
1614) erfand als Motiv für den Auslieferungsbefehl die Liebe
Scipios zu Sophonisbe: der Römer überwindet sich jedoch und
gestattet die Heirat Massinissas mit Sophonisbe, der ein Diener
statt Gift einen Schlaftrunk gereicht hatte. Die sinnvollsten Änderungen unternahm 1634 Jean MAIRET: die Motive der Heldin

blieben zwar auch hier unzulänglich, aber Mairet enthob sie der Bigamie, indem er Syphax den Schlachtentod finden ließ, und veredelte Massinissa, der sich neben der Leiche seiner Frau den Tod gibt. Dagegen blähte P. Corneille (1663) durch eine Rivalin der Sophonisbe, die bei ihm zur Politikerin ist, die Vorgänge erfolglos auf und reduzierte Massinissa auf eine ganz passive Gestalt. Geschickter war die Einführung → Hannibals durch den Engländer N. Lee (*Sophonisba or Hannibals Overthrow* 1676), der wie Mairet die Gatten gemeinsam sterben ließ. Im 17. Jahrhundert wurde der Stoff auch in Deutschland fruchtbar. Ph. v. Zesen übertrug einen höfischen Roman (1627–28) von F. du Soney Sieur de Gerzan als *Die afrikanische Sophonisbe* (1647), C. Ch. Dedekind übersetzte ein lehrhaftes dialogisches Gedicht des Holländers J. Cats, *Massinissa und Sophonisbe* (1654), und G. Neumark veröffentlichte eine *Verhochteutsche Sophonisbe* (1651). D. Casper von Lohensteins Drama *Sophonisbe* (1680) ist in seiner verwickelten, blutrünstigen Handlung und seinem Personenreichtum kennzeichnend für das Spätbarock; das Motiv der früheren Verlobung verwandte Lohenstein nicht; Massinissa schickt Sophonisbe das Gift, bereut es dann, jedoch zu spät, und will sich selbst den Tod geben, woran ihn aber Scipio hindert.

Im 18. Jahrhundert haben der Franzose La Grange-Chancel (1716), der einen vergeblichen Aufstand Massinissas zur Rettung Sophonisbes erfand, sowie der Engländer J. Thomson (1729), der sich ein zu spätes Einlenken von seiten Scipios erdachte, und der Italiener Alfieri (1789), der Neid und Haß der vier Hauptgestalten in einen Wettstreit des Edelmuts umwandelte, erneut den leidenschaftlichen Stoff in Dramen erprobt, und Voltaire hat Mairets Werk bearbeitet (1770). Auch gehören dem Jahrhundert etwa zehn Sophonisbe-Opern an, die bekannteste von Gluck (1765). Als Nachklang wirken deutsche Dramen, die teils Motive der Vorgänger kombinieren (F. L. Epheu 1782; G. A. H. Gramberg 1808) oder auch im Zeichen des Nationalismus die Patriotin Sophonisbe darstellen (J. Schadbey 1838; H. Hersch, 1859; R. Prölss 1862; J. F. Horn, 1862; F. Roeber 1862), teils auf stoffwidrige Neuerungen verfallen: so bahnt bei v. Hake (1839) Sophonisbe sterbend eine Versöhnung ihrer beiden Männer an. E. Rüffer (1857) machte aus Massinissa einen Bruder des Syphax, E. Geibel (1868) erfand eine unglückliche Liebe Sophonisbes zu Scipio, und P. J. Dalban (1850) ließ Massinissa eine Ehe zu dritt vorschlagen.

Der vor allem in Frankreich entwickelte und verfeinerte Stoff fand dort auch noch im 20. Jahrhundert Bearbeiter (A. Poizat, Dr. 1913; Y. Péneau, *Les Barbares*, Dr. 1952).

A. Andrae, Sophonisbe in der französischen Tragödie mit Berücksichtigung der Sophonisbe-Bearbeitungen in den anderen Literaturen, Diss. Göttingen 1889; Ch. Ricci, Sophonisbe dans la tragédie classique italienne et française, Thèse Grenoble 1904; A. José Axelrad, Le thème de Sophonisbe dans les principales tragédies de la littérature occidentale, Lille 1956.

**Spartacus.** Der Aufstand des thrakischen Gladiators Spartacus (gest. 71 v. Chr.), der mit einer Gruppe von Gefährten aus einer Gladiatorenschule bei Capua ausbrach, von Unteritalien mit einem Heer entlaufener Sklaven nach Norden zog, vor dem anrückenden Heer des Crassus nach Sizilien ausweichen wollte, aber mit dem größten Teil seiner Anhänger in einer Schlacht in Lukanien fiel, ist für die Literatur erst interessant geworden, als sich im Zeitalter der Aufklärung und im Vorfeld der Französischen Revolution das Interesse den unterdrückten Schichten zuwandte.

Als erster machte der Franzose B.-J. SAURIN (1760) den Spartacus-Stoff zum Gegenstand einer Tragödie, wobei er in dem Bestreben, den etwas unproblematischen Vorwurf durch einen Konflikt dramatisch zu machen, in das herkömmliche Schema einer Liebestragödie verfiel: Spartacus liebt die Tochter des Crassus und gerät durch dessen Angebot ihrer Hand und des römischen Bürgerrechts in einen Zwiespalt, den er im Sinne des Freiheitsgedankens überwindet und mit dem Tod besiegelt. Saurins Drama wurde von dem Holländer P. PYPERS bearbeitet (1805) und regte vor allem LESSING zu dem Plan einer Spartacus-Tragödie (1770–75) an, die ihre dramatischen Elemente aus dem charakterlichen und weltanschaulichen Gegensatz zwischen Spartacus und Crassus beziehen sollte; auch die bei Saurin vorgeprägte Stellung einer Römerin zwischen den Fronten war vorgesehen. Lessings Landsmann A. G. MEISSNER schrieb nach Lessings Ideen, aber mit minderem literarischen Können eine »Biographie« (1792), die Spartacus idealisierend in die Nähe Hannibals rückte. Das Motiv eines Liebesverhältnisses zu Crassus' Tochter, die den Geliebten hier vor dem Vater verleugnen und dadurch wohl sein Empörertum wecken sollte, sah ein Dramenentwurf GRILLPARZERS vor (1810), den der Dichter später aus Abneigung gegen alles Revolutionäre fallen ließ.

In einer Anzahl weiterer Dramen geht Spartacus an einer Art Hybris zugrunde, da sich sein Gedanke einer Befreiung der Sklaven in den Plan der Zerstörung Roms wandelt (F. v. UECHTRITZ, *Rom und Spartacus* 1823; V. P. WEBER 1845; A. Frhr. v. MALTITZ 1861). Das sentimentale Liebesverhältnis zu einer Römerin ist zuerst in dem Operntext des Linkshegelianers A. RUGE (1843/45), dann auch bei Weber und später bei Hans Land auf einen Gefährten des Spartacus übertragen worden. Seit den 60er Jahren des 19. Jahrhunderts rückte der Stoff im Zeichen der beginnenden Arbeiterbewegung unter einen neuen Aspekt, der sich zunächst in der Dichtung kaum auswirkte. HEBBEL, der durch den Sozialisten S. ENGLÄNDER 1862/63 zur Beschäftigung mit dem Stoff angeregt wurde, zweifelte an der Möglichkeit der sozialen Tragödie als einer wirklich tragischen Gattung, und F. KOPPEL-ELLFELD (1876), der sich an Lessings Konzeption hielt, ließ den Helden sich enttäuscht von seiner sozialen Idee abwenden und von der Hand eines Mitsklaven fallen. Bei R. VOSS (*Die Patrizierin*, Dr. 1881) wird Spartacus aus Liebe zu der Frau des Crassus seinem Freiheitsgedanken untreu und kann seine Verfehlung nur fallend sühnen, und der schon erwähnte

H. LAND (d. i. H. Landsberger) glaubte in seinem Roman *Von zwei Erlösern* (1897) dem ↑ Rebellen Spartacus einen religiösen Apostel der Liebe an die Seite stellen zu müssen, mit dessen Ermordung Spartacus' Kraft und Hoffnung zerbricht. Das Drama von A. Ch. KALISCHER (1899) ist nur eine in Dialogform gebrachte wissenschaftliche Biographie. Der Stoff ist in neuerer Zeit gern zum Gefäß freiheitlicher und sozialrevolutionärer Ideen gemacht worden. Der Garibaldi-Anhänger Ippolito NIEVO (Dr. postum 1914) hat ihn ebenso zur Umkleidung seiner Ideale genutzt wie der amerikanische Sozialist H. FAST (R. 1952), und A. KOESTLER (*Die Gladiatoren*, R. 1940) demonstrierte an ihm die Unmöglichkeit, eine Revolution sinnvoll und human durchzuführen.

Der Freiheitsheld ist auch in Gedichten (H. LINGG 1854; C. NORWID 1857) und musikdramatisch (G. PERSILE 1726; ROLLO/MONSIGU 1880; P. PLATANIA 1891) behandelt worden.

E. Müller, Spartacus und der Sklavenkrieg in Geschichte und Dichtung, Progr. Salzburg 1905; J. Muszkat-Muszkowski, Spartacus. Eine Stoffgeschichte, Diss. Leipzig 1909.

**Statuenverlobung.** Die Geschichte von der erotischen Bindung eines Menschen an eine Venusstatue, auch als Geschichte vom Venusring bezeichnet, liegt in ihrer vorläufig frühesten Fassung in WILLIAM VON MALMESBURYS *De gestis Regum Anglorum libri quinque* (1124/25) vor. Ein junger Römer spielt an seinem Hochzeitstage mit seinen Gästen Ball und steckt während dieser Zeit seinen Ehering an den Finger einer Venusstatue. Als er ihn wieder abziehen will, ist die Hand der Statue gekrümmt, so daß er den Ring nicht zurücknehmen kann, und zu einem noch späteren Zeitpunkt ist die Hand wieder gestreckt und der Ring verschwunden. Nachts liegt zwischen ihm und seiner Braut ein Dämon, nämlich Venus, die als seine Verlobte ihr Recht geltend macht; er kann die Ehe nicht vollziehen. Nach einiger Zeit wendet sich der junge Ehemann an einen Presbyter und früheren Nigromanten um Rat, der den Dämon vertreibt, so daß die Ehe nunmehr ungestört bleibt. Der Presbyter büßt jedoch die Ausübung der Magie mit dem Tode.

Von den drei Motiven dieser Erzählung gehören das Motiv der ↑ Statuenbelebung schon der Antike (→ Pygmalion) und das des Heiratsversprechens mit einem Bildnis mindestens der Spätantike an, die Dämonisierung der antiken Göttin, die sich neidisch in menschliche Bindungen eindrängt, erfolgt jedoch erst nach Einführung des Christentums. William von Malmesburys Fassung bildet den Ausgangspunkt für sämtliche Varianten des Stoffes.

Der Verfasser der *Kaiserchronik* (1135–55) interessierte sich nur für den zweiten Teil der Erzählung, und daher fehlt in seiner Variante das Motiv der römischen Hochzeit. Er verlegte die Geschichte in die Zeit des Kaisers Theodosius. Ein Heide namens

Astrolâbius erblickt beim Ballspiel eine Venusstatue, in die er sich verliebt und der er sich durch einen Ring anverlobt. Er siecht an seiner Leidenschaft dahin, bis ein Kaplan, ein früherer Magier, an ihm seine Kunst noch einmal erprobt. Der Zauber weicht, das Venusbild verwandelt sich in eine Engelsstatue. Der Kaplan erleidet keinen Schaden, denn er hat dem Christentum eine Seele gewonnen. Der erbauliche Charakter, den die Erzählung in der *Kaiserchronik* annahm, läßt die Umwertung des weltlichen Stoffes in eines der um die Mitte des 12. Jahrhunderts auftauchenden Marienmirakel nicht so fernliegend erscheinen. Seit dem 15. Jahrhundert zeichnen sich mehrere variierende Überlieferungsstränge ab. Durch die Wiedererzählung in KORNMANNS *Mons Veneris* (1614) gelangte der Stoff zu großer Popularität.

Ein Neuansatz erfolgte 1772 in J. CAZOTTES Roman *Le Diable amoureux*: Der spanische Offizier Don Alvare beschwört in mutwilliger Abenteurerlust und im Bewußtsein drohender Versuchung den Teufel, der in Gestalt der schönen Biondetta auf dem Besitz des erwählten Bräutigams besteht. Die Versuchung scheitert schließlich, und der Offizier gelangt aus der Lusthölle wieder auf den Weg zu seiner Mutter. Cazottes ↑ Teufelsbündner beeinflußte die phantastischen Erzählungen der Romantik, die den Stoff zu seiner höchsten Blüte brachte. Im Vorfeld der Romantik ertönen Anklänge an das Motiv in GOETHES Ballade *Die Braut von Korinth* (1798), und in BRENTANOS *Godwi* (1801/02) erregt eine einem Marienbild ähnliche Statue die Liebe eines Knaben. Th. MOORE (*The Ring* Verserz. 1802) verlegte die Handlung nach Deutschland.

Die weitere Entwicklung wurde offenbar durch die Nacherzählung der Fassung des William von Malmesbury bei J. A. APEL (*Der Brautring* 1812) ausgelöst, an die Apel auch seine eigene novellistische Neufassung des Stoffes anschloß. Ein Graf steckt einer schönen Toten, in die er sich verliebt hat, den Brautring an. Sie wird durch die Kunst eines Priesters zu Scheinleben erweckt und erwacht als dämonischer Buhlteufel. Als der Graf sie heiraten will, zieht sie beim Tanz den Ring ab; er hält eine Verwesende in den Armen und stirbt vor Abscheu. Das von Apel eingeführte Motiv – die verstorbene Schöne dient als Modell zu einem Marienbild – begegnet auch in BRENTANOS *Romanzen vom Rosenkranz*, die 1803–18 entstanden (Druck 1852). Der Maler Kosme, der im Kloster ein Bild malen soll, steckt einer Nonne den Ring an und verführt sie. Wahrscheinlich gab Brentano damals das Motiv an EICHENDORFF weiter, der es in sein Romanzenepos *Julian* (Druck 1852/53) übernahm. Kaiser Julians Verlöbnis mit dem Marmorbild der Venus bedeutet zugleich ein Bekenntnis zum Heidentum. In den gleichen Jahren entstand A. v. ARNIMS Epos *Päpstin Jutta* (entst. 1813, Druck 1848): Der Ring, den die als Papst Johannes auftretende Johanna dem Apoll von Belvedere ansteckt, macht ihn der Venus zugehörig; als Johannes die Statue zerschlägt, fühlt er Schauer der Selbstzerstörung auf sich übergehen. In einem Gedicht

*Die zauberische Venus* (1816) hielt Joseph v. Eichendorffs Bruder Wilhelm v. EICHENDORFF sich nahe an die Überlieferung: der Bräutigam sinkt in Ohnmacht, als er den Ring dem Venusbild nicht abziehen kann; erwachend sieht er, wie das Bild sich belebt, und er schließt es in Liebesqual in seine Arme. Das Gedicht, dem das Motiv der nicht vollziehbaren Ehe fehlt, mündet in die Andeutung, daß der Sünder als Einsiedler büßt. Bei Joseph v. EICHEN-DORFF ist in der Novelle *Das Marmorbild* (1819) von der handfesten Fabel nur die Verlockung durch das scheinlebende Venusbild geblieben, das im Frühling die alte Macht der ↑ Verführerin ausübt und die Jünglinge, die ihm verfallen, an den Rand der Verlorenheit bringt; Maria greift zur Rettung des Helden ein. Ähnlich wie in Brentanos *Romanzen vom Rosenkranz* zeigt E. T. A. HOFFMANN in *Elixiere des Teufels* (R. 1815) die Folgen der sündigen Liebesbezie-hung an den Kindern. Auch hier ist der sündig Liebende ein Maler, Francesco, der immer ein Venusbild bei sich trägt und versucht, ein Venusbild zu malen, als er ein Bild der heiligen Rosalie malen soll. Dabei hilft ihm das Elixier des Teufels: sein Venusbild belebt sich, er vermählt sich mit ihm und erkennt beim Tode der Frau, daß sie nur ein Trugbild war. Das Ring-Motiv wurde durch das Elixier-Motiv ersetzt. Die seelenverderbende Bindung an eine italienische Teufelin wiederholte Hoffmann in *Die Geschichte vom verlorenen Spiegelbilde* (1815). Das Künstlermotiv der romantischen Versio-nen der Statuenverlobung konkretisierte sich bei A. v. ARNIM (*Raphael und seine Nachbarinnen*, Erz. 1824) in der Person → Raf-faels; das Marmorbild, das zugunsten der von ihm geliebten Töp-ferstochter eingreift, ist hier jedoch zum Symbol christlicher Schönheit erhoben.

Die romantische Vertiefung des Stoffes beruhte darin, daß die Statuenverlobung das Verfallensein an ein Trugbild, Wunschbild oder Traumbild des eigenen Inneren bedeutet und damit tödlich ist. Die Umwandlung des Helden in einen Künstler bedeutet eine Übertragung solcher Gefährdung auf das ästhetische Gebiet und meint die Gefahr, die in der Befangenheit des Künstlers durch das Schöne liegt. Bei den Spätromantikern und bei den Nachahmen-den flacht sich diese Tiefe wieder ab; die Handlung wird verkom-pliziert und der Gehalt überfrachtet, oder der Stoff verflüchtigt sich in Andeutungen. So besteht das Venusgespenst, dem der Held in der Novelle *Venus in Rom* (1828) von W. ALEXIS zum Opfer fällt, in einem Kardinal, der seine Seele vom Leibe trennte und sie in das Rom der alten Götter zurückschickte. Die französische Oper *Zampa ou la Fiancée de marbre* (MÉLESVILLE / Musik L.-J.-F. HEROLD, 1831) hat mit Apels Erzählung gemeinsam, daß der Held, der Korsar Zampa, dem Standbild einer Toten den Ring ansteckt, hier allerdings nicht aus Liebe, sondern aus Hohn auf die Verlassene, an deren Stelle eine neue Braut trat; die Statue belebt sich und zieht den Verräter mit in den Abgrund. F. v. GAUDY (*Frau Venus*, Nov. 1838) hielt sich an William von Malmesbury, funktionierte jedoch Venus in eine Art nordischer Wasserfrau um. P. MÉRIMÉE (*La

*Vénus d'Ille,* Nov. 1837) versah die alte Handlung mit einem neuen, wirkungsvollen Schluß, indem er den Ehemann in der Hochzeitsnacht an der Umarmung der Statue sterben ließ. Auf Mérimée griff später D'Annunzio in *La Pisanelle ou la mort parfumée* (1913, Mus. I. Pizetti) zurück. Bei ihm fällt nicht der Frevler, sondern die unschuldige Braut dem Dämon zum Opfer. H. Heine lieferte in *Florentinische Nächte* (Nov.-Fragment 1836) die Summe der romantischen Deutungen: die Marmorstatue, die der Knabe Maximilian in einem verfallenen Garten küßt, kehrt in seinem Leben als Madonnenbild, Traumbild, verstorbene Geliebte, »Totenkind« und todgeweihte Kranke immer mit der gleichen bestrickenden Wirkung wieder. Wer dem Liebesverlangen der im Kunstwerk Versiegelten oder der Toten nachgibt, ist selbst dem Tode anheimgegeben. An den Happy ends bei H. James (*The Last of the Valerii* 1874) und A. Burgess (*The Eve of Saint Venus* 1964) läßt sich die Abkehr von dem romantischen Konzept ablesen.

G. Huet, La Légende de la statue de Vénus, (Revue de l'histoire des religions LXVIII) 1913; R. Mühlher, Der Venusring. Zur Geschichte eines romantischen Motivs, (Aurora 17) 1957; W. Pabst, Venus und die mißverstandene Dido, 1955; Th. Ziolkowski, Disenchanted Images, Princeton 1977.

**Stratonike.** Die bei Plutarch überlieferte Geschichte, Prinz Antiochos von Syrien habe sich in die zweite Frau seines Vaters Seleukos, Stratonike, verliebt, habe diese Leidenschaft zu unterdrücken versucht und sei einer schweren Krankheit verfallen, bis der Vater durch einen Arzt über den Sachverhalt aufgeklärt wurde und trotz heftigen Seelenschmerzes dem Sohn die Frau abgetreten und ihn zugleich zum Mitregenten ernannt habe, war schon im Mittelalter verbreitet, als das Motiv der abgetretenen Frau auch in anderen Stoffen aus dem Orient übernommen wurde (→ Titus und Gisippus). Petrarca führte sie als eins der Beispiele seiner *Trionfi d'Amore* (1351/74) an, und Stoffsammlungen wie Painters *Palace of Pleasure* (1575) vermittelten sie der Neuzeit.

Von L. de Camoës (*El Rey Seleuco* 1544) und noch von J. Desmarets in der mit neuem Milieu versehenen *Aspasie* (1636) lustspielhaft verwendet und zum Happy-End geführt, bot der Stoff mit dem Konflikt von Sitte und Leidenschaft, Gatten- und Kindesliebe dem 17. Jahrhundert doch meist einen Vorwurf für den heroischgalanten Roman (L. Assarino, *La Stratonica* 1635) und das ernste Drama. Schon Boisrobert (*Le Couronnement de Darie* 1641) endete mit dem Verzicht des Vaters, der die Frau zunächst zur Ehelosigkeit und zum Priesterstand zwingen und dem Sohn feindlich gegenübertreten will; Boisrobert hatte als Fabel auf Artaxerxes und Darius übertragen. Nur einen Akt der Tragödie, deren vier weitere Akte eigene Tragödien bilden, füllt der Stoff bei Gillet de la Tessonerie (*Triomphe des cinq passions* 1642): die Rolle des Vaters entfällt, und der von der Stiefmutter abgewiesene Sohn tötet sich

selbst, als die Ärzte sein Geheimnis lüften. Eine Abschwächung des
Konfliktes gab de BROSSE (*La Stratonice ou le malade d'amour* 1645),
indem er die Frau des Königs in dessen Braut umwandelte und ihn
selbst in der Heirat mit einer anderen Entschädigung finden ließ.
Du FAYOT (*La nouvelle Stratonice* 1657) führte die Gegenliebe der
verschenkten Stratonike als neuen Zug ein. Das bekannteste Stra-
tonike-Drama, das von QUINAULT (1660), entwickelte den Stoff in
der verflachenden Richtung von Brosse weiter: Vater und Sohn
lieben jeweils des anderen Braut und treten die ihnen zugedachte an
den anderen ab, so daß das Opfer zu einer Geste entleert wird.
Einen gewissen Akzent setzt der komödiantische Schlußeinfall:
Barsine lehnt den als Gatten eingetauschten König ab, als dieser die
Herrschaft an den Sohn abtritt. Der Holländer A. BOGAERT schrieb
sein Drama (1693) im Anschluß an Quinault. Auch das letzte in der
Reihe der französischen Stratonike-Dramen, Th. CORNEILLES *Antiochus* (1666), machte Stratonike zur Verlobten des Königs; sie
selbst enthüllt dem König die Wahrheit über seinen Sohn und ihre
eigene Neigung zu ihm. Nicht unbeeinflußt von dieser französischen Tradition ist das psychologisch geschickte und versöhnlich
endende Drama MORETOS (*Antioco y Seleuco,* 2. Hälfte 17. Jh.),
während J. CH. HALLMANNS *Die merkwürdige Vaterliebe oder der vor
Liebe sterbende Antiochus* (Dr. 1684) auf Assarinos Roman beruht.

L. Sorieri, Boccaccios Story of Tito e Gisippo in European Literature, New
York 1937.

**Struensee.** Der altonaische Stadtphysikus Johann Friedrich
Struensee (1737–1772), der sich bereits in Altona als freigeistiger
Publizist einen Namen gemacht hatte, erlangte als Reise-, später
Leibarzt des pathologisch belasteten, moralisch verkommenen
dänischen Königs Christian VII. einen entscheidenden Einfluß auf
die dänische Politik, der sich, nachdem er zu der von ihrem Manne
vernachlässigten Königin Caroline Mathilde, einer Schwester Georgs III. von England, in eine Liebesbeziehung getreten war, zur
absoluten Macht steigerte. 1771 wurde er in den Grafenstand
erhoben. Er berief seine Freunde Enevold Brandt und den Grafen
Rantzau in entscheidende Ämter und verdrängte den Minister Graf
Bernstorff. Durch eine Reform im Stil Friedrichs II. und Josephs II.
machte er sich Adel und Geistlichkeit zu Feinden, seine Gegner
sammelten sich unter Führung Julianes, der verwitweten Stiefmutter des Königs, die für ihren eigenen Sohn Friedrich Hoffnungen
haben mochte. Nach einem Ball im Jahre 1772 drangen die Verschwörer in die Zimmer des Königs und erzwangen seine Unterschrift unter Haftbefehle für die Königin, Struensee und Brandt.
Struensee gab angesichts der Belastungszeugen sein Verhältnis zur
Königin zu, sagte seinen Hoffnungen und Grundsätzen ab und
klammerte sich an den Pfarrer Balthasar Münter. Die Königin
nahm vergebens alle Schuld auf sich, um Struensee zu retten.

Struensee wurde jedoch zusammen mit Brandt als Majestätsverbrecher enthauptet. Die Ehe des Königspaares wurde geschieden, Caroline Mathilde wurde auf Wunsch Englands ausgeliefert und starb bereits 1775 in Celle.

Der Struensee-Stoff, höfische Intrige, politischer Machtkampf, Liebes- und Charaktertragödie um das Motiv des gestürzten Günstlings, scheint in seinen dialektischen Spannungen einen dramatischen Musterstoff anzubieten; jedoch ist die Handlung so verschlungen und die Voraussetzungen für die Charakterentfaltung sind so schwierig, daß der Stoff zunächst der erzählenden Aufbereitung bedarf. Während der Roman weit in die Vorgeschichte zurückgreifen konnte, setzten die meisten Dramatisierungen erst in dem Punkte der Handlung ein, in dem Struensee bereits die Macht in Händen hält. Die Schwierigkeiten, auf die der Dramatiker stößt, machen den Stoff für die Ballade gänzlich unbrauchbar. Der Ausklang des Schicksals der Königin legte eine lyrisch-elegische Betrachtung nahe. Die drei Hauptpersonen beanspruchen das Interesse fast gleichmäßig, das tragische Gewicht liegt nicht so eindeutig wie in dem verwandten Stoff der Prinzessin von → Ahlden bei der weiblichen Rolle, da Struensee nicht nur »Favorit«, sondern eine politisch aktive, schöpferische Persönlichkeit war.

Der Dichtung wurde der Stoff zunächst nicht in einer wissenschaftlich einwandfreien Darstellung übermittelt, sondern in einer durch Pamphlete und Flugschriften, Traktate, »Nachrichten« und »Lebensbeschreibungen« verzerrten Fassung, die von historischer und dichterischer Wahrheit gleich weit entfernt war. Dänische Hetzschriften sahen in dem landfremden Minister einen Cromwell, die Kirche triumphierte über den Sturz des Wollüstlings und seine Bekehrung (B. Münter 1773). Auf Struensees Kosten entstand eine Caroline-Mathilde-Legende: aus Mitleid und aus Loyalität sprach man die Königin vom Ehebruch frei (Anon., *Nachrichten von einer unglücklichen Königin* 1773). Die Königinwitwe wurde zur verkörperten Bosheit, Rantzau dagegen veredelt. Erste literarische Versuche von dänischer Seite stellten sich negativ zu Struensee, so der Historiker P. F. Suhm (*Euphron*, Erz. 1774), der Dichter J. Ewald (*Harlekin Patriot* 1772) und der Dänemark verbundene Deutsche J. A. Cramer (*Ode über Dänemarks Errettung* 1773). Friedrich der Grosse goß in einem der damals zahlreich erschienenen Totengespräche (*Totengespräch zwischen dem Herzog von Choiseul, Graf Struensee und Sokrates* 1772) seinen Spott über den parvenühaften Nachahmer seiner eigenen Reformen aus. Die Caroline-Mathilde-Legende fand durch den Dichter Jens Baggesen (*Labyrinthen* 1792) anläßlich seines Besuches an ihrem Grab in Celle Niederschlag in einem empfindsamen Prosahymnus. Von größter Wirkung für die Folgezeit waren *Authentische und höchstmerkwürdige Aufklärungen über die Geschichte der Grafen Struensee und Brandt* (1788), ein erster zusammenhängender Bericht, in dem noch Wahrheit und Dichtung unkritisch gemischt und die Motive und prägnanten Szenen vorgeprägt sind: Caroline Mathilde, deren

Ehebruch angedeutet wird, redet Struensee seine Abdankungsabsichten aus; Struensee, nicht Held, sondern ehrgeiziger Doktrinär, hat eine entscheidende Aussprache mit Rantzau; Graf Schack erpreßt der Königin unter dem Vorgeben, sie könne damit Struensee retten, das Schuldbekenntnis. Seit etwa 1800 sind dann Dichtung und Geschichtsschreibung in der Behandlung des Struensee-Stoffes getrennte Wege gegangen.

An die *Authentischen . . . Aufklärungen* hielt sich die erste Ausbeutung des Stoffes durch F. BOUTERWECK, der im 3. Teil eines Romans das Schicksal seines *Graf Donamar* (1791) etwas abrupt dem Struensees anglich und die wirkungsvolle dänische Intrige in seine Erzählung einbezog. E. D. BORNSCHEIN (*Friedrich Graf von Struensee oder das dänische Blutgerüst* 1793) setzte den in den *Authentischen . . . Aufklärungen* gelieferten Rohstoff lediglich in Dialog um und gab im Bilderbogenstil des Sturm und Drangs eine Kolportagehandlung, in der Struensee als Kraftgenie, die Königin als Bewahrerin ihrer Tugend erscheint. Nicht weniger kolportagehaft, aber mit sentimental-romantischen Akzenten, ist der auf die weibliche Hauptperson ausgerichtete Roman *Karoline Mathilde, Königin von Dänemark* (1824) von Elise von HOHENHEIM, deren Tochter noch 50 Jahre später den Stoff mit ähnlich rührseliger Färbung behandelte (Friederike v. HOHENHEIM, *Berühmte Liebespaare* 1870).

Während die ersten französischen Dramatisierungen sich für die Leidenschafts- und Ehebruchs-Thematik interessierten und Struensee durch die Verweigerung der Ehe mit einer Hofdame seine Neigung zur Königin verraten ließen (A. DUVAL, *Struensé ou le ministre d'état* 1802; N. FOURNIER / A. ARNAULT, *Struensé ou la reine et le favori* 1833) oder den höfischen Intrigenhandlung nur als Staffage für eine komische Verwicklung benutzten (E. SCRIBE, *Bertrand et Raton ou l'art de conspirer* 1834), haben die frühen deutschen Struensee-Dramen ihre Wurzel in den politischen Ideen des Vormärz. M. BEER (1827) zeichnete in Struensee einen edlen Reformer, der leider der Macht der Verhältnisse und dem Undank der Menge erliegt; die Königin ist edel und bleibt tugendhaft. Die Gestalt des Königs ist aus Zensurrücksichten ausgeklammert. Beer schwankte zwischen politischer und Liebeshandlung, aber er zeigt erstmalig im ersten Akt Struensee auf der Höhe der Macht und holte aus dem Stoff die Szenen heraus, die für das Struensee-Drama typisch wurden. MEYERBEER schrieb 1846 zu diesem Werk seines Bruders eine Musik, ohne aber durch deren effektvolle Unterstreichungen Beers Werk gegen das farbigere und theaterwirksamere H. LAUBES (1845) durchsetzen zu können. Laube übernahm im wesentlichen die Stoffelemente Beers, verband aber das Material unter dem Einfluß französischer Vorbilder anders: Struensee ist drei Akte lang Liebhaber, der über seiner Leidenschaft die Politik vergißt; in den letzten beiden Akten kommt das Gegenspiel und damit die politische Intrige zum Zuge, deren Verdächtigungen der an ständigem Kopfschmerz leidende König nachgibt; Struensee, eine Art vormärzlicher Revolutionär, der sich, wie im französischen Drama, durch Verweigerung einer Ehe verdächtig macht, fällt vor dem Prozeß durch die Kugel eines Mörders. Zum erstenmal wurden von Laube die nationalen Gegensätze ins Spiel geführt.

Nachdem sowohl die sensationelle wie nach 1848 auch die politische Anziehungskraft des Stoffes vorüber war, erhielt er durch die allmählich ans Licht tretenden Augenzeugenberichte (v. FALCKENSKJÖLD, *Denkwürdigkeiten* 1826; REVERDIL, *Struensé et la cour de Copenhague* 1858) oder die von Kompilatoren geschickt zusammengestellten Klatschgeschichten (*Der Neue Pitaval* 1843; J. L. FLAMAND, *Christian den Syvendes Hof* 1854–55) neuen Auftrieb. Die von G. F. v. JENSSEN-TUSCH 1864 ins Deutsche übersetzte Hofgeschichte von Flamand mit ihren Charakteristiken und Situationsbildern diente besonders den epischen Bearbeitern des Stoffes als Grundlage. Um die Mitte des Jahrhunderts setzte mit F. HEBBELS *Betrachtung über den Stoff* (1849) die Suche nach dessen Problem und seine geschichtsphilosophische Verankerung ein. Hebbel hatte bereits 1842 ein Drama mit dem wahnsinnigen König als Hauptgestalt geplant, und seine Interpretation, der Stoff stelle »den Absolutismus dar, der sich selbst durch Schrankenlosigkeit vernichtet«, deutet sowohl auf den König wie auf Struensee. Hebbels Theorien wurden zunächst jedoch nicht fruchtbar, sondern der Stoff verfiel dem historischen Roman in der Nachfolge W. Scotts, der allerdings die historischen Gestalten nur als Hintergrundsfiguren einzusetzen wagte und als Handlungsträger frei erfundene Personen benutzte (K. BERNHARD, *Gamle Minder* 1839–40; E. LOBEDANZ, *Narren des Glücks* 1856; A. Graf BAUDISSIN, *Christian VII. und sein Hof* 1863; A. LUNDEGÅRD, *Struensee* 1898–1900; Ch. NIESE, *Minette v. Söhlenthal* 1909). Alle diese Romane boten die Vorgeschichte Struensees in Altona sowie die von Caroline Mathilde, die fast noch als Kind an den dänischen Hof kam; für den zweiten Teil der Handlung setzten sie das Beer-Laubesche Szenar ins Epische um. Die Liebe des Paares bleibt zum mindesten von seiten der Königin platonisch. G. HESEKIEL bezog in seine episodische Verwendung des Stoffes auch die Jugend Struensees in Halle ein (*Schellen-Moritz* 1869). Die unbedeutenden Struensee-Dramen des späteren 19. Jahrhunderts (K. MOREL 1860; H. B. 1869) blieben ganz im Schatten Laubes, und selbst die Dramatisierung des Franzosen P. MEURICE (1898) scheint mit Struensees Selbstmord aus Verzweiflung darüber, daß er den Ruf der Königin verdunkelte, die veredelnden deutschen Bearbeitungen widerzuspiegeln. Erste Ansätze zu einer psychologischen Ausdeutung des Stoffes zeigen sich in einem verlorenen Drama Wm. v. POLENZ (um 1880), in dem Struensee mit Rücksicht auf den die Königin wirklich liebenden König verzichten will, und in dem Drama von G. L. KATTENTIDT (1899), in dem die Königin an der Erkenntnis zerbricht, daß sie Leib und Leben einem Ehrgeizling opferte; dieses Werk eines Außenseiters ist das erste in Deutschland, das den Ehebruch der Königin einsetzte.

Die interessanten psychologischen Probleme, die der Stoff in allen drei Hauptgestalten aufwarf, führten im Anfang des 20. Jahrhunderts zu zahlreichen, hauptsächlich dramatischen Behandlungen. C. Schawaller (*Juliane*, Dr. 1911) sah die wirklich tragische Gestalt in der Königinwitwe: sie vernichtet Struensee und die Königin, weil sie ihr und ihrem Sohn im Wege stehen, und übernimmt dann die Staatsgeschäfte; jedoch nach zwölf Jahren reißt ihr der von Rantzau in Sicherheit gebrachte Sohn Caroline Mathildes ihr Werk aus den Händen und führt es im Sinne Struensees fort; sie bricht zusammen, weil ihr Sohn sich als unwürdig erweist und weil sie nicht für die Sache, sondern für den Ehrgeiz gearbeitet hat. Wie dieses Werk Schawallers erwuchs auch O. Erlers Drama *Struensee* (1916) am Widerspruch zu Hebbels Interpretation. Es stellte die Leidenschaft und das Bekenntnis zu dieser Leidenschaft in den Mittelpunkt: Struensee bekennt dem König seine Liebe zu dessen Frau und erwartet von ihm einen Verzicht; der König aber quält ihn zunächst mit seinen Rechten auf die Königin; als diese sich ihm verweigert, verfällt er dem Wahnsinn und unterschreibt den Haftbefehl. Während hier die stark auf Stimmungswerte gestellte Handlung ein psychologisches Kernproblem des Stückes anpackte, verharrten etwa gleichzeitig erschienene Romane unter Beibehaltung der Königin-Legende in der Wirkung des Nur-Stofflichen (K. Martens, *Jan Friedrich, Roman eines Staatsmannes* 1916) oder idealisierten die Königin so sehr, daß sie sogar zur Schöpferin des Struenseeschen Reformprogramms wurde (A. Petersen, *Karoline Mathilde* 1923). Auch Dramatisierungen versahen das Schicksal der Königin mit frauenrechtlerischen Akzenten (A. Mackenroth, *Die Königin Karoline Mathilde von Dänemark* 1917) und stellten Struensee als einen feigen Schwächling hin, den die Königin selbst aus Enttäuschung vernichtet (F. Hübel, *Die Königin*, Dr. 1918).

Der so nach allen Seiten hin ausgelotete und durch die historische Belletristik erneut aufbereitete Stoff (J. Dose, *Ein blutiges Narrenspiel am Dänenhof* 1922; J. M. Wehner 1924) scheint bei H. Franck (*Kanzler und König*, Dr. 1926) auf dem Punkt einer Motivüberfrachtung und Motivverwirrung angelangt zu sein; die Königin hat sich in das Gegenteil der Legende, in ein lüsternes, sexuell höriges Weib, verwandelt. E. W. Möller (*Der Sturz des Ministers*, Dr. 1937) konzentrierte den Stoff auf die Frage der Legitimität: die Gestalt Struensees in ihrer Mischung aus Genialität und Stümperei wird erklärt als das Schicksal eines illegitimen Tatmenschen, der bei der Umgestaltung eines fremden Volkes mit den Mächten der Tradition in Konflikt gerät und sich im Sturz nicht zu einer großen, opfermütigen Haltung durchringen kann. Das Interesse an der ungewöhnlichen, vom zweideutigen Glanz der Diktatur umwitterten Laufbahn Struensees hielt bis in die Gegenwart an (R. Neumann, R. 1935, erneut unter dem Titel *Der Favorit der Königin* 1953; E. Maass, *Der Arzt der Königin*, R. 1950).

R. Schlösser, Struensee in der deutschen Literatur, (Altonaische Zeitschrift für Geschichte und Heimatkunde 1) 1931.

**Sündenfall** → Adam und Eva

**Süß Oppenheimer** → Jud Süß

**Suleika** → Joseph in Ägypten

**Susanna.** Die *Apokryphen* des *Alten Testaments* überliefern die Geschichte von Susanna, der Frau des Jojakim, deren Schönheit die Begierde zweier lüsterner Greise erregt; sie überraschen sie in ihrem Garten beim Bade, erheben, als sie abgewiesen werden, Lärm und klagen sie des Ehebruchs mit einem Jüngling an. Susanna wird zum Tode durch Steinigung verurteilt, aber der Knabe Daniel, der spätere Prophet, nimmt sich ihrer an, verhört die Greise einzeln und erkennt an ihren sich widersprechenden Aussagen über den Baum, unter dem der Ehebruch stattgefunden haben soll, den Betrug. Schließlich werden die Alten an Stelle Susannas zum Tode geführt. Die moralische Erzählung, der eine erweiternde Überarbeitung des THEODOTION noch eine etwas aktivere Rolle des Gatten einfügte, trug ursprünglich rein profanen Charakter und vereinigt zwei märchenhafte Motive, das der verleumdeten ↑ Gattin (→ Genovefa) und das des weisen Knaben, der an Stelle der versagenden Richter den in orientalischen Erzählungen so beliebten weisen Richterspruch findet. Erst durch die Übertragung der Rolle des Knaben auf den jungen Daniel erhielt die Erzählung erbaulichen, legendenhaften Charakter. Auf Grund ihrer märchenhaften Züge ist sie nahezu unverändert in die Sammlung *1001 Nacht* und unter die Liebesgeschichten des IBN AS SARRADSCH aufgenommen worden.

Bereits vor Luthers Hinweis auf den Stoff begann dessen Blüte, die im 16. Jahrhundert zu rund zwanzig Bearbeitungen führte, mit dem *Spel van Suzannen* (1427) aus Thielt und dem Wiener Susanna-Drama (Ende 15. Jh.). Letzteres setzt das Epische in drei dramatische Abschnitte – Gartenszene, Gerichtssitzung, Daniels Eingreifen – um und klingt lustspielhaft aus. Unabhängig davon formte 1532 Sixt BIRK aus dem Stoff nahezu ein bürgerliches Rührstück, in dem die Gerichtsszenen fast die Hälfte einnehmen und der Ehemann, die Verwandten und die Dienerschaft Susannas zu ihren Gunsten eintreten. P. REBHUN (1535) verteilte den Stoff auf fünf Akte und motivierte die für die Heldin bedrohliche Situation mit einer Reise des Ehegatten, der sein Weib selbst der Obhut der beiden Greise anvertraut und erst zurückkehrt, als die Verurteilte zur Bestrafung abgeführt wird. Der geldgierige und betrügerische Charakter der beiden Greise wird an ihrem Verhalten gegenüber zwei armen Witwen exemplifiziert. Bald nach Rebhun bearbeitete Birk den Stoff 1537 erneut gestraffter auf lateinisch; neben dem Vordringen der Didaktik ist auch eine Verlagerung nach der

»Schau« hin zu verzeichnen: Um die Entscheidung über die Bestrafung der beiden Alten zu fällen, wird Nebukadnezar mit seinem ganzen Hofstaat auf die Bühne bemüht. Gegenüber der bei Birk und Rebhun erreichten dramaturgischen Durcharbeitung des Stoffes fällt ein anonymes Nürnberger Susanna-Drama von 1534 bedeutend ab. Es braucht die beiden ersten Akte zur Charakterisierung des Ehemannes und der beiden Alten, erst vom 3. Akt an folgt die Handlung der biblischen Vorlage. Eine Dramatisierung von Stöckel (1559) schließt sich an die lateinische von Sixt Birk an und verlegt – wohl aus Dezenz – die so entscheidende Gartenszene hinter die Bühne. Die Bedeutung des lateinischen Susanna-Dramas von N. Frischlin (1577), der Birk und Rebhun geschickt benutzte, beruht auf der lebensvollen Charakteristik und Kontrastierung der beiden Verführer. Auf Frischlin wiederum basieren das lateinische Drama des Schonaeus (1595), bei dem die Didaktik die Charaktere zu leblosen Spruchbandträgern herabdrückt, und die beiden Susanna-Dramen des Herzogs Heinrich Julius von Braunschweig (1593), der den dramaturgischen Bau zugunsten von charakterisierenden Wiederholungen und Zusätzen sowie von Zwischenspielen und komischen Personen vernachlässigte.

Die schulmäßige Durchbildung des Stoffes im 17. Jahrhundert, besonders im Drama der Jesuiten (N. Avancini 1675), die den Stoff bis ins 18. Jahrhundert hinein pflegten, fußte vielfach auf Frischlin. Ansätze zu musikalischer Ausgestaltung zeigten sich schon bei S. Israel (1607), die bis ins 18. Jahrhundert vorkommenden Susanna-Oratorien (C. H. Lange/P. Kuntzen 1744; Händel 1749) und -Opern waren jedoch stofflich ohne Belang, ähnlich wie die Nacherzählungen in Vers (H. Sachs 1562; A. de Montchrétien 1562) und Prosa (J. G. Gruber 1795). Ein Drama der begabten S. Schwarz (1650) blieb Fragment.

Auf das neuere Drama hat der im Grunde nicht dialektische Stoff bisher keine besonders fruchtbare Anregung ausgeübt. C. L. Werther stellte ihn in *Susanna und Daniel* (1855) in den größeren Zusammenhang der babylonischen Gefangenschaft der Juden, ein Drama *Susanna im Bade* (1901) von H. Salus löste die geringen dramatischen Ansätze in lyrische Stimmung auf: Susanna ist hier eine Witwe, und Daniel findet nicht durch seine Klugheit die Wahrheit, sondern zwingt einem der beiden Verführer ein Schuldgeständnis ab. In der Tragödie von H. L. Wagner (1918) ersticht Jojakim, um sie vor der Steinigung zu retten, Susanna, der kein Daniel hilft, deren Unschuld aber nachträglich durch ein Geständnis ihres Bedrängers offenbar wird. Bei dem Schotten J. Bridie (*Susannah and the Elders*, Dr. 1937) verschiebt sich die moralische Wertung zugunsten der beiden Alten, die von Susanna provoziert wurden und ihre Verurteilung standhaft hinnehmen. Auch in dem Roman *Het Boek van Joachim van Babylon* (1947) des Flamen M. Gijsen wird die Haltung Susannas insofern abgewertet, als ihre Tugend einer Unfähigkeit zur Liebe entspringt.

R. Pilger, Die Dramatisierungen der Susanna im 16. Jahrhundert, 1879;

W. Baumgartner, Susanna. Die Geschichte einer Legende, (Archiv für Religionswissenschaft 24) 1926; B. Heller, Die Susannaerzählung: ein Märchen, (Zeitschrift für alttestamentliche Wissenschaft NF 13) 1936; P. F. Casey, The Susanna Theme in German Literature, 1976.

**Sutter, General.** Johann August Sutter (1803–1880), ein aus dem Badischen stammender Kaufmann, flüchtete 1834 unter Hinterlassung von Schulden nach den USA und gründete dort die bald blühende Kolonie Neu-Helvetien. Sein Unglück wurde die Entdeckung des kalifornischen Goldes durch ein Mitglied der Kolonie, J. W. Marshall, 1848. Zahllose Einwanderer und Goldsucher überfluteten Sutters Besitz und beuteten ihn aus; Sutters vor das Bundesgericht gebrachte Forderung auf Entschädigung blieb lange ohne Erfolg, und er starb schließlich in dem Augenblick, als man gewillt war, ihm einen Teil der geforderten Summe zuzusprechen.

Der Stoff, der die Wandelbarkeit irdischen Glücks zu demonstrieren geeignet ist, weist dem Helden die passive Rolle eines vom Schicksal Geschlagenen zu. Für die dramatische Bearbeitung fehlt der Gegenspieler: Sutter ringt mit einem wesenlosen Etwas. Epische Bearbeitung dagegen vermag ↑ Goldgier als dämonische Macht spürbar zu machen, die den Kolonisator zum Bettler und zufriedene Landarbeiter zu gehetzten Goldsuchern degradiert. Sutters Schicksal bekommt paradigmatischen Wert für die historisch unabwendbare Entwicklung zum Kapitalismus.

Die Aktualität und Fruchtbarkeit des Goldsucher-Themas, wenn auch nicht die von Sutters Schicksal selbst, hat als erster der deutsche Reiseschriftsteller F. GERSTÄCKER erkannt, der Sutter in seiner Kolonie besuchte. Nachdem er sich durch Übersetzung des Tagebuches von J. Tyrwhitt BROOKS (*Vier Monate unter den Goldfindern in Oberkalifornien* 1849) mit dem Milieu vertraut gemacht hatte, führte er das Thema in seinen *Kalifornischen Skizzen* (1856) und dem Roman *Gold* (1859) durch, die auf die weitere Behandlung des Stoffes von gewissem Einfluß waren. Mit dem Vorzeichen des Abenteuerlichen und zugleich Lehrhaften fand das Schicksal Sutters in der Jugenderzählung M. FELDES *Das Gold vom Sacramento* (1917) Verwendung.

Der eigentliche Entdecker des Stoffes wurde der Schweizer Blaise CENDRARS mit dem Roman *L'Or, merveilleuse histoire du général J. A. Suter* (1924), der Manuskripte Sutters als Quellen fingierte, obgleich dessen Tagebücher nur bis zu dem entscheidenden Jahre 1848 reichen und überhaupt erst 1932 und 1939 erschienen sind. Cendrars steigerte das Mißgeschick Sutters noch durch familiäres Unglück – Tod der Frau und der Kinder –, ließ ihn im Wahnsinn enden und schließlich auf der Treppe des Kongreßgebäudes in Washington zusammenbrechen; auch Marshall verfällt geistiger Umnachtung: er hält Straßenkot für Gold und ißt ihn.

St. ZWEIG erkannte in dem von Cendrars effektvoll aufbereiteten

Stoff das Thema für eine der »Sternstunden der Menschheit« (*Die Entdeckung Eldorados* 1927): es ist dem Menschen in die Hand gelegt, ob ihm das Gold zum Fluch oder zum Segen wird. Sutter wird es zum Fluch; vom Augenblick der Entdeckung an ist alles Ringen um eine segensreiche Arbeit umsonst. Drei nahezu gleichzeitige Sutter-Dramen versuchten auf verschiedenen Wegen, dem Stoff dramatische Dialektik zu geben. W. WOLFF (*General Suter*) erfand als Gegenspieler Sutters Schwiegervater, dem Sutter das Geld zur Auswanderung entwendet hat; Sutter hält sich jedoch frei von aller Versuchung durch das Gold und kehrt schließlich arm, aber ungebrochen in die alte Heimat zurück. C. v. ARX (*Die Geschichte von General Johann August Suter*) wandelte Sutters Charakter in den eines rohen Kraftmenschen und Vabanquespielers, der emporkommen will und vergebens dem entschwundenen Reichtum nachjagt. E. W. MÖLLER (*Kalifornische Tragödie*) näherte die Gestalt der des Michael → Kohlhaas an, dem es nicht um den Besitz, sondern um das Recht geht; Sutter muß den gewonnenen Prozeß mit dem Verlust jeder menschlichen Bindung bezahlen. E. E. KISCHS *Die Ballade von Sutter's Fort* (1930) fußt auf Cendrars und steigert noch die effektvollen Elemente des Stoffes, und das wiederum von Kisch angeregte Drama Bruno FRANKS (*Der General und das Gold* 1932) verwendet als Gegenkräfte die Sinnenlust einer Mestizin und den Materialismus eines Kameraden, der gegen Sutters Absicht den Goldfund bekannt und daher dessen Arbeit zunichte macht; dem vergeblich kämpfenden Sutter, der schließlich auf den Stufen des Kapitols zusammenbricht, deutet Lincoln das Leben nicht als Erfüllung des Glücks, sondern als heroische Überwindung.

J. P. Zollinger, J. A. Sutter in der Literatur, (Neue Schweizer Rundschau NF 2) 1934/35; E. A. Kubler, J. A. Sutter in der deutschen Literatur, (Monatshefte für deutschen Unterricht 27) 1935.

**Talestris.** Talestris war nach DIODOR, *Bibliotheke* Kap. 77, eine Amazonenkönigin, die das Land zwischen den Flüssen Phasis und Thermodon regierte und dem Heer → Alexanders des Großen entgegenzog. Sie ließ die Masse ihrer Truppen an der Grenze von Hyrcania zurück und ritt mit dreihundert Amazonen zu Alexander, um, wie sie ihm erklärte, durch ihn Mutter zu werden: da Alexander sich als der größte der Männer erwiesen habe und sie selbst allen Frauen an Kraft und Mut überlegen sei, werde ihrer beider Kind alle Sterblichen überragen. Der König lebte zwei Wochen mit Talestris zusammen; danach schickte er sie mit kostbaren Geschenken in ihre Heimat zurück. Über die weiteren Schicksale der Amazone berichten weder Diodor noch nach ihm Quintus CURTIUS RUFUS (*Historia Alexandri Magni Macedonis* Buch VI), der zusätzlich erzählt, Talestris habe Alexander, der sie gern zur Verbündeten gehabt hätte und auf ihr Verlangen mehr aus

Höflichkeit als aus Neigung einging, den Vorschlag gemacht, daß
sie das Kind, wenn es ein Mädchen sei, behalten werde, einen
Knaben aber ihm übersenden würde. Ähnlich überliefert auch
JUSTIN (*Historiae Philippicae* XII) den Vorgang.

Schon das Altertum stellte fest, daß es sich bei dem Talestris-
Abenteuer nicht um ein historisches Ereignis, sondern um eine
Erfindung handeln müsse. Der *Alexanderroman* des PSEUDO-KAL-
LISTHENES (3. Jh. n. Chr.) hat die Begegnung Alexanders mit den
Amazonen mehr in den Bereich diplomatischer Unterhandlungen
gerückt und die Gestalt der Königin gestrichen: Alexander schickt
den Vornehmsten der Amazonen ein Schreiben, in dem er sie zu
friedlicher Unterwerfung, Tributzahlung und Stellung einer weiblichen Hilfstruppe auffordert, was er in dem anschließenden Briefwechsel, in dem die Amazonen ihm ihre Staatsverfassung erklären
und ihn unter Hinweis auf ihre Kriegsstärke von einem Erobe-
rungszug abzuhalten suchen, schließlich auch durchsetzt. Die im
wesentlichen auf Pseudo-Kallisthenes bzw. seine lateinischen Bearbeiter Julius VALERIUS (um 300) und den Archipresbyter LEO
(*Historia de preliis* 10. Jh.) beruhende abendländische mittelalterliche Tradition des Stoffes vom *Straßburger Alexander* (um 1170) bis
hin zu dem *Großen Alexander* (14. Jh.) und dem Prosaroman des
Johannes HARTLIEB (1443) kennt daher die heikle Talestris-Episode
nicht. Allerdings hatte bereits die *Historia de preliis* die Königin als
Verhandlungspartnerin Alexanders eingeführt und die von
Pseudo-Kallisthenes überlieferten Vorgänge etwas erweitert: nach
dem durch ihre Unterhändlerinnen vereinbarten Abkommen erscheint Talestris selbst mit einer Schar Amazonen im Lager Alexanders und führt Reiter- und Kriegskünste vor. Ein Anklang an die
ursprüngliche Begegnung schimmert hier durch. Diese ausge-
schmücktere Fassung ist besonders in Frankreich bis zum gedruckten *Prosa-Alexander* des 16. Jahrhunderts zu verfolgen. Am freie-
sten verfuhren LAMBERT LI TORS und ALEXANDRE DE BERNAY (*Li
Romans d'Alixandre* 12. Jh.). Der Amazonenkönigin, die bei ihnen
Amabel heißt, wird durch einen Traum der kriegerische Einfall
Alexanders angekündigt. Daraufhin läßt sie Alexander – ohne daß
dieser eine Briefbotschaft geschickt hätte – Geschenke durch zwei
schöne Mädchen überbringen, in die sich sofort zwei Ritter Alexanders verlieben; dann kommt Amabel selbst mit tausend Jungfrauen und zeigt ihre ritterlichen Künste. Nur dort, wo mittelalterliche Epen sich auf Quintus CURTIUS RUFUS als Quelle stützten,
sahen sie sich mit der für ritterliches Denken so unverhüllt vortragenden
Königin konfrontiert, und sie gingen den für ritterliches Denken
einzig möglichen Ausweg, dieses Begehren nicht mit staatspoliti-
schen Zwecken, sondern mit einer Liebesleidenschaft der Königin
zu motivieren. Das gilt für WALTER VON CHÂTILLONS lateinisches
Epos (1180), das sich jedoch noch eng an die antike Quelle hält und
die Vorgänge recht nüchtern darstellt; Talestris erscheint mehr von
Neugier als von Liebe ergriffen. Die eigentlichen Ausgestalter der
Episode aus dem Geist höfischer Epik waren RUDOLF VON EMS (um

1245) und Ulrich von Etzenbach (1270), der sich auf Walter von Châtillon berief. Bei Rudolf von Ems läßt Talistria durch Boten bei Alexander anfragen, ob sie ihm willkommen sei. Während ihres Zusammentreffens erklärt sie ihm Geschichte und Organisation ihres Staates, lehnt eine Tributzahlung ab und bringt schließlich ihr Anliegen vor, wobei sie sich auf ihre Götter beruft und betont, daß sie »âne wîpliche gir« spreche. Alexander weigert sich zunächst, da ein solcher Schritt entweder sie oder seine Ehefrau unglücklich machen werde; dann gibt er ihr dreizehn Tage Bedenkzeit, nach deren Ablauf sie erneut vor ihm erscheint und nun auch er von Liebe überwältigt wird. Rudolf von Ems ist wohl der einzige, der berichtet, daß die Frucht des zwei Wochen währenden Beisammenseins eine Tochter gewesen sei. Der höfisch stilisierte kleine Minneroman findet sich bei Ulrich von Etzenbach in gedrängterer Form: Die Königin verliebt sich bei Betreten des Kriegslagers in Alexander, der ihr nach anfänglicher Ablehnung dann sogleich eine vor dem beiderseitigen Gefolge verheimlichte Liebesnacht gewährt.

Die Alexander-Dramen des 16. und frühen 17. Jahrhunderts zogen andere Liebesbeziehungen Alexanders der problematischen Begegnung mit Talestris vor. Das Verdienst, die Amazonenkönigin eigentlich literaturfähig gemacht zu haben, gebührt dem Sieur de La Calprenède, der in seinem Erfolgsroman *Cassandre* (1644–50) ihr Schicksal derartig umgestaltete, daß sie als Heldin im höfischen Sinne akzeptiert werden konnte. Der eigentliche Inhalt des Romans ist die Vereinigung einer Anzahl von Fürsten und Helden zum Zwecke der Befreiung von Alexanders Witwe Statira, die sich nach Alexanders Tod vor den Ränken der eifersüchtigen Roxane unter dem Namen Cassandre verborgen hält. Zu diesem Befreiungsheer stößt auch Talestris, deren rückgreifende Erzählung ihres Lebens die Begegnung mit Alexander in völlig neuem Licht erscheinen läßt. Sie ist dem Massagetenprinzen Orontes in Liebe verbunden, der sich, von niemandem erkannt, in Frauenkleidern unter ihren Kriegerinnen aufhält. Während er den Amazonenstaat gegen ein feindliches Nachbarland verteidigt, taucht Alexander an einer anderen Grenze auf, und Talestris begibt sich in das griechische Lager, um ihn von der Eroberung des Landes abzuhalten. Ihre Kriegerinnen, die eine Thronerbin wünschen, dringen auf eine Liebesbeziehung zu Alexander, die Talestris ablehnt. Orontes zugetragene Gerüchte über eine solche Beziehung veranlassen diesen, den Amazonenstaat ohne Abschied zu verlassen. Verzweifelt und voll Racheabsichten irrt Talestris durch die Lande, um den scheinbar Treulosen zu suchen. Nach vielen Umwegen und Mißverständnissen finden die Liebenden im Lager der Verbündeten zusammen. Talestris entsagt dem Thron, um Orontes zu heiraten, und legt ihrem Volk nahe, sich von den beschämenden Bräuchen der Vorfahren zu lösen; da sie diesem Vorschlag zustimmen, nimmt das Amazonenreich ein Ende.

Wie sehr die kriegerische Königin des Romans gewirkt hat,

bezeugt bereits 1650 ein anläßlich der Krönung Christines von Schweden veranstaltetes »Karussell«, bei dem die Amazonenköniginnen Antiope, Penthesilea und Talestris als Sinnbilder der Überlegenheit der Frauen über die Männer auftraten. 1690 erschien das von La Calprenède erfundene Schicksal der Talestris zum erstenmal auch als Opernstoff (H. Ch. POSTEL / Mus. J. Ph. FÖRTSCH: *Die großmächtige Talestris oder letzte Königin der Amazonen*). Unter ausdrücklicher Berufung auf den Roman gab Postel nur die Liebesgeschichte zwischen Orontes und Talestris, die den sich ihr offenbarenden verkleideten Liebhaber zunächst von sich weist, sich dann aber, nach ihrer Gefangennahme durch ein feindliches Heer und ihrer Befreiung durch Orontes, zu ihm bekennt; Alexander kommt in Postels Libretto gar nicht vor. Eine Oper *Talestris*, die 1717 in Bayreuth aufgeführt wurde, hat ebenfalls die Liebe zu Orontes zur Haupthandlung; Talestris verzichtet zugunsten der »Amazonenobristin« Methesilla auf den Thron. Die Liebe zwischen Talestris und Orontes hat noch 1765 die Herzogin von Sachsen MARIA ANTONIA WALPURGIS zu einem Dramma per musica *Talestri Regina delle Amazzoni* verarbeitet, das GOTTSCHED 1766 in ein deutsches Trauerspiel verwandelte: Die Werbung des verkleideten Orontes liegt bereits zurück, er ist Kriegsgefangener und hat sein Leben verwirkt. Das Liebesmotiv erscheint verdoppelt, indem Orontes' Freund sich in Talestris' Schwester Antiope verliebt. Die Oper endet mit der Versöhnung der verfeindeten Völker und der Vereinigung der Liebenden. Talestris und das ↑ Amazonenmotiv haben offenbar eine so faszinierende Wirkung ausgeübt, daß eine anonyme französische Schriftstellerin die Nachahmung der Amazonen durch junge Mädchen in einem Roman *La nouvelle Talestris* (1700) kritisieren konnte: ein Mädchen spielt zusammen mit einer Freundin nach der Lektüre von *Cassandre* Amazone, verliebt sich in den seiner Schwester sehr ähnlichen Bruder der Freundin, wird über dem Verlust des Geliebten wahnsinnig und reitet in Amazonenkleidung durch das Land, um ihn zu suchen.

Auch die aus der Antike überlieferte originale Talestris-Episode wurde wieder aufgefrischt. Der Italiener Aurelio AURELI schrieb zusammen mit G. CALVI ein Opernlibretto *Talestris innamorata d'Alessandro* (1693, Mus. B. SABADINO).

Eine Weiterentwicklung des von La Calprenède erfundenen Motivkomplexes erfolgte durch H. A. v. ZIGLER UND KLIPHAUSEN mit dem Operntext *Die lybische Talestris* (1696, Mus. J. Ph. KRIEGER, anonyme Überarbeitung 1709 / Mus. J. D. HEINICHEN). Die schon in der Spätantike vollzogene Verlegung des Amazonenreiches nach Lybien gab ihm die Möglichkeit, dort eine an La Calprenède erinnernde Handlung anzusiedeln und eine kriegerische, männerfeindliche Heldin zu erfinden, die den treuen Liebhaber abweist und sogar zu töten versucht, ihn aber, als er in Frauenkleidung bei ihr ausharrt, in der Stunde der Gefahr schließlich erhört. Der letztlich aus dem Schäferspiel herrührende Plot wurde durch Motive aus der → Wlastasage angereichert und dem modischen

Amazonenthema angeglichen. Ziglers Libretto wurde mit erweiterter Handlung als Roman nacherzählt (1715) und später noch zu einem Sprechdrama umgearbeitet (*Der Triumph der beständigen Liebe oder die widerwärtigen Zufälle des Verhängnisses* 1720).

Das Interesse an dem Stoff, der dank La Calprenèdes Erfindung im Spätbarock für kurze Zeit erblühte, ist nach dieser Epoche so gut wie erloschen. Das Rokoko konnte dem Amazonenmotiv, der Divergenz zwischen dem geforderten Männerhaß und der durch das Gebot der Vermehrung wie der natürlichen Hinneigung zum Manne, nur die komische Seite abgewinnen. Den zu späten Durchbruch der Liebe hat dann KLEIST in → *Penthesilea* ins Tragische gesteigert, hinter der andere Amazonengestalten in den Schatten getreten sind.

E. Frenzel, H. A. von Zigler als Opernlibrettist. Die lybische Talestris, Stoff, Textgeschichte, literarische Varianten, (Euphorion 62) 1968.

**Tamerlan.** Das Bild Tamerlans oder Timurs (1336–1405), der, Sohn eines Mongolenkhans, zunächst ein abenteuerliches Leben führte, dann seine Herrschaft in Transoxanien errichtete, von dort aus weite Eroberungszüge unternahm, Persien und Kleinasien unterwarf, den türkischen Sultan Bajazet I. in der Schlacht bei Ankara gefangennahm und schließlich während der Vorbereitungen eines Krieges gegen China starb, ist schon von den zeitgenössischen orientalischen Chronisten sehr widersprechend gezeichnet worden. Seine Gegner dichteten ihm niedere Herkunft und ein Hirten- und Räuberleben an und zweifelten an seiner Rechtgläubigkeit, weil er gegenüber dem griechischen Kaiser Entgegenkommen zeigte. Sie kritisierten besonders seine Behandlung Bajazets, den er nicht nur in einem eisernen Käfig herumführen ließ, sondern auch als Schemel beim Besteigen des Pferdes benutzte und dessen Tochter er einem seiner Enkel zur Frau gab. Seine Anhänger dagegen sahen in Tamerlan den legitimen Herrscher, den milden und besonnenen Verteidiger seines Glaubens und Volkes.

Für Ch. MARLOWE (*Tamburlaine the Great*, Dr. 1590) war Tamerlan ein abschreckendes Beispiel orientalischer Grausamkeit; seine Taten – die Eroberung Persiens, von dessen Thron er erst Cosroes Bruder, danach Cosroe selbst verdrängt, und die Besiegung Bajazets und seiner Frau, die sich verzweiflungsvoll die Schädel am Gitter ihres Käfigs zerschlagen – werden ohne große Zutaten der chronistischen Quelle entsprechend wiedergegeben. Der Spanier L. VÉLEZ DE GUEVARA (*La nueva ira de Dios y gran Tamorlan de Persia*, Dr. 1624) setzte sowohl die Frau wie die ehemalige Geliebte Bajazets zu dessen Befreiung in Aktion; aus Rache für den in Selbstmord endenden Bajazet wird Tamerlan vergiftet, sein Heer vom griechischen Kaiser geschlagen. Seine Bearbeitung dieses spanischen Werkes benutzte der Niederländer Ser WOUTERS (*Den grooten Tamerlan*, Dr. 1657) dazu, die Vergänglichkeit irdischer

Größe aufzuzeigen. Als abgewiesener Bewerber um die Gunst einer Feindin – der Frau Bajazets – erscheint Tamerlan zum erstenmal bei Jean MAGNON (*Le grand Tamerlan ou la mort de Bajazet*, Dr. 1647), der allerdings das Handlungsschema von einem → Alexander-Drama des Abbé BOYER übernahm. Entscheidende Formung gewann dieses Motiv erst bei J. PRADON (*Tamerlan ou la mort de Bajazet*, Dr. 1675); hier liebt Tamerlan Bajazets Tochter Astérie und wird dadurch Nebenbuhler des griechischen Prinzen Andronicus, der sogar für Tamerlan bei der Geliebten wirbt; nachdem Drohungen und Erpressungen gescheitert sind, bringt Bajazets Selbstmord den Herrscher zur Besinnung; er verzichtet zu Andronicus' Gunsten. Das Opernlibretto des Agostino PIOVENE, das nach M. A. ZIANI (*Il gran Tamerlano* 1689) noch fünfzehn weitere Komponisten vertonten (F. GASPARINI 1710; F. CHELLERI 1720; L. LEO 1722; G. F. HÄNDEL 1724; G. A. NINI 1728; N. A. PORPORA 1730; A. VIVALDI 1735; BERNASCONI 1754; G. SCOLARI um 1764; P. GUGLIELMI 1765; der in Italien tätig gewesene Tscheche J. MYSLIVEČEK 1771; A. M. G. SACCHINI 1773; F. PAËR 1796; G. TADOLINI 1818; A. SAPIENZA 1824) und von dem auch eine portugiesische Fassung (1738) existiert, hielt sich an Pradons Vorwurf, führte aber die Verlobte Tamerlans, Irene, ein, die ihn durch List und Großmut von Asteria ab- und zu sich hinüberzieht. Ähnlich übernahm noch 1739 de PACARONY (*Bajazet Premier*) das Handlungsgerüst Pradons, stellte aber nicht den Verzicht Tamerlans, sondern den tragischen Untergang des liebenden Paares an den Schluß. Dagegen hat eine im gleichen Jahre wie Pradons Drama erschienene Novelle *Astérie ou Tamerlan* der Mme de VILLEDIEU Tamerlan aus der Hauptrolle verdrängt und den Kampf der Rivalen um Astérie auf dessen zwei Söhne übertragen, von denen sich der eine, ungeliebte, als ein untergeschobener Sohn erweist. Die ins Deutsche und ins Englische übersetzte Erzählung ist Vorlage für Ch. SOUNDERS' Drama *Tamerlane the Great* (1681) geworden.

Schon bei Pradon kündet sich die Umwandlung der Tamerlan-Gestalt in die eines gütigen, großzügigen Herrschers an, die am Ausgang des 17. Jahrhunderts durchdrang. Die Biographie von DU BEC (1594) und *The generall historie of the Turcs* (1603) von KNOLLES, die beide Tamerlan als Vertreter religiöser Toleranz, vor allem in der Beziehung zu seinem christlichen Günstling Axalla, darstellten, haben das Tamerlan-Bild der Dichtung des 18. Jahrhunderts formen helfen. Auf Knolles als Quelle weist in F. FANES Drama *The Sacrifice* (1686) der Name der Frau des Bajazet, Despina, die Tamerlan vergeblich umwirbt und der er die eigene Tochter opfert, bis er im Tode die Verblendung durch seine Leidenschaft und die Einflüsterungen eines Intriganten erkennt. In W. POPPLES ganz im Zeichen deistischer Toleranzideen stehendem Drama (*Tamerlan the Beneficent* 1692) tritt der Günstling Axalla als Liebhaber und Held in den Vordergrund, bei N. ROWE (1701) wird seine Gestalt zum Prüfstein für Tamerlans Toleranz und Freundestreue; die Zeitgenossen haben, wohl einer Absicht Rowes folgend, den

Gegensatz Bajazet-Tamerlan sogar auf die Auseinandersetzung zwischen Ludwig XIV. und Wilhelm III. bezogen. Freundestreue zeichnet neben Kriegertum auch in dem Roman der Mlle de La Roche-Guilhem (*Thémir ou Tamerlan, empereur des Tartares* 1708) den jungen Tamerlan aus.

Abseits von dieser französisch-englischen Tradition steht sowohl ein Münchener Jesuitendrama aus dem Jahre 1706, das die schon von Marlowe genutzte Episode des Thronstreites in Persien mit der gerechten Bestrafung des Brudermörders durch Tamerlan enden läßt, wie die zur Haupt- und Staatsaktion neigende deutsche Werkgruppe, von der die getreue Liebe der ihrem Mann in die Gefangenschaft folgenden Frau oder Braut Bajazets gefeiert wird (Ch. H. Postel/J. Ph. Förtsch, *Bajazeth und Tamerlane,* Singsp. 1690; Anon., *Der auf seltsame Art triumphierende Tamerlan* 1738). Eine Lüneburger Haupt- und Staatsaktion von 1786 dreht die Konstellation der Tamerlan-Dramen zur Abwechslung um: hier ist Bajazet der abgewiesene Liebhaber und Mörder der Frau Tamerlans, den dieser mit Recht bestraft. Auch in diesen deutschen Bearbeitungen sind die edlen Züge des Despoten nicht verwischt, die in den späten, den Stoff frei erweiternden Bearbeitungen des Themas (E. Morel de Chefdeville/J. F. Reichardt, Oper 1786; M. G. Lewis, *Timur the Tartar,* Dr. 1811; I. v. Seyfried, *Timur,* Melodr. 1822) vorherrschen: Tamerlans Leidenschaft für eine ihm verwehrte und sich ihm verwehrende Frau endet in Verzicht und in Versöhnung. Goethe erneuerte in *Der Winter und Timur* (*Westöstlicher Divan* 1819) das Bild des Tyrannen, den, wie → Napoleon, nur ein noch Stärkerer, der Winter, überwinden kann. Dagegen ist die historische Realität aufgegeben, wenn E. A. Poe (1827) Tamerlans Lebensbeichte in einen Erguß über die Vergänglichkeit von Ruhm und Größe umformt und Ch. Brifaut (*La fille de Bajazet* 1858/59) den rasch Verzeihenden der Liebe Entsagenden darstellt. Aus dem blutigen Mongolenkhan ist ein Symbol des großmütigen, auf persönliches Glück verzichtenden Herrschers geworden.

Wenn der Roman *Tamerlan des cœurs* (1955) von R. de Obaldia die Taten des asiatischen Eroberers mit denen eines jungen Pariser Schriftstellers in Parallele setzt, der um seiner Selbstentwicklung willen die ihn liebenden Frauen opfert, ist Tamerlan erneut Repräsentant spektakulärer Grausamkeit.

M. Degenhart, Tamerlan in den Literaturen des westlichen Europas, (Archiv für das Studium der neueren Sprachen und Literaturen 123) 1969; O. Intze, Tamerlan und Bajazet in den Literaturen des Abendlandes, Diss. Erlangen 1913.

**Tancred** → Ghismonda und Guiscardo

**Tannhäuser.** Der als der Tannhäuser bekannte Minnesänger entstammte dem Geschlecht der in Bayern und Salzburg ansässigen Herren von Tannhusen und dichtete zwischen 1228 und 1265. Er ist urkundlich nicht belegt, das Biographische ist nur aus seinen Gedichten zu erschließen. Tannhäuser führte ein abenteuerliches Wanderleben, machte den Kreuzzug von 1228 mit, war ein Schützling → Friedrichs des Streitbaren und in Niederösterreich und Wien eine Zeitlang mit Haus und Hof belehnt. Sein Wohlstand währte nur kurz, er geriet nach Friedrichs Tod in Not. Seine Dichtung steht in Zusammenhang mit der höfischen Dorfpoesie. Der Dichter gefällt sich in der Ausmalung der körperlichen Reize von Frauen und gibt auch zu, daß Frauen und Wohlleben an seinem Ruin schuld seien. In der Jenaer Handschrift ist unter Tannhäusers Namen außerdem ein Bußlied überliefert, das den Venusritter als zerknirschten Büßer zeigt. Wenn dieses Lied echt ist, wäre der Ansatz zur Entstehung der Tannhäusersage bereits in den Liedern des Minnesängers gegeben, ist es dagegen unecht, stellt das Bußlied bereits eine Spiegelung der sich entwickelnden Sage dar.

Die Erinnerung an Tannhäuser und seine Zeitgenossenschaft zu dem von ihm erwähnten Papst Urban IV. (1261–64) scheint wach geblieben bis zu ihrem Niederschlag im *Tannhäuserlied*, das in hochdeutscher Fassung seit 1515, in niederdeutscher seit 1520 nachweisbar ist. Das Lied setzt ein mit einem Dialog zwischen dem Ritter Tannhäuser und Frau Venus, die den Geliebten bei sich im Venusberg zurückzubehalten sucht. Ihn aber treibt das Gewissen fort. Er pilgert zum Papst, der ihm jedoch Vergebung versagt: wenn der dürre Stab in der Hand des Papstes grüne, könne Tannhäuser verziehen werden. Als am dritten Tage danach der Stecken zu grünen beginnt und der Papst Tannhäuser suchen läßt, ist der Ritter bereits verzweifelt in den Venusberg zurückgekehrt.

Die Überlieferung der Tannhäusersage vom 14. bis zum 16. Jahrhundert, die sich an ihren Spiegelungen in anderen Literaturwerken und an den verschiedenen Fassungen des Liedes erspüren läßt, zeigt, daß der Sage ursprünglich weder das Motiv des Venusberges noch das Stabwunder zugehören. Dem Venusberg-Motiv liegt die bretonische Feensage zugrunde, nach der eine Fee einen Ritter zu sich in den Berg lockt; diese Sage ist im 14. Jahrhundert mit einem in Italien lokalisierten Sybillen- oder Venusberg verknüpft worden. In der deutschen Volkssage verschmolz Frau Venus mit Frau Holle, der Venusberg wurde mit dem Hörselberg in Thüringen identifiziert. Das Stabwunder entstammt dem Motivkreis der Büßerexempla nach Art der Waldbüßer-Episode der *Johannes-Chrysostemus-Legende* (*Prosapassional* Ende 14. Jh.), wo es sich als Signum der Entsühnung auf den Büßer und nicht auf das Verhalten des Beichtigers bezieht, während es in der sicher späten Formulierung des *Tannhäuserliedes* als ↑ Gottesurteil gegen päpstliche Härte wirkt.

Mit L. Tiecks Novelle *Der getreue Eckart und der Tannhäuser* (1800) setzten die modernen Bearbeitungen ein. Ein für die Weiterentwicklung des Stoffes fruchtbares Motiv in Tiecks Gestaltung ist die Einführung einer zweiten, ursprünglich von Tannhäuser geliebten Frau, die aber nicht er, sondern sein Freund erwirbt und die er nach der Verbannung durch den Papst und vor der Rückkehr in den Venusberg umbringt. Im übrigen fand der Stoff nach der Veröffentlichung des *Tannhäuserliedes* in *Des Knaben Wunderhorn* (1806) zunächst in einigen romantischen Balladen seinen Niederschlag (Helmina v. CHÉZY 1812, H. HEINE 1836; E. GEIBEL 1838, F. v. SALLET 1843, C. BRENTANO in den *Romanzen vom Rosenkranz* 1852). Brentano trug sich auch mit dem Plan eines Operntextes für C. M. v. WEBER. Fast gleichzeitig mit Wagner kam E. DULLER zu der Erkenntnis, daß der Tannhäuser-Stoff, um genügend tragfähig für ein Drama zu werden, mit einem zweiten Stoff verbunden werden müsse. Im Anschluß an Tieck und dessen Betonung der zum Venusberg-Motiv gehörenden Gestalt des treuen → Eckart, verknüpfte er in seinem Textbuch zu C. L. A. MANGOLDS Oper *Tannhäuser* (1846) mit der Handlung noch den Stoff des Rattenfängers von Hameln und stellte die Idee von der Erlösung des Helden durch die reine Liebe einer Frau in den Mittelpunkt, jenes Thema, das im Musikdrama Richard WAGNERS (*Tannhäuser und der Sängerkrieg auf Wartburg* 1845) zu ungleich eindringlicher Gestaltung gelangte. Die von Wagner vollzogene Verschmelzung mit dem → Heinrich-von-Ofterdingen-Stoff, die das theatralisch wirksame Moment des Sängerkrieges mit seinen historischen Gestalten brachte, stützte sich auf die philologische These einer Identität Tannhäusers mit Heinrich von Ofterdingen und konnte auf die Motivverwandtschaft beider Sagen, wie sie in Tiecks Novelle und E. T. A. HOFFMANNS *Der Kampf der Sänger* (1819) ausgebildet war, zurückgreifen: in beiden Stoffen ermöglicht ein Dämonen- bzw. ↑ Teufelspakt erotische Verführung, in beiden stehen auf der Gegenseite eine geliebte Frau und ein Freund, der diese gleiche Frau liebt. Der Sängerstreit bot Gelegenheit, Tannhäusers Künstlertum zur Wirkung zu bringen. Endlich bezog Wagner noch den zu Heinrich von Ofterdingen in loser Beziehung stehenden legendären Stoff um die heilige → Elisabeth ein.

Wagners Bearbeitung fand zahlreiche Nachahmungen in Romanen, Dramen, Versepen, und sie ist auch mehrfach travestiert worden (J. NESTROY 1857, D. KALISCH 1858). Der Engländer A. Ch. SWINBURNE (*Laus Veneris*, Gedicht 1866) besang aus heidnischem Geist Venus und die Liebesfreiheit. Tannhäusers Rolle als Teilnehmer des Wartburgkrieges und damit seine teilweise Identifikation mit Heinrich von Ofterdingen erwies sich als so einprägsam, daß sie nur selten (J. v. GÜNTHER, *Der Tannhäuser*, Dr. 1914) wieder rückgängig gemacht wurde. Am stärksten in Richtung auf Heinrich von Ofterdingen ist der Stoff von J. WOLFF in einem Versepos (1880) ausgeweitet worden, während andererseits in LIENHARDS Drama *Heinrich von Ofterdingen* (1903) Anklänge an den Tannhäuser-Stoff zu finden sind. Der Liebeskonflikt wurde mehrfach verschärft, indem man Elisabeth historisch korrekt zur Braut oder Frau Ludwigs von Thüringen machte. Eine Anzahl von Werken der Jahrhundertwende verwandte den Namen Tannhäusers ohne Verbindung zum Stoff lediglich als Symbol der Sinnenlust.

W. Golther, Tannhäuser in Sage und Dichtung (in: Golther, Zur deutschen Sage und Dichtung) 1911; D. Koegel, Die Auswertung der Tannhäuser-Sage in der deutschen Literatur des 19. und 20. Jahrhunderts, Diss. München 1922; H. Horowitz, Tannhäuserdichtungen seit Richard Wagner, Diss. Wien 1933; D.-R. Moser, Die Tannhäuser-Legende, 1977.

**Tasso, Torquato.** Das sich verdüsternde Leben des italienischen Dichters Torquato Tasso (1544–1595), der als Schützling des Herzogs Alfonso II d'Este ein glückliches Jahrzehnt am Hofe von Ferrara verlebte, ehe ihn Zweifel am eigenen Talent, Verfolgungswahn und religiöse Manie von diesem Zufluchtsort vertrieben, an den er noch zweimal zurückkehrte und wo er nach einem Tobsuchtsanfall sieben Jahre lang durch den Herzog in einem Irrenspital festgehalten wurde, bis er, auf Bitten Vincenzo Gonzagas freigelassen, einem rastlosen Umhertreiben verfiel und in Rom starb, hat schon früh Sagen hervorgerufen, die Tassos erster Biograph, G. D. Manso, bereits 1621 seinem Buch einverleibte. Manso führte das Zerwürfnis mit dem Herzog auf die Machenschaften einflußreicher Gönner am Hof und auf die Liebeshändel Tassos zurück. Er berichtet, daß Tasso eine »Leonore« verehrte und daß es am Hofe drei Frauen dieses Namens gab; Tasso habe zuerst die Schwester des Herzogs geliebt, sich dann aber mit einer Hofdame begnügt.

Mansos Darstellung von Tassos Liebschaften wirkte eher frivol als tragisch. Schon 1625 spielte Scipio Errico in einem allegorischdramatischen Gedicht *Le rivolte di Parnasso* auf Tassos rasche Bereitschaft, Frauen zu küssen, an, und L. A. Muratori erzählte 1735 in einem Brief an A. Zeno, Tasso habe die Prinzessin Leonore vor versammeltem Hof umarmt und geküßt, worauf ihn der Herzog ins Annenhospital einsperren ließ. Diese Anekdote hat das Tasso-Bild der Folgezeit entscheidend beeinflußt. G. Brusoni stellte 1657 in seinem Passatempo carnevalesco *La Gondola a tre remi* Tasso und die Prinzessin als Liebespaar vor, und noch der Herausgeber von Tassos Briefen, L. A. Muratori, führte 1735 Tassos Inhaftierung auf seine tollen Liebeshändel zurück; er bestätigte Tassos Liebe zu der Prinzessin, bestritt aber eine Erwiderung dieser Liebe.

Noch bevor 1785 die erste langhin wirkende wissenschaftliche Tasso-Biographie von P. Serassi erschien, hatte in Deutschland die Sturm-und-Drang-Generation dem Dichter dem allgemeinen Interesse nahegebracht. J. G. Jacobi (*Vindicae Torquati Tassi* 1763) verteidigte die Kunst Tassos gegenüber der Kritik der Franzosen und der Gottschedianer, und W. Heinse schrieb eine deutsche Tasso-Biographie (1774/75 in *Iris*, als Buch zusammen mit einer

Übersetzung des *Befreiten Jerusalem* 1781), in der er mit Bestimmtheit die Gegenseitigkeit der Liebe Tassos und der Prinzessin behauptete. Serassis Biographie dagegen verneinte die Liebe der Prinzessin; Tasso selbst habe nur in der ersten Zeit eine Neigung zu ihr gezeigt, dann jedoch ihre Schwester Lucrezia vorgezogen. Als den Hauptgegner Tassos bezeichnete er G. B. Pigna, einen dichtenden Dilettanten und Alfonsos Staatssekretär. Frühere Berichte hatten außerdem Antonio Montecatino und G. B. Guarini genannt.

Der heiteren Einfärbung des Stoffes in Italien entsprechend, machte C. GOLDONI schon 1755 Tasso zum Helden einer Komödie, in der Tasso und die Prinzessin bis zum Schluß im unklaren darüber sind, ob sie Gegenliebe gefunden haben. Von Heinses Tasso-Biographie angeregt, schrieb 1778 Ch. L. SANDER die erste deutsche Tasso-Tragödie *Golderich und Tasso*. Den Sturm-und-Drang-Ideen gemäß endet der herkunftsbedingte ↑ Liebeskonflikt tragisch, obgleich der Herzog den Liebenden verzeiht und erst den Rasenden in den Kerker wirft, wodurch wiederum die Prinzessin wahnsinnig wird. Als der Herzog sühnen und beide vereinen will, entsagt Tasso, da er meint, am Wahnsinn der Prinzessin schuldig zu sein; er hofft auf eine Vereinigung im Jenseits und ersticht sich. GOETHE, außer mit der deutschen auch mit der italienischen Tasso-Literatur (mit Manso, Muratoris Abhandlung in der Ausgabe von Tassos Werken von 1739, seit Rom auch mit Serassi) bekannt, der er z. B. das Motiv des Gegensatzes Tasso-Ariost entnahm, entwickelte sein Tasso-Porträt zu einer Studie über künstlerische Sensibilität und die Disproportion des Lebens mit dem Talent. Die umstrittene Frage nach der Liebe der Prinzessin wandelte er aus einer grobfaktischen zu einer Frage des Temperaments: Wie weit ist die zarte, von Krankheit umschattete Gestalt überhaupt der Gegenliebe fähig? Wie weit ist ihre sicher vorhandene Neigung aus der Einsamkeit des Krankendaseins gewachsen? Versteht sie den Künstler, den leidenschaftlichen Menschen Tasso, sie, die ihren inneren Frieden gewahrt wissen will und mehr den eigenen Verlust als die Kränkung des in die Fremde verstoßenen Mannes empfindet? Die Frage nach ihrer Liebe bleibt in einer Schwebe, die auf ihrem Charakter beruht.

Verbreitung und Kolorierung des Tasso-Bildes späterer Dichtungen sind weitgehend abhängig von den Tönen, die Goethe ihm gab. Für die Beliebtheit des Stoffes am Beginn des 19. Jahrhunderts zeugen die gefälschten Tasso-Gedichte von G. COMPAGNONI (1800), die C. W. O. A. v. SCHINDEL als *Tassos nächtliche Klagen der Liebe* übersetzte (1802). Auf der gleichen Linie liegt K.-A. v. GRUBERS (d. i. GRUBER v. GRUBENFELS) aus fingierten Briefen und Tagebuchblättern komponierter Roman (1805), in dem Leonore Sanvitale an unglücklicher Liebe zu Tasso stirbt, dieser die Prinzessin anbetet, sich aber wandelt, nachdem er seine Gegner im Kampf getötet hat. In Lord BYRONS Rollengedicht *The Lament of Tasso* (1819) spricht ein von Irrenhausqualen Ungebeugter, der auch der

Versuchung zum Selbstmord widerstanden hat, um nicht die Lügen derer zu bestätigen, die sein Andenken durch den Makel des Wahnsinns zu brandmarken suchten. Er weiß, daß er unsterblich ist und daß Leonore, die sich schämte, weil ein so Geringer sie zu lieben wagte, im Andenken der Menschen für immer mit ihm verbunden sein wird. Auch in dem im gleichen Jahre veröffentlichten Drama von W. SMETS (*Tassos Tod*) wird die Hoffnung auf eine Vereinigung nach dem Tode ausgesprochen, aber nicht aus Selbstbewußtsein und nicht im Sinne einer Unsterblichkeit der Namen, sondern im Sinne eines himmlischen Wiedersehens der beiden aus Gram sterbenden Liebenden. Leonore hat durch das Opfer der eigenen Entfernung aus Ferrara erreicht, daß der Herzog Tasso freiläßt; Tasso stirbt am Tage seiner Dichterkrönung in Rom. Verwandt mit Smets' Drama ist in vielem die Tragödie des Dänen B. S. INGEMANN *Tassos Befreiung* (1819), in der die von Muratori überlieferte öffentliche Umarmung der Prinzessin das Unglück Tassos auslöst, aber auch die Krankheit der Prinzessin hervorruft. Sie weiß Tasso davon zu überzeugen, daß sie nur seine Muse sein kann und daß eine irdische Vereinigung von ihnen aus Rücksicht auf Tassos Berufung nicht angestrebt werden darf. Nach ihrem frühen Tode wird Tasso freigelassen, aber von Antonio verfolgt, und er stirbt angesichts des zu seiner Dichterkrönung geschmückten Kapitols. Wenn Smets und Ingemann die Handlung über den von Goethe gesetzten Schluß ausdehnten, so entspricht dies durchaus der inneren Tendenz des Stoffes, von dem A. W. SCHLEGEL 1827 anläßlich einer Besprechung von Goethes Schauspiel sagte, daß er noch keineswegs erschöpft sei. Anzumerken wäre, daß Eleonore schon zwei Jahre nach Tassos Inhaftierung starb (1579) und daher alle Dichtungen, die mit einem späteren Wiedersehen der Liebenden arbeiten, eine – ästhetisch nicht relevante – Sünde wider die historische Wahrheit begehen. Weit schwerere Verstöße gegen die Qualität des Stoffes kennzeichnen das Drama *Le Tasse* des Franzosen A. DUVAL (1826): Tassos Genialität bestrickt hier die Prinzessin so sehr, daß sie sich ihm geradezu an den Hals wirft und mit ihm zu fliehen beschließt. Merkwürdigerweise beeinflußte Duval aber die deutschen Autoren durch Einführung einer Mädchenrolle, einer Verwandten von Tassos Wächter, die sich in ihn verliebt und ihm hilft; sie findet sich auch bei Brummer, v. Zedlitz und Hoffmann. Die Tasso-Dramen von A. BRUMMER (1833), E. RAUPACH (*Tassos Tod* 1833) und J. D. HOFFMANN (*Tassos Tod* 1834) können als Fortsetzungen zu Goethes Werk betrachtet werden. Dabei sind bei Brummer etwas veränderte Voraussetzungen anzunehmen: Leonore, die Tasso zuerst aus Standesrücksichten abgewiesen hat, liebt ihn dann doch, als sie sein Leiden sieht. Im Kampf gegen den Plan des Herzogs, die Schwester aus Gründen der Thronfolge zu vermählen, unterliegen die beiden und werden getrennt; wieder wird die Hoffnung auf das Jenseits ausgesprochen. Bei RAUPACH hat sich Leonore zu einer nur platonischen Liebe durchgerungen, Tasso dagegen, deutlich als Psychopath

gezeichnet, begehrt sie, hält allerdings den Standesunterschied für
unüberbrückbar. Bei HOFFMANN glaubt Tasso fälschlich, daß Leonore ihn liebe, daß er sich aber das Glück durch sein Ungestüm
verscherzt habe; er läutert sich in der Gefangenschaft bis zu gänzli-
cher Abkehr vom Irdischen, die auch durch ein Wiedersehen mit
der Prinzessin nicht gemildert wird. Das Glück dieser Begegnung
löst jedoch Tassos Tod aus.

Zwei weitere Tasso-Dramen des 19. Jahrhunderts stehen sich
dadurch nahe, daß sie von einem sehr späten Punkt der Entwicklung, kurz vor Tassos Tod, Rückblicke auf die Gründe zu dieser
Katastrophe geben und das Versagen und Sterben des Dichters auf
die Bühne bringen. J. Chr. Frhr. v. ZEDLITZ (*Kerker und Krone*
1834) zeigt einen Tasso, der zwar durch Leonores Bemühen freigelassen wurde, aber nach einem letzten Wiedersehen mit ihr und
dem Austausch eines Liebesschwurs in die Verbannung gehen
mußte und dem das Leben nichts mehr bedeutet. O. ELSNERS *Tassos
Tod* (1867) behandelt die letzten Lebensaugenblicke Tassos, der
sich durch jene berühmte Umarmung der Geliebten und Liebenden
unglücklich machte, ihr nun nachstirbt und sie im Jenseits wiedersehen möchte.

Außerhalb der deutschen Tradition stehen zwei italienische
Tasso-Dramen. G. ROSINI (1832) behandelte weniger den Liebeskonflikt als den Sturz des großen Mannes, dessen kühne Liebesge-
dichte an die Prinzessin, die seine Neigung nicht erwidert, von
seinen Feinden dem Herzog zugespielt wurden. A. NOTAS sehr
unselbständiges Drama (1834), das auf Goldoni, Goethe und Duval
fußt, benutzte gleichfalls die in böser Absicht entwendeten Liebes-
gedichte als Auslöser des Unglücks. A. GOTTI verwandte in dem
Roman *Le Tasse et la princesse d'Este* (1841) die berühmten Namen,
um sehr frei die Geschichte zweier Menschen zu erzählen, die nicht
zueinander kommen können. Der Stoff ist auch wiederholt zu
Operntextbüchern verarbeitet worden: CUVELIER und HÉLITAS DE
MEUN / Musik Manuel del POPOLO und Vicente RODRIGUEZ, *La
Mort du Tasse* 1821; J. FERRETTI / Musik G. DONIZETTI, *Torquato
Tasso o Sordello* 1833; E. F. PÉAN DE LA ROCHE-JAGU, *Le Retour du
Tasse* um 1865; E. HARCOURT, *Le Tasse* 1865; Ch. GRANDMOUGIN /
Musik B. GODARD (Dramatische Symphonie) 1878; F. PEDRELL, *El
Tasso a Ferrara* Ende 19. Jahrhundert.

M. Wimmer, Tassodramen nach Goethe in Deutschland, Diss. Wien 1905;
O. Dietrich, Die deutschen Tassodramen vor und nach Goethes »Torquato
Tasso«, Diss. Wien 1912; P. A. Merbach: »Tasso« und Tassos Geschlecht. Ein
stoffgeschichtlicher Versuch, (Blätter der Städtischen Bühnen Frankfurt/Main)
1928.

**Telemachos** → Nausikaa, Odysseus

**Telephontes** → Merope

**Tell, Wilhelm.** Die sagenhafte Gestalt des Meisterschützen Wilhelm Tell aus Bürglen ist von Volksdichtung und chronikalischer Überlieferung so frühzeitig und einprägsam zum Inbegriff des Freiheitskampfes der Schweizer gegen die habsburgische Herrschaft gemacht worden, daß sie trotz der bald einsetzenden historischen Kritik (Felix BALTHASAR, VOLTAIRE, GRIMM) für das Volksbewußtsein eine nahezu historische Realität besaß. Die Sage vom Schützen, der gezwungen wird, einen Apfel vom Haupt seines Kindes zu schießen, findet sich auch in der → Wieland-Sage (Eigils Schuß), in den Erzählungen über den englischen Geächteten William of Cloudesley und bei Saxo Grammaticus in der Erzählung von Toko und Harald Blauzahn. Sie ließ sich durch das Motiv des ↑ Tyrannenmordes leicht mit revolutionären historischen Ereignissen verknüpfen und gab im Falle der Tell-Sage den Berichten über die langsame Loslösung der Schweiz von Österreich die dramatische Konzentration auf einen kurzen Zeitraum und ein bestimmtes einprägsames Ereignis. Sagenhafter Urstoff ist auch Tells Tod durch Ertrinken, als er 1354 ein Kind retten wollte.

Der Tell-Stoff gehört unter die Geschichten der großen ↑ Empörer und Befreier; es ist ihm jedoch durch die Verbindung mit der – sagenhaft ausgestalteten – Entstehungsgeschichte der Eidgenossenschaft ein spezifisches demokratisches und die Mordtat gewissermaßen aufhebendes Gegengewicht – Selbstbefreiung eines Volkes – beigegeben worden. Die zwei Brennpunkte der Handlung, symbolisiert in der Apfelschußszene und im Rütlischwur, sind das Kennzeichen des Stoffes, das Pendeln zwischen beiden bzw. der Versuch ihrer Vereinigung charakterisieren seine Bearbeitungen in der Literaturgeschichte.

Das älteste Denkmal der Sage überhaupt, das aus dem 14. Jahrhundert stammende, in Uri beheimatete, neun Strophen umfassende *Tellenlied*, stellt Tell und seinen Konflikt in den Mittelpunkt; er geht sogleich nach dem Apfelschuß als Anführer des Volkes zur Vertreibung der Vögte über. Demgegenüber betont die Sagenbildung der Chroniken, die sich auf unterschiedliche lokale Überlieferungen stützten und denen nicht an der Einzeltat, sondern an der Entstehung des Staates aus demokratischem, bündischem Denken gelegen sein konnte, die Verschwörung gegen die Übergriffe der Vögte. Schon die (aus habsburgischer Sicht geschriebene) Chronik des Felix HEMMERLIN (1448), in der Tell nicht erwähnt wird, brachte als auslösendes Motiv für die Schweizer Empörung jene Frauenschändung, die von da an immer ihre funktionell bedeutsame Rolle in dem Stoff behielt; sie wurde später nach dem Muster der biblischen Erzählungen von → Susanna und Bathseba ausgebaut und ist bei Schiller erregender Auftakt. Das *Weiße Buch von Sarnen* (1470) führte die Gewalttaten der Vögte, unter denen das Unrecht gegen Tell nur einer, wenn auch der schwerwiegendste Fall ist, breiter aus und stellte der Tell-Handlung den Rütlibund gegenüber, der die eigentliche Befreiung, die Erstürmung der Burgen, unabhängig und ohne Mitwirkung von Tell vollzieht. Statt des spontan handelnden, revolutionären Tell steht der bedächtige, sittenstrenge, wohlhabende Stoupacher mit seiner klugen, aktiven Frau im Vordergrund. Bezeichnenderweise hat sich das alte *Urner Tell-Spiel* (Anfang 16. Jh.) um diese Demokratisierung nicht gekümmert, sondern im Gefolge des *Tellenliedes* Tell in den Mittelpunkt gestellt und die Tell-Handlung aus verschiedenen Quellen erweitert. Es baut auf der Gegnerschaft Tell-Geßler (Grisler) auf, bezieht die Gestalt Stoupachers zwar ein, gibt ihr aber eine durchaus passive Rolle. Tell gibt nicht nur den Anstoß zum Bunde, sondern nach der Ermordung Geßlers auch das Zeichen zur allgemeinen Empörung, indem er dem Volke den Bundesschwur abnimmt: diesem Schluß fügte die Bearbeitung Jakob RUOFS von 1545 dann noch die demonstrativere Erstürmung Sarnens an.

In der mit den szenischen Elementen des Barockdramas arbeitenden *Eydgenössischen Contrafeth Auff- und abnemmender Jungfrawen Helvetiae* (Auff. 1672) J. C. WEISSENBACHS sind der Tell und sein Apfelschuß nur Episoden in einer Gesamtdarstellung eidgenössischer Geschichte. Wichtig für die allgemeine Kenntnis und weitere dichterische Gestaltung des Stoffes wurde die Darstellung im *Chronikon Helveticum* (1734) des Ägidius TSCHUDI, der, auf dem *Weißen Buch* aufbauend, die Bedeutung des Tyrannenmörders weitgehend zugunsten der Rütli-Verschworenen zurückdrängte. Das klassizistische Drama des 18. Jahrhunderts mußte gerade mit der bei Tschudi wieder deutlich werdenden mangelnden Einheit der Handlung in Konflikt geraten und sich zu Beschneidungen gezwungen sehen. M. LEMIERRE (*Guillaume Tell* 1767) beschnitt zugunsten Tells, J. G. ZIMMERMANN (*Wilhelm Tell* 1777) und Veit WEBER (d. i. G. Ph. L. WÄCHTER) in seinem im gleichen Jahr wie der Schillers erschienenen *Wilhelm Tell* strafften zugunsten der Verschworenen; bei ihnen ist Tell fast während der ganzen Handlung gefangen oder flüchtig, also unsichtbar. Die Konzentration der Motive auf eine der klassizistischen Tragödie gemäße geringere Anzahl von Personen führte bei Zimmermann zur Übertragung des Verführungsmotivs auf Geßler-Hedwig; in Samuel HENZIS *Grisler ou l'Helvétie délivrée* (1748; gedruckt als *Grisler ou l'ambition punie* 1762) gab es eine Tochter Tells, die zugleich Gegenstand der Liebe von Geßler Vater und Sohn wie passive Heldin der Apfelschußszene ist. Die Französische Revolution verhalf dem Befreier-Mythos in Frankreich zu einer gewissen Aktualität (M.-J. SEDAINE/A.-E. M. GRÉTRY Oper 1791; J.-P. Claris de FLORIAN, R. 1802).

SCHILLERS *Wilhelm Tell* (1804) zeigt deutlich die Spuren der Darstellung Tschudis und der von dieser beeinflußten Johannes von MÜLLERS. Schiller bemühte sich, nicht nur der Tell-Fabel, sondern dem Gesamtstoff gerecht zu werden, und fügte zur Aufhebung des Dualismus noch eine dritte Handlung, die um Rudenz und Berta, hinzu. Er läßt zwar Tell, betont und noch über seine Quellen hinausgehend, abseits von der Verschwörung stehen, aber er erhöht ihn über die nur gewählten Vertreter des Bundes zum

Symbol der Schweizer Freiheit und einer national und soziologisch neuen Zeit; die Erstürmung der Burgen resultiert unmittelbar aus der Ermordung Geßlers. Damit setzte Schiller die Linie des *Tellenliedes* und des *Urner Spiels* fort. Entgegen Tschudi rechtfertigt er die Mordtat, auch durch die Kontrastierung mit Johannes Parricida.

Der Stoff erschien mit Schillers Werk zunächst ausgeschöpft. Bezeichnenderweise ging A. KLINGEMANN mit *Der Schweizer Bund* (1805) und *Heinrich von Wolfenschießen* (1806) um das Zentrum des Stoffes herum, ohne dessen dekorative Theaterelemente auszulassen. Er wurde seit der Mitte des 19. Jahrhunderts auf Schweizer Boden zum Thema von Festspielen, wie sie schon der Schweizer Sturm-und-Drang-Dichter J. L. AMBÜHL (1792) verfaßt hatte. Im Schatten Schillers stehen auch J. Sh. KNOWLES romantisches Drama von 1825 (Bühnenmusik von H. R. BISHOP) und das von J. V. ETIENNE DE JOUY und H. BIS nach Schiller gearbeitete Textbuch für G. ROSSINIS Oper (1829); es bezieht in die Rütlischwur-Apfelschuß-Handlung noch den ersten Sieg der Urkantone bei Morgarten ein. Unter den französischen Romantikern sind A. de LAMARTINE mit einer Erzählung (1854) und V. HUGO mit mehreren Gedichten in *La Légende des Siecles* (1859–1883) vertreten.

Im 20. Jahrhundert wagte man eine sich langsam von Schiller lösende Neuinterpretation. Auch die Bearbeitungen von René MORAX (1914) und Cäsar von ARX (*Die Schweizer* 1924; *Bundesfeierspiel* 1941) tragen Festspielcharakter und halten an der traditionellen Auffassung der Gestalt fest. C. A. BERNOULLI (*Der Meisterschütze* 1915) gab ihr die Züge des – in GOETHES Eposplan auftauchenden – naiven Lastenträgers. Paul SCHOECKS Dialektstück (1924) und Meinrad INGLINS Erzählung (*Jugend eines Volkes* 1933) stießen zu größerem Realismus vor. Ansatzpunkte zu einer Neuinterpretation gab die den psychologischen Ansprüchen der modernen Literatur doch wohl nicht genügende Lösung des Tyrannenmord-Motivs. Schon GOTTHELF schlug in seiner Erzählung *Der Knabe des Tell* (1845) das Thema der Buße an, und E. KLEIN griff in dem Drama *Tells Tod* (1903) das in UHLANDS gleichnamiger Ballade behandelte Motiv auf, daß Tell sein Leben bei der Rettung eines Kindes läßt. Das gerettete Kind ist bei Klein der junge Arnold Winkelried, der spätere Held der Schlacht bei Sempach, in Jakob BÜHRERS von pazifistischen und sozialistischen Gedanken geprägtem *Neuen Tellenspiel* (1923) Tells eigener Sohn. Im Tell-Drama des Spaniers E. d'ORS Y ROVIRA (1926) spricht der Kaiser Tell von seiner Schuld los. Der Dualismus Tell-Eidgenossen blieb bestehen, sogar das Motiv des Führers ohne Gefolgschaft ist an ihm demonstriert worden (F. CHAVANNES, *Guillaime le fou* 1916).

Eine gewisse Entheroisierung setzte mit A. SASTRES Drama *Guillermo Tell tiene los ojos tristes* (1962) ein. Es will mit den mythischen Ereignissen zugleich solche im zeitgenössischen Spanien spiegeln und in Tell keinen Helden und bewußten Befreier darstellen, sondern einen Durchschnittsmenschen, den im Augenblick des

Apfelschusses der Mut verläßt, der zögert, das Ziel verfehlt, sein Kind tötet und in spontaner Reaktion auf das ihm angetane Leid mit dem nächsten Pfeil Geßler erschießt. Den hier vermiedenen Tyrannenmord, den M. FRISCH in *Wilhelm Tell für die Schule* (1971) als »Meuchelmord« charakterisiert und in einer entmythisierenden Nacherzählung des Stoffes dingfest macht, sieht der gleichfalls schweizerische Autor H. SCHNEIDER (*Schütze Tell*, Dr. 1975) als Tat eines zwar schießbegeisterten, aber unpolitischen bäurischen Schlaumeiers, der eher zufällig zum Tyrannenmörder wird und damit die Herrschaft der größeren eingesessenen Tyrannen befestigt.

G. Kettner, Die Entwicklung des Tell-Stoffes (in: Kettner, Schillers Wilhelm Tell) 1909; R. Meszlény, Tell-Probleme, 1910; E. Merz, Tell im Drama vor und nach Schiller, Diss. Bern 1922; F. Müller-Guggenbühl, Die Gestalt Wilhelm Tells in der modernen schweizerischen Dichtung, Diss. Zürich 1950; M. Wehrli, Das Lied von der Entstehung der Eidgenossenschaft. Das Urner Tellenspiel, Aarau 1952; F. Jost, A Mythic Type: William Tell (in: Jost, Introduction in Comparative Literature) Indianopolis/New York 1974; R. Zeller, Der Tell-Mythos und seine dramatische Gestaltung von Henzi bis Schiller (Jahrb. d. dt. Schiller-Gesellschaft 38) 1994.

**Teufel** → Satan

**Theoderich der Große** → Dietrich von Bern

**Theophilus.** Die Legende von Theophilus, nach der ein aus seinem Amt gestoßener Priester einen Teufelspakt schließt, um wieder in seine Rechte eingesetzt zu werden, und durch seine Reue → Marias Fürbitte erlangt, beruht auf dem ↑ Teufelsbündner-Motiv und erhielt ihre spezifische Ausbildung mit dem Aufblühen des Marienkults. Die ältesten, griechischen Fassungen sind erst in zwei Handschriften des 10. Jahrhunderts erhalten, von denen die eine sich als Augenzeugenbericht eines Dieners des Theophilus gibt. Die einflußreichste lateinische Übersetzung der hier in einen Rahmen gestellten Legende ist die des neapolitanischen Diakons PAULUS (9. Jh.). Sie betont des Theophilus ursprüngliche Frömmigkeit und Demut, die ihn zur Ablehnung der Bischofswürde veranlassen; er wird dann bei dem an seiner Statt ernannten Bischof verleumdet und verliert sein Amt. Der Teufelspakt, der durch Vermittlung eines Juden zustande kommt, geht bis zur schriftlichen Verleugnung Christi und Mariä. Der wiedereingesetzte Priester tritt nun stolz und hochmütig auf, aber Gott führt ihn zur Reue; nach dreitägiger Buße bringt ihm Maria die Vergebung und schafft ihm sogar den Abschwörungsbrief zurück. Dem öffentlichen Schuldbekenntnis vor dem Bischof folgt die Begnadigung, und am dritten Tage nach ihr stirbt Theophilus.

Diese lateinische Rohform der Legende, die in bezug auf den

Abfall wie auf die Reue des Theophilus psychologische Brüche zeigt, enthält die Keime zu der späteren epischen und vor allem dramatischen Ausgestaltung und ist die wohl beliebteste Marienlegende des Mittelalters geworden. Der szenische Ausbau der Fabel konnte vor allem erfolgen, wenn die Fiktion des Augenzeugenberichts fallengelassen wurde und daher auch die Himmel- und Höllenszenen vorgeführt wurden. Am engsten an die lateinische Prosafassung hielten sich naturgemäß die lateinischen Dichtungen, die auch das antik-byzantinische Lokalkolorit – der Teufel residiert in einem verfallenen Theater – wahrten. HROTHSVITHS VON GANDERSHEIM Hexameterepos *Lapsus et conversio Theophili vicedomini* (10. Jh.) ragt durch den geradlinigen Aufbau, bei dem sich die Szenen des Auf- und Abstiegs des Theophilus entsprechen, hervor; charakteristisch ist, daß die gelehrte Nonne in Theophilus nicht nur den frommen, sondern auch den gelehrten Mann darstellt. Das auf französischem Boden entstandene Theophilus-Epos des MARBODE (um 1100) geht dagegen malerisch und lyrisch ausschmückend vor. Im *Theophilus* des RADEWIN VON FREISING (12. Jh.), der vielleicht nach einer griechischen Quelle arbeitete, fehlt zum erstenmal die Vorgeschichte des Paktes, da dem Bearbeiter die theologisch-philosophische Diskussion der Fabel wichtig war. Eng an die alte Vorlage des Paulus schlossen sich auch die französischen epischen Fassungen an, die daher inhaltlich nur unwesentlich voneinander abweichen (ADGAR, Mitte 12. Jh.; GAUTIER DE COINCY, um 1200; Anon., Mitte 13. Jh.; Anon., Mitte 14. Jh.). Ein zeitsatirischer, gegen die Geistlichkeit gerichteter Akzent verbindet dabei die Fassung des Gautier de Coincy mit der des 14. Jahrhunderts. Gautiers Werk ist die umfangreichste Gestaltung der Theophilus-Legende überhaupt und steht an der ersten Stelle seiner *Miracles de Nostre Dame*; Theophilus ist bei Gautier ein leidenschaftlicher Mann, der den Bösen geradezu herbeisehnt; die Abschwörung vollzieht sich im Rahmen einer großen Prozession der Teufelsanbeter, und der wiedereingesetzte Theophilus erhält durch den Juden förmlichen Unterricht im Teufelsdienst. Einem Zyklus von Marienlegenden zugehörig ist auch die spanische Version des Gonzalo de BERCEO (*Milagros de Nuestra Señora* um 1200), der die allmähliche Wandlung des tugendhaften in den sündigen Theophilus herauszuarbeiten suchte und den Einbruch der Reue mit einer Berührung durch Christi Lanze motivierte; als Ort der Teufelsbegegnung dient, dem mittelalterlichen europäischen Volksglauben entsprechend, ein Kreuzweg.

Die germanischen Literaturen gingen freier mit dem Stoff um und weiteten die Handlung aus. Der ARME HARTMANN (12. Jh.) führte die Theophilus-Legende in seiner *Rede vom glouven* als Beispiel für eine Sünderbegnadigung an. Die Vorgeschichte des Paktes ist ebenso weggelassen wie Theophilus' Schicksal nach der Rückgabe des Paktbriefes, den der Teufel auf Christi Befehl aus der Luft herabfallen läßt. Theophilus ist kein Priester, sondern ein »herre«, der um weltlicher Ehre willen mit dem Teufel paktiert;

Marias Rolle tritt zurück. Ein ähnlich weltlicher Mann, von dessen
Vorgeschichte nichts berichtet wird, ist BRUNS VON SCHONEBECK
(13. Jh.) Theophilus, der bei der hier mit Blut geschriebenen
Abschwörung Maria ausdrücklich ausnimmt, so daß deren Mittlerrolle für den erst in der Todesstunde Reuigen schon vorbereitet
wird. Als Jesus dem Abgefallenen die Gnade verweigert, geht
Maria selbst in die Hölle und tritt dann mit dem Teufel vor Christi
Richterstuhl. Im Handlungsaufbau näher an die für die gesamte
Stoffgeschichte so bedeutsame lateinische Prosaversion des Paulus
rückt die Fassung im *Passional* (um 1300), in der Marias Eingreifen
allerdings nur als Traumgesicht vor sich geht, sowie die breite,
gedanklich betonte mittelniederländische Verserzählung (14. Jh.),
bei der wie in der spanischen Fassung der Teufel am Kreuzweg
erscheint und trotz psychologischer Motivierung die Reue noch
immer von Gott unmittelbar veranlaßt wird. Interessant ist die in
der Version der südenglischen Legendensammlung (13. Jh.) vorliegende Begründung der Reue als Reaktion auf die Hinrichtung des
Juden, während in der spätmittelenglischen strophischen Fassung
(2. Hälfte 15. Jh.) eine Stimme vom Himmel den stolz durch die
Lande reitenden Theophilus zur Sinnesänderung aufruft. Wie
schon bei Brun von Schonebeck geht Maria auch hier in die Hölle,
um die Urkunde zurückzuholen, von deren Inhalt sie selbst ausgenommen war.

Der durchaus dialektische Stoff erfuhr seine ihm am meisten
gemäße Gestaltung durch das Drama. RUTEBEUF (*Théophile* 1255/
80) fußt auf Gautier de Coincy und beginnt mit der Absage des
abgesetzten Priesters an Gott; die Vermittlung des Paktes vollzieht
ein Sarazene; erst nach sieben Jahren ergreift den Teufelsdiener
ohne erkennbaren Anlaß die Reue; Maria holt die Urkunde aus der
Hölle zurück. Die drei niederdeutschen Fassungen, die wohl auf
eine gemeinsame Quelle zurückgehen – die Helmstädter (Ende
14. Jh.), die Stockholmer (15. Jh.) und die nur fragmentarisch
erhaltene Trierer (15. Jh.) –, zeigen eine allmähliche Ausweitung
der Handlung. Das Helmstädter Drama beginnt wie Rutebeuf mit
dem Monolog des abgesetzten Priesters und endet mit der Rückgabe der Pakturkunde; die Mittlerfigur fehlt, Theophilus versucht
vergeblich, Maria aus seinem Pakt auszunehmen, die Reue wird
durch eine Bußpredigt veranlaßt. Neu ist eine Dialogszene zwischen Maria und Christus. Der Stockholmer Text setzt auch die
Vorgeschichte mit der Ablehnung der Bischofswahl in Szene und
führt einen Schwarzkünstler als Vermittler ein. Noch personenrei-
cher ist der Trierer Text, in dem der in allen deutschen Fassungen
als Grund des Paktes angegebene Haß gegen den Bischof den in
seiner Ehre gekränkten, stolzen Mann zunächst zu einem Schwarzkünstler, dann zu Juden und erst danach zum Teufel führt. Die
italienische *Rappresentazione di Teofilo* (15. Jh.) verlegte den Akzent
auf die Intrige: der neidische Vikar, der Theophilus der Unterschlagung bezichtigt, ist Handlanger des Teufels, der seinerseits wieder
den friedfertigen Theophilus zu Rache und Pakt aufreizt und sein

Opfer dann während Marias Bittgang festzuhalten sucht. Das Drama endet mit Theophilus' Weltentsagung, seiner Versöhnung mit dem Vikar und der Verprügelung des Juden durch die Teufel.

Der Geltungsverlust, den die Theophilus-Legende mit der Abschaffung des Marienkults im Protestantismus erfuhr, deutet sich schon mit der spätesten bekannten epischen Bearbeitung durch den Engländer Guilelmus Forestus (1572) an, dem bei der polemischen Verteidigung des Marienkults die farbigen und dramatischen Elemente des Stoffes erstickten. Im Drama der Jesuiten, die das Teufelsbündner-Motiv in der zeitgemäßeren Variante des Cenodoxus-Stoffes zu einem künstlerischen Höhepunkt führten, lebte der Theophilus-Stoff weiter, doch verlagerte sich sein Schwerpunkt auf die Intrige, auf Ausgestaltung mit allegorischen Figuren, Zauberern und Teufeln (*Maria, die Himmelstür, durch welche Theophilus ... in die ewige Seligkeit eingegangen*, Straubing 1655) oder auf eine mystische Spiritualisierung (J. Paullinus, *Theophilus seu caritas hominis in Deum* 1643). Wenn G. Bernhardt in *Theophilus Cilix* (Ingolstadt 1621) als Gegenfigur zu Theophilus den unerlösbaren → Faust auftreten ließ, wies er auf die protestantische Ausprägung des Teufelsbündner-Motivs hin, an die der Theophilus-Stoff für die nächsten Jahrhunderte seine führende Rolle abtrat.

K. Plenzat, Die Theophiluslegende in den Dichtungen des Mittelalters, 1926; L. Wolff, Theophilus, (Verfasser-Lexikon der deutschen Literatur des Mittelalters 4) 1953; F. Rädle, Die Theophilus-Spiele von München (1596) und Ingolstadt (in: Acta Conventus Neo-Latini Amstelodamensis) 1979.

**Theseus** → Ariadne, Medea, Phädra

**Thomas à Becket.** Thomas à Becket (1118–1170), Sohn eines Londoner Kaufmanns normannischer Abkunft, wurde 1155 Kanzler von England und unterstützte Heinrich II., mit dem ihn Freundschaft verband, bei seiner Rechtsreform und der Festigung der Königsmacht. Erst als der König in der Hoffnung, weltliche und geistliche Macht in einer ihm ergebenen Hand vereinigt zu sehen, und trotz der prophetischen Warnungen Beckets diesen 1162 zum Erzbischof von Canterbury machte, wandte er sich vom weltlichen Leben ab, verfocht die Unabhängigkeit von Kirche und Staat und legte sein Kanzleramt nieder. 1164 floh er nach Frankreich, kehrte jedoch nach einer Versöhnung mit dem König 1170 zurück. Er exkommunizierte die Bischöfe, die inzwischen die ihm zustehende Krönung von Heinrichs Sohn vollzogen hatten, und ein zorniges Wort des Königs veranlaßte vier Adlige, Becket am 29. Dezember im Dom von Canterbury zu töten, nachdem er sich geweigert hatte, die Bischöfe aus dem Bann zu lösen. Heinrich tat am Grabe des Ermordeten, der 1172 heiliggesprochen wurde, Buße.

Die rasch sich bildenden Legenden verklärten das Bild des zweifellos von strenger Pflichtauffassung beseelten, aber auch ehrgeizigen, machtbewußten und schroffen Mannes. Wie in den Darstellungen seines Todes, die sich um Parallelen zum Martyrium Christi bemühten, sein Behauptungswille, seine harten Worte und sein körperlicher Widerstand unerwähnt blieben, so erschien auch sein vorheriges Leben als das eines sanften Heiligen und Volksfreundes. Wunder, Visionen und Prophezeiungen wurden mit seinem Leben, seinem Tode und seinen Überresten verknüpft. Um den Nimbus des Wunderbaren zu erhöhen, machte man Beckets Mutter zu einer Sarazenin, die sich in den Gefangenen Gilbert à Becket verliebt und ihm mit dem Wunsch, Christin zu werden, nach London nachreist. Dieses Motiv der liebenden Sarazenin, das in der mittelalterlichen Dichtung häufig auftaucht, so etwa in *Graf Rudolf,* im *Karlmeinet* (→ Karl der Große) und im → *Huon de Bordeaux,* hat die Becket-Dichtungen bis zu C. F. Meyer und Anouilh beeinflußt. Einprägsame, aber unhistorische Details, wie die Ermordung auf den Altarstufen oder die Flucht der Mörder, ihre Wallfahrt nach Jerusalem und ihr früher Tod, setzten sich in den Legenden durch. Die noch von Freunden Beckets verfaßten Viten des William FITZSTEPHEN (1171/72) und des Edward GRIM (1174/77), die auch in Viten-Sammlungen eingingen, traten in der Wirkung gegenüber den reinen Legenden zurück (etwa GARNIER DE PONT SAINTE-MAXENCE, *La vie de Saint-Thomas le martyr* 1174; *Thomas Saga Erkibyskups* Anf. 13. Jh.). Schon früh entstand ein Pageant, das jährlich am Tage von Thomas à Beckets Tode in Canterbury gespielt wurde. Die Verehrung des heiligen Thomas fand auch in liturgischen Texten Niederschlag und veranlaßte CHAUCER, die Rahmenhandlung seiner berühmten *Canterbury Tales* unter Pilgern spielen zu lassen, die zu seinem Grabe wallfahren.

Seit Heinrich VIII. 1538 den Heiligenkult für England aufhob und Thomas à Becket für einen Unwürdigen und Majestätsverbrecher erklärte, schwand das Interesse an ihm im protestantischen Teil Europas, während sein Märtyrertod in katholischen Ländern noch in Ordensdramen des 17. Jahrhunderts verherrlicht wurde. Das 18. Jahrhundert stand dem Vorkämpfer der Kirche feindlich gegenüber. W. H. IRELANDS Interesse (*Henry II,* Dr. 1799) galt weit mehr dem ritterlichen König, seiner Liebe zu Fair → Rosamond und seiner Auseinandersetzung mit den Söhnen als dem Erzbischof, der sich aus Ehrgeiz zur Partei der Königin Eleanor schlägt und die Geliebte des Königs preisgibt. Zunächst gewann hier der in den vorhergehenden Jahrhunderten oft behandelte Rosamunde-Stoff durch die Einbeziehung Beckets einen neuen Akzent, dann wandte sich das Interesse der Dichter mehr der Auseinandersetzung der beiden gleich starken und gleich zwiespältigen Männer zu.

Die Romantik mit ihrem Interesse am Mittelalter und der Auseinandersetzung zwischen Staat und Kirche brachte eine Renaissance des Stoffes. A. THIERRY schuf mit *Histoire de la conquête de l'Angleterre par les Normands* (1825) das grundlegende Geschichtswerk für künftige Bearbeiter (C. F. MEYER, ANOUILH). Ins Zentrum der Handlung trat Becket bereits bei D. JERROLD (Dr. 1820), der sich trotz seiner Abneigung gegen Priester und Dogma um ein gerechteres Bild des Helden bemühte, den er zwar als hart und kriegerisch, aber doch als echten ↑ Märtyrer zeichnet. Herrsch- und Machtgier ist Beckets entscheidender Charakterzug auch bei R. CATTERMOLE (*Becket*, Dr. 1832) und G. DARLEY (Dr. 1840). Darley betonte jedoch Beckets Ehrenhaftigkeit, indem er ihn die Mithilfe bei Rosamundes Ermordung verweigern läßt. Rosamundes Geist verkündet hier an des Märtyrers Leiche das Unglück des Königshauses, während sich bei Ch. GRINDROTH (*Henry II*, Dr. 1876) der Sterbende mit dem König versöhnt. In einem 1863 in New York anonym erschienenen Drama trat die innere Entwicklung des Mörders Fitz-Urse in den Vordergrund.

Der Ire und Katholik Aubrey DE VERE (*St. Thomas of Canterbury*, Dr. 1876) brach als erster mit der Tradition der Becket-Dichtungen des 19. Jahrhunderts, indem er nicht romantisierte, sondern sich an die historischen Quellen hielt, zugleich aber nicht einen problematischen Charakter, sondern einen Heiligen zeichnen wollte. In C. F. MEYERS berühmter Novelle dagegen ist der Titel *Der Heilige* (1879) mit einem heimlichen Fragezeichen versehen. Meyer gewann durch geniale Abänderung der →Rosamond-Sage eine neue Motivierung der Becket-Handlung: der König hat die auf einem Waldschlößchen verborgene Tochter des Kanzlers zu seiner Geliebten gemacht, und diese ist der Rache der Königin zum Opfer gefallen; seitdem haßt Becket den König, rächt sich aber erst, als er in den Dienst eines Größeren getreten ist. Während die deutschsprachigen Dramatisierungen (H. FEDERER 1898; J. LEHMANN 1901; R. KONEN 1904; E. LINZ 1935) im Schatten der Interpretation C. F. Meyers blieben, betonte der durch de Vere angeregte TENNYSON, dessen *Thomas Becket* (1884) in der verkürzenden Bearbeitung H. IRVINGS 1893 ein großer Bühnenerfolg wurde, das Freundschaftsthema: die Freundschaft zwischen König und Kanzler, der Rosamunde vor der Eifersucht der Königin rettet, zerbricht letztlich durch die Verleumdungen der Königin gegen Becket und Rosamunde. Nach einem wenig erfolgreichen, 1934 in Canterbury aufgeführten Drama von L. BINYON (*The Young King* 1935), das an den Mißerfolgen, die seit Beckets Tod den König heimsuchen, ausgleichende Gerechtigkeit demonstrierte, wurde T. S. ELIOT mit der Dramatisierung des Stoffes beauftragt. Sein *Murder in the Cathedral* (1935) stellt sich sachlich neben de Vere und knüpft formal an mittelalterliche Moralitäten an; Becket ist der Heilige der Legende, der sich von betrunkenen Rowdys widerstandslos erschlagen läßt und den der Dichter auch von dem Vorwurf, den Märtyrertod bewußt erstrebt zu haben, zu reinigen sucht. J.

Anouilh schöpfte den Stoff für *Becket ou l'honneur de Dieu* (Dr. 1959) zufällig aus derselben Quelle wie Meyer und entwickelte ihn auch aus einem ähnlichen Grundeinfall: der Selbstmord der Geliebten, die der König sich von Becket erbeten und von ihm auch erhalten hat (Erneuerung einer alten Freundschaftssage, → Titus und Gisippus), entfremdet die Freunde und führt Becket in den Dienst Gottes. Erst der tote Becket wird durch des Königs Buße wieder dessen Freund. Ch. Fry konzentrierte sein Drama *Curtmantle* (1961) auf den König und sein lebenslanges Ringen um staatliche Ordnung. In dem Roman *Thomas* (1965) der Amerikanerin Sh. Mydans wird der Versuch gemacht, unter Rückgriff auf die Quellen der Historie nahe zu kommen, die Charaktere aus dem Geist der Zeit zu entwickeln und den Konflikt der beiden Männer einzig auf den Gegensatz von Staat und Kirche zu gründen: Thomas, der hier nichts Zwielichtiges hat, muß als Exponent eines widerspenstigen Staats im Staate der größeren politischen Macht weichen.

F. Jäger, Thomas à Becket in Sage und Dichtung, Diss. Breslau 1909; P. A. Brown, The Development of the Legend of Thomas Becket, Philadelphia 1930; Sr. M. A. Laly, A comparative Study of the Becket Story: Tennyson, Binyon, Eliot, Anouilh, and Fry, (Diss. Abstracts Ann Arbor XXIV, 2479) 1963; F. Jost, Thomas à Becket in European Fiction and Drama (in: Jost, Introduction in Comparative Literature) Indianapolis / New York 1974.

**Thumelicus.** Der Sohn des → Arminius und der Thusnelda wurde in römischer Gefangenschaft geboren und wuchs in Ravenna in Sklaverei auf. Er ist wahrscheinlich als Gladiator geendet.

Die wenigen Hinweise bei Tacitus ergaben, nachdem das Thema des Arminius im 18. Jahrhundert vor allem durch die Bardiete Klopstocks populär geworden war, Ansätze zu einem Stoff, der zunächst mit ziemlicher Willkür und dichterischer Freiheit von W. J. Casparson (*Theutomal*, Dr. 1771) und C. H. von Ayrenhoff (*Tumelicus oder der gerächte Hermann*, Dr. 1774) behandelt wurde; in Ayrenhoffs Drama rettet Thumelicus seine römische Frau aus den Händen seiner cheruskischen Feinde und rächt zugleich seinen Vater. Erst F. Halm (*Der Fechter von Ravenna*, Dr. 1854) entdeckte durch frühe Kenntnis einer dilettantischen Dramatisierung von F. Bacherl (*Die Cherusker in Rom* 1856) das bei Tacitus durchaus erkennbare tragische Motiv vom gefangenen Prinzen: zum Gladiator und zu sklavischer Sinnesart erzogen, hat Thumelicus kein Verständnis für die Erwartungen, die seine Landsleute und seine Mutter in ihn setzen. Thusnelda tötet ihn und dann sich selbst.

**Thyestes** → Atreus und Thyestes

**Tiberius.** Die Regierungszeit von Augustus' Stiefsohn Tiberius (geb. 42 v. Chr., gest. 37 n. Chr.) zeichnet sich durch hervorragende Verwaltung und Festigung des Reiches aus. Zunehmend menschenscheu und schließlich Menschenverächter, zog sich Tiberius auf die Insel Capri zurück und überließ die Regierung Sejan, den er aber als möglichen Usurpator im Jahre 30 hinrichten ließ. Dem von Tiberius erlassenen Majestätsgesetz, nach dem Majestätsverbrechen wie Frevel gegen die Götter behandelt wurden, fielen zahlreiche römische Aristokraten zum Opfer. Das Bild des Tiberius ist der Nachwelt im wesentlichen von Parteigängern des Adels wie TACITUS, SUETON und CASSIUS DIO überliefert worden: das düstere Bild eines Zynikers und Wüstlings, dessen vor dem Regierungsantritt gezeigte positive Seiten auf Heuchelei beruhten und der mitschuldig an der Beseitigung seiner nächsten Verwandten, vor allem seines Adoptivsohnes Germanicus, gewesen sei. Tiberius' letzter Vertrauter Macro habe mit dem Nachfolger Gaius Caligula im Bunde gestanden und den kranken Kaiser, als er sich aus einer Ohnmacht unerwartet erholte, durch übergeworfene Kissen ersticken lassen.

Die Gestalt des Tiberius, die im wesentlichen ein Stoff des an cäsarischen Charakteren interessierten 19. Jahrhunderts wurde, erwuchs zunächst aus Germanicus-Dramen, die dem edlen, unschuldig untergehenden Helden einen intriganten Gegenspieler gaben, dessen größere Aktivität ihn bald interessanter machte (A. V. ARNAULT, *Germanicus* 1817; R. WURSTENBERGER, *Germanicus* 1822; W. HUSCHER, *Germanicus* 1826). In diesen Dramen, die das Schicksal des Tiberius nur bis zur Beseitigung des Germanicus verfolgen, ist Tiberius der typische, von Grund auf schlechte ↑ Tyrann. Der Organisation des Stoffes etwa bei Huscher fügte dann das erste eigentliche Tiberius-Drama des Dänen J. C. HAUCH (*Tiber* 1828) nach Germanicus' Tod einen vierten Akt mit der Erledigung Sejans und einen fünften mit dem Ende des Helden, der hier in offenem Kampf gegen Macro und Caligula fällt, hinzu. Die tyrannischen und verderbten Züge des Monarchen finden keine Motivierung. In dem gleichzeitigen Drama von L.-E. ARNAULT *Le dernier Jour de Tibère*, das den Plot auf den Sterbetag konzentriert, besteht der den Kaiser treffende Fluch im Unwert seines Nachfolgers.

Mit der Erkenntnis der Befangenheit der antiken Zeugen setzte um die Mitte des 19. Jahrhunderts bei den Historikern (A. W. Th. STAHR, MOMMSEN) eine Berichtigung des Tiberius-Bildes ein. In der Dichtung unternahm F. A. GREGOROVIUS (*Der Tod des Tiberius*, Dr. 1851) einen ersten Rechtfertigungsversuch, indem er die Tyrannis aus der Not der Zeit und dem Ekel an den Menschen entstanden hinstellte. Weitreichende Wirkung hatte E. GEIBELS Ballade *Der Tod des Tiberius* (1857), die diese aus Ekel und Enttäuschung geborene Schlechtigkeit als Ausdruck einer Endzeit faßte und ihr die germanisch-christliche Zukunft des Abendlandes entgegenstellte. Das nach Geibel gearbeitete Drama von W. HENZEN (*Der Tod des Tiberius* 1895) milderte die Züge des Tyrannen bis zum

Leiden an der eigenen Schlechtigkeit. Die Konfrontierung mit Christus und seiner Lehre, bei Hauch, Geibel und in den Exkursen von G. Freytags Roman *Die verlorene Handschrift* (1864) als Vision einbezogen, wurde zum tragenden Thema bei W. Walloth (R. 1889), R. Voss (*Wen Götter lieben*, Erz. 1907) und A. Neumann-Hofer (*Christus und Tiberius*, R. 1938). Ungestillte Liebessehnsucht und Enttäuschung über die neue Mitleidsreligion veranlassen Tiberius bei Voß, sich selbst zum Gott zu erklären. Das eindrucksvolle Motiv des einsamen Menschenfeindes inmitten der erlesenen Schönheit von Kap Misenum veranlaßte erzählerische Darbietungen (H. v. Schöler, *Kaiser Tiberius auf Capri* 1908; E. Colerus, *Die Nacht des Tiberius* 1926; F. Brandl, *Die Villa des Tiberius* 1953). Der Engländer R. Graves zeichnete ihn in seiner als Autobiographie des Kaisers Claudius aufgezogenen romanhaften Geschichte des Julisch-Claudischen Hauses (*I, Claudius* und *Claudius the God and his Wife Messalina* 1934) entsprechend den von Tacitus gegebenen Umrissen. Wie unerschöpft das Rätsel Tiberius noch immer ist und wie anhaltend die von der Dichtung mitgeschaffene Tendenz, in ihm mehr ein tragisches Opfer als den Verderber des Imperiums zu sehen, zeigen neuere Monographien (W. Gollub 1960; E. Kornemann 1960).

G. Kainrad, Die Gestalt des Kaisers Tiberius in der deutschen Literatur, Diss. Wien 1910.

## Till Eulenspiegel → Eulenspiegel

## Timbreo und Fenicia.

Im vierten bis sechsten Gesang von Ariosts *Orlando Furioso* (1532) wird die Geschichte des Ritters Ariodante erzählt, der sich in die Tochter des Königs von Schottland, Ginevra, verliebt und sie heiraten will. Ein Nebenbuhler, Herzog Polinesso von Albanien, will ihn verdrängen und verleumdet Ginevra, sie habe ihn wiederholt nachts zu sich kommen lassen; in Wirklichkeit hat er nur Umgang mit ihrer Kammerzofe gehabt. Polinesso bestellt Ariodante vor das Schloß und läßt ihn sehen, wie er nachts zum Fenster hinaufsteigt und von einer Frau im Schmuck der Geliebten empfangen wird – der von dem Betruge nichts ahnenden Kammerzofe. Ariodante sucht verzweifelt den Tod im Meer, ertrinkt jedoch nicht und findet bei einem Einsiedler Obdach. Ariodantes Bruder tritt als Rächer für den Totgeglaubten auf und bezichtigt Ginevra der Unkeuschheit. Ariodante will unerkannt als schwarzer Ritter für Ginevra kämpfen, aber inzwischen wurde die Kammerfrau gefunden, die Polinesso in der Wildnis ermorden wollte, und der Betrug klärt sich auf.

Aus dieser Episode machte Bandello (*Novelle* I, 22, 1554) eine weicher gestimmte Novelle um das Paar Timbreo und Fenicia. Er verlegte den Schauplatz nach Messina und verwandelte den neidischen Betrüger in Girondo, den Freund des Helden, der sich nur durch Liebe zu Fenicia zu seiner eifersüchtigen Tat hinreißen läßt. Er verkleidet seinen Diener als Liebhaber und läßt ihn in das Fenster des Palastes einsteigen. Der Handlung gab Bandello auch eine andere Wendung, indem er das Motiv des Scheintodes von dem Liebhaber auf die Braut übertrug, die bei der Beschuldigung ohnmächtig wird. Der Vater läßt die Tochter totsagen und verbirgt sie bis zur Wiederherstellung ihrer Ehre. Girondo ist von Reue ergriffen und beichtet dem Freunde die Tat; beide klären Fenicias Vater auf, der sich ausbittet, daß Timbreo später eine Frau aus seiner Hand empfangen soll. Nach einem Jahr führt er ihm die neue Gattin zu, die sich bei der Hochzeitstafel als die totgeglaubte Fenicia herausstellt. Girondo erhält deren jüngere Schwester Belfiore.

Bandellos Novelle wurde von BELLEFOREST 1565 ins Französische übersetzt und erreichte dadurch weite Verbreitung. Eine englische Übersetzung ist nicht nachgewiesen, aber ein englisches Drama über Timbreo und Fenicia ist belegt. Die Ariodante-Episode des Ariost wurde schon 1565/66 von P. BEVERLEY in englische Verse übertragen, später auch von George TURBERVILLE, und der gesamte *Orlando Furioso* wurde 1591 von Sir John HARRINGTON übersetzt. Die Schulaufführung eines Dramas über Ariodante und Ginevra ist in London für 1583 belegt. SPENSER hat im 2. Buch von *Faerie Queene* (1589) Ariosts Erzählung nachgeahmt.

Als SHAKESPEARE um 1600 den Stoff, in dessen Mitte das ↑ Verleumdungsmotiv, die Trennung der Liebenden durch üble Nachrede, steht, zu der Komödie *Much Ado about Nothing* verarbeitete, hatte er also Zugang zu den beiden italienischen Varianten des Stoffes, die zudem beide schon im Englischen dramatisch vorgeformt waren. Da wir die beiden älteren Dramatisierungen nicht kennen, ist schwer festzustellen, inwieweit das Mischungsverhältnis der Handlungselemente, das sich bei Shakespeare findet, durch ihn selbst oder schon von seinen Vorläufern hergestellt worden ist. Shakespeare folgt im ganzen Bandellos Novelle mit der Ohnmacht der Braut und ihrer Toterklärung durch den Vater, die hier jedoch nur einen Tag dauert. In der Ausführung des Betruges, der Gartenszene, scheint er auf Ariost zurückzugreifen. Auch gibt es bei ihm keinen eifersüchtigen Freund, sondern den Neider Don John, der nach seiner Missetat flieht und dessen Schuld nicht durch ein reumütiges Geständnis, sondern durch die törichte Gewissenhaftigkeit der beiden Gerichtsdiener ans Licht kommt. Außerdem ist der etwas dürftige Handlungsfaden durch die Einflechtung der Liebesgeschichte des munteren Buffo-Paares Benedick-Beatrice tragfähiger geworden.

Das Buffo-Paar, wenn auch mehr der niedrig-komischen Sphäre angehörend, erscheint auch in den drei deutschen Dramatisierungen von J. AYRER (*Comödie von der schönen Phönicia* um 1595),

M. Kranich (*Comödia von einem Grafen von Colisan, der sich in eine Sicilische Edle Jungfrawen Phoenicia . . . verliebet* 1621), M. Kongehl (*Die vom Tode erweckte Phoenicia* Ende 17. Jh.), und man darf darin eine Spiegelung der in Deutschland durch die englischen Komödianten gespielten dramatischen Fassungen sehen, von denen sich auch eine deutsche Nachahmung in einer handschriftlichen Kasseler Fassung erhalten hat. Denn im übrigen schlossen sich alle drei deutschen Dramen eng an die deutschen Übersetzungen des Belleforest durch Mauritius Brandt (1594) und W. Seidel (1624) an. Shakespeare entging ein Motiv des Belleforest, das dessen deutsche Übersetzer und die ihnen folgenden Dramatiker ausbauten und das zum Charakteristikum ihrer Fassungen wurde: aus Bandellos Bemerkung, Timbreo habe ursprünglich Fenicia nicht heiraten, sondern nur ihre Liebe gewinnen wollen, machten sie einen schnöden Verführungsversuch mit allen in der Literatur der Zeit üblichen Intrigen, und erst als Phönicia ihr Mädchentum standhaft verteidigt hat, wirbt er in Ehren um sie. So wurde dem Verleumdungsmotiv ein zweites Motiv von der standhaften Tugend der Heldin vorgeschaltet, das bei Ayrer und Kranich sogar die Hälfte der Handlung einnimmt. Aus dem kleinen Minneroman Ariosts erwuchs bei Bandello eine Renaissancenovelle, bei Shakespeare eine auf einer Fülle von Charakteren beruhende Komödie und im Deutschen eine moralische Erzählung oder ein moralisierendes Schauspiel.

F. Holleck-Weithmann, Zur Quellenfrage von Shakespeares Lustspiel »Much Ado about Nothing«, 1902; C. Kaulfuß-Diesch, Bandellos Novelle »Timbreo und Fenicia« im deutschen Drama des 17. Jh., (Studien zur Literaturgeschichte, A. Köster zum 7. November 1912 überreicht) 1912.

**Timur** → Tamerlan

**Titus** → Berenike

**Titus und Gisippus.** Die durch Boccaccios *Decameron* mit der Erzählung *Titus und Gisippus* zu klassischer Ausprägung gelangte typische Motiv des ↑ Freundschaftsbeweises hat eine Reihe von Vorläufern und ist orientalischen Ursprungs. Als Keimzelle läßt sich die in der persischen Sammlung des Dschemaleddin Mohammed-'Al-Auni (11. Jh.) enthaltene Erzählung von dem Prinzen ansehen, der sich in eine Frau verliebt hat, als der Wind ihr den Schleier vom Antlitz wehte, und dem sein Gastfreund in Bagdad diese, seine eigene Frau, schenkt; als der Prinz allerdings von dem Opfer erfährt, gibt er seinem Wirte die Frau mit Geschenken wieder zurück. Entscheidend bereichert um einen zweiten Teil, in dem Wohltat mit Wohltat vergolten wird, erscheint der Stoff in *1001 Nacht* als *Geschichte von Attaf und Ja'afar dem Barmeciden*. Ja'afar verliebt sich, ohne um diese Beziehung zu wissen, in die Frau seines Gastgebers Attaf. Ärzte entdecken den Grund seiner Schwermut, und Attaf opfert die eigene Frau, mit der Ja'afar in seine Heimat Bagdad zurückkehrt. Attaf muß aus Damaskus fliehen, gelangt nach Bagdad, wird aber von Ja'afars Dienern abgewiesen. Verzweifelt sucht er den Tod und nimmt daher die Schuld an einem Morde auf sich. Ja'afar erkennt auf dem Hinrichtungsplatz den Verurteilten, befreit ihn, nimmt ihn zu sich und gibt ihm seine Frau zurück, die den ersten Gatten noch immer liebt. Ähnlich kehrt die Erzählung auch in der Sammlung *1001 Tag* als Geschichte vom Kaufmann Abderraman wieder.

Als diese Geschichte von der Abtretung einer geliebten Frau aus dem Orient in den abendländisch-christlichen Raum trat, mußten sich die Motive grundlegend wandeln. Die für den Europäer mehr äußerlich wirkenden Motive der Gastfreundschaft und Höflichkeit, auf denen die Erzählung beruht, wurden durch das der Freundschaft ersetzt, und die Frau nahm langsam eine aktivere Rolle in dem Geschehen an; sie war nicht mehr bloßes Objekt einer Abtretung, sondern an dem Wandel ihres Geschickes gefühlsmäßig beteiligt. Die früheste, allerdings wesentlich veränderte Fassung des Stoffes ist das lateinische Gedicht von *Landfrid und Cobbo* (10. Jh.), in dem der Freund beim Abschied den anderen um seine Frau bittet, dieser sie ihm auch gibt, aber nach dem Abschied vor Trauer weint und seine Harfe zerschlägt; Cobbo, der den Freund nur prüfen wollte, kehrt zurück, vereinigt die Liebenden wieder und lebt mit ihnen. Die hier zu einer Probe gemilderte Abtretung der Frau erscheint in ihrer ursprünglichen Härte erneut in der *Disciplina clericalis* (Anf. 12. Jh.) des getauften spanischen Juden PEDRO ALFONSO, der orientalische Quellen benutzt haben dürfte. Hier spielt die Handlung zwischen einem ägyptischen Kaufmann und seinem Geschäftsfreund aus Bagdad. Die abgetretene Frau ist jedoch, entsprechend der abendländischen Auffassung von der Ehe, in die Braut des Ägypters verwandelt. Der zweite Teil der Erzählung, der eng an *1001 Nacht* anschließt, bringt das Motiv der Dankbarkeit zu voller Entfaltung, indem der Bagdader sich selbst des Mordes bezichtigt, dessen man den Freund anklagt: der nun entstehende Wettstreit der Großmut wurde zu einem Grundbestandteil der weiteren Stoffentwicklung. Der wirkliche Mörder, von der Freundestreue gerührt, gesteht, und der König spricht alle drei frei, der Bagdader gibt dem Freunde die Hälfte seines Besitzes. Die als Predigtmärlein dargebotene Erzählung der *Disciplina clericalis* erschien in verschiedenen spanischen und französischen Varianten sowie in den *Gesta Romanorum* (Mitte 14. Jh.); einen sehr christlichen Zug erhielt sie in THOMAS VON CANTIMPRÉS nach 1251 anzusetzender Sammlung mit dem Titel *Liber qui dicitur bonum universale de proprietatibus apum*, indem hier ein Orientale und ein Christ Träger der Handlung sind, der Orientale, der seine Braut abgetreten hat, schließlich im Hause des Christen lebt, sich taufen läßt und eine Verwandte des Christen heiratet; JACOBUS DE CESSOLIS (*De Ludo Scacchorum* um 1300) machte aus der Verwandten eine Schwester des rettenden Freundes.

Eine entscheidende Station auf dem Wege des Stoffes stellt der ALEXANDRE DE BERNAY zugeschriebene Versroman *Histoire d'Athènes* dar, der unter dem Namen *Athis et Prophilias* bekannt und auch in einer deutschen Bearbeitung (um 1210) bruchstückhaft erhalten ist. Die Geschichte lehnt sich im ganzen an den Handlungsablauf der *Disciplina clericalis* an, macht jedoch die Handlungsträger zu Studenten in Athen, der Heimatstadt des einen, während der zweite Teil in Rom spielt. Eine spezifische Komplizierung der Fabel liegt darin, daß der Athener zwar seine ihm durch Übereinkunft der Verwandten anverlobte Braut heiratet, sich aber aus Rücksicht auf die Leidenschaft des Freundes von diesem in der Brautnacht und auch in den folgenden Nächten vertreten läßt, ohne daß die junge Frau den Betrug ahnt. Er wird erst offenbar, als der Römer in die Heimat zurückkehren muß und der Athener ihm die Frau nun offiziell abtritt, er wird deshalb von den Verwandten verstoßen, gerät in Armut, wird in Rom von dem Freunde nicht erkannt, wähnt sich verschmäht und zieht absichtlich den Verdacht eines Mordes auf sich. Nach der Errettung durch den Freund erhält er dessen Schwester zur Frau. Ein dritter, neuer Teil ist eine Art Abenteuerroman, der in Athen spielt. Um diesen angehängten dritten Teil gekürzt, wurde die romantisch-gefühlvolle Erzählung Alexandres von BOCCACCIO als Geschichte von *Titus und Gisippus* in etwas kühlerer Tonart mit allen Details nacherzählt. Die Änderungen entsprechen der Wandlung des Geschmacks; lediglich ein erster Ansatz, die Frau aus ihrer rein passiven Rolle zu erlösen, ist gemacht: sie hat dem vermeintlichen Gatten in der Hochzeitsnacht Treue gelobt und einen Ring empfangen; nach der Aufklärung des Betruges weint sie und kehrt zu ihrem Vater zurück, schickt sich aber dann in den Tausch. Da manches in Boccaccios Novelle mit der *Disciplina clericalis* übereinstimmt, dürfte er wohl auch diese benutzt haben oder auf eine ihm und Alexandre gemeinsame Quelle zurückgegangen sein.

Die Geschichte von *Titus und Gisippus* errang durch die Übersetzungen und Nachdichtungen von Boccaccio rasch weite Verbreitung in Europa. Mittler waren häufig die lateinischen Übersetzungen des Filippo BEROALDO (1495) und des BANDELLO (1509). In Italien nahm die von Boccaccio geprägte Fassung eine so beherrschende Stellung ein, daß die italienischen Novellisten den Stoff nicht nacherzählt haben, und auch in Spanien, wo man die Novellen im Original las, ist außer einer etwas rationalisierenden Überarbeitung durch TIMONEDA (in *Patrañuelo* 1567) nur die zu tragischem Ende führende, als Bericht des überlebenden glücklich verheirateten Freundes gefaßte Novelle des Matías de los REYES (*Espejo de Amigos* 1624) zu nennen; in ihr wird der verarmte Lisardo im Augenblick der Errettung durch den Freund von der Erschütterung und dem Gram um die noch immer geliebte Laura getötet. In Deutschland fand der Stoff vor allem wegen seiner ethischen Qualitäten als Beispiel für treue Freundschaft Verwendung (H. Sachs, *Historia der neun getrewen hayden* 1531; S. Franck, *Chronica* 1531; M. Montanus, *Wegkürzer* 1557); dem Motiv der Stellvertretung ging man mitunter durch eine schlichte Abtretung der Frau aus dem Wege (Anon., *Sommerklee und Wintergrün* 1670). In Frankreich erschienen im Laufe des 16. Jahrhunderts mehrere, auch versifizierte, sich ziemlich eng an Boccaccio anschließende Erzählfassungen. In den *Cent Nouvelles Nouvelles* (1732–39) der Mme de Gomez erscheint der Stoff sentimentalisiert und mit moralischen Reflexionen durchsetzt: Sophronie liebt Titus von Anfang an, obwohl sie in die Heirat mit Gisippus willigt. Das Thema der abgetretenen Frau war im Frankreich des 18. Jahrhunderts so bekannt, daß Fassungen des Stoffes entstanden, die nur noch mittelbar auf Boccaccio zurückgehen: sehr nahe an die ursprüngliche Fabel, allerdings unter Verwendung zeitgenössischen Milieus, hielt sich der Chevalier de Mouhy (*La vie de Chimène de Spinelli*, R. 1737/38), nach dem L. de Boissy seine Komödie *L'Epoux par supercherie* (1744) schuf, die wiederum Gotter als *Der Mann, den seine Frau nicht kennt* (1781) bearbeitete. Es interessiert hier allerdings nur noch das Dreiecksverhältnis, der zweite Teil der Handlung ist weggefallen, auch in der sich vom Stoff schon ziemlich weit entfernenden moralischen Erzählung Marmontels *L'Amitié à l'épreuve* (1761), die den Mann auf den Besitz des geliebten Hindu-Mädchens verzichten läßt, als er die Liebe zwischen ihr und dem Freunde erkennt; Ch. F. Weisse hat diese Erzählung als *Freundschaft auf der Probe* (1768), Hugh Kelly als *The Romance of an Hour* (1774) dramatisiert. Auch in England brachte schon das 16. Jahrhundert verschiedene Nacherzählungen, unter denen die pädagogisch orientierte Th. Elyots (in *The Governour* 1531) einflußreich wurde. In volkstümlich balladesker Gestaltung (*Alphonso and Ganselo*) lebte der Stoff noch bis ins 18. Jahrhundert fort. O. Goldsmith erneuerte ihn, indem er ihn um romanhafte, orientalische Züge erweiterte (*The Story of Alcander and Septimius* 1759): Alcander wird in die Sklaverei verkauft, flieht und gelangt nach Rom; seine Rettung verlangt nicht die Aufopferung des Freundes, da der wahre Mörder ertappt und bestraft wird. Die Übertragung von Sophronias Neigung von Alcander auf Septimius, die bei Goldsmith unmotiviert bleibt, nahm sich ein Gedicht von Ch. Lloyd (1821) zum Thema: zwischen Sophronia und Titus besteht bereits eine Neigung, und Gisippus kann ohne seelische Kämpfe zugunsten des Freundes auf die Braut verzichten, da er eigentlich eine andere liebt.

Das aufblühende Drama der Renaissance ging an dem Erzählstoff nicht vorüber. Zuerst transponierte ihn Jacopo Nardi um 1510 in eine Verskomödie, eine der ersten des italienischen Theaters (*Amicizia*). Nardi konzentrierte in ihr die Handlung auf den in Rom spielenden Teil des Stoffes, der erste Teil wird nach analyti-

scher Methode nur berichtet; Typen der antiken Komödie voll-
enden den klassizistischen Anstrich. Von den Dramatisierungen
in England (Ralph RADCLIFFE, *De Titi et Gisippi firmissima amicitia*
1559, sowie eine möglicherweise damit identische, ohne Verfas-
sernamen überlieferte, 1577 bei Hofe gespielte Version *Titus und
Gisippus*) ist nichts erhalten. Die in Deutschland entstandenen
Dramatisierungen (H. SACHS 1546; M. MONTANUS um 1560;
A. M. Ch. SPECCIUS, *Comedia nova de Titi et Gisippi amicitia* 1623)
sowie die künstlerisch reifere des Franzosen A. HARDY (*Gésippe
ou les deux amis* 1623–28) bringen auch die in Athen spielenden
Szenen. Die Dramatisierungen setzen die geopferte Frau stärker
in Aktion: Montanus und Hardy zeigen ihren Zorn und Schmerz
bei der Entdeckung des Betruges und ihre Beschwichtigung
durch die Verwandten. Freier bewegen sich die Dramatisierungen der nächsten Zeit. Hier macht sich etwa die Tendenz bemerkbar, das heikle Stellvertretungsthema durch einen einfachen
Frauentausch zu ersetzen und Gisippus in der Liebe zu der in die
Handlung eingeführten Schwester Entschädigung finden zu lassen. Bei LOPE DE VEGA (*La boda entre dos maridos*) und bei
U. CHEVREAU (*Les deux amis* 1638) ist der Umschwung in den
Gefühlen des opfernden Mannes noch ebenso unglaubwürdig
wie der in den Gefühlen der abgetretenen Frau. Besser vorbereitet ist die neue Neigung des Gisippus bei Galeotto ODDI (*Gisippo*
1613), der jedoch die Wirkung durch Wiederholung des Stellver-
tretungsmotivs beeinträchtigt. Das 1842 erschienene Drama *Gisippus* des Engländers G. GRIFFIN begründete den Umschwung
des Gefühls Sophronias mit einer alten Neigung zwischen ihr
und Titus und tilgte die komödienhafte Entschädigung des Gisippus durch Titus' Schwester; Griffin hat im übrigen, wie auch
schon andere vor ihm, die Fabel Boccaccios aus anderen Fassungen des Stoffes ergänzt.
  Im Rückblick auf die Geschichte dieses Freundschaftsthemas
läßt sich sagen, daß das komplizierte Motivgefüge, das der Stoff
bei Boccaccio erreichte, schon bald darauf wieder abgebaut
wurde und einzelne Motive, besonders die um der Freundschaft
willen geopferte Liebe, selbständig in zahllosen Varianten erscheinen. Spuren dieses abgesprengten Motivs lassen sich etwa in
der Bradamante-Episode von ARIOSTS *Orlando Furioso* (→ Roland), mit tragischem Ausgang in C. A. CICOGNINIS *La forza
dell'amicizia* (Dr. 1663) und den zahlreichen Freundschaftskomö-
dien der Commedia dell'arte verfolgen, deren wichtigster Strang
etwa über F. SCALA (*Il fido amico* 1611), L. RICCOBONI (*Forza dell'
amicizia* 1711), GOLDONI (*Il vero amico* 1750) bis zu DIDEROT (*Le
fils naturel* 1757) verläuft. Berührungspunkte des Stoffes mit anderen Freundschaftssagen (→ Amis und Amiles) oder Varianten
des Verzichtmotivs (→ Stratonike) haben im Auflösungsprozeß
des Stoffes zu immer neuen Kombinationen geführt.

  H. G. Wright, (Ed.), Early English Versions of the Tales of Guiscardo and
Ghismonda and Titus and Gisippus from the Decameron, London 1937; L. So-

rieri, Boccaccios Story of Tito e Gisippo in European Literature, New York 1937;
W. Bauerfeld, Die Sage von Amis und Amiles, Diss. Halle 1941.

**Träumender Bauer** → Bauer, Der träumende

**Trenck, Friedrich Frhr. v. der** → Friedrich der Große

**Tristan und Isolde.** Die Sage von Tristan und Isolde war in
Frankreich in der zweiten Hälfte des 12. Jahrhunderts, wie die
Zitierungen in Liedern des BERNART VON VENTADORN und des
CHRÉTIEN VON TROYES beweisen, allgemein bekannt und formierte
sich in dieser Zeit zum Roman. Der erste deutsche Bearbeiter,
EILHART VON OBERGE (um 1170), berief sich auf eine französische
*Estoire*, die nach der Mitte des 12. Jahrhunderts entstanden sein
dürfte und vielleicht mit dem verlorenen *Tristan* des CHRÉTIEN VON
TROYES gleichzusetzen ist. Auf das Eilhart zugrunde liegende
Material geht auch die französische Fassung des BÉROL (nach 1190)
zurück. Durch eine Zusammenschau der Fragmente von Eilhart
und Bérol sind die von der *Estoire* übermittelten drei Handlungsteile
zu erschließen: Teil 1 enthält das Morholt-Abenteuer: der junge
Tristan tötet Morholt, der seinen Oheim Marke mit einer Zinsfor-
derung bedroht. Er wird jedoch verwundet und muß Heilung für
die vergiftete Wunde suchen. Unerkannt wird er in Irland von
Morholts zauberkundiger Nichte, der blonden Isolde, geheilt. Der
Hauptteil, Teil 2, ist die Ehebruchsgeschichte: Tristan zieht für
Marke, dem eine Schwalbe das Haar einer blonden Frau zugetragen
hat, auf Brautwerbung. Er gelangt abermals nach Irland, erkennt in
Isolde die Besitzerin des Haares, bemüht sich um ihre Gunst durch
Besiegung eines Ungeheuers, wird aber von ihr als Mörder Morholts erkannt und kann ihren Haß nur mühsam durch die Werbung
besänftigen. Auf der Seefahrt nach Cornwall trinken die beiden
versehentlich den Minnetrank, den Isoldes Mutter für Isolde und
Marke bestimmt hatte. Die Liebe der beiden und der Betrug an
Marke steigert sich dann in einzelnen Stationen bis zu der Verurteilung Isoldes zum Feuertode, die in eine Auslieferung an die Siechen
umgewandelt wird, zu Isoldes Befreiung durch Tristan und schließlich bis zu gemeinsamer Flucht und einem entbehrungsreichen
Leben im Walde. Der 3. Teil ist die Isolde-Weißhand-Geschichte:
Isolde wird Marke zurückgegeben, Tristan wird verbannt und
heiratet, da die Wirkung des Liebestrankes aufgehört hat, in Frankreich Isolde Weißhand. Er kann jedoch die blonde Isolde nicht
vergessen und kehrt wiederholt verkleidet nach Cornwall zurück,
um sie zu treffen. Mißverständnisse führen zu einer inneren Entfremdung der Liebenden, sie leiden und büßen. Als Tristan jedoch

an einer vergifteten Wunde zu Tode darniederliegt, kommt Isolde auf seinen Ruf, um ihn zu heilen; aber die Lüge Isolde Weißhands, die Tristan statt des weißen ein schwarzes Segel ankündigt, läßt ihn vor Isoldes Ankunft sterben. Isolde stirbt über seiner Leiche.

Die *Estoire* ist die Grundfassung für die gesamte mittelalterliche Tristan-Dichtung, die wichtigsten späteren Bearbeitungen fußen auf ihr, sie dürfte auch den entscheidenden Schritt über einen vorhöfischen *Urtristan* hinaus getan haben. Die *Estoire* hat wahrscheinlich die innere Verbindung des Morholt-Abenteuers mit dem ↑ Ehebruch hergestellt, indem sie die heilkundige Frau der Morholt-Handlung und Markes Braut zu einer Person und damit das Morholt-Abenteuer zur ersten Begegnung Tristans und Isoldes machte und indem sie den Liebestrank einführte, durch den die ehebrecherische Liebe entschuldigt wird. Im *Urtristan* dürften die beiden ersten Teile nur locker verknüpft gewesen sein, in ihm galt noch das reckenhafte Ideal der Mannentreue, das Tristan verletzt: er wird von Marke erschlagen und erwürgt sterbend die Verführerin Isolde. Der 3. Teil, die Isolde-Weißhand-Geschichte, auf deren Gegenüberstellung von ehelicher und außerehelicher Liebe in der *Estoire* ein starker Akzent liegt, dürfte aus Ansätzen erst durch den *Estoire*-Dichter ausgestaltet worden sein, wodurch sowohl eine harmonische Gliederung des Ganzen wie ein Ausgleich der ethischen Gewichte erfolgte.

Im Gegensatz zu der Annahme einer keltischen Herkunft des Stoffes oder eines französischen oder anglonormannischen, nur mit »Keltischem« verbrämten *Urtristan* steht die These von der Ableitung des Stoffes aus einer bis in die Sassanidenzeit zurückreichenden persischen Erzählung, die der Dichter FAKHREDDIN zu einem Versepos *Wîs und Râmîn* (1042/55) gestaltete, das außer in der Originalfassung auch noch in einer georgischen Prosaversion des späten 12. Jahrhunderts vorhanden ist. Bis auf den ersten Teil der Tristan-Fabel, das Morholt-Abenteuer, sind hier sowohl die Kernhandlung wie die Hauptmotive und Hauptcharaktere des Stoffes vorhanden, einschließlich der Weißhand-Episode, die sich in der orientalischen Literatur außerdem noch deutlicher als *Geschichte von der Liebe des Dichters Kais ibn Doreidsch* wiederfindet. Der Hauptunterschied des persischen Epos zu der tragisch endenden Tristan-Erzählung liegt darin, daß der Liebhaber der jungen Königin, ein jüngerer Bruder des Königs, sich schließlich gegen den Herrscher empört, dieser im Kriegslager von einem Eber getötet wird und Râmîn Thron und Gemahlin von ihm erbt. Die Stelle des Liebestranks nimmt jedoch ein Talisman ein, der das Mannestum des Ehegatten außer Kraft setzt, so daß die doppelte erotische Beziehung der Königin wegfällt und der Ehebruch gemildert erscheint. Gerade der Liebestrank und die durch ihn gegebene Stellung Isoldes wäre dann als das konstruktive Motiv des europäischen Tristan-Stoffes anzusehen, dessen stoffliche Grundlagen durch eine lateinische Prosaversion des persischen Epos vermittelt sein könnten.

Der deutsche Bearbeiter der *Estoire*, EILHART VON OBERGE (um 1170), interessierte sich in erster Linie für den mittleren Teil, die dem vorhöfischen Geschmack an Brautraubgeschichten entsprechenden Listen Tristans. Eine neue Stufe in der Entwicklung des Tristan-Stoffes bedeutete bereits die Fassung des Anglonormannen THOMAS VON BRETAGNE (1160/65), die in acht Handschriftenfragmenten erhalten ist und aus der Parallelüberlieferung ergänzt werden kann. Das sich in Thomas' Fassung dokumentierende höfische Lebensgefühl stellt die Liebesbeziehung Tristans und Isoldes in den Mittelpunkt und versucht sie in jeder Weise zu rechtfertigen, zu steigern und zu veredeln. Der mittlere Teil gewinnt an Gewicht vor allem vor dem dritten. Alle rohen und widerwärtigen, aber auch die märchenhaften Motive werden getilgt. Tristans Schicksal wird in dem seiner Eltern und in seiner Jugendgeschichte vorbereitet. Markes Werbung um Isolde beruht auf Tristans Erzählungen von ihr, nicht auf der Schwalbenbotschaft. Der Zauber des Liebestrankes tritt zurück, wenn auch die Liebe noch aus ihm hervorgeht und seine Wirkung noch im letzten Teil der Handlung anhält; in der Geschichte dieser Liebe gibt es keine Reue, keine Untreue und keine Mißverständnisse. Tristan heiratet zwar Isolde Weißhand, vollzieht aber die Ehe nicht. Das Ende ist sein und der blonden Isolde Liebestod. Ihre Liebe wird dadurch geläutert, daß Tristan freiwillig in die Ferne zieht, denn Isolde wird – das ist die wichtigste Änderung – nicht vor Gericht gestellt und verurteilt, sondern reinigt sich durch einen – zweideutigen – Eid und ein ↑ Gottesurteil. Aus dem entbehrungsreichen Waldleben wird ein idyllisches Wunschleben. Die seelische Verfeinerung büßt der Stoff bei Thomas mit einer Verwirrung der Fabel. Nach Jacob Grimm wird am Vergleich der *Estoire*-Fassung mit der des Thomas der Unterschied von »epischer Gewalt« und »lyrischem Zauber« offenbar.

Der Handlungsfaden verläuft in GOTTFRIED VON STRASSBURGS *Tristan* (um 1210), dem Höhepunkt der mittelalterlichen Tristan-Dichtung, wieder klarer, ohne daß die Handlung im Äußerlichen umgestaltet wird. Durch Einarbeitung der Liebessymbolik des *Hohenliedes* wird das gemeinsame Liebeserlebnis in der Minnegrotte ins Sakrale gesteigert, ohne von seiner Wirklichkeit zu verlieren. An die Stelle des Liebestodes tritt der geistige Tod durch die Trennung. Das tausendfache Sterben durch ein Leben fern voneinander verdeutlicht Verbundenheit und Entsagung so stark und läßt Tristans Verzicht auf Isolde Weißhand als so unabdingbar erscheinen, daß der Mangel eines Abschlusses von Gottfrieds Werk nicht mehr entscheidend ist; der Liebestod wird zudem im Ende von Tristans Eltern Rivalin und Blancheflur vorweggenommen.

Die wie Eilharts Werk nur fragmentarisch erhaltene Fassung des BÉROL (nach 1190) zeigt bereits die Entwicklung zu den volkstümlichen spätmittelalterlichen Fassungen an, wenn Bérol auch, hier an Thomas anknüpfend, das Motiv des zweideutigen Eides bewahrte, an dessen Stelle das späte Mittelalter gern wieder die unschöne

Auslieferung Isoldes an die Siechen setzte. Den Rückgriff der Spätzeit auf den gröberen vorhöfischen Geschmack zeigen auch die deutschen Fortsetzungen Gottfrieds durch ULRICH VON TÜRHEIM (um 1240) und HEINRICH VON FREIBERG (um 1290) sowie der deutsche Prosaroman (2. Hälfte 15. Jh.), die sich an Eilhart anschließen; auf den deutschen Prosaroman geht wiederum Hans SACHS' dramatische Bearbeitung (1553) zurück. An Thomas haben sich außer Gottfried nur das englische Gedicht von SIR TRISTREM und die im Auftrag des norwegischen Königs Hakon Hakonarson entstandene *Tristramssaga* angeschlossen, die ein Geistlicher, BRUDER ROBERT, unter Zurückdrängung der lyrisch-gefühlsmäßigen Partien und der religiösen Überhöhung des Liebeserlebnisses 1226 verfaßte. Aus ihr gingen eine dichterisch wenig bedeutende isländische Bearbeitung (14./15. Jh.) und das schöne isländische *Tristanlied* hervor. In vielem maßgebend wurde der französische Prosaroman (2. Hälfte 13. Jh.), der zwar Thomas' Fassung mit einbezog, aber mit anderen Fassungen und novellistischen Einzelerzählungen vermischte; er verband den Stoff endgültig mit dem → Artus-Stoff, mit dem schon die *Estoire* die Episoden von Tristans Verbannung verknüpft hatte. Als Teil der Erzählungen von der Tafelrunde erscheint der Tristan-Stoff dann in der italienischen *Tavola ritonda* (1391) und in Sir Thomas MALORYS *Morte Darthur* (1470), auf dem die englische Stofftradition auch der neueren Zeit fußt.

Das besondere Interesse Italiens an den Gestalten der beiden großen Liebenden spiegelt sich schon in den zahlreichen, schließlich fast chiffrenhaften Erwähnungen in der Lyrik des 13. Jahrhunderts, in dem nur fragmentarisch überlieferten *Tristano Riccardiano* (Ende 13. Jh.), der eine spezielle italienisch-spanische Weiterbildung des französischen *Prosa-Tristan* repräsentiert, in der *Tavola ritonda* und noch in dem Roman *I due Tristani* (1534), der eine Geschichte der beiden Kinder Tristans und Isoldes anhängt. Die italienischen Bearbeitungen vertreten bedingungslos das Recht der Liebenden, sind Marke-feindlich und halten sich an den Schluß des französischen *Prosa-Tristan*, nach dem Tristan durch Markes Speer stirbt; → Lanzelot rächt Tristan an Marke.

Der Tristan-und-Isolde-Stoff ist eine der weltgültigen Exemplifizierungen des Themas von der großen unglücklichen Liebe. Er besitzt eine reiche, aber geradlinige Handlung und kann sowohl durch Addition zahlreicher novellistischer Motive episch erweitert wie durch Beschneidung auf die Hauptsituationen dramatisch gestrafft werden. Die einsetzbaren Erzählungen über Liebeszauber und Liebeslist haben sich auch wieder als selbständige Novellen (*Geisblattlai* der MARIE DE FRANCE um 1160; *La Folie Tristan* 12. Jh.) aus dem Epos gelöst. Die besonders in Frankreich entwickelten Erzählungen von der Überlistung Markes tragen z. T. schwankhafte Züge, wie der Stoff überhaupt neben den tragischen komische Möglichkeiten bietet. Das dem modernen Geschmack nebensächlich erscheinende Morholt-Abenteuer hat die Funktion einer in der Pflicht der Verwandtenrache begründeten seelischen Hemmung für die Verbindung Tristans und Isoldes und unterstreicht zugleich die Gewalt der ausbrechenden Leidenschaft. Es wird von der modernen Darstellung häufig in die Vorgeschichte verlegt. Ähnlich ist das moralisch entlastende Motiv des Zaubertrankes meist nur noch in symbolischer Bedeutung verwandt worden. Das Interesse für die Krise der Liebe in der Isolde-Weißhand-Geschichte wird gerade in der modernen Dichtung besonders spürbar.

Die Renaissance des Tristan-Stoffes begann mit dem Abdruck eines Auszuges aus dem französischen Prosaroman in Graf Tressans *Bibliothèque des romans*. C. H. Müller gab 1785 Gottfried mit der Ergänzung durch Heinrich von Freiberg, Scott 1804 den *Sir Tristrem*, v. d. Hagen 1809 den deutschen Prosaroman und 1823 Gottfrieds *Tristan* heraus; die erste vollständige Übersetzung dieses höfischen Epos in das Neuhochdeutsche stammt von H. Kurz (1844). Pläne und Entwürfe zu epischen (A. W. Schlegel 1801; F. Rückert 1839), dramatischen (Arnim und Brentano 1804; A. v. Platen 1825/27) und lyrisch-zyklischen (W. Wackernagel 1828; Immermann 1832) Bearbeitungen führten kaum über Ansätze hinaus; Immermanns am weitesten vorgestoßener Entwurf setzt moralisierend der Liebesbeziehung mit dem Gottesurteil ein Ende. Die bei Immermann auftauchende gedankliche Vorausnahme des gemeinsamen Todes der beiden Liebenden auf der Überfahrt, vor dem Betrug an Marke, weist schon auf R. Wagners Oper (1859), bei dem der Todestrank durch Brangäne mit dem Liebestrank vertauscht wird. Im 3. Akt, nach Tristans tödlicher Verwundung, wird dann das für Wagner zentrale romantische Motiv des Liebestodes voll entwickelt: mit dem Tode wird die Liebe aus den Banden und Schranken des Irdischen erlöst. Die Handlung wurde von Wagner auf die knappste tragische Linie – Liebestrank, Entdeckung im Baumgarten, Liebestod – zusammengezogen, und seine Interpretation überwand die damals vorherrschende Auffassung von der »Leichtfertigkeit« des Stoffes, die sich etwa noch in Tennysons Gestalt eines zynischen Frauenhelden spiegelt (*The Last Tournament* in *Idylls of the King* 1871). Der Unbedingtheitsanspruch dieser Liebe, dem sich selbst Marke beugt, mußte jede Entfremdung ausschließen; Wagner ließ den Isolde-Weißhand-Teil weg. Von Wagner nicht beeinflußt, aber ihm verwandt in der verknappten Linienführung wie in der Idee des Todes als des Vollenders der Liebe ist Swinburnes Epos *Tristram of Lyonesse* (1882). Auch bei ihm liegt die Entstehung der Neigung vor dem Liebestrank, der Trunk ist der Augenblick der Bewußtwerdung. Swinburne mußte zwar um der erzählerischen Breite willen dem alten Epos stärker folgen, aber die Hoffnung auf eine endliche gemeinsame Erlösung begleitet die gesamte Handlung; die Ehe mit Isolde Weißhand bleibt unvollzogen.

Während die Tristan-Bearbeitungen des 19. Jahrhunderts hauptsächlich auf Gottfried fußten, bevorzugte man seit dem *Roman de Tristan et Iseut* (1900) des Franzosen Joseph Bédier auch in Deutschland und England die derberen spielmännischen Motive. Bédier gab eine im Stil Bérols geschriebene, um das Bérol-Fragment gruppierte Gesamtkomposition des *Tristan* aus allen vorhandenen Quellen, die häufig als eine Art Rekonstruktion des ursprünglichen *Tristan* aufgefaßt wurde. Sein Werk hat in Deutschland sowohl Übersetzungen (R. G. BINDING 1911) wie Nachahmer gefunden, die den Gesamtstoff in Prosa oder Versen nacherzählten, ohne Anspruch auf eine eigene Gestaltung zu erheben. Durch Bédier und die mit dem Ende des 19. Jahrhunderts einsetzende literarische Neigung zur Ambivalenz beeinflußt, wandte sich das Interesse stärker der Gefährdung der großen Liebe, der Isolde-Weißhand-Episode und dem sich daran anschließenden Tode Tristans zu. Auch die Gestalt Markes, seit Wagner mit der Geste des Verstehens und der Selbstüberwindung ausgestattet, trat mehr hervor.

Der Einfluß von Wagners Musikdrama wirkte allerdings noch lange nach (E. LUDWIG, Dr. 1909; Ettore MOSCHINO, Dr. 1910; E. STUCKEN, Dr. 1916; Arthur SIMONS, Dr. 1917). Stuckens moralisierender Eingriff, durch den das Liebesverhältnis nur bis zur Ehe mit Marke anhält und das Waldleben als der erste eigentliche Ehebruch und infolgedessen als ein Leben im Elend der Schuld dargestellt wird, bedeutete allerdings einen Rückfall in vorwagnerische Verbiegungsversuche. E. HARDTS seinerzeit mit Recht gerühmtes Drama *Tantris der Narr* (1907) griff die neuromantisch gesehene Problematik der Treue aus dem Stoff heraus: die Untreue Tristans ist unaufhebbare Schuld und hat das Verhältnis zu Isolde so sehr zerstört, daß Isolde ihren Retter Tristan weder unter den Siechen noch als Narren erkennt; erst bei der endgültigen Trennung wächst Tristan zu seiner alten Größe empor, aber der Weg zu ihm bleibt verschüttet. Die Bemühung um Klärung der Gestalt Markes reicht von seinem Ringen um Entsagung (H. HEUBNER, *König Marke*, Dr. 1918) über eine Zuspitzung des Charakters zum böswilligen Neider, der schließlich Tristan tötet (Thomas HARDY, *The famous Tragedy of the Queen of Cornwall* 1923), bis zur Gestaltung eines Fanatikers des Selbstbetrugs, der sein Spielzeug, die Liebenden, und alle, die um den Betrug wissen, vernichtet, um wieder der »glücklichste König« zu sein (G. KAISER, *König Hahnrei*, Dr. 1913). Wie Hardy fußt auch Edwin Arlington ROBINSON in seiner epischen Neugestaltung des Stoffes (*Tristram* 1927) auf Malorys Fassung; Robinson befreit jedoch die Handlung von allen roheren und moralisch anfechtbaren Motiven: Tristan und Isolde gestehen sich ihre Liebe erst an Isoldes Hochzeitstage, Tristan wird sofort von Marke verbannt, heiratet aus Mitleid Isolde Weißhand und wird erst zwei Jahre später auf Betreiben der Artusritter auf Lanzelots Schloß Joyous Gard mit Isolde zusammengeführt. Die Vereinigung der Liebenden ist zu einem Hohenlied gegenseitigen Verstehens gesteigert, und schließlich ist es nicht Marke, sondern sein Neffe Andred, der Tristan ermordet. Die Leiden Isolde Weißhands umschließen die Kernhandlung wie ein melancholischer Auf- und Abgesang. Die stärkere Beleuchtung des tragischen

Schicksals der Isolde Weißhand hat einen Vorläufer in Matthew ARNOLDS dreiteiliger Versdichtung (1852); hier ist Isolde Weißhand die Dulderin, die zwar zwei Kinder von Tristan hat, aber weiß, daß er die blonde Isolde nie vergessen konnte, und ihr am Bett des Sterbenden willig weicht; sie bleibt zurück als die Niegeliebte, hält Tristan die Treue und erzieht seine Kinder. In E. LUCKAS Roman *Isolde Weißhand* (1909) dient sie Tristan zum Versuch, sich von seiner Vergangenheit und seinem ruhelosen Leben zu befreien, ein Versuch, der fehlschlägt, da Tristan im Tode zu der ersten, über seiner Untreue gestorbenen Isolde zurückkehrt. In ihrem Ringen um den Mann, das bis zum Betrug mit dem Segel führt (L. ANDRO, *Tristans Tod*, Dr. 1910; M. ITZEROTT, *Die Weißhand*, Dr. 1916; M. LOEHR, *Tristans Tod*, Dr. 1919; Albert ERK, *Isolde Weißhand*, Dr. 1921) oder doch in Haß und Verfolgung des Geliebten umschlägt (Hardy), nähert sich Isolde Weißhand auch wieder der von der mittelalterlichen Stofftradition vorgezeichneten Gestalt.

G. Schoepperle, Tristan and Isolt, A Study of the Sources of the Romance, 2 Bde., 1913; E. Dufhus, Tristandichtungen des 19. und 20. Jahrhunderts, Diss. Köln 1924; F. Ranke, Tristan und Isolt, 1925; W. Golther, Tristan und Isolde, 1929; E. Heimann, Tristan und Isolde in der neuzeitlichen Literatur, Diss. Rostock 1930; L. Wolff, Tristan et Yseult dans la poésie anglaise du XIXe siècle, (Annales de Bretagne 40) 1932/33; A.M. Wangelin, Die Liebe in den Tristan-Dichtungen der Viktorianischen Zeit, Diss. Marburg 1937; M.A. Clark, Edwin Arlington Robinson's Treatment of the Tristram-Isolt Legend, Diss. Univ. of Illinois 1937; B. Mergell, Tristan und Isolde, 1949; L.L. Hammerich, Tristan og Isolde for Gottfried af Strassburg, 1960; F.R. Schröder, Die Tristansage und das persische Epos »Wîs und Râmîn«, (Germanisch-Romanische Monatsschrift NF 11) 1961; A. Wolf, Gottfried von Straßburg und die Mythe von Tristan und Isolde, 1989.

**Troilus und Cressida.** Troilus, ein jüngerer Sohn des Priamus, wird in HOMERS *Ilias* nur mit einer Halbzeile in der Klage des Königs um den Verlust seiner Söhne erwähnt. An seinem Tod hat die spätantike Überlieferung herumgerätselt, und Troilus erscheint in ihren Mythologien als ein Halbwüchsiger, den Achill beim Tränken der Pferde überrascht und tötet. Troilus' Liebesgeschichte erfand erst BENOÎT DE SAINTE-MAURE in seinem *Roman de Troie* (12. Jh.). Er machte Briseïs, in der *Ilias* Gefangene und Sklavin des → Achilleus, zur Tochter des trojanischen Sehers Kalchas, der angesichts der drohenden Zerstörung Trojas zu den Griechen übergeht, seine Tochter aber in der Stadt läßt. Sie wird die Geliebte des Troilus, und die Liebenden sind untröstlich, als Briseïda auf Wunsch ihres Vaters gegen griechische Gefangene ausgetauscht wird. Das Mädchen erliegt jedoch rasch den Werbungen des Griechen Diomedes, nachdem sie ihn erst schlau hingehalten hat. Troilus erfährt von ihrer Untreue und trifft den Nebenbuhler auf dem Schlachtfeld, aber er lehnt es ab, um die Treulose zu kämpfen, um deren zweifelhaften Besitz er Diomedes nicht beneidet. Briseïda bekennt sich trotz des Bewußtseins ihrer Schande zu dem neuen Liebhaber, dessen Wunden sie pflegt. Troilus wird von Achill im Kampf heimtückisch getötet.

Die so entstandene späte Frucht am Stamme der trojanischen Sage wurde besonders durch die gelehrte *Historia destructionis Troiae* des GUIDO DA COLONNA (1287) verbreitet; Fabel und Charaktere sind eng an Benoît angelehnt, aber Briseïda ist von vornherein als treulos gekennzeichnet. Sie wird gegen den von den Griechen gefangenen Antenor ausgetauscht, und zu den Verhandlungen kommt Hektor ins griechische Lager, ein Detail, das bis zu Shakespeare bewahrt blieb. John LYDGATES Nacherzählung in seinem *Troy Book* (1420) hielt sich eng an Guido da Colonna. Eine wirkliche Bereicherung erfolgte erst um die Mitte des 14. Jahrhunderts mit BOCCACCIOS epischem Gedicht *Filostrato*, in dem Troilus in einen unglücklichen, schmachtenden Liebhaber umgewandelt ist: ein Vetter der nunmehr Griseïda genannten Schönen (im Anklang an Agamemnons Sklavin Chryscïs), der getreue Pandarus, vermittelt den Bund; ein Liebesidyll in den Mauern der belagerten Stadt wird durch die Auslieferung jäh unterbrochen. Während Griseïda sich jedoch allmählich von Diomedes trösten läßt, denkt Troilus unaufhörlich an sie, und seine Geschwister, auch die seherische Kassandra, vermögen ihn nicht von der Unwürdigen abzubringen; als er Beweise ihrer Untreue hat, will er nicht mehr leben, stürzt sich tollkühn in die Schlacht und wird von Achill getötet. Auf Boccaccio beruht CHAUCERS *Book of Troilus and Criseyde* (um 1385); Chaucer stellt die plötzliche Verliebtheit des Frauenverächters Troilus, die langwierige Werbung mit Hilfe des humorvollen Onkels Pandarus, das vergebliche Warten des Helden auf die versprochene Rückkehr der Geliebten, sein Bemühen, sie durch einen Brief zurückzugewinnen oder den Nebenbuhler auf dem Schlachtfeld zu treffen, und schließlich Troilus' Tod durch Achill im Stil eines Minneromans dar.

Im 15. Jahrhundert war der *Filostrato* auch in Frankreich in Übersetzungen verbreitet, und J. MILETS Mystère *La Destruction de Troye la Grant* (1450/52) umfaßte auch die Troilus-Episode. Wichtig für die weitere Stoffentwicklung wurde RAOUL LE FEBVRES *Recueil des hystoires troyennes* (1464) durch die Darstellung der unehrenhaften Überwältigung des Troilus durch Achill und seine Myrmidonen; in der Übersetzung durch W. CAXTON (1471) wurde der *Recueil* eine der Quellen Shakespeares. Eine Sonderstellung nimmt R. HENRYSONS Gedicht *The Testament of Cresseid* (1593) ein. Ein um ausgleichende Gerechtigkeit bemühter Dichter erfand hier die Rache des Schicksals: Cresseid wird von Diomedes verstoßen und nach dem Ratschluß der Götter vom Aussatz befallen; Troilus reitet an der Entstellten vorüber, erkennt sie nicht und gibt ihr ein Almosen; sie stirbt, nachdem sie ihm einen Ring geschickt hat, den sie einst von ihm bekam.

Der Troilus-und-Cressida-Stoff hat dem mit der Kenntnis des echten Homer einsetzenden Rückgang des Interesses an den mittelalterlichen Troja-Romanen gerade noch standgehalten, bis er eine gültige dramatische Fassung erfuhr. Eine Dramatisierung des Stoffes von Dekker und Chettle (1599) ist verloren und durch die Shakespeares (Auff. wohl 1602, Druck 1609) verdrängt. Shakespeare mag G. Chapmans Probe der *Ilias*-Übersetzung gekannt haben, aber seine Auffüllung der Troilus-Geschichte durch die trojanischen Helden, den dummstarken Ajax, den schlauen Ulysses und den feigen Spötter Thersites, schöpfte wohl eher aus der Schultradition. Das Schicksal des Titelhelden wird so zu einer Facettierung des gesamttrojanischen Schicksals: Helden und Idealisten verbluten sich für eine Unwürdige. So ist es bezeichnend, daß sich Troilus der Auslieferung Helenas widersetzt, denn blind, wie die Trojaner für das Unglück, das ihnen Helena bringt, ist er für die Gefühlskälte der koketten Cressida. In den Schlußbildern wird sein Schicksal von dem des größeren Hektor verdeckt, der hier dem heimtückischen Schurkenstreich Achills zum Opfer fällt, durch den im *Recueil* Troilus sein Ende findet. Auf Shakespeare beruhen sowohl die Dramatisierung J. Drydens (1679), die an Cressidas Charakter veredelnde Retuschen anbrachte und sie durch Selbstmord enden ließ, wie die moderne Oper von W. Zillig (1951), während sich Ch. Hassals Text zu W. Waltons Oper (1954) an Chaucer anlehnt.

K. Eitner, Die Troilus-Fabel in ihrer literaturgeschichtlichen Entwicklung, (Shakespeare-Jahrbuch 3) 1868; H. Zenke, Drydens Troilus und Cressida im Verhältnis zu Shakespeares Drama und die übrigen Bearbeitungen des Stoffes in England, Diss. Rostock 1904; K. Young, The Origin and Development of the Story of Troilus and Criseyde, London 1908.

**Trojanischer Krieg.** In der durch die griechische Dichtung zur Weltberühmtheit gelangten Sage von der Eroberung Trojas dürften sich die vorgeschichtliche Zerstörung Trojas und kriegerische Auseinandersetzungen der kleinasiatischen Griechen mykenischer Zeit mit den Städten der Troas spiegeln, an dieser auf historischer Grundlage beruhende Stoff ist dann durch Sagen des griechischen Mutterlandes ausgestaltet worden. Keimzelle des sogenannten Troischen Zyklus ist Homers *Ilias*, die Geschichte vom Zorn des → Achilleus, der, durch die Wegnahme einer Sklavin gekränkt, Agamemnon und den belagernden Griechen die Teilnahme am Kampf aufsagt, schließlich dem Freund Patroklos erlaubt, in seiner Rüstung zu kämpfen, und den Tod des Patroklos dann an dem trojanischen Königssohn Hektor rächt. Dieses Kernstück des Epos, das wohl auf einem Achilleus-Gedicht älterer Stufe fußt, ist bereits durch Andeutungen in einen größeren Zusammenhang gestellt. Die Begründung von Achills Zorn mit der Episode um die Sklavinnen Briseïs und Chryseïs weist auf die Führerstellung Agamemnons hin, die Erwähnung des → Helena-Raubes deutet auf die Ursache des ganzen Krieges und des sterbenden Hektor Prophezeiung von Achills Tod durch Paris auf die weitere Entwicklung des

Kampfes. So schloß sich um die *Ilias*-Keimzelle ein Zyklus epischer Gedichte, die sämtlich verloren sind, von deren Inhalt wir aber durch Angaben und Zitate des griechischen Philosophen PROKLOS (5. Jh.) wissen. Die *Kyprien* erzählten von dem durch den Apfel der Eris hervorgerufenen Streit der Göttinnen um das Vorrecht der Schönheit; der trojanische Königssohn Paris erkennt Aphrodite den Preis zu, die ihm daraufhin die schönste Frau verspricht und ihm behilflich ist, Helena, die Frau des Königs Menelaos von Sparta, zu entführen. Die Griechen sammeln sich zum Rachefeldzug, werden in Aulis durch eine Windstille aufgehalten, die aber durch die Opferung von Agamemnons Tochter → Iphigenie abgewandt wird, und landen vor Troja. Mit den Ereignissen im zehnten Jahr der Belagerung setzt Homers *Ilias* ein; daran schließt sich die *Kleine Ilias*, die vom Eingreifen der Amazonen unter Penthesilea und der Äthiopier unter Memnon und beider Überwindung durch Achill berichtet; Achill fällt durch den Pfeil des Paris, es folgen der Streit um des Toten Waffen, der Raub des Palladions, die Herbeiholung des für die Eroberung der Stadt notwendigen Bogens des → Philoktet und die Erbauung des hölzernen Pferdes. Die *Iliupersis* schließlich beginnt mit der Verwendung des hölzernen Pferdes, in dem griechische Krieger in die Stadt eingeschleust werden, schildert dann die Zerstörung der Stadt, das Schicksal → Kassandras und die Auswanderung des → Äneas. Schließlich enthielten die *Nostoi* die Schicksale der heimkehrenden Griechen, so → Agamemnons Tod und die Irrfahrten des → Odysseus, die in Homers *Odyssee* erzählt werden. Eine noch spätere Erfindung war die Vorgeschichte Trojas und seines Königsgeschlechts: Troja war schon einmal von → Herakles zerstört worden, als König Laomedon, der Vater des Priamos, die für die Rettung seiner Tochter ausgesetzte Belohnung verweigerte. In Anlehnung an die → Ödipus-Sage wird der neugeborene Paris, dessen verhängnisvolle Rolle seinen Eltern prophezeit worden ist, ausgesetzt; er bleibt jedoch am Leben, wächst als Hirte auf und verbindet sich mit der Nymphe Önone, die er nach der Aufklärung seiner Herkunft verläßt. Vom Pfeil des Philoktet verwundet, wendet er sich später um Heilung bittend an die Jugendgeliebte; sie verweigert ihre Hilfe, stürzt sich aber dann in die Flammen des Scheiterhaufens, auf dem Hirten den toten ehemaligen Kameraden verbrennen (APOLLODOROS, *Chronika*, 2. Jh. v. Chr.; QUINTUS SMYRNAEUS, *Ta meth' Homeron*, 4. Jh. n. Chr.).

Die Geschichte vom Untergang einer Stadt um eines ↑ Frauenraubes willen und von dem düsteren Los der Sieger ist als das Epos schlechthin empfunden worden und hat sich als solches erhalten, so oft auch die einzelnen in das große Schicksal verwickelten Gestalten zur Sonderbehandlung herausforderten. Troja wurde die unerschöpfliche Quelle neuer Stoffe, blieb aber auch einer der Urstoffe des Abendlandes. Der Lyriker STESICHOROS (Mitte 7. bis Mitte 6. Jh. v. Chr.), der in heroischen Hymnen einzelne Ereignisse des Stoffes behandelte und dabei zuerst das folgenreiche Motiv einer

Westwärtsfahrt des Äneas aufwarf, bereitete den Weg für die Behandlung des Stoffes in der griechischen Tragödie, die sich jedoch naturgemäß einzelne Komplexe aus dem Epos herausschnitt. Troja als Gesamtschicksal spiegeln die *Hekabe* (423 v. Chr.) und die *Troerinnen* (415 v. Chr.) des EURIPIDES, die beide das bejammernswerte Schicksal der gefangenen Frauen, in ihrem Mittelpunkt die greise Königin Hekabe, darstellen und in denen eine negative Beurteilung der Kriegsgreuel deutlich wird. Die *Troerinnen* sind von SENECA, R. GARNIER (*La Troade* 1579), SALLEBRAY (gl. Titel 1640), J. PRADON (gl. Titel 1679), J. E. SCHLEGEL (1737), J.-B. V. de CHÂTEAUBRUN (1754) mit starker Akzentuierung der Einzelschicksale nachgedichtet worden; die Leiden des Krieges und ihre Verurteilung kamen erst wieder in der Nachdichtung F. WERFELS (1915) zur Geltung.

Unter den Römern hat OVID sowohl im 12. und 13. Buch der *Metamorphosen* wie in den *Heroiden* Gestalten des Troischen Zyklus lebendig gemacht. Entscheidend für die Hochschätzung des Troja-Stoffes in der Spätantike und im Mittelalter wurde die durch VERGILS *Aeneis* (1. Jh. v. Chr.) erfolgte, auf eine ältere, schon durch HELLANIKOS VON MYTILENE (5. Jh. v. Chr.) festgehaltene Tradition sich stützende dichterische Verherrlichung des Äneas als Gründer Roms. Das westliche Abendland führte von nun an seine Herkunft auf Troja zurück. Die in zahlreichen Mythologien zusammengefaßten und auch im Original gelesenen troischen Sagen wurden in den ersten nachchristlichen Jahrhunderten unter anderem von PTOLEMAIOS CHENNOS in Rhapsodien paraphrasiert; ein Heldenbuch des PHILOSTRATOS VON LEMNOS ließ die homerischen Helden als Geister weiterleben, und es entstand die *Ilias Latina* eines gewissen ITALICUS. Für die »Korrekturen« an Homer bezeichnend ist die der Tradition völlig zuwiderlaufende Darstellung durch DION CHRYSOSTOMOS (1. Jh. n. Chr.): Helena heiratet nicht Menelaos, sondern mit Einwilligung ihres Vaters den Prinzen Paris, den Agamemnon so sehr fürchtet, daß er den Feldzug gegen Troja organisiert; die Unternehmung endet jedoch für die Griechen mit einem schmählichen Rückzug, während Troja unter Priamos und dann unter Hektor, als die Sieger aus dem Kampf mit Achill hervorgegangen ist, die Vormacht über halb Asien erringt. Von ähnlich korrigierenden Tendenzen nicht frei sind auch die beiden für die mittelalterliche Stofftradition entscheidenden Bearbeitungen: die als Augenzeugenbericht eines Kreters DIKTYS ausgegebene, zur Zeit Neros angeblich im Grab des Verfassers »gefundene« und dann aus dem Phönizischen ins Griechische übersetzte, in einer lateinischen Bearbeitung des SEPTIMIUS (4. Jh.) erhaltene *Ephemeris belli Troiani* und das gleichfalls als Erlebnisbericht aufgezogene Werk des angeblichen Erziehers Hektors, des Phrygiers DARES (1./2. Jh.), von dem eine dem Cornelius Nepos untergeschobene, wohl zusammenfassende lateinische Übersetzung des 5. Jahrhunderts existiert (*De excidio Troiae*). Diktys schildert die Vorgänge vom Raub der Helena bis zur Heimkehr der Griechen aus griechischem Blick-

punkt, unter Ablehnung der »treulosen« Priamos-Familie; der
Stoff ist entmythisiert, die Frauengestalten treten stark hervor.
Dares dagegen stellt vom troischen Standpunkt aus dar und gibt
einleitend den Argonautenzug, die erste Zerstörung Trojas durch
Herakles und den Raub der Hesione, so daß die Entführung
Helenas als Revanchetat erscheint; er schließt mit der Flucht des
Äneas; die Griechen erobern die Stadt nur durch List, die troische
Königsfamilie wird hervorgehoben, der Königssohn → Troilus
erhält persönliche Züge, und auch Achills Werbung um Polyxene
dient der Hebung der troischen Seite.

Während im byzantinischen Raum die Überlieferung des Stoffes
ununterbrochen aus der Antike ins Mittelalter hinüberführte und
sich mit den volkstümlichen *Troika* des syrischen Mönches MALA-
LAS (6. Jh.) und dem umfassenden Hexameterepos des Johannes
TZETZES (12. Jh.) in der Parteinahme dem Diktys anschloß, fand
das westliche Abendland erst in der 2. Hälfte des 12. Jahrhunderts
wieder zu dem Stoff und sympathisierte in der Art des Dares mit
den Trojanern. Nicht nur die über Rom führende Berufung auf
Troja als Herkunftsland, sondern auch eigene germanische Genea-
logien, nach denen die Franken sich auf einen Nachfolger des
Priamos, Francius (FRECHULPH VON LISIEUX um 825), und die
Engländer sich auf Brutus oder Brito, einen Enkel des Äneas,
zurückführten (GEOFFREY OF MONMOUTH, *Historia regum Brittanniae*
1139), bedingten die Parteinahme für Troja. Dazu kam, daß Hektor dem ritterlichen Ideal mehr entsprach als der maßlose Griechen-
held Achill.

Ausgangspunkt der mittelalterlichen Troja-Romane wurde BE-
NOÎT DE SAINTE-MAURES *Roman de Troie* (1161), der wie Dares mit
der Sage vom Argonautenzug beginnt, die Kämpfe dem ritterlichen Geschmack anpaßt, in den Liebespaaren Beispiele für verschiedene Arten der Minne gibt, in der → Troilus-Cressida-Epi-
sode einen neuen Stoff bietet, die Heimkehrersagen stark verkürzt
hineinverwebt und mit dem Tod des Odysseus schließt. Von
Benoîts Roman angeregt und in dessen Prosaauflösungen einbezogen ist auch noch der *Roman de Landomata*, der die Schicksale der
Söhne der → Andromache erzählt. Benoît wurde ins Spanische,
Italienische und Griechische übersetzt und beeinflußte die deutschen Troja-Romane; sein Erfolg wurde jedoch durch den der
lateinischen Prosabearbeitung des GUIDO DA COLONNA (*Historia
destructionis Troiae* 1287) noch in den Schatten gestellt. Guido
schränkte die erzählerischen Partien ein und betonte die lehrhaft-
moralisierende Seite. Auf ihm beruhen vor allem das *Buch von
Troja* des Hans MAIR VON NÖRDLINGEN (1392), das *Troy Book* des
J. LYDGATE (um 1420) und RAOUL LE FEBVRES *Recueil des hystoires
troyennes* (1464). J. MILETS Mystère *La Destruction de Troye* (1450/
52) kombinierte die Berichte von Diktys und Dares. Das frühhöfi-
sche deutsche *Liet von Troye* (um 1210) des HERBORT VON FRITZLAR
beruht auf Benoît, sucht jedoch Achill eine Ebenbürtigkeit neben
Hektor zu sichern, während KONRADS VON WÜRZBURG *Trojaner-*

*krieg* (um 1275) die Jugendgeschichte Achills im Anklang an Ovid und Achills Aufenthalt auf Skyros nach Statius' *Achilleis* erzählt. Eine unselbständige Arbeit nach Dares ist der *Troilus* des ALBERT VON STADE (Mitte 13. Jh.; keine Bearbeitung des Troilus-Stoffes!), während der *Göttweiger Trojanerkrieg* (um 1300) Personen und Ereignisse willkürlich mischt und âventiurenhafte Riesen- und Drachenkämpfe sowie Jugendgeschichten auf die antiken Helden überträgt. Für mittelalterliches Denken ist der Trojanische Krieg die Geburtsstunde des Rittertums, und so verwandelt es die Heroen in Ritter, mäßigt ihre Leidenschaften und beseitigt individuelle Züge: Hektor ist dem Ideal am nächsten, Paris wird kriegerischer, Achill wirkt gedämpft, Odysseus veredelt oder abgewertet; das Interesse an seinen Irrfahrten ist weit geringer als das an den Kämpfen vor Troja; die Funktion der Götter wird entweder als stellvertretend für die des christlichen Gottes oder die des Teufels gesehen oder auch ganz beiseite geschoben. Seine größte Verbreitung erreichte der Stoff in Deutschland in der Zeit vom ausgehenden 14. bis zum Ende des 15. Jahrhunderts, in der es Versionen für alle Leserschichten gab. Sie brachten inhaltlich nichts Neues, sondern variierten meist die Fassungen Guido da Colonnas und Konrads von Würzburg; so erzählte die als *Buch von Troja* (Ende 14. Jh.) bekannte Prosa-Auflösung den ersten Teil nach dem Fragment Konrads von Würzburg, die späteren Ereignisse nach Guido da Colonna.

Mit der Wiederentdeckung des echten Homer (1. griechische Neuausgabe 1488) und den in allen europäischen Ländern entstehenden Standard-Übersetzungen schwand das Interesse an den spätantiken und mittelalterlichen Prosaromanen, die noch in die Form des Volksbuches übergingen. Damit verengte sich der Stoff und mit dem zunehmenden philologischen Gewissen der Bearbeiter auch die Freiheit gegenüber dem Stoff, der seit dem Humanismus durch die Schulen zur Grundlage höherer Bildung und vor allem Jugendlektüre wurde (G. SCHWAB, *Sagen des klassischen Altertums* 1838; F. FÜHMANN, *Das hölzerne Pferd* 1968).

Die dramatischen Bearbeitungen setzten im 16. Jahrhundert mit H. SACHS' *Die Zerstörung der Stadt Troja von den Griechen* (1554) ein. Im 17. Jahrhundert traten auch Parodien hervor (F. LOREDANO, *L'Iliade Giocosa* 1653), die über MARIVAUX' *Iliade travestie* (1717) bis zu OFFENBACHS *Die schöne Helena* (1864) reichen. Trotz der zahlreichen dichterischen Gestaltungen von Einzelschicksalen der Gesamtstoff Troja in neuerer Zeit selten behandelt worden. Bei J. PELZEL (*Das gerächte Troja,* Dr. 1780) werden die Sieger durch ihre Kämpfe um die Beute bestraft. Th. v. SCHEFFERS auf antike Reste und Sekundärquellen gestützte, freie Neudichtung der *Kyprien* (1934) führt nur bis an die Schwelle des großen Ereignisses. Erst J. GIRAUDOUX (*La Guerre de Troie n'aura pas lieu,* Dr. 1935) hat die schicksalhafte Unabwendbarkeit des Völkerunglücks, das in der gefühllosen Maskenhaftigkeit Helenas verkörpert zu sein scheint und das zu verhindern die Führer Hektor und Odysseus vergebens versuchen, neu empfunden und gestaltet. Eine ähnliche Grundhaltung drückt R. Hagelstanges als Autobiographie des Paris dargebotener Roman *Spielball der Götter* (1959) aus, der im Wechsel von rückschauender Jugenderzählung und Kriegsberichten aus der Endphase des Trojanischen Krieges die Verstrickung der Schicksalsfäden aufzeigt. Im Gegensatz dazu liegt bei W. Hildesheimer (*Das Opfer Helena*, Hörsp. 1958) der Krieg ganz in der Absicht sowohl des Menelaos wie des Paris und seiner Familie, und Helena, die einzig Friedliebende, wird das Opfer ihrer Intrigen.

W. Greif, Die mittelalterlichen Bearbeitungen der Trojanersage, 1886; E. Bethe, Die Sage vom Troischen Krieg, (Bethe, Homer, Bd. 3) 1929; F. Hiebel, Troja im Bewußtsein gegenwärtiger Dichtung, (Das Goetheanum 8) 1929; F. Zellweker, Troja. Drei Jahrtausende des Ruhms, 1947; St. Schnell, Mittelhochdeutsche Trojanerkriege, Diss. Freiburg 1953; K. Schneider, Der »Trojanische Krieg« im späten Mittelalter. Deutsche Trojaromane des 15. Jahrhunderts, 1968; G. P. Knapp, Hektor und Achill: Die Rezeption des Trojastoffes im deutschen Mittelalter, 1974.

**Turandot.** Der Turandot-Stoff ist orientalischer Herkunft und in einer künstlerisch durchgearbeiteten Fassung erst in der Sammlung *Les Mille et un jours* (1710–12) überliefert, die Pétis de la Croix – seinen Angaben nach – 1675 von einem persischen Freund vermacht erhielt und später ins Französische übersetzte. Die *Geschichte des Prinzen Kalaf und der Schönen Turandocte* erzählt von der Flucht des Prinzen und seiner Eltern aus der Heimat. Nachdem Kalaf seine Eltern untergebracht weiß, geht er nach Peking, wo er von der schönen Kaisertochter hört, die jeden Freier, der ihre drei Rätsel nicht lösen kann, köpfen läßt. Ihr Bild berückt ihn, und er wirbt trotz der Warnungen ihres Vaters um sie. Als er die Rätsel löst und das Entsetzen der Prinzessin sieht, will er auf sein Recht großmütig verzichten, wenn sie seinen Namen errät. Eine Sklavin, die Kalaf für sich gewinnen und mit ihm fliehen will, entlockt ihm den Namen, so daß Turandocte ihn am nächsten Tage nennen kann; sie bekennt sich jedoch durch seine Liebe für überwunden. Die Sklavin, die Kalaf für sich erringen wollte, begeht Selbstmord. Der Prinz läßt seine Eltern kommen, und die Hochzeit wird gefeiert.

Die Erzählung läßt in der Geschichte Kalafs deutlich einen novellistischen Rahmen und in dem Gegenrätsel einen retardierenden Einschub erkennen, beides Zufügungen eines künstlerisch anspruchsvolleren Autors. Die Kernhandlung – die männerfeindliche Jungfrau, deren Zauber betört, die Freierprobe in Gestalt der Rätsel und die schließliche Überwindung der Zauberin – hat märchenhaften Charakter und weist in mythische Schichten zurück. In den drei Rätseln, die Weltordnungsfragen sinnbildlich ausdrücken, ist die mythische Substanz noch erhalten. Die Frau ist also Hüterin von Lebensgeheimnissen, und wer in ihren Bezirk eindringt, ohne den Sinn des Mysteriums zu kennen, ist dem Tode verfallen, wer aber den rechten Zugang hat, erlöst sie und sich selbst, und Mann und Frau können sich vereinigen. Mythosnah ist noch die Fassung im *Haft Paikar* (1198/99) des NEẒĀMĪ, bei dem die Jungfrau in einer uneinnehmbaren Burg sitzt und die Freier erst Mut- und dann Weisheitsproben ablegen müssen. Das Rätselraten besteht in einem Duett aus symbolischen Handlungen. Auf den Kern der Fabel reduziert ist der Stoff in der Sammlung des Persers MOHAMMAD 'AUFI (1228), wo der junge Mann um die Tochter des griechischen Kaisers wirbt und neun Rätsel löst, bis sie keine Frage mehr weiß.

Das Motiv der ↑ Freierprobe erhält in der mehrfach überlieferten persischen Erzählung *Rose und Zypresse* eine an den → Apollonius-von-Tyrus-Stoff erinnernde Abwandlung. Sechs Brüder verlieren das Leben bei der Werbung um eine Prinzessin; dem siebenten enthüllt sich das Rätsel auf einer abenteuerlichen Fahrt, es deutet auf eine verbrecherische Buhlerei der Prinzessin, die er nun aus der Gewalt des Bösen befreien kann.

Nachdem sich die Stränge der orientalischen Überlieferung in der Version der Sammlung *Tausendundein Tag* vereinigt hatten, deren Veröffentlichung in eine Zeit wachsenden Interesses an Märchen fiel, wurde das Turandot-Märchen Ausgangspunkt einer reichen europäischen Entwicklung. LESAGE/D'ORNEVALS für das Théâtre de la Foire entstandenes Vaudeville *La Princesse de la Chine* (1729) benutzte nur den ersten Teil des Rätselstreits und änderte die Personennamen. Nach der Lösung der drei Rätsel erklärt sich die Prinzessin für überwunden. GOZZIS Märchenkomödie (1762) beseitigte die epischen Elemente, indem sie die Vorgeschichte im Gespräch zwischen Kalaf und seinem Erzieher Barak enthüllte. Aus der Sklavin Adelmülc machte Gozzi Turandots intrigante Nebenbuhlerin Zelima; sie kennt und liebt Kalaf schon von früher her, hofft, mit seiner Hilfe der Sklaverei zu entkommen, und erhält am Schluß ihre Freiheit zurück. Der weiteren Komplizierung der Handlung dient Kalafs Vater Timur, dem Turandot das Namensgeheimnis abzudrohen sucht. Turandot, die im orientalischen Märchen, ihrer mythischen Bedeutung beraubt, kalt und spielerisch wirkt, wurde der Liebe Kalafs würdiger gemacht. Die Figuren der Commedia dell'arte, die den Hofstaat des Kaisers bilden, schaffen eine dem Märchen verwandte schwerelose Atmosphäre.

Gozzis Werk ist, von zahlreichen Übersetzungen abgesehen, auch vor Schiller schon bearbeitet worden. J. F. SCHMIDT (*Herrmannide oder die Rätsel* 1778) gestaltete es zu einem im germanischen Altertum spielenden Bardenstück um, während F. RAMBACH (*Die drei Rätsel* 1799) ihm eine ifflandisch-gemütvolle Seite abgewann. SCHILLER (1802), dem das Motiv der männerfeindlichen Jungfrau von anderen Plänen her nahe lag, veränderte Gozzis Aufbau nicht, bemühte sich aber um eine logische Motivierung und Steigerung der Handlung und um die Veredelung Turandots, deren Gesinnung auf einer Ablehnung der üblichen Sklaverei der Frau beruht und deren Liebe schließlich über den Stolz siegt. Kalaf wird nicht durch ein Bild bezaubert, sondern durch Turandots Charakter gewonnen, und auch sonst ist das Märchenhafte getilgt. Gerade an der Behandlung des Rätselmotivs – Schiller erfand für jede Aufführung neue Rätsel – wird der rationalistische Zugriff des Dichters spürbar.

Näher kam der mythisch-märchenhaften Substanz des Stoffes die Romantik. Während E. T. A. HOFFMANNS Dramenfragment *Prinzessin Blandina* (1813/15) eher bizarre Züge erkennen läßt, gestaltete ANDERSENS Märchen *Der Reisekamerad* die dämonischen Elemente aus: der arme Johannes gewann sich zum Reisekameraden einen dankbaren Toten, dessen Schulden er bezahlt hat und der nun die Prinzessin bei ihren Unterhaltungen mit einem Zauberer belauscht und die Rätsel erfährt. Die Dramatisierungen des 19. Jahrhunderts waren meist nur Bearbeitungen Schillers, und auch die einsetzende Operntradition legte meist Schillers Text zugrunde (J. F. G. BLUMROEDER 1809; F. DANZI 1817; C. L. BLUM / A. MÜLLER, *Das Zauberrätsel* 1831; E. G. REISSIGER 1835; H. S. v. LØVENSKJOLD 1854). Das erfolgreiche Libretto von Zerboni di SPOSETTI (Musik J. HOVEN 1838) schnitt die Handlung rücksichtslos auf die Liebesgeschichte Kalaf-Turandot zusammen; Th. REHBAUM (1887) entschärfte den Konflikt, indem Turandot schon vor der Rätsellösung für Kalaf gewonnen ist. G. GIACOSA verlegte in seinem Drama *Il Trionfo d'Amore* (1876) den Stoff in das italienische Mittelalter und konzentrierte ihn auf eine empfindsame Liebeshandlung, in der die unabhängige, nicht an die Wünsche eines Vaters gebundene Heldin die Bewerber sowohl zum Wettkampf im Turnier wie zum Rätselraten herausfordert; die grausame Männerfeindlichkeit Turandots ist zur Kaprice einer Widerspenstigen gemildert, die den Unterliegenden nur mit Gefangenschaft droht. Im 20. Jahrhundert gewann Gozzis spielerische Fassung die Oberhand. K. VOLLMOELLERS Bearbeitung (1911) verinnerlichte den Charakter der Heldin, F. FORSTER (1923) machte aus dem Stück eine märchenferne Stegreifkomödie, in der Turandot nur ein Durchschnittsweibchen ist, und auch bei R. KRALIK (*Turandot und der Wiener Kaspar* 1925) dominiert das Theater und die Kasperlfigur als Kalafs Diener. Der Operncharakter des Stoffes war schon von F. L. SCHRÖDER betont worden. Das 20. Jahrhundert erlebte zwei wesentliche, an Gozzi anschließende Vertonungen, die von BUSONI (1918), der Adelma die intrigant-gefährlichen Züge nahm, und die von PUCCINI (1926; Text G. ADAMI / R. SIMONI): Kalaf, der seinen Kopf als Preis gesetzt hat, wenn Turandot sein Rätsel löst, sagt ihr liebend selbst den Namen, und Turandot verkündet im Staatsrat: der Name heißt Gemahl. Auch G. v. EINEMS Ballett (1942) liegt Gozzis Szenar zugrunde. Bei W. HILDESHEIMER (*Prinzessin Turandot*, Hörsp. 1954) besiegt ein Hochstapler die Prinzessin, verzichtet in *Der Drachenthron* (Kom. 1955) zugunsten des Prinzen und gewinnt in *Die Eroberung der Prinzessin Turandot* (Kom. 1959) die dem Thron entsagende Heldin. B. BRECHT (*Turandot oder der Kongreß der Weißwäscher* 1954) machte aus der klugen Turandot eine alberne

Törin, die den Sieger in einem Preiskampf um die Rechtfertigung des Unrechts heiraten will. Aber statt eines solchen intellektuellen Rechtsverdrehers nimmt sie dann den Straßenräuber-Diktator, der, statt Fragen unaufrichtig zu beantworten, das Fragen verbietet, aber dann samt den intellektuellen Weißwäschern rechtzeitig von einem Sozialrevolutionär beseitigt wird.

Der Name Turandot ist mehrfach auf ähnliche männerfeindliche Heldinnen übertragen worden und wurde als Inbegriff der Rätselweisheit auch zum Titel von Rätselsammlungen benutzt.

L. de Francia, La Leggenda di Turandot nella novellistica e nel teatro, Triest 1932; F. Meyer, Turandot in Persien, (Zs. d. Dt. Morgenländischen Ges. 95) 1941; F. Cerha, Der Turandot-Stoff in der deutschen Literatur, Diss. Wien 1949; C. Hentze, Religiöse und mythische Hintergründe zu Turandot, (Antaios I) 1959.

**Ugolino.** Das Schicksal des Ugolino della Gherardesca (gest. 1289), dem es nach wechselvollen Kämpfen gelang, die Alleinherrschaft in Pisa zu ergreifen, und der sich zur Festigung seiner Macht sogar mit dem gegnerischen gibellinischen Bischof Ruggiero Ubaldini verbündete, von diesem aber bei einem Volksaufstand überwältigt und mit zwei Söhnen und zwei Enkeln in einem Turm dem Hungertode überantwortet wurde, trägt mehr brutale und grausige als eigentlich tragische Züge. Ugolinos im wesentlichen durch Gewalt und nicht durch ideelle Motive gekennzeichnete Auseinandersetzung mit seinen Gegnern liefert allenfalls einen Beitrag zu einem Zeitgemälde, ist aber eigentlich weder episch spannend noch von dramatischer Dialektik. Das einzig Prägnante ist das grausige Ende, dessen Verzweiflung auszumalen DANTE (Inferno XXXII/XXXIII) wie kein Dichter nach ihm vermocht hat. Er findet die in Haß aneinandergeketteten Gegner im Eise des tiefsten Höllenkreises: Ugolino zerfleischt das Haupt seines Todfeindes. Die daran geknüpfte Darstellung von Ugolinos Schicksal drang durch die Dante-Übersetzungen in die europäischen Literaturen und wurde zuerst von CHAUCER in den *Canterbury Tales* (um 1387) als Erzählung des Mönchs stark verkürzt wiedergegeben.

Während der Jahrhunderte, in denen Dantes Werk in Vergessenheit geriet, hat nur ein Jesuitendrama in Neuburg/Donau (*Fortunae ludibrium in Ugolino Principe et tribus filiis demonstratum* 1675) den Stoff nach einer Chronik zu einer Haupt- und Staatsaktion mit 154 Darstellern verarbeitet, um die von Gott verhängte Bestrafung des Hochmuts, der ↑ Tyrannei und der Gewalttat zu demonstrieren. In der neueren Literatur erwähnte zum erstenmal RICHARDSON 1719 Dantes Szene. BODMER gab 1741 die Prosaübersetzung eines Teiles und J. G. JACOBI 1764 eine erste metrische Übertragung. Der Stoff war in mehrfachen Versionen von Dantes Szene verbreitet, als ihn H. W. v. GERSTENBERG 1768 dramatisierte. Er erkannte wie Dante die poetische Fruchtbarkeit der Kerkersituation und bot ein großes fünfaktiges Seelengemälde vom Hungertode Ugolinos und seiner drei Söhne, um das »Ausdulden«, die Bewährung menschlicher Würde unter den unwürdigsten Umständen, zu zeigen.

LESSINGS Kritik an der dramatischen Eignung des Stoffes, der nur ein quälendes Maß von Leiden häufe, hat Gerstenbergs Nachfolger dazu verführt, wieder zur Haupt- und Staatsaktion zurückzukehren und theatralisch wirksamere, aber dichterisch weit unterlegene Ugolino-Dramen zu schreiben. Unabhängig von Gerstenberg verfaßte BODMER schon 1769 eine dramatisierte Historie (*Der Hungerturm in Pisa*), in der Ugolino durch seinen Schwiegersohn befreit wird, nachdem ihm die Leichen seiner Söhne zur Speise gedient haben, und Ruggiero einem Volksaufstand zum Opfer fällt. Auch die merkwürdige Einarbeitung in ein → Romeo-und-Julia-Drama des Franzosen J.-F. DUCIS (1772) läßt den befreiten Ugolino-Montague davon berichten, daß er seine vier Söhne verspeist habe. Dagegen gab L. Ph. HAHN (*Der Aufruhr zu Pisa*, Dr. 1776) eine Vorgeschichte zu Gerstenbergs Stück, und ein anonymes italienisches Drama (*Ugolino Conte de Gherardeschi* 1779) verlagerte das Schwergewicht auf Ugolinos Sohn Guelfo und die Bestrafung der Feinde. Auch K. U. BÖHLENDORFF (*Ugolino Gherardesca*, Tr. 1801) führte die Handlung bis zur Ermordung Ruggieros, bei der Ugolinos Geist über die Bühne hinschwebt; Goethes Kritik an diesem Werk verurteilte besonders die Nachahmung des → *Wallenstein*. Ohne Bedeutung blieben das Schauerdrama von J. A. GLEICH (*Der Hungerturm oder Edelsinn und Barbarei der Vorzeit* 1805) und weitere Dramatisierungen von K. A. BUCHHOLZ (*Ugolino Gherardescas Fall* 1806), von F. Frhr. v. ECKSTEIN (*Der Kampf um Pisa* 1813), F. L. K. v. BIEDENFELD (1822) und von dem Italiener CERONI (1843). Ein Historiendrama von A. F. v. SCHACK (*Die Pisaner* 1872) läßt Ugolino von einem geeinten Italien träumen und schließlich befreit werden. Für S. v. VEGESACK schließlich (*Das Weltgericht von Pisa*, Leg. 1947) ist Ugolino der Inbegriff des Tyrannen, dessen Schuld das Volk teilt und mitverantworten muß; ein Mönch erleidet stellvertretend für ihn den Tod am Kreuz.

M. Jacobs, Gerstenbergs Ugolino, 1898.

**Ulysses** → Odysseus

**Undine.** Die stoffliche Grundlage zu F. de la Motte FOUQUÉS Erzählung *Undine* (1811) ist die Sage vom Stauffenberger, auf die der Dichter durch die Lektüre von → PARACELSUS' *Liber de nymphis, sylphis, pygmaeis et salamandris et de caeteris spiritibus* (Mitte 16. Jh.) aufmerksam wurde; Paracelsus erwähnt sie als Beleg für seine Behauptung, daß die Untreue eines Menschen gegenüber einem elbischen Wesen ihm den Tod bringe. Die Geschlechtersage der Stauffenberger ist in einem wahrscheinlich von EGENOLF VON STAUFFENBERG stammenden Gedicht (um 1320) erhalten: Der im Schwarzwald beheimatete Ritter Stauffenberg trifft am Fuße seines Burgberges eine schöne Frau, die ihn seit seiner Jugend beschützt hat und ihm ihre heimliche Liebe unter der Bedingung schenkt, daß er nie heirate. Als er die Nichte des Königs ausschlägt und zur Erklärung sein Geheimnis enthüllt, verleiten ihn die Drohungen der Geistlichkeit zum Bruch seines Versprechens, worauf ihm die Geliebte den Tod prophezeit, der drei Tage nach der Hochzeit eintritt. Des Ritters Frau geht in ein Kloster und betet für seine Seele. Die Stauffenberger-Sage liegt außerdem als Prosavolksbuch und in einer Bearbeitung FISCHARTS (1588) vor. 1806 veröffentlichte Achim v. ARNIM, auf Fischart gestützt, in *Des Knaben Wunderhorn* sieben Romanzen *Ritter Peter von Stauffenberg und die Meerfeye* und entwickelte dann in dem Roman *Armut, Reichtum, Schuld und Buße der Gräfin Dolores* (1810) den Stoff weiter, indem er das Schicksal der Nachkommen des Stauffenbergers ausspann.

Die Geschichte von dem unglücklichen Ausgang einer Liebesbeziehung zwischen einem Menschen und einem überirdischen Wesen ist dem bei Paracelsus auch erwähnten → Melusine-Stoff nahe verwandt, jedoch dadurch besonders gekennzeichnet, daß der Mann von der übernatürlichen Herkunft der Geliebten weiß und daß nicht die Entdeckung des Geheimnisses, sondern Untreue zu Trennung und Tod führt, ähnlich wie in dem vielgespielten Singspiel *Das Donauweibchen* (K. F. HENSLER/F. KAUNER 1798), das auf Ch. A. VULPIUS *Die Saalnixe* (R. 1795) beruht und Fouqué wahrscheinlich bekannt war. Fouqué fügte zunächst der ursprünglichen, auch von A. v. Arnim beibehaltenen Version das aus Paracelsus' Beschreibung der Elementargeister entnommene Motiv hinzu, daß diese keine Seele besitzen, sie aber durch die Ehe mit einem Menschen erhalten können, machte ferner seine Heldin zu einer Wasserfrau und den von Paracelsus entlehnten Gattungsnamen zum Eigennamen Undine. Ein Meerfürst, der wünscht, daß seine Tochter mit einer Seele begabt werde, schickt sie zu einem Fischerehepaar, dessen eigene Tochter er vorher entführen und in die Obhut eines Herzogs bringen ließ. Als Ritter Huldbrand im Minnedienst dieser herzoglichen Pflegetochter Bertalda sich im Walde verirrt, in der Fischerhütte sich in Undine verliebt und mit ihr trauen läßt, verwandelt sich die mutwillige und etwas herzlose Nixe in eine liebende, seelenvolle Frau, die auch mit Bertalda Freundschaft schließt. Bei Undines Versuch, Bertalda ihren wahren Eltern, den Fischersleuten, zurückzugeben, offenbart sich Bertaldas Herzlosigkeit, doch neigt sich der Ritter allmählich wieder dem Menschenkind zu. Als er Undine im Bereich der Wassergeister, besonders ihres sie argwöhnisch bewachenden Oheims Kühleborn, schmäht, muß sie in ihr Element zurückkehren; ihre Ehe gilt jedoch weiter, und als Huldbrand Bertalda heiratet, tötet ihn Undine mit einem Kuß.

Fouqué selbst hat seine schnell zu Berühmtheit gelangte Erzäh-

lung nach einer Skizze E. T. A. HOFFMANNS zu einem Operntext
für dessen gleichnamige Oper (1816) in engem Anschluß an die
epische Darbietung des Stoffes umgearbeitet und 1837 noch ein
zweites Textbuch verfaßt, zu dem K. GIRSCHNER die Musik
schrieb. Außerdem erschien schon 1817 eine anonyme Dramatisierung im Stil des Wiener Zauberstücks (*Undine, die Braut aus dem
Wasserreich*, Musik I. Ritter von SEYFRIED). Wesentlich energischer
setzte A. LORTZING (Oper 1845) den auch inhaltlich von ihm veränderten Stoff dramatisch um. Die Handlung beginnt bei ihm mit
Undines Abschied vom Fischerhause und bringt in drei weiteren
Akten die Dekuvrierung Bertaldas, Undines Verstoßung und
Rückkehr ins Wasserreich, die Bestrafung des treulosen Ritters
sowie einen versöhnlichen Ausgang: der tote Hugo wird im Palast
der Wassergeister wieder mit Undine vereint. Wie in dem Wiener
Zauberstück ist die heitere Rolle eines Knappen hinzugefügt, und
auch der bei Fouqué dämonisch wirkende Kühleborn trägt hier
humoristische Züge. Fouqués Erzählung ist außerdem wiederholt
zu Balletten verarbeitet worden (A. GYROWETZ; P. TAGLIONI/H.
SCHMIDT 1836; F. ASHTON/H. W. HENZE 1958).

Auf dem bei Fouqué zentralen Beseelungsmotiv beruht H. C.
ANDERSENS Märchen *Den lille Havfrue* (1837), in dem die Nixe für
die Befreiung von dem Fischschwanz ihre Stimme opfert, um dem
geliebten Prinzen folgen zu können. Da der Prinz sie jedoch nicht
heiratet, gewinnt sie keine Seele; wenn sie ihn nicht tötet und durch
sein Blut ihren Fischschwanz wieder zum Wachsen veranlaßt, soll
sie sogar nach seiner Hochzeit sterben. Die Meerjungfrau bringt
den Mord nicht über sich und stürzt sich ins Meer, aber sie darf
hoffen, nach langer Prüfungszeit doch noch eine Seele zu erhalten.
J. KVAPIL/A. DVOŘÁKS Oper *Rusalka* (1901) übernahm von Andersen das Stummheits-Motiv. Auch in G. HAUPTMANNS Drama *Die
versunkene Glocke* (1896) werden mit der plötzlichen und aggressi-
ven Liebe der Elfe Rautendelein, die den Meister seiner Frau
entfremdet, mit der eifersüchtigen Bewachung durch den Nöck
Nickelmann, dem Rautendelein nach Heinrichs Verrat an ihr
zufällt, und mit dem Tod Heinrichs bei dem Kuß der Geliebten
tragende Grundsituationen des Undine-Stoffes wiederholt. Das
Beseelungsmotiv fehlt bei G. Hauptmann allerdings ebenso wie in
J. GIRAUDOUX' Drama *Ondine* (1939), in dem Undine sich nicht
wandelt, sondern das Naturkind bleibt, das die Hofwelt schockiert
und den in dieser Welt befangenen Ritter Hans in Berthas Arme
treibt. Im Glauben an die Treue ihres Mannes hat Undine dem
feindlichen Wasservolk versprochen, ihn zu töten, falls er ihr
untreu werde. Vergebens sucht sie dann seinen Verrat an ihr zu
verschleiern, indem sie sich selbst des Ehebruchs bezichtigt. Sie
muß in die Geisterwelt zurück, und der Ritter muß sterben, doch
erkennt er, welche Größe des Gefühls er mißachtete. Ein Gedicht
K. KROLOWS (1954) sieht Undines Schuld in der Untreue gegenüber der Wasserwelt, während ihr Schicksal bei I. BACHMANN (*Undine geht*, Erz. 1961) als ein sich immer wiederholendes erscheint.

H. Bulthaupt, Undine von Lortzing, 1902; W. Pfeiffer, Über Fouqués Undine, 1903; O. Floeck, Die Elementargeister bei Fouqué und anderen Dichtern der romantischen und nachromantischen Zeit, 1909; J. Schläder, Undine auf dem Musiktheater. Zur Entwicklungsgeschichte der deutschen Spieloper, 1979; R. Fassbind-Eigenheer, Undine oder die Grenze zwischen mir und mir, 1994.

**Uta von Naumburg.** Über die historischen Vorbilder zu den zwölf Stifterfiguren im Naumburger Dom, die bis auf zwei in einem Brief des Bischofs Dietrich II. von Naumburg aus dem Jahr 1249 erwähnt werden, weiß man kaum mehr als ein paar Zahlen und Fakten, die zum Teil sagenhaft sind. Sie haben zweihundert Jahre vor der Entstehung ihrer Standbilder gelebt und können demnach dem unbekannten Meister nicht als Modell gedient haben. Ob er mehr oder weniger als die Gegenwart und ob er dieses Wissen in seinen Gestalten ausdrückte, ist ungewiß. Jedoch ist seit der kunstwissenschaftlichen Entdeckung der Stifterfiguren das Für und Wider bei dem Versuch nicht verstummt, aus der Spannung, in der die Personen zueinander und zu dem in ihrer Mitte befindlichen Altar zu stehen scheinen, eine Szene herauszulesen, die sich um den »erschlagenen« Dietmar und um den geohrfeigten Timo ordnen lasse.

Wo der Kunstwissenschaft Grenzen gesetzt waren, blieben sie der dichterischen Interpretation offen. Nachdem die Kunstwissenschaft sich zuerst um die Wende um 20. Jahrhundert den Naumburger Bildwerken zugewandt hatte und ihr das allgemeine Interesse in entsprechendem Abstand gefolgt war, bis Uta in den dreißiger Jahren fast zum Gegenstand einer Modeschwärmerei wurde, begann die Literatur seit A. Findeisens Gedichtzyklus *Dom zu Naumburg* (1927) mit der Konstituierung eines Stoffes, der die von der Wissenschaft erarbeiteten Motive zu kombinieren suchte.

Wie von selbst rückte Uta in den Mittelpunkt der literarischen Gestaltung auch da, wo sie nicht Titelgestalt war (H. Dommer, *Die letzten Ekkehardiner*, R. 1928; H. Sterneder, *Der Edelen Not*, Erz. 1938). Der seltsame Kontrast der zarten Frau zu der schweren, sanguinisch wirkenden Gestalt ihres Mannes Ekkehard, unterstrichen durch die abwehrende Schutzgebärde des hochgezogenen Mantelkragens, wurde zum Ansatzpunkt einer Fabel, in der Uta an der Seite eines ungeliebten (H. Kiel, R. 1936; H. Sterneder), zumindest aber verständnislosen Mannes (H. H. Wittram, *Reglindis*, R. 1935; F. Dhünen, Dr. 1938) dahinlebt. Das Moment der Kinderlosigkeit, der zufolge die letzten Ekkehardiner ihre Naumburg der Kirche stifteten, wird von fast allen Autoren zur Verstärkung der ehelichen Dissonanz eingesetzt, und die geschichtlich überlieferte Ermordung Dietrichs II. von Wettin durch seinen Schwager Ekkehard häufig mit Eifersucht motiviert (Koppen-Augustin *Ekkehard und Uta*, R. 1938; H. Kiel). Die Gegensätzlichkeit des Ehepaares und die Vorstellung von der Gewalttätigkeit Ekkehards mögen mitgespielt haben, als der Schwede P. Patera (*Judith-*

*Phantasie* 1966) → Blaubarts siebente Frau mit Uta identifizierte. Mitunter wurde auch die Gestalt des unbekannten Meisters in die Handlung verwoben (Dhünen). Als Kontrast dient das heitere, weltoffene Wesen der polnischen Schwägerin Reglind, wie überhaupt die im Westchor des Doms vereinten Gestalten meist in die Fabel einbezogen werden (R. SCHNEIDER, *Im Naumburger Westchor*, Sonette 1929; R. DENECKE, *Aus dem Leben der Naumburger Stifter*, Balladen 1988). In einem eigens an *Uta* gerichteten Sonett hat Reinhold SCHNEIDER sie als »Braut aller Zeiten« verherrlicht, deren Stein »mehr als Fleisch und Blut« sei, und wie in Fortsetzung dieser Vorstellung erzählte G. B. FUCHS in Prosagedicht (*Erinnerung an Naumburg* 1978) von einem sowjetischen Offizier, der nicht glauben wollte, daß Uta aus Stein sei, und sie als seine Braut nach Wladiwostock mitnahm. Der Uta-Stoff stellt einen seltenen Fall moderner Stoffbildung dar, bei dem sich aus bildkünstlerischen Motiven, historischen Fakten und kunsthistorischen Deutungsversuchen eine Fabel zu entwickeln begann, die allerdings noch keine befriedigende Gestaltung gefunden hat.

H. Skuhrovec-Hopp, Die Stiftergestalten des Naumburger Doms in der Dichtung, Diss. Wien 1943.


**Vasco da Gama** → Holländer, Der Fliegende


**Venedig, Das gerettete.** Ein in seinen Beweggründen ungeklärter, von einigen Abenteurern in Verbindung mit ausländischen Gesandten unternommener Umsturzversuch im Venedig des 16. Jahrhunderts, den der venezianische Senat rasch und blutig unterdrückte, beschäftigte bald die Volksphantasie, die dem Unternehmen ein weit größeres Ausmaß andichtete, als es in Wirklichkeit gehabt hatte. SAINT-RÉALS romanhafte Ausgestaltung des Ereignisses nach der Art Sallusts (*La Conjuration des Espagnols contre la République de Venise* 1674) gab zwar dem spanischen Gesandten die politische Führerrolle, legte aber den menschlichen und künstlerischen Akzent auf das Freundespaar Pierre und Jaffier, ehemalige Matrosen, von denen Pierre einer der Führer der ↑ Verschwörung wird und den weicheren Jaffier in das Unternehmen hineinzieht. Das Mißtrauen der Verschwörer gegen Jaffier sucht er zu beschwichtigen, indem er den Freund selbst umzubringen verspricht, wenn dieser sich unwürdig zeige. Jaffier wird mit dem ihm auferlegten Geheimnis und dem Bewußtsein der bevorstehenden Gewalttaten nicht fertig und verrät den Anschlag dem Senat unter der Bedingung, ihn selbst und seine Kameraden zu verschonen. Er geht zwar frei aus, aber den übrigen Verschwörern gegenüber hält der Senat sein Wort nicht, und als Pierre erdolcht worden ist, scheidet Jaffier freiwillig aus dem Leben.

Th. OTWAY (*Venice preserved* 1682) dramatisierte die durch eine englische Übersetzung vermittelte Romanhandlung. Er machte aus Jaffiers Konflikt zwischen Freundestreue und Furcht vor dem Verbrechen den Kampf einer labilen, phantasievollen, aber schwachen Seele zwischen dem Einfluß des Freundes und dem der Frau. Persönliche Kränkung führt Jaffier zu den Verschwörern: Er hat die Tochter eines Senators gegen dessen Willen geheiratet und ist von ihm verstoßen und gedemütigt worden. Er gibt zwar den Verschwörern die eigene Frau als Pfand für seine Treue, aber sein Kameradschaftsgefühl versagt gegenüber der Vorstellung künftiger Verbrechen und gegenüber dem Drängen der Frau, die ihren Mann den Verschwörern entreißen möchte, zumal nachdem einer von ihnen sie hat vergewaltigen wollen. Der Wortbruch des Senats betrügt Jaffier um die Frucht seines Verrats; Pierre verflucht ihn, aber Jaffier kann im letzten Augenblick seine Tat sühnen: er bewahrt den Freund vor dem Tod von Henkershand, indem er ihn erdolcht, und gibt sich danach selbst den Tod. Seine Frau Belvidera wird wahnsinnig und stirbt. Auf Otways Fabel beruht die Handlung des *Manlius Capitolinus* (1698) von A. d'AUBIGNY DE LA FOSSE, der nur das Milieu, die Exposition und die Gründe der Verschwörung dem von ihm als Quelle genannten Livius und seiner Erzählung von der Verschwörung des Manlius Capitolinus gegen den römischen Senat übernahm. Hier verrät nicht der Freund Servilius selbst, sondern dessen Frau ihrem Vater und damit dem Senat den Anschlag des Manlius; Servilius sühnt den Verrat, indem er sich bei der Gerichtsverhandlung mit dem Freunde vom Tarpejischen Felsen herabstürzt; die Frau Valérie erdolcht sich.

Trotz der fraglos ausgewogenen und straffen Form dieser Römertragödie war Otways romantischer Charaktertragödie mit dem morbiden, leicht beeindruckbaren Jaffier im Mittelpunkt die größere Wirkung beschieden. Sie wurde 1746 von A. DE LA PLACE für die französische Bühne bearbeitet und im Laufe des 18. Jahrhunderts mehrfach, z. T. nach La Place (*Die Verschwörung wider Venedig* 1754), z. T. nach dem englischen Original (J. B. S . . ., *Das gerettete Venedig* 1755; J. F. LAUSON, *Gafforio* 1760, u. a.), für die deutsche Bühne übersetzt. In der romantischen Epoche wurde sie für England von J. P. KEMBLE (1814) erneuert; SCHREYVOGEL und GRILLPARZER planten ihre Rückgewinnung. Die Ambivalenz Jaffiers dürfte neben der farbigen Kulisse Venedigs der Anreiz für H. v. HOFMANNSTHAL gewesen sein, Otways Tragödie in einer freien Bearbeitung wiederzubeleben (*Das gerettete Venedig* 1905). Hofmannsthal verstärkte noch die Schwäche Jaffiers, seine in Angst wie in Freude stets die Gegenwart überspringenden Zukunftsbilder; ohne Möglichkeit zu heroischer Rehabilitierung wird er von seinen Schergen abgeführt, und der männliche Tod des Pierre beherrscht die Schlußszene.

A. Johnson, Etude sur la littérature comparée de la France et de l'Angleterre à la fin du XVIIe siècle: La Fosse, Otway, Saint-Réal (Venice preserved), Diss. Paris 1902.

**Venusring** → Statuenverlobung

**Verbrecher aus verlorener Ehre** → Sonnenwirt

**Verlorener Sohn** → Sohn, Der verlorene

**Virginia.** LIVIUS und – von diesem unabhängig und teilweise abweichend – DIONYSIUS VON HALIKARNASS schildern den Sturz des tyrannischen Dezemvirn Appius Claudius im Jahre 449 v. Chr. und berichten, der Machthaber habe sich in Virginia, die Tochter des Plebejers Virginius, der als Kohortenführer beim Heere war, verliebt und sie vergebens zu gewinnen versucht; er habe schließlich seinem Klienten Claudius den Befehl gegeben, sie als die Tochter einer seiner Sklavinnen zu erklären, die an Virginius verkauft und von ihm als eigene Tochter ausgegeben worden sei. Bei einer ersten Gerichtsverhandlung, vor die man das Mädchen schleppte, erzwang der Unwille des Volkes und das Dazwischentreten des Verlobten Icilius sowie des Onkels Numitorius einen Aufschub bis zur Ankunft des Virginius. Vergebens versuchte Appius, diesen fernzuhalten, und sprach schließlich, erzürnt über den Mißerfolg seiner Absichten, Virginia wider alles Recht dem Claudius zu, bewilligte aber dem Vater eine Befragung der Amme in Gegenwart seiner Tochter. Virginius führte Virginia beiseite, ergriff aus einer Schlächterbude ein Messer und stieß es ihr in die Brust mit den Worten: »Auf diese Weise allein, meine Tochter, kann ich deine Freiheit behaupten.« Die Tat löste einen Umsturz der Regierung aus, in dessen Verlauf Appius sich tötete, während Claudius zur Verbannung begnadigt wurde.

Dieses weltberühmte Beispiel für römische Ehrauffassung stellt einen Stoff dar, der in seiner Antithetik und Handlungskurve alle Bedingungen des klassizistischen Dramas erfüllt und zu einem der bevorzugten des »Römerdramas« wurde. Die Tatsache, daß er dennoch keine überdurchschnittliche künstlerische Behandlung erfahren, sondern nur Autoren mittleren Ranges angezogen hat, findet ihre Erklärung vielleicht darin, daß der Stoff in einem Maße vorgeprägt, ausbalanciert und rational erhellt ist, daß dem Gestalter kaum mehr etwas zu tun übrigbleibt. Die Virginia-Tragödien zeigen infolgedessen eine ermüdende Übereinstimmung. Sowohl die Einbeziehung einer Mutter der Virginia wie eine Aktivierung des Verlobten Icilius haben die Beziehungen und Funktionen der

Handlungsträger Appius, Virginia, Virginius nicht verändern können und der Wirkung eher geschadet. Das mutterlose verfolgte Mädchen wirkt stärker, und Icilius bleibt eine zum Zusehen oder Zuspätkommen verdammte Figur. Die politische Handlung um die Befreiung Roms, zu deren Exponenten man Icilius gern gemacht hat, läuft parallel zur Virginia-Handlung mit ihrem zentralen Motiv der ↑ Frauennötigung und ist schwer mit ihr ins Gleichgewicht zu bringen; sie kann bestenfalls die Hintergrundshandlung abgeben.

Der Virginia-Stoff findet sich im Mittelalter zuerst als Beispiel für die Ungerechtigkeit von Richtern in siebzig Versen des *Roman de la Rose* (Mitte 13. Jh.) nacherzählt, und CHAUCER nahm es dann in breiterer Form als die Erzählung des Arztes in seine *Canterbury Tales* (um 1387) auf. Allgemeiner bekannt wurde der Stoff durch die Wiedergabe BOCCACCIOS in *De claris mulieribus* und deren Übersetzungen; auch in G. FIORENTINOS *Pecorone* (1378) taucht er auf. Die zahlreichen Bearbeitungen des 16. bis 18. Jahrhunderts griffen auf Livius zurück. An episch-lyrischen Gestaltungen in Form von Elegien, Balladen und Verserzählungen sind vor allem zu nennen: PACIFICUS MAXIMUS D'ASCOLI 1506; Sieur de la BARTHE, *La mort de Lucrèce et de Virginie* 1567; John ARNOLD, *The terannye of Judge Apyus* 1569; S. GUNNING, *Virginius and Virginia* 1792.

Das älteste Virginia-Drama stammt von dem Italiener B. ACCOLTI (1513), dem die unbeholfene Dramatisierung des Hans SACHS (1530) folgte; außerdem sind im 16. Jahrhundert Italien (R. GUALTEROTTI 1584), Spanien (J. de la CUEVA, *Tragedia de la muerte de Virginia y Apio Claudio* 1588) und England (Anon., *A New Tragicall Comedie of Apius and Virginia* 1575) mit Virginia-Dramen vertreten. Das anonyme englische Stück, in dem sich die Verwendung allegorischer Figuren nach Art der »Moralities«, komische Zwischenszenen und klassizistische Einheit des Ortes seltsam mischen, lehnte sich in der Handlungsführung an Chaucer an und übernahm von ihm die Enthauptung der Virginia statt der bei Livius überlieferten Erdolchung. J. WEBSTERS Tragödie (*Appius and Virginia* um 1609, Druck 1654) schließt sich eng an Livius an, steigert jedoch sowohl die heroische Härte des Virginius wie die Schurkerei des Appius, der dem Heere und damit auch Virginias Vater den Sold vorenthält, um dieser seine Geschenke verlockender zu machen. Italien, das den Hauptanteil aller Virginia-Dramen stellt, hat bis zum Ende des 18. Jahrhunderts zwar zahlreiche, aber bedeutungslose Beiträge zur Stoffentwicklung geliefert (darunter N. de la TAGLIOPIERA, *Virginia tentata e confermata* 1628; A. MORSELLI, *Appio Claudio* 1683; S. STAMPIGLIA, *Caduta de Decemviri* 1697; V. GRAVINA, *L'Appio Claudio* 1717; A. ZANIBONI 1721; Conte S. PANSUTI 1725; G. ANUTISI 1732; D. DURANTI 1768, die mehrfach auch als Textgrundlagen zu Opern verwandt worden sind).

In Frankreich dagegen entwickelte sich im Laufe des 17. Jahrhunderts eine Stofftradition, die von der Ordnung des Stoffes nach

dem Prinzip der drei Einheiten (Jean de MAIRET 1628) und von noch
unselbständigem Anschluß an Livius (DU TEIL 1641) zu einer frei
erfundenen Komplizierung des Konfliktes bei LE CLERC (1645)
vorstieß: Appius setzt Virginius und Icilius gefangen und macht
ihre Freilassung von Virginias Verhalten ihm gegenüber abhängig,
worauf Virginia ihm Liebe heuchelt; um der Rolle des Icilius mehr
Profil zu geben, wird dieser Appius' Mörder; die Gerichtsszene
und die Katastrophe spielen sich hinter der Szene ab. Das gleiche
Erpressungsmotiv findet sich bei MERCIER (1767), jedoch tötet hier
Virginius nach der Tochter auch den Tyrannen, während DOIGNY
DU PONCEAU (1777) wie Le Clerc diese Tat dem Icilius zuweist. Das
Erpressungsmotiv, oft eine wirkungsvolle Szene zwischen Appius
und Virginia, war in J.-G. de CAMPISTRONS *Virginie* (1683) derart
abgewandelt, daß Appius den gefangenen Icilius zwingen will, auf
Virginia zu verzichten. Sein Drama ist das einzige, in dem Virginia
sich selbst tötet, als ihr Vater Schwäche zeigt. Bei LEBLANC DE
GUILLET (1786) ist dieses Moment abgeschwächt, indem Virginia
den Vater um den Tod bittet, nachdem sie schon in der Szene mit
Appius den Dolch gezückt hat. LA HARPES am Vorabend der
Revolution aufgeführtes Drama (1786) stellt die politisch-freiheit-
liche Tendenz mehr in den Vordergrund, und in ähnlicher Weise
machte SANCHAMAU in seinem »den Manen der Opfer der modernen Dezemvirn« gewidmeten Drama (*Les Décemvirs* 1795), in dem
die Virginia-Handlung zurücktritt, Virginius und Icilius zu Füh-
rern der Freiheitsbewegung; Icilius beweist in der ähnlich wie bei
Campistron gehaltenen Szene mit Appius seine Römertugend. Ein
unter dem Einfluß der französischen Tragödie stehendes spanisches Virginia-Drama von A. de MONTIANO Y LUYANDOS (1750)
verknüpft die Freiheits- und die Virginia-Handlung durch Einführung der Senatorenpartei, in der Virginia-Affäre eine günstige
Gelegenheit zum Sturz des Tyrannen erblickt und sich des Icilius
als Bundesgenossen versichert. Auch das englische Drama des
18. Jahrhunderts bemühte sich um Hebung der dramatischen Qualitäten des Icilius. Bei John DENNIS (*Appius and Virginia* 1718) ist er
der eigentliche Gegenspieler des Dezemvirn und der Rächer seiner
Braut. In der Schürzung des Knotens war das englische Drama
sonst weniger erfindungsreich (J. MONCREIFF, *Appius* 1755), durch
klassizistische Verbannung der Gerichtsszene hinter die Kulisse
beraubte man sich der stärksten Wirkung (F. BROOKE 1756), und
eine zu lange Fortsetzung der Handlung nach dem Tode der
Heldin, wobei der wahnsinnig gewordene Virginius den Tyrannen
erdrosselt, bedeutete keine Bereicherung (J. Sheridan KNOWLES,
*Virginius* 1820).

Während sich das klassizistische Drama französischer Prägung
ohne wesentlichen Erfolg um die psychologische Bereicherung des
Stoffes bemühte, gelang es LESSING (*Emilia Galotti* 1772), dem er
durch Montiano, Campistron und ein englisches Drama von
H. CRISP (1754) bekannt war, aus der spröden Römertragödie ein
menschlich anrührendes Geschehen zu formen. Er verlegte nicht

nur den Stoff unter Änderung der Namen ins 18. Jahrhundert und ließ den politischen Umsturz ganz beiseite, weil er das seelisch-soziale Drama für erregend genug hielt, sondern machte vor allem aus der Heroine eine fühlende Frau und aus dem Opfer des väterlichen Ehrgefühls ein Mädchen, das den Tod will, weil es in sich selbst die Gefahr der Verführung erkannt hat. Dagegen wirkt das klassizistische Drama des ALFIERI (1777) wie ein Rückschritt: Im Mittelpunkt steht hier die Auseinandersetzung des Appius mit Virginius, der allen Versprechungen widersteht; der gefangene Revolutionär Icilius wird durch Selbstmord vorzeitig vom Schauplatz entfernt, Virginia selbst ist ganz passiv. An Alfieri angelehnt wirken die *Virginia* (1790) des Österreichers C. H. v. AYRENHOFF und die des Franzosen A. GUIRAUD (1828), dessen Stück auch sonst durch Mischung überkommener Motive bestimmt ist und so für die Virginia-Tragödie des frühen 19. Jahrhunderts bezeichnend wird, die in der romantisch bestimmten Epoche epigonische Nachzügler oder Erneuerungsversuche des Klassizismus darstellen (J. v. SODEN 1795; K. WEICHSELBAUMER 1832; A. TWESTEN, *Ein Patrizier* 1848; F. v. MALTITZ 1858; J. H. PAYNE, *Virginius* 1820; MICAULT 1843; Latour de SAINT-IBARS 1845; A. NINI 1843; N. VACCAJ 1845; M. TAMAYO Y BAUS 1853). Erst in dieser Epoche, als sich die tragische Wirksamkeit des Stoffes verbraucht hatte, hat die Oper ihn öfter behandelt (N. PICCINI, *I Decemviri* um 1755; G. ANDREOZZI, *La Caduta de Decemviri* 1787; V. FEDERICI 1811; ROMANELLI/P. CASELLA 1812; A.-F. DÉSAUGIERS 1825; H. BERTON 1832).

O. Rumbaur, Die Geschichte von Appius und Virginia in der englischen Literatur, Diss. Breslau 1890; L. Röttenbacher, Die französischen Virginiadramen, mit Einschluß derjenigen des Montiano, Alfieri und v. Ayrenhoff, Diss. München 1908.

**Viviane** → Merlin

**Waldemar, Der Falsche.** Nach dem Tode des letzten Askaniers Waldemar (1319) stritten sich die mit den Askaniern verwandten Häuser Anhalt und Sachsen-Wittenberg und der vom Kaiser belehnte Wittelsbacher Ludwig um den Besitz der Mark Brandenburg; das Land verelendete. So gewann um das Jahr 1347 ein Mann rasch Zulauf, der sich für den verstorbenen Waldemar ausgab und behauptete, von einer Pilgerfahrt ins Heilige Land zurückgekehrt zu sein. Er war vielleicht ein Schildknappe des echten Waldemar oder ein Müllerbursche Jakob Rehbock aus Anhalt. Der als Gegenkaiser aufgestellte Karl IV. benutzte den Falschen Waldemar in seinem Kampf gegen die Wittelsbacher, ließ ihn jedoch 1350 fallen. Das Haus Anhalt bot dem geheimnisvollen Mann bis zu seinem Tode (1357) Asyl.

In der Geschichte vom Falschen Waldemar hat das Kronprätendenten-Motiv eine interessante Variante gefunden, die mit ihrem versöhnlichen Schluß und der wahrscheinlichen Herkunft des vorgeblichen Markgrafen aus dem Müllerhandwerk auch die Möglichkeit zu einer komischen Lösung bot. Für das Verschwinden oder die Abdankung des echten Waldemar hat die Sage das Motiv einer unerlaubten Verwandtenehe erfunden, derentwegen Waldemar, von Gewissensqualen gepeinigt, der Herrschaft entsagt und eine Pilgerfahrt ins Heilige Land angetreten habe. Das Interesse an dem Stoff ist lokal gebunden, und so haben vor allem die märkischen Dichter der Romantik sich seiner angenommen.

Der Waldemar-Stoff erscheint zuerst in Form des Ritterromans bei J. M. CZAPEK (*Woldemar der Erste, Markgraf zu Brandenburg* 1798); hier ist der Kronprätendent der heimgekehrte echte Waldemar, der seine durch Blutsverwandtschaft und Kinderlosigkeit belastete Ehe gelöst und sich in die Einsamkeit zurückgezogen hatte. Auch F. de la Motte FOUQUÉ behielt diese Motivierung als Vorgeschichte seines Dramas (*Waldemar der Pilger, Markgraf von Brandenburg* 1811) bei; das unglückliche Schicksal des Landes läßt Waldemar zurückkehren, er entsagt jedoch erneut, als er sieht, daß das Land seinetwegen in aussichtslose Bruderkämpfe gestürzt werden würde; das Schlußbild zeigt ihn als Klausner in seiner Einsiedelei bei Dessau. A. v. ARNIM hat den Verzicht des Markgrafen auf Thron und Ehe in dem ernsthaften, streng gebauten Drama *Waldemar* (1806) dargestellt, während er dessen Rückkehr durch die Erfindung von gleich zwei weiteren, falschen Waldemaren in eine singspielartige Verwechslungs- und Verkleidungskomödie faßte (*Der falsche Waldemar* 1814), in der ein echte Waldemar das Land vom Betrug der ↑ Doppelgänger erlösen hilft und sich nach einigen guten Taten unerkannt zurückzieht. Einen »falschen« Waldemar stellte erstmals W. ALEXIS in der bisher bedeutendsten Bearbeitung des Stoffes (*Der falsche Woldemar*, R. 1842) dar. Hier ist der Kronprätendent ein treuer Dienstmann des gestorbenen Markgrafen, hat an dessen Stelle eine Pilgerfahrt getan und fühlt sich verpflichtet, dem notleidenden Volke zu helfen. Sein Sendungsbewußtsein und seine Herrscherfähigkeiten lassen ihn zwar den politischen Drahtziehern entwachsen, verleiten ihn aber, Gott zu versuchen. Nach zwei unbedeutenden Dramen (A. WILBRANDT, 1889; R. W. MARTENS, 1913) wurde der Stoff unter Benutzung von Alexis von H. BORETZKY als hist. Kriminal-R. *Der letzte Askanier* (1897) erneuert: Waldemar ist nun »biologisch echt«, hält sich aber infolge einer Hirnverletzung insgeheim für den Müller Rehbock.

**Wallenstein.** Der böhmische Landedelmann Albrecht von Wallenstein aus dem Geschlecht der Herren von Waldstein, 1583 geboren, durch seine erste Ehe in Mähren reich begütert und trotz

protestantischer Erziehung ein eifriger Anhänger des Kaisers, bot,
nachdem er 1624 Fürst von Friedland geworden war, dem Kaiser
die Aufstellung eines Heeres auf eigene Kosten an, mit dem er der
katholischen Sache wesentliche Hilfe brachte. Er wurde jedoch auf
Betreiben der Liga 1630 von seinem Generalsposten abgesetzt, da
er die Souveränität des Kaisers auf Kosten der Fürsten zu festigen
trachtete. Nach den Erfolgen der Schweden wurde er zurückberu-
fen, scheint aber nach dem Tode → Gustavs II. Adolf eine Einigung
mit den Schweden erstrebt zu haben. Das Mißtrauen des Kaisers
veranlaßte einige seiner Heerführer, vor allem Octavio Piccolomini, zu einer Verschwörung gegen Wallenstein. Dieser suchte
sich durch einen Revers in Pilsen der unbedingten Ergebenheit
seiner Offiziere zu versichern, aber ein Teil der Truppen fiel von
ihm ab; er ist 1634 in Eger ermordet worden, und seine Generale
Illo, Terzky und Kinsky wurden beim Gelage erschlagen.

Da kein Dokument Wallensteins ↑ Verrat bezeugt oder ihn
davon freispricht, blieb die Wallenstein-Frage für die Geschichtsschreibung ungelöst. Seit RANKE versucht man, seine politischen
Pläne durch Erforschung seines Charakters zu ergründen; Ranke
selbst betonte, daß das staatlich-öffentliche Interesse die privaten
Ziele überwog, SRBIK stellte den Vertreter des Friedensgedankens
heraus, den Wallenstein durch die Politik des Kaisers gefährdet
glaubte, und neue Forschung ergänzte das Bild dahin, daß Wallenstein die zwangsläufige Konstituierung von Nationalstaaten erkannt und daher die Anwesenheit von Fremden auf Reichsboden
abgelehnt habe. Für die Dichtung bildet die vom Historiker gelassene Lücke den Spielraum zu subjektiver Stoffentfaltung; auch für
den dichterischen Bearbeiter liegt die Aufgabe weniger in der
Verknüpfung von Ereignissen als in der Enträtselung des Charakters. Die Handlung stellt einen außerordentlichen Menschen, der in
überraschendem Aufstieg Macht, Ehren und Reichtum erlangt und
dessen dämonische Ausstrahlung und abergläubische Beziehung
zu dämonischen Kräften überliefert sind, zwischen Gunst und
Ungunst machtvoller Parteien; sie gipfelt in einer politischen und
religiösen Aufgabe, an der er – durch persönliche Schwächen oder
durch zu hoch gespannte Ziele – scheitert: ein tragischer Stoff also,
der sowohl dramatischer wie epischer Darstellung gemäß ist.

Schon zu Lebzeiten ist die Person Wallensteins in die zur Verherrlichung Gustavs II. Adolf geschriebene dramatische Trilogie
des Stettiner Rektors J. LÜTKESCHWAGER (Micraelius) einbezogen
worden (*Pomeris* 1631; *Parthenia* 1632; *Agathander* 1633). Besonders
in den ersten beiden Teilen, in denen die Bedrängnis Pommerns,
Mecklenburgs und Preußens sowie die Eroberung Magdeburgs
behandelt wird, tritt Wallenstein als der Unterdrücker Lastlevius
auf. Noch vor seinem Tode wurde der Feldherr in einem 1634 in
Madrid gespielten Schauspiel gefeiert. Zur tragischen Gestalt
wurde er erst durch sein grausiges Ende, das dem Stoff eine
entscheidende Keimkraft verlieh: die »Egerische Mordtat« war
schon bald nach diesem Ereignis Thema einer Volksballade. Einige

Jahre nach Wallensteins Tod entstand die bedeutendste Bearbeitung vor Schiller, Nicolaus Vernulaeus' Drama *Fritlandus*, das wie Schillers *Wallenstein* im Lager von Pilsen und mit dem Befehl des Kaisers zur Auflösung und Teilung der Armee einsetzt; es zeigt Wallensteins Zögern, seine Einsicht, daß er nicht mehr zurück kann, die Verpflichtung der Offiziere, das Werben um den feindlichen Piccolomini. Der Katholik Vernulaeus lehnte Mitleid mit dem Verräter, der sich die böhmische Königskrone aufs Haupt setzen will, ab. Da Rists Wallenstein-Drama verloren ist, liegt aus dem 17. Jahrhundert nur noch H. Glapthornes *Tragedy of Albertus Wallenstein, Late Duke of Fridland* (1639) vor, das im Repertoire der deutschen Wandertruppen als *Die weltbekannte Historie von dem tyrannischen General Wallenstein* erscheint; hier büßt der Feldherr nicht für seinen politischen Ehrgeiz, sondern für die Grausamkeit gegenüber seinem Sohn, den er samt der Geliebten umbringen läßt. Das von der Veltenschen Truppe gespielte Stück *Der verratene Verräter oder der durch Hochmut gestürzte Wallensteiner* und das durch J. F. Beck 1736 in Hamburg aufgeführte Schauspiel *Das große Ungeheuer der Welt oder Leben und Tod des ehemals gewesenen kaiserlichen Generals Wallenstein, Herzogs von Friedland, mit Hanswurst* beuteten die berühmte Mordaffäre im Stil der Haupt- und Staatsaktionen aus. Künstlerisch kaum bedeutender waren die Ende des 18. Jahrhunderts im Zeichen des Ritterdramas vorgenommenen Dramatisierungen (J. F. v. Steinsberg, *Der Baron von Wallenstein* 1781; G. A. v. Halem 1785; J. N. Komarek, *Albrecht von Waldstein* 1789).

Schillers *Wallenstein* (1798/99), nach Dilthey historischer als die Geschichte, behielt die zwielichtigen Züge der Gestalt bei; Selbstsucht und politische Einsicht sind in seinem Handeln eng verbunden. Ein Mensch, in dessen Denken die Idee der Sittlichkeit keine Rolle spielt, der sich aber unter dem Zwang einer allenfalls aus den Sternen erkennbaren Weltvernunft fühlt, die er gern seinen eigenen Zwecken gleichsetzen und deren Vollstrecker er sein möchte, scheitert in dieser Verstrickung; seinem unfreien Handeln wird die freie sittliche Entscheidung des Idealisten Max Piccolomini gegenübergestellt. Schillers Werk überschattete die Versuche der Dramatiker des 19. Jahrhunderts, die sich auf die Bearbeitung von Episoden verwiesen sahen (W. Meinhold, *Wallenstein in Stralsund* 1846; J. Schmal, *Wallenstein vor Schwalbach* 1886; F. Dittmar, *Wallenstein in Altdorf* 1894). Mit der Erschöpfung des Stoffes im Drama setzten epische Bearbeitungen ein (E. Willkomm 1844; K. Herlossohn, *Wallensteins erste Liebe* 1844, *Die Tochter des Piccolomini* 1846, *Die Mörder Wallensteins* 1847; J. v. Wickede, *Herzog Wallenstein in Mecklenburg* 1865).

Im 20. Jahrhundert wurde das Problem des widerspruchsvollen Charakters erneut durch Ricarda Huchs Essay (1915) aufgeworfen. Nach ihr ist Wallenstein ein zwiespältiger, luziferischer Mensch, der über dem Wollen die Kraft zum Handeln verlor und der tragisch werden muß, sobald er handelt; im Bewußtsein, daß sein Vorgehen sich gegen ihn selbst kehren wird, opfert er sich, um nicht mehr andere opfern zu müssen. Der Opfergedanke ist zweifellos in W. FLEX' Novelle *Wallensteins Antlitz* (postum 1918) ebenso stark überzogen, wie die bedenkenlos brutalen luziferischen Züge in A. DÖBLINS expressionistischem Roman (1920) übersteigert wurden. Wallensteins Friedenspolitik, die zum Abfall vom Kaiser führen muß, betonte P. GURK (*Wallenstein und Ferdinand II.*, Dr. 1927), G. BOHLMANN (*Wallenstein ringt um das Reich*, R. 1937) mehr seine überkonfessionelle Reichspolitik; auch für F. SCHREYVOGL (*Der Friedländer*, R. 1943) erklärt sich Wallensteins Handeln aus dem Bestreben, unblutig und durch Verhandlungen zu siegen. Mit Wallensteins Beziehungen zu den Frauen lösen F. LANGER (*Der Obrist*, Dr. 1923) und G. SCHMÜCKLE (*Dämonen über uns*, Dr. 1934) das Wallenstein-Problem; in dem einen Fall wächst Wallensteins kalter Ehrgeiz aus verratener Liebe, im anderen wird ihm die Rache einer Frau zum Schicksal. Die Ausstrahlung seiner Persönlichkeit und seiner Taten auf sein Volk steht bei dem Tschechen J. DURYCH (*Bloudění*, R. 1929), Wallensteins Zwiegesichtigkeit schon für einen ihn bewundernden Zeitgenossen bei J. ZERZER (*Das Bild des Geharnischten*, Erz. 1934) im Mittelpunkt der Darstellung.

Th. Vetter, Wallenstein in der dramatischen Dichtung des Jahrzehnts seines Todes, 1894; Ch. Sommer, Die dichterische Gestaltung des Wallenstein-Stoffes seit Schiller, Diss. Breslau 1923; W. Widmann, Wallenstein in der dramatischen Dichtung vor Schiller, (Die deutsche Bühne 6) 1914; P. Wallenstein, Die dichterische Gestaltung der Persönlichkeit, gezeigt an der Wallenstein-Figur, Diss. Bonn 1934.

**Wartburgkrieg** → Heinrich von Ofterdingen, Tannhäuser

**Weberaufstand, Der.** Der Aufstand der schlesischen Weber im Sommer 1844 ist als bedeutende und organisierte Streikbewegung des Proletariats noch im gleichen Jahr durch Karl Marx im Pariser »Vorwärts« gewürdigt worden. Er war eine Folge der Lohnkürzungen und Arbeitszeitverlängerungen, mit deren Hilfe deutsche Fabrikanten ihre Leinen- und Baumwollpreise senkten, um mit den englischen Textilien konkurrieren zu können, die auf Grund fortgeschrittener Industrialisierung billiger wurden. Hinweise der Öffentlichkeit auf das Weberelend (B. v. ARNIM, *Dies Buch gehört dem König* 1843) waren von der Regierung übergangen worden, private Hilfsaktionen vermochten der Armut nicht zu steuern, Proteste der Weber erwiesen sich als zwecklos. Als die Firma Zwanziger in Peterswaldau wieder die Löhne kürzte, kam es zu wiederholten Protestmärschen mit Gesang des *Weberliedes* vor Zwanzigers Haus; der Fabrikant ließ am 3. Juni einen der Demonstranten der Polizei ausliefern. Nachdem die Forderungen der

Weber am 4. von Zwanziger abgelehnt worden waren, erfolgte ein Sturm auf sein Haus, dessen Zerstörung zunächst auf Ermahnungen des Pfarrers unterbrochen, nach der Flucht Zwanzigers jedoch vollendet wurde. Am 5. zogen die Weber nach Langenbielau und stürmten zwei weitere Fabriken. Als man der Aufforderung des anrückenden Militärs, sich zu zerstreuen, nicht Folge leistete, wurde – wahrscheinlich über die Köpfe der Menge hinweg – eine Salve abgefeuert, die ihrerseits Steinwürfe auslöste. Die darauf in die Menge hinein abgegebenen Schüsse hatten Tote und Verletzte zur Folge. Ein größeres Militäraufgebot am 6. Juni stieß nicht mehr auf Widerstand; zahlreiche Verhaftungen und Verurteilungen beendeten den Aufstand.

Der Weberaufstand wirkt historisch und literarisch deswegen als ein so komplexes Ereignis, weil er nicht nur ein Gegenschlag gegen soziale Unterdrückung war, sondern weil in ihm auch die Angst vor einer neuen Lebensform, einer neuen Tyrannei, zum Ausdruck kam. Der Vernichtungswille der Weber war zwar gegen den Privatbesitz des Fabrikanten, aber zugleich gegen die Maschinen gerichtet, durch die ihnen die Berufsordnung der Vorfahren, die ihren Acker bestellt und nebenher als Weber gearbeitet hatten, gestört schien. Die Maschinenarbeit verlangte einen intensiveren Einsatz, und wenn die Familie keine Arbeitskraft mehr für den Acker besaß oder infolge der Hungerlöhne Pacht oder Steuer oder Saat nicht bezahlen konnte, verlor sie das Land, das bisher eine wesentliche Unterhaltsquelle gebildet hatte. Auch die fortschrittlichen Autoren, die sich des Weber-Problems annahmen, bejahten diese Entwicklung nicht. Schon GOETHE hatte in *Wilhelm Meisters Wanderjahren* (1829) mit einer Mischung von Hoffnung und Resignation die glückliche Webergemeinde geschildert, die von der Maschinenproduktion bedroht ist; IMMERMANN stellte in den *Epigonen* (1836) dem Weber den bodenverwurzelten Bauern gegenüber, und HOFFMANN V. FALLERSLEBEN erfand in dem *Lied der Damastweber* (1829) ein Motiv, das in dem Weber-Stoff auch nach dem Aufstand fortwirkte: den alt gewordenen Weber, der nie vom Webstuhl fortgekommen ist und dessen Leben dahinging, ohne daß er Freude und Freizeit kannte.

Zu diesen mehr elegischen Motiven trat mit dem Handlungsstoff des Jahres 1844 das revolutionäre Element. Die Weber selbst hatten sich mit dem Volkslied vom *Blutgericht* (1844) einen adäquaten Ausdruck ihrer Stimme geschaffen, an den die politische Lyrik des Vormärz anknüpfte. G. FREYTAG richtete 1844 als Prolog zu *Lebende Bilder* einen poetischen Appell zugunsten der Weber an die Öffentlichkeit; ähnlich forderte HOFFMANN V. FALLERSLEBEN im *Neujahrslied aller Deutschen für 1845* Brot für die Weber. Spezifischer und mit starken Farben erfaßte F. FREILIGRATH den Stoff in den beiden Gedichten *Aus dem schlesischen Gebirge* (1844); in deren erstem läuft ein Weberknabe in den Frühlingswald hinaus, um Rübezahl um Hilfe für seine hungernde Familie zu bitten; im Herbst ist der gleiche Knabe aller Hoffnungen beraubt: die Mutter starb an Entkräftung, der Vater wurde in Langenbielau erschossen. Nicht elegisch, sondern aus dem Geist des Aufstandes heraus schleuderte H. HEINE in *Die schlesischen Weber* (1844) Gott, dem König und dem Vaterland seinen Fluch entgegen; im Weberaufstand deutete sich ihm das erste Grollen künftiger Revolution an. G. WEERTH schilderte in *Lieder aus Lancashire* (1845) den Eindruck des Aufstandes auf die mit der Parlamentsreform unzufriedenen englischen Chartisten. In der auch durch unbedeutendere Autoren vertretenen Weber-Lyrik festigte sich eine ganze Skala von Motiven. L. PFAU (*Die Leineweber* und *Der schlesische Weber*) zeigte den alten Weber webend am Totenbett seiner Frau und den Weber als Auswanderer, E. DRONKE (in *Armsündergeschichten* 1845) die Mutter neben ihrem erschossenen Kind, die zur Prostitution gezwungene Mutter und die nach dem Aufstand Eingekerkerten, die froh sind, den Jammer ihrer Familien nicht zu sehen. Dieses letzte Motiv findet sich gleichzeitig bei H. PÜTTMANN (*Schlesien* 1845), der auch die trostlose Situation der ↑ Rebellen nach ihrem Scheitern schilderte. Satirisch gegen die Feinde der Weber richtete A. SCHULTS sein *Die edlen Häupter der Industrie* (1848) und *Ein neues Lied von den Webern* (1845). Anastasius GRÜN (d. i. A. A. Graf AUERSPERG, *Ungebetene Gäste* 1845) beleuchtete die Gegenseite in der Gestalt eines harmlosen Mädchens, dem der Schatten des Webers erscheint, der den Stoff zu ihrem Ballkleid webte. Stärker tritt die gesellschaftskritische Tendenz hervor bei E. KAUFFER (*Der Leineweber* 1846), dessen Weber sich lieber ertränkt, als daß er verhungert, und bei A. SCHIRMER (*Der Weber* 1846), dessen Weber wegen seines drohenden Appells an den König ins Gefängnis geworfen wird. T. ULLRICH (*Das Hohe Lied* 1845) und L. OTTO (*Im Hirschberger Tale* 1846 und *Weberlied* 1847) betonten das Anti-Maschinen-Motiv, das auch in der anonymen Sammlung *Renegaten- und Kommunistenlieder* (1845) aufklingt. Zwei ähnliche Sammlungen, *Brüderschaftslieder eines rheinischen Poeten* (1845) und *Plänkler* (1846), nehmen das Thema zum Anlaß, die Nutznießer der Arbeit zu verfluchen und auf einen künftigen Sieg der Revolution zu hoffen.

Während die Lyrik jeweils eines der zahlreichen Motive in den Mittelpunkt stellte, treten sie in den erzählerischen Bearbeitungen des Stoffes zu Komplexen verbunden auf. Schon ein Jahr vor dem Aufstand hatte E. WILLKOMM in dem Roman *Eisen, Geld und Geist* den Maschinensturm von Webern dargestellt; der Fabrikant, der bezeichnenderweise ein Emporkömmling ist, kommt im Getriebe der Maschine um, und der Sohn des ehemaligen, ausgebooteten Besitzers übernimmt die Produktion und führt ohne Maschinen die Arbeiter glücklicheren Zeiten zu. Eine solche private Intrige hielten die Erzähler auch nach dem Aufstand für unumgänglich, während sie die Revolte mehr als Kulisse einsetzten. WILLKOMM wiederholte 1845 in *Weiße Sklaven* sein Thema und auch die Gegenüberstellung von gutem und schlechtem Fabrikherrn, variierte sie jedoch nun als das beliebte Motiv vom illegitimen und legitimen Sohn. Der Arbeiterführer will durch persönliche Wettarbeit seinen besitzenden Halbbruder zu Einsicht und Reue bewegen, aber dieser kommt in der Maschine um. Der Arbeiterführer organisiert daraufhin die Arbeit in kommunistischem Sinne; sie dient nicht mehr der Ausbeutung, und man hofft auf ein Gesetz zur Gewinnbeteiligung der Arbeiter. In A. v. UNGERN-STERNBERGS Roman *Paul* (1845) wird ein junger Adliger durch das Erlebnis des Weberelends zum Sozialreformer; nachdem er in Begleitung eines alten Webers Deutschland als einfacher Mann bereist hat, ergreift er wieder von seinem Gut Besitz und entwickelt eine neue Gesellschaftsordnung, die der Not und dem drohenden Umsturz durch Besinnung und Opfer des Adels vorzubeugen sucht. Auch R. PRUTZ (*Engelchen*, R. 1845) bekannte sich zu einer rückwärtsgewandten Lösung mit Wiederherstellung gesunder Zustände durch Zerstörung der Maschinen und Wiedereinführung der Handwebestühle; ihr Organisator ist ein junger Ingenieur, der nach dem Selbstmord des Fabrikanten dessen Tochter geheiratet hat. L. ASTON (*Aus dem Leben einer Frau*, R. 1847) löste das Problem ähnlich »von oben«, indem die Frau des Fabrikherrn heimlich ihren Schmuck dem Faktoreileiter zur Verfügung stellt, damit dieser die Löhne erhöhen kann. Als einziger hat G. KLOTH (*Der Fabrikherr*, R. 1852) eine Verteidigung der Fabrikanten und eine Rechtfertigung der gewaltsamen Unterdrückung des Aufstandes darzustellen versucht. Dagegen schilderte O. RUPPIUS in *Eine Weberfamilie* (R. 1846) den Aufstand als natürliche Folge des Elends; L. OTTO (*Schloß und Fabrik*, R. 1846) zeigte resignierend den tragischen Zusammenbruch und die Wiederherstellung der Ordnung im Sinne der Machthaber, und G. WEERTH (Fragment eines R.) erfand die Figur eines aus England heimgekehrten Sozialisten, der auf jeden Kompromiß mit den Besitzenden verzichten will und seine Gefolgsleute lehrt, einen jahrzehntelangen Kampf zu führen.

Die Kurzerzählungen um das Weberthema haben einen ähnlich stimmungsmäßigen, genrebildhaften Charakter wie die Lyrik (K. L. HÄBERLIN, *Die armen Weber und andere Novellen* 1845; J. KREBS, *Des Webers Heimkehr* 1846 und *Der Weber von Langenbielau* 1850). In der Erzählung *Der Lohnweber* (1845) ließ E. WILLKOMM den arbeitslosen, in seinem Landbesitz bedrohten Weber zum Selbstmord Zuflucht nehmen und in *So lebt und stirbt der Arme* (1845) den Gegensatz von ehrlichem und unehrlichem Weber in tragischer Weise enden, während J. STUTZ (*Lise und Salome, die beiden Webermädchen*, R. 1847) und J. GOTTHELF (*Hans Jacob und Heiri oder die beiden Seidenweber* 1851) diesen Gegensatz mit etwas unadäquat optimistischem Ausgang schilderten.

Als Drama stellte den Weberaufstand zum erstenmal J. L. KLEIN (*Kavalier und Arbeiter* 1850) mit spürbar revolutionärem Elan und Zukunftsglauben dar. Zwischen Arbeitern und Unternehmer steht ein Prinz Alexander, der vermitteln will und der Intrige des Unternehmers zum Opfer fällt; die Arbeiter finden unter einem Führer zum Zusammenschluß. Mit versöhnlicher Tendenz, und zwar in ähnlich antibourgeoisem Sinne wie Ungern-Sternberg und

Klein, tragen *Die Weber* (1859) von F. H. SEMMIG die gesellschaftlichen Antinomien vor: das adlige Mädchen liebt den Arbeiterführer, muß aber zur Sanierung ihres Vaters den Fabrikanten heiraten und begeht danach Selbstmord; der Arbeiterführer büßt den Aufstand mit Inhaftierung. Untypisch ist die erkennende und versöhnende Funktion, die H. SCHAUFERT in seinem Drama *Vater Brahm* (1871) dem Pfarrer zuwies; das schon vor ihm benutzte Motiv der durch den Fabrikanten verführten Arbeitertochter (L. ASTON, *Lied einer schlesischen Weberin*, Gedicht; F. H. SEMMIG) löst bei Schaufert den Übertritt des alten, gottesfürchtigen Webers Brahm zu den Aufständischen aus. Dieses Motiv von dem konservativ gesinnten, frommen alten Weber, der die Revolution ablehnt und sich in einem anderen Leben für alles Leid belohnt weiß, wurde in der Figur des alten Hilse zu einem der dichterischen Höhepunkte in G. HAUPTMANNS Schauspiel *Die Weber* (1894): den Unschuldigen trifft eine verirrte Kugel. Die alle übrigen Weber-Dramen und Weber-Romane überragende Größe von Hauptmanns Werk liegt in der Ausklammerung aller dem Stoff fremden Bestandteile, besonders der Liebesintrige, im Festhalten an den historischen Fakten, die an sich schon tragisch waren, und in der Summierung der für den Stoff typischen Motive; so hat der Ablieferungstag bei Dreißiger im ersten Akt einen frühen Vorläufer in einem Bild *Die schlesischen Leineweber*, das Karl HÜBNER im Frühjahr 1844 malte. Als Ursache des Übels sah Hauptmann konsequenter als seine Vorgänger weniger die Person des Unternehmers als unerbittliche ökonomische Gesetze.

Vom großen Erfolg des Hauptmannschen Werkes angeregt, wandten sich erneut Autoren dem Thema zu, wobei der spezielle Stoff häufig zum Problem des Kampfes gegen die Maschine verallgemeinert wurde. K. ALBERTI (*Maschinen*, R. 1895) zeigte mit deterministischem Aspekt die Sinnlosigkeit dieses Kampfes, denn die Maschine tötet den Arbeiter, der Hand an sie legt. J. C. HEER (*Felix Notvest*, R. 1901) wiederholte das alte Thema vom Untergang des Bauerntums in der Industriegemeinde. P. KELLER (*Soldaten Merkurs*, R. 1915) versuchte das Ereignis als überholt einzuordnen und glaubte den damaligen Typ des hartherzigen Unternehmers durch einen einsichtigeren abgelöst. Letzter Ausläufer dieser Thematik sind E. TOLLERS *Maschinenstürmer* (Dr. 1922), deren Fabel in der englischen Ludditenbewegung zu Beginn des 19. Jahrhunderts angesiedelt ist, als auf Zerstörung von Maschinen die Todesstrafe stand; Unternehmer und Arbeiter scheinen gleich weit von einer humanen Lösung des Problems entfernt, der Arbeiterführer wird getötet, als er sich den Exzessen der Aufständischen entgegenstellt.

Hauptmanns Drama rief in der naturalistischen Epoche auch ein Wiederaufblühen der Weber-Lyrik hervor, die im wesentlichen die erprobten Motive erneuerte (C. G. HAUPTMANN; H. POHL, *Der Weber*; Th. CURTI, *Das arme Kind*; B. WILLE, *Die leidende Stadt*; H. FRIEDRICHS, *Der Dampf*).

S. Liptzin, The Weavers in German Literature, (Hesperia 16) 1926; H. Schneider, Die Widerspiegelung des Weberaufstandes von 1844 in der zeitgenössischen Prosaliteratur, (Weimarer Beiträge 7) 1961; W. Wehner, Weberaufstände und Weberelend in der deutschen Lyrik des 19. Jahrhunderts, 1981.

**Werther.** GOETHES Roman *Die Leiden des jungen Werthers* (1774) hat ohne Zweifel seine größte stoffliche Wirkung in den zahlreichen, in ganz Europa entstehenden Nachahmungen gehabt. Von den Briefromanen Richardsons und von Rousseaus *Nouvelle Héloïse* vorbereitet, fanden überall Werther ähnliche Schicksale ihre literarische Gestaltung, wobei man vergröbernd und mißverstehend den Konflikt auf die Liebe eines Mannes zu einer verheirateten Frau reduzierte (z. B. J. M. MILLER, *Siegwart, eine Klostergeschichte* 1776; M. R. LENZ, *Der Waldbruder*, Druck erst 1797; Anon., *Karl und Julie*, R. 1782; S. MERCIER, *Romainval*, Dr. 1775; L.-F.-E. RAMOND DE CARBONNIÈRES, *Les aventures du jeune Olban*, R. 1777; GOURBILLON, *Stellino ou le nouveau Werther*, R. 1791; Ugo FOSCOLO, *Ultime lettere di Jacopo Ortis*, R. 1799; Ch. NODIER, *Le peintre de Salzbourg*, R. 1803; A. LAMBERT, *Praxède*, R. 1807; L. NAPOLEON, *Marie ou les peines de l'amour*, R. 1814; P. SALIKOV, *Das dunkle Wäldchen*, Erz. entst. 1801, Druck 1819). Diese in mehr oder weniger direkter Anspielung als »neue«, »französische« oder »venezianische« Werther bezeichneten Wiederholungen des Themas, zu denen auch noch weibliche Werther kamen (P. PERRIN, *Werthérie*, R. 1791), sind in dem entscheidenden Punkte des Selbstmordes oft anderer Meinung als Goethe und suchen dem Problem eine versöhnlichere, frommere und bequemere Lösung zu geben. In der Diskussion des Selbstmordproblems lagen die Keime für eine Weiterentwicklung des Stoffes. Die Zeitgenossen und auch die Folgegenerationen haben, zumindest in Frankreich, nicht aufgehört, sich an dem Stoff zu reiben, ihn zu einem anderen Ende zu führen oder das von Goethe Erdachte anders zu motivieren.

Schon die zahlreichen Gedichte, die Lotte an Werthers Grab klagen lassen (M. R. LENZ, *Lottes Klagen um Werthers Tod* 1774; K. E. v. REITZENSTEIN, *Lotte bei Werthers Grabe* 1775; C. F. Graf REINHARD, *Lotte bei Werthers Grab* 1783; Dm. O. BARANOV, *Charlotte am Grabe Werthers*, russ. Gedicht 1787) oder auch Alberts Gedanken nach Werthers Tod einfangen (RIBBECK, *Albert nach Werthers Tod* 1782; Anon., *Albert an Werthers Geist* 1805), und die Heroiden, die Briefe von Werthers Paar fingierten (G. E. v. RÜLING, *Werther an Lotten* 1775; F. v. HARTIG, *Lettres de Werther à Charlotte* 1788; J. LABLÉ, *Werther à Charlotte* 1798), spannen das Verhältnis der Überlebenden fort, verdammten, entschuldigten, beweinten Werthers Tod und erhofften ihm die Verzeihung des Himmels.

Interessant sind die Versuche, Goethes Stoff aus dem Gesichtswinkel Lottes mit neuer Perspektive aufzurollen, wie sie von A. K. STOCKMANN (*Die Leiden der jungen Wertherin* 1775) und mit wesentlich mehr Erfolg von den anonym erschienenen *Letters of Charlotte during Her Connexion with Werther* (1786) unternommen wurden; der englische Autor, der Goethes Roman als ungesund verurteilte, läßt Charlotte in den Briefen an eine Freundin halb Werthers Leidenschaft verurteilen, halb sich seiner Liebe rühmen und erleichtert aufatmen, als Werthers Tat ihr die Lösung der unerträglich gewordenen Zwiespältigkeit abnimmt. Ein anderer englischer Autor entwickelte aus wenigen Andeutungen zu Beginn des Romans die Geschichte der in Werther verliebten *Eleonora* (1785). J.-M. FLEURIOT (*Le nouveau Werther* 1786) änderte lediglich die Namen und verlegte die Handlung in die Schweiz.

Im Grunde sind auch F. NICOLAIS *Freuden des jungen Werthers* (1775) weniger Parodie als Umarbeitung des Stoffes, denn der berühmte Schuß mit dem von Albert in Werthers Pistole gefüllten Hühnerblut und der Verzicht Alberts auf Lotte sind weniger parodistisch gemeint als für vernünftige Lösungen einer ausweglos erscheinenden Situation gehalten worden, auf die sich Nicolai nicht wenig zugute tat und die auf die weitere Entwicklung des Stoffes nicht ohne Einfluß waren. Nicolais im gleichen Bande veröffentlichte Fortsetzung *Leiden und Freuden Werthers des Mannes*, in denen Werther nicht nur das Philistertum eines bürgerlichen Ehestandes und Berufes auskosten muß, sondern Lotte durch einen ähnlich schöngeistigen Fant zu verlieren droht, wie er selbst gewesen ist, und die endliche Wiederversöhnung der Gatten durch Albert wollen den Weg des exaltierten Genies in die Bahn bürgerlicher Gelassenheit zeigen, die dem Verfasser erstrebenswert schien.

Die Dramatisierungen des Stoffes beginnen mit *Les malheurs de l'amour* (1775) des Schweizers J. R. SINNER; er änderte zwar die Namen, behielt aber den Selbstmord bei, der am Schluß durch den Ortsgeistlichen samt dem letzten Brief des Toten mitgeteilt wird. Ein Wiener Anonymus (*Die Leiden des jungen Werthers* 1776) suchte den Sinnerschen Dialog durch Annäherung an den Text Goethes zu bessern. Interessant ist der Versuch des dem Wetzlarer Kreise angehörigen A. F. v. GOUÉ (*Masuren oder der junge Werther* 1775), die Handlung aus eigener Kenntnis der Ereignisse um den Tod Jerusalems der historischen Wirklichkeit anzugleichen. Die Dramatisierungen LA RIVIÈRES (*Werther ou le délire de l'amour* 1778) und des Breslauers WILLER (1778) ähneln dem volkstümlichen Schauerstück; der Engländer F. REYNOLDS (1786) steigerte das Grausige des Ausgangs: Werther vergiftet sich, schleppt sich sterbend, von Angst und Reue gepeinigt, zu Charlotte, die über seiner Leiche wahnsinnig wird. Eine Milderung des Schlusses dagegen brachte J.-E.-B. DÉJAURE (*Werther et Charlotte*, Optte. 1792): man hört einen Schuß, Lotte fällt in Ohnmacht, doch Werthers Diener meldet, daß er den Schuß abgewendet habe, und Werther, der gleich darauf erscheint, verkündet, daß er seiner Liebe entsagen werde. Bei dem Italiener A. S. SOGRAFI (1794), in dessen Intrigenhandlung Werther von dem eifersüchtigen Hauslehrer der Kestnerschen Kinder bei Albert verleumdet wird, zieht sich der Held tugendhaft und entsagend von Lotte zurück.

Als das Werther-Fieber abgeflaut war, wurde Werther auf dem Theater zum Gegenstand der Parodie oder auch unfreiwillig komischer Schauerdramatik, so wie sich auch der Bänkelsang seiner bemächtigte. Auf den Wiener Volkstheatern erschien der Stoff als Ballett, Posse und Parodie, in Rom haben Kotzebue und Tieck Anfang des 19. Jahrhunderts volkstümliche Darstellungen gesehen, in London gab es 1809 eine Werther-Harlekinade, in Paris feierte seit 1817 der Komiker Ch. Potier in M.-M.-G. Duval/ Rocheforts Parodie mit Gesang *Werther ou les égarements d'un cœur sensible* Triumphe; das Stück hatte die mit Hühnerblut gefüllte Pistole von Nicolai übernommen, und Werther wird schließlich durch einen Freund mit Gewalt aus der Nähe der geliebten Lotte entführt.

Jedoch die eigenartige Vorliebe der aufgeklärten Nation für den gefühlsbetonten Stoff war damit keineswegs beendet. A. Dumas beutete in seinem Drama *Antony* (1831) die Werther-Handlung unter Veränderung der Namen aus und verzerrte sie zu einer Ehebruchs-Intrige, die mit der Ermordung der Geliebten endet. V. Arnault hinterließ ein Werther-Drama (1864). Einen interessanten Beitrag zur Entwicklung des Stoffes lieferten E. Souvestre/ E. Bourgeois (*Charlotte et Werther*, Melodrama 1846). Im Vorspiel tritt Albert Lotte an Werther, der sich nur angeschossen hat, ab; zwei Jahre später ist Werther in eine neue Liebe verstrickt und will mit einem jungen Mädchen fliehen; um ihm den Weg freizumachen, tötet sich Charlotte, die jugendliche Geliebte wird von der grausigen Szene entfernt, und auf Werthers Frage, was ihm denn nun bleibe, antwortet Albert: »le souvenir«. Nach unbedeutenden älteren Versuchen einer Veroperung (R. Kreutzer 1792) drang erst J. Massenets (Text E. Blau/P. Milliet/G. Hartmann 1892) *Werther*-Oper durch, in der Lotte durch einen an der sterbenden Mutter geleisteten Schwur an Albert gebunden ist. Das von R. Hahn musikalisch unterbaute Drama von P. Decourcelle erstickte den monologisch-lyrischen Stoff zu theatralischen Zwecken nahezu durch eine Intrigenhandlung (1903).

Die Wirkungskraft dieses Kultbuches einer Jugend war so groß und andauernd, daß immer wieder Autoren auftraten, die nicht nur in Gestalt ihrer Helden eine Identifikation mit dem Lektüre-Vorbild erstrebten, sondern auch sich selbst in diesem wiederfanden. Der russische Autor M. Suškov verfaßte mit sechzehn Jahren *Ein russischer Werther* (Druck 1801), dessen Protagonist den Namen des deutschen Idols trägt, und beging bald nach Beendigung des kurzen Romans auf die gleiche Art Selbstmord wie sein literarisches Geschöpf – er erhängte sich. Suškovs Landsmann M. J. Lermontov schrieb ein Gedicht *Vermächtnis* (1831), in dem Werthers Wunsch nach einem Grab in einsamem Tal gleichsam als eigene Bitte ausgesprochen wird. Der Serbe L. Lazarević ließ seinen jungen Janko (*Verter*, Erz. 1881) sich so stark in die »Leiden« seines literarischen Musters einleben, daß er seine eigenen Konflikte bewußt in deren Sinne ergänzt und stilisiert. Schließlich wurde bei U. PLENZDORF (*Die neuen Leiden des jungen W.*, 1972) die aus dem naiven Literaturverständnis eines modernen unangepaßten Jugendlichen entstehende Identifikation mit dem Lektüre-Geschehen ein Mittel zur Selbstfindung.

L. Morel, Werther au théâtre en France, (Archiv für das Studium der neueren Sprachen und Literaturen 118) 1907; ders., Les principales imitations françaises de »Werther«, (Archiv für das Studium der neueren Sprachen und Literaturen 121) 1908; F. A. Hünich, Die deutschen Werther-Gedichte, (Jb. Slg. Kippenberg I) 1921; I. Engel, Werther und die Wertheriaden, Diss. Univ. d. Saarlandes 1986; W. Eggeling / M. Schneider, Der russische Werther, 1988.

**Widukind** → Karl der Große

**Wiedertäufer** → Johann von Leyden

**Wieland der Schmied.** Die in ihren Motiven mit verschiedenen außergermanischen Stoffen verwandte germanische Sage von Wieland dem Schmied, deren hohes Alter durch Anspielungen in der englischen Literatur belegt ist, erscheint bereits in der *Vǫlundarkviða* der *Edda* voll entwickelt. Sie besteht hier aus zwei nur lose miteinander verbundenen Teilen. Die Prosa-Einleitung berichtet von Vǫlund und seinen beiden Brüdern, die im Wolfstal leben und Schwanjungfrauen heiraten, von denen sie jedoch schon nach einigen Jahren wieder verlassen werden; während die Brüder ausziehen, um ihre dem ursprünglichen Lebensbereich wieder anheimgefallenen Frauen zu suchen, bleibt Vǫlund im Wolfstal. Der Versteil erzählt den Überfall der Männer König Nidungs auf das Wolfstal, Vǫlunds Gefangennahme, den Raub seiner Schätze und seine auf Anraten der Königin erfolgte Lähmung durch Zerschneiden der Fußsehnen; der zur Arbeit für den König Verdammte bringt zunächst dessen beide Söhne um, als sie seine Schätze beschen, vergewaltigt dann dessen Tochter, der er seinen Zauberring abgelistet hat, und entfliegt durch die Lüfte, nachdem er den König von der Zinne des Palastes über seine Rache aufgeklärt hat.

Die Verbreitung des zweiten Teiles der Sage – Gefangennahme und Rache Wielands – ist im Mittelalter durch Spiegelung in deutschen, englischen, walisischen, französischen, niederländischen und nordischen Denkmälern belegt, während die Schwanjungfrau-Erzählung nur einmal, in dem mhd. Epos *Friedrich von Schwaben*, auftaucht; die beiden Teile haben sich also unabhängig voneinander fortgepflanzt. Auch die zweite vollständige Fassung des Stoffes in der *Thidrekssaga* kennt das Schwanjungfrauen-Abenteuer nicht, weitet aber den Stoff durch viele episodische Motive –

die Jugendgeschichte Velents, die Verdoppelung von Velents Aufenthalt am Hofe Nidungs, das Erscheinen des Bruders Eigil, die Herstellung eines Flugkleides, die Ehe Velents mit Nidungs Tochter – sowie durch Verflechtung mit anderen Stoffen sehr aus.

Erst die Wiederentdeckung und Kenntnis der *Edda* ermöglichte eine Wiederbelebung beider Teile des Wieland-Stoffes und zugleich deren Verknüpfung. Schon in der ersten neuzeitlichen Bearbeitung des Stoffes, der Prosa-Erzählung des Dänen Adam OEHLENSCHLÄGER (1804), geschieht diese Verknüpfung durch die am Schluß von der Göttin Freia herbeigeführte Wiedervereinigung Vaulunders mit der Schwanjungfrau Alvilde; die Bosheit der Nidung-Sippe und Vaulunders Rache an ihr ist gegenüber der *Edda* noch gesteigert. Eine engere Verschmelzung vollzog Karl SIMROCK (1835), indem er nicht nur die Gestalt der Walküre, sondern auch deren Zauberring als verbindendes Motiv durch den ganzen Stoff hindurchführte: der in den beiden Teilen der *Vǫlundarkviða* seiner ursprünglichen Bedeutung entleerte Ring hat die Kraft, Liebe für seinen Träger einzuflößen und ihn in die Lüfte zu heben. Die durch diese Magie herbeigeführte Liebe Wielands zu Nidungs Tochter gibt dem mittleren Teil der Erzählung die Funktion einer Verblendung Wielands, die erst dann von ihm abfällt, als er den Ring und damit das Bild seiner Frau wieder vor Augen hat. Für die weitere Entwicklung des Stoffes wurde besonders wichtig, daß Simrock auch die Funktionen der Königin auf die Königstochter Bathilde übertrug und sie so zu einer Gegenspielerin der Schwanjungfrau machte; die von Haßliebe gekennzeichneten Beziehungen zwischen ihr und Wieland waren ein der psychologischen Ausschöpfung harrendes Motiv.

Der an Leidenschaften und Konflikten reiche Stoff erfuhr in der zweiten Hälfte des 19. Jahrhunderts meist auf Simrock als Hauptquelle fußende, aber durchweg unbedeutende Dramatisierungen. Interessant ist allein der Dramenentwurf R. WAGNERS (1849). Wagner verdichtete die bei Simrock locker gereihte Kette der Ereignisse zu dramatischem Spiel und Gegenspiel und legte dem Ganzen als Sinn die Sehnsucht nach Erlösung aus den Schranken des Daseins zugrunde; Wielands Rache wurde zu Selbstüberwindung und Selbststeigerung: aus der Not erwächst ihm die Kraft des Fliegens, Symbol politischer und künstlerischer Selbstbefreiung.

Den bei Wagner auftauchenden Läuterungsgedanken nahmen mehrere Wieland-Bearbeitungen der Neuromantik wieder auf. In des Dänen Holger DRACHMANN stofflich eng an Oehlenschläger anschließendem Melodrama (1894) ist die große Abrechnung Vølunds mit dem Hereinbrechen des Ragnarök verbunden; ein Schlußbild zeigt die Wiedervereinigung Vølunds mit Alvid in einer entsühnten, friedvollen Welt; der Franzose F. VIÉLÉ-GRIFFIN (*La légende ailée de Wieland le forgeron* 1899) und Friedrich LIENHARD (Dr. 1905) gestalteten die Überwindung des Rachegedankens durch die Idee der Schönheit und des Schöpfertums, die in der Schwanjungfrau verkörpert ist; in Franz KRANEWITTERS Schauspiel

(1910) bedeutet der Verzicht auf die verblendete Liebe zur Königstochter Bathilde den Beginn der Läuterung.

Im Gegensatz zu dieser Humanisierung des Stoffes sah Peter RIEDEL (Dr. 1906) in Wieland den Vertreter einer untergehenden heidnisch-mythischen Welt, der die durch → Karl den Großen repräsentierte sieghafte christliche gegenübersteht. Ähnlich hat Gerhart HAUPTMANN in seiner ebenfalls auf die neuromantische Epoche zurückgehenden Tragödie *Veland* (1925) den durch ihn zu stärkster dramatischer Konzentration gepreßten Stoff wieder dem Mythos angenähert; Veland befriedigt in titanischem Schicksalstrotz seinen Rachedurst, der ihn von der Schwanjungfrau Herware und der in ihr verkörperten Zeit des Glücks und der Harmonie entfernen muß; die christliche Gegenwelt ist im Schafhirten Ketill symbolisiert. Indem es die Flugkraft Velands als Überwindung des Leides und Triumph menschlichen Willens deutete, führte Hauptmanns Werk die Linie Wagners mit entgegengesetzter Grundhaltung fort. In den dreißiger Jahren dieses Jahrhunderts ist Wielands sagenhafte Erfindung und Leistung auch als politisches Symbol und als Symbol der Fliegerei verwandt worden.

P. Maurus, Die Wielandsage in der Literatur, 1902; ders., Nachträge 1 u. 2, Progr. München 1910, 1911; Nachtrag 6, (Maschinen-Ms.) München 1949; H. Mader, Einige neuere Bearbeitungen der Wielandsage, Diss. Wien 1948; P. Jolivet, La Légende de Wieland le Forgeron dans les Littératures allemande et française, (Etudes germaniques 9) Paris 1954.

**Wilhelm Tell** → Tell, Wilhelm

**Winckelmann.** Der deutsche Kunstwissenschaftler Johann Joachim Winckelmann (1717–1768), Wiederentdecker der antiken Kunst und Verfasser der für die klassizistische Kunstanschauung des 18. und frühen 19. Jahrhunderts maßgebenden *Geschichte der Kunst des Altertums* (1764), hat die Dichtung weniger durch seine Leistung als durch seinen rätselhaften Tod zur Nachzeichnung seines Schicksals angeregt; von Schwermut ergriffen, wurde er bei einer von Rom aus unternommenen, aus innerer Angst vorzeitig abgebrochenen Reise nach Deutschland und Wien in Triest von dem Italiener Arcangeli, der ihm seine Hilfe bei der Beschaffung eines Schiffes nach Italien versprach und mit dem Winckelmann sich, ohne sein Inkognito zu lüften, angefreundet hatte, in seinem Zimmer durch mehrere Dolchstiche ermordet.

Der unmittelbare Eindruck des grausigen Ereignisses zeigt sich ebenso in der Betroffenheit und Trauer der Näherstehenden, etwa HERDERS, der das Gedicht *Lobgesang auf meinen Landsmann Johann Winckelmann* (1768) schrieb, wie in der rein kriminalistischen Verwertung der Mordtat durch Fernerstehende, zum Beispiel einem unausgeführt gebliebenen Dramenplan L.-S. MERCIERS oder A. v. ARNIMS Erzählung *Angelica, die Genueserin, und Cosmus, der Seilspringer* (1812), und der Ruhm von Winckelmanns kulturhistorischem Verdienst erklingt in Herders Aufsatz *Denkmal Johann Winckelmanns* (1777) sowie in A. v. PLATENS Sonett *An Winckelmann.*

Die Erkenntnis der inneren Problematik von Leben und Tod dieses schon für seine Zeit bahnbrechenden Gelehrten setzt ein mit GOETHES Beitrag zu der Sammlung *Winckelmann und sein Jahrhundert* (1805), der in Winckelmann einen Apostel der Wahrheit, ein Beispiel des »Ewig-Tüchtigen«, einen großen und guten Mann würdigte, aber auch zum ersten Male die homosexuelle Veranlagung des Toten andeutete, ohne sie allerdings in Beziehung zu der Schlußkatastrophe zu setzen. Diese Beziehung stellte K. A. BÖTTIGER in seiner Vorrede zu Domenico ROSSETTIS Bericht über *Johann Winckelmanns letzte Lebenswoche* (1818) her, indem er Winckelmanns Bedürfnis nach Freundschaft als eine Möglichkeit zur Erklärung der befremdlichen Beziehung zu Arcangeli ansah. Als dann W. ALEXIS den Mordfall für den 12. Band des *Neuen Pitaval* (1847) schilderte, wies er ausdrücklich darauf hin, daß der Vorgang sich aus dem Freundschaftsmotiv heraus entwickeln lasse. Die beiden ersten und einzigen dichterischen Gesamtdarstellungen von Winckelmanns Leben, A. Frhr. v. UNGERN-STERNBERGS Roman (1861) und der Amalie BÖLTES (*Winckelmann oder Von Stendal nach Rom* 1862) dürften von Alexis' Material angeregt worden sein, wandten sich jedoch bezeichnenderweise vom Kriminalistischen ab und dem Problem von Winckelmanns Persönlichkeit zu, wobei sich Amalie Bölte mehr darum bemühte, das unruhvolle Lebensgefühl einzufangen, während Ungern-Sternberg das Freundschaftsthema herausarbeitete und die Gefährdung der künstlerischen Idee durch die gefühlverwirrende Beziehung zu Arcangeli darlegte. Schon ein Drama von A. J. BÜSSEL (*Winckelmanns Tod* 1827) hatte die folgenschwere Freundschaft, bei der ein lebendig gewordenes Schönheitsideal dem betörten Kunstliebhaber den Blick für die Realität verdeckt habe, zum Angelpunkt der Handlung gemacht.

Zu dem psychologisch-pathologischen Aspekt des Stoffes, der für die moderne Literatur von zunehmendem Interesse war, lieferte die maßgebende Winckelmann-Biographie C. JUSTIS (1866 bis 1872) ausreichende Hinweise; sie setzte Winckelmanns Veranlagung als eine Art Konsequenz seines Griechenideals zur Knabenliebe der Griechen in Beziehung. Winckelmanns mit einem sorgenfreien Leben im Dienste der Kunst belohnter Übertritt zum Katholizismus, aus dem Justi das Unglück des Forschers ableitete, ergab ein weiteres fruchtbares Motiv, das zum Beispiel A. AUSTINS dreiteiliges monologisches Gedicht *The Conversion of Winckelmann* beherrscht: Winckelmanns Sendung erfordert Charakterlosigkeit, und sie lasse Arcangelis Tat entschuldbar wirken.

Die Erneuerung des klassischen Bildungsideals durch den George-Kreis, die dritte Auflage der Biographie Justis (1923) und die aus dem Geist der George-Anhänger hervorgegangene Biographie von B. VALLENTIN (1931) veranlaßten eine erstaunliche Zunahme der Winckelmann-Dichtungen. In ihnen schälte sich als das eigentlich fruchtbare Moment für poetische Darbietung das Ende des Forschers immer deutlicher heraus, da es die Dissonanz zwischen Ideal und Wirklichkeit sinnfällig zu machen schien. Die »Verblendung« Winckelmanns wurde bis zur Parallele mit → Pygmalion vorgetrieben und seine Enttäuschung durch die scheinbare leibliche Erfüllung einer vorgefaßten Formvorstellung aufgezeigt. W. SCHÄFER (*Winckelmanns Ende*, Nov. 1925) sah in Winckelmanns Schönheitsideal den Irrweg eines seinem Volkstum untreu gewordenen Humanisten, V. MEYER-ECKHARDT (*Die Gemme*, Nov. 1926) veranschaulichte an der Begegnung mit Arcangeli die Unhaltbarkeit von Winckelmanns Idee einer Einheit von Kunst und Natur, E. PENZOLDT (Nov. 1926) zeigte in Winckelmann den Ästheten, der an Marmorfiguren Genüge findet und sich gegen den Einbruch der Natur in Gestalt des schönen, wilden Knaben Arcangeli wehrt, während R. FRIEDENTHAL (*Archangeli*, Nov. 1926) diesen Einbruch bis zur späten Überzeugung Winckelmanns von der Hohlheit seiner nur-ästhetischen Lebensauffassung durchführte und M. KOMMERELL (*Winckelmann in Triest* in *Gespräche aus der Zeit der deutschen Wiedergeburt* 1929) die unerwiderte Liebe Winckelmanns zu Arcangeli in ein Symbol für ein ganzes, von unbelohnter Hingabe erfülltes Leben umdeutete. Im Gegensatz zu Kommerells monologischer, auf alles Kriminalistische verzichtender Darstellung strich W. BERGENGRUEN in *Die letzte Reise* (Nov. 1933) das Kriminalistische stärker heraus und setzte bereits mit dem Aufbruch von Wien ein. Der Zwiespalt in Winckelmanns Leben umgreift hier sogar das Moralische, denn das »Griechische« hatte keinen Einfluß auf Winckelmanns selbstsüchtige Instinkte, die ihm nun in Arcangeli entgegentreten und ihn zu Fall bringen. W. v. d. SCHULENBURGS Winckelmann-Bild prägte zunächst die Ballade *Winckelmanns erste Nacht in Rom* (1943), in der die Götter den Anspruch auf vollkommene Schönheit abweisen und statt dessen Schönheit der Seele fordern, die durch Leiden gewonnen werde; der Roman *Der Genius und die Pompadour* (1953), der Winckelmanns Schicksal mit dem der Geliebten Ludwigs XV. in Parallele setzt, macht Winckelmanns Ende zur Folge seines Verrates der Idee an das Sinnliche. Außer Meyer-Eckhardt griff nur W. v. d. Schulenburg das Problem der Homosexualität wirklich auf. G. HAUPTMANNS Winckelmann-Roman, von dem zwei fragmentarische Fassungen erhalten sind, dürfte an der Problematik der Todesumstände gescheitert sein. Seine Konzeption unterscheidet sich jedoch von fast allen übrigen dadurch, daß hier das Schönheitsideal nicht auf Arcangeli übertragen wird, daß sich Winckelmann im Gegenteil über dessen Verworfenheit klar ist und daß die geheimen Anziehungskräfte mit soziologischen Gründen, aus verschütteten Impulsen des ehemals armen Schustersohnes, erklärt werden. Das Ende ist die Rache der antiken Götter, die nicht nur angeschaut,

sondern geglaubt werden wollen und hinter deren Schönheit sich
Dämonie verbirgt. Hauptmanns Torsi, von F. Thiess unter Mischung der beiden Fassungen zum Abschluß gebracht (1954), sind
kennzeichnend für die innere Spannweite des Stoffes, dessen geistiges Gewicht im Laufe von zweihundert Jahren nicht nur zur
Überhöhung des kriminalistischen Ausgangsmotivs, sondern auch
zur Ankristallisierung weiterer fruchtbarer Motive führte.

W. Heynen, Winckelmanns Ende, (Preußische Jahrbücher 209) 1927; G. H.
Danton, Winckelmann in Contemporary German Literature, (Germanic Re-
view 9) 1934; B. Landwehrmeyer, Die Gestalt Winckelmanns in der Literatur,
Diss. Freiburg/Br. 1955.


**Wittekind** → Karl der Große


**Witwe von Ephesus.** Die Geschichte von der treulosen Witwe
ist in ihrer klassischen Fassung von dem Römer Petronius im
*Satiricon* (60 n. Chr.) erzählt worden: Eine Witwe aus Ephesus will
dem Gatten nachsterben und trauert ohne Speise tagelang in seiner
Gruft. In der Nähe steht ein Soldat Posten bei gehängten Verbre-
chern; er entdeckt die Witwe, tröstet sie und gewinnt ihre Liebe.
Inzwischen wird ein Leichnam vom Galgen gestohlen, und da dem
Posten die Todesstrafe gewiß ist, will er sich töten; die Witwe gibt
den Rat, zum Ersatz die Leiche ihres Mannes aufzuhängen.
     Die zynische, mit deutlicher Skepsis gegenüber weiblicher
Treue vorgetragene Erzählung läßt das weitere Schicksal des Paares offen; nur in dem von Petronius wiedergegebenen Urteil der
Zuhörer macht sich eine Kritik an der skrupellosen Verwendung
des Toten zugunsten des Lebenden bemerkbar. Die Geschichte ist
in die lateinische Fabeldichtung eingedrungen, findet sich jedenfalls im 10. Jahrhundert in der Fabelsammlung des Romulus und in
Äsop- und Phädrus-Texten des Mittelalters; so ist auch ein Isopet
der Marie de France erhalten. In den mittelalterlichen Versionen
wird die moralische Verurteilung der Witwe zum Ausdruck gebracht und dadurch die an sich wenig entwicklungsfähige Fabel
variiert und ausgeschmückt. Französische Fabliaux und der italienische *Novellino* (Mitte 13. Jh.) steigern die Roheit der Frau: sie
selbst hängt den Verstorbenen an den Galgen und bringt ihn, um
ihn der Leiche des Verbrechers ähnlicher zu machen, eine Wunde
bei oder schlägt ihm die Zähne aus. Die größte Verbreitung
erlangte die Geschichte durch ihre Aufnahme in das *Buch von den
sieben weisen Meistern*. Hier wurden die abschreckenden Züge der
Frau durch Kontrast gesteigert, denn ihr Mann starb vor Schmerz
und Schreck über eine Verletzung, die seine Frau sich zuzog; der
neue Liebhaber ist ein guter Freund des Verstorbenen, der sich

zwar nicht in der Gruft in eine Liebelei mit der Witwe einläßt, aber ihr die Ehe verspricht, sie jedoch am Schluß, als er ihren schlechten Charakter erkannt hat, verächtlich stehenläßt. In HANS VON BÜHELS metrischer Bearbeitung des *Buches von den sieben weisen Meistern* (1412) schlägt der Ritter ihr schließlich den Kopf ab. Die Geschichte wurde wiederholt im lehrhaften Sinn des Predigtmärchens aufgezeichnet und steht mit ähnlicher Tendenz z. B. in BONERS *Edelstein* (um 1350). Von der volkstümlichen Wirkung des Stoffes zeugen sowohl ein knappes, Petronius in bäuerliches Milieu übertragendes russisches Märchen wie zwei Fassungen unter den Märchen der Brüder GRIMM, *Die Hochzeit der Frau Füchsin*; hier ist die Handlung ins Tierreich übertragen und als Schluß sowohl eine fröhliche Hochzeit wie die Rückkehr des alten, totgeglaubten Fuchses verwendet. Volkstümlich gibt sich auch eine wesentlich abweichende Fassung des zugrunde liegenden Motivs, *Die Geschichte vom hölzernen Johannes*, die sich in KIRCHHOFS *Wendunmuth* (1563 ff.) findet: Eine Witwe hat sich eine hölzerne Nachbildung ihres verstorbenen Johannes machen lassen, mit der sie schläft; die Magd legt ihr jedoch ihren lebendigen Bruder ins Bett, und am nächsten Morgen wird der hölzerne Johannes verheizt, damit das Paar Frühstück bekommen kann. J. AYRER verarbeitete diese Variante in einem Fastnachtspiel (*Hofflebens kurtzer begriff* 1618) und GELLERT in der Verserzählung *Die Witwe* (1746).

Seit der Renaissance griff man wieder auf Petronius zurück. In Frankreich machte sich nach BRANTÔMES noch mittelalterlich moralisierender Wiedergabe schon bei SAINT-ÉVREMOND eine weitherzigere Auffassung geltend, und LA FONTAINE (*La matrone d'Ephèse* 1682) erzählte die Geschichte im galant-frivolen Ton seiner Zeit und mit der Moral: ein lebendiger Troßbube ist mehr wert als ein toter Kaiser; CHAMISSO folge La Fontaine in seinem *Lied von der Weibertreue*. Das ungeschminkte Bekenntnis des Engländers W. CHARLETON (*The Ephesian Matron* 1659) zum Recht auf Liebe hat geradezu schockierend gewirkt. Die im 17. Jahrhundert einsetzenden Dramatisierungen des Stoffes scheiterten meist an der Kargheit der novellistischen Substanz und an der Gewagtheit des Themas, das, ins Optische umgesetzt, verletzend wirken kann. Die erste Dramatisierung durch G. CHAPMAN (*The Widow's Tears* 1612) hat diese Klippe glücklich umschifft: der Ehemann ist gar nicht gestorben, sondern will, als Soldat verkleidet, seine Frau prüfen; sie merkt im letzten Augenblick, wer der Versucher ist, kann dem Liebesspiel eine geschickte Wendung und damit dem Ganzen ein Happy-End geben. Von französischen Bühnenwerken (P. BRINON, *L'Ephésienne* 1614; HOUDAR DE LA MOTTE, *La matrone d'Ephèse* 1702; L. FUZELIER, gl. Titel 1714; M. Le GAY, gl. Titel 1788; J.-B. RADET, gl. Titel 1792) ist das von Houdar de la Motte am bekanntesten geworden; in ihm erscheint die Trauernde durch die verständnislose Dienerin parodiert, die ihrer Herrin den Rückweg ins Leben vorangeht und auch den Rat zur Verwendung des Leichnams gibt. Niederländische und englische Dramatisierungen

(Ch. Johnson 1730; W. Sopple Ende 18. Jh.) folgten französischen Mustern, und auch die deutschen (Ch. F. Weisse 1744) sind von diesen Vorbildern abhängig. Lessings wiederholte Gestaltungsversuche blieben unvollendet: er behielt Houdar de la Mottes Dienerin als Anregerin bei und suchte den Charakter der Frau zu heben; auch kommt es nicht zu der Leichenschändung, da die Nachricht von der gestohlenen Leiche nur der Trick eines Dieners ist.

Seit 1735 war durch französische Übersetzung eine chinesische Version des Stoffes in Europa bekanntgeworden, deren Beziehung zu der europäischen schwer zu klären ist. Sie entstammte der Geschichtensammlung *Kinkuki-kuan* (15./16. Jh.) und gestaltet das Thema poetischer und ernster aus der Sicht des Ehemannes, der bei Petronius überhaupt nicht mehr als handelnde Person auftritt. Ein Schüler Laotses, Tschuang-söng, berichtet seiner Frau von einer Witwe, die versprochen hatte, nicht eher zu heiraten, als bis die Erde auf des Mannes Grab trocken sei, und die versuchte, sie mit ihrem Fächer zu trocknen. Die Entrüstung seiner Frau veranlaßt den Weisen, sie zu prüfen. Durch magische Ich-Spaltung stirbt er und erscheint zugleich als sein trauernder Schüler, der die Witwe gewinnt. Die Frau ist bald bereit, als Medizin für den erkrankten neuen Gatten das Hirn des Verstorbenen aus dessen Schädel zu brechen; der Tote erwacht wieder zum Leben, die Frau erhängt sich, der Weise verbrennt sein Haus, wandert aus und heiratet nie wieder. Spuren dieser chinesischen Fassung zeigen sich in der von aller Mystik befreiten talmudischen Erzählung *Vom Rabbi Meir und seiner Frau Berurja*. Voltaire benutzte im *Zadig* (Erz. 1747) die chinesische Fabel, die er gleichfalls rationalisierte und einem heiteren, versöhnlichen Schluß versah. O. Goldsmith (in *The Citizen of the World* 1762) behielt zwar den Selbstmord der Frau bei, setzte aber durch die anschließende Heirat des enttäuschten Mannes mit der fächernden Witwe ein heiteres Ausrufungszeichen. P.-R. Lemonnier schrieb wiederum mit glücklichem Ausgang ein Co-médie-Ballet *La matrone chinoise ou l'épreuve ridicule* (1764). Auch Rétif de la Bretonnes aktualisierte *Matrone de Paris* (in *Les Contemporaines* 1784) ist der chinesischen Fassung näher als der des Petronius; die ungetreue Frau wird ins Kloster gesteckt. In Musäus' *Volksmärchen der Deutschen* (1782/86) steht der tote Gatte zwar nicht wieder auf, aber sein Gespenst holt die Frau in der Hochzeitsnacht.

Im 19. Jahrhundert läßt die Freude an der pointierten, fabelartigen Erzählung nach; Klingemanns unbedeutendes Drama (1817) verharrt zwar bei der antiken Handlung, aber sonst herrscht die Tendenz, sie in die Moderne zu transponieren. A. de Mussets Versdrama *La Coupe et les Lèvres* (1832) läßt den Totgeglaubten verkleidet die Trauernde durch Gold in Versuchung führen und sie dann verstoßen. Eine Episode in Daudets Roman *L'Immortel* (1888) zeigt, wie die junge Witwe, die ihrem Mann ein kostbares Grabmal errichten ließ, gerade in dem halbfertigen Monument der Verführung durch den Architekten erliegt. Zwei Erzählungen von

P. Alexis (*Après la bataille* 1880) und von G. D'Annunzio (*L'Idillio della vedova* in *San Pantaleone* 1886) erklären die rasche Neigung zu dem neuen Liebhaber neben der Leiche des verstorbenen Mannes mit dem Aufflammen lange unterdrückter Leidenschaft, während sich H. Le Roux (*La Sentinelle*, Nov. 1889) ohne Neumotivierung eng an Petronius anschloß. A. Tschechow (*Der Bär*, Kom. 1888) entschuldigte den Leichtsinn der Witwe dadurch, daß ihr Mann ihre dauernde Treue durch Untreue belohnt hatte, und erweiterte die Fabel geschickt, indem der Liebhaber hier nicht ein Verführer, sondern ein sich bekehrender Weiberfeind ist. Ohne Versuch einer Entschuldigung erzählte dagegen K. Hamsun (*Livets røst*, Erz. 1869) mit krassem Realismus die Geschichte einer Frau, die monatelang treu ihren Mann pflegt, aber sich unmittelbar nach seinem Tode den erstbesten Mann von der Straße holt, während der Tote noch nebenan im Zimmer liegt. Ch. Fry (*A Phoenix too Frequent* 1951) überspielte die Peinlichkeiten der Handlung durch den Charme der Liebesszene, die den Dienst des Toten an den Lebenden überzeugend werden läßt. Die chinesische Fassung des Stoffes dramatisierte W. Schede (*Der Witwenfächer* 1953).

Versuche, die Tendenz umzukehren und einen Mann als treulosen Witwer darzustellen, sind mehrfach gemacht worden (R. Steele in *The Spectator* 1711; P. Heyse, *Männertreu*, Nov. 1896).

E. Grisebach, Die Wanderung der Novelle von der treulosen Witwe durch die Weltliteratur, 1886; G. Karpeles, Die Wanderungen eines Märchens (in: Karpeles, Litterarisches Wanderbuch) 1898; G. Hainsworth, Un thème des romanciers naturalistes: La matrone d'Éphèse, (Comparative Literature 3) 1951; P. Ure, The Widow of Ephesus, (Durham University Journal N. S. 18) 1956.

**Wlasta** → Libussa

**Xanthippe** → Sokrates

**Yariko** → Inkle und Yariko

**Zauberer Merlin** → Merlin

**Zeangir** → Mustapha

**Zrínyi.** Die Geschichte des ungarischen Grafen Miklós Zrínyi, der im Kriege der Türken gegen Österreich 1566 auf verlorenem Posten die Festung Sziget hielt und bei einem verzweifelten Ausfall fiel, während seine Krieger sich mit einem Pulverturm in die Luft sprengten, ist ein Stoff für ein nationales Preislied oder eine volkstümliche Ballade. Schon in Zrínyis Sterbejahr hat ein unbekannter

Reimchronist seine Tat verherrlicht, und etwa hundert Jahre später
wurde Zrínyi von seinem eigenen Urenkel in einem Epos besungen (Miklós Graf ZRÍNYI, *Szigeti veszedelem* [= Szigets Untergang]
1651).

Die Versuche, den Stoff zu dramatisieren, scheiterten, weil
sowohl dem Helden wie der Handlung jede Entwicklungsmöglichkeit fehlt. Zrínyi ist sich von Beginn an der Unentrinnbarkeit
der Lage bewußt, und seine Tugend besteht im Ausharren. Da
zudem sämtliche Dramatisierungen direkt oder indirekt auf die
gleichen Quellen zurückgehen und keiner der Autoren über das
historische Rohmaterial hinweg zu freierer Ausgestaltung vorstieß, herrscht eine merkwürdige Einheitlichkeit der Handlungsführung und der Motive: unter den Verteidigern gibt es einige
abratende und mutlose Stimmen, Erpressungsversuche und Versprechungen der Türken stoßen auf Ablehnung, der Auszug zum
letzten Waffengang wird durch die heroische Haltung der Frauen
unterstützt. F. WERTHES (*Niklas Zriny oder die Belagerung von Sigeth*
1790) erfand einen wirkungsvollen Schluß, indem sich Zrinys
Frau, als sie ihren Mann fallen sieht, mit dem Pulverturm und den
eindringenden Türken in die Luft sprengt, während bei Ladislaus
PYRKER (*Zrinis Tod* 1810) der Graf Frau und Tochter durch einen
unterirdischen Gang in Sicherheit bringen läßt. Th. KÖRNER (*Zriny*
1813) übernahm den Schluß von Werthes, erfand ein Gegenspiel in
Gestalt wenig gelungener Szenen im Lager der Türken und ließ den
jugendlichen Helden Juranitsch die geliebte Helene Zriny erstechen, um sie wenigstens dem Zugriff der Türken zu entreißen. Ein
Liebespaar, zu dem bei Werthes ein Sohn, bei Pyrker aber auch eine
Tochter Zrinys gehört, hatten schon Körners Vorgänger zur Belebung und Milderung des düsteren Schlachtengemäldes eingeführt.
J. A. FALCKH folgte dem Zug des Stoffes, als er Körners Drama ins
Epische zurücktransponierte und zu einem Ritterroman umarbei-
tete (*Paul Juranitsch oder die Türken vor Sigeth* 1828).

Ungarische Autoren des 19. Jahrhunderts haben den Nationalhelden im romantischen Lied (F. KÖLCSEY, *Zrínyi éneke* [= Zrínyis
Lied] und *Zrínyi második éneke* [= Zrínyis zweites Lied] 1838) und
im patriotischen Drama (M. JÓKAI, *Szigetv ári vértanuk* [= Märtyrer von Sziget] 1860) verherrlicht sowie ihm die eigene Zeit
satirisch entgegengestellt (K. MIKSZÁTH, *Uj Zrínyiasz* [= Die neue
Zrínyias], R. 1898).

Th. Herold, F. A. C. Werthes und die deutschen Zriny-Dramen, 1898.

# REGISTER

Elisabeth Frenzel
**Motive der Weltliteratur**

Dieser Band ist als Pendant zu den »Stoffen der Weltliteratur«
gedacht und bildet mit diesen zusammen ein einzigartiges
Kompendium über die Stoffe und Motive der Weltliteratur in
ihrer Entwicklung von der Antike bis zur Gegenwart. Die
jedem Motiv eigene poetische Faszination wird vom Verliebten Alten bis zum Vater-Sohn-Konflikt unter Beschreibung
von Wirkung und Variation ausführlich untersucht.

Kröners Taschenausgabe 301
4., überarbeitete und erweiterte Auflage mit Register 1992.
XVI, 907 Seiten. Leinen mit Schutzumschlag
ISBN 3-520-30104-0

Annemarie und Wolfgang van Rinsum
**Lexikon literarischer Gestalten**

Dieses Nachschlagewerk bietet mit insgesamt ca. 7000 Stich-
wörtern einen raschen Überblick über Vorkommen, psychologische Anlage und literarhistorische Einordnung aller wichtigen Figuren der deutsch- und fremdsprachigen Literatur.

**Band I:** Deutschsprachige Werke
Kröners Taschenausgabe 420
2., überarbeitete Auflage 1993. IX, 531 Seiten.
Leinen mit Schutzumschlag
ISBN 3-520-42002-3

**Band II:** Fremdsprachige Werke
Kröners Taschenausgabe 421
1990. X, 676 Seiten. Leinen mit Schutzumschlag
ISBN 3-520-42101-1

Aus dem Verlagsprogramm

Gero von Wilpert
## Goethe-Lexikon

Der neue »Wilpert« gibt in rund 4000 Artikeln präzise und klare Antworten auf Fragen zu Goethe. Das Lexikon informiert über alle wesentlichen, heute noch interessierenden Personen, Werktitel, Sachen, Örtlichkeiten und Begriffe aus Goethes Leben, Werk und Welt: Personen aus Goethes Lebenskreis und Erfahrungswelt, die Orte, an denen er sich aufhielt oder die er zu Schauplätzen seiner Dichtungen wählte, Stoffe, Figuren und literarische Formen seiner Werke sowie die Hauptbegriffe seiner Weltsicht und seines naturwissenschaftlichen Denkens.

Kröners Taschenausgabe 407
1998. Ca. 1200 Seiten. Leinen mit Schutzumschlag
ISBN 3-520-40701-9

## Schiller-Handbuch
Herausgegeben von Helmut Koopmann in Verbindung mit der Deutschen Schillergesellschaft Marbach

Eine umfassende, alle Aspekte beleuchtende Gesamtdarstellung von Leben und Werk Friedrich Schillers steht schon lange aus. Das von Schiller-Spezialisten in der Reihe der bewährten Kröner-Handbücher verfaßte Kompendium schließt nun diese Lücke. Zwei einleitende Abschnitte gelten der Biographie und Schillers Auseinandersetzung mit Kultur und Gesellschaft seiner Zeit. Im Zentrum des Handbuchs steht Schillers Werk. Die Wirkungsgeschichte im 19. und 20. Jahrhundert und ein umfangreicher Forschungsbericht bilden den Schlußteil.

1998. Ca. 1000 Seiten. Leinen mit Folienumschlag
ISBN 3-520-83001-9

Aus dem Verlagsprogramm

## Lexikon literaturtheoretischer Werke

Herausgegeben von Rolf Günter Renner
und Engelbert Habekost

Das Werk orientiert über rund 400 Hauptwerke der Literaturtheorie von der Antike bis zur Gegenwart. Das komparatistisch angelegte Lexikon erfaßt das literaturtheoretische Denken im Bereich von Germanistik, Romanistik, Angloamerikanistik, Slawistik sowie der Altphilologie. Ergänzend zu den alphabetisch nach Titeln angeordneten Werkartikeln wird das weitgefächerte Themenfeld durch ein Autoren- und Werkregister sowie durch ein Begriffs- und Themenregister erschlossen.

Kröners Taschenausgabe 425
1995. XV, 520 Seiten. Leinen mit Schutzumschlag
ISBN 3-520-42501-7

Ina Schabert
## Englische Literaturgeschichte

Eine neue Darstellung aus der Sicht der Geschlechterforschung

Diese Geschichte der englischen Literatur zwischen 1560 und 1900 legt den Schwerpunkt der Betrachtung auf den Aspekt der Geschlechterdifferenz. Statt der traditionellen literaturgeschichtlichen Aneinanderreihung von »Meisterwerken großer Autoren« zu folgen, widmet sie sich der reichen Fülle literarischen Lebensstoffs.

Kröners Taschenausgabe 387
1997. XIV, 682 Seiten, 22 Abb. Leinen mit Schutzumschlag
ISBN 3-520-38701-8

Stand Frühjahr 1998